# 생산운영관리 14th Edition

Operations Management

Operations Management

14th Edition

# 생산운영관리

강종열 • 김길선 • 김태호 • 박경수 • 윤상흠 • 이순희 | 공역

William J. Stevenson

**OPERATIONS MANAGEMENT, Fourteenth Edition**



1 2 3 4 5 6 7 8 9 10 MHE-KOREA 20 22

Original: OPERATIONS MANAGEMENT, Fourteenth Edition
By William J. Stevenson
ISBN 978-1-26-023889-1

Korean ISBN 979-11-321-1086-6 / 93320

Printed in Korea

# 생산운영관리 14th Edition

Operations Management

| | |
|---|---|
| 발 행 일 | 2022년 1월 5일 발행 |
| 저 자 | William J. Stevenson |
| 역 자 | 강종열, 김길선, 김태호, 박경수, 윤상흠, 이순희 |
| 발 행 인 | 총텍멩(CHONG TECK MENG) |
| 발 행 처 | 맥그로힐에듀케이션코리아 유한회사 |
| 등록번호 | 제2013-000122호(2012.12.28.) |
| 주 소 | 서울시 마포구 양화로 45, 8층 801호(서교동, 메세나폴리스) |
| 전 화 | (02)325-2351 |
| 편집, 교정 | (주)우일미디어 |
| 인 쇄 | 성신미디어 |

| | |
|---|---|
| I S B N | 979-11-321-1086-6 |
| 판 매 처 | (주)지필미디어 문 의 \| (031)957-4504 |
| 정 가 | 39,000원 |

# 저자 서문

본서는 생산운영관리 분야의 입문서로 집필되었다. 본서에서는 전략적인 이슈와 실제 응용을 모두 주제로 다루었는데 여기에는 수요예측, 제품과 서비스 설계, 생산용량계획, 품질경영과 품질관리, 재고관리, 일정관리, 공급사슬관리, 프로젝트 관리 등이 있다.

본서의 개정판을 내는 목적은 생산운영관리 분야의 개념, 도구와 응용을 명확하게 제시하는 것이며 이것은 지금도 계속되고 있다. 생산운영관리는 진화하고 성장하고 있으며 특히 이 분야의 새로운 발전이 과잉인 상태에서 교과서 분량의 실질적 한계에 직면해 있으면서도 새로운 자료를 갱신하고 통합시키는 일은 도전적이며 보람 있는 일임을 알게 되었다.

본서는 그 내용이 포괄적이고 분량이 융통성이 있어 학부, 대학원, 그리고 실무자 교육 등 다양한 과정과 형식에 적절히 선택할 수 있다.

따라서 강사는 그 목적에 가장 적합한 장이나 장의 일부를 선택할 수 있다. 나아가서 그러한 융통성 덕분에 교과내용의 정성적인 측면과 계량적인 측면의 상대적 가중치를 선택할 수 있고 장들이 서로 독립적으로 구성되어 있어 강의하는 순서에 구애받지 않는다. 예컨대 프로젝트 관리를 먼저 다룰 수도 있고 품질이나 린 생산을 먼저 다룰 수도 있다.

전판에서와 마찬가지로 본서의 앞부분에 학생들이 교과내용을 이해하고 배우는 데 도움을 줄 수 있도록 교육학적으로 설계된 주요한 특징을 설명해 두었다. 여기에는 본서의 핵심 특성, 각 장의 요소, 과정을 가르치는 데 필요한 보충자료, 14판의 하이라이트, 강의실 교육용 응용 제안 등에 대해 기술하고 있다. 이러한 지원이 강사와 학생들 모두에게 이러한 학습경험을 보람 있게 만들어 주는 도구가 될 수 있기를 바란다.

## 제14판에서 새로워진 점

일부 내용을 다시 쓰거나 추가하여 내용을 명확히 하고 설명을 줄였으며 최신의 정보로 갱신하였다. 공급사슬 분야와 기타 다른 항목에도 새로운 내용을 추가하였다. 새로운 연습문제를 추가하였으며 일부의 연습문제는 갱신하였다. 새로운 읽을거리와 새로운 사진들도 많이 추가하였다.

일부의 학습준비 예제는 수정하였다. 이들 예제의 목적은 강의 이해도를 높이기 위해 학생들에게 강의 전에 주제를 소개하는 것이다. 이들 예제들은 새로운 내용에 대한 소개로서나 학습목적으로도 학생들에게 아주 인기가 있는 것으로 판명되었다. 이들 예제는 강사의 강의지침서(Instructor's Resource Manual)에 수록되어 있다. 이들 예제를 개발하는 데 도움을 준 Linda Brooks에게 특별히 감사드린다.

## 감사의 글


제14판의 출판에 기여한 여러분들에게 감사드리고 싶다. 교과서를 검토하고 채택하신 분들의 풍부한 아이디어와 제안이 지속적으로 증가하고 있는데 이는 저자에게는 매우 고무적인 것이다. 본서를 검토한 모든 분들이 본인들의 제안에 대해 매우 가치 있으며 신중하게 검토되었으며 진심으로 감사드리고 있다는 점을 알아주었으면 한다. 다음은 본서가 출판된 후 사후적으로 검토를 한 분들의 명단이다.

| | |
|---|---|
| Jenyi Chen | Cleveland State University |
| Eric Cosnoski | Lehigh University |
| Mark Gershon | Temple University |
| Narges Kasiri | Ithaca College |
| Nancy Lambe | University of South Alabama |
| Anita Lee-Post | University of Kentucky |
| Behnam Nakhai | Millersville University of Pennsylvania |
| Rosa Oppenheim | Rutgers Business School |
| Marilyn Preston | Indiana University Southeast |
| Avanti Sethi | University of Texas at Dallas |
| John T. Simon | Governors State University |
| Lisa Spencer | California State University, Fresno |
| Nabil Tamimi | University of Scranton |
| Oya Tukel | Cleveland State University |
| Theresa Wells | University of Wisconsin-Eau Claire |
| Heath Wilken | University of Northern Iowa |

오류검색뿐만 아니라 제14판의 추가적인 내용에 기여

한 다음 분들에게 더욱 감사를 드린다: Ronny Richardson, Kennesaw State University and Gary Black, University of Southern Indiana; Solutions and SmartBook: Tracie Lee, Idaho State University; PowerPoint Presentations: Avanti Sethi, University of Texas-Dallas; Test Bank: Leslie Sukup, Ferris State University..

읽을거리와 보기들을 추가하는 데 협력을 한 캘리포니아 주립대학-프레즈노의 리사 스펜서 교수(Lisa Spencer, California State University-Fresno)에게는 특별한 감사를 드린다.

마지막으로 맥그로힐/어윈의 모든 분들의 노고와 성원에 대해 감사드린다. 그들처럼 전문적이고 유능한 사람들과 함께 일하는 것은 항상 즐거운 일이다. Noelle Bathurst, Portfolio Manager; Michele Janicek, Lead Product Developer; Fran Simon and Katie Ward, Product Developers; Jamie Koch, Assessment Content Project Manager; Sandy Ludovissy, Buyer; Matt Diamond, Designer; Jacob Sullivan, Content Licensing Specialist; Harper Christopher, Executive Marketing Manage에게 특별히 감사드리고 뒤에서 수고한 많은 분들에게도 감사드린다.

또한 이전 판을 검토해주신 많은 분들의 기여에 감사드린다: Vikas Agrawal, Fayetteville State University; Bahram Alidaee, University of Mississippi; Ardavan Asef-Faziri, California State University at Northridge; Prabir Bagchi, George Washington State University; Gordon F. Bagot, California State University at Los Angeles; Ravi Behara, Florida Atlantic University; Michael Bendixen, Nova Southeastern; Ednilson Bernardes, Georgia Southern University; Prashanth N. Bharadwaj, Indiana University of Pennsylvania; Greg Bier, University of Missouri at Columbia; Joseph Biggs, Cal Poly State University; Kimball Bullington, Middle Tennessee State University; Alan Cannon, University of Texas at Arlington; Injazz Chen, Cleveland State University; Alan Chow, University of Southern Alabama at Mobile; Chrwan-Jyh, Oklahoma State University; Chen Chung, University of Kentucky; Robert Clark, Stony Brook University; Loretta Cochran, Arkansas Tech University; Lewis Coopersmith, Rider University; Richard Crandall, Appalachian State University; Dinesh Dave, Appalachian State University; Scott Dellana, East Carolina University; Kathy Dhanda, DePaul University; Xin Ding, University of Utah; Ellen Dumond, California State University at Fullerton; Richard Ehrhardt, University of North Carolina at Greensboro; Kurt Engemann, Iona College; Diane Ervin, DeVry University; Farzaneh Fazel, Illinois State University; Wanda Fennell, University of Mississippi at Hattiesburg; Joy Field, Boston College; Warren Fisher, Stephen F. Austin State University; Lillian Fok, University of New Orleans; Charles Foley, Columbus State Community College; Matthew W. Ford, Northern Kentucky University; Phillip C. Fry, Boise State University; Charles A. Gates Jr., Aurora University; Tom Gattiker, Boise State University; Damodar Golhar, Western Michigan University; Robert Graham, Jacksonville State University; Angappa Gunasekaran, University of Massachusetts at Dartmouth; Haresh Gurnani, University of Miami; Terry Harrison, Penn State University; Vishwanath Hegde, California State University at East Bay; Craig Hill, Georgia State University; Jim Ho, University of Illinois at Chicago; Seong Hyun Nam, University of North Dakota; Jonatan Jelen, Mercy College; Prafulla Joglekar, LaSalle University; Vijay Kannan, Utah State University; Sunder Kekre, Carnegie-Mellon University; Jim Keyes, University of Wisconsin at Stout; Seung-Lae Kim, Drexel University; Beate Klingenberg, Marist College; John Kros, East Carolina University; Vinod Lall, Minnesota State University at Moorhead; Kenneth Lawrence, New Jersey Institute of Technology; Jooh Lee, Rowan University; Anita Lee-Post, University of Kentucky; Karen Lewis, University of Mississippi; Bingguang Li, Albany State University; Cheng Li, California State University at Los Angeles; Maureen P. Lojo, California State University at Sacramento; F. Victor Lu, St. John's University; Janet Lyons, Utah State University; James Maddox, Friends University; Gita Mathur, San Jose State University; Mark McComb, Mississippi College; George Mechling, Western Carolina University; Scott Metlen, University of Idaho; Douglas Micklich, Illinois State

University; Ajay Mishra, SUNY at Binghamton; Scott S. Morris, Southern Nazarene University; Philip F. Musa, University of Alabama at Birmingham; Roy Nersesian, Monmouth University; Jeffrey Ohlmann, University of Iowa at Iowa City; John Olson, University of St. Thomas; Ozgur Ozluk, San Francisco State University; Kenneth Paetsch, Cleveland State University; Taeho Park, San Jose State University; Allison Pearson, Mississippi State University; Patrick Penfield, Syracuse University; Steve Peng, California State University at Hayward; Richard Peschke, Minnesota State University at Moorhead; Andru Peters, San Jose State University; Charles Phillips, Mississippi State University; Frank Pianki, Anderson University; Sharma Pillutla, Towson University; Zinovy Radovilsky, California State University at Hayward; Stephen A. Raper, University of Missouri at Rolla; Pedro Reyes, Baylor University; Buddhadev Roychoudhury, Minnesota State University at Mankato; Narendra Rustagi, Howard University; Herb Schiller, Stony Brook University; Dean T. Scott, DeVry University; Scott J. Seipel, Middle Tennessee State University; Raj Selladurai, Indiana University; Kaushic Sengupta, Hofstra University; Kenneth Shaw, Oregon State University; Dooyoung Shin, Minnesota State University at Mankato; Michael Shurden, Lander University; Raymond E. Simko, Myers University; John Simon, Governors State University; Jake Simons, Georgia Southern University; Charles Smith, Virginia Commonwealth University; Kenneth Solheim, DeVry University; Young Son, Bernard M. Baruch College; Victor Sower, Sam Houston State University; Jeremy Stafford, University of North Alabama; Donna Stewart, University of Wisconsin at Stout; Dothang Truong, Fayetteville State University; Mike Umble, Baylor University; Javad Varzandeh, California State University at San Bernardino; Timothy Vaughan, University of Wisconsin at Eau Claire; Emre Veral, Baruch College; Mark Vroblefski, University of Arizona; Gustavo Vulcano, New York University; Walter Wallace, Georgia State University; James Walters, Ball State University; John Wang, Montclair State University; Tekle Wanorie, Northwest Missouri State University; Jerry Wei, University of Notre Dame; Michael Whittenberg, University of Texas; Geoff Willis, University of Central Oklahoma; Pamela Zelbst, Sam Houston State University; Jiawei Zhang, NYU; Zhenying Zhao, University of Maryland; Yong-Pin Zhou, University of Washington.

윌리엄 J. 스티븐슨

# 역자 소개


**강종열** 울산대학교 경영학부 명예교수

**김길선** 서강대학교 경영학부 교수

**김태호** 인천대학교 경영학부 교수

**박경수** 부산대학교 경영학과 교수

**윤상흠** 영남대학교 경영학과 교수

**이순희** 한국외국어대학교 경영학과 교수

# 역자 서문

생산운영은 모든 조직에서 핵심적인 활동이다. 기업이든 비영리조직이든 조직의 존립목적을 달성하기 위한 고유활동이 있는데 이를 생산운영이라 한다. 즉 기업이나 비영리조직은 고객에게 유익한 재화나 용역의 생산을 통하여 가치를 창출하며 이를 위한 프로세스를 설계하고 운영하는데, 이때 필요한 제반 사항을 다루는 학문이 생산운영관리이다. 좀 더 구체적으로 말하면 조직의 생산운영관리 부문은 고객에게 제공할 제품이나 서비스를 개발하고 이를 위한 생산 시설의 기술과 입지 그리고 규모와 같은 고도로 전략적인 결정을 내리며 그러한 시설과 물자, 인원, 기술, 에너지 등 자원의 투입과 운영 과정을 계획하고 통제하며 개선한다.

생산운영관리는 이와 같이 그 내용이 폭넓고 조직의 현장에서 일어나는 구체적인 행위들과 직접적으로 관련이 있는 경우가 많아서 실무 경험이 없는 학생들에게 가르치기가 쉽지 않다. 특히, 대학에서 강의를 하는 입장에서 벗어나기 힘든 한 가지 고민은 전략적이고 추상적인 주제와 구체적인 기법 사이의 균형을 유지하는 일이다.

본서는 McGraw Hill Education에서 2021년 출판한 William J. Stevenson의 Operations Management 제14판을 번역한 역서로서 본서의 원서는 1982년 초판이 발행된 이래 그 판수가 말해주듯이 생산운영관리 분야에서 베스트셀러의 위치를 꾸준히 지켜왔다. 역자들이 판단하기에 본서가 인기가 있는 이유 중의 하나는 강의자들의 고민을 해결할 수 있도록 구체적인 사항들에 무게를 두면서 전략적 이슈를 적절하게 소개한 것이라고 생각된다. 그 한 예로 전략적 이슈인 프로세스 선택과 그것과 긴밀하게 관련이 있는 설비배치를 동일한 장에서 다루어서 이들이 분리되었을 때 초심자들이 겪는 혼란을 줄여주는 것이다. 이 책에서는 글로벌화에 따라 그 중요성이 더욱 커지고 있는 공급사슬경영과 지속 가능한 성장을 위한 친환경 경영에 관한 내용, 그리고 최근 고객을 위한 가치생산이라는 측면에서 관심을 끌고 있는 린 운영에 대한 내용들이 잘 보강되어 있다. 또한 입문서의 역할을 감안할 때 개념적이고 기초적인 내용은 본장에서 다룬 반면, 보다 구체적이고 수리적인 기법이 필요한 부분은 해당 장 말미에 보충자료로 보완하여 강의자가 적절히 취사선택할 수 있도록 하고 있다. 뿐만 아니라 풍부한 그림과 더불어 다양한 현실 사례를 수록하여 학생들이 보다 쉽게 이해할 수 있도록 하고 있다.

본 역서에서는 이러한 원서의 정신을 살려 원서의 내용을 가능한 한 빠짐없이 수록하려고 노력하였으며 다만 원서의 제19장 선형계획법 부분은 본서의 독자들이 계량경영학분야에서 충분히 학습했다고 가정하여 제외하였다. 특히, 시각세대인 요즈음의 학생들을 감안하여 그들이 흥미를 갖도록 본서에서도 원서의 색상을 모두 살리면서 원서의 편집정신을 지키려고 노력하였다. 역서를 교과서로 사용해 본 경험을 바탕으로 역서의 문제점을 피하기 위하여 노력하였지만 결과에 대하여서 두려움을 느끼지 않을 수 없다. 이전 판의 번역에서 미비했던 점을 보완하고 개선하려고 노력했으며 새로운 내용에 대해서도 만전을 기하려고 노력했다. 모든 문제는 역자들의 책임이며 독자의 질책과 의견을 존중하여 지속적으로 개선할 것을 약속드린다.

본서의 출판을 위해 지원을 아끼지 않은 한국 맥그로힐 에듀케이션 이상덕 상무와, 편집과 제작과정에서 열과 성을 다해 노력하신 송은영 이사와 편집실 가족 여러분에게도 감사드린다. 무엇보다도 이전 판을 교재로 채택하여 사용하시고 조언을 주신 여러 교수님들께 큰 감사를 드린다.

2021. 11 역자 일동

# 둘러보기

## 주요 특징

본서의 주요 특징은 입문 수준의 학생들이 운영의 개념을 이해하고 문제해결 능력을 갖춰, 실제 적용할 수 있도록 설계된 점이다.

### 해법이 있는 예제

정량적인 혹은 분석적인 기법이 소개되는 부분에는 학생들이 해당 기법을 쉽게 이해할 수 있도록 예제가 포함되어 있다. 이들은 따라하기 쉽도록 설계되어 있다.

**예제 8**

eXcel
mhhe.com/stevenson14e

**회귀식의 결정**

다음 표는 신규주택 매각과 3개월의 시차를 둔 실업률을 나타내고 있다. 신규주택의 수요를 예측할 수 있는 예측변수로 실업률을 활용할 수 있는지를 판단하고 만약 그렇다면 그 예측식을 유도하라.

| | | | | | | | | | | | |
|---|---|---|---|---|---|---|---|---|---|---|---|
| **기간** ........... | 1 | 2 | 3 | 4 | 5 | 6 | 7 | 8 | 9 | 10 | 11 |
| **매각건수** ........ | 20 | 41 | 17 | 35 | 25 | 31 | 38 | 50 | 15 | 19 | 14 |
| **실업률 %** **(3개월 시차)** ...... | 7.2 | 4.0 | 7.3 | 5.5 | 6.8 | 6.0 | 5.4 | 3.6 | 8.4 | 7.0 | 9.0 |

**풀이**

1. *선형*모형이 적합한지 데이터에 대한 산점도를 그려본다. 이 경우 관측된 *데이터의 범위 내*에서 선형모형이 적합한 것 같다.



2. 웹 사이트에 있는 템플릿을 활용하여 상관계수가 0에 가깝지 않다는 점을 확인하고 다음에 회귀식을 산출한다.

   $r = -0.966$

   이것은 상당한 정도의 음의 상관관계를 보여준다. 회귀식은

## 문제풀이연습

각 장 및 보충자료의 마지막 부분에 문제풀이와 해당 장의 핵심개념이 잘 설명되어 있는 문제풀이연습이 제공된다. 문제풀이 연습은 학생들이 다양한 문제들을 체계적으로 풀이하는 능력을 갖출 수 있도록 설계되었다. 엑셀(EXCEL) 표시는 문제풀이에 사용되었던 스프레드시트(spreadsheet)를 교재의 웹사이트(website)에서 이용할 수 있다는 것을 의미한다.

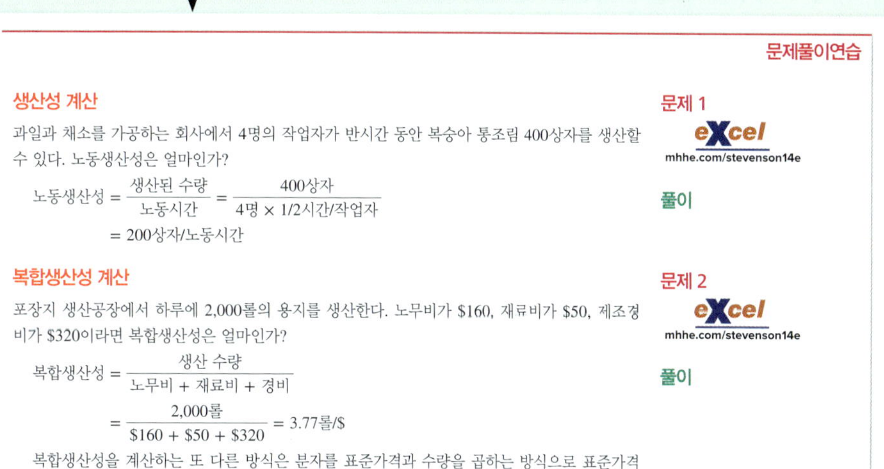

문제풀이연습

**생산성 계산**

문제 1



과일과 채소를 가공하는 회사에서 4명의 작업자가 반시간 동안 복숭아 통조림 400상자를 생산할 수 있다. 노동생산성은 얼마인가?

풀이

$$노동생산성 = \frac{생산된\ 수량}{노동시간} = \frac{400상자}{4명 \times 1/2시간/작업자}$$
$$= 200상자/노동시간$$

**복합생산성 계산**

문제 2



포장지 생산공장에서 하루에 2,000롤의 용지를 생산한다. 노무비가 $160, 재료비가 $50, 제조경비가 $320이라면 복합생산성은 얼마인가?

풀이

$$복합생산성 = \frac{생산\ 수량}{노무비 + 재료비 + 경비}$$
$$= \frac{2{,}000롤}{\$160 + \$50 + \$320} = 3.77롤/\$$$

복합생산성을 계산하는 또 다른 방식은 분자를 표준가격과 수량을 곱하는 방식으로 표준가격으로 대체하는 것이다.

**표 16.5** 예제 2a에 대한 엑셀을 사용한 풀이

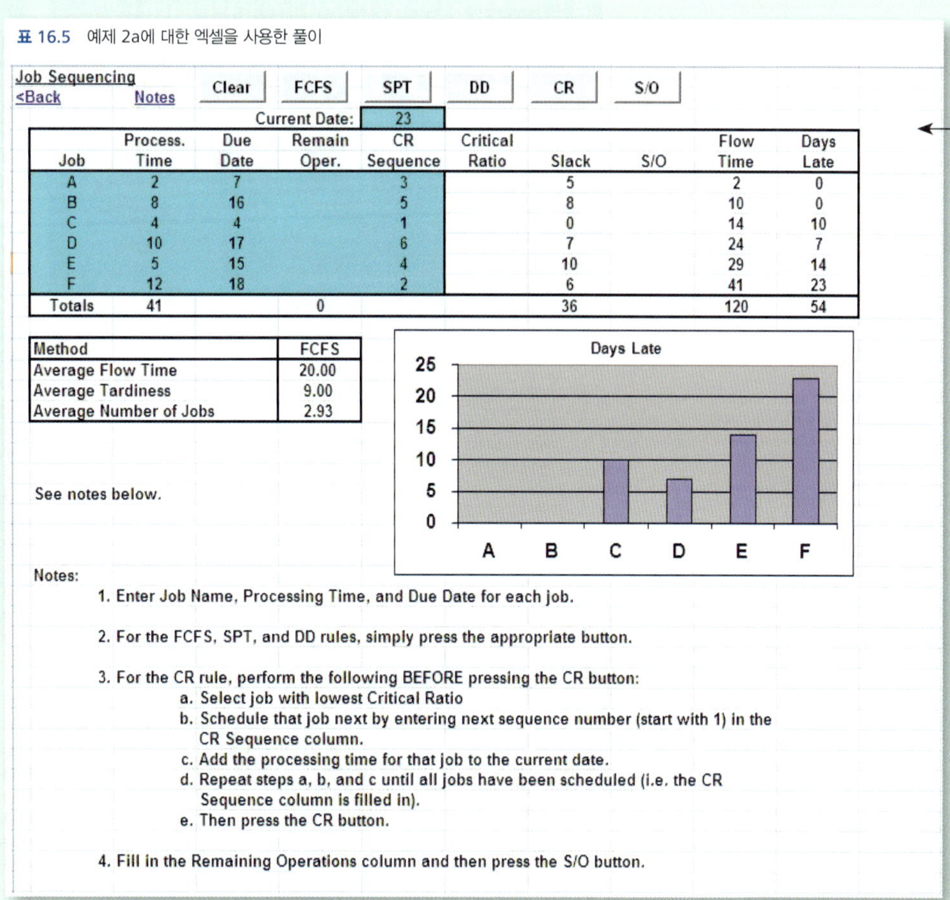

Job Sequencing
<Back Notes

Clear | FCFS | SPT | DD | CR | S/O

Current Date: 23

| Job | Process. Time | Due Date | Remain Oper. | CR Sequence | Critical Ratio | Slack | S/O | Flow Time | Days Late |
|---|---|---|---|---|---|---|---|---|---|
| A | 2 | 7 | | 3 | | 5 | | 2 | 0 |
| B | 8 | 16 | | 5 | | 8 | | 10 | 0 |
| C | 4 | 4 | | 1 | | 0 | | 14 | 10 |
| D | 10 | 17 | | 6 | | 7 | | 24 | 7 |
| E | 5 | 15 | | 4 | | 10 | | 29 | 14 |
| F | 12 | 18 | | 2 | | 6 | | 41 | 23 |
| Totals | 41 | | 0 | | | 36 | | 120 | 54 |

| Method | FCFS |
|---|---|
| Average Flow Time | 20.00 |
| Average Tardiness | 9.00 |
| Average Number of Jobs | 2.93 |



See notes below.

Notes:

1. Enter Job Name, Processing Time, and Due Date for each job.
2. For the FCFS, SPT, and DD rules, simply press the appropriate button.
3. For the CR rule, perform the following BEFORE pressing the CR button:
   a. Select job with lowest Critical Ratio
   b. Schedule that job next by entering next sequence number (start with 1) in the CR Sequence column.
   c. Add the processing time for that job to the current date.
   d. Repeat steps a, b, and c until all jobs have been scheduled (i.e. the CR Sequence column is filled in).
   e. Then press the CR button.
4. Fill in the Remaining Operations column and then press the S/O button.

## 엑셀 스프레드시트 풀이

스프레드시트 형태 풀이가 가능한 예제와 문제풀이연습에 스프레드시트 캡쳐가 포함되었다. 스프레드시트는 교재 웹사이트에 있는 엑셀 템플릿을 활용했다. 템플릿은 엑셀 2013 및 이전 버전에서도 이용가능하다.

## 각 장의 구성요소

각 장에서 학생들이 쉽게 학습할 수 있도록 다음 요소들이 포함되어 있다. 각 요소는 많은 개정판을 통해 지속적으로 개선되었다.

### 학습 목표

각 장 및 보충자료에서 학습해야 할 내용을 학습 목표로 제시하였다.

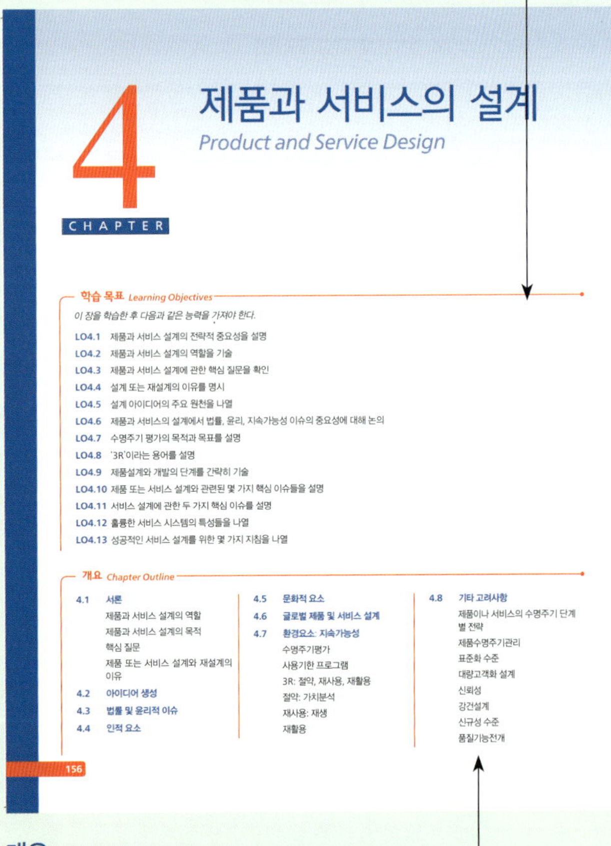

4 CHAPTER

# 제품과 서비스의 설계

*Product and Service Design*

**학습 목표** *Learning Objectives*

*이 장을 학습한 후 다음과 같은 능력을 가져야 한다.*

**LO4.1** 제품과 서비스 설계의 전략적 중요성을 설명
**LO4.2** 제품과 서비스 설계의 역할을 기술
**LO4.3** 제품과 서비스 설계에 관한 핵심 질문을 확인
**LO4.4** 설계 또는 재설계의 이유를 명시
**LO4.5** 설계 아이디어의 주요 원천을 나열
**LO4.6** 제품과 서비스의 설계에서 법률, 윤리, 지속가능성 이슈의 중요성에 대해 논의
**LO4.7** 수명주기 평가의 목적과 목표를 설명
**LO4.8** '3R'이라는 용어를 설명
**LO4.9** 제품설계와 개발의 단계를 간략히 기술
**LO4.10** 제품 또는 서비스 설계와 관련된 몇 가지 핵심 이슈들을 설명
**LO4.11** 서비스 설계에 관한 두 가지 핵심 이슈를 설명
**LO4.12** 훌륭한 서비스 시스템의 특성들을 나열
**LO4.13** 성공적인 서비스 설계를 위한 몇 가지 지침을 나열

**개요** *Chapter Outline*



156

### 개요

각 장 및 보충자료에서 배울 주제들의 개요를 제시하였다.

Darren Brode/Shutterstock



한 조직의 정수(精髓)는 그 조직이 제공하는 제품과 서비스이며 그 조직과 그 조직이 속한 공급사슬의 모든 측면은 바로 그 제품과 서비스를 중심으로 구성된다. 뛰어난 제품이나 서비스가 있는 조직은 그렇지 못한 조직보다 목표를 실현할 가능성이 높다. 그러므로 조직은 뛰어난 제품과 서비스의 설계를 전략적으로 중요시한다. 제품과 서비스의 설계 또는 재설계는 조직의 전략과 긴밀하게 연결되어야 한다. 설계는 원가 · 품질 · 출시시점 · 고객만족 그리고 경쟁우위에 영향을 미치는 주된 요인이다. 따라서, 제품과 서비스의 설계에는 마케팅, 재무, 생산운영, 회계, IT, 인사조직 등 여러 부문의 참여가 요구된다. 또한, 설계에 있어서 예상되는 수요와 비용 그리고 공

157

### 시작글(Opening Vignettes)

각 장은 중요한 관련 생산운영 주제를 소개하는 것으로 시작된다. 시작글은 학생들이 관련 주제와 생산운영관리의 관련성을 이해하여, 주도적인 학습이 가능하도록 한다.

## 그림과 사진

본문에 학생들의 이해를 돕고 관심과 동기를 부여하기 위해 사진과 도표들이 포함되어 있다. 대략 100개의 엄선된 사진들은 14판의 주요 특징들 중 하나이다. 사진은 다수의 성공적인 기업들의 생산운영 및 공급사슬 개념의 응용사례를 나타낸다. 또한, 400여 개의 컬러도표들이 학생들의 개념 이해를 돕기 위해 포함되어 있다.

**그림 6.1**
프로세스 선택과 생산용량계획은 생산시스템 설계에 영향을 미친다.

투입
수요 예측
제품 및 서비스 개발
기술 변화
생산용량계획
프로세스 선택
산출
설비 및 장비
배치
작업설계

애플의 지속적인 성공에 대한 주요 관건은 혁신의 경계를 지속적으로 확장시킬 수 있는 능력이다. 애플은 기존 산업을 하나둘씩 차례로 뒤집어엎을 만큼 아주 새롭고 창의적인 제품들을 생각해 냄으로써 어떻게 성장을 창출할 수 있는지를 보여주었다.

## 5.9 생산용량 대안 개발

생산용량 대안 개발과 관련된 일반적 고려사항(이를테면, 가능한 대안들을 어느 정도까지 탐색한다, 아무 것도 하지 않는 것도 대안이다, 비계량적 요인을 간과하지 마라, 아웃소싱하라) 이외에도 생산용량 관리를 개선하기 위하여 할 수 있는 것들이 있다.

1. **시스템을 유연하게 설계하라.** 생산용량에 관련된 많은 결정들은 장기적 결정이며 장기예측에는 본질적으로 위험이 따른다. 이러한 생산용량 결정의 장기적 속성과 장기예측에 따르는 위험 때문에 시스템을 유연하게 설계하면 혜택을 볼 가능성이 있다. 예를 들어, 구조물의 최초 설계과정에 약간의 노력과 돈을 투자하여 확장을 위한 대비를 해두면 이런 대비 없이 나중에 리모델링하는 것보다 훨씬 쉽고 저렴하게 확장할 수 있다. 구체적으로, 식당을 지을 때 앞으로 확장할 것이 예상되면, 수도관이나 전력 접속 장치와 폐수관 등을 미리 설치해 두면 나중에 실제로 확장할 때 기존 구조물은 최소한으로 개조해도 된다. 골프장을 건설하는 경우, 지금은 9홀로 시작하지만 인접한 토지 구입 옵션을 구매하여 미래 확장을 대비해 두면 나중에 18홀로 확장하기가 쉬울 것이다. 이 외에도 장비배치, 입지, 장비선정, 생산계획, 스케줄링, 재고정책 등을 결정할 때에도 유연성을 고려하여야 한다. 이에 대하여서는 이 책의 후반부에서 다룬다.

2. **수명주기 단계를 감안하라.** 생산용량소요는 흔히 제품이나 서비스가 위치한 수명주기 단계와 밀접하게 관련되어 있다. 도입기에는 시장의 크기와 그 시장에서 자사(自社)의 점유율은 결정하기 어려울 수 있다. 그러므로 조직은 유연성이 떨어지는 대규모 시설 · 장비에 투자할 때에는 매우 신중하여야 한다.

성장기에는 전체 시장이 급속하게 늘어날 수 있다. 하지만, 진정 중요한 것은 자사의 시장 점유율 성장이다. 이것은 회사 전략의 
고 낮을 수도 있다. 기업은 일반적으로 성

### 생산운영전략

각 장의 마지막 부분에 생산운영전략 파트가 포함되어 있다. 이 파트에는 해당 장의 개념이 어떻게 활용되고 기업의 생산운영에 어떤 영향을 주는지에 대한 논의가 포함되어 있다.

### 읽을거리 블래식(Vlasic)의 큰 피클 슬라이스

오이피클 브랜드 중 가장 대중적인 블래식 피클의 직원들은 기존보다 큰 조각의 피클에 새로운 시장이 있음을 알게 되었다. 피클은 오이를 절여서 만들기 때문에 피클을 큰 조각으로 출시하기 위해서는 당연히 큰 사이즈의 오이가 필요했지만, 이를 쉽게 구할 수가 없었다.

AN NGUYEN/Shutterstock

그래서 블래식에서는 다양한 오이 품종에 대해 연구하기 시작했다. 한번 오이를 심으면 오이가 클 때까지 약 10주의 시간이 소요되며, 블래식에서는 여러 번의 시도 끝에 큰 사이즈의 오이재배에 성공했다. 하지만, 수확한 오이는 피클을 만들기에 적합한 맛이 아니었다. 다시 처음으로 돌아가 적합한 오이변종에 대해 연구를 했고 또 다시 오이를 수확하기까지는 10주가 소요되었으며, 마침내 원하는 맛을 가진 큰 사이즈의 오이를 찾게 되었다.

이 이야기가 여기서 끝이 났을까? 그렇지 않았다. 기존의 피클을 자르는 기계는 큰 오이를 자르기에는 적합하지 않았고 빈번하게 고장이 발생했다. 결국 큰 오이를 자를 수 있는 새로운 기계를 설계하고 설치할 수밖에 없었다.

**[질문]**

1. 소비자들이 큰 사이즈의 피클을 선호하는 이유는 무엇인가? 두 가지만 대답해보자.
2. 새로운 재품개발에 있어 이 사례가 주는 교훈은 무엇인가?

사들은 아이디어를 자세히 공개하기 싫어서 특허 신청을 피하기도 한다. 그렇다 할지라도 제품이나 서비스를 시장에 처음으로 출시하는 기업은 일반적으로 다른 기업들이 따라오기 전에 이익을 낼 수 있는 위치를 가진다. 또한, 초기 제품은 일시적 독점 상태에 있으므로 가격을 높게 책정할 수 있는 이점을 가진다.

연구개발비용은 매우 높을 수 있다. 몇몇 회사들은 *하루에* 연구개발비로 백만 달러 이상을 지출한다. 자동차, 컴퓨터, 통신 그리고 제약 산업의 대형 회사들은 심지어 이보다 더 많

### 읽을거리

중요한 현실 적용 사례를 강조하고, 생산/운영 이슈의 사례를 제공하며 본문 자료를 보다 자세히 설명하기 위해 관련된 읽을거리들이 제공된다. 또한 읽을거리는 학생들에게 흥미로운 내용으로 구성되어 있으며, 토론 자료로 활용될 수 있다.

## 각 장의 말미의(End-of-Chapter) 자료

학생들의 학습 및 복습을 위해, 각 장과 보충 자료 마지막 부분에 아래 자료들을 제공하였다.

### 요약과 주요 내용

각 장에서 다루었던 내용을 요약하였고, 각 장의 주요 내용을 강조하였다.

### 주요 용어

주요 용어는 본문에서 강조되었고, 간략한 정의가 본문 여백에 제시되었다. 또한, 모든 주요 용어는 복습을 위해 각 장의 끝부분에 정리되어 있다.

**주요 용어**

가중평균(weighted average)
계절변동(seasonal variation)
계절성(seasonality)
계절지수(seasonal relative)
관리도(control chart)
단순예측법(naive forecast)
델파이법(Delphi method)
불규칙 변동(irregular variation)
상관관계(correlation)
이동평균(moving average)
인과관계 모형(associative model)
중심이동평균(centered moving average)
지수평활법(exponential smoothing)
최소제곱선(least squares line)
추세(trend)
추세조정 지수평활법(trend-adjusted exponential smoothing)
추적지표(tracking signal)

### 토의 및 복습문제

각 장에 토의 및 복습문제가 주어져 있다. 학생들의 자습 혹은 강의 시간 토론을 위해 토의 및 복습문제는 연습문제 전에 배치하였다.

**토의 및 복습문제**

1. *생산운영관리*라는 용어와 *공급사슬*이라는 용어를 간략하게 서술하라.
2. 기업 조직의 3개 주요 기능 부문이 무엇인지를 말하고 이들이 서로 어떻게 연관되어 있는지를 간략하게 서술하라.
3. 생산운영 기능과 생산운영관리자의 직무에 대해 서술하라.
4. 제품 생산과 서비스 산출 간의 차이점 5가지와 유사점 5가지를 열거하라.
5. 생산운영관리의 역사적 발전과 관련된 다음의 용어를 간략히 설명하라.
   a. 산업혁명
   b. 과학적 관리
   c. 호환부품
   d. 분업
6. 서비스는 왜 중요한가? 제조는 왜 중요한가? 제조되지 않은 상품은 무엇인가?
7. 모형은 무엇이며 왜 중요한가?
8. 프로세스 계획에서 고객화의 정도는 왜 중요한 고려사항인가?
9. 다음 각각의 의사결정에 대해 생각할 수 있는 상충관계는 어떤 것인가?
   a. 자가용 운전과 대중교통 이용
   b. 컴퓨터를 현재 구매하는 것과 개량모델이 출시될 때까지 기다리는 것

### 연습문제

각 장은 과제 부과를 위한 연습문제를 수록하고 있다. 연습문제는 판 수를 거듭하며 다듬었고 좀 어려울 수 있으나 학생들이 할 수 있다고 판단된다. 연습문제의 간단한 해답은 부록 A에 수록하여 학생들이 자신의 이해도를 체크할 수 있고 어느 정도 발전하고 있는지를 즉시 알 수 있게 하였다.

**연습문제**

1. 다음 각 상황에서 이용률과 효율을 구하라.
   a. 하루 평균 7건의 대출 신청을 처리하는 프로세스. 이 프로세스의 설계용량은 하루 10건이며 유효생산용량은 8건이다.
   b. 하루 평균 4대의 난로를 수리하는 팀. 하루 기준으로 설계용량은 6대이고 유효생산용량은 5대이다.
   c. 효율이 높은 시스템이 이용률도 항상 높다고 할 수 있는가? 설명하라.
2. 한 잡샵의 유효생산용량은 설계용량의 50%이며 실제 산출률은 유효생산용량의 80%이다. 주당 8건의 일을 실제로 처리하려면 설계용량은 얼마나 되어야 하는가?
3. 한 도자기 회사에서 밀린 일감을 처리하기 위하여 추가 공장 신축을 생각하고 있는데 월 고정비는 $9,200이고 제품의 변동비는 단위당 $0.7이다. 각 도자기는 $0.9에 판매된다.
   a. 월간 손익분기점 수요(= 생산량)는 얼마인가?
   b. 생산량이 월 61,000개와 87,000개일 때 각각 이익은 얼마인가?
   c. 월 $16,000의 이익을 내려면 수요가 얼마나 되어야 하는가?

## 현장 견학

현장 견학은 특정 기업과 그 기업의 제품/서비스 및 생산운영관리 프로세스를 소개하는, 학생들을 위한 생산운영에 대한 간단한 안내이다. Wegmans Food Markets, Morton Salt, Stickley Furniture와 Boeing 등의 회사가 소개되어 있다.

현장 견학

### Stickley 가구회사

**서론**

www.stickley.com

L. & J.G. Stickley사는 1900년 레오폴드(Leopold)와 조지 스티클리(George Stickley) 형제에 의해서 설립되었다. 뉴욕 시라큐스 외곽에 위치한 이 회사는 파인체리, 화이트 오크, 마호가니 가구를 생산한다. 동사는 1980년대에 이 회사의 오리지널 라인이었던 미션스타일 오크 가구를 재도입했으며, 이는 이 회사 판매량의 50%를 차지한다.

수년간 회사는 좋고 나쁜 시기를 경험했는데, 한때 200명이 넘는 직원들이 있었다. 그러나 1970년대 초까지는 사업이 혼란스러워져 20명의 상근 직원들뿐이었고 파산 직전에 있었다. 현재 소유주는 1974년 다 죽어가는 회사를 인수했으며, 그들의 리더십 아래에서 번성하고 성장하여 지금은 1,350명의 직원들이 있다. Stick-

크기로 절단하는 다양한 톱질 작업으로 시작된다. 회사는 최근에 톱질 생산성을 높이고 낭비를 없애는 컴퓨터 제어 '최적화' 톱을 구매하였다. 작업자는 톱에 목재를 넣기 전에 각 목재를 검사하고 발견된 옹이와 결함들을 표시한다. 컴퓨터는 옹이, 불량의 위치와 후속 작업이 필요한 표준 길이들을 고려하여 최적절단세트를 결정한다. 대략적으로 매일 2만 보드 피트를 절단하는데 후속 절단 작업은 특정작업에 대한 추가절단을 하는 것이다.

그런 다음 근로자들이 작업된 나무 제품들을 접착제로 붙여서, 테이블, 책상, 옷장 또는 이와 유사한 품목의 상판을 만든다. 대형 프레스가 한 번에 20에서 30개의 접착된 부분을 압착한다. 테이블이나 의자 다리, 의자 등받이 또는 기타 제품들이 되는 다른 나무 조각들이 다양한 모양으로 만들어지는 작업을 거치게 된다. 다음에는 일련의 샌딩작업을 거치는데 여기서는 접착공정에서의 과도한 접착제를 제거하고 접착부분과 기타 부분의 표면을 부드럽게 연마한다.

무 조각들은 드릴 작업이나 장붓구멍을 내는 작업이

각형의 구멍이나 다른 모양의 구멍들을 낸다. 회사는

사례

### Promotional Novelties사

Promotional Novelties사는 기업고객을 대상으로 다양한 참신한 품목을 제공한다. 홀리데이 프로모션의 일환으로 지역 주유소에서 판매할 2만 대의 장난감 견인트레일러(tractor-trailer) 주문을 받았다. 주문은 8주 초에 출하된다. 아래 제품구조나무는 트럭의 다양한 구성품을 보여주고 있다.

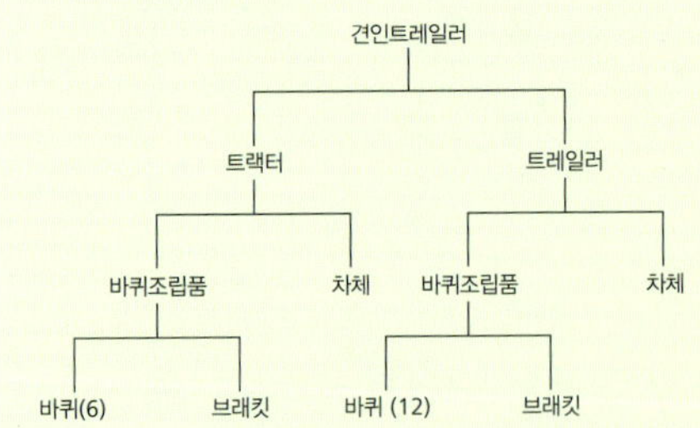


회사는 주당 10,000개의 견인트레일러를 최종조립까지 완료할 수 있다. 트랙터와 트레일러의 차체는 구매하는데, 리드타임이 3주가 소요된다. 바퀴가 관리자의 주요 관심사항이다.

회사는 브래킷을 충분히 공급받고 있다. 조립시간은 트랙터, 트레일러, 바퀴 조립품 각각에 대해서 일주일이 걸린다. 하지만 바퀴 담당 부서는 일주일에 10만 개의 속도로 바퀴를 생산할 수 있다. 관리자는 일정계획의 2주차부터는 바퀴담당부서를 전체생산용량으로 사용하고 필요에 따라서 공급자로부터 추가적으로 주문할 계획이다. 주문한 바퀴가 6,400개의 세트로 오는데, 공급자로부터 배송에 필요한 리드타임은 2주에서 3주까지 예상하고 있다. 구매한 바퀴를 제외한 모든 다른 품목에 대해서는 로트 대 로트(lot-for-lot) 주문방식을 이용하라.

**[질문]**

1. 관리자가 주문해야 하는 바퀴 세트의 주문량은 얼마인가?
2. 바퀴 세트는 언제 주문해야 하는가?

## 사례

본문에 짧은 사례들이 소개된다. 본격적인 사례 접근법을 하지 않고, 학생들이 보다 폭넓게, 통합적으로 사고하는 기회를 갖게 하는 사례들을 채택하였다.

## 강사를 위한 자료

강사는 Connect 안에 있는 강의보조자료(보조 자료의 전자 파일: 해답집, 강의설명서, 문제은행, 파워포인트 자료, 이미지 파일, 엑셀 강의자료)에 접속할 수 있다.

### 강의설명서

Idaho State University 의 Tracie Lee가 개정한 제14판의 설명서에는 강의노트, 각 장의 개요, 본문 문제의 해답이 포함되어 있다.

### 문제은행

Ferris State University의 Leslie Sukup가 업데이트하고 University of South Alabama의 Nancy Lamberk가 검토한 제14판의 문제은행에는 2,000여개 이상의 진위형, 객관식, 다양한 난이도의 토의 문제가 포함되어 있다. 이 문제은행은 Conncct 내 강사를 위한 자료에서 Word 파일이나 온라인 테스트 생성기(online test generator)를 통해 이용가능하다. 강사는 지필형 또는 온라인 시험을 위해 손쉽게 문제나 정답을 구성하고 편집하며 자신의 용도에 맞춰 수정할 수 있다.

### 파워포인트 자료

University of Texas-Dallas의 Avanti Sethi가 개정한 파워포인트 자료는 각 장의 중요한 내용이 포함되어 있어, 강사가 수업시간에 중요한 개념을 강조할 수 있도록 구성되었다.

### 이미지 파일

책의 모든 그림은 파워포인트 자료 삽입 혹은 수업 토의를 위해 사용될 수 있다.

Required=Results

## McGraw-Hill Connect®
## Learn Without Limits

Connect은 강의와 학습 플랫폼으로 학생과 강사에게 더 나은 결과를 전달하는 것으로 입증되었다.

Connect은 학생들이 요구하는 것을 필요한 시점에 필요한 방식으로 정확히 전달하기 위해 끊임없이 적응함으로써 학생들에게 힘을 실어 준다.

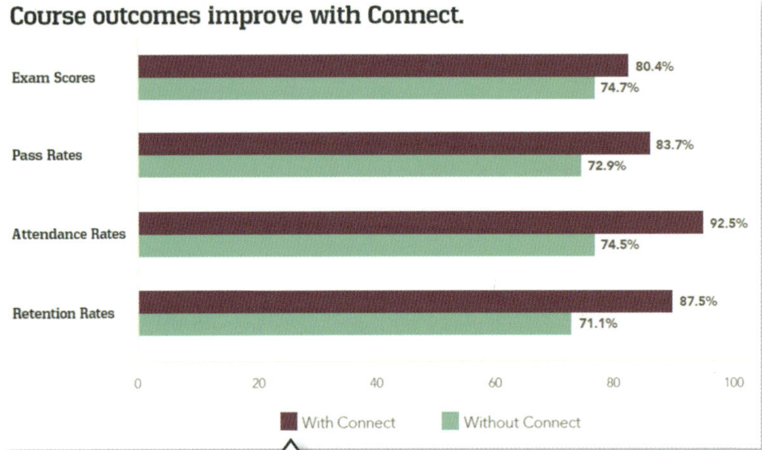


**Connect**을 사용하는 강사의 73%가 **Connect**을 필수로 하며, **Connect**을 필수로 할 때 강사 만족도가 28% **증가**한다.

**Connect**을 이용하면 P/F의 합격률을 **10.8%**, 숙지율을 **16.4%** 개선한다.

# 분석

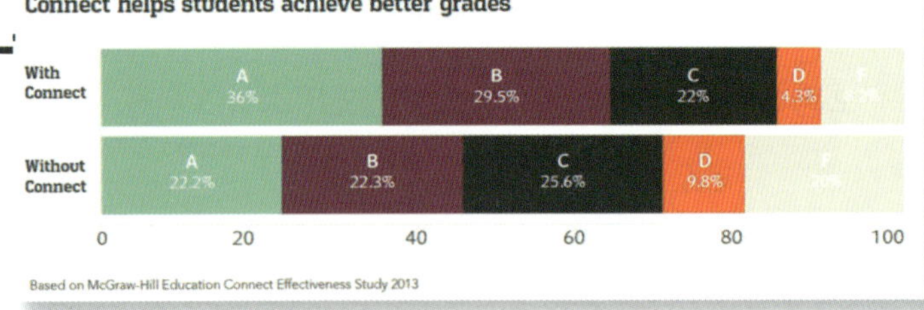


## Connect Insight®

Connect Insight는 Connect의 새롭고 독특한 시각적 분석 대시보드로 현재 강사와 학생 모두 사용 가능한데 학생의 성과에 대한 정보를 한눈에 볼 수 있고 즉시 실행 가능하다. Connect Insight는 전체 결과 및 개별 결과를 쉽게 볼 수 있는 시간 측정과 함께 과제, 평가 그리고 시사와 관련된 수행 결과를 제공함으로써 사용자에게 강의와 학습에 적시 접근방법을 택할 수 있는 능력을 준다. 이는 이전에는 이용할 수 없었다. Connect Insight는 데이터를 제시해 학생들에게 능력을 주고 강사가 효율적이며 효과적인 방법으로 학급 성과를 개선하도록 돕는다.

학생들은 모든 **Connect** 수업에서 결과를 볼 수 있다.

# 모바일

Connect의 새로운 직관적인 모바일 인터페이스는 학생과 강사에게 유연하고 편리하게 언제 어디서든지 Connect 플랫폼의 모든 구성요소에 접근하도록 한다.

# 적응형(Adaptive)

학생들의
독서 방법을 바꾸도록
설계된 최초의 유일한
**적응형(ADAPTIVE)**
**독서 경험**

McGraw-Hill Education의
**Adaptive** 제품을 사용할 때 더 많은
학생들이 **A**학점과 **B**학점을 받는다.

SmartBook이 리딩자료로써 더욱 효과적인 방법이 되길 원합니다.

SmartBook의 실용퀴즈가 학습에 실제 도움이 되기를 원합니다.

캠퍼스 wifi를 벗어난 환경에서도 이용가능하기를 원합니다.

Print 기능만을 제공하는 SmartBook 버전을 구입하기를 원합니다.

95%

SmartBook이 학습을 긍정적인 방향으로 변화하기를 원합니다.

## SmartBook®

학생들의 학점을 개선하고 더 효율적으로 학습하도록 돕는 것이 입증된 SmartBook은 인쇄된 책과 같은 내용을 담고 있으나 개인의 요구에 맞게 그 내용을 능동적으로 맞춘다. SmartBook의 적응형 기술은 학생이 주요 개념을 숙달하고 기억하도록 안내하고, 부족한 지식을 채우기 위하여 맞춤형 피드백을 제공하며, 학생을 주제에 대해 이해하고 숙지하도록 이끌기 위해 정확한 개인별 지침을 준다. 스마트폰과 태블릿에서도 사용할 수 있어 SmartBook은 학생들이 언제 어디서든지 학습할 수 있게 해준다.

**70억 개 이상의 질문**에 답해
McGraw-Hill Education 제품은 더욱
지능적이고 신뢰할 수 있으며 정확하다.

https://www.mheducation.com/highered/connect.html

*Findings based on a 2015 focus group survey at Pellissippi State Community College administered by McGraw-Hill Education

# 학습지침

본 교과서의 자료들은 경영학 교육의 핵심적인 지식들이다. 따라서 독자들은 생산운영관리를 공부함으로써 그 전공에 상관없이 많은 이점을 누릴 수 있을 것이다. 사실 생산운영은 경영학 분야의 과목이다.

본서는 생산운영관리의 원리와 개념에 대해 기술하고 있다. 이들 원리와 개념 중 상당 부분이 독자의 직업과 개인생활에도 역시 적용가능하다는 것을 알아둘 필요가 있다. 생산운영관리의 지식이 이처럼 다른 분야에서도 활용될 수 있다고 기대할 수 있다.

학생들 중 일부는 이 과목을 두려워하거나 심지어는 부정적인 감정을 가지고 대하기도 한다. 아마 학생들은 이 과목이 학생들이 좋아하지 않는 계량적 부문이 포함되어 있다고 들었거나 아니면 따분한 내용 또는 공장관리에 관한 내용이라고 들었기 때문일 것이다. 이것은 대단히 불행한 일이다. 왜냐하면 본서의 주제는 대단히 흥미롭고 모든 전공의 학생들에게 대단히 필요한 내용이기 때문이다. 본서의 내용 중 일부가 계량적이기는 하나 예제나 연습문제, 본서 말미의 해답 등이 이러한 계량적 문제에 대한 해법을 도와줄 수 있을 것이다. '공장관리' 문제에 대해서는 본서에는 공장관리의 내용도 있지만 서비스 관리의 문제도 있다는 것을 명심하기 바란다. 제조의 문제는 대단히 중요하며 몇 가지 이유 때문에 독자들이 이해해야 할 부분도 있다. 독자들의 주위를 관찰해 보라. 독자들의 눈에 들어오는 대부분의 '사물들' 즉 자동차, 트럭, 비행기, 의복, 신발, 컴퓨터, 서적, 필기구, 책상, 핸드폰 등은 공장에서 제조된 것들이다. 그러나 이들은 빙산의 일각에 불과하다. 따라서 이들이 어떻게 생산되었는가에 대해서 알 필요가 있다. 이러한 모든 것에 앞서 산업화된 국가들에서 국민의 높은 생활수준은 사실은 제조업이 책임지고 있다.

본서의 각 장을 읽고 관련된 강의에 출석하며 주어진 질문과 문제에 대해 답변하면서 독자들은 다음과 같은 능력을 가질 수 있도록 노력해야 한다.

1. *주어진 자료에서 핵심적인 내용을 파악할 수 있어야 한다.*
2. *용어를 정의하고 사용할 수 있어야 한다.*
3. *주어진 문제를 풀 수 있어야 한다.*
4. *본서에서 다루어진 개념과 테크닉을 활용할 수 있어야 한다.*
5. *본서에서 다루어진 주제를 상호관련성, 관리적인 측면 및 이점과 한계와 관련하여 심도 있게 논의할 수 있어야 한다.*

본서에는 몇 개장의 후반부에 장 보충자료가 포함되어 있다. 이 부분의 학습에 대해서는 강의자가 판단해서 결정하면 된다.

본서는 문제풀이를 강조하고 있다. 본서 전반에 걸쳐 해답을 포함하고 있는 많은 예제들이 제시되어 있다. 뿐만 아니라 각 장 말미에는 연습문제들이 제시되어 있다. 각 장의 연습문제들은 그 자체가 개념과 테크닉을 설명하고 있다. 각 장 말미의 연습문제를 푸는 데 있어 예제문제가 대단히 유용하다는 것을 느낄 수 있을 것이다. 이들 예제문제들은 장 중간에 있는 연습문제들에 비해 더욱 상세하게 설명하고 있다.

본 과목에서 좋은 성적을 취득할 수 있는 다음과 같은 접근방법을 권장하고자 한다.

1. 교수가 제시하는 각 장의 학습준비 예제를 해 보라.
2. 장의 개요와 학습목표를 개략적으로 읽어 보라.
3. 장의 요약을 읽고 목차를 개관하라.
4. 각 장을 읽고 요점을 정리하라.
5. 토의 및 복습문제를 읽고 답하여 보라.
6. 필요에 따라 예제와 각 장의 문제풀이 연습을 참고하여 연습문제를 풀어보라.

연습문제의 답은 본서 말미에 수록되어 있다. 해답을 참고하기 전에 문제를 풀어보려고 노력하라. 테스트에 대한 답은 주어져 있지 않다.

마지막 충고: 과제는 그것이 당신의 진로나 직장, 그리고 인생과 관계가 있건 없건 성공으로 향하는 고속도로라는 것이다. 성공적인 여정을 위해 과제를 열심히 하기 바란다.

*W.J.S.*

# 차례

# 생산운영관리 14th Edition

Operations Management

# 1 CHAPTER

# 생산운영관리에 대한 소개

## *Introduction to Operations Management*

### 학습 목표 *Learning Objectives*

*이 장을 학습한 후 다음과 같은 능력을 가져야 한다.*

**LO1.1** 생산운영관리와 공급사슬에 대한 용어 정의

**LO1.2** 서비스생산과 제품생산의 유사점과 차이점 확인

**LO1.3** 생산운영관리 학습이 중요한 이유 설명

**LO1.4** 조직의 세 가지 본원적 기능이 무엇인지를 알고 이들이 서로 어떻게 연관되어 있는지 기술

**LO1.5** 프로세스관리의 두 가지 주요한 측면을 요약

**LO1.6** 생산운영 기능과 생산운영관리자의 직무 특성을 기술

**LO1.7** 생산운영관리와 의사결정의 핵심 측면을 설명

**LO1.8** 생산운영관리의 역사적 발전과정을 간단하게 기술

**LO1.9** 생산운영관리에 영향을 주는 최근의 비즈니스 이슈에 대해 기술

**LO1.10** 윤리적인 의사결정의 중요성을 설명

**LO1.11** 공급사슬을 관리해야 하는 필요성을 설명

### 개요 *Chapter Outline*

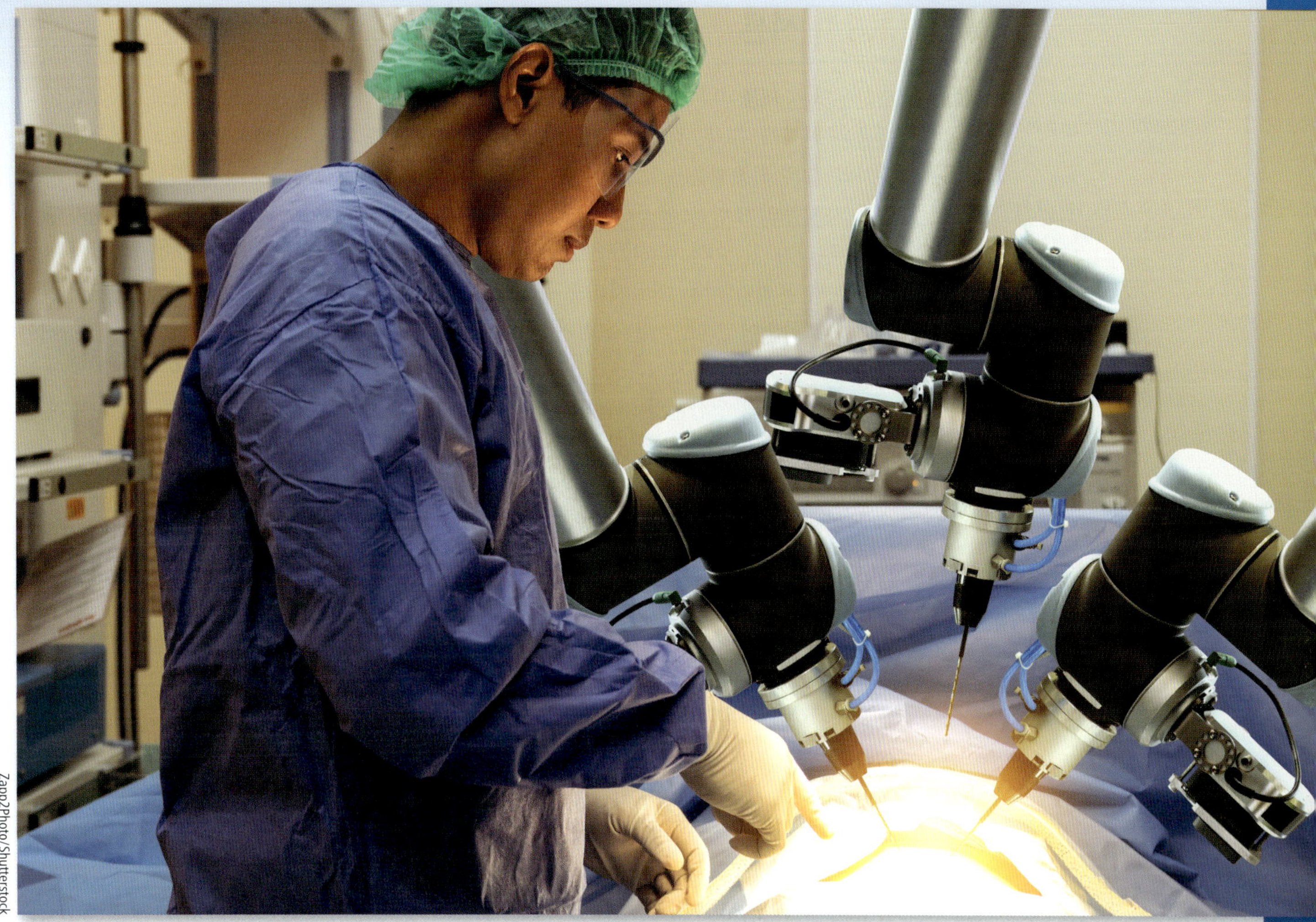

Zapp2Photo/Shutterstock

▲ 자동차 · 식품 · 완구 등과 같은 제품들의 리콜, 대량의 석유 유출, 주 및 연방 입법기관의 기능 부진 등은 모두 생산운영의 실패사례이다. 이들은 모두 효과적인 생산운영관리의 필요성을 분명히 보여준다. 그러나 우리 모두가 사용하는 많은 전자제품, 질병을 진단하고 치료하는 획기적인 의학발전, 폭넓게 구할 수 있는 고품질의 제품과 서비스 등은 모두 생산운영의 성공사례들이다.

생산운영은 비즈니스 조직에서 하는 일들이다. 생산운영은 서비스를 제공하거나 제품을 창출하는 프로세스들이다. 생산운영은 레스토랑, 소매점, 슈퍼마켓, 공장, 병원, 대학 등과 같은 비즈니스 조직에서 일어난다. 사실 생산운영은 모든 비즈니스 조직에서 일어난다. 특히 생산운영은 비즈니스 조직이 하는 활동의 핵심이다.

이 교과서를 읽어나가면서 이러한 생산운영을 관리하는 방법에 대해서 학습하게 된다. 이 주제는 우리의 전공에 상관없이 의의가 있다. 생산성, 품질, e-비즈니스, 경쟁, 고객만족 등은 비즈니스 조직의 모든 측면에서 중요하다. 1장에서는 생산운영관리에 대한 소개를 하고 그 개요를 살펴본다. 여기서 다루고 있는 내용 중에는 다음과 같은 것들이 있다. 생산운영관리란 무엇인가? 그것은 왜 중요한가? 생산운영관리 전문가들은 무슨 일을 하는가?

또 이 장에서는 생산운영관리의 역사적 발전과정에 대해 기술하고 생산운영관리에 영향을 미치는 경향과 이슈에 대해서도 토의한다.

여기서는 다음과 같은 내용을 학습하게 될 것이다. (1) 모든 비즈니스 조직이 달성하고자 하는 경제적 균형 (2) 경제적 균형 달성을 어렵게 하는 일반적으로 존재하는 여건 (3) 모든 비즈니스 조직의 핵심이 되는 라인 기능 (4) 생산운영관리의 역사와 발전과정에서의 주요 단계 (5) 제품생산과 서비스 산출의 유사성과 차이점 (6) 공급사슬은 무엇이며 이것을 관리하는 것이 왜 중요한지? (7) 오늘날의 비즈니스 운영에서의 핵심적인 이슈.

## 1.1 서론

**제품** ▸
기업조직이 생산하는 물리적 실체

**서비스** ▸
시간, 장소, 형태, 심리적 가치들의 조합을 제공하는 행위

생산운영은 **제품**이나 서비스를 생산하는 책임을 지고 있는 비즈니스 조직의 한 부문이다. 제품은 원자재, 부품, 컴퓨터 조립에 사용되는 마더보드와 같은 하위조립품, 휴대폰이나 자동차와 같은 최종제품을 포함하는 물리적 실체이다. **서비스**(service)는 시간, 장소, 형태, 심리적 가치들의 조합을 제공하는 행위이다. 우리 주위에는 이들 제품과 서비스의 예가 많이 있다. 우리가 읽는 책, 우리가 보는 비디오, 우리가 보내는 전자우편(e-mail), 우리가 하는 전화통화, 우리가 받는 의료서비스 등 모든 것에는 하나 이상의 조직이 수행하는 생산운영 기능이 포함되어 있다. 이는 우리가 입는 모든 의복, 먹는 음식, 여행, 앉는 의자, 접속하는 인터넷 등에도 마찬가지이다. 기업의 생산운영 기능은 훨씬 광범위한 관점에서도 파악할 수 있다. 즉, 기업의 생산운영 기능의 총체적인 성공이나 실패는 국가의 경쟁력뿐만 아니라 국가의 경제에도 영향을 미치는 것이다.

기업조직의 이상적인 조건은 수요와 공급을 경제적으로 일치시키는 것이다. 과잉공급이나 과잉생산용량은 낭비이며 비용이 많이 든다. 반면 너무 적으면 기회의 상실이나 고객의 불만족으로 이어진다. 공급 측면의 핵심 기능은 생산운영과 공급사슬이며 수요 측면의 핵심 기능은 판매와 마케팅이다.

생산운영기능이 제품을 생산하고 서비스를 공여하는 책임이 있긴 하나 조직의 다른 부문으로부터의 지원과 투입을 필요로 한다. 기업 조직은 그림 1.1에서 보는 바와 같이 전형적으로 재무, 마케팅 및 생산운영의 세 가지 기본적인 기능 부문을 가지고 있다. 기업의 형태가 어떠하건—소매점포, 병원, 제조기업, 세차장 또는 다른 형태에 상관없이—모든 기업 조직은 이러한 세 가지 기본적인 기능을 가지고 있는 것이다.

재무기능은 유리한 가격으로 재무자원을 확보해서 이를 조직 전반에 할당하는 책임을 지고 있으며 동시에 예산을 수립하고 투자안에 대한 분석을 하며 생산운영을 하기 위한 자금을 제공한다. 마케팅기능은 소비자의 욕구와 니즈를 평가하여 그 조직에서 취급할 제품이나 서비스를 판매하고 촉진하는 책임을 지고 있다. 생산운영기능은 조직이 소비자에게 제공하고자 하는 제품을 생산하고 서비스를 산출하는 책임을 지고 있다. 이를 좀 더 넓게 보면 만약 기업 조직이 자동차라면 생산운영 기능은 엔진에 해당하는 것이다. 엔진이 자동차의 기능 중 핵심에 해당하는 것처럼 생산운영 기능도 기업 조직의 핵심에 해당하는 것이다. **생산운영관리**는 이 핵심을 관리하는 책임을 지고 있다. 따라서, 생산운영관리는 제품을 생산하거나 혹은 서비스를 산출하는 시스템 또는 프로세스를 관리하는 것이다.

**생산운영관리** ▸
제품을 생산하거나 혹은 서비스를 산출하는 시스템 또는 프로세스의 관리

생산운영과 공급사슬은 본원적으로 서로 연결되어 있고 이들 양자가 없는 기업조직은 존

**그림 1.1**
기업조직의 세 가지 본원적 기능

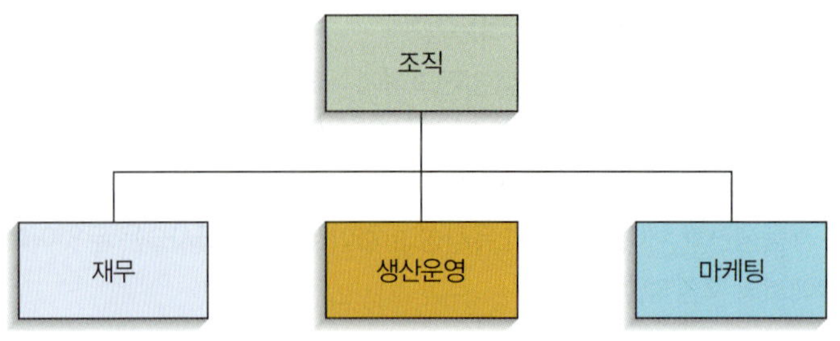

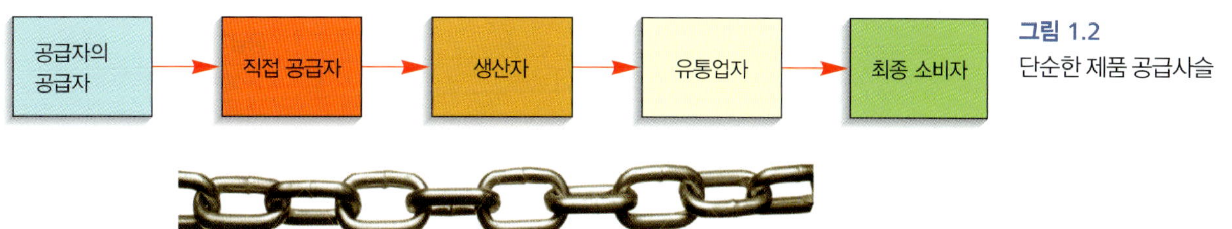


그림 1.2
단순한 제품 공급사슬

재할 수 없다. **공급사슬**은 제품을 생산하고 서비스를 산출하는 것과 관련된 조직—그들의 시설, 기능, 행위—의 연쇄이다. 이 연쇄는 원자재를 공급하는 기본적 공급자들에서 시작하여 최종 소비자에게까지 연장된다. 그림 1.2를 참고하라. 시설에는 창고, 공장, 프로세싱 센터, 사무실, 유통센터, 소매기관 등이 포함된다. 기능에는 수요예측, 구매, 재고관리, 정보관리, 품질보증, 스케줄링, 생산, 분배, 배송 및 고객서비스가 포함된다.

**공급사슬**
제품을 생산하고 서비스를 산출하는 것과 관련된 조직—그들의 시설, 기능, 행위—의 연쇄

그림 1.3A에서 공급사슬의 또 다른 삽화를 볼 수 있는데, 농장에서 가꾸어지는 밀에서부터 시작하여 슈퍼마켓에서 소비자가 한 덩어리의 빵을 사면서 끝날 때까지 연장되는 사슬을 볼 수 있다. 공급사슬을 통하여 이동해 가면서 제품의 가치는 증가되고 있다.

공급사슬을 생각하는 한 가지 방법은 그 이름이 의미하듯이 사슬과 같다는 것이다. 그림 1.2가 이것을 보여 주고 있다. 사슬의 연결은 공장, 저장시설, 행위, 운송수단(열차, 철로, 선박, 항공기, 자동차, 인력)과 같은 다양한 생산이나 서비스 운영을 나타낸다. 사슬은 공급사슬의 *연쇄적* 성격과 공급사슬 요소의 상호연결을 보여준다. 각각의 고리는 앞 고리의 고객이며 다음 고리의 공급자이다. 이는 어떤 이유(품질 또는 배송 문제, 일기 문제 또는 기타 문제 등 많은 가능성이 존재한다)로 어떤 고리가 작동이 안 되면 사슬의 그 이후 부분에서의 공급사슬의 흐름이 중단된다는 사실을 이해하는 데 도움이 된다.

공급사슬에 대해 달리 생각해 볼 수 있는 방법은 그림 1.3B와 같이 많은 가지가 있는 나무로 보는 것이다. 나무의 주 줄기는 핵심 공급자와 수송기관(예컨대, 운송회사)을 나타낸다. 이 그림은 공급사슬의 규모와 복잡성을 파악하는 데 도움이 된다. 나무의 주 줄기는 곁가지들(주 줄기의 공급자들)을 가지고 있으며 또 곁가지는 그들 자신의 곁가지들(곁가지들의 공급자들)을 가지고 있음을 주목하라. 공급사슬을 나무로 연장하여 보는 것은 각각의 공급자(곁가지)들이 자신의 공급 나무를 가진다는 것이다. 그림 1.3A에서 농장, 제분소, 제빵공장과 운송회사는 각각 자신의 공급자 '나무'를 가지고 있다.

공급사슬은 조직의 외부와 내부에 모두 있다. 조직 외부의 공급사슬은 원자재, 부품, 장비, 소모품, 기타 투입요소를 조직에 공급하고 '상품'인 산출요소를 조직의 고객에게 전달한다. 내부 공급사슬은 생산운영기능 그 자체로서 생산운영부문에 자재와 부품을 공급하고 제품에 대해 작업을 수행하고 또 서비스를 수행한다.

제품이나 서비스를 창출하는 데는 투입을 산출로 변환 또는 전환하는 프로세스가 수반된다. 제품이나 서비스를 창출하기 위해서는 자본, 노동력, 정보와 같은 다양한 투입요소들이 사용되는데 한 가지 이상의 *변환 프로세스*(예컨대, 저장, 운반, 수리 등)를 거치게 된다. 애초에 원했던 산출을 반드시 획득하기 위해서 조직은 변환 프로세스의 다양한 지점에서 측정을 하고(*피드백*) 필요한 경우 시정조치를 할 수 있도록 사전에 설정된 표준과 이들 측정결과를 비교한다(*통제*). 그림 1.4는 변환*시스템*을 보여주고 있다.

**그림 1.3A**
빵의 공급사슬

공급자:
설비 공급자
설비 수리
영양분, 종자, 비료, 살충제
에너지/연료

농장
운송

제분소
Flour

공급자:
설비 공급자
설비 수리
에너지

운송

공급자:
설비 공급자
설비 수리
기타 재료
에너지

제빵공장

슈퍼마켓

공급자:
연료
수리부속
타이어
운전기사
트럭

운송회사

Bread
Bread
$2.29

**그림 1.3B**
빵의 공급사슬

표 1.1에는 투입, 변환 과정, 산출에 대한 예들이 제시되어 있다. 표 1.1에는 제품과 서비스가 별도로 열거되어 있지만 제품과 서비스는 자주 결합되어 나타난다는 사실을 알아 둘 필요가 있다. 예컨대, 자동차의 오일을 교환하는 것은 서비스에 속하지만 교환되어 주입되는 오일은 제품에 속하는 것이다. 마찬가지로 집에 페인트 칠을 하는 것은 서비스이지만 페인트는 제품이다. 제품–서비스의 결합은 연속선 상에 있다고 볼 수 있다. 이것은 서비스가 거의 없는, 주로 제품인 상태로부터 제품이 거의 없는, 주로 서비스인 상태까지 다양하게 펼쳐져 있다. 그림 1.5는 이러한 제품-서비스의 연속선을 나타내고 있다. 순수한 제품이나 순

**그림 1.4**
생산운영기능은 투입을 산출로 변환시키는 프로세스를 포함한다.

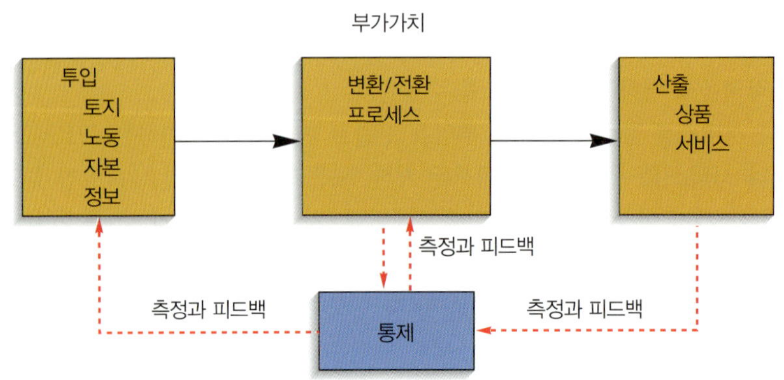

**표 1.1**
투입, 변환, 산출의 예

| 투입 | 변환 | 산출 |
|---|---|---|
| 토지 | 프로세스 | 높은 제품 성향 |
| 인력 | 절단, 드릴링 | 주택 |
| 육체노동 | 운송 | 자동차 |
| 정신노동 | 교육 | 의류 |
| 자본 | 농작물 재배 | 컴퓨터 |
| 원자재 | 혼합 | 기계 |
| 수자원 | 포장 | 텔레비전 |
| 금속 | 복사 | 식품 |
| 목재 | 분석 | 교과서 |
| 장비 | 개발 | 휴대폰 |
| 기계 | 탐색 | 높은 서비스 성향 |
| 컴퓨터 | 연구 | 건강관리 |
| 트럭 | 수리 | 오락 |
| 도구 | 혁신 | 자동차 수리 |
| 시설 | 디버깅 | 법률 서비스 |
| 병원 | 판매 | 금융 |
| 공장 | e-메일 | 통신 |
| 소매 점포 | 기사쓰기 | |
| 에너지 | | |
| 기타 | | |
| 정보 | | |
| 시간 | | |
| 법적인 제약 | | |
| 정부 규제 | | |

수한 서비스는 비교적 흔하지 않으므로 기업은 보통 제품과 서비스의 결합으로 이루어지는 *상품패키지*를 판매하게 된다. 이러한 상품패키지에는 제품생산의 요소와 서비스 산출의 요

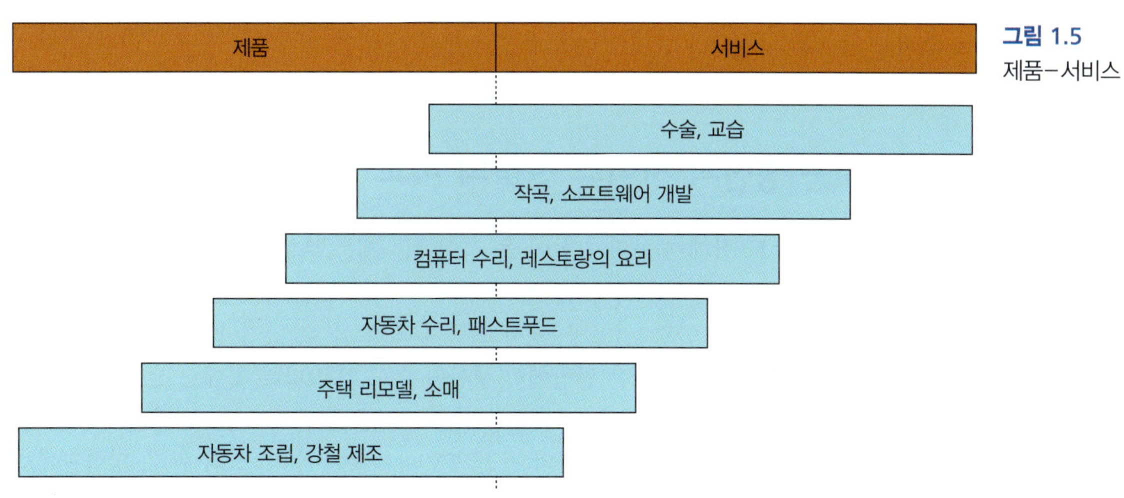


**그림 1.5**
제품–서비스 연속선

**표 1.2**
변환 과정의 예

| | 투입물 | 처리 과정 | 산출물 |
|---|---|---|---|
| 식품 가공 | 생야채 | 세척 | 채소 통조림 |
| | 금속판 | 캔 제작 | |
| | 물 | 절단 | |
| | 에너지 | 조리 | |
| | 노동력 | 포장 | |
| | 건물 | 라벨 부착 | |
| | 장비 야채 | | |
| 병원 | 의사, 간호사 | 검사 | 치료받은 환자 |
| | 병원 | 수술 | |
| | 의료 소모품 | 모니터링 | |
| | 장비 | 투약 | |
| | 실험실 | 치료 | |

소가 함께 존재한다. 이 점이 생산운영을 관리하는 것을 보다 흥미롭게 만들며 또한 보다 어렵게 한다.

표 1.2는 변환 과정을 보다 구체적으로 나타내고 있다.

**부가가치** ▸ 투입물의 원가와 산출물의 가치나 가격 간의 차이.

생산운영 기능의 핵심요소는 변환 과정에서 *가치를 부가*하는 것이다: **부가가치**는 투입물의 원가와 산출물의 가치나 가격 간의 차이를 나타내기 위한 용어이다. 비영리조직에서 산출물(예컨대, 고속도로 건설, 경찰활동이나 소방 등)의 가치는 사회에 대한 기여도이다. 여기서 부가가치가 크면 클수록 이들 생산운영의 효과가 크게 나타나게 된다. 영리조직에서 산출물의 가치는 제품이나 서비스에 대해 소비자가 기꺼이 지불할 의사가 있는 가격으로 측정된다. 부가가치로 생성된 자금을 활용하여 기업은 연구개발, 새로운 설비에 대한 투자, 종업원의 급여 그리고 *이윤*에 충당한다. 따라서 부가가치가 크면 클수록 이러한 목적에 사용할 수 있는 자금의 양이 많아지게 된다. 가치는 또 *브랜드*처럼 심리적이기도 하다.

생산운영 시스템을 설계하고 관리하는 데에는 많은 요소가 영향을 미치고 있다. 이들 중에는 고객이 생산운영 프로세스에 얼마만큼 참여하는가와 제품이나 서비스를 생산하기 위해 기술이 어느 정도 사용되고 있는가 하는 측면이 있다. 고객의 참여 정도가 크면 클수록 생산운영을 설계하고 관리하는 일은 더욱 어려워질 것이다. 기술에 대한 선택은 생산성, 원가 유연성, 그리고 품질이나 고객의 만족에 큰 영향을 미칠 수 있다.

## 1.2 제품 생산과 서비스 산출의 비교

제품과 서비스는 주로 함께 제공되지만 이 둘 사이에는 제품 부문의 관리와 서비스 부문의 관리에 영향을 미치는 기본적인 차이점이 있다. 물론 둘 사이에는 유사점도 있다.

제품의 생산은 자동차, 안경, 골프공, 냉장고 등 우리가 볼 수 있거나 *만질 수 있는* 유형의 재화를 산출하는 것이다. 이들은 공장에서 생산될 수도 있고 다른 곳에서 생산될 수도 있다. 예를 들어, 농업이나 레스토랑은 *제조되지 않은* 재화를 생산하고 있다. 반면 서비스 산출은 일반적으로 행위를 의미한다. 의사의 검진, TV나 자동차 수리, 잔디 관리, 영화관에서의 영화 상영 등은 서비스의 예들이다. 대부분의 서비스 업무는 다음과 같은 범주에 속한다.

전문서비스(예, 금융, 건강관리, 법률)
대량서비스(예, 전기 · 수도 · 가스, 인터넷, 통신)
서비스 점포(예, 양복맞춤, 가정용 기기 수리, 세차, 자동차 수리/정비)
개인서비스(예, 이용/미용, 목욕탕)
공공서비스(예, 공공의료보험, 우편, 사회복지, 경찰, 소방)
교육(예, 초 · 중등 교육, 대학)
식음료(예, 케이터링)
조직 내 서비스(예, 급여, 인사, 유지보수, IT, 인적자원, 청소)
도매/소매
하역 · 운송(예, 트럭, 철도, 선박, 항공)
주택 서비스(예, 잔디관리, 페인팅, 일반 수리, 리모델링, 실내디자인)
운송(예, 대중교통, 택시, 항공, 앰뷸런스)
여행 · 숙박(예, 여행사, 호텔, 리조트)
기타서비스(예, 복사, 일용파견)

제조와 서비스는 '*무엇이* 이루어지는가'의 관점에서는 상이하지만 '*어떻게* 이루어지는가'의 관점에서는 상당히 유사하다.

다음과 같은 관점에서 비교해 보자.

**고객접촉의 정도.** 대부분의 서비스는 고객접촉의 정도가 높으나 인터넷, 전기 · 수도 · 가스, 우편서비스는 그렇지 않다. 고객접촉의 정도가 높으면 서비스 제공자와 고객 간에는 '진실의 순간'이 있게 되는데 이는 서비스가 제공될 때마다 고객이 판단하게 된다.

**노동집약도.** 자동화된 서비스는 그렇지 않지만 서비스는 일반적으로 제조보다 노동집약도가 높다.

**투입물의 균질성.** 서비스 생산은 일반적으로 투입물의 변동성이 높다. 각각의 의뢰인, 환자, 고객, 수리 작업 등등은 각각의 판단과 유연성을 요구하며 그 상황이 모두 독특하다. 반면 제품 생산은 투입물의 변동성을 보다 용이하게 통제할 수 있으며 그 결과 보다 균질적인 작업이 되게 한다.

**생산성 측정.** 서비스 작업은 주로 투입물의 변동성 때문에 생산성 측정이 보다 어렵다. 예컨대 어떤 의사는 일반적인 환자를 보다 많이 다루는 데 비해 또 다른 의사는 보다 어려운 환자를 다룰 수도 있다. 보다 세심하게 분석을 하지 않는 한 어려운 환자를 많이 다루는 의사는 일반적인 환자를 많이 다루는 의사보다 생산성이 낮게 나올 수 있다.

frantic00/Shutterstock

**품질보증.** 서비스는 투입물의 변동성이 크고 생산과 소비가 동시에 일어나기 때문에 품질 보증이 보다 어렵다. 제조는 전형적으로 시간적, 공간적으로 고객과 떨어진 상황에서 생산이 이루어지기 때문에 불량을 인지했을 때 바로잡기가 용이하나 서비스는 고객에게 불량이 노출되는 상황을 회피할 수 있는 기회가 적다.

**표 1.3**
투입, 변환, 산출의 예

| 특징 | 제품 | 서비스 |
|---|---|---|
| 산출물 | 유형 | 무형 |
| 고객접촉의 정도 | 낮음 | 높음 |
| 노동집약도 | 낮음 | 높음 |
| 투입물의 균질성 | 높음 | 낮음 |
| 생산성 측정 | 용이함 | 어려움 |
| 고객에게 전달하기 이전에 문제점을 바로잡을 수 있는 기회 | 높음 | 낮음 |
| 재고 | 많음 | 적음 |
| 임금격차 | 범위가 좁음 | 범위가 넓음 |
| 특허등록 | 일반적임 | 일반적이지 않음 |

**재고.** 서비스는 일반적으로 제품생산에 비해 재고를 활용할 수 있는 기회가 적으며 따라서 재고유지비용이 낮다. 그러나 서비스는 제품생산과 달리 재고를 유지할 수 없고 '주문 즉시' 제공되어야 한다.

**임금.** 제조 부문 직업은 통상 보수수준이 높으며 서비스직에 비해 보수수준의 변동성이 작다. 반면에 서비스직은 보수수준이 아주 높은 전문직 서비스에서 최저임금의 종사자까지 그 차이가 크다.

**특허등록 가능성.** 제품 디자인은 서비스 디자인에 비해 특허등록이 보다 용이하다. 어떤 서비스는 특허등록이 불가능하며 따라서 경쟁자가 쉽게 모방을 할 수 있다.

제품생산을 관리하는 것과 서비스 생산을 관리하는 데에는 *유사한 점*도 많이 있다. 이 책에서 다루는 대부분의 주제는 사실 양자를 모두 포함하고 있다. 서비스 생산에서 중요한 사항이 있으면 별도의 절에서 강조하고 있다. 양자 모두에게 필요한 주요사항은 다음과 같다.

a. 공급과 수요를 일치시키기 위한 수요예측과 생산용량계획
b. 프로세스관리
c. 변동성 관리
d. 원가와 생산성의 모니터링과 통제
e. 공급사슬관리
f. 입지계획, 재고관리, 품질관리, 일정계획

제품을 생산하는 기업에서도 많은 서비스 활동이 필수적이라는 사실도 주목하기 바란다. 이들에는 교육훈련, 인적자원관리, 고객서비스, 장비 수리, 조달, 관리서비스 등이 있다.

표 1.3은 제품생산과 서비스생산 간의 차이점을 개괄적으로 보여주고 있다. 그러나 대부분의 생산시스템은 제품과 서비스의 양자 모두와 관련되어 있다는 사실을 명심하라.

## 1.3 왜 생산운영관리를 공부하는가

생산운영관리가 여러분의 주된 전공이 아니라 할지라도 이 과목을 공부하면서 얻게 되는 지식과 능력은 여러분의 경력관리에 중요한 기여를 할 것이다.

앞으로 여러분이 생산운영 분야에서 일을 할 계획이 있건 없건 생산운영관리를 공부해야 하는 이유는 직업과 관련된 여러 가지 이유 때문이다. 왜냐하면 기업경영의 모든 측면이 생산운영에 영향을 주거나 생산운영으로부터 영향을 받기 때문이다. 기업조직에서 생산운영과 판매는 라인 기능이다. 기타의 기능들—회계, 재무, 마케팅, IT 등—은 두 라인 기능을 지원한다. 생산운영과 밀접히 연관된 서비스 직종에는 재무 서비스직(예컨대, 증권시장 분석가, 주식 중개인, 투자 은행가, 대출 심사역), 마케팅 서비스직(예컨대, 시장분석전문가, 시장조사전문가, 광고관리자, 상품관리자), 회계 서비스직(예컨대, 기업회계사, 공인회계사, 예산분석가) 및 정보서비스직(예컨대, 기업정보수집가, 사서, 경영정보시스템 설계사)이 있다.

사용자들은 기업조직의 운영과 관련된 일반적 지식을 보다 많이 갖추기를 선호하지만 실상은 대학졸업자들이 아주 세분된 지식을 가지고 입사한다고 하는 것이 사용자들이 가지고 있는 공통된 불만이다. 본서는 사용자들이 신입사원들에게서 찾고자 하는 폭넓은 지식의 일부를 제공하고 있다. 직업관련 이유와는 별도로 그렇게 두드러지지 않은 이유가 하나 있다. 생산운영과 공급사슬을 공부함으로써 독자는 독자가 살고 있는 세상에 대해 보다 깊은 이해를 할 수 있고, 기업이나 국가의 국제적 상호의존성, 기업이 성공하거나 실패하는 이유, 다른 사람과 더불어 일하는 것의 중요성 등에 대해서도 보다 깊이 이해할 수 있을 것이다.

일을 함께 성공적으로 한다는 것은 조직의 모든 구성원이 자신의 고유한 역할뿐만 아니라 다른 사람의 역할도 동시에 이해하고 있어야 함을 의미한다. 실제로는 다양한 기능분야 간에 *정보의 교환*이나 *협력적인 의사결정*의 방법으로 상당 수준의 상호접촉과 *협력*이 이루어지고 있다. 예컨대 기업조직의 세 본원적 기능이 각각 다른 활동을 수행하고 있지만 이들이 하는 의사결정은 많은 부문이 타 기능 분야에 영향을 주고 있다. 따라서 이들 기능 간에는 그림 1.6에서 서로 겹쳐지는 원으로 표시한 것처럼 서로 다양한 상호작용이 이루어지고 있다.

재무관리자와 생산운영관리자는 다음과 같은 활동 영역에서 정보와 전문지식을 상호 교환하면서 협력한다.

1. **예산수립.** 예산은 자금 소요를 계획하기 위해 정기적으로 수립한다. 예산은 수시로 조정하여야 하고 예산 대비 성과도 평가해야 한다.
2. **투자안에 대한 경제적 분석.** 공장이나 설비의 투자안에 대한 평가를 하기 위해서는 생산운영과 재무의 두 부문 모두로부터 정보가 나와야 한다.

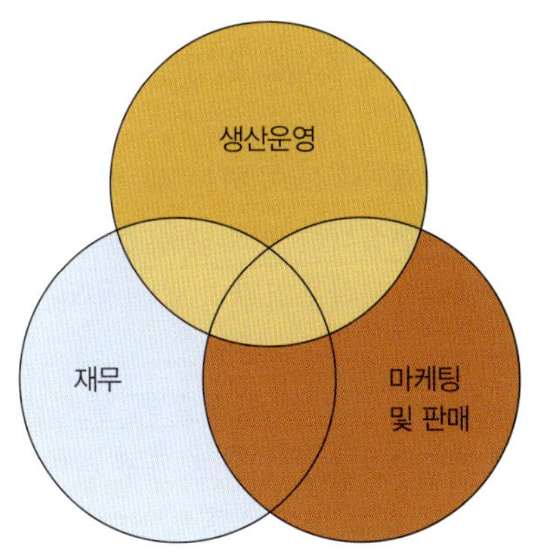


**그림 1.6**
기업조직의 세 가지 본원적 기능은 서로 겹친다.

3. **자금공급.** 생산운영에 필요한 자금조달 및 자금조달의 시기와 양은 대단히 중요하며 특히 자금 사정이 빠듯할 때는 더욱 그러하다. 치밀한 계획은 현금흐름 문제를 해소하는 데 도움이 된다.

마케팅의 초점은 조직에서 생산한 제품과 서비스를 판매하거나 촉진활동을 하는 것이다. 마케팅은 또한 고객의 필요나 요구를 평가하여 이를 생산운영 부문(단기적)과 설계 부문(장기적)에 전달하는 책임을 지고 있다. 생산운영은 수요에 따른 계획(예컨대, 원자재의 구매나 작업일정의 계획)을 수립하기 위해 단기나 중기 기간 동안의 수요 정보를 필요로 하며 설계 부문은 새로운 제품이나 서비스를 설계하기 위해 현재의 제품이나 서비스를 개선시키는 것과 관련된 정보를 필요로 한다. 마케팅, 설계, 생산은 설계 변경을 하거나 신제품을 개발하고 생산하기 위하여 상호 밀접한 협력을 하여야 한다. 마케팅은 경쟁자가 무엇을 하고 있는지에 대한 중요한 정보를 제공해 준다. 마케팅은 또한 요구되는 제품이나 특징을 설계부문이 알 수 있도록 고객이 좋아하는 것에 대한 정보를 제공해 준다. 생산운영은 설비규모에 대한 정보를 제공하며 제품설계의 *제조 용이성*에 대한 판단도 한다. 생산운영은 또한 신제품이나 서비스를 생산하기 위해 새로운 장비나 기술이 요구될 때 사전에 이에 대한 예고를 해주기도 한다. 재무부문은 어떤 자금이 사용 가능한가에 대한 정보를 제공하며(단기), 또 신제품이나 서비스를 위하여 얼마나 많은 자금이 필요한가를 알려 주기도 한다(중, 장기). 마케팅이 생산운영으로부터 얻어야 하는 중요한 정보 중의 하나는 고객의 주문을 충족시키는 데 걸리는 시간에 대한 실현 가능한 추정치를 고객에게 제공하기 위한 제조 또는 서비스 **리드타임**이다.

**리드타임** 제품이나 서비스를 주문하고 나서 수령할 때까지의 시간

따라서 마케팅, 생산운영, 재무 부문은 제품 및 프로세스 설계, 예측, 실현 가능한 일정 계획 수립, 품질 및 수량 의사결정, 다른 부문들의 강점과 약점을 각 부문이 알도록 하는 것 등과 관련하여 상호접촉을 해야 한다.

기업의 모든 부문에 소속되어 있는 사람들은 공급사슬 및 수요와 공급의 일치 활동에 영향을 주는 생산운영 의사결정을 관리하고 조정하는 일의 중요성에 대해, 그리고 이러한 의사결정이 조직의 다른 기능에 대해 어떻게 영향을 미치는지에 대해 그 중요성을 높이 평가해야 한다.

생산운영은 또한 그림 1.7에 나타낸 것처럼 법무, 경영정보 시스템(MIS), 회계, 인사 및 인적자원관리, 홍보 등과 같은 조직의 다른 기능 부문과 상호작용을 한다.

*법무* 부문은 채무나 환경 문제뿐만 아니라 종업원, 고객, 공급자, 운송업자 등과의 계약과 관련하여 조언을 한다.

*회계*는 노무비, 재료비, 경비에 대한 정보를 경영층에 제공하고 스크랩(scrap), 고장시간, 재고 등에 대한 보고서를 제출한다.

*경영정보시스템(MIS)*은 관리를 효과적으로 하는 데 필요한 정보를 경영층에 제공하고자 한다. 이것은 주로 적절한 정보를 수집하는 시스템을 설계하고 보고서를 설계하는 방법을 통해 이루어진다. 경영정보시스템은 생산운영관리에 사용되는 통제와 의사결정 도구를 관리하기 위해서도 역시 중요하다.

*인사 및 인적자원관리* 부문은 인력채용 및 교육훈련, 노사관계, 계약 협상, 임금 및 급여관리, 인력수요 예측, 종업원의 건강 및 안전의 확보 등과 관련되어 있다.

*홍보*는 대중에 대해 조직의 긍정적인 이미지를 형성하고 유지시키는 책임을 지고 있다.

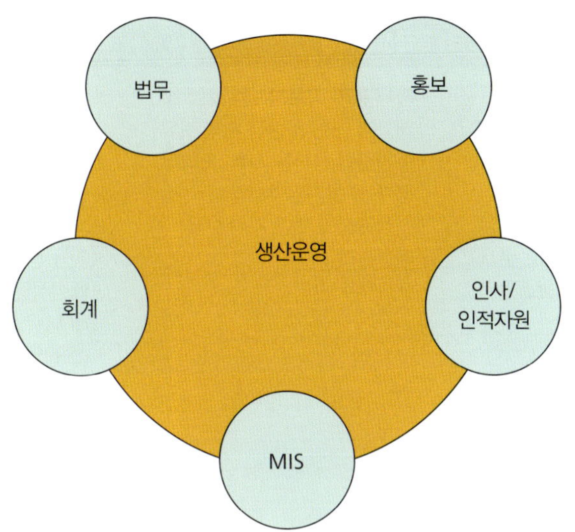


**그림 1.7**
생산운영부문은 여러 지원부문과 상호접촉을 한다.

홍보가 잘 되어 있으면 잠재적인 혜택이 많이 있다. 그중 확실한 것은 시장에서의 혜택이다. 기타 잠재적인 혜택에는 대중들이 조직을 일하기 좋은 장소로 인지하는 것(노동력 공급), 도시계획 변경요청에 대한 승인가능성 증대, 확장 계획을 지역사회에서 용인하는 것, 종업원들이 긍정적인 자세를 가지는 것 등이 있다.

## 1.4 취업 기회와 전문직종 협회

생산운영관리와 공급사슬 분야에는 취업 기회가 많다. 이 분야의 주요한 직책 명칭들을 보면 운영과장, 생산분석사, 생산과장, 재고관리과장, 구매과장, 일정 조정관, 유통과장, 공급사슬관리과장, 품질분석사, 품질관리과장 등이 있다. 또 업무과장, 점장, 서비스과장 등의 직명들도 여기에 해당된다.

생산운영관리 분야에 종사하는 인력은 대인관계 역량과 지식역량 양자를 모두 가지고 있어야 한다. 대인관계 역량은 정치적 감각, 멘토링(조언자) 능력, 협력, 협상, 의사소통 능력 등을 포함한다. 신뢰성을 주고 의사결정을 잘 하기 위해 필요한 지식역량은 제품/서비스 지식, 프로세스 지식, 산업 및 해외업계에 대한 지식, 재무 및 회계 역량, 프로젝트 관리 역량 등이 포함된다. 표 1.4를 참고하기 바란다.

생산운영관리 분야에서 경력을 쌓고자 한다면 다음과 같은 전문직종 협회에 가입하여 여러 가지 혜택을 받을 수 있다.

*APICS (the Association for Operations Management) 생산운영관리협회*
*American Society for Quality (ASQ) 미국품질협회*
*Institute for Supply Management (ISM) 공급관리학회*
*Institute for Operations Research and Management Science (INFORMS) OR경영과학 학회*
*The Production and Operations Management Society (POMS) 생산운영관리학회*
*The Project Management Institute (PMI) 프로젝트관리학회*
*Council of Supply Chain Management Professionals (CSCMP) 공급사슬관리 전문가협회*

**표 1.4**
생산운영관리 직무기술서 예

| 생산관리 감독 | 공급사슬과장 | 소셜 미디어 제품과장 |
|---|---|---|
| • 10~20명의 생산직원 관리<br>• 생산성 관리로 부서의 일일목표를 달성함<br>• 안전정책의 집행(안전관리)<br>• 부문 간 업무의 조정<br>• 문제해결능력이 뛰어나고 문서 또는 구두로 하는 의사소통능력이 우수해야 함 | • 자재관리, 정보시스템, 기초통계학에 대한 일반적 지식 보유<br>• 종업원의 성과를 지휘, 모니터, 평가 및 동기유발시킴<br>• 선적규정에 대한 지식 보유<br>• 예산관리<br>• 프로젝트 관리 | • 소비자참여를 확대할 수 있는 방안 모색<br>• 핵심성과지표를 분석하고 개선 방안 권고<br>• 제품규격을 규정하기 위한 교차기능 팀 주도<br>• 핵심적인 제품 개선을 하기 위해 디자인, 기술팀과 협력<br>• 신규 웹사이트의 기능향상을 위한 요건 개발<br>• 변경의 필요성을 파악하기 위하여 경쟁상대를 모니터 |

APICS, ASQ, ISM 등의 전문직종 협회는 회원의 자질을 향상시키기 위한 자격시험을 관장하고 있다. 취업 관련 정보는 이들 협회뿐만 아니라 Decision Science Institute, Institute of Industrial Engineers와 같은 단체에서도 구할 수 있다.

## 1.5 프로세스 관리

**프로세스** ▸ 투입물을 산출물로 변환하는 하나 이상의 활동

생산운영관리의 핵심적인 부분은 프로세스 관리이다. **프로세스**는 투입물을 산출물로 변환하는 하나 이상의 활동으로 구성된다. 모든 관리의 중심적인 역할은 본질적으로 프로세스 관리이다.

기업경영은 상호관련성이 깊은 많은 프로세스들로 구성된다. 비즈니스 프로세스는 일반적으로 세 가지 범주로 구분된다.

1. **상위 경영 프로세스.** 이것은 전체 조직의 운영을 관장한다. 조직의 지배구조나 조직의 전략을 그 예로 들 수 있다.
2. **운영 프로세스.** 가치흐름을 형성하는 핵심적인 프로세스다. 구매, 생산 혹은 서비스 산출, 마케팅 및 판매를 그 예로 들 수 있다.
3. **지원 프로세스.** 핵심 프로세스를 지원하는 것이다. 회계, 인적 자원 및 IT(정보기술)를 그 예로 들 수 있다.

비즈니스 프로세스는 크든 작든 일련의 공급자–고객 관계로 구성되어 있는데 여기서는 모든 기업조직, 모든 부문, 모든 개인차원의 운영은 프로세스 상의 전 단계의 고객이 되는 동시에 프로세스상의 다음 단계의 공급자가 된다. 그림 1.8에서 이러한 개념을 나타내고 있다.

특정의 주요 프로세스는 많은 하위 프로세스로 구성되는데 그 각각은 전체 프로세스의 목적에 공헌하는 각각의 목적을 가지고 있다. 기업조직과 공급사슬은 많은 수의 이러한 프로세스와 하위프로세스들로 구성되며 프로세스 관점에서 기업경영을 하는 경우 많은 이점이 있다. 기업프로세스관리(BPM) 활동에는 프로세스 설계, 프로세스 실행 및 프로세스 모

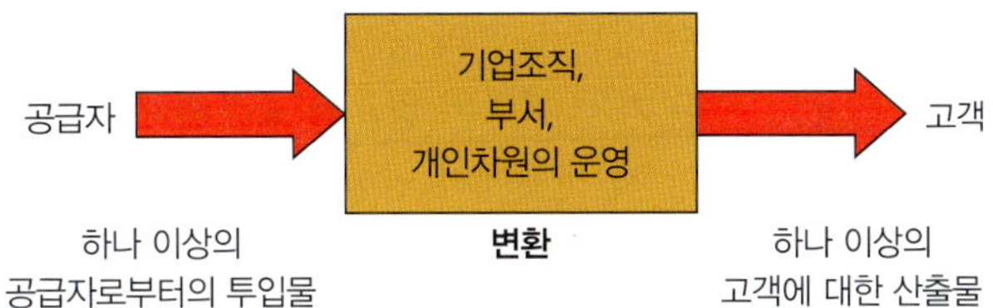


**그림 1.8**
비즈니스 프로세스는 공급자-고객 관계의 연쇄를 형성한다.

니터링이 있다. 생산운영관리와 공급사슬관리에서 프로세스 관리의 두 가지 기본적인 측면은 수요를 충족시키기 위해 프로세스를 관리하는 것과 프로세스의 변동성에 대처하는 것이다.

## 수요를 충족시키기 위한 프로세스 관리

이상적으로는 그 산출이 수요에 정확히 일치하도록 프로세스의 용량을 결정하는 것이다. 과잉용량은 낭비적이고 비용이 많이 든다. 용량이 부족하면 고객을 만족시키지 못하고 수익을 상실하게 된다. 적정한 용량을 보유하기 위해서는 정확한 수요예측과 수요예측을 용량 필요량으로 환산하는 능력, 그리고 예상수요를 충족시킬 수 있는 프로세스를 확보할 것이 요구된다. 그러한 능력이 있다고 하더라도, 프로세스의 변동과 수요의 불규칙성 때문에 종종 수요와 프로세스 산출 간의 일치가 어려울 수 있다. 따라서 효과적인 경영을 하기 위해서 경영자는 변동성에 대처할 수 있어야 한다.

## 프로세스 변동성

변동성은 모든 비즈니스 프로세스에서 발생한다. 이는 다양성이나 불규칙성에서 기인하는 것이다. 예컨대 우연변동은 모든 프로세스에 고유한 현상이다. 즉, 이것은 항상 존재하는 것이다. 뿐만 아니라 고객에게 다양성을 제공하기 위한 경영자의 선택의 결과 변동성이 발생하기도 한다.

네 가지 종류의 기본적인 변동성의 원천은 다음과 같다.

1. **제공되는 제품이나 서비스의 다양성.** 제품이나 서비스가 다양할수록 생산이나 서비스 요구사항의 변동성이 증가한다.
2. **수요의 구조적 변동.** 추세변동과 계절변동을 포함하는 이러한 종류의 변동성은 일반적으로 예측 가능하다. 이들은 생산용량 계획을 위해서는 특히 중요하다.
3. **우연변동.** 이러한 자연발생적인 변동성은 제품이나 서비스의 수요에서뿐만 아니라 모든 프로세스에 어느 정도 존재하며 일반적으로 경영자가 통제할 수 없는 성질의 것이다.
4. **이상변동.** 이러한 변동은 불량한 투입자재, 잘못된 작업방법, 고장난 장비 등 때문에 발생한다. 이러한 유형의 변동성은 분석과 시정활동을 통해 감소시키거나 제거할 수 있다.

이러한 변동성은 생산운영이나 공급사슬 프로세스에 대해 상당한 영향을 미치며 최적의 기능을 방해하기도 한다. 변동성은 비용을 증가시키며 지연, 부족, 불량한 품질 및 비효율적인 작업시스템을 초래한다. 불량한 품질과 제품 부족, 서비스 지연 등은 고객의 불만족을 초래할 수 있으며 조직의 명성과 이미지에 손상을 입힌다. 따라서 변동성에 대처하는 능력이 경영자에게는 절대적으로 필요하다는 사실은 결코 놀라운 일이 아니다.

이 책 전체에 걸쳐 우리는 경영자들이 변동성에 대처하기 위해 사용하는 도구들에 대해 학습할 것이다. 변동성에 대처할 수 있는 능력의 중요한 측면은 변동성을 기술하는 척도를 활용하는 것이다. 널리 활용되는 두 가지 척도는 *평균*과 *표준편차*이다. 표준편차는 평균 주위의 변동성을 계량화한 것이다. 이 책 전체에서 변동성과 관련하여 평균과 표준편차가 활용될 것이다. 또한 정규분포도 활용될 것이다. 정규분포를 활용하는 방법과 관련된 다수의 예제를 이해하기 위해서는 본서 말미의 부록에 수록되어 있는 정규분포에 대한 학습이 도움이 될 것이다.

## 1.6 생산운영관리의 범위

생산운영관리의 범위는 전체 조직에 걸쳐 있다. 생산운영관리자들은 제품과 서비스 설계, 프로세스 선택, 기술의 선택과 관리, 작업 시스템 설계, 입지 계획, 설비 계획과 조직에서 산출하는 제품이나 서비스의 품질 개선 활동 등을 하고 있다.

생산운영 기능은 예측, 생산용량 계획, 일정계획, 재고관리, 품질 보증, 종업원의 동기부여, 생산설비의 입지결정 등과 같은 상호 연관된 다양한 활동을 포함한다.

서비스 조직의 생산운영 시스템을 이해하기 위해 항공사를 예로 들 수 있다. 이 시스템은 경우에 따라 광범위한 지역에 걸쳐 전개되어 있는 항공기, 공항 시설, 정비시설 들로 이루어져 있다. 이들의 활동을 살펴보면 다음과 같다.

**예측.** 기상 및 착륙 상황, 비행당 좌석 수요, 항공여행 수요 성장 등에 대한 예측

**생산용량 계획.** 항공사가 현금흐름을 유지하고 적정이윤을 내기 위해 필수적임(과잉 또는 부족한 수량의 항공기, 전체적으로 적정수의 항공기를 보유하고 있으나 지역적으로 잘못 배치된 항공기는 이익에 악영향을 줄 수 있다.)

항공기, 화물, 기내승무원 및 지상요원의 스케줄링은 항공사의 운영기능 중의 하나이다.

1000 Words/Shutterstock

**시설의 입지.** 경영자의 판단에 따라 어떤 도시에 취항할 것이며, 정비시설은 어디에 위치시키며 허브 공항은 어디에 위치시킬 것인가에 대한 결정

**설비배치.** 종업원과 장비를 효과적으로 활용하기 위해 중요함

**일정계획.** 항공기의 비행 및 일상적 정비 스케줄 계획: 조종사, 기내승무원의 스케줄, 지상요원, 창구근무자, 수화물 처리요원의 스케줄 등

**재고관리.** 식음료, 응급처치 장비, 기내 잡지, 베개 및 담요, 구명동의 등의 재고 관리

**품질보증.** 비행 및 정비 운영에 필수적이며 이 경우 안전이 강조된다. 항공권 발권 창구, 탑승수속, 전화 및 인터넷 예약, 기내식 서비스 등에서 중요하며 이 경우 효율성과 정중함이 강조된다.

**종업원의 동기부여 및 교육훈련.** 항공사 운영의 모든 단계에서의 종업원의 동기부여 및 교육훈련

## 일정, 원가, 품질 목표를 달성하기 위한 공급사슬의 관리

자전거 공장을 예로 들어 보자. 이 공장의 주된 활동은 프레임, 타이어, 휠, 기어, 기타 품목들을 공급자로부터 조달받아 자전거를 *조립*하는 일일 것이다. 이 공장은 또한 프레임을 성형하고 기어와 체인을 제작하는 *제조작업* 그 자체를 할 수도 있으며, 주로 원자재나 부품 그리고 페인트와 같은 재료, 너트와 볼트, 타이어 등은 구매하기도 한다. 어느 경우에나 주요한 관리활동은 생산일정의 관리, 어떤 부품을 제작하고 어떤 부품을 구매할 것인가를 결정하는 일, 부품과 자재를 주문하는 일, 생산할 자전거의 스타일과 그것을 얼마나 많이 생산할 것인가를 결정하는 일, 오래된 장비를 교체하고 신 장비를 구매하는 일, 설비의 유지보수, 작업자의 동기부여 그리고 품질표준이 지켜지도록 확인하는 일 등이다.

명백히 항공사와 자전거 제조공장은 완전히 상이한 유형의 생산운영이다. 하나는 주로 서비스 운영이고 다른 하나는 제품의 생산자다. 그럼에도 불구하고 이 두 생산운영은 공통점이 많다. 양자 모두 일정계획, 종업원 동기부여, 자재의 주문과 관리, 장비의 선정과 유지보수, 품질표준의 충족 등의 활동들을 하고 있으며, 무엇보다도 고객을 만족시키고 있다. 그리고 양자 모두 사업의 성패 여부는 장단기 계획에 달려 있다.

생산운영관리자가 하는 주요한 기능은 의사결정을 통하여 시스템을 이끄는 것이다. 어떤 의사결정은 시스템의 *설계*에 영향을 주고 어떤 의사결정은 시스템의 운영에 영향을 준다.

*시스템 설계*에는 시스템의 용량, 시설의 지리적 위치, 물리적인 구조물 내에서 부문을 배치하거나 장비를 위치시키는 것, 제품이나 서비스 계획, 장비의 구매 등과 관련된 의사결정이 포함된다. 이들 의사결정은 항상 그러한 것은 아니지만 보통 장기적인 관점을 필요로 하며, 주로 *전략적인* 의사결정에 해당한다. *시스템 운영*에는 인사관리, 재고의 계획 및 통제, 일정계획, 프로젝트 관리 및 품질보증 등이 포함된다. 이들은 보통 *전술적*이고 *운영적*인 의사결정에 해당한다. 이들 의사결정에 대한 피드백에는 *측정*과 *통제*가 포함된다. 많은 경우 생산운영관리자는 시스템 설계와 관련된 의사결정보다는 일상적인 운영 의사결정을 보다 많이 한다. 그러나 생산운영관리자는 시스템 설계에서 보다 핵심적인 역할을 수행하게 되는데 이는 *시스템 설계가 시스템 운영의 많은 부분을 실질적으로 결정*하기 때문이다. 예컨대 원가, 면적, 생산용량, 품질은 설계 의사결정의 영향을 직접적으로 받는다. 생산운영관리자가 설계와 관련된 모든 의사결정을 할 책임은 없지만 그들의 의사결정에 도움을 줄 수 있는 광범위한 정보를 제공해 줄 수는 있다.

생산운영 기능의 일부 또는 지원으로 생각되는 다른 분야들로서 구매, 산업공학, 유통 및 설비 유지보수 등을 들 수 있다.

**구매.** 원자재, 소모품, 장비의 조달 책임을 지고 있다. 구매 수량과 시기를 정확히 하기 위해 생산운영 기능과 밀접한 관계를 유지할 필요가 있다. 구매부문은 통상적으로 품질, 신뢰성, 서비스, 가격, 수요변화에 대한 대응 능력의 관점에서 공급자를 평가하며 구매된 물자를 검사하고 수령하는 역할도 한다.

**산업공학.** 주로 일정 계획, 성과 표준, 작업 방법, 품질관리 및 자재관리 등과 관련된 일을 한다.

**유통.** 제품을 창고, 소매점 또는 최종 고객에게 선적하여 운송하는 것을 포함한다.

**유지보수.** 장비, 공장건물과 건물 내부 바닥, 냉 · 난방에 대한 일반적 유지보수 그리고 유독폐기물의 처리, 주차, 보안 등에 대한 책임을 진다.

생산운영관리자는 시스템에서 핵심적 인물이며 제품의 생산과 서비스 산출에 대해 궁극적인 책임을 진다.

생산운영관리자가 감독하는 일의 종류는 조직에 따라 상당히 달라지는데 이는 주로 제품이나 서비스가 달라지기 때문이다. 은행 운영을 관리하는 것은 철강생산을 관리하는 것과 상이한 전문성을 필요로 한다. 그러나 아주 중요한 관점에서 두 *직무*는 동일하다고 볼 수 있다. 양자 모두 기본적으로는 *관리*인 것이다. 산출되는 제품이나 서비스의 종류에 상관없이 생산운영관리자의 직무에 대해서는 동일하게 말할 수 있는 것이다.

서비스 부문과 제조 부문 모두 경제에서 대단히 중요하다. 미국의 경우 서비스 부문이 일자리의 70% 이상을 점유하고 있으며 여타의 국가에서도 그 비중이 증가하고 있다. 더욱이 제조부문에 종사하고 있는 인구는 증가하지 않는 데 반해 서비스 부문에 종사하고 있는 인구는 증가하고 있다. 제조 부문의 일자리가 줄어드는 이유는 두 가지를 들 수 있다. 첫째, 제조기업의 생산운영 기능이 제품을 더욱 효율적으로 생산하는 방법을 개발함에 따라 기업은 보다 적은 노동력으로도 산출량을 유지할 수 있거나 오히려 증가시킬 수도 있기 때문이다. 둘째, 기업에서 일부의 제조 작업을 보다 낮은 원가로 제품을 생산할 수 있는 보다 효율적인 기업들—주로 외국에 있는—로부터 *아웃소싱*하기 때문이다. 아웃소싱과 생산성 문제는 이 장이나 다른 여러 장에서 보다 상세하게 논의할 것이다.

이 책에서 소개하는 많은 개념들은 제조나 서비스에 동일하게 적용할 수 있다. 따라서 지금 당장 독자의 관심이 제조 혹은 서비스 중 어느 하나인 경우에도 그 개념을 설명하는 예가 제조 또는 서비스인 것과 상관없이 그 개념 자체가 중요한 것이다.

다음에 소개하는 읽을거리 '제조업은 왜 중요한가?'는 제조업의 중요성에 대한 또 다른 이유를 설명하고 있다.

## 1.7 생산운영관리와 의사결정

생산운영관리자의 주된 역할은 계획입안자와 의사결정자로서의 역할이다. 생산운영관리자는 이러한 역할로 조직의 목표와 목적이 성취되는 수준에 상당한 영향을 미친다. 대부분의 의사결정은 경우에 따라 원가나 이익에 아주 다른 영향을 줄 수 있는 많은 가능한 대안들 중

읽을거리 

## 제조업은 왜 중요한가?

미국의 경제는 점점 서비스 중심적으로 되어가고 있다. 서비스업 부문의 고용 비중이 점점 증가하는 데 비해 제조업 부문의 고용 비중은 점점 감소하고 있다. 그렇다고 해서 제조부문이 경제에 중요하지 않다고 판단하거나 서비스 부문이 보다 중요하다고 생각하는 것은 옳지 않다. 그 이유를 알아보자.

제조부문 일자리 수의 비율이 감소할 뿐만 아니라 제조부문의 실제 일자리 수도 감소하고 있다. 이러한 하락에는 두 가지 주요한 이유가 있다. 첫째는 생산성의 향상으로, 이는 보다 적은 인력으로 제조부문의 산출을 유지할 수 있다는 것을 의미한다. 둘째는 아웃소싱으로, 특히 임금수준이 훨씬 낮은 국가로부터의 아웃소싱이다. 이 방법은 경쟁력을 유지하고 수익성을 향상시키고자 하는 기업들에게는 아주 매력적인 대안이다.

그러나 기업들이 제조의 일부(경우에 따라서는 전부)를 생산비가 낮은 국가들로부터 아웃소싱하는 경우 일자리가 줄어들고 이것이 다시 서비스 부문의 일자리를 줄어들게 한다. 그 중 일부는 제조부문 근로자들이 즐겨 찾는 지역 소매업의 일자리가 없어지는 것이다. 여기에는 공장 서비스 근로자(예컨대, 기계수리, 설비유지보수, 자재관리, 포장 등의 일을 하는 근로자)들의 수도 포함된다. 일반적으로 제조부문의 일자리 하나가 줄어들면 서비스 부문의 일자리 네 개가 줄어드는 것으로 추정되고 있다.

제조부문의 기반이 위축되면서 제조부문에서 일자리를 잃은 근로자들이 타 제조부문에서 일자리를 구하는 것이 더욱 어려워지고 있다. 이들은 실업자 대열에 들어서거나 또는 제조부문에서 받던 임금보다 훨씬 낮은 수준으로 서비스 부문에 취업하기도 한다.

국가적인 차원에서 볼 때 이는 단순히 작업이 외국으로 이전되는 것뿐만 아니라 전문지식이 이전되는 것이다. 더 문제가 되는 것은 시간이 경과함에 따라 내국의 제조기술과 노하우의 기반이 상실되는 것이다.

조세부문에도 중요한 영향을 미친다. 실업수당이 증가할 뿐만 아니라 연방, 주, 지방의 조세 기반이 훼손됨으로써 개인소득세 및 법인세 징수액이 감소한다.

마지막으로 제조부문은 혁신의 중요한 원천이다. 이는 민간부문 R&D의 70%를 담당하고 있고 미국 특허등록의 90%를 담당하고 있다[Rana Foroohar, "Go Glocal," *Time* (2012. 8. 20.) p.30]. 대량생산을 할 수 있도록 준비하는 많은 일들이 미래의 혁신을 뒷받침하는 고부가가치의 지적 활동들이다. 그리고 혁신은 일자리를 만들어낸다. "인텔은 오리건, 애리조나, 뉴멕시코 주의 공장에 수백억 달러를 투자하여 최첨단의 반도체를 생산할 수 있었다."

출처: Willy Shin and Gary Pisano, "Why Manufacturing Matters for America," Special to CNN, Sept. 21, 2012.

**[질문]**

1. 한 국가에서 제조부문의 일자리 상실은 얼마나 중요한가?
2. 일자리 상실을 막기 위해 연방, 주, 지방 정부가 할 수 있는 역할을 제시하라.
3. 제조부문의 혁신이 중요하다는 증거는 무엇인가?

에서 선택하는 것이다. 따라서 어떤 문제에 대해 *잘 아는 상태*에서 의사결정을 해야 한다.

생산운영관리 전문가들은 전체 조직에 영향을 주는 몇 가지 핵심적 의사결정을 하고 있는데 그중에는 다음과 같은 것들이 있다.

> *무엇을*: 어떤 자원이 얼마만큼 필요한가?
> *언제*: 각각의 자원은 언제 필요한가? 업무를 언제로 예정해야 하는가? 원자재와 기타 소모품들을 언제 주문해야 하는가? 언제 시정조치가 필요한가?
> *어디서*: 업무를 어디에서 할 것인가?
> *어떻게*: 제품이나 서비스를 어떻게 디자인할 것인가? 업무는 어떻게 할 것인가(조직, 방법, 장비)? 자원을 어떻게 할당할 것인가?
> *누가*: 누가 그 업무를 할 것인가?

생산운영관리자의 일상적 관심사는 원가(예산), 품질 및 일정(시간)이다.

이 책 전체에 걸쳐서 독자들은 생산운영관리자가 해야 하는 광범위한 의사결정에 대해 알게 될 것이며 독자들에게 이러한 의사결정을 해결하는 데 있어 유용한 도구를 소개할 것이다. 이 절에서는 모형의 사용, 계량적 방법, 상충관계의 분석, 우선순위의 설정, 윤리 및 시스템 접근방법 등, 의사결정을 하기 위한 일반적인 접근방법에 대해서 설명한다. 모형은 모든 의사결정자들이 활용하는 핵심적인 도구이다.

## 모형

**모형** ▸
현실을 추상화한 것; 어떤 것을 단순화시켜 나타낸 것

**모형**은 현실을 추상화한 것이며 무언가를 단순화시켜 나타낸 것이다. 예컨대 어린이의 장난감 자동차는 실제 자동차의 모형이다. 이것은 어린이가 자동차에 대해 배우고 가지고 놀기에 적합하도록 동일한 시각적 형태(모양, 상대적 비율, 바퀴)를 가지고 있다. 그러나 장난감은 실제 엔진을 가지고 있지는 않으며 승객을 운송할 수도 없고 무게도 3,000파운드씩이나 나가지 않는다.

모형의 다른 예로서 자동차 주행시험장이나 충돌시험, 공식, 그래프 및 도표, 대차대조표와 손익계산서 그리고 재무비율 등을 들 수 있다. 통상적인 통계적 모형에는 평균, 중위수, 최빈값, 범위와 표준편차와 같은 기술적 통계와 무작위 추출, 정규분포, 회귀방정식 등이 있다.

모형은 주로 물리적 모형, 개념적 모형 및 수학적 모형으로 분류된다.

**물리적 모형.** 모형이 표현하고자 하는 실제 세계처럼 보인다. 그 예로서 모형 자동차, 트럭, 비행기와 장난감 동물, 기차와 축척 모형 건축물 등을 들 수 있다. 이러한 모형의 이점은 이들이 표현하고자 하는 실제와 시각적으로 일치한다는 것이다.

**개념적 모형.** 물리적모형보다 더욱 추상화된 것으로서 물리적 실체와의 유사점이 더욱 적다. 그 예로서 그래프와 도표, 청사진, 그림 및 도면 등을 들 수 있다. 개념적 모형의 이점은 작성과 변경이 비교적 단순하다는 것이며, 특히 어느 정도는 외형이 시각적으로 유사하다는 점이다.

**수학적 모형.** 가장 추상적인 것으로서 현실적 실체와는 외형이 전혀 유사해 보이지 않는다. 여기에는 숫자, 공식, 기호 등이 포함된다. 이들 모형은 조작하기가 가장 용이하고 컴퓨터나 계산기에 입력할 수 있는 중요한 형태를 가지고 있다.

실제로 사용되고 있는 모형은 수없이 많지만 이들에게는 모두 공통적인 특성이 있다. 이들은 모두 의사결정의 보조도구이며 보다 복잡한 현실세계의 단순화란 점이다. 현실세계는 엄청난 양의 세세한 정보를 담고 있는데 이들 중 많은 것이 특정 문제와는 관련성이 없다. 모형은 중요하지 않은 세세한 정보를 생략함으로써 어떤 상황의 가장 중요한 측면에 주의를 집중할 수 있게 한다.

모형은 생산운영관리 의사결정에서 중요한 역할을 하기 때문에 본서에서 아주 비중 있게 다룬다. 각각의 모형에 대해 (1) 그 목적, (2) 결과를 도출해 내기 위해 어떤 방법을 사용하는가, (3) 결과는 어떻게 해석하고 사용하는가, (4) 어떤 가정을 하며 한계점은 무엇인가에 대해 학습하도록 하기 바란다.

마지막으로 지적할 사항은 특히 중요한데, 거의 모든 모형은 그 모형이 유효하기 위한 관련된 가정이나 조건들이 있다는 것이다. 모든 가정을 만족시키지 못하면 그 결과를 의심할 수밖에 없다. 이러한 상황에서 그 결과를 해당 문제에 적용시키려 한다면 아주 잘못된 결과에 도달할 수도 있다.

경영자들은 다양한 방법으로 그리고 다양한 이유 때문에 모형을 사용한다. 모형은 대단히 유용한데 그 이유는 다음과 같다.

1. 일반적으로 실제 상황을 직접 다루는 것보다 사용하기 용이하고 비용이 덜 든다.
2. 사용자가 정보를 조직화하고 경우에 따라 계량화하도록 하며 그 과정에서 추가적인 정보가 필요한 부분을 알도록 해 준다.
3. 문제에 대한 이해도를 높여준다.
4. 경영자가 '조건-결과(what-if)' 분석을 할 수 있게 한다.
5. 평가에 대한 일관된 도구로 활용할 수 있으며 문제를 분석하는 표준적인 형식을 갖추도록 한다.
6. 문제에 대해 수학의 힘을 적용할 수 있도록 한다.

모형은 이러한 여러 가지 이점에도 불구하고 우리가 알아야 하는 몇 가지 한계점도 가지고 있다. 다음에 열거하는 것은 이들 한계점 중 중요한 것 세 가지이다.

1. 계량적 정보는 정성적 정보를 희생시킨 결과 강조된 것일 수 있다.
2. 모형은 잘못 적용될 수 있고 그 결과도 잘못 해석될 수 있다. 컴퓨터 모형을 지나치게 활용하는 것은 이러한 위험성을 가중시킬 수 있다. 그 이유는 특정 모형의 세세한 부분까지 잘 알지 못하는 사용자가 아주 정교한 모형을 사용함으로써 그 모형이 성공적으로 적용되어야 할 상황을 충분히 이해하지 못하는 경우가 발생할 수도 있기 때문이다.
3. 모형을 사용한다고 해서 좋은 의사결정을 보장할 수 있는 것은 아니다.

## 계량적 접근방법

문제 해결을 위한 계량적 접근방법은 경영 문제에 대해 수학적으로 최적인 해를 구하고자 하는 것이다. 필요한 계산들을 가능하게 한 계산기와 컴퓨터의 발달로 생산운영관리 분야(와 여타의 기업경영 기능분야)의 의사결정에 대한 *계량적 접근방법*이 널리 보급되었다. 컴퓨터는 생산운영관리에 큰 영향을 주었다. 특히 계량적 기법을 적용하기 위한 소프트웨어 패키지의 이용 가능성이 증가함에 따라 경영분야에서 이러한 기법의 사용이 증가될 수 있었다.

생산운영관리 의사결정에 계량적 접근방법이 강조되고 있긴 하나 경영자들은 전형적으로 계량적 접근방법과 정성적 접근방법을 결합하여 사용하고 있으며 많은 중요한 의사결정들이 정성적 접근방법에 기초하고 있다는 사실을 주목할 필요가 있다.

## 성과 척도

모든 경영자는 생산운영을 관리하고 통제하기 위해 척도를 사용하고 있다. 경영자들이 사용하는 많은 척도가 있는데 이들은 이익, 원가, 품질, 생산성, 유연성, 자산, 재고, 생산일정, 예측의 정확도 등과 관련된 것들이다. 독자들은 본서의 각 장을 학습하면서 사용된 척도와 이들이 생산운영관리에 어떠한 방법으로 활용되고 있는지를 주목하기 바란다.

## 상충관계의 분석

생산운영관리자는 *상충관계(trade-off)* 의사결정으로 기술되는 의사결정을 자주 대하게 된다. 예컨대 재고로 보관할 재고량을 결정하는 과정에서 의사결정자는 재고증가로 향상되

## 읽을거리 분석론

분석론은 자료로부터 통찰력을 얻고 이러한 통찰력을 이용하여 실행을 권고하거나 의사결정을 할 수 있도록 기술모형이나 예측모형을 사용한다.

흔히 빅 데이터라고 불리는 대량의 동태적 데이터셋을 분석하는 데 활용가능한 상업적 분석 소프트웨어도 나와 있다. 대량의 데이터를 생산하는 온라인 거래시스템을 운영하는 기업들에게는 빅 데이터를 분석하는 것이 큰 기회가 된다. 예컨대, 맥킨지 글로벌 인스티튜트(McKinsey Global Institute)는 빅 데이터를 분석함으로써 미국의 보건의료시스템이 3,000억 달러를 절약할 수 있을 것으로 추산하고 있다.[1]

[1] "Big Data: The next frontier of innovation, competition and productivity as reported in Building with Big Data." *The Economist* (2011. 5. 26).

는 고객서비스 수준과 그 재고를 보관함에 따라 증가되는 원가 간의 상충관계를 고려해야 한다.

의사결정자는 자신이 해야 하는 의사결정의 결과를 보다 잘 이해하기 위해 실행 과정에서의 이점과 불리점—장단점—을 열거함으로써 이러한 의사결정을 처리하기도 한다. 어떤 경우에는 다양한 요인 중 상대적으로 중요한 것을 반영하기 위해 열거된 장단점에 대해 가중치를 부여하기도 한다. 이렇게 함으로써 의사결정에 대한 상충관계의 잠재적인 영향을 걸러내는 데 도움을 줄 수 있다.

### 고객화의 정도

전체 조직에 영향을 주는 주요한 요소 중의 하나는 그 고객에게 제공되는 제품이나 서비스의 고객화의 정도이다. 주택 리모델링, 성형수술, 법률상담 등과 같이 고도로 고객화된 제품이나 서비스를 제공하는 것은, 슈퍼마켓의 선반에서 골라 그대로 구매할 수 있는 표준화된 제품을 제공하거나 또는 공공 유틸리티나 인터넷 서비스와 같이 표준화된 서비스를 제공하는 것보다는 노동집약적인 경향이 있다. 뿐만 아니라 고객화된 제품의 생산이나 고객화된 서비스를 제공하는 것은 표준화된 제품이나 서비스에서 요구되는 것에 비해 보다 시간이 많이 소요되고 보다 숙련도가 높은 인력이 필요하며 보다 유연한 장비가 필요하다. 고객화된 프로세스는 표준화된 프로세스보다 산출량의 수준이 훨씬 낮은 경향이 있으며 고객화된 산출물들은 가격이 보다 높다. 따라서 고객화의 정도는 프로세스 선택이나 종업원의 직무자격요건에 대해 중요한 함축성을 가진다. 그 영향력은 생산운영이나 공급사슬의 범위를 넘어 마케팅, 판매, 회계, 재무 및 정보시스템에게까지 영향을 미친다.

### 시스템 접근방법

**시스템** ▸
함께 기능해야 하는 상호 연관된 부분의 조합

의사결정에서 시스템 관점은 항상 도움이 된다. 이것은 '큰 그림'으로 보는 것으로 생각할 수 있다. **시스템**은 함께 기능해야 하는 상호 연관된 부분의 조합으로 정의된다. 기업 조직에서 조직은 하위시스템(즉, 마케팅 하위시스템, 생산운영 하위시스템, 재무 하위시스템)으로 구성되는 시스템이며 하위시스템은 다시 그보다 낮은 하위시스템으로 구성되어 있다고 생각할 수 있다. 시스템 접근방법은 하위시스템 간의 상호연관성을 강조하나 그 주제는 *전체는 개별 부분의 합보다 크다*는 것이다. 따라서 시스템 관점에서는 조직 전체로서의 산출이나 목표는 항상 어느 한 하위시스템의 산출이나 목표에 우선하게 된다.

시스템 접근방법은 무언가를 새로 설계하거나 재설계, 실행, 개선, 기타의 변화가 필요한 경우에는 언제나 필수적이다. 그리고 시스템의 모든 부분에 대한 영향을 고려해야 한다는 것은 대단히 중요하다. 예컨대 신규 개발 자동차에 잠김방지 브레이크(ABS)를 적용하고자 한다면 설계자는 고객이 이러한 변화를 어떻게 생각할지, 브레이크를 사용하는 방법에 대한 교육, 잘못 사용될 가능성, 새로운 브레이크를 생산하는 비용, 장착 절차, 마모된 브레이크의 리사이클링, 수리 절차 등을 고려해야 한다. 뿐만 아니라 작업자에게 브레이크를 제작 또는 조립하는 방법에 대한 훈련을 시켜야 하고 생산일정을 변경해야 할지도 모르며 재고관리 절차를 변경하거나 품질표준을 수립하여야 하고 자동차의 새로운 특성을 홍보부서에도 알려야 하며 부품공급자를 선정하여야 한다.

### 우선순위 설정

경영자는 거의 모든 상황에서 어떤 요인들은 다른 요인들보다 더 중요하다는 사실을 발견하게 된다. 경영자들이 이것을 인식하게 되면 자신들의 노력을 자신들이 가장 잘 할 수 있는 분야에 집중시키게 된다.

보통 비교적 적은 수의 이슈나 요인이 매우 중요하며, 따라서 이들 요인을 처리하게 되면 일반적으로 달성되는 결과에 대해 비정상적으로 큰 비중의 영향을 줄 수 있다. 잘 알려진 이러한 효과를 **파레토 현상**(Pareto phenomenon)이라고 한다. 이것은 생산운영관리에서 가장 중요하며 광범위하게 퍼져 있는 개념 중의 하나이다. 실제로 이러한 개념은 직업적이든 사적이든 상관없이 경영관리의 모든 수준과 의사결정의 모든 국면에 적용할 수 있다.

**파레토 현상**
어떤 사건이 발생할 때 소수의 요인들이 높은 비율을 차지함

## 1.8 생산운영관리의 역사적 발전과정

생산을 위한 시스템은 고대 시대부터 존재했다. 예컨대 이집트의 피라미드와 로마 제국의 수로교 건설에는 생산운영관리 기량이 반영되어 있다. 근대적인 개념에서 판매를 하기 위한 제품 생산이나 근대적 공장 시스템은 산업혁명에 그 뿌리를 두고 있다.

### 산업혁명

산업혁명은 1770년대에 영국에서 시작하여 19세기에는 유럽의 여타 국가들과 미국으로 전파되어 갔다. 그 이전까지 제품은 소규모 공장에서 장인(craftsman)들과 그들의 도제(apprentice)들이 생산하였다. 이러한 시스템에서는 마차나 가구와 같은 제품을 제조하는 데 있어 처음부터 끝까지 한 사람이 책임을 지는 것이 일반적이었다. 오로지 단순한 도구들만 사용 가능했고 오늘날 우리가 사용하는 기계들은 아직 발명되기 이전이었다.

그러고 나서 18세기에 이루어진 몇몇 혁신이 인간의 노동력을 기계로 대체함으로써 생산의 면모를 영원히 바꾸어 놓았다. 이들 중 가장 주목할 만한 것은 아마 증기엔진일 것인데, 그 이유는 증기엔진이 공장에서 기계를 가동할 동력의 원천을 제공하였기 때문이다. 풍부한 석탄과 철광석으로 동력을 생산하고 기계를 만드는 자재를 공급하였다. 강철로 만들어진 기계들은 이들이 대체한 나무로 만들어진 단순한 기계보다 튼튼했고 내구성이 강했다.

제조업의 초기 시대에는 **장인생산방식**(craft production)을 사용하여 제품을 생산하였다. 장인생산방식은 고도로 숙련된 작업자가 고객의 요구 조건에 따라 단순하고 범용적인 도구를 사용하여 제품을 생산하는 방식이다.

**장인생산방식**
소량의 고객화된 제품을 생산하기 위해 고도로 숙련된 작업자가 단순하고 범용적인 도구를 사용하는 시스템

장인생산방식은 치명적인 약점이 있었다. 부품을 맞춤으로 제작하는 숙련된 장인이 물건을 만들어야 했기 때문에 생산은 속도가 느리고 비용이 많이 들었다. 그리고 부품이 고장났을 때 교체품 또한 맞춤으로 제작해야 했으며 이것 역시 생산의 속도가 느리고 비용이 많이 들었다. 또 다른 약점으로는 생산량이 늘어나도 원가가 감소하지 않는다는 것이었다. 기업에게 확장에 대한 유인으로 작용할 수 있는 *규모의 경제*(*economies of scale*)가 없었던 것이다. 반면 저마다 자신의 표준을 가지고 있는 수많은 소규모 기업이 탄생하였다.

산업혁명을 부추긴 주요한 변화가 발생하였으니 이는 표준화된 계측 시스템이 개발된 것이었다. 이것은 맞춤식 제품에 대한 필요성을 훨씬 감소시켰다. 공장이 태어나기 시작했고 급속히 성장하면서 농촌지역에서 대량으로 유입된 수많은 사람들에게 일자리를 제공했다.

그러나 이처럼 큰 변화에도 불구하고 경영이론이나 실무는 초기에 비해 그다지 진전되지 않았다. 이제 필요한 것은 경영에 대한 보다 체계적이고 현명한 접근방법이었다.

## 과학적 관리

과학적 관리의 시대는 공장관리에 광범위한 변화를 가져왔다. 이러한 운동은 과학적 관리의 아버지로 불리는 능률공학자이자 발명가였던 F. W. 테일러(Frederick Winslow Taylor)가 선도했다. 테일러는 작업방법에 대한 관찰, 측정, 분석 및 개선과 경제적 유인에 기초한 '관리의 과학'을 신봉했다. 그는 개별 작업을 가장 잘 할 수 있는 최선의 작업방법을 찾아내기 위해 작업방법에 대한 깊이 있는 연구를 했으며, 또한 계획, 작업자의 신중한 선발과 훈련, 개별 직무를 수행하는 최선의 방법의 개발, 관리자와 작업자 간의 협력 달성, 작업활동에서 관리활동을 분리하는 것 등에 대해 경영층에 책임이 있다는 점에 대해서도 신념을 가지고 있었다.

테일러의 방법은 산출을 극대화하는 것을 강조하였다. 그러나 이러한 방법이 산출 증가에 상응하여 보상을 인상시켜 주지 않으면서 불공정하게 산출만 증가시키기 위해 사용된다고 생각하는 근로자들에게는 인기 있는 것은 아니었다. 실제로 어떤 기업은 능률을 추구한다며 근로자를 혹사시키고 있었다. 마침내 대중의 항의가 의회에 접수되었고 이 문제에 대한 청문회가 개최되었다. 테일러 자신도 청문회에서 증언하기 위해 1911년에 소환되었으니 이 해는 그의 유명한 책 *과학적 관리의 원칙*(*The Principles of Scientific Management*)이 출판된 해이기도 하다. 이 청문회에서 과학적 관리 원칙이 대중에게 알려짐에 따라 실제로 이후 산업계에서 널리 보급되는 데 기여했다.

이러한 과학적 관리 운동에 크게 공헌한 선구자로서 다음과 같은 인물들을 들 수 있다.

**길브레스(Frank Gilbreth).** 산업공학자였고 동작연구의 아버지로 불린다. 그는 과업의 아주 세밀한 부문에 적용할 수 있는 동작경제의 원칙을 개발했다.

**간트(Henry Gantt).** 근로자들을 동기화시키는 데 있어 비금전적 보상의 중요성을 인식하였으며 스케줄링에 널리 활용되는 시스템인 간트 차트(Gantt chart)를 개발하였다.

**에머슨(Harrington Emerson).** 테일러의 아이디어를 조직구조에 적용하였으며 조직의 효율을 향상시키기 위해 전문가를 활용할 것을 강조하였다. 그는 의회 청문회에서 철도가 과학적 관리의 원칙을 활용한다면 하루에 백만 달러를 절약할 수 있을 것이라고 증언하였다.

**포드(Henry Ford).** 위대한 산업가로서 그의 공장에 과학적 관리 기법을 적용하였다.

MGPhoto76/Alamy Stock Photo

포드자동차회사의 조립라인

20세기 초반에 미국에서는 자동차가 이제 막 보급되기 시작했다. 포드의 T형 모델은 아주 성공적이어서 공장은 자동차 주문을 따라가기에 힘들 정도였다. 포드는 생산효율을 향상시킬 목적으로 테일러가 제시한 과학적 관리의 원칙을 채택했으며 이후 여러 산업의 생산방식에 엄청난 영향을 미친 *이동조립라인*(*moving assembly line*)을 도입하였다.

포드가 공헌한 것 중 하나는 자동차산업에 **대량생산방식**(mass production)을 도입한 것이며 이는 저숙련 또는 반숙련 작업자들이 고도로 전문화된 고가의 장비를 활용하여 표준화된 제품을 대량으로 생산하는 시스템이다. 포드는 몇 가지 중요한 개념들을 활용하여 이것을 실행할 수 있었다. 대량생산을 정착시킨 핵심 개념은 아마도 **호환부품**(interchangeable parts)의 개념일 것이다. 이는 휘트니(Eli Whitney)가 창안하였다고 알려져 있는데 그는 미국의 발명가로서 이 개념을 1700년대 후반 소총조립에 적용하였다. 호환부품의 원리는 한 묶음의 부품 중 어느 것을 선택하더라도 조립라인을 따라 내려오는 어느 자동차에도 치수가 꼭 맞도록 부품을 표준화하는 것이었다. 이것은 장인생산방식에서와 같이 부품이 맞춤식으로 제조되지 않아도 됨을 의미했다. 표준화된 부품은 또한 교체부품으로도 사용될 수 있었다. 그 결과 조립시간과 원가 측면에서 엄청난 절감이 이루어졌다. 포드는 생산 작업 중 부품 계측에 사용되는 계측기를 표준화하고 균일한 부품을 생산하기 위해 새로이 개발된 공정 절차를 활용함으로써 이것을 달성할 수 있었다.

**대량생산방식**
비숙련 작업자들이 고도로 전문화된 장비를 활용하여 표준화된 제품을 대량으로 생산하는 시스템

**호환부품**
맞춤으로 생산하지 않더라도 조립될 수 있는 정밀도를 가지는 제품의 부품들

포드가 활용한 두 번째 개념은 **분업**(division of labor)으로서 이는 아담 스미스(Adam Smith)가 *국부론*(*The Wealth of Nations*) (1776)에서 서술한 개념이다. 분업이란 자동차 조립과 같은 생산을 일련의 수많은 소규모 과업으로 분할하고 이들 각각의 과업에 작업자들을 배정하는 것을 의미한다. 각각의 작업자가 많은 과업을 해야 하고 따라서 여기에 상응하는 숙련을 요하는 장인생산방식과 달리 분업을 하면 과업의 범위가 아주 좁아져 숙련이 거의 필요 없어지게 되었다.

**분업**
생산공정을 소규모의 과업으로 분할하여 각각의 작업자는 전체 작업 중의 일부만을 수행하도록 하는 것

포드는 이러한 개념을 함께 활용함으로써 용이하게 구할 수 있는 저렴한 노동력을 사용

하여 그의 공장에서 생산율을 엄청나게 향상시킬 수 있었다. 많은 근로자들은 테일러와 포드가 작업자들이 로봇처럼 작업을 수행하도록 기대하며 작업자들을 별로 존중해 주지 않았다고 생각했기 때문에 두 사람을 아주 싫어하였다. 이것은 인간관계 운동의 길을 열어 주는 계기가 되었다.

### 인간관계 운동

과학적 관리 운동이 작업설계의 기술적 측면을 아주 강조한 데 비해 인간관계 운동(human relations movement)은 직무설계에서 인간적 요소의 중요성을 강조하였다. 프랭크 길브레스(Frank Gilbreth)의 아내이자 심리학자였던 릴리안 길브레스(Lilian Gilbreth)는 남편과 함께 작업에서의 인간적 요소에 대해 탐구하고 있었다(길브레스 부부는 1950년대의 유명한 영화인 *Cheaper by the Dozen*의 주제가 되기도 하였다). 그녀의 연구들은 주로 작업자 피로와 관련된 것이었으며 이후 수십 년 동안은 동기부여를 보다 강조하였다. 메이요(Elton Mayo)는 웨스턴 일렉트릭(Western Electric) 사의 호손(Hawthorne) 공장에서 연구를 수행하고 있었다. 그의 연구에서는 생산성을 향상시키기 위해서는 작업의 물리적, 기술적 측면과 함께 작업자에 대한 동기부여가 아주 중요하다는 사실이 밝혀졌다. 매슬로우(Abraham Maslow)는 동기부여 이론을 개발했는데 이것을 허츠버그(Frederick Hertzberg)가 더욱 정교화시켰다. 맥그레거(Douglas McGregor)는 X이론(Theory X)과 Y이론(Theory Y)을 추가하였다. 이 이론은 종업원들이 자신의 일을 바라보는 시각에 대해 스펙트럼의 양 극단을 보여 주고 있다. X이론은 부정적인 관점의 극단에서 종업원들은 일하기를 싫어하고 일을 잘하도록 하기 위해서는 통제—보상 및 처벌—가 필요하다고 가정한다. 이러한 태도는 글로벌 경쟁의 위협이 이러한 접근방법에 대해 재고하도록 하기까지 자동차 산업과 여타 산업에서 아주 보편화된 것이었다. Y이론은 긍정적인 관점의 극단에서 근로자들이 일의 육체적인 측면과 정신적인 측면 모두를 즐기며 일에 몰두하게 된다고 가정한다. X이론의 접근방법이 적대적인 작업환경을 조성한 데 반해 Y이론의 접근방법은 근로자에 권한을 부여하고 보다 협력적인 작업환경을 조성했다. 오우치(William Ouchi)는 Z이론(Theory Z)을 추가하였는데 이는 종신고용, 종업원에 의한 문제해결, 합의 도출과 같은 특징이 있는 일본식 접근방법과 단기적 고용, 전문가, 개인의 의사결정과 책임과 같은 특징이 있는 전통적인 서구식 접근방법을 결합시킨 것이었다.

### 의사결정모형과 경영과학

공장운동과 더불어 몇 가지 계량적 기법이 개발되었다. 해리스(F. W. Harris)는 1915년, 초기의 모형 중 하나인 재고관리에서 주문크기를 결정하기 위한 수학적 모형을 개발하였다. 1930년대에는 벨 연구소(Bell Telephone Labs)의 동료들인 닷지(H. F. Dodge), 로믹(H. G. Romig), 슈하트(W. Shewhart)가 표본추출과 품질관리를 위한 통계적 방법을 개발하였다. 1935년 티펫트(L. H. C. Tippett)는 통계적 표본추출의 기초를 제공하는 연구를 수행하였다.

이들 계량적 모형들은 초창기에는 산업계에서 널리 활용되지 못했다. 그러나 제2차 세계대전의 발발로 상황이 반전되었다. 전쟁은 물자를 제조하는 문제에 대해 엄청난 압박을 가했고 여러 학문 분야에서 모인 전문가들이 군사부문과 제조부문에서 앞서 나가기 위해 공동으로 노력했다. 전쟁 후 의사결정을 위한 계량적 도구를 보다 발전시키고 정교화하기 위한 노력이 계속되었고 그 결과 예측, 재고관리, 프로젝트 관리, 기타 생산운영관리 분야를 위한 의사결정모형이 탄생되게 되었다.

1960년대와 1970년대에는 경영과학의 기법이 아주 높게 평가되었으나 1980년대에 들어와 약간 인기를 잃었다. 그러나 직장에 개인용 컴퓨터와 사용하기 쉬운 소프트웨어가 널리 보급됨에 따라 이러한 기법들이 다시 활력을 띠게 되었다.

### 일본 제조업체의 영향

소수의 일본 제조업체들이 생산운영의 생산성과 제품의 품질을 향상시키는 경영관리 기법을 개발하고 정교화했는데 그들 중 일부는 미국인 데밍(W. Edwards Deming)과 쥬란(Joseph Juran)에게 힘입은 바 크다. 그 결과 이들의 경쟁력이 아주 향상되었으며 이들이 취한 접근방법에 대해 일본 외부에 있는 기업들의 관심이 촉발되었다. 이들의 접근방법에서는 품질과 지속적인 개선, 작업팀과 권한부여, 고객만족의 달성 등이 강조되었다. 일본인들은 선진공업국에서 태동한 소위 '품질혁명'을 본격화시키고 린 생산방식에 대한 보편적 관심을 유발시킨 것으로 인정되고 있다.

일본인들이 미국 제조회사와 서비스 회사에 끼친 영향은 지대하며 당분간 지속될 것으로 기대된다. 이러한 영향 때문에 본서에서는 일본식 생산방법과 성공에 대해 많은 정보를 제공하고자 한다.

표 1.5는 생산운영관리의 발전 과정에서 핵심적인 발전 내용을 연대순으로 요약한 것이다.

## 1.9 오늘날의 생산운영관리

정보기술의 발전과 글로벌 경쟁이 생산운영관리에 커다란 영향을 미쳤다. *인터넷*은 기업에 커다란 잠재력을 제공해 주고 있으나 이 잠재력을 활용할 것인가, 만약 한다면 어떻게 활용할 것인가를 결정하기 위해서는 잠재력뿐만 아니라 위험도 명확히 이해해야 한다. 많은 경우 인터넷은 기업이 시장에서 경쟁하는 방법을 바꾸어 놓았다.

전자 비즈니스, 즉 **e-비즈니스**(e-business)는 기업거래에 인터넷을 활용하는 것이다. e-비즈니스는 기업이 고객이나 공급자와 상호작용하는 방법을 변화시키고 있다. 일반 대중에게 가장 친숙한 것은 **전자상거래**(e-commerce)로서 이는 온라인으로 물건을 구매하고 정보를 요청하는 것과 같은 소비자-기업 간 거래이다. 그러나 전자조달과 같은 기업대 기업 간 거래가 e-비즈니스에서 그 비중이 점점 커지고 있다. 기업 소유자와 경영자들은 전략수립, 계획 및 의사결정 분야에서 e-비즈니스에 주목하고 있다.

**e-비즈니스**
비즈니스 거래를 촉진시키기 위해 전자기술을 활용하는 것

**전자상거래**
소비자-기업 간 거래

**기술**(technology)이라는 어휘는 문맥에 따라 다양한 의미를 가지고 있다. 일반적으로 *기술*은 제품과 서비스의 개발과 개선에 과학적 발견을 응용하는 것을 말한다. 여기에는 지식, 원자재, 생산방법 및 장비가 포함될 수도 있다. *첨단기술*이란 용어는 가장 진보되고 발전된 기계나 방법을 의미한다. 생산운영관리는 주로 세 가지 종류의 기술, 즉 제품 및 서비스 기술, 프로세스 기술, 정보기술(IT)에 관심을 가지고 있다. 세 가지 종류의 기술 모두 원가, 생산성 및 경쟁력에 큰 영향을 미친다.

**기술**
제품과 서비스, 생산운영 프로세스의 개발과 개선에 과학적 발견을 응용하는 것

***제품 및 서비스 기술(product and service technology).*** 신제품이나 서비스의 발견과 개발에 관련된 것이다. 이것은 주로 연구자나 엔지니어가 담당하며 이들은 새로운 지

표 1.5
생산운영관리의 역사적 발전

| 개략적 연대 | 공헌내용/개념 | 창시자 |
|---|---|---|
| 1776 | 분업 | Adam Smith |
| 1790 | 호환부품 | Eli Whitney |
| 1911 | 과학적 관리의 원칙 | Frederick W. Taylor |
| 1911 | 동작연구, 산업심리학의 활용 | Frank and Lilian Gilbreth |
| 1912 | 활동의 스케줄링을 위한 도표 | Henry Gantt |
| 1913 | 이동조립라인 | Henry Ford |
| 1915 | 재고관리를 위한 수리적 모형 | F. W. Harris |
| 1930 | 작업자 동기부여에 대한 호손 연구 | Elton Mayo |
| 1935 | 표본추출과 품질관리를 위한 통계적 기법 | H.F. Dodge, H.G. Romig, W. Shewhart, L.H.C. Tippett |
| 1940 | 전쟁에 OR 응용 | OR 그룹 |
| 1947 | 선형계획법 | George Dantzig |
| 1951 | 상업적인 컴퓨터 | Sperry Univac, IBM |
| 1950년대 | 자동화 | 다수 |
| 1960년대 | 많은 계량적 분석도구가 개발됨 | 다수 |
| 1960년대 | 산업동학(시스템 다이내믹스) | Jay Forrester |
| 1975 | 생산전략에 대한 강조 | W. Skinner |
| 1980년대 | 유연성, 시간기반 경쟁, 린 생산방식 강조 | T. Ohno, S. Shingo, Toyota |
| 1980년대 | 품질에 대한 강조 | W. Edwards Deming,J. Juran, K. Ishikawa |
| 1990년대 | 인터넷, 공급사슬관리 | 다수 |
| 2000년대 | 응용 소프트웨어 공급자와 아웃소싱<br>소셜 미디어, 유튜브, 기타 | 다수<br>다수 |

식을 개발하여 이것을 상업적으로 응용하기 위해 과학적 접근방법을 사용한다.

***프로세스 기술(process technology).*** 상품을 생산하고 서비스를 산출하기 위해 사용되는 방법, 절차 및 장비를 의미한다. 여기에는 조직 내에서의 프로세스뿐만 아니라 공급사슬 프로세스도 포함된다.

***정보기술(information technology, IT).*** 정보를 저장, 가공, 전송하기 위한 과학이나 컴퓨터, 기타 전자장비의 활용에 관한 것이다. 정보기술은 오늘날의 기업운영에 널리 활용되고 있다. 여기에는 전자자료 처리, 상품을 인식하고 추적하기 위한 바코드의 활용, 판매시점 정보 획득, 자료 전송, 인터넷, 전자상거래, e-메일 등이 포함된다.

*기술관리(management of technology)*는 주요한 변화 추세 목록의 상단부에 위치하고 있으며 미래에도 그럴 것이라고 예측된다. 예컨대 컴퓨터는 기업경영에 여러 가지 측면에서 커다란 영향을 미쳤다고 생각되는데 신제품과 서비스의 특성, 프로세스 관리, 의료분야의 진단, 생산계획 및 일정계획, 자료 처리와 의사소통 등이 그 예가 된다. 원자재, 생산방법, 장비 분야에서의 기술 진보도 역시 경쟁과 생산성에 영향을 미쳤으며 정보기술의 진보도 역

시 기업에 커다란 영향을 미쳤다. 기술 진보로 인한 혜택은 명백히 과거부터 있어 왔으며 미래에도 지속될 것이다. 그러나 기술 진보는 기업경영에 부담을 주기도 한다. 예컨대 경영자는 변화에 뒤떨어지지 않아야 하며 변화의 이점과 위험을 신속히 평가해야 한다. 진보에 대한 예측은 아무리 잘해도 여전히 대단히 까다로운 것이며 신기술은 가격이 비싸고 운영하거나 수리하는 데 원가가 많이 든다. 컴퓨터운영체제의 경우 새로운 시스템이 도입됨에 따라 구 버전에 대한 지원이 중단되므로 정기적인 업그레이드가 불가피하게 된다. 서로 상반되는 기술이 존재할 수 있고 이는 기술 선택을 더욱 어렵게 한다. *제품*과 *프로세스* 분야에서의 기술 혁신이 기업이 운영되는 방식을 지속적으로 변화시킬 것이므로 기술 변화에 대해 지속적으로 주의를 기울일 필요가 있다.

1994년의 관세와 무역에 관한 일반협정(GATT)은 많은 국가에서 관세와 보조금을 인하시켰으며 세계무역을 증진시켰다. 그 결과 발생한 글로벌 경쟁과 글로벌 시장 개념은 전 세계의 크고 작은 기업들의 전략과 운영에 영향을 미쳤다. 그중 하나는 기업조직이 공급사슬의 관리에 대해 대단히 중요하게 생각하기 시작했다는 것이다.

*글로벌화*와 글로벌 공급사슬에 대한 필요성 때문에 공급사슬 관리의 범위가 확대되었다. 그러나 어떤 경우에는 까다로워진 국경보안 때문에 일부 물자와 인력의 이동이 지연되었으며 경우에 따라서는 기업들이 해외로부터의 아웃소싱에 대해 재평가하고 있다.

기업들은 경쟁압력과 경제 환경의 변화로 생산운영관리를 보다 강조하게 되었으며 보다 적은 자원으로 시스템 운영하기, 수익관리, 프로세스 분석 및 개선, 품질향상, 민첩성, 린 생산방식 등에 관심을 가지기 시작했다.

1900년대의 후반부에 많은 기업들이 기업전략에서 *생산운영전략*을 등한시했다. 이들 중 일부는 이러한 생산운영전략에 대한 등한시 때문에 이미 큰 대가를 치렀으며, 현재는 점점 많은 기업들이 생산운영전략을 전반적 기업전략에 연계시킬 필요성뿐만 아니라 기업의 전반적인 성공에 미치는 생산운영전략의 중요성을 인식하고 있다.

해고나 감량경영, 전반적인 원가 절감으로 인해 *보다 적은 자원으로 시스템을 운영*해야 하는 오늘날의 경영자들은 자원 할당에 대한 상충관계 의사결정을 해야 하고 원가절감이나 생산성 향상을 더욱 강조하지 않을 수 없다.

*수익 관리*(*revenue management*)는 생산 규모를 변경시키지 않은 채 가격 조정을 통하여 수요를 변화시킴으로써 수익을 극대화하고자 하는 방법이다. 이익관리(yield management)라고도 하는 이 방법은 항공사, 크루즈회사, 호텔, 놀이공원, 렌트카 업체 등에 의해 여행관광업계에서, 그리고 트럭 운송사업이나 공공 유틸리티산업 등에서 성공적으로 활용되고 있다.

*프로세스 분석 및 개선*은 원가 절감과 시간 단축, 생산성 향상, 프로세스 산출 증대 및 품질향상과 고객만족 향상 등을 포함하며 흔히 **6시그마**(Six Sigma) 활동으로 불리고 있다.

**6시그마**
원가를 절감하고 품질을 향상시키며 고객만족을 증대시키기 위한 프로세스

1980년대와 1990년대의 '품질혁명'의 붐에 힘입어 품질은 이제 기업 활동에 깊이 스며들었다. 일부 기업들은 자신들의 품질 노력을 기술하기 위해 *전사적 품질경영*(*total quality management, TQM*)이라는 용어를 사용하고 있다. 품질에 대한 중시는 *고객만족*을 강조하고 *팀워크*를 중시한다. *프로세스 개선*으로 품질향상, 원가 절감 및 *시간 단축*이 가능하게 된다. 시간은 원가와 경쟁력과 밀접한 관련성이 있으며 기업들은 경쟁력을 확보하기 위해 시장에 신제품이나 서비스를 출시하는 기간을 단축시키고자 노력하고 있다. 만약 두 기업이

## 읽을거리 민첩성이 경쟁력을 창출한다

미국이나 여타의 국가에서 저렴한 가격의 여성 의류에 대한 거대한 수요가 있다. 스페인의 자라(Zara)나 스웨덴의 H&M과 같은 저가 의류 유통회사들은 대량으로 생산된 최신유행의 새로운 패션 상품들을 가게의 진열대에 신속하게 공급하는 능력 때문에 수익을 얻는 반면에 메이시(Macy's)나 갭(Gap)과 같은 덜 민첩한 경쟁자들은 동일한 결과를 얻는 데 고전을 면치 못하고 있다. 민첩한 소매 회사들의 핵심 성공 요인은 루마니아나 터키에 있는 저가 생산기업과의 접근성으로 이 때문에 운송시간이 훨씬 단축된다. 미국 유통회사들의 공급자는 주로 중국에 있는데 이 지역의 임금이 계속 인상되고 있고 거리가 멀기 때문에 저가의 새로운 패션상품을 신속하게 도입할 수 있는 능력이 상실되고 있다.

**[질문]**

메이시나 갭과 같은 경쟁자들에게 어떤 가능한 대안을 제시할 수 있겠는가?

출처: Based on Roya Wolverson, "Need for Speed: Glamorizing Cheap Fashion Costs More Than Yoy Think, Time(2012. 8. 6), p. 18.

동일한 제품을 동일한 품질과 가격으로 공급할 수 있을 때 어느 한 기업이 다른 기업보다 4주 빨리 출시할 수 있다면 출시가 빠른 기업이 거의 확실하게 보다 높은 매출을 달성할 수 있을 것이다. 현재 많은 기업에서 시간 단축이 이루어지고 있다. 유니온 카바이드(Union Carbide)는 4억 달러의 고정비용을 절약할 수 있었으며 벨 애틀랜틱(Bell Atlantic)은 장거리전화를 연결하는 데 소요되던 기간을 15일에서 1일로 단축시킴으로써 8,200만 달러의 비용을 절약할 수 있었다.

**민첩성** ▶ 수요나 기회에 신속히 대응할 수 있는 조직의 능력

**민첩성**(agility)은 조직이 수요나 기회에 대해 신속히 대응할 수 있는 능력을 말한다. 이것은 수요량의 변화나 제품/서비스의 요구 변화에 신속히 대응할 수 있는 유연한 생산시스템을 유지하는 전략이다. 조직이 경쟁력을 유지하고 점점 단축되는 제품 수명주기에 대처하기 위해 필사적인 노력을 하며 신제품이나 개량품(또는 서비스)에 대한 개발기간을 단축하기 위해 노력하기 때문에 이것은 특히 중요하다.

생산에 대한 새로운 접근방법인 *린(lean) 생산*은 1990년대에 출현하였다. 이것은 품질, 유연성, 시간 단축, 팀워크 등을 강조하면서 여기에서 언급한 최근의 변화 추세들을 결합시킨 생산방식이다. 린 생산방식으로 조직구조가 *평평해지면서* 관리 계층의 수가 줄어들게 되었다.

**린 시스템** ▶ 최소한의 자원을 사용하여 어느 정도의 다양한 제품을 높은 품질 수준으로 대량으로 생산하는 시스템

**린 시스템**(lean system)은 과거 전형적인 대량생산방식에 비해 동일한 양을 생산하는 데 공간, 재고, 작업자 등의 자원을 훨씬 적게 사용한다고 해서 붙여진 이름이다. 린 시스템은 고도의 숙련 작업자와 유연성 있는 장비를 사용한다. 사실 린 생산방식은 대량생산방식(많은 생산량, 낮은 단가)과 장인생산방식(다양성과 유연성)의 이점을 결합시키고 있으며 품질은 대량생산방식보다 훨씬 높은 수준이다. 이 접근방법은 현재 보건의료, 사무작업, 운송 및 배송 등의 서비스 분야에까지 확산되었다.

린 생산방식에서 숙련 작업자는 대량생산방식에서의 숙련 작업자보다 시스템을 유지하고 개선하는 데 훨씬 많은 역할을 한다. 여기서는 결함이 발견되면 작업자는 생산을 중지시킬 수 있으며 결함이 재발하지 않도록 다른 작업자와 함께 결함의 원인을 발견하고 이를 해결하기 위한 활동을 한다. 이러한 결과, 시간이 지나감에 따라 품질 수준이 향상되고 생산라인의 끝 부분에서 검사와 재작업을 하지 않아도 되게 되었다.

린 생산방식에서는 보다 적은 양의 재고로 시스템이 가동되므로 문제가 실제로 발생하기 *전에* 이러한 문제가 언제 발생할 것인가를 예상하여 계획을 통하여 이 문제를 미연에 방지하기를 강조한다. 그럼에도 불구하고 가끔 문제가 발생할 수도 있으므로 신속한 해결도 역

시 중요하다. 따라서 작업자들은 계획 단계와 문제해결 단계 모두에 참여하고 있다.

린 생산방식의 작업자들은 전통적 방식에 비해 보다 많은 활동을 하도록 요구되고 이들은 팀을 이루어 활동해야 하고 시스템을 운영하고 개선하는 데 적극적인 역할을 수행한다. 개인의 창의성보다는 팀의 성공이 훨씬 중요하다. 책임도 훨씬 증가하는데 이는 전통적 생산시스템에서는 느끼지 않던 심리적 중압감과 불안을 가져오는 요소이다. 더구나 린 생산방식에서는 평평한 조직구조 때문에 경력관리 경로가 가파르지 않다. 작업자들은 전문직이기보다는 주로 일반직으로 되는 경향이 많고 이것 역시 전통적 조직과 대비되는 요소이다.

## 1.10 최근 경영활동의 핵심 이슈들

많은 기업들에게 중요도가 높은 이슈들이 몇 가지 있다. 모든 기업들이 이러한 이슈에 직면하고 있지는 않다고 하더라도 많은 기업들은 직면하고 있다. 이러한 이슈들 중에서 주요한 것은 다음과 같다.

**경제 환경.** 무역분쟁과 관세는 의사결정자들에게 불확실성을 야기하였다.

**혁신.** 신규 또는 개선된 제품이나 서비스를 개발하는 것은 조직이 가치를 창출할 수 있는 많은 가능성 중의 두 가지이다. 프로세스, 인터넷 사용, 원가를 절감하고 생산성을 향상시키며 시장을 확대하고 고객 서비스를 개선시키는 공급사슬에서 혁신이 이루어질 수 있다.

**품질문제.** 이 장의 서두에서 언급된 수많은 생산관리 실패사례에서 생산운영관리 기법을 개선시킬 필요성이 강조된다. 이것은 제품설계와 시험평가, 부품공급자에 대한 관리 · 감독, 위험평가, 잠재적 문제에 대한 신속한 대응과 관련이 있다.

nicostock/Shutterstock

◀ 퓨마(Puma)의 'Clever Little Bag'은 판지를 65% 덜 쓰는 판지구조로 신발을 감싸는 방법으로 신발 포장상자의 개념을 바꾸었다. 이것은 리사이클된 플라스틱을 내부의 판지구조를 감싸는 외부 재질로 사용한다. 퓨마는 자원을 적게 쓰고—구체적으로 종이를 8,500톤 적게 씀—새로운 포장의 무게를 줄임으로써 연간 이산화탄소 배출량이 10,000톤, 물, 에너지, 중유 사용이 60% 감소될 것으로 기대한다.

**위기관리.** 재무위기, 제품 리콜, 사고, 자연 및 인공 재해, 경제적 부침과 같은 최근의 사건들 때문에 위기관리가 강조되고 있다. 위기를 관리하기 위해서는 위기를 인식하는 데서부터 출발하여 취약성과 잠재적 손해(법적 책임, 평판, 수요)를 평가하고 위험을 줄이거나 공유하는 절차를 취해야 한다.

**사이버보안.** 종업원이나 고객의 개인정보를 훔치려는 해커의 침입에 대비한 경비를 할 필요성이 증가하고 있다. 특히 상호 연결된 시스템으로 산업스파이 형태의 침입 위험이 증가하고 있다.

**글로벌 경제에서의 경쟁.** 제3세계 국가들의 저임금은 인건비 절감의 압력을 증가시켰다. 기업들은 가능한 대안들을 조심스럽게 비교해 보아야 하는데 여기에는 생산운영의 일부 또는 전부를 저임금 지역에서 아웃소싱하는 방안, 내부적으로 인건비를 절감하는 방안, 생산성을 향상시키기 위해 노력하는 방안 등이 있다.

이외의 세 가지 핵심 분야, 즉 환경에 대한 고려, 윤리적 행동, 공급사슬관리에 대해서는 보다 깊이 있는 논의가 필요하다.

## 환경에 대한 고려

지구 온난화와 오염에 대한 관심이 기업 활동에 점점 더 영향을 미치고 있다.

특히 선진국에서 환경에 대한 규제가 보다 엄격해지고 있다. 기업들은 탄소배출량(carbon footprint: 기업의 생산 활동이나 공급사슬에서 발생하는 이산화탄소의 총량)을 감축시키고 일반적으로 지속가능한 프로세스를 운영하도록 하는 압력이 증가하고 있다. **지속가능성**(sustainability)은 현재와 미래의 인류생존을 가능하게 하는 생태시스템을 해치지 않는 방법으로 자원을 사용하는 서비스와 생산프로세스를 지칭한다. 지속가능성 척도는 전통적인 환경 및 경제척도를 능가하여 의사결정에 사회적 기준을 결합한 척도를 포함하도록 한다.

**지속가능성** ▸
인류 생존을 가능하게 하는 생태시스템을 해치지 않는 방법으로 자원을 사용하는 것

기업 경영의 모든 분야에서 이러한 영향을 받을 것이다. 그중 영향을 가장 많이 받게 될 분야가 제품과 서비스의 설계, 소비자교육 프로그램, 재해 예방 및 대응, 공급사슬 폐기물 관리, 아웃소싱 의사결정 분야가 될 것이다. 제품생산의 아웃소싱은 운송비용을 증가시킬 뿐만 아니라 연료소비를 증가시키고 대기에 배출되는 탄소의 양을 증가시킨다는 점을 주목하기 바란다. 결과적으로 지속가능성 사고는 아웃소싱 의사결정에 시사점을 줄 것이다. 이들 모두는 생산운영의 영역에 속하므로 생산운영관리는 이들 이슈를 다루는 데 중심이 된다. 간혹 '녹색전략(green initiative)'으로 지칭되는 가능한 방법으로는 포장, 원자재, 물과 에너지의 사용 및 공급사슬의 환경영향을 줄이는 것, 예컨대 지역구매 등이 있다. 기타 가능한 방법으로는 재판매를 하기 위해 중고장비(예컨대 프린트와 복사기)를 재생하는 것과 리사이클링 등이 있다.

다음의 읽을거리에서는 식습관의 선택까지도 환경에 영향을 줄 수 있다는 점이 제시되고 있다.

## 윤리적 행동

최근의 역사에서 많은 의심스러운 행동들의 사례를 감안해 볼 때, 기업활동에서 윤리적 행동에 대한 필요성은 점점 명확해지고 있다. 경영자들이 의사결정을 할 때에는 이러한 의사결정이 주주, 경영층, 종업원, 고객, 지역사회 전반과 환경에 어떤 영향을 미칠 수 있는지를

읽을거리  키세스(Kisses) 초콜릿의 지속가능성

**리사 스펜서(Lisa Spencer)**

허쉬 사(Hershey's)의 "Cocoa for Good(코코아 영원히)" 계획에 따르면 지속 가능한 코코아 조달을 촉진하기 위해 2030년까지 5억 달러를 지출하겠다고 약속하고 있다. 이러한 조치는 소비자들에 대한 허쉬의 이미지를 좋게 하고, 세계 코코아 공급량의 약 70퍼센트(%)를 점유하고 있는 가나(Ghana)와 아이보리 코스트(Ivory Coast) 지역의 소규모 농부들의 생산성을 증진할 것이다. 허쉬 사는 지난 해 자신들이 구매하는 코코아의 75% 이상을 인증되고 지속 가능한 공급원으로부터 구매하였고, 앞으로 몇 년 동안 이 비율을 100퍼센트까지 증가시키는 것으로 계획하고 있다.[1]

허쉬 사의 서아프리카에 대한 총체적 전략에는 어린이들에게 영양가 높은 식품을 공급하는 것, 미성년 노동을 근절하는 것, 여성에게 경제적 자립도를 향상시키는 것, 코코아 음지 재배법과 기타 농업기술로 생산성을 향상시키기 위해 농부들과 협력하는 것이라는 4가지의 분명한 목표를 가지고 있다. 음지에서 재배된 코코아 나무는 완전히 양지에서 재배된 코코아 나무보다 최장 15년 더 수확이 가능하다. 코코아를 보다 효율적으로 재배하는 방법을 농부들에게 교육함으로써 농부들이 삼림을 더 잠식하지 않고도 수확을 늘릴 수 있게 도와줄 수 있다.

이 프로그램을 시행한 지 6개월째 접어들어 허쉬 사는 매일 5만 명의 가나 아동들에게 견과류 반죽으로 만든 비타민이 풍부한 스낵인 비비 파켓(Vivi packcets)을 공급하고 있다. 또 다른 계획에는 5개의 학교를 설립하고 31개의 교육시설을 지원함으로써 9,000명의 서 아프리카 농부들이 사업 능력을 향상시킬 수 있도록 지원하는 것이 있다.[2]

점점 많은 소비자들이 원자재를 지속 가능한 방법으로 조달하거나 근로자들을 윤리적인 방법으로 대우하는 기업들을 선호하고 있다. 또한 많은 기업들의 지휘 계층에 있는 간부들도 스스로 이러한 가치관을 지향하고 있다. 따라서 생산 운영의 관점에서 저원가 전략은 지속 가능한 방법으로 작물을 생산하거나 윤리적인 방법으로 근로자들을 대우하는 전략에 자리를 내어주고 있다.

**[질문]**

1. 허쉬 사와 같은 기업은 왜 이와 같은 지속 가능성 계획을 구사하는가?
2. 허쉬 사의 이 같은 행동은 공급사슬 내의 타 기업들에게 어떤 영향을 미치는가? 경쟁기업이나 소비자들에게는 어떤 영향을 미치는가?

**참조:**

[1] "Hershey to Spend $500 Million Making More Sustainable Kisses," Marvin G. Perez and Emily Chasen, *Bloomberg*, April 3, 2018, https://www.bloomberg.com/news/ articles/2018-04-03/hershey-to-invest-500-million-in-making-more-sustainable-kisses.

[2] "Hershey's Cocoa for Good Program Already Making an Impact in West Africa," Anthony Myers, November 5, 2018, https://www.confectionerynews.com/Article/2018/11/05/Hershey-s-Cocoa-for-Good-program-already-making-an-impact-in-West-Africa.

고려해야 한다. 이들 이해관계자 모두에게 최선이 되는 해결방안을 찾는 것은 항상 쉬운 일은 아니다. 그러나 그것은 모든 경영자가 달성하려고 노력해야 하는 목표이다. 더욱이 최선의 선의를 가지고 있는 경영자라 할지라도 가끔은 실수를 한다. 만약 실수를 했을 때는, 경영자는 가능한 한 신속하게 이들 실수를 바로잡으려는 책임 있는 행동을 해야 하며 잘못될 수 있는 결과에 대해 알려야 한다.

많은 조직들이 종업원이나 구성원의 행동을 지도하는 *윤리강령*을 제정하였다. **윤리**(ethics)란 개인이 다양한 상황에서 어떻게 행동해야 하는지를 지도하는 행동의 기준이다. 산타클라라 대학교의 마쿨라 응용윤리 센터(Markular Center for Applied Ethics)에서는 윤리적으로 생각하기 위한 5가지 원칙들을 제시하였다.

◂ **윤리**
개인이 다양한 상황에서 어떻게 행동해야 하는지를 지도하는 행동의 기준

- **공리주의 원칙:** 어떤 행동이나 무행동으로 인한 이득은 그로 인해 초래되거나 초래될지도 모르는 해악보다 커야 한다. 술을 과음한 사람에게 운전을 허용하지 않는 것이 그 예이다.
- **권리의 원칙:** 특정의 행동은 다른 사람의 도덕적 권리를 존중하거나 보호해야 한다. 취약

## 읽을거리 식이와 환경: 채식주의자와 비채식주의자

식이의 선택이 환경에 미치는 영향을 검토하는 것은 흥미로운 일이다. 농법이 토양, 대기, 수질을 오염시킨다는 증거는 많이 있다. 이들 요인에는 식품을 소비자에게 전달하기까지의 운송거리에서부터 사용하는 물과 비료의 양에까지 이르고 있다. 특별히 관심을 끄는 것은 동물 단백질의 양이 많은 식이가 환경에 미치는 영향이다. UN 식량농업기구(FAO)는 최근 가축생산이 지구온난화와 수질오염의 주요 원인 중의 하나라고 보고하였다. FAO는 전체공급사슬을 고려하는 방법론을 사용하여 가축이 온실가스 배출의 18퍼센트를 차지한다고 추정하였다.

**환경과 채식주의자 대 비채식주의자**

캘리포니아의 로마 린다 대학(Loma Linda University)의 환경건강과 영양학과(Department of Environmental Health and Nutrition) 소속의 연구자들이 수행한 연구의 주제는 고기 취식자 식이의 환경친화성이었다. 이들은 캘리포니아에 거주하는 채식주의자와 비채식주의자의 식이가 환경에 미치는 영향을 농약과 비료, 물과 에너지와 같은 농업 생산 투입의 관점에서 비교하였다.

이 연구는 11가지 식품의 결합생산에서 비채식주의자의 식이가 채식주의자의 식이에 비해 2.9배의 물, 2.5배의 1차 에너지, 13배의 비료, 그리고 1.4배의 농약을 필요로 한다고 지적하였다. 가장 큰 차이는 식이에 쇠고기가 포함된 것인지의 여부였다.

출처: Based on "Finding a Scientific Connection Between Food Choices and the Environment."Environmental Nutrition Newsletter (2009), p.3.

공정무역 인증 라벨은 농산품의 생산과 무역과정에서 엄격한 경제적, 사회적 그리고 환경적 기준이 충족되었음을 소비자에게 보증한다.

pixelliebe/Shutterstock

한 사람들의 약점을 이용하지 않는 것이 그 예이다.

- **공정의 원칙:** 동일한 기준이 적용되어야 하고 동일한 기준으로 평가하여야 한다. 동일노동 동일임금이 그 예이다.
- **공동선의 원칙:** 행동은 공동의 선(이익)에 기여해야 한다. 소음방지에 관한 법령이 그 예이다.
- **선행의 원칙:** 행동은 이상적인 선행과 일치되어야 한다. 그 예로 정직, 동정심, 아량, 관용, 원칙에 충실함, 진실, 자기통제 등이 있다.

이 센터는 이들 원칙을 확장하여 윤리적인 행동을 위한 체계를 창안하였다. **윤리적 체계**(ethical framework)는 생각과 이후의 의사결정이나 행동을 지도할 수 있도록 의도된 일련의 단계들이다. 마쿨라 응용윤리 센터가 개발한 것을 소개해 보기로 한다.

**윤리적 체계** 생각과 이후의 의사결정이나 행동을 지도할 수 있도록 의도된 일련의 단계들

1. 행동이 집단이나 개인에게 피해를 입힐 수도 있는지 의문을 가져봄으로써 윤리적 이슈를 인식한다. 단순히 적법하다는 것 이상으로 무엇이 있는가?
2. 누가 영향을 받을 것인지 또는 어떠한 대안이 가능한지와 같은 관련된 사실관계를 알고 있는지를 확인한다.
3. 앞의 윤리 원칙 중 적절한 것을 참조하여 대안들을 평가한다.

4. 최선의 대안을 찾고 존경하는 누군가가 이것에 대해 어떻게 생각할지 의문을 가져봄으로써 추가적으로 검토한다.
5. 돌이켜 생각하여 그 의사결정의 효과가 어떠했는지 거기서 어떠한 교훈을 얻었는지 깊이 생각해 본다.

보다 자세한 것은 센터의 웹사이트인 http://www.scu.edu/ethics/practicing/decision/framework.html에서 참고할 수 있다.

다른 모든 부문의 경영자처럼 생산운영부문의 경영자도 윤리적인 의사결정을 할 책임이 있다. 윤리적 문제는 다음과 같은 생산운영관리의 다양한 측면에서 발생한다.

- 재무제표: 조직의 재무 상태를 정확히 표시
- 작업자 안전: 적절한 훈련 제공, 장비의 양호한 작동상태 유지, 안전한 작업환경 유지
- 제품 안전: 사용자에게 입힐 수 있는 상해나 재산이나 환경에 미칠 수 있는 손해의 가능성을 최소화하는 제품을 공급
- 품질: 품질보증에 대한 이행, 결함을 숨기지 않기
- 환경: 환경을 저해하는 행위를 하지 않음
- 지역 사회: 좋은 이웃이 됨
- 근로자의 채용과 해고: 허위 표시 방지(예, 장기 고용할 의사가 없으면서 이를 약속하는 것)
- 시설의 폐쇄: 이것이 지역사회에 미치는 영향을 고려하고 이미 약속한 것은 이행하기
- 근로자의 권리: 근로자의 문제를 신속하고 공정하게 처리하면서 근로자의 권리를 존중함

에티스피어 연구소(Ethisphere Institute)는 전 세계의 기업을 대상으로 윤리적 리더십을 인증하고 표창한다. 대표적 기업들의 예를 들면 다음과 같다.

의류: 갭(Gap)
자동차: 포드자동차회사(Ford Motor Company)
기업서비스: 페이첵스(Paychex)
카페: 스타벅스(Starbucks)
컴퓨터 하드웨어: 인텔(Intel)
컴퓨터 소프트웨어: 아도비 시스템스(Adobe Systems), 마이크로소프트(Microsoft)
가전: 텍사스 인스트루먼트(Texas Instrument), 제록스(Xerox)
전자상거래: 이베이(eBay)
소매유통: 코스트코(Costco), 타겟(Target)
식품: 세이프웨이(Safeway), 웨그먼스(Wegmans), 호울 푸드(Whole Foods)
건강, 미용: 로레알(L'Oreal)
물류: 유피에스(UPS)

최근 수상자 전체 명단과 선정 기준은 Ethisphere.com에서 확인할 수 있다.

## 공급사슬관리의 필요성

기업이 공급사슬관리를 보다 개선해야 하는 압력이 거세짐에 따라 공급사슬관리에 대한 관심이 증대되고 있다. 과거에는 대부분의 기업들이 공급사슬관리를 위해 하는 일이 별로 없었으며 오로지 자신 만의 생산운영과 직접적인 공급자에게만 집중하는 경향이 있었다. 뿐만 아니라 공급사슬에 있는 기업들의 계획, 마케팅, 생산 및 재고관리 기능들은 각각 독립적으로 수행되었다. 그 결과 공급사슬은 개별 조직의 통제 범위를 넘어서는 여러 문제들에 봉착하였다. 이러한 문제점들에는 재고가 큰 폭으로 변동하는 점, 재고의 품절, 배송 지연 및 품질문제 등이 있었다. 이들 문제점뿐만 아니라 몇 가지 다른 이슈 등으로 명확해진 바는 공급사슬의 관리가 기업의 성공을 위해서는 필수불가결하다는 것이다. 공급사슬관리를 필수불가결하게 만드는 여타의 이슈들로는 다음과 같은 것들이 있다.

1. **생산운영을 개선할 필요성.** 최근에는 원가절감 및 시간단축, 생산성과 품질향상을 위한 노력들이 확장되어 공급사슬을 포함하게 되었다. 이제는 주로 공급사슬을 구성하는 조달, 배송 및 물류부문에 그러한 기회가 있다.
2. **아웃소싱 수준의 증가.** 기업들은 제품이나 서비스를 직접 생산하는 대신 외부에서 구매함으로써 **아웃소싱**(outsourcing)의 수준을 증가시키고 있다. 아웃소싱이 증가함에 따라 기업들은 공급관련 활동(포장, 운송, 선적, 하역 및 분류)에 점점 많은 비용을 쓰고 있다. 이러한 활동과 관련 활동에 소모되는 엄청난 양의 비용과 시간은 사실상 불필요하다. 안전하지 못한 타이어나 완구류뿐만 아니라 부패된 가공식품이나 치약, 애완동물 먹이 등의 수입품 관련 문제들 때문에 기업들은 책임문제와 함께 아웃소싱된 제품의 안전성을 모니터링할 책임까지 떠맡아야 한다.

**아웃소싱** ▸ 제품이나 서비스를 직접 생산하는 대신 외부에서 구매하는 것

3. **운송비용의 증가.** 운송비용이 점점 증가하고 있고 이들을 주의 깊게 관리해야 할 필요성이 있다.
4. **경쟁력 압박.** 경쟁력 압박으로 신제품의 수가 증가하게 되고 신제품 개발주기는 더욱 짧아지고 있으며 고객화에 대한 요구는 더욱 증가하고 있다. 그리고 가전산업과 같은 특정 산업분야에서는 제품수명주기가 더욱 짧아지고 있다. 이러한 경향에 대응하기 위해 신속대응전략을 채택하거나 리드타임을 단축시키기 위한 노력이 강화되고 있다.
5. **세계화의 증대.** 세계화의 증대로 공급사슬의 물리적 길이가 연장되었다. 국제적 공급사슬은 공급사슬 관리의 문제점을 증가시켰다. 널리 퍼진 소비자와 공급자의 존재 때문에 리드타임이 보다 길어지고 배송 실패의 가능성이 보다 커졌다. 언어 및 문화의 격차뿐만 아니라 가끔은 통화 차이와 환율 변동이 문제가 될 수도 있다. 또한 국경 보안이 보다 강화됨으로써 경우에 따라서 상품의 선적이 지연될 수도 있다.
6. **전자상거래의 중요성 증대.** 전자상거래의 중요성 때문에 기업 간 구매, 판매에 새로운 측면이 부가되었으며 새로운 문제점을 야기시켰다.
7. **공급사슬의 복잡성.** 공급사슬은 복잡하고 역동성이 있으며 공급사슬에 역효과를 줄 수 있는 구조적인 불확실성, 예컨대 부정확한 수요예측, 납품 지연, 표준에 미달된 품질, 장비 고장, 주문의 취소 나 변경 등이 존재한다.
8. **재고관리의 필요성.** 공급사슬관리의 성패에는 재고가 큰 역할을 하기 때문에 공급사슬 전반에 걸쳐서 재고수준을 조정하는 일은 대단히 중요하다. 재고부족은 시기적절한 작

업흐름에 크게 지장을 줄 수 있으며 광범위한 영향을 미친다. 반면 과잉재고는 불필요한 비용을 가중시킨다. 동일한 공급사슬에서 어떤 부문에서는 재고부족을, 다른 부문에서는 과잉재고를 발견하는 것은 흔한 일이다.

9. **무역분쟁을 해결할 필요성.** 한 국가가 다른 국가에 대해 무역불균형을 제기하게 되면 무역분쟁이 발생할 수 있다. 이것은 관세와 보복관세로 이어질 수 있고 원가구조의 변화를 야기한다. 전세계적인 공급사슬망을 가지고 있는 기업에게는 관세가 정상화되는 데 어느 정도로 그리고 얼마나 오랫동안 걸릴지에 대한 불확실성이 압박감을 증가시킬 수 있다.

age fotostock/Alamy Stock Photo

▲ 인디아의 카치(Kachchh)에서는 공정거래로 면화농부가 최소가격을 보장받을 수 있으며 따라서 보다 안심하고 사업을 계획하고 지역사회에 투자할 수 있게 되었다.

## 공급사슬관리의 요소

공급사슬관리는 공급사슬 상의 활동들을 조정하는 일과 관련되어 있다. 여기서 중심적인 일은 공급사슬의 각 수준에서 고객의 수요를 파악하여 이를 해당되는 활동으로 옮기는 것이다.

공급사슬관리의 핵심 요소는 표 1.6에 열거되어 있다. 첫 번째 요소인 고객은 추진요소이다. 전형적으로 고객이 원하는 것을 결정하고 고객 수요의 양과 시기를 예측하는 것은 마케팅의 책임이다. 제품 및 서비스 설계는 고객의 욕구를 생산운영의 능력과 일치시켜야 한다.

공급사슬의 각 부분에서 처리가 발생하는데 이것이 각 조직의 핵심이다. 최종 소비자를 위해 제품이나 서비스를 생산하는 조직(컴퓨터를 조립하는 조직이나 자동차에 대한 서비스를 하는 조직 등)에서 처리의 주요한 부분이 발생한다. 공급사슬의 내 · 외부를 막론하고 이

**표 1.6**
공급사슬관리의 핵심 요소

| 요소 | 전형적인 이슈 | 본서의 장 |
|---|---|---|
| 고객 | 고객이 어떤 제품이나 서비스를 원하는가를 결정 | 3, 4 |
| 수요예측 | 고객 수요의 양과 시기를 예상 | 3 |
| 제품설계 | 고객, 욕구, 생산가능성 및 출시 시기를 고려 | 4 |
| 생산용량계획 | 수요에 공급을 맞춤 | 5,11 |
| 처리 | 품질을 관리하고 작업 일정관리를 함 | 10, 16 |
| 재고 | 재고유지 비용을 통제하며 동시에 수요 요구량을 충족시킴 | 12,13,14 |
| 구매 | 잠재적인 공급자를 평가하고 구매 제품이나 서비스에 대해 생산운영부문의 필요를 지원함 | 15 |
| 공급자 | 공급자의 품질, 적시 납품 및 유연성을 모니터링하고 공급자관계를 유지함 | 15 |
| 입지 | 시설의 입지를 결정함 | 8 |
| 물류 | 정보와 물자를 어떻게 최선으로 이동시킬 것인가를 결정함 | 15 |

처리의 주요한 측면은 일정관리이다.

재고는 대부분의 공급사슬에서 주 요소이다. 균형이 주된 목표이며 부족은 일정을 지연시키거나 중단시키고 과잉은 불필요한 비용을 가중시키거나 유연성을 제한한다.

구매는 조직과 그 공급자를 연계시킨다. 구매는 조직의 고객을 위해 제품을 생산하거나 서비스를 제공하기 위해 사용되는 제품이나 서비스를 획득하는 책임을 지고 있다. 구매는 공급자를 선정하고 계약을 협상하며 제휴관계를 수립하고 공급자와 다양한 내부 부문과의 연락자 역할을 한다.

가치사슬의 공급 부문은 하나 이상의 공급자들로 구성되는데 모든 공급자들은 하나의 사슬로 연결되어 있고 그 각각은 공급사슬의 효과성—또는 무효과성—에 영향을 줄 수 있는 능력을 가지고 있다. 특히 모든 공급자와 사슬 상의 수요 부문의 모든 구성원들 간에 계획과 실행이 세심하게 조정되어야 하는 일이 가장 핵심적이다.

입지는 여러 가지 방법으로 공급사슬의 요소가 될 수 있다. 처리시설의 입지가 중요한 만큼 공급자가 어디에 위치하는가도 중요하다. 시장에의 근접성, 공급품 산지에의 근접성 또는 양자 모두에의 근접성이 결정적으로 중요할 수 있다. 또한 배송시간이나 배송비용은 보통 입지에 영향을 많이 받는다.

공급사슬관리에는 두 가지 유형의 의사결정—전략적인 것과 운영적인 것—이 있다. 전략적 의사결정은 설계 및 정책 결정이다. 운영 의사결정은 일상적인 활동, 즉 원자재와 제품의 흐름 및 전략적 의사결정과 조화를 이루는 공급사슬의 여타의 측면에 대한 관리와 관련된 것들이다.

공급사슬관리에서 주요한 의사결정들은 입지, 생산, 배송 및 재고와 관련된 것들이다. *입지* 의사결정은 생산 및 배송시설들의 입지 선정과 관련된 것이다. 생산 및 운송 비용과 배송 리드타임이 중요하다. *생산* 및 *배송* 의사결정은 고객이 무엇을 원하며 언제, 그리고 얼마나 원하는지에 대해 초점을 맞춘다. 아웃소싱도 고려요소가 될 수 있다. 배송의사결정은 운송비용과 배송시간에 가장 영향을 많이 받는다. 왜냐하면 운송비용이 전체 비용의 상당한 부분을 차지하기 때문이다. 더욱이 운송대안들은 생산 및 재고 의사결정에 밀접히 연관되어 있다. 예컨대 항공운송을 하게 되면 해상, 철도 및 육로운송에 비해 높은 비용을 요하나 보다 신속한 배송을 할 수 있고 보다 낮은 수준의 운송 중 재고를 보유하게 *된다. 배송* 의사결정은 생산용량과 품질 문제도 고려하여야 한다. 운영의사결정은 일정관리, 장비 유지보수관리 및 고객수요의 충족에 초점을 맞춘다. 품질관리와 부하균형 역시 중요한 고려사항이다. 재고의사결정은 공급사슬 전체에 걸쳐서 재고 요구수준을 결정하고 생산과 저장의사결정을 조정하는 것과 관련되어 있다. 물류관리는 재고의사결정에서 핵심적인 역할을 한다.

전사적 자원계획(Enterprise Resource Planning, ERP)은 기업과 공급사슬의 주요 파트너 사이에서 실시간으로 정보를 공유하기 위해서 그 사용이 증가되고 있다. 이 중요한 토픽은 13장에서 보다 자세하게 설명한다.

## 현장 견학

본서 전체를 통해서 모든 종류의 기업의 생산운영에 대해 설명하는 현장 견학 코너를 마련하였다. 지금부터 읽을 견학 내용은 대형의 지역 슈퍼마켓 체인인 웨그먼스 푸드 마켓(Wegmans Food Market)에 관한 것이다. 웨그먼스는 10년 전 포춘(Fortune)지가 조사를 시작한 이후, 가장 일하고 싶은 100대 기업 목록에서 계속해서 상위권을 차지하고 있다.

# 웨그먼스 푸드 마켓(Wegmans Food Markets)

웨그먼스 푸드 마켓 사는 미국의 1급 식료품 체인 중 하나이다. 본부를 뉴욕 주 로체스터에 두고 있는 웨그먼스는 주로 로체스터, 버팔로, 시라큐스 지역에 100개 정도의 점포를 운영하고 있다. 뉴욕 주의 타 도시들이나 뉴저지 주, 매사추세츠 주, 노스캐롤라이나 주, 펜실베이니아 주, 버지니아 주에서도 소수의 점포들을 운영하고 있다. 이 회사의 종업원 수는 45,000명 이상이며 연매출액은 30억 달러 이상이다.

웨그먼스는 고객에게 높은 수준의 제품 품질과 탁월한 서비스를 제공하는 것으로 정평이 나 있다. 시장조사, 시행착오, 고객에 대한 의견 청취를 통하여 웨그먼스는 아주 성공적인 조직으로 성장하였다. 단위 면적당 매출액은 업계 평균에 비해 50% 이상 높다.

## 슈퍼스토어

이 회사의 많은 점포는 보통 슈퍼마켓 크기의 2~3배에 해당하는 면적으로 100,000 $f^2$에 이르는 대형 슈퍼스토어이다. 이들 점포의 규모에 대해 다음과 같은 사항을 참고해서 상상해 보기 바란다. 계산대 수가 보통 25~35개인데 바쁜 시간대에는 모든 계산대가 가동된다. 한 개의 점포에는 보통 500~600명이 고용되어 있다.

개별 점포들은 규모와 특징 면에서 약간씩 다르지만 웨그먼스는 보통의 슈퍼마켓과는 달리 일반적으로 풀 서비스를 하는 델리(통상 40피트 길이의 진열대가 있음), 매일 약 10가지 종류의 신선한 생선을 판매하는 500 $f^2$ 면적의 수산물 코너, 대형 제빵코너(각 점포는 나름대로 빵, 롤, 케이크, 파이, 페이스트리 등을 갖추고 있음), 그리고 초대형 농산품 코너를 갖추고 있다. 뿐만 아니라 사진현상소, 대형 약국, 기념카드 가게, 비디오 대여점, Olde World Cheese 코너도 갖추고 있다. 점포 내 꽃가게는 면적이 800 $f^2$에 달하며 다양한 종류의 절화, 꽃꽂이, 꽃병 및 초목을 취급하고 있다. 기념카드 가게는 점포 면적이 1,000 $f^2$에 달하며, 포장하지 않은 식품 코너에서는 다양한 종류의 식품과 새모이, 애완동물 먹이 등의 비식품 항목을 고객이 원하는 양으로 판매하고 있다.

각 점포는 약간씩 다른 특징이 있다. 어떤 점포는 세탁소나 샐러드 바를 갖추고 있는 반면 어떤 점포는 특정 종류의 음식을 조리해서 제공하는 다양한 음식코너들로 구성된 Market Cafe를 가지고 있다. 예컨대 피자와 이태리 음식을 파는 코너가 있는가 하면 동양 음식을 파는 코너 또는 치킨이나 생선 요리를 파는 코너가 있다. 샌드위치 바, 샐러드 바, 디저트 코너도 있다.

고객들은 여러 음식코너를 돌아다니며 무엇을 주문할지 결정한다. 어떤 Market Cafe에서는 음식에 포도주를 곁들여 주문할 수도 있고 일요일에는 아침 겸 점심을 들 수도 있다. 부유한 지역에 있는 점포에서는 퇴근하며 들러 신선하게 준비된 앙트레 요리, 이를테면 향료 버터를 바른 쇠고기 메달리온 요리, 마르살라 치킨, 버섯을 곁들인 플랭크 스테이크, 케이준식 참치요리, 크랩케이크나, 구운 감자, 데친 야채, 시저 샐러드 등의 곁들임 요리를 선택할 수 있다. 많은 웨그먼스 점포에서는 미리 만들어놓은 샌드위치뿐만 아니라 주문 샌드위치도 판매한다. 어떤 점포에서는 쇼핑하는 고객들이 레귤러 커피나 고급 커피와 함께 다양한 종류의 과자를 먹을 수 있게 의자와 테이블을 갖춘 커피숍을 운영하기도 한다.

## 농산품 파트

웨그먼스는 신선한 농산품에 대해 자부심을 가진다. 농산품은 하루 12회 재보충된다. 대형 점포는 보통의 슈퍼마켓 농산품 파트보다 4~5배 규모의 농산품 파트를 운영한다. 웨그먼스는 계절별로 지역에서 재배한 농산물을 공급한다. 웨그먼스에서는 농장직송 시스템을 채택하고 있는데 이는 지역의 농장에서 중앙 창고를 거치지 않고 농산물을 개별 점포에 직접 납품하는 시스템이다. 이 방법은 재고유지 비용을 절감시켜주며 농산품을 가능한 한 신속하게 점포에 배송할 수 있게 한다. 재배자는 운반용 대형 용기 대신 점포에 바로 진열될 수 있도록 특수하게 설계된 운반용기를 사용한다. 이 방법은 과일이나 채소를 대형 운반용기에서 진열대로 옮길 때 필요한 노력과 노동력을 절약할 수 있는 방법이다.

## 육류 파트

냉장 및 냉동 육류제품을 진열하는 진열대뿐만 아니라 다양한 종류의 냉장 육류를 취급하며 고객의 요구에 따라 육류를 썰어 주는 서비스를 하는 풀 서비스의 정육코너가 여러 점포에서 운영되고 있다.

종업원들은 웨그먼스의 'Meat University'에 다니며 다양한 종류의 육류 써는 방법을 배우고 있다. 뿐만 아니라 다양한 종류의 육류와 함께 어울리는 식품에 대해서도 배우며 고객에게 육류 요리에

(계속)

tarheel1776/Shutterstock

어울리는 곁들임 요리나 빵, 포도주 등을 권해 주기도 한다. 이것은 근무시간의 75%를 고객과 대화하며 보내기도 하는 종업원들에게 '판매문화'를 가르치는 데 도움이 된다.

웨그먼스는 프로세스를 개선하기 위하여 점포운영을 자주 분석한다. 육류 파트의 경우 점포 내 육류 썰기 및 전통적인 포장방법에서 중앙집중식 육류가공시설 및 진공포장의 방법으로 전환함으로써 육류의 유통기한이 연장되고 육류부의 소요 인력이 감축되어 그 결과 원가가 절감되고 고객에게 보다 개선된 제품을 공급할 수 있게 되었다.

### 주문

각 부문은 스스로 필요한 주문을 수행한다. 계산대의 판매 기록에서 매출자료를 얻을 수 있지만 재고보충을 위해 이 자료들을 직접적으로 활용하지는 않고 기타 요인들, 이를테면 가격, 특별 판촉, 기타 지역의 상황(축제, 기상상태)을 감안해야 한다. 그러나 휴가와 같은 계절주기에 대해서는 과거 동일 기간 동안의 수요를 알기 위해 관리자가 계산대의 판매 자료를 확인하기도 한다.

슈퍼스토어는 매일 중앙의 창고에서 한 트럭분의 제품을 수령한다. 성수기에는 하루에 두 트럭분을 수령하기도 한다. 리드타임을 짧게 함으로써 중앙 창고가 품절되지 않는 한 품절 기간을 획기적으로 줄일 수 있다.

이 회사는 제품 품질 측면이나 적시 납품 측면에서 공급자를 엄격히 통제하고 있다.

### 재고관리

어떤 점포는 70,000개나 되는 품목을 취급한다. 웨그먼스는 재고관리를 위해 전사적 시스템을 활용하고 있다. 각 부문은 전사적 시스템에 기록되어 있는 재고량을 확인하기 위해 매달 재고실사를 한다. 각 부문은 자신이 재고로 보유하는 수량의 재고 일수를 알려 주는 보고서를 정기적으로 받는다. 적정량의 재고를 보유하는 것은 부문 관리자에게는 매우 중요하다. 과잉재고를 보유하면 부문의 원가가 증가할 것이고 과소재고의 경우는 물품의 부족을 가져와 판매기회를 상실하고 고객을 불만족하게 한다.

### 종업원

이 회사는 훌륭한 종업원의 가치를 잘 인식하고 있다. 신입 종업원 1인을 훈련시키기 위해 평균 7,000달러를 투자한다. 뿐만 아니라 신입 종업원은 점포운영에 대해 배우면서 동시에 좋은 고객서비스의 중요성과 이를 어떻게 하는지에 대해서도 배운다. 종업원들은 고객에게 실제로 도움이 되며 고객의 질문에 친절하게 응답하고 불만사항을 잘 처리한다. 종업원들은 보상, 이익 분배, 복지제공 등을 통해 동기가 부여된다. 업계 평균 이직률이 약 20%인 데 비해 이 회사 정규직원의 이직률은 약 6%이다.

### 품질

품질과 고객만족은 웨그먼스의 종업원과 관리자들의 마음 속에서 제일 중요한 것이다. 시험 주방에서는 잠재적인 신제품과 함께 자사 브랜드 제품뿐만 아니라 유명 브랜드 제품도 정기적으로 평가된다. 관리자는 자기 부문의 제품 및 서비스 품질을 확인하고 유지할 책임이 있다. 뿐만 아니라 문제점들을 관리자에게 보고하도록 종업원들에게 권장한다.

만약 고객이 어떤 제품에 만족하지 못하여 이를 반품하고자 할 때, 그리고 제품의 일부만이라도 반품하고자 할 때 고객은 교환이나 환불 중 선택할 수 있다. 만약 그 제품이 웨그먼스 브랜드의 식품일 경우 문제의 원인을 알기 위해 시험주방으로 보낸다. 이때 원인이 밝혀지면 시정조치를 실행에 옮긴다.

### 기술

웨그먼스는 경쟁력을 유지하기 위해 재고를 추적하고 공급사슬을 관리하기 위한 새로운 접근방법이나 육류와 농산품의 신선도를 유지하기 위한 새로운 방법 등과 같이 새로운 기술을 끊임없이 채택한다.

### 지속가능성

웨그먼스는 과거 2007년에 백열등 전구를 소형형광전구로 교체하여 이산화탄소 발생량을 매년 3,000톤 감소시켰다. 또한 이 회사는 낙농제품 진열대에 센서를 장착하여 냉장시스템이 가동되는 시간을 50% 단축시켰다.

### [질문]

1. 고객들은 슈퍼마켓의 품질을 어떻게 판단하는가?
2. 슈퍼마켓을 성공적으로 운영하기 위해서 다음에 열거하는 요인들이 왜, 어떻게 중요한지 밝혀라.
   a. 고객만족
   b. 예측
   c. 규모 계획
   d. 입지
   e. 재고관리
   f. 점포의 내부 배치
   g. 일정 계획
3. 웨그먼스가 경쟁자에 대한 경쟁우위를 확보하기 위해 기술을 사용하는 방법은 무엇인가?

## 요약

기업에서 생산운영관리 기능은 제품을 생산하고 서비스를 산출하는 책임을 지고 있다. 따라서 이것은 모든 기업의 핵심 기능이다. 공급사슬은 투입원자재의 기초적인 원천에서 시작하여 시스템의 최종 고객에서 끝나는 공급자들과 고객들로 구성된 연쇄적인 사슬이다. 생산운영과 공급사슬은 상호의존적이다. 어느 하나가 없으면 다른 하나가 존재할 수 없고, 양자 없이는 어떤 기업조직도 존재할 수 없다.

생산운영관리는 제품 및 서비스 설계, 생산용량 계획, 프로세스 선정, 입지 선정, 작업관리, 재고 및 공급관리, 생산계획, 품질보증, 일정계획과 프로젝트 관리 등과 관련된 시스템 설계와 운영 의사결정을 포함한다.

생산운영관리의 역사적 발전 과정을 보면 이러한 핵심 비즈니스 기능의 지속적인 발전에 대한 흥미있는 배후 정보를 알 수 있다.

이 장과 후속되는 장에 수록된 현장 견학과 읽을거리를 통해 실제 비즈니스 운영에 대해 통찰할 수 있다.

## 주요 내용

1. 생산운영관리 기능은 모든 기업조직의 제품을 생신하고 서비스를 산출히는 부분이다.
2. 생산운영은 투입요소를 산출로 전환하는 프로세스들로 구성된다. 이들 프로세스들을 효과적으로 관리하지 못하면 조직에 부정적인 영향을 끼치게 된다.
3. 조직은 상호연관된 하위시스템들로 이루어지는 시스템이다. 이러한 이유 때문에 의사결정에서 시스템관점은 매우 중요하다.
4. 기업조직의 핵심 목표 중의 하나는 수요와 공급을 경제적으로 일치시키는 것이다. 생산운영기능은 예상되는 수요에 대해 공급능력 또는 서비스 능력을 제공하는 책임을 지고 있다.
5. 모든 프로세스들은 변동현상을 보이는데 이들을 관리해야 한다.
6. 제품과 서비스 간에는 관리적인 관점에서 고려해야 하는 기본적인 차이가 있지만 양자 간에는 유사점도 많다.
7. 생산운영 의사결정에 환경과 관련된 이슈가 점점 더 영향을 미칠 것이다.
8. 윤리적인 행동은 좋은 경영 행위의 필수불가결한 부분이다.
9. 모든 기업조직은 공급사슬을 가지고 있고 공급사슬의 일부이며 공급사슬을 관리해야 한다.

## 주요 용어

6시그마(six sigma)
e-비즈니스(e-business)
공급사슬(supply chain)
기술(technology)
대량생산방식(mass production)
리드타임(lead time)
린 시스템(lean system)
모형(model)
민첩성(agility)
부가가치(value-added)
분업(division of labor)
제품(goods)
생산운영관리(operations management)
서비스(services)
시스템(system)
아웃소싱(outsourcing)
윤리(ethics)
윤리적 체계(ethical framework)
장인생산방식(craft production)
전자상거래(e-commerce)
지속가능성(sustainability)
파레토 현상(Pareto phenomenon)
프로세스(process)
호환부품(interchangeable parts)

## 토의 및 복습문제

1. *생산운영관리*라는 용어와 *공급사슬*이라는 용어를 간략하게 서술하라.
2. 기업 조직의 3개 주요 기능 부문이 무엇인지를 말하고 이들이 서로 어떻게 연관되어 있는지를 간략하게 서술하라.
3. 생산운영 기능과 생산운영관리자의 직무에 대해 서술하라.
4. 제품 생산과 서비스 산출 간의 차이점 5가지와 유사점 5가지를 열거하라.
5. 생산운영관리의 역사적 발전과 관련된 다음의 용어를 간략히 설명하라.
   a. 산업혁명
   b. 과학적 관리
   c. 호환부품
   d. 분업
6. 서비스는 왜 중요한가? 제조는 왜 중요한가? 제조되지 않은 상품은 무엇인가?
7. 모형은 무엇이며 왜 중요한가?
8. 프로세스 계획에서 고객화의 정도는 왜 중요한 고려사항인가?
9. 다음 각각의 의사결정에 대해 생각할 수 있는 상충관계는 어떤 것인가?
   a. 자가용 운전과 대중교통 이용
   b. 컴퓨터를 현재 구매하는 것과 개량모델이 출시될 때까지 기다리는 것
   c. 신차를 구매하는 것과 중고차를 구매하는 것
   d. 강의실에서 자발적으로 발언하는 것과 교수가 지명할 때까지 기다리는 것
   e. 소규모 사업자가 인터넷 홈페이지를 가지는 것과 신문광고를 하는 것
10. 장인생산방식, 대량생산방식, 린 생산방식에 대해 서술하라.
11. 어떤 작업자가 린 생산의 환경에서 일하고 싶지 않다면 그 이유는 무엇일까?
12. 다음 각각의 중요성에 대해 토의해 보라.
    a. 수요와 공급을 일치시키기
    b. 공급사슬의 관리
13. 변동성의 네 가지 기본적 원천을 열거하고 간략하게 설명하라. 그리고 경영자가 변동성을 효과적으로 처리할 수 있는 능력을 가지는 것이 왜 중요한지를 설명해 보라.
14. 사람들은 왜 비윤리적인 행동을 하는가?
15. *부가가치*라는 용어를 설명하라.
16. 아웃소싱의 다양한 영향에 대해서 토의하라.
17. *지속가능성*이라는 용어와 기업조직과의 관련성에 대해 토의해 보라.

# 헤이즐(Hazel)

헤이즐은 *포춘* 500대 기업 중 한 기업에서만 거의 15년 동안 근무했다. 이 회사는 한때 어려운 시기를 겪었으나 상황이 반전되기 시작했다. 고객 주문이 증가했고 전사적인 품질개선 프로그램에 힘입어 품질과 생산성은 몇 년 전에 비해 비약적으로 향상되었다. 그래서 새로 부임한 CEO의 회사 사업규모 축소방침에 따라 헤이즐과 약 400명의 동료들이 갑자기 해고되었을 때 그들은 큰 충격을 받았다.

처음의 충격에서 회복된 후 헤이즐은 다른 곳에 취업을 하려고 노력하였다. 그러나 그녀의 노력에도 불구하고 8개월 후에도 취업을 할 수 있는 가능성이 개선되지 않았다. 수중에 남은 자금은 바닥이 났고 점점 더 위축되어 갔다. 그러나 한 가지 좋은 상황이 있었으니 이웃의 잔디를 깎아주고 얼마간의 돈이 생긴 것이다. 또 우연히 이웃의 한 사람이 자녀들이 모두 성장하여 주위에 잔디 깎을 사람이 없다는 얘기를 하는 것을 듣게 되었다. 거의 농담조로 헤이즐은 얼마쯤 줄 수 있느냐고 물었다. 얼마 안 있어 헤이즐은 5가구의 잔디를 깎을 수 있었다. 또 다른 이웃들도 그녀에게 잔디를 깎아달라고 부탁하였지만 구직을 하고 있는 동안 더 이상의 시간을 낼 수 없다는 것을 깨달았다.

그러나 구직신청에 대한 거절 통보가 쌓여감에 따라 헤이즐은 다른 결정을 할 수밖에 없다는 사실을 깨달았다. 어느 화창한 일요일 아침 그녀는 비슷한 처지에 있는 다른 사람들과 마찬가지로 자신의 사업—이웃의 잔디를 관리하는 일—을 시작하기로 결정하였다. 그녀는 구직의 스트레스에서 해방되었고 자신의 사업을 할 수 있다는 전망에 들떠 있었다. 그러나 완전히 혼자서 사업을 한다는 사실에 대해서는 약간의 우려도 있었다. 그럼에도 불구하고 그녀는 이 일을 꼭 성공하기로 결심하였다.

처음에는 사업이 약간 지지부진했지만 사람들이 헤이즐의 존재를 알고부터는 많은 사람들이 헤이즐에게 잔디관리를 요청하였다. 어떤 사람들은 이 일을 헤이즐에게 맡기는 게 그저 기쁜 사람들이며 다른 사람들은 전문적인 잔디 관리회사에서 서비스를 옮겨 온 사람들이었다. 사업을 시작한 첫해 말에 헤이즐은 이런 방식으로 생계를 유지할 수 있음을 알게 되었다. 그녀는 잔디에 비료를 주고 잡초를 뽑으며 전정을 하는 등 다른 서비스도 수행하였다. 이제 사업이 번성하여 그녀를 도와줄 두 명의 시간제 근로자를 채용하였으며, 이맘때쯤 그녀는 만약 원한다면 사업을 더욱 확장시킬 수도 있다고 믿게 되었다.

**[질문]**

1. 헤이즐은 그녀 사업의 생산운영관리자이다. 그녀의 책임 중에는 수요예측, 재고관리, 일정관리, 품질보증 및 설비유지관리가 있다.
   a. 어떤 종류의 일들이 예측을 필요로 하는가?
   b. 헤이즐은 어떤 재고 품목을 보유하겠는가? 그녀가 정기적으로 해야 하는 재고 의사결정 중 하나를 언급해 보라.
   c. 그녀는 어떠한 일정관리를 해야 하나? 어떤 일들이 기존의 스케줄에 영향을 주어 헤이즐로 하여금 일정 조정을 하게 할 수 있겠는가?
   d. 헤이즐의 사업에서 품질보증은 얼마나 중요한가? 설명하라.
   e. 어떤 종류의 설비유지관리가 수행되어야 하는가?
2. 헤이즐의 고객들은 어떠한 방법으로 그녀의 잔디관리 서비스의 품질을 판단할 수 있었을까?
3. 다음의 내용에 대해 헤이즐은 어떠한 상충관계를 고려해야 할까?
   a. 자신의 사업을 하는 대신 회사에 고용되는 것
   b. 사업을 확장하는 것
   c. 웹사이트를 개설하는 것
4. 시청에서 매립지 부족의 이유로 깎은 잔디를 수거해 가도록 도로변에 내놓는 것을 금지하는 조례 제정을 검토하고 있다. 이 조례가 통과된다면 헤이즐은 어떠한 선택을 할 수 있을까? 각각의 선택에 대해 장점과 단점 두 가지씩을 언급해 보라.
5. 헤이즐은 그녀를 도와주고 있는 학생들에게 그녀의 사업을 개선시킬 수 있는 아이디어에 대해 25달러의 보너스를 지급하겠다고 제안하였고 학생들은 좋은 아이디어 몇 개를 제안하였다. 그녀가 처음에 거절한 한 아이디어가 상당히 전망이 있어 보인다. 그 아이디어를 처음 제안한 학생은 회사를 떠나 이제는 경쟁사를 위해 일하고 있다. 헤이즐이 이 학생에게 아이디어의 대가로 돈을 보내야 할까? 어떠한 상충관계가 발생할 수 있겠는가?
6. 모든 경영자는 변동성에 대처해야 한다.
   a. 헤이즐이 대처해야 하는 변동성의 주요한 원천은 무엇인가?
   b. 이들 변동성의 원천은 헤이즐의 수요와 공급을 일치시키는 능력에 어떻게 영향을 미치는가?
   c. 그녀가 변동성에 대처할 수 있는 방법에는 어떠한 것들이 있는가?
7. 헤이즐은 그녀가 하고 있는 생산운영의 일부를 지속가능하게 하려고 생각한다. 그녀가 고려할 수 있는 아이디어에는 어떠한 것들이 있을까?

## 참고문헌

*Bloomberg Businessweek*

Bowie, Norman E., ed. *The Blackwell Guide to Business Ethics*. Malden, MA: Blackwell, 2002.

Fitzsimmons, James, and Mona Fitzsimmons. Service *Management*, 4th ed. New York: McGrawHill / Irwin, 2011.

*Fortune magazine*

Wisner, Joel D., and Linda L. Stanley. *Process management: Creating Value Along the Supply Chain*, Mason, OH: Thomson South-Western, 2008

Womack, James P., Daniel Jones, and Daniel Roos. *The Machine That Changed the World*. New York: Harper Perennial, 1991,2007.

## 문제풀이지침

본서 각 장의 끝 부분에 수록되어 있는 대부분의 문제를 풀 때, 그리고 시험에서 활용할 수 있는 절차를 소개하면 다음과 같다.

1. 답변해야 할 문제를 명확히 하라. 이것이 가장 중요하다.
2. 문제에서 주어진 정보를 적절한 기호를 사용하여 요약하라.
3. 적절한 문제풀이 도구—수식이나 표 등—를 선택할 수 있도록 문제가 어떤 유형의 문제인지를 결정하라. 수업시간의 노트나 각 장의 예제, 문제풀이연습과 이미 풀어 본 앞 장의 문제들이 도움이 될 수 있는지 확인해 보라.
4. 문제를 풀고 답을 작성하라.

**예제 1** A 부문은 부품을 50개/일의 비율로 생산할 수 있다. B 부문은 이들 부품을 10개/일의 비율로 사용한다. 매일 사용하지 않은 부품은 재고로 추가된다. 사용되지 않은 부품은 어떤 비율로 재고축적이 되는가?

**풀이**

1. 답변해야 할 문제: 매일 사용되지 않은 부품은 어떤 비율로 재고축적(즉, 증가)되는가?
2. 주어진 정보: 생산율 = 50개/일
   사용률 = 10개/일
3. 이처럼 간단한 문제에 대해서는 수식이나 표가 필요 없다. 재고축적은 단순히 생산율과 사용률의 차이이다.
4. 생산율 = 50개/일
   사용률 = 10개/일
   재고축적 = 40개/일

**예제 2** 기업들은 특정 품목을 얼마나 주문할 것인가를 결정하기 위해서 다음 수식을 사용한다.

$$Q = \sqrt{\frac{2DS}{H}}$$

여기서

$Q$ = 주문량
$D$ = 연간 수요
$S$ = 주문비용
$H$ = 단위당 연간 재고유지비용

연간 수요가 400단위이고 주문비용이 \$36, 연간 재고유지비용이 단위당 \$2라면 주문량은 얼마인가?

**풀이**

1. 답변해야 할 문제: 주문량 $Q$는 얼마인가?
2. 주어진 정보: $D$ = 400단위/년, $S$ = \$36, $H$ = 연간 \$2
3. 이 문제를 풀기 위해서 문제에서 주어진 값을 수식에 대입한다.
4. 풀이:

$$Q = \sqrt{\frac{2(400\text{단위/연})\$36}{\$2/\text{단위/연}}} = 120\text{단위}$$

| 문제해결 템플리트 |
|---|
| 문제 번호: |
| 답변해야 할 문제: |
| 주어진 정보: |
| 풀이 도구: |
| 풀이: |

CHAPTER

# 경쟁력, 전략 및 생산성

## *Competitiveness, Strategy and Productivity*

### 학습 목표 *Learning Objectives*

*이 장을 학습한 후 다음과 같은 능력을 가져야 한다.*

**LO2.1** 기업이 경쟁하는 주요 방법에 대해 열거

**LO2.2** 기업이 실패하는 몇 가지 이유를 열거

**LO2.3** 사명과 전략이라는 용어를 정의하고, 이들이 왜 중요한지를 설명

**LO2.4** 기업전략과 생산운영전략을 토의하여 비교하고 양자를 연계시키는 것이 왜 중요한지를 설명

**LO2.5** 시간기반전략을 서술하고, 그 예를 제시

**LO2.6** 생산성이라는 용어를 정의하고, 이것이 조직과 국가에 왜 중요한지를 설명

**LO2.7** 생산성에 영향을 주는 몇 가지 요인을 서술

### 개요 *Chapter Outline*

igorPHOTOserg/Shutterstock

▲ **엄연한 사실**

게임의 명칭은 경쟁이고, 경기장은 전 지구이다. 게임 방법을 이해한 사람들은 성공할 것이고, 그렇지 못한 사람들은 실패할 수밖에 없는 운명이다. 그리고 게임이 단순히 경쟁하고 있는 기업들 간에만 벌어진다고 생각하지 말라. 동일한 제품이나 서비스를 생산하는 다수의 공장이나 사업부를 가지고 있는 기업에서는 공장이나 사업부들 간에도 경쟁이 벌어진다. 경쟁자(다른 기업 또는 같은 기업의 자매공장이나 사업부)가 제품을 보다 좋게, 보다 저렴하게, 보다 빨리 생산할 수 있으면 이것은 낮은 수준의 성과를 내는 공장이나 사업부에게는 정말 골칫거리이다. 경영자가 국면을 전환시키지 못하면 골칫거리는 해고나 아니면 공장의 폐쇄로 이어질 수 있다. 결론은? 보다 좋은 품질, 보다 높은 생산성, 보다 낮은 원가, 고객의 요구에 보다 신속히 대응하는 능력이 어느 때보다 중요해졌으며, 기준은 점점 높아지고 있다. 기업은 이러한 이슈를 처리할 수 있는 확고한 전략을 개발할 필요가 있다.

이 장은 기업에 아주 중요한 세 가지 독립적이며 서로 연관되어 있는 경쟁력, 전략, 생산성에 대해 논의한다. *경쟁력*은 유사한 제품이나 서비스를 공급하는 다른 조직들과 비교하여 특정 조직이 시장에서 가지는 상대적인 효과와 관련된 것이다. 생산운영과 마케팅은 경쟁력에 아주 큰 영향을 미친다. *전략*은 조직이 그 목표를 달성하기 위해 추구하는 계획과 관련된 것이다. 생산운영전략은 이러한 점에서 특히 중요하다. *생산성*은 자원의 효과적인 사용과 관련된 것이며, 경쟁력에 직접적인 영향을 미친다. 생산운영관리는 주로 생산성에 대한 책임을 진다.

## 2.1 서론

이 장에서는 기업이 다른 기업들과 경쟁하는 다양한 방법과 어떤 기업은 경쟁에서 왜 잘하는지 그 이유에 대해 학습할 것이다. 효과적인 전략이 어떻게 경쟁력 있는 조직을 만들 수 있는지를 학습하고, 생산성은 무엇이며, 왜 중요하고, 조직이 생산성을 개선하기 위해 무엇을 할 수 있는지에 대해서도 학습할 것이다.

## 2.2 경쟁력

**경쟁력** ▸ 유사한 제품이나 서비스를 공급하는 경쟁자와 비교하여 조직이 고객의 욕구와 필요를 상대적으로 어떻게 효과적으로 충족시켜 주는가에 대한 개념

기업이 시장에서 제품과 서비스를 판매하기 위해서는 경쟁력이 있어야 한다. **경쟁력**(competitiveness)은 기업이 번창하거나, 겨우 명맥을 유지하거나, 실패하는 것을 결정짓는 중요한 요인이다. 기업의 경쟁은 가격, 배송시간, 제품이나 서비스의 차별성이 조합된 형태로 이루어진다.

마케팅은 소비자의 욕구와 필요를 파악하고, 제품의 가격을 매기며, 홍보 및 판촉활동과 같은 여러 가지 방법으로 경쟁력에 영향을 미친다.

1. **소비자의 욕구와 필요를 파악하는 것**은 조직의 의사결정 과정에서 아주 기초적인 투입요소이며, 경쟁력에 중심적인 요소이다. 이상적인 것은 소비자의 욕구나 필요와 기업의 제품이나 서비스 간의 완벽한 조화를 달성하는 것이다.
2. **가격과 품질**은 소비자 구매 의사결정에서 핵심적인 요소이다. 소비자가 행하는 가격과 품질 간의 상충관계 의사결정을 이해하는 것은 중요하다.
3. **홍보 및 판촉활동**은 조직이 제품이나 서비스의 특징을 잠재적인 고객에게 알리고, 구매자의 관심을 끄는 활동이다.

생산운영관리는 제품이나 서비스 설계, 원가, 입지, 품질, 대응시간, 유연성, 재고와 공급사슬관리, 서비스를 통해서 경쟁력에 커다란 영향을 미치고 있으며, 이들 중 많은 부분이 상호 관련되어 있다.

1. **제품과 서비스 설계**는 재무자원, 생산운영의 능력, 공급사슬의 능력, 소비자의 필요와 욕구 간의 조화를 이루려는 기업의 여러 부문의 공동의 노력을 반영해야 한다. 제품이나 서비스의 특성이나 특징은 소비자 구매 의사결정에 핵심적인 요소가 될 수 있다. 또 다른 핵심요인은 신제품이나 서비스의 **혁신**과 **시장 출시기간** 등이다.
2. 조직의 산출물 **원가**는 가격 의사결정과 이익에 영향을 미치는 핵심변수이다. 비용절감의 노력은 기업조직에서 일상적으로 이루어지고 있다. **생산성**(이 장의 뒷부분에서 논의)은 원가를 결정하는 중요한 요소이다. 생산성이 보다 높은 조직은 그렇지 못한 경쟁자에 대해 원가 경쟁우위를 확보할 수 있다. 기업은 보다 낮은 원가, 보다 높은 생산성, 보다 좋은 품질을 달성하기 위해 생산운영 중 일부를 아웃소싱하기도 한다.
3. **입지**는 원가와 고객편의성 측면에서 중요하다. 투입물에 가까운 입지는 투입물 원가를 보다 낮출 수 있다. 시장에 가까운 입지는 운송비용을 낮추고 배송시간을 단축시킨다. 편리한 위치는 소매부문에서 특히 중요하다.

Terry Vine/Blend Images LLC

◀ 뉴델리 교외의 구르가온(Gurgaon)에 있는 콰트로 콜센터에서 인도의 오퍼레이터가 전화를 받고 있다. 기업들은 원가를 절감하기 위해 해외에서의 커뮤니케이션과 소프트웨어 지원을 활용하고 있다. 인도에서 이러한 산업은 벌써 백만 개 이상의 일자리를 공급하고 있다.

4. **품질**은 원자재, 일하는 기량, 디자인 및 서비스와 관련된 것이다. 소비자는 그들이 생각하기에 제품이나 서비스가 애초에 의도된 구매목적을 얼마나 잘 만족시켜 주는가 하는 관점에서 품질을 판정한다. 경쟁자에 비해 보다 더 높은 품질을 가지고 있다고 인식하는 제품이나 서비스에 대해서 고객들은 기꺼이 더 많은 비용을 지불하고자 한다.
5. **신속한 대응**도 경쟁력이 될 수 있다. 그중 한 가지 방법은 새로이 개발되었거나 개량된 제품이나 서비스를 시장에 신속히 출시하는 것이다. 다른 한 가지 방법은 기존의 제품이나 서비스를 주문받은 후에 고객에게 신속히 배송하는 것이며, 또 다른 하나는 고객의 불만을 신속히 처리해 주는 것이다.
6. **유연성**은 변화에 대응할 수 있는 능력이다. 변화는 제품이나 서비스의 디자인 특성의 변경과 관련된 것일 수도 있고, 고객의 수요량, 조직이 제공하는 제품, 서비스의 믹스와 관련된 것일 수도 있다. 유연성은 급속히 변화하는 환경에서 경쟁우위가 될 수 있다.
7. **재고관리**는 제품의 공급을 수요와 효과적으로 일치시킴으로써 경쟁우위가 될 수 있다.
8. **공급사슬관리**는 시스템 전체를 통하여 적시에, 비용효과적인 방법으로 제품 배송을 하기 위해 시스템 내부와 시스템 외부(구매자와 공급자)의 생산운영 활동을 상호 조정하는 것이다.
9. **서비스**는 고객들이 부가가치라고 인식하는 판매 후 활동으로서 제품배송, 설치, 품질보증활동, 기술지원활동 등이 포함된다. 또는 작업이 진행되는 동안 이루어지는 특별한 관심, 예를 들면 정중함, 고객에게 정보 제공, 세세한 부분에까지 관심을 가지는 것 등이 포함될 수도 있다. 서비스품질은 차별화시킬 수 있는 핵심요인으로서 지속가능한 요인이다. 고객이 서비스품질에 대해 높은 수준으로 평가하는 기업은 그렇지 않은 기업보다 수익률이 높으며, 더욱 빨리 성장하는 경향이 있다.

10. **경영자**와 **종업원**은 조직의 심장과 영혼에 기거하는 사람들로서 만약 그들이 유능하고 동기가 부여되면 그들이 가진 기술이나 창조할 수 있는 아이디어로 명백한 경쟁우위를 달성할 수 있다. 가끔 간과되는 기량 중의 하나는 전화응대법이다. 불평하는 전화나 정보를 요청하는 전화에 응대하는 방법은 긍정적이거나 부정적인 것 둘 중에 하나일 수 있다. 만약 종업원의 전화응대가 버릇없거나 별로 도움이 되지 않는다면 부정적인 이미지를 줄 수 있다. 반대로 전화응대가 신속하고 즐겁게 이루어진다면 긍정적인 이미지를 주고 잠재적으로 경쟁우위를 달성할 수 있다.

### 조직이 실패하는 이유

조직은 여러 가지 이유 때문에 실패하거나 성과가 부실해진다. 그 이유가 무엇인지 안다면 경영자들이 유사한 잘못을 범하지 않을 것이다. 그중 주요한 이유는 다음과 같다.

1. 생산운영전략을 등한시하는 것
2. 강점과 기회를 활용하지 못하거나 또 경쟁위협을 인지하지 못하는 것
3. 연구개발을 희생시키는 대신 단기적 재무성과를 지나치게 강조하는 것
4. 제품이나 서비스 설계는 지나치게 강조하지만, 프로세스 설계와 개선에 대해서는 충분히 강조하지 않는 것
5. 자본과 인적자원에 대한 투자를 등한시하는 것
6. 서로 다른 기능분야들 간에 내부 의사소통이나 협력을 잘 하지 못하는 것
7. 고객의 욕구와 필요를 충분히 고려하지 못하는 것

경쟁에서 성공하기 위한 열쇠는 고객의 욕구를 파악하고 고객의 기대에 부응(또는 능가)하도록 노력하는 것이다. 여기에는 우리가 알아야 할 기본적인 이슈가 두 가지 있다. 첫째, 고객은 무엇을 원하고 있는가? (기업이 경쟁하는 방법에 관한 앞의 목록 중 어느 것이 고객에게 중요한 항목인가?) 둘째, 그러한 욕구를 만족시켜 줄 수 있는 최선의 방법은 무엇인가?

다양한 항목 중 주요 고객이나 표적시장에 대해 상대적으로 중요한 정보를 획득하기 위해 생산운영은 마케팅과 협력해야 한다.

경쟁력과 관련된 이슈를 이해함으로써 경영자들은 성공적인 전략을 개발할 수 있다.

## 2.3 사명과 전략

**사명** ▸ 조직의 존재 이유

**사명기술서** ▸ 조직의 목적을 기술

**목표** ▸ 사명을 보다 상세하게 그리고 그 범위를 기술한 것

조직의 **사명**(mission)은 조직의 존재 이유를 말한다. 조직의 사명은 조직의 목표를 기술한 **사명기술서**(mission statement)로 표현된다. 기업에서 사명기술서는 "우리는 어떤 사업에 종사하고 있는가?"라는 질문에 응답해야 한다. 사명은 사업의 성격에 따라 조직마다 다양하게 변화한다. 표 2.1은 사명기술서의 몇 가지 예를 보여 준다.

사명기술서는 조직 **목표**(goals)의 기초가 되는데 조직 목표는 사명을 보다 상세하게, 그 범위를 기술한 것이다. 사명과 목표는 일반 대중과 종업원, 공급자, 고객이 조직을 어떻게 인지해 주기를 원하는가와 관련되어 있다. 목표는 조직 전략 개발의 기초가 된다. 이들은 다시 조직의 기능 단위별 전략과 전술을 수립하는 근거가 된다.

**표 2.1**
기업 사명기술서의 예

| | |
|---|---|
| **마이크로소프트** | 전 세계의 개인이나 기업이 충분한 잠재력을 실현할 수 있도록 이들을 돕는 것 |
| **버라이즌(Verizon)** | 개인이나 기업이 서로 커뮤니케이트할 수 있도록 돕는 것 |
| **스타벅스** | 인간정신의 고무와 양성-한 번에 한 컵씩 한 이웃에게 |
| **미국 교육부** | 학생의 성취에 대한 고취, 글로벌 경쟁에 대한 대비, 교육적 탁월성의 지원과 동일한 기회제공의 증진 |

조직 전략은 기능단위의 목표와 전략의 방향을 결정하고 조정을 하는 방법으로 조직을 이끌기 때문에 대단히 중요하다. 특히 **전략**(strategies)은 조직의 성공이나 실패의 주요한 이유가 될 수 있다.

**전략** 조직 목표를 달성하기 위한 계획

기업의 세 가지 주요한 전략은 다음과 같다.

- 저원가
- 대응성
- 경쟁자와의 차별화

**전략, 전술 또는 운영적 이슈 중 어느 것에 해당하는가?**

가끔 동일한 이슈가 세 가지 수준 모두에 적용될 수도 있다. 그러나 핵심적 차이는 시간축이다. 전략적 관점에서 보면 장기적 관점이 가장 적절하며, 전술적 관점과 운영적 관점에서는 시간축이 훨씬 짧다. 사실 운영적 시간축은 주로 날짜 단위로 측정된다.

대응성은 변화하는 수요에 대응할 수 있는 능력이다. 차별화는 제품이나 서비스 특성, 품질, 명성, 고객 서비스 등과 관련된 것이다. 어떤 조직은 단일의 전략에 집중하지만 다른 조직은 전략의 조합을 활용한다. 복수의 전략을 채택하고 있는 기업 중에 아마존(Amazon.com)이 있다. 아마존은 저원가와 신속하고 신뢰성 있는 배송을 추구할 뿐만 아니라 고객 서비스 측면에서도 우월하다.

## 전략과 전술

목표를 목적지로 생각하면 전략은 목적지에 이르게 하는 로드맵이다. 전략은 의사결정의 *초점*을 제공한다. 일반적으로 말해서 조직은 *조직 전략*이라고 부르는 전반적 전략을 가지고 있으며 이는 전체 조직과 관련된 것이다. 또한 조직은 *기능 전략*도 가지고 있는데 이는 조직의 개별 기능분야와 관련된 것이다. 조직 전략이 조직의 사명과 목적을 지지하듯이 조직의 기능전략은 조직의 전반적 전략을 지지해야 한다.

**전술**(tactics)은 전략 달성을 위해 사용되는 방법과 행동을 말한다. 이들은 전략에 비해 보다 구체적이며, 조직에서 가장 구체적이고 자세한 계획과 의사결정을 필요로 하는 실제 운영을 하기 위한 안내와 방향 구실을 한다. 전술을 프로세스의 '어떻게' 부분(예컨대, 전략 로드맵을 따라서 목적지에 어떻게 도달할 것인가)으로 생각한다면 운영은 프로세스의 실제 '행위' 부분으로 생각할 수 있다. 이 책의 많은 부분에서 전술적 운영을 다루고 있다.

**전술** 전략 달성을 위해 사용되는 방법과 행동

사명에서 실제 운영에 이르기까지 존재하는 전반적인 관련성은 *계층적*인 것으로서 그림 2.1은 이것을 보여 주고 있다.

## 읽을거리  아마존은 서비스 면에서 선두를 달리고 있다

최근의 비즈니스 위크(Business Week) 순위에서 아마존이 고객 서비스 부문에서 최고위를 차지하였다. 대부분의 아마존의 고객들은 무언가 잘못되었을 때 절대 종업원과 대화하지 않지만 아마존은 이 문제를 처리하는 데 단연 우월하다. 한 예로 뉴저지 주의 한 여성이 '거의 신품'이라고 광고된 연습문제집을 주문하고 수령하였을 때, 그것이 결코 신품과 가깝지 못하다는 사실을 발견하고—문제지들에 이미 답이 기입되어 있었다— 깜짝 놀랐다. 그녀는 판매자에게 이의를 제기했으나 응답을 받지 못했다. 그래서 아마존에 이의를 제기했는데 그녀가 아마존이 아닌 판매자에게 돈을 지불했음에도 불구하고 아마존이 즉각 환불해 주었다. 뿐만 아니라 그 책을 반품하라는 요구도 받지 않았다.

아마존은 고객서비스를 고객경험을 향상시키는 수단으로, 그리고 판매자들과의 잠재적인 문제점들을 확인하는 수단으로 보고 있다. 실제로 판매자들이 주문 중의 1퍼센트 이상에 문제가 있으면 이것으로 그 판매자를 아마존 사이트에서 축출시킬 수 있다.

출처: *Forbes*, July 2018.

간단한 예를 들어 이러한 계층성을 살펴보기로 하자.

**예제 1**

리타(Rita)는 남부 캘리포니아의 고등학교 학생이다. 그녀는 비즈니스 분야에서 경력을 쌓아 좋은 직업을 가지고 편안하게 살 수 있는 충분한 소득을 얻기를 바란다.

그녀가 목표를 달성하기 위하여 생각할 수 있는 시나리오는 다음과 같다.

사명: 훌륭한 인생을 사는 것
목표: 성공적인 직업, 충분한 소득
전략: 대학 교육을 받는 것
전술: 대학과 전공을 선택, 등록금을 조달하는 방법을 결정
운영: 대학 등록, 교과서 구매, 수강, 공부

조직이 선택할 수 있는 다양한 전략의 예를 들어보기로 하자

**저원가.** 인건비가 저렴한 제3세계 국가들로부터 생산운영을 아웃소싱함
**규모에 기초한 전략.** 높은 산출량과 낮은 단가를 실현하기 위하여 자본 집약적인 생산방법을 사용
**전문화.** 고품질을 달성하기 위하여 범위가 좁은 제품 라인이나 한정된 서비스에 집중
**신규성.** 새로운 제품이나 서비스를 창출할 수 있는 혁신에 집중
**유연한 생산운영.** 신속한 대응과 고객화에 집중
**고품질.** 경쟁자보다 높은 품질을 달성하는 것에 집중
**서비스.** 서비스의 다양한 측면(예컨대, 도움이 됨, 정중함, 신뢰할 수 있음 등)에 집중
**지속가능성.** 환경친화적 또는 에너지 효율이 좋은 생산운영에 집중

광범위한 기업들이 경제적인 관점에서뿐만 아니라, 자신들의 지속가능성 노력과 성취에 대한 홍보효과의 관점에서 지속가능성의 전략적 이점을 인식하기 시작했다.

조직은 이따금 이들 접근방법들 중 두 개 이상을 결합시켜 자신의 전략으로 삼기도 한다. 그러나 이것을 주의 깊게 하지 않으면 관리의 초점을 잃어 어떤 범주에서도 경쟁우위를 달성하지 못하는 위험이 있다. 일반적으로 말하면 전략 수립은 조직의 **핵심역량**(core competencies)—조직에게 *경쟁우위*(*competitive edge*)를 제공하는, 조직이 소유한 특별한 능력이

**핵심역량** ▸
조직에게 경쟁우위(competitive edge)를 제공하는 특별한 능력이나 속성

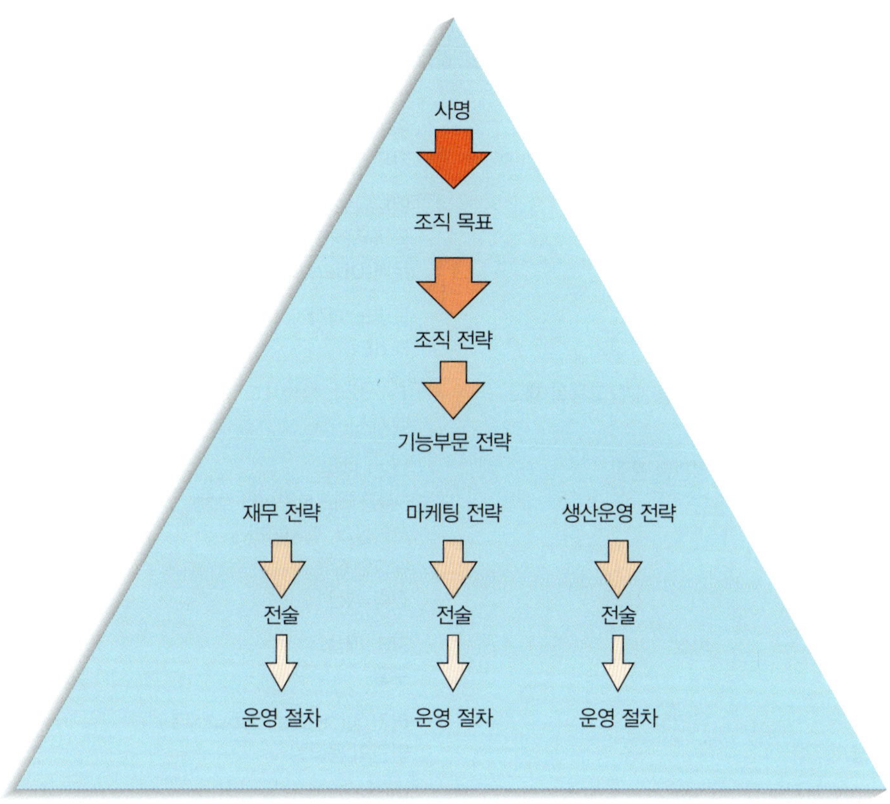


**그림 2.1**
계획과 의사결정은 조직에서 계층적 구조를 가지고 있다.

나 속성—의 이점을 활용하기 위하여 조직이 경쟁하고자 하는 방법을 검토하고 자신의 강점이나 약점에 대해 평가를 하는 것이다.

가장 효과적인 조직은 고객의 욕구뿐만 아니라 조직의 경쟁에 기초해서 핵심역량을 개발하는 접근방법을 사용한다. 마케팅과 생산운영은 고객의 욕구를 생산운영 능력과 일치시키기 위하여 상호 밀접히 협력한다. 경쟁자의 역량도 몇 가지 이유 때문에 중요하다. 예컨대 경쟁자가 높은 품질 수준의 제품을 공급하고 있다면 그 품질 수준은 기본적으로 맞추어야 한다. 그러나 단순히 경쟁자*만큼만* 하는 것은 시장점유율을 올리는 데 충분하지 못하다. 경쟁자의 품질 수준을 능가하거나 또는 하나 이상의 다른 차원, 예컨대 신속한 납품이나 판매 후 서비스에서 경쟁자에 앞섬으로써 경쟁우위를 확보할 수 있다.

조직이 효과적이기 위해서 전략과 핵심역량을 정렬할 필요가 있다. 표 2.2는 전략을 잘 활용한 기업과 그 전략들을 열거하고 있다.

## 전략 수립

전략이 성공하기 위해서는 거의 대부분 전략 수립이 대단히 중요하다. 월마트가 일본에서 점포를 열었을 때 이 점을 깨닫게 되었다. 월마트는 그간 저가격에 대한 명성으로 여러 국가에서 사업이 번창하였으나 일본 소비자들에게는 저가격이 낮은 품질을 연상시키게 되자 일본 시장에서의 전략에 대해 다시 생각하게 되었다. 또 휴렛팩커드(HP)가 컴팩 컴퓨터(Compaq Computer)를 190억 달러에 인수했을 때 많은 사람들이 HP가 전략적 실수를 했다고 판단했다. HP가 컴팩 컴퓨터를 합병한 후 컴퓨터 시장에서 HP의 점유율은 합병 전 양사의 시장점유율의 합보다 적어졌던 것이다. 또 다른 사례로 미국의 자동차 업체들이 2000년대 초

**표 2.2**
생산운영전략의 예

| 조직전략 | 생산운영전략 | 기업이나 서비스 사례 |
| --- | --- | --- |
| **저원가** | 저원가 | 미국 우정청 제1종 우편<br>월마트<br>사우스웨스트 에어라인 |
| **대응성** | 빠른 인도시간 | 맥도날드 레스토랑<br>특급우편(EMS), UPS, FedEx<br>우버(Uber), 리프트(Lyft), 그럽허브( Grubhub) |
| | 적시 배송 | 도미노 피자<br>FedEx |
| **차별화: 높은 품질** | 고성능설계/고품질 제조 | TV: 소니, 삼성, LG<br>렉서스 |
| | 일관된 품질 | 디즈니랜드<br>5성급 레스토랑이나 호텔<br>코카콜라, 펩시콜라<br>웨그먼스<br>전력 생산 |
| **차별화: 신규성** | 혁신 | 3M, 애플<br>구글 |
| **차별화: 다양성** | 유연성 | 버거 킹("Have it your way")<br>병원의 응급실 |
| | 수량 | 맥도날드("Buses welcome")<br>토요타<br>슈퍼마켓(추가 계산대) |
| **차별화: 서비스** | 탁월한 고객 서비스 | 디즈니랜드<br>아마존<br>IBM<br>노드스톰(Nordstrom) |
| **차별화: 입지** | 편의성 | 슈퍼마켓, 세탁소<br>쇼핑몰(Mall)의 상점들<br>휴게소<br>은행, ATM |

기에 승용차 일부차종과 SUV에 대해 단행한 할인전략을 들 수 있는데 승용차나 SUV는 당시 대부분 이윤이 낮은 차량이었다. 이 전략으로 이익이 빠듯해졌으나 고객들은 그러한 인센티브를 기대하기 시작했고 기업들은 시장점유율을 잃지 않으려고 그 제도를 유지할 수밖에 없었다.

반면 핸드백과 지갑 메이커인 코치(Coach)는 신제품 개발로 시장을 성장시키기 위해 오랫동안 유지해 온 전략을 변화시키는 데 성공했다. 여성들이 여러 개의 핸드백을 소유하지 않는 시장에서 아주 질긴 가죽제품으로 오랫동안 명성을 누려왔지만 코치 스스로 '다른 상황에는 다른 핸드백'—예컨대 파티용 백, 토트백, 클러치 백, 손잡이 끈이 있는 파우치, 1박용 소형 여행가방, 데이 백, 지갑 등—이라는 여성들의 핸드백에 대한 관점을 변화시킴으로써 새로운 시장을 창조하였다. 뿐만 아니라 코치는 다양한 스타일과 색조를 도입하였다.

효과적인 전략을 수립하기 위해서 고위 경영자는 조직의 핵심역량을 고려해야 하며 *경영*

*환경을 세밀히 살펴보아야* 한다. 경쟁자가 무엇을 하고 있으며 무엇을 계획하고 있는지를 알아내 이를 반영해야 한다. 또한 긍정적이거나 부정적인 영향을 미칠 수 있는 다른 요인들에 대해서도 면밀히 검토하여야 한다. 이러한 방법을 **SWOT**(강점, 약점, 기회, 위협) 분석 방법이라고 한다. 강점과 약점은 내부에 초점을 두고 있으며 주로 생산운영 인력이 평가한다. 기회와 위협은 외부에 초점을 두고 있으며 전형적으로 마케팅 인력이 평가한다. SWOT 분석은 흔히 조직전략과 생산운영전략 간의 연결고리로 간주된다.

◂ **SWOT**
강점, 약점, 기회, 위협의 분석

SWOT 분석에 대한 대안으로 마이클 포터(Michael Porter)의 5요인 모형[1](five forces model)이 있는데 여기서는 신규 경쟁자의 위협, 대체 제품이나 서비스의 위협, 고객의 협상력, 공급자의 협상력, 경쟁의 강도를 고려한다.

성공적인 전략 수립을 위해 조직은 주문자격요건과 주문획득요건 모두를 고려해야 한다. **주문자격요건**(order qualifier)은 잠재적 고객이 제품에 대한 구매를 고려할 때 수락을 위한 최소한의 표준으로 인지하는 특성이다. 그러나 잠재적인 구매자가 구매를 하도록 하기 위해서는 이것 만으로는 충분하지 않다. **주문획득요건**(order winner)은 조직의 제품이나 서비스가 경쟁자보다 더욱 좋다고 인지되게 하는 제품이나 서비스의 특성을 말한다.

◂ **주문자격요건**
잠재적 고객이 제품에 대한 구매를 고려할 때 수락을 위한 최소한의 표준으로 인지하는 특성

◂ **주문획득요건**
조직의 제품이나 서비스가 경쟁자보다 더욱 좋다고 인지되게 하는 제품이나 서비스의 특성

가격, 배달 신뢰성, 배송 속도, 품질 등과 같은 특성은 주문자격요건이나 주문획득요건이 될 수 있다. 따라서 품질은 어떤 경우에는 주문획득요건이 될 수 있으나 어떤 상황에서는 주문자격요건 밖에 되지 않는다. 한때 주문획득요건이었던 특성이 시간이 흘러감에 따라 주문자격요건으로 변할 수도 있다.

명백히 주문자격요건 특성의 집합과 주문획득요건 특성의 집합을 파악하는 일은 대단히 중요하다. 그리고 각 특성의 상대적 중요성을 파악하여 다양한 특성에 대해 적절한 주의를 하는 것도 필요한 일이다. 마케팅은 이러한 결정을 하여 이를 생산운영에 알려 주어야 한다.

**환경 스캐닝**(environmental scanning)은 조직에 대해 기회나 위협요인으로 작용하는 사건이나 추세를 주의깊게 살펴보는 것이다. 일반적으로 여기에는 경쟁자의 활동, 고객욕구의 변화, 법률적, 경제적, 정치적 및 환경적 이슈, 새로운 시장에 대한 잠재성 등과 같은 것들이 포함된다.

◂ **환경 스캐닝**
조직에 대해 기회나 위협요인으로 작용하는 사건이나 추세를 주의깊게 살펴보는 것

전략을 개발할 때 고려해야 하는 또 다른 요소로서 기술변화가 있으며 이것은 조직에 실질적인 기회나 위협이 되고 있다. 기술변화는 제품 측면(고해상도 TV, 성능이 개선된 컴퓨터 칩, 성능이 향상된 휴대폰, 설계가 개선된 방진 구조 등), 서비스 측면(더욱 빨라진 주문처리 절차, 더욱 빨라진 배송 등), 그리고 프로세스 측면(로봇, 자동화, 컴퓨터 지원 프로세싱, 판매시점(POS) 스캐너, 유연생산시스템 등)에서 이루어진다. 기술변화의 명백한 이점은 경쟁우위이다. 하지만 기술변화의 위험은 선택이 잘못되거나 실행이 잘못되었을 경우, 예상보다 높은 비용으로 경쟁 *열위*가 될 수도 있다는 것이다.

중요한 요인은 내부적이거나 외부적일 수 있다. 핵심적인 외부 요인에는 다음과 같은 것들이 포함된다.

1. **경제적 환경.** 경제의 일반적 체질이나 방향, 인플레이션이나 디플레이션, 이자율, 세법 및 관세 등

[1] Michael E. Porter, "The Five Competitive Forces that Shape Strategy," *Harvard Business Review* 86, no. 1 (January 2008), pp. 78 – 93, 137.

2. **정치적 환경.** 기업에 대한 우호적이거나 적대적인 태도, 정치적 안정이나 불안, 전쟁 등
3. **법률적 환경.** 독점금지법, 정부 규제, 무역 규제, 최저임금법, 제품책임법과 최근의 법원 판결, 노동관계법, 특허 등
4. **기술.** 제품 혁신이 일어나는 속도, 현재 및 미래의 프로세스 기술(장비, 물자 취급) 및 설계 기술
5. **경쟁.** 경쟁자의 수와 경쟁자의 강점, 경쟁의 기반(가격, 품질, 특성), 시장진입의 용이성
6. **고객.** 충성도, 기존의 관계, 욕구와 필요에 대한 이해
7. **공급자.** 공급자 관계, 공급자에 대한 의존성, 품질, 유연성 및 서비스.
8. **시장.** 시장의 규모, 위치, 상표충성도, 진입의 용이성, 성장 잠재력, 장기적인 안정성, 인구 특성 등

조직은 또한 잠재적인 강점이나 약점과 관련된 다양한 내부 요인을 고려해야 한다. 핵심적인 내부 요인에는 다음과 같은 것들이 포함된다.

1. **인적 자원.** 경영자와 종업원의 능력과 기량, 특별한 재능(창의성, 디자인 능력, 문제 해결 능력), 조직충성도, 전문성, 헌신, 경험
2. **시설과 장비.** 용량, 입지, 노후 정도, 유지보수 또는 시설 교체에 따르는 비용 등
3. **재무자원.** 현금흐름, 추가적인 자금원 확보, 기존의 채무, 자본비용
4. **제품과 서비스.** 기존 제품과 서비스, 신제품과 서비스에 대한 잠재력
5. **기술.** 기존 기술, 신기술을 통합시킬 수 있는 능력, 기술이 현재와 미래의 생산운영에 미칠 수 있는 영향
6. **기타.** 특허, 노사관계, 기업이나 제품에 대한 이미지, 유통경로, 유통업체와의 관계, 시설과 장비의 유지보수, 자원에 대한 접근성, 시장에 대한 접근성

내부 및 외부요인과 조직의 핵심역량을 평가한 이후 조직에 최선의 성공 기회를 가져올 수 있는 전략을 수립하여야 한다. 이때 제기할 수 있는 의문 유형은 다음과 같다.

> 만약 인터넷의 역할이 있다면 어떤 역할을 하도록 할 것인가?
> 기업조직이 글로벌 경영 무대에 나설 것인가?
> *아웃소싱*은 얼마만큼 활용할 것인가?
> 공급사슬관리 전략은 어떻게 전개할 것인가?
> 신제품이나 서비스는 어느 정도 도입할 것인가?
> 얼마만큼의 성장률이 바람직하고 또 *지속 가능*한가?
> 린 생산방식을 강조한다면 어느 정도로 할 것인가?
> 경쟁자에 대해 제품이나 서비스를 어떻게 차별화시킬 것인가?

조직은 단일의 주도적인 전략(예컨대 가격 선도자가 되는 것)을 채택할 것인가 혹은 복수의 전략을 채택할 것인가를 결정해야 한다. 단일전략은 조직이 특정의 강점이나 시장상황에 집중할 수 있게 해 주는 반면 복수전략은 여러 가지 특정한 상황들에 대처하기 위해 필요한 것이다.

많은 기업들이 경비를 절감하고 유연성을 확보하며 공급자의 전문적인 능력을 활용하기

위해 아웃소싱 이용을 증가시키고 있다. 델 컴퓨터는 아웃소싱을 사업전략의 일환으로 활용하여 거둘 수 있는 잠재적 이익을 실현한 좋은 예를 보여주고 있다.

성장은 특히 신생기업에게는 전략의 일부가 된다. 이 전략의 핵심적인 측면은 지속 가능한 성장률을 추구하는 것이다. 1990년대에 패스트푸드 업체인 보스턴 마켓(Boston Markets)은 투자자뿐만 아니라 패스트푸드 소비자들에게도 매혹적이었다. 그 성공에 흥분하여 급속한 확장을 하였으나 1990년대 말쯤에 거의 파산하게 되었다. 과도한 확장을 한 때문이었다. 이 업체는 패스트푸드의 거인인 맥도날드에게 2000년에 흡수합병되었다.

기업은 전략을 빠뜨리거나 불완전하게 수립하여 위험에 처하거나 실패하는 것만은 아니다. 전략을 잘못 실행하여도 실패하게 된다. 경우에 따라서는 자연적 또는 인위적 재앙, 정변 또는 급격한 경제적 변화, 압도적인 경쟁우위를 보유하고 있는 경쟁자(예컨대 자본이 풍부하거나 인건비 수준이 아주 낮거나 환경규제가 덜 엄격한 상황에 있는 경쟁자)와 같이 기업이 통제할 수 없는 요인에 의해서도 실패하게 된다.

기업전략을 성공적으로 수립하는 데 유용한 자료로 PIMS (Profit Impact of Market Strategy) 데이터베이스(www.pimsonline.com)가 있다. 이 데이터베이스에는 주로 미국, 캐나다 및 서유럽에 소재하고 있는 3,000개 이상의 기업에 대한 자료가 수록되어 있다. 많은 기업과 연구기관이 전략적인 사고를 할 수 있도록 하기 위해 이 데이터베이스를 활용하고 있다. 여기서는 가입자들이 자신들의 사업 전략과 관련된 질문에 대해 답하도록 하고 있다. 뿐만 아니라 가입자들은 벤치마크를 하고 성공적인 전략을 개발하기 위해서도 이 데이터베이스를 활용한다.

**전략수립**

전략수립의 핵심 절차는 다음과 같다.

1. 전략을 조직의 사명이나 비전 기술서와 직접 연계시킨다.
2. 강점, 약점과 위협, 기회를 평가하고 핵심역량을 확인한다.
3. 주문자격요건과 주문획득요건을 확인한다.
4. 집중할 전략 한두 가지(예컨대, 저원가, 속도, 고객서비스)를 선택한다.

PIMS 웹 사이트에서는 다음과 같은 내용을 언급하고 있다.

> 이 *데이터베이스*는 어떤 종류의 사업전략(품질, 가격, 수직적 통합, 혁신, 홍보 등)이 어떤 종류의 사업 환경에 가장 효과적인가에 대한 이해를 돕기 위해 수천 개의 기업으로부터 수집된 자료를 통계적으로 정리하여 수록한 것이다. 이 자료는 사업 성과를 평가하거나 새로운 사업 기회를 분석, 새로운 전략에 대한 평가 및 현실성 검토, 사업 투자안에 대한 심사를 하기 위해서는 반드시 필요한 핵심적인 자원이다. 전략계획연구소(Strategic Planning Institute)가 주관하고 있는 PIMS 프로그램의 *가장 중요한 역할*은 경영자들이 자신들의 사업 환경을 이해하고 거기에 대응할 수 있게 해 주는 것이다. PIMS는 경영자들이 전략을 개발하고 다양한 전략과 재무척도를 사용해 이 전략의 성공 가능성을 시험하고자 할 때 경영자들을 도와줌으로써 이러한 역할을 하고 있다.
>
> 출처: https://www.inc.com/encyclopedia/profit-impact-of-market-trategies-pims.html

## 공급사슬전략

공급사슬전략은 공급사슬의 목표를 달성하기 위하여 공급사슬이 어떻게 기능해야 하는가를 구체화한다. 공급사슬전략은 기업전략에 정렬되어야 한다. 이 전략이 잘 실행되면 조직에 읽을거리 

## 낮은 수준의 재고가 민첩성을 향상시킬 수 있다

1984년, 당시 대학생이던 마이클 델(Michael Dell)은 그의 기숙사에서 개인용 컴퓨터 판매를 시작하였다. 그는 컴퓨터 부품을 제작할 수 있는 자원이 없었고, 따라서 다른 사람이 그것을 하도록 했다. 대신에 자신은 컴퓨터 판매에 집중했다. 또 주요 컴퓨터 생산자들과 달리 컴퓨터를 소매상들에게 팔지 않았다. 대신에 PC 구매자들에게 직접 판매하면서 중간상을 배제했는데, 이는 원가를 낮추고 보다 빠른 배송을 가능하게 했다. PC를 직접 판매하는 것이 현재에는 비교적 흔한 일이 되었으나, 그 당시에는 일반적인 관행과는 상당히 거리가 먼 것이었다.

대형 컴퓨터 업체들과 달리 델은 무엇을 어떻게 하였을까? 우선 그는 부품을 제조하는 대신 공급자로부터 부품을 구매했다. 이것은 그에게 엄청나게 유리한 입장을 가질 수 있게 하였다. 재고가 거의 없었고, 연구개발 비용을 들일 필요가 없었으며, 비교적 적은 수의 종업원만 필요했다. 그리고 이러한 접근방법의 위험은 부품공급자들에게 분산되었다. 부품공급업자들은 이러한 방법을 기꺼이 수용하려고 했는데, 이는 델이 부품공급업자들과 밀접한 관계를 유지하며 그들에게 정보를 제공했기 때문이다. 또한 델은 그의 고객들과 직접 접촉을 했기 때문에 그들의 기대나 필요에 대해 깊은 안목을 가지게 되었고, 이를 부품공급자들에게 알려 주었다.

재고를 거의 가지지 않음으로써 델은 경쟁자들에 비해 보다 유리한 입장에 설 수 있었다. 재고비용이 낮았을 뿐만 아니라, 보다 속도가 빠른 새로운 칩이 개발되었을 때 처분해야 할 재고가 많지 않았으므로 재고를 많이 가지고 있는 경쟁자에 비해 신모델을 훨씬 빨리 공급할 수 있었다. 또한 당시 빈번하게 일어났던 것처럼 부품의 가격이 떨어졌을 때 즉시 인하된 가격의 이점을 취할 수 있었고, 이로써 경쟁자에 비해 낮은 평균원가를 유지할 수 있었다.

현재 이 기업의 가치는 수십억 달러가 되었으며, 마이클 델의 재산 역시 그만큼 증가했다.

가치를 창출할 수 있게 된다. 이것은 조직이 공급자들과 어떻게 협력해야 하는가와 고객관계와 지속가능성에 대한 정책을 설정한다. 공급사슬전략은 본서의 뒷부분에서 보다 상세히 다룰 것이다.

### 지속가능성 전략

보다 엄격한 정부규제나 또는 이익집단을 통해 기업의 사회적 책임이 점점 강조되고 있다. 이러한 현상과 여러 가지 이유 때문에 기업들은 지속가능성 목표에 주의를 집중하고 있다. 기업이 성공하기 위해서는 지속가능성 전략이 필요하다. 이것은 기업지배의 수준까지 지속가능성을 격상시키고 제품이나 서비스, 생산공정, 전체 공급사슬의 목표를 설정하며, 성과를 측정하고 개선의 노력을 하며, 가능하다면 임원의 보상과 지속가능성 목표의 달성을 연계할 것을 요구한다.

### 글로벌전략

글로벌 전략은 두 가지 상이한 측면이 있다. 그 중 하나는 부품이나 제품이 어디에서 제조되었거나 고객지원과 같은 서비스가 어디에서 수행되는가 하는 것과 관련된 것이다. 다른 하나는 제품이나 서비스가 어디서 판매되는가와 관련된 것이다. 중국이나 인도와 같은 나라에서 임금이 인상되고 생활수준이 향상됨에 따라 새로운 시장기회가 탄생하는데, 이 때 관련된 위험을 최소화시키며 이들 잠재적 기회의 이점을 취할 수 있는 잘 고안된 전략이 필요하게 된다.

글로벌화가 진행되어 감에 따라 많은 기업들은 글로벌화와 연관시켜 전략적 의사결정을 해야 함을 깨닫게 되었다. 기업이 직면해야 하는 이슈 중의 하나는 특정 국가나 지역에서 가능한 일이, 다른 곳에서는 가능하지 않으며, 이러한 점을 고려하여 전략을 세밀하게 수립해야 한다는 점이다. 또 다른 이슈로는 정치적, 사회적 격변의 위협이다. 또 다른 이슈 중의 하

Christopher Kerrigan/McGraw-Hill Education

싱가포르에 있는 이 맥도날드에서 하나의 변수는 중국 식단에서 쌀이 주식으로 사용된다는 것이다. 이 광고에서는 쌀 버거(rice burger)를 강조하고 있다.

나는 광범위한 지역에 걸쳐서 이루어지는 생산운영을 관리하고 조정하는 일의 어려운 점이다. 실로 "오늘날의 글로벌화된 시장에서 국제적인 경쟁을 경험하기 위해 외국으로 나갈 필요가 없다. 조만간 세계가 우리에게 다가올 것이기 때문이다."[2]

## 2.4 생산운영전략

조직전략은 조직 전체의 전반적인 방향을 제시하는 것이다. 이것은 전체 조직을 포함하며, 범위가 아주 넓다. **생산운영전략**(operations strategy)은 범위가 보다 좁으며, 조직의 생산운영 측면을 주로 다룬다. 생산운영전략은 제품, 프로세스, 방법, 생산운영자원, 품질, 원가, 리드타임 및 스케줄링 등과 관련이 있다. 표 2.3은 조직의 사명, 전반적 전략과 생산운영전략, 전술 및 운영을 서로 비교한 것이다.

**생산운영전략**
조직 전략과 일관된 접근방법으로서 생산운영기능을 이끌기 위해 사용된다.

생산운영전략이 실제로 효과적이기 위해서는 조직전략과 연계시키는 것이 중요하다. 즉, 둘은 독립적으로 수립되어서는 안 된다는 것이다. 오히려 조직전략을 수립할 때는 생산운영의 실제 강점과 약점을 고려해야 하며, 약점에 대해서는 대처하고 강점은 활용할 수 있어야 한다. 마찬가지로 생산운영전략은 조직의 전반적 전략 및 조직의 타 기능부문과 일관되어야 한다. 이것은 조직의 전반적 전략과 기능부문들이 상호 갈등하기보다는 상호 지지해 줄 수 있는 전략을 수립하기 위해서는 상위경영자가 기능부문과 함께해야 함을 의미한다. 이것은 명약관화한 것처럼 보이지만 실제는 그렇지 못하다. 오히려 여러 부문 간의 권력투쟁이 보다 일반적이다. 이러한 투쟁은 조직에 치명적인데, 그 이유는 에너지를 한곳에 집중시켜 조

[2] Christopher A. Bartlett and Sumantra Ghoshal, "Going Global: Lessons from Late Movers," *Harvard Business Review*, March-April 2000, p. 139.

**표 2.3**
사명, 조직전략, 생산운영전략의 비교

| | | 관리 수준 | 시간 축 | 범위 | 자세함의 수준 | 관련분야 |
|---|---|---|---|---|---|---|
| 전반적 조직 | 사명 | 최고 경영자 | 장기 | 광범위 | 낮음 | 지속가능성, 수익성 |
| | 전략 | 고위 경영자 | 장기 | 광범위 | 낮음 | 성장률, 시장점유율 |
| 생산운영 | 전략적 | 고위 경영자 | 중기에서 장기 | 광범위 | 낮음 | 제품설계, 입지선정, 기술선택, 신규 설비 |
| | 전술적 | 중간 관리자 | 중기 | 중간 | 중간 | 고용수준, 산출 수준, 장비 선정, 설비 배치 |
| | 운영적 | 하위 관리자 | 단기 | 좁음 | 높음 | 인력 스케줄링, 산출률 조정, 재고관리, 구매 |

직을 보다 경쟁적으로 만들고 고객의 요구를 보다 잘 만족시켜 주기보다는 기능부문 간에 서로 싸움을 부추기기 때문이다. 관리자와 작업자의 팀구성 등 조직분야의 최근의 몇몇 이론은 내부적으로 경쟁하는 것보다 함께 일하는 것의 시너지효과에 대해 점차 주목하고 있다.

1970년대와 1980년대 초반, 미국 기업들은 마케팅과 재무전략을 선호하면서 생산운영전략을 소홀히 취급하였다. 이것은 아마 많은 최고경영자들이 생산운영분야에서 경력을 쌓지 않아 생산운영기능의 중요성을 충분히 인식하지 못했기 때문이 아닌가 생각된다. 인수와 합병은 흔한 일이었다. 전략적인 기업매수가 이루어졌으며, 유사하지 않은 생산운영을 통합하는 기업결합이 이루어졌다. 이들은 조직의 부가가치활동에 거의 기여를 하지 못했으며 그 성격은 순전히 재무적인 것이었다. 가끔 특정 사업을 잘 모르는 인사가 의사결정을 하여 그 사업에 치명타를 가하기도 하였다. 시간이 흘러감에 따라 생산운영전략을 정교하게 구사하는 외국의 경쟁자들이 그 공백을 메워가기 시작했다.

1980년대 후반과 1990년대 초반, 많은 기업들은 이러한 접근방법이 효과가 없다는 것을 깨닫기 시작했다. 이들은 경쟁자에 비해 자신들이 경쟁적이지 못하다는 것을 깨달았고, 따라서 생산운영전략에 주의를 집중하기 시작했다. 조직전략과 생산운영전략 양자에게 모두 핵심적인 것은 전략수립이다.

생산운영전략은 조직의 경쟁우위에 커다란 영향을 미칠 수 있다. 이것을 잘 수립하여 잘 실행한다면 조직이 성공할 수 있는 훌륭한 기회가 될 수 있으나 그렇지 못할 경우 조직이 성공할 가능성은 훨씬 줄어들게 된다.

## 전략적 생산운영관리 의사결정분야

생산운영관리 인력은 기업조직의 전략적 의사결정에서 전략적인 역할을 수행한다. 표 2.4는 핵심적인 의사결정분야를 나타내고 있다. 대부분의 의사결정분야가 원가와 관련성이 있음을 주목하기 바란다.

전략적 생산운영에 있어 보편적인 중요도를 가지는 두 요소는 품질 및 시간과 관련되어 있다. 다음 절에서는 품질과 시간전략에 관해 논의할 것이다.

**표 2.4**
전략적 생산운영관리 의사결정

| 의사결정 분야 | 의사결정이 영향을 주는 요소 |
|---|---|
| 1. 제품 및 서비스 설계 | 원가, 품질, 제품책임, 환경 이슈 |
| 2. 생산용량 | 원가구조, 유연성 |
| 3. 프로세스 선택 및 레이아웃 | 원가, 유연성, 필요한 기량 수준, 생산용량 |
| 4. 작업 설계 | 근로생활의 질, 종업원 안전, 생산성 |
| 5. 입지 | 원가, 가시성 |
| 6. 품질 | 고객의 기대수준을 충족하거나 능가하는 능력 |
| 7. 재고 | 원가, 품절 |
| 8. 유지보수 | 원가, 장비 신뢰성, 생산성 |
| 9. 일정관리 | 유연성, 능률 |
| 10. 공급사슬 | 원가, 품질, 민첩성, 품절, 공급자 관계 |
| 11. 프로젝트 | 원가, 신제품, 서비스, 운영시스템 |

## 품질 및 시간전략

기업조직의 전통적 전략은 원가최소화와 제품차별화를 강조하는 경향이었다. 이들 전략을 포기한 것은 아니지만 많은 조직들이 *품질*이나 *시간*에 기반을 둔 전략을 받아들였다.

**품질기반전략**(quality-based strategy)은 조직에서 산출하는 제품이나 서비스의 품질을 유지하거나 개선시키는 데 집중한다. 품질은 일반적으로 고객을 유인하고 유지하는 요소이다. 품질기반전략은 다양한 요인들에 의해 동기화될 수 있다. 빈약한 품질이미지를 극복하려는 노력, 경쟁자를 따라잡으려는 욕구, 기존의 고품질이미지를 유지하려는 욕구, 또는 이들 요인과 타 요인들이 결합되어 반영될 수도 있다. 흥미롭게도, 품질기반전략은 원가절감, 생산성 향상, 시간 등 고품질로부터 혜택을 입을 수 있는 타 전략의 한 부분으로 추진될 수도 있다.

◀ **품질기반전략**
조직의 모든 측면에서 품질에 집중하는 전략

**시간기반전략**(time-based strategy)은 다양한 활동(즉, 신제품이나 서비스의 개발 및 판매, 고객수요 변화에 대한 대응, 제품배송 또는 서비스 수행)을 수행하는 데 소요되는 시간을 단축시키는 데 집중한다. 그렇게 함으로써 조직은 고객에 대한 서비스를 개선하고 동일한 일을 완료하는 데 더 많은 시간이 걸리는 경쟁자에 비해 경쟁우위를 확보하고자 한다.

◀ **시간기반전략**
과업을 수행하는 데 필요한 시간단축에 집중하는 전략

시간기반전략은 프로세스상의 다양한 활동을 수행하는 데 소요되는 시간을 단축시키는 데 집중한다. 그 타당성은 시간을 단축시킴으로써 원가는 일반적으로 절감되고, 생산성이 향상되며, 품질은 높아지는 경향을 보이고, 제품혁신을 시장에 보다 빨리 선보일 수 있으며, 고객서비스가 보다 향상될 수 있다는 것이다.

조직은 다음과 같은 분야에서 시간단축을 실현하였다.

**계획시간:** 경쟁위협에 대응하기 위해, 전략을 개발하고 전술을 선택하기 위해, 시설 변경 제안을 승인하기 위해, 신기술을 선정하기 위해 소요되는 시간 등

**제품/서비스 설계시간:** 신제품/서비스나 개량된 제품/서비스를 개발하고 출시하는 데 필요한 시간

**처리시간:** 제품을 생산하고 서비스를 제공하는 데 필요한 시간. 여기에는 스케줄링, 장비수리, 프로세스 적용, 재고, 품질, 교육훈련 등과 같은 것이 포함된다.

**전환시간:** 한 종류의 제품이나 서비스를 생산하다가 다른 종류로 전환하는 데 소요되는 시간. 여기에는 새로운 장비의 준비와 탈부착, 다른 종류의 프로세스 방법, 장비, 스케줄, 원자재사용에 따른 시간 등이 포함된다.

**배송시간:** 주문을 충족시키는 데 소요되는 시간

**불만제기에 대한 대응시간:** 이것은 품질, 배송시간, 잘못된 배달에 대한 고객의 불만일 수도 있고, 작업조건(즉, 안전, 조명, 냉난방)에 대한 종업원의 불만일 수도 있다.

각각의 세분시장에서 가장 중요한 고객들의 구매 판단기준이 잘 반영될 수 있도록 마케팅과 생산운영 부문의 인력들이 전략 수립과정에서 상호협력을 해야 하는 것은 아주 중요하다.

민첩한 생산운영은 변화의 상황에서 적응하고 성장하기 위해 유연성 활용을 강조하는 경쟁우위를 위한 전략적 접근방법이다. 민첩성은 유연성과 함께 원가, 품질, 신뢰성 등 몇 가지 차별적 역량을 혼합시킨 것이다. 프로세스 측면에서의 유연성에는 신속한 장비전환, 스케줄링, 혁신 등이 포함되며, 제품 및 서비스 측면에서의 유연성은 산출량 및 제품믹스의 변동이 포함된다.

민첩한 생산운영이 성공하기 위해서는 다기능인력, 유연자동화 장비, 정보기술로 구성되는 시스템을 실현시키기 위한 면밀한 계획이 필요하다. 작업을 수행하는 데 소요되는 시간을 단축하는 것은 조직이 주요한 성과척도인 *생산성*을 향상시키는 방법 중의 하나이다.

## 2.5 기업전략의 생산운영관리에 대한 시사점

기업전략은 생산운영 및 공급사슬관리에 주요한 영향을 미친다. 예컨대 저원가, 대량생산 전략을 추진하는 기업은 고객에게 제공하는 상품의 다양성에 제약을 받는다. 그 결과 생산운영 및 공급사슬의 변동성은 최소화되고 따라서 관리하기가 용이해진다. 그 반대로 넓은 범위의 다양성을 가진 제품이나 서비스를 제공하고자 하거나 고객화된 작업을 수행하고자 하는 전략은 생산운영 및 공급사슬에서 변동성이 상당한 정도로 발생하여 공급사슬 전반에 걸쳐 제품이나 서비스의 원활한 흐름을 달성하는 데 보다 많은 문제점이 존재하며 결과적으로 공급을 수요에 일치시키기가 보다 어려워진다. 이와 유사하게 서비스를 증가시키고자 하면 가격경쟁을 할 수 있는 능력이 감소된다. 표 2.5는 다양성과 기타의 핵심적인 시사점에

**표 2.5**
조직전략과 생산운영전략에 대한 시사점

| 조직 전략 | 생산전략에 대한 시사점 |
|---|---|
| **저원가** | 제품이나 서비스의 낮은 수준의 다양성과 대량생산이 요구됨. 제품의 안정된 흐름은 시스템 전체를 통틀어 자원을 최대로 활용하는 결과로 이어짐. 표준화된 작업, 원자재 및 재고가 요구됨 |
| **고품질** | 제품과 서비스 설계, 프로세스 설계, 보다 강조된 공급자 품질 보증을 위한 초기의 높은 수준의 비용 수반 |
| **신속한 대응** | 유연성, 추가 생산용량, 일부 품목의 높은 재고수준을 요함 |
| **신규성/혁신** | 신규 또는 개량된 제품이나 서비스와 신제품이나 서비스에 적합한 생산운영 및 공급 프로세스를 위하여 높은 수준의 연구개발 투자 수반 |
| **제품/서비스 다양성** | 자원의 다양성과 제품 및 서비스 설계에 대한 강조를 필요로 하고 높은 수준의 작업자 기량을 요하며 원가 추정이 보다 어려움. 일정관리가 보다 복잡하고 품질보증활동이 강화되며 재고관리가 보다 복잡하고 공급을 수요에 맞추는 일이 보다 어려움 |
| **지속가능성** | 입지 계획, 제품 및 서비스 설계, 프로세스 설계, 아웃소싱 결정, 반품 정책, 폐기물 관리에 영향을 미침 |

대해 간략하게 나타낸 개요이다.

## 2.6 전략을 행동으로 전환시키기: 균형성과표

균형성과표(Balanced Scorecard, BSC)는 기업이 조직의 비전과 전략을 명확히 하고 이들을 행동으로 전환시키기 위해 활용할 수 있는 하향식 *관리시스템*이다. 이 시스템은 1990년대 초반 로버트 카플란(Robert Kaplan)과 데이비드 노튼(David Norton)[3]이 소개하였고 이후 몇 차례의 개정 및 개선을 거쳤다. 이 시스템의 아이디어는 조직의 순수한 재무적 관점에서 탈피하여 고객, 기업내부 프로세스, 학습 및 성장과 같은 여타의 관점을 통합하자는 것이다. 이 접근방법을 활용하여 경영자는 목적, 측정기준, 각각의 목적에 대한 목표수준과 목적을 달성하기 위한 수단을 개발하고 다양한 관점 간의 관련성을 파악한다. 그리고 그 결과를 관찰하여 전략적 성과를 개선하기 위하여 활용한다. 그림 2.2는 이 접근방법의 개념적 틀을 나타낸 것이다. 많은 기업이 이 시스템이나 유사한 접근방법을 활용하고 있다.

그림 2.2에서 보는 바와 같이 재무적 및 비재무적 성과뿐만 아니라 과거 및 미래의 성과 간의 균형을 달성하기 위하여 네 개의 관점을 활용하고 있다. 이 접근방법은 기업이 그 비전

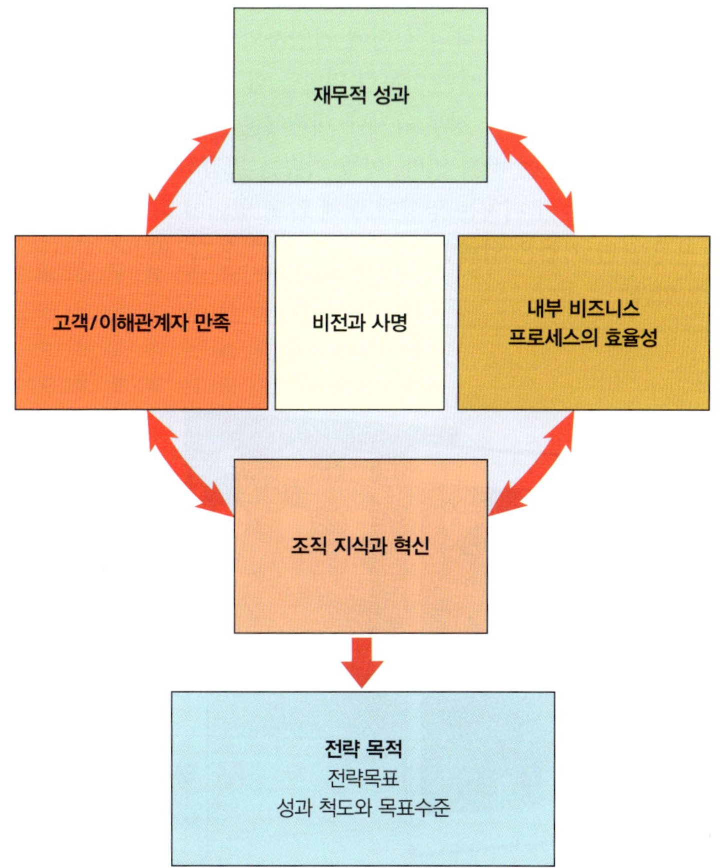


**그림 2.2**
균형성과표

출처: Adapted from Robert S. Kaplan and David P. Norton, "Using the Balanced Scorecard as a Strategic Management System," *Harvard Business Review* (January-February 1996): 76.

[3] Robert S. Kaplan and David P. Norton, *Balanced Scorecard: Translating Strategy into Action* (Cambridge, MA: Harvard Business School Press, 1996).

**표 2.6**
균형성과표 요인의 예

| 중심점 | 요인 |
|---|---|
| 공급자 | 납품 성과<br>품질 성과<br>공급자 수<br>공급지 입지<br>중복 활동 |
| 내부 프로세스 | 병목<br>자동화 가능성<br>이직률 |
| 종업원 | 직무만족<br>학습 기회<br>납품 성과 |
| 고객 | 품질 성과<br>만족<br>고객유지율 |

을 실현시키기 위하여 각각의 네 영역에서 경쟁자와 어떻게 상이한가 하는 것을 파악하는 데 도움을 준다. 표 2.6은 핵심적인 중심점의 요인들에 대한 예이다.

균형성과표가 전략적 이슈와 전략의 실행에 경영자의 주의를 집중시키는 데 도움을 줄 수 있다 하더라도 이것이 전략수립에는 아무런 역할을 할 수 없다는 점을 알아야 한다.

더욱이 이 접근방법은 공급자나 정부 규제에 대해서는 거의 관심을 두지 않으며, 지역사회, 환경 및 지속가능성 이슈는 빠져 있다. 이들 이슈는 밀접히 연관되어 있고 따라서 기업 조직은 이들 영역에서 그들이 미치는 영향에 대해 알고 있어야 하며 적절히 대응할 수 있어야 한다. 그렇지 않으면 기업은 압력단체의 공격을 받거나 그 명성에 위해를 받을 수 있는 위기에 처할 수 있다.

애플의 지속적인 성공에 대한 주요 관건은 혁신의 경계를 지속적으로 확장시킬 수 있는 능력이다. 애플은 기존 산업을 하나둘씩 차례로 뒤집어엎을 만큼 아주 새롭고 창의적인 제품들을 생각해 냄으로써 어떻게 성장을 창출할 수 있는지를 보여주었다.

Pieter Beens/Shutterstock

## 2.7 생산성

경영자의 주요 책임 중의 하나는 조직의 자원을 *생산적으로 활용*하는 것이다. *생산성*이라는 용어는 이것을 서술하기 위해 사용된다. **생산성**(productivity)은 산출물을 생산하기 위해 사용된 투입물(노동력, 원자재, 에너지 및 기타 자원)에 대한 산출물(재화와 서비스)의 비율을 측정한 지수이다. 이것은 일반적으로 투입에 대한 산출의 비율로 표시된다.

**생산성**
일반적으로 투입에 대한 산출의 비율로 표시되는 자원 이용의 효과성 척도

$$\text{생산성} = \frac{\text{산출}}{\text{투입}} \tag{2-1}$$

생산성 척도는 모든 기업조직에게 중요하지만 저원가 전략을 채택하는 조직에게 특히 중요하다. 왜냐하면 높은 생산성은 산출물에 대한 낮은 원가를 의미하기 때문이다.

생산성은 단일의 생산운영이나 부문, 조직에 대해 계산할 수도 있고 한 국가 전체에 대해서도 계산할 수 있다. 기업 조직에서 생산성은 노동력 소요, 장비 스케줄링, 재무 분석 및 기타 중요한 과업을 계획할 때 활용된다.

생산성은 기업 조직이나 전체 국가에 대해 중요한 의미를 지닌다. 비영리 조직에서 높은 생산성은 낮은 비용을 의미한다. 영리 조직에서 생산성은 기업이 얼마나 경쟁력이 있는가를 결정하는 중요한 요소이다. 한 국가에서 *생산성 증가율*(*productivity growth*)은 대단히 중요하다. 생산성 증가율은 전기의 생산성에 대해 금기에 이루어진 생산성 증가분에 대한 상대적 비율을 말한다. 따라서

$$\text{생산성 증가율} = \frac{\text{금기의 생산성} - \text{전기의 생산성}}{\text{전기의 생산성}} \times 100 \tag{2-2}$$

예컨대 생산성이 80에서 84로 증가하였다면 생산성 증가율은

$$\frac{84 - 80}{80} \times 100 = 5\%$$

가 될 것이다.

생산성 증가율은 한 국가의 인플레이션율이나 국민의 생활수준을 결정하는 중요한 요소이다. 생산성 증가는 인플레이션을 억제하면서 경제에 부가가치를 증대시킨다. 생산성 향상은 1990년대 미국 경제에서 장기적으로 지속된 경제성장의 중요한 요인이었다.

### 생산성의 계산

생산성 척도는 단일의 투입물(요소생산성), 한 가지 이상의 투입물(복합생산성) 그리고 모든 투입물(종합생산성)에 대해 계산할 수 있다. 표 2.7은 생산성 척도의 여러 가지 유형을 보여

| | | | | |
|---|---|---|---|---|
| 요소생산성 | $\frac{\text{산출물}}{\text{노동}}$ | $\frac{\text{산출물}}{\text{기계}}$ | $\frac{\text{산출물}}{\text{자본}}$ | $\frac{\text{산출물}}{\text{에너지}}$ |
| 복합생산성 | $\frac{\text{산출물}}{\text{노동 + 기계}}$ | | $\frac{\text{산출물}}{\text{노동 + 자본 +에너지}}$ | |
| 종합생산성 | $\frac{\text{생산된 제품이나 서비스}}{\text{생산하기 위해 사용된 모든 투입 요소}}$ | | | |

**표 2.7**
생산성 척도의 여러 가지 유형

생산성은 로봇 장비를 이용하면 향상될 수 있다. 로봇은 고속으로 장시간 동안 일관된 정밀도로 가동할 수 있다. 앨라배마 주 몽고메리에 있는 현대자동차의 공장에서는 조립작업을 하기 위해 로봇을 사용한다. 이 14억 달러짜리 자동차공장은 북미에서 가장 선진화된 조립공장 중의 하나이다. ▶

Betastock/Shutterstock

주고 있다. 생산성 척도의 선택은 생산성 측정의 목적에 따라 달라진다. 만약 생산성 측정 목적이 노동생산성의 향상을 추적하기 위한 것이라면 명백히 노동이 투입물 측정치가 된다.

요소생산성은 생산운영관리에서 가장 많이 활용되고 있다. 표 2.8은 요소생산성 척도의 예를 보여 주고 있다.

생산성 척도에서 사용되는 산출물 단위는 수행된 작업에 따라 달라진다. 다음은 노동생산성의 예이다.

$$\frac{\text{카펫 설치면적}}{\text{투입 노동시간}} = \text{노동시간당 카펫 설치 면적}$$

$$\frac{\text{청소된 모텔방 수}}{\text{작업자 수}} = \text{작업자당 청소된 모텔방 수}$$

*기계 생산성*에 대해서도 유사한 예를 들 수 있다(예컨대, 시간당 기계에 의해 생산된 부품 수량).

**표 2.8**
요소생산성 척도의 예

| | |
|---|---|
| **노동생산성** | 노동시간당 산출수량<br>교대조당 산출수량<br>노동시간당 부가가치<br>노동시간당 산출금액 |
| **기계생산성** | 기계시간당 산출수량<br>기계시간당 산출금액 |
| **자본생산성** | 투입 달러당 산출수량<br>투입 달러당 산출금액 |
| **에너지생산성** | kWh당 산출수량<br>kWh당 산출금액 |

**예제 2**

mhhe.com/stevenson14e

생산성 계산

다음의 각 경우에 대해 생산성을 계산하라.

a. 4명의 작업자가 8시간 동안 720야드의 카펫을 설치하였다.

b. 기계 1대가 2시간 동안 70개의 부품을 생산하였다. 그중 두 개는 사용할 수 없었다.

풀이

a. $$\text{생산성} = \frac{\text{카펫 설치면적}}{\text{투입 노동시간}} = \frac{720\text{야드}}{4\text{명} \times 8\text{시간/작업자}} = \frac{720\text{야드}}{32\text{시간}} = 22.5\text{야드/시간}$$

b. $$\text{생산성} = \frac{\text{사용가능한 부품 수}}{\text{생산시간}} = \frac{70 - 2 = 68\text{개}}{2\text{시간}} = 34\text{개/시간}$$

복합생산성 계산은 비용과 같은 공통 측정단위를 사용하여 투입물과 산출물을 측정한다. 예를 들어, 다음과 같이 투입물의 원가와 산출량을 사용하여 생산성을 계산한다.

$$\frac{\text{생산 수량}}{\text{노무비} + \text{재료비} + \text{경비}} \tag{2-3}$$

*주의*: 분모의 모든 생산요소는 척도가 동일하여야 한다.

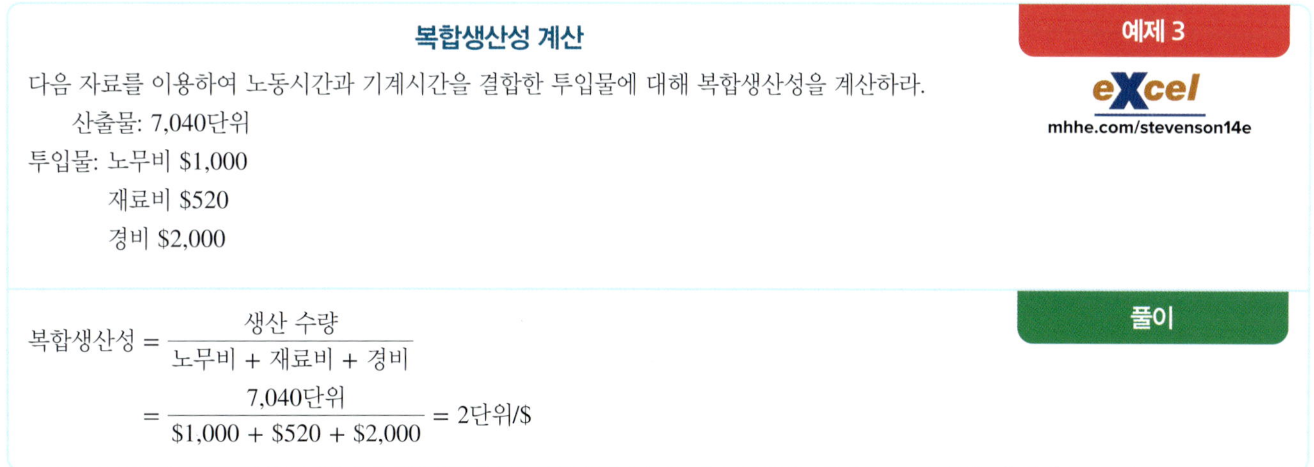

**복합생산성 계산**

예제 3

eXcel
mhhe.com/stevenson14e

다음 자료를 이용하여 노동시간과 기계시간을 결합한 투입물에 대해 복합생산성을 계산하라.

산출물: 7,040단위

투입물: 노무비 $1,000

재료비 $520

경비 $2,000

풀이

$$\text{복합생산성} = \frac{\text{생산 수량}}{\text{노무비} + \text{재료비} + \text{경비}} = \frac{7{,}040\text{단위}}{\$1{,}000 + \$520 + \$2{,}000} = 2\text{단위/\$}$$

생산성의 측정은 측정 수준에 따라 각각 유용한 결과를 제공한다. 개별 부문이나 조직에 대해 생산성은 *시간 흐름에 따른* 성과를 추적하기 위해 사용된다. 이 측정치를 보고 경영자는 성과를 판단할 수 있고 어느 부문에 개선이 필요한지를 결정할 수 있다. 예컨대 어떤 분야의 생산성이 약간 떨어졌다면 생산운영관리자는 생산성을 계산하기 위해 사용된 요소를 조사하여 무엇이 변화하였는지를 발견하고 다음 기에 생산성을 향상시키기 위한 대안을 생각해 낼 수 있다.

생산성 척도는 또한 전체 산업의 성과나 국가 전체의 생산성을 판단하기 위하여 사용되기도 한다. 이들 생산성 척도는 *총괄*척도이다.

생산성 척도는 본질적으로 자원의 효과적인 사용을 평가하기 위한 채점표 역할을 한다. 기업 지도자들은 생산성이 *경쟁력*과 연관되어 있기 때문에 관심을 가진다. 만약 두 기업의 생산량은 동일하나 한 기업의 생산성이 보다 높아 보다 적은 투입물이 소요된다면 그 기업은 가격을 보다 낮게 책정할 수 있고 결과적으로 시장점유율을 증가시킬 수 있다. 또는 그 기업이 동일한 가격을 책정한다면 그로 인해 보다 많은 이윤을 획득할 수 있다. 정부 지도자들은 생산성이 국가의 생활수준과 밀접한 연관성을 가지고 있기 때문에 국가 생산성에 관심을 가진다. 선진 공업국의 국민들이 누리는 비교적 높은 생활수준은 주로 높은 생산성 때문이다. 뿐만 아니라 생산성 향상을 수반하지 않는 임금이나 가격의 인상은 국가 경제에 인플레이션 압력을 가중시킨다.

내국시장을 대상으로 하는 국내 기반 생산운영의 장점은 작업자의 생산성이 높고 품질관리를 보다 잘 할 수 있으며 지적 재산권 유출 방지, 저렴한 유통비용, 정치적 안정, 낮은 인플레이션, 신속한 배송 등을 실현할 수 있다는 것이다.

## 서비스부문의 생산성

서비스부문의 생산성은 제조부문보다 문제점이 더 많다. 많은 경우 서비스부문은 지적인 활동을 포함하고 있고 변동성이 더 심하므로 생산성을 측정하기가 어렵고, 따라서 이를 관리하기도 어렵다. 의료진단, 수술, 컨설팅, 법률서비스, 고객서비스, 컴퓨터 수리작업에 대해 생각해 보라. 또한 이 때문에 생산성 향상이 더욱 어렵게 된다. 그럼에도 불구하고 서비스부문이 우리 경제에서 차지하는 비중이 점점 증가하고 있으므로 서비스생산성과 관련된 이슈에 대해 조금 다룰 필요가 있다. 보통 정부통계에서 서비스기업을 포함시키지 않는 것을 보면 이상하다.

생산성과 밀접히 연관되어 있는 유용한 척도는 *프로세스 수율(process yield)*이다. 제품의 경우 프로세스 수율은 원자재 투입량에 대한 양품(즉, 불량품은 포함되지 않음) 산출의 비율로 정의된다. 서비스의 경우 프로세스 수율의 측정은 프로세스 종류에 따라 달라진다. 예컨대, 렌트카 업체의 경우 수율은 특정일에 렌트가능한 차량 중 실제로 렌트된 차량의 비율이 된다. 교육부문에서 대학이나 대학교의 입학률은 입학허가를 해 준 전체 학생 중 실제로 입학한 학생 수의 비율을 의미한다. 가입서비스의 경우 수율은 가입을 권유한 전화통화나 발송된 편지 수에 대해 실제로 이루어진 신규가입 수의 비율이 된다. 그러나 모든 서비스에 대해 이처럼 단순한 방법으로는 수율 계산을 할 수 없다. 예컨대 자동차, 가전제품, 컴퓨터 등의 수리서비스의 경우 이러한 방법으로는 수율계산이 되지 않는다.

## 생산성에 영향을 미치는 요인들

많은 요인들이 생산성에 영향을 미치는데, 일반적으로 이들은 방법, 자본, 품질, 기술 및 관리이다.

흔히 잘못된 생각 중의 하나는 작업자가 생산성을 결정하는 주요 요인이라는 것이다. 이 이론에 따르면 생산성 향상을 위한 주된 방법은 종업원을 더욱 열심히 일하게 하는 것이다. 그러나 사실은 과거의 생산성 향상이 많은 부분 *기술적* 진보로부터 왔다는 것이다. 몇 가지 친숙한 예를 들어보면 다음과 같다.

## 읽을거리  생산성은 왜 중요한가?

이따금 생산성의 중요도를 간과하기 쉽다. 국가생산성 수치가 자주 언론에 보도되곤 하지만 그것들은 흥미 없는 내용들이며, 우리의 주의를 끌 만큼 매력적인 요소가 없다. 그러나 실수를 범하지 마라. 이들은 핵심적인 경제의 지표들이며 누구에게나 영향을 미칠 수 있는 바로미터이다. 어떻게? 높은 생산성과 높은 생활수준은 서로 관련이 있다. 만약 어떤 국가가 미국이 그렇게 된 것처럼 보다 높은 서비스 기반의 사회로 변화하면 일부(모두는 아니라 할지라도) 높은 생산성의 제조업 일자리가 없어지고 대신 낮은 생산성의 서비스 일자리가 늘어나게 된다. 따라서 높은 수준의 생활수준을 유지하기가 보다 어려워진다.

생산성이 향상되면 임금인상과 연동되어 있는 인플레이션 압력을 상쇄시킬 수 있다. 생산성이 향상되면 단위당 원가가 낮아지고 이러한 절감으로 이익이 개선되거나 인상된 임금을 지불할 수 있게 해 준다.

생산성 수준은 또한 산업과 기업에도 중요하다. 기업에 있어 경쟁자에 비해 상대적으로 높은 생산성은 시장에서 경쟁우위를 제공해 준다. 경쟁자보다 생산성이 높으면 시장점유율을 증가시키기 위해 경쟁자보다 낮은 가격을 책정할 수 있고, 만약 동일한 가격을 책정한다면 보다 많은 이익을 향유할 수 있다. 산업의 경우 상대적으로 높은 생산성은 외국의 산업에게 그 자리를 내어줄 가능성이 보다 적어짐을 의미한다.

**[질문]**

1. 국가에 있어서 높은 생산성은 왜 중요한가?
2. 왜 서비스업의 생산성이 제조업의 생산성보다 낮다고 가정하는가?
3. 기업이 보다 높은 생산성을 유지함으로써 경쟁자에 비해 어떻게 경쟁우위를 가질 수 있는가?

| | | |
|---|---|---|
| 드론 | 자동화 | GPS 장치 |
| 복사기와 스캐너 | 계산기 | 스마트폰 |
| 인터넷, 검색엔진 | 컴퓨터 | 앱 |
| 음성메일, 휴대폰 | e-메일 | 3-D 프린팅 |
| RF(무선주파수) 인식시스템 | 소프트웨어 | 의료영상시스템 |

그러나 기술 하나만으로는 생산성 향상을 보장할 수 없고 기술을 현명하고 사려 깊게 사용해야 한다. 충분한 사전계획을 하지 않은 채 오히려 기술 때문에 경직적이거나 고비용이 수반되는 생산운영, 조화되지 않은 생산운영이 된다면 기술이 오히려 생산성을 *해칠* 수도 있다. 또 다른 생산성 함정은 종업원이 네트워크 관련 활동(인터넷이나 스마트폰으로 게임을 하거나, 주가 또는 스포츠게임의 스코어를 확인하는 것, 또는 친구나 지인에게 문자를 보내는 것 등)에 컴퓨터나 스마트폰을 사용하는 것이다. 이것 외에도 종업원이 새로운 장비나 프로세스를 익히는 동안에는 일시적으로 생산성이 하락할 수도 있다. 물론 종업원의 학습기간이 끝나면 궁극적으로 생산성 향상으로 이어질 것이다.

생산성에 영향을 주는 여타의 요인들로 다음과 같은 것들이 있다.

변동성을 줄이기 위해 가능하면 어디에서든 프로세스와 절차를 **표준화**함으로써 생산성과 품질 측면에서 큰 혜택을 볼 수 있다.

**품질격차**는 생산성 측정을 왜곡시킬 수 있다. 이러한 현상이 발생할 수 있는 경우는 30년 전과 현재의 공장생산성을 서로 비교하는 것처럼 생산성을 기간별로 비교하는 경우이다. 현재의 품질은 과거에 비해 훨씬 향상되었으며, 이러한 품질향상을 생산성 측정에 통합시킬 수 있는 간단한 방법이 없는 것이다.

**인터넷 사용**으로 다양한 종류의 거래에서 비용을 낮출 수 있게 되었고, 결과적으로 생산성이 향상되었다. 가까운 장래에도 이러한 현상은 계속되어 생산성을 향상시킬 전망이다.

## 읽을거리  네덜란드 토마토 재배농부의 생산성 우위

네덜란드 토마토 재배농부는 이탈리아나 그리스의 경쟁자에 비해 엄청난 생산성 우위를 가지고 있다. 이들 국가들이 일광이 풍부한 데 비해 네덜란드는 일광은 보잘것없지만 컴퓨터화된 실내온도조절기가 설치된 온실과 현무암과 석회암으로 빚어진 솜사탕처럼 생긴 토양 덕분에 습도와 양분을 정밀하게 통제할 수 있고 농부들은 1년 내내 작물을 수확할 수 있다. 이탈리아와 그리스의 농부들은 일반적으로 노지나 난방이 되지 않는 온실에서 작물을 재배하기 때문에 1년에 수확을 두 번밖에 할 수 없다. 네덜란드 농부들은 이탈리아나 그리스 농부에 비해 단위면적당 10배의 수확이 가능하다. 네덜란드 농부들은 또한 공급사슬 측면에서도 우위를 점하고 있다. 다른 나라의 많은 농부들이 그러하듯이 지역에서 판매하는 것이 아니라 네덜란드의 농부들은 통합된 네덜란드의 유통회사가 유럽의 슈퍼마켓 체인과 전 세계의 공급자들과 밀접한 거래관계를 맺고 있어서 자신들의 농작물을 대량으로 판매할 수 있다. 따라서 네덜란드의 농부들은 슈퍼마켓의 수요에 보다 부응하는 공급을 할 수 있다. 마지막으로 노지 재배 토마토 농부들은 전형적으로 운송과정에서 토마토가 단단함을 유지할 수 있도록 충분히 익기 전에 토마토를 수확하는 데 비해 네덜란드의 토마토들은 충분히 단단함을 유지할 수 있도록 개량되었기 때문에 농부들이 최적기에 수확해서 운송할 수 있다.

**[질문]**

1. 네덜란드의 토마토 재배농부들이 이탈리아나 그리스의 농부들에 비해 보다 높은 생산성 우위를 달성할 수 있게 하는 요인은 무엇인가?
2. 네덜란드 농부들의 공급사슬의 중요성을 토의해 보라.

출처: Based on "Tomato," Time, March 25, 2013, pp. 9 – 14.

**컴퓨터 바이러스**는 생산성에 막대한 부정적 영향을 미칠 수 있다.
분실되었거나 장소가 잘못 기재된 자재를 찾는 것은 시간낭비이며, 생산성에 부정적 영향을 미친다.
**스크랩률**(scrap rate)은 생산성에 부정적인 영향을 미치며, 생산자원의 비효율적 사용을 나타낸다.
**신입작업자**는 경력작업자에 비해 생산성이 떨어지며, 따라서 성장하고 있는 기업은 생산성 지체 현상을 경험하게 된다.
**안전**이 강조되어야 하며, 사고는 생산성에 큰 타격을 준다.
**정보기술 관련 기술자들이 부족**하면 기업이 컴퓨터 자원을 갱신하고 성장하거나 성장을 유지하며 새로운 기회를 활용할 수 있는 능력이 줄어들게 된다.
**해고**도 가끔 생산성에 영향을 미치며, 그 효과는 긍정적이거나 부정적이다. 해고 후 처음에는 작업부하는 그대로이나 작업자 수는 감소했으므로(비록 그 일을 하기 위해 더 열심히 더 오랜 시간 동안 일하기는 하지만) 생산성이 향상된다. 그러나 시간이 흘러감에 따라 남아 있는 작업자들은 극도의 피로를 느끼게 되고, 추가적인 해고를 우려하게 된다. 따라서 가장 능력 있는 작업자가 직장을 떠날 수도 있다.
**이직**은 생산성에 부정적인 영향을 미친다. 보충된 인력이 제자리를 잡는 데는 시간이 걸린다.
**작업장 배치**는 생산성에 영향을 미칠 수 있는데, 도구나 작업에 필요한 물건들을 손쉽게 사용할 수 있도록 배치하면 생산성에 긍정적인 영향을 미친다.
**생산성 향상에 대한 보상을 하는 인센티브제도**는 생산성을 끌어올릴 수 있다.

생산성에 영향을 미치는 또 다른 요소들로서는 *장비 고장*이나 부품이나 자재의 *결품* 등을 들 수 있다. 종업원의 교육 수준이나 훈련과 건강상태 등도 생산성에 큰 영향을 미친다. 조직의 외부에서 높은 생산성으로 아주 낮은 원가를 달성할 수 있는 기회 때문에 기업들은 *아웃소싱*에 관심을 가지게 된다. 따라서 아웃소싱에 대한 대안은 스스로 생산성을 개선시키

읽을거리  생산성 개선

스트라이커 하우메디카(Stryker Howmedica; 미국에 본사를 둔 세계적인 의료장비 회사: 역자 주)는 포장라인의 운영관리를 개선하기 위한 팀을 결성하였다. 생산성 개선에 초점을 준 전략을 활용하였다. 팀은 토요타 생산시스템에 기초를 둔 접근방법을 채택하였다. 목표는 생산성을 개선하면서 배송과 품질 측면에서 고객의 기대를 만족시키는 것이었다. 팀은 고객의 욕구를 파악하고 목적을 설정한 다음 몇 가지 개선점을 실행하였다. 한 개 흐름 시스템을 정착시켜 청정실 전체에서 제품의 흐름에 병목현상을 감소시켰고 기포봉합 장비에 소요된 전체 시간이 감소되었다. 짧은 기간 내에 생산성은 시간당 36개에서 시간당 60개로 거의 2배로 증가하였으며 재공품 재고가 감소하였고 제품의 표준원가 10% 절감 목표가 달성되었다.

출처: Based on Lauraine Howley, "A Strategy for Company Improvement," *Medical Device Technology* 11, no. 2 (March 2000). P. 33.

는 것이 될 수 있다. 또한 최강의 조직은 품질에 대한 전략의 일환으로 *지속적 개선*에 노력한다. 생산성 향상은 이러한 접근방법의 중요한 측면이 될 수도 있다.

## 생산성 향상

기업이나 부문은 생산성을 향상시키기 위해 몇 가지 핵심적인 절차를 취해야 한다.

1. 모든 생산운영에 대해 생산성 척도를 개발하라. 생산운영을 관리하고 통제하는 데 있어서 첫 번째 절차는 측정을 하는 것이다.
2. 어떤 생산운영이 가장 중요한지를 결정하기 위해서 시스템을 전체로 보고 관찰하라. 중요한 것은 전반적인 생산성이다. 경영자는 개선 노력을 승인하기 *전에* 잠재적인 생산성 향상의 가치에 대해 깊이 생각해 보아야 한다. 논란이 되는 것은 *효과성*이다. 효과성에는 몇 가지 측면이 있다. 그중 하나는 그 결과를 고객이 원하는가를 확인하는 것이다. 예컨대, 기업이 생산성 향상을 통해 산출을 증가시킬 수 있으나 증가된 산출물을 판매할 수 없다면 생산성 향상은 효과적이지 못하다. 둘째, 시스템 관점을 채택하는 것이 중요하다. 생산운영의 한 부문의 생산성은 향상시키나 시스템 전체의 생산성을 향상시키지 못한다면 이는 효과적이지 못하다. 예컨대, 시스템이 두 가지 생산운영과 차례로 연결되어 첫 번째 생산운영의 산출이 두 번째 생산운영의 투입으로 되도록 구성되어 있고, 각각의 생산운영은 시간당 20단위의 처리 속도로 각 생산운영을 완료할 수 있다고 가정하자. 만약 첫 번째 생산운영의 생산성은 향상되었으나 두 번째 생산운영의 생산성은 증가하지 않았다고 한다면 시스템의 산출은 여전히 시간당 20단위에 불과할 것이다.
3. 종업원의 아이디어를 권장하거나(작업자, 엔지니어, 관리자의 팀을 구성하여), 타 기업이 어떻게 생산성 향상을 하였는지 연구하거나, 일을 처리하는 방법을 재검토함으로써 생산성 향상을 달성할 수 있는 방법을 개발하라.
4. 적절한 개선 목표를 설정하라.
5. 경영층에서 생산성 향상을 권장하고 지원한다는 사실을 명확히 하라. 공헌이 있는 종업원에 대해 포상하는 방법도 생각해 보라.
6. 개선의 결과를 측정하고 이를 공표하라.

생산성과 능률을 혼동하지 말라. 능률은 보다 좁은 개념으로서 고정된 자원으로부터 최대의 결과를 얻는 것을 말하는 데 비해, 생산성은 전반적인 자원의 효과적인 사용을 의미하는 보다 넓은 범위의 개념이다. 예컨대, 수동식 잔디 깎는 기계가 있을 때 잔디를 깎는 일의

능률적 관점은 수동식 잔디 깎는 기계를 가장 잘 활용하는 방법에 집중한다. 그러나 생산성 관점에서는 동력식 잔디 깎는 기계를 사용하는 측면도 포함된다.

또 다른 예로 수압파쇄법(fracking) 생산성 향상을 들 수 있다. 시추기법은 보다 효과적으로 변화되었다. 시추업자들은 현재 리버티 리소시스(Liberty Resources)나 EOG 리소시스(EOG Resources) 등의 업체가 선구적으로 개발한, 많은 양의 물과 광물질을 사용하는 수압파쇄법을 채택하고 있다. 이 기법은 비용이 많이 드는 프로세스이긴 하나 관정 수명의 첫 년도 생산율을 향상시켰으며 그 이후에는 산출이 극적으로 감소하는 경향이 있다. 이들 프로세스는 1배럴의 오일을 생산하는 손익분기점 비용을 낮추었으며 그러지 않았으면 버려졌을 유전지구 토지에 대해 수익이 나도록 만들었다.

## 요약

경쟁력은 많은 조직에서 추진력이 된다. 여기에는 가격, 품질, 독특한 모양이나 서비스, 시간 및 기타 여러 요인이 포함된다. 기업이 효과적인 전략을 개발하기 위해서는 필수적으로 어떤 요인의 조합이 고객에게 중요한지, 어떤 요인들이 주문자격요건이고 어떤 요인이 주문획득요건인지를 결정해야 한다.

조직의 목표나 전략은 필수적으로 조직의 사명과 일치되어야 한다. 전략은 조직의 목표를 달성하기 위한 계획이다. 이들은 의사결정을 위한 구심점을 제공한다. 전략은 현재와 미래의 고객들의 욕구를 고려해야 할 뿐만 아니라 조직의 강점이나 약점, 기회와 위협을 감안해야 한다. 이들은 경쟁자가 무엇을 하고 있고 앞으로 무엇을 할 것으로 기대되는가에서부터 기술, 공급사슬관리, e-비즈니스 등에 이르는 모든 범위를 포함한다. 조직은 일반적으로 전체 조직과 관련된 전반적인 전략과 각 기능부문과 관련된 전략들을 가지게 된다. 기능부문전략은 범위가 보다 좁으며, 전반적인 전략과 연계되어 있어야 한다. 시간기반전략과 품질기반전략은 기업조직이 고객에게 봉사하고 보다 생산적으로 되기 위해 구사하는 가장 널리 활용되는 전략이다. 이 장에서는 전략을 행동으로 전환하는 데 유용하게 활용되는 균형성과표 접근방식에 대해 설명하였고 또한 기업전략의 생산운영관리에 대한 시사점도 설명하였다.

생산성은 자원 사용을 측정하는 척도이다. 기업조직의 관점에서뿐만 아니라 국가적인 관점에서도 생산성에 대한 관심은 크다. 기업조직은 생산성이 원가를 보다 낮추고 보다 경쟁적이 되도록 하기 때문에 생산성을 높이고자 한다. 국가는 생산성으로 제품이나 서비스에 대한 매력이 커지고, 생산성이 높은 임금수준으로 초래되는 인플레이션을 상쇄시키며, 궁극적으로 국민의 생활수준을 향상시키기 때문에 생산성을 높이고자 한다.

## 주요 내용

1. 경쟁압력이란 기업이 경쟁력을 유지하기 위해서 자신의 강점이나 약점뿐만 아니라 경쟁자의 강점이나 약점도 수시로 평가해야 함을 의미한다.
2. 전략은 기업으로 하여금 방향정립을 하도록 하여 기업의 성공이나 실패에서 역할을 수행할 수 있도록 하기 때문에 전략수립은 매우 중요하다.
3. 기능부문 전략과 공급사슬 전략은 기업의 전반적인 목표와 전략과 정렬될 필요가 있다.
4. 기업의 세 가지 주요한 전략은 저원가, 대응성과 차별화이다.
5. 생산성은 제품이나 서비스의 원가에서 핵심 요소이다. 생산성향상으로 경쟁우위를 달성할 수 있다.
6. 높은 생산성은 저원가 전략을 추구하는 기업에게는 특히 중요하다.

## 주요 용어

SWOT
경쟁력(competitiveness)
목표(goals)
사명(mission)
사명기술서(mission statement)
생산성(productivity)
생산운영전략(operations strategy)
시간기반전략(time-based strategy)
전략(strategies)
전술(tactics)
주문자격요건(order qualifiers)
주문획득요건(order winners)
품질기반전략(quality-based strategy)
핵심역량(core competencies)
환경감시(environmental scanning)

## 문제풀이연습

**문제 1**

mhhe.com/stevenson14e

### 생산성 계산

과일과 채소를 가공하는 회사에서 4명의 작업자가 반시간 동안 복숭아 통조림 400상자를 생산할 수 있다. 노동생산성은 일마인가?

**풀이**

$$\text{노동생산성} = \frac{\text{생산된 수량}}{\text{노동시간}} = \frac{400\text{상자}}{4\text{명} \times 1/2\text{시간/작업자}}$$
$$= 200\text{상자/노동시간}$$

**문제 2**

mhhe.com/stevenson14e

### 복합생산성 계산

포장지 생산공장에서 하루에 2,000롤의 용지를 생산한다. 노무비가 \$160, 재료비가 \$50, 제조경비가 \$320이라면 복합생산성은 얼마인가?

**풀이**

$$\text{복합생산성} = \frac{\text{생산 수량}}{\text{노무비 + 재료비 + 경비}}$$
$$= \frac{2{,}000\text{롤}}{\$160 + \$50 + \$320} = 3.77\text{롤/\$}$$

복합생산성을 계산하는 또 다른 방식은 분자를 표준가격과 수량을 곱하는 방식으로 표준가격으로 대체하는 것이다.

**문제 3**

mhhe.com/stevenson14e

### 복합생산성 계산

다음의 경우에 대해 복합생산성을 계산하라. 3명의 작업자가 600파운드의 원자재를 사용하고 1일 8시간 작업하여 300단위를 생산하였다. 작업자의 시간당 임금은 \$20이고 원자재 가격은 파운드당 \$1이며 제조경비는 노무비의 1.5배이다.

**풀이**

$$\text{복합생산성} = \frac{\text{사용가능한 산출 수량}}{\text{노무비 + 재료비 + 경비}}$$
$$= \frac{300\text{단위}}{(3\text{명} \times 8\text{시간} \times \$20/\text{시간}) + (600\text{파운드} \times \$1/\text{파운드}) + (3\text{명} \times 8\text{시간} \times 8\ \$20/\text{시간} \times 1.5)}$$
$$= \frac{300\text{단위}}{\$480 + \$600 + \$720}$$
$$= 0.167\text{단위/\$}$$

**문제 4**

mhhe.com/stevenson14e

### 복합생산성 계산

어떤 헬스클럽에서 2명의 종업원이 회원모집을 담당하고 있다. 각 종업원은 주당 40시간 근무하며 시간당 20달러의 급료를 받고 있다. 각 종업원은 약 8,000명의 명단에서 주당 평균 400명의 후보회원을 접촉한다. 그중 약 10%가 회원으로 등록하며 회원은 100달러의 회비를 납부한다. 재료비는 주당 130달러이며 경비는 주당 1,000달러가 소요된다. 이 운영에 대해 투입된 1달러당 산출된 회비로 표시되는 복합생산성을 계산하라.

$$\text{복합생산성} = \frac{(\text{후보회원})(\text{종업원 수})(\text{회비})(\text{회원등록비율})}{\text{노무비} + \text{재료비} + \text{경비}}$$

$$= \frac{(400)(2)(\$100)(0.1)}{2(40)(\$20) + \$130 + \$1{,}000} = \frac{\$8{,}000}{\$2{,}730}$$

$$= 2.93$$

## 토의 및 복습문제

1. 이따금 다양한 그룹에서 외국에서 생산된 제품, 특히 자동차에 대해 수입규제나 관세를 부과하라고 요구한다. 이것은 이득이 될까? 손실이 될까?
2. 기업이 경쟁하는 주요 방식을 열거하라.
3. 주문자격요건과 주문획득요건을 확인하고 차별화하는 것이 중요한 이유를 설명하라.
4. 귀하가 물건을 구입하는 두 개의 상점을 선정하고 그들이 서로 어떻게 경쟁하고 있는지 기술하라.
5. 균형성과표란 무엇이며 이것은 어떻게 유용한가?
6. *전략*이라는 용어와 *전술*이라는 용어를 상호 대조하여 설명하라.
7. *조직전략*과 *생산운영전략*을 대조하여 설명하라.
8. *시간기반전략*을 설명하고, 그 예를 세 가지 들어라.
9. 생산성은 모든 기업의 관심사가 되어야 한다.
   a. 생산성은 어떻게 정의되는가?
   b. 생산성 척도는 어떻게 활용되는가?
   c. 생산성은 왜 중요한가?
   d. 기업의 어떤 부문이 생산성에 대해 1차적 책임을 지고 있는가?
   e. 능률은 생산성과 어떻게 다른가?
10. 생산성에 영향을 주는 요인을 열거하고, 생산성을 향상시킬 수 있는 방법에 대해 설명하라.
11. 일본의 자동차제조기업들은 미국 기업보다 적은 노동력으로 보다 많은 자동차를 생산하고 있다고 한다. 미국의 근로자들이 일본의 근로자들만큼 열심히 일하고 있다는 것을 가정할 때 이러한 생산성 격차를 어떻게 설명할 수 있을까?
12. 보잉사의 전략은 777 중형기가 허브공항이 아닌 보다 소규모의 공항에 착륙할 수 있도록 하는 것에 초점을 맞추고 있는 것처럼 보인다. 반면 라이벌인 유럽의 에어버스사는 대형 기종에 초점을 맞추고 있는 것처럼 보인다. 이러한 두 전략의 장점과 단점을 서로 비교하라.
13. 은행이 고객을 위해 경쟁할 수 있는 10가지 방법을 열거하라.
14. 제조공정에서 변동성을 감소시키기 위해 기술사용기회를 증가시키고자 하는 생산운영전략의 이론적 근거를 설명하라.

15. 시간기반전략을 구사하고 있는 기업 두 개와 품질기반전략을 구사하고 있는 기업 두 개를 예를 들어라.

## 연습문제

1. 어떤 케이터링 회사가 지난 주 어느 회사의 창립기념일 행사에서 8명의 종업원을 활용하여 300인분의 식사를 준비하여 서빙하였다. 그 전주에는 어느 결혼식 리셉션에서 6명의 종업원을 활용하여 240인분의 식사를 준비하여 서빙하였다

   a. 어떤 행사의 노동생산성이 더 높았는가? 설명하라.

   b. 생산성 격차를 설명할 수 있는 이유는 어떠한 것들인가?

2. 카펫을 설치하는 작업팀의 관리자가 지난 몇 주 동안의 작업팀의 산출량을 추적하여 다음과 같은 결과를 얻었다.

| 주 | 작업팀 규모 | 설치면적 |
|---|---|---|
| 1 | 4 | 96 |
| 2 | 3 | 72 |
| 3 | 4 | 92 |
| 4 | 2 | 50 |
| 5 | 3 | 69 |
| 6 | 2 | 52 |

   각 주에 대해 노동생산성을 계산하라. 생산성 계산 결과를 기초할 때 작업팀의 규모와 생산성 간에는 어떠한 관계가 있다고 판단할 수 있겠는가?

3. 초콜릿 바 생산에 대한 다음 자료에서 각 주에 대해 복합생산성을 계산하라. 생산성 수치는 무엇을 제시하고 있는가? 주당 40시간의 노동과 시간당 $12의 임금수준을 가정하라. 제조경비는 주당 노무비의 1.5배이며, 재료비는 파운드(lb)당 $6이다.

| 주 | 생산수량(개) | 작업자 수 | 재료(lbs) |
|---|---|---|---|
| 1 | 30,000 | 6 | 450 |
| 2 | 33,600 | 7 | 470 |
| 3 | 32,200 | 7 | 460 |
| 4 | 35,400 | 8 | 480 |

4. 슈퍼마켓용 쇼핑카트를 생산하는 기업에서 최근 쇼핑카트생산에 소요되는 노동력을 감소시킬 수 있는 장비를 구매하였다. 새로운 장비를 구매하기 전에는 이 기업에서 5명의 작업자가 시간당 평균 80대의 쇼핑카트를 제작하였으며, 시간당 노무비는 $10이고, 시간당 기계비용은 $40였다. 새로운 장비를 구매함으로써 1명의 작업자를 타 부서로 전출시킬 수 있었으며, 장비비용은 시간당 $10가 증가되었고, 시간당 제작수량은 4대가 증가되었다.

   a. 각 시스템의 노동생산성을 계산하라. 노동생산성의 척도는 작업자 1인당 시간당 생산대수를 사용하라.

   b. 각 시스템의 복합생산성을 계산하라. 생산성 척도로 $당(노무비 + 장비비) 생산대수를 사용하라.

   c. 두 개의 생산성 척도에 따른 생산성의 변화에 대해 논평하고, 이 경우에는 어느 것이 보다 적절한 척도라고 생각되는가?

5. 어떤 제조공정에서 10%의 스크랩이 발생하며, 그 결과 시간당 72개가 생산된다. 스크랩을 방지함으로써 노동생산성이 잠재적으로 얼마만큼 증가되겠는가?

6. 어떤 관리자가 생산실적을 확인해 보니 이번 주에는 작업자가 40시간 작업하면서 160단위를 생산했다는 것을 알았다. 지난 주에는 동일한 작업자가 36시간 작업하여 138단위를 생산하였다. 작업자의 생산성이 증가, 감소 또는 유지되었는지를 설명하라.

7. 다음 표는 어떤 은행에서 서비스팀 별로 매일 서비스 받은 고객의 수를 나타낸 것이다. 시간당 임금은 $25이고, 경비율은 노무비의 1배이며, 재료비는 고객당 $5이다.

| 팀 | 종업원 수 | 서비스 받은 고객 수/일 |
|---|---|---|
| A | 4 | 36 |
| B | 5 | 40 |
| C | 8 | 60 |
| D | 3 | 20 |

a. 각 서비스팀에 대해 노동생산성과 복합생산성을 계산하라. 복합생산성 계산에는 1일 8시간 근무를 가정하라.

b. 이 은행에서 새로운 표준처리절차를 도입할 예정이며, 결과적으로 각 종업원이 하루 고객 1명을 추가로 더 서비스할 수 있게 된다고 가정하라. 각 서비스팀에 대해 예상되는 노동생산성과 복합생산성을 계산하라.

8. 어떤 재산권 검색 회사는 그 검색의 생산성을 증가시키기 위해 온라인 소프트웨어 활용을 검토하고 있다. 현재로서는 재산권 검색 한 건당 평균 40분이 소요된다. 연구원 인건비는 분당 2달러가 소요되며 고객에게는 400달러의 서비스 요금을 청구한다. A 회사의 소프트웨어는 평균 검색시간을 10분 단축시킬 수 있으며 검색 1건당 비용은 $3.50이다. B 회사의 소프트웨어는 평균 검색시간을 12분 단축시킬 수 있으며 검색 1건당 비용은 $3.60이다. 투입된 달러당 수익의 관점에서 어떤 대안이 보다 높은 생산성을 실현할 수 있겠는가?

9. 어떤 회사는 소매은행에서 확보된 명단에서 확보된 후보 고객을 대상으로 ID 도용 방지 프로그램을 판매하고 있다. 이 영업을 위해 3명의 종업원이 주당 40시간을 근무하며 시간당 25달러의 급료를 받고 있다. 각 종업원은 약 5,000명의 명단으로부터 주당 평균 3,000명의 후보고객을 접촉한다. 그중 약 4%가 실제로 서비스를 구매하고 있으며 각 고객은 70달러의 사용료를 납부한다. 재료비는 주당 1,000달러이며 경비는 주당 9,000달러가 소요된다. 이 운영에 대해 투입된 1달러당 산출된 사용료로 표시되는 복합생산성을 계산하라.

# Home-Style Cookies

## 회사

이 제과회사는 뉴욕 주의 조그만 마을에 입지하고 있다. 이 제과공장은 두 명의 형제가 운영하고 있다. 이 회사는 종업원이 200명 이하이며, 주로 생산직 근로자들이고, 격식을 따지지 않는 회사 분위기이다.

## 제품

이 회사의 유일한 제품은 쿠키로서 50종류 이상을 생산한다. 나비스코(Nabisco)나 선샤인(Sunshine), 키블러(Keebler)와 같은 대형 제과회사들은 전통적으로 비스킷 쿠키를 생산하였으며, 이들은 대부분의 수분을 증발시켜 바삭바삭한 쿠키로 만들었다. 이 회사에서 생산하는 쿠키는 다른 첨가물이나 방부제를 사용하지 않는다. 이 회사 쿠키의 높은 품질 때문에 이 회사는 강력한 틈새시장을 개발할 수 있었다.

## 고객

이 회사의 쿠키는 뉴욕 주, 코네티컷 주, 뉴저지 주 전역의 편의점과 슈퍼마켓에서 판매된다. 이 회사는 자신의 쿠키를 첨가제나 방부제를 첨가하지 않은 '좋은 식품'으로 홍보하고 있으며, 이는 건강의식이 강한 세분시장에서 관심을 끌고 있다. 많은 고객들이 45세 이상이며, 부드럽고 너무 달지 않은 쿠키를 선호한다. 어린 자녀들이 있는 부모들도 이 쿠키를 구매한다.

## 생산공정

이 회사에는 쿠키를 굽기 위한 두 대의 연속 밴드오븐을 보유하고 있다. 생산공정은 배치 프로세스 시스템이다. 경영자가 유통업자로부터 주문을 받는 즉시 생산공정이 시작된다. 이들 주문을 사용하여 생산일정을 수립한다. 맨 먼저 당일 생산할 쿠키목록이 반죽책임자에게 전달된다. 이 사람은 각각의 쿠키타입에 필요한 재료 정보를 가지고 있는 마스터 리스트를 확인하여 그 정보를 컴퓨터에 입력시킨다. 그러면 컴퓨터는 주문된 쿠키의 수량에 따라 필요한 각각의 재료의 양을 결정하고 공장 외부에 있는 저장 사일로(주요 재료인 밀가루, 설탕, 케이크가루가 저장되어 있음)에 그 정보를 보낸다. 이제 재료들이 자동적으로 거대한 반죽기로 보내지는데, 여기서 재료들은 적절한 양의 달걀, 물, 향료와 배합된다. 재료들을 반죽한 후 반죽을 절단기에 쏟아부어 낱개의 쿠키로 절단한다. 그 다음에 쿠키를 컨베이어 벨트 위에 떨어뜨려 두 개의 오븐 중 한 개 속으로 이동시킨다. 사과, 대추야자, 산딸기 등의 소를 넣은 쿠키는 소를 넣고 접는 단계가 추가로 필요하다.

소를 넣지 않은 쿠키는 원형이 아닌 사선으로 절단된다. 사선으로 절단된 쿠키는 직각으로 절단된 쿠키보다 공간을 적게 차지하고, 그 결과 생산성이 보다 높아진다. 뿐만 아니라 회사는 최근 각 오븐의 길이를 25피트씩 연장하였는데, 이것 역시 생산율을 증가시켰다.

쿠키가 오븐에서 나오면 높이가 20피트이고 폭이 3피트인 나선형의 냉각선반으로 보내진다. 쿠키가 냉각선반에서 나오면 작업자들이 수작업으로 쿠키를 상자 안에 넣으며 공정 중 발생한 부서지거나 변형된 쿠키를 제거한다. 이후 상자는 자동화된 포장, 밀봉 및 상표부착공정을 거친다.

## 재고

대부분의 쿠키는 즉시 트럭에 선적되어 유통업자에게 배달된다. 아주 적은 비율의 쿠키가 창고에 임시로 보관되는데, 쿠키의 제한된 수명 때문에 이들은 곧 선적되어야 한다. 기타의 재고품에는 쿠키상자, 이동상자, 상표, 포장재인 셀로판지 등이 있다. 상표는 소량의 배치로 자주 재주문하는데, 이는 FDA(미식품의약청)의 상표관련 요구사항이 변동되기 때문에 사용하지 못하는 상표로 인해 곤경을 당하고 싶지 않기 때문이다. 사일로는 공급품들이 얼마나 자주 사용되는가에 따라 매주 2~3회 재보충된다.

쿠키는 세척에 필요한 비가동시간을 최소화하는 방법으로 연속해서 굽는다. 예컨대, 색깔이 연한 쿠키(예컨대, 초콜릿 칩)는 색깔이 검은 쿠키(예컨대, 퍼지)보다 먼저 굽고, 오트밀쿠키는 오트밀건포도쿠키보다 먼저 굽는다. 이렇게 하면 다른 종류의 쿠키를 생산할 때마다 가공장비를 매번 세척하지 않아도 된다.

## 품질

이 제과공장은 쿠키의 품질을 자랑한다. 쿠키가 생산라인에서 빠져나오면 품질관리검사자가 무작위로 표본추출을 하여 맛과 일관성이 만족되는지, 쿠키가 적정한 온도에서 구워졌는지를 확인한다. 물론 라인에 있는 작업자들도 잘못된 쿠키를 발견하면 제거해야 하는 책임을 지고 있다. 회사는 또한 라인에 X-선 장비를 설치하여 생산공정에서 쿠키에 들어갔을지도 모르는 조그만 금속조각들을 찾아내려고 한다. 원재료 이송과 반죽혼합에 자동기기를 사용함으로써 무균공정을 유지하는 것이 훨씬 용이하게 되었다.

## 스크랩

이 제과공장은 매우 효율적으로 운영되어 스크랩을 최소화시키고 있다. 예컨대, 반죽이 부적절하게 혼합된 경우 개 사료로 판매한다. 파손된 쿠키는 오트밀쿠키 생산에 재활용된다. 이렇게 함으로써 재료비의 원가를 감소시키고 폐기물 처리비용을 절감시킨다. 이 회사는 폐열재활용도 하고 있다. 두 개의 오븐에서 나오는 열을 포집하여 빌딩의 난방에 열을 공급하는 보일러에 공급하고 있다. 또한 반죽공정을 자동화함으로써 이전에 사용하던 수작업공정에 비해 폐기물을 감소시켰다.

*(계속)*

### 신제품

신제품에 대한 아이디어는 고객, 종업원, 경쟁회사 제품의 관찰 등으로부터 나온다. 신제품 아이디어는 먼저 기존의 장비로 생산이 가능한가를 결정하기 위해 검토과정을 거친다. 만약 가능하다면 필요한 원가와 소요시간을 결정하기 위해 시험생산과정을 거친다. 그 결과가 만족스러우면 제품에 대한 수요가 충분한지를 확인하기 위해 마케팅 테스트를 수행한다.

### 개선가능성

이 제과공장에는 개선의 여지가 있는 영역이 몇 군데 있다. 한 가지 가능성은 쿠키를 상자에 담는 공정을 자동화하는 것이다. 인건비가 높지 않다 하더라도 그 공정을 자동화함으로써 경비를 절감하고 효율성을 증가시킬 수 있을 것이다. 현재까지는 소유주가 이러한 변경을 하는 데 반대했다. 왜냐하면 현재 수작업으로 포장작업을 하고 있는 30명의 여성 근로자를 이 지역사회에서 고용하는 것을 회사의 의무로 생각하고 있기 때문이었다. 또 다른 하나의 개선가능성은 공장 인근에 입지하고 있는 공급자를 활용하는 것이다. 그렇게 함으로써 운송비와 운송시간을 절감할 수 있을 것이다. 그러나 소유주는 지역의 공급자가 동일한 좋은 품질로 공급할 수 있을지 확신을 하지 못하고 있다. 최근에 기타의 가능성도 제안되었지만 소유주들이 제품의 품질에 영향을 줄지도 모른다는 우려 때문에 그러한 제안을 거절하였다.

**[질문]**

1. 쿠키의 생산공정을 간략히 기술해 보라.
2. 이 회사가 생산성을 향상시킨 두 가지 방법은 무엇인가? 오븐의 길이를 연장시킨 것이 왜 생산속도를 빠르게 할 수 있었는가?
3. 쿠키의 포장공정을 자동화하지 않은 것이 올바른 의사결정이라고 생각하는가? 그렇게 생각한 이유를 설명하라. 이와 같은 상황에서 회사는 종업원에게 어떠한 의무를 지고 있는가? 지역사회에는 어떠한 의무를 지고 있는가? 지역사회의 규모가 의사결정에 영향을 미치는 요인이 될 수 있는가? 만약 이 회사가 대규모 도시에 입지하고 있었다면 의사결정이 달라질 수 있는가? 기업의 규모가 의사결정에 영향을 미치는 요인이 될 수 있는가? 만약 이 회사가 훨씬 큰 회사였다면 의사결정이 달라질 수 있는가?
4. 회사가 특정 품목의 재고를 최소한으로 유지하도록 하게 하는 요인은 무엇인가? 이러한 정책으로 어떤 이득을 얻을 수 있는가?
5. 소비자로서 귀하가 슈퍼마켓에서 구입하는 쿠키의 품질을 판정할 때 어떤 요인을 고려하는가?
6. 회사가 쿠키에 방부제를 사용하지 않는 것이 어떠한 이점과 한계점을 가지고 있는가?
7. 이 회사의 전략을 간략히 기술해 보라.

사례

## 헤이즐 2

(1장 끝부분에 있는 헤이즐 사례를 읽고 다음 질문에 답하라.)

1. 전문적인 잔디관리서비스 회사에 비해 헤이즐이 가지고 있는 경쟁우위는 무엇인가?
2. 헤이즐은 이익을 증가시키고 싶다. 그러나 현재의 지역경제상황을 고려할 때 가격을 인상시키는 것은 현명하지 못한 방법이라고 믿고 있다. 대신 생산성 향상에 대해 생각하고 있다.
   a. 생산성을 향상시키는 것이 가격을 인상시키는 방법에 대한 대안이 될 수 있는 이유를 설명하라.
   b. 헤이즐이 생산성을 향상시킬 수 있는 방법들에는 어떠한 것들이 있는가?
3. 헤이즐은 새로운 장비를 구입하는 방안에 대해 생각하고 있다. 그 중 하나는 동력으로 된 보도 가장자리 마무리용 장비이다. 헤이즐은 이 장비가 생산성을 향상시킬 수 있으리라고 믿고 있다. 또 다른 하나는 동력사슬 톱으로 나무의 가지치기에 활용할 수 있다. 헤이즐이 분석을 할 때 어떠한 상충관계를 고려해야 하는가?
4. 헤이즐은 지금까지 자신의 이웃에서 상당한 성공을 거두었으며, 이제 5마일이나 떨어져 있는 이웃을 포함하여 다른 이웃에까지 사업구역을 확장하고자 한다. 이렇게 함으로써 어떠한 이점과 불리점이 있겠는가?
5. 헤이즐은 사명기술서나 공식화된 사업목적을 가지고 있지 않다. 다음 중 한 가지를 선택하여 이를 변호해 보라.
   a. 헤이즐은 공식화된 사명기술서나 사업목적이 필요하지 않다. 많은 소규모 사업자들은 그러한 것을 가지고 있지 않다.
   b. 그녀는 당연히 사명기술서나 공식화된 사업목적을 가지고 있어야 한다. 이들은 매우 도움이 될 것이다.
   c. 헤이즐의 사업에 어느 정도 도움이 될지도 모르므로 그녀는 이것을 개발하는 것에 대해 고려해야 한다.

사례

# Your Garden Gloves

**Joseph Murray, Grand Valley State University**

'Your Garden Gloves'는 미시간 주에 소재하는 소규모 원예기업이다. 이 회사는 기업고객이나 주택고객을 대상으로 식물을 심고 정원을 관리한다. 이 회사는 약 5년 전에 설립되어 이후 매년 평균 10명의 신규고객을 창출하고 1명의 신규 종업원을 채용을 할 정도로 착실한 성장을 하였다. 이 회사는 현재 일정한 수의 고객에 대해 책임을 지는 8명의 계절 종업원을 고용하고 있다.

매일 아침 소유주는 작업팀에게 작업을 할당한다. 작업팀은 2명에서 4명의 작업자로 이루어진다. 작업팀의 규모와 편성은 정원의 면적과 필요한 작업의 함수이다. 소유주가 생각하기에 대형작업은 합리적인 시간 내에 작업을 완료할 수 있도록 4명의 작업자를 팀에 할당하여야 한다.

이따금 소유주는 특정 작업, 특히 규모가 큰 작업들은 정원의 면적에 기초하여 예상했던 시간보다 더 많은 시간이 소요된다는 것을 알게 되었다. 소유주의 아들인 조(Joe)가 이것을 조사해 보기로 하였다. 그는 작업팀의 규모와 작업시간에 대한 기록을 유지하고 노동생산성을 계산하기 위해 이들 자료를 사용하였다. 그 결과는 다음과 같다.

| 작업팀 규모 | 작업팀당 평균 생산성 |
|---|---|
| 2 | 4,234 $f^2$/일 |
| 3 | 5,352 $f^2$/일 |
| 4 | 7,860 $f^2$/일 |

이 회사는 소규모 영업이익으로 운영되므로 작업자의 생산성을 고려하는 것은 특히 중요하다.

**[질문]**

1. 작업자당 생산성이 가장 높은 작업팀의 규모는 어느 것인가? 작업자당 생산성이 가장 낮은 작업팀의 규모는 어느 것인가? 이러한 결과에 대해 어떠한 설명을 할 수 있을까?
2. 최근의 폭풍우 뒤에 한 고객이 돌아오는 주말에 파티를 계획하였는데 정원이 엉망진창이라고 어찌할 바를 모르며 전화하였다. 이 회사의 소유주는 2인조 작업팀의 생산성이 보다 높은데도 불구하고 4인조 작업팀을 파견하기로 결정하였다. 이러한 결정에 대한 합리적인 근거를 제시하라.
3. 생산성 수준에 명백히 영향을 미칠 수 있지만 생산성 비율이 고려할 수 없는 가능한 품질 관련 이슈는 무엇인가?

사례

# Girlfriend Collective

**Lisa Spencer**

걸프렌드 컬렉티브(Girlfriend Collective)사는 고객들이 자사의 제품을 좋아할 뿐만 아니라 긍지를 가지고 입기를 원한다. 의복이 어떻게 보이며 잘 맞는가뿐만이 아니라 의복의 메이커가 누군지를 중시하는 고객들의 의복을 디자인하며, 걸프렌드 컬렉티브사의 창업자들은 투명성을 최우선순위로 삼았다. 고객들이 동사의 높은 수준의 표준과 그것이 어떻게 운영되는지를 알 수 있도록 동사의 웹사이트는 생산공정의 세부사항에 대한 정보를 기꺼이 공유한다. 원자재의 조달, 제품의 디자인, 설비의 선택, 협력업체의 선정을 포함하는 공정의 모든 부문을 윤리성과 지속가능성을 염두에 두고 조심스럽게, 그리고 성의껏 구성했다.

**리사이클된 폴리에스터**

걸프렌드 컬렉티브사의 혁신적인 레깅스는 25 RPET라는 리사이클된 플라스틱 물병에 21퍼센트의 스판덱스를 혼합하여 생산된다. 동사는 재활용 플라스틱 물병을 타이완에서 조달하는데, 타이완은 자국 정부가 이 조그만 나라를 세계적인 리사이클링의 선두에 올려놓은 청소 프로그램을 시행하기 전에는 "쓰레기 섬"으로 알려져 왔다. 폐기물을 재활용 가능한 것, 음식물 쓰레기, 일반 쓰레기로 분류하여 용기에 담기 위해 조그만 시골에서 전국에 이르기까지 사람들이 매일 저녁 모여든다. 일이 끝나고 나면 이웃들은 관계를 맺고 지역사회 유대를 강화하면서 트럭이 올 때까지 기다리며 사교활동을 한다. 농

(계속)

촌지역에서는 다양한 프로그램과 자원봉사자 그룹이 소규모 재활용 센터를 설립하고 있는데 여기서는 사람들이 재활용가능한 물품을 폐기할 수 있으며 환경보호에 대해 배울 수 있다. 미국이 폐기물의 약 35%를 재활용하는 데 비해 타이완은 현재 55%를 재활용한다.

### 재활용된 섬유

공병이 수집되면 다양한 등급으로 분류하여 처리 센터로 보낸다. 걸프렌드 컬렉티브사는 폴리에스트 섬유와 직물 제조용으로 폴리에틸렌 테레프탈레이트(PET)로 알려진 #1 플라스틱만을 사용한다. 일부에서 건강 위해 문제를 제기하는 BPA를 함유하는 플라스틱은 절대 사용하지 않는다.

#1 공병들은 일을 제대로 하는 것으로 정평이 나 있으며 오랜 역사를 가진 가족 소유와 운영을 하는 타이완의 처리 센터에서 세척과 파쇄 공정을 거친다. 이 처리 센터는 타이완 정부가 인증을 한 곳이다. 따라서 플라스틱을 처리하고 재판매하는 것뿐만 아니라 보안 절차도 제대로 되어 있으며 플라스틱의 투입과 산출이 세밀하게 추적된다. 느슨한 기준으로 종종 부도덕한 재활용업자들이 신품 플라스틱 공병을 구매하여 자신들의 자재 조달에 대해 허위로 알리고 이들을 아무것도 모르고 재활용 제품을 자신들의 제품 생산에 사용하고자 하는 기업들에게 판매할 수도 있는 세상에서 인증은 많은 것을 의미한다. 이것은 재활용 공병의 세척과 처리가 필요한 공정보다 훨씬 저렴하다. 이것은 또한 지속가능성 목표와는 완전히 상충된다.

걸프렌드 컬렉티브사가 활용하는 공병 처리시설에서는 타이완 전역에서 수집된 공병 뭉치를 계근해서 기록하고, 뚜껑과 상표를 제거하기 위해 증기 세척을 한 후 색깔별로 분리시킨다. 투명 공병들은 레깅스 제조용 섬유를 만드는 데 사용하며 유색 공병들은 타 용도로 보낸다. 다음에 병들은 아주 작은 조각(칩)으로 파쇄하여 다시 세척하고 포대에 담아 섬유 제조 시설로 보낸다. 각각의 포대를 계근하고 기록함으로써 공장은 사용된 플라스틱 병의 투입과 산출이 일치한다는 것을 증명한다. 따라서 걸프렌드 컬렉티브사와 같은 구매자는 파쇄된 플라스틱 조각들이 애초에 유입된 것과 동일한 재활용 공병에서 생산된 것이라는 확신을 가지게 된다.

### 섬유 제조

원자재 PET 조각(칩) 포대들은 리사이클링 시설에서 방적공장으로 옮겨지는데 여기서 다시 세척, 건조를 하여 저장 사일로로 보내진다. 다음에 PET 칩을 가열하여 사출을 한다. 이 공정에서는 길다란 스파게티처럼 생긴 가닥을 만들어 조그만 펠릿으로 절단한다. 펠릿은 또 한번의 가열과 사출 공정을 거치쳐 최종적으로 초 미세의 실로 만들어진다. 이 실은 실잣기를 하여 방적사로 만들어져 대형의 실패(보빈)에 감아 포장 및 운송된다. 방적사가 걸프렌드 컬렉티브사의 아주 독특한 직조공장에 도착하면 전통적인 직물보다 훨씬 부드럽고 견고한 소재로 변형될 것이다. 그러나 이 혁신적인 직조 기술은 매우 느리고 정밀한 공정으로서 24시간 동안 겨우 100족의 레깅스를 제작할 수 있는 양의 직물밖에 생산하지 못한다.

직조공장에서 직물은 다시 염색공장으로 이동된다. 다수의 기업에서 이 공장은 환경적으로 유해한 공정으로서 화학약품에서 청색 혹은 홍색의 폐수를 쏟아 내어 지역사회의 지하수층에 이르는 개울과 강물을 오염시켜 주민과 농작물에게 해를 끼친다. 반면 걸프렌드 컬렉티브사의 시설에서는 염색공정에서 100피트(약 30m) 떨어진 공장에서 폐수 전량을 처리한다. 폐수는 안전이 인증된 염료와 잔여 섬유를 제거하고 타이완의 환경청에서 승인한 안전을 위한 검사를 거친 후에만 개울로 방류된다. 마지막으로 다수의 기업들이 염색 침전물을 매립하는 데 비해 걸프렌드 컬렉티브사의 시설에서는 이것을 다른 공장으로 보내 지역사회의 보도로 활용되는 건축재를 생산한다.

### 리사이클된 나일론

걸프렌드 컬렉티브사는 항상 새로운 아이디어를 찾다가 재활용된 어망과 기타 나일론 폐기물을 활용하여 최신의 LITE 레깅스 라인을 개발하였다. 이들 어망과 나일론 폐기물들은 전형적으로 해양에 투기하거나 매립해 왔다. 반면에 나일론 폐기물들은 리사이클링 시설에 보내 새로운 삶을 살게 된다. 이것은 매년 140억 파운드(약 635만톤)의 폐기물—그중 10퍼센트가 어구—이 해양투기되는 것을 감축하는데 도움을 준다. 이는 동시에 나일론 생산 공정에 필요한 원유와 같은 신품 원자재를 덜 사용하는 것을 의미한다.

### 절단 및 봉제

레깅스 1족을 절단하고 봉제하기 위해 14명의 작업자가 필요한데 이러한 절차는 의류 제작 공정에서 가장 노동집약적인 부분이 된다. 걸프렌드 컬렉티브사는 환경에 대해 관심을 가질 뿐만 아니라 사람에 대해서도 관심을 가지는 것에 자부심을 느낀다. 동사는 베트남의 가족 봉제 기업으로 SA8000 인증 기업인 Danish사를 협력기업으로 두고 있는데 이 회사는 종업원에 대한 대우를 잘 하고 공정한 임금을 지불해 온 것으로 알려져 있다. 종업원에 대한 특전 중 몇가지는 최저임금보다 25% 높은 수준의 급료 수준, 회사가 주도하는 운

(*계속*)

동 휴식, 무상의 구내 식사, 2년마다 하는 무상 건강검진, 건강보험 등이 있다. SA8000 인증은 특히 강제노동이나 미성년노동을 사용하지 않고 안전한 작업환경과 노동조합을 결성한 권리를 요구하고 있다. SA8000 인증에서 보증하는 모든 내규나 종업원 규정이 걸프렌드 컬렉티브사의 웹사이트에 나와 있다.

### 결론

처음부터 끝까지 걸프렌드 컬렉티브사는 지속가능성이 실제로 무엇을 의미하는가에 대한 기대치를 높이며 봉제산업에서의 모범사례를 만들어가고 있다.

**[질문]**

1. 걸프렌드 컬렉티브사에서는 어떠한 생산운영전략이 중요한가?
2. 이러한 전략들은 어떠한 방법으로 걸프렌드 컬렉티브사에게 경쟁우위 또는 경쟁열위를 가져오는가?
3. 걸프렌드 컬렉티브사의 사업관행은 의류산업에 어떠한 단기적 또는 장기적 영향을 미치는가? 재활용업자, 지역사회, 그리고 이익에는 어떠한 단기적 또는 장기적 영향을 미치는가?
4. 인류 또는 생산공정에 대한 지속가능성 척도는 생산성에 어떠한 방법으로 영향을 미칠 수 있겠는가? 기업들은 윤리성에 대한 열망과 생산성 우려 간의 균형을 어떠한 방법으로 맞출 수 있겠는가?

자료: "About Girlfriend Cllecrive" https://girlfriend.com/pages/about

현장 견학 

## The U.S. Postal Service(미국 우정청)

*"비도 눈도 오지 않았으면…"*

The U.S. Postal Service(USPS)는 전 세계 우편(1일 6억3천만 통)의 41%를 처리하는 세계에서 가장 규모가 큰 우편서비스이다. 두 번째로 큰 것은 일본 우정청으로, 전 세계 우편의 약 6%만을 처리하고 있다. USPS는 어떤 기준에서도 거대하다. 76만 명 이상의 종업원을 고용하고 있어 민간부문에서 미국 내 최대 규모이다. 30만 개 이상의 우편 수거함과 3만8천 개의 우체국, 1억3천만 개소의 우편물 배달장소, 우편물을 분류하고 적재하는 300개 이상의 우편물처리센터, 7만5천 개 이상의 우편물처리장비를 가지고 있다. 연간 1천억 통 이상의 제1종 우편물을 처리하고 있으며, 약 30억 파운드의 우편물을 민간항공기에 선적하여 항공업계 최대의 화주가 되고 있다.

### 제1종 우편물의 처리

우편물처리의 핵심은 분류이다. 이는 우편물의 적시배달을 용이하도록 하기 위해 점점 작은 소그룹으로 정리하는 일이다. 분류는 수작업과 자동처리가 함께 활용된다. 처리되는 상당 부분의 우편물은 제1종 우편물이다.

대부분의 제1종 우편물은 자동처리장치에서 처리되며, 자동처리장비를 활용할 수 없는 일부만이 식민시대와 동일한 방법으로 수작업으로 분류된다.

대부분의 제1종 우편물은 자동정렬 소인시스템에서 출발한다. 이 시스템은 먼저 우표가 상단부 코너에 위치될 수 있게 우편물의 앞면이 위로 향하도록 정렬한 다음 주소를 손으로 썼는지 확인하여 이러한 우편물은 라인에서 빼 낸다. 또 우표를 테이프로 부착했거나 우표를 부착하지 않은 편지, 제3종 우편물, 형광물질로 인쇄해 판독이 힘든 우편요금 납부인이 있는 편지도 거부한다. 거부된 우편물은 수작업으로 처리된다. 남아 있는 편지는 소인과 날짜 스탬프를 찍은 후 7개의 정리대 중 1개로 분류된다.

다음에 편지들은 여러 라인으로 구성된 광학문자판독기를 거치며, 여기서는 주소가 인쇄되었거나 바코드를 인쇄한 우편물은 처리할 수 있지만 주소를 손으로 쓴 우편물은 처리할 수 없다. 다음에 광학문자판독기는 바코드가 인쇄되지 않은 우편물에 11자리 우편번호까지 표시할 수 있는 바코드를 인쇄한다. 주소를 손으로 쓴 우편물은 카메라가 우편물의 앞면에 초점을 맞추면 원격터미널(종종 타 도시에 소재하기도 함)에 이미지가 디스플레이되고, 오퍼레이터가 이 영상을 보고 광학판독기가 확인하지 못한 정보를 제공하여 바코드가 인쇄되게 한다.

다음에 바코드 판독기가 우편물을 96개의 정리대로 분류하는데, 분당 500통 이상의 속도로 처리하고 있다. 우편물은 수동으로 조작되는 기계장치로 보내져 시내와 시외우편물로 분류된다. 시외우편

*(계속)*

물은 도착지별로 적절한 자루에 투입되고, 발송구역으로 보내져 트럭에 적재된다.

시내우편은 또 다른 기계를 통과하는데, 여기서는 우편물을 배달구역에 따라 분류할 뿐만 아니라 배달 순로에 따라 분류한다.

소포, 편지 묶음, 또는 대형봉투 묶음은 대형분류기에서 분류된다.

### 생산성

수년간 USPS는 매년 우편물량이 증가하였다. USPS로서는 우편요금을 저렴하게 유지하고 신속한 배달을 유지하기 위해서는 생산성이 중요한 요소였다. 생산성을 향상시킬 수 있었던 2가지 핵심요소는, 자동화를 증진시키고 우편번호를 도입하는 것이었다.

우편물처리는 1950년대와 1960년대에 기계화로의 큰 변화를 겪었는데, 이는 우편물처리를 보다 신속하게 하는 한편 생산성을 향상시켰다. 1978년에는 우편번호를 도입하였고, 1983년에는 우편번호를 네 자리 숫자로 확장하였다. 이러한 변화로 새로운 자동화처리장치와 바코드 사용 및 광학판독기가 요청되었다. 이러한 모든 변화들로 생산성이 향상되었다. 그러나 이러한 개선에도 불구하고 USPS는 끊임없는 경쟁 압박을 받고 있다.

### 경쟁

1980년대 후반에 USPS는 우편물이 감소되었다. 그 이유 중 일부는 경제불황 때문이었지만 대부분은 경쟁이 격화되었기 때문이었다. 신속한 배달과 우편물 추적서비스를 제공하는 여타 업체들뿐 아니라 우편업계의 강자인 FedEx와 UPS가 기업과 일반 대중들에게 일부 우편서비스에 대체할 수 있는 편리한 서비스를 제공하기 시작했다. 동시에 팩스기기와 전자통신의 사용이 증가되었고, 케이블 TV와 같은 대체 광고수단의 활용이 증가되었는데, 이들은 모두 우편물의 양을 감소시켰다. 금세기 초반에는 e-메일과 전자이체가 우편량을 감소시켰다.

### 우편을 보다 경쟁적이게 한 전략과 전술

이러한 도전에 대응하기 위해 USPS는 보다 경쟁력을 발휘할 수 있는 몇 가지 전략을 개발하였다. 조직재편성, 원가절감기법에 대한 끊임없는 탐색, 생산성 향상, 품질과 고객서비스의 강조 등이 그것이다. 여기에 당시의 상황과 USPS가 활용한 전략과 전술을 개관해 보고자 한다.

USPS는 고객의 필요에 부응하고 우표 위탁판매와 같은 고객의 편의를 증진시키기 위한 보다 나은 방법을 찾아내기 위해 고객과 보다 긴밀히 협조하기 시작했다. 기업고객의 협조를 받아 고객에게 보다 융통성을 주기 위해 고객과의 작업분담(상당 부분이 자동화에 연계되어 있음)을 반영하는 우편요금을 지속적으로 지원했다. 동시에 고객자문위원회(Customer Advisory Council, 지역사회와 관련된 우편관련 사안에 대해 지역우편국과 함께 일하고자 자원한 시민그룹)를 조직했다. 1990년에는 민간기업과 제1종 우편서비스와 고객만족을 측정하기 위한 계약을 2건 체결했다. 1992년에는 서비스와 고객만족을 개선하고 우편요금 인상요인을 감소시키기 위해 관료체계와 간접비를 줄임으로써 경쟁력을 향상시키기 위한 노력을 보다 강화했다.

이러한 목표를 달성하기 위해 USPS는 조직재편성을 단행하였다. 관리계층의 수를 축소시켰고, 간접인력의 수를 3만 명가량 감축시켰다. 5개 지역(region) 73개 현장구역(field division)은 10개의 구역(area)으로 재편되었는데, 각 구역에는 영업부문뿐 아니라 고객서비스담당 매니저와 우편배송담당 매니저를 두었다. 새로운 조직구조로 우편국장이 고유업무에 보다 집중할 수 있게 되었고, 의사소통이 개선되었으며, 고객요구에 부응하기 위한 종업원들의 권한이 신장되었다. USPS는 서비스를 개선하기 위한 다른 조치도 취하였다. 1993년 대형 우편시설에서 우편물처리 및 배송 면에서 개선책을 실시하였으며, 영업시간을 연장하였고, 보다 사용하기 쉬운 국내우편 사용자 매뉴얼(Domestic Mail Manual)을 개발하였다. 기업고객과 협력하여 특수우편 수요에 부응하기 위한 새로운 서비스를 개발하기 시작하였으며, 복잡한 요금체계를 전면 정비하여 단순화시켰다. 2건의 외부추적시스템을 위한 계약을 체결했는데, 하나는 기업고객의 만족도를 측정하기 위한 것이고, 다른 하나는 제3종 우편의 서비스 성과를 측정하기 위한 것이었다.

조직재편성으로 몇 개의 프로그램은 제거되었으며, 비용이 감축되었고, 신규사업을 유치하였으며, 예상되던 적자폭이 감소되었다.

USPS의 2015년판 지속가능성 성과표를 다음에 수록하였다.

**United States Postal Service**

## January 2015 OMB Scorecard on **Sustainability/Energy**

| | |
|---|---|
| **Scope 1&2 GHG Emission Reduction Target**<br>For Scope 1&2 GHG Reduction Target of 20% by 2020:<br>17% reduction in 2014 and on track | Score: **GREEN** |
| **Scope 3GHG Emission Reduction Target**<br>For Scope 3GHG Reduction Target of 20% by 2020:<br>24% reduction in 2014 and on track | Score: **GREEN** |
| **Reduction in Energy Intensity**<br>Reduction in energy intensity in goal-subject facilities compared with 2003:<br>32% and on track for 30% by 2015 | Score: **GREEN** |
| **Use of Renewable Energy**<br>Not applicable | Score: **N/A** |
| **Reduction in Potable Water Intensity**<br>Reduction in potable water intensity compared with 2007:<br>30% and on track for 26% in 2020 | Score: **GREEN** |
| **Reduction in Fleet Petroleum Use**<br>Reduction in fleet petroleum use compared to 2005:<br>10.1% increase and not on track | Score: **RED** |
| **Green Buildings**<br>Not applicable | Score: **N/A** |

(계속)

**Standards for Success — *Red Standard, Yellow Standard, Green Standard***

| | |
|---|---|
| **Scope 1&2 GHG Emission Reduction Target** | **GREEN: On track to achieve agency's proposed 2020 GHG Scopes 1&2 emissions reduction target.**<br>**YELLOW:** Less than a year behind glide path to achieve agency's 2020 target for GHG Scopes 1&2.<br>**RED:** More than a year behind glide path to achieve agency's 2020 target for GHG Scopes 1&2. |
| **Scope 3 GHG Emission Reduction Target** | **GREEN: On track to achieve agency's proposed 2020 GHG Scope 3 emissions reduction target.**<br>**YELLOW:** Less than a year behind glide path to achieve agency's 2020 target for GHG Scope 3.<br>**RED:** More than a year behind glide path to achieve agency's 2020 target for GHG Scope 3. |
| **Reduction in Energy Intensity** | **GREEN:** Reduced energy intensity (Btu/GSF*) in EISA goal-subject facilities by at least 27 percent compared with 2003 and is on track for 30 percent reduction by 2015.<br>**YELLOW:** Reduced energy intensity (Btu/GSF) in EISA goal-subject facilities by at least 24 percent compared with 2003.<br>**RED:** Did not reduce energy intensity (Btu/GSF) in EISA goal-subject facilities by at least 24 percent compared with 2003. |
| **Use of Renewable Energy** | **GREEN:** Uses at least 7.5 percent electricity from renewable sources as a percentage of facility electricity use and at least 3.75 percent of facility electricity use comes from new sources (post-1999). (Thermal and mechanical renewable can be included in the 3.75 percent new requirement, but not the 7.5 percent goal; i.e., an agency meets all new sources requirement with thermal or mechanical energy (3.75 percent) but would still need an additional 7.5 percent from renewable electricity sources.)<br>**YELLOW:** Uses at least 7.5 percent renewable energy from electric, thermal, or mechanical sources to power facilities and equipment; but less than half was obtained from new sources (post-1999) or part of the requirement was met with thermal and mechanical renewable energy.<br>**RED:** Did not use at least 7.5 percent renewable energy from electric, thermal, or mechanical sources to power facilities and equipment. |
| **Reduction in Potable Water Intensity** | **GREEN:** Reduced water intensity by at least 14 percent from final approved 2007 baseline and is on track for 26 percent reduction by 2020.<br>**YELLOW:** Reduced water intensity by at least 12 percent from final approved 2007 baseline.<br>**RED:** Did not reduce water intensity by at least 12 percent from final approved 2007 baseline. |
| **Reduction in Fleet Petroleum Use** | **GREEN:** Achieved an 18 percent reduction in petroleum use in its entire vehicle fleet compared to 2005 and is on track for 20 percent reduction by 2015.<br>**YELLOW:** Achieved at least 16 percent reduction in petroleum use in the entire vehicle fleet compared to 2005.<br>**RED:** Did not achieve at least 16 percent reduction in petroleum use in its entire vehicle fleet since 2005. |
| **Green Buildings** | **GREEN:** Demonstrates implementation of Guiding Principles for Federal Leadership in High Performance and Sustainable Buildings (GP) for new, existing and leased buildings; and is on track to meet 15% goal by 2015 by reporting that at least 13 percent of buildings over 5,000 GSF meet GP as reported in the Federal Real Property Profi (FRPP).<br>**YELLOW:** Incorporates Guiding Principles into all new design contracts for construction, major renovations, and leases and at least 13 percent of GSF of its building inventory over 5,000 GSF meets GP as reported in FRPP.<br>**RED:** Cannot demonstrate compliance with GP on new construction, major renovations, or leases; and/or less than 13 percent of building inventory, either by number of buildings or GSF, over 5,000 GSF meets GP as reported in FRPP. |

*GSF = Gross Square Footage

Source: United States Postal Service

**[질문]**

1. USPS의 입장에서 대량의 우편물이 있어야 하는 것은 왜 중요한가?
2. 생산성을 향상시킨 요인은 무엇인가?
3. 경쟁압력이 USPS에 어떤 충격을 주었는가?
4. USPS는 경쟁력을 향상시키기 위해 어떤 수단을 강구했는가?
5. USPS의 변화로 어떤 결과를 달성했는가?
6. e-메일 사용의 증가가 우편생산성에 어떤 영향을 주었는가?
7. 표준 운송상자와 균일요금 우편의 사용으로 경쟁력 향상에 어떤 도움을 주었는가?

## 참고문헌

*Fortune Magazine*

Hammer, Michael, and Steven Stanton. "Ignore Operations at Your Peril." *Harvard Business Review* 6565 (April 2004).

Hill, Terry. *Manufacturing Strategy: Text and Cases*, 3rd ed. New York: McGraw-Hill, 2000.

Porter, Michael E., "The Five Competitive Forces That Shape Strategy," *Harvard Business Review* 86, no. 1 (January 2008), pp. 78–93, 137.

Slack, Nigel, and Michael Lewis. *Operations Strategy*, 4e. Upper Saddle River, NJ: Prentice-Hall, 2011. Global Competitiveness Report.

Werbach, Adam. *Strategy for Sustainability: A Business Manifesto*. Boston: Harvard Business Press, 2009.

# 3 CHAPTER

# 예측
## Forecasting

### 학습 목표 Learning Objectives

*이 장을 학습한 후 다음과 같은 능력을 가져야 한다.*

**LO3.1** 모든 예측의 공통적인 특징을 열거
**LO3.2** 일반적으로 예측이 틀리는 이유를 설명
**LO3.3** 좋은 예측의 요소를 열거
**LO3.4** 예측절차의 단계를 개괄적으로 기술
**LO3.5** 네 가지 정성적 예측기법을 기술
**LO3.6** 단순예측법의 사용
**LO3.7** 이동평균법의 활용
**LO3.8** 가중평균법의 활용
**LO3.9** 지수평활법의 활용
**LO3.10** 선형추세 예측법의 활용
**LO3.11** 추세조정 지수평활법의 활용
**LO3.12** 계절지수의 계산
**LO3.13** 회귀분석과 상관계수의 계산과 활용
**LO3.14** 예측오차를 요약하고 의사결정에 예측오차의 요약을 활용
**LO3.15** 예측오차를 모니터하기 위한 관리도의 작성과 활용
**LO3.16** 예측기법을 선정할 때 고려하는 핵심요인과 교환관계를 기술

### 개요 Chapter Outline

FrameStockFootages/Shutterstock



일기예보는 기업이 활용하는 여러 종류의 예측 중 하나이다. 일부 기업들은 단순히 공개적으로 사용가능한 일기예보를 활용하기도 하지만 또 다른 기업들은 전문 일기예보 회사의 일기예보를 참고하기도 한다. 예컨대 홈데포(Home Depot), 갭(Gap), JC페니(JCPenny) 등은 수요를 추정할 때 일기 요인을 고려하기 위해 이 같은 전문 일기예보 회사를 활용한다.

신차 구매자들에게는 한두 가지의 공통점이 있다. 일단 신차를 구매하기로 결정한 이후에는 가능한 한 빨리 갖고 싶어 한다. 신차 주문을 해 놓고 나서 배송되기까지 6주 이상을 기다리고 싶어 하지 않는다. 만약 그들이 방문한 자동차 딜러에게 원하는 차량이 없을 경우 다른 딜러를 방문할 것이다. 따라서 자동차 딜러는 구매자의 욕구를 *예상*해서 필요한 옵션을 장착한 모델을 재고로 확보해 두는 일이 중요하다. 고객이 원하는 자동차를 정확하게 예측하여 그러한 자동차를 확보하고 있는 자동차 딜러는 예측 대신 어림짐작하여— 그것도 잘못 짐작하여— 고객이 원하지 않는 자동차를 보유하고 있는 경쟁자보다 성공할 가능성이 훨씬 높다. 그렇다면 딜러는 각 유형의 자동차를 얼마만큼 재고로 확보할 것인지를 어떻게 알 수 있는가? 여기에 대한 답은 다음과 같다. 즉, 딜러는 확실하게 알 수는 *없지만*, 과거 수요 패턴을 분석하고 현재 상황을 고려하여 구매자가 원하는 자동차에 대한 합리적인 *근사치*를 산출할 수 있을 것이다.

계획은 경영자 업무의 필수적인 부분이다. 만약 불확실성이 계획의 시야를 흐린다면 경영자가 효과적으로 계획하기는 힘들 것이

**예측** ▸
관심있는 변수의 미래의 값에 대한 추정

다. 예측은 불확실성의 일부를 제거하여 보다 의미 있는 계획을 수립하도록 해 줌으로써 경영자에게 도움이 될 수 있다. **예측**이란 수요와 같은 변수의 미래의 값에 대한 추정이다. 이러한 추정이 잘 된 것일수록 의사결정에 더욱 많은 정보를 제공할 수 있다. 어떤 예측은 수년에 걸친 기간을 포괄하는 장기적인 것이다. 장기 예측은 조직이나 지방도시, 주 또는 국가에 장기적인 영향을 미치는 의사결정에는 특히 중요하다. 한 가지 예를 들면 향후 20년 동안 가동하기로 계획된 발전소의 적정 규모를 결정하는 것이다. 또 다른 예를 들면 새로운 서비스나 신제품에 대한 이익 잠재력이 있는지를 판단하는 것, 즉 혁신을 할 가치가 있을 만큼 충분한 수요가 있는지를 판단하는 것이다. 또 많은 예측은 하루나 한 주일만을 포괄하는 단기적인 것이다. 이들은 매일 매일의 생산운영을 계획하고 스케줄링하는 데 도움이 된다. 이 장에서는 기업 예측에 대한 개괄적인 내용을 소개할 것이다. 즉, 훌륭한 예측의 요소, 예측을 하는 데 필요한 절차의 단계, 기초적인 예측 기법, 예측을 모니터하는 방법 등에 대해 기술할 것이다.

## 3.1 서론

예측은 미래의 수요에 대한 정보를 제공하기 때문에 생산운영관리의 의사결정과정에서 기본적인 입력이 된다. 생산운영관리에서 예측의 중요성은 아무리 강조해도 지나치지 않는다. 생산운영관리에서 제1의 목표는 수요에 공급을 일치시키는 것이다. 따라서 수요를 만족시키기 위해 얼마만큼의 생산용량이나 공급이 필요한가를 결정하는 데 있어 수요 예측치를 확보하는 것은 핵심적인 일이다. 예컨대, 생산은 충원 및 장비 의사결정을 위해 얼마만큼의 생산용량이 필요한지를 알아야 하며, 또한, 예산이 마련되어야 한다. 구매부문은 공급자에게 주문을 하기 위한 정보를 필요로 하며, 공급사슬 참여자들은 각자의 계획수립을 할 필요가 있다.

기업은 예상되는 미래의 수요에 기초해서 미래의 생산운영계획을 수립한다. 예상되는 수요는 두 가지 가능한 원천, 즉 고객의 실제 주문과 예측으로부터 확보한다. 고객의 주문이 예상수요의 대부분 또는 전부를 차지하면 계획은 비교적 단순하고 예측은 거의 필요하지 않게 된다. 그러나 많은 기업은 예상되는 수요의 대부분 또는 전부를 예측에서 확보한다.

예측에 있어 두 가지 측면이 중요하다. 그중 하나는 기대되는 수요의 수준이고 다른 하나는 예측과 관련된 정확도이다(즉, 예측오차의 잠재적인 크기이다). 기대되는 수요의 수준은 추세, 계절변동과 같은 구조적 변동의 함수로 생각할 수 있다. 예측의 정확도는 예측자가 수요를 정확하게 모형화할 수 있는 능력, 우연변동, 그리고 예상하지 못한 사건들의 함수이다.

예측은 특정의 시간적 범위와 관련하여 이루어진다. 그 시간 범위는 상당히 단기적일 수도 있고(예컨대, 시간, 일, 주, 월) 보다 장기적일 수도 있다(예컨대, 향후 6개월, 내년, 향후 5년, 제품이나 서비스의 수명기간). 단기 예측은 현재 진행되고 있는 생산운영과 관련되어 있다. 장기 예측은 중요한 전략적 계획의 도구가 될 수 있다. 장기 예측은 신제품이나 서비스, 신 장비, 신 시설, 또는 개발, 건설 및 시행하는 데 장기적인 리드타임을 필요로 하는 무언가와 관련되어 있다.

예측은 예산수립, 생산용량, 판매, 생산 및 재고, 인사, 구매 등의 계획의 기초가 된다. 예측은 경영자가 미래를 예상해서 그에 따른 계획을 할 수 있도록 하기 때문에 계획과정에서 중요한 역할을 한다.

예측은 생산운영이나 기타 분야뿐 아니라 회계, 재무, 인적자원, 마케팅, 경영정보시스템

(MIS) 등 조직의 전 분야를 통틀어서 의사결정과 행동에 영향을 미친다. 기업에서 예측을 활용하는 사례를 살펴보기로 하자.

**회계.** 신제품/신 프로세스에 대한 원가 추정, 이익 예상, 현금관리
**재무.** 장비도입 및 교체의 필요성, 자금조달의 시기와 규모, 차입의 필요성
**인적자원.** 모집, 인터뷰, 교육훈련을 포함하는 채용 절차, 전직 알선, 카운슬링을 포함하는 해고 계획
**마케팅.** 가격 책정 및 판촉활동, e-비즈니스 전략, 글로벌 경쟁전략
**MIS.** 신규/개정 정보 시스템, 인터넷 서비스
**생산운영.** 작업일정, 생산용량 계획, 작업 할당 및 작업 부하, 재고계획, 자체생산–외부구매 의사결정, 아웃소싱, 프로젝트 관리
**제품/서비스 설계.** 기존 설계의 변경, 신제품이나 서비스의 설계

이들 의사결정에 예측을 활용하는 대부분의 경우 어느 한 분야의 의사결정은 타 분야에도 영향을 미친다. 따라서 관련된 부문들이 공통의 수요예측에 합의하는 일은 대단히 중요하다. 그러나 이것은 해결하기에 쉬운 일이 아니다. 부서가 다르면 예측에 대한 전망이 서로 다르기 때문에 예측에 대해 의견일치를 하기가 매우 어렵다. 예컨대, 영업부는 그 속성상 예측이 지나치게 낙관적이며 자신들의 고객을 위해 생산능력을 유보해 주기를 원한다. 이것은 생산운영이나 재고 저장에서 과잉 원가를 유발하게 된다. 반면에 실제 수요가 예측을 초과하게 되면 생산운영이나 공급사슬이 수요를 충족시킬 수 없게 되고 결과적으로 판매기회를 상실하거나 고객이 만족하지 않게 된다.

예측은 또한 생산용량의 사용 비율과 관계가 있는 *이익관리*(*yield management*)의 중요

ollyia/123RF

디즈니월드의 예측부서는 20명의 종업원을 고용하고 있으며 이들은 테마파크, 워터파크와 리조트 호텔의 입장객수와 수익에 대한 예측을 할 뿐만 아니라 지역별 상품, 식음료 수익에 대한 예측도 하고 있다.

한 요소이다. 정확한 예측을 할 수 있으면 경영자는 생산용량을 수요에 일치시키기 위한 전술(예컨대 가격할인을 해 주거나 가격할인을 시행하지 않는 것)을 채택할 수 있고 높은 수준의 이익을 달성할 수 있다.

예측의 용도는 두 가지 경우인데 그중 하나는 경영자가 *시스템 자체를 계획*할 때이고 다른 하나는 *시스템의 운영을 계획*할 때이다. 시스템 자체의 계획은 일반적으로 장기적인 성격의 계획으로서 고객에게 제공할 제품이나 서비스의 유형을 결정하거나 어떤 시설이나 장비를 보유할 것인지 또는 어디에 입지할 것인지를 결정하는 것 등에 관한 일이다. 시스템 운영을 계획하는 것은 단기적 또는 중기적 성격의 계획으로서 재고수준이나 노동력의 크기를 계획하거나 구매, 생산, 예산, 스케줄 등을 계획하는 것 등과 관련된 일이다.

기업에서의 예측은 단순히 수요를 예측하는 것 이상이다. 예측은 이익이나 수익, 원가, 생산성 변화, 에너지나 원자재의 가격이나 확보 가능성, 이자율, 주요 경제지표(국내총생산, 인플레이션, 정부 부채 등), 주식이나 채권의 가격을 예측하기 위해서도 활용된다. 문제를 단순화시키기 위해 이 장에서는 수요예측에만 초점을 맞출 것이다. 그러나 개념과 기법은 다른 변수를 예측하는 경우에도 잘 적용될 수 있다는 것을 명심하기 바란다.

컴퓨터나 정교한 수학적 모형을 사용함에도 불구하고 예측은 엄격한 과학이 아니다. 오히려 예측을 성공적으로 하기 위해서는 과학과 기술을 능숙하게 혼합시킬 필요가 있다. 유용한 예측을 하기 위해서는 경험, 판단, 그리고 전문적 기술이 중요한 역할을 한다. 이들과 더불어 얼마간의 행운과 약간의 겸손이 도움이 되는데, 왜냐하면 최악의 예측자라 할지라도 가끔은 훌륭한 예측을 하기도 하며 최고의 예측자라 할지라도 판단을 완전히 그르칠 수도 있기 때문이다. 기존의 예측 기법들은 평범한 것에서부터 정교한 것까지 다양하고 어떤 기법은 타 기법보다 우월하지만 한 가지 기법이 모든 경우에 다 통용되는 것은 아니다.

## 3.2 모든 예측의 공통적인 특징

다양한 종류의 예측기법이 활용되고 있으며, 여러 가지 측면에서 이들은 서로 상이한 점이 있으나 모든 기법에 공통적인 특징들도 존재하며 이 점을 인식해야 할 필요가 있다.

- 예측기법들은 일반적으로 과거에 존재하였던 근본적인 인과시스템이 미래에도 지속될 것이라고 가정한다.

**부가설명** 계획되지 않았던 우발적 사건이 예측을 혼란시킬 수도 있기 때문에 경영자는 예측을 단순히 모형이나 컴퓨터에 맡겨놓고 잊어버릴 수는 없다. 예컨대 기상관련 변화, 세금 인상 또는 인하, 경쟁 제품이나 서비스의 가격이나 설계 변경 등은 수요에 커다란 영향을 미칠 수 있다. 따라서 경영자는 이러한 우발적 사건에 항상 민감해야 하며 일반적으로 안정적인 인과시스템을 가정하고 있는 수요예측을 보완할 수 있도록 준비하고 있어야 한다.

- 예측은 좀처럼 완벽하지 않다. 일반적으로 실제 결과는 예측된 값과는 다르다. 아무도 수많은 관련 요인들이 문제의 변수에 어떠한 영향을 미칠지 정확히 예측할 수 없다. 이것은 또한 우연성의 존재와 더불어 완벽한 예측을 불가능하게 한다. 따라서 예측오차에 대한 여유를 두어야 한다.

- 제품군(群) 내의 여러 품목들의 예측오차는 보통 서로 상쇄효과가 있기 때문에 개별 품목에 대한 예측보다 제품군에 대한 예측이 보다 정확해지는 경향이 있다. 부품이나 자재가 여러 품목에 공통으로 사용되거나 제품이나 서비스를 여러 독립된 수요처에서 소비할 때 제품군에 대한 수요예측의 기회가 발생한다.
- 예측이 포괄하는 기간—*예측 시야*(*time horizon*)—이 증가할수록 예측 정확도가 감소한다. 일반적으로 단기 예측은 장기 예측보다 불확실성이 작으므로 보다 정확해지는 경향이 있다.

마지막 항목에서 유추할 수 있는 중요한 점은 다음과 같다. 즉, 유연성 있는 기업—수요 변화에 신속히 대응할 수 있는 기업—일수록 보다 짧은 예측 시야를 필요로 하며, 따라서 보다 유연성이 떨어지고 보다 장기의 예측 시야를 필요로 하는 경쟁자에 비해 정확한 단기예측으로 인한 이점을 누릴 수 있다.

## 3.3 좋은 예측의 요소

제대로 준비된 예측은 다음과 같은 요건을 만족해야 한다.

- 예측은 **시의적절**해야 한다. 대체로 예측에 포함된 정보에 대응하기 위해서는 일정한 시간이 필요하다. 예컨대, 생산용량을 하룻밤 사이에 확장시킬 수 없으며 재고 수준을 즉시 변경시킬 수도 없다. 그러므로 예측 시야는 가능한 변화를 실현시킬 수 있는 최소한의 시간을 커버하여야 한다.
- 예측은 **정확**해야 하며 정확성의 정도를 밝힐 수 있어야 한다. 이것은 가능한 오차에 대한 계획을 수립할 수 있도록 하며 다른 방법으로 예측한 결과를 서로 비교할 수 있는 기초를 제공한다.
- 예측은 **신뢰**할 수 있어야 하며 일관되게 작용하여야 한다. 예측기법이 어떤 경우에는 좋은 예측결과를 가져오고 어떤 경우에는 빗나간 예측을 하게 한다면 사용자가 새로운 예측을 할 때마다 불안한 느낌을 갖게 될 것이다.
- 예측은 **의미 있는 단위**로 표현되어야 한다. 재무계획을 하는 사람은 얼마나 많은 *금액*이 필요할지를 알아야 하고 생산계획을 하는 사람은 얼마나 많은 *수량*이 필요할지를 알아야 하며 일정계획을 수립하는 사람은 어떤 *기계*와 *기능*이 필요할지를 알아야 한다. 단위의 선택은 사용자의 필요에 따라 달라진다.
- 예측은 **문서화**되어야 한다. 이것 때문에 관련된 사람들이 모두 동일한 정보를 사용한다는 것이 보장되지 않더라도 그러한 가능성은 커진다. 그리고 문서화된 예측은 일단 실제 결과가 나온 뒤 예측을 평가하는 객관적 기초가 된다.
- 예측기법은 **이해하고 사용하기에 단순**해야 한다. 아주 복잡한 기법을 사용한 예측에 대해서는 예측자가 자신감을 가지기 어렵다. 그 기법이 타당한 상황인지 또는 기법의 한계점은 없는지에 대해 잘 이해하지 못하기 때문이다. 명백히 예측기법을 잘못 사용할 수도 있다. 비교적 단순한 예측기법은 사용자가 사용하기에 보다 편안한 느낌을 가질 수 있으므로 광범위한 인기를 누릴 수 있다.

- 예측은 **비용 효과**가 높아야 한다. 예측의 효과는 비용보다 커야 한다.

## 3.4 예측과 공급사슬

공급사슬에서 정확한 예측은 매우 중요하다. 부정확한 예측은 공급사슬 전반에 걸쳐 부족과 과잉을 초래할 수 있다. 자재나 부품, 서비스 능력이 부족하면 배송에 차질을 빚거나 작업 중단을 초래하고 고객 서비스가 나빠질 수 있다. 반면에 지나치게 낙관적인 예측으로 자재나 생산능력이 과잉될 수 있으며 이것은 원가를 증가시킨다. 공급사슬에서 부족과 공급 모두 고객서비스뿐만 아니라 이익에 부정적인 영향을 미친다. 뿐만 아니라 부정확한 예측으로 공급사슬에 일시적인 부족이나 과잉이 발생할 수 있고 이것은 전체 공급사슬에 잘못된 해석을 유발시킨다.

조직은 몇 가지 방법으로 이러한 결과가 발생할 가능성을 줄일 수 있다. 그중 하나는 명백하게 가능한 최선의 예측을 할 수 있게 노력하는 것이다. 다른 방법으로는 주요 공급사슬 파트너와 협력하여 계획과 예측을 하는 것이다. 또 다른 방법은 파트너들과의 정보공유를 하는 방법과 공급사슬 파트너들에게 매출과 재고 정보에 실시간으로 접속할 수 있도록 하여 공급사슬의 가시성을 증가시키는 것이다. 그만큼 중요한 것은 생산운영을 중단시키는 계획되지 않은 우발적 사건(예컨대, 홍수나 작업 중단)과 계획 변경뿐만 아니라 잘못된 예측에 대해서도 신속히 소통하는 것이다.

## 3.5 예측 절차의 단계

예측 절차는 여섯 가지의 기본적인 단계로 구성된다.

1. **예측의 목적을 결정하라.** 예측을 언제 어떤 목적으로 활용할 것인가? 이 단계에서는 예측에 요구되는 세밀함의 정도, 합리화될 수 있는 자원의 양(인력, 컴퓨터 시간, 자금 등), 필요한 정확도의 수준을 정해야 한다.
2. **예측 시야를 설정하라.** 예측 시야가 멀어짐에 따라 예측의 정확도가 떨어진다는 점을 명심하고 시간 간격을 설정해야 한다.
3. **적절한 데이터를 수집하여 정제(clean)하고 분석하라.** 데이터를 수집하는 데는 상당한 노력이 필요하다. 데이터를 수집하면 분석하기 전에 이상치(outlier)나 명백한 오류 자료를 제거하기 위한 데이터 정제과정이 필요하다.
4. **예측기법을 선정하라.**
5. **예측을 수행하라.**
6. **예측오차를 모니터하라.** 예측이 만족스런 방법으로 수행되는지를 판단하기 위해 예측오차를 모니터하여야 한다. 만약 예측이 만족스럽지 못하다면, 방법, 가정, 자료의 타당성 등를 재검토하고 필요한 변경을 하며 수정된 예측을 해야 한다.

일단 절차가 정해지면 새로운 데이터가 입수되는 대로 절차 3과 절차 6을 반복하는 것만이 필요할 수도 있다.

추가적인 활동이 필요할지도 모른다는 점을 명심하라. 예컨대 만약 실제 수요가 예측보다 훨씬 적다면 가격 할인이나 촉진과 같은 대책이 필요할 것이다. 역으로 예측보다 수요가 훨씬 많다면 산출을 증가시켜야만 한다. 따라서 잔업, 아웃소싱, 기타 필요한 조치를 취해야 할 것이다.

## 3.6 예측의 접근방법

예측에는 정성적인 방법과 계량적인 방법의 두 가지 일반적인 접근방법이 있다. 정성적인 방법은 정확하게 숫자로 표시할 수 없는 주로 주관적인 자료에 입각하여 예측이 이루어진다. 계량적 방법은 역사적 자료를 바탕으로 예측하거나 *예측의 원인변수*(*설명변수*)를 활용하는 인과관계 모형을 구축하여 예측을 하는 것이다.

정성적 기법들은 예측 절차에 비교석 *덜 엄격한*(*soft*) 정보(인적 요인, 개인의 의견, 예감 등)를 허용한다. 이들 요인들은 수량화가 어렵거나 불가능하기 때문에 계량적 예측기법을 적용할 때는 보통 생략하거나 무시한다. 계량적 기법들은 주로 객관적인, 즉 *엄격한*(*hard*) 자료를 분석하는 기법들로서 이들은 대체로 정성적인 방법에 나쁜 결과를 가져오게 하는 개인적인 편견들을 배제한다. 실무에서는 예측을 하기 위해 어느 한쪽 또는 양쪽 모두의 접근방법들을 활용하고 있다.

이하에서는 판단 예측법, 시계열 예측법, 인과관계 모형으로 분류되는 다양한 예측기법들을 소개한다.

**판단 예측법**(judgemental forecast)은 소비자조사, 판매원, 경영자와 중역, 그리고 전문가 패널과 같은 다양한 정보원에서 수집한 주관적인 자료 분석에 의존하는 것이다. 이들 정보원들은 다른 방법으로는 얻기 불가능한 통찰력을 제공한다.

◂ **판단 예측법**
소비자조사, 판매원, 경영자와 중역, 그리고 전문가 패널과 같은 다양한 정보원에서 수집한 주관적인 자료를 이용하는 예측기법

**시계열 예측법**(time-series forecast)은 단순히 과거의 경험을 미래에 투영시키고자 하는 것이다. 이 기법들은 미래는 과거와 동일하게 될 것이라는 가정을 하면서 역사적 자료를 활용한다. 일부 모형은 단순히 역사적 자료에 존재하는 우연변동을 제거하여 평활하게 하고자 하며, 또 다른 모형에서는 자료에 존재하는 독특한 패턴을 식별하여 이를 미래에 투영 또는 투사하고자 하며 그 패턴의 원인을 파악하려고 하지는 않는다.

◂ **시계열 예측법**
최근의 시계열 관측치에서 식별되는 패턴을 투영시키는 예측기법

**인과관계 모형**(associate model)은 수요를 예측하기 위하여 사용되는 한 개 이상의 *설명변수*들로 구성되는 수식을 사용한다. 예컨대, 페인트에 대한 수요는 페인트의 특성(건조시간, 건조의 용이성)뿐만 아니라 갤런당 가격과 광고예산과 같은 변수들과도 관련성이 있다.

◂ **인과관계 모형**
미래 수요를 예측하기 위하여 설명변수를 활용하는 예측기법

## 3.7 정성적 예측기법

어떤 상황에서는 예측을 하기 위해 오로지 판단과 의견에 의존해야 하는 경우가 있다. 만약 예측을 신속히 해야 한다면 계량적인 자료를 수집해서 분석할 만한 충분한 시간적 여유가 없다. 또 정치와 경제 상황이 빠르게 변화하고 있을 때에는 활용 가능한 자료는 진부화되어 있고 보다 최신의 자료는 아직 수집되어 있지 않다. 또 신제품을 도입하거나 기존 제품의 설

계를 변경하는 경우에는 예측에 활용할 수 있는 역사적 자료가 아예 존재하지 않는다. 이러한 경우에는 중역의 판단, 소비자 조사, 판매원의 의견과 전문가들의 의견에 기초하여 예측이 이루어진다.

### 중역 판단법

고위 경영자들로 이루어진 소집단(마케팅, 생산운영, 재무 등)에서 집단적으로 수요예측을 할 수 있다. 이 접근방법은 장기계획이나 신제품 개발을 할 경우 자주 활용된다. 이 방법은 다양한 경영자들이 가지고 있는 충분한 지식과 식견을 한데 모을 수 있는 이점이 있다. 그러나 한 사람의 의견이 지배적이 될 위험성이 있을 뿐만 아니라 집단적인 예측으로 책임 소재가 명확하지 않기 때문에 좋은 예측을 위한 최선의 노력을 하지 않을 가능성도 배제할 수 없다.

### 판매원 추정법

판매원과 고객서비스 부문 직원들은 소비자들과 직접 접촉하기 때문에 훌륭한 정보원이 된다. 이들은 고객들이 미래에 대해 고려하고 있는 여러 계획에 대해 잘 알고 있다. 그러나 판매원 의견을 활용하는 방법에는 몇 가지 단점도 있다. 판매원들은 고객들이 하고 싶어 하는 것과 실제로 하려는 것을 구별하지 못할 수도 있다. 또 이들은 최근의 경험에 의해 과도한 영향을 받기도 한다. 예컨대 매출이 낮은 기간을 몇 기간 거치다 보면 이들의 수요 추정치는 비관적이 되기 쉽다. 또 만약 판매수량을 할당하기 위해 예측치를 사용하게 되면 낮은 수요 예측치를 제시하는 것이 판매원에게는 유리하게 작용하기 때문에 이해관계의 상충이 발생할 수도 있다.

### 소비자 조사법

수요를 궁극적으로 결정하는 것은 소비자들이기 때문에 소비자들로부터 수요 정보를 구하는 것은 자연스럽게 느껴진다. 경우에 따라 모든 현재의 고객 또는 잠재적 고객을 접촉할 수 있다. 그러나 세상에는 너무 많은 고객이 존재하고 그들로부터 잠재적인 고객을 식별해 낼 어떤 방법도 없다. 따라서 소비자의 정보를 구하려는 조직은 소비자 조사에 의존하게 되는데 이것은 *표본조사*를 통해 소비자의 의견을 알아보는 것이다. 소비자 조사의 가장 명백한 이점은 다른 곳에서 얻을 수 없는 정보를 얻어 낼 수 있다는 것이다. 그러나 타당한 정보를 얻기 위해 조사를 설계하고 관리하며 결과를 올바로 해석하기 위해서는 상당한 지식과 전문성이 필요하다. 소비자 조사는 비용이 많이 들며 시간도 많이 소요된다. 뿐만 아니라 가장 좋은 조건하에서도 일반 대중에 대한 조사는 소비자의 비이성적 행동 패턴과 마주쳐야 한다. 예컨대 소비자가 신차를 구매하기 이전에 하는 신중한 정보수집 행위는 자동차 전시장에서 번쩍번쩍 빛나는 자동차를 보는 순간, 또는 자동차 판매원의 끈질긴 설득에 의해서 훼손될 수 있다. 같은 맥락에서 우편 설문조사의 응답률이 낮다면 그 결과를 의심해야 하지만 실제로는 그렇게 하지 않는다.

이와 동일하거나 유사한 함정을 배제할 수 있다면 소비자 조사법은 유용한 정보를 산출할 수 있다.

### 기타의 접근방법

경영자는 다른 경영자나 직원들로부터도 정보를 구할 수 있다. 예측을 위해 가끔 외부의 전문가들이 필요한 경우도 있다. 미국이나 특정 국가의 정치적 경제적 상황이나, 조직이 잘 모르는 중요한 국면에 대해 조언이 필요한 경우가 있다.

또 하나의 접근방법은 **델파이법**(Delphi method)으로서 이는 예측 결과에 대한 합의점을 도출하기 위한 반복적인 절차이다. 이 방법에서는 예측 내용에 대한 지식이 있거나 예측에 공헌할 수 있는 능력이 있는 사람들을 대상으로 일련의 설문 조사를 하는 것이다. 조사에 대한 응답은 익명으로 하게 되는데 이는 솔직한 응답을 유도하고 개인의 의견이 주도할 수 있는 위험을 줄이기 위한 것이다. 앞 단계의 설문조사로부터 추출된 정보를 이용하여 다음 단계의 새로운 설문지가 개발되고 그리하여 참가자들이 자신의 판단을 유추할 수 있는 정보의 범위를 확대해 갈 수 있다.

◂ **델파이법**
예측 결과에 대한 합의점을 도출하기 위하여 경영자나 전문가들을 대상으로 이전 단계의 조사결과를 바탕으로 일련의 설문조사를 하는 반복적인 절차

델파이법은 반드시 예측뿐만 아니라 다양한 경우에 적용되어 왔으나 여기서는 주로 예측 도구에 국한해서 논의하기로 한다.

예측 도구로서의 델파이법은 *기술* 예측을 하는 데 유용한데, 이는 기술변화와 이러한 기술변화가 조직에 미치는 영향에 대해 평가하는 것이다. 기술예측의 목적은 특정 사안이 *언제쯤* 발생할 것인가를 예측하는 것이다. 예컨대 델파이 예측의 목적은 최소한 50% 이상의 가정에 비디오폰이 설치될 시점이나 특정 질병에 대한 백신이 개발되어 대량유통이 가능한 시점을 예측하는 것과 같은 것이다. 대부분의 경우 이들은 얻을 수 있는 확실한 정보가 거의 없고 자료를 얻기에 비용이 많이 들어 분석적인 기법을 거의 활용할 수 없는 문제들로서 장기적이고 일회성의 예측이다. 오히려 전문가나 예측을 하는 데 필요한 충분한 지식을 소유한 사람들의 판단을 활용하는 것이다.

## 3.8 시계열 자료에 기초한 예측기법

**시계열**(time series)은 동일한 시간 간격(예컨대 시간별, 일별, 주별, 월별, 분기별, 연도별)으로 측정한 관측치를 시간의 순서대로 정리한 데이터이다. 이 데이터는 수요, 수입, 이익, 선적량, 사고건수, 산출량, 강수량, 생산성 그리고 소비자 물가지수에 대한 측정치가 될 수도 있다. 시계열 데이터에 기초한 예측기법은 시계열의 미래 예측치를 시계열의 과거 측정치로부터 추정할 수 있다는 가정 하에 만들어진 것이다. 시계열에 영향을 미치는 변수가 정확히 무엇인지를 식별해 내려는 시도는 지금까지 없었지만 이 기법은 널리 활용되고 있고 그 결과도 비교적 만족스러운 편이다.

◂ **시계열**
동일한 시간 간격으로 측정한 관측치를 시간의 순서대로 정리한 데이터

시계열 데이터의 분석에는 시계열의 근본적인 행태를 파악하는 것이 필요하다. 이것은 *데이터에 대한 도표를 작성*하거나 도표를 시각적으로 분석함으로써 간단히 해결할 수 있다. 시계열 데이터에서는 한 가지 이상의 패턴이 발견될 수 있는데 이들은 추세변동, 계절변동, 순환변동과 평균 주위의 변동 등이다. 이와 함께 우연적이고 불규칙적인 변동이 있을 수도 있다. 이들 행태를 설명하면 다음과 같다.

1. **추세변동**(trend)은 데이터에서 장기적인 상향 또는 하향 이동을 말한다. 이러한 변동의 원인은 인구 변동, 소득 변화, 문화적 변동 등으로 설명할 수 있다.
2. **계절변동**(seasonality)은 일반적으로 특정 날짜나 하루 중 특정 시점과 같은 요인들과 관련된 단기적이고 비교적 규칙적인 변동을 말한다. 레스토랑, 슈퍼마켓, 영화관 등은 매주 또는 매일 이러한 '계절적' 변동을 경험한다.

◂ **추세변동**
데이터에서 장기적인 상향 또는 하향 이동

◂ **계절변동**
특정 날짜나 하루 중 특정 시점과 같은 요인들과 관련된 단기적이고 비교적 규칙 적인 변동

순환변동 ▶
1년 이상 지속하는 파동 모양의 변동

3. **순환변동**(cycles)은 1년 이상 지속하는 파동 모양의 변동이다. 이들은 주로 다양한 정치적, 경제적, 또는 농업 상황과 관련되어 있다.

불규칙변동 ▶
비정상적인 상황 때문에 발생하는 변동으로 전형적인 행태를 반영하지 않는다.

4. **불규칙변동**(irregular variations)은 기상 상황, 파업, 제품이나 서비스의 상당한 변화 등과 같은 비정상적인 상황 때문에 발생하는 변동이다. 이들은 전형적인 행태를 반영하지는 않지만 시계열에 이들 요인이 도입되면 전반적인 그림을 왜곡시킬 수 있다. 따라서 가능한 경우에는 언제나 이들 불규칙요인을 식별하여 자료에서 제거하여야 한다.

우연변동 ▶
다른 모든 변동요인으로 설명하고 남은 잔차변동

5. **우연변동**(random variations)은 위에 설명한 모든 변동요인으로 설명하고 남은 잔차변동이다.

이 행태들을 그림 3.1에 나타냈으며 도표에서 작은 돌기들은 우연변동을 나타낸다.

이 절의 나머지 부분에서는 시계열 자료를 분석하는 다양한 접근방법을 설명할 것이다. 그러나 이에 앞서 강조하고 싶은 점이 하나 있다. 즉, 수요예측을 할 때는 과거의 매출보다는 과거 수요의 시계열에 기초하여야 한다는 것이다. 만약 *품절*이 발생했다면 매출 자료는 진정한 수요를 반영하고 있지 않기 때문이다.

**그림 3.1**
우연변동, 불규칙변동과 함께 표시한 추세변동, 계절변동, 순환변동

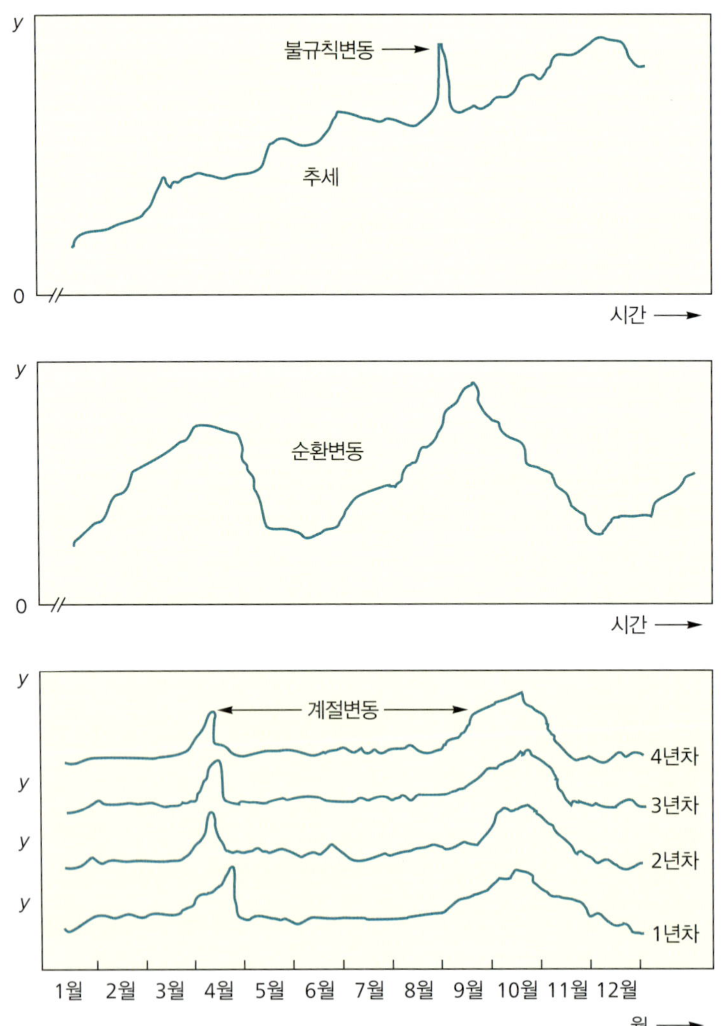

## 단순예측법

비교적 단순하나 널리 사용되는 예측기법이 단순예측법이다. **단순예측법**(naive method)은 예측의 기초로 시계열의 이전 값 중 하나를 사용한다. 단순예측법은 계절변동이 있거나 추세변동이 있는 비교적 안정적인 시계열(평균 주위의 변동)에 사용될 수 있다. 안정된 시계열에서는 지난 기의 실제 수요가 다음 기의 예측치가 된다. 지난주의 특정 제품에 대한 수요가 20상자였다면 금주의 예측치는 20상자가 된다. 계절변동이 있는 경우, 특정 계절의 이번 기 예측치는 특정 계절의 지난 기 시계열 값과 동일하게 된다. 예컨대 이번 추수감사절 기간의 칠면조 수요는 작년도 추수감사절 기간의 칠면조 수요와 동일하고, 다음 달 초에 현금화될 수표 매수는 이달 초에 현금화된 수표 매수와 동일하며, 이번 금요일의 고속도로 통행량은 지난 주 금요일의 고속도로 통행량과 동일하다. 추세변동이 있는 자료의 경우 예측치는 시계열의 마지막 값에 지난 두 기수의 차이를 가감한 것이다. 예컨대 지난 두 기수의 값이 50과 53이라고 하고 이번 기의 예측치는 56이 될 것이다.

**단순예측법**
이전 기의 실제치를 특정기의 예측치로 결정하는 예측기법

| 기간 | 실제치 | 전기와의 차이 | 예측치 |
|---|---|---|---|
| 1 | 50 | | |
| 2 | 53 | +3 | |
| 3 | | | 53 + 3 = 56 |

일견 단순예측법이 너무 단순한 것처럼 보일지도 모르나 이것은 상당히 타당한 예측 도구이다. 그 이점을 고려해 보라. 우선 이 기법은 비용이 거의 들지 않는다. 그리고 분석이 필요 없고 이해가 쉽기 때문에 예측을 신속하고 용이하게 할 수 있다. 이 방법에 대한 한 가지 결점은 아주 정확한 예측을 할 수 없다는 것이다. 그러나 결과에 대한 정확도가 수용될 수 있다면 이 방법은 진지하게 고려할 만하다. 비록 다른 예측기법의 정확도가 우월하다 할지라도 그 기법들은 항상 보다 많은 비용을 필요로 할 것이다. 단순예측법의 정확도는 다른 기법의 비용과 정확도를 판단하기 위한 비교의 표준으로 활용할 수 있다. 따라서 경영자는 다음과 같은 질문에 답변할 수 있어야 한다. 즉, 다른 방법에서 증가된 정확도는 그 정확도를 달성하기 위해 추가로 소요된 비용만큼 가치가 있는 것인가?

## 평균화 기법

역사적인 데이터는 전형적으로 일정 분량의 우연변동, 즉 *백색 잡음*(*white noise*)을 포함하고 있는데 이것은 데이터에 내재하는 체계적인 동향을 모호하게 하는 경향이 있다. 이러한 우연성은 많은—아마도 대단히 많은— 상대적으로 중요하지 않은 요인들이 결합되어 나타나는 영향으로서 확실하게 예측할 수 없는 특성을 가지고 있다. 평균화 기법들은 데이터에 존재하는 변동을 평활화하는 작용을 한다. 이상적으로는 이러한 우연성을 자료에서 완전하게 제거하고 수요의 변화와 같은 '실제' 변동만을 남겨두는 것이 바람직할 것이다. 그러나 실제로는 이들 두 가지 종류의 변동을 구별하기란 불가능하며 따라서 우리가 할 수 있는 최선은 소규모 변동은 우연적인 것이고 큰 변동은 '실제' 변동일 것이라고 희망하는 것이다.

평균으로 처리될 때에는 데이터상의 개별적인 고저가 상호 상쇄되는 효과가 있기 때문에 평균화 기법은 시계열에서의 파동을 평활화하는 작용을 한다. 따라서 평균에 기초한 예측은 원자료보다 변동성을 덜 보인다(그림 3.2 참조). 이러한 변동들은 시계열상의 진정한 변화보

**그림 3.2**
3가지 가능한 패턴에 적용된 평균화기법

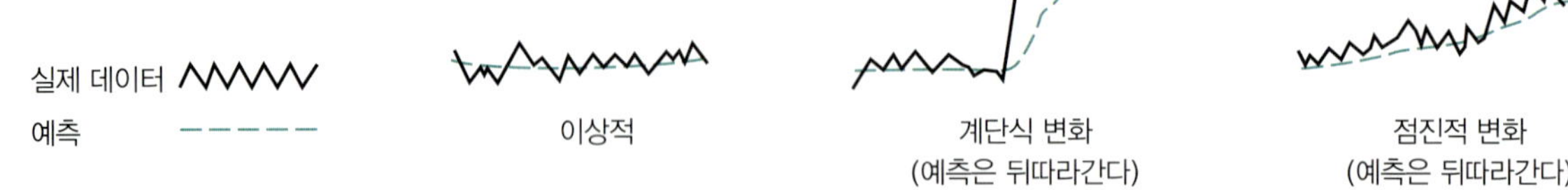


다는 단순히 우연변동을 반영하고 있기 때문에 평균화가 보다 유리하다. 특히, 예상되는 수요의 변화에 대응하는 것은 상당한 비용을 수반하기 때문에(즉, 생산율의 변화, 노동력의 변화, 재고 변화) 소규모의 변동에는 반응하지 않도록 하는 것이 바람직하다. 따라서 둘 다 어느 정도는 평활화되기는 하나 보다 큰 변동들을 실제 변화를 반영하는 것으로 간주하는 데 반해 소규모 변동들은 우연변동으로 취급하는 것이다.

평균화 기법은 시계열의 최근 값(즉, 지난 몇 기간 동안의 평균)을 반영한 예측치를 산출한다. 평균화 기법들은 계단식 변화나 점진적인 변화 모두를 처리할 수 있지만 시계열이 평균 부근에서 변동할 때 가장 잘 적용된다. 이 절에서는 평균화 기법으로 세 가지 기법을 설명한다.

1. 이동평균법
2. 가중 이동평균법
3. 지수평활법

**이동평균법** 단순예측법의 약점은 예측치가 한 기간의 시차를 두고 실제 데이터를 단순히 *따라가며*, 전혀 평활화되지 않는다는 것이다. 그러나 예측치가 기초하고 있는 과거 데이터의 범위를 확장함으로써 이러한 어려움을 극복할 수 있다. **이동평균**(moving average) 예측기법은 예측치를 산출하기 위해 최근 몇 기간의 실제 데이터를 사용한다. 이동평균 예측치는 다음과 같은 공식을 사용하여 계산한다.

**이동평균법** ▸ 새로운 값이 사용가능하게 되면 이를 갱신해가면서 최근 몇 기의 실제치를 평균하는 예측기법

$$F_t = \text{MA}_n = \frac{\sum_{i=1}^{n} A^{t-i}}{n} = \frac{A_{t-n} + \cdots + A_{t-2} + A_{t-1}}{n} \quad (3\text{-}1)$$

여기서,

$F_t$ = 기간 $t$의 예측치
$\text{MA}_n$ = $n$기 이동평균
$A_{t-i}$ = $t-i$기의 실제 데이터
$n$ = 이동평균에서의 기간 수(데이터 포인트)

예컨대 $\text{MA}_3$는 3기 이동평균 예측치를 나타내고 $\text{MA}_5$는 5기 이동평균 예측치를 나타낸다.

예제 1

### 이동평균의 계산

지난 5기 동안 쇼핑카트에 대한 수요가 아래와 같다고 할 때 3기 이동평균 예측치를 계산하라.

| 기간 | 수요 | |
|---|---|---|
| 1 | 42 | |
| 2 | 40 | |
| 3 | 43 | 최근 3기의 수요 |
| 4 | 40 | 최근 3기의 수요 |
| 5 | 41 | 최근 3기의 수요 |

풀이

$$F_6 = \frac{43 + 40 + 41}{3} = 41.33$$

만약 제6기의 실제 수요가 38로 밝혀졌다면 제7기의 이동평균 예측치는

$$F_7 = \frac{40 + 41 + 38}{3} = 39.67$$

이 될 것이다.

이동평균법에서는 가장 최근의 실제 데이터 값을 얻을 때마다, 계산에 사용되었던 가장 오래된 값을 제거하는 대신 가장 최근의 값을 추가하여 평균을 다시 계산하는 방법으로 예측치를 갱신한다. 결과적으로 예측치는 가장 최근의 값을 반영하면서 한 기간씩 이동되어 간다.

이동평균을 계산할 때 *이동합계*(*moving total*)행—평균이 계산될 가장 최근의 $n$개 값의 합—을 포함시킴으로써 계산을 용이하게 할 수 있다. 이동합계를 갱신하기 위해 매 갱신 때마다 가장 최근의 값에서 가장 오래된 값을 차감하여 이를 현재의 이동합계에 더한다.

그림 3.3은 31기간에 걸친 실제 자료에 대해 3기 이동평균 예측치를 도표로 나타낸 것이다. 이동평균 예측치가 실제치에 대해 어떻게 *시차*를 두고 따라가고 있으며, 또한 실제치와 비교했을 때 예측치가 어떻게 *평활화*되어 있는지를 관찰하기 바란다.

이동평균은 평균 계산에 원하는 기간만큼의 자료를 산입시킬 수 있다. 산입시킬 기간의 수를 결정할 때 의사결정자는 평균에 산입된 자료의 개수가 매번 새로이 도입되는 자료의 민감성을 결정한다는 사실을 고려해야 한다. 즉, 평균에 산입되는 기간의 수가 적을수록 평균은 보다 민감해진다(반응적이다)(그림 3.4A 참조).

예측에서 반응성이 중요하면 비교적 적은 기간의 이동평균을 사용하여야 한다. 이것은 예컨대 계단식 변화에 보다 빨리 적응하도록 하지만 반면에 우연변동에 대해서도 보다 민감하게 반응하도록 한다. 역으로 평균에 산입된 자료가 많을수록 이동평균은 보다 평활화되며 실제 변화에 대해 보다 덜 반응하게 된다. 따라서 의사결정자는 자료에 내재하는 변화에 대해 보다 천천히 반응하는 데 따르는 비용과 단순히 우연변동일지도 모르는 변화에 민감하게 반응하는 데 따르는 비용을 서로 견주어보아야 한다. 예측오차를 평가하면 이러한 결정을 용이하게 할 수 있다.

**그림 3.3**
이동평균법은 데이터에 내재하는 변동을 평활화하며 뒤따라가는 경향이 있다.

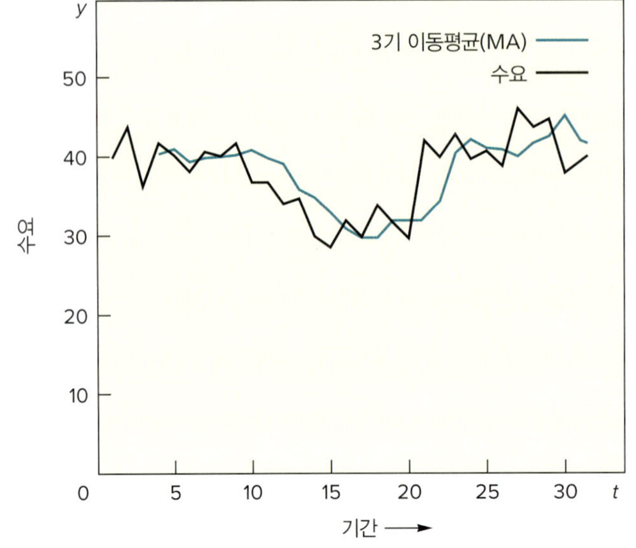


**그림 3.4A**
이동평균법에서 기간의 길이가 길수록 예측치는 실제치의 변화를 보다 늦게 따라간다.

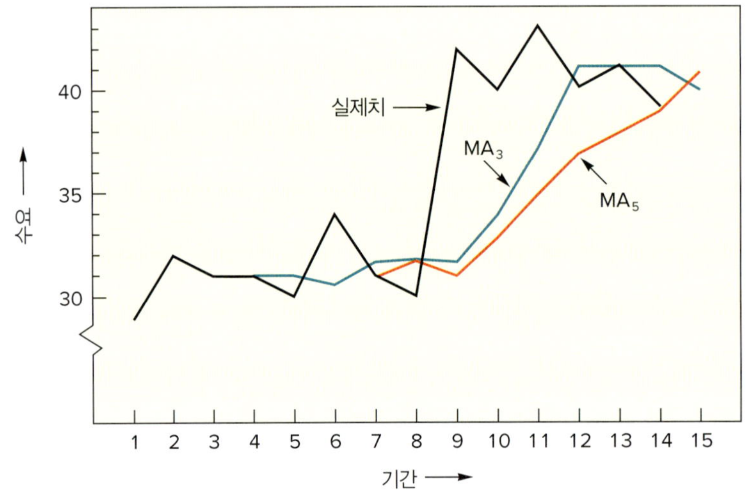


이동평균법의 장점은 계산이 용이하고 이해하기 쉽다는 것이다. 그러나 가능한 단점은 평균에 산입된 모든 자료가 동일한 가중치를 가진다는 것이다. 예컨대 10기 이동평균의 경우 평균에 산입된 각각의 자료값은 1/10의 가중치를 가진다. 그러므로 가장 오래된 값도 가장 최근의 값과 동일한 가중치를 가지게 된다. 만약 시계열에서 변화가 발생하고 있을 때, 특히 이동평균 기간이 아주 긴 경우 이동평균 예측치는 매우 느리게 반응할 것이다. 평균에 산입되는 자료의 개수를 감소시키면 보다 최근의 자료에 대한 가중치가 증가되며 이 경우 보다 오래된 자료가 가지고 있을지도 모르는 잠재적인 정보를 상실할 위험성도 존재한다.

**가중이동평균** ▸
예측치를 계산할 때 시계열의 보다 최근의 값에 보다 큰 가중치를 부여하는 방법

**가중이동평균** **가중이동평균**(weighted moving average)은 시계열의 가장 최근의 값에 보다 큰 가중치를 부여한다는 점을 제외하고는 이동평균과 유사하다. 예컨대 가장 최근의 값에 0.40의 가중치를 부여하고 그 다음으로 최근의 값에는 0.30 또 차례대로 0.20, 0.10의 가중치를 부여하는 것이다. 가중치의 합은 1.00이 되어야 하고 가장 큰 가중치는 가장 최근의 값에 부여해야 한다는 점을 명심하기 바란다.

$$F_t = w_{t-n}A_{t-n} + w_{t-n+1}A_{t-n+1} + \cdots + w_{t-2}A_{t-2} + w_{t-1}A_{t-1} \quad (3\text{-}2)$$

여기서,

$w_{t-1}$ = $t-1$기의 가중치 등
$A_{t-1}$ = $t-1$기의 실제치 등

### 가중이동평균의 계산

**예제 2**

eXcel
mhhe.com/stevenson14e

다음과 같은 수요 자료에 대해,

a. 가장 최근의 값에 0.4의 가중치를 부여하고 그 다음으로 최근의 값에는 0.3 또 차례대로 0.2, 0.1의 가중치를 부여하여 가중이동평균 예측치를 계산하라.

b. 만약 제6기의 실제 수요가 39였다면 문제 a와 동일한 가중치를 사용하여 제7기의 수요를 예측하라.

| 기간 | 수요 |
|---|---|
| 1 | 42 |
| 2 | 40 |
| 3 | 43 |
| 4 | 40 |
| 5 | 41 |

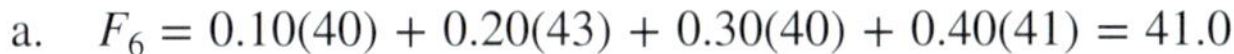

**풀이**

a. $F_6 = 0.10(40) + 0.20(43) + 0.30(40) + 0.40(41) = 41.0$

b. $F_7 = 0.10(43) + 0.20(40) + 0.30(41) + 0.40(39) = 40.2$

만약 4개의 가중치를 사용하였다면 예측치를 계산하기 위해서는 오로지 *가장 최근의 수요 4개*가 사용되었다는 것을 명심하라.

단순이동평균에 대해 가중이동평균의 장점은 가중이동평균이 가장 최근에 발생한 값을 보다 많이 반영한다는 것이다. 그러나 가중치의 선택은 다소 자의적이며 적절한 가중치를 발견하기 위해서는 일반적으로 시행착오 방법을 사용한다.

**지수평활법** **지수평활법**(exponential smoothing)은 비교적 사용하기 쉽고 이해하기 쉬우며 정교한 가중평균방법이다. 새로운 예측치는 전기의 예측치에, 그 기의 예측치와 실제치의 차이의 일정 비율을 더한 값에 기초하고 있다. 즉,

> **지수평활법** 전기의 예측치에 예측오차의 일정 비율을 더한 값에 기초하는 가중이동평균법

다음 예측치 = 전기의 예측치 + $\alpha$(전기의 실제치 − 전기의 예측치)

단, (전기의 실제치 − 전기의 예측치)는 예측오차를 나타내고 $\alpha$는 예측오차의 반영 비율이다.

이를 보다 간결하게 표시하면,

$$F_t = F_{t-1} + \alpha\,(A_{t-1} - F_{t-1}) \quad (3\text{-}3a)$$

여기서,

$F_t$ = $t$기의 예측치
$F_{t-1}$ = 전기(즉 $t-1$ 기)의 예측치
$\alpha$ = 평활상수(비율, 보통 50% 미만)
$A_{t-1}$ = 전기의 실제 수요 또는 매출

평활상수(smoothing constant) $\alpha$는 예측오차의 일정 비율을 나타낸다. 새로운 예측치는 전기의 예측치에 전기의 예측오차의 일정 비율을 더한 값이다. 예컨대 전기의 예측치가 42단위이고 실제 수요가 40단위이며 $\alpha = 0.10$이라고 하면 새로운 예측치는 다음과 같이 계산된다.

$$F_t = 42 + 0.10(40 - 42) = 41.8$$

그리고 실제 수요가 43으로 밝혀졌다면 다음 기의 예측치는 다음과 같다.

$$F_t = 41.8 + 0.10(43 - 41.8) = 41.92$$

식 3-3a의 변형식은 전기의 예측치와 최근의 실제 수요를 가중평균한 값으로 보여준다.

$$F_t = (1 - \alpha)F_{t-1} + \alpha A_{t-1} \tag{3-3b}$$

예컨대 $\alpha = 0.10$이라면 이것은

$$F_t = 0.90F_{t-1} + 0.10A_{t-1}$$

로 표시된다.

예측오차에 대해 예측치가 조정되는 순발력은 평활상수 $\alpha$에 의해 결정된다. 그 값이 0에 가까울수록 예측오차에 대해 조정되는 속도는 늦어진다(즉, 평활효과가 커진다). 역으로 $\alpha$의 값이 1.00에 가까울수록 반응성이 커지고 평활성은 감소한다. 이것이 그림 3.4B에 나타나 있다.

평활상수를 선정하는 것은 기본적으로 예측오차를 활용하여 시행착오적으로 결정하는 판단의 문제이다. 목표는 우연변동을 평활화하는 측면과 실제 변화가 발생할 경우 이 변화에 반응하는 측면을 균형되게 하는 평활상수를 선정하는 것이다. 통상 사용되는 $\alpha$의 범위는 0.05에서 0.50이다. 내재하는 평균값이 비교적 안정적이라고 판단되면 작은 $\alpha$값을 사용하고 내재하는 평균값이 변화에 민감하다면 큰 값을 사용한다.

일부 컴퓨터 패키지는 예측오차가 허용할 수 없을 정도로 큰 경우 평활상수를 자동적으로 조정하는 기능을 갖추고 있다.

지수평활법은 한편으로는 계산이 용이하고 또 다른 측면에서는 단순히 $\alpha$값을 변화시킴으로써 가중치 체계를 쉽게 변경할 수 있다는 이점 때문에 널리 활용되는 기법이다.

**주의** *시발 예측치(starting forecast)*를 구하기 위해 사용하는 방법이 몇 가지 있다. 첫 몇 기간 동안의 평균치를 활용하거나, 주관적 추정치를 활용하는 법, 또는 제2기의 예측치로 제1기의 실제치를 활용하는 법(즉, 단순예측법) 등이다. 이 책에서는 편의상 단순예측법을 사용하였다. 실제로는 예컨대 첫 3기의 평균값을 제4기의 예측치로 사용하는 것이 보다 대표성이 크므로 보다 좋은 시발 예측치가 될 수 있다고 생각된다.

## 기타의 예측기법들

다음에 설명하는 다른 두 가지 예측기법도 흥미로운 것이다. 간단히 설명해 보면 다음과 같다.

**초점예측** 어떤 기업들은 '최근의 가장 우수한 성과를 내는' 기법에 기초한 예측기법을 활

| 기간(t) | 실제수요 | $\alpha$ = 0.10 예측치 | $\alpha$ = 0.40 예측치 |
|---|---|---|---|
| 1 | 42 | — | — |
| 2 | 40 | 42 | 42 |
| 3 | 43 | 41.8 | 41.2 |
| 4 | 40 | 41.92 | 41.92 |
| 5 | 41 | 41.73 | 41.15 |
| 6 | 39 | 41.66 | 41.09 |
| 7 | 46 | 41.39 | 40.25 |
| 8 | 44 | 41.85 | 42.55 |
| 9 | 45 | 42.07 | 43.13 |
| 10 | 38 | 42.35 | 43.88 |
| 11 | 40 | 41.92 | 41.53 |
| 12 | | 41.73 | 40.92 |

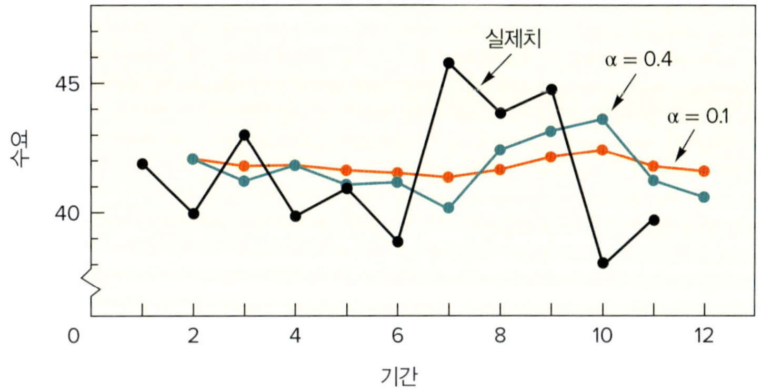

**그림 3.4B**
$\alpha$가 0에 가까울수록 평활효과가 커진다.

용한다. **초점예측**(focus forecasting)이라고 불리는 이 접근방법은 스미스(Bernard T. Smith)가 개발하였고 그의 저서에 설명되어 있다.[1] 이 방법은 최근 몇 개월 동안의 역사적 데이터에서 불규칙적인 변동을 제거한 다음 몇 가지 예측기법(예컨대, 이동평균법, 가중이동평균법, 지수평활법)을 적용시키고 가장 정확한 결과를 가져오는 기법을 다음 달 예측에 활용한다. 이러한 절차를 각각의 제품이나 서비스에 활용하고 매달 반복한다.

**초점예측**
최근의 가장 우수한 성과를 내는 예측기법을 사용하는 예측기법

**확산모형(diffusion models)** 신제품이나 서비스가 도입될 때에는 예측의 기초가 되는 역사적인 데이터를 구할 수 없다. 대신에 수학적 확산모형을 활용하여 기존의 제품 데이터로부터 계산된 제품 채택비율이나 제품보급률 등을 기초로 할 수 있다. 이러한 모형들은 시장잠재력, 대중매체의 관심도와 입소문 등의 요인을 고려한다. 자세한 것은 본서의 범위를 넘어서는 내용이나 중요한 점은 이들 모형들이 마케팅이나 신기술에 대한 투자를 평가할 때 널리 활용되고 있다는 것이다.

## 추세분석 기법

추세분석을 한다는 것은 추세를 적절하게 나타낼 수 있는 수식을 개발하는 것이다(단, 데이터상에 추세가 존재한다고 간주하고). 추세는 선형일수도 있고 아닐 수도 있다. 통상 접합

[1] Bernard T. Smith and Virginia Brice, Focus Forecasting: *Computer Techniques for Inventory Control Revised for the Twenty-First Century* (Essex Junction, VT:Oliver Wight, 1984) 참조.

**그림 3.5**
몇 가지 비선형추세의 그래프

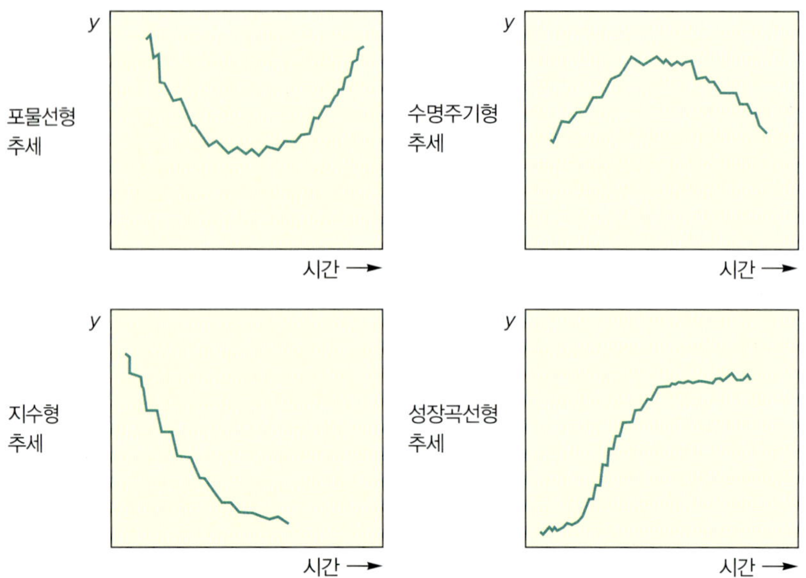


수 있는 비선형(곡선형) 추세 유형을 그림 3.5에 예시하였다. 단순히 데이터를 좌표 위에 표시하는 것(plotting)만으로도 추세의 존재나 특성을 밝혀낼 수 있다. 여기서는 주로 선형추세에 대해 논의하고자 하는데 이는 선형추세가 보다 흔한 현상이기 때문이다.

추세가 존재할 때 예측치를 산출하는 두 가지 중요한 기법이 있다. 하나는 추세식을 활용하는 것이고 다른 하나는 지수평활법을 확장하는 것이다.

**선형추세식** ▸ 추세가 존재할 때 추세를 나타내기 위해 사용하는 $F_t = a + bt$

**추세식** **선형추세식**(linear trend equation)은 다음과 같은 수식 형태를 가진다.

$$F_t = a + bt \tag{3-4}$$

여기서,

$F_t$ = $t$기의 예측치

$a$ = y축상의 절편으로 $t = 0$일 때의 $F_t$ 값이다.

$b$ = 직선의 기울기

$t$ = $(t = 0)$으로부터 계산된 특정 기

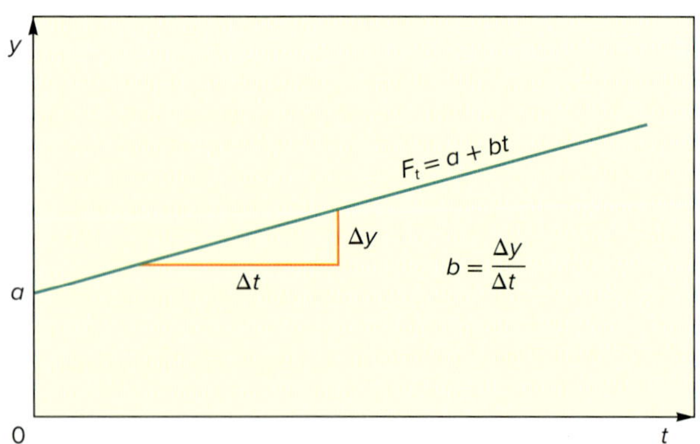


예컨대 추세식 $F_t = 45 + 5t$를 살펴보기로 하자. $t$가 0일 때의 $F_t$값은 45이며 직선의 기

울기는 5이다. 이것은 각 기간마다 $F_t$값이 평균적으로 5단위씩 증가함을 의미한다. $t$값이 10일 경우 예측치 $F_t$는 45 + 5(10) = 95단위가 된다. 직선 상의 두 점을 알면 추세선을 그을 수 있다. 그 중 한 개의 점은 임의의 $t$값(예컨대 $t$ = 10)을 수식에 대입하고 $F_t$에 대해 풀면 얻을 수 있고 다른 한 개의 점은 $a$(즉, $t$ = 0일 때의 $F_t$값)이다. 이 두 개의 점을 찍고 직선으로 연결하면 선형추세선의 그래프가 된다. 직선의 계수인 $a$와 $b$는 역사적인 데이터로부터 다음의 두 수식을 사용하여 계산할 수 있다.

$$b = \frac{n\sum ty - \sum t\sum y}{n\sum t^2 - (\sum t)^2} \tag{3-5}$$

$$a = \frac{\sum y - b\sum t}{n} \text{ or } \bar{y} - b\bar{t} \tag{3-6}$$

여기서,

$n$ = 기간 수
$y$ = 시계열의 값

이 두 개의 수식은 $t$가 $x$를 대체한 것 외에는 선형회귀선을 계산하기 위해 사용된 것과 동일하다는 사실을 확인하기 바란다. 추세선의 계수는 선형추세를 계산하기 위한 엑셀의 템플릿을 활용하면 쉽게 구할 수 있다.

**예제 3**

mhhe.com/stevenson14e

### 추세선의 계산과 활용

아래 표는 캘리포니아에 본사를 둔 이동전화 회사에서 지난 10주 동안 판매한 이동전화의 판매수량을 나타낸 것이다. 자료를 그래프로 그리고 선형회귀선이 적합한지 시각적으로 검토하라. 다음에 추세선을 계산하고 제11주와 제12주의 판매수량을 예측하라.

| 주 | 판매 수량 |
|---|---|
| 1 | 700 |
| 2 | 724 |
| 3 | 720 |
| 4 | 728 |
| 5 | 740 |
| 6 | 742 |
| 7 | 758 |
| 8 | 750 |
| 9 | 770 |
| 10 | 775 |

**풀이**

a. 그래프를 보면 선형회귀선이 적합하다는 것을 제시해주고 있다.

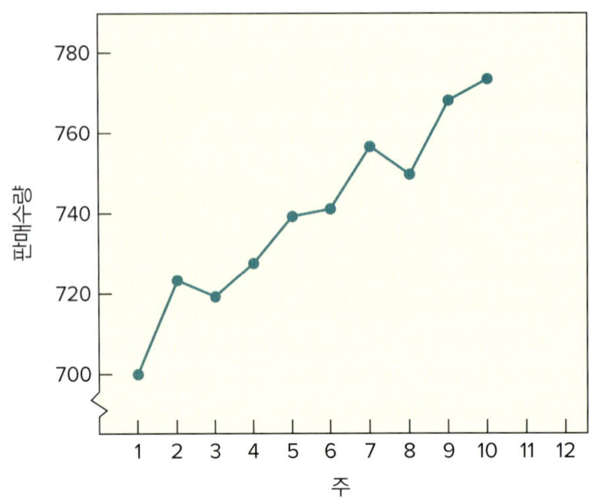


b. 엑셀 템플릿을 활용하여 계산한 결과를 표 3.1에 나타내었다.

$b = 7.51$, $a = 699.40$

추세선은 $F_t = 699.40 + 7.51t$, 단 0기에 대한 $t$는 0

c. $t$값을 추세식에 대입하여 다음 두 기수(즉 $t = 11$과 $t = 12$)에 대한 예측치를 계산하면

$F_{11} = 699.40 + 7.51(11) = 782.01$

$F_{12} = 699.40 + 7.51(12) = 789.52$

d. 시각적인 이해를 돕기 위해 원자료, 추세선, 두 개의 예측치를 다음 그래프에 나타내었다.

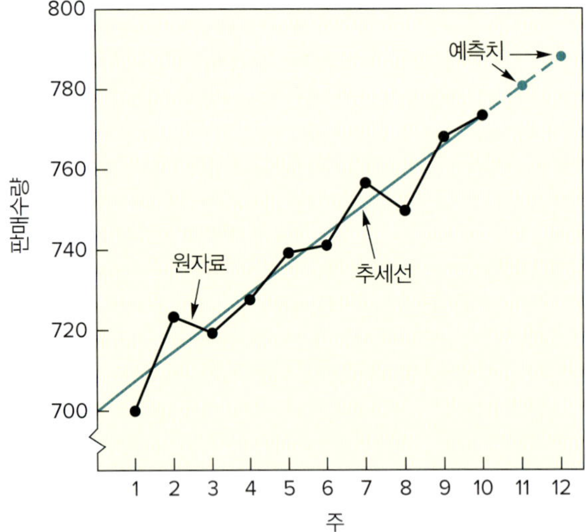

**표 3.1** 예제 3의 엑셀 해

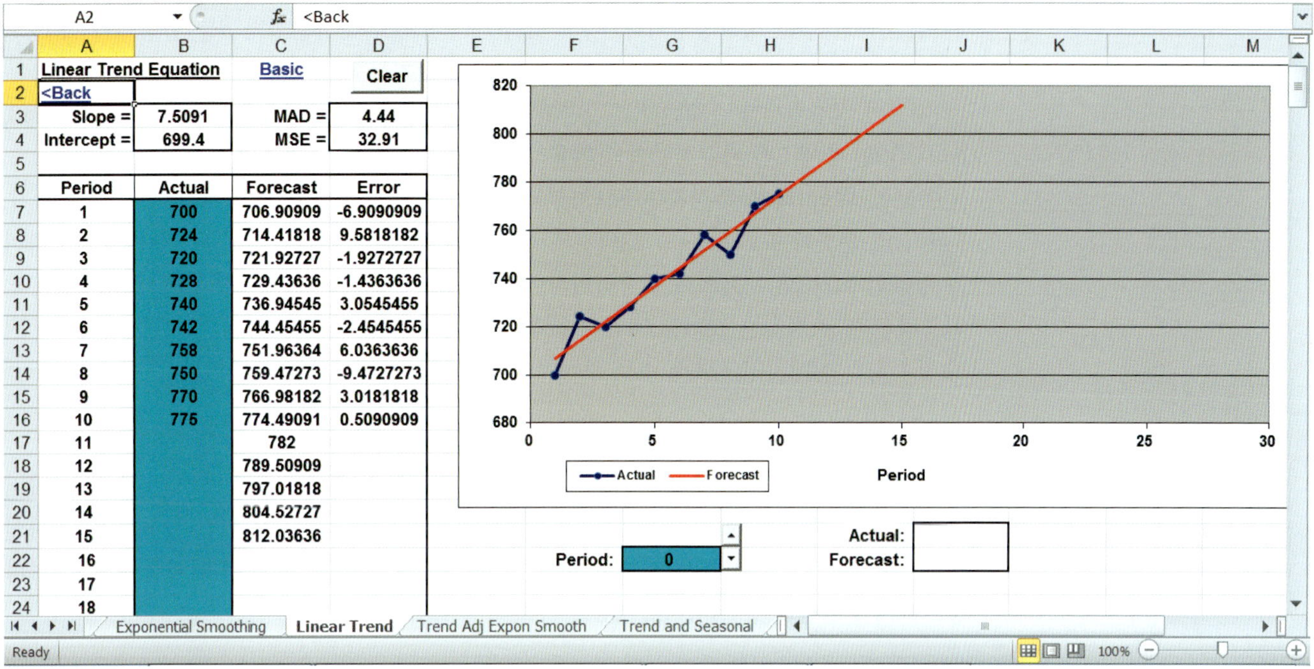

| Linear Trend Equation | | Basic | |
|---|---|---|---|
| <Back | | | |
| Slope = | 7.5091 | MAD = | 4.44 |
| Intercept = | 699.4 | MSE = | 32.91 |
| Period | Actual | Forecast | Error |
| 1 | 700 | 706.90909 | -6.9090909 |
| 2 | 724 | 714.41818 | 9.5818182 |
| 3 | 720 | 721.92727 | -1.9272727 |
| 4 | 728 | 729.43636 | -1.4363636 |
| 5 | 740 | 736.94545 | 3.0545455 |
| 6 | 742 | 744.45455 | -2.4545455 |
| 7 | 758 | 751.96364 | 6.0363636 |
| 8 | 750 | 759.47273 | -9.4727273 |
| 9 | 770 | 766.98182 | 3.0181818 |
| 10 | 775 | 774.49091 | 0.5090909 |
| 11 | | 782 | |
| 12 | | 789.50909 | |
| 13 | | 797.01818 | |
| 14 | | 804.52727 | |
| 15 | | 812.03636 | |
| 16 | | | |
| 17 | | | |
| 18 | | | |



Source: Microsoft

## 추세조정 지수평활법

시계열이 선형추세를 나타낼 때 단순지수평활법을 변형하여 활용할 수 있다. 이것은 데이터가 평균 주위에서 변동하거나 계단식 또는 점진적인 변화를 보이고 있을 때 적합한 단순지수평활법과 구별하기 위해 **추세조정 지수평활법**(trend-adjusted exponential smoothing) 또는 *이중평활법*(*double smoothing*)으로 부른다. 만약 시계열이 추세를 나타내고 있는데도 단순지수평활법을 사용하면 예측치는 시차를 두고 추세를 따라가게 된다. 즉, 데이터가 증가하는 경우 예측치는 너무 낮게 예측될 가능성이 크고 데이터가 감소하는 경우 예측치는 너무 높게 예측될 가능성이 크다.

**추세조정 지수평활법**
지수평활법 시계열이 선형 추세를 나타낼 때 사용하는 단순 지수평활법의 변형

추세조정 예측치(TAF)는 두 가지 요소, 즉 평활오차와 추세요인으로 구성되어 있다.

$$\text{TAF}_{t+1} = S_t + T_t \tag{3-7}$$

여기서,

$S_t$ = 전기 예측치 + 평활된 오차

$T_t$ = 금기의 추세 추정치

그리고

$$S_t = \text{TAF}_t + \alpha(A_t - \text{TAF}_t) \tag{3-8}$$
$$T_t = T_{t-1} + \beta(\text{TAF}_t - \text{TAF}_{t-1} - T_{t-1})$$

여기서,

$\alpha$ = 평균에 대한 평활상수

$\beta$ = 추세에 대한 평활상수

여기서 $\alpha$와 $\beta$는 평활상수이다. 이 방법을 사용하기 위해서는 $\alpha$와 $\beta$를 선정해야 하고(보통 시행착오법을 사용하여) 시발 예측치와 추세 추정치를 결정해야 한다.

(자료에 선형추세가 존재한다고 판단되었던) 앞 예제의 이동전화 데이터를 사용, $\alpha = 0.40$, $\beta = 0.30$인 추세조정 지수평활법을 활용하여 제6기부터 제11기까지의 예측치를 구하라.

추세에 대한 최초 추정치는 제1기부터 제4기에 이르는 *3개 기간* 동안(1~2기, 2~3기, 3~4기)의 순변화(net change) 28(4기의 실제수요 728 − 1기의 실제수요 700)에 기초하여 그 평균인 9.33(28 ÷ 3)으로 추정하였다. 표 3.2에는 Excel로 계산한 결과를 보여주고 있다. 최초의 추세 추정치는 첫 4개 기간의 값을 이용하여 추정하였고 제5기의 시발 예측치는 전기(제4기)의 실제치인 728과 추세 추정치를 합하여 다음과 같이 계산되었다.

$$\text{시발예측치} = 728 + 9.33 = 737.33$$

선형추세선과는 달리 추세조정 지수평활법은 추세의 *변화*에 적응할 수 있는 능력을 가지고 있다. 물론 추세조정 지수평활법보다 추세선에 의한 추세 투영이 훨씬 간편한 것은 사실이다. 따라서 경영자는 추세에 대한 이 두 가지 기법을 선정할 때에는 어떠한 이점이 보다 중요한지를 판단해야 한다.

## 계절변동 분석기법

**계절변동** ▸ 반복되는 상황과 관련된 시계열 값이 규칙적으로 반복하는 변동

시계열 데이터에서 **계절변동**(seasonal variations)은 시계열 값이 상향 또는 하향으로 규칙적으로 반복하는 변동을 의미한다. *계절성*은 규칙적인 연간 변동을 의미하기도 한다. 우리에게 친숙한 계절성의 예로는 일기변동(즉, 겨울 또는 여름 스포츠 장비의 매출)이나 휴가나 휴일(항공 여행, 연하장 매출, 휴양지의 관광객 수) 등이 있다. *계절변동*이라는 용어는 또한

**표 3.2** 추세조정 지수평활법을 사용하기 위한 엑셀 템플릿

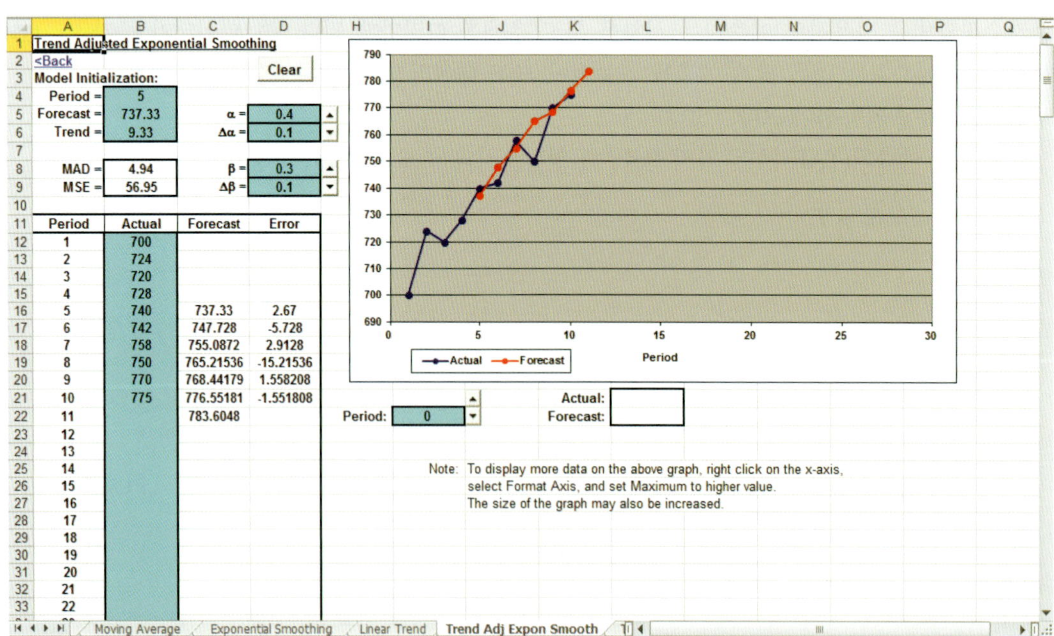


| Period | Actual | Forecast | Error |
|---|---|---|---|
| 1 | 700 | | |
| 2 | 724 | | |
| 3 | 720 | | |
| 4 | 728 | | |
| 5 | 740 | 737.33 | 2.67 |
| 6 | 742 | 747.728 | -5.728 |
| 7 | 758 | 755.0872 | 2.9128 |
| 8 | 750 | 765.21536 | -15.21536 |
| 9 | 770 | 768.44179 | 1.558208 |
| 10 | 775 | 776.55181 | -1.551808 |
| 11 | | 783.6048 | |
| 12 | | | |
| 13 | | | |
| 14 | | | |
| 15 | | | |
| 16 | | | |
| 17 | | | |
| 18 | | | |
| 19 | | | |
| 20 | | | |
| 21 | | | |
| 22 | | | |

Source: Microsoft

데이터에서 일간, 주간, 월간 및 기타 규칙적으로 반복하는 패턴에 적용될 수도 있다. 예컨대 러시아워(출퇴근 교통)는 매일 2회(오전에 출근, 오후에 퇴근) 발생한다. 영화관이나 레스토랑은 주말에 수요가 증가하는 형태로 주간 수요 패턴을 보인다. 은행은 일간 수요변동(정오나 마감시간 직전에 고객이 집중)과 주간 수요변동(주말 직전에 고객 증가) 및 월간 수요변동(사회보장급여, 급여, 복지수당 등의 수표 현금화로 월초에 고객 집중)을 보인다. 우편물의 양, 완구, 맥주, 자동차 및 칠면조의 매출, 고속도로 통행량, 호텔 예약, 정원 손질 등도 계절변동을 보인다.

시계열에서 계절성은 시계열의 *평균값*으로부터 실제값이 얼마나 벗어나는가를 보여주는 편차로 표현된다. 만약 시계열이 평균값 주위에서 변동한다면 계절성은 그 평균(또는 이동평균)을 기초로 하여 표현되며 만약 추세가 존재하면 계절성은 추세치를 기초로 하여 표현된다.

계절성을 분석하는 모형에는 가법모형과 승법모형의 두 가지가 있다. *가법모형*에서 계절성은 *수량*(예컨대 20단위)으로 표현되는데 계절성을 통합시키기 위해 시계열 평균에 그 수량을 더하거나 빼는 방법이다. *승법모형*에서는 계절성은 평균이나 추세치에 대한 *비율*로 표시(예컨대 1.10)되는데 계절성을 통합시키기 위해 이 값을 곱하게 된다. 그림 3.6에는 선형회귀선에 대한 두 가지 모형을 보여주고 있다. 실제로 기업들은 가법모형보다 승법모형을 훨씬 많이 사용하고 있는데 그 이유는 승법모형이 현실을 보다 잘 나타내기 때문이다. 따라서 본서에서는 승법모형에 초점을 맞추어 설명하기로 한다.

승법모형에서 계절요인과 관련된 비율을 *계절상대성* 또는 **계절지수**(seasonal index)로 부른다. 어떤 완구점에서 5월에 판매된 완구량에 대한 계절지수가 1.20라고 하자. 이것은 5월에 판매된 완구 매출이 월평균에 비해 20% 더 많다는 것을 나타낸다. 6월에 대한 계절지수가 0.90라는 것은 6월의 매출이 월평균의 90%임을 나타낸다.

◂ **계절지수**
평균이나 추세에 대한 비율

계절변동에 대해 알고 있다는 것은 소매 계획이나 스케줄링에 있어 중요한 요소이다. 특히, 계절성은 첨두부하(peak load)를 해결하도록 설계되어야 하는 시스템(대중교통, 발전소, 고속도로, 교량 등)의 생산용량 계획에서 중요한 요소이다. 시계열에서 계절성이 어느 정도 존재하는지 알고 있으면 시계열에서 다른 변동의 패턴을 식별해 내기 위해 데이터로부터 계

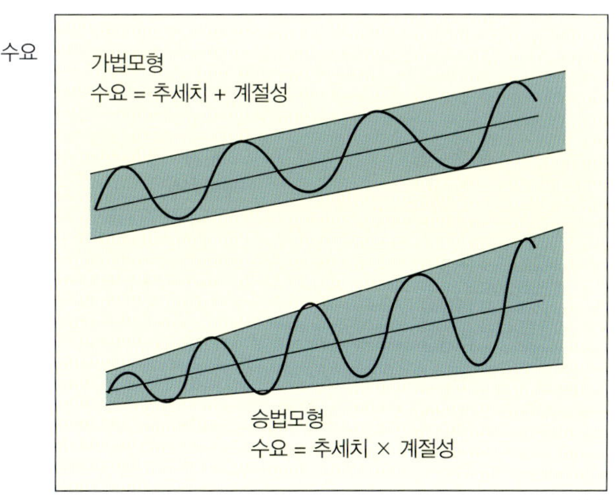


**그림 3.6**
계절성: 선형추세를 이용한 가법모형과 승법모형의 비교

절성을 *제거*할 수 있다(즉, 계절성 조정 데이터). 따라서 흔히 '계절성 조정 실업'이라든지 '계절성 조정 개인 소득' 같은 용어를 접하게 된다.

다음 절에서는 계절지수를 어떻게 활용할 수 있는지에 대해 간략하게 설명하고 계절지수를 계산하는 방법에 대해서 설명한다.

**계절지수의 활용** 계절지수는 예측에서 두 가지 다른 방법으로 활용된다. 한 가지는 *데이터에서 계절성을 제거*하기 위한 것이고 다른 한 가지는 *예측에서 계절성을 통합*하기 위한 것이다.

계절성을 제거하는 것은 비계절성 요소(예컨대 추세 요소)를 보다 명확하게 보여주는 데이터를 얻기 위해 데이터에서 계절 요소를 제거하는 것이다. 데이터에서 계절성을 제거하기 위해서는 각각의 데이터를 상응하는 계절지수로 *나누어야* 한다(즉, 11월의 수요를 11월의 계절지수로 나누고 12월의 수요를 12월의 계절지수로 나누는 등).

데이터가 추세(또는 평균)와 계절 요인을 동시에 보유하고 있을 때 계절성을 예측에 통합하는 것이 유용하다. 다음과 같은 방법으로 계절성을 통합할 수 있다.

1. 추세선을 활용하여 특정 기의 추세추정치를 구한다.
2. (승법모형이 타당하다고 간주하고) 이 추세추정치에 해당하는 계절지수를 *곱하여* 추세추정치에 계절성을 부가한다(11월의 추세추정치에 11월의 계절지수를 곱하고 12월의 추세추정치에 12월의 계절지수를 곱하는 등).

예제 4는 이 두 기법을 보여준다.

**예제 4**

mhhe.com/stevenson14e

**a. 데이터에서 계절성 제거하기와**
**b. 예측에 추세치와 계절지수의 활용**

어떤 커피숍 주인이 다음 두 분기의 핫 초콜릿 수요를 예측하고자 한다. 매출수량 데이터는 추세와 계절요인으로 구성되어 있다.

a. 1분기 계절지수는 1.20, 2분기의 계절지수는 1.10, 3분기의 계절지수는 0.75이고 4분기의 계절지수는 0.95이다. 이 정보를 활용하여 제1분기에서 제8분기까지의 데이터에서 계절성을 제거하라.

b. 적절한 계절지수 값과 추세 요소에 대한 수식 $F_t = 124 + 7.5t$를 활용하여 제9기와 제10기의 수요를 예측하라.

**풀이**

a.

| 기간 | 분기 | 매출수량 (gal.) | 4 | 분기 계절지수 | = | 계절요인 제거 매출수량 |
|---|---|---|---|---|---|---|
| 1 | 1 | 158.4 | 4 | 1.20 | = | 132.0 |
| 2 | 2 | 153.0 | 4 | 1.10 | = | 139.1 |
| 3 | 3 | 110.0 | 4 | 0.75 | = | 146.7 |
| 4 | 4 | 146.3 | 4 | 0.95 | = | 154.0 |
| 5 | 1 | 192.0 | 4 | 1.20 | = | 160.0 |
| 6 | 2 | 187.0 | 4 | 1.10 | = | 170.0 |
| 7 | 3 | 132.0 | 4 | 0.75 | = | 176.0 |
| 8 | 4 | 173.8 | 4 | 0.95 | = | 182.9 |

b. 추세치는 다음과 같다.

제9기: $F_t = 124 + 7.5(9) = 191.5$

제10기: $F_t = 124 + 7.5(10) = 199.0$

제9기는 1분기에 해당하고 제10기는 2분기에 해당된다. 각 추세치에 해당 분기의 계절지수를 곱하여 다음 결과를 얻는다.

제9기: 191.5(1.20) = 229.8

제10기: 199.0(1.10) = 218.9

**계절지수의 계산** 시계열의 추세분석을 위하여 널리 사용하는 기법은 **중심이동평균법**(centered moving average)이다. 이 기법은 데이터에 내재하는 추세(선형추세 또는 비선형추세)를 효과적으로 설명한다. 예컨대 그림 3.7은 3기 중심이동평균이 그림 3.3에서 본 원자료를 아주 근사하게 따라가고 있음을 보여주고 있다.

**중심이동평균** 이동평균을 계산하기 위해 사용된 데이터들의 중심에 위치시킨 이동평균

중심이동평균법을 이용한 계절지수를 구하기 위해 수(手) 계산을 하는 방법은 다소 까다로우므로 소프트웨어를 활용할 것을 추천한다. 수(手) 계산 활용방법은 본 장 말미의 문제풀이연습 4에 설명되어 있다. 웹사이트에 있는 엑셀 템플릿을 활용하면 계절지수를 간단하고 편리하게 구할 수 있다. 예제 5에 이 방법을 설명하였다.

실용적인 목적으로 반올림하여 소수 이하 2자리까지 계산한 표준화된 계절지수는 다음과 같다.

| 요일 | 계절지수 |
|---|---|
| 화 | 0.87 |
| 수 | 1.05 |
| 목 | 1.20 |
| 금 | 1.37 |
| 토 | 1.24 |
| 일 | 0.53 |
| 월 | 0.75 |

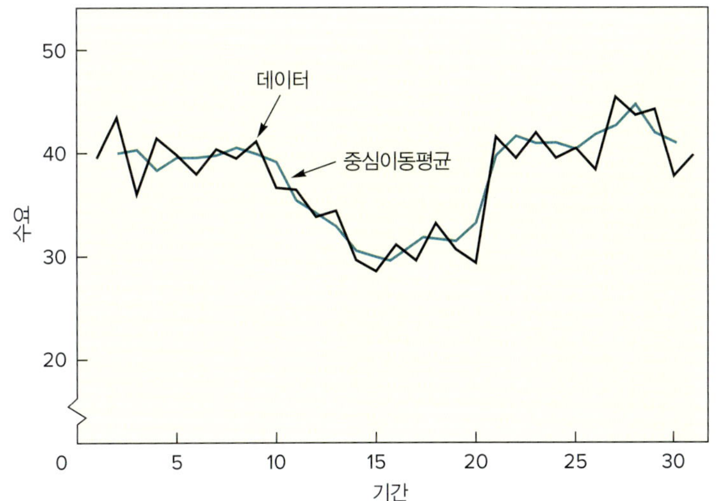


**그림 3.7**
중심이동평균은 데이터를 근사하게 따라간다.

**단순평균법을 활용한 계절지수의 계산** 계절지수를 계산할 수 있는 또 다른 방법은 단순평균(SA)법을 활용하는 것이다. 각 계절의 평균값을 모든 계절의 평균값으로 나누면 각각의 계절지수를 산출할 수 있다. 예제 5에 이 방법을 예시하였는데 여기서는 분기가 계절에 해당된다. 단순평균법을 이용하여 계절지수를 구할 때에는 표준화할 필요가 없다.

**예제 5**

mhhe.com/stevenson14e

### 계절지수의 계산

콜 센터의 관리자는 매일 오전 9시부터 10시 사이에 걸려온 전화 통수를 21일 동안 기록하고 요일별 이 시간대의 계절지수를 구하고자 한다.

| 요일 | 통화수 | 요일 | 통화수 | 요일 | 통화수 |
|---|---|---|---|---|---|
| 화 | 67 | 화 | 60 | 화 | 64 |
| 수 | 75 | 수 | 73 | 수 | 76 |
| 목 | 82 | 목 | 85 | 목 | 87 |
| 금 | 98 | 목 | 99 | 목 | 96 |
| 토 | 90 | 토 | 86 | 토 | 88 |
| 일 | 36 | 일 | 40 | 일 | 44 |
| 월 | 55 | 월 | 52 | 월 | 50 |

**풀이**

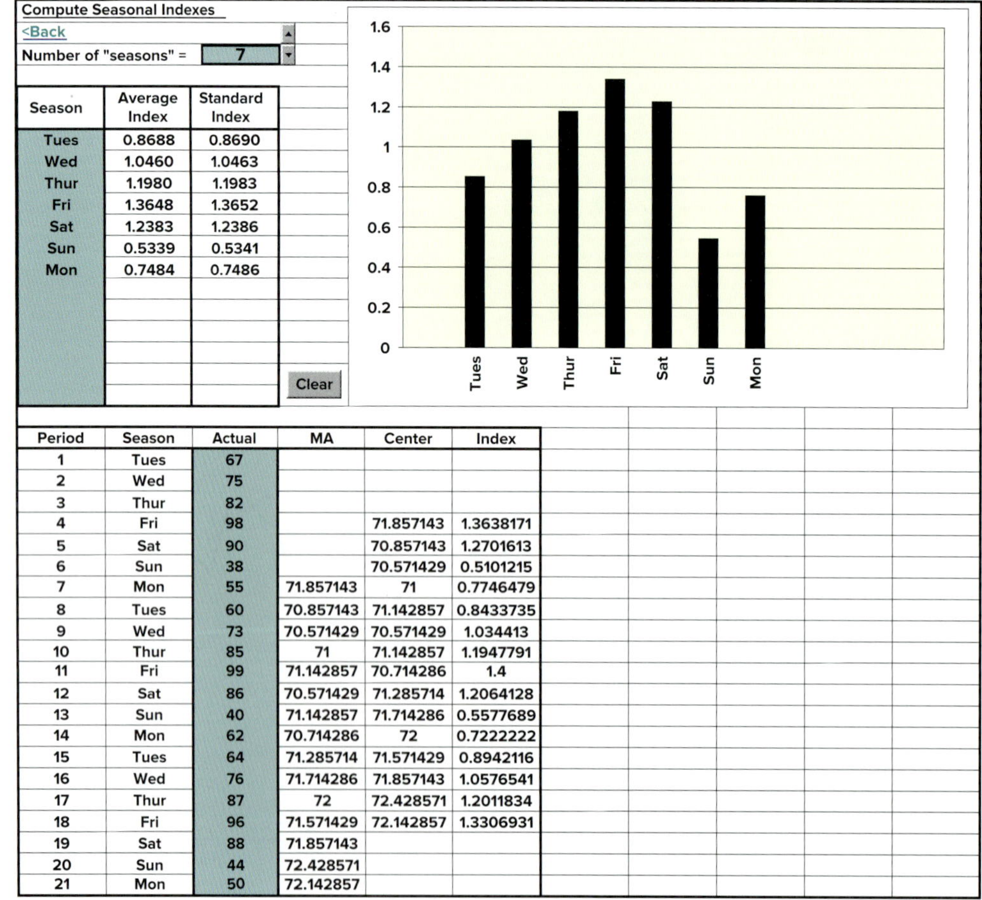

Compute Seasonal Indexes

<Back

Number of "seasons" = 7

| Season | Average Index | Standard Index |
|---|---|---|
| Tues | 0.8688 | 0.8690 |
| Wed | 1.0460 | 1.0463 |
| Thur | 1.1980 | 1.1983 |
| Fri | 1.3648 | 1.3652 |
| Sat | 1.2383 | 1.2386 |
| Sun | 0.5339 | 0.5341 |
| Mon | 0.7484 | 0.7486 |

Clear



| Period | Season | Actual | MA | Center | Index |
|---|---|---|---|---|---|
| 1 | Tues | 67 | | | |
| 2 | Wed | 75 | | | |
| 3 | Thur | 82 | | | |
| 4 | Fri | 98 | | 71.857143 | 1.3638171 |
| 5 | Sat | 90 | | 70.857143 | 1.2701613 |
| 6 | Sun | 38 | | 70.571429 | 0.5101215 |
| 7 | Mon | 55 | 71.857143 | 71 | 0.7746479 |
| 8 | Tues | 60 | 70.857143 | 71.142857 | 0.8433735 |
| 9 | Wed | 73 | 70.571429 | 70.571429 | 1.034413 |
| 10 | Thur | 85 | 71 | 71.142857 | 1.1947791 |
| 11 | Fri | 99 | 71.142857 | 70.714286 | 1.4 |
| 12 | Sat | 86 | 70.571429 | 71.285714 | 1.2064128 |
| 13 | Sun | 40 | 71.142857 | 71.714286 | 0.5577689 |
| 14 | Mon | 62 | 70.714286 | 72 | 0.7222222 |
| 15 | Tues | 64 | 71.285714 | 71.571429 | 0.8942116 |
| 16 | Wed | 76 | 71.714286 | 71.857143 | 1.0576541 |
| 17 | Thur | 87 | 72 | 72.428571 | 1.2011834 |
| 18 | Fri | 96 | 71.571429 | 72.142857 | 1.3306931 |
| 19 | Sat | 88 | 71.857143 | | |
| 20 | Sun | 44 | 72.428571 | | |
| 21 | Mon | 50 | 72.142857 | | |

Source: Microsoft

**예제 6**

### 단순평균법을 활용한 계절지수 계산

다음 예는 단순평균법을 활용하여 계절지수를 계산하는 단계를 보여준다.

**풀이**

1단계: 계절평균을 계산한다.

3단계: 단순평균 계절지수를 계산한다.

| 분기 | 1차년도 | 2차년도 | 3차년도 | 분기 합계 | 분기 평균 | 분기계절지수 |
|---|---|---|---|---|---|---|
| 1 | 20 | 23 | 17 | 60 | 20 | 20/20 = 1.00 |
| 2 | 10 | 12 | 28 | 30 | 10 | 10/20 = 0.50 |
| 3 | 25 | 17 | 22 | 66 | 22 | 22/20 = 1.10 |
| 4 | 28 | 26 | 30 | 84 | 28 | 28/20 = 1.40 |
| | | | | | 80 | 4.00 |

분기평균의 평균 = 80/4 = 20

2단계: 선제평균을 계산한다.

중심이동평균법과 비교한 단순평균법의 이점은 계산의 간편성이다. 데이터가 안정적인 평균(즉, 평균 부근의 변동)을 보이면 단순평균법은 썩 잘 들어맞으며 일반적으로 정확하다고 간주되는 중심이동평균법으로 계산한 계절지수에 상당히 근접한다. 데이터가 선형의 추세를 보이면 단순평균법은 사용하지 않는 것이 일반적인 통설이다. 그러나 다음에서 보는 바와 같이 기울기에 대한 절편의 비율이 크거나 기울기와 비교한 변동이 크면 이 방법을 사용하여 상당히 좋은 계절지수를 구할 수 있다. 즉, 비율이 크면 클수록 오차는 작아진다. 일반적인 관계는 다음 그림과 같다.

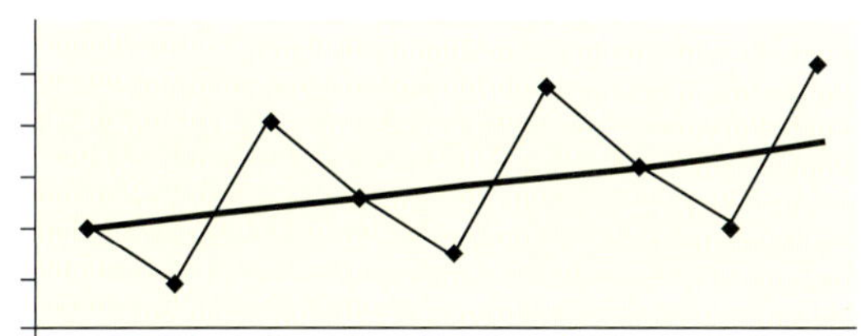

직선의 기울기에 비해 변동이 크다. 따라서 단순평균법을 사용해도 된다.

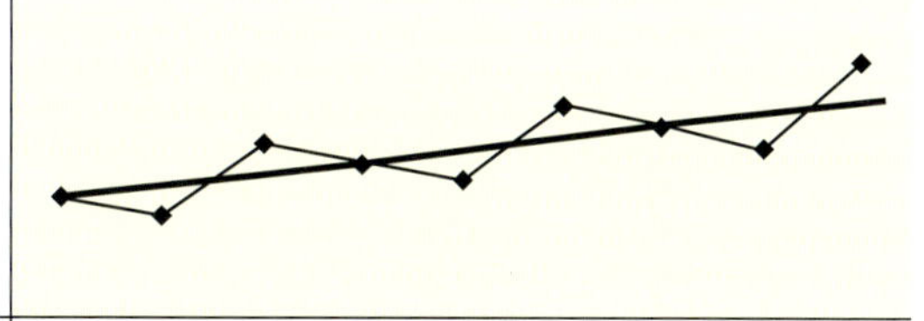

직선의 기울기에 비해 변동이 작다. 따라서 단순평균법을 사용하면 안 된다.

## 순환변동 분석기법

순환변동은 계절변동과 유사하지만 보다 장기적으로 지속하는, 예컨대 두 정점 간의 길이가 2년에서 6년에 이르는 상하운동이다. 시계열 데이터에서 순환변동이 발생하더라도 불규칙성이 잦고 전환점을 식별해 내기가 어렵기 때문에 과거 데이터로부터 이들을 추출해내는 것은 어렵거나 거의 불가능하다. 단기간의 이동평균이나 단순예측 접근방법은 비록 한 기간이나 그 이상의 기간 뒤처져 순환변동을 뒤쫓아 가는 예측결과를 산출하지만 양자 모두 어느 정도 도움은 된다고 생각된다.

가장 일반적으로 사용되는 접근방법은 설명적 방법이다. 즉, 관심의 대상이 되는 변수와 연관성이 있고 이를 *앞서가*는 다른 변수를 찾는 방법이다. 예컨대 특정 월의 건축허가 건수는 신규 건물의 건축과 직접 관련된 제품이나 서비스(조경, 세탁기나 건조기의 판매, 카펫이나 가구, 쇼핑, 교통, 학교에 대한 신규 수요)에 대한 몇 개월 후의 수요에 대한 지표가 된다. 따라서 기업이 이러한 *선행변수*(즉, 관심의 대상이 되는 변수의 변동에 앞서서 변동하는 변수)와 높은 상관관계를 파악할 수 있으면 그 관계를 기술하는 수식을 개발할 수 있고 예측이 가능하게 된다. 이들 두 변수 간에 지속적인 연관성이 존재해야 함은 물론이다. 특히, 이 상관관계가 높을수록 예측이 정확할 가능성이 더욱 높아진다.

## 3.9 인과관계 예측기법

인과관계 예측기법은 관심의 대상이 되는 변수를 예측하기 위해 사용할 수 있는 관련 변수를 식별하고자 한다. 예컨대 쇠고기의 매출은 쇠고기의 파운드당 가격과 닭고기, 돼지고기, 양고기 등 대체재의 가격과 관련성이 있다. 부동산의 가격은 부동산의 위치와 면적과 관련이 있다. 농산물 수확량은 토양의 조건이나 강우량이나 강우 시기 및 시비량과 관련이 있다.

**예측변수** ▸ 관심 있는 변수의 값을 예측하기 위해 사용하는 변수

**회귀분석** ▸ 점들의 조합에 적합한 직선을 찾아내는 기법

인과관계 기법의 핵심은 **예측변수**의 효과를 요약해 줄 수 있는 수식의 개발이다. 이 분석의 가장 기본적인 방법은 **회귀분석**(regression)으로 알려져 있다. 회귀분석에 대해 간략히 설명해 보기로 하자.

### 단순선형회귀

회귀분석 중 가장 단순하고 널리 활용되는 형태는 두 변수 간의 선형 관계를 나타내는 것이다. 데이터 값들을 산점도로 나타내면 그림 3.8과 같은 형태를 나타낸다. 선형회귀분석의 목적은 추정되는 직선으로부터 데이터 값들까지의 수직 편차제곱의 합이 최소화되도록(즉, *최소제곱 기준*)하는 직선의 식을 구하는 것이다. 이 **최소제곱선**(least square line)은 다음과 같은 형태를 가진다.

**최소제곱선** ▸ 직선으로부터의 수직 편차의 제곱의 합을 최소화한다.

$$y_c = a + bx \tag{3-9}$$

여기서,

$y_c$ = 피예측(종속) 변수

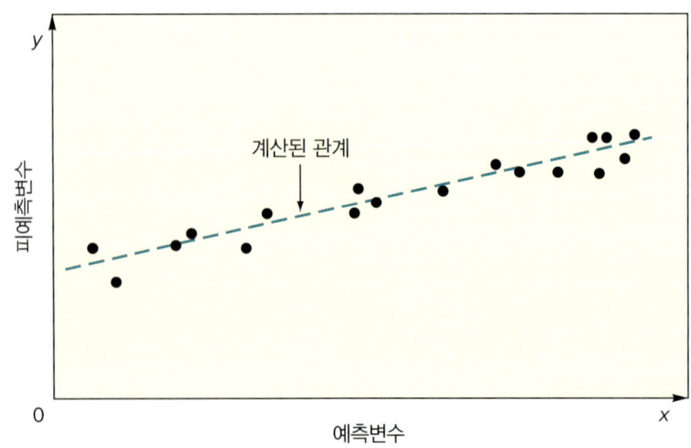


**그림 3.8**
표본점들의 조합에 적합한 직선이 그어져 있다.

$x$ = 예측(독립) 변수

$b$ = 직선의 기울기

$a$ = $(x = 0)$일 때의 $y_c$ 값(즉, $y$ 축상의 절편에서의 직선의 높이)

(*주의*: 전통적으로 피예측변수를 $y$축에, 예측변수를 $x$축에 표시한다.) 그림 3.9는 선형회귀선의 일반적인 그래프이다.

$$b = \frac{n(\sum xy) - (\sum x)(\sum y)}{n(\sum x^2) - (\sum x)^2} \tag{3-10}$$

$$a = \frac{\sum y - b\sum x}{n} \text{ or } \bar{y} - b\bar{x} \tag{3-11}$$

여기서,

$n$ = 관측 수

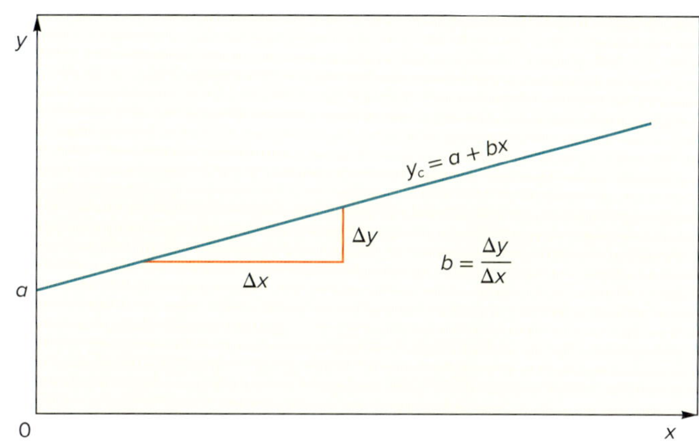


직선은 $y = a$에서 $y$축과 교차한다. 직선의 기울기 = $b$.

**그림 3.9**
직선의 수식: 직선은 $x$변수가 주어졌을 때 $y$변수의 평균(기대)값을 나타낸다.

**예제 7**

mhhe.com/stevenson14e

### 회귀선의 결정

Healthy Hamburgers는 북 일리노이 주에 12개의 점포를 열고 있다. 점포들의 매출액과 이익이 다음 표에 주어져 있다. 이 데이터에 대한 회귀식을 구하고, 점포의 매출액이 1천만 달러일 경우의 이익을 예측해 보라.

| 매출액, $x$ (단위 백만$) | 이익, $y$ (단위 백만$) |
|---|---|
| $7 | $0.15 |
| 2 | 0.10 |
| 6 | 0.13 |
| 4 | 0.15 |
| 14 | 0.25 |
| 15 | 0.27 |
| 16 | 0.24 |

| 매출액, $x$ (단위 백만$) | 이익, $y$ (단위 백만$) |
|---|---|
| 12 | 0.20 |
| 14 | 0.27 |
| 20 | 0.44 |
| 15 | 0.34 |
| 7 | 0.17 |

**풀이**

먼저 데이터의 산점도를 작성하고 선형모형이 적정한지 판단한다(즉, 점들이 직선 주위에 산포하고 있는가? 그림 3.10을 보면 그러한 것 같다). 다음에 본서의 웹사이트에 있는 엑셀 템플릿을 활용하여 회귀식 $y_c = 0.0506 + 0.0159x$을 얻을 수 있다(표 3.3 참조). $x = 10$(즉 1천만 달러)인 매출에 대해 추정된 이익은 $y_c = 0.0506 + 0.0159(10) = 0.2096$, 즉 $209,600이다. ($x = 0$를 수식에 대입하면 예측되는 이익은 $50,600이 되는데 이것은 매출이 없을 경우에도 그만한 이익이 발생하는 것처럼 보이므로 이상하게 생각될 수 있다. 그러나 $x = 0$라는 값은 *관측된 값의 범위 외부*에 존재하는 값이다. 회귀선은 회귀선이 추정된 값의 범위 내에서만 사용되어야 한다. 그 범위 외부에서는 관계가 비선형일 수도 있다. $a$값의 목적은 직선이 $y$축을 통과할 경우 단순히 직선의 높이를 나타내기 위한 것이다.)

**그림 3.10**
선형모형이 적합한 것처럼 보인다.

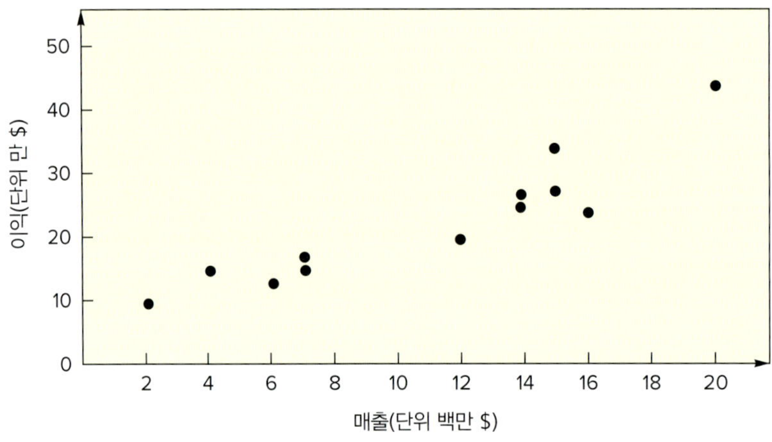


선형회귀선에 대해 예측이 얼마나 정확한가 하는 것은 회귀선 주위에 데이터 포인트가 분산된 정도로 확인할 수 있다. 직선의 식을 이용한 예측은 데이터 포인트가 보다 광범위하게 분산되어 있는 경우보다 데이터 포인트가 회귀선에 비교적 근접해 있을 때 정확해지는 경향이 있다. 이러한 데이터 포인트의 분산된 정도는 **추정의 표준오차**(standard error of estimate)로 요약될 수 있다. 추정의 표준오차는 다음과 같이 계산된다. 먼저 각 데이터 포인트와 그 점의 $x$값에 대해 회귀식으로 계산된 값 사이의 수직적인 차이를 확인하여 이를 제곱하고 모든 데이터 포인트에 대하여 합한 뒤 이를 $n - 2$로 나누고 마지막으로 그 값의 제곱근을 찾는 것이다.

**추정의 표준오차** ▶ 회귀선 주위에 데이터 포인트가 분산된 정도

$$S_e = \sqrt{\frac{\sum(y - y_c)^2}{n - 2}} \quad (3\text{-}12)$$

**표 3.3** 선형회귀를 구하기 위한 엑셀 템플릿의 활용

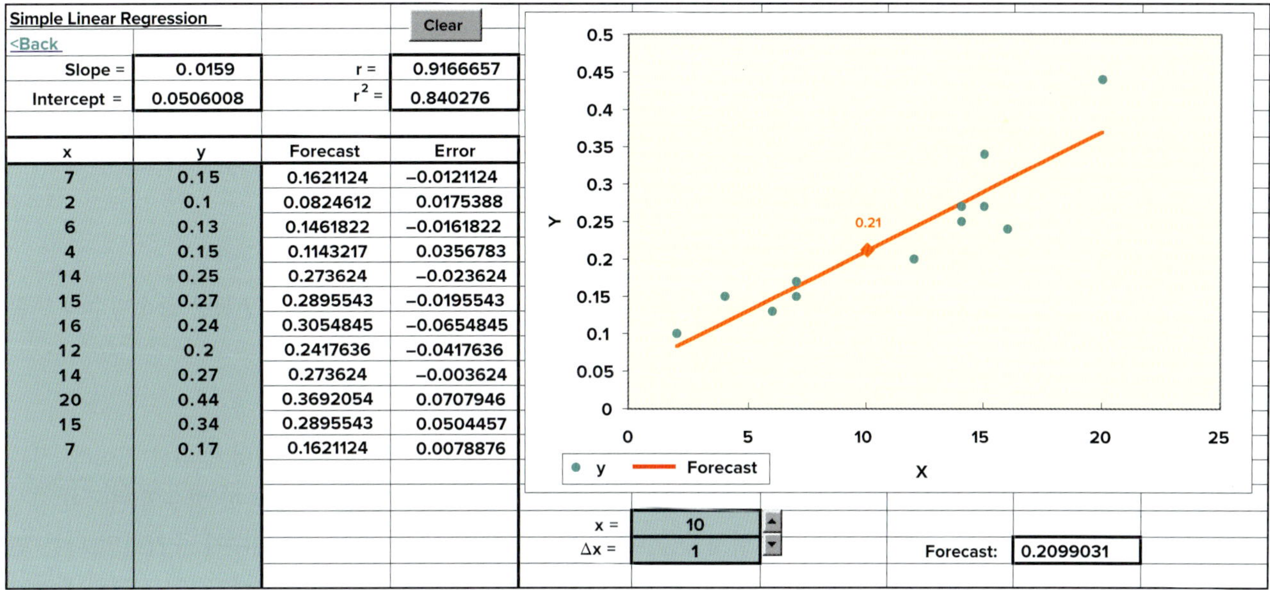

Simple Linear Regression

<Back

| | | | |
|---|---|---|---|
| Slope = | 0.0159 | r = | 0.9166657 |
| Intercept = | 0.0506008 | $r^2$ = | 0.840276 |

| x | y | Forecast | Error |
|---|---|---|---|
| 7 | 0.15 | 0.1621124 | −0.0121124 |
| 2 | 0.1 | 0.0824612 | 0.0175388 |
| 6 | 0.13 | 0.1461822 | −0.0161822 |
| 4 | 0.15 | 0.1143217 | 0.0356783 |
| 14 | 0.25 | 0.273624 | −0.023624 |
| 15 | 0.27 | 0.2895543 | −0.0195543 |
| 16 | 0.24 | 0.3054845 | −0.0654845 |
| 12 | 0.2 | 0.2417636 | −0.0417636 |
| 14 | 0.27 | 0.273624 | −0.003624 |
| 20 | 0.44 | 0.3692054 | 0.0707946 |
| 15 | 0.34 | 0.2895543 | 0.0504457 |
| 7 | 0.17 | 0.1621124 | 0.0078876 |

x = 10

Δx = 1

Forecast: 0.2099031



Source: Microsoft

여기서,

$S_e$ = 추정의 표준오차

$y$ = 각 데이터 포인트의 $y$값

$n$ = 데이터 포인트의 수

표 3.3에 주어진 데이터에서 오차 행은 $y - y_c$ 차이를 보여주고 있다. 각각의 오차를 제곱하고 제곱된 오차를 합하면 0.01659가 된다. 따라서 추정의 표준오차는

$$S_e = \sqrt{\frac{0.01659}{12 - 2}} = 0.0407$$

회귀선을 예측에 활용하는 방법 중의 하나는 지표를 활용하는 것이다. 이들 지표는 관심의 대상이 되는 변수의 변화에 선행하는 통제 불가능 변수들이다. 예컨대 연방준비제도 이사회의 할인율 변동은 어떤 범위의 기업 활동에 영향을 줄 것이다. 또 에너지 가격의 인상은 다양한 범위의 제품과 서비스 가격의 인상을 가져올 것이다. 이러한 지표를 주의 깊게 확인하고 분석함으로써 미래의 가능한 수요에 대해 추정해 볼 수 있다. 공식적으로 출판되는 다양한 지표와 이들을 수록하고 있는 웹 사이트들이 있다. 이러한 지표에는 다음과 같은 것들이 있다.[2]

보유재고와 주문 중인 재고의 순변화

상업대출에 대한 이자율

산업생산지수

[2] 예컨대, *The Narional Bureau of Economic Research, The Survey of Vurrent Business, The Monthly Labor Riview* 와 *Business Conditions Digest* 참조.

소비자 물가지수(CPI)
도매물가지수
주가지수

기타 가능한 지표로는 인구 변동, 지역의 정치 정세, 타 기업의 활동(쇼핑센터 개점은 인근 점포들의 매출을 증가시킬 것임) 등이 있다. 이들 지표가 의미를 갖기 위해서는 세 가지 조건이 만족되어야 한다.

1. 지표의 변동과 변수 변동과의 관계가 논리적으로 설명 가능해야 한다.
2. 예측이 행해졌을 때 그 예측이 이미 진부하게 되지 않도록 지표변동은 종속변수의 변동보다 충분한 시간간격을 두고 선행해야 한다.
3. 두 변수 간에 상당한 정도의 상관관계가 존재해야 한다.

**상관관계** ▶ 두 변수간의 관계의 방향과 정도에 대한 측정치

**상관관계**(correlation)는 두 변수 간의 관계의 정도와 방향을 측정하기 위한 것이다. 상관관계는 −1.00에서 +1.00까지의 범위를 가진다. +1.00의 상관관계는 한 변수의 변동이 항상 다른 변수의 변동과 일치함을 나타낸다. −1.00의 상관관계는 한 변수가 증가하면 다른 변수가 일치하여 감소하는 것을 나타내며 0에 가까운 상관관계는 두 변수 간에 *선형*의 관계가 거의 존재하지 않음을 나타낸다. 두 변수 간의 상관관계는 다음 수식을 이용하여 계산한다.

$$r = \frac{n(\sum xy) - (\sum x)(\sum y)}{\sqrt{n(\sum x^2) - (\sum x)^2}\sqrt{n(\sum y^2) - (\sum y)^2}} \tag{3-13}$$

상관계수의 제곱인 $r^2$는 독립변수로 '설명된' $y$값의 변동의 비율에 대한 측정치이다. $r^2$ 값의 가능한 범위는 0에서 1.00까지이다. $r^2$가 1.00에 가까울수록 설명된 변동의 비율이 커진다. 높은 $r^2$값, 예컨대 0.80 이상은 독립변수가 종속변수 값의 훌륭한 예측변수임을 의미한다. 낮은 $r^2$값, 예컨대 0.25 이하는 독립변수가 종속변수 값의 훌륭한 예측변수가 되지 못함을 의미하며 0.25와 0.80 사이의 값은 중간 정도가 됨을 의미한다.

## 선형회귀분석 사용과 관련한 코멘트

단순 선형회귀분석을 사용하기 위해서는 몇 가지 가정을 만족하여야 한다. 그중 기본적인 것은 다음과 같다.

- 회귀선 부근의 변동은 우연변동이어야 한다. 우연변동만 존재한다면 데이터 값을 그래프로 나타내었을 때 순환변동이나 추세변동과 같은 패턴은 나타나지 않는다.
- 회귀선 부근의 편차는 정규분포를 따라야 한다. 회귀선 주위에 데이터 값들이 집중되어 있는 반면 회귀선에서 멀어질수록 데이터 값들의 분포비율이 낮다면 이는 정규성의 가정을 만족하는 것이라고 볼 수 있다.
- 예측은 관측된 값들의 범위 내에서만 유효하다.

위의 가정들이 만족되면 회귀분석은 강력한 도구가 될 수 있다. 그렇지만 최선의 결과를 얻기 위해서는 다음의 사항도 확인할 필요가 있다.

- 선형관계가 적합한지 항상 데이터에 대한 산점도를 그려 확인할 필요가 있다.
- 데이터가 시간종속적일 가능성이 있다. 종속변수의 시간에 대한 산점도를 그려봄으로써

이 사실을 확인할 수 있고 만약 패턴이 발견되면 회귀분석 대신에 시계열분석을 활용하거나 *다중회귀분석*에서 시간을 독립변수 중의 하나로 활용한다.

- 상관관계가 작으면 보다 중요한 다른 변수가 존재함을 암시한다.

또한 다음과 같은 회귀분석의 약점에도 유의하여야 한다.

- 단순 선형회귀분석은 독립변수가 *한 개*인 경우에만 적용된다.
- 인과관계를 구성하기 위해서는 상당량의 데이터가 필요하다. 실제로는 최소한 20 또는 그 이상의 관측치를 필요로 한다.
- 모든 관측치는 가중치가 동일해야 한다.

**예제 8**

mhhe.com/stevenson14e

### 회귀식의 결정

다음 표는 신규주택 매각과 3개월의 시차를 둔 실업률을 나타내고 있다. 신규주택의 수요를 예측할 수 있는 예측변수로 실업률을 활용할 수 있는지를 판단하고 만약 그렇다면 그 예측식을 유도하라.

| 기간 | 1 | 2 | 3 | 4 | 5 | 6 | 7 | 8 | 9 | 10 | 11 |
|---|---|---|---|---|---|---|---|---|---|---|---|
| 매각건수 | 20 | 41 | 17 | 35 | 25 | 31 | 38 | 50 | 15 | 19 | 14 |
| 실업률 % (3개월 시차) | 7.2 | 4.0 | 7.3 | 5.5 | 6.8 | 6.0 | 5.4 | 3.6 | 8.4 | 7.0 | 9.0 |

**풀이**

1. *선형*모형이 적합한지 데이터에 대한 산점도를 그려본다. 이 경우 관측된 *데이터의 범위 내*에서 선형모형이 적합한 것 같다.

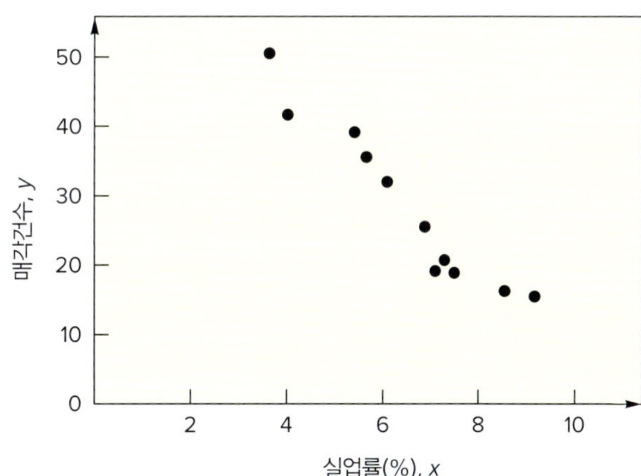


2. 웹 사이트에 있는 템플릿을 활용하여 상관계수가 0에 가깝지 않다는 점을 확인하고 다음에 회귀식을 산출한다.

   $r = -0.966$

   이것은 상당한 정도의 음의 상관관계를 보여준다. 회귀식은

   $y = 71.85 - 6.91x$

표본 관측치가 3.6에서 9.0까지의 값만 존재하므로 예측은 실업률이 3.6에서 9.0 사이에서만 의미가 있음을 명심하라.

J Edwards Photography/Shutterstock

### 비선형회귀와 다중회귀분석

선형모형이 적합하지 않거나 예측변수가 두 개 이상인 문제의 경우에는 단순 선형회귀가 적합하지 않다는 점이 발견될 것이다. 비선형 관계가 존재할 경우 비선형회귀분석을 적용하여야 하며 독립변수가 두 개 이상인 경우에는 다중회귀분석을 사용하여야 한다. 이러한 분석은 이 책의 범위를 넘으므로 자세히 설명하지 않겠으나 이러한 분석도 자주 활용되고 있음을 이해할 필요가 있다. 다중회귀분석은 훨씬 많은 양의 데이터를 필요로 한다.

## 3.10 예측의 정확도

예측의 정확도와 예측통제는 예측에서 아주 중요한 측면이며, 따라서 예측담당자는 예측오차를 최소화하고자 한다. 그러나 대부분의 실세계 변수들의 복잡한 성격 때문에 그러한 변수들의 미래 값을 정확하게 예측하기란 거의 불가능하다. 따라서 예측치가 그 변수의 실제 관측치에 비해 얼마만큼 편차를 가지고 있는지 그 정도를 나타내는 일이 중요해진다. 이것은 예측치 사용자의 입장에서 예측치가 실제치를 얼마나 벗어날 수 있는가에 대해 안목을 가지도록 해 준다.

뿐만 아니라 예측 기법을 선정할 때는 그 비용과 함께 예측의 정확도도 고려하고자 할 것이다. 기업 조직의 일상적인 활동을 성공적으로 하기 위해서 정확한 예측은 반드시 필요하다. 예측은 조직의 일정계획의 기준이 되며, 만약 예측이 정확하지 않으면 조직의 자원 소요량이나 산출량, 산출물의 종류나 산출시기에 대한 판단 잘못으로 비용이 증가하고 고객은 만족하지 않게 되며 경영자를 더욱 골치 아프게 만든다.

예측의 상황에 따라 일회적인 의사결정을 하기 위해 한 개의 예측치를 구하는 경우(예, 발전소의 용량)가 있는 반면 일련의 예측치를 연속적으로 구하는 경우(예, 주별 수익)가 발

## 읽을거리 라일락(Lilacs)

뉴욕 주 로체스터 시의 하이랜드 파크(Highland Park)는 미국 내 가장 큰 라일락 수집단지로 1,200그루 이상을 소장하고 있다. 매년 봄, 라일락 축제뿐만 아니라 라일락과 다른 식물들을 즐기기 위해 약 50만 명의 방문객이 이 공원에 온다. 지난 수년간 아마도 지구 온난화 때문에 그래프에서 보는 바와 같이 라일락의 개화시기가 점점 빨라지고 있다는 사실을 주목하는 것은 흥미롭다.

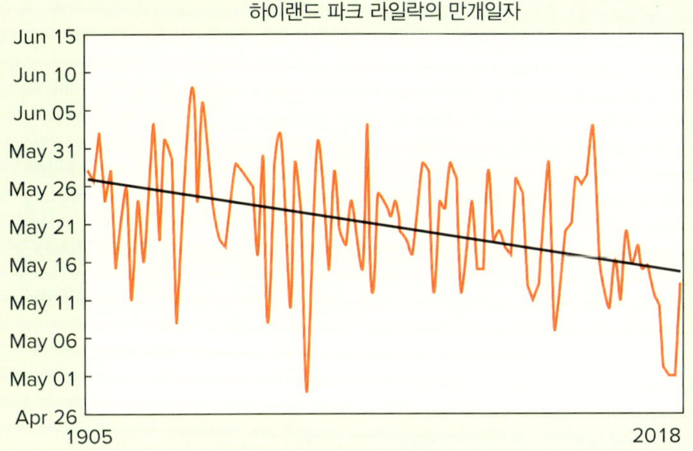


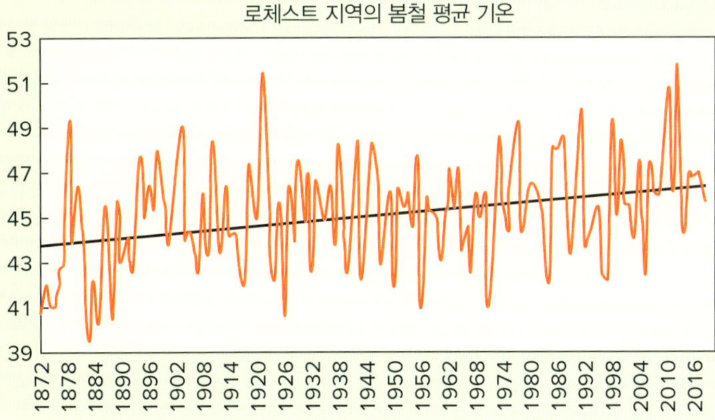


출처: *Rochester Democrat and Chronicle*, Dec. 21, 2018, p.1, p.11.

**[질문]**

1. 개화시기와 기온 간에 상관관계가 있다고 생각하는가?
2. 그래프 상의 데이터에 기초하면 각 그래프가 명백한 선형의 추세를 보여주지만, 특정 연도에 개화되는 시기를 예측하기 위해 이 추세선을 사용해서는 안 된다. 그렇게 해서는 안 되는 이유를 설명하라.
3. 공원 종업원들은 매년 그들이 생각하는 개화시기 몇 달 전에 언제 꽃이 개화할 것인지, 그리고 축제는 언제 개최해야 하는지에 대한 예측을 한다. 그러나 한차례의 이상 고온이나 저온의 날씨가 실제 개화시기를 변경시킬 수 있다. 축제가 어떤 사업에 영향을 미칠 수 있으며, 개화시기의 변경이 그것들 중의 일부에 어떤 영향을 미칠 수 있는가?

zatvornik/Shutterstock

생한다. 주기적인 예측을 하는 경우 예측오차가 합리적인 범위 내에 있는지를 확인하기 위해 예측오차를 모니터하는 일이 중요해진다. 만약 예측오차가 합리적인 범위 내에 존재하지 않게 되면 시정조치가 필요해진다.

예측**오차**는 주어진 기간에 대해 실제로 발생한 값과 예측된 값의 차이이다. 즉, 오차 = 실제치 − 예측치

**오차** 주어진 기간에 대해 실제로 발생한 값과 예측된 값의 차이

$$e_t = A_t - F_t \tag{3-14}$$

여기서,

$t$ = 주어진 기간

## 읽을거리 과대 예측은 나쁜 뉴스가 될 수 있다

소매 상인들이 너무 낙관적으로 수요예측을 하게 되면 쉽게 과잉주문에 이르게 되며 결과적으로 재고가 팽창하게 된다. 이러한 일이 발생하게 되면 과잉재고를 처분하기 위해 가격할인을 하도록 압력을 받게 된다. 이러한 할인 가격을 고객들은 즐거워할지 모르지만 소매상의 이익은 타격을 받게 된다. 나아가 소매상은 과잉재고를 소진하는 동안 자연적으로 신규주문을 삭감하게 되며 결과적으로 도매상에서 생산자, 원료공급자에 이르게 되는 전체 공급사슬에 영향을 주는 파동효과를 발생시키게 된다. 이것이 우리에게 주는 교훈은 명백하다: 너무 낙관적인 예측은 나쁜 뉴스가 될 수 있다.

양의 오차는 과소 예측을 한 경우이며 음의 오차는 과대 예측을 한 경우이다. 예컨대, 특정 주의 실제 수요가 100단위이고 수요예측치가 90단위이면 과소 예측을 한 경우이며 예측오차는 100 − 90 = +10이 된다.

예측오차는 두 가지 다소 다른 성격의 의사결정에 영향을 미친다. 하나는 여러 가지 대안적인 예측 기법 중에서 선택을 하는 경우이며 다른 하나는 현재 사용하고 있는 기법의 성공, 실패를 평가하는 경우이다. 여기서는 먼저 여러 기간 동안에 이루어진 예측에 대해 예측오차를 요약하는 방법부터 시작하여 이를 활용하여 예측기법을 서로 비교하는 방법을 설명하기로 한다.

### 예측의 정확도를 요약하기

예측의 정확도는 예측기법을 선정할 때 고려하는 중대한 요소이다. 정확도는 예측의 과거 오차에 기초하고 있다.

**평균절대오차(MAD)** ▸ 절대오차의 평균치

**평균제곱오차(MSE)** ▸ 제곱된 오차의 평균치

**평균절대백분율오차(MAPE)** ▸ 절대오차의 백분율 평균치

과거의 오차를 요약하는 방법으로 가장 일반적으로 활용되는 것으로 **평균절대오차**(mean absolute deviation, MAD), **평균제곱오차**(mean squared deviation, MSE), **평균절대백분율오차**(mean absolute percent error, MAPE)의 세 가지 방법이 있다. MAD는 절대오차의 평균치, MSE는 제곱된 오차의 평균치, MAPE는 절대오차의 백분율 평균치이다. MAD[3], MSE와 MAPE를 계산하기 위한 수식은 다음과 같다.

$$\text{MAD} = \frac{\sum|\text{실제치}_t - \text{예측치}_t|}{n} \tag{3-15}$$

$$\text{MSE} = \frac{\sum(\text{실제치}_t - \text{예측치}_t)^2}{n-1} \tag{3-16}$$

$$\text{MAPE} = \frac{\sum\frac{|\text{실제치}_t - \text{예측치}_t|}{\text{실제치}_t}\times 100}{n} \tag{3-17}$$

예제 1은 MAD, MSE와 MAPE의 계산 예를 보여주고 있다.

[3] 식 (3-15)의 두 개의 수직선으로 표시하는 절대치는 마이너스(−) 부호를 무시한다. 모든 데이터를 양의 값으로 취급한다. 예컨대 −2는 +2가 된다.

예제 9

## MAD, MSE와 MAPE의 계산

어느 회계사무소에서 서비스된 계정의 수에 대한 실제치와 예측치를 나타내고 있는 다음 자료를 바탕으로 MAD, MSE와 MAPE를 계산하라.

| 기간 | 실제치 | 예측치 | (A − F) 오차 | \|오차\| | 오차$^2$ | [\|오차\|÷실제치]×100 |
|---|---|---|---|---|---|---|
| 1 | 217 | 215 | 2 | 2 | 4 | 0.92% |
| 2 | 213 | 216 | −3 | 3 | 9 | 1.41% |
| 3 | 216 | 215 | 1 | 1 | 1 | 0.46% |
| 4 | 210 | 214 | −4 | 4 | 16 | 1.90% |
| 5 | 213 | 211 | 2 | 2 | 4 | 0.94% |
| 6 | 219 | 214 | 5 | 5 | 25 | 2.28% |
| 7 | 216 | 217 | −1 | 1 | 1 | 0.46% |
| 8 | 212 | 216 | −4 | 4 | 16 | 1.89% |
| | | | −2 | 22 | 76 | 10.26% |

풀이

표에서 계산된 수치들을 활용하여

$$\text{MAD} = \frac{\sum|e|}{n} = \frac{22}{8} = 2.75$$

$$\text{MSE} = \frac{\sum e^2}{n-1} = \frac{76}{8-1} = 10.86$$

$$\text{MAPE} = \frac{\sum\left[\frac{|e|}{\text{Actual}} \times 100\right]}{n} = \frac{10.26\%}{8} = 1.28\%$$

계산의 관점에서 볼 때 세 척도 간의 차이점은, MAD는 모든 오차에 동일한 가중치를 주고 MSE는 오차를 *그 제곱된 값*에 따라 가중치를 주며, MAPE는 *상대적인* 오차에 따라 가중치를 준다는 점이다.

이들 척도를 활용하는 한 가지 방법은 여러 예측기법의 정확도를 비교하는 것이다. 예컨대, 경영자는 주어진 데이터에 대해 MAD, MSE, 또는 MAPE를 계산하여 그 결과를 비교하고 *가장 낮은* 결과를 산출하는 예측방법을 하나 결정할 수 있다. 또 다른 활용방법은 일정 기간 동안 오차를 추적하여 주의가 요구되는지를 결정하는 것이다. 오차가 점점 좋아지거나 나빠지는지 또는 안정적인지를 판단하는 것이다.

어떤 경우에는 과거의 오차가 데이터 패턴의 변동에 대응하는 예측의 능력에 비해 2차적 일수도 있다. 따라서 여러 예측기법 중 한 가지를 선정할 때는 실제로 존재하지 않는 변화(즉, 우연변동)에 대응하는 비용보다는, 존재하는 변화에 신속히 반응하지 않을 때 발생하는 비용에 초점을 맞추어 비교해야 할 것이다.

일반적으로 생산운영관리자는 대응성보다는 과거 오차의 상대적 중요성을 생각해야 하며 과거 오차를 측정하기 위해 MAD, MSE와 MAPE를 사용할 것인지에 대해 결정해야 한다. MAD는 계산이 가장 간편하나 모든 오차를 동일하게 취급한다. MSE는 오차를 제곱함으로써 일반적으로 문제점을 많이 일으키는 큰 오차에 대해 보다 큰 가중치를 주게 된다. MAPE는 오차를 전체적인 관점에서 상대적으로 파악할 때 사용해야 한다. 예컨대 15의 예측치에 대해 10의 오차는 대단히 크지만 10,000의 예측치에 대해 10의 오차는 별로 중요하지 않다. 따라서 상대적 오차를 중요시할 때 MAPE를 사용한다. MAPE를 사용하는 또 다른 경우는 *서로 다른* 제품이나 서비스에 대한 예측오차를 비교할 필요가 있을 때이다. 예컨대 자가상표 상품과 제조자상표 상품에 대한 예측의 경우이다.

## 3.11 예측오차에 대한 모니터링

많은 경우 예측은 정기적으로(즉, 주별, 월별, 분기별) 이루어진다. 예측오차는 예외적인 것이기보다는 일상적인 것이기 때문에 예측오차는 연속적으로 발생할 수 있다. 예측오차를 추적하고 분석함으로써 예측이 만족하게 이루어지고 있는지를 알 수 있다.

이러한 예측오차의 원천으로 다음과 같이 다양한 종류를 들 수 있다.

1. (*a*) 중요한 변수를 생략했거나 (*b*) 모형이 처리할 수 없는 변수의 변동이나 움직임(추세나 순환변동이 갑자기 발생하는 것) (*c*) 새로운 변수의 발생(즉, 신규 경쟁자) 등으로 인해 모형이 부적절한 경우
2. 이상 기후나 기타 자연적 현상, 일시적인 과부족이나 고장, 재난, 기타 유사한 사건으로 인해 불규칙 변동이 발생한 경우
3. 우연변동 우연성은 다른 모든 변동요인들로 설명되고 난 나머지로서 내재적인 변동이다. 이러한 우연변동은 항상 존재한다.

우연변동만 나타나는 경우 예측은 일반적으로 적절히 이루어지고 있다고 판단된다. 따라서 특정 예측기법의 타당성을 판단하고자 하는 경우 예측오차가 우연성을 가지고 있는가를 살펴보면 된다. 만약 이들이 우연성을 가지고 있지 않으면 변동의 다른 원천으로 무엇이 존재하는지를 파악하여 그 문제를 바로잡을 필요가 있다.

**관리도** ▸ 예측오차를 모니터하기 위한 시각적 수단

예측오차에 우연성이 있는지를 탐지하는 도구로 **관리도**(control chart)가 있다. 그림 3.11에서 보는 바와 같이 예측오차를 발생한 순서대로 관리도 상에 점을 찍어 그래프로 나타낸다. 관리도의 중심선은 오차가 0인 상황을 나타낸다. 중심선의 상, 하에 있는 두 개의 직선은 각각 관리상한과 관리하한으로 부르며 이들은 오차의 변동을 허용하는 범위의 양 극단을 나타낸다.

예측오차가 '관리 상태'(즉, 우연변동만 존재)에 있기 위해서는 두 가지 조건이 필요하다. 그 하나는 오차들이 모두 관리한계 내에 존재해야 한다는 것이고 다른 하나는 어떠한 패턴

**그림 3.11**
관리도의 개념적 표현

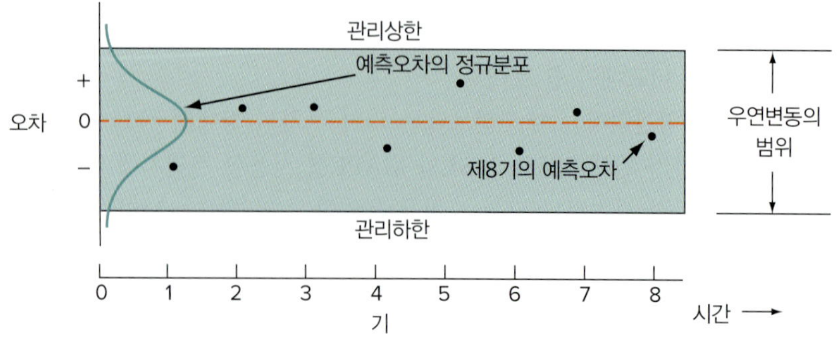

그림 3.12 우연변동이 아닌 경우의 예

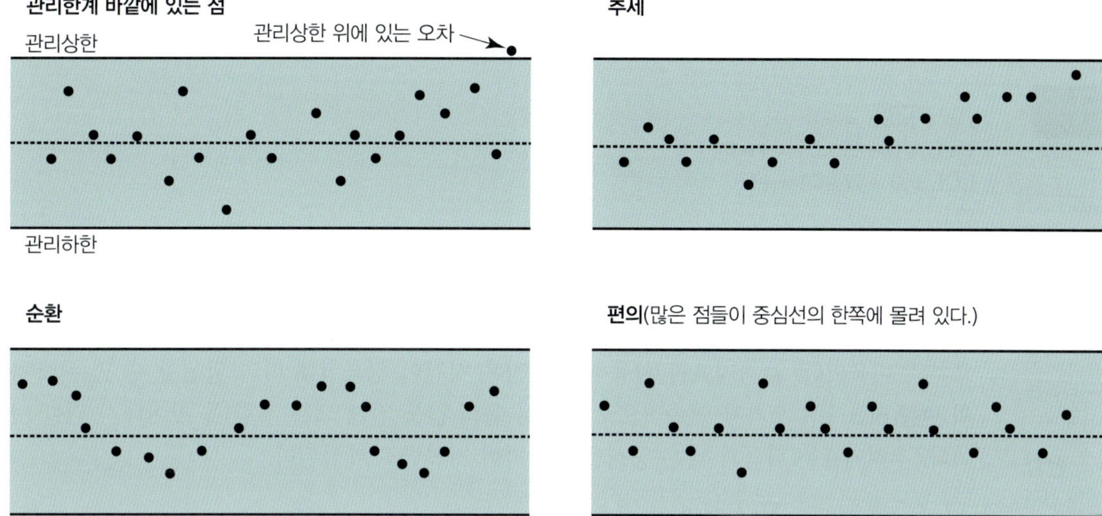


(추세, 순환변동, 중심에 집중이 안 된 자료 등)도 없어야 한다는 것이다. 양자 모두 면밀히 조사하면 발견할 수 있다. 그림 3.12는 우연성이 존재하지 않는 오차를 나타낸 예이다.

기술적으로 말하면 실제로 오차를 그래프상에 나타내지 않고도 관리한계를 초과했는지 판별할 수 있으나 시각적으로 판별하기 위해서는 오차를 그래프상에 나타내는 것이 필요하며 따라서 관리도를 작성해서 오차를 관리도상에 나타내는 것이 최선의 방법이다.

관리도를 작성하기 위해서는 먼저 MSE를 계산한다. MSE의 제곱근은 실제로는 오차분포의 표준편차[4]의 추정치로 사용된다.

$$s = \sqrt{\text{MSE}} \tag{3-18}$$

관리도는 오차분포가 우연성을 가질 경우 평균이 0인 정규분포를 따른다는 가정에 기초하고 있다. 정규분포의 경우 자료값(이 경우 오차)의 약 95.5%가 $0 \pm 2s$(즉, 0 ± 2표준편차)의 범위 내에 존재할 것이 예상되고 자료값의 약 99.7%가 $0 \pm 3s$의 범위 내에 존재할 것이 예상된다는 점을 상기하라. 이 사실을 염두에 두면 관리상한(UCL)과 관리하한(LCL)을 계산하기 위해 다음과 같은 공식을 사용할 수 있다.

$$\text{UCL: } 0 + z\sqrt{\text{MSE}}$$
$$\text{LCL: } 0 - z\sqrt{\text{MSE}}$$

여기서, $z$ = 평균으로부터의 표준편차 배수

이 두 공식을 합성하면 관리한계에 대한 다음과 같은 공식을 얻는다.

$$\text{관리한계: } 0 \pm z\sqrt{\text{MSE}} \tag{3-19}$$

[4] 실제 값은 다음과 같이 계산할 수 있다. $s = \sqrt{\frac{\sum(e - \bar{e})^2}{n-1}}$

**예제 10**

### 예측오차에 대한 관리한계의 계산

MSE가 9.0인 경우 예측오차에 대한 $2s$ 관리한계를 계산하라.

**풀이**

mhhe.com/stevenson14e

$s = \sqrt{\text{MSE}} = 3.0$
$\text{UCL} = 0 + 2(3.0) = +6.0$
$\text{LCL} = 0 - 2(3.0) = -6.0$

**추적지표** ▸
평균절대오차(MAD)에 대한 누적오차의 비율로 예측오차를 모니터하는 데 사용된다.

**편향** ▸
예측치가 연속적으로 시계열의 실제치보다 커거나 작은 값을 갖게 되는 경향

또 다른 방법은 **추적지표**(tracking signal)이다. 이것은 평균절대오차(MAD)에 대한 누적오차의 비율이다. 추적지표를 사용하는 목적은 시간이 경과함에 따라 발생할 수 있는 오차의 **편향**(bias: 즉, 오차가 연속적으로 양이나 음의 값을 갖게 되는 경향)을 찾아내기 위한 것이다. 추적지표는 다음과 같은 공식을 사용하여 기간별로 계산된다.

$$\text{추적지표}_t = \frac{\sum(\text{실제치}_t - \text{예측치}_t)}{\text{MAD}_t} \tag{3-20}$$

추적지표의 값은 양이나 음이 될 수 있다. 추적지표 값이 0인 것이 이상적인 경우이며, 허용 가능한 추적지표 값의 범위로는 64 또는 65의 한계가 자주 사용된다. 허용 가능한 범위 외부에서 추적지표 값이 발생하면 예측에 편의가 존재한다는 신호로 받아들일 수 있으며 시정조치가 필요하다는 것을 알려준다.

최초의 MAD 값이 결정되면 지수평활법을 사용하여 MAD를 최신의 값으로 갱신할 수 있다.

$$\text{SMAD}_t = \text{MAD}_{t-1} + \alpha\,(|\text{실제치} - \text{예측치}|_t - \text{MAD}_{t-1}) \tag{3-21}$$

**예제 11**

mhhe.com/stevenson14e

### a. 추적지표의 계산 b. 관리한계의 계산

다음 표는 지난 24개월 동안의 월별 재무계획 세미나 참석 인원과 예측치 및 그 오차를 보여주고 있다. 다음과 같은 접근방법을 활용하여 예측기법이 정상적으로 작동하고 있는지를 판단하라.

1. 제10개월째부터 시작되는 추적지표 지수평활법을 사용하여 MAD값을 갱신하고 관리한계 ±4와 $\alpha = 0.2$를 사용하라.
2. $2s$의 관리한계를 가지는 관리도 첫 8개월간의 데이터를 관리도를 개발하는 데 사용하고 관리도를 이용하여 나머지 데이터를 평가하라.

| 월 | *A* (참석자) | *F* (예측치) | *A* − *F* (오차) | \|e\| | 누적 \|e\| |
|---|---|---|---|---|---|
| 1 | 47 | 43 | 4 | 4 | 4 |
| 2 | 51 | 44 | 7 | 7 | 11 |
| 3 | 54 | 50 | 4 | 4 | 15 |
| 4 | 55 | 51 | 4 | 4 | 19 |
| 5 | 49 | 54 | −5 | 5 | 24 |
| 6 | 46 | 48 | −2 | 2 | 26 |
| 7 | 38 | 46 | −8 | 8 | 34 |
| 8 | 32 | 44 | −12 | 12 | 46 |

| 월 | A (참석자) | F (예측치) | A − F (오차) | lel | 누적 lel |
|---|---|---|---|---|---|
| 9 | 25 | 35 | −10 | 10 | 56 |
| 10 | 24 | 26 | −2 | 2 | 58 |
| 11 | 30 | 25 | 5 | 5 | |
| 12 | 35 | 32 | 3 | 3 | |
| 13 | 44 | 34 | 10 | 10 | |
| 14 | 57 | 50 | 7 | 7 | |
| 15 | 60 | 51 | 9 | 9 | |
| 16 | 55 | 54 | 1 | 1 | |
| 17 | 51 | 55 | −4 | 4 | |
| 18 | 48 | 51 | −3 | 3 | |
| 19 | 42 | 50 | −8 | 8 | |
| 20 | 30 | 43 | −13 | 13 | |
| 21 | 28 | 38 | −10 | 10 | |
| 22 | 25 | 27 | −2 | 2 | |
| 23 | 35 | 27 | 8 | 8 | |
| 24 | 38 | 32 | 6 | 6 | |
| | | | −11 | | |

**풀이**

1. 제10개월까지의 절대오차의 합은 58이다. 따라서 최초의 MAD는 58/10 = 5.8이다. 이후의 MAD는 공식 $\text{MAD}_{new} = \text{MAD}_{old} + \alpha(|e| - \text{MAD}_{old})$을 이용하여 갱신한다. 그 결과는 다음 표에 나타나 있다.

$$\text{특정 월의 추적지표} = \frac{\text{당해 월의 누적오차}}{\text{당해 월의 갱신된 MAD}}$$

| t(월) | lel | $\text{MAD}_t = \text{MAD}_{t-1} + 0.2(|e| - \text{MAD}_{t-1})$ | 누적오차 | 추적지표 = 누적오차 ÷ $\text{MAD}_t$ |
|---|---|---|---|---|
| 10 | | | −20 | −20/5.800 = −3.45 |
| 11 | 5 | 5.640 = 5.8 + 0.2(5 − 5.8) | −15 | −15/5.640 = −2.66 |
| 12 | 3 | 5.112 = 5.640 + 0.2(3 − 5.64) | −12 | −12/5.112 = −2.35 |
| 13 | 10 | 6.090 = 5.112 + 0.2(10 − 5.112) | −2 | −2/6.090 = −0.33 |
| 14 | 7 | 6.272 = 6.090 + 0.2(7 − 6.090) | 5 | 5/6.272 = 0.80 |
| 15 | 9 | 6.818 = 6.272 + 0.2(9 − 6.272) | 14 | 14/6.818 = 2.05 |
| 16 | 1 | 5.654 = 6.818 + 0.2(1 − 6.818) | 15 | 15/5.654 = 2.65 |
| 17 | 4 | 5.323 = 5.654 + 0.2(4 − 5.654) | 11 | 11/5.323 = 2.07 |
| 18 | 3 | 4.858 = 5.323 + 0.2(3 − 5.323) | 8 | 8/4.858 = 1.65 |
| 19 | 8 | 5.486 = 4.858 + 0.2(8 − 4.858) | 0 | 0/5.486 = 0.00 |
| 20 | 13 | 6.989 = 5.486 + 0.2(13 − 5.486) | −13 | −13/6.989 = −1.86 |
| 21 | 10 | 7.591 = 6.989 + 0.2(10 − 6.989) | −23 | −23/7.591 = −3.03 |
| 22 | 2 | 6.473 = 7.591 + 0.2(2 25 − 7.591) | −25 | −25/6.473 = −3.86 |
| 23 | 8 | 6.778 = 6.473 + 0.2(8 − 6.473) | −17 | −17/6.778 = −2.51 |
| 24 | 6 | 6.622 = 6.778 + 0.2(6 − 6.778) | −11 | −11/6.622 = −1.66 |

매월의 추적지표가 ±4의 범위 내에 존재하므로 문제가 있다는 증거가 없다.

2. a. 누적오차의 평균이 크다는 것은 편의가 있는 예측을 하고 있다는 것이므로 누적오차의 평균이 0에 가깝다는 사실을 확인한다.

$$\text{평균오차} = \frac{\sum \text{오차}}{n} = \frac{-11}{24} = -0.46$$

b. 표준편차를 계산한다.

$$s = \sqrt{\text{MSE}} = \sqrt{\frac{\sum e^2}{n-1}}$$

$$= \sqrt{\frac{4^2 + 7^2 + 4^2 + 4^2 + (-5)^2 + (-2)^2 + (-8)^2 + (-12)^2}{8 - 1}} = 6.91$$

c. $2s$의 관리한계를 설정한다.

$0 \pm 2s = 0 \pm 2(6.91) = -13.82$ to $+ 13.82$

d. (1) 모든 오차가 관리한계 내에 있다는 것을 확인한다(그렇다).

(2) 자료의 산점도를 그리고(다음 그래프 참조) 비우연성 패턴을 확인한다. 여기서 오차가 연속적으로 양이나 음의 값을 가지고 있다는 사실을 확인할 수 있다. 이것은 우연성이 존재하지 않는다는 사실을 암시하고 있으며 보다 개선된 방법으로 예측이 가능하다는 사실을 말해준다. 추적지표는 이 사실을 밝혀주지는 못했다.

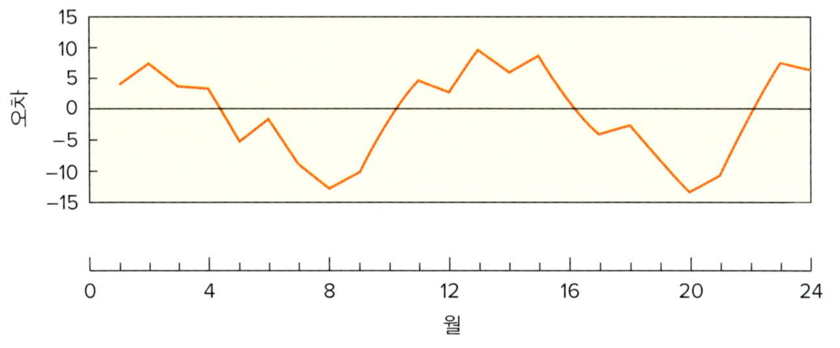


산점도는 데이터를 시각화시키고 관리한계 내에서의 가능한 패턴(즉, 비우연성)을 체크할 수 있도록 하여 개선된 방법으로 예측이 가능함을 알려준다.[5]

추적지표와 마찬가지로 관리도도 사전에 설정된 관리한계 외부에 존재하는 편차에 주목하고 있다. 그러나 어떠한 접근방법을 사용하더라도 비록 오차가 관리한계 내에 존재하더라도 오차들의 가능한 패턴을 확인해 볼 필요가 있다.

만약 비우연성이 발견되면 교정 과정이 필요해진다. 그 결과 예측오차의 변동성이 감소하고 따라서 관리한계가 좁게 설정된다(수정된 관리한계는 그 결과 발생하는 예측오차를 이용하여 다시 계산하여야 한다). 그림 3.13은 오차의 변동성이 감소한 결과 관리한계에 영향을 주는 상황을 보여주고 있다.

**부가설명** 관리도를 이용한 접근방법은 일반적으로 추적지표를 이용한 접근방법보다 우월하다. 추적지표 방법의 주요한 약점은 누적오차를 이용한다는 점이다. 아무리 큰 오차라도 양의 오차와 음의 오차가 서로 상쇄되는 효과가 있기 때문에 개별적인 오차의 힘은 무시되

[5] 관리도와 데이터에 내재하는 패턴을 발견하는 다양한 기법들에 대한 이론과 응용은 10장 품질관리에서 보다 자세히 다룬다.

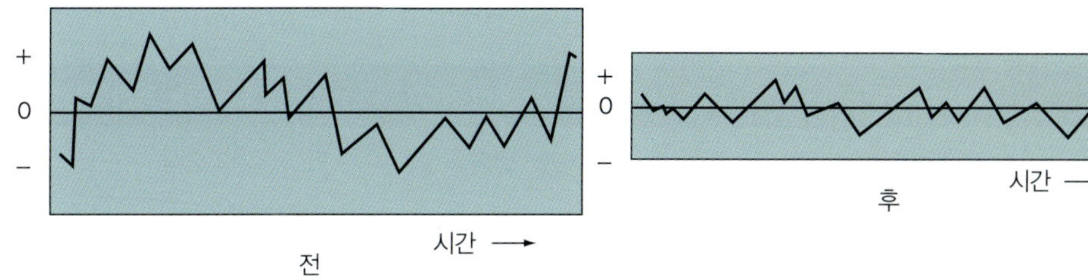


**그림 3.13**
일반적으로 패턴을 제거함으로써 변동성이 감소하고 그 결과 관리한계가 좁게 설정된다.

기 쉽다. 반면에 관리도 방법에서는 모든 오차는 개별적으로 평가된다. 따라서 오차를 모니터하는 데 추적지표 방법에 의존하면 오도될 가능성도 있다. 사실 추적지표 방법의 역사적인 시발은 기업경영에서 컴퓨터를 활용하기 이전으로 거슬러 올라간다. 당시에는 표준편차를 계산하는 것이 평균편차를 계산하는 것보다 훨씬 어려웠다. 이러한 이유로 추적지표 개념이 개발되었던 것이다. 현재는 컴퓨터와 계산기의 사용으로 표준편차의 계산이 한결 쉬워졌다. 그럼에도 불구하고 추적지표를 꾸준히 사용하는 경향이 있는데 아마도 관리도 접근방법의 우수성을 잘 모르고 있기 때문이 아닌가 생각된다.

## 3.12 예측기법의 선정

많은 종류의 예측기법이 존재하지만 어떠한 상황에서도 가장 잘 기능하는 기법은 존재하지 않는다. 예측기법을 선정할 때 경영자는 몇 가지 요소를 고려하여야 한다.

가장 중요한 요소 두 가지는 *비용*과 *정확도*이다. 예측에 배정된 예산은 얼마나 되는가? 오차가 발생할 경우 오차 때문에 치르게 될 잠재적인 비용은 얼마나 되며 정확한 예측으로 기대할 수 있는 이익은 무엇인가? 일반적으로 말해 정확도가 높을수록 비용도 올라가기 때문에 비용과 정확도 간의 교환관계를 주의 깊게 비교할 필요가 있다. 정확도가 가장 높거나 비용이 가장 싼 기법이 반드시 최선의 예측이 될 수는 없다. 최선의 예측은 오히려 경영자가 최선으로 생각하는 정확도와 비용 간의 조합이라 할 수 있다.

예측기법을 선정하는 데 있어 고려해야 할 또 다른 요소로는 과거 데이터의 입수 가능성, 컴퓨터 소프트웨어의 입수 가능성, 데이터를 수집하고 분석하며 예측을 하는 데 소요되는 시간 등이 있다. 어떤 기법은 장기 예측에 보다 적합하고 또 다른 기법들은 단기 예측에 보다 적합하기 때문에 예측의 시야도 대단히 중요하다. 예컨대 이동평균법과 지수평활법은 *다음 기*의 예측치를 산출해 내므로 본질적으로 단기예측기법이다. 추세선은 보다 장기의 예측에 사용될 수 있다. 시계열 데이터를 사용할 때 적절한 예측기법을 선정하기 위해 데이터를 *산점도*로 나타내는 것이 유용하다. 정성적 기법의 대부분은 과거 데이터가 필요하지 않으므로 장기 예측에 적합하다. 델파이법과 중역판단법은 장기예측에 사용된다. 신제품이나 새로운 서비스는 과거 데이터가 존재하지 않으므로 이들에 대한 예측은 주관적인 추정에 의존할 수 밖에 없다. 많은 경우 유사한 제품에 대한 경험이 적절하다. 표 3.4는 예측기법을 선정하는 지침을 제공하고 있으며 표 3.5는 예측 시야의 관점에서 고려해야 할 추가적인 사항들을 보여주고 있다.

어떤 경우 경영자는 한 가지 이상의 예측기법을 사용하기도 한다. 만약 상이한 예측기법을 사용하더라도 유사한 예측결과를 얻는다면 그 결과를 보다 신뢰할 수 있을 것이다. 반면

**표 3.4** 적절한 예측기법을 선정하기 위한 지침

| 예측기법 | 과거 데이터의 양 | 데이터 패턴 | 예측 시야 | 준비 기간 | 요구되는 개인적 능력 |
|---|---|---|---|---|---|
| 이동평균법 | 2~30개의 관측치 | 평균을 중심으로 한 변동 | 단기 | 짧음 | 거의 없음 |
| 단순 지수평활법 | 5~10개의 관측치 | 평균을 중심으로 한 변동 | 단기 | 짧음 | 거의 없음 |
| 추세조정 지수평활법 | 10~15개의 관측치 | 추세 | 단기에서 중기 | 짧음 | 중간 정도의 능력 |
| 추세 모형 | 10~20개.<br>계절변동 분석을 위해서는 계절당 최소 5개 이상 | 추세 | 단기에서 중기 | 짧음 | 중간 정도의 능력 |
| 계절변동 분석 | 2개의 봉우리와 골짜기를 확인할 수 있을 만큼 | 순환변동 및 계절변동을 처리함 | 단기에서 중기 | 짧거나 중간 정도 | 거의 없음 |
| 인과관계 회귀분석 모형 | 독립변수 1개당 10개의 관측치 | 복잡한 패턴을 처리할 수 있음 | 단기, 중기, 장기 | 개발에는 장기간, 활용에는 단기간 소요 | 상당한 수준의 능력 |

출처: Adapted from J. Holton Wilson and Deborah Allison-Koerber, "Combining Subjective and Objective Forecasts Improves Results," *Journal of Business Forecasting*, Fall 1992, p. 4. Copyright © 1992 Institute of Business Forecasting. Used with permission.

**표 3.5**
예측시야에 따른 예측 고려 요소

| 요소 | 단기 | 중기 | 장기 |
|---|---|---|---|
| 1. 빈도 | 자주 | 가끔 | 드물게 |
| 2. 통합의 수준 | 개별 품목 | 제품군 | 총생산<br>제품/서비스 유형별 |
| 3. 모형의 유형 | 평활법<br>투영법<br>회귀분석 | 투영법<br>계절변동 분석<br>회귀분석 | 경영진의 판단 |
| 4. 경영층의 관여 정도 | 낮음 | 중간 | 높음 |
| 5. 예측당 비용 | 적음 | 중간 | 많음 |

예측결과가 상이하다면 추가적인 분석이 필요할 것이다. 한 가지 방법은 두 가지 기법의 결과를 결합하는 것이다. 또 다른 방법은 최근의 데이터를 이용하여 몇 가지 기법을 사용하여 보고 실제 예측에는 오차가 가장 적은 기법을 사용하며, 다른 기법들의 결과도 유지하면서 다음 번 예측에는 그 때까지 가장 오차가 적은 기법을 계속해서 사용해 가는 것이다. 한 개의 기법이 지속적으로 더 좋은 성과를 보인다면 그 기법이 선호하는 기법이 될 것이다.

## 3.13 예측정보의 활용

경영자는 예측에 대해 *반응적*(*reactive*) 또는 *사전대응적인*(*proactive*) 접근방법을 취할 수 있다. 반응적인 접근방법은 예측을 가능한 미래의 수요로 간주하고 그 수요를 충족시키기 위해 대응한다(즉, 생산율이나 재고, 작업인력 등을 조절한다). 반면 사전대응적인 접근방법

은 적극적으로 수요에 영향을 미치고자 한다(즉, 광고, 가격정책, 제품/서비스 변경 등의 방법으로).

일반적으로 말해 사전대응적 접근방법은 설명적 모형(즉, 회귀분석)이나 수요에 대한 영향에 대해 주관적 판단을 필요로 한다. 경영자는 두 가지 예측을 할 수도 있다. 하나는 현재의 상황 하에서 어떤 결과가 발생할 것인가를 예측하는 것이고 다른 하나는 현상의 예측결과가 바람직하지 않을 때 '조건-결과(what-if)' 접근방법에 기초해서 "만약 이러한 조건이라면 어떻게 될 것인가?"와 같은 예측을 하는 것이다.

## 3.14 예측에서 컴퓨터의 활용

계량적 데이터에 기초한 예측에서 컴퓨터는 중요한 역할을 한다. 컴퓨터를 활용함으로써 수(手) 계산의 중압을 느끼지 않고 예측을 신속히 수행하고 개정할 수 있게 되었다. 또한 예측에 활용할 수 있는 다양한 소프트웨어가 출시되어 있다. 본서의 웹 사이트에 있는 엑셀 템플릿은 스프레드시트 접근방법의 예를 보여주고 있다. 그 외에도 이동평균법, 지수평활법, 선형추세분석법, 추세조정 지수평활법 및 단순 선형회귀분석법 등을 위한 템플릿도 있다. 이 장 말미의 문제풀이연습에 이들 템플릿들을 예시하고 있다.

mhhe.com/stevenson14e

## 3.15 생산운영전략

예측은 많은 의사결정의 기초가 되고 수요와 공급을 일치시키는 데 핵심적인 투입요소이다. 확실히 조직의 예측이 정확할수록 미래의 기회를 활용하고 잠재적인 위험을 경감시키기 위해 보다 잘 준비할 수 있다. 바람직한 전략은 단기예측을 개선하기 위한 노력이다. 단기예측을 잘할수록 재고수준을 낮추고 결품수준을 낮추며 고객서비스 수준을 개선시켜 이익을 향상시킬 수 있을 뿐만 아니라 조직 전반에 걸쳐 예측의 *신뢰도*를 향상시킬 수 있다. 만약 단기 예측이 부정확하다면 조직의 타 부문에서 어떻게 장기 예측을 신뢰할 수 있겠는가? 정확한 단기예측으로 가질 수 있는 확신감은 단기적, 전술적 활동에 비해 전략적, 중장기적 계획에 보다 많은 자원을 할당하도록 해 준다.

가격, 수요 및 기타 변수들에 대한 최신의 정확한 정보를 유지함으로써 예측의 정확도를 크게 향상시킬 수 있다. 예측을 개선시키기 위해 조직은 다른 노력들도 할 수 있다. 이들은 개량된 기법을 찾으려고 노력하는 것이 아니라 예측 시야와 역의 관계를 가진 정확도를 이해하는 것이다. 단기를 커버하는 예측은 장기예측에 비해 비교적 정확한 경향이 있다. 이러한 점을 인식한다면 *예측이 커버해야 하는 예측 시야를 짧게* 하는 노력을 기울일 필요가 있다. 이것은 본질적으로 예측에 대응하는 데 필요한 *리드타임*을 단축하는 것을 의미한다. 이것은 제품이나 서비스의 변화된 수요나 수요량의 변화에 신속히 대응할 수 있도록 생산운영에 *유연성*을 구축하는 것과 공급품이나 장비, 원자재를 조달하는 데 소요되는 리드타임이나 종업원을 훈련, 재훈련시키는 데 필요한 시간을 단축하는 것, 또 신제품이나 서비스를 *개발*하는 데 필요한 시간을 단축시키는 것 등이 포함된다.

린 시스템은 수요 주도적이다. 제품은 수요가 발생할 때까지 재고로 보유하는 것이 아니라 주문이 발생하면 그 주문을 충족시키기 위해서 생산한다. 그 결과 보다 전통적인 생산시스템에 비해 단기예측에 의존하는 바가 훨씬 적다.

주문을 훨씬 이전에 해야 하는 경우 예측이 매우 어려울 수 있다. 예컨대 수요가 봄철의 시작과 같이 기상조건에 민감하고 수요에 대한 감을 잡기 어려운 경우가 여기에 해당한다. 이것과 관련된 제품이나 서비스에 대한 주문(예컨대 원예용 물자, 광고 지면 등)은 몇 개월 전에 이루어져야 하며 이것은 예측자가 기상조건, 따라서 주문의 시기를 정확하게 예측하기가 대단히 어려운 경우이다. 이러한 경우에 낮은 할당량을 원하는 판매원과 과잉재고의 비용을 처리하고 싶지 않은 재무부서 직원들로부터 보수적인 예측을 하도록 하는 압력을 받게 된다. 그러나 발생할지도 모르는 재고부족 때문에 비난을 받는 위험을 줄이기 위해 생산부서 직원들은 보다 낙관적인 예측을 원할 것이다.

전체 공급사슬에 걸쳐 예측이나 수요 데이터를 공유함으로써 공급사슬 상의 예측의 질을 향상시킬 수 있으며, 결과적으로 원가를 낮추고 리드타임을 단축시킬 수 있다. 예컨대 휴렛팩커드나 IBM은 유통업자들에게 계약에 이러한 정보를 포함하도록 요구하고 있다.

## 요약

예측은 경영자가 미래를 예상하는 데 도움을 주기 때문에 생산시스템의 설계나 운영을 위한 중요한 투입요소가 된다.

예측기법은 정성적인 기법과 계량적인 기법으로 구분된다. 정성적인 기법은 예측을 체계적으로 하기 위해 판단, 경험, 그리고 개인의 기량에 의존하는 것이다. 계량적 기법은 예측을 하기 위해 과거의 데이터를 활용하거나 변수 간의 연관성에 의존하는 것이다. 어떤 예측기법은 단순하나 또 다른 것들은 복잡하다. 어떤 예측기법이 다른 기법에 비해 우월할 수는 있으나 어느 한 기법이 모든 경우에 우월한 것은 아니다. 특히 모든 예측기법은 어느 정도의 부정확성을 내포하고 있으며 따라서 이러한 부정확성에 대한 고려를 해야 한다. 예측기법들은 일반적으로 과거에 존재하였던 시스템 내의 인과관계가 미래에도 지속될 것이라는 가정을 하고 있다.

이 장에서 서술한 정성적 예측기법에는 소비자 조사법, 판매원 추정법, 중역 판단법 및 경영자 및 직원 의견법 등이 있다. 그리고 두 가지 주요 계량적 기법으로 시계열 데이터의 분석기법과 인과관계 예측기법이 소개되었다. 시계열 예측기법은 오로지 과거 데이터의 검토에 의존하는 방법이다. 특정 변수에 영향을 줄 수 있는 특정의 요인에 대해서는 고려하지 않고 오로지 특정 변수의 과거 움직임을 미래에 투사하여 예측을 하는 방법이다. 인과관계 예측기법은 영향을 주는 변수를 명시적으로 파악하여 예측 목적으로 사용되는 수식에 그 정보를 반영하는 방법이다.

모든 예측은 부정확하다고 할 수 있다. 따라서 정확도를 측정할 수 있는 척도가 필요하다. 주어진 예측기법의 성과를 평가하고 여러 가지 예측기법 중에서 하나를 선정할 수 있도록 하는 예측의 정확도를 몇 가지 방법으로 계산할 수 있다. 예측의 통제는 특히 관리도를 작성하여 예측이 적절히 수행되고 있는가를 결정하는 것이다.

예측기법을 선정할 때에는 수락 가능한 비용과 정확도의 범위 내에서 의도된 목적을 잘 수행할 수 있는 기법을 선정한다.

표 3.6에는 다양한 예측기법이 요약되어 있다. 그리고 표 3.7에는 예측기법과 예측의 정확도를 측정하는 방법에 사용되는 공식들을 망라하였다. 본서 웹 사이트의 엑셀 템플릿을 활용하면 지루한 계산을 편리하게 하는 데 도움이 될 것이다.

**표 3.6** 예측기법의 종류

| | 접근방법 | 간단한 설명 |
|---|---|---|
| **판단/의견** | 소비자 조사법 | 소비자를 대상으로 미래의 계획에 대한 설문조사 |
| | 판매원 추정법 | 판매원이나 고객서비스 부서 종업원들의 의견을 토대로 공동 추정 |
| | 중역 판단법 | 재무, 마케팅 및 생산부문의 중역이 함께 모여 공동으로 예측을 함 |
| | 델파이법 | 익명의 해당 분야의 전문가들을 대상으로 한 일련의 설문조사: 이전의 조사에서 얻어진 정보에 기초하여 후속 설문조사가 이루어짐 |
| | 외부 의견법 | 컨설턴트나 외부의 전문가가 예측을 함 |
| **통계적 기법** | 시계열: | |
| | 단순예측법 | 금기의 예측치로 시계열의 전기 실제치를 사용함 |
| | 이동평균법 | 최근의 실제치들의 평균값으로 예측을 함 |
| | 지수평활법 | 가중이동평균을 위한 정교한 수식을 사용 |
| | 인과관계 모형: | |
| | 단순회귀분석 | 종속변수를 예측하기 위해 한 개의 독립변수를 사용 |
| | 다중회귀분석 | 종속변수를 예측하기 위해 두 개 이상의 독립변수를 사용 |

**표 3.7**
예측기법 공식 요약

| 기법 | 공식 | 정의 |
|---|---|---|
| MAD | $\text{MAD} = \frac{\sum^{n} \lvert e \rvert}{n}$ | MAD = 평균절대오차<br>$e$ = 오차, $A - F$<br>$n$ = 오차의 개수 |
| MSE | $\text{MSE} = \frac{\sum^{n} e^2}{n-1}$ | MSE = 평균제곱오차<br>$n$ = 오차의 개수 |
| MAPE | $\text{MAPE} = \frac{\sum^{n}\left[\frac{\lvert e_t \rvert}{\text{Actual}_t} \times 100\right]}{n}$ | MAPE = 평균절대백분율오차<br>$n$ = 오차의 개수 |
| 이동평균법 | $F_t = \frac{\sum_{i=1}^{n} A_{t-i}}{n}$ | $A = t - i$기의 수요<br>$n$ = 기간의 수 |
| 가중평균 | $F_t = w_{t-n}A_{t-n} + w_{t-n+1}A_{t-n+1} + \cdots + w_{t-2}A_{t-2} + w_{t-1}A_{t-1}$ | $w_t = t$기의 가중치<br>$A_t = t$기의 실제치 |
| 지수평활법 | $F_t = F_{t-1} + \alpha(A_{t-1} - F_{t-1})$ | $\alpha$ = 평활상수 |
| 선형추세 예측기법 | $F_t = a + b_t$<br>$b = \frac{n\sum ty - \sum t \sum y}{n\sum t^2 - (\sum t^2)}$<br>$a = \frac{\sum y - b\sum t}{n}$ 또는 $\bar{y} - b\bar{t}$ | $a = y$절편<br>$b$ = 기울기 |
| 추세조정 예측기법 | $\text{TAF}_{t+1} = S_t + T_t$<br>$S_t = \text{TAF}_t + \alpha(A_t - \text{TAF}_t)$<br>$T_t = T_{t-1} + \beta(\text{TAF}_t - \text{TAF}_{t-1} - T_{t-1})$ | $t$ = 당기<br>$\text{TAF}_{t+1}$ = 차기의 추세조정 예측치<br>$S$ = 당기에 대한 예측치와 평활된 오차<br>$T$ = 추세 요소 |

(계속)

**표 3.7**
예측기법 공식 요약(계속)

| 기법 | 공식 | 정의 |
|---|---|---|
| 선형회귀법 | $Y_c = a + bx$<br>$b = \frac{n(\sum xy) - (\sum x)(\sum y)}{n(\sum x^2) - (\sum x^2)}$<br>$a = \frac{\sum y - b\sum x}{n}$ 또는 $\bar{y} - b\bar{x}$ | $Y_c$ = 종속변수에 대해 계산된 값<br>$x$ = 예측(독립)변수<br>$b$ = 직선의 기울기<br>$a$ = x = 0일 때의 $Y_c$의 값 |
| 추정의 표준오차 | $S_e = \sqrt{\frac{\sum(y - y_c)^2}{n-2}}$ | $S_e$ = 추정의 표준오차<br>$y$ = 각 데이터 포인트의 $y$값<br>$n$ = 데이터 포인트의 개수 |
| 추적지표 | $TS_t = \frac{\sum^t e}{MAD_t}$ | |
| 관리한계 | $UCL = 0 + z\sqrt{MSE}$<br>$LCL = 0 - z\sqrt{MSE}$ | $\sqrt{MSE}$ = 표준편차<br>$z$ = 표준편차의 배수, 2와 3이 일반적임 |

## 주요 내용

1. 수요예측은 많은 경영의사결정에서 핵심적인 투입요소다. 이것은 경영자들이 예상되는 수요를 충족시키기 위해 조직 내부나 공급사슬에서 얼마나 많은 공급이나 용량이 필요할지를 결정하는 데 도움을 준다.
2. 수요에서의 우연변동 때문에 예측은 완벽하지 않을 가능성이 크다. 따라서 경영자들은 예측오차에 대비할 수 있도록 준비되어 있어야 한다.
3. 기타의 비우연적 요소도 내재되어 있을 수 있기 때문에 예측오차의 비우연적 오차를 확인하기 위해서 예측오차를 모니터하는 것이 필요하다.
4. 비용효과가 높고 예측오차를 최소화하는 예측기법을 선정하는 것이 중요하다.

## 주요 용어

가중평균(weighted average)
계절변동(seasonal variation)
계절성(seasonality)
계절지수(seasonal relative)
관리도(control chart)
단순예측법(naive forecast)
델파이법(Delphi method)
불규칙 변동(irregular variation)
상관관계(correlation)
선형추세식(linear trend equation)
순환변동(cycle)
시계열 예측기법(time-series forecast)
시계열(time series)
예측(forecast)
예측변수(predictor variable)
예측오차(error)
우연변동(random variations)
이동평균(moving average)
인과관계 모형(associative model)
중심이동평균(centered moving average)
지수평활법(exponential smoothing)
최소제곱선(least squares line)
추세(trend)
추세조정 지수평활법(trend-adjusted exponential smoothing)
추적지표(tracking signal)
추정의 표준오차(standard error of estimation)
판단 예측법(judgemental forecast)
편향(bias)
평균절대백분율오차(mean absolute percent error, MAPE)
평균절대오차(mean absolute deviation, MAD)
평균제곱오차(mean squared error, MSE)
회귀분석(regression)

## 문제풀이연습

**문제 1**

*평균에 기초한 예측*. 다음과 같은 데이터가 주어졌을 때 다음과 같은 예측기법을 사용하여 제6기에 대한 예측을 하라.

| 기간 | 고객불만 건수 |
|---|---|
| 1 | 60 |
| 2 | 65 |
| 3 | 55 |
| 4 | 58 |
| 5 | 64 |

a. 적절한 단순예측법

b. 3기 이동평균법

c. 가중치를 0.50(가장 최근 자료), 0.30, 0.20으로 하는 가중이동평균법

d. 평활상수를 0.40으로 하는 지수평활법

**풀이**

a. 패턴이 존재하는지 자료의 산점도를 그린다. 여기서는 평균 주위의 변동만 확인할 수 있다(즉, 추세나 순환변동이 존재하지 않음). 따라서 시계열의 가장 최근 자료를 차기의 예측치로 한다: 64

b. 최근 3기의 실제치를 활용한다. $MA_3 = MA_3 = \dfrac{55 + 58 + 64}{3} = 59$

c. $F = 0.20(55) + 0.30(58) + 0.50(64) = 60.4$

d. 2기부터 시작한다. 1기의 자료를 2기의 예측치로 사용하고 연속되는 예측치를 구하기 위해 지수평활법을 사용한다.

| 기간 | 고객불만 건수 | 예측치 | 계산 |
|---|---|---|---|
| 1 | 60 → | | (시계열의 이전 값을 시발예측치로 사용 |
| 2 | 65 | 60 | 한다) |
| 3 | 55 | 62 | 60 + 0.40(65 − 60) = 62 |
| 4 | 58 | 59.2 | 62 + 0.40(55 − 62) = 59.2 |
| 5 | 64 | 58.72 | 59.2 + 0.40(58 − 59.2) = 58.72 |
| 6 | | 60.83 | 58.72 + 0.40(64 − 58.72) = 60.83 |

다음과 같이 엑셀 템플릿을 사용하여 그래프를 그리고 예측치를 구할 수 있다.

mhhe.com/stevenson14e

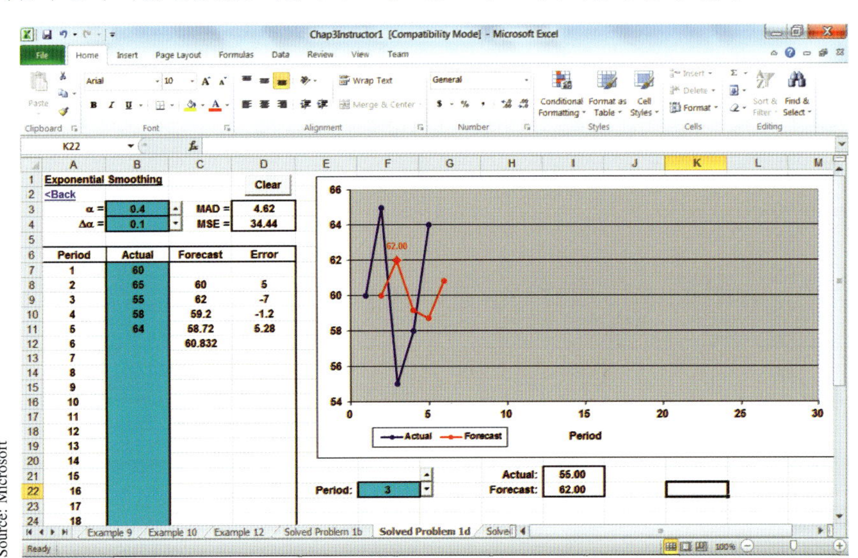

Source: Microsoft

**문제 2** *계절지수의 활용*. Apple's Citrus Fruit Farm은 상자 단위의 과일을 전 세계에 판매하고 있다. 이 농장의 경영자는 다음 정보를 이용하여 내년도의 첫 4개월의 과일 선적량을 예측하고자 한다.

eXcel
mhhe.com/stevenson14e

| 월 | 계절지수 | 월 | 계절지수 |
|---|---|---|---|
| 1월 | 1.2 | 17월 | 0.8 |
| 2월 | 1.3 | 18월 | 0.6 |
| 3월 | 1.3 | 19월 | 0.7 |
| 4월 | 1.1 | 10월 | 1.0 |
| 5월 | 0.8 | 11월 | 1.1 |
| 6월 | 0.7 | 12월 | 1.4 |

월별 예측을 하기 위한 예측식은 다음과 같다.

$F_t = 402 + 3t$

여기서,

$(t = 0) =$ 전년도 1월

$F_t = t$월의 선적량 예측치

**풀이** a. 내년도 첫 4개월의 추세치를 계산한다. 1월의 $t = 24$, 2월의 $t = 25$, 등. 따라서

$F_{1월} = 402 + 3(24) = 474$

$F_{2월} = 402 + 3(25) = 477$

$F_{3월} = 402 + 3(26) = 480$

$F_{4월} = 402 + 3(27) = 483$

b. 월별 추세치에 해당 월의 계절지수를 곱한다.

| 월 | 계절지수 | 예측치 |
|---|---|---|
| 1월 | 1.2 | 474(1.2) = 568.8 |
| 2월 | 1.3 | 477(1.3) = 620.1 |
| 3월 | 1.3 | 480(1.3) = 624.0 |
| 4월 | 1.1 | 483(1.1) = 531.3 |

**문제 3** *선형추세선*. 다음 데이터에 대한 그래프를 그리고 선형추세선이 적절하다는 것을 시각적으로 검증하라. 또한 이 데이터에 대한 선형추세식을 추정하고 이 추세식을 이용하여 다음 두 기의 예측치를 추정하라.

**풀이**

| 기간 | 수요 |
|---|---|
| 1 | 44 |
| 2 | 52 |
| 3 | 50 |
| 4 | 54 |
| 5 | 55 |
| 6 | 55 |
| 7 | 60 |
| 8 | 56 |
| 9 | 62 |

데이터에 대한 그래프를 보면 선형 추세선이 적절하다는 것을 알 수 있다.

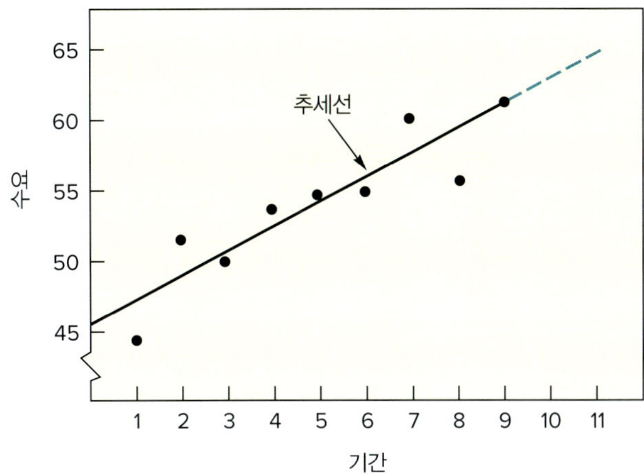


| 기간, $t$ | $t^2$ | 수요, $y$ | $ty$ |
|---|---|---|---|
| 1 | 1 | 44 | 44 |
| 2 | 4 | 52 | 104 |
| 3 | 9 | 50 | 150 |
| 4 | 16 | 54 | 216 |
| 5 | 25 | 55 | 275 |
| 6 | 36 | 55 | 330 |
| 7 | 49 | 60 | 420 |
| 8 | 64 | 56 | 448 |
| 9 | 81 | 62 | 558 |
| 45 | 285 | 488 | 2,545 |

$\sum t = 45$ and $\sum t^2 = 285$

$$b = \frac{n\sum ty - \sum t \sum y}{n\sum t^2 - (\sum t)^2} = \frac{9(2,545) - 45(488)}{9(285) - 45(45)} = 1.75$$

$$a = \frac{\sum y - b\sum t}{n} = \frac{488 - 1.75(45)}{9} = 45.47$$

따라서 추세식은 $Ft = 45.47 + 1.75t$가 된다. 그리고 다음 두 기의 예측치는

$F_{10} = 45.47 + 1.75(10) = 62.97$

$F_{11} = 45.47 + 1.75(11) = 64.72$

엑셀 템플릿을 활용하면 회귀계수와 그래프를 손쉽게 얻을 수 있다. 템플릿에 있는 데이터를 본 문제의 데이터로 대체하기만 하면 된다.

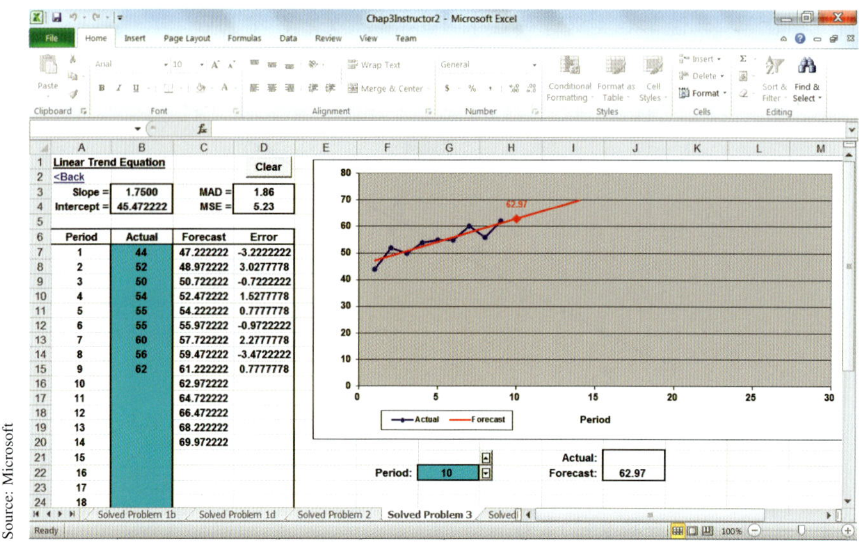

Linear Trend Equation

<Back

Clear

| | | | |
|---|---|---|---|
| Slope = | 1.7500 | MAD = | 1.86 |
| Intercept = | 45.472222 | MSE = | 5.23 |

| Period | Actual | Forecast | Error |
|---|---|---|---|
| 1 | 44 | 47.222222 | -3.2222222 |
| 2 | 52 | 48.972222 | 3.0277778 |
| 3 | 50 | 50.722222 | -0.7222222 |
| 4 | 54 | 52.472222 | 1.5277778 |
| 5 | 55 | 54.222222 | 0.7777778 |
| 6 | 55 | 55.972222 | -0.9722222 |
| 7 | 60 | 57.722222 | 2.2777778 |
| 8 | 56 | 59.472222 | -3.4722222 |
| 9 | 62 | 61.222222 | 0.7777778 |
| 10 | | 62.972222 | |
| 11 | | 64.722222 | |
| 12 | | 66.472222 | |
| 13 | | 68.222222 | |
| 14 | | 69.972222 | |
| 15 | | | |
| 16 | | | |
| 17 | | | |
| 18 | | | |



Source: Microsoft

**문제 4** *계절지수.* 중심이동평균 기법을 이용하여 다음 데이터에 대한 분기별 계절지수를 구하라.

| | 년도 | | | | | | | | | | | | |
|---|---|---|---|---|---|---|---|---|---|---|---|---|---|
| | 1 | | | | 2 | | | | 3 | | | | 4 |
| 분기: | 1 | 2 | 3 | 4 | 1 | 2 | 3 | 4 | 1 | 2 | 3 | 4 | 1 |
| 수요: | 14 | 18 | 35 | 46 | 28 | 36 | 60 | 71 | 45 | 54 | 84 | 88 | 58 |

**풀이** 계절을 구성하는 각 연도는 짝수개의 데이터로 구성되어 있다. 짝수기 이동평균이 사용될 때(이 경우 4기 이동평균) '중심값'이 실제 데이터 기수와 일치하지 않게 된다. 즉, 4기의 중심은 2번째와 3번째 기의 데이터의 *중간*에 위치하게 된다. 이것을 보정하기 위해 $MA_4$값을 이용해 *2차적인* 이동평균을 계산해야 한다. $MA_4$값들의 중간에 $MA_2$를 위치시키면 데이터의 실제치와 정렬되게 된다. 예컨대 첫째 $MA_4$값은 28.25이며 이것은 18과 35(2분기의 값과 3분기의 값)의 중간에 위치하게 된다. 첫 두 $MA_4$값들의 평균(즉 $MA_2$)을 취하고 이것을 그 중간에 위치시키면 이것은 제3분기의 실제치인 35와 정렬되게 된다.

따라서 짝수 기수의 이동평균이 중심이동평균으로 사용될 때(즉, $MA_4$나 $MA_{12}$)는 언제나 실제 기와 일치시키기 위해 2기 이동평균인 2차적인 이동평균을 계산해야 한다. 중심이동평균의 기수가 홀수일 때는 이러한 절차가 필요하지 않다.

| 년도 | 분기 | 수요 | $MA_4$ | $MA_2$ | 수요/$MA_2$ |
|---|---|---|---|---|---|
| 1 | 1 | 14 | | | |
| | 2 | 18 | 28.25 | | |
| | 3 | 35 | 31.75 | 30.00 | 1.17 |
| | 4 | 46 | 36.25 | 34.00 | 1.35 |
| 2 | 1 | 28 | 42.50 | 39.38 | 0.71 |
| | 2 | 36 | 48.75 | 45.63 | 0.79 |
| | 3 | 60 | 53.00 | 50.88 | 1.18 |
| | 4 | 71 | 57.50 | 55.25 | 1.29 |
| 3 | 1 | 45 | 63.50 | 60.50 | 0.74 |
| | 2 | 54 | 67.75 | 65.63 | 0.82 |
| | 3 | 84 | 71.00 | 69.38 | 1.21 |
| | 4 | 88 | | | |
| 4 | 1 | 58 | | | |

| | 분기 | | | |
|---|---|---|---|---|
| | 1 | 2 | 3 | 4 |
| | 0.71 | 0.79 | 1.17 | 1.35 |
| | 0.74 | 0.82 | 1.18 | 1.29 |
| | 1.45 | 1.61 | 1.21 | 2.64 |
| | | | 3.56 | |
| 분기 평균 | 0.725 | 0.805 | 1.187 | 1.320 |

이렇게 계산된 분기 평균들의 합이 4.037로 계산되었다. 이들 각각에 4.00/4.037로 곱하면 표준화된 계절지수가 계산되며 그 합이 4.00이 되게 된다. 이러한 방법으로 최종적으로 계산된 계절지수는 1분기 0.718, 2분기 0.798, 3분기 1.176, 4분기 1.308이 된다.

**문제 5**

*회귀선.* 미국 중서부의 한 대형 소매상이 광고비 지출이 매출액에 미치는 효과를 보여주는 그래프를 작성하였다. 이 그래프를 이용하여 광고비 지출과 매출액과의 관계를 보여주는 $y = a + bx$ 형태의 수식을 추정하라.

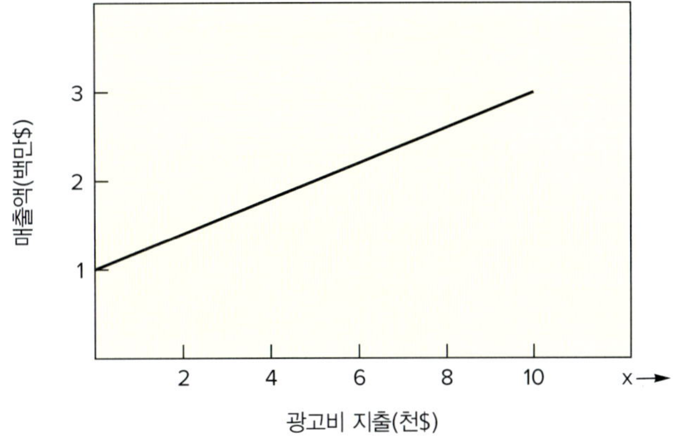


**풀이**

직선의 수식은 $y = a + bx$의 형태를 가지며 $a$는 $x = 0$일 때의 $y$의 값(즉, $y$축상의 절편)을, 그리고 $b$는 직선의 기울기($x$가 1단위 변할 때 변하는 $y$의 양)를 나타낸다.

따라서 $a = 1$이고 $b = (3 - 1)/(10 - 0) = 0.2$, 즉 수식은 $y = 1 + 0.2x$가 된다[*주의*: $(3 - 1)$은 $y$값의 변화, $(10 - 0)$는 $x$값의 변화를 나타냄].

**문제 6**

*회귀분석.* 한 철물점 주인이 창문의 자물쇠 수요가 신문에 보도된 주거 침입 건수와 관계가 있음을 발견하였다. 그 데이터는 다음과 같다.

| 판매량: | 46 | 18 | 20 | 22 | 27 | 34 | 14 | 37 | 30 |
|---|---|---|---|---|---|---|---|---|---|
| 침입 건수: | 9 | 3 | 3 | 5 | 4 | 7 | 2 | 6 | 4 |

a. 선형 또는 비선형 중 어떤 형태의 수식이 적절한지 그래프를 그려 보라.

b. 이 데이터에 대한 회귀식을 추정하라.

c. 주거 침입 건수가 5건일 때의 판매량을 추정하라.

**풀이**

mhhe.com/stevenson14e

a.

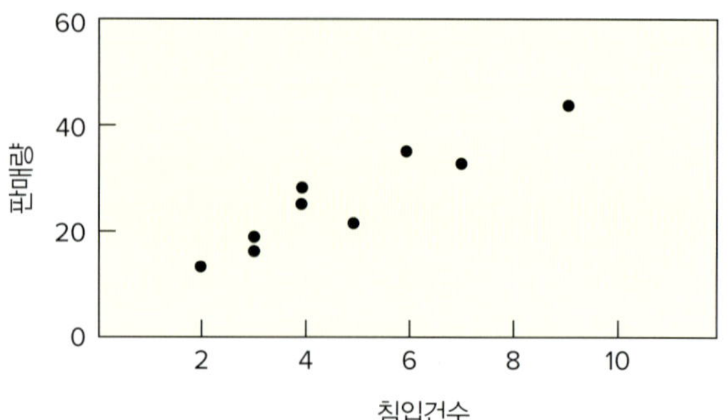


그래프는 선형관계를 보여주고 있다.

b. 적절한 엑셀 템플릿을 활용하면 회귀계수를 추정할 수 있다. 기존 자료의 $x$와 $y$ 대신 이 데이터 값을 대체하면 된다(*주의*: 예측하고자 하는 값을 $y$값으로 입력시켜야 한다는 점을 주의하라. 여기서는 판매량을 예측하는 것이 목적이므로 판매량을 $y$ 열에 입력시켜야 한다. 그 결과 회귀식은 $y_c = 7.129 + 4.275x$이 된다).

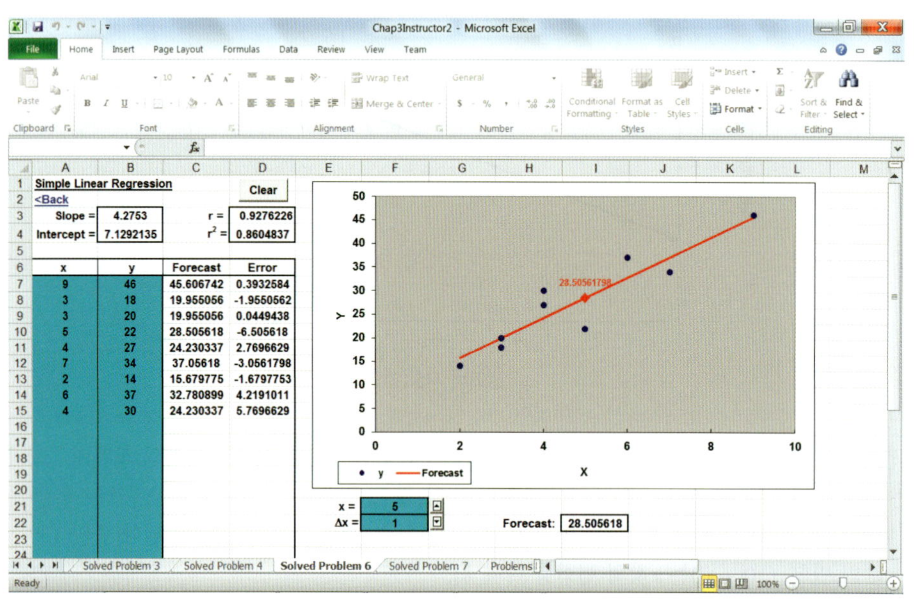


Source: Microsoft

c. $x = 5$일 경우

$y_c = 7.129 + 4.275(5) = 28.50.$

**문제 7**

mhhe.com/stevenson14e

*예측의 정확도*. 산업용 펌프를 생산하는 어떤 기업의 경영자가 두 가지 예측기법 중 하나를 선정해야 한다. 6개월 기간 동안 2개의 예측기법 모두를 사용하여 예측을 하였다. MAD를 평가기준으로 할 때 어떤 예측기법이 보다 우수한 성과를 보여주는가?

| | | 예측치 | |
|---|---|---|---|
| 월 | 수요 | 기법 1 | 기법 2 |
| 1 | 492 | 488 | 495 |
| 2 | 470 | 484 | 482 |
| 3 | 485 | 480 | 478 |
| 4 | 493 | 490 | 488 |
| 5 | 498 | 497 | 492 |
| 6 | 492 | 493 | 493 |

풀이

각 예측기법의 예측오차가 평균적으로 약 0임을 확인하라(다음 표의 계산 참조).

| 월 | 수요 | 기법 1 | $e$ | $\lvert e\rvert$ | 기법 2 | $e$ | $\lvert e\rvert$ |
|---|---|---|---|---|---|---|---|
| 1 | 492 | 488 | 4 | 4 | 495 | −3 | 3 |
| 2 | 470 | 484 | −14 | 14 | 482 | −12 | 12 |
| 3 | 485 | 480 | 5 | 5 | 478 | 7 | 7 |
| 4 | 493 | 490 | 3 | 3 | 488 | 5 | 5 |
| 5 | 498 | 497 | 1 | 1 | 492 | 6 | 6 |
| 6 | 492 | 493 | −1 | 1 | 493 | −1 | 1 |
| | | | −2 | 28 | | +2 | 34 |

$$\text{MAD}_1 = \frac{\sum|e|}{n} = \frac{28}{6} = 4.67$$

$$\text{MAD}_2 = \frac{\sum|e|}{n} = \frac{34}{6} = 5.67$$

6개의 관측치는 현실적인 비교를 하기에는 일반적으로 너무 적지만 이 비교에서는 MAD가 보다 작은 예측기법 1이 보다 우수하다고 볼 수 있다.

문제 8

*관리도*. 다음 데이터에 대해 단순예측기법으로 제2기부터 제10기까지의 예측치를 추정하라. 그리고 각각의 예측오차를 계산하고 이 예측오차들을 사용하여 $2s$의 관리한계를 설정하라. 만약 다음 두 기의 수요가 각각 125와 130으로 관측되었다면 예측치가 관리상태에 있다고 볼 수 있겠는가?

| 기간: | 1 | 2 | 3 | 4 | 5 | 6 | 7 | 8 | 9 | 10 |
|---|---|---|---|---|---|---|---|---|---|---|
| 수요: | 118 | 117 | 120 | 119 | 126 | 122 | 117 | 123 | 121 | 124 |

풀이

단순예측기법을 이용하면 각 기의 수요를 다음 기의 예측치로 추정한다. 따라서 예측오차는 다음과 같게 된다.

| 기간 | 수요 | 예측치 | 오차 | 오차$^2$ |
|---|---|---|---|---|
| 1 | 118 | — | — | — |
| 2 | 117 | 118 | −1 | 1 |
| 3 | 120 | 117 | 3 | 9 |
| 4 | 119 | 120 | −1 | 1 |
| 5 | 126 | 119 | 7 | 49 |
| 6 | 122 | 126 | −4 | 16 |
| 7 | 117 | 122 | −5 | 25 |
| 8 | 123 | 117 | 6 | 36 |
| 9 | 121 | 123 | −2 | 4 |
| 10 | 124 | 121 | 3 | 9 |
| | | | +6 | 150 |

$$s = \sqrt{\frac{\sum \text{오차}^2}{n-1}} = \sqrt{\frac{150}{9-1}} = 4.33 \ (n = \text{오차의 개수})$$

관리한계는 2(4.33) = ±8.66이 된다.

제11기의 예측치는 124였다. 실제 수요는 125로 관측되었고 예측오차는 125 − 124 = +1이 되며 이것은 관리한계 ±8.66의 내부에 존재한다. 그 다음기의 수요는 130으로 관측되었고 단순예측치는 125이므로(제11기의 수요가 125라는 사실에 기초하여) 오차는 +5가 된다. 이것 역시 관리한계 내에 있으므로 예측시스템이 올바르게 기능하지 않는다고 결론지을 수는 없다. 추가적인 관측치가 주어지면(적어도 5개 내지 6개 이상) 비우연성의 존재를 제시할 수 있는 패턴 유무를 확인하기 위한 그래프를 그려 볼 수 있을 것이다.

## 토의 및 복습문제

1. 계량적 예측기법이 정성적 예측기법에 대해 가지고 있는 주요한 장점은 무엇인가? 계량적 예측기법이 가지고 있는 한계는 무엇인가?
2. 빈약한 예측의 결과는 무엇인가? 설명하라.
3. 예측을 하는 데 있어 다음의 기법이 가지고 있는 구체적인 약점들을 열거하라.
   a. 소비자 조사법
   b. 판매원 종합의견법
   c. 경영자나 중역회의 판단법
4. 예측은 일반적으로 잘못될 수 있다.
   a. 예측은 왜 일반적으로 잘못되는가?
   b. 좋은 예측과 관련지어 '잘못된'이란 용어를 설명하라.
5. 예측오차에 대해 관리한계를 설정하는 목적은 무엇인가?
6. 예측에 대해 넓은 관리한계를 설정할 것인지 또는 좁은 관리한계를 설정한 것인지를 결정하기 위해 어떤 요인을 고려하겠는가?
7. 예측을 평가하는 데 있어 MAD와 MSE의 사용에 대해 서로 비교하라.
8. 예측도구로서 지수평활법이 이동평균법에 대해 가지고 있는 장점은 무엇인가?
9. 이동평균법에서 이동평균 기간은 예측의 반응성에 어떠한 영향을 미치는가?
10. 지수평활법에서 평활상수의 값을 결정하는 데 어떤 요인을 고려해야 하는가?
11. 당신이 거주하는 지역의 5일 후 일기예보는 얼마나 정확한가? 실제 데이터를 이용하여 당신의 주장을 뒷받침하라.
12. 계절 수만큼의 이동평균기간을 가지는 중심이동평균법이 시계열자료에서 어떻게 계절성을 제거할 수 있는지 그 이유를 설명하라.
13. *매출*과 *수요*를 비교하여 설명하라.
14. 예측에 대한 반응적 접근방법과 사전대응적 접근방법을 비교하여 설명하라. 그리고 각각의 유형이 사용되는 조직이나 상황의 예를 들어보라.
15. 생산시스템의 유연성이 예측시야나 예측정확도와 어떠한 연관성이 있는지 설명하라.
16. 공급사슬 관점에서의 예측과 개별 조직 차원에서의 예측은 서로 어떻게 다른가? 공급사슬 예측의 이득을 열거하고 공급사슬 예측을 하는 경우에 예상되는 잠재적인 어려운 점에 대해서 토의하라.
17. 정성적 예측기법과 계량적 예측기법 중 어떤 유형이 우월한가?
18. 어떤 소프트웨어 공급자가 자신이 공급하고 있는 인기 있는 소프트웨어의 새로운 버전을 출시하려고 하고 있다고 가정하자. 최초의 매출을 예측하기 위해 어떤 정보를 고려해야 한다고 생각하는가?
19. 다음 사항을 예측하는 데 가장 적절한 예측기법(소비자 조사, 델파이, 평균화 기법, 계절분석, 단순예측법, 추세분석, 인과관계 기법 등)을 선정하라.
   a. 어버이날 감사카드의 수요
   b. 새로 시작하는 텔레비전 연작물의 인기도
   c. 달에서의 휴가에 대한 수요

d. 오렌지 잼의 가격 10% 인상이 수요에 미치는 영향

e. 특정 슈퍼마켓에서 치약의 수요

## 연습문제

1. 어떤 제과점에서 판매하는 3가지 제품에 대한 매출(단위: 다스) 기록이 다음과 같다.

| 일자 | 블루베리 머핀 | 시나몬 번 | 컵케이크 |
|---|---|---|---|
| 1 | 30 | 18 | 45 |
| 2 | 34 | 17 | 26 |
| 3 | 32 | 19 | 27 |
| 4 | 34 | 19 | 23 |
| 5 | 35 | 22 | 22 |
| 6 | 30 | 23 | 48 |
| 7 | 34 | 23 | 29 |
| 8 | 36 | 25 | 20 |
| 9 | 29 | 24 | 14 |
| 10 | 31 | 26 | 18 |
| 11 | 35 | 27 | 47 |
| 12 | 31 | 28 | 26 |
| 13 | 37 | 29 | 27 |
| 14 | 34 | 31 | 24 |
| 15 | 33 | 33 | 22 |

a. 각각의 제품에 대해 적절한 단순예측기법을 사용하여 다음 날의 수요를 예측하라(*힌트*: 각 데이터셋에 대해 그래프를 그려 보라).

b. 수요 대신 *매출* 데이터를 이용하는 경우 어떠한 점을 감안해야 하는가?

2. National Scan Inc.는 무선주파수(RF) 인식태그를 판매하고 있다. 7개월간의 월간 매출이 다음과 같았다.

| 월 | 매출(천 개) |
|---|---|
| 2월 | 19 |
| 3월 | 18 |
| 4월 | 15 |
| 5월 | 20 |
| 6월 | 18 |
| 7월 | 22 |
| 8월 | 20 |

a. 그래프 지에 월간 데이터의 그래프를 작성하라.

b. 다음 각 기법을 사용하여 9월의 매출에 대한 예측을 하라.

(1) 단순예측법

(2) 5개월 이동평균법

(3) 가중이동평균법(단 8월, 7월, 6월에 대한 각각의 가중치는 0.60, 0.30, 0.10으로 할 것)

(4) 평활상수 0.20인 지수평활법(단, 3월의 예측치는 19,000단위로 가정함)

(5) 선형 추세식

c. 어떤 방법이 가장 적절하지 못하다고 생각되는가? 그 이유는 무엇인가?(*힌트*: a번에서 작성한 그래프를 참조하라.)

d. 수요 대신 *매출*이라는 용어를 사용하는 것이 어떠한 의미를 가지는가?

3. 어떤 세탁공장에서는 주공장에서의 장비사용률을 예측하기 위해 지수평활법을 사용하고 있다.

8월의 장비사용률은 생산능력의 88%로 예측된 반면 실제 사용률은 89.6%였으며 사용된 평활상수는 0.1이었다.

a. 9월의 장비사용률을 예측하라.

b. 9월의 실제 사용률이 92%임을 가정하고 10월의 장비사용률에 대한 예측을 하라.

4. 어떤 전기공사 업자는 지난 5주간 다음과 같은 건수의 공사 요청을 받았다.

| 주 | 1 | 2 | 3 | 4 | 5 |
|---|---|---|---|---|---|
| **요청 건수** | 20 | 22 | 18 | 21 | 22 |

다음 각 방법을 사용하여 제6주의 공사요청 건수를 예측하라.

a. 단순예측법

b. 4기 이동평균

c. $\alpha = 0.30$인 지수평활법. 제2주의 예측치는 20으로 하라.

5. 어떤 화장품회사의 마케팅 부서는 이 회사에서 가장 인기 있는 품목인 핸드 앤 풋 크림의 연간 매출을 예측하기 위해 다음과 같은 선형추세식을 개발하였다.

$F_t = 80 + 15t$

여기서,

$F_t$ = 연간 매출(천 병), $t$는 연차 단위

a. 연간 매출은 증가하는가 또는 감소하는가? 그리고 매년 얼마만큼씩 증가 또는 감소하는가?

b. 이 수식을 사용하여 6년차의 매출을 예측하라.

6. 다음 그래프를 보고 Glib Marketing Inc.의 제품 판매량에 대한 선형추세선을 추정하라.

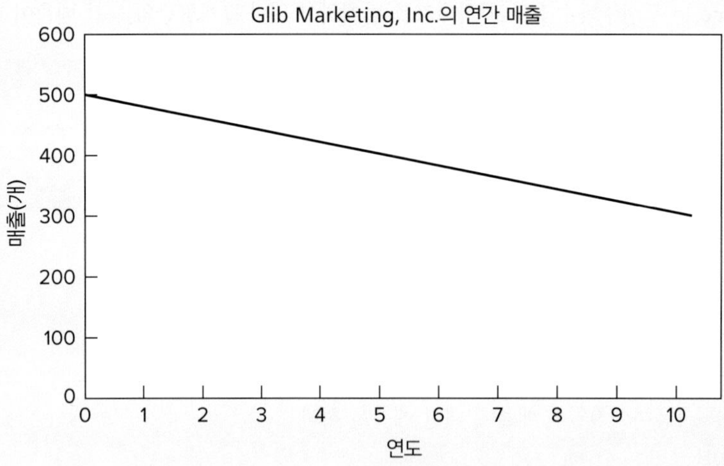


7. 어떤 항구의 주별 자동차 선적 수량이 다음과 같다고 한다.

| 주 | 수량 | 주 | 수량 | 주 | 수량 |
|---|---|---|---|---|---|
| 1 | 220 | 7 | 350 | 13 | 460 |
| 2 | 245 | 8 | 360 | 14 | 475 |
| 3 | 280 | 9 | 400 | 15 | 500 |
| 4 | 275 | 10 | 380 | 16 | 510 |
| 5 | 300 | 11 | 420 | 17 | 525 |
| 6 | 310 | 12 | 450 | 18 | 541 |

a. 자동차 선적 수량을 예측할 수 있는 선형추세선을 결정하라.

b. 추세식을 사용하여 제20주와 제21주의 선적 수량을 예측하라.

c. 경영자는 주당 선적 수량이 800대를 초과하면 새로운 장비를 설치하고자 한다. 현재의 추세가 지속된다고 가정할 때 선적 수량이 그 수준에 도달하는 것은 약 몇 주째가 되는가?

8. Mountain Airlines의 지난 18주 동안의 항공여객 데이터가 다음과 같다.

| 주 | 여객 수 |
|---|---|
| 1 | 405 |
| 2 | 410 |
| 3 | 420 |
| 4 | 415 |
| 5 | 412 |
| 6 | 420 |
| 7 | 424 |
| 8 | 433 |
| 9 | 438 |
| 10 | 440 |
| 11 | 446 |
| 12 | 451 |
| 13 | 455 |
| 14 | 464 |
| 15 | 466 |
| 16 | 474 |
| 17 | 476 |
| 18 | 482 |

a. 예측기법으로 평균화기법이 적절하지 않은 이유를 설명하라.

b. 적절한 예측기법을 사용하여 다음 3주 동안의 예상되는 여객의 수를 예측하라.

9. a. Fair Savings Bank의 신규 당좌예금 계좌에 대한 다음의 데이터에 대해 선형추세선을 도출하고 이를 이용하여 제16기부터 제19기까지의 신규 당좌예금 계좌수를 예측하라.

| 기간 | 신규계좌 | 기 | 신규계좌 | 기 | 신규계좌 |
|---|---|---|---|---|---|
| 1 | 200 | 6 | 232 | 11 | 281 |
| 2 | 214 | 7 | 248 | 12 | 275 |
| 3 | 211 | 8 | 250 | 13 | 280 |
| 4 | 228 | 9 | 253 | 14 | 288 |
| 5 | 235 | 10 | 267 | 15 | 310 |

b. $\alpha = 0.3$, $\beta = 0.2$인 추세조정 지수평활법을 사용하여 위의 신규 계좌 수를 예측할 때 제16기의 예측치는 얼마인가?

10. 한 응급실 관리자가 4기간 동안의 수요에 대한 그래프를 작성한 후 미래 수요를 예측하는 데 추세조정 지수평활법이 적절하다고 결론지었다. 제1기부터 제4기까지의 *3기간* 동안의 순 변동이 30임을 감안하여 추세에 대한 최초의 추정치는 그 평균인 +10으로 결정하였다. $\alpha = 0.5$와 $\beta = 0.4$, 그리고 제5기에 대한 TAF를 250으로 하여 제6기부터 제10기까지의 수요를 예측하라.

| 기간 | 실제치 | 기 | 실제치 |
|---|---|---|---|
| 1 | 210 | 6 | 265 |
| 2 | 224 | 7 | 272 |
| 3 | 229 | 8 | 285 |
| 4 | 240 | 9 | 294 |
| 5 | 255 | 10 | |

11. 온천 설비를 판매하고 설치하는 한 상점의 관리자가 내년도 1월, 2월, 3월의 수요를 예측하고

자 한다. 이 상점의 수요는 추세와 계절성을 나타내고 있다. 상점관리자는 월별 수요의 추세 요인을 예측하기 위해 다음과 같은 추세식을 사용하고 있다: $F_t = 70 + 5t$ (단, $t = 0$은 작년 6월을 나타냄). 또한 계절지수는 1월 1.10, 2월 1.02, 3월 0.95이다. 상점 관리자의 수요예측치는 각각 얼마나 되는가?

12. 다음 수식은 장기적으로 변동하는 주택의 분기별 매출에 대한 추세 요인을 요약하고 있다. 이 매출은 또한 계절변동도 나타나고 있다. 주어진 정보를 이용하여 내년도(금년이 아님)의 각 분기와 그 다음 년도의 제 1분기에 대한 주택매출에 대한 예측을 하라.

$F_t = 40 - 6.5y + 2t^2$

단, $F_t$ = 매출 수량

$t = 0$은 작년도 1분기를 나타냄

| 분기 | 계절지수 |
|---|---|
| 1 | 1.1 |
| 2 | 1.0 |
| 3 | 0.6 |
| 4 | 1.3 |

13. SA(단순평균법)기법을 활용하여 다음 데이터에 대한 계절지수를 계산하라.

| 분기 | 1차년도 | 2차년도 | 3차년도 | 4차년도 |
|---|---|---|---|---|
| 1 | 2 | 3 | 7 | 4 |
| 2 | 6 | 10 | 18 | 14 |
| 3 | 2 | 6 | 8 | 8 |
| 4 | 5 | 9 | 15 | 11 |

14. 한 여행안내소는 주말(금요일, 토요일, 일요일)에 운영된다. 이 안내소의 관리자는 주말 각 요일에 대한 계절지수를 산정하여 시간근무제 종업원의 근무 스케줄을 개선시키고자 한다. 이 안내소의 최근 방문자에 대한 데이터를 다음 표와 같이 정리하였다.

| | 주 | | | | | |
|---|---|---|---|---|---|---|
| | 1 | 2 | 3 | 4 | 5 | 6 |
| 금요일 | 149 | 154 | 152 | 150 | 159 | 163 |
| 토요일 | 250 | 255 | 260 | 268 | 273 | 276 |
| 일요일 | 166 | 162 | 171 | 173 | 176 | 183 |

a. 중심이동평균법을 사용하여 이 안내소의 계절지수를 계산하라.

b. SA기법을 사용하여(예제 6 참조) 이 안내소의 계절지수를 계산하라.

c. 두 방법의 결과가 그 방법과 연관성이 있는 이유를 설명하라.

15. 수요일부터 토요일까지 운영하는 한 레스토랑의 경영자는 이 레스토랑의 매출이 금요일 저녁 35%, 토요일 저녁 30%, 목요일 저녁 20%를 차지한다고 말한다. 이러한 상황에 대한 계절지수를 산정하라.

16. 다음 데이터를 보고 이 레스토랑의 저녁 고객수에 대한 일별 계절지수를 산정하라

a. 중심이동평균법을 사용하라(*힌트*: 7일 이동평균을 사용하라).

b. SA기법을 사용하라.

| 일자 | 고객 수 |
|---|---|
| 1 | 80 |
| 2 | 75 |
| 3 | 78 |
| 4 | 95 |

| 일자 | 고객 수 |
|---|---|
| 5 | 130 |
| 6 | 136 |
| 7 | 40 |
| 8 | 82 |
| 9 | 77 |
| 10 | 80 |
| 11 | 94 |
| 12 | 131 |
| 13 | 137 |
| 14 | 42 |
| 15 | 84 |
| 16 | 78 |
| 17 | 83 |
| 18 | 96 |
| 19 | 135 |
| 20 | 140 |
| 21 | 44 |
| 22 | 87 |
| 23 | 82 |
| 24 | 88 |
| 25 | 99 |
| 26 | 144 |
| 27 | 144 |
| 28 | 48 |

17. 한 약사가 처방전 없이 살 수 있는 진통제의 매출을 모니터하고 있다. 지난 15일간의 일별 판매량이 다음과 같았다.

| 일자 | 1 | 2 | 3 | 4 | 5 | 6 | 7 | 8 | 9 |
|---|---|---|---|---|---|---|---|---|---|
| 판매 수량 | 36 | 38 | 42 | 44 | 48 | 49 | 50 | 49 | 52 |

| 일자 | 10 | 11 | 12 | 13 | 14 | 15 |
|---|---|---|---|---|---|---|
| 판매 수량 | 48 | 52 | 55 | 54 | 56 | 57 |

a. 판매량을 예측하기 위해 선형추세식과 추세조정 지수평활법 중 어떤 방법을 추천하겠는가? 그리고 그 이유는 무엇인가?

b. 어떤 날에는 특정 진통제가 품절되어 판매하지 못한 날이 있다는 사실을 알았다고 하자. 이 사실이 수요예측에 어떤 영향을 준다고 생각하는가? 설명하라.

c. 앞의 데이터가 판매량이 아니라 수요 데이터라고 가정하자. 추세조정 지수평활법을 사용하여 제9일부터 16일까지의 예측치를 추정하라(제8일의 초기 예측치 50, 초기 추세추정치 2, $\alpha = \beta = 0.3$). 실제치가 있는 8일간의 예측치에 대해 MSE를 계산하라.

18. 일리노이 주의 Cook County에 있는 한 자동차 딜러에서 신차판매대수 월별 계절지수를 다음 표와 같이 조사하였다.

| 월 | 판매대수 | 계절지수 |
|---|---|---|
| 1월 | 640 | 0.80 |
| 2월 | 648 | 0.80 |
| 3월 | 630 | 0.70 |
| 4월 | 761 | 0.94 |
| 5월 | 735 | 0.89 |

| 월 | 판매대수 | 계절지수 |
|---|---|---|
| 6월 | 850 | 1.00 |
| 7월 | 765 | 0.90 |
| 8월 | 805 | 1.15 |
| 9월 | 840 | 1.20 |
| 10월 | 828 | 1.20 |
| 11월 | 840 | 1.25 |
| 12월 | 800 | 1.25 |

a. 데이터에 대한 그래프를 작성하라. 추세 요인이 존재하는가?

b. 신차판매 대수에 대해 계절성을 제거하라.

c. 계절성이 제거된 데이터의 그래프를 원자료의 그래프와 함께 나타내라. 두 그래프에 대해 의견을 말하라.

d. 경영의 입장에서 사전대응적인 접근방법이 없었다고 가정하고 내년도 첫 3개월에 대한 자동차 판매량을 어떠한 방법으로 예측할 수 있겠는가? (계산을 할 필요는 없음)

e. b번에서 확인된 사실로 비추어 볼 때 경영자가 어떤 행동을 취해야 한다고 보는가?

19. 다음 표는 한 치공구 회사의 금년도 분기별 매출 데이터를 보여주는 것이다. 내년도 첫 분기의 매출을 예측하라. 단, 분기 계절지수는 $SR_1 = 1.10$, $SR_2 = 0.99$, $SR_3 = 0.90$, $SR_4 = 1.01$이다.

| 분기 | 1 | 2 | 3 | 4 |
|---|---|---|---|---|
| 매출 | 88 | 99 | 108 | 141.4 |

20. 한 롤러블레이드 회사에서 롤러블레이드의 주간 매출에 대한 예측을 하기 위해 선형회귀선 기법과 단순예측기법의 두 가지 기법을 비교하고자 한다. 제1기부터 제10기까지의 10기간 동안의 데이터를 사용하여 개발한 선형회귀식은 $F_t = 124 + 2t$이다. 제11기부터 제20기까지의 실제 매출 데이터를 기초로 MAD와 MSE를 사용한다면 두 기법 중 어느 것이 보다 정확한 예측을 하고 있다고 생각되는가?

| *t* | 매출 |
|---|---|
| 11 | 147 |
| 12 | 148 |
| 13 | 151 |
| 14 | 145 |
| 15 | 155 |
| 16 | 152 |
| 17 | 155 |
| 18 | 157 |
| 19 | 160 |
| 20 | 165 |

21. 생수에 대한 수요를 예측하기 위해 두 가지 예측기법(F1과 F2)이 사용되었다. 실제 수요와 두 가지 예측 결과가 다음 표에 나타나 있다.

| | | 예측된 수요 | |
|---|---|---|---|
| 기간 | 수요 | F1 | F2 |
| 1 | 68 | 66 | 66 |
| 2 | 75 | 68 | 68 |
| 3 | 70 | 72 | 70 |
| 4 | 74 | 71 | 72 |
| 5 | 69 | 72 | 74 |
| 6 | 72 | 70 | 76 |

| 기간 | 수요 | 예측된 수요 | |
|---|---|---|---|
| | | F1 | F2 |
| 7 | 80 | 71 | 78 |
| 8 | 78 | 74 | 80 |

a. 각 예측기법에 대해 MAD를 계산하라. 계산 결과에 따르면 어느 기법이 보다 정확한 것처럼 보이는가? 설명하라.

b. 각 예측기법에 대해 MSE를 계산하라. 계산 결과에 따르면 어느 기법이 보다 정확한 것처럼 보이는가? 설명하라.

c. 예측오차를 계산하기 위해서 실제로 MAD나 MSE 중 *어느 것이라*도 사용될 수 있다. 관리자는 어떤 요인들 때문에 그중 어느 하나를 선호하겠는가?

d. 각 예측기법에 대해 MAPE를 계산하라. 어느 기법이 보다 정확한 것처럼 보이는가?

22. 과거 10개월에 대하여 판단 및 경험에 기초한 기법으로 두 가지 월별 예측을 하였다. 예측치 및 실제 매출액은 다음과 같다.

| 월 | 매출 | 예측치1 | 예측치2 |
|---|---|---|---|
| 1 | 770 | 771 | 769 |
| 2 | 789 | 785 | 787 |
| 3 | 794 | 790 | 792 |
| 4 | 780 | 784 | 798 |
| 5 | 768 | 770 | 774 |
| 6 | 772 | 768 | 770 |
| 7 | 760 | 761 | 759 |
| 8 | 775 | 771 | 775 |
| 9 | 786 | 784 | 788 |
| 10 | 790 | 788 | 788 |

a. 각각의 예측기법에 대해 MSE와 MAD를 계산하라. 어느 한 예측기법이 우월한가? 설명하라.

b. 각각의 예측기법에 대해 MAPE를 계산하라.

c. 주어진 매출데이터를 사용하여 단순예측법으로 제2개월부터 제11개월까지의 매출에 대한 예측을 하라. 그리고 다음 각각을 계산하라: (1) MSE, (2) MAD, (3) 제10개월째의 추적지표, (4) 2$s$ 관리한계. 단순예측법의 결과를 앞의 두 기법과 비교할 때 어떠한 결론을 내릴 수 있는가?

23. 한 생명보험회사는 가장의 현재 연령에 기초하여 4인 가구가 보유해야 하는 생명보험금액을 결정하는 선형 모형을 개발하였다. 회귀식은 다음과 같다.

$y = 850 - 0.1x$

여기서,

$y$ = 필요한 보험금액(천$)

$x$ = 가장의 현재 연령

a. 필요한 보험금액과 가구주의 현재 연령 간의 관계를 그래프로 나타내어라.

b. 이 수식을 활용하여 어느 4인 가구 가장의 현재 연령이 30세일 때 필요한 보험금액은 얼마나 되는지 계산하라.

24. Timely Transport 사는 도심과 외곽지역에서 배달 서비스를 하고 있다. 배달요금은 각각의 배달에 대해 무게와 배달거리로 환산된다: 파운드당 10센트, 마일당 15센트. 그리고 소포 한 건당 취급수수료 10달러가 가산된다.

a. 배달요금을 계산할 수 있는 수식을 개발하라.

b. 40파운드짜리 소포를 26마일 떨어진 곳에 배달하는 경우의 배달요금을 산정하라.

25. 한 해산물요리 전문식당의 경영자는 바닷가재 정식에 대한 가격정책을 수립하고자 한다. 다양한 가격에 대한 매출 실험 결과 다음과 같은 데이터를 얻었다.

| 1일 평균 매출수량, *y* | 가격, *x* | 1일 평균 매출수량, *y* | 가격, *x* |
|---|---|---|---|
| 200 | $6.00 | 155 | $8.25 |
| 190 | 6.50 | 156 | 8.50 |
| 188 | 6.75 | 148 | 8.75 |
| 180 | 7.00 | 140 | 9.00 |
| 170 | 7.25 | 133 | 9.25 |
| 162 | 7.50 | | |
| 160 | 8.00 | | |

a. 데이터에 대한 산점도를 작성하고 동일한 그래프에 회귀선을 나타내라.

b. 상관계수를 계산하고 그 의미를 해석하라.

26. 소비자의 구매 패턴에 대한 연구 과정에서 다음과 같은 자료를 수집하였다.

| 관측대상 | *x* | *y* |
|---|---|---|
| 1 | 15 | 74 |
| 2 | 25 | 80 |
| 3 | 40 | 84 |
| 4 | 32 | 81 |
| 5 | 51 | 96 |
| 6 | 47 | 95 |
| 7 | 30 | 83 |
| 8 | 18 | 78 |
| 9 | 14 | 70 |
| 10 | 15 | 72 |
| 11 | 22 | 85 |
| 12 | 24 | 88 |
| 13 | 33 | 90 |

a. 데이터에 대한 산점도를 작성하라.

b. 데이터에 대한 선형회귀선을 추정하라.

c. 회귀선으로 종속변수 변동의 몇 %가 설명되고 있는가?

d. b에서 추정된 회귀선을 사용하여 $x = 41$일 경우 $y$값을 추정하라.

27. Lovely Lawns, Inc.는 잔디 비료의 판매량 데이터를 사용하여 잔디깎는 기계의 판매량을 예측하고자 한다. 상점 경영자는 비료 판매량과 잔디깎는 기계 판매량 간에 약 6주간의 시차가 존재한다고 추정하고 있다. 관련된 데이터는 다음과 같다.

| 기간 | 비료 판매량(톤) | 잔디깎는 기계 판매량 (6주 후) |
|---|---|---|
| 1 | 1.6 | 10 |
| 2 | 1.3 | 8 |
| 3 | 1.8 | 11 |
| 4 | 2.0 | 12 |
| 5 | 2.2 | 12 |
| 6 | 1.6 | 9 |
| 7 | 1.5 | 8 |

| 기간 | 비료 판매량(톤) | 잔디깎는 기계 판매량 (6주 후) |
|---|---|---|
| 8 | 1.3 | 7 |
| 9 | 1.7 | 10 |
| 10 | 1.2 | 6 |
| 11 | 1.9 | 11 |
| 12 | 1.4 | 8 |
| 13 | 1.7 | 10 |
| 14 | 1.6 | 9 |

a. 두 변수 간의 상관관계를 계산하라. 두 변수 간의 상관관계로 볼 때 합리적인 예측을 할 수 있겠는가? 설명하라.

b. 이 데이터에 대한 선형회귀선을 추정하라.

c. 6주 전의 비료 판매량이 2톤이었을 때 8월 첫 주의 잔디깎는 기계의 판매량을 예측하라.

28. 한 여행사 대표는 패키지관광의 수요를 예측하기 위해 계절조정 수요예측기법을 사용해 오고 있다. 실제 수요와 예측치에 대한 데이터는 다음과 같다.

| 기간 | 수요 | 예측치 |
|---|---|---|
| 1 | 129 | 124 |
| 2 | 194 | 200 |
| 3 | 156 | 150 |
| 4 | 91 | 94 |
| 5 | 85 | 80 |
| 6 | 132 | 140 |
| 7 | 126 | 128 |
| 8 | 126 | 124 |
| 9 | 95 | 100 |
| 10 | 149 | 150 |
| 11 | 98 | 94 |
| 12 | 85 | 80 |
| 13 | 137 | 140 |
| 14 | 134 | 128 |

a. 제5기에 대한 MAD를 계산하고 이를 기간별로 갱신하되 $\alpha = 0.3$인 지수평활법을 이용하라.

b. 최초의 MAD 및 갱신된 MAD를 사용하여 제5기부터 제14기까지의 기간에 대해 추적지표를 계산하라. 만약 관리한계가 ±4라면 어떠한 결론을 내릴 수 있는가?

29. 문제 22의 데이터를 이용하여

a. 각각의 예측기법에 대해 제1개월부터 제10개월까지의 누적오차를 사용하여 제10개월째의 추적지표를 계산하라. 관리한계가 ±4라면 편의가 존재한다고 보는가? 설명하라.

b. 각각의 예측기법에 대해 $2s$ 관리한계를 설정하라.

30. 어느 월간잡지의 광고부에서 광고 지면의 매출을 예측하기 위해 계량적 기법과 정성적 기법을 조합하여 사용하였다. 과거 20개월 동안의 결과가 다음과 같았다.

| 월 | 예측오차 |
|---|---|
| 1 | −8 |
| 2 | −2 |
| 3 | 4 |
| 4 | 7 |
| 5 | 9 |

| 월 | 예측오차 |
|---|---|
| 6 | 5 |
| 7 | 0 |
| 8 | −3 |
| 9 | −9 |
| 10 | −4 |
| 11 | 1 |
| 12 | 6 |
| 13 | 8 |
| 14 | 4 |
| 15 | 1 |
| 16 | −2 |
| 17 | −4 |
| 18 | −8 |
| 19 | −5 |
| 20 | −1 |

a. 제11개월부터 제20개월까지의 추적지표를 계산하라. 제11개월의 첫 MAD를 계산하고 이를 매월 갱신하라(단, $\alpha = 0.1$인 지수평활법을 사용). 관리한계가 ±4라면 어떤 결론을 내릴 수 있는가?

b. 첫 10개월간의 데이터를 사용하여 2*s* 관리한계를 가지는 관리도를 작성하라. 어떠한 결론을 내릴 수 있는가?

c. 관리도에 후반부 10개의 오차에 대한 그래프를 작성하라. 오차는 우연변동을 하고 있는가? 이것의 의미는 무엇인가?

31. 한 교과서 출판사가 지난 9년 동안의 경영학 교과서의 연간 매출에 대한 데이터를 조사하였다.

| 연도 | 1 | 2 | 3 | 4 | 5 | 6 | 7 | 8 | 9 |
|---|---|---|---|---|---|---|---|---|---|
| 매출(천권) | 40.2 | 44.5 | 48.0 | 52.3 | 55.8 | 57.1 | 62.4 | 69.0 | 73.7 |

a. 적절한 모형을 활용하여 향후 5년 동안의 각 연도에 대한 교과서 매출을 예측하라.

b. 원자료를 사용하여 예측오차에 대한 관리도를 작성하되 관리한계는 2*s*로 하라.

c. 향후 5년간의 실제 매출이 다음과 같이 밝혀졌다고 하자.

| 연도 | 10 | 11 | 12 | 13 | 14 |
|---|---|---|---|---|---|
| 매출(천권) | 77.2 | 82.1 | 87.8 | 90.6 | 98.9 |

예측기법이 예측을 적절히 수행하고 있는가? 설명하라.

32. 한 경영자가 두 가지 예측기법에 대한 평가결과를 보고받았다. 각각의 예측기법에 대한 분석자의 평가는 양자가 동일한 효과를 보이기 때문에 차이가 없다는 것이다.

| 기간 | 1 | 2 | 3 | 4 | 5 | 6 | 7 | 8 | 9 | 10 |
|---|---|---|---|---|---|---|---|---|---|---|
| 데이터 | 37 | 39 | 37 | 39 | 45 | 49 | 47 | 49 | 51 | 54 |
| 예측기법1 | 36 | 38 | 40 | 42 | 46 | 46 | 46 | 48 | 52 | 55 |
| 예측기법2 | 36 | 37 | 38 | 38 | 41 | 52 | 47 | 48 | 52 | 53 |

a. 분석자가 이러한 결론에 도달한 원인은 어디에 있다고 보는가?

b. 분석의 질을 향상시키기 위해 어떠한 정보를 추가할 수 있다고 생각하는가?

33. 한 경영자가 조경 서비스에 대한 수요를 예측하기 위하여 수식 $F_t = 10 + 5t$을 사용하고 있다: 지난 8기간 동안의 수요는 다음과 같았다.

| 기간, $t$ | 1 | 2 | 3 | 4 | 5 | 6 | 7 | 8 |
|---|---|---|---|---|---|---|---|---|
| 수요 | 15 | 21 | 23 | 30 | 32 | 38 | 42 | 47 |

예측이 적절히 수행되고 있다고 보는가? 설명하라.

34. 한 경영자가 수요를 예측하기 위해 추세선과 계절지수를 사용하고 있다. 분기별 계절지수는 $SR_1 = 0.90$, $SR_2 = 0.95$, $Sr_3 = 1.05$, $SR_4 = 1.10$ 이며 추세식은 $F_t = 10 + 5t$를 사용하였다. 지난 9분기 동안의 수요는 다음과 같았다.

| 기간, $t$ | 1 | 2 | 3 | 4 | 5 | 6 | 7 | 8 | 9 |
|---|---|---|---|---|---|---|---|---|---|
| 수요 | 14 | 20 | 24 | 31 | 31 | 37 | 43 | 48 | 52 |

예측이 적절히 수행되고 있다고 보는가? 설명하라.

## 사례 M&L 매뉴팩처링

M&L 매뉴팩처링사에서는 프린터와 복사기의 다양한 부품을 생산하고 있다. 이 회사는 이들 부품을 주요 프린트 및 복사기 회사에 납품할 뿐만 아니라 사무용품 판매상이나 컴퓨터 판매상에 수리용 부품으로 공급하기도 한다. 이 회사는 전부 20가지 종류의 부품을 생산하고 있다. 두 시장(중견 제조업자 및 수리용 부품 시장)에서는 서로 다른 방법의 물자취급을 요구하고 있다. 예컨대 수리용 부품들은 개별 포장을 요하는 데 비해 제조업자에게는 부품을 포장하지 않은 채로 운송하고 있다.

이 회사는 생산계획을 하기 위한 수요예측을 하지 않는다. 대신에 생산관리책임자가 부분적으로는 주문 내용과 재고량에 근거하여 어떤 부품을 생산할 것인지, 뱃치(batch)의 크기는 얼마로 할 것인지를 결정한다. 재고량이 가장 적은 품목이 최상의 우선순위를 가지게 된다. 수요가 일정하지 않기 때문에 이 회사에서는 어떤 품목에 대해서는 과잉재고가, 또 다른 품목에 대해서는 품절이 발생되기도 하였다. 재고부족 때문에 가끔 소매상의 경영자들과 긴장관계가 조성되기도 한다. 또 다른 문제점은 원자재의 가격이 꾸준히 인상된다는 것이다. 그러나 생산관리책임자는 이러한 현상이 일시적인 것이라고 생각하고 있다.

경쟁압박과 이익 저하 때문에 경영자는 몇 가지 변화를 추구하기로 결정하였다. 그중 하나는 생산계획과 재고관리를 개선하기 위해 보다 공식적인 수요예측 절차를 도입하기로 한 것이다.

이것을 염두에 두고 경영자는 우선 두 가지 품목에 대한 예측을 해 보기로 하였다. 이들 품목은 몇 가지 이유 때문에 중요한 품목이다. 먼저 이들은 이 회사의 이익 중 상당 부분을 차지한다. 둘째로 경영자는 이들 중 한 개의 품목이 미래의 성장계획에서 점점 중요해질 것이라고 믿고 있다. 셋째로 다른 한 개의 품목이 정기적으로 품절 현상이 발생한다는 것이다.

경영자는 지난 14주 동안의 주문 기록에서 두 품목의 수요 데이터를 조사했다. 이들이 다음의 표에 제시되어 있다.

| 주 | 제품 1 | 제품 2 |
|---|---|---|
| 1 | 50 | 40 |
| 2 | 54 | 38 |
| 3 | 57 | 41 |
| 4 | 60 | 46 |
| 5 | 64 | 42 |
| 6 | 67 | 41 |
| 7 | 90* | 41 |
| 8 | 76 | 47 |
| 9 | 79 | 42 |
| 10 | 82 | 43 |
| 11 | 85 | 42 |
| 12 | 87 | 49 |
| 13 | 92 | 43 |
| 14 | 96 | 44 |

* 고객의 창고 홍수 피해로 인한 비정상적인 주문

**[질문]**

1. 보다 공식화된 수요예측 절차로 어떠한 잠재적인 이점을 기대할 수 있겠는가?
2. 각 품목에 대해 향후 4주간에 대해 주별 수요를 예측하라. 사용한 예측기법에 대해 왜 이 기법을 사용했는지 그 이유를 설명하라(*힌트*: 경영자가 기술적인 기법들에 대해 무시하고 있다는 점에 비추어 품목 2에 대해서는 기술적인 접근방법보다는 단순한 접근방법, 예컨대 단순예측법이나 직관적 방법이 보다 바람직할 수도 있다).

사례

## Highline Financial Services, Ltd

Highline Financial Services사는 고객에게 세 가지 범주의 서비스를 제공하고 있다. 최고경영자 중의 한 사람인 프레디 맥(Freddie Mack)은 내년도에 대한 재무계획 및 인력채용(또는 해고)계획 수립 준비를 하고 있다. 그는 다음과 같은 조사 자료를 보고 약간 당황했는데 이 자료에는 지난 8분기 동안 세 가지 범주의 서비스에 대한 수요가 파동 현상을 보여주고 있는 것 같았다.

| | | 서비스 | | |
|---|---|---|---|---|
| 년도 | 분기 | A | B | C |
| 1 | 1 | 60 | 95 | 93 |
| | 2 | 45 | 85 | 90 |
| | 3 | 100 | 92 | 110 |
| | 4 | 75 | 65 | 90 |

이 회사가 제공하는 세 가지 범주의 서비스에 대해 지난 2년간 경험한 수요에 대해 검토해 보라. 광고나 촉진활동에 변화가 없으며 경쟁관계에서도 변화가 없다고 가정하고 이 회사가 제공하는 서비스에 대해 향후 4분기 동안의 수요를 예측하라. 계절지수를 개발할 만한 충분한 데이터가 없다는 사실을 염두에 두어라. 그럼에도 불구하고 현실적으로 우수한, 거의 *직관*에 가까운 수요예측을 할 수 있어야 한다. 이 수요에 대해 어떠한 일반적인 관찰을 할 수 있는가? 프레디는 여기에 대해 고민할 필요가 있는가? 설명하라.

| | | 서비스 | | |
|---|---|---|---|---|
| 년도 | 분기 | A | B | C |
| 2 | 1 | 72 | 85 | 102 |
| | 2 | 51 | 75 | 75 |
| | 3 | 112 | 85 | 110 |
| | 4 | 85 | 50 | 100 |

## 참고문헌


Acar, Yavuc, and Everette S. Gardner, Jr. "Forecasting Method Selection in a Global Supply Chain." *International Journal of Forecasting* 28, no. 4 (October–December 2012), 842–48.

Bonomo, Charles. "Forecasting from the Center of the Supply Chain." *Journal of Business Forecasting Methods and Systems* 22, no. 1 (Spring 2003), p. 3.

Byrne, Robert F. "Forecasting Performance for North American Consumer Products." *Journal of Business Forecasting* 31, no. 3 (Fall 2012), p. 12.

Hanke, John, and Dean Wichern. *Business Forecasting*, 9th ed. Upper Saddle River, NJ: Pearson, 2009.

Hopp, Wallace J., and Mark I. Spearman. *Factory Physics*, 3rd ed. New York: McGraw-Hill, 2008.

Wilson, J. Holton, Barry Keating, and John Galt Solutions. *Business Forecasting with ForecastX*, 6th ed. New York: McGraw-Hill, 2009.

# 4 CHAPTER

# 제품과 서비스의 설계

## *Product and Service Design*

### 학습 목표 *Learning Objectives*

*이 장을 학습한 후 다음과 같은 능력을 가져야 한다.*

**LO4.1** 제품과 서비스 설계의 전략적 중요성을 설명

**LO4.2** 제품과 서비스 설계의 역할을 기술

**LO4.3** 제품과 서비스 설계에 관한 핵심 질문을 확인

**LO4.4** 설계 또는 재설계의 이유를 명시

**LO4.5** 설계 아이디어의 주요 원천을 나열

**LO4.6** 제품과 서비스의 설계에서 법률, 윤리, 지속가능성 이슈의 중요성에 대해 논의

**LO4.7** 수명주기 평가의 목적과 목표를 설명

**LO4.8** '3R'이라는 용어를 설명

**LO4.9** 제품설계와 개발의 단계를 간략히 기술

**LO4.10** 제품 또는 서비스 설계와 관련된 몇 가지 핵심 이슈들을 설명

**LO4.11** 서비스 설계에 관한 두 가지 핵심 이슈를 설명

**LO4.12** 훌륭한 서비스 시스템의 특성들을 나열

**LO4.13** 성공적인 서비스 설계를 위한 몇 가지 지침을 나열

### 개요 *Chapter Outline*

Darren Brode/Shutterstock



한 조직의 정수(精髓)는 그 조직이 제공하는 제품과 서비스이며 그 조직과 그 조직이 속한 공급사슬의 모든 측면은 바로 그 제품과 서비스를 중심으로 구성된다. 뛰어난 제품이나 서비스가 있는 조직은 그렇지 못한 조직보다 목표를 실현할 가능성이 높다. 그러므로 조직은 뛰어난 제품과 서비스의 설계를 전략적으로 중요시한다. 제품과 서비스의 설계 또는 재설계는 조직의 전략과 긴밀하게 연결되어야 한다. 설계는 원가 · 품질 · 출시시점 · 고객만족 그리고 경쟁우위에 영향을 미치는 주된 요인이다. 따라서, 제품과 서비스의 설계에는 마케팅, 재무, 생산운영, 회계, IT, 인사조직 등 여러 부문의 참여가 요구된다. 또한, 설계에 있어서 예상되는 수요와 비용 그리고 공급사슬에 미칠 영향을 미리 예측하는 것은 중요하다. 생산운영에서 발생하는 많은 실패의 원인이 거슬러 올라가면 최초 설계단계에서의 오류에 기인할 수 있다는 것을 유념해야 한다. 충분히 검토되지 않았거나 잘못 구현된 설계, 조립과 사용에 대한 잘못되거나 불분명한 지침은 제품과 서비스의 실패로 연결되거나 이로 인한 소송, 부상 및 사망, 리콜 그리고 기업평판의 손상을 초래할 수 있다.

새로운 제품과 서비스의 도입이나 기존 제품이나 서비스의 설계 변경은 전체 공급사슬뿐만 아니라 조직의 전 부문에 영향을 미칠 수 있다. 거의 변화가 없는 프로세스도 있을 수 있겠지만 업무의 내용이나 수행 시점과 방법 측면에서 크게 바뀌어야 하는 부문도 있다. 새로운 프로세스들이 추가되어야 할 수도 있고 기존 프로세스들 가운데 일부는 제거될 수도 있다. 새로운 공급자와 유통업자들을 찾아서 시스템과 통합할 필요가 있을 수도 있고 기존의 공급자나 유통업자들이 더 이상 적합하지 않은 경우도 있다. 더욱이 재무, 마케팅, 그리고 유통은 물론, 수요에 미칠 것으로 예상되는 영향도 고려할 필요가 있다. 새로운 제품이나 서비스의 설계와 재설계는 바로 이렇게 광범위한 영향을 초래할 수 있으므로 소요 기간을 파악하고 있을 수 있는 파급 효과와 비용을 빠뜨리는 실수를 줄이려면 초기에 '큰 그림'을 보는 시스템적 접근이 반드시 필요하다. 마찬가지로 엔지니어링, 생산운영, 마케팅, 재무, 회계, 공급사슬로부터의 협력도 매우 중요하다.

이 장에서 우리는 제품과 서비스의 설계에 모두 적용되는 설계 프로세스에 대한 통찰을 살펴본다.

## 4.1 서론

이 절에서 우리는 제품과 서비스 설계자의 역할, 설계(또는 재설계)의 이유, 그리고 경영에서의 핵심 이슈들을 논의한다.

### 제품과 서비스 설계의 역할

제품과 서비스 설계의 주된 초점은 고객만족에 맞추어져야 한다. 제품과 서비스 설계는 다음과 같은 다양한 활동과 임무를 수행한다(관련 부문은 괄호 안에 제시).

1. 고객의 욕구와 니즈를 제품과 서비스에 대한 요구로 해석(마케팅, 생산운영)
2. 기존 제품과 서비스 다듬기(마케팅)
3. 새로운 제품과 서비스 개발(마케팅, 생산운영)
4. 품질 목표 수립(마케팅, 생산운영)
5. 원가 목표 수립(회계, 재무, 생산운영)
6. 원형(prototype) 제작과 시험(생산운영, 마케팅, 엔지니어링)
7. 규격(specification) 작성
8. 제품과 서비스 규격에 적합한 *프로세스* 규격 작성(엔지니어링, 생산운영)

제품과 서비스 설계는 조직의 거의 모든 부문을 관여시키거나 그들에게 영향을 미친다. 그중에서도 마케팅과 생산운영 부문이 주로 관여한다.

### 제품과 서비스 설계의 목적

핵심고려사항: 고객만족.

추가 고려사항: 비용과 이익, 품질, 제품을 제조하거나 서비스를 공급하는 능력, 윤리/안전, 지속가능성.

## 핵심 질문

구매자의 입장에서 구매결정에는 두 가지 근본적인 고려 사항이 있는데 그중 하나는 비용이고 다른 하나는 품질 혹은 성능이다. 판매자인 기업의 입장에서 점검해야 할 핵심 질문들은 다음과 같다.

1. **수요가 있는가?** 시장의 잠재적인 크기는 어느 정도인가? 예상되는 수요의 지속 기간과 성장 속도는 어떨까?
2. **우리에게 능력이 있는가?** 필요한 지식, 기술, 장비, 용량, 공급사슬 능력 등이 우리에게 있는가? 이런 능력은 제품에 대해서는 **제조 능력**(manufacturability)이라고 하며, 서비스에 대해서는 **서비스 능력**(serviceability)이라고 한다. 필요한 업무의 일부 또는 전부를 아웃소싱할 수 있는가?
3. **적절한 품질 수준은?** 고객은 무엇을 기대하는가? 유사한 상품에 대해서 경쟁자들의 품질 수준은 어느 정도인가? 새로운 제품이나 서비스는 기존 제품(또는 서비스)들과 어떻게 조화를 이룰 것인가?
4. **경제적으로 타당성이 있는가?** 제조물 책임, 윤리, 지속가능성 측면에서 대두될 수 있는 문제는 무엇이며 원가와 이익은 어느 정도인가? 비영리조직의 경우, 비용이 예산을 초과하지는 않을까?

**제조 능력**
한 기업이 어떤 제품을 적절한 이익을 내면서 생산할 수 있는 능력

**서비스 능력**
한 기업이 적절한 비용 또는 이익을 수반하면서 어떤 서비스를 제공할 수 있는 능력

## 제품 또는 서비스 설계와 재설계의 이유

제품과 서비스 설계는 조직의 성공과 성장을 위한 *전략적* 의미를 갖는 전형적인 요소이며, 관리자가 하는 기본적인 의사결정에 속한다. 제품과 서비스 설계 또는 재설계는 조직의 전략과 밀접하게 연관되어 수행되어야 한다.

조직이 새로운 제품과 서비스를 설계하거나 기존의 것을 재설계하는 데에는 여러 가지 이유가 있다. 설계나 재설계를 할 수밖에 없도록 하는 주된 압력은 주로 시장의 기회와 위협에서 발생하며, 그 원천은 다음과 같은 *변화*들이다.

- **경제적** 변화(예컨대, 저수요, 과도한 하자보증 청구, 원가 절감 필요성)
- **사회적, 인구통계학적** 변화(예컨대, 베이비붐 세대의 노령화, 인구의 변화)
- **정치적, 제조물 책임, 또는 법률적** 변화(예컨대, 정부의 변화, 안전 이슈, 새로운 규제)
- **경쟁**의 변화(예컨대, 새롭거나 변화된 제품 또는 서비스, 새로운 광고/판촉)
- **원가 또는 가용성** 변화(예컨대, 원료, 부품, 노동력의 원가나 가용성)
- **기술** 변화(예컨대, 부품이나 프로세스 기술의 변화)

이들 각 변화는 모두 분명히 제품과 서비스의 설계나 재설계 압력으로 작용하겠지만, 그중에서도 기술 변화에 대해서는 좀 더 자세히 살펴보자. 기술 변화는 여러모로 제품이나 서비스 설계의 변화를 유도한다. 먼저 새로운 기술이 직접적으로 제품이나 서비스에 사용되는 경우이다(예를 들어, 더욱 빠르고 작은 마이크로프로세서의 개발은 차세대 휴대폰의 등장을 촉진한다.). 기술은 또한 간접적으로도 제품과 서비스 설계에 영향을 준다. 새로운 공정기술이 등장하게 되면 이를 생산에 도입하기 위해 기존 제품의 설계를 변경해야 하는 경우가 발

생한다. 기술이 제품설계를 변화시키는 또 다른 예는 시청자가 녹화 동영상을 시청할 때 광고를 건너뛸 수 있는 디지털 녹화기술에서 찾아볼 수 있다. 이것은 그 TV 프로그램을 지원하는 광고주에게는 나쁜 소식이다. 이를 극복하기 위해 어떤 광고주들은 자사의 제품이 그 프로그램의 일부가 되도록 하는 전략을 채택하여, 자사의 제품을 프로그램 장면에 등장시키거나 출연자들이 언급하게 하여 굳이 따로 광고를 하지 않고도 시청자들의 주의를 끈다.

## 4.2 아이디어 생성

새로운 제품이나 재설계된 제품에 대한 아이디어는 고객, 공급사슬, 경쟁자, 종업원, 연구 등 다양한 여러 원천에서 생성될 수 있다. 고객의 의견은 서베이나 포커스 그룹(focus group), 고객불만처리나 자발적인 개선 제안에서 얻을 수 있다. 공급자나 유통업자, 종업원들의 의견은 인터뷰나 직간접적 제안 또는 컴플레인으로부터 구할 수 있다.

신규 상품의 개발이나 기존 상품의 개선을 향한 가장 강력한 동인 중 하나는 경쟁자의 상품이다. 경쟁자의 상품이나 운영(가격 정책, 반환 정책, 품질보증, 입지 전략 등)을 연구하면 많은 아이디어를 모을 수 있다. 일부 회사는 이에 그치지 않고 경쟁사의 제품을 구입하여 해체하고 검토하여 자신들의 제품 향상을 위한 방법을 찾는다. 이런 행위를 **역공학**(reverse engineering)이라고 한다. 자동차 회사들은 이런 방법을 새로운 모델을 개발하는 데 사용한다. 경쟁회사의 자동차를 세밀히 조사하여 동급최고 부품(이를테면, 가장 좋은 후드 열림 장치, 가장 좋은 대시보드 디스플레이, 가장 좋은 문 손잡이)을 찾아낸다. 역공학 활용으로 더 나은 제품을 개발하여 경쟁사를 뛰어넘는 회사도 가끔씩 있다. 하지만, 몇몇 형태의 역공학은 *디지털 밀레니엄 저작권법*(Digital Millennium Copyright Act)에서는 불법이다.

**역공학** ▸ 경쟁사의 제품을 해체하여 개선점을 찾는 것

공급자들 역시 아이디어의 원천이 될 수 있으며, 공급사슬과 공급자 파트너십이 중요시되면서 이들의 역할이 더 커졌다.

연구활동도 신상품과 상품 개선을 위한 또 하나의 아이디어 원천이다. **연구개발**(research and development, R&D)은 과학 지식의 증대와 제품이나 서비스의 혁신을 향한 조직적 노력을 일컫는다. 반도체나 의학, 통신 그리고 우주기술 진보의 대부분은 대학이나 연구기관과 정부기관 그리고 사기업들의 연구개발 노력 덕분이다.

**연구개발(R&D)** ▸ 과학 지식의 증대와 제품 혁신을 위한 조직적 노력

연구개발 활동에는 *기초연구*, *응용연구*, *개발*이 있다.

**기초연구**는 단기적인 상업적 응용을 기대하지 않으면서, 지식 수준의 진전을 목적으로 한 R&D 활동이다.

**응용연구**는 상업적 응용을 목적으로 한 연구개발 활동이다.

**개발은** 응용연구 결과를 유용한 상업적 응용으로 전환하는 활동이다.

기초연구는 단기적인 상업적 응용과 연결되지 않기 때문에 일반적으로 정부나 대기업이 자금을 부담한다. 반면에 응용연구와 개발은 상업적 응용 가능성 때문에 다양한 기업들이 매력을 느낀다.

성공적인 연구개발의 혜택은 엄청나다. 어떤 연구는 특허를 받아서 그 사용을 허용하고 사용료를 받을 가능성이 있다. 하지만 특허를 받지 못하는 발명이나 발견도 많으며 어떤 회

## 읽을거리 블래식(Vlasic)의 큰 피클 슬라이스

오이피클 브랜드 중 가장 대중적인 블래식 피클의 직원들은 기존보다 큰 조각의 피클에 새로운 시장이 있음을 알게 되었다. 피클은 오이를 절여서 만들기 때문에 피클을 큰 조각으로 출시하기 위해서는 당연히 큰 사이즈의 오이가 필요했지만, 이를 쉽게 구할 수가 없었다.

AN NGUYEN/Shutterstock

그래서 블래식에서는 다양한 오이 품종에 대해 연구하기 시작했다. 한번 오이를 심으면 오이가 클 때까지 약 10주의 시간이 소요되며, 블래식에서는 여러 번의 시도 끝에 큰 사이즈의 오이재배에 성공했다. 하지만, 수확한 오이는 피클을 만들기에 적합한 맛이 아니었다. 다시 처음으로 돌아가 적합한 오이변종에 대해 연구를 했고 또 다시 오이를 수확하기까지는 10주가 소요되었으며, 마침내 원하는 맛을 가진 큰 사이즈의 오이를 찾게 되었다.

이 이야기가 여기서 끝이 났을까? 그렇지 않았다. 기존의 피클을 자르는 기계는 큰 오이를 자르기에는 적합하지 않았고 빈번하게 고장이 발생했다. 결국 큰 오이를 자를 수 있는 새로운 기계를 설계하고 설치할 수밖에 없었다.

**[질문]**

1. 소비자들이 큰 사이즈의 피클을 선호하는 이유는 무엇인가? 두 가지만 대답해보자.
2. 새로운 재품개발에 있어 이 사례가 주는 교훈은 무엇인가?

사들은 아이디어를 자세히 공개하기 싫어서 특허 신청을 피하기도 한다. 그렇다 할지라도 제품이나 서비스를 시장에 처음으로 출시하는 기업은 일반적으로 다른 기업들이 따라오기 전에 이익을 낼 수 있는 위치를 가진다. 또한, 초기 제품은 일시적 독점 상태에 있으므로 가격을 높게 책정할 수 있는 이점을 가진다.

연구개발비용은 매우 높을 수 있다. 몇몇 회사들은 *하루에* 연구개발비로 백만 달러 이상을 지출한다. 자동차, 컴퓨터, 통신 그리고 제약 산업의 대형 회사들은 심지어 이보다 더 많은 연구개발비를 쓰기도 한다. 예를 들어, IBM은 연간 약 60억 달러, 휴렛팩커드(HP)는 연간 약 20억 달러를 연구개발비로 지출한다. 하지만 비판적인 사람들은 미국 기업들이 연구개발에 돈을 너무 적게 쓴다고 말하며, 이런 연구개발 투자 부진은 종종 경쟁우위 상실의 요인으로 지적된다.

흥미로운 현상은 일부 기업들이 *제품* 위주의 연구개발에서 벗어나 제품과 *프로세스* 모두에 균형 있게 초점을 맞춘다는 점이다. 또한 흔히 기술에도 제품처럼 수명주기가 있다는 인식이 늘고 있다. 이런 인식은 연구개발 노력에 두 가지 측면으로 영향을 미칠 수 있다. 경제가 지속적으로 성장하려면 수명주기에서 경쟁 요소에 끊임없이 주목해야 하며, 기획부서가 차세대 기술 개발에 참여하여야 한다는 것이다.

## 4.3 법률 및 윤리적 이슈

설계자들은 법률적 · 윤리적 제반 사항들을 빠뜨리지 않도록 조심하여야 한다. 더구나 환경에 해를 끼칠 가능성이 있으면 더욱 중요하게 다루어야 한다. 대부분의 기업들은 많은 정부기관의 규제를 따라야 한다. 익숙한 유관 기관들로는 식품의약국(Food and Drug Administration, FDA), 미노동안전위생관리국(Occupational Health and Safety Administration, OSHA), 환경청(Environmental Protection Agency)과 같은 연방정부 기관들이 있고 이외에도 다양한 주정부 내지는 자치단체들이 있다. 사이클러메이트(무칼로리 인공감미료—역자주)와 적색 식품 색소, 인산비료 그리고 석면의 사용 금지 조치 때문에 설계자들이 바빠졌다. 이와 유사하게 자동차 산업에서도 새로운 공해기준이나 안전벨트, 에어백, 안전유리, 충격흡수 범퍼 및 차체와 같은 안전기준들은 자동차 설계에 상당한 영향을 미쳤다. 장난감 설계에도 이러한 관심이 고조되어 날카로운 모서리와 질식을 유발할 수 있는 작은 조각들을 제거하고 유해 물질의 사용을 금지하고 있다. 건설업에서는 정부가 무연 페인트 사용과 출입구의 안전유리 및 공공건물의 장애인 접근 편의시설 설치를 의무화하고 있으며 단열이나 전기 배선 그리고 배관에 대한 기준을 정해 놓고 있다.

**제조물 책임** ▸
제품의 결함으로 인한 부상이나 손실에 대한 제조업자의 책임

제조물 책임도 설계 개선의 강력한 압력이 될 수 있다. **제조물 책임**(product liability)이란 제품의 설계나 제작상의 결함으로 인한 부상이나 손실에 대한 제조업자의 책임을 말한다. 많은 회사들이 제품 결함 때문에 소송을 겪었는데 예를 들어 파이어스톤(Firestone Tire & Rubber), 포드 자동차, 제너럴 모터스(General Motors, GM) 등 자동차 관련 회사들과 담배 회사들 그리고 장난감 회사들이 있다. 제조물 책임 외에도 **연방통일상법전**(Uniform Commercial Code, 미국통일상법전으로 상거래 전반에 관한 통일된 규칙을 집대성한다는 취지 하에 편찬된 각 주 입법의 모범 법전. 1952년 최초 공표되고 최종판은 1987년 판임—역자주)의 암묵적 책임 규정에 따라서 모든 제품은 용도에 맞게 사용될 수 있어야 하며 그렇지 못할 경우에 제조사가 책임을 져야 한다.

**연방통일상법전** ▸
미국의 법으로 하자보증과 관련하여, 제품은 사용에 적합하여야 하며 하자가 발생하면 면책이 명시되지 않은 경우라면 생산자가 묵시적으로 책임을 져야 한다고 규정함

소송과 소송 가능성 때문에 법률 및 보험, 피해자와의 화해, 리콜 관련 비용이 늘어났다. 게다가 소송이 발생하면 제품 안전성에 대한 고객의 경각심이 높아지면서 해당 제품의 이미지나 수요가 추락하기도 한다.

따라서 합리적인 수준에서 사고를 일으키지 않는 제품의 설계가 지극히 중요하다. 사고를 피할 수 없다면 그 가능성을 줄이는 안전장치를 부착하고 위험에 대하여 적절히 경고하여야 한다. 소비자 단체와 기업 그리고 규제기관들이 협조하여 사고위험을 줄이는 범산업 표준을 마련하는 일이 흔하다.

제품과 서비스의 설계과정에 윤리적 이슈가 종종 대두된다. 경영자들은 이러한 이슈들을 알고 설계자들은 윤리기준을 지키는 것이 중요하다. 설계자들은 흔히 시간에 쫓기고 원가 절감 압박을 받는다. 이러한 압박 때문에 설계자들은 의사결정 과정에 적당한 타협에 직면하는데 상당부분은 윤리적 측면과 관련이 있다. 소프트웨어 회사들이 겪는 한 가지 예를 들어보면, 예정 출시일이 임박했지만 제품의 성능과 완벽성에 자신이 없을 때 예정대로 출시할지, 아니면 수입 실현이 지연되고 고객의 신뢰에 손상이 발생하더라도 출시를 늦추면서 더 다듬을지 결정하여야 한다.

기업은 일반적으로 설계자들이 다음과 같은 지침을 따르기를 바란다.

- 조직의 목표와 일치하는 제품을 설계하라. 예를 들어, 회사의 목표가 고품질이면 원가 절감에 너무 급급해서는 안 되며, 고객이 알아차릴 수 없는 부분이라 할지라도 이러한 원칙은 지켜져야 한다.
- 고객이 기대하는 가치를 제공하라.

- 건강과 안전을 최우선시하라. 제품을 생산하거나 서비스를 수행하는 종업원, 제품을 운송하는 사람, 제품이나 서비스를 사용하는 사람 그리고 일반 시민 모두의 건강과 안전을 고려하라.

## 4.4 인적 요소

제품 설계에서 인적 요소는 종종 이슈로 대두된다. 특히, 안전과 책임보상은 많은 경우에 치명적인 고려대상이며 신중하게 반영되어야 한다. 예를 들어, 차량의 내충격성은 소비자, 보험회사, 자동차 제조업체, 정부에게 매우 중요한 관심사이다.

설계자가 고려하여야 하는 또 하나의 이슈는 제품이나 서비스에 새로운 기능(feature)을 추가하는 것이다. 어떤 산업에서는 기업들이 기능 추가로 경쟁우위를 추구할 수도 있다. 이것은 분명히 이점이 있지만 경우에 따라서는 '과유불급'이 될 수 있으며 소비자 불만의 씨앗이 될 수도 있다. 이와 같이 '기능이 살금살금 늘어나는 현상'은 크기는 점차 작아지면서 기능이 계속 추가되어 점차 복잡해지는 휴대용 전화기와 같은 전자제품에서 특히 두드러진다. 이것 때문에 소비자들이 '사용 용이성'과 관련하여 낮은 점수를 줄 수도 있다.

## 4.5 문화적 요소

여러 나라에서 사업을 하는 기업의 제품 설계자들은 해당 제품이 판매될 지역의 문화적 차이도 고려하여야 한다. 이 점 때문에 읽을거리에서 보여주는 사례와 같이 제품은 지역에 따라 다르게 설계되기도 한다.

## 4.6 글로벌 제품 및 서비스 설계

전통적으로 제품 설계는 한 곳 또는 인접한 몇 곳의 시설에 있는 설계자들이 한곳에 모여서 팀으로 업무를 수행해 왔다. 하지만 여러 나라에서 사업을 하는 조직들은 여러 나라에서 일하는 설계자들이 협력하여 제품을 설계하는 편이 유리함을 깨닫고 있다. 이런 *가상팀*(virtual team)은 전통적 방법에 비하여 여러 가지가 유리한데, 이를 테면 최고의 인력을 굳이 한 곳에 모으지 않고도 하루 24시간 참여하게 할 수 있으며 이 덕분에 출시기간(time-to-market)을 단축할 수 있다. 글로벌 팀을 운영하면 여러 나라에서 국가별 자원과 기회, 그리고 제약을 감안하면서 고객의 니즈를 평가할 수 있다. 글로벌 설계를 통하여 시장성과 효용이 향상된 제품을 설계할 수 있다. 글로벌 팀은 그 다양성 덕분에 다양한 관점과 아이디어, 그리고 정보를 제시하여 설계프로세스의 질을 높이는 이점도 있다. 하지만 다양성은 자칫하면 갈등과 소통 장애를 유발하기도 하므로 신중하게 관리되어야 한다.

정보 기술의 발전은 글로벌 제품 설계팀이 시간적 제약 없이 수시로 비대면으로 모여서 아이디어와 진행 상황을 공유하고 설계 변경이나 기타 관련 정보를 교환하는 것이 가능하도록 해주고 있다.

읽을거리  **녹차 아이스크림과 케일수프**

맥도날드는 성공적인 글로벌화를 위해 각국의 전통과 그 지역에서 선호하는 음식을 고려한 지역화를 추구하고 있다. 다음은 각 나라에서 맥도날드가 개발한 메뉴들이다.

캐나다: 푸틴(poutine, 감자튀김에 치즈커드와 브라운 그레이비 소스를 얹은 것).
중국: 칠리 갈릭 소스를 얹은 치킨 너겟, 녹차 아이스크림.
칠레: 치즈 엠파나다스(empanadas, 고기, 양파 등의 각종 소를 넣고 구운 만두 같은 음식).
핀란드: 살사와 사워크림을 넣은 햄버거.
프랑스: 아침 맥주, 바삭한 페퍼를 넣은 런치 버거.
인도: 매운 치킨랩, 라이스볼(rice bowls), 마살라 웨지감자, 티키 버거(tikki burger).
이스라엘: 튀기지 않고 숯불로 만든 버거.
말레이시아: 치킨 포리지(porridge, 말레이시아식 닭죽).
네덜란드: 피넛소스 닭튀김.
노르웨이: 생선찜, 살사 치킨.
필리핀: 스파게티, 치즈 버터 프렌치 프라이.
포르투갈: 케일 수프, 당근 수프, 콩과 시금치가 들어간 수프.
싱가포르: 소금 친 달걀 노른자 치킨이 들어간 버거, 커리 소스 치킨 너겟.
한국: 새우버거, 돼지고기 버거, 아포가토(affogato, 바닐라 아이스크림에 뜨거운 에스프레소를 얹은 것).
대만: 옥수수 수프, 쌀 패티.
터키: 매운 민스미트(mincemeat) 패티, 소금을 가미한 차가운 세이보리(savory) 요거트 음료.

**[질문]**

1. 이 기사에서 문화적 차이가 패스트푸드 음식의 설계에 미친 영향은 무엇인가?
2. 기업의 어떤 기능(또는 부서)이 국가별 제품 차이의 영향을 받는가?

## 4.7 환경요소: 지속가능성

지속가능성을 향한 노력에서 제품과 서비스의 설계는 가장 중요한 사항이다. 수명주기평가, 원가와 자재의 절감, 회수된 제품의 부품 재사용, 재활용 등이 제품과 서비스 설계 시 지속가능성을 염두에 둔 주요 활동이다.

### 수명주기평가

**수명주기평가** ▸ 한 제품이나 서비스의 전체 수명기간 동안 그것이 환경에 미치는 영향의 평가

**수명주기평가**(cradle-to-grave assessment)는 수명주기분석(life cycle analysis)이라고도 하며 어떤 제품이나 서비스가 전체 사용 기간 동안에 환경에 미치는 영향을 평가하는 것으로 주 관심 사항은 지구온난화(이산화탄소 배출량), 스모그 형성, 산소 고갈, 고형 쓰레기 발생 등이다. 제품의 경우 이와 같은 '요람에서 무덤까지', 즉 전 수명 기간에 대한 분석은 그 제품의 사용이나 소비 단계뿐만 아니라 그 제품을 생산하는 데 필요한 원자재의 채취 및 식물의 재배와 수확에서부터 부품의 가공과 조립 작업 또는 제품의 모든 생산 공정 그리고 수명이 끝난 후 최종 폐기까지 모든 단계를 그 대상으로 한다. 또한, 모든 단계에서 일어나는 에너지 사용, 공해물질과 쓰레기 발생, 수송 활동도 포함한다. 서비스의 경우는 일반적으로 제품에 비해 물자를 적게 사용하지만 수명주기평가는 여전히 중요하다. 이는 서비스도 에너지를 소비하며 제품에 수반되는 과정들과 비슷하거나 동일한 과정을 거치기 때문이다.

수명주기평가의 목표는 경제성을 고려하면서도 환경에 영향을 가장 적게 미치는 제품과 서비스를 선택하는 것이다. 수명주기평가 절차는 ISO 14000 환경경영표준의 일부이며 이에 대해서는 제9장에서 다룬다.

## 사용기한 프로그램

사용기한(end-of-life, EOL) 프로그램은 사용상의 수명을 다한 제품에 대한 것이다. 이러한 제품에는 일반 소비자 제품뿐 아니라 기업에서 활용된 장비 등이 포함된다. 이 프로그램의 목적은 특별히 전자장비와 같은 제품들을 매립지나 제3세계 국가에서 투기나 소각하는 것을 줄이는 것이다. 공공연하게 자행되어 온 이러한 행위는 유해대기 및 수질오염, 유독성 재(toxic ash) 등을 유발하게 된다. 이 프로그램이 전자장비에만 국한된 것은 아니지만 전자장비는 일반적으로 납, 카드뮴, 크롬, 기타 중금속의 독성 재료를 가지고 있기 때문에 특히 유의해야 한다. IBM에서 시행하고 있는 EOL 프로그램은 좋은 예가 될 수 있다. 지난 15년간 IBM은 약 90만 톤의 제품과 제품 쓰레기를 수거하였다.

## 3R: 절약, 재사용, 재활용

원가 절감과 환경영향 감축을 위해 설계자들이 자주 고려하는 세 가지 활동은 가치분석을 통한 자재 절약, 사용 후 회수된 제품에서 잔여 수명이 남은 부품들을 손질하여 재판매하는 재생, 사용할 수 없는 물긴이니 물자를 회수하여 다시 자재로 바꾸어 사용하는 재활용이다.

## 절약: 가치분석

**가치분석**(value analysis)은 제품의 원가 절감과 성능 향상을 위한 노력의 일환으로 수행하는 부품이나 원자재의 *기능(function)* 검토를 일컫는데, 그 과정에서 전형적으로 다음과 같은 질문을 던진다. 더 싼 부품이나 원자재를 쓸 수는 없는가? 이 기능이 정말 필요한가? 두 가지 혹은 그 이상의 부품이나 부속에 의한 기능을 단일 부품으로 더 싸게 할 수는 없는가? 부품을 단순화할 수는 없는가? 제품 사양을 완화할 수 있고 그렇게 하여 비용을 낮출 수는 없는가? 비표준 부품을 표준부품으로 바꿀 수는 없는가? 표 4.1은 가치분석에 지침이 되는 점검 항목을 제시한다.

**가치분석**
원가 절감과 성능 향상을 위한 노력의 일환으로 부품이나 원자재의 기능을 검토하는 활동

읽을거리는 크래프트 푸드가 어떻게 물과 에너지의 사용, 이산화탄소, 식물쓰레기와 포장을 줄일 수 있었는지에 대한 사례를 기술하고 있다.

**표 4.1**
가치분석 개요

1. 연간 비용이 높은 항목을 선택하라. 대상은 원자재, 구입품, 서비스 등이 될 수 있다.
2. 그 항목의 기능을 파악하라.
3. 다음과 같은 질문에 대한 답을 구하라.
   a. 이것은 필요한가? 가치가 있는가? 제거하면 안 될까?
   b. 이것을 다른 곳에서 구할 수는 없는가?
   c. 이것을 내부 조달할 수는 없는가?
   d. 현재의 배열이나 구성의 장점은 무엇인가?
   e. 현재의 배열이나 구성의 단점은 무엇인가?
   f. 다른 원자재나 부품 또는 서비스로 대체할 수는 없는가?
   g. 사양을 좀 완화하여 원가나 시간을 절감할 수는 없는가?
   h. 몇 개 부품을 하나로 합칠 수는 없는가?
   i. 가공을 더 하거나 덜 하여 원가나 시간 절감을 할 수는 없는가?
   j. 공급자가 개선을 위한 제안을 할 수 있지 않을까?
   k. 종업원이 개선을 위한 제안을 할 수 있지 않을까?
   l. 포장을 개선하거나 더 저렴하게 할 수는 없을까?
4. 위에 제시된 질문들이나 여타 질문들에 대한 대답을 분석하여 새로운 안을 제시하라.

읽을거리  

## 크래프트의 지속가능성을 위한 조리법

지구온난화의 위협과 환경보호에 대한 희망은 많은 기업들로 하여금 지속가능성의 당위성을 수용하게 만들고 있다. 또한, 이런 노력이 오히려 비용을 절감시킨다는 많은 사례를 발견할 수 있다.

크래프트 푸드 컴퍼니(Kraft Foods Company)는 북미에서 식료품 비즈니스를 하고 있으며 하인즈 컴퍼니(H.J. Heinz)와 합병하여 크래프트 하인즈 컴퍼니란 이름으로 세계에서 가장 큰 식음료 제조사 중 하나이다. 산하에 *크래프트*, *하인즈*, *ABC*, *카프리썬(Capri Sun)*, *젤오(Jell-O)*, *쿨에이드(Kool-Aid)*, *런처블스(Lunchables)*, *맥스웰하우스(Maxwell House)*, *오레아이다(Ore-Ida)*, *오스카 메이어(Oscar Mayer)*, *필라델피아 플렌터스(Philadelphia Planters)*, *쿠에로(Quero)*, *웨이트 워쳐스 스마트 원스(Weight Watchers Smart Ones)*, *벨비타(Velveeta)*를 두고 있다. 회사 홈페이지에 다음과 같은 사명이 기술되어 있다. "사람과 지구 그리고 우리 기업의 지속 가능한 건강에 기여한다."(kraft-heinzcompany.com)

두 기업의 합병에 앞서 크래프트 푸드와 하인즈 컴퍼니는 지속가능성에 대한 공통의 인식을 공유하였다. 본 읽을거리의 내용은 합병 전에 있었던 크래프트 푸드의 성과에 대한 것이다. 그들은 지속가능성에 대한 노력이 비용을 절감할 수 있다는 것을 깨닫고 다른 기업들도 동참해 줄 것을 바라고 있다.

크래프트의 성공은 포장의 재설계에서부터 시작되었다. 목표는 도전적이었다. 포장 재료의 사용량을 줄이면서도 효율적으로 포장할 수 있는 방법이 요구되었다. 그들은 포장의 환경적 영향을 줄이기 위해서는 초기 설계가 중요하다고 믿었다. 전 세계에 분포된 설계자들은 포장으로 사용되는 다양한 수치들을 심각하게 고려하였다. 사용 후 재료(post-consumer material)가 얼마나 재사용되는가? 얼마나 많은 에너지가 포장용 재료를 만드는 데 소비되는가? 얼마나 많은 이산화탄소가 배출되는가? 물리적으로 포장이 제품을 얼마나 잘 감싸고 있는가? 크래프트에서 발표한 내용에 따르면 다음과 같은 포장 재설계의 이점이 있다.

- 디지오르노 캘리포니아 키친 피자(DiGiorno and California Pizza Kitchen pizzas): 피자 박스를 줄이는 노력으로 케이스당 두 개의 피자박스를 더 넣을 수 있게 되었고 팔레트(pallet)당 약 14% 더 많은 피자가 적재되었다. 그 결과 연간 약 140만 파운드의 포장이 줄어들었으며, 그로 인해 트럭당 수송되는 피자의 양이 증가하여 운송 트럭 수가 줄어들었고 연료사용량도 줄었다.
- 오스카 메이어 델리 크리에이션(Oscar Mayer Deli Creations): 이전에 비해 약 30% 판지 사용량이 줄어들었고, 그 결과 120만 파운드의 포장쓰레기가 줄어들었다.
- 크래프트 샐러드 드레싱: 플라스틱 사용량이 병당 19% 줄어들어 연간 300만 파운드가 감소하게 되었다. 또한, 트럭에 적재되는 병 개수가 늘어남으로써 약 18% 수송효율이 향상되었다.

크래프트는 수질오염, 토양침식, 생태다양성을 위해서도 노력하였다. 크래프트의 지속가능성에 대한 이러한 성공사례는 다른 기업들의 모방대상이 되고 있다.

Steve Cukrov/Shutterstock

크래프트는 샐러드 드레싱의 포장 재설계를 통해 플라스틱 사용량을 줄이고 수송효율도 향상시켰다.

### 재사용: 재생

**재생** ▸ 중고품의 닳거나 고장 난 부품을 성한 것으로 교체하여 다시 쓸 수 있도록 하는 행위

제조업에서 최근에 관심을 끄는 한 개념에 제품의 재생이 있다. **재생**(remanufacturing)이란 중고품에서 닳거나 고장이 난 부품을 새로운 것으로 교체하여, 다시 쓸 수 있도록 만들어서 재판매하는 행위를 일컫는다. 재생은 원래의 생산자가 하거나 다른 기업이 할 수도 있다. 재생 부품을 사용하는 제품에는 자동차와 프린터, 복사기, 카메라, 컴퓨터 그리고 전화기 등이 있다.

## 읽을거리 중국이 재활용 쓰레기에 대해 단속하고 있다

중국이 재활용품에 대한 수입제한 조치("National Sword" policy)를 시행함에 따라 전 세계에 쓰레기가 쌓여가고 있다. 과거에 미국으로 중국 수출품을 실어 나른 선박들이 중국으로 돌아갈 때는 미국의 재활용품을 가득 싣고 돌아가 중국의 재활용 산업을 급성장시켜 왔다. 중국 제조업체는 재활용 금속, 플라스틱 펠릿(pallets), 유리, 그리고 종이 등의 재활용 쓰레기를 원자재로 재활용하여 왔다. 하지만 일부 재활용 업자들의 부패와 환경오염으로 인해 중국정부는 2018년부터 대부분의 폐기물 수입을 금지하였다.

2017년 상반기에 중국과 홍콩은 G7국가의 플라스틱 폐기물 중 60%를 사들였지만, 2018년 상반기에는 단지 10%에 그쳤다. 과거 미국의 재활용업체에 의해 톤당 20$에 팔리던 플라스틱 덩어리를 처리하기 위해서는 이제 오히려 톤당 10$의 폐기비용이 들 수도 있다. 일부 판지, 플라스틱, 유리, 고철에 대해서는 중국이 여전히 수입을 하고 있지만, 그것도 세척이나 추가적인 처리 없이 "당장 사용할 준비가 되어 있는" 상태인 경우에 한해서이다. 새로운 수입기준에 명시된 허용 가능한 불순물 수준은 0.5%이며, 이는 미국 재활용업체들이 달성할 수 없는 수준이다. 게다가, 중국은 더 이상 플라스틱 물병은 일체 수입하지 않고 있으며, 포장, 장난감 및 기타 물품을 제작하는 데 바로 활용이 가능한 플라스틱 펠릿만을 수입하고 있다. 과거에는 재활용 쓰레기가 미국의 주요 수출품 중 하나였으며, 중국이 미국의 재활용 쓰레기 수출의 약 31%를 수입하는 국가였다. 미국의 지방 자치 단체들은 예전에는 소득이 되던 재활용 쓰레기의 처리에 골치를 앓고 있다.

세상의 쓰레기는 이제 어디로 갈 것인가? 매년 2억7천만 톤 이상의 지구 폐기물이 재활용되어 왔으며, 그 대부분이 중국에서 처리되어 왔다. 현재는 그중 일부가 말레이시아, 태국, 베트남, 인도네시아와 같은 다른 동남아 국가로 흘러간다. 이들 국가에서 재활용 쓰레기는 이를 처리하고 재생하는 새로운 사업의 기회가 될 수도 있지만, 해당 지역 주민들은 규제 부족과 이들 공장에서 발생하는 대기와 물 오염을 우려하고 있다. 따라서, 이들 국가의 정부에서도 최근에는 자국으로 유입되는 쓰레기를 규제하기 위한 자체적인 대책을 마련하고 있다. 더욱이 이러한 중국의 대체국으로의 운송비는 훨씬 많은 비용을 초래하는데, 이는 중국으로 값싼 운송을 가능하게 한 빈 컨테이너와 선박이 부족하기 때문이다. 흥미롭게도, 일부 중국 재활용처리 기업들은 이제 그들의 사업을 미국으로 이전하기 위해 미국 제지공장이나 플라스틱 처리시설에 투자하고 있다.

이제 전 세계 재활용업체, 정부 및 소비자들은 플라스틱, 종이 폐기물 및 전자 폐기물의 사용에 대해 재고할 때가 되었다. 캘리포니아, 프랑스, 이탈리아의 일부 소비자들은 오늘날의 일회용품과 플라스틱 낭비에 대한 새로운 대안을 찾고 있다. 그들은 쇼핑매장을 방문할 때 자체적으로 다용도 병과 쇼핑용 가방을 휴대하고 있다. 일부 자치단체들은 이미 재활용 쓰레기에 대한 규정을 바꾸고 있으며, 앞으로는 과다한 재활용 쓰레기에 대해 요금을 부과할 수도 있다. 많은 쓰레기를 유발하는 제품을 줄이는 것은 쓰레기처리 비용을 지불하고 싶지 않은 소비자와 기업에게 앞으로 점점 더 중요한 문제가 될 것이다.

**[질문]**

1. 중국의 지속가능성 이슈와 지속가능성에 영향을 미치는 정책들이 어떻게 전 세계에 영향을 미치는가?
2. 재활용 쓰레기 사업자들의 공급사슬에는 어떤 변화가 예상되는가?
3. 앞으로 쓰레기량을 줄이기 위해서는 어떤 형태의 상품포장(package design)이 필요한가?

출처: Leslie Hook and John Reed, "The $280 B Crisis Sparked by China Calling Time on Taking in 'Foreign Trash.'" *Financial Review*, October 31, 2018. https://www.afr.com/news/the-280-billion-crisis-caused-when-china-called-time-on-foreign-trash-20181031-h17cfw

Erica E. Phillips, "U.S. Recycling Companies Face Upheaval from China Scrap Ban." *The Wall Street Journal*, August 2, 2018. https://www.wsj.com/articles/u-s-recycling-companies-face-upheavalfrom-china-scrap-ban-1533231057

재생을 하는 데에는 여러 가지 이유가 있다. 우선 재생품은 가격이 저렴한데 신품의 약 반값 정도이다. 일반적으로 숙련도가 낮은 사람들이 재생을 할 수 있다는 점도 한 가지 이유이다. 글로벌 시장 환경을 보면, 유럽에서는 사용 후 제품을 생산자가 회수하도록 하는 조치가 점점 더 강화되고 있는데, 이렇게 함으로써 매립되는 제품의 양을 줄이고 원자재나 연료와 같은 천연자원의 고갈을 줄일 수 있기 때문이다.

분해하기 쉬운 제품 설계가 관심을 끌면서 제품설계에서 **분해용이성설계**(design for disassembly, DFD)의 중요성이 대두되고 있다.

◂ **분해용이성설계** 제품을 분해하기 쉽도록 설계하는 것

읽을거리 

# 리사이클 시티: 마리아 마켓

마리아 마켓(Maria's Market)은 리사이클 시티(Recycle City)에서 사람들이 장을 볼 때 주로 찾는 슈퍼마켓이다. 마리아는 자기 가게에 물건들을 쌓아두고 사람들에게 제공하는데 이렇게 해서 쓰레기장으로 가는 물자를 줄이고 사람들에게 재사용과 재활용을 장려한다.

마리아는 고객들이 자기 가게에서 구입해서 사용한 다음 버리는 물건의 양을 줄이는 것이 무엇보다도 먼저 해야 하는 최선의 방법이라는 점을 깨달았다.

### 마리아

폐기물의 양과 폐기물이 환경에 미치는 영향을 줄이기 위해 마리아는 유해 성분을 적게 함유하고 포장 자재를 적게 사용하는 물건들을 자기 가게에 취급하기 시작했다. 포장 자재와 음식 쓰레기를 줄이기 위해 가게의 일부 공간을 따로 정하여 고객들이 그곳에서 포장되지 않은 식품을 꼭 필요한 만큼 살 수 있게 했다.

마리아는 또한 재사용 가능한 것들은 재사용하는 프로그램을 마련했다. 예를 들면, 골판지 상자를 준비하여 고객들이 쇼핑한 물건들을 담아서 들고 가게 하고 다음에 가게에 올 때 도로 가져오도록 했다. 그녀는 또한 비닐 봉투를 반납하거나 반찬거리를 담아가기 위해 스스로 바구니를 들고 오는 고객에게는 물건 값을 할인해 주었다.

마지막으로, 가게에서 많은 물건들을 쉽게 재활용할 수 있게 했다. 재활용품의 분리 수거를 위해 손님들이 쉽게 알아볼 수 있도록 수집 용기들에 분류 표시를 하여 손님들이 재활용 프로그램에 쉽게 참여할 수 있도록 했다. 마리아는 재활용을 통해서 유용한 물자가 매립지에 가는 것을 막을 수 있고 리사이클시 내부와 주변의 토지를 보존하여 공원이나 학교처럼 유용하게 사용하는 데 일조할 수 있음을 안다.

### 종이 봉투냐 비닐 봉투냐?

가게에서 물건을 종이 봉투에 담아달라고 해야 할까 아니면 비닐 봉투에 담아달라고 해야 할까? 결정이 쉽지만은 않다. 이 봉투들을 만드는 데 필요한 물자는 천연자원에서 온다.

- 종이는 목재로 만들고, 목재는 나무에서 얻으며, 나무는 흙에서 자란다.
- 비닐은 화석연료인 석유로 만든다. 석유는 땅속에서 고대 식물과 동물들이 분해되어 생긴다.

종이를 만드는 데 필요한 나무는 재생할 수 있는 자원으로 간주된다. 이 말은 종이나 다른 제품을 만들기 위해 베어낸 나무를 보충하기 위해 더 많은 나무를 심을 수 있다는 뜻이다. 일단 만들어진 종이는 재활용하여 더 많은 종이 제품을 만드는 데 사용할 수 있다. 하지만 종이를 재생하는 데는 물과 에너지가 든다.

Oscar Knott/Fogstock Images/Media Bakery

비닐을 만드는 데 사용된 석유는 재생할 수 없는 자원으로 간주된다. 알루미늄이나 주석 그리고 철과는 달리 석유는 수백만 년의 지질학적 과정의 산물이므로 재생할 수 없다. 석유가 고갈되면 지구에는 길고 긴 세월 동안 석유가 없을 것이다. 비닐 봉투는 재사용이 쉽지만 좀처럼 재활용되지 않고 엄청나게 많이 매립지에 버려진다.

가장 좋은 해결책은 장보러 갈 때 천으로 만든 가방이나 배낭을 가지고 가는 것이며, 아니면 전에 사용한 비닐 봉투나 종이 봉투를 도로 가게로 가져가는 것이다(리사이클 시티의 마리아 마켓처럼 어떤 가게들은 고객이 물건 담는 봉투를 재사용하면 그들도 새 봉투를 그만큼 적게 구입해도 되므로 얼마씩 물건 값을 깎아준다). 자그마한 물건을 한두 개 산다면 봉투가 아예 필요하지 않을 수도 있다.

### 재활용 이글루

전국의 많은 지역에서 슈퍼마켓들이 매장 근처에 재활용품 수집 용기들을 비치하여 고객들이 재활용에 참여하도록 장려한다(용기들은 어떤 형태라도 상관없지만 리사이클 시티에서는 이처럼 밝은 색깔의 이글루들을 사용하는데, 그것은 재미있기 때문이다).

이 이글루들은 마리아 마켓이 고객들로부터 병, 깡통, 플라스틱 제품을 수집하는 데 사용된다. 일주일에 두 번씩 지역의 자원재생시설에서 트럭이 와서 이글루들을 비워준다.

### 골판지 상자

마리아 마켓으로 식품을 운반하는 데 사용된 골판지 상자들은 내용물을 꺼낸 다음 여러 가지 용도로 사용된다. 이 상점은 리사이클시의 주민들에게 이 빈 상자들을 가져가서 물건을 저장하거나 이사를 할 때 사용할 수 있게 한다. 주민들이 가져가지 않은 상자들은 부수어

편 다음 묶어서 수집한 다음 재활용하여 새 상자, 종이 봉투, 건물 단열재, 동물 자리깔개, 포장 재료 등 다양한 용도로 쓸 수 있도록 한다.

**포장재 절약하기**

마리아 마켓은 구매 담당자들은 물건을 주문할 때 포장을 아주 적게 하는 것들이나 친생태계적 포장재(생산하는 데 가능하면 에너지와 자원이 적게 드는 포장재)를 사용하는 것들을 고르려고 한다.

마리아의 구매 담당자들은 또한 다시 채울 수 있는 용기에 담겨 오는 제품들을 주문하려고 한다. 환경에 해를 끼치지 않고 친생태계적 포장으로 오는 제품을 친환경 제품이라고 한다.

친환경적이지 않은 포장은 여러 겹의 비닐로 말았거나, 플라스틱 거품을 사용하거나 개개 물건을 하나하나씩 싼 다음 다시 모아서 또 싼 포장이다.

마리아의 구매 담당자들은 자기 매장에 물건을 납품하는 제조업자들에게 마리아 마켓과 리사이클 시티 주민들이 친환경적으로 포장된 물건을 그렇지 않은 물건보다 선호한다고 알려준다. 이렇게 포장하는 것은 제조업자들의 사업에도 좋다.

**비포장 신선 식품**

포장재가 최종소비자들이 배출하는 쓰레기의 30퍼센트 이상을 차지한다. 마리아 마켓은 고객들에게 지나친 포장으로 인한 쓰레기를 줄이기 위해 신선 식품과 필요한 만큼 담아가는 벌크 식품들을 많이 취급한다.

바나나, 오렌지, 견과류와 같은 신선 식품은 깎거나 깨지 않은 천연 포장 상태로 들어오며 영양이 풍부하다.

벌크 제품들과 벌크로 판매하는 식품들은 고객들이 필요한 양 만큼만 구입할 수 있게 한다. 고객들은 조금만 필요한 경우에는 원하는 만큼 측정하여 구입하므로 음식 쓰레기를 줄이기 좋다. 많이 필요한 경우에는 벌크로 구입할 수 있으며 이렇게 하면 대개 포장재를 적게 쓰고 돈도 절약할 수 있다.

신선 식품을 구입하거나 물건을 벌크로 살 경우 고객들은 가게로 들고 온 리필 용기에 담거나 마리아 마켓이 제공하는 재활용을 할 수 있거나 재사용할 수 있는 봉투에 담아 갈 수 있다.

**종이 타월과 기타 종이 제품들**

오늘날 상품 진열대에 있는 종이 제품들은 이미 재활용된 것이 많다. 재활용된 제품을 구매하면 귀중한 천연 자원을 절약하고 그런 재활용 자재 시장을 형성하는 데 도움이 된다. 제조업자들은 소비자들이 재활용할 수 있는 제품을 원한다는 사실을 알면 그런 제품을 더 많이 만들 것이다.

마리아 마켓에서는 재활용 자재를 사용한 종이 타월과 화장지가 인기가 높은데, 이 덕분에 새 제품을 만들기 위해 필요한 나무를 분명히 그만큼 덜 베어내도 된다.

출처: http://www3.epa.gov/recyclecity/market.htm.

## 재활용

재활용도 때로는 설계에 있어서 중요한 고려 사항이다. **재활용**(recycling)은 재사용하기 위하여 물자를 회수하는 행위를 말한다. 재활용은 제조 부품뿐만 아니라 윤활유나 용제처럼 생산 과정에 사용된 물자도 포함한다. 회수된 금속이나 플라스틱은 녹여서 다른 부품을 만드는 데 사용할 수도 있다.

◂ **재활용**
재사용을 목적으로 물자를 회수하는 행위

기업은 다음과 같은 이유를 포함하여 여러 가지 이유로 재활용을 한다.

1. 원가 절감
2. 환경 보호
3. 환경 규제

한 가지 흥미로운 사실: 유럽연합에서 사업을 하려는 기업은 자사 제품의 일정 부분을 재활용할 수 있음을 보여야 한다.

재활용의 필요성으로 인해 **재활용성설계**(design for recycling, DFR)란 용어가 생겼는데 이것은 재활용 가능한 부품의 회수를 위하여 제품 사용 후 분해 용이성을 염두에 둔 설계를 일컫는다.

◂ **재활용성설계**
사용한 제품으로부터 물자나 부품의 회수의 용이성을 염두에 둔 설계

## 4.8 기타 고려사항

제품 설계 담당자들은 법률 · 환경 · 윤리적 이슈 외에도 수명주기, 적절한 표준화 수준, 신뢰성, 작동 조건 범위도 반드시 고려하여야 한다. 수명주기를 시작으로 이런 주제들을 이 절에서 다룬다.

### 제품이나 서비스의 수명주기 단계별 전략

모두 다 그렇지는 않지만 대부분의 제품과 서비스는 그림 4.1에 나타난 바와 같이 때로는 수명주기(life cycle)라고도 불리는, 상품으로서의 유용한 수명기간 동안 여러 단계를 거친다. 일반적으로 상품은 각 단계를 거치면서 그 수요가 변한다. 따라서 단계별로 상품 전략을 바꿀 필요가 있다. 각 단계마다 수요와 현금흐름에 대한 예측은 전략 수립을 위한 주요 정보이다.

제품이나 서비스는 처음 시장에 등장하면 호기심의 대상에 머물지도 모른다. 많은 잠재고객은 상품에 여전히 결함이 있을지도 모른다고 의심하고 도입기가 지나면 가격도 하락할지 모른다고 기대한다. 기업들은 출시를 미루더라도 모든 문제점을 다 해결하는 대안, (조금 불완전하지만) 경쟁사보다 먼저 출시하는 대안, 경쟁상 유리한 시기에 출시하는 대안들 사이에서 전략적으로 선택하여야 한다. 예를 들면, 새로운 첨단기술 제품이나 첨단 기능의 출시는 개학을 앞둔 시점이나 연말연시와 같은 공휴일 구매철과 같이 수요가 가장 높을 때가 바람직할 수 있다.

충분한 제품을 공급하거나 충분한 서비스 능력을 갖추기 위해 초기 수요를 적절하게 예측하는 일이 중요하다.

시간이 지나면서 설계에 개선이 일어나고 수요가 증가하면서 신뢰성이 높아지고 원가가 낮아지며, 이런 변화는 수요 증가로 이어진다. 이와 같은 성장기에는 수요의 증가율과 그 증가 추세의 지속기간을 정확하게 예측하고 수요 증가에 맞추어 생산용량을 확보하는 것이 중요하다.

상품의 수명주기에서 그 다음 단계는 성숙기인데 이 시기에는 수요가 정체된다. 설계 변경 필요성은 없거나 있더라도 매우 약하다. 일반적으로 원가는 낮고 생산성은 높다. 제품과 서비스에 대한 새로운 사용으로 인해 수명주기는 연장되고 시장은 점점 커진다. 베이킹 소다, 덕트 테이프, 식초 등이 좋은 예이다. 레고(LEGO)를 만드는 제조사는 시장을 확장할 수 있는 새로운 방법을 찾았으며, 다음의 읽을거리에 내용이 기술되어 있다.

쇠퇴기에는 상품을 단종시키고 다른 것으로 대체할지 아니면 시장을 포기할지 그것도 아니면 새로운 용도나 새로운 사용자들을 찾으려고 시도할지 결정해야 한다. 예를 들면, 덕트 테이프와 베이킹 소다는 최초의 용도를 넘어서서 사용된 좋은 예이다. 덕트 테이프는 원래 냉난방 덕트를 둘러싸는 데 쓰였고 베이킹 소다는 요리하는 데 쓰였지만 이들은 지금은 다른 용도로도 많이 쓰인다. 기존의 제품을 유지하는 데 따르는 장점은 매우 크다. 지금까지 일해온 종업원들이 대부분 기존에 쓰던 장비와 같은 장비를 사용하여 제품과 서비스를 생산하고, 아마 공급사슬과 유통 채널도 그대로 사용할 수 있을 것이다. 그 결과 원가는 매우 낮아지는 경향이 있고 추가적인 자원과 훈련도 별로 필요하지 않을 것이다.

어떤 제품들은 수명주기를 보이지 않는다. 예를 들어, 연필, 종이용 클립, 칼, 포크, 숟가락, 컵 등이 있다. 하지만 대부분의 신제품들은 수명주기를 보인다.

## 읽을거리 핑크색의 레고 그룹(Lego A/S)

레고(Lego) A/S가 최근 장난감 시장의 침체와 블록 장난감 부문의 경쟁심화를 극복하고 성장을 지속하여 매출확대와 글로벌 장난감 시장에서의 2위 달성을 이루었다.

"덴마크의 장난감 기업이 레고 시티(LEGO City)와 레고 스타워즈 세트의 성공을 이어가고 있다. 소녀들을 타깃으로 하는 레고 프렌즈 테마가 예상보다 2배 이상 판매되었다."

**[질문]**

1. 새로운 색깔들을 활용하여 자신들의 제품 시장을 확장한 다른 기업들이 있는가?

출처: "Lego Shrugs Off Toy-Market Blues," *The Wall Street Journal*, February 21, 2013.

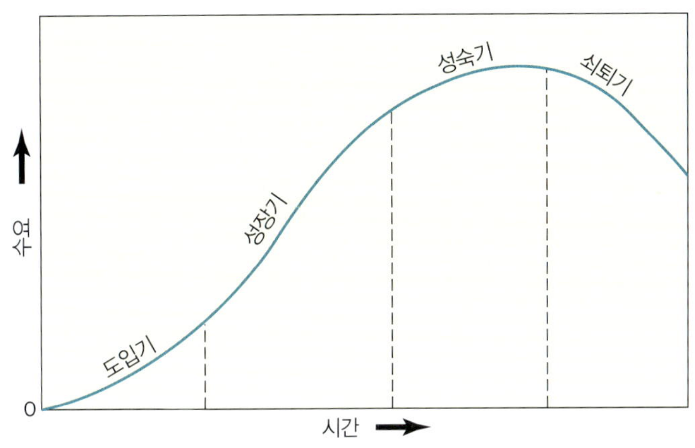


**그림 4.1**
제품이나 서비스는 흔히 수명주기를 보인다.

Canadapanda/Shutterstock
오늘날의 스마트워치는 모바일기기와의 페어링뿐만 아니라, GPS를 통한 운동기록의 측정, 심박 모니터, 결제 및 방수 등 다양한 기능을 갖추고 있으며, 배터리, 디스플레이의 성능을 개선하면서 계속해서 진화하고 있다.

일부 서비스의 수명주기는 제품의 수명주기와 연관이 있다. 예를 들어, 오래된 제품들이 사라지면 이들 제품의 설치와 수선 서비스도 함께 사라진다.

수명주기에서 각 기간의 길이는 제품이나 서비스에 따라서 크게 다르다. 기간의 길이는 흔히 해당 제품에 대한 기본수요(basic *need*)와 *기술변화의 속도*에 크게 좌우된다. 일부 장난감이나 신제품 그리고 유행 상품들의 수명주기는 1년이 채 안 되기도 한다. 반면에 세탁기나 건조기와 같은 내구재의 경우는 기술변화가 반영되는 데 수년이 걸리기도 한다.

## 제품수명주기관리

**제품수명주기관리** ▸
제품의 개념설계에서부터 폐기에 이르는 전 과정에 대한 체계적 관리

**제품수명주기관리**(product life cycle management, PLM)는 제품의 개념설계, 설계, 개발, 생산과 재설계, 폐기에 이르는 전 과정에 대한 체계적 관리를 의미하며 PLM의 목표는 낭비를 제거하고 효율성을 강화하기 위한 것이다. PLM은 생산 프로세스, 비즈니스 프로세스, 사람, 기타 어떤 제품과 관련된 모든 사항들에 대한 데이터를 포함한다.

PLM 소프트웨어는 제품관련 데이터에 대한 관리뿐 아니라 전사적 자원계획(enterprise resource planning, ERP; 제12장에서 논의됨)과 같은 다른 비즈니스 프로세스 관련 데이터와의 통합 등을 지원하는 기능이 있다.

PLM을 적용하는 데 있어 3가지 단계가 있다.

- 주기의 초기, 이는 설계와 계발단계를 포함한다.
- 주기의 중기, 이는 공급자와의 협업, 생산 정보 관리, 보증을 포함한다.
- 주기의 말기, 제품 고장, 폐기, 재활용에 대한 전략을 포함한다.

일반적으로 PLM은 주로 제조업에서 사용되나, 소프트웨어의 개발과 서비스 분야에도 같은 관리구조가 적용될 수 있다.

## 표준화 수준

**표준화** ▸
제품, 서비스, 프로세스의 비다양성 정도

제품이나 서비스 설계와 프로세스 설계에 대두되는 한 가지 중요한 이슈로 표준화 수준이 있다. **표준화**(standardization)란 제품이나 서비스 그리고 프로세스에 다양성이 없는 정도를 일컫는다. 표준제품은 단일 제품으로 대량 생산된다. 예를 들면, 휴대용 전자계산기, 개인용 컴퓨터, 지방질 2% 우유 등이 있다. 표준서비스는 모든 고객이나 대상물에게 근본적으로 동일하게 서비스함을 함의한다. 자동 세차 서비스가 좋은 예로, 이 서비스에서는 모든 차는 얼마나 더럽든지 깨끗하든지 상관없이 동일한 과정을 거친다. 표준프로세스는 표준서비스를 제공하든지 표준제품을 생산한다.

표준화에는 일부 단점도 있지만 중요한 장점들이 여러 가지 있다. 표준제품은 고객들이 즉각적으로 구할 수 있다. 표준제품은 *호환성 부품*의 존재를 함의하는데, 이런 호환성 부품 덕분에 생산비가 크게 낮아지며 생산성이 오르고 맞춤제품(customized product)에 비하여 교체나 수리가 상대적으로 쉽다. 제너럴 모터스(General Motors, GM)는 최근에 여러 가지 자동차 모델에 사용되는 주요 부품들의 표준화를 시도하였는데, 모든 자동차에 대하여 브레이크와 전기 시스템 그리고 '외부로 드러나지 않는' 부품들을 통일하려고 한다. 이렇게 다양성을 줄임으로써 GM은 돈과 시간을 절약하고 제품의 품질과 신뢰성을 향상한다.

표준화의 또 다른 이점은 종업원 훈련에 드는 비용과 시간의 절감과 직무설계 시간의 단축이다. 또한, 일정계획과 재고 관리 그리고 회계 작업이 단순 반복성 작업으로 바뀌며 품질의 일관성이 높아진다.

때때로 표준화가 결여되면 심각한 어려움과 경쟁력 약화가 초래되기도 하는데, 다른 조건에서 운영되는 시스템들 사이에 호환성이 없을 때 특히 그러하다. 예를 들어, 세계 대부분

**표 4.2**
표준화의 장단점

| | |
|---|---|
| 장점 | 1. 제조와 재고 관리에서 다루어야 할 부품 가짓수 감소.<br>2. 훈련비용과 시간의 절감.<br>3. 구매, 자재 이동, 검사 등 업무의 많은 부분을 표준 절차화 할 수 있음.<br>4. 재고로부터 직접 주문 충족 가능성 증대.<br>5. 생산 가동 기간의 연장과 자동화 기회 증대.<br>6. 부품 가짓수가 줄어듦에 따라 완벽한 설계와 품질관리 절차 개선에 드는 비용의 정당화가 용이해짐. |
| 단점 | 1. 많은 부분이 불완전한 채로 설계가 확정될 수 있다.<br>2. 설계변경 비용이 증가함에 따라 개선에 대한 저항이 늘어날 수 있다.<br>3. 다양성이 감소하면 소비자에게 매력이 감소될 수 있다. |

나라에서 미터법을 사용하지만 미국은 영국도량형시스템을 사용하기 때문에 미국 물건을 해외로 수출하거나 외국의 기계를 미국에서 사용하기 위하여 수입하는 데 문제가 있다. 이 점은 유럽연합에서 미국 기업의 경쟁을 더 어렵게 할지도 모른다.

표준화에는 단점도 있다. 주요 단점은 다양성 감소와 관련이 있다. 다양성 감소는 고객의 범위를 제한하기도 한다. 고객이, 자신의 니즈를 충족시키는 다른 대안이 없어서 마지못해 한 가지 표준상품을 선택하는 경우도 있다. 하지만 이런 상황에서는 경쟁자들이 더 나은 제품이나 더 다양한 제품을 도입하여 경쟁에서 유리해질 위험이 있다. 또 다른 단점은 성급한 설계 동결인데, 일단 설계가 동결되면 설계변경을 막을 이유를 찾기가 쉬워진다.

따라서 설계자들은 반드시 표준화에 관련된 중요한 이슈를 고려하여야 한다. 표준화의 주요 장단점이 표 4.2에 요약되어 있다.

## 대량고객화 설계

기업들은 제품의 다양성이 줄어들더라도 표준화를 좋아하는데, 비교적 낮은 원가로 대량생산을 할 수 있기 때문이다. 반면에 고객들은 일반적으로 낮은 가격을 좋아하면서도 다양성을 선호한다. 생산자들은 이러한 모순적 상황을 (1) 표준화의 장점을 잃지 않으면서 동시에 (2) 다양성으로 인한 여러 가지 어려움을 극복해야 하는 문제에 부닥친다. 제품의 다양성을 늘리려면 다양한 설계를 하여야 하고 이를 위하여 필요한 자원을 늘려야 한다. 생산 프로세스에도 다양성을 늘려야 하는데, 이것은 생산에 필요한 기술/기능의 확대와 더불어 생산성 감소를 야기한다. 또한, 더 많은 종류의 부품이 필요하므로 생산을 전후하여 더 많은 재고 부담이 생기며, 제품 결함의 진단과 수리가 더 어려워진다. 모든 회사들이 채택하기는 어려울지 몰라도 최소한 일부 회사들이 이러한 어려움을 극복하는 방법이 **대량고객화**(mass customization)인데 이것은 표준 제품과 서비스를 생산하되 최종 제품이나 서비스에는 어느 정도의 개별화를 집어넣는 전략이다. 이를 가능하게 하는 몇 가지 방법이 있는데 *지연 차별화*와 *모듈화 설계*가 가장 널리 채택된다.

**대량고객화**
기본적으로 표준제품을 생산하면서 어느 정도의 개별화를 포함하는 전략

**지연 차별화**
제품이나 서비스의 생산을 진행하되 고객의 최종 요구가 알려지기 전까지는 일부를 완성하지 않고 미루다가 고객의 최종 요구사항이 파악된 후 그것을 반영하여 완성하는 생산 방식

**지연 차별화**(delayed differentiation)는 일종의 *연기*(*postponement*) 전술로서, 제품이나 서비스의 생산을 진행하되 고객의 최종 요구사항이나 사양이 알려지기 전까지는 일부를 완성하지 않고 미루다가 고객의 최종 요구사항이나 사양이 파악된 후 그것을 반영하여 완성하는 방식이다. 여기에는 여러 가지 형태가 있다. 제품의 경우 거의 완성된 것을 재고로 보관하다가 고객이 주문하면 고객의 요구를 반영하여 제품을 완성한다. 예를 들어, 가구 공장에서 주방가구 세트를 생산할 때 도색 작업은 고객의 주문을 받은 후 한다. 일단 고객이 원하

## 읽을거리 패스트푸드 체인들이 대량고객화를 도입하다

풀드 포크 샌드위치(pulled pork sandwich)가 웬디스, 버팔로 와일드 윙스, 그리고 버거킹과 같은 체인 레스토랑에서 인기를 얻고 있다. 왜냐하면 풀드 포크는 일반적으로 요리하는 데 약 4시간이 걸리기 때문에 대부분의 사람들이 집에서 요리하기가 쉽지 않다. 그리고 일단 돼지고기가 요리되고 나면, 다양한 소스나 양념을 활용하여 쉽게 주문을 처리할 수 있다(즉, 지연차별화가 용이하다). 고객입장에서 매력은 명백하다. 패스트푸드 레스토랑 입장에서의 장점은 간단한 메뉴, 최소의 직원교육 요건, 그리고 새로운 장비가 거의 필요하지 않다는 것이다.

**[질문]**

1. 지연차별화로부터 고객이 얻게 되는 두 가지 주된 이점은 무엇인가?
2. 지연차별화에 적합하고 대중적인 패스트푸드 제품이 될 수 있는 또 다른 음식이 있는가?

출처: Based on "Fast-Food Chains Are Pigging Out." *Businessweek*, October 12 – October 18, 2015, pp. 22 – 23.

는 색과 질감 등이 결정되면 비교적 짧은 시간에 도색하여 제품을 완성한다. 이렇게 하면 고객은 오래 기다리지 않고서도 자신이 원하는 것을 구할 수 있고 생산자는 경쟁력이 생긴다. 이와 유사하게 많은 전자메일과 인터넷 서비스들도 표준 패키지로 고객에게 제공된 후 고객들이 자신들이 원하는 바에 따라 수정할 수 있다. 휴렛팩커드(HP)가 생산하는 수출용 프린터는 미국에서 거의 완성 단계까지 만들어진 다음, 사용국에 가까이 가서 그 나라에서의 사용에 따르는 특수한 요구를 반영하여 최종적으로 완성된다. 지연 차별화를 통하여 생산자는 거의 표준화 제품에 가까운 제품을 생산함으로써 표준화 생산에 따른 이점을 누리면서 고객의 다양한 욕구를 최종 단계에서 신속히 반영하여 고객의 다양성 욕구와 신속 인도 요구도 충족할 수 있다. 이런 기법은 새로운 것이 아니다. 예를 들어, 남성용 기성복 바지의 경우 오래전부터 끝을 마무리 하지 않은 채로 판매하고 손님이 원하는 길이로 맞추어 준다. 새로운 점은 기업들이 이러한 아이디어를 다양한 제품과 서비스에 폭넓게 적용하는 방법을 찾고 있다는 사실이다

**모듈화 설계** ▸ 일종의 표준화로 부품들을 조립하여 교체하기 쉬운 모듈로 만든다.

**모듈화 설계**(modular design)는 일종의 표준화이다. 모듈은 여러 가지 부품을 하나의 중간 제품으로 조립한 것인데 이때 보통 개별 부품은 독자성을 잃는다. 모듈화 설계의 아주 익숙한 예로 컴퓨터를 들 수 있는데 다양한 성능의 모듈들(예, CD/DVD드라이브, 그래픽 카드, 등)을 결합하여 다양한 성능의 컴퓨터를 쉽게 만들 수 있고, 모듈 교체로 수리와 업그레이드도 쉽다. 모듈화 설계 제품은 개별 부품들을 조립하는 데 비하여 상대적으로 훨씬 적은 수효의 모듈들을 신속히 조립할 수 있으므로 대량고객화에 훨씬 유리하다. 델(Dell) 컴퓨터는 이 개념을 성공적으로 실행하는데, 고객들이 스스로 원하는 사양을 결정할 수 있게 하여 PC 산업에서 지배적인 위치에 있다. 이제는 다른 많은 컴퓨터 회사들도 유사한 접근을 하고 있다. 모듈화 설계는 건설 산업에서도 찾아볼 수 있다. 뉴욕주 로체스터시(Rochester)의 한 건설회사는 공장에서 배선과 배관 및 장식이 완료된 모텔 방을 미리 만들어 두었다가 철도로 건설 현장에 옮겨서 구조물에 결합한다.

비모듈화 설계 제품에 비하여 모듈화 설계 제품은 적은 수의 조각들로 구성되어 있으므로 고장이 나면 쉽게 진단하고 해결할 수 있다. 고장이 나면 문제의 모듈을 정상적인 모듈로 교체하면 되는데 일반적으로 이런 교체가 쉽도록 설계되어 있다. 모듈의 생산과 조립은 일반적으로 단순화를 수반한다. 취급하는 부속의 수가 상대적으로 적으므로 구매와 재고 관리

가 상대적으로 단순 반복적인 업무가 되고 가공과 조립 작업은 더 표준화되며 대체로 훈련 비용도 상대적으로 낮다.

모듈화 설계의 주된 단점은 다양성의 감소에서 생긴다. 개별 부품들로 구성이 가능한 조합에 비하여 모듈들로 구성 가능한 조합의 수는 훨씬 적다. 또 모듈을 분해할 수 없으면, 고장 난 부품을 교체하기 위하여 모듈 전체를 폐기하여야 하므로 일반적으로 훨씬 높은 비용이 발생하는 것도 하나의 단점이다.

## 신뢰성

**신뢰성**(reliability)이란 제품이나 부품, 서비스 또는 시스템이 미리 정해진 조건하에서 제 기능을 수행할 수 있는 능력의 척도이다. 신뢰성은 고객에게는 구매 시 대안들을 비교할 때 사용하는 중요한 기준이며, 판매자에게는 가격 결정 시 반영하는 중요한 요인인데, 이는 바로 신뢰성의 중요성을 강조하고 있다. 상품의 신뢰성은 반복 구매와 제품 이미지에 영향을 미치며 신뢰성이 너무 낮으면 법률적 문제를 야기한다. 신뢰성은 또한 지속가능성과 관련이 있다. 제품의 신뢰성이 높을수록 그 제품의 유지에 필요한 자원이 줄어들며 3R 활동을 덜 필요로 한다.

◂ **신뢰성**
한 제품이나 부품 또는 시스템이 미리 정해진 작동 조건하에서 제대로 작동하는 능력

한 제품이 제구실을 하지 못하는 상황을 나타낼 때 **고장**(failure)이라는 용어를 사용한다. 고장이란 제품이 아예 작동하지 않는 경우뿐만 아니라 기능은 하되 기준에 못 미치거나 오작동하는 경우를 모두 포괄한다. 화재경보기를 예로 들어 보면, 연기가 나는데도 아예 소리가 나지 않거나, 소리가 나되 너무 작거나, 또는 연기가 나지 않는데도 소리가 나는 경우이다.

◂ **고장**
한 제품이나 부품 또는 시스템이 제 기능을 수행하지 못하는 상황

신뢰성은 항상 **정상작동조건**(normal operating conditions)과 관련하여 기술된다. 이러한 조건에는 일정한 범위의 부하, 온도, 습도뿐만 아니라 작동 절차와 보전 주기도 포함된다. 사용자가 이러한 정상작동조건을 지키지 않으면 부속이나 전체 시스템이 조기에 고장 날 수 있다. 예를 들어, 승용차로 무거운 짐을 실어 나르면 차량의 동력전달 부위가 빨리 마모되고, 거친 도로를 주행하면 타이어가 빨리 펑크 나고, 계산기로 못을 박으면 계산을 제대로 못하기도 한다.

◂ **정상작동조건**
제품이나 부품 또는 시스템의 신뢰성이 기술되는 제반 조건

**신뢰성 향상** 신뢰성은 여러 가지 방법으로 개선할 수 있으며 표 4.3에 몇 가지 방법이 나열되어 있다.

시스템의 신뢰성은 구성 부품들의 함수이므로 이들 부품의 신뢰성이 향상되면 시스템의 신뢰성도 향상된다. 불행하게도 제조 절차나 조립 절차가 부적절하면 최상의 설계가 무위로 그치기도 하며 시스템 고장의 원인이 되기도 한다. 시스템의 신뢰성은 대체품의 사용으로 향상될 수 있다. 실제 사용상의 고장은 사용자 교육의 향상과 보전 절차의 개선으로 줄일 수 있다. 마지막으로, 단순화를 통하여 고장의 원인이 되는 부속품 수를 줄이거나 부품들 사이

**표 4.3**
신뢰성 향상 방법

1. 부품의 설계를 개선하라.
2. 제조 또는 조립 방법을 개선하라.
3. 시험을 개선하라.
4. 대체품을 사용하라.
5. 예방보전 절차를 개선하라.
6. 사용자 교육을 개선하라.
7. 시스템 설계를 개선하라.

의 인터페이스의 신뢰성 향상과 같은 부품들 사이의 관계를 변경하여 시스템의 신뢰성을 올릴 수 있다.

시스템의 신뢰성 향상과 관련된 한 가지 근본적인 질문은 어느 정도의 신뢰성이 필요한가이다. 가정용 전구의 신뢰성은 비행기의 신뢰성과는 아예 급이 다르다는 점은 분명하다. 따라서 이 질문에 대한 대답은 향상에 드는 비용과 향상에 따른 혜택에 따라 달라진다. 일반적으로 신뢰성 향상 비용은 누진적으로 늘어난다. 그래서 처음에는 혜택이 비용보다 훨씬 빠르게 늘어날 수 있지만 결국은 역전된다. 최적 수준의 신뢰성은 향상의 한계 비용이 한계 혜택과 같은 수준이다. 단기적으로 이런 상충관계(trade-off)는 비교적 소수의 사항들(예, 비용) 사이에서 일어난다. 하지만, 장기적으로는 신뢰성 향상과 원가 절감 노력으로 최적 신뢰성의 수준을 올릴 수 있다.

## 강건설계

**강건설계** ▸ 제품이나 서비스가 폭넓은 작동 조건에서 기능하도록 한 설계

좁은 운영조건 범위에서만 제대로 작동하는 제품이나 서비스가 있는가 하면 훨씬 넓은 운영조건 범위에서도 제대로 작동하는 것도 있다. 후자의 경우를 **강건설계**(robust design)가 되어 있다고 한다. 고급 가죽 장화는 젖은 땅이나 눈 속을 등산하기에는 적당하지 않다. 하지만 튼튼한 고무장화는 바로 젖은 땅이나 눈에 적합하다. 이 경우 고무장화가 고급 가죽 장화에 비하여 더 *강건하게* 설계된 제품이다.

제품이나 서비스가 강건할수록 환경의 변화에도 고장이 발생할 가능성이 줄어들고 원래의 성능을 발휘할 수 있으며 이로 인해 고객의 만족도는 높아진다.

생산 프로세스에 대해서도 이와 유사한 주장을 할 수 있다. 환경 요소들은 제품이나 서비스의 품질에 부정적인 영향을 미치기도 한다. 이러한 영향에 저항력이 강할수록 부정적인 결과가 나타날 가능성은 떨어진다. 식품이나 도자기, 철강, 석유 제품 그리고 약품 등 많은 제품들이 가열 공정을 거친다. 이때 노(爐)가 공간적으로나 시간적으로 균일하게 가열할 수 없는 경우가 잦다. 이 문제의 해결 방안으로 더 뛰어난 오븐을 설계하든가 아니면 가열 기간 중에 제품을 움직여서 균일하게 가열할 수 있다. 강건설계는 제품이 가열 공정 중 사소한 온도 변화에 영향을 받지 않도록 하는 것이다.

**타구치 방식** 타구치 방식이란 설계 방법이 있는데, 일본인 공학자 타구치(Genichi Taguchi)가 강건설계 개념에 기초하여 개발하였다. 그는 환경 요인을 제어하기보다는 제품을 제조과정이나 사용 시 환경 요인에 둔감하도록 설계하는 것이 흔히 더 쉽다고 전제한다.

타구치 방식의 핵심 내용은 *파라미터설계*(*parameter design*)인데 미국 회사들이 설계에 많이 사용한다. 파라미터 설계를 하려면 제조 과정의 변동이나 제품 열화 그리고 사용 조건 측면에서 강건한 설계가 되도록 제품이나 서비스의 사양을 정하여야 한다.

타구치 방식은 전통적인 통계적 실험계획을 수정한다. 다음과 같은 예를 보자. 한 회사가 어떤 제품을 생산하기 위하여 12가지 화학 원료를 사용한다. 이 화학 원료들은 두 업체로부터 납품받는데 회사에 따라 제품의 농도에 약간의 차이가 있다. 전통적 실험계획 방법으로 최적 조합을 찾으려면 $2^{12} = 4{,}096$회의 실험을 하여야 한다. 타구치 방법을 따르면 가능한 모든 조합의 단지 일부만 실험하면 된다. 전문가에게 문의하여 중요한 성능에 영향을 미칠 가능성이 가장 높은 변수들을 파악하여 그것들만 고려하면 조합의 수는 급격히 줄어들어 어쩌면 32회까지 줄어들 수도 있다. 축소된 표본 조합에서 찾아낸 가장 좋은 조합은 모든 변

수를 다 고려한 최적해는 아닐지라도 최적에 가까운 해일 수 있다. 상대적으로 적은 실험만 하고도 상당히 신속하게 제품이나 프로세스의 설계를 크게 향상할 수 있는 이점이 이 방법의 가치이다.

타구치 방식에 비판적 입장을 취하는 사람들은 그것이 비효율적이며 부정확하고 흔히 최적이 아닌 해를 찾는다고 비난한다. 그럼에도 불구하고 타구치 방식은 넓게 사용되며 미국에서 제품과 프로세스에 중요한 개선을 이루는 데 도움이 되었다고 평가받는다.

## 신규성 수준

제품이나 서비스의 설계 변경은 다음과 같이 기존 것의 수정에서 완전히 새로운 것을 만들어 내는 것까지 광범위하다.

1. 기존 제품이나 서비스의 수정
2. 기존 제품 라인이나 서비스의 확장
3. 경쟁자 제품이나 서비스의 모방 상품
4. 신규 제품이나 서비스

제품이나 서비스의 설계 변경 정도에 따라서 조직에서나 시장에서 해당 제품이나 서비스의 신규성이 달라진다. 조직의 대응 차원에서 보면, 설계 변경으로 인한 신규성이 낮으면 조직이 상당히 쉽고 신속하게 새로운 제품을 생산할 수 있게 전환할 수 있으며, 신규성이 높으면 조직의 전환에 시간이 많이 걸리고 어려우며 따라서 비용도 많이 듦을 의미한다. 시장 차원에서 보면, 저수준의 신규성은 시장에서의 수용은 쉽지만 수익성도 낮을 가능성이 높다. 비록 수익성이 낮더라도 조직은 시장점유율을 유지하기 위하여 이 전략을 쓸 수 있다. 반면에 새로운 설계의 신규성이 높으면 시장에서의 수용이 어렵든가 아니면 고수익성과 함께 신속히 시장 점유율을 높일 수 있다. 불행하게도 이런 이슈를 피하기는 어렵다. 고객이 원하는 바를 분명하게 파악하고 이를 감안하면서 설계 변경의 위험과 혜택을 신중하게 분석하는 일은 중요하다.

## 품질기능전개

고객이 원하는 제품을 생산하려면 반드시 고객의 의견을 제품 설계에 반영하여야 한다. 이를 위하여 고객과의 토의와 같은 비정형적인 방법을 쓸 수 있지만, 고객의 욕구를 문서화할 수 있는 정형적인 방법이 있다. **품질기능전개**(quality function deployment, QFD)는 '고객의 목소리'를 제품과 서비스 개발 프로세스에 통합하는 구조화된 방법이다. 이 방법의 목적은 고객의 요구가 개발 프로세스의 모든 면에 반영되도록 보장하는 것이다. 고객에 귀기울여 고객을 이해하는 것이 QFD의 핵심 특징이다. 예를 들어 고객의 요구는 "잔디 깎는 기계는 잔디 길이에 따라 키 조절이 쉬워야 한다."와 같이 흔히 일상적인 말이나 문장의 형태를 띤다. 이러한 고객의 요구는 제품설계단계에서 해당 제품이나 서비스와 연관된 기술적 용어로 변환되어야 한다. 예를 들어, 잔기깎기의 잔디 키 조절은 칼날 높이 조절과 관련된 장치의 위치, 필요한 스프링의 강도와 소재, 사용법 등 구체적인 기술적 용어로 바뀌어야 한다. 제조 목적상 이런 것들은 자재와 치수 그리고 생산에 필요한 장비들로 표현되어야 한다.

**◂ 품질기능전개**
'고객의 목소리'를 제품과 서비스 개발 프로세스에 통합하여 반영하는 구조화된 방법

QFD는 몇 가지 행렬(matrix)로 이루어져 있다. 먼저 주행렬은 고객의 요구사항들(what)과 이에 상응하는 기술적 요구사항들(how)과의 연관성을 나타낸다. 그림 4.2에 이 행렬이

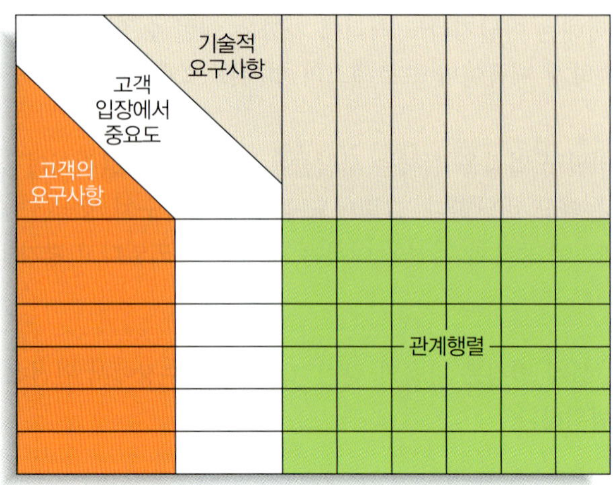


**그림 4.2**
품질의 집 예: QFD 주행렬

출처: Ernst and Young Consulting Group, *Total Quality* (Homewood, IL: Dow-Jones Irwin, 1991), p. 121.

예시되어 있다. 이 행렬은 QFD 작성에 필요한 자료 수집을 위한 구조를 제공한다.

일반적으로 몇 가지 추가 사항들이 주행렬에 추가되어 QFD 분석의 범위를 확장한다. 전형적인 추가 사항들은 중요도와 경쟁분석이다. 상관행렬(correlation matrix)은 기술적 요구사항들 간의 상관관계를 나타내는데, 서로 상충하는 기술적 요구사항이 무엇인지를 찾아내는데 유용하다. 이러한 추가 사항들과 주행렬을 결합하면 그림 4.3과 같은 구조를 나타내는데, 그 모양이 마치 집의 형태와 유사하여 흔히 *품질의 집*(*house of quality*)이라고 불린다.

이 틀을 사용한 분석이 그림 4.4에 예시되어 있다. 이 그림은 프린터에 사용되는 용지에 대한 QFD의 결과를 보여준다. 언뜻 보면 매우 복잡해 보이지만, 제품과 프로세스 계획에 관한 상당한 정보를 담고 있다. 전체 그림을 몇 개 부분으로 나누어 하나씩 살펴보자. 우선 핵심 부분은 왼쪽에 있는 고객 요구사항 목록이다. 그 다음, 상단에 행으로 열거된 기술적 요구사항 목록이다. 그림의 중앙부에는 개별 고객 요구사항과 기술적 요구사항 간의 연관성의 정도가 기호로 표시되어 있다. 중심에 점이 있는 원이 가장 강한 양의 관계를 나타낸다. 즉, 해당 고객 요구를 충족하는 데 가장 중요한 기술적 요구사항임을 의미한다. 이제 각

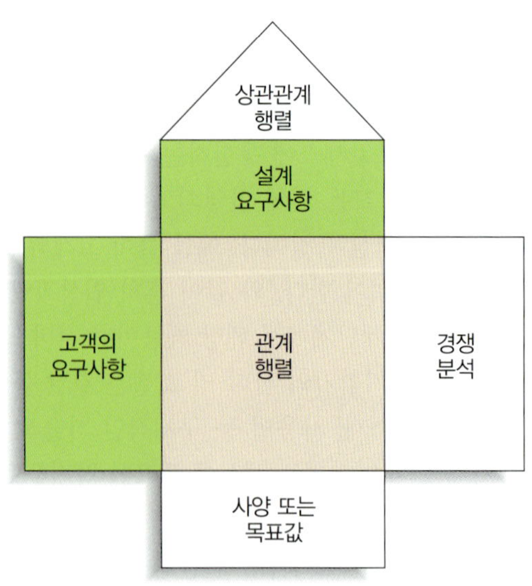


**그림 4.3**
품질의 집

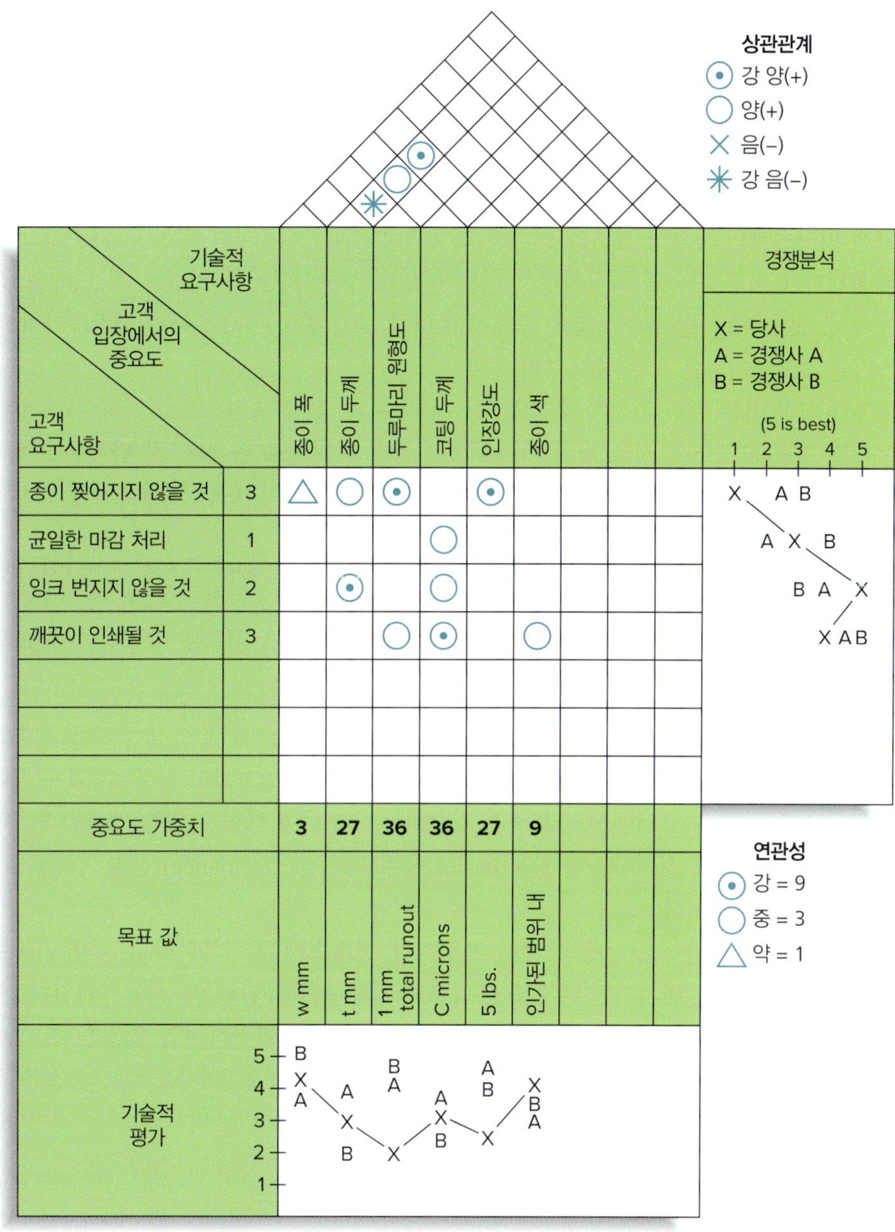


그림 4.4
품질의 집 예

고객 요구사항 오른쪽에 있는 '고객 입장에서의 중요도' 점수들을 보자(3이 가장 높은 중요도 값이다). 설계자들은 이들 중요도와 연관성의 강도를 고려하여 가장 노력을 많이 투입해야 할 기술적 요구사항이 무엇인지를 결정한다.

이제, '집' 위의 상관관계 행렬을 보자. 여기서 먼저 눈에 띄는 것은 '종이 두께'와 '두루마리 원형도' 사이의 강한 음의 상관관계이다. 설계자들은 이것을 극복할 방법을 찾든가 아니면 이들 사이에 절충안을 찾아야 한다.

그림의 오른쪽에는 고객의 각 요구사항별로 두 곳의 주요 경쟁사들(A, B)과 비교한 경쟁력 평가가 있다. 예를 들어, 해당 기업(X)은 첫 번째 고객 요구사항에서는 경쟁사에 비해 가장 뒤지고 세 번째 고객 요구사항에서는 가장 앞선다. 사선은 X의 성적을 연결한 것이다. 고객의 모든 요구사항에 X가 가장 큰 값을 가지고 있다면 이상적이다.

그림 4.4의 하단을 횡단하여 중요성 가중치와 목표값 그리고 기술적 평가가 있다. 기술적 평가도 경쟁력 평가와 유사하게 해석할 수 있다(X들을 잇는 선에 주목하라). 목표값들은 일반적으로 기술 사양을 포함한다. 중요성 가중치는 각 기술적 요구사항별로 매겨진 연관성의 값을 합한 것이다(각 연관성 기호에 대한 강도 점수는 오른쪽 하단에 있다). 첫째 열의 값 3은 고객 입장에서의 중요성 값 3과 연관성 강도 점수 1(Δ)의 곱이다. 중요도 가중치와 목표값은 설계자가 어떤 기술적 요구사항을 어느 정도로 향상시킬지를 정하는 데 도움을 준다. 이 예에서, 첫 번째 기술 요구사항은 중요성이 가장 낮고 종이 두께부터 인장강도까지의 네 가지 기술적 요구사항은 모두 중요성이 높다.

품질의 집 방법은 일련의 순차적 '집들'을 수반하는데, 설계 특징으로 시작하여 그것에 뒤이은 개별 부품과 제조 공정을 거쳐 마지막으로 품질 계획으로 마친다. 각 단계는 그림 4.5에 묘사되어 있다. 각 '품질의 집' 단계의 세부 내용은 이 책의 범위를 벗어나지만, 그림 4.5는 '품질의 집' 전개 과정에 대한 개념적 이해를 제공한다.

## 카노 모형

*카노 모형*(*Kano model*)은 제품과 서비스 설계를 위한 이론으로 일본인 교수 노리아키 카노 박사가 개발했다. 카노 박사는 '고객은 많이 받을수록 좋아한다'라는 전통적인 관점과는 다른 품질에 대한 고객의 지각에 대한 관점을 제시했다. 그는 몇 가지 품질 범주를 제안하고 설계자는 이들을 이해하면 고객의 품질에 대한 니즈를 더 잘 평가하고 다룰 수 있게 된다고 주장했다. 그의 모형은 고객에게 중요하게 지각되는 속성들에 대한 통찰을 제공한다. 이 모형은 품질을 세 가지로 정의하는데 기본(basic) 품질, 성능(performance) 품질, 감동(excitement) 품질이 그것들이다.

기본 품질은 고객의 요구사항 중에서 제품이나 서비스에 존재하더라도 고객 만족에는 단지 제한적인 영향을 미치지만 존재하지 않으면 불만족을 유발하는 것을 가리킨다. 예를 들면, 전자 제품의 전원 코드는 아주 짧으면 고객 불만족을 야기하지만 일정한 길이(예컨대, 1.2 m)를 넘으면 더 길다고 해도 고객의 만족이 더 증가하지 않는다. 성능 품질은 고객의 요구사항 중에서 기능이나 외관의 수준에 비례하여 고객의 만족이 증감되는 것이다. 예를 들어 타이어 수명이나 주택의 페인트의 수명은 길면 길수록 고객이 더 만족한다. 감동 품

**그림 4.5**
품질의 집 전개

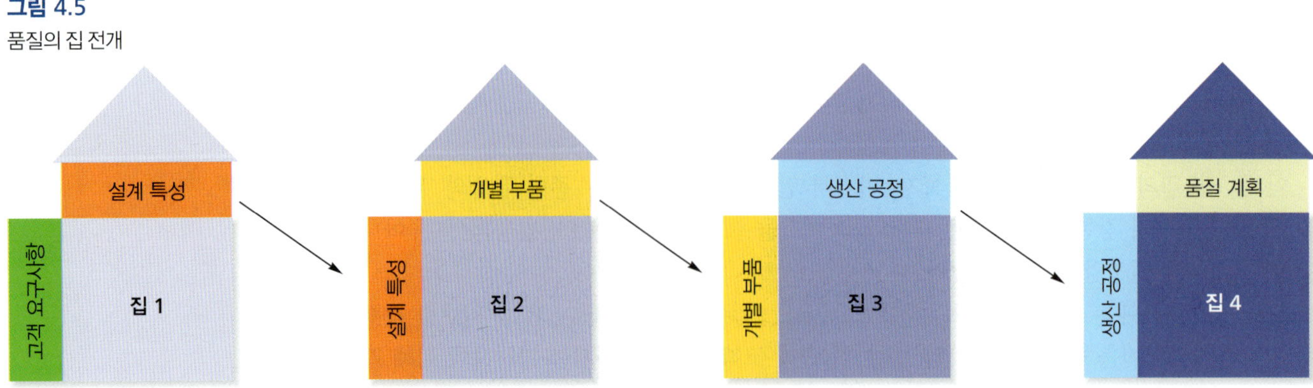

질은, 예를 들면 호텔에 체크인 할 때 기대하지 않은 식당 이용권 2장을 받는 것처럼, 소위 '와!(wow!)'요인으로, 고객이 기대하지도 않고 그래서 감동을 자아내는 기능이나 속성을 가리킨다. 그림 4.6A는 이들 세 가지 품질이 그 구현 정도에 따라 고객의 만족과 불만족에 어떻게 영향을 미치는지 보여준다. 고객이 기본 품질이라고 지각하는 속성들은 그 수준이 낮거나 부재하면 고객 불만족을 야기하고, 존재하는 경우에는 심지어 그 수준이 높더라도 고객 만족을 유발하지는 않는다는 점에 유의하라. 성능 요인은 존재하는 경우 그 수준에 따라 고객 만족을 유발할 수도 있고 불만족을 유발할 수도 있다. 감동 요인은 고객이 기대하지 않으므로 존재하지 않거나 수준이 낮더라도 고객 불만족을 야기하지는 않지만 존재하는 경우에는 그 수준에 따라 고객 만족이 급증할 수 있다.

그림 4.6B가 보여주는 바와 같이 시간이 지나면서 감동 속성은 성능 속성이 되고 성능 속성은 신속하게 기본 속성으로 바뀐다. 여러 설계 요소들의 이와 같은 변화의 속도는 설계자들이 기본 품질 속성이 되어버린 것을 개선하느라고 헛수고하지 않고 계속하여 고객을 만족시키고 감동시킬 수 있도록 마케팅 부서가 제공해야 하는 중요한 정보이다.

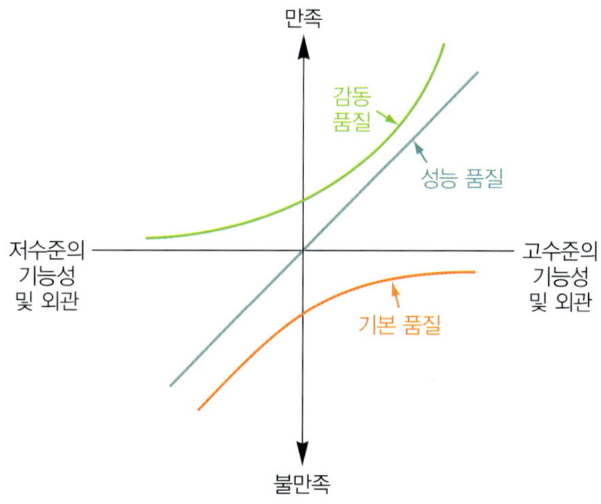


**그림 4.6A**
카노 모형

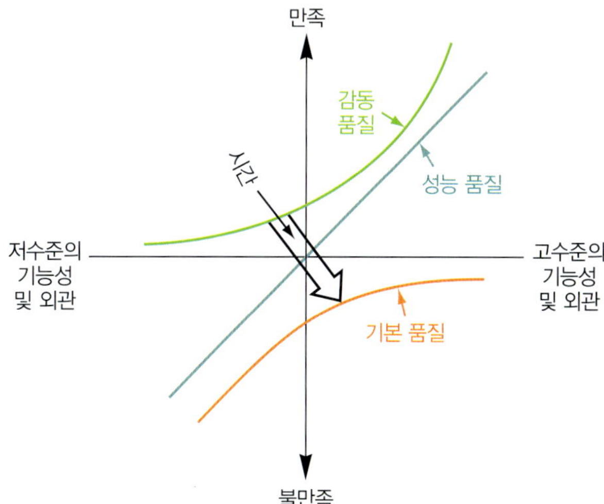


**그림 4.6B**
시간이 지나면서 감동 속성은 성능 속성이 되고 성능 속성은 신속하게 기본 속성으로 바뀐다.

카노 모형의 실용적 의미는 제품이나 서비스를 설계할 때 각 품질 범주에 따라 설계 요소들을 차별적으로 다루어야 한다는 것이다. 기본 품질들은 일단 충족되고 나면 더 이상 그것들을 위해 노력할 필요가 없다. 성능 요소들에 대해서는 비용-편익 분석(cost-benefit analysis)을 통하여 편익이 비용보다 크다면 계속해서 이 범주의 속성들을 강화해야 한다. 감동 요소에 대해서는 어느 정도 어려움이 따른다. 감동 요소들은 고객들도 그것들을 원하는지 알지 못하므로 고객을 대상으로 조사를 하더라도 파악할 가능성이 별로 없다. 그러나 이런 요소들은 조금만 늘어나도 고객은 크게 만족하고 일반적으로 충성심이 생긴다. 그러므로 기업들은 경제적으로 타당하다면 이런 요소들을 파악하여 포함시키려고 집요하게 노력해야 한다.

카노 모형은 QFD와 함께 사용할 수 있으며 또한 6시그마(Six Sigma) 프로젝트에도 사용할 수 있다(6시그마에 대해서는 제9장에서 논의한다).

## 4.9 제품 설계와 개발 단계

제품 설계와 개발은 일반적으로 다음과 같은 단계를 거친다(표 4.4 참조).

**타당성 분석(feasibility analysis).** 타당성 분석은 시장 분석(수요)과 경제성 분석(개발비, 생산비, 수익성) 그리고 기술적 분석(필요 생산용량과 가용성 및 필요한 기술 및 능력)을 수반한다. 또한 제품이 회사의 사명(mission)에 맞는지 검토하여야 한다. 타당성 분석을 하려면 마케팅과 재무, 회계, 엔지니어링, 생산운영 부서의 협력이 필요하다.

**제품규격(product specifications) 결정.** 고객의 욕구를 충족(또는 초과)하기 위하여 무엇이 필요한지 상세히 기술하여야 하며 이를 위해 법률과 마케팅 그리고 생산운영 부서가 협조하여야 한다.

**프로세스규격(process specifications) 결정.** 제품의 규격이 결정되고 나면 생산 프로세스의 규격을 결정하여야 한다. 이 결정과정에 등장하는 대안들은 원가와 자원 가용성, 수익성 그리고 품질 측면에서 평가하여야 한다. 이런 작업에는 회계부서와 생산부서의 협력이 필요하다.

**원형개발(prototype development).** 제품과 프로세스의 규격이 결정되고 나면 한 개 혹은 몇 개의 원형을 개발하여 제품과 프로세스의 규격에 문제가 없는지 검토한다.

**표 4.4**
제품 개발 단계

1. 타당성 분석
2. 제품 규격 결정
3. 프로세스 규격 결정
4. 원형(prototype) 개발
5. 설계 검토
6. 시장 시험(market test)
7. 제품 도입
8. 후속 평가

**설계검토(design review).** 마케팅과 재무, 엔지니어링, 설계 그리고 생산 부문이 협력하여 제품에 필요한 수정을 하든지 폐기한다.

**시장시험(market test).** 마케팅부서가 시장에서 제품에 대한 고객의 반응을 조사한다. 결과가 성공적이지 않으면 다시 설계검토를 한다.

**제품 도입(product introduction).** 마케팅 부서가 제품 판촉 활동을 한다.

**후속 평가(follow-up evaluation).** 마케팅 부서가 제품에 수정이 필요한지 결정하고 수요 예측을 갱신한다.

## 4.10 생산을 고려한 설계

이 절에서는 몇 가지 설계 기법을 다루는데 이것들은 서비스의 설계보다는 제품의 설계에 적용 가능성이 높다. 그렇지만 서비스 설계와도 분명히 관련이 있음을 알게 될 것이다. 다루고자 하는 주제는 동시공학, 컴퓨터이용설계, 조립 및 분해용이성설계 그리고 여러 가지 유사한 제품들을 대상으로 한 부품 공유에 관한 것이다.

### 동시엔지니어링

제품 개발 기간을 단축하고 설계 후 생산으로의 전환이 원활하게 진행되기 위하여 많은 기업들이 **동시엔지니어링**(concurrent engineering)[1]을 채택하고 있다. 좁은 의미의 동시엔지니어링은 설계 담당자들과 제조 엔지니어들을 제품 개발 단계 초기에 함께 일하게 하여 제품과 프로세스를 동시에 개발하도록 하는 방법이다. 최근에는 이런 개념이 확장되어 생산 담당 인원(예컨대 자재 전문가)과 마케팅 그리고 구매 담당자들도 느슨하게 통합된 부문간 팀(loosely integrated cross-functional team) 형태로 제품 개발에 참여한다. 게다가 공급자나 고객의 참여도 흔히 권장된다. 물론 목적은 제조 능력뿐만 아니라 고객의 욕구도 반영하는 제품의 개발이다.

◂ **동시엔지니어링**
공학설계 담당자들과 제조부문 인원이 개발의 초기에 함께 일하는 제품 개발 방식

전통적인 순차적 개발 프로세스에서는 설계자들이 제조부문의 참여 없이 독자적으로 신제품을 설계하고 제조부문은 그 설계도를 넘겨받아 제조 프로세스를 개발한다. 이와 같은 '벽 위로 넘겨주기(over-the-wall)' 식의 개발 프로세스는 제조부문에 엄청난 어려움을 안겨주어 많은 갈등을 유발하고 제품을 성공적으로 출시하는 데 걸리는 기간을 크게 늘렸다. 또한 이는 '피아 편가르기(us versus them)' 사고 형성에 한몫했다.

이런 점들 및 이와 유사한 이유들 때문에 동시엔지니어링은 매우 매력적이다. 동시엔지니어링에는 다음을 비롯하여 여러 가지 이점이 있다.

1. 제조부문 직원들이 제조 능력과 역량을 파악할 수 있다. 이들이 적합한 원자재와 프로세스의 선택과 관련하여 재량권을 가지는 경우는 매우 흔하다. 제조에 관한 지식은 원자재와 프로세스의 선택 과정에 도움이 될 수 있다. 또한, 원가와 품질에 관련된 사항을 개발단계에서 충분히 고려하여 제조단계에서 발생할 수 있는 갈등을 많이 줄일 수 있다.
2. 리드타임이 긴 핵심 기계나 공구를 일찍이 개발하거나 구매할 기회를 가진다. 이리하여

[1] 지금까지는 동시공학이라는 용어를 주로 사용하였으나 의미가 불분명해 앞으로 이 용어를 사용하기로 제안함(역자 주).

제품 개발기간을 크게 줄일 수 있으며 이러한 신속한 제품개발은 핵심적인 경쟁우위가 될 수 있다.

3. 특정 설계안 혹은 그 일부의 기술적 타당성을 미리 분석할 수 있다. 이를 통하여 생산단계에서 발생할 수 있는 심각한 문제를 피할 수 있다.
4. *갈등* 해소가 아니라 *문제* 해결에 집중할 수 있다.

하지만 동시엔지니어링은 여러 가지 이점에도 불구하고 여러 가지 어려움도 있는데 이 중 핵심적인 두 가지를 살펴보면 다음과 같다.

- 설계와 제조 사이에 오랫동안 존재해 온 경계는 극복하기 어렵다. 사람들은 단순히 모아 놓기만 하면 서로 협력하여 효과적으로 일하리라는 기대는 십중팔구 매우 순진한 생각이다.
- 동시엔지니어링이 잘 수행되려면 소통과 유연성이 특히 필요한데 이것을 달성하기가 쉽지 않다.

따라서 관리자들은 이 개발 방식이 성공하기를 원한다면 계획을 세워서 특별하게 관심을 쏟아야 한다.

## 컴퓨터이용설계(CAD)

**컴퓨터이용설계** ▶ 컴퓨터 그래픽을 활용한 설계

컴퓨터가 설계에 점점 더 많이 이용되고 있다. **컴퓨터이용설계**(computer-aided design, CAD)란 컴퓨터 그래픽을 사용하여 설계하는 것을 말한다. 설계자는 광펜(light pen)이나 키보드, 조이스틱 등과 같은 장치를 사용하여 컴퓨터 모니터에서 기존의 설계를 수정하거나 새롭게 설계를 한다. 설계 내용은 일단 컴퓨터에 입력되면 컴퓨터 스크린에서 다룰 수 있다. 설계 대상은 회전시켜 다른 시각에서 볼 수 있고, 쪼개어 내부를 볼 수도 있으며, 일부를 확대하여 더 세밀하게 검토할 수도 있다. 또한, 완성된 설계를 인쇄하거나 파일로 저장하여 마케팅이나 생산부서 등에서 열람할 수 있다.

이렇게 설계되는 제품은 점차 늘어나는데, 예를 들어 변압기, 자동차 부품, 항공기 부품,

기계설계자가 3D CAD를 사용하여 새로운 부품을 설계하고 있다. ▶

Gorodenkoff/Shutterstock

집적 회로, 전동기 등이 있다.

CAD의 주요 이점은 설계자들의 생산성 향상이다. 더 이상 종이 위에 고생스럽게 제도할 필요가 없다. 대략적 추정에 의하면 CAD를 사용할 경우 설계자의 생산성이 3~10배 증가한다. 두 번째 주요 이점은 제품의 형상이나 치수, 허용공차, 자재 사양 등 제조 과정에 필요한 정보 데이터베이스 구축이다. 하지만 CAD도 이 데이터베이스가 필요하므로 이의 구축을 위해 상당한 노력이 든다.

설계안의 공학적 분석과 원가 분석도 할 수 있는 CAD도 있다. 이를테면, 컴퓨터가 부품의 무게와 부피를 계산하고 스트레스 분석도 해 준다. 설계안이 여러 가지인 경우 설계자가 평가 기준을 제시하면 컴퓨터가 신속하게 대안들을 비교하여 최적안을 찾을 수 있다. 유한요소분석(finite element analysis, FEA) 능력이 포함된 CAD는 신제품 출시 기간을 크게 단축할 수 있다. FEA를 이용하면 설계자는 시뮬레이션을 통하여 신제품의 설계, 분석, 상업화에 많은 도움을 받을 수 있다. 항공, 의공학, 자동차 등 산업에서 설계자들이 FEA를 사용한다.

## 제조를 위한 요구사항

이 장 앞부분에서 설명했듯이 설계자들은 반드시 *제조역량(production capability)*을 고려하여야 한다. 설계자들은 제조 장비, 기능, 원자재, 일정, 기술 그리고 기타 특수한 능력 등과 같은 제조부문의 능력을 분명하게 이해할 필요가 있다. 이런 이해는 제조 능력에 적합한 설계안을 찾는 데 도움이 된다. 기회와 역량이 맞지 않으면 경영자는 기회를 살리기 위해 역량의 확장과 변화 가능성을 고려하여야 한다.

미래에 대한 수요*예측*은 수요의 크기와 시기 그리고 신제품과 신서비스에 대한 수요 등 유용한 정보를 제공한다.

*제조용이성*은 제조업에서 중요한 관심사이다. 가공 및 조립 용이성은 원가와 생산성 그리고 품질에 매우 중요하다. 서비스의 경우 서비스 제공의 용이성, 원가, 생산성 그리고 품질이 매우 중요한 관심사이다.

**제조용이성설계**(design for manufacturing, DFM)는 제품을 조직의 제조 능력(manufacturability)에 맞게 설계하는 것을 일컫는다. 이와 연관된 개념으로 **조립용이성설계**(design for assembly, DFA)가 있다. 훌륭한 설계라면 가공 방법과 더불어 조립 방법도 당연히 고려하여야 한다. 조립용이성설계는 부품 수 감축과 조립 방법 및 순서에 초점을 맞춘다. **제조능력**은 제품의 가공이나 조립의 용이성을 일컫는 좀 더 일반적인 용어이다.

**제조용이성설계**
조직의 제조 능력에 맞는 설계

**조립용이성설계**
부품 수 감축과 조립 방법 및 순서에 초점을 맞춘 설계

**제조 능력**
한 기업이 어떤 제품을 적절한 이익을 내면서 생산할 수 있는 능력

## 부품 공용

기업들은 흔히 여러 가지 제품이나 서비스를 제공한다. 여러 가지 제품이나 서비스 사이에 유사성이 높은 기능이나 부품이 종종 발견된다. 이런 현상은 동일한 *제품군*에 속하는 품목들 사이에 특히 뚜렷하며 서비스에서도 이런 경우가 많이 있다. 동일한 부품을 여러 가지 제품에 쓸 수 있으면 기업은 상당한 득을 볼 수 있다. 예를 들어, 승용차 제조업체들은 동일한 엔진이나 워터 펌프 그리고 변속기와 같은, 겉으로 드러나지 않는 부품들을 여러 가지 모델에 채택한다. 기업들은 이렇게 하여 개발 기간 단축 외에도 조립과 설치의 표준화와 부품의 대량 구매에 따른 원가 절감 등의 혜택을 누리며 부품 판매업자들이나 정비소들이 보유하여야 할 재고 품목 수도 줄어든다. 서비스에서도 유사한 혜택이 있다. 예를 들어, 자동차 정

비업자들에게 부품 공용은 훈련 감소를 의미한다. 가전제품 수리업에서도 마찬가지인데 부품 공용과 *대체*는 보편적이다. 금융기관이나 병원들이 사용하는 다용도 양식도 같은 예이다. 컴퓨터 소프트웨어도 비슷한 응용프로그램들에 공용되는 모듈들로 구성된 경우가 흔하며, 이는 응용프로그램 개발 기간을 단축하는 데 도움이 된다. 공구 제조업자들은 사용자들이 서로 다른 전동공구들을 한 가지 전원에 연결하여 쓸 수 있도록 설계한다. 이와 유사하게 휴렛팩커드(HP)는 여러 가지 컴퓨터 하드웨어와 함께 사용할 수 있는 범용 전력공급장치가 있다.

## 4.11 서비스 설계

제품의 설계와 서비스 설계에는 비슷한 점이 많다. 하지만 서비스의 특성 때문에 중요한 차이점들도 있다. 한 가지 큰 차이점은 제조업에서는 일반적으로 생산과 유통이 분리되지만 서비스는 생산과 유통이 일반적으로 *동시에* 일어난다.

**서비스** ▸ 고객에게 또는 고객을 위하여 행해진 것

**서비스 전달 시스템** ▸ 서비스를 제공하는 데 필요한 시설, 프로세스, 기술/기능

**상품 꾸러미** ▸ 고객에게 제공되는 제품과 서비스의 조합

**서비스 패키지** ▸ 서비스를 수행하는 데 필요한 물리적 자원, 제품 그리고 명시적 묵시적 서비스를 포함한 총체

**서비스**(service)는 고객(의뢰인, 환자, …)에게 또는 고객을 위하여 수행되는 어떤 *행동*(*act*)을 일컫는다. 서비스는 **서비스 전달 시스템**(service delivery system)을 통하여 제공되며 그것은 서비스를 제공하는 데 필요한 시설, 프로세스, 기술/기능 등으로 이루어진다. 순수한 서비스가 아니라 제품과 서비스의 조합으로 이루어진 **상품 꾸러미**(product bundle)의 일부분인 서비스들도 많다. 상품의 서비스적 요소가 늘어나고 있는 추세이다. 고객 지향적인 믿을 수 있는 서비스를 창출하고 전달하는 능력은 흔히 핵심적 차별화 요소이다. 성공적인 기업들은 상품에 고객지향적 서비스를 결합한다.

시스템 설계는 다음과 같은 포괄적인 **서비스 패키지**(service package)의 개발이나 개선을 다룬다.[2]

1. 물리적 자원
2. 고객이 서비스와 함께 구매하거나 소비하는 제품 또는 서비스와 함께 제공되는 제품
3. 명시적 서비스(서비스의 필수적 · 핵심적 사항. 예, 세무 신고)
4. 묵시적 서비스(부가적 사항. 예, 친근성, 예의)

### 서비스 설계 개관

서비스 설계는 서비스 전략의 선택으로 출발하며, 서비스 전략은 서비스의 본질과 초점 그리고 표적 시장을 결정한다. 특정 서비스에 대한 서비스 전략을 수립하기 위하여서는 시장과 수익성(또는 비영리 조직의 경우 니즈)에 대한 고위 경영자의 평가와 더불어 조직이 그 서비스를 전달하는 데 필요한 역량을 갖추고 있는지도 평가하여야 한다. 일단 서비스의 초점과 시장이 결정되면 고객의 요구사항들과 기대를 결정하여야 한다.

서비스 설계의 두 가지 핵심적 이슈는 서비스 요구의 변동(variation) 수준과 고객 접촉 및 고객 참여 수준이다. 이들 이슈는 서비스의 표준화와 고객화 수준에 영향을 미친다. 고객

[2] 다음 자료를 각색: James A. Fitzsimmons and Mona J. Fitzsimmons, *Service Management for Competitive Advantage* (New York: McGraw-Hill, 1994). McGraw-Hill Companies, Inc., 1994.

접촉도와 서비스 요구 변동이 낮을수록 서비스의 표준화 수준이 높아질 수 있다. 고객 접촉이 전혀 없다든지 프로세스에 변동이 없으면 서비스 설계는 제품 설계와 매우 비슷하다. 역으로, 프로세스 변동과 고객접촉이 높으면 일반적으로 서비스를 많이 고객화할 필요가 있다. 서비스 설계에서 이와 연관된 사항으로 판매 기회가 있는데, 고객 접촉도가 높을수록 판매기회가 많다.

### 서비스 설계와 제품 설계의 차이점

서비스 생산운영 관리자는 제조업에서는 하찮거나 존재하지 않는 다음과 같은 이슈들과 싸움을 하여야 한다.

1. 일반적으로 제품은 유형적인 반면 서비스는 무형적이다. 이 때문에 서비스 설계는 제품 설계에 비해 무형적 요소(예, 마음의 평화, 환경)에 더 주의를 기울인다.
2. 서비스는 생산과 전달이 동시에 일어나는 경우가 많다(예, 이발, 세차). 따라서 서비스에서 고장이나 실수가 발생하면 고객이 알아차리기 *전에* 발견하고 조처할 방도가 적다. 그러므로 훈련과 프로세스 설계 그리고 고객관계관리가 특히 중요하다.
3. 서비스는 재고가 불가능하다. 이 점으로 인하여 유연성이 제한되고 처리용량(capacity)이 매우 중요한 이슈가 된다.
4. 서비스는 고객에게 많이 노출되므로 설계 시 이 점을 염두에 두어야 한다. 특히 이 점은 제품 설계에는 존재하지 않는, 프로세스 설계 시 고려하여야 하는 새로운 사항이다.
5. 어떤 서비스는 진입과 퇴출 장벽이 매우 낮다. 이런 점 때문에 서비스를 더욱 혁신적이고 효율적이도록 설계하여야 할 부담이 추가된다.
6. 입지는 서비스 설계에 흔히 중요하며 접근 편리성이 주요 고려 요인이다. 그러므로 서비스 설계와 입지 선정은 흔히 긴밀하게 연관되어 있다.
7. 서비스 시스템은 고객 접촉도에 있어서 차이가 매우 클 수 있다. 몇 가지 예를 소개한다.
   기술적 핵심이 격리된 경우: 고객 접촉이 전무하거나 매우 적음(예, 소프트웨어 개발)
   생산 라인: 고객 접촉이 전무하거나 매우 적음(예, 자동 세차)
   개인별 서비스(예, 이발/미용, 의료 서비스)
   소비자 참가(예, 다이어트 프로그램, 춤 교습)
   셀프 서비스(예, 슈퍼마켓)
   고객 접촉이 전무하거나 매우 적으면 서비스 시스템 설계는 제품 생산 설계와 매우 비슷하다.
8. 수요 변동으로 인해 대기 행렬과 서비스 자원의 유휴 상태가 번갈아 가면서 나타난다.

수요 변동이 중요한 문제이면 두 가지 관점으로 접근할 수 있는데, 비용 및 효율성 관점과 고객 관점에서 문제를 본다.

서비스 설계 시 저비용과 고효율성을 목표로 하면 본질적으로 '제품설계 접근 방식'을 적용하는 셈이다. 서비스 전달 과정에 고객이 참여하면 품질과 수요의 변동을 관리하기 어려우므로 설계자들은 가능하면 고객 참여를 줄이는 방안을 찾으려 하기도 한다. 이와 달리 종업원의 유연성을 높여 수요 변동에 대처할 수도 있다.

서비스의 경우, 고객이 지각한 품질의 상당한 측면은 서비스 패키지의 일부인 무형적 요소들과 관련이 있다. 서비스 설계 시 효율성에 치중하면 서비스를 탈개인화하여 고객이 지각하는 품질에 부정적 영향을 미칠 위험이 있으므로 신중하여야 한다. 비용과 효율성에 치중하면 다음과 같은 부정적인 것들이 발생할 우려가 있다.

- 고객의 선택을 축소하면 효율성은 높아지지만 고객에게 실망과 짜증을 줄지도 모른다. 케이블 방송사가 미리 제한적으로 몇 가지 채널 꾸러미를 만들어 놓고 고객에게 개별 채널들을 선택할 수 없게 하는 경우가 한 예이다.
- 서비스를 표준화하거나 일부 요소를 단순화하면 서비스 비용은 줄일 수 있지만 일대일 응답 같이 고객이 소중하게 여기는 기능이나 측면을 제거해 버릴 위험이 있다.
- 서비스 용량을 유연하게 관리하기 위하여 시간제 직원이나 임시직을 활용하면 서비스 능력이 모자라거나 열의가 떨어지는 사람을 쓰게 되기도 하고, 이 때문에 서비스 품질이 떨어지기도 한다.

고객 입장에서 설계 목표를 정하려면 고객의 경험을 이해하고 고객만족을 이루기 위하여 어떻게 서비스 전달 과정을 관리할지에 초점을 맞추어야 한다. 이러한 고객 지향 접근을 하려면 서비스 전달과 지각 품질 사이의 관계를 이해하기 위하여 고객의 욕구와 니즈를 결정하여야 한다. 이렇게 하면 설계자는 서비스 전달 시스템 설계 과정에서 현명한 선택을 할 수 있다.

물론 효율성을 위하여 서비스 전달과정을 탈(脫)인간화하면 고객의 지각품질(perceived quality)에 부정적인 영향을 미칠 수 있는 반면에, 어떤 고객은 높은 비용을 부담하면서까지 대인 서비스를 원하지 않을지도 모르므로 적당한 절충점을 찾아야 함을 설계자는 명심해야 한다.

## 서비스 설계 과정

서비스 개발 프로세스의 단계들이 표 4.5에 나열되어 있다. 이 단계들은 전달시스템도 개발되어야 한다는 점을 제외하면 제품 개발 단계와 매우 유사하다.

## 서비스 청사진

**서비스 청사진** ▸ 서비스 설계 시 서비스 안을 기술하고 분석하는 데 사용하는 기법

서비스 전달 시스템을 개념화하는 데 유용한 도구로 **서비스 청사진**(service blueprint)이 있는데, 이것은 서비스 프로세스를 기술하고 분석하는 방법이다. 서비스 청사진은 건물 설계도와 매우 비슷하지만, 건물의 치수와 공사 관련 사항을 나타내는 대신, 서비스 생산 과정

**표 4.5**
서비스 설계 단계

1. 개념화
    아이디어 생성
    고객의 욕구와 니즈 평가(마케팅)
    수요 잠재력 평가(마케팅)
2. 서비스에 필요한 구성요소 파악(생산운영 및 마케팅)
3. 성능 사양 결정(생산운영 및 마케팅)
4. 성능 사양을 설계 사양으로 변환
5. 설계 사양을 서비스 전달 사양으로 변환

**그림 4.7**
식당을 대상으로 한 간단한 서비스 청사진 예

| 고객의 행동 | 도착 | 자리에 앉기 | 주문 | 식사 | 지불과 떠나기 | | |
|---|---|---|---|---|---|---|---|
| 상호작용선 | | | | | | | |
| 접객 인원 | 안내원이 인사<br>안내원이 예약 확인<br>안내원이 손님을 테이블로 인도 | 웨이터가 인사<br>웨이터가 메뉴판 줌<br>웨이터가 물잔 채움 | 웨이터가 특별한 사항을 설명함<br>웨이터가 주문 받음 | 식사를 함 | 웨이터가 수시로 문제가 없는지 점검함 | 계산서를 손님에게 가져옴<br>웨이터가 돈을 받음 | 웨이터 보조가 테이블 정리함 |
| 가시선 | | | | | | | |
| 후방 접촉 요원 | | | 조리 담당자가 음식을 준비함 | | | | 그릇 씻기 |
| 내부 상호작용선 | | | | | | | |
| 지원 활동 | 예약 시스템 | | 식자재 주문 | | | 계산원 | 세탁 서비스 |

에 벌어지는 기본적인 고객 및 서비스 활동들을 나타낸다. 한 식당을 대상으로 한 간단한 서비스 청사진이 그림 4.7이다. 그림의 윗부분은 고객의 활동들이고 그 바로 아래에 직접 접객 종업원들의 활동들이 나타나 있다. 그 아래에는 '후방 접촉(backstage contacts) 요원'—이 예에서는 조리실 종업원—들이 나타나며 그들 밑에는 흔히 '후방(backroom)'이라고 일컫는 지원 활동들이 표시된다. 이 예의 경우, 지원 활동들에는 예약 시스템, 식품과 각종 부자재의 주문, 계산대, 세탁 외주 활동 등이 있다.

서비스 청사진 작성의 주요 단계는 다음과 같다.

1. 서비스의 경계를 정하고 필요한 세부 수준을 결정한다.
2. 고객과 서비스의 활동 및 상호작용을 파악하고 결정한다. 흐름도가 유용하게 쓰일 수 있다.
3. 서비스 전달 프로세스의 각 단계의 소요 시간과 변동을 산정한다.
4. 서비스 실패가 일어날 만한 곳을 파악하여 그것을 방지하거나 최소화할 계획을 세운다. 또한 서비스 실수가 발생할 경우 어떻게 대응할지 계획을 수립한다.

## 훌륭한 서비스 시스템의 특징

훌륭하게 설계된 서비스 시스템에는 다음과 같은 여러 가지 특징이 있으며, 이들은 서비스 시스템 설계에 지침이 될 수 있다.

- 조직의 사명(mission)과 조화를 이룬다.

- 사용자에게 편리하다.
- 변동성을 고려할 수밖에 없으면 그것을 잘 견딜 수 있도록 한다.
- 지속하기 쉽다.
- 비용 효과적이다.
- 고객에게 분명한 가치가 있다.
- 전방(front-office)과 후방(back-office)이 효과적으로 연결되어 있다. 전방 생산운영은 고객 서비스에 초점을 두어야 하고 후방 생산운영은 속도와 효율성에 초점이 있어야 한다.
- 하나의 통일된 주제(예, 편리함, 속도 등)가 있다.
- 신뢰성 있는 고품질 서비스를 보장할 장치가 설계 단계에서 포함되어 있다.

### 서비스 설계 과제

변동성은 대부분의 기업운영에서 중요하게 고려되어야 하는 사항이며, 서비스 시스템의 설계에 있어서는 특별히 더 그러하다. 고객의 니즈, 그리고 필요로 하는 시점 측면에서 고객의 요구는 변동성을 동반한다. 더욱이 서비스는 재고가 존재할 수 없으므로, 공급과 수요를 일치시키기가 매우 힘들다. 서비스의 제공시점을 미리 계획할 수 있는 경우(예, 의사와의 진료 예약)도 있지만, 그렇지 않은 경우(예, 응급환자)도 있다.

또한 서비스는 정확히 규격화하거나 명세화하기 힘들며 본질적으로 다변성을 가진다. 특히 고객과의 접점(encounter)에서는 상당히 많은 변수들이 존재하며 이를 고려한 설계가 필요하다.

### 성공적인 서비스 설계를 위한 지침

1. 서비스 패키지를 상세하게 정의하라. 이때 유용한 도구가 서비스 청사진이다.
2. 생산운영의 초점을 고객 관점에서 결정하라. 서비스 과정과 그 뒤에 걸쳐서 고객의 기대와 지각을 어떻게 관리할지 잘 생각하라.
3. 서비스 패키지가 현재 고객과 미래 고객에게 어떤 이미지를 줄지 잘 생각하라.
4. 설계자가 서비스 시스템에 익숙하면 설계자는 시스템에 대하여 고객과는 다른 관점을 가질 수 있음을 알아야 하고 이를 극복하기 위한 조처를 취하라.
5. 서비스 설계가 일단 구현되면 반드시 경영자들이 참여하고 지원하여야 한다.
6. 서비스에 포함될 모든 유·무형 요소들의 품질을 정의하라. 무형적 요소들의 품질 기준은 정의하기가 더 어렵지만 빠뜨려서는 안 된다.
7. 채용·훈련·보상 정책이 서비스 기대와 조화를 이루도록 하라.
8. 예측 가능한 사건들과 불가능한 사건들을 모두 다룰 절차들을 수립하라.
9. 서비스를 관찰·유지·개선할 시스템을 수립하라.

## 4.12 생산운영전략

제품과 서비스의 설계는 경쟁우위 확보와 고객만족을 거둘 수 있는 기회의 영역이다. 다음은 이러한 혜택을 위하여 설계 단계에서 채택할 수 있는 정책들 중 일부이다.

## 읽을거리  서비스관리의 과제

서비스는 제조업에서 좀처럼 찾아볼 수 없는 많은 관리상의 과제를 가지고 있다. 또한 서비스업은 계속해서 증가하고 있기 때문에 서비스관리의 과제를 이해하고 다루어보는 것은 현재 시점에서 매우 중요하다. 다음은 몇 가지 고려해야 할 요소들이다.

- 서비스 환경에서의 과업은 제조업과 달리 잘 구조화되지 않는다.
- 서비스업에서는 고객과의 접촉이 빈번하다.
- 많은 서비스에서 종업원들의 전문성은 제조업에 비해 낮다.
- 서비스는 진입장벽이 낮아 새로 일을 시작하는 종업원들이 많고 계속해서 증가한다.
- 낮은 전문성으로 인해 이직이 잦다.
- 입력요소의 변동성이 제조업에 비해 높다.
- 종업원들의 감정변화, 부주의, 고객의 태도, 기타 요소 등 관리자가 통제하기가 힘든 많은 요소들이 서비스성과에 영향을 미친다.

이러한 요인들로 인해 품질과 비용을 관리하기가 힘들고 생산성은 낮아지며 고객 불만족의 위험은 커지고 종업원들에 대한 동기부여가 힘들다.

**[질문]**

1. 서비스에서의 관리상의 과제 중에 제조업에서는 발생하지 않는 것은 무엇인가?
2. 서비스에서의 관리가 제조업에 비해 더 힘든 이유는 무엇인가?

- 제품과 부가 서비스를 묶어서 매출 증가시키기. 몇 가지 예를 보면, 2년 동안 인터넷 사용을 전제로 한 PC 가격 할인, 제품 보증기간 연장, 설치 및 애프터서비스 포함, 소프트웨어의 사용법 훈련 포함 등이 있다.
- 다용도 플랫폼의 사용. 자동차 업체들은 동일한 플랫폼(즉, 기본 차체)을 여러 가지 모델에 사용한다(예를 들어, 재규어 S-type, 링컨 LS, 포드 선더버드는 플랫폼이 같다). 컴퓨터에는 PC와 Mac 두 가지 기본 플랫폼이 있고 많은 모델들이 이 중 한 가지 플랫폼을 사용한다.
- 대량생산의 이점을 누리면서 고객들의 다양성 니즈를 충족하는 기법의 구현. 대량고객화가 한 예이다.
- '획기적 혁신'보다 작지만 지속적인 개선. 흔히 '작은' 것들이 고객의 태도와 구매 행태에 긍정적이며 오래 지속되는 효과를 낸다.
- 제품이나 서비스의 개발과 재설계 기간 단축.

일부 기업들의 주요 경쟁우위는 신제품을 경쟁자들보다 신속하게 시장에 내놓는 능력이다. 이런 '시장선도(first-to-market)' 접근을 사용하는 기업들은 경쟁자들보다 먼저 시장에 진출하여 독점적 지위를 이용하여 높은 가격을 매길 수 있다. 이런 전략은 또한 저렴한 '모조품(clone)'에 대한 방어 전략이기도 한데, 경쟁자들은 항상 '따라잡기(catch up)'를 하여야 하기 때문이다.

설계 관점에서 보면 출시기간을 단축하려면 다음과 같은 것들이 필요하다.

- 표준 부품들을 사용하여 신뢰성 있는 신상품을 개발한다.
- CAD와 같은 기술을 이용하여 신상품이나 일부 수정 상품을 신속하게 개발한다.
- 동시공학을 활용하여 엔지니어링 시간을 단축한다.

## 요약

제품과 서비스 설계는 고객 만족의 핵심적 요소이다. 기업은 성공적인 제품과 서비스의 설계를 위하여 고객의 욕구와 경쟁자의 움직임, 정부 규제 그리고 신기술을 끊임없이 관찰하고 파악하여야 한다.

개발 프로세스에는 동기(motivation), 개선 아이디어, 조직적 역량 그리고 예측이 필요하다. 수명주기 외에도 법률·환경·윤리적 요인들이 설계 시 의사결정에 영향을 미친다. 표준화 수준을 어느 정도로 할지도 중요한 고려 사항이다. 개발자들이 제품이나 서비스를 개발할 때에는 원가나 예산 범위 내에서 개발을 완료하고, 그것이 고객의 기대를 만족하거나 초과하며 생산운영 역량을 반영하도록 하는 것을 주요 목표로 삼는다. 제품 개발과 서비스 개발은 어떤 점들에서는 유사하지만, 개발 방식에 영향을 주는 몇 가지 주요한 차이점도 있다.

성공적인 상품 개발은 흔히 다음과 같은 기본적인 원리들을 적용한다. 우선 고객이 원하는 바를 결정하라. 제품의 경우 필요 부품 수를 최소화하고 서비스의 경우 필요한 단계의 수를 최소화하라. 조립과 서비스를 간단히 하고, 가능하면 많이 표준화하고, 강건설계를 하라. 개발과정에서의 의사결정 시 상충관계(trade-off)는 흔한 일이며 개발 시간과 비용, 제품 또는 서비스 원가, 특수 기능/성능 그리고 제품과 서비스의 복잡성 등이 그 대상이다.

연구개발 노력은 제품과 프로세스의 혁신에 큰 역할을 할 수 있다. 하지만 연구개발 노력에는 때에 따라서는 막대한 자금이 소요되므로 대기업이나 정부기관만이 부담할 여유가 있을지도 모른다.

제품과 서비스의 신뢰성은 흔히 고객들이 핵심적으로 중요하게 생각한다. 조직의 여러 부문이 신뢰성에 영향을 미칠 수 있지만 신뢰성을 측정하고 개선하는 일은 제품과 서비스 개발의 중요한 활동이다.

품질기능전개는 고객의 요구를 제품과 서비스 설계에 반영하는 한 방법이다.

## 주요 내용

1. 다양한 요인들이 기업의 제품 또는 서비스 설계와 재설계에 영향을 미친다. 이들에는 경제적, 법률적, 정치적, 사회적, 기술적, 경쟁 등이 포함된다. 또한 생산운영관리의 실패에는 잘못된 설계가 원인인 경우가 많다.
2. 기업과 공급사슬망의 모든 영역은 제품 또는 서비스와 연결되어 있고 그들로부터 영향을 받는다. 따라서 기존 제품 또는 서비스를 재설계하거나 새로운 제품 또는 서비스를 설계 시에는 그 결과로 인해 영향을 받을 수 있는 영역과 영향력에 대해 고민해야 한다.
3. 설계 이슈는 제품 또는 서비스의 실제 또는 기대 수요, 기업의 용량, 원가, 기대 품질수준, 필수 자원의 비용과 가용성과 연관되어 있다.
4. 일반적으로 중요하게 고려할 사항은 법률적, 윤리적, 환경적 요소이다.
5. 제품과 서비스 설계는 근본적으로 차이점이 존재하나 유사한 요소들도 많다.

## 주요 용어

가치분석(value analysis, VA)
강건설계(robust design)
고장(failure)
대량고객화(mass customization)
동시엔지니어링(concurrent engineering, CE)
모듈화 설계(modular design)
미국 연방통일상법전(Uniform Commercial Code)
분해용이성설계(design for disassembly, DFD)
상품 꾸러미(product bundle)
서비스 능력(service ability)
서비스 전달 시스템(service delivery system)
서비스 청사진(service blueprint)
서비스 패키지(service package)
서비스(service)
수명주기평가(cradle-to-grave assessment)
신뢰성(reliability)
역공학(reverse engineering)
연구개발(research and development, R&D)
재생(remanufacturing)

재활용(recycling)
재활용성설계(design for recycling, DFR)
정상작동조건(normal operating conditions)
제조물 책임(product liability)
제조용이성(manufacturability)
제조용이성설계(design for manufacturing, DFM)
제품 수명주기 관리(product life cycle management, PLM)
조립용이성설계(design for assembly, DFA)
지연 차별화(delayed differentiation)
컴퓨터이용설계(computer-aided-design, CAD)
표준화(standardization)
품질기능전개(quality function deployment, QFD)

## 토의 및 복습문제

1. 기업이 자사의 제품이나 서비스를 재설계하게 되는 요인들은 무엇인가?
2. 응용연구와 기초연구를 대조하여 설명하라.
3. CAD란 무엇인가? 제품 설계자가 CAD를 무엇에 어떻게 사용하는지 설명하라.
4. 표준화의 주요 장단점을 설명하라.
5. 모듈화 설계란 무엇인가? 모듈화 설계의 주요 장단점을 설명하라.
6. *제조용이성설계(design for manufacturing)*를 설명하고 왜 그것이 중요한지 간단히 설명하라.
7. 동시공학의 경쟁상 이점들을 설명하라.
8. *재생(remanufacturing)*이란 용어를 설명하라.
9. a. *수명주기*란 무엇인가?
   b. 제품과 서비스설계에 수명주기를 고려해야 하는 이유는 무엇인가?
   c. 다음 제품 각각에 대해 3가지씩 새로운 사용용도를 기술하라: 베이킹 소다, 덕트 테이프, 식초.
10. 연구개발이 왜 생산성 향상의 주요 요인인가? 연구개발이 생산성 향상에 어떻게 기여하는지 몇 가지를 들어보라.
11. *대량고객화*란 무엇인가?
12. 서비스 설계가 제품 설계와 매우 차이가 나도록 하는 두 가지 주 요인을 들어보라.
13. *강건설계*란 용어를 설명하라.
14. *품질기능전개*란 무엇이며, 어떻게 유용하게 사용되는지 설명하라.
15. 역공학이란 무엇인가? 이것은 비윤리적이라고 생각하는가?
16. 가치분석의 목적은 무엇인가?
17. 수명주기분석이란 무엇이며 그것의 전반적 목표는 무엇인가?
18. '3R'이란 용어를 설명하고 이것과 지속가능성과의 관계를 설명하라.
19. a. 본인에게 친숙한 전자제품을 하나 선택하라. 현재의 제품들이 표준적으로 가지고 있는 기능 중에 '와'('wow')하고 감탄이 일어나는 것은 무엇인가? 새로 등장한 '와' 기능 중에 가까운 미래에 표준으로 채택될 것으로 예상되는 기능은 무엇인가?
    b. 위의 질문 a를 친숙한 서비스에 대해서도 적용해 보라.

## 연습문제

1. 아래의 여섯 개 제품 쌍들에서 한 쌍을 택하여 두 제품을 기능, 비용, 편리함, 사용 용이성 그리고 가치 측면에서 비교 검토하라.

   a. GPS와 지도

b. 휴대폰과 유선전화기
c. 온라인쇼핑과 '브릭앤몰타르(bricks and mortar)' 쇼핑
d. 일반 가솔린 자동차 엔진과 하이브리드 자동차 엔진
e. 온라인 강의와 강의실 강의
f. 위성 TV와 유선방송

2. 인터넷을 사용하여 승용차의 충돌 안전성 평가 성적을 구한 후 다음 질문에 답하라.
   a. 가장 높은 평가를 받은 차종은? 가장 낮은 평가를 받은 차종은?
   b. 새 차를 구입하는 사람들에게 충돌 안전성은 얼마나 중요한가? 중요성 정도는 구입자의 주변 환경에 따라 달라지는가?
   c. 어떤 유형의 구입자들이 충돌 안정성 평가에 가장 관심을 많이 보일 것으로 기대하는가?
   d. 구입자가 충돌 안전성보다 더 중요하게 고려할 수도 있는 신차의 기능/속성이 있는가? 그렇다면 무엇일까?

3. 다음과 같은 은행 업무에 대하여 서비스 청사진을 작성하라.
   a. 창구직원을 통한 입금
   b. 주택담보대출 신청

4. 다음과 같은 우체국에서 발생하는 업무에 대한 서비스 청사진을 작성하라.
   a. 기계에서 우표 구입
   b. 창구에서 우표 구입

5. 주유소에 가서 차에 기름 넣는 단계를 상세하게 기술하라. 지불은 현금만 허용된다고 가정하라. 발생할 수 있는 문제와 발생할 단계를 파악하라.

6. ATM에서 현금 출금하는 단계들을 작성하라. 현재 손에 있는 현금카드로 시작한다고 가정하라. 가능한 실패점들(failure points, 즉 출금 과정에서 문제가 발생할 수 있는 곳)을 파악하고, 각 실패점에 대하여 발생 가능한 한 가지 문제점을 기술하라.

7. a. 이 문제는 그림 4.4에 대한 것이다. 종이가 찢어지지 않아야 한다는 고객의 요구에 가장 크게 영향을 미치는 기술적 요구사항 두 가지는 무엇인가?
   b. 아래 표에는 레이저 프린터의 출력에 대한 고객의 요구사항과 기술적 요구사항이 있다. 첫째, 기술적 요구사항이 각각의 고객 요구사항과 관련이 있는지 판단하라. 관련이 있다면 무슨 기술적 요구사항이 고객의 요구사항에 가장 크게 영향을 미치는가?

| | 기술적 요구사항 | | |
|---|---|---|---|
| 고객의 요구사항 | 종이 유형 | 내부 종이 공급 | 인쇄 요소 |
| 종이에 주름이 생기지 않을 것 | | | |
| 깨끗하게 인쇄될 것 | | | |
| 사용하기 쉬울 것 | | | |

8. 빵집에서 판매하는 쿠키에 대하여 앞의 문제 7.b에서 제시된 것과 비슷한 표를 만들어라. 여러분 생각에 가장 중요한 고객 요구사항 세 가지(가격은 제외)와 가장 관련이 깊은 기술적 요구사항 세 가지(위생 조건은 제외)를 제시한 다음, 기술적 요구사항과 고객의 요구사항의 관련성을 체크 기호로 표시하라.

현장 견학

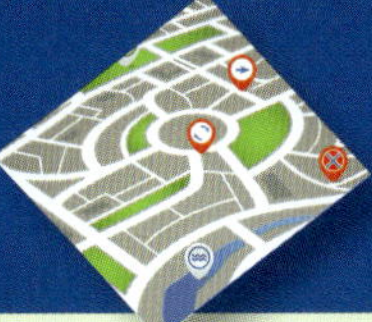

## 하이 에이커스 쓰레기 매립지

하이 에이커스 쓰레기 매립지는 뉴욕 페어포트(Fairport) 외곽의 218-에이커 부지에 있다. 1971년에 개장하여 생활 및 상업용 쓰레기를 처리하도록 허가되어 있고, 27명이 근무하고 있으며 매일 약 3,000톤의 쓰레기를 처리한다.

보통 사람은 일반적으로 쓰레기 매립지에 대한 일정한 선입견을 갖고 있는데 그것은 매립지가 더럽고 불쾌한 곳이라는 것이다. 하지만, 에이커스 쓰레기 매립지를 방문하게 되면 그러한 오해는 사라지게 된다. 먼저 멋지게 꾸며진 입구가 인상적이다. 또한 대부분이 잔디와 나무들로 조성되어 있다. 비록 도착 중인 트럭이나 쓰레기가 쌓여 있는 일부 장소에서는 불쾌한 냄새가 나지만 매립지의 나머지 지역은 비교적 냄새가 나지 않는다.

매립지의 주요 부분은 쓰레기가 매장돼 있는 커다란 언덕으로 구성돼 있다. 최초에는 매립지가 언덕이 아니라 땅에 있는 커다란 웅덩이로 시작됐다. 수년이 지난 지금 결국 그 웅덩이는 가득 채워졌다. 그 이후로 계속해서 추가적인 층이 더해지면서 매립지는 위가 평평한 언덕 모양을 띠게 되었다. 경사를 맞추기 위해 각 층은 앞단에 비해서는 비교적 폭이 좁고, 언덕의 옆면은 모두 잔디가 심겨져 있다. 현재 쓰레기가 쌓이고 있는 언덕의 상층부에만 '잔디가 없는 상태'이다. 매립지의 용량이 초과되는 10년 후에 이곳은 폐장될 예정이며 하이킹, 소풍과 레크리에이션이 가능한 공원으로 개조될 것이며 시에 기부될 것이다.

매립지의 건설과 운영은 주와 연방의 많은 규제를 받고 있다. 예를 들어, 지하수로 오염 물질이 스며드는 걸 방지하기 위해 투과성이 없는 바닥재를 바닥과 옆면에 깔아야 한다. 별도의 독립 기업이 지하수를 검사하여 언덕 주변에 있는 수원지(wells)로 이러한 유출이 발생하지 않는지를 확인한다. 시민들 의견을 반영하여 쓰레기가 노출된 채로 방치되는 시간을 최소화하기 위한 노력도 병행하고 있다. 매일 마지막에 그날 반입된 쓰레기들을 압축하고 6인치의 흙으로 덮는 작업을 하게 된다.

매립지의 주 수입원은 사용자에게 부과되는 요금이다. 매립지는 또한 유기폐기물 분해의 부산물인 메탄가스로부터 수입을 만들어 내는데, 별도의 시스템을 통해 가스를 추출한다. 얻어진 가스는 매립지 안에 보관하고 있다가 지역의 전력회사에 판매한다. 또한 매립지는 나뭇잎이나 기타 정원 쓰레기를 퇴비로 바꾸는 비료사업도 하고 있다.

## 참고문헌


Davis, Mark M., and Janelle Heineke. *Managing Services: Using Technology to Create Value*. New York: McGraw-Hill/Irwin, 2003.

Fitzsimmons, James A., and Mona J. Fitzsimmons. *Service Management: Operations, Strategy, and Information Technology*, 7th ed. New York: McGraw-Hill, 2011.

Gilmore, James, and B. Joseph Pine II. *Markets of One: Creating Customer-Unique Value through Mass Customization*. Boston: Harvard Business School Press, 2000.

Gorman, Michael E. *Transforming Nature: Ethics, Invention, and Design*. Boston: Kluwer Academic Publishers, 1998.

Groover, Mikell P. *Automation, Production Systems, and Computer-Aided Manufacturing*, 3rd ed. Englewood Cliffs, NJ: Prentice Hall, 2008.

Lovelock, Christopher H. *Services Marketing: People, Technology, Strategy*, 3rd ed. Englewood Cliffs, NJ: Prentice Hall, 2010.

Ulrich, Karl T., and Steven D. Eppinger. *Product Design and Development*, 3rd ed. New York: McGraw-Hill, 2004.

Vicente, Kim. *The Human Factor*. New York: Routledge, 2004.

# 신뢰성
Reliability

**학습 목표** *Learning Objectives*

*이 부록을 학습한 후 다음과 같은 능력을 가져야 한다.*

**LO4S.1** *신뢰성*의 정의

**LO4S.2** 신뢰성에 대한 간단한 계산

**LO4S.3** *가용성*을 설명하고 이에 대한 간단한 계산

**보충자료** *Supplement Outline*



## 4S.1 서론

**신뢰성** ▸ 어떤 제품이나 부품 또는 시스템이 주어진 조건하에서 예정된 기능을 수행할 가능성

**신뢰성**(reliability)은 어떤 제품이나 부품 또는 시스템이 주어진 조건하에서 예정된 기능을 수행할 가능성에 대한 척도이며, *확률*로 표현된다.

예를 들어 어떤 품목(item)의 신뢰성이 0.9라면 이것은 이 품목이 성공적으로 기능을 수행할 확률이 90%라는 의미이다. 따라서 실패할 확률은 1 − 0.9 = 0.1 또는 10%이다. 또한 10개의 동일한 품목 중에 평균적으로 1개는 실패한다는 것을 의미하기도 한다. 비슷하게 신뢰성이 0.985라면 천 개 중에 15개가 실패한다는 것을 나타낸다.

## 4S.2 신뢰성 계산

엔지니어와 제품 설계자들은 신뢰성의 값을 알기 위한 다양한 방법들을 사용한다. 이러한 내용을 모두 배우는 것은 본 장의 범위를 벗어난 것으로, 여기서는 제품이나 시스템 전체의 신뢰성을 계산하는 방법만을 다룰 것이다. 여기서 다루는 확률은 다음의 두 가지이다.

1. 임의의 시점에 정상 가동 중일 확률
2. 일정한 시간 동안 정상 가동할 확률

위에서 1은 임의의 *한순간*에 초점이 맞춰져 있다. 임의의 한 시점이나 또는 작은 수의 몇몇 시점에 시스템이 정상적으로 가동(기능) 중일 확률을 의미한다. 이에 반해 2는 서비스

의 기간에 초점을 두고 있다. 둘 간의 자세한 차이점에 대해서는 앞으로 설명될 내용을 보면 된다.

## 임의의 시점에 정상 가동 중일 확률의 계산

어떤 시스템이나 제품이 예정된 대로 작동할 확률은 시스템과 제품 설계에서 중요한 개념이다. 여러 개의 *독립된* 부품들로 구성된 시스템이나 제품에 대한 확률을 계산하기 위해서는 독립사건에 대한 확률법칙이 필요하다. **독립사건**(independent events)이란 각 사건의 발생 또는 비발생 여부가 다른 사건으로부터 영향을 받지 않는 것이다. 다음의 3가지 예제는 독립사건에 대한 확률법칙을 사용하여 어떤 시스템의 성공적인 가동 확률을 계산한 것이다.

**독립사건** 어떤 사건의 발생이나 비 발생 여부가 다른 사건의 결과로 부터 영향을 받지 않는 것

**법칙 1.** 두 개 또는 복수 개의 사건들이 상호 독립이고 *성공*(*success*)을 모든 사건이 발생하는 것으로 정의할 때 성공확률은 각 사건의 발생확률을 서로 곱한 것이다.

*예제* 방에 두 개의 램프가 있고 두 개 모두 정상적으로 켜져야 성공이다. 첫 번째 램프가 켜질 확률은 0.9이고 두 번째는 0.8이다. 이때 두 개가 모두 정상적으로 켜질 확률은 $0.9 \times 0.8 = 0.72$이다. 이때 곱셈의 순서는 중요하지 않다: $0.8 \times 0.9 = 0.72$. 마찬가지로 방에 세 개의 램프가 있다면 확률은 세 개의 확률을 곱하면 된다.

이 시스템을 그림으로 표현하면 다음과 같다:

위의 예제에서 각 램프의 작동확률은 높은 값이었으나 전체 시스템의 작동확률은 곱셈으로 인해 상대적으로 작아졌다. 이는 일직선으로 연결된 요소(component, 램프)가 모두 작동해야 하기 때문이다. 따라서, 요소들의 수가 늘어난다면 전체 확률은 더욱 작아질 것이다. 예를 들어 8개의 동일한 요소들이 일직선으로 연결되어 있고 각 요소의 신뢰성이 0.99라면 전체 시스템의 신뢰성은 $0.99^8 = 0.923$이다.

일반적으로 시스템이나 제품은 매우 많은 부품들을 가지고 있으며 이들 부품이 모두 정상적으로 작동해야 전체 시스템이 작동하게 된다. 따라서, 시스템의 작동확률을 높일 수 있는 다른 방법이 필요하다. 그중 하나의 접근방법이 설계에 **중복**(redundancy)의 개념을 사용하는 것이다. 이는 몇몇 요소에 대해 여분을 가지고 있는 것을 의미하기도 한다.

**중복** 신뢰성을 높이기 위해 여분의 요소(부품)를 사용하는 것

**법칙 2.** 두 개의 사건들이 상호 독립이고 *성공*(success)을 둘 중 *최소한 한 개* 이상의 사건이 발생하는 것으로 정의할 때 성공확률은 둘 중 한 개 사건의 발생확률과 1.0 빼기 그 사건의 발생확률 곱하기 나머지 사건의 발생확률을 더한 것이다.

*예제* 방에 두 개의 램프가 있고 첫 번째 램프가 켜질 확률은 0.9이고 두 번째는 0.8이다. 둘 중 한 개만 켜지면 된다. 즉, 한 개의 램프가 켜지지 않더라도 나머지 한 개가 켜지면 된다. 따라서 한 개는 여분이라고 할 수 있다. 이때 성공확률은 $0.9 + (1 - 0.9) \times 0.8 = 0.98$. 확률 0.8인 램프가 첫 번째라고 하더라도 $0.8 + (1 - 0.8) \times 0.9 = 0.98$로 결과는 동일하다.

이 시스템을 그림으로 표현하면 다음과 같다:

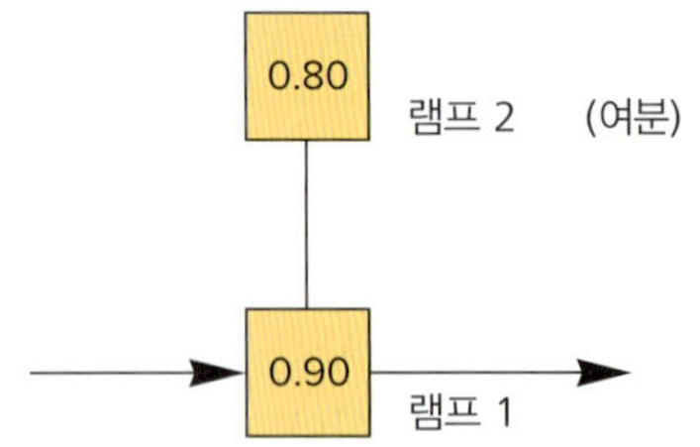


**법칙 3.** 두 개 또는 복수 개의 사건들이 존재하고 성공을 그들 중 최소 한 개 이상이 발생하는 것으로 정의할 때 성공확률은 1 − $p$(모두 실패)이다.

*예제* 세 개의 램프의 성공확률은 각각 0.9, 0.8, 0.7이다. 전체 성공을 위해서는 그들 중 한 개만 켜지면 된다; 따라서, 두 개는 여분이라고 할 수 있다. 이때 성공확률은

$$1 - [(1 - 0.90) \times (1 - 0.80) \times (1 - 0.70)] = 0.994$$

주의: 여기서 램프를 작동시키는 스위치의 신뢰성은 100%라고 가정한다. 만일 스위치의 신뢰성이 100% 미만인 경우를 해결하는 방법은 램프를 스위치라고 생각하는 방법이다. 즉, 두 번째 '램프'를 0.8의 확률로 작동하는 스위치라고 생각하면 된다. 그렇게 되면 세 번째 램프만이 여분램프가 되는 것이고 전체 시스템의 신뢰성을 계산하는 방법은 동일하다.

이 시스템을 그림으로 표현하면 다음과 같다:

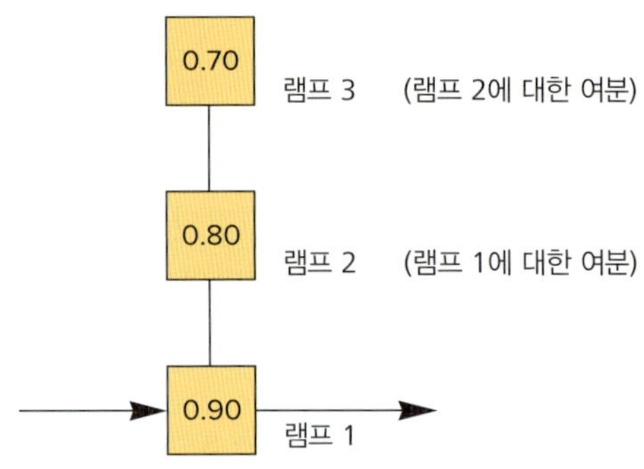


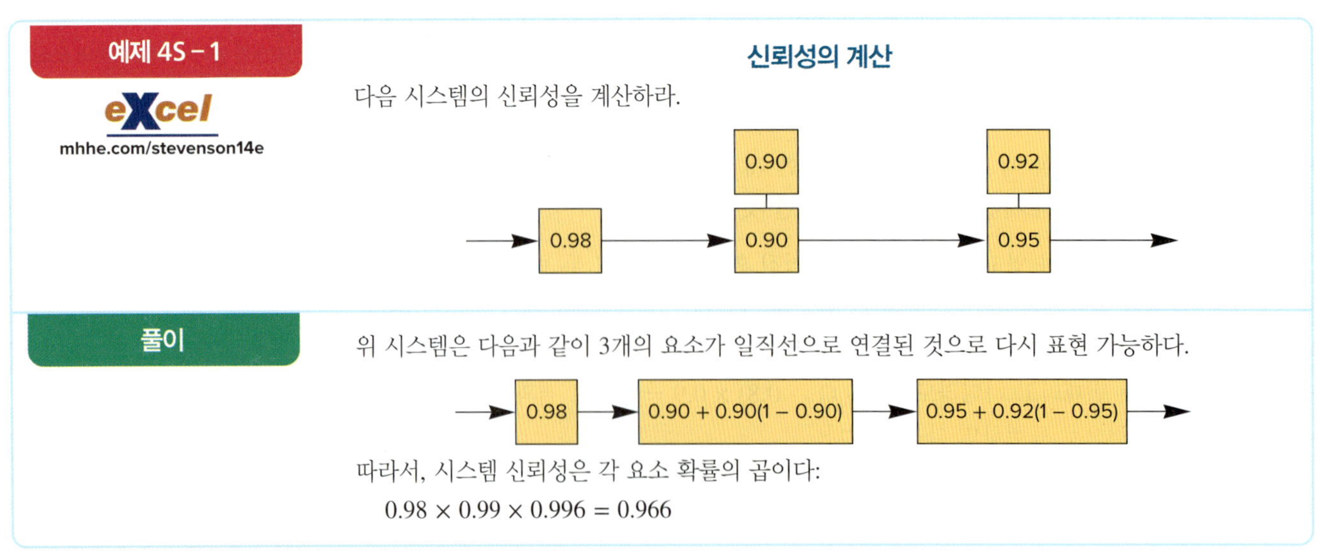


**예제 4S – 1**

**신뢰성의 계산**

다음 시스템의 신뢰성을 계산하라.

**풀이**

위 시스템은 다음과 같이 3개의 요소가 일직선으로 연결된 것으로 다시 표현 가능하다.

따라서, 시스템 신뢰성은 각 요소 확률의 곱이다:

$$0.98 \times 0.99 \times 0.996 = 0.966$$

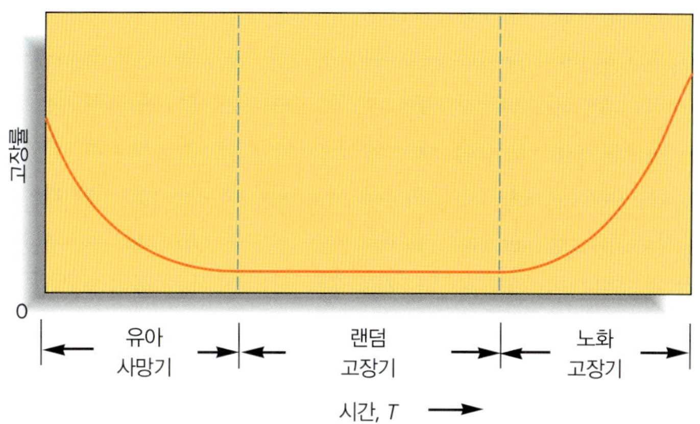


그림 4S.1
고장률은 시간에 대한 함수이다.

## 일정한 시간 동안 정상 가동할 확률의 계산

신뢰성에 대한 두 번째 개념은 시간간격을 도입하는 것이다: 확률은 주어진 시간간격에 따라 상대적으로 정해진다. 이 접근방법은 제품의 구입 후 기업에서 보징하는 시긴긴격, 즉 제품보증(또는 품질보증)에 사용된다.

일반적인 제품의 시간에 따른 고장률의 모습이 그림 4S.1에 나타나 있다. 그림의 형태를 흔히 욕조곡선(bathtub curve)이라고도 한다. 많은 수의 제품들이 내재된 불량으로 인해 서비스를 시작한 지 얼마 지나지 않아 고장이 발생한다. 하지만, 시간이 지나면서 이러한 불량요소들이 제거되면 불량률은 급속히 떨어진다. 두 번째 단계에서는 대부분의 불량요소들이 제거되고 노화로 인한 고장이 발생하기에는 아직 이른 시점이므로 고장률은 낮은 상태를 유지한다. 때에 따라서는 이 기간이 상대적으로 길게 유지되기도 한다. 마지막으로 그 제품의 수명에 가까워지면 노화로 인해서 다시 불량률은 증가하게 된다.

각 단계에 대한 분포와 길이에 대한 것은 그 제품에 대한 과거자료들과 자료 분석을 통해 얻어진다. 그림의 유아사망기(infant mortality)에서 **고장 간 평균시간**(mean time between failures, MTBF)은 그림 4S-2에 나타난 지수분포(exponential distribution)로 모델링될 수 있다. 제품뿐 아니라 장비의 고장도 이런 패턴으로 발생하게 된다. 지수분포는 신뢰성 분야의 많은 확률을 계산하게 도와준다. 어떤 제품이나 장비가 시간 0에서 서비스를 시작하여

**고장 간 평균시간**
어떤 제품이나 부품의 고장과 고장사이의 평균 간격시간

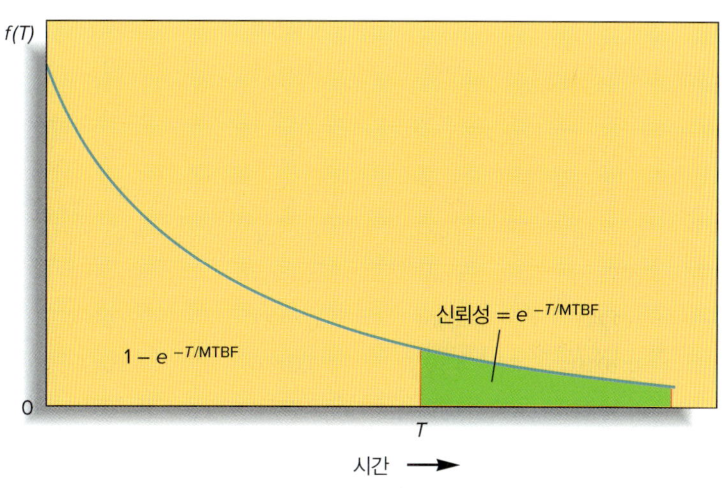


그림 4S.2
지수분포

주어진 시간 $T$ *이전에* 고장이 발생할 확률은 지수분포 그림에서 시간 0과 $T$ 사이의 곡선의 면적과 동일하다. 신뢰성은 $T$*까지*는 잘 작동하는 것을 의미하므로 신뢰성의 값은 곡선에서 $T$ 오른쪽 면적이다(전체 분포곡선의 면적은 1임을 주목하자). 주어진 $T$가 커질수록(예정된 서비스 시간이 길어질수록) $T$ 오른쪽 면적(즉, 신뢰성)은 감소한다.

주어진 $T$ 오른쪽 면적을 계산하는 것은 지수분포 값에 대한 표를 활용하면 간단한다. 지수분포는 한 개의 모수(parameter)로 표현되는 분포로서 분포의 평균을 신뢰성 엔지니어들은 흔히 고장 간 평균시간이라고 부른다. 기호 $T$를 서비스 시간 길이라고 할 때 $T$ 이전에 고장이 발생하지 않을 확률(즉, 분포의 오른쪽 꼬리면적)은 다음과 같이 계산된다:

$$P(T \text{ 이전에 고장이 발생하지 않음}) = e^{-T/\text{MTBF}}$$

여기서

$e = 2.7183...$

$T$ = 고장 전 서비스 길이

MTBF = 고장 간 평균시간

$T$ 이전에 고장이 발생할 확률은:

$$P\,(T \text{ 이전에 고장이 발생}) = 1 - e^{-T/\text{MTBF}}$$

식에서 $e^{-T/\text{MTBF}}$의 구체적인 값은 표 4S.1에 나타나 있다.

**표 4S.1** $e^{-T/\text{MTBF}}$의 값

| $T$/MTBF | $e^{-T/\text{MTBF}}$ | $T$/MTBF | $e^{-T/\text{MTBF}}$ | $T$/MTBF | $e^{-T/\text{MTBF}}$ |
|---|---|---|---|---|---|
| 0.10 | 0.9048 | 2.60 | 0.0743 | 5.10 | 0.0061 |
| 0.20 | 0.8187 | 2.70 | 0.0672 | 5.20 | 0.0055 |
| 0.30 | 0.7408 | 2.80 | 0.0608 | 5.30 | 0.0050 |
| 0.40 | 0.6703 | 2.90 | 0.0550 | 5.40 | 0.0045 |
| 0.50 | 0.6065 | 3.00 | 0.0498 | 5.50 | 0.0041 |
| 0.60 | 0.5488 | 3.10 | 0.0450 | 5.60 | 0.0037 |
| 0.70 | 0.4966 | 3.20 | 0.0408 | 5.70 | 0.0033 |
| 0.80 | 0.4493 | 3.30 | 0.0369 | 5.80 | 0.0030 |
| 0.90 | 0.4066 | 3.40 | 0.0334 | 5.90 | 0.0027 |
| 1.00 | 0.3679 | 3.50 | 0.0302 | 6.00 | 0.0025 |
| 1.10 | 0.3329 | 3.60 | 0.0273 | 6.10 | 0.0022 |
| 1.20 | 0.3012 | 3.70 | 0.0247 | 6.20 | 0.0020 |
| 1.30 | 0.2725 | 3.80 | 0.0224 | 6.30 | 0.0018 |
| 1.40 | 0.2466 | 3.90 | 0.0202 | 6.40 | 0.0017 |
| 1.50 | 0.2231 | 4.00 | 0.0183 | 6.50 | 0.0015 |
| 1.60 | 0.2019 | 4.10 | 0.0166 | 6.60 | 0.0014 |
| 1.70 | 0.1827 | 4.20 | 0.0150 | 6.70 | 0.0012 |

(계속)

| $T$/MTBF | $e^{-T/\text{MTBF}}$ | $T$/MTBF | $e^{-T/\text{MTBF}}$ | $T$/MTBF | $e^{-T/\text{MTBF}}$ |
|---|---|---|---|---|---|
| 1.80 | 0.1653 | 4.30 | 0.0136 | 6.80 | 0.0011 |
| 1.90 | 0.1496 | 4.40 | 0.0123 | 6.90 | 0.0010 |
| 2.00 | 0.1353 | 4.50 | 0.0111 | 7.00 | 0.0009 |
| 2.10 | 0.1255 | 4.60 | 0.0101 | | |
| 2.20 | 0.1108 | 4.70 | 0.0091 | | |
| 2.30 | 0.1003 | 4.80 | 0.0082 | | |
| 2.40 | 0.0907 | 4.90 | 0.0074 | | |
| 2.50 | 0.0821 | 5.00 | 0.0067 | | |

**예제 4S-2**

mhhe.com/stevenson14e

**제품 수명 확률의 계산**

한 제조사에서 생산하는 수퍼 서커 진공청소기(Super Sucker Vacuum Cleaner)는 수많은 검사를 통해 청소기의 수명이 평균 4년인 지수분포를 따른다는 것을 알게 되었다. 임의로 선택한 한 개의 청소기에 대한 수명이 다음과 같을 확률을 계산하라.

a. 4년 이상

b. 4년 이하

c. 6년 이상

**풀이**

MTBF = 4년

a. $T$ = 4년

$$T/\text{MTBF} = \frac{4\text{년}}{4\text{년}} = 1.0$$

표 4S.1으로부터, $e^{-1.0} = 0.3679$

b. 4년 이하일 확률은 $T$ = 4년 $1 - e^{-1}$ 또는 $1 - 0.3679 = 0.6321$.

c. $T$ = 6년:

$$T/\text{MTBF} = \frac{6\text{년}}{4\text{년}} = 1.50$$

표 4S.1으로부터, $e^{-1.5} = 0.2231$

노화로 인한 제품의 고장은 때때로 정규분포를 사용하여 표현한다. 구체적인 확률은 표를 통해 구한다(부록 표 B.2 참조). 이 표는 왼쪽 끝에서 주어진 지점 $z$까지의 정규분포 곡선의 면적을 나타낸다. 여기서 $z$는 다음의 공식을 사용하여 계산된 *표준화된* 값이다.

$$z = \frac{T - \text{평균 수명}}{\text{수명의 표준편차}}$$

따라서, 정규분포의 확률을 계산하기 위해서는 분포의 평균과 표준편차를 반드시 알고 있어야 한다. 정규분포의 모양은 그림 4S.3에 나타나 있다. 어떤 시간 $T$ 이전에 수명이 다할 확률은 $T$를 통해 $z$를 계산하고 표 B.2에서 찾으면 된다. 시간 $T$에 대한 신뢰성은 100퍼센트에서 계산된 확률을 빼면 된다. 주어진 확률에 대한 $T$를 알기 위해서는 표 B.2에서 주어진

**그림 4S.3**
정규분포

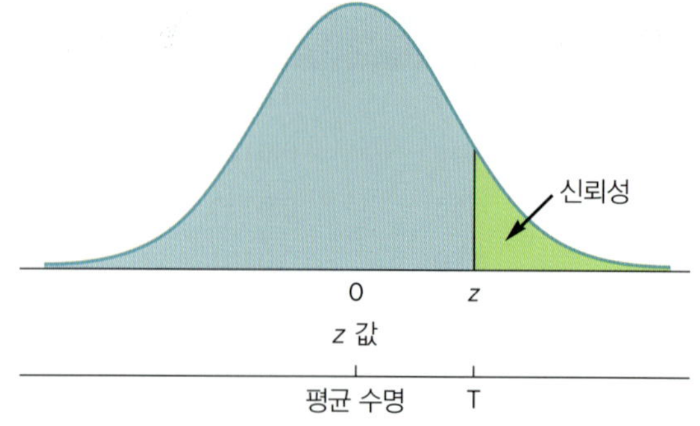


확률과 가장 가까운 값을 찾고 해당하는 $z$ 값을 알아내서 이를 위의 $z$를 계산할 때 사용했던 공식을 통해 다시 $T$ 값으로 변환하면 된다.

**예제 4S-3**

### 수명 확률과 서비스 수명의 계산

어떤 베어링 제품의 평균 수명은 평균이 6년이고 표준편차가 1년인 정규분포를 따른다. 다음을 계산하라.

a. 베어링이 7년 *이전*에 수명을 다할 확률
b. 베어링의 수명이 7년 *이상*일 확률(즉, 신뢰성의 계산)
c. 수명이 하위 10%인 제품의 서비스 수명

**풀이**

평균 수명 = 6년.
수명의 표준편차 = 1년.
수명은 정규분포를 따른다.

a. 먼저 $z$값을 계산한 후에 부록의 표 B.2에서 $z$값에 대한 해당 확률을 찾는다(그림 참조).

$$z = \frac{7-6}{1} = +1.00$$

따라서, $P(T < 7) = 0.8413$.

b. 위의 $a$에서 계산된 확률을 100%에서 뺀다(그림 참조).

$1.00 - 0.8413 = 0.1587$

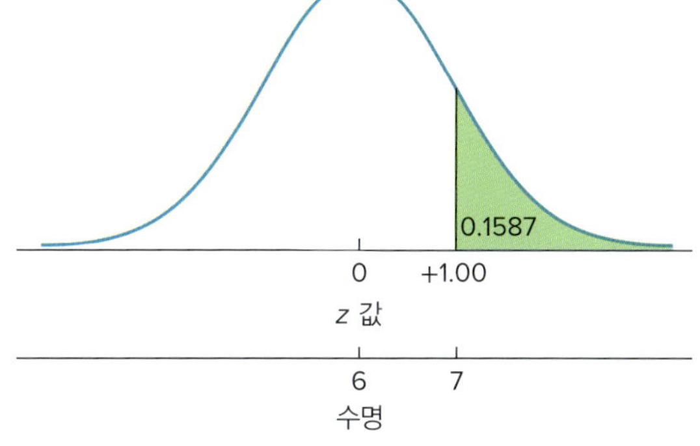


c. 정규분포 표를 사용하여 곡선 왼쪽 꼬리 면적이 10%에 해당하는 $z$값을 찾는다(그림 참조).

$$z = -1.28 = \frac{T - 6}{1}$$

$T$에 대해서 풀면, $T = 4.72$를 얻게 된다.

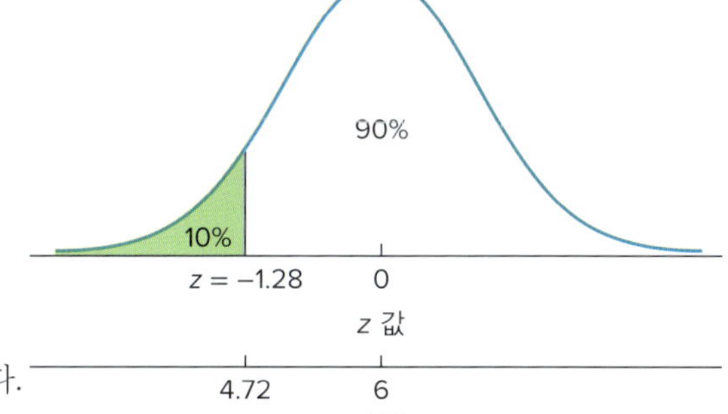


## 4S.3 가용성

고객입장에서 중요하고 따라서 설계자가 중요하게 고려해야 하는 척도가 **가용성**(availability)이다. 가용성은 어떤 장치가 정상적으로 작동하고 있을 시간의 비율(반대는 고장 중인 시간)을 의미한다. 가용성 값은 0에서 1.00 사이이다. 0은 전혀 가동이 되지 않았다는 것을 의미하고 1.00은 항상 가동 중이었다는 것을 뜻한다. 높은 가용성을 가진 장비를 공급하는 회사는 낮은 경우에 비해 높은 경쟁력을 가진다. 가용성은 고장 간 평균시간과 평균 수리시간(mean time to repair)의 함수이다. 가용성은 다음의 공식을 통해 계산된다.

**가용성** 어떤 장치가 정상적으로 작동하고 있을 시간의 비율

$$\text{가용성} = \frac{\text{MTBF}}{\text{MTBF} + \text{MTR}}$$

여기서

MTBF = 고장 간 평균시간

MTR = 평균 수리시간

**예제 4S-4**

mhhe.com/stevenson14e

### 가용성의 계산

어떤 복사기의 고장 간 평균시간이 200시간이고 평균 수리시간은 2시간이다. 이 복사기의 가용성을 계산하라.

**풀이**

MTBF = 200시간, MTR = 2시간

$$가용성 = \frac{\text{MTBF}}{\text{MTBF} + \text{MTR}} = \frac{200}{200 + 2} = 0.99$$

가용성에 대한 공식에서 우리는 설계를 위한 두 가지 시사점을 얻게 된다. 첫 번째는 고장 간 평균시간이 커지면 가용성이 커진다는 것이며, 두 번째는 평균 수리시간이 줄어들면 가용성이 커진다는 것이다. 설계자가 고장 간 시간간격이 길어지기를 희망한다는 것은 분명하다. 하지만, 일부에서는 수리편의성(repairability)을 높이는 방향으로 설계되기도 한다. 예를 들어, 잉크젯 프린터의 경우 카트리지가 쉽게 교체되는 방향으로 설계가 된다.

# 5 CHAPTER

# 전략적 생산용량 계획

## Strategic Capacity Planning for Products and Services

### 학습 목표 Learning Objectives

*이 장을 학습한 후 다음과 같은 능력을 가져야 한다.*

**LO5.1** 생산용량 계획을 위한 3가지 핵심 질문 파악

**LO5.2** 생산용량 계획의 중요성을 설명

**LO5.3** 생산용량을 정의하고 측정하는 방법

**LO5.4** 유효생산용량의 결정요소들을 기술

**LO5.5** 자체생산과 구매의 선택에서 고려해야 할 주요 요인들의 파악

**LO5.6** 생산용량 대안 개발과 관련된 주요 고려사항들의 파악

**LO5.7** 제약요인들을 해소하기 위한 단계를 설명

**LO5.8** 생산용량 대안을 평가하는 데 유용한 도구들을 간단히 기술

### 개요 Chapter Outline

Domenic Gareri/Shutterstock

Christopher Penler/Shutterstock.com

생산용량 계획은 생산시스템 설계에서 핵심적인 전략 요소 중 하나이다. 생산용량 계획은 조직에 장기적으로 영향을 미치는 여러 가지 기본적인 결정들로 이루어진다. 이 장에서 우리는 생산용량 결정의 중요성, 생산용량의 측정, 생산용량소요 결정 그리고 생산용량 대안의 개발과 평가 방법을 학습한다. 제품이나 서비스 설계 단계에서 내린 결정은 생산용량 계획에 중요한 의미가 있음을 유념할 필요가 있다. 설계에 따라 물량이나 고객화 수준과 관련된 공정 요구사항이 달라질 수 있으며 이것은 생산용량 계획에 영향을 미친다.

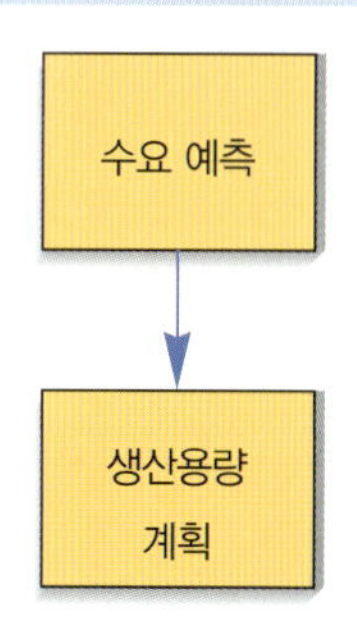


## 5.1 서론

병원들은 불과 얼마 전에 '시설 과잉'으로 인식되었으나 지금은 분야에 따라 '용량 부족 위기'를 겪고 있다. 병원들이 어떻게 용량을 계획하는가는 미래의 성공에 결정적으로 중요하다. 이 점은 모든 종류의 조직과 조직 내부 전 부문에 적용된다. **생산용량**(capacity)은 한 생산단위(operating unit)가 처리할 수 있는 최대 부하를 일컫는다. 부하는 시간당 조립할 수 있는 자전거 대수처럼 생산되는 물리적 단위의 양이나 시간당 업그레이드되는 컴퓨터의 수

**생산용량**
한 생산단위가 처리할 수 있는 최대 부하

읽을거리  괴로운 생산용량 과잉!

오늘날 수요와 공급의 거대한 격차 때문에 많은 회사들이 고생하고 있다. 통신, 항공, 자동차와 같은 주요 산업에 공급능력이 넘친다. 이런 공급능력 과잉이 나쁜 것은 일부 회사들이 이로 인하여 매년 엄청난 손실을 보기 때문이다. 통신업에서는 무선통신 기술과 다른 무선 접속 기술의 보급이 확대되면서 공급능력이 계속 늘어나고 있으며, 이 때문에 업체들은 수요를 확대하기 위하여 가격을 내리고 다른 유인책도 내놓아야 한다.

새로운 TV 모델이 시장에 출시되면, 구형 모델의 수요는 줄어들고 이를 생산하던 제조사들의 생산용량은 과잉이 되고 제품가격은 급격히 하락한다.

자동차 제조사들도 수요가 지속적으로 감소하는 모델의 경우는 생산을 줄이거나 공장을 패쇄하게 된다(예를 들어, 세단형 자동차에 대한 수요는 줄고 이를 SUV나 픽업트럭들이 대체).

와 같은 서비스 건수로 표현될 수 있다. 생산단위는 공장, 부서, 기계, 점포, 작업자 등이 될 수 있다. 생산용량 요구 대상에는 장비, 공간 그리고 종업원의 능력/기능 등이 있다.

전략적 생산용량 계획의 목적은 예상 장기 수요와 장기 공급능력을 일치시키는 것이다. 조직이 생산용량 계획에 노력을 투입하는 데는 여러 가지 이유가 있다. 그중에는 수요 변동, 기술 변화, 환경 변화 그리고 조직이 감지하는 위협과 기회가 있다. 원하는 수준의 생산용량과 현 생산용량에 차이가 있으면 생산용량 불균형이 초래된다. 생산용량 과잉은 과다 운영비용을 초래하고, 생산용량 부족은 생산자원에 스트레스를 초래하고 고객 이탈을 가져올 수도 있다.

생산용량 계획을 수립할 때 자문해 보아야 하는 핵심 내용은 다음과 같다.

1. 어떤 종류의 생산용량이 필요한가?
2. 생산용량은 얼마나 필요한가?
3. 생산용량은 언제 필요한가?

필요한 생산용량의 종류는 기업이 생산하려는 제품이나 서비스에 따라 다르다. 따라서 생산용량 계획은 사실은 제품이나 서비스의 선택에 좌우된다.

언제 얼마만큼의 생산용량이 필요한가라는 질문에 답하려면 수요예측이 필수적이다.

생산용량 계획과 관련해서 다음과 같은 질문에 대해 고민해 봐야 한다.

1. 해당 생산용량 확보를 위해 예상되는 비용은 어느 정도이며 기대 수익은 얼마인가?
2. 잠재적인 편익과 위험은 무엇인가? 여기에는 수요 예측의 불확실성과 수요변동 수준, 비용, 이익, 생산용량 변경 시점 등이 포함된다. 예측의 정확성이 중요한 고려사항이다. 잘못된 결정을 내릴 가능성과 그런 결정으로 초래될 영향도 평가해야 한다.
3. 고려할 필요가 있는 지속가능성 이슈가 있는가?
4. 생산용량 변경은 한 번에 실시하는 것이 바람직한가, 아니면 여러 차례 나누어 실시하는 것이 바람직한가?
5. 공급사슬은 용량의 변화를 감당할 수 있는가? 어떤 기업이 자재 등 투입량을 본격적으로 늘리기 전에 그 기업이 속한 *공급사슬*이 필요한 물량을 충분히 공급할 수 있는지 반드시 점검하여야 한다. 마찬가지로, 어떤 기업의 산출량이 늘어날 때도 공급사슬에서 발생할 수 있는 이슈들을 점검해야 한다.

불확실성 때문에 어떤 조직들은 수요가 현실화될 때까지 생산용량 투자를 미루기를 선호한다. 하지만 생산용량 확장에는 시간이 걸리고 고객들이 기다려주지 않기 때문에 이런 전략은 종종 성장을 가로막는다. 역으로 수요 증가를 예상하고 미리 생산용량을 확장하는 조직들은 바로 그런 확장이 성장을 유인하는 경험을 하기도 한다. 이 두 전략 사이에서 '위험을 분산하는' 조직들은 조금씩 생산용량을 확장하고 그 성과를 평가한 다음 또 확장하는 방식을 취한다.

생산용량 계획은 어떤 경우에는 매우 띄엄띄엄 이루어지기도 하지만 일상 업무의 일환으로 정기적으로 수행되는 경우도 있다. 일반적으로 생산용량 계획의 빈도에 영향을 주는 요인은 수요의 안정성, 장비기술과 제품기술의 변화 그리고 시장에서 경쟁으로 인한 요인이다. 이외에 다른 요인은 제품과 서비스의 종류와 스타일 변화의 중요성(이를 테면, 자동차와 의류)과 관련이 있다. 경영자들은 많은 경우에 정기적으로 제품과 서비스를 검토하여 원가와 경쟁력 그리고 기타 이유로 필요하면 생산용량을 바꾸어야 한다.

## 5.2 생산용량 결정의 전략적 속성

여러 가지 이유로 생산용량 관련 의사결정은 경영진이 내려야 하는 가장 근본적 결정들에 속한다. 사실 다음과 같이 생산용량과 관련한 의사결정은 기업에게 매우 *중요하다*.

1. 생산용량 관련 결정은 조직이 미래에 수요를 충족하는 능력에 실제로 영향을 미친다. 근본적으로 생산용량은 산출률의 한계를 정한다. 수요를 충족할 수 있는 생산용량을 확보하면 엄청난 혜택을 보는 일이 종종 일어나기도 한다. 마이크로소프트는 새로운 Xbox를 출시했을 때 공급이 수요에 못 미쳐 매출 손실을 겪었으며 고객을 실망시켰다. 독감 백신의 경우, 어떤 해에는 생산 문제로 용량이 줄어들어 충분히 공급되지 못하기도 하였다.
2. 생산용량 결정은 생산운영비용에 영향을 미친다. 생산용량과 수요가 일치하는 것이 이상적이며 이때 운영비용이 최소화되는 경향이 있다. 하지만 현실적으로는 이와 같은 일치는 항상 일어나지는 않는데, 실제 수요가 기대와 다르거나 변동(이를테면, 주기적 변동)하기 때문이다. 이런 경우에는 용량 과잉으로 인한 비용과 용량 부족으로 인한 *비용* 사이에 균형점을 찾는 것이 한 가지 현실적 접근이 될 수 있다.
3. 생산용량은 보통 초기 투자의 주요 구성요소이다. 일반적으로 생산용량이 크면 클수록 투자도 크다. 하지만 생산용량과 투자가 반드시 정비례하지는 않는다. 일반적으로 용량이 작은 시설에 *비해* 용량이 큰 시설의 단위 용량당 비용이 낮다.
4. 생산용량 관련 결정은 흔히 자원을 장기적으로 한 곳에 고정시키며, 이런 결정은 일단 실행되면 큰 비용을 초래하지 않고는 변경하기가 매우 어렵거나 불가능하다.
5. 생산용량 관련 결정은 경쟁력에 영향을 미칠 수 있다. 어떤 기업이 생산용량을 여유 있게 보유하고 있거나 신속하게 늘릴 수 있으면, 이것은 진입장벽이 될 수 있다. 충분한 생산용량을 확보하고 있으면 *납품* 속도가 빠를 수 있으며, 이러한 빠른 납품 속도는 경쟁우위가 될 수 있다.

6. 생산용량은 (경영)관리의 용이성에 영향을 미친다. 생산용량이 적절하면 그렇지 못한 경우보다 관리하기 쉽다.
7. 글로벌화로 인하여 생산용량 결정이 더 중요해졌으며 복잡해졌다. 공급사슬이 지리적으로 훨씬 더 확장되고 시장이 멀어지면서 생산용량소요의 불확실성이 커졌다.
8. 생산용량 결정은 자금 및 다른 자원의 대규모 소요를 수반하므로 반드시 충분한 시간 여유를 두고 계획하여야 한다. 예를 들어, 발전소를 건설하고 가동하기까지에는 몇 년이나 걸릴 수 있다. 하지만 이 때문에 설계 용량과 실제 가동 시 수요 사이에 격차가 발생할 위험이 증가한다.

## 5.3 생산용량의 정의와 측정

생산용량은 흔히 산출률의 상한을 일컫는다. 이것은 매우 간단하게 보이지만, 실제로 생산용량을 측정하는 데에는 미묘한 어려움이 있다. 이런 어려움은 *생산용량*이란 용어의 해석이 경우에 따라서 다를 수 있고 특정 상황에 적절한 측정 단위를 파악하기 쉽지 않기 때문에 발생한다.

생산용량의 측정 단위를 정할 때에는 갱신할 필요가 없는 단위를 택하는 것이 중요하다. 예를 들어, 금액(예, 연간 $3천만 생산용량)은 흔히 생산용량의 좋은 단위가 될 수 없는데, 제품가격이 바뀌면 바뀐 가격을 반영하여 수정해야 하기 때문이다.

생산하는 제품이나 서비스가 한 가지뿐이면 해당 생산단위(operating unit)의 용량은 그 제품이나 서비스의 양으로 나타낼 수 있다. 하지만 이런 경우는 드물고 보통은 취급하는 제품이나 서비스가 여러 가지인데, 이런 경우에 산출 단위를 사용하여 단순하게 용량을 측정하면 잘못을 범할 우려가 있다. 한 가전업체가 냉장고와 냉동고를 생산하는 경우를 생각해 보자. 이 두 제품의 산출률이 다르면, 어느 제품인지 언급하지 않고 단순히 몇 대라고 표현하면 의미가 없다. 이 회사가 다른 제품들도 생산한다면 문제는 더 복잡하다. 한 가지 해결책은 각 제품별로 기술하는 것이다. 이때 이 회사는 하루에 냉장고를 100대 생산하거나 냉동고를 80대 생산할 수 있다고 하면 된다. 이런 해결책은 경우에 따라서 유용할 수도 있고 그렇지 않을 수도 있다. 예를 들어, 한 회사가 많은 종류의 제품이나 서비스를 취급할 경우 이들을 모두 각각 사용하여 생산용량을 나열하는 것은 실용적이지 않다. 생산 품목의 믹스가 자주 바뀌면 더욱 비실용적인데, 이것은 종합적 생산용량을 자주 갱신해야 하기 때문이다. 이러한 경우에 더 나은 생산용량 척도는 *투입의 가용량*이다. 그래서 흔히 병원의 규모는 병상 수로, 공장의 생산용량은 가용 기계시간(machine-hour), 버스의 규모는 좌석 수와 입석 공간으로 나타낸다.

한 가지 척도가 모든 상황에 적절할 수는 없다. 생산용량 척도는 상황에 맞추어 정의하여야 한다. 흔히 사용되는 생산용량 척도를 표 5.1에 예시하였다.

지금까지 우리는 생산용량의 일반적인 정의를 사용했다. 일반적 정의도 쓸모 있지만 다음과 같은 두 가지 정의는 생산용량의 관리에 유용하다.

**설계용량** ▸
설계 시 결정된 최대 산출률이나 서비스용량

1. **설계용량**(design capacity): 설계 시에 결정한, 한 작업 단계, 공정, 또는 시설의 최대 산출률이나 서비스용량

| 사업 형태 | 투입 | 산출 |
|---|---|---|
| 자동차 제조 | 노동시간, 기계시간 | 교대당 생산차량 |
| 제철소 | 용광로 크기 | 하루 제강 생산 톤 수 |
| 정유공장 | 정유공장 규모 | 하루 생산량(리터) |
| 농업 | 경지면적, 소 마리 수 | 연간 단위 면적당 생산량(kg)<br>하루 우유 생산량(리터) |
| 식당 | 테이블 수, 총 좌석 수 | 하루 판매 식사 수(인분) |
| 극장 | 좌석 수 | 공연당 판매된 입장권 수 |
| 소매점 | 점포면적($m^2$) | 하루 수입 |

**표 5.1**
생산용량 척도

2. **유효용량**(effective capacity): 설계용량에서 작업자의 개인 시간과 장비의 예방보전(preventive maintenance) 등으로 인한 공제량을 뺀 용량

**유효용량**
설계용량에서 인적자원의 용무, 정비, 스케쥴링으로 인한 지연, 제품믹스전환 등으로 인한 공제량을 뺀 용량

설계용량은 이상적인 조건에서 달성할 수 있는 최대 산출률이다. 유효생산용량은 일반적으로 설계용량보다 작으며 이것은 제품 믹스 변경, 생산설비에 대한 정기적 예방 정비, 점심시간, 커피 브레이크, 스케줄링과 라인밸런싱 문제로 발생하는 유휴시간 등등 현실적 요인으로 산출이 감소하기 때문이다. 또한 *실제 산출률*(*actual output rate*)은 유효생산용량을 초과할 수 없으며 흔히 더 낮은데, 이는 장비 고장, 결근, 원자재 부족, 품질 문제 등과 같이 생산운영 관리자가 통제할 수 없는 추가적인 요인들이 발생하기 때문이다.

이들 서로 다른 생산용량 척도들은 시스템 유효성에 대한 두 가지 척도 즉, 용량효율과 용량이용률을 정의하는 데 유용하다. 용량*효율*(*efficiency*)은 실제 산출률과 유효생산용량의 비율이고 *용량이용률*(*capacity utilization*)은 실제 산출률과 설계용량의 비율이다.

$$\text{용량효율} = \frac{\text{실제 산출률}}{\text{유효용량}} \times 100\% \qquad (5\text{-}1)$$

$$\text{용량이용률} = \frac{\text{실제 산출률}}{\text{설계용량}} \times 100\% \qquad (5\text{-}2)$$

두 가지 척도 모두 단위는 퍼센트(%)이다

관리자들이 효율에만 관심을 두는 것은 이례적인 일이 아니지만, 이것은 상황을 오도하는 하는 경우가 많다. 유효생산용량이 설계용량에 비하여 작을 때 이런 일이 일어난다. 이런 경우, 효율이 높으면 생산자원을 효율적으로 사용하는 것처럼 보이지만 사실은 그렇지 않다. 다음 예제가 이 점을 잘 보여준다.

**예제 1**

mhhe.com/stevenson14e

### 효율과 이용률의 계산

아래에 제시된 정보를 사용하여 자동차 수리소의 효율과 이용률을 계산하라.

설계용량 = 50대/일
유효생산용량 = 40대/일
실제 산출률 = 36대/일

**풀이**

$$\text{용량효율} = \frac{\text{실제 산출률}}{\text{유효용량}} \times 100\% = \frac{36\text{대/일}}{40\text{대/일}} \times 100\% = 90\%$$

$$\text{용량이용률} = \frac{\text{실제 산출률}}{\text{설계용량}} \times 100\% = \frac{36\text{대/일}}{50\text{대/일}} \times 100\% = 72\%$$

실제 산출률 36(대/일)은 유효생산용량 40(대/일)과 비교하면 꽤 좋아 보인다. 하지만 설계용량 50(대/일)과 비교하면 별로 좋아 보이지 않는다. 실제로는 후자가 의미하는 바가 더 클 가능성이 높다.

유효생산용량이 실제 산출률의 상한이므로, 이용률 개선을 위한 핵심은 품질 문제의 해결, 훌륭한 장비 유지 관리, 충분한 직원 훈련, 병목 자원의 완전한 활용을 통하여 유효생산용량을 늘리는 것이다. 린 오퍼레이션의 핵심이라고 할 수 있는 낭비를 줄이는 것도 유효생산용량을 향상시키는 좋은 방안이라고 할 수 있다.

따라서 이용률을 올리려면 유효생산용량을 올려야 하고, 이를 위해서는 유효생산용량을 제한하는 요인들이 무엇인지를 정확히 파악하는 것이 중요하다.

다음 절에서 우리는 유효생산용량에 영향을 미치는 몇 가지 주요 요소들을 살펴본다. 한 가지 유의할 점은 이용률을 높게 유지하여 득을 볼 수 있는 경우는 산출에 대한 충분한 수요가 있을 경우뿐이라는 사실이다. 수요가 충분하지 않은데도 불구하고 오로지 이용률에 주의를 집중하는 것은 비생산적이다. 이용률을 높여서 많이 생산하면 변동비 지출이 늘어날 뿐만 아니라 재고 유지비용도 발생하기 때문이다. 높은 이용률로 인한 또 하나의 단점은 병목 현상 때문에 대기 시간이 길어져서 운영비용이 증가할 수 있다는 점이다.

## 5.4 유효생산용량 결정 요소

생산시스템 설계와 관련된 많은 결정들은 생산용량에 영향을 미친다. 여러 가지 생산운영관리상의 결정도 마찬가지로 생산용량에 영향을 미친다. 이 절에서는 유효생산용량에 영향을 미치는 요소 몇 가지를 간단하게 살펴본다(이 책의 다른 부분에서 이들에 대하여 상세하게 다룬다). 주요 요소들은 시설, 제품과 서비스, 프로세스, 인적 요인, 운영 관련 요인, 공급 사슬 그리고 외부 요인들과 관련된 사항들이다.

**시설 요인** 시설의 설계가 핵심인데, 시설의 규모와 확장을 위한 대비도 설계 내용에 포함한다. 운송비, 시장까지 거리, 노동력 공급, 에너지원, 확장을 위한 여유 공간 등과 같은 입지요인도 역시 중요하다. 마찬가지로 작업공간의 배치(layout)는 작업이 얼마나 원활하게 수행될 수 있는지를 결정하며, 난방, 조명, 환기와 같은 환경 요인에 따라서 작업자들은 효과적으로 업무를 수행할 수도 있고 열악한 조건과 싸움을 벌여야 할 수도 있다.

**제품과 서비스 요인** 제품과 서비스의 설계는 생산용량에 엄청나게 영향을 미칠 수 있다. 예를 들어, 연속적으로 생산하는 물건들이 비슷하면, 상이한 경우보다 같은 시간 동안에도 훨씬 더 많이 생산할 수 있다. 그래서 아주 다양한 메뉴를 제공하는 식당보다 간단한 메뉴를 제공하는 식당에서 일반적으로 음식이 더 빨리 나온다. 일반적으로 말하면, 제품들이 비슷할수록 원자재와 처리 방법의 표준화 기회가 높아져서 생산용량이 커질 가능성이 높다. 제품이나 서비스의 믹스도 산출률에 영향을 미치므로 신중하게 고려하여야 한다.

**프로세스 요인** 프로세스의 양적 능력이 생산용량에 영향을 미침은 분명하다. 산출의 *품질*은 더 미묘하게 영향을 미친다. 이를테면, 산출의 품질이 기준에 못 미치면 검사와 재작업이 증가하여 산출이 느려진다. 생산성 또한 생산용량에 영향을 미친다. 프로세스 개선을 통하여 품질과 생산성을 향상하면 생산용량이 증가한다. 그리고 서비스나 제품을 여러 개씩 배치(batch)로 처리하는 경우에는 장비를 교체하는 데 걸리는 시간도 감안하여야 한다.

**인적 요인** 일감을 처리하는 데 필요한 요소 작업들, 다양한 관련 활동, 훈련 및 숙련도 그리고 일을 수행하는 데 필요한 경험 등 모두가 산출에 영향을 미친다. 게다가, 종업원 동기유발(motivation)도 결근이나 이직률처럼 생산용량과 관계가 밀접하다.

**정책 요인** 연장근무와 2교대 또는 3교대 근무 등 생산용량 대안의 허용 여부와 같은 경영정책도 생산용량에 영향을 미친다.

**생산운영 요인** 비슷한 작업을 하는 장비들의 처리 용량이 다르거나 일감들의 처리 요구부하가 다른 경우 스케줄링 문제가 발생할 수 있다. 재고 저장 의사결정, 납기 지연, 구매 요구, 구매 자재와 부품의 통과율, 품질 검사와 품질관리 절차 등도 유효생산용량에 영향을 미친다.

컴퓨터, 냉장고, 자동차처럼 조립 제품의 경우 단 한 가지 부속만이라도 없으면 그 부품이 확보될 때까지 일시적으로 조립이 중단된다. 이것은 유효생산용량에 크게 영향을 미친다. 따라서 일부 영역에서 생산용량이 부족하면 전체 생산용량이 영향을 받는다.

**공급사슬 요인** 생산용량에 상당한 변화가 초래될 경우 공급사슬 요인도 반드시 생산용량 계획에 반영하여야 한다. 핵심적으로 짚어보아야 할 사항은 다음과 같다. 생산용량의 변화는 공급자, 창고, 운송, 유통 부문에 어떤 영향을 미칠 것인가? 생산용량을 늘리면 공급사슬의 구성원들이 늘어난 생산량을 감당할 수 있을까? 역으로, 생산용량을 줄이면, 거래액이 감소하면서 공급사슬의 각 부문에 어떤 영향이 나타날까?

**외부 요인** 제품 표준, 특히 최저 품질 기준과 성능 기준 때문에 생산용량의 증대와 사용에 제한을 받기도 한다. 그러므로 제품과 장비에 적용되는 환경 기준 때문에 흔히 유효생산용량이 축소된다. 마찬가지로, 규제기관의 요구 때문에 직원들이 문서작업에 시간을 소비하느라고 유효생산용량이 줄어들기도 한다. 노조와의 협약 때문에 직원들이 하는 작업의 종류와 시간에 제한이 있을 경우에도 비슷하게 영향을 받는다.

이들 요인들을 표 5.2에 정리하였다. 이외에도 *미흡한 계획 수립 능력*은 유효생산용량을 제한하는 주된 요인이다.

## 5.5 전략 수립

세 가지 기본적인 생산용량 전략은 선행전략, 추종전략, 추적전략이다. 선행전략(leading strategy)은 미래의 수요 증가를 예상하고 미리 확장하는 전략이다. 생산용량 확장에 시간이

**표 5.2**
유효 생산용량에 영향을 미치는 요인

A. 시설
  1. 설계
  2. 입지
  3. 배치
  4. 환경
B. 제품/서비스
  1. 설계
  2. 제품 또는 서비스 믹스
C. 프로세스
  1. 양적 능력
  2. 품질 능력
D. 인적 요인
  1. 직무 내용
  2. 직무 설계
  3. 훈련과 경험
  4. 동기유발
  5. 보상
  6. 학습 속도
  7. 결근 및 퇴직률
E. 정책
F. 운영
  1. 스케쥴링
  2. 자재 관리
  3. 품질 보증
  4. 보전 정책
  5. 장비 고장
G. 공급사슬
H. 외적 요인
  1. 제품 표준
  2. 안전 규제
  3. 노조
  4. 공해 관리 기준

많이 걸리면 이 전략이 최선일 수 있다. 추종전략(following strategy)은 수요가 현재의 생산용량을 초과하면 확장하는 전략이다. 추적전략(tracking strategy)은 추종전략과 유사하지만 수요 증가에 발맞추어 비교적 조금씩 생산용량을 확장해 나가는 전략이다.

조직은 일반적으로 수요 패턴, 기술 변화, 경쟁자의 행태에 대한 장기 예측과 가정들에 근거하여 생산용량 전략을 수립한다. 이와 관련한 전형적인 정보는 (1) 수요의 성장률과 변동, (2) 건물과 생산설비의 규모별 건설비, (3) 기술 변화의 방향과 속도, (4) 경쟁자들의 예상 행태, (5) 자본과 기타 투입요소들의 가용량 등이다.

**여유생산용량** ▸
수요의 불확실성을 상쇄시키기 위한 추가적 생산용량

생산용량의 크기를 결정하려면 예상되는 수요와 용량의 확보에 소요되는 비용을 고려하여야 한다. 어떤 경우에는 수요의 불확실성을 고려하여 예상 수요를 초과하여 생산용량을 어느 정도 여유 있게 계획하기도 하는데 이 여분을 **여유생산용량**(capacity cushion)이라고 한다. 하지만, 통상적으로 이 여분은 절대량으로 나타내지 않고 백분율, 즉 '여유생산용량 = 100% − 이용률'로 나타낸다. 일반적으로 수요의 불확실성이 높을수록 여유생산용량을 높게 잡는다. 표준제품이나 표준서비스를 취급하는 조직은 상대적으로 낮은 여유생산용량을 유지한다. 원가와 경쟁 우선순위도 주요 고려 요인이다.

## 생산용량 계획 절차

1. 미래에 필요한 생산용량을 추정한다.
2. 현재의 생산용량과 설비를 평가하여 미래 추정량과의 차이를 파악한다.
3. 필요한 추가 생산용량을 확보할 대안들을 파악한다.
4. 각 대안별로 재무 분석을 수행한다.
5. 각 대안별로 주요 정성적 이슈들을 평가한다.
6. 장기적으로 가장 나은 대안을 선택한다.
7. 대안을 실행한다.
8. 결과를 점검한다.

생산용량 계획 수립은 시장의 경쟁압력과 기술의 복잡한 영향 때문에 때로는 어려울 수 있다.

## 5.6 생산용량소요 예측

생산용량 결정에는 장기적 사항과 단기적 사항을 모두 고려하여야 한다. 장기적 결정 사항은 설비의 규모와 같은 전반적인 생산용량 수준과 관련이 있다. 단기적 결정 사항에는 수요의 계절적 변동, 우연 변동, 불규칙한 변동으로 인하여 발생하는 용량소요의 *변동*과 관련이 있다. 이러한 장기와 단기의 길이는 산업에 따라서 매우 차이가 날 수 있으므로 절대적 길이를 말하는 것은 독자를 오도(誤導)할 수 있다. 하지만 기간의 길이를 기준으로 하여 구별하면 생산용량 계획을 논의하는 데 유용한 틀을 얻는다.

*장기* 생산용량소요를 추정하려면 일정 기간 동안의 수요를 예측하고 이를 생산용량소요로 환산하여야 한다. 그림 5.1은 수요 예측 시 발견되는 몇 가지 기본적인 패턴을 보여준다. 이러한 기본적인 패턴 외에도 주기와 추세의 결합과 같은 복잡한 패턴도 있다.

추세가 드러나면, 근본적인 이슈는 (1) 추세가 영원히 지속되는 경우는 거의 없으므로 추세의 지속 기간과 (2) 추세의 기울기이다. 주기가 나타나면 관심사는 (1) 주기의 근사적 길이와 (2) 진폭, 즉 평균과의 편차이다.

*단기* 생산용량소요는 주기나 추세보다는 계절적 변동과 기타 평균으로부터의 변동에 관심을 둔다. 이런 편차들은 특히 중요한데, 그것들로 인하여 시스템이 어떤 때는 심각한 과부하를 경험하고 어떤 때에는 유휴상태가 되기 때문이다.

계절성은 일반적인 예측 기법을 사용하여 식별할 수 있다. 흔히 연간 변동(annual fluctuation)으로 부르지만, 계절성 변동은 월간, 주간, 심지어는 일간 생산용량소요에도 나타난다. 표 5.3은 일부 계절적 수요 패턴을 보이는 제품들을 보여준다.

수요의 변동이 계절적 패턴을 보이기에는 기간이 너무 짧은 경우에는, 정규분포(normal

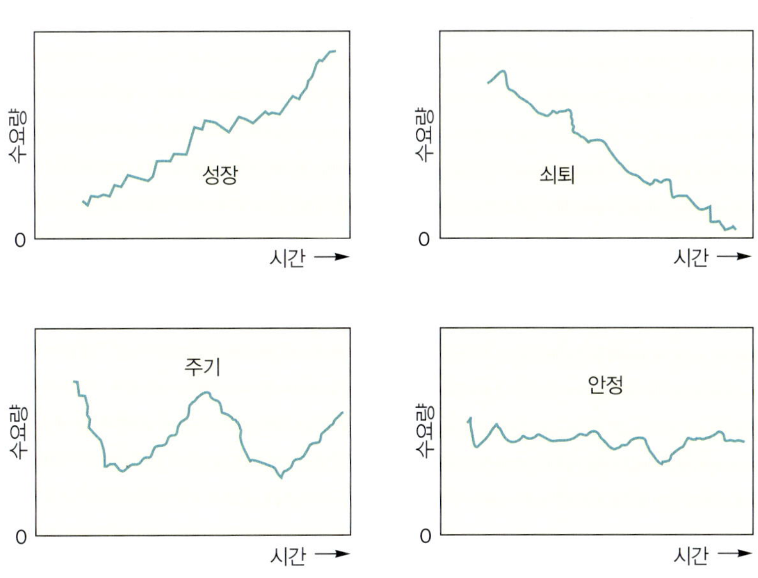


**그림 5.1**
일반적인 수요 패턴

**표 5.3**
계절적 패턴의 예

| 기간 | 항목 |
|---|---|
| 연 | 맥주판매량, 장난감판매량, 항공통행량, 의류, 휴가, 관광, 전기사용량, 휘발유소비량, 스포츠와 여가, 교육 |
| 월 | 복지지원 수표, 은행거래량 |
| 주 | 소매매출, 식당의 식사 수, 자동차통행량, 자동차대여량, 호텔투숙 |
| 일 | 전기사용량, 자동차통행량, 대중교통, 강의실 수요, 소매매출, 식당 식사 수 |

distribution), 균등분포(uniform distribution), 또는 포아송분포(Poisson distribution)와 같은 확률분포를 사용하여 수요의 변동을 기술한다. 예를 들어, 구내식당에서 점심시간에 팔리는 커피의 양은 적당한 평균과 표준편차를 가지는 정규분포로 나타낼 수 있다. 월요일 오전에 어떤 은행 지점에 방문하는 고객의 수는 어떤 평균값을 가지는 포아송분포로 나타낼 수 있다. 하지만 모든 무작위 변동량이 잘 알려진 확률분포에 맞아 떨어지지는 않는다. 특히 서비스는 예약과 같은 수단을 써서 계획하지 않고 수요를 충족하려면 서비스용량소요의 변동이 매우 클 수 있다. 이와 달리 제조업은 일반적으로 고객과 분리되어 있고 생산량이 더 균일하므로 생산용량소요의 변동이 상대적으로 적다. 서비스 시스템의 용량을 분석하는 데에는 대기행렬 모형과 시뮬레이션 모형이 유용하다. 이런 모형은 제18장에서 다룬다.

불규칙한 변동의 경우가 다루기가 가장 힘들다. 불규칙한 변동은 예상이 힘들거나 아예 불가능하기 때문이다. 이런 불규칙한 변동은 여러 가지 불가항력 때문에 발생하는데, 예를 들어, 주요 장비의 갑작스러운 고장, 일상 업무를 혼란에 빠뜨리는 일시적인 폭풍우, 석유 부족을 초래하는 해외 정치 소요 그리고 핵사고, 허술한 화학물질 매립지, 음식이나 음료수에 포함된 발암물질 등과 같은 건강에 유해한 사건의 발생 등등이 그러한 원인이다.

생산용량을 현실성 있게 결정하려면 마케팅과 생산운영의 연계가 반드시 필요하다. 고객과의 계약, 인구통계학적 분석, 수요예측을 통하여 마케팅은 생산운영이 장단기 생산용량을 확정하는 데 필수적인 정보를 제공한다.

## 생산용량 계산

생산용량 결정에 한 가지 반드시 필요한 정보는 생산하고자 하는 제품의 생산용량소요이다. 이 정보를 구하려면 개별 제품에 대한 어느 정도 정확한 수요예측이 있어야 하며, 각 제품을 한 단위 생산하는 데 걸리는 표준 시간, 연간 근무일 수, 근무 교대 횟수를 알아야 한다.

**예제 2**

mhhe.com/stevenson14e

### 소요 용량의 결정

한 부서가 하루 8시간 1교대, 연간 250일 근무한다. 현재 사용을 고려 중인 어떤 기계의 사용 시간에 대한 자료가 아래 표에 제시되어 있다.

| 제품 | 연간 수요 | 제품 단위당 처리시간(시간) | 총 소요시간 (시간) |
|---|---|---|---|
| 1 | 400 | 5.0 | 2,000 |
| 2 | 300 | 8.0 | 2,400 |

| 제품 | 연간 수요 | 제품 단위당 처리시간(시간) | 총 소요시간 (시간) |
|---|---|---|---|
| 3 | 700 | 2.0 | 1,400 |
| | | | 5,800 |

$$\text{소요 기계 수} = \frac{\text{수요 충족을 위한 총 소요 처리시간}}{\text{기계당 처리 용량}} \tag{5-3}$$

하루 8시간 1교대로 연간 250일 근무하면 연간 기계 1대의 생산용량은 8 × 250 = 2,000시간이다. 표에 있는 세 가지 제품의 연간 수요를 모두 충족하려면 다음 계산에 의하여 현재 고려 중인 기계가 3대 필요함을 알 수 있다.

$$\frac{5{,}800\text{시간}}{2{,}000\text{시간/기계}} = 2.9\text{대}$$

생산용량소요 결정 업무를 가볍게 보아서는 안 된다. 생산용량소요를 잘못 판단하면 큰 손실이 발생할 수 있다. 생산용량소요 오판의 한 가지 주된 원인은 수요와 성장에 대한 과도한 낙관이다. 마케팅 담당자들은 낙관적으로 전망하는 경향이 있다. 물론 이런 낙관이 반드시 나쁜 것은 아니다. 하지만 수요를 너무 낙관적으로 보고 생산용량을 과도하게 계획하지 않도록 주의하여야 한다. 과도한 생산용량은 낮은 이용률로 인해 추가적인 비용부담을 낳기 때문이다. 또 다른 주된 오판은 매출과 수익창출 가능성에만 집중한 나머지 그러한 매출과 수익을 가져올 *제품믹스*를 고려하지 않아서 발생한다. 이런 실수를 줄이려면 마케팅 부문과 생산운영 부문이 긴밀하게 협력하여 최적 제품 믹스를 결정하고 그로 인한 비용과 이익을 계산하여야 한다.

생산용량소요를 결정하는 한 가지 현실적인 접근은 미래의 수요를 예측하고, 그 수요를 충족하기 위하여 *언제 얼마만큼의* 생산용량이 필요한지 계산한 다음, 생산용량을 늘릴 것인지 줄일 것인지 아니면 그대로 유지할 것인지 결정하는 것이다.

장기적 생산용량 대안으로는 기존 시설의 확장이나 축소, 지점의 개점이나 폐쇄, 기존 사업장의 이전 등이 있다. 이 시점에서 제품과 서비스를 자체 생산할지 아니면 구매할지 결정하여야 한다.

## 5.7 서비스용량 계획의 추가적 과제

지금까지의 생산용량에 대한 논의는 일반적으로 제품과 서비스 모두에게 적용되지만 서비스의 경우 그 특성상 생산용량 계획이 특별히 어려울 수 있음에 유의하여야 한다. 서비스용량 계획에 직접적으로 고려하여야 할 중요한 요인은 (1) 고객에게 가까이 있어야 할 필요, (2) 서비스는 재고로 쌓을 수 없다는 점, (3) 수요 변동성의 정도이다.

고객 편의성(convenience)은 흔히 서비스의 중요한 요소이다. 일반적으로 서비스는 고객에게 가까이 있어야 한다. 예를 들어, 호텔의 빈 방은 고객이 머무르고 싶은 곳에 있어야지, 다른 곳에 빈 방이 있더라도 아무런 도움이 되지 않는다. 따라서 서비스용량과 위치는 밀접하게 연결되어 있다.

서비스용량은 또한 수요와 *시기*(*timing*)가 맞아야 한다. 제품과 달리 서비스는 나중에 사용하기 위하여 미리 생산해서 쌓아 놓을 수 없다. 그러므로 비행기나 기차 또는 버스의 빈 좌석은 나중의 여행에 쓰기 위하여 쌓아 놓을 수 없다. 이와 비슷하게, 제품은 재고로 유지하면서 고객이 원할 때 즉시 제공할 수 있지만 서비스의 경우는 고객이 기다릴 수밖에 없기도 한다. 이런 점 때문에 서비스 조직에게는 여러 가지 부정적인 측면이 있다. 그래서 서비스 속도 또는 고객 대기 시간이 서비스용량 계획에 주요 고려사항이 된다. 예를 들어, 특정 시점에 근무 중인 경찰관이나 소방차의 수에 관한 결정은 반응속도에 영향을 미치며 서비스용량 유지*비용*에 대한 논의를 불러일으킨다. 일부 이러한 이슈들이 대기행렬을 다룰 때 논의 된다.

서비스의 경우 높은 수요 변동성 때문에 서비스용량을 계획하는 사람들이 어려움을 겪는다. 제품에 비해 서비스는 수요가 시점에 따라서 변동이 클 뿐만 아니라 고객에 따라서도 시간소요가 많이 차이 난다. 예를 들어, 은행은 주중 특정 요일에 수요가 몰리는 경향이 있으며, 고객에 따라서 업무의 양이나 성격도 크게 다르다. 광범위한 사회적, 문화적, 심지어 날씨 때문에 심한 수요 고저 현상이 발생한다. 서비스는 재고로 쌓을 수 없다는 사실은 서비스 시스템은 제조 시스템과는 달리 수요 변동으로 인한 시스템 부하의 변동을 재고를 이용하여 누그러뜨릴 수 없음을 의미한다. 따라서 서비스용량 계획 담당자는, 재고를 이용하는 대신 다른 방법을 개발하여 수요 변동성과 주기성 수요에 대처하여야 한다. 예를 들어, 첨두 수요에 대처하기 위하여 종업원을 늘리거나 서비스의 일부 또는 전부를 외주하거나 또는 가격정책과 판촉수단을 동원하여 수요를 비수기로 이전하는 방안을 고려할 수 있다.

어떤 경우에는 용량 부족을 해결하기 위하여 *수요관리전략*(*demand management strategies*)을 사용할 수 있다. 가격정책, 판촉, 할인, 기타 유사한 방안을 사용하여 성수기 수요 일부를 비수기로 이전할 수 있으며, 이렇게 하여 수요와 공급을 더 잘 맞출 수 있다.

## 5.8 자체 생산이냐 구매냐?

생산용량소요가 결정되고 나면, 제품이나 서비스를 자체 생산할지 아니면 아웃소싱(outsource)할지 결정해야 한다. 여러 가지 이유로 많은 조직이 부품을 구매하거나 서비스를 외부로 하청한다. 아웃소싱 여부를 결정할 때 고려하여야 하는 몇 가지 주요 요인을 들어 보기로 한다.

- **가용 생산용량(available capacity).** 필요한 장비나 기술/기능 그리고 *시간*이 있으면 제품이나 서비스를 내부에서 자체 생산하는 것이 합리적인 경우가 흔하다. 부품이나 제품을 구매한다든지 서비스를 하청하는 것에 비하여 자체 생산에 따른 추가 비용이 상대적으로 작을 것이다.
- **전문성(expertise).** 업무를 만족스럽게 수행할 전문성이 없을 때에는 외부로부터 구매하는 것이 합리적일 수 있다.
- **품질(quality).** 특정 부품 · 제품 또는 서비스를 전문화한 기업의 산출이 일반적으로 그렇지 않은 기업의 산출보다 품질이 더 높다. 역으로, 품질 요구가 특수하거나 품질을 직접 감독하고 싶은 경우에는 자체 생산할 수밖에 없을 것이다.

## 읽을거리 경의를 표합니다. 요리사님, 아니, 구매 담당자님!

메뉴가 엄청나게 다양함에도 불구하고 신속하게 음식을 내놓는 식당들이 있는데 그들은 어떻게 그렇게 할 수 있는지 궁금해 본 적이 없는가? 그런 식당들은 좋은 설비를 갖춘 큰 조리실을 갖추고 있거나 충분한 수의 요리사들을 고용하고 있기 때문일까? 아니면 손 움직임이 눈에 보이지도 않을 만큼 빠른 소수의 대단한 요리사들로 주문을 처리하기 때문일까? 어쩌면 그런 식당에서 당신에게 제공하는 아주 맛있는 요리는 멀리 떨어진 다른 곳에서 일부 조리된 다음 급냉포장 혹은 진공 포장되어 그 식당으로 옮겨져 대기 상태에 있었는지 모른다. 이 미완성 요리는 주문이 들어오면 전자레인지 등에서 신속히 마저 조리된 다음 곧바로 손님 식탁에 오른다. 말하자면 즉석요리가 되는 셈이다. 놀라운가? 그럴 필요는 없다. 퍼드러커스(Fuddruckers)나 퍼킨스(Perkins)와 같은 체인에서부터 고급 식당에 이르기까지 많은 식당들이 이러한 아웃소싱방식을 채택하고 있다. 그리고 사라 리(Sara Lee), 랜드 오레이크스(Land O'lakes), 워싱턴 주의 레드우드 소재 스탁폿 수프 컴퍼니(Stockpot Soup Company)와 같은 기업들은 이런 식당들에게 감사한 마음으로 음식을 공급하고 있다. 식당 업계 잡지들에는 다음과 같은 광고가 매우 흔한 일이다.

"우리 것으로 몇 시간을 아끼시지요(Hours versus ours)."

"그냥 데우셔서 바로 손님에게 가져다 드리세요."

비록 음식 맛은 요리사들이 모든 과정을 직접 요리하는 것과 똑같지는 않겠지만, 대신 매출의 30% 정도나 차지하는 요리사 인건비로 고민하거나 이로 인해 다른 식당과의 경쟁에 시달리는 일은 없을 것이다.

**[질문]**

1. "Hours versus ours"란 광고 문구가 의미하는 바를 설명하라.
2. 식당의 아웃소싱에는 어떤 유리한 점들이 있는가?
3. 식당의 아웃소싱에 있을 수 있는 중요한 불리함이나 한계에는 어떤 것들이 있을까?
4. 식당의 아웃소싱이 부정직하다고 생각되는가? 그리고 비윤리적이라고 생각되는가? 왜 그렇게 생각하는가?
5. 식당에서 아웃소싱은 생산용량을 늘리는가? 설명하라.

- **수요 특성(nature of demand).** 수요가 꾸준히 많은 경우에는 직접 생산하는 것이 유리한 경우가 많다. 반면, 수요의 변동이 심하거나 주문의 규모가 작은 경우에는 여러 업체들로부터 이런 주문들을 모아서 처리할 수 있는 전문업체에게 아웃소싱하는 것이 대체로 더 낫다. 고객 업체로부터 이런 주문들을 모으면 전문업체의 수요는 규모도 일정 수준이 되고 변동성도 개별 고객 업체들이 겪는 것에 비하면 작아진다.
- **원가(cost).** 자체 생산이나 구매로 인한 모든 원가 절감은 위의 네 가지 요인들의 중요성과 견주어 평가하여야 한다. 물품 자체의 가격이 낮거나 운송비용 절감으로 원가가 절감될 수 있다. 제품이나 서비스를 아웃소싱하더라도, 그 제품이나 서비스의 생산과 관련된 고정비를 다른 데로 돌릴 수 없으면 분석할 때 이 점을 고려하여야 한다. 역으로, 아웃소싱은 고정비를 피하는 데 도움이 된다.
- **위험(risk).** 아웃소싱에는 상당한 위험이 따를 수 있다. 생산운영을 직접적으로 통제할 수 없고 지식을 공유해야 하며 경우에 따라서는 전유성 정보도 공개해야 하는 위험이 있다. 아웃소싱으로 확보한 물건이나 서비스로 인하여 자사의 평판, 고객, 환경에 해를 끼치면 엄청난 위험이 될 수도 있다. 하청업자의 작업 조건이 기준 이하임을 고객이 알게 되면 이 또한 모기업의 평판을 해칠 수 있다.

어떤 경우에는 작업의 일부는 자체적으로 수행하고 나머지는 아웃소싱하여 유연성을 유지하면서 하청업체를 잃지 않을 수 있다. 작업의 일부 또는 전부를 자체적으로 수행할 경우 생산용량 대안을 개발할 필요가 있다.

아웃소싱에는 공급사슬관리와 관련한 여러 가지 고려사항이 관련된다. 이런 사항들은 15

장에서 다룬다.

앞 기사는 아웃소싱의 사례인데, 어쩌면 당신을 놀라게 할지도 모른다.

## 5.9 생산용량 대안 개발

생산용량 대안 개발과 관련된 일반적 고려사항(이를테면, 가능한 대안들을 어느 정도까지 탐색한다, 아무 것도 하지 않는 것도 대안이다, 비계량적 요인을 간과하지 마라, 아웃소싱하라) 이외에도 생산용량 관리를 개선하기 위하여 할 수 있는 것들이 있다.

1. **시스템을 유연하게 설계하라.** 생산용량에 관련된 많은 결정들은 장기적 결정이며 장기예측에는 본질적으로 위험이 따른다. 이러한 생산용량 결정의 장기적 속성과 장기예측에 따르는 위험 때문에 시스템을 유연하게 설계하면 혜택을 볼 가능성이 있다. 예를 들어, 구조물의 최초 설계과정에 약간의 노력과 돈을 투자하여 확장을 위한 대비를 해두면 이런 대비 없이 나중에 리모델링하는 것보다 훨씬 쉽고 저렴하게 확장할 수 있다. 구체적으로, 식당을 지을 때 앞으로 확장할 것이 예상되면, 수도관이나 전력 접속 장치와 폐수관 등을 미리 설치해 두면 나중에 실제로 확장할 때 기존 구조물은 최소한으로 개조해도 된다. 골프장을 건설하는 경우, 지금은 9홀로 시작하지만 인접한 토지 구입 옵션을 구매하여 미래 확장을 대비해 두면 나중에 18홀로 확장하기가 쉬울 것이다. 이 외에도 장비배치, 입지, 장비선정, 생산계획, 스케줄링, 재고정책 등을 결정할 때에도 유연성을 고려하여야 한다. 이에 대하여서는 이 책의 후반부에서 다룬다.

2. **수명주기 단계를 감안하라.** 생산용량소요는 흔히 제품이나 서비스가 위치한 수명주기 단계와 밀접하게 관련되어 있다. *도입기*에는 시장의 크기와 그 시장에서 자사(自社)의 점유율은 결정하기 어려울 수 있다. 그러므로 조직은 유연성이 떨어지는 대규모 시설 · 장비에 투자할 때에는 매우 신중하여야 한다.

*성장기*에는 전체 시장이 급속하게 늘어날 수 있다. 하지만, 진정 중요한 것은 *자사의* 시장 점유율 성장이다. 이것은 회사 전략의 성공 여부에 따라 시장 성장률보다 높을 수도 있고 낮을 수도 있다. 기업은 일반적으로 성장은 좋은 것으로 생각한다. 기업은 자사의 제품이나 서비스가 속한 전반적인 시장의 성장과 자사의 점유율의 성장을 원하는데, 이러한 성장을 통하여 판매량을 늘릴 수 있고 나아가서 이익도 늘릴 수 있다고 보기 때문이다. 하지만, 이러한 성장에는 불리한 면도 있는데, 생산량을 늘리려면 생산용량을 늘려야 하고 이는 투자 증대와 복잡성의 증가를 의미한다. 게다가, 의사결정자들은 경쟁자의 이와 유사한 행동도 고려하여야 한다. 경쟁자들의 이러한 행동은 업계에 전반적인 설비 과잉 위험을 높이고 나아가서 생산 원가의 상승을 초래할 수 있다. 다른 전략은 기술이나 프로세스 개선에 투자하여 차별화를 이루고 이를 경쟁우위로 삼아 비가격 경쟁을 하는 것이다.

*성숙기*에는 시장 규모가 정체되고 기업들은 안정적인 시장 점유율을 보이는 경향이 있다. 기업은 원가 절감이나 생산용량을 100% 사용하여 여전히 수익성을 높일 수 있다. 하지만, 생산용량을 늘리는 비용이 비교적 작거나, 이 단계가 상당히 오래 지속될 것으로 예상되면 일부 기업은 여전히 생산용량을 늘려서 수익성을 높이려 할 수 있다.

*쇠퇴기*에는 수요가 줄어들면서 생산용량의 가동 저하를 겪는다. 기업들은 생산용량을 매

각하거나 새로운 제품이나 서비스를 추가하여 잉여 용량을 제거한다. 생산설비를 노동비가 낮은 지역으로 이전하는 것이 제조업에서 때때로 쓰이는 한 가지 대안인데, 이렇게 하여 좀 더 오래 이익을 지속할 수 있다.

3. **시스템 사고로 생산용량 변경에 접근하라.** 생산용량 대안을 개발할 때 시스템의 부분들이 어떻게 상호 연결되어 있는지 고려하는 것이 중요하다. 예를 들어, 호텔에서 객실 수를 늘리려고 할 때, 이로 인한 주차 공간, 위락 및 음식, 방 정리 업무의 수요 증가도 함께 고려하여야 한다. 또한, 공급자들이 늘어난 물량을 처리할 수 있을지도 고려하여야 한다.

생산용량의 변경은 필연적으로 공급사슬에 영향을 미친다. 공급자들도 생산용량을 조정하기 위한 시간이 필요하므로 생산용량 확장 계획을 수립할 때 공급사슬 상의 파트너들과 반드시 협의하여야 한다. 여기에는 공급자뿐만 아니라 유통업자와 운송업자도 포함된다.

큰 그림을 보지 못하면 시스템이 불균형적일 위험이 있다. 시스템 불균형의 증거는 *병목공정*의 존재이다. **병목공정**(bottleneck operation)은 일련의 공정들 중에서 다른 공정들보다 생산용량이 작은 공정이다. 그 결과, 병목공정의 생산용량이 전체 시스템의 생산용량을 제한한다. 즉, 병목공정의 생산용량이 곧 시스템의 생산용량이다. 그림 5.2가 이 개념을 나타낸다. 네 공정이 다섯 번째 공정이 처리하여야 할 일감을 만든다. 앞의 네 공정은 각각 시간당 10개씩 처리할 수 있어서 합계 40개를 시간당 생산할 수 있다. 하지만 마지막 다섯 번째 공정은 시간당 30개만 처리할 수 있다. 결과적으로 시스템의 산출은 시간당 30개이다. 앞의 네 공정에서 처리 능력만큼 생산하면 병목공정인 마지막 공정 앞에 대기 줄이 시간당 10개씩 속도로 길어진다.

**병목공정**
일련의 공정들 중에서 생산용량이 가장 작은 공정

다음 그림에서 다른 예를 하나 보자. 이 그림은 3단계 프로세스이며, 각 단계의 처리 용량은 그림에 나타난 바와 같다. 중간 단계의 처리용량이 다른 두 단계의 처리용량보다 작으므로 이것이 병목이고 전체 프로세스의 처리용량을 10/시간으로 제한한다. 전체 프로세스의 처리용량을 늘리려면 이 병목공정의 용량을 늘려야 한다. 하지만 중간 단계의 처리용량을 늘려서 전체 프로세스 용량을 늘릴 수 있는 양은 5/시간뿐이다. 중간 단계의 용량을 5/시간보다 더 많이 늘리면 세 번째 공정이 병목이 된다.

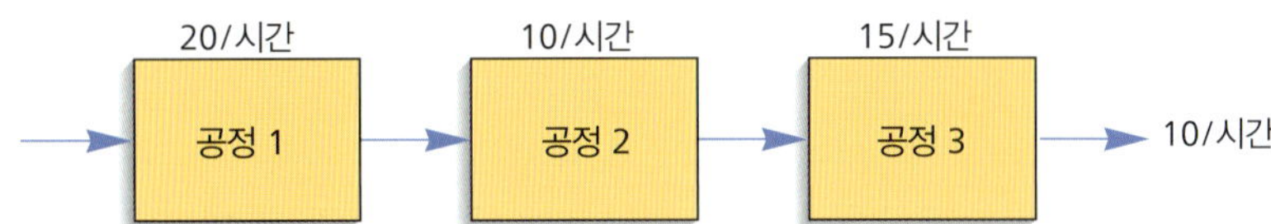


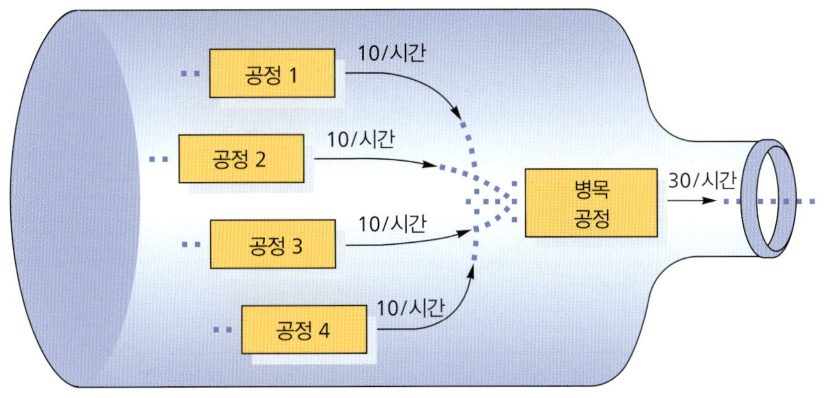


**그림 5.2**
병목공정

4. **생산용량을 '덩어리(chunk)'로 다룰 준비를 하라.** 생산용량은 흔히 꽤 큰 덩어리씩 획득하지 조금씩 획득할 수 없다. 이 때문에 가능한 생산용량과 원하는 생산용량이 일치되기 어렵다. 예를 들어, 어떤 공정의 원하는 처리용량은 55단위/시간이지만 이 공정에 사용할 수 있는 기계는 한 대가 시간당 40단위씩 생산한다고 가정하자. 기계를 한 대만 이 공정에 도입하면 처리용량이 15단위/시간만큼 부족하고 두 대를 도입하면 25단위/시간만큼 남는다. 대상설비가 용광로이거나 항공기라면 이 점은 더욱 분명해진다.

5. **생산용량소요를 고르게 하도록 시도하라.** 생산용량소요가 균일하지 않으면 문제가 발생할 수 있다. 예를 들어, 날씨가 좋지 않을 때는 좋을 때에 비해 대중교통수단의 이용객이 크게 증가하는 경향이 있다. 결과적으로 대중교통수단의 이용률은 번갈아 가면서 저조하거나 과잉이다. 버스나 지하철 차량을 늘리면 수요가 높을 때에는 부하를 줄이겠지만 다른 때에는 시설 과잉 문제가 더욱 악화되고, 운영비용도 분명히 증가한다.

수요의 비균일성을 조사해보면 여러 가지 원인을 파악할 수 있다. 버스 이용률 문제는 어느 정도는 날씨와 관련이 있지만, 수요는 부분적으로 무작위적(즉, 우연적 요인에 의한 변동)이다. 변동의 또 다른 원인은 계절성이다. 계절성 변동은 *예측이 가능하므로* 무작위적 변동보다 일반적으로 대처하기 쉽다. 따라서 경영자는 재고와 활동의 계획과 스케줄링을 수립하는 데 계절성 변동을 반영할 수 있다. 하지만 계절성 변동은 시스템에 균일하지 않은 부하를 가하므로 시스템이 어떤 시기에는 과부하 상태이고 다른 시기에는 저부하 상태가 되어 여전히 문제이다. 이 문제에 대처하는 한 가지 접근은 수요 패턴이 상호 보완적인, 즉 서로 수요가 시간적으로 반대인 제품이나 서비스를 파악하여 취급하는 것이다. 예를 들면, 수상 스키의 수요와 설상 스키의 수요는 서로 보완적일 수 있다. 수상 스키의 수요는 봄과 여름에 높고 설상 스키의 수요는 가을과 겨울에 높다. 난방기와 냉방기 사이에도 같은 관계가 성립할지 모른다. 수요 패턴이 상호보완적이면서 동일한 장비나 자원을 사용하되 사용하는 시기만 다른 제품이나 서비스들을 갖추면 이상적이다. 그림 5.3은 상호보완적인 수요 패턴을 보여준다.

수요의 변동은 문제를 일으킬 수 있다. 단순히 생산 규모를 늘려서(이를 테면 시설 확장, 인력 증대, 기계 추가) 생산용량을 늘리는 것이 항상 최선의 방법은 아닌데, 이렇게 하면 유연성이 감소하고 고정비가 증가하기 때문이다. 한 가지 대안은 연장 근무이다. 또 다른 방법은 작업의 일부를 아웃소싱하는 것이다. 세 번째 대안은 수요가 적을 때 완제품을 재고로 축적하여 성수기에 사용하는 것이다. 이러한 대안들과 다른 대안들에 대해서는 이 책의 총괄

**그림 5.3**
A와 B의 수요 패턴은 보완적이다.

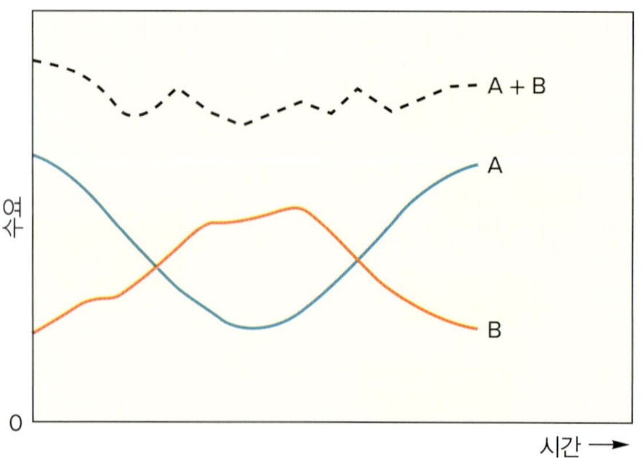

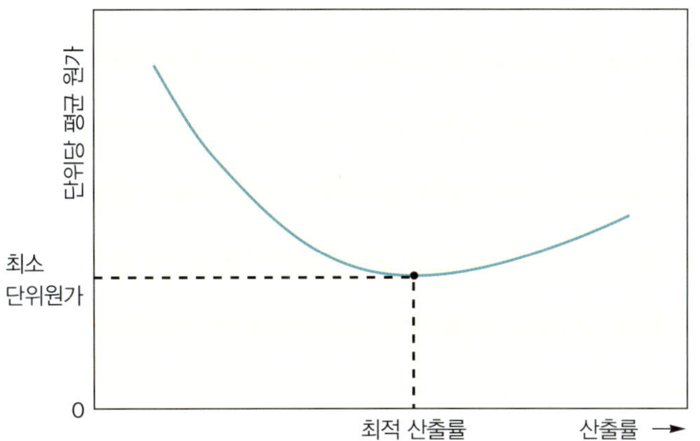


**그림 5.4**
생산단위마다 제품당 평균 원가가 최소화되는 최적 산출률이 있다.

계획을 다루는 장에서 상세히 논의한다.

6. **최적 운영수준을 파악하라.** 생산단위에는 전형적으로 단위원가 기준으로 이상적, 즉 최적 생산운영수준이 있다. 이상적 수준에서는 산출 단위당 원가는 최저이다. 산출률이 최적수준보다 낮은 경우, 산출률을 올리면 단위당 평균 원가는 낮아진다. 이런 현상을 **규모의 경제**(economies of scale)라고 한다. 하지만 산출률이 최적수준을 초과하여 증가하면, 단위당 평균 원가는 점증적으로 증가한다. 이런 현상을 **규모의 비경제**(diseconomies of scale)라고 한다. 그림 5.4가 이 개념들을 도해적으로 보여준다.

**규모의 경제**
산출률이 최적수준 이하이면 산출률을 늘리면 단위당 평균 원가는 내려간다.

**규모의 비경제**
산출률이 최적수준 이상이면 산출률을 늘리면 단위당 평균 원가는 올라간다.

규모의 경제가 발생하는 이유는 다음과 같다.

- 고정비가 더 많은 제품들에 분산되어 제품 단위당 고정비가 낮아진다.
- 시설규모가 커짐에 따라서 시설의 건설비 증가 속도가 둔화된다.
- 산출률이 증가할수록 작업이 더 표준화되면서 단위원가가 낮아지므로 처리비용이 줄어든다.

규모의 비경제가 발생하는 이유는 다음과 같다.

- 교통이 복잡해지고 여러 곳에 분산된 작은 시설들 대신 하나의 집중 시설로부터 선적하기 때문에 유통비용이 증가한다.
- 복잡해지면 통제와 소통이 어려워지고 원가가 올라간다.
- 경직성(inflexibility)이 이슈가 될 수 있다.
- 관료주의 심화로 조직의 단계가 늘어나면서, 의사결정과 변화 승인이 느려진다.

그림 5.4의 원가곡선을 좀 더 설명하면 다음과 같다. 산출률이 낮을 때는 시설과 장비 비용이 적은 양의 제품들에 흡수된다. 따라서 제품 단위당 원가가 높다. 산출률이 증가하면서 더 많은 제품들이 시설과 장비의 '고정'비를 흡수하게 되고, 이에 따라서 단위원가가 감소한다. 하지만, 산출률이 일정 수준을 넘으면, 단위원가가 증가하기 시작한다. 고정비가 더욱 더 많은 제품들에 분산되므로 이것 때문에 단위원가가 증가하지는 않지만 다른 요인들이 중요하게 된다. 이런 요인들에는 산출률 증가에 따른 작업자 피로와 장비 고장 증가, 유연성 상실(이것은 실수에 대비한 여유를 더욱 줄인다)이 있다. 이외에도 일반적으로 산출률이 높아지면 생산운영의 조정(coordination)이 어려워진다.

**그림 5.5**
최저 원가와 최적 산출률은 생산단위의 규모에 따라 다르다.

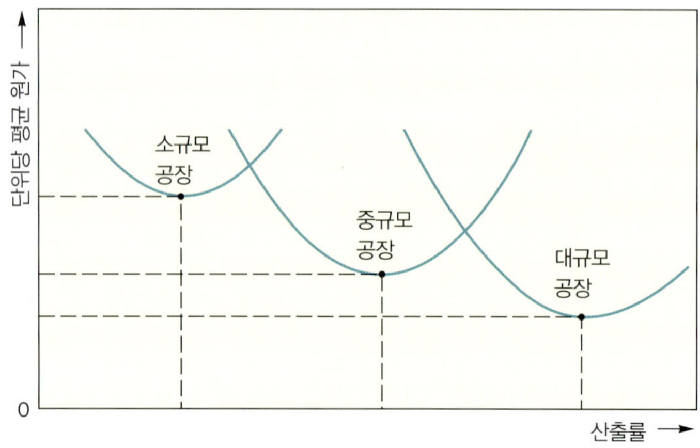


최적 산출률과 최저 단위원가는 모두 생산단위의 전체 용량에 좌우되는 경향이 있다. 예를 들어, 한 공장의 전체 생산용량이 증가할수록 최적 산출률은 증가하고 최소 단위원가는 낮아진다. 그래서, 큰 공장이 작은 공장에 비하여 최적 산출률은 더 크고 최저 단위원가는 더 작다. 그림 5.5가 이 점을 보여주고 있다.

생산단위의 생산용량을 결정할 때, 자금과 다른 자원의 가용성 및 수요예측과 더불어 이런 관계를 반드시 고려하여야 한다. 이렇게 하려면, 설비 규모별로 충분히 많은 점들을 결정하여야 하며, 이를 통하여 규모가 다른 설비들 사이에 비교가 가능해진다. 시설들의 규모는 어떤 경우에는 미리 정해지지만 다른 경우에는 연속 변수이다(즉, 어떤 규모이든 선택 가능하다). 후자의 경우 하나의 이상적인 시설 규모가 선택된다. 보통은 몇 가지 주어진 규모 중에서 선택하여야 하며, 어느 것도 원하는 산출률에서 원가가 가장 낮지 않을 수 있다.

7. **생산용량 확장전략을 선택하라.** 조금씩 여러 번 확장할지 아니면 한 번에 크게 확장할지 생각해 보라. 이때 고려하여야 하는 요인으로는 경쟁 압박, 시장 기회, 원가와 가용 자금, 생산 중단 · 차질 그리고 필요한 훈련 등이 있다. 또한, 경쟁자보다 먼저 증설할지 아니면 경쟁자를 뒤따라 갈지도 결정하라. 선도 증설은 상대적으로 위험이 크지만 돌아오는 혜택은 더 클 수 있다.

## 5.10 제약 경영

**제약** ▸
프로세스나 시스템이 그 목표를 달성하기 위해 수행하는 활동을 제한하는 것

**제약**(constraint)이란 프로세스나 시스템이 그 목표를 달성하기 위해 수행하는 활동을 제한하는 것을 가리킨다. 제약경영의 기반은 엘리 골드랫의 저서(*The Theory of Constraints*)와 엘리 슈라겐하임(Eli Schragenheim)과 윌리엄 데트머(H. William Dettmer)의 저서(*Manufacturing at Warp Speed*)이다. 제약에는 일곱 가지 범주가 있다.

시장 제약: 수요 부족
자원 제약: 작업자, 장비, 공간 등 한 가지 혹은 그 이상의 자원이 부족
자재 제약: 한 가지 혹은 그 이상의 자재가 부족
재무적 제약: 불충분한 자금
공급자 제약: 신뢰할 수 없거나, 리드타임이 길고, 품질이 기준 이하인 공급자

지식이나 역량 제약: 필요한 지식이나 기술이 없거나 부족
정책적 제약: 법이나 규제로 인한 장애

제약은 불과 몇 가지밖에 없는 경우도 있지만 그렇지 않은 경우도 있다. 제약 이슈는 다음과 같은 5단계 절차를 사용하여 해소할 수 있다.[1]

1. 가장 심한 제약을 파악하라. 그것을 쉽게 극복할 수 있으면 그렇게 하고 1단계로 돌아가 그 다음 심각한 제약을 처리하고 그렇지 않으면 2단계로 넘어가라.
2. 주어진 제약하에서 최대한 성과를 낼 수 있도록 운영을 바꾸어라. 이것은 단기적 해결책일지도 모른다.
3. 프로세스의 다른 모든 부분이 제약(즉, 병목 공정)을 지원하도록 하라.
4. 제약을 극복할 방법을 탐색하고 평가하라. 이것은 제약의 유형에 따라 다르다. 예를 들어 수요가 너무 적으면 광고나 가격 인하가 한 가지 대안일 수 있다. 생산용량이 부족하면 초과 근무, 장비 추가, 아웃소싱이 해결 대안일 수 있다. 자금이 부족하면 현금 흐름의 개선, 차입, 수식이나 채권의 발행이 해결책일 수 있다. 공급자들이 문제이면 그들과 협력하든지 더 나은 공급자를 찾든지 아니면 자체 생산을 할 수도 있다. 지식이나 기술이 필요하면 훈련이나 컨설턴트, 혹은 아웃소싱을 활용하라. 법이나 규제가 문제이면 입법자들이나 규제 기관과 협력하는 것이 한 가지 해결책일 수 있다.
5. 이 절차를 제약이 수용할 수준이 될 때까지 반복하라.

## 5.11 대안 평가

기업은 미래의 생산용량 대안들을 여러 관점에서 검토하여야 한다. 무엇보다 분명한 것은 경제성이다. 대안이 경제적으로 타당한가? 비용은 얼마나 들까? 얼마나 빨리 확보할 수 있는가? 운영비와 유지비는 얼마나 들까? 수명은 얼마나 길까? 기존의 생산운영 및 인원들과 맞을까?

경제성만큼 분명하지는 않지만 대중이 품을 수도 있는 반감도 여전히 중요한 고려사항이다. 예를 들어, 석탄 화력, 수력, 원자력 중 무엇을 이용하든, 신규 발전소 건설 결정은 거의 틀림없이 반발을 불러일으킨다. 어떤 대안이든 그것이 생명과 재산에 방해가 되면 적대적 반응을 가져올 수밖에 없다. 새로운 시설을 건설하려면 인원을 새로운 곳으로 이동시켜야 할 수도 있다. 새로운 기술을 채택하려면 일부 인원을 재교육해야 하고 일부 일자리를 없애야 할 수도 있다. 시설을 다른 곳으로 이전하려면 비우호적인 반응이 생길 것이며, 이로 인하여 일자리가 많이 줄어들면 특히 그렇다. 역으로, 시설이 옮겨가는 곳에서 그 시설이 소음, 교통체증, 환경오염 등을 일으킬 우려 때문에 비우호적으로 비치면 그곳에서도 반대에 부닥칠 수 있다.

생산용량 대안을 경제적인 관점에서 평가하는 몇 가지 유용한 기법이 있다. 널리 사용되는 것들에는 비용–조업도 분석(cost-volume analysis), 재무 분석(financial analysis), 의사

[1] Eli Schragenheim and H. William Dettmer, *Manufacturing at Warp Speed* (Boca Raton: St. Lucie Press, 2000).

**표 5.4** 비용–조업도 분석 기호

| |
|---|
| FC = 고정비용 |
| VC = 총변동비용 |
| $v$ = 단위당 변동비용 |
| TC = 총비용 |
| TR = 총수익 |
| $R$ = 단위당 수익 |
| $Q$ = 산출량 |
| $Q_{BEP}$ = 손익분기점 |
| $P$ = 이익 |

결정이론(decision theory) 그리고 대기행렬 분석(waiting-line analysis)이 있다. 이 절에서 비용–조업도 분석을 설명한다. 재무분석은 여기서 간단히 다루며 대기행렬분석은 제18장에서 다룬다.

## 비용–조업도 분석

비용–조업도 분석은 비용, 수익, 산출량의 관계에 초점을 둔다. 비용–조업도 분석의 목적은 서로 다른 운영 상황에서 이익을 추산하는 것이다. 이 분석 방법은 생산용량 대안을 비교하는 데 특히 유용하다.

이 기법을 사용하려면 한 제품을 생산하는 데 관련된 모든 비용을 파악하여야 한다. 이들 비용은 고정비와 변동비로 분류되어 집계된다. *고정비(fixed cost)*는 산출량에 상관없이 변하지 않고 일정한 값을 가진다. 이 범주에 속하는 것들의 예로는 임차료, 재산세, 장비구입가, 냉난방비 그리고 일부 관리비가 있다. *변동비(variable cost)*는 산출량에 따라 변한다. 주된 변동비 요소는 일반적으로 자재비와 인건비이다. 설명의 편의상 단위당 변동비는 산출량에 상관없이 일정하며 모든 산출량은 판매된다고 가정한다.

표 5.4는 비용–조업도 분석에 쓰이는 기호를 요약한 것이다.

주어진 산출량에 따른 총비용은 고정비에 단위당 변동비와 산출량을 곱한 값을 합한 것이다.

$$\text{TC} = \text{FC} + \text{VC} \tag{5-4}$$

$$\text{VC} = Q \times v \tag{5-5}$$

단, $v$ = 단위당 변동비용. 그림 5.6A는 산출량과 고정비용, 총변동비용, 총비용의 관계를 나타낸다.

단위당 수익도 단위당 원가와 마찬가지로 산출량에 상관없이 일정한 것으로 가정한다. 총수익은 그림 5.6B에 나타나 있듯이 산출량에 정비례한다. 산출량이 $Q$일 때 총수익은 다음과 같다.

$$\text{TR} = R \times Q \tag{5-6}$$

그림 5.6C는 이익(= 총수익 − 총비용)과 산출량의 관계를 보여준다. 총비용과 총수익이 같은 산출량을 **손익분기점**(break-even point, BEP)이라고 부른다. 산출량이 손익분기점보다 적으면 손실이 발생하고 산출량이 손익분기점보다 크면 이익이 발생한다. 산출량과 손익분기점의 차이가 크면 클수록 손실이나 이익이 커진다. 그림 5.6D는 손익분기점을 기준으로 총이익과 총손실을 나타낸다. 그림 5.6D는 그림 5.6C에서 총비용선이 수평축과 평행하게 될 때까지 총비용선과 총수익선을 오른쪽으로 회전한 다음, 총비용선이 수평축과 겹칠 때까지 두 선을 아래로 평행이동하면 얻을 수 있다. 총이익은 다음 공식을 사용하여 계산할 수 있다.

**손익분기점** ▸ 총비용과 총수입이 같게 되는 산출량

$$P = \text{TR} - \text{TC} = R \times Q - (\text{FC} + v \times Q)$$

이 식을 정리하면 다음을 얻는다.

$$P = Q(R - v) - \text{FC} \tag{5-7}$$

그림 5.6 비용-조업도 관계

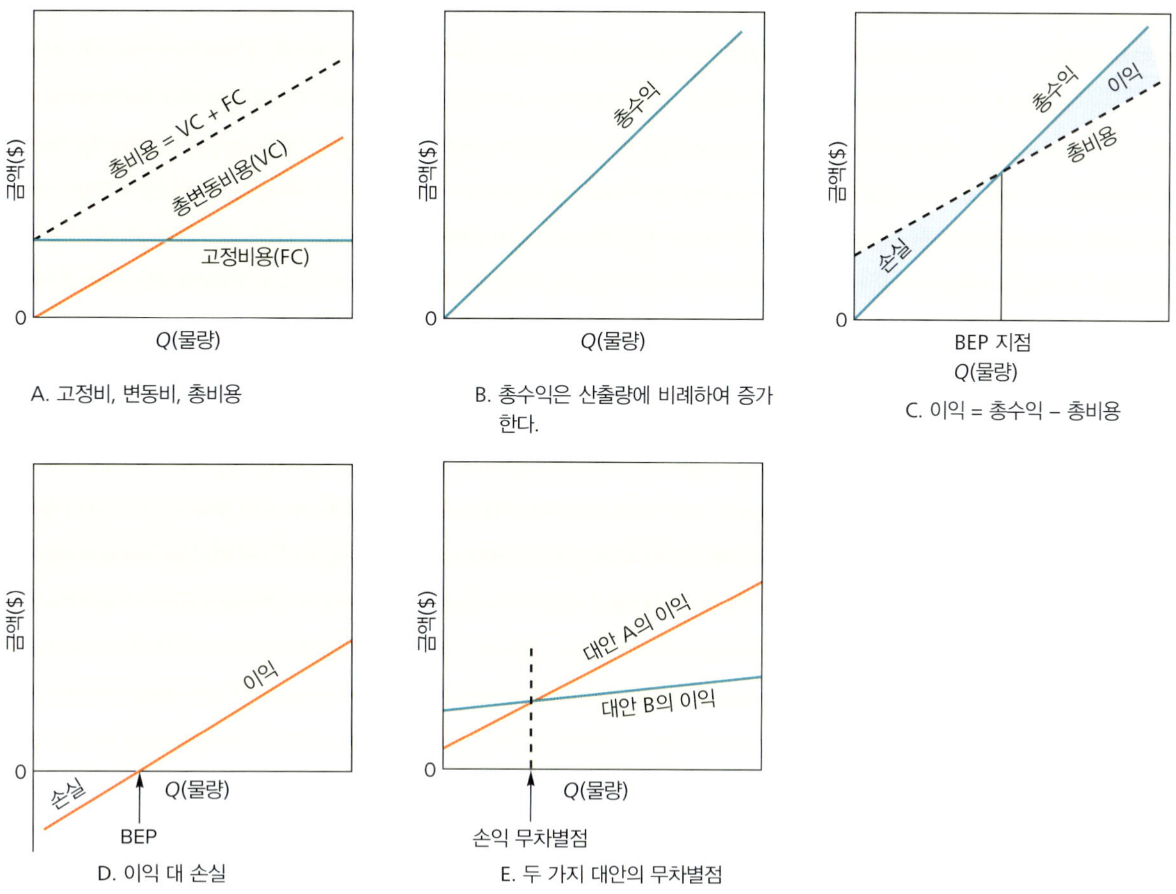


단위당 수익과 단위당 변동비의 차이($R - v$)는 *공헌이익*(*contribution margin*)이라고 한다. 특정 이익 $P$를 내기 위하여 필요한 산출량 $Q$는 다음과 같이 구할 수 있다.

$$Q = \frac{P + \text{FC}}{R - v} \tag{5-8}$$

이 값의 특별한 경우가 총수익과 총비용이 같은 산출량이다. 이것이 바로 손익분기점이며 다음과 같은 공식을 사용하여 계산할 수 있다.

$$Q_{\text{BEP}} = \frac{\text{FC}}{R - v} \tag{5-9}$$

여러 가지 대안의 비교는 그림 5.6E와 같이 각 대안의 이익선을 동일한 좌표계에 그려놓고 할 수 있다.

그림 5.6E는 **무차별점**(indifference point) 개념을 도식적으로 보여준다. 무차별점이란 의사결정자가 두 개의 대안을 차별하지 않는 점이다. 이 그림에서, 산출량이 무차별점보다 적으면 대안 B의 이익이 더 크므로 대안 B가 유리하고, 산출량이 무차별점보다 많으면 대안 A의 이익이 더 크므로 대안 A가 더 유리하다.

**무차별점**
두 개의 대안이 동일해지는 수량

**예제 3**

mhhe.com/stevenson14e

### 손익분기점과 이익분석

전통 베리 파이즈사 주인 사이먼은 새로운 파이들을 상품에 추가하려고 한다. 이 상품들을 생산하는 데 필요한 장비들은 매월 $6,000씩 내고 임차할 생각이다. 신상품 파이 하나의 생산에 드는 변동비는 $2이고 판매가는 $7이다.

a. 신상품에서 본전을 하려면 몇 개의 파이를 팔아야 하는가?

b. 한 달에 1,000개의 파이를 생산하여 팔면 얼마의 이익 또는 손실이 발생하는가?

c. 한 달에 $4,000의 이익을 내려면 이 파이를 몇 개나 팔아야 하는가?

d. 한 달에 이 파이를 2,000개 팔 수 있을 때, $5,000의 이익을 내려면 가격을 얼마로 하여야 하는가?

**풀이**

FC = \$6,000, VC = \$2/개, $R$ = \$7/개

a. $Q_{\text{BEP}} = \dfrac{\text{FC}}{R - \text{VC}} = \dfrac{\$6{,}000}{\$7 - \$2} = 1{,}200\text{개/월}$

b. $Q = 1{,}000,\ P = Q(R - v) - \text{FC} = 1{,}000\ (\$7 - \$2) - \$6{,}000 = -\$1{,}000$

c. $P = \$4{,}000$; 식 (5-8)을 사용하면,

$$Q = \frac{\$4{,}000 + \$6{,}000}{\$7 - \$2} = 2{,}000\text{개}$$

d. $P = \$5{,}000,\ Q = 2{,}000.$

$\$5{,}000 = 2{,}000(R - \$2) - \$6{,}000$

$R = \$7.50$

생산 가능 물량이 증가할 때 생산용량 대안의 고정비가 계단식으로 증가할 수 있다. 예를 들어, 한 기업이 어떤 기계를 1대, 2대, 또는 3대를 구입할 수 있고, 기계가 한 대씩 추가될 때마다 고정비가 추가될 수 있으며, 이 고정비 추가분은 반드시 동일하지 않을 수도 있다(그림 5.7A 참조). 그러면, 고정비와 생산 가능 물량은 구입할 기계의 수에 따라 결정된다. 이것은 *손익분기점이 여러 개* 있을 수 있음을 의미하며, 가장 많은 경우는 각 생산 가능량 구간마다 한 개씩 존재할 수 있다. 하지만, 어떤 생산량 구간에서는 총수익 선이 총비용 선과 교차하지 않을 수 있는데, 이것은 그 구간에서는 손익분기점이 없음을 의미한다. 그림 5.7B

**그림 5.7**
고정비용함수가 계단형인 경우의 손익분기점 문제

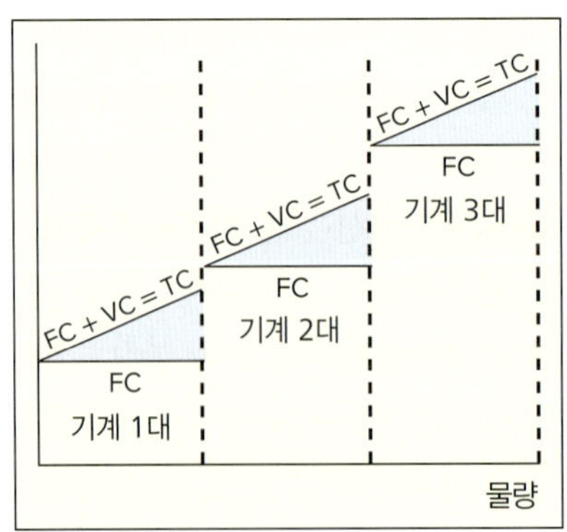

A. 계단형 고정비 및 변동비

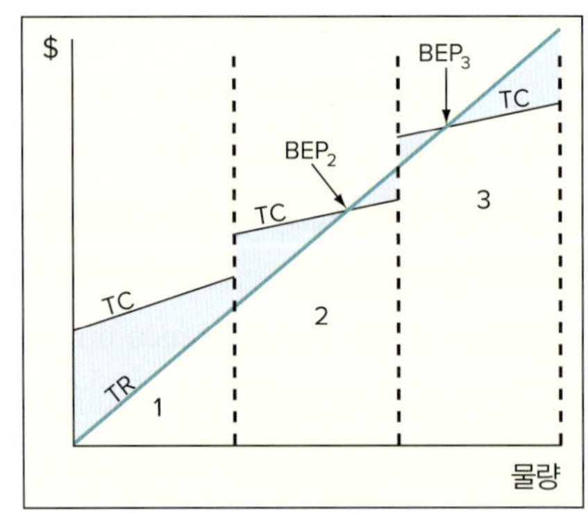

B. 복수 손익분기점

가 바로 이런 가능성을 보여주는데, 첫 구간에서 손익분기점이 없다. 이것은 기계를 한 대만 구입하면 이익을 낼 수 없음을 의미한다. 구입할 기계의 수를 결정하기 위하여서는 판매할 수 있는 물량을 이들 손익분기점들과 비교하여야 한다(예제 4 참조).

### 손익분기점의 결정

**예제 4**

excel
mhhe.com/stevenson14e

한 경영자가 기계를 몇 대 구입할지 결정하여야 한다. 고정비와 생산 가능량은 다음과 같다.

| 기계(대) | 연간 총 고정비 | 생산량 구간 |
|---|---|---|
| 1 | $ 9,600 | 0~300 |
| 2 | 15,000 | 301~600 |
| 3 | 20,000 | 601~900 |

단위당 변동비는 $10이고 수입은 $40이다.

a. 각 생산량 구간별 손익분기점을 구하라.

b. 연간 예상 수요가 580~660이면 기계를 몇 대 구입하여야 하는가?

**풀이**

a. 각생산량 구간별로 공식 $Q_{BEP} = FC/(R - v)$을 사용하여 손익분기점을 계산한다.

기계 1대: $Q_{BEP} = \dfrac{\$9{,}600}{\$40/\text{단위} - \$10/\text{단위}} = 320\text{단위}$
(생산량 구간을 벗어나므로 손익 분기점 없음)

기계 2대: $Q_{BEP} = \dfrac{\$15{,}000}{\$40/\text{단위} - \$10/\text{단위}} = 500\text{단위}$

기계 3대: $Q_{BEP} = \dfrac{\$20{,}000}{\$40/\text{단위} - \$10/\text{단위}} = 666.67\text{단위}$

b. 예상 수요의 범위와 손익분기점이 발생하는 두 개의 구간을 비교하면(그림 5.7B 참조) 손익분기점은 500인 것을 알 수 있으며, 이때의 생산량 구간은 301~600이다. 수요가 예상범위의 가장 낮은 지점(580단위)에서 발생한다고 하더라도 손익분기점 500보다는 크므로 수익이 발생한다. 하지만, 생산량 구간 601~900에서는 그렇지 않다. 수요가 예상범위의 가장 높은 지점(660단위)에서 발생한다 하더라도 이는 손익분기점(666.67단위)보다 작으므로 수익이 발생하지 않을 것이다. 따라서 관리자는 2대의 기계를 구입해야 한다.

비용–조업도 분석은 다음과 같은 조건이 만족하면 생산용량 대안들을 비교하는 데 유용하다.

- 생산 대상이 한 가지이다.
- 생산하면 모두 팔린다.
- 단위당 변동비가 생산량에 상관없이 일정하다.
- 고정비용은 생산량에 상관없이 일정하거나 계단식으로 증가한다.
- 단위당 수익은 생산량에 상관없이 일정하다.
- 단위당 수익이 단위당 변동비용보다 크다.

계량 분석 도구를 사용할 때는 전제 조건들이 수용할 수 있을 정도로 만족되는지 확인하여야 한다. 예를 들어, 단위당 수익이나 변동비는 항상 일정하지는 않다. 게다가 고정비도 생산 가능 범위 내에서 일정하지 않을 수 있다. 수요가 무작위하게 변동하면 이 점도 분석 시 감안하여야 한다. 비용-조업도 분석을 사용하려면 고정비와 변동비를 분리할 수 있어야 하는데, 이것이 매우 어려운 경우도 있다. 비용-조업도 분석은 단일 제품 또는 비용 특성이 동일한 소수의 제품에 가장 유용하게 적용할 수 있다.

비용-조업도 분석의 두드러진 장점은 그것이 생산용량 결정에 비용, 수익, 이익 예상액을 종합적으로 고려하는 개념적 틀이란 점이다. 어떤 제안이 비용-조업도 분석 결과 긍정적으로 판단되면, 그 다음 단계로 현금 흐름 모형을 개발하여 시간과 현실적인 비용함수를 적용하더라도 매력적일지 분석하는 것도 좋은 접근이다.

## 재무 분석

생산운영 담당자는 *재무 분석* 능력을 갖출 필요가 있다. 한정된 자금을 배분하는 문제는 모든 경영자들이 겪는 의사결정문제이다. 이런 결정문제를 해결하기 위하여 흔히 사용하는 접근은 투자안들을 *화폐의 시간적 가치*를 고려하여 재무 분석을 하고 순위를 매기는 것이다.

재무 분석에서 중요한 두 가지 용어가 *현금 흐름*과 *현가*이다.

**현금 흐름** ▸
영업이나 기타 수입원을 통한 현금 유입과 인건비, 원자재비, 간접비용, 세금 등으로 인한 현금 유출과의 차이

**현가** ▸
투자 대안의 모든 현금 흐름을 현재의 가치로 환산한 금액

**현금 흐름**(cash flow)이란 판매나 다른 수입원(예, 장비 매각, 임대, …)을 통한 현금 유입과 인건비, 원자재비, 간접비용, 세금 등으로 인한 현금 유출의 차이를 말한다.

**현가**(present value)는 투자 대안의 모든 현금 흐름을 현재의 가치로 환산한 금액이다.

가장 흔히 사용되는 재무 분석 방법들로 회수기간(payback), 현가(present value) 그리고 내부수익률(internal rate of return)이 있다.

*회수기간법*은 초기 투자액이나 비용을 회수하는 데 걸리는 시간을 구하여 투자안을 평가하는 기법이다. 예를 들어 $6,000을 투자하여 매달 순 현금 흐름이 $1,000이면 회수 기간은 6개월이다.

**예제 4**

mhhe.com/stevenson14e

### 회수기간의 결정

새로운 기계의 도입가격은 $2,000이고 이 기계를 도입할 경우 매년 $500의 생산비용을 절감할 수 있다. 이 기계 도입에 대한 회수기간은 몇 년인가?

**풀이**

초기비용 = $2,000　　연간 절감액 = $500

회수기간은 초기비용은 연간 절감액으로 나눈 것이다. 따라서 회수기간은

$$\text{회수기간} = \frac{\text{초기비용}}{\text{연간 절감액}} = \frac{\$2{,}000}{\$500/\text{년}} = 4\text{년}$$

회수기간법은 *화폐의 시간적 가치*를 고려하지 않는다. 따라서 이 기법은 장기보다는 단기 투자에 대해 사용하는 것이 적합하다. *현가(PV)*법은 화폐의 시간적 가치를 고려한다. 초

기 투자액, 예상 미래 현금 흐름 그리고 미래의 잔존가치를 화폐의 시간적 가치(또는 할인율)를 고려하여 모두 *동일한 현재가치*(*equivalent current value*)로 환산하여 종합하는 방법이다.

*내부수익률법*(*IRR*)은 투자안의 초기 투자액, 예상 미래 현금 흐름 그리고 잔존가치를 종합적으로 고려하여 하나의 *수익률*을 계산한다. 다시 말하면, 이 방법은 미래 수익과 초기 투자액의 가치가 동일하게 되는 수익률을 계산한다.

이들 기법은 미래 현금 흐름을 꽤 *확실하게* 산정할 수 있을 때 적합하다. 하지만 많은 경우 경영자들은 불확실하거나 위험하다고 보는 편이 더 타당한 상황에서 결정할 수밖에 없다. 이런 상황에서는 의사결정이론이 자주 이용된다.

### 의사결정이론

의사결정이론은 불확실하거나 위험이 따르는 의사결정에 유용하다. 이 방법은 생산용량 결정뿐만 아니라 다양한 의사결정 문제에 적합하다. 결과에 영향을 미칠 수 있는 미래의 조건들을 파악하고 대안들을 생성하며 각 대안과 미래의 조건 쌍별로 재무적 성과를 계산한다.

### 대기행렬 분석

대기행렬 분석은 서비스 시스템을 설계하거나 변경할 때 유용하게 쓸 수 있다. 공항의 탑승권 카운터, 식당, 수강 신청, 전화, 병원 응급실 등 거의 대부분의 서비스 시스템에서 대기행렬이 생긴다. 대기행렬은 병목의 존재를 알려주는 증상이다. 고객을 기다리게 함으로써 발생하는 비용과 대기를 줄이기 위하여 서비스용량을 추가할 때 발생하는 비용 사이에 균형을 취하면서 비용–효과적인 서비스용량 수준을 결정하는 데 대기행렬 분석이 유용하다. 이 분석은 서비스용량 수준의 기대 비용을 결정하는 데 도움이 된다.

대기행렬 분석은 제18장에서 다룬다.

### 시뮬레이션

시뮬레이션은 대안의 조건을 바꾸어가면서 그때마다 시스템의 행태와 결과를 분석하는 데 유용하다. 시뮬레이션은 이 책의 웹 사이트에서 설명한다.

## 5.12 생산운영전략

조직에서 생산용량 결정의 전략적 의미는 매우 클 수 있으며 모든 부문에 영향을 미친다. 생산운영 관점에서 볼 때, 생산용량 결정은 생산운영 활동의 조건을 결정한다. 그러므로 생산용량 결정 시 생산운영 부문의 참여가 매우 중요하다.

생산용량 결정에서 유연성은 핵심 이슈이다. 물론 유연성이 항상 선택 가능한 것은 아닌데, 특히 자본집약적 산업에서 그렇다. 하지만 가능하다면, 유연성은 조직이 시장의 변화에 빨리 반응하는 데 도움이 된다. 또한 생산용량 계획 시 생산자원에 유연성을 가미해 두면 장기 예측을 정확하게 해야 하는 부담이 어느 정도 감소한다. 유연성이 있으면 기술 혁신 및 다른 혁신의 이점을 활용하는 데 유리하다. 생산용량을 여유 있게 유지하면 추가 비용이 발생하지만 어느 정도 유연성도 생긴다.

일부 기업은 경쟁자들이 시장에 진입하기 어렵게 하기 위하여 생산용량을 여유 있게 유지하는 전략을 구사한다. 생산 용량에 여유가 있으면 신규 경쟁자보다 낮은 원가로 생산할 수 있다. 하지만, 그런 전략은 수요가 둔화될 경우 필요 이상으로 높은 단위원가를 초래할 수도 있으며, 생산량을 줄이거나 새로운 제품이나 서비스로 전환하기 어렵게 된다.

용량효율과 용량이용률의 향상은 결과적으로 생산능력의 증대를 가져온다. 이러한 향상은 생산과정을 단순화하고 낭비를 줄임으로써 달성될 수 있다. 린 운영(lean operations)을 다룬 장에는 이러한 향상을 달성하기 위한 구체적인 방안들이 기술되어 있다.

병목 관리는 생산용량 관리에 매우 중요하며 병목 공정의 이용률 극대화에 초점을 맞추어 비병목공정들을 스케줄링하면 유효용량을 늘릴 수 있다.

생산용량을 확장하는 경우, 확장 규모와 시기를 결정하는 데 두 가지 전략이 있다. 하나는 *조기 확장*, 즉 수요가 증가하기 전에 미리 확장하는 전략이다. 이 전략의 의도는 규모의 경제 달성이나 시장 점유율 확대일 수도 있고 경쟁자가 확장하지 못하도록 선수를 치는 것일 수도 있다. 이 전략에는 공급과잉으로 가격인하를 초래한다든지 이용률 저하로 가격인상을 초래할 위험이 따른다.

다른 전략은 *관망(wait-and-see) 전략*, 즉 수요가 현실화된 다음, 그것도 점진적으로 생상용량을 확장하는 것이다. 이렇게 하면 수요와 공급을 더 정확하게 맞출 수 있으므로 공급 과잉 가능성이 줄어들고 이용률을 높일 수 있는 장점이 있다. 한편, 이 전략의 주요 단점은 시장점유율 하락 위험이다.

생산용량을 축소하는 경우, *생산용량 처분* 전략이 중요하다. 생산용량 처분은 노후장비를 신형 장비로 교체하거나 아웃소싱 또는 다운사이징으로 인하여 발생한다. 이와 같은 일을 추진할 때에는 자산 처분의 비용이나 혜택을 고려하여야 한다.

## 요약

생산용량이란 일정 기간 동안에 특정 생산 시스템이 생산할 수 있는 제품이나 전달할 수 있는 서비스의 상한이다. 생산용량은 산출률의 상한이고 운영비에 크게 영향을 미치므로 생산용량과 관련된 결정은 중요하다.

생산용량 계획에 필요한 핵심 정보는 필요한 용량의 종류와 양 그리고 시기이다. 정확한 수요 예측도 성패(成敗)를 좌우하는 핵심 정보이다.

생산용량 계획은 조직에서 가장 중요한 결정 중 하나이다. 생산용량 결정은 본질적으로 전략적 장기결정의 성격을 띠며 흔히 대규모 초기 투자를 수반한다. 수익이 실현되는 기간이 길고 위험이 큰 경우에 생산용량 계획은 특히 어렵다.

여러 가지 요인이 유효생산용량을 감소시키므로 유효생산용량은 통상적으로 설계생산용량보다 작다. 유효생산용량을 줄이는 요인들에는 설비의 설계와 배치, 인적 요인, 제품과 서비스의 설계, 장비 고장, 스케줄링 문제 그리고 품질 문제 등이 있다.

생산용량 계획 시 고려하여야 하는 사항들에는 장기적 성격의 것도 있고 단기적 성격의 것도 있다. 장기적 성격의 고려사항들은 생산용량의 전반적인 크기와 관련되어 있고 단기적 성격의 것들은 수요의 계절적, 무작위적 그리고 불규칙한 변동으로 인한 생산용량소요의 변동과 관련이 있다. 그러므로 수요예측과 생산용량 계획은 밀접한 관련이 있으며, 특히 계획 대상 기간이 길수록 그렇다. 단기적으로는 수요 변동의 규명과 대처를 강조한다.

생산용량 계획 대안을 개발할 때에, 시스템적으로 접근하고, 생산용량 증가는 덩어리로 확보됨을 인지하고, 시스템을 유연하게 설계하고, 수요의 여러 가지 변동 패턴에 대처하기 위하여 여러 가지 제품이나 서비스를 보완적으로 생산하면 더 좋은 대안을 생성할 수 있다.

생산용량 대안을 평가할 때에는 계량적 측면과 정성적 측면을 모두 고려하여야 한다. 계량적 분석은 대체로 경제적 요인을 반영하고 정성적 고려사항들에는 대중의 의견이나 경영자의 개인적 선호와 같은 무형적 요인이 있다. 비용-조업도 분석은 생산용량 대안의 분석에 유용하다.

## 주요 내용

1. 생산용량은 수요와 공급을 일치시키는 데 있어 공급량을 결정하게 되고, 너무 적거나 너무 많은 용량은 모두 비용을 유발하기 때문에 생산용량의 결정은 기업의 성패에 결정적인 영향을 미치게 된다.
2. 생산용량 계획에서의 핵심적인 이슈는 어떤 종류의 용량이 얼마나, 또 언제 필요한지를 결정하는 것이다.
3. 수요가 변동성이 크고 리드타임이 긴 경우에 생산용량을 변화시키는 것은 매우 어렵다.
4. 제약들은 전체 생산용량에 영향을 미치고(그림 5.2 참조), 제약이 존재할 경우에는 자원의 추가적인 투입으로 생산용량을 증가시킬 수 없다. 따라서, 생산용량을 증가시키기 위해서는 이러한 제약요인이 무엇인지를 파악하고 이를 극복하는(줄이는) 노력이 필요하다.

## 주요 용어

규모의 경제(economies of scale)
규모의 비경제(diseconomies of scale)
무차별점(indifference point)
병목공정(bottleneck operation)
생산용량(capacity)
설계용량(design capacity)
손익분기점(break-even point, BEP)
여유생산용량(capacity cushion)
유효용량(effective capacity)
제약(constraint)
현가(present value)
현금흐름(cash flow)

## 문제풀이연습

**문제 1**

mhhe.com/stevenson14e

자동판매기를 만드는 업체가 이 기계에 들어갈 한 가지 부품을 자체 생산할지 구입할지 결정하여야 한다. 자체 생산하려면 장비를 리스하여야 하는데 그 비용이 연간 $150,000이다. 이 부품의 연간 필요한 양과 관련 비용은 다음과 같다.

| | 자체 생산 | 구매 |
|---|---|---|
| 연간 고정비용 | $150,000 | None |
| 변동비용($/개) | $60 | $80 |
| 연간 소요량(개) | 12,000 | 12,000 |

a. 이 업체는 자체 생산과 구매 중 어느 것이 유리한가?
b. 미래에 이 부품의 소요량이 변동할 가능성이 있다. 소요량이 얼마이면 자체 생산과 구매 사이에 차이가 없는가?

**풀이**

a. 각 대안의 연간비용을 계산한다.

연간 총비용 = 연간 고정비 + 단위당 변동비 × 연간 소요량

자체 생산: $150,000 + 12,000($60) = $870,000
구매: 0 + 12,000($80) = $960,000

자체 생산할 경우의 연간 총비용이 구매할 경우의 연간 총비용보다 작으므로 자체 생산이 유리하다. 만약 구매 단가가 생산할 경우의 단위 *변동비보다 낮으면* 구매하는 것이 계산해 볼 필요도 없이 유리함을 알 수 있다.

b. 무차별 소요량을 구하려면 양 대안의 연간 총비용을 같게 하는 소요량을 구하면 된다. 즉, $TC_{자체생산} = TC_{구매}$, $\$150,000 + Q(\$60) = 0 + Q(\$60)$. 따라서, $Q = 7,500$개이다. 관리자는 연간 7,500개를 기준으로 자체 생산이냐 구매냐를 결정해야 한다. 연간 소요량이 7,500개 보다 작으면 구매가 유리하고 7,500개를 초과하면 자체 생산이 유리하다.

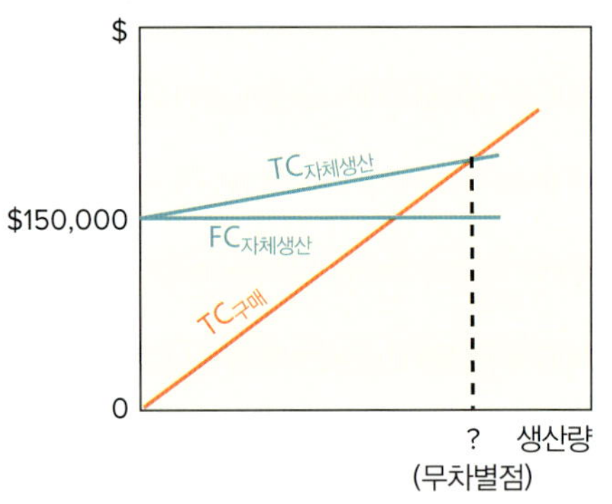


**문제 2** excel mhhe.com/stevenson14e

한 자동차 액세서리 업체가 차 안에서 사용하는 휴대용 배터리 충전기기를 생산한다. 현재는 멀리 떨어진 세 곳에서 이것을 생산하고 있는데 한 곳으로 모으려고 한다. 이곳에서 생산하는 데에는 충전기 한 대당 $3의 변동비와 매월 $42,000의 고정비가 들 것으로 추산된다. 충전기의 판매가는 한 대당 $7이다. 생산량이 10,000, 12,000, 15,000대인 세 가지 경우에 대하여 월간 총이익과 고정비용, 변동비용, 그리고 수입을 구하라. 손익분기점은 얼마인가?

**풀이**

판매단가(R) = $7/개
단위 변동비(v) = $3/개
월 고정비용(FC) = $42,000/월
이익($/월) = $Q(R - v) - \text{FC}$
총비용($/월) = $\text{FC} + v \times Q$

| 생산량 (대) | 총수입 ($/월) | 총변동비용 ($/월) | 고정비용 ($/월) | 총비용 ($/월) | 이익 ($/월) |
|---|---|---|---|---|---|
| 10,000 | $ 70,000 | $30,000 | $42,000 | $72,000 | $(2,000) |
| 12,000 | 84,000 | 36,000 | 42,000 | 78,000 | 6,000 |
| 15,000 | 105,000 | 45,000 | 42,000 | 87,000 | 18,000 |

$$Q_{BEP} = \frac{\text{FC}}{R - v} = \frac{\$42,000}{\$7 - \$3} = 10,500\text{대/월}$$

**문제 3** 문제 2에서 생산량이 22,000대일 때 이익을 구하라.

**풀이** 이익 = $Q(R - v) - \text{FC} = Q(\$7 - \$3) - \$42,000 = \$4Q - \$42,000$

$Q = 22,000$이므로 이익은

$\$4(22,000) - \$42,000 = \$46,000$

**문제 4**

한 회사에서 어떤 장비를 구입하려고 하는데 A형 장비와 B형 장비 중 한 가지를 정하여야 한다. 대당 구입가는 A형은 $15,000이고 B형은 $11,000이다. 장비를 구입하면 1일 8시간씩 연간 250일 가동한다.

각 장비는 두 가지 화학분석 C1과 C2를 할 수 있다. 장비별 분석기간과 연간 분석 건수는 다음의 표와 같다. 구입비용을 최소로 하려면 어느 장비를 몇 대 구입하여야 할까?

| | | 처리시간(시간) | |
|---|---|---|---|
| 분석유형 | 연간 분석 건수 | A | B |
| C1 | 1,200 | 1 | 2 |
| C2 | 900 | 3 | 2 |

**풀이**

연간 분석 건수를 모두 처리하는 데 각 유형별 장비의 소요시간(연간 건수 × 처리시간)은 다음과 같다.

| 분석유형 | | A | B |
|---|---|---|---|
| C1 | | 1,200 | 2,400 |
| C2 | | 2,700 | 1,800 |
| | 합계 | 3,900 | 4,200 |

각 장비의 연간 가용시간은 8시간/일 × 250일/년 = 2,000시간/년이다. 따라서 각 장비는 한 대 있으면 2,000시간, 두 대 있으면 4,000시간 분석을 할 수 있다.

이 표를 보면 A형 장비 2대를 구입하면 구입비용은 2 × $15,000 = $30,000이고 연간 총 화학분석 소요를 처리할 수 있고, B형 장비는 3대가 있어야 연간 필요한 화학분석을 처리할 수 있고 장비 구입비는 3 × $11,000 = $33,000이다. A형 장비를 2대 구입하는 것이 B형 장비 3대를 구입하는 것보다 유리하다.

**문제 5**

생산공정의 흐름을 표현하는 방법은 두 가지가 있다. 첫 번째는 각 공정을 사각형의 블록으로 표현하는 것이고 두 번째는 다음의 그림과 같이 공정을 블록 대신 원으로 표현하는 것이다.

공정의 흐름은 위의 그림과 같이 일직선일 수도 있으며 다음 그림과 같이 병렬일 수도 있다.

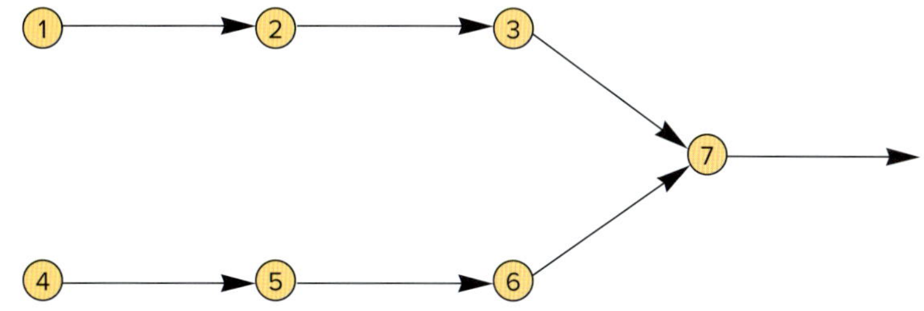


다음의 공정흐름에서 실제 산출되는 생산용량은 얼마인가?

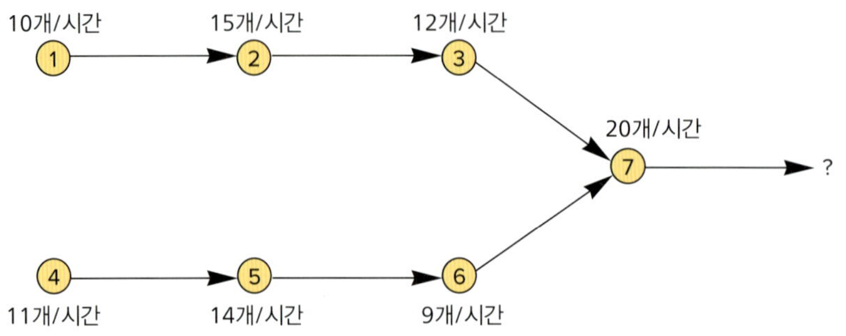


**풀이** 전체 시스템의 실제 산출량은 가장 속도가 늦은 공정의 산출량과 동일하다. 따라서, 그림의 병렬처리 부분에서 위쪽 산출량은 10개/시간이고 아래쪽은 9개/시간이며, 이를 합하면 10 + 9 = 19(개/시간)이 된다. 비록 7번 공정의 산출량이 20개/시간이라고 해도 앞 단에서 넘어오는 산출량이 19개/시간이므로 전체 시스템의 실제 산출량도 19개/시간이 된다.

## 토의 및 복습문제

1. 설계생산용량과 유효생산용량의 차이를 설명하라.
2. 생산용량 이용률을 저해하는 요소를 세 가지 제시하고 간단히 설명하라.
3. 장기생산용량 고려사항과 단기생산용량 고려사항의 차이를 설명하라.
4. 수요가 다음과 같은 계절성 패턴을 보이는 서비스나 제품의 좋은 예를 들어보라.
   a. 연간
   b. 월간
   c. 주간
   d. 일간
5. 설계 단계에서 시스템에 유연성을 확보하는 방안의 예를 몇 가지 기술하라.
6. 생산용량 계획을 수립할 때 시스템사고가 왜 중요한가?
7. '용량 덩어리'란 무엇인가? 왜 이 요인을 생산용량 계획 수립 시 고려하여야 하는가?
8. 초중고등학교가 주기적으로 겪는 서비스용량 문제에는 어떤 것들이 있는가? 이런 문제에 대한 대처방안에는 어떤 것들이 있는가?
9. 생산용량 계획 수립에 왜 시스템 사고가 유용한가?
10. 생산용량 결정이 어떻게 생산성에 영향을 미치는가?
11. 프로세스 역량을 제품의 요구사항에 맞추는 것이 왜 중요한가?
12. 생산용량 결정에 불확실성이 어떻게 영향을 미치는지 간단히 설명하라.
13. 특정 시점에 근무하여야 할 경찰관이나 소방차의 수를 결정할 때 서비스용량결정 계획의 중요성에 대하여 논의하라.
14. 왜 생산용량 계획이 경영자들이 내리는 가장 핵심적인 결정들 중 하나인가?
15. 왜 서비스용량 계획이 제품 생산용량 계획보다 어려운가?
16. 다음 각 경우에 대하여 사용할 수 있는 생산용량 척도들을 제시하라.
   a. 대학교

b. 병원
c. 컴퓨터 수리점
d. 농장

17. 기업에서 생산용량의 측정 척도를 가짐으로써 얻게 되는 이익은 무엇인가?

## 연습문제

1. 다음 각 상황에서 이용률과 효율을 구하라.
   a. 하루 평균 7건의 대출 신청을 처리하는 프로세스. 이 프로세스의 설계용량은 하루 10건이며 유효생산용량은 8건이다.
   b. 하루 평균 4대의 난로를 수리하는 팀. 하루 기준으로 설계용량은 6대이고 유효생산용량은 5대이다.
   c. 효율이 높은 시스템이 이용률도 항상 높다고 할 수 있는가? 설명하라.
2. 한 잡샵의 유효생산용량은 설계용량의 50%이며 실제 산출률은 유효생산용량의 80%이다. 주당 8건의 일을 실제로 처리하려면 설계용량은 얼마나 되어야 하는가?
3. 한 도자기 회사에서 밀린 일감을 처리하기 위하여 추가 공장 신축을 생각하고 있는데 월 고정비는 $9,200이고 제품의 변동비는 단위당 $0.7이다. 각 도자기는 $0.9에 판매된다.
   a. 월간 손익분기점 수요(= 생산량)는 얼마인가?
   b. 생산량이 월 61,000개와 87,000개일 때 각각 이익은 얼마인가?
   c. 월 $16,000의 이익을 내려면 수요가 얼마나 되어야 하는가?
   d. 월 수입이 $23,000이 되려면 수요가 얼마나 되어야 하는가?
   e. 총비용 선과 수입 선을 그려라.
4. 병목에 새로운 기계 1대를 추가하여 생산용량을 확대하려고 한다. 두 가지 대안이 있는데 대안 A의 경우 고정비는 $40,000이고 단위당 변동비는 $10이며, 대안 B의 경우 고정비는 $30,000이고 단위당 변동비는 $11이며, 단위당 수입은 $15이다.
   a. 각 대안의 손익분기점 생산량을 구하라.
   b. 생산량이 얼마이면 두 대안의 이익이 같아지는가?
   c. 연간 수요가 12,000단위로 예상되면 어느 대안의 이익이 큰가?
5. 붓펜 생산부서가 마케팅 부서로부터 다음 달 수요가 30,000개라고 전달받았다. 붓펜 생산에 따른 월 고정비는 $25,000이고 붓펜 1개 생산하는 데 드는 변동비는 $0.37이다.
   a. 붓펜의 판매가격이 $1일 때 손익분기점 생산량은 얼마인가?
   b. 수요가 실현된다고 가정하고, $15,000의 월간 이익을 내려면 가격을 얼마로 하여야 하는가?
6. 부동산업자가 휴대폰 요금제를 바꾸려고 한다. 세 가지 요금제가 있는데 모두 기본요금은 월 $20이다. 요금제 A의 통화 요금은 주간에는 분당 $0.45이고 야간에는 분당 $0.20이다. 요금제 B의 통화 요금은 주간에는 $0.55이고 야간에는 $0.15이다. 요금제 C의 경우, 1주일에 200분까지는 고정요금 $80을 매기고 200분 초과하는 통화시간에 대하여서는 주야 구별 없이 분당 $0.40이다.
   a. 주간에 120분 통화하고 야간에 40분 통화하는 경우 세 가지 요금제 각각에 대하여 주간 총 요금을 계산하라.
   b. 각 요금제에 대하여 주간 통화시간과 총 요금의 관계를 그래프로 나타내라.
   c. 주간에만 전화를 사용할 경우 각 요금제가 가장 유리한 통화량 구간을 구하라.

d. 주간과 야간에 모두 통화한다고 가정하면, 요금제 A와 요금제 B가 요금 측면에서 차이가 없게 되는 주간통화시간의 비율을 구하라.

7. 한 중소기업에서 새로운 소형 전자제품을 생산하려고 한다. 이 제품에 들어갈 모터를 자체 생산할지 아니면 대당 $7씩 주고 외부에서 구입할지 결정하여야 한다. 자체 생산하는 경우에는 2가지 대안이 있는데 첫 번째는 연간 고정비 $160,000에 단위 변동비 $5로 생산하는 것이고, 두 번째는 연간 고정비 $190,000에 단위 변동비 $4로 생산하는 것이다. 각 대안이 더 유리한 생산량 구간을 구하라.

8. 한 경영자가 어떤 부품을 자체 생산할지 구매할지 결정하려고 한다. 자체 생산의 경우에는 두 가지 프로세스 가운데 하나를 사용할 수 있다. 한 프로세스는 변동비용이 단위당 $17이고 연간 고정비용이 $200,000인 반면, 다른 공정은 변동비용이 단위당 $14이고 연간 고정비용은 $240,000이다. 외부에서 구매할 경우에는 세 업자가 서로 납품하려고 한다. 업자 A는 최고 30,000단위까지 단가를 $20로 제시하고, 업자 B가 제시하는 단가는 물량이 1,000단위까지이면 $22이고, 그 이상이면 $18이다. 업자 C가 제시하는 단가는 처음 1,000까지는 $21이고 초과분에 대해서는 $19이다.

   a. 연간 사용량이 10,000단위, 20,000단위인 경우 각각에 대해 비용 측면에서 가장 나은 대안을 결정하라.

   b. 각 대안이 최선인 수요의 구간을 결정하라. 결코 최선이 될 수 없는 대안이 있는가? 그렇다면 어느 것인가?

9. 한 회사에서 현재 같은 기계 두 대를 사용하여 어떤 제품을 생산하고 있다. 각 기계의 설계생산용량은 250개/일이고 유효생산용량은 230개/일이다. 현재 실제 평균 생산량은 기계당 200개/일이다. 하지만 직원은 생산성 향상으로 이 수치가 곧 225가 될 것으로 예상한다. 현재 연간 수요는 50,000개이다. 예측에 의하면 2년 이내에 수요가 3배로 늘어날 것이다. 연간 240일 근무할 때, 이 증가하는 수요를 충족하기 위하여 기계 몇 대가 필요한가?

10. 어떤 회사에서 다음의 두 유형의 기계 중에 어떤 것을 몇 대나 구매할지를 결정해야 한다.

| 유형 | 구매비용 |
|---|---|
| 1 | $10,000 |
| 2 | 14,000 |

기계가 생산할 제품의 수요와 각 기계별 처리시간은 다음의 표와 같다.

| | | 제품당 가공시간(분) | |
|---|---|---|---|
| 제품 | 연간 수요 | 1 | 2 |
| 001 | 12,000 | 4 | 6 |
| 002 | 10,000 | 9 | 9 |
| 003 | 18,000 | 5 | 3 |

   a. 하루 8시간, 연간 250일을 가동할 때 수요를 충족시키기 위해서는 유형별로 몇 대의 기계가 필요한가? 또한, 유형별로 어느 정도의 여유 생산용량이 발생하는가?

   b. 연간 수요가 확실한 경우에는 어떤 유형의 기계를 구매하는 것이 좋은가? 연간 수요가 불확실한 경우에는 어떤 유형이 유리한가?

   c. 운영비용이 기계 유형 1의 경우 $6/시간, 유형 2의 경우 $5/시간이고 a의 구매비용이 주어질 경우 어떤 기계를 구매하는 것이 전체 비용을 최소화하는가?

11. 어떤 회사에서 세 유형의 기계(A형, B형, C형) 중 한 종류를 구입하려고 한다. 기계의 구입비용은 다음과 같다.

| 기계 | 구매비용 |
|---|---|
| A | $40,000 |
| B | $30,000 |
| C | $80,000 |

기계가 생산할 제품의 수요와 각 기계별 처리시간은 다음의 표와 같다.

| | | 제품당 가공시간(분) | | |
|---|---|---|---|---|
| 제품 | 연간 수요 | A | B | C |
| 1 | 16,000 | 3 | 4 | 2 |
| 2 | 12,000 | 4 | 4 | 3 |
| 3 | 6,000 | 5 | 6 | 4 |
| 4 | 30,000 | 2 | 2 | 1 |

a. 구매비용만 고려한다고 가정하자. 어느 유형의 기계가 총비용이 가장 낮은가? 그 기계가 몇 대 필요한가? (기계는 하루 10시간씩 연간 250일 가동한다.)

b. 기계의 시간당 운영비용이 유형에 따라 다른데, 유형 A는 $10, 유형 B는 $11, 유형 C는 $12이다. 연간 총비용을 최소화하려면 무슨 유형의 기계를 몇 대 구입하여야 하는가?

12. 어떤 기계를 몇 대 구입하려고 한다. 이 기계는 하루 100명의 고객을 처리할 수 있다. 이 기계의 고정비는 1대만 사용할 경우 하루 $2,000이고 2대를 사용하면 하루 $3,800이다. 고객당 변동비는 $20이고 수입은 $45이다.

a. 기계를 1대 사용할 경우와 2대 사용할 경우의 손익분기점을 각각 구하라.

b. 예상 수요가 하루에 90~120명이면, 이 기계를 몇 대 구입하여야 하는가?

13. 세차장 사장이 세차시설을 1라인으로 해야 할지 2라인으로 해야 할지 정해야 한다. 월 고정비는 1라인으로 하면 $6,000이고 2라인으로 하면 $10,500이다. 처리 용량은 라인당 한 시간에 15대이다. 차 한 대당 변동비는 $3이고 수입은 $5.95이다. 사장이 보기에 수요는 시간당 14~18대이다. 세차장은 월 300시간 영업한다고 할 때, 1라인짜리 세차장과 2라인짜리 세차장 중 어느 것이 유리한가?

14. 다음 그림은 4단계로 이루어진 프로세스이다. 각 공정의 처리율은 사각형 위에 표시되어 있는데 이것은 유효생산용량이다.

a. 이 프로세스의 생산용량은 얼마인가?

b. 다음 개선 대안 중 어느 것이 프로세스의 용량을 가장 크게 늘릴까? 1) 공정 1의 처리율 15% 증가, 2) 공정 2의 처리율 10% 증가, 3) 공정 3의 처리율 10% 증가.

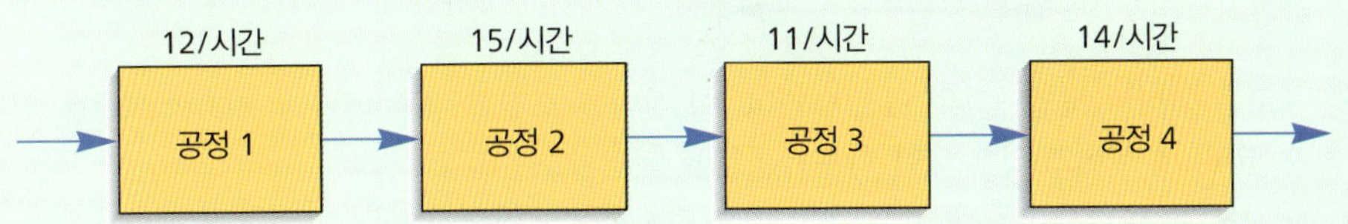


15. 다음의 공정 흐름도가 주어진 경우에

a. 전체 시스템의 생산용량은 얼마인가?

b. 전체 시스템의 생산용량을 늘리기 위해 전체 공정 중 단 한 개 공정의 용량을 증가시킨다면 어떤 공정을 얼마나 증가시키는 것이 좋은가?

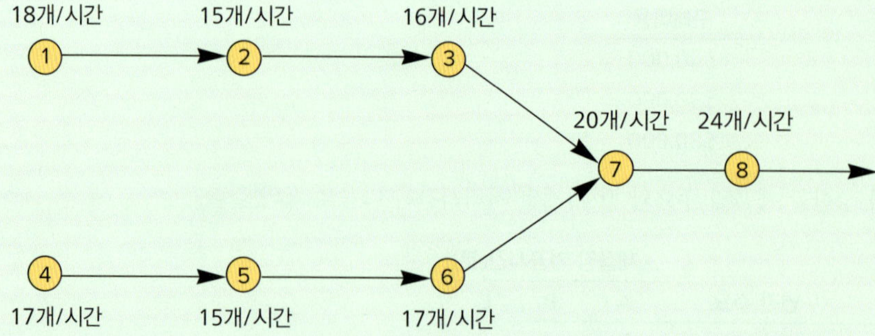


16. 다음 시스템의 생산용량을 구하라.

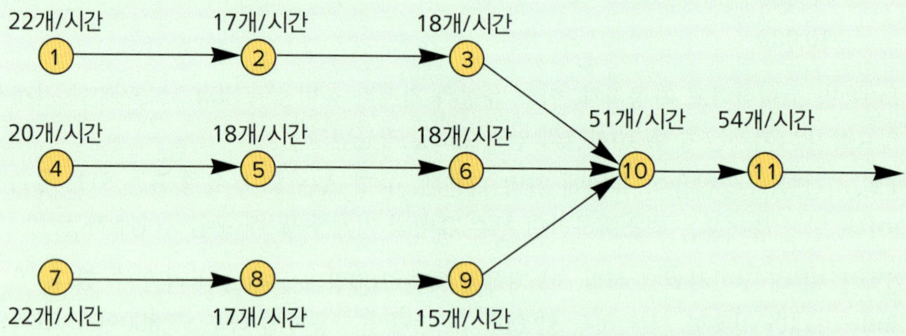


17. 다음 그림은 8개의 공정으로 이루어진 서비스 시스템을 묘사한 것이다. 고객은 두 개의 병렬 흐름 중에 어느 한쪽의 흐름을 따라 서비스를 받게 되고 모든 고객은 최종적으로 마지막 7번과 8번 공정의 서비스를 받게 된다. 원 위의 숫자는 각 공정별 처리율이다.

    a. 전체 시스템의 현재 생산용량은 얼마인가?

    b. 전체 시스템의 8개 단위 공정 중 두 개를 골라 개선한다면 어느 것을 선택하겠는가? 그리고 그 두 공정의 처리율을 각각 얼마나 증가시키겠는가? 또한 이 경우 전체 시스템의 생산용량은 얼마나 증가하는가?

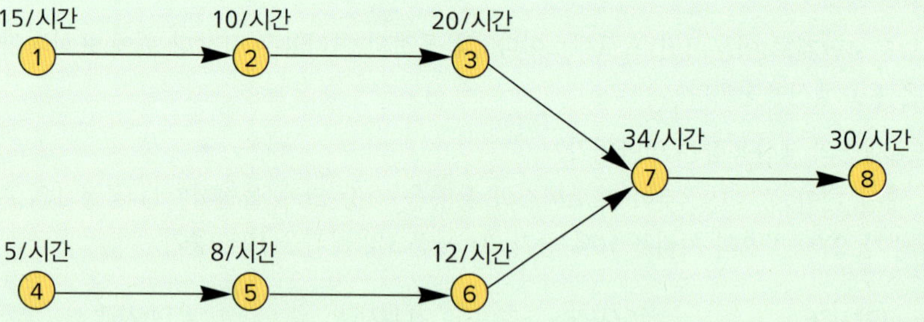


18. 새로운 설비의 도입가격은 $12,000이고 이 설비를 도입할 경우 매년 $1,500의 비용을 절감할 수 있다. 이 설비 도입에 대한 회수기간은 몇 년인가?

19. 새로운 기계의 도입가격은 $18,000이고 이 기계를 도입할 경우 매년 $2,400의 생산비용을 절감할 수 있다. 이 기계 도입에 대한 회수기간은 몇 년인가?

20. 사무실을 리모델링하는 데 총 $25,000의 비용이 발생하고 리모델링을 하게 되면 첫해에 $3,000, 두 번째 해에 $4,000, 그 후에는 매년 $5,000의 비용의 절감이 예상된다. 리모델링으로 인한 초기비용을 모두 차감하는 데 소요되는 기간은 얼마인가?

사례

## 병원 서비스 아웃소싱

많은 병원들처럼 몬태나주의 빌링스(Billings, Montana)에 있는 디코니스 클리닉(Deaconess Clinic)도 재무 사정이 어려워서 몇 가지 업무를 아웃소싱하기로 정하였는데, 좀 색다르다.

첫째, 이 병원은 카페테리아를 아웃소싱했다. 카페테리아의 직원들은 소속이 아웃소싱회사로 바뀌었지만, 자신의 일에 여전히 주인의식을 느끼며, 주방과 카페테리아의 가족적 분위기 때문에 여전히 병원과 친밀감을 가지고 있다.

청소도 아웃소싱하려고 시도하였지만 이직률이 문제였다. 이 문제를 조사해 본 결과 청소 담당 직원들은 업무 성격상 병원의 다른 부분과 격리되어 있었으므로 병원과의 조금이나마 있던 친밀감조차 사라졌기 때문이었다. 이 문제는 관리는 아웃소싱업체가 계속하도록 유지하면서 청소업무 직원들을 다시 병원이 고용함으로써 해결되었다.

병원은 세탁업무도 역시 아웃소싱하기로 정했다. 이번에는 경쟁 병원과 접촉하여 양 병원의 세탁업무를 합치자고 의논하였다.

**[질문]**

1. 경우에 따라서 아웃소싱된 업무가 다른 장소에서 수행되기도 하고 이 병원의 카페테리아처럼 원래 조직 내부에서 수행된다. 아웃소싱한 업무가 병원 내부에서 수행됨에 따라 어떤 장점이 있는가? 어떤 병원이 식음료 서비스를 아예 병원 밖에서 수행되도록 외주한다고 하자. 이렇게 하는 이유가 무엇일까?
2. 청소 업무의 경우 담당 직원들을 재고용한 바에야 아웃소싱하지 말고 원래처럼 직접 하면 되지 왜 계속 아웃소싱할까?
3. 세탁업무의 경우 다른 병원에 함께 아웃소싱하자고 요청한 이유는 무엇일까?

출처: Based on Norm Friedman, "Is Outsourcing the Solution?" www.hpnonline.com/inside/2004-06/outsourcing.htm.

## 참고문헌


Allspaw, John. *The Art of Capacity Planning: Scaling Web Resources*. Sebastopol, CA: O'Reilly Media, 2008.

Goldratt, Eliyahu M. *Theory of Constraints*. Great Barrington, MA: North River Press, 2000.

Gunther, Neil J. *Guerrilla Capacity Planning: A Tactical Approach to Planning for Highly Scalable Applications and Services*. New York: Springer-Verlag, 2007.

Jacobs, F. Robert, William Berry, D. Clay Whybark, and Thomas Vollman. *Manufacturing Planning and Control for Supply Chain Management*. New York: McGraw-Hill, 2011.

La Piana, David. *The Nonprofit Strategy Revolution: Real Time Strategic Planning in a Rapid Response World*. St. Paul, MN: Fieldstone Alliance, 2008.

# 프로세스 선택과 시설배치

## *Process Selection and Facility Layout*

### 학습목표 *Learning Objectives*

*이 장을 학습한 후 다음과 같은 능력을 가져야 한다.*

**LO6.1** 프로세스 선택의 전략적 중요성과 조직과 공급사슬에 미치는 영향에 대해 설명

**LO6.2** 프로세스 선택을 위해 고려해야 하는 두 가지 주요 요인에 대해 설명

**LO6.3** 4개의 기본적인 프로세스 유형을 비교

**LO6.4** 기술경영의 필요성을 설명

**LO6.5** 시설배치 변경의 이유를 나열

**LO6.6** 제품별 배치의 주요 장단점을 설명

**LO6.7** 공정별 배치의 주요 장단점을 설명

**LO6.8** 간단한 라인밸런싱 문제를 해결

**LO6.9** 간단한 공정별 배치계획을 수립

### 개요 *Chapter Outline*

Shutterstock

제품 및 서비스 선택, 생산용량계획, 프로세스 선택, 시설배치는 기업조직, 기업의 활동과 능력에 장기적이고 광범위한 영향을 미치기 때문에 의사결정자가 가장 기본적으로 결정해야 하는 사항들이다.

이 장에서는 프로세스 선택과 시설배치를 다룬다. 프로세스는 투입을 산출로 변환하며, 생산운영관리의 핵심 대상이다. 하지만 프로세스 선택의 영향은 생산운영관리에 한정되지 않고 조직 전체와 조직의 사명을 수행하는 능력과 공급사슬에도 미친다. 그러므로 프로세스 선택은 전략적 의미가 있다. 프로세스 유형이 달라지면 생산능력이 바뀌게 되고, 한번 프로세스 유형이 정해지면 이를 수정하는 것은 시간과 비용 측면에서 쉽지 않다. 프로세스 선택을 위해서는 장기적 수요예측뿐 아니라 조직의 사명과 목표를 고려해야 한다.

운영관리와 공급사슬 측면에서 프로세스 선택은 중요한 영향을 미치게 된다. 운영관리 측면에서는 설비와 작업수요, 생산비용 그리고 수요에 대한 충족과 수요변동에 대한 대응능력에 영향을 미친다. 공급사슬 측면에서는 투입물과 산출물의 양 그리고 다양성과 관련이 있으며, 요구되는 유연성의 정도에도 영향을 미치게 된다.

기술도 프로세스 선택과 시설배치를 위해 종종 고려해야 할 항목이며, 그중 제품기술, 공정기술, 정보기술은 주요한 3가지 고려 항목이라고 할 수 있다.

프로세스 선택과 시설배치는 서로 긴밀히 연관되므로 이 장에서 함께 다룬다. 먼저 프로세스의 다양한 유형들에 대해 다룬 다음 프로세스와 시설배치의 연관성에 대해 논의한다. 이장의 나머지 부분에서는 시설배치의 방법에 집중한다.

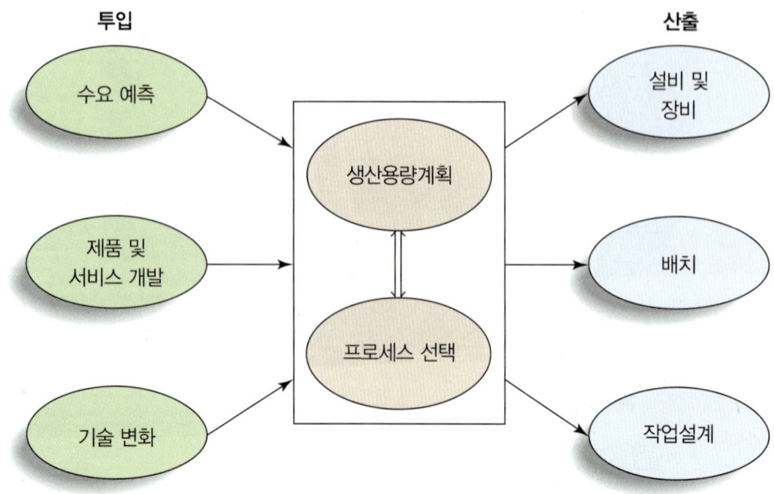


**그림 6.1**
프로세스 선택과 생산용량계획은 생산시스템 설계에 영향을 미친다.

## 6.1 서론

*프로세스 선택*(*process selection*)이란 제품이나 서비스를 생산하는 작업장 · 설비 · 장비 등을 어떻게 구성할지를 결정하는 행위를 일컫는다. 프로세스 선택은 생산용량과 시설배치, 장비, 작업설계에 크게 영향을 미친다. 프로세스 선택은 신제품이나 새로운 서비스를 개발할 때 주로 수행된다. 하지만 제품기술이나 장비기술의 변화가 발생하거나 경쟁 압력으로 인해서 정기적으로 수행되기도 한다. 그림 6.1은 프로세스 선택과 생산용량계획이 생산시스템 설계에서 차지하는 위치를 보여 준다. 수요예측, 제품 및 서비스 개발, 그리고 기술적 사항들 모두 생산용량계획과 프로세스 선택에 영향을 미친다. 더욱이 생산용량계획과 프로세스 선택은 상호 연관되어 있으며, 흔히 동시에 수행된다. 이 두 가지 결정은 시설 및 장비의 선택과 시설배치, 그리고 작업설계에 영향을 미친다.

어떤 프로세스를 선택할지는 *프로세스 전략*에 의해 결정된다. 프로세스 전략의 핵심사항은 다음과 같다.

- 자본집약도: 장비와 노동력의 비중.
- 프로세스 유연성: 제품이나 서비스의 설계, 생산량 그리고 기술과 같은 요인에서 변화가 발생했을 때 프로세스는 이를 반영하여 조정이 필요하다. 프로세스 유연성이란 이러한 조정이 얼마나 원활히 이루어질 수 있는가에 대한 정도를 의미한다.

## 6.2 프로세스 선택

프로세스의 선택은 수요를 기반으로 이루어지며, 다음의 두 가지 중요한 질문을 잊지 않아야 한다.

1. 다양성(variety): 프로세스가 얼마나 다양한 제품이나 서비스를 다룰 것인가?
2. 산출량(volume): 프로세스가 얼마나 많은 양을 생산할 것인가?

이 두 가지 질문에 대한 답이 프로세스 선택의 길잡이 역할을 하게 된다. 일반적으로 다양성과 산출량은 서로 *역의* 관계에 있다. 어느 한쪽이 커지면 다른 한쪽은 작아진다. 하지만, 인력과 장비의 유연성(flexibility)은 다양성과 *정의* 관계가 있다. 다양성의 수준을 낮추면 유연성의 필요성도 줄어들고, 다양성을 높이려면 유연성의 필요성이 커지게 된다. 예를 들어 어떤 제과점에서 매일 똑같은 케이크만 만든다면 제빵사나 제빵장비는 유연성이 필요하진 않을 것이다. 하지만, 케이크뿐 아니라 파이, 쿠키, 브라우니, 크로아상 같은 다양한 종류의 제빵제품을 만들어야 한다면 제빵사나 제빵장비는 제품별 다양한 특성을 고려하여 높은 유연성이 요구된다.

또한, 다양한 제품이나 서비스를 생산하기 위해서는 각 제품과 서비스별로 필요한 별도의 전용작업을 수행하거나 생산 중인 제품 또는 서비스를 다른 것으로 전환하는 데 필요한 준비가 되어 있어야 한다.

## 프로세스 유형

기본적인 프로세스 유형에는 잡샵, 배치프로세스, 반복프로세스, 연속프로세스, 그리고 프로젝트 등 다섯 가지가 있다.

**잡샵(job shop)** 잡샵은 일반적으로 규모가 작다. 취급할 제품이나 서비스가 매우 다양하고 개별 제품이나 서비스의 양이 적을 때 사용된다. 처리 과정은 *단속(斷續)적*이고, 처리 대상은 여러 가지 소규모 일감이며 각기 처리요구사항이 다르다. 범용 장비와 숙련공들에 의한 높은 유연성이 잡샵의 중요한 특징이다. 제조업에서 잡샵의 대표적인 예로는 고객마다 주문 내용이 다른 물건을 제작하는 철공소를 들 수 있다. 여러 가지 동물의 다양한 질병과 부상을 치료하는 동물병원이 서비스업에서 잡샵의 한 예이다.

**배치프로세스(batch)** 배치프로세스는 처리 대상의 다양성과 각 대상별 산출량이 아주 크지도 않고 작지도 않은 중간 정도일 때 사용된다. 장비들은 잡샵만큼 유연할 필요는 없지만 처리 과정은 역시 단속적이다. 잡샵에 비해 처리대상의 다양성이 상대적으로 낮으므로 인력의 숙련도 요구도 상대적으로 낮다. 배치프로세스의 예로는 여러 가지 빵과 쿠키를 배치로 생산하는 빵집, 멀티플렉스 영화관, 항공사 등을 들 수 있다. 이외에도 배치프로세스가 적절한 제품들에는 페인트, 화장품, 아이스크림, 맥주, 잡지, 서적 등이 있다. 연극, 음악회, 뮤직비디오, 라디오 및 TV 프로그램 등은 배치형 서비스이다.

**반복프로세스(repetitive)** 산출량이 많은 표준제품이나 서비스생산에는 반복프로세스가 유리하다. 산출이 표준화되어 있으므로 장비의 유연성 요구는 매우 제한적이고 인력의 숙련도도 일반적으로 낮다. 반복프로세스의 전형적인 예로 생산라인과 조립라인을 들 수 있다. 조립라인은 일반적으로 조립제품의 마지막 조립단계를 의미하지만, 반복프로세스와 조립라인은 때로는 같은 의미의 용어로 사용되기도 한다. 반복프로세스로 생산되는 제품들 중 익숙한 것들에는 자동차, 텔레비전, 연필, 컴퓨터 등이 있다. 서비스 반복프로세스의 예로는 자동차 세차장을 들 수 있다. 이외에도 식당이나 스포츠 경기, 공연장에 늘어선 손님들에 대한 처리나 검표과정 등은 반복프로세스의 예라고 할 수 있다. *대량 고객화(mass customization)*는 반복 프로세스에서 도입 가능한 하나의 옵션이다.

**연속프로세스(continuous)** 표준화된 연속적 산출물을 대량으로 생산할 때는 연속프로

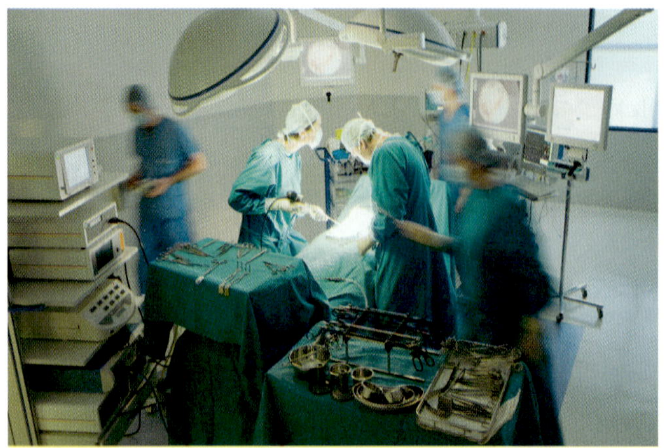

© Chris Ryan / age fotostock

▲ 잡샵프로세스: 미국의 한 병원에서 카테터를 사용하여 환자의 혈관을 진단하고 있다.

Cultura Creative/Alamy

▲ 배치프로세스: 제과점에서는 많은 빵들이 한꺼번에 제빵오븐을 통해 생산된다.

Cultura Creative Ltd/Alamy Stock Photo

▲ 반복프로세스: 자동차 조립라인에서 부품들이 순서에 따라 조립되고 있다.

vichie81/123RF

▲ 연속프로세스: 정유공장에서 연속프로세스 방식으로 원유를 혼합하고 분리하여 가스, 석유, 화학소재 등 다양한 제품을 만든다.

세스를 사용한다. 연속프로세스에서 생산되는 산출물은 다양성이 거의 없기 때문에 장비의 유연성도 거의 요구되지 않는다. 생산시스템의 복잡성이나 전문성에 따라 요구되는 인력의 숙련도는 범위가 매우 넓다. 일반적으로 범용장비를 다루는 인력의 숙련도는 높고 전용장비를 사용하는 인력의 숙련도는 낮을 수 있다. 연속프로세스로 생산되는 제품의 흔한 예로는 석유제품, 철강, 설탕, 밀가루, 소금 등이 있다. 공중 감시, 전력 공급, 인터넷 등은 연속적 서비스의 일부 예이다.

이들 네 가지 프로세스는 제조업과 서비스업에서 흔히 볼 수 있다. 프로세스의 능력은 생산되는 제품 및 서비스의 처리요구와 일치하는 것이 이상적이다. 이런 조화를 이루지 못하면 효율이 낮아서 원가가 높아지고 경쟁에서 불리해진다. 표 6.1은 프로세스 유형별로 각 프로세스에 적합한 산출물의 다양성, 수요의 크기 그리고 장단점을 간단히 기술하고 있다.

그림 6.2는 행렬형식으로 네 가지 프로세스의 대표적인 예를 보여주고 있다. 작업 다양성, 공정 유연성, 단위 원가는 잡샵에서 가장 높고 연속프로세스 쪽으로 이동하면서 점점 낮아짐을 볼 수 있다. 반대로 산출량은 잡샵이 가장 적고 연속프로세스로 이동할수록 점점 더

| | 잡샵 | 배치 | 반복/조립 | 연속 |
|---|---|---|---|---|
| 산출물 특징 | 맞춤 제품이나 서비스 | 반(半) 표준화 제품이나 서비스 | 표준화 제품이나 서비스 | 고표준화 제품이나 서비스 |
| 장점 | 매우 다양한 일감을 처리할 수 있음 | 유연성; 제품 또는 서비스 종류나 생산량의 변화에 대한 조정 능력 | 저원가, 대량 수요 충족, 고효율 | 매우 높은 효율, 고도로 높은 수요 충족 |
| 단점 | 저속, 제품당 고원가, 계획과 스케줄링이 복잡 | 제품당 중간 정도 원가, 스케줄링이 중간 정도 복잡 | 저유연성, 높은 고장 비용 | 매우 경직, 다양성 결여, 높은 변경 비용, 매우 높은 고장 비용 |

**표 6.1**
프로세스 유형

제품 또는 서비스의 다양성과 장비의 유연성

| | 높음 | 중간 | 낮음 | 매우 낮음 |
|---|---|---|---|---|
| 작거나 매우 작은 산출량 | **잡샵**<br>정비소<br>병원 응급실 | | | |
| 중간 산출량 | | **배치**<br>베이커리<br>강의실 수업 | | |
| 높은 산출량 | | | **반복**<br>조립라인<br>자동차 세차 | |
| 매우 높은 산출량 | | | | **연속**<br>정유공장<br>수처리 공정 |

**그림 6.2**
산출량과 유연성은 프로세스 선택에 영향을 미친다.

커진다. 또한 프로세스별로 이상적인 선택이 그림의 대각선상에 있음을 확인할 필요가 있으며, 대표적인 예가 기술되어 있다. 다양한 제품을 소량씩 처리하는 것이 목표라면 잡샵이 가장 적절한 선택이다. 이보다 다양성은 낮으면서 처리량이 더 높다면 배치프로세스가 가장 적합할 것이다. 수요는 높으면서 다양성이 낮은 일감에 잡샵을 사용하면 생산량이 수요를 따라가지 못하거나 원가가 높아서 매출이 줄어들 수 있으므로 기회비용이 발생할 수 있고, 수요는 낮으면서 다양성이 높은 제품에 연속프로세스를 사용하면 과잉 투자로 인한 손실이 발생할 수 있으므로 그런 조합은 고려조차 되지 않을 것이다.

프로세스 선택 시 또 한 가지 고려하여야 할 점은 제품과 서비스는 흔히 그 수요가 낮게 시작하여 시장에서 점차 알려지면서 증가하는 *수명주기*를 거친다는 사실이다. 이런 수명주기 현상이 나타난다면 경영자는 한 유형(이를테면, 잡샵)에서 언제 다음 유형(이를테면, 배치프로세스)으로 옮겨가야 할지 반드시 알아야 한다. 물론 어떤 사업은 일정한 수준에 머물러 있지만(예, 잡지 발행), 시간이 지나면서 수요가 늘어나거나 시장이 포화되면서 줄어드는 제품이나 서비스도 있다. 경영자는 자신의 제품이나 서비스를 평가하여 시간의 경과에 따라 언제 프로세스의 유형을 바꾸어야 할지 판단하여야 한다.

이들 네 가지 프로세스 유형(잡샵, 배치, 반복, 연속)은 생산운영 활동이 꾸준히 지속되는

**표 6.2**
프로세스 선택은 여러 가지 활동과 부문에 영향을 미친다.

| 활동/부문 | 잡샵 | 배치 | 반복 | 연속 | 프로젝트 |
|---|---|---|---|---|---|
| 원가 추정 | 어려움 | 어느 정도 쉬움 | 쉬움 | 쉬움 | 간단~복잡 |
| 단위원가 | 높음 | 중간 정도 | 낮음 | 낮음 | 매우 높음 |
| 사용 장비 | 범용 | 범용 | 전용 | 전용 | 다양함 |
| 고정비 | 낮음 | 중간 정도 | 높음 | 매우 높음 | 다양함 |
| 변동비 | 높음 | 중간 정도 | 낮음 | 매우 낮음 | 높음 |
| 노동력 숙련도 | 높음 | 중간 정도 | 낮음 | 낮음~높음 | 낮음~높음 |
| 마케팅 | 능력을 홍보 | 능력을 홍보 중간 정도의 표준화 제품과 서비스 | 표준화 제품과 서비스를 홍보 | 표준화 제품과 서비스를 홍보 | 능력을 홍보 |
| 스케줄링 | 복잡 | 중간 정도 복잡 | 일상적 | 일상적 | 복잡함, 변경이 잦음 |
| 공정재고 | 높음 | 높음 | 낮음 | 낮음 | 다양함 |

경우에 적합한 형태이다. 하지만 일정 기간 동안만 수행되는 경우도 있다. 이런 경우 작업은 흔히 *프로젝트* 형태로 수행된다.

**프로젝트** ▸
제한된 기간 내에 일정한 목표를 달성하기 위하여 수행되어야 할 비반복적인 활동들의 집합

**프로젝트(project)** **프로젝트**는 일상적이고 반복적으로 일어나는 일이 아니라 특정 목적을 달성하기 위하여 일정기간 동안만 수행되는 일이다. 프로젝트의 복잡성 정도는 매우 광범위한데, 연극 공연, 컨설팅, 영화 제작, 새로운 제품이나 서비스의 출시, 도서 출판, 댐 건설, 교량 건설 등등이 있다. 장비의 유연성과 작업자의 숙련도도 매우 광범위하다.

각 조직에서 채택하는 프로세스의 유형은 그 조직의 매우 많은 활동들에 영향을 미친다. 표 6.2에서 이러한 영향들의 일부를 간단히 기술하였다.

프로세스는 공급사슬의 형태에도 영향을 미친다. 반복프로세스나 연속프로세스는 안정적이고 대량의 투입물이 필요하다. 따라서, 품질과 시점 측면에서 매우 높은 신뢰성의 운송이 필요하다. 이에 반해 잡샵이나 배치프로세스에서는 변동성이 큰 주문량과 다양한 주문시점을 만족시킬 수 있어야 한다. 때로는 계절성이 중요한 요인이 되며, 공급자는 주기적으로 발생하는 대량의 수요를 만족시킬 수 있어야 한다.

지금까지 설명한 각 프로세스가 반드시 '한 가지' 형태로만 존재하는 것은 아니다. 어떤 제품이나 서비스를 생산하는 데 있어서 여러 종류의 프로세스가 섞여서 혼재되어 있는 경우를 흔히 볼 수 있다. 예를 들어, 반복이나 연속프로세스가 주 프로세스인 기업에서도 고장난 장비를 수리하는 과정에서는 잡샵 형태로 작업을 수행한다. 또한, 처음에는 잡샵이나 배치프로세스로 시작했지만 일부 제품의 생산량이 늘어나는 경우에는 배치나 반복프로세스로 변하는 경우도 있다.

## 제품 · 서비스 프로필 분석

프로세스 선택은 상당한 장비 투자를 수반하며 설비 배치에 매우 구체적으로 영향을 미치고, 설비 배치 또한 대규모 투자를 필요로 한다. 게다가 생산운영 역량과 시장의 수요 그리

## 개요

모튼 솔트(Morton Salt)는 모튼 인터내셔널의 자회사로 주로 화학제품, 에어백, 소금제품을 생산하는 제조사이다. 버펄로와 로체스터 사이에 있는 뉴욕의 실버스프링에 있는 모튼의 소금 생산공장은 미국 내 6개 소금공장 중 하나이다. 실버 스프링 공장에는 숙련 및 비숙련 직원을 포함해서 약 200명이 근무하고 있으며, 수질개선용, 식료품, 산업 및 농업용 소금을 생산하고 있다. 식료품용 소금으로는 26온스 원통캔 요오드 첨가소금을 생산한다. 식료품용 소금은 비록 전체 생산량에서 작은 부분을 차지하지만(약 15%) 수익성은 가장 높다.

## 소금 생산

소금의 원료는 지표면으로부터 2,400피트 지하에 있는 염정(鹽井, salt caverns or wells)에 물을 주입하여 얻게 된다. 이때 소금 침전물이 물에 용해되어 소금물이 된다. 소금물은 지하로부터 펌핑되어 소금 결정체로 변환된다. 소금물이 끓어 수분을 증발시키게 되면 소금 결정체와 잔여수분이 남게 된다. 잔여수분은 건조작업을 통해 제거된다. 이러한 공정은 한 번에 약 6주간 끊김 없이 진행된다. 최초에 생산되는 소금의 양은 시간당 45톤이다. 하지만 시간이 지나면서 일부 손실이 발생하고 최종 단계에서 생산되는 양은 최초 생산률의 약 75% 수준이다. 한 번의 생산이 끝나면 설비유지보수를 위해 공정가동이 중단되고 그 이후 새로운 생산이 재개된다.

소금은 다음 생산공정에 진입하거나 벌크나 산업용 소금으로 운송되기 전에 사일로(silo, 원통탑 모양의 저장고)에 보관된다. 사일로에서 4개의 서로 다른 전용 생산공정으로의 이동은 컨베이어가 담당한다. 그 4개 중 하나가 원통캔 제품을 위한 것이다(다음 쪽의 그림 참조). 여기서의 논의는 바로 원통캔 제품생산에 초점이 맞춰져 있다.

## 원통캔 제품 생산

연간 약 380만 개의 캔 제품이 생산된다. 그중 약 70%에는 모튼의 상표가 부착되고 나머지에는 다른 상표들이 부착된다. 두 개의 고속 병렬라인이 존재하는데 공정의 시작단계에서는 두 라인이 하나의 라인으로 진행되다가 일정 시점에서 동일한 두 개의 라인으로 분리된다. 각 라인은 시간당 9,600개의 캔(분당 160개)을 생산할 수 있다. 산출률은 고정적이며 일정하다. 라벨을 부착하는 공정을 제외하면 나머지 공정은 완전히 표준화되어 있다. 각 라인에는 12명의 작업자가 필요하지만 공통작업들이 존재하여 두 라인에 총 18명의 작업자가 존재한다. 모두 특별한 기술이 필요 없는 단순반복 업무를 수행한다.

이 공장에서는 소금과 소금이 들어갈 캔을 같이 생산한다. 캔은 원통 모양으로 플라스틱으로 된 상부 주둥이를 제외하면 전체가 골판지로 제작된다. 본체는 두 장의 합판을 접착제로 붙이고 튜브 형태로 말아서 제작한다. 접착제는 합판을 붙이는 것뿐 아니라 내용물이 수분을 막아주는 역할도 하게 된다. 튜브는 다음의 두 가지 작업으로 절단한다: 먼저 긴 튜브들로 자른 후에 잘려진 튜브를 캔 크기로 다시 절단한다. 캔의 상부와 하부는 다시 긴 띠 형태의 판지로 막는다. 그 다음에 캔이 소금으로 채워지고 상부 주둥이도 부착된다. 완성된 캔 제품은 파렛트에 적재 후 재고창고에서 배송을 기다리게 된다.

## 품질관리

생산공정에서 품질검사는 여러 지점에서 시행한다. 처음에 염정으로부터 소금을 추출할 때 소금의 순도를 검사한다. 요오드와 고결방지제가 첨가될 때는 화학 분석을 통해 그 양을 조절하게 된다. 소금 결정체의 크기는 중요한 점검사항이다. 원하는 크기로 생산되고 덩어리 형태인 것을 제거하기 위해 거름과정을 거치게 되는데, 이때 작은 금속들이 소금에 섞이게 된다. 따라서 공정상의 적절한 지점에서 자석을 이용한 금속 제거 작업을 수행한다. 소금에 오염이 감지될 경우에는 해당 소금을 식료품이 아닌 다른 용도의 소금으로 전환시킨다.

캔의 상태는 주로 시각을 통해 검사된다. 이 검사에서는 캔의 조립상태, 완제품의 무게, 라벨의 부착상태, 플라스틱 주둥이의 부착상태 등에 대한 점검이 진행된다.

비정상적이거나 손상된 캔이 발생하면 생산라인에는 지연이 발생한다. 불량률을 줄이려는 노력은 산출률을 떨어뜨리는 요인이 되지만, 불량품에 들어있는 소금은 반드시 찾아내서 폐기해야만 한다. 이렇게 폐기되는 제품들과 많은 품질검사원, 광범위한 랩 검사로 인해 품질비용은 꽤 높은 편이다.

## 생산계획과 재고

생산된 소금은 모두 판매가 가능하다. 생산계획 담당자의 업무는 사일로에 저장된 소금을 각 생산라인의 용량과 각 제품의 재고수준을 고려하여 배분하는 것이다. 핵심적으로 살펴야 할 사안은 소금물 생산으로부터 유입되는 소금을 감당할 수 있을 만큼의 충분한 여유용량이 사일로에 있는지를 확인하는 것이다.

## 설비 보전과 수리

설비들은 1950년대 것이며 좋은 상태를 유지하기 위해서는 꾸준한 보전활동이 필요하다. 그렇다 하더라도, 부품 수명으로 인해 설비고장은 일상적으로 발생한다. 이 공장에서는 이러한 부품을 수리하거

(계속)

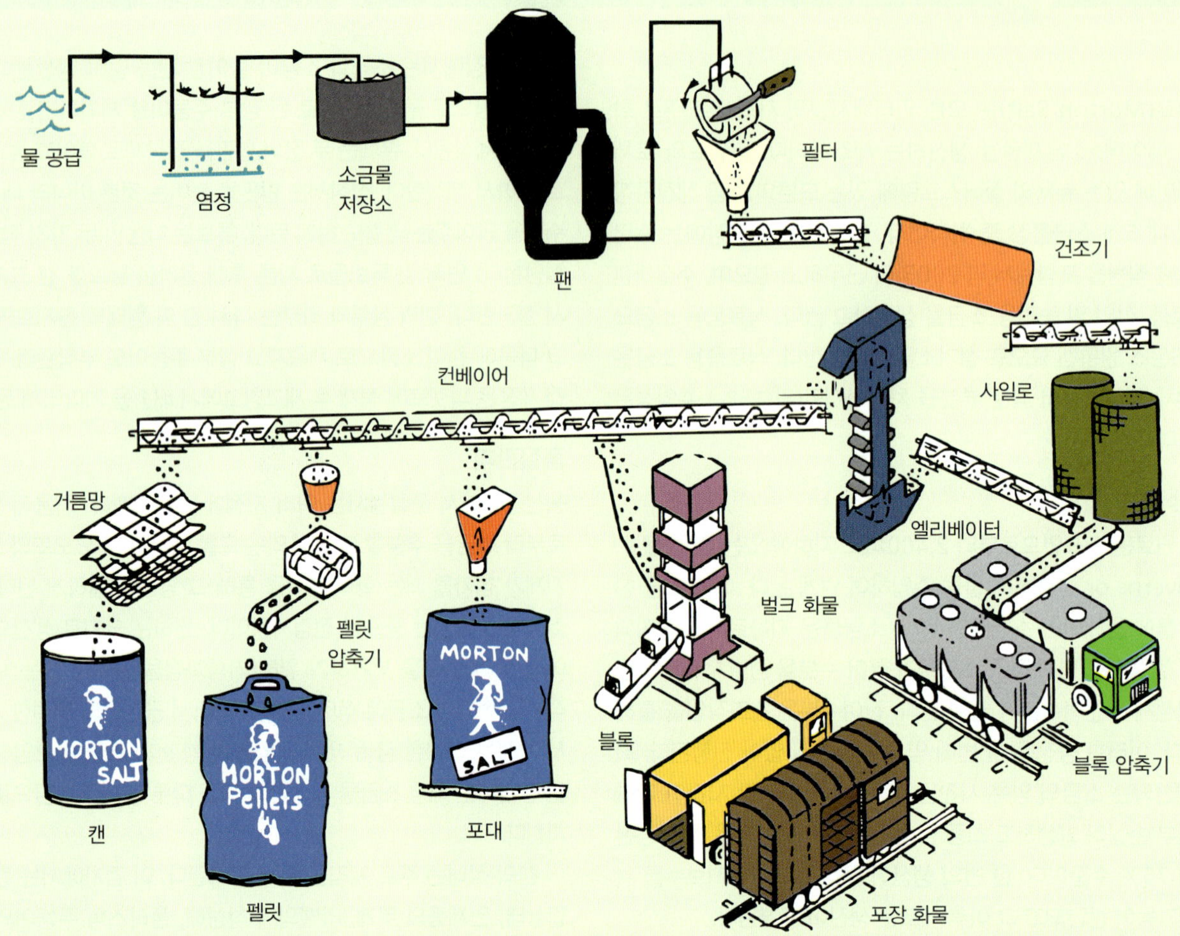


나 새로운 부품을 제작하기 위한 별도의 제작소를 가지고 있다. 설비의 노화로 인해 교체부품들의 조달이 쉽지 않기 때문이다.

**[질문]**

1. 소금물에서부터 마지막 원통캔 제품까지 전체 소금생산과정을 간략히 기술하라.
2. 원통캔 제품 생산에서의 품질관리 활동을 간략히 기술하라.
3. 회사가 최신의 설비를 사용하지 않고 오래된 과거 설비를 고수하는 이유가 있는가?
4. 제품–공정 스펙트럼에서 소금생산은 어디에 위치하는가?
5. 소금의 연간 생산량을 대략적으로 계산해 보자. *힌트*: 1톤 = 2,000파운드, 1파운드 = 16온스.
6. 이 공장의 공정에 대해 개선점을 제시할 것이 있는가?

고 가격 또는 원가 전략 사이에 부조화가 발생하면 조직의 경쟁력에 크게 부정적인 영향을 미칠 수 있고, 정부 기관의 경우 고객을 효과적으로 서비스하는 데 상당한 어려움을 겪는다. 그러므로 프로세스 선택에 *앞서* 여러 가지 프로세스와 시장 조건들 사이의 상관관계를 평가하여 이들 사이에 조화를 이루도록 하여야 한다.

**제품 · 서비스 프로필 분석** ▶
제품이나 서비스의 주요 요구사항을 프로세스 역량과 연계하기

**제품 · 서비스 프로필 분석**(product or service profiling)을 사용하면 제품 · 서비스의 주요 차원들을 파악하고 적절한 프로세스를 선택함으로써 부조화를 피할 수 있다. 주요 차원들에는 취급할 제품 · 서비스들의 범위, 예상 주문 크기, 가격 전략, 스케줄 변경 예상 빈도, 주문 획득 요건 등이 있다.

### 제품과 서비스의 지속가능 생산

기업들은 다양한 곳으로부터 지속 가능한 생산 공정을 운영하도록 압력을 받는다. 로웰 지속가능 생산 센터(Lowell Center for Sustainable Production, http://sustainableproduction.org)에 의하면, "지속가능 생산이란 오염물질을 배출하지 않고, 에너지와 천연자원을 절약하며, 경제적으로 효율적이고, 작업자와 지역사회, 고객에게 안전하고 건강하며, 모든 작업자들을 사회적 · 창조적으로 보상하는 프로세스와 시스템을 사용하여 제품과 서비스를 창출하는 것이다." 이를 달성하기 위해 이 센터는 다음과 같은 방식으로 프로세스를 설계하고 운영해야 한다고 주장한다.

- 폐기물과 반생태계적인 부산물은 줄이고, 제거하거나 아니면 현장에서 재활용한다.
- 인간의 건강과 환경에 해로운 화학 물질, 물리적 성분, 조건은 제거한다.
- 에너지와 물자는 절약하고 사용하는 에너지와 물자의 형태는 원하는 결과물에 아주 적합해야 한다.
- 작업 공간은 화학적, 인간공학적, 물리적 위험을 최소화하도록 설계한다.

이들 목표를 달성하기 위해 기업들은 에너지 사용과 효율, 이산화탄소와 독극물 배출, 쓰레기 발생, 조명, 난방, 냉방, 환기, 소음과 진동, 작업자의 건강과 안전 등 여러 요인들에 주의를 기울여야 한다.

### 린 프로세스 설계

린 프로세스 설계에는 일련의 일반적인 원칙들이 필요한데 이에 대한 자세한 내용은 다른 장에서 충분히 다룬다. 그중에서 한 가지 원칙인 낭비 저감(waste reduction)은 지속가능성과 깊은 관련이 있다. 또한 린 설계는 프로세스의 흐름을 개선하기 위해 전체 프로세스에 걸친 부하의 변동 감축을 매우 중요시한다. 성공적인 린 설계는 재고와 공장 면적의 감축, 신속한 반응과 짧은 납기, 그리고 불량 · 재작업 · 폐기의 감축과 생산성 향상을 가져온다. 린 프로세스 설계는 흔히 이 장의 뒷부분에서 다룰 셀 배치로 나타난다.

린 프로세스 설계는 의료 및 보건 서비스 시스템, 제조업, 건설 프로젝트, 프로세스 리엔지니어링 등 매우 다양한 영역에 적용된다.

## 6.3 기술

기술과 기술혁신은 흔히 기업에 큰 영향을 미친다. **기술혁신**(technological innovation)은 신규 또는 개선된 제품이나 서비스의 발견과 개발, 또는 이들을 생산하거나 제공하기 위한 프로세스의 발견이나 개발을 일컫는다. **기술**(technology)은 제품과 서비스 그리고 생산 프로세스의 개발과 개선을 위한 과학적 지식의 응용을 일컫는다. *첨단기술*은 가장 진보된 장비와 방법을 의미한다.

**기술혁신**
신규 또는 개선된 제품이나 서비스의 발견과 개발, 또는 이들을 생산하거나 제공하기 위한 프로세스의 발견이나 개발

**기술**
제품과 서비스 그리고 생산 프로세스의 개발과 개선을 위한 과학적 발견의 응용

프로세스 기술(process technology)과 정보기술(information technology)은 원가와 생산성, 경쟁력에 크게 영향을 미친다. *프로세스 기술*은 제품과 서비스의 생산에 사용하는 방법과 절차 그리고 장비를 포함한다. 프로세스 기술은 조직의 내부 프로세스뿐만 아니라 공급

사슬 프로세스로까지 확장된다. 정보기술은 정보의 저장 · 처리 · 전송을 위한 컴퓨터와 전자 장비에 관련된 기술과 용법이다. *정보기술*은 오늘날 기업 활동에 깊이 배어들어 있다. 이들에는 데이터처리기술, 제품의 식별과 추적을 위한 바코드와 RFID, 판매시점(pont-of-sale) 정보 수집을 위한 장비, 자료 전송, 인터넷, 전자 상거래, 전자우편 등이 있다.

RFID 태그는 생산 중이거나 재고로 보관 중인 제품들을 추적할 수 있게 해 준다. 고객이나 물류센터로 제품을 배송하기 전에 포장부서에서는 RFID 판독기를 통해 배송될 제품의 종류와 양이 정확한지를 확인할 수 있다. 병원에서도 RFID 태그는 다양한 용도로 활용된다. 그중 하나는 병원에서 사용되는 의복 중에 세탁되어 창고에 보관 중인 의복과 현재 착용 중인 의복을 자동적으로 구별해 내는 것이다. 모든 병원근무자에게는 그 사람의 고유 ID와 연계된 RFID 태그가 지급되며, 어떤 병원근무자가 카운터에 도착해 RFID 태그를 스캔하면, 그 사람에게 필요한 의복의 종류와 사이즈, 의복이 저장되어 있는 렉 위치, 남은 수량 등이 자동적으로 보여진다. 의복을 수령한 후 다시 한번 RFID 태그를 스캔하면, 데이터베이스는 자동적으로 업데이트된다.

프로세스 기술의 진보도 품질 향상, 원가 절감, 생산성 향상, 프로세스 역량 향상을 통하여 기업이 경쟁우위를 창출하는 데 도움이 된다. 몇 가지 예로, 레이저 기술을 이용한 수술과 측정 장치, 진단 의료 장비, 고속 인터넷 접속, 고선명도 텔레비전(high-definition television, HDTV), 온라인 뱅킹, 정보 검색, 고속 검색 엔진 등을 들 수 있다. 프로세스 기술은 흔히 조직에서 내부적으로 개발하기보다는 외부로부터 획득한다.

프로세스 기술이 큰 혜택이 될 수 있지만 어떤 프로세스 기술을 도입하려 할 때에는 그것의 장단점을 충분히 검토하여야 한다. 그렇지 않으면 큰 위험을 초래할 수도 있기 때문이다. 그 기술로 무엇을 할 수 있고 무엇을 할 수 없는지 반드시 파악해야 한다. 또한, 초기 비용, 공간 소요, 현금 흐름, 유지보수, 자문 등과 같은 경제적 사항과 비용, 시간, 자원과 같은 통합과 관련한 사항 그리고 훈련, 안전, 일자리 축소와 같은 인적 사항들도 검토하여야 한다.

## 자동화

**자동화장비** ▸
감지기능과 제어기능이 있어서 스스로 작동할 수 있는 기계

프로세스 설계에서 자동화장비의 채택 여부는 점점 더 중요한 이슈가 되고 있다. **자동화장비**(automation)란 감지기능과 제어기능이 있어서 스스로 작동할 수 있는 기계를 일컫는다. 자동화 장비를 채택하기로 결정하였다면 그 다음에 결정하여야 할 사항은 자동화의 정도이다. 간단한 단위 작업의 자동화에서 전체 공장의 완전한 자동화에 이르기까지 그 폭이 매우 넓을 수 있다.

서비스업에서도 자동화는 점점 더 중요해지고 있다. ATM, 자동 냉난방, 자동 검사, 자동창고(automated storage and retrieval systems), 자동 화물 분류, 자동 우편물 분류, 전자우편, 온라인 뱅킹, 하이패스 등을 예로 들 수 있다.

자동화는 수작업에 비하여 여러 가지 유리한 점이 있다. 자동화는 변동이 작은 반면, 인간은 동일한 작업이라도 매번 동일한 시간을 들여 똑같이 수행하기 어렵다. 제조업에서 변동은 품질과 납기 준수에 해롭다. 게다가 기계는 주의가 산만해지거나 권태를 느끼지도 않고, 파업을 하면서 임금 인상을 요구하거나 근로 조건 불만으로 소송을 제기하지도 않는다. 또 다른 이점은 변동비의 절감이다. 자동화를 하려면 반드시 업무가 *표준화되어야*, 즉 업무처리 요구에 변동이 (거의) 없어야 한다.

자동화는 제조업과 서비스 조직에서 원가를 절감하고, 생산성을 높이며 서비스 품질을

## 읽을거리 폭스콘(Foxconn)이 자동화에 주력하다

폭스콘은 주문자 상표부착방식으로 전자제품을 생산하는 기업으로 중국 본사를 비롯하여 전 세계적으로 분포된 생산공장을 두고, 약 120만 명을 고용하고 있으며 에플(Apple), 휴렛패커드(Hewlett Packard), 델(Dell)에 납품하고 있다. 이 기업은 생산방식을 인력 중심에서 로봇시스템으로 점차 변화시키고 있다.

"폭스콘은 향후 3년 내에 약 100만 대의 로봇을 생산시스템에 도입할 것이다. 이것은 근로자들의 집단자살과 노동자 착취 등의 근로환경에 대한 문제제기가 부분적으로 영향을 미친 결과이다."

중국에 있는 외국계 제조사와 다국적 기업들도 이러한 생산방식의 업그레이드가 필수적이고 인력을 로봇으로 대체하는 것이 장기적으로 기업에 이익이 될 것으로 인식하고 있다.

**[질문]**

1. 폭스콘이 자동화를 광범위하게 활용하게 되면 많은 인력감축이 발생하게 될 것이고 다른 기업에서는 반대로 새로운 채용이 발생할 수 있다. 어떤 유형의 기업이 새로운 채용을 발생시키게 될 것이라고 생각하는가?
2. 많은 기업들이 폭스콘을 통해 외주 생산을 한 것은 낮은 인건비가 주요한 이유였다. 폭스콘이 자동화로 생산방식을 전환하게 되면 몇몇 기업들은 폭스콘으로의 아웃소싱을 재검토하고 자동화로 전환할 수도 있다. 폭스콘에 계속해서 외주 생산을 맡기게 된다면 그 이유는 무엇인가? 반대로 자신들의 자동화 시스템을 활용한 자체 생산으로 변경한다면 그 이유는 무엇인가?

출처: "Foxconn halts recruitment as focus shifts to automation," HeWei in Shanghai, *China Daily*, Feburuary 2, 2013, p.9.

높이고 일관성을 유지하는 방안으로 그 활용도가 높아지고 있다.

자동화는 흔히 경쟁력을 위하여 반드시 필요한 전략이라고 여겨진다. 하지만 자동화는 사람에 비해 불리한 점과 제한도 있다. 우선 자동화를 하려면 큰 투자가 필요하다. 기술은 비싸기 때문에 산출량이 많아야 투자가 타당성을 지닌다. 또한, 자동화는 인간에 비해 유연성이 훨씬 떨어진다. 어떤 프로세스를 일단 자동화하고 나면 그것의 변경을 어렵게 하는 많은 이유가 생긴다. 더욱이 직원들이 때로 자동화를 두려워하기도 하는데, 일자리를 잃을 수도 있기 때문이다. 이런 점은 사기와 생산성에 악영향을 미칠 수 있다.

자동화 채택 여부와 자동화 수준을 결정할 때는 관련 이슈를 신중하게 검토하여 자동화에 따르는 파생 효과들을 분명히 이해하여야 한다. 또한, 생산시스템에 자동화를 성공적으로 *통합하려면* 매우 신중하게 계획을 세워야 한다. 그렇지 않으면 큰 문제를 낳을 수 있다. 자동화는 비용과 유연성뿐만 아니라 기업의 전반적인 전략 우선순위와의 적합성에도 중요한 함의를 지닌다. 자동화를 채택하기로 결정한다면 먼저 시스템의 낭비를 제거하여, 낭비 요소까지 자동화하는 실수를 피하여야 한다. 표 6.3은 조직이 자동화를 하려고 할 때 유용한 점검 사항을 나열한 것이다.

일반적으로 자동화에는 고정자동화, 프로그램 방식 자동화, 유연자동화 등 세 유형이 있다.

*고정자동화(fixed automation)*는 세 가지 유형 중 가장 경직적이다. 때로는 디트로이트형

**표 6.3**
자동화를 위한 질문

1. 어느 수준까지 자동화 할 것인가? (적절한 자동화 수준은 업무에 따라서 차이가 날 수 있으며, 그렇기 때문에 부분적인 자동화도 대안이 될 수 있다.)
2. 자동화가 전체 시스템의 유연성에 어떤 영향을 미칠 것인가?
3. 자동화 프로젝트의 타당성은 어떻게 입증할 것인가?
4. 변화관리는 어떻게 해야 좋을까?
5. 자동화로 인한 위험은 무엇인가?
6. 자동화의 도입이 시장 점유율, 원가, 품질, 고객 만족, 노사관계, 일상 업무에는 어떤 영향을 미치는가?

자동화라고도 불리는데, 정해진 작업을 고정된 순서로 수행하도록 특화된 고가의 장비를 사용한다. 저원가와 대량생산이 주된 이점이다. 다양성이 극히 낮고 제품이나 프로세스를 크게 변경하려면 비용이 많이 드는 점이 주된 약점이다.

*프로그램 방식 자동화(programmable automation)*는 가장 유연한데, 컴퓨터 프로그램을 사용하여 작업의 순서와 개별 작업의 세부 내용까지 제어할 수 있는 고가의 범용장비를 사용한다. 이 유형의 자동화를 사용하면 꽤 다양한 제품들을 작은 배치로 소량 생산하더라도 경제성이 있다. 수치제어(numerically controlled, N/C) 기계와 일부 로봇은 프로그램 방식 자동화의 응용이다.

**컴퓨터이용생산** ▶ 컴퓨터를 이용한 프로세스 제어

**수치제어기계** ▶ 수학적으로 정의된 프로세스 명령에 따라 작업하는 기계

**컴퓨터이용생산**(computer-aided manufacturing, CAM)이란 로봇에서 자동 품질관리에 이르기까지 컴퓨터를 이용하여 프로세스를 제어하는 생산방식을 일컫는다. **수치제어기계** [numerically controlled (N/C) machines]는 수학적 관계에 기반한 처리 명령들에 따라서 작업하도록 프로그램되는데, 이 명령들은 작업의 세부 사항을 기술한다. 이 명령들은 자기테이프와 같은 매체나 마이크로프로세서에 저장된다. 수치제어기계들은 오랫동안 사용되어 왔지만, 새로운 제조 방식에서 여전히 중요한 요소이다. 개별 기계가 자체 컴퓨터를 가지기도 하는데, 이런 제어 방식을 *컴퓨터수치제어(computerized numerical control, CNC)*라고 한다. 이와는 달리 한 대의 컴퓨터가 여러 대의 수치제어기계를 제어할 수도 있는데, 이런 제어 방식은 *직접수치제어(direct numerical control, DNC)*라고 한다.

수치제어기계는 부품을 소량씩 자주 생산하여야 하는 경우, 기하학적으로 복잡한 부품을 정밀 가공하여야 하고 실수에 따른 비용이 큰 경우, 그리고 제품의 설계 변경이 잦은 경우에 매우 적합하다. 수치제어기계의 주된 단점은 프로그램이 쉽지 않고 절삭공구의 마모와 자재의 변동을 감지할 수 없는 점이다.

제조에 로봇(robot)도 사용할 수 있다. 로봇은 용접, 조립, 일감의 장 · 탈착, 도색, 시험 등

컴퓨터수치제어(computer numerical control, CNC)란 기계 가공에 필요한 실행 명령들을 읽고 공작기계를 작동시키는 컴퓨터를 일컫는다. CNC 공작기계들은 CAM 소프트웨어 패키지가 생성한 파일에 따라서 제어된다. CNC 기계 가공으로 제조 프로세스의 자동화가 증가하면서 제품의 품질에 상당한 개선이 있었다. CNC를 사용한 자동화 덕분에 실수의 빈도가 줄어들었으며 작업자는 다른 업무를 수행할 시간적 여유가 생겼다. CNC 제어기의 지능 덕분에 잡샵 셀의 생산성이 크게 증가하였다. 어떤 공작기계들은 심지어 작업자의 개입 없이도 한 주말 동안에 1,000개의 부품을 하나씩 레이저와 센서를 사용하여 검사까지 하면서 생산할 수 있다. ▶

Andrii77/Shutterstock

다양한 일을 할 수 있다. 로봇은 인간을 대신하여 힘들거나 더럽거나 따분한 일을 수행한다.

로봇은 단순한 것도 있고 복잡한 것도 있다. 가장 단순한 로봇은 고정된 명령들만을 수행한다. 다음은 프로그램이 가능한 로봇인데, 일련의 동작을 프로그램의 지시에 따라서 반복 수행한다. 이런 로봇은, 비디오테이프재생기(VTR)가 반복해서 영상을 재생하듯이, 동일한 일련의 동작들을 '반복한다'. 이보다 높은 수준의 로봇은 컴퓨터의 명령에 따라 작업을 수행한다. 최고 수준의 로봇은 대상을 인식하거나 비교적 단순한 결정을 스스로 내릴 수도 있다.

또 다른 형태의 로봇으로는 인간과의 협업이 가능하도록 설계된 코봇(cobot)이 있다. 코봇은 안전하고 효과적으로 인간의 보조역할을 수행한다. 일반적으로 여러 개의 고기능 센서와 소프트웨어를 갖추고 있어 작업장에서 빠르고 쉽게 인간의 손 역할을 대신할 수 있다. 또한 동작 중에 비정상적인 힘을 감지하는 능력과 인간과 접촉이 발생할 경우는 즉시 동작을 멈추거나 위치를 바꾸도록 프로그래밍이 가능하다.

*유연자동화(flexible automation)*는 프로그램 방식 자동화에서 진화하였다. 이것은 프로그램 방식 자동화 장비보다 더 맞춤화된 장비를 사용한다. 이들 두 가지 자동화의 차이는 유연자동화 장비의 준비 · 교체 시간이 훨씬 짧다는 점이다. 이 점 때문에 유연자동화 장비는 다양한 제품을 로트 단위가 아니라 낱개씩 생산하면서도 거의 연속적으로 가동할 수 있다.

실제 산업 현장에서는 유연자동화가 몇 가지 다른 형태로 사용된다.

**유연생산시스템**(flexible manufacturing system, FMS)은 수치제어기계, 운반장치, 로봇 등을 컴퓨터를 이용하여 제어하는 고도의 통합생산시스템이다. 이들 기계의 프로그램을 바꾸어 가면서 여러 가지 *유사한* 부품을 생산할 수 있다. FMS의 규모를 보면, 수치제어기계가 서너 대인 것에서부터 열 대를 초과하는 것도 있다. FMS는 단속처리를 수행하며, 자동화의 이점과 개별 독립 기계(즉, NC 기계)의 일부 유연성도 갖추고 있다. FMS는 전통적 생산방식보다 인건비가 적게 들고 제품의 품질이 고르며, '경직된' 자동화보다 투자는 작으면서 유연성은 더 높고, 준비 교체가 신속하게 이루어진다. FMS는 잡샵의 유연성과 반복프로세스의 생산성을 원하는 경영자에게 매우 매력적이다.

**유연생산시스템**
단속적인 생산공정의 요구사항을 만족시키고 비슷하지만 다양한 제품(또는 부품)들을 생산하기 위해서 일련의 기계들로 구성된 통합 생산시스템

이렇게 큰 의미 있는 혜택도 있지만 FMS도 일부 한계가 있다. 생산할 수 있는 부품의 다양성 측면에서 볼 때 그 폭이 비교적 좁으므로 유사한 기계 가공작업이 필요한, 유사한 부품군을 생산할 때만 사용해야 한다. 또한 FMS는 장비들이 고가이고 복잡하므로 전통적인 기계들에 비하여 계획하고 도입하는 데 시간이 많이 걸린다. 더욱이 기업들은 때로는 점진적 자동화를 선호하는데, FMS는 전체를 하나의 시스템으로 도입하여야 하는 기술이다.

**컴퓨터통합생산**(computer-integrated manufacturing, CIM)은 컴퓨터를 사용하여 공학설계, FMS, 구매, 주문 처리, 생산 계획 및 통제 등 광범위한 생산 활동을 연결하는 생산 시스템이다. 이런 모든 구성요소가 반드시 필요하지는 않다. 예를 들어, 둘 혹은 그 이상의 FMS만 주 컴퓨터를 이용하여 연결한 아주 간단한 CIM도 있다. 통합의 정도가 높은 CIM은 스케줄링, 구매, 재고관리, 생산현장관리, 유통까지도 연결한다. 요컨대 CIM은 조직의 다른 부문의 정보를 제조부문과 통합한다.

**컴퓨터통합생산**
컴퓨터를 사용하여 광범위한 생산 활동을 연결한 생산 시스템

CIM의 궁극적 목적은 조직의 여러 부문을 연결하여 고객의 주문과 제품의 변화에 신속하게 반응하여 생산하고 *간접* 인건비를 줄이는 것이다.

자동화를 경쟁우위로 연결한 아주 좋은 예로 위스콘신 주 밀워키(Milwaukee, Wisconsin)에 있는 앨런브래들리(Allen-Bradley)의 CIM이 있다. 이 회사는 공장의 일부를 완전자

자동차 생산공장의 최종 조립 작업장에서는 생산시스템의 유연성을 활용하여 다양한 모델들을 동일한 작업순서로 생산한다. 이러한 유연성의 활용은 작업자와 장비들의 효율적인 활용을 가능하게 해 준다.

Jim West/Alamy Stock Photo

동화된 '공장 내 공장(factory within factory)'으로 전환하여 전동기용 콘택터(contactor)와 릴레이(relay)를 조립한다. 얼마 안 되는 사람들이 이 공장을 운영하는데, 주문이 시스템에 일단 접수되면 포장과 출고, 그리고 품질 관리까지 포함하여 기계가 거의 모든 일을 한다. 불량품은 생산 라인에서 제거되고 대체 부품이 자동적으로 주문되어 생산 스케줄링에 포함된다. 관리 인원들은 기계들의 프로그램을 작성하고 작업을 감시하며, 경고등이 알려주는 문제를 처리한다.

주문이 공장에 접수되면 컴퓨터가 생산에 필요한 제반 사항을 결정하여 스케줄을 수립하고 필요한 부품은 주문을 낸다. 작업 지시 내용을 포함하고 있는 바코드가 개별 부품에 자동적으로 부착된다. 부품이 기계에 가까이 접근하면 센서가 바코드를 읽고 작업 지시 내용을 기계에 알려준다. 이 공장은 한 시간에 600개씩 생산할 수 있다.

이 회사는 CIM을 도입하여 상당한 경쟁우위를 실현했다. 주문은 접수에서 출고까지 24시간 이내에 처리되고, 간접인건비와 재고비용이 크게 줄었으며, 품질은 매우 높다.

**IOT (internet of things)** IoT는 휴대폰, 자동차, 오디오와 비디오 장치와 같이 우리 주변이 흔히 존재하는 다양한 디바이스의 인터넷 연결 기술을 의미한다. IoT 기술을 활용하면 이들 디바이스들은 인터넷을 통해 상호 간에 정보교환이 가능해진다. IoT의 산업적 활용으로 제조업과 글로벌경제에 큰 변화가 예상되며 생산운영관리에서의 대표적인 응용분야로는 인공지능과 학습(machine learning), 품질과 생산성 향상, 예방보전 등이 있다.

## 3D 프린팅

**3D 프린팅** 소재들을 연속적으로 적층하여 3차원의 사물을 만드는 프로세스

3D 프린터는 *산업용 로봇*의 한 종류라고 할 수 있으며 컴퓨터지원설계(CAD)와 함께 사용된다. *적층제조(additive manufacturing)*라고도 불리는 **3D 프린팅**(3D printing)은 경화성 소재들로 연속적인 층을 쌓아가면서 3차원의 사물을 만들어내는 프로세스이다. 만들 수 있는 사물의 형태나 크기에는 거의 제한이 없다. 물체를 만들기 위한 기존의 절단, 그라인딩, 샌딩, 드릴링, 밀링 등의 소재를 제거해 나가는 *절삭제조(subtractive manufacturing)*와는

읽을거리

## 집라인(Zipline)의 드론이 르완다에서 생명을 구하고 있다.

르완다(Rwanda)의 병원에서는 수술과 응급처리를 위한 혈액의 수급에 어려움을 겪고 있다. 사고와 응급환자가 수시로 발생하고 필요한 혈액형도 다양하기 때문에 어떤 혈액형의 혈액을 얼마나 재고로 가지고 있어야 하는지를 미리 예측하는 것은 대단히 어렵다. 냉장 보관된 혈액의 유효기간은 42일에 불과하기 때문에 유효기간이 지나 손상되어 폐기하지 않도록 혈액재고를 관리하는 것은 매우 중요하다. 또한 교통인프라가 제대로 갖추어지지 않은 산악지형의 국가에서 지방의 시골지역까지 혈액을 운반하는 것도 어려운 일이다. 만일 혈액이 부족할 경우 필요한 혈액을 지방병원까지 육로로 운반하는 데는 보통 3시간 이상이 소요되어, 병원에서는 혈액을 기다리기보다는 환자를 항공편으로 중앙의 국립병원으로 운송하는 경우가 발생하기도 한다.

드론 배송업체인 집라인(Zipline)은 UPS와 손잡고 2016년 10월 세계 최초로 국가차원의 드론운송시스템인 집라인 르완다 프로젝트를 시작하였다. 집라인은 현재 세계에서 가장 빠른 상업용 배송드론을 활용하여 의사가 혈액을 전화나 문자로 요청하게 되면 물류센터로부터 약 15분에서 45분 사이에 필요한 혈액을 공급받을 수 있다. 필요한 혈액의 약 1/3은 응급상황에서 생명을 구하기 위한 용도로 사용되기 때문에 이러한 배송시스템으로 폐기되는 혈액의 약 95퍼센트를 줄일 수 있게 되었다.

집라인에서는 일반적인 쿼드콥터(quadcopter)가 아닌 고정 날개형 드론을 사용한다. 비행기와 유사한 형태의 이 드론은 쿼드콥터에 비해 훨씬 넓은 지역으로의 배송이 가능하고 악천후에도 비교적 강한 장점을 가진다. 하지만, 쿼드콥터와 달리 여러 번의 이착륙을 할 수 없다는 단점을 가진다. 따라서, 이 드론은 목적지에 도착하게 되면 착륙하지 않고 혈액을 담은 박스를 낙하산을 통해 지상으로 투하한다. 이 드론은 한 번 충전으로 약 93마일(약 150 km)을 운항할 수 있다. 집라인에서는 이미 2세대 드론시스템을 개발하여 주문을 받으면 이륙까지 10분이 소요되던 것을 1분으로 줄였다. 또한, 하루 가능 배송 횟수도 기존의 50회에서 500회로 늘어났다.

르완다 정부에서는 최첨단 기술 도입의 국가 전략차원에서도 이 프로그램을 반기고 있다. 미국과 같은 선진국에 비해 항공규제나 항공트래픽이 적은 아프리카의 작은 국가가 드론기술에서 세계에서 가장 선두에 서게 된 것이다. 집라인은 르완다에서의 성공을 발판으로 탄자니아(Tanzania)에서도 다양한 의료물품에 대한 유사한 배송시스템을 개발 중에 있으며 미국에서도 서비스를 확대할 계획이다.

**[질문]**

1. 어떤 종류의 기업과 제품이 이러한 배송시스템을 활용하는 데 유리한가?
2. 동아프리카와 같은 개발도상국에 비해 미국과 같은 선진국에서는 이런 기술을 활용하는 데 어떤 이슈와 추가 고려사항이 필요한가?

출처: Based on "Zipline Unveiled the Fastest Commercial Delivery Drone on Earth." *Design Products and Applications*, June 18, 2018. http://www.dpaonthenet.net/article/155369/Zipline-launches-fastest-delivery-drone-in-the-world.aspx

반대되는 방식이다. 3D 프린팅으로 생산을 하기 위해서는 일반적으로 기존의 전통적인 제조방식에 비해서는 시간이 많이 소요된다.

초기에는 *프린팅*이라는 용어에서 의미하듯이 잉크젯 프린터 헤드를 사용하여 가루타입의 재료에 본드를 뿌려 응고시키는 방식이 활용되었으나, 오늘날에는 *압출*(*extrusion*, 금형을 통해 금속이나 플라스틱을 강한 압력으로 변형시켜 성형하는 가공방식)이나 *소결*(*sintering*, 열이나 압력 또는 두 방식 모두를 사용하여 가루형태의 소재를 녹는점에서 접합이나 증착시켜 단단한 형태로 만드는 방식)과 같은 광범위한 기술들을 모두 활용한다.

3D 프린터는 형태나 크기가 매우 다양하다. 일부는 전자렌지와 같은 형태를 가진 것도 있으나 전혀 다른 형태의 것들도 있다.

*3D 스캐닝* 기술을 사용하면 금형(mold)이 없어도 사물의 복제가 가능하다. 이것은 금형기술의 사용이 어렵거나 비용이 많이 발생하는 경우에 사용할 수 있다. 또한, 금형을 사용하여 생산하는 과정에서 원 사물이 훼손되는 것을 방지할 수도 있다. 3D 형태의 사물은 기존 사물에 대한 사진들을 활용해서 복제될 수도 있다. 사물에 대한 자세한 형태를 확인하기 위

읽을거리 

## 자율주행차

자율주행차가 멀지 않은 미래에 대중화될 것으로 예상된다. 자율주행차에는 사람의 도움을 대신하기 위해 여러 대의 카메라와 센서, GPS, 기타 가이드 시스템을 갖추고 있다. 또한, 비슷한 장비를 갖춘 다른 자동차와의 통신을 통해 충돌 등을 예방하게 된다. 자율주행차가 대중화되면 근접거리에서도 안전하게 여러 자동차가 동시에 주행함으로써 교통혼잡이 줄어들고, 교통사고나 부상 등의 발생이 줄어들 뿐만 아니라 운전이 불가능한 사람들의 운송도 가능하게 된다. 또한, 자율주행 트럭이나 기타 운송 수단이 운전자 없이도 주행함으로써 물류분야에서도 상당한 변화가 예상된다.

그러나, 자율주행차의 황금시대가 열리기까지는 아직도 몇 가지 해결해야 할 이슈들이 있다. 그중 대표적인 것이 눈이나 먼지 등으로부터 센서를 어떻게 깨끗하게 유지하느냐와 마찬가지의 이유로 차선표시가 흐려지는 경우, 눈이나 비가 올 때, 안개가 끼어 있을 때 센서가 정확하게 작동할 수 있느냐의 문제, 그리고 사람이 운전하는 차량들과 같이 운행될 때 발생할 수 있는 문제들이다.

**[질문]**

1. 드론이 택배의 운송수단으로 거론되고 있다. 자율주행차가 택배에 활용될 경우 드론에 비해 가지는 장점은 무엇인가?
2. 자율주행차가 사람이 운전하는 차량들과 같이 도로에서 주행할 경우 어떤 문제가 발생할 것으로 예상되는가?

**표 6.4**
3D 기술 활용의 예

**산업적인 활용**
*대량고객화(mass customization)*: 표준화된 제품들에 개성적인 요소를 가미(예: 휴대폰 케이스)
*분산 제조(distributed manufacturing)*: 지역의 3D 프린팅 센터를 통해 주문생산방식의 제품을 조달
*컴퓨터*: 컴퓨터나 메인보드, 기타 부품들의 생산
*로봇*: 로봇과 로봇의 부품들의 생산
*쾌속 프로토타이핑(rapid prototyping)*: 부품이나 중간 조립품에 대한 모형이나 시제품의 빠른 제작
*쾌속 제조(rapid manufacturing)*: 소량의 제품을 상대적으로 적은 비용으로 신속히 제조
*의료품*: 보철, 보형물
*치과*: 치관, 임플란트
*제약*: 알약, 의약품
*식품*: 사탕, 초콜릿, 크래커, 파스타
*의류*: 주문 디자인 신발, 안경
*우주 탐사*: 필요한 탐사도구나 부품을 지구에서 만들어 엄청난 비용으로 운송할 필요 없이 우주정거장에서 직접 제조
*운송수단*: 자동차 부품, 정비소 교체 부품, 비행기나 우주선의 부품
*건축*: 건축물 모형

**일반 소비자의 활용**
*취미생활*: 모형과 부품, 교체 부품(예: 드론)
*가전제품과 생활도구*: 교체 부품

해 다양한 각도에서 촬영한 사진들(약 20장)을 통해 기존 사물을 재생산해 내는 것이다.

장기적으로 3D 프린팅 기술은 생산이 이루어지는 장소나 방식, 그리고 공급사슬망에서 획기적인 변화를 발생시킬 것으로 예상된다.

**활용분야** 3D 기술은 일반 소비자에서부터 기업의 상업적 영역에 이르기까지 광범위하게 활용되고 있다. 그중 일부가 표 6.4에 기술되어 있다.

**활용효과** 3D 프린팅은 가까운 미래에 대량생산의 도구로 보편화되기는 힘들겠지만 기타 특수한 상황이나 응용분야에서의 생산에 활용될 수 있다. 이러한 경우에 제조자는 3D 프린팅을 활용하여 제품을 개발하거나 생산하는 데 비용과 시간을 절감할 수 있을 것이다. 예를 들어 생산장비의 교체 부품이 없어 장비의 가동이 중단된 경우에 필요한 교체 부품을 공급

자로부터 조달되기에는 많은 시간이 소요될 수 있고 이러한 지연으로 인한 생산중단은 많은 비용을 유발하게 된다. 또 하나의 예는 소량의 제품이나 부품만이 필요하고 이들의 공급자가 원거리에 있어 이를 조달받기에는 많은 운송비용이 유발되는 경우이다. 이때 3D 프린팅은 상대적으로 적은 비용으로 경제적 생산을 가능하게 해 준다.

3D 프린팅의 발전과 이에 따른 비용절감은 주문형 소량생산의 성장에도 도움이 된다. 주문형 생산은 다양한 고객화를 필요로 하는 고객에게 매력적일 뿐 아니라 재고의 필요성을 줄임으로써 적재공간과 비용의 절감을 가져다준다. 또한, 기업에게 민첩성을 높여주고 수요예측의 필요성을 줄여주는 추가적인 이점도 발생한다.

3D 프린팅 기술의 발전은 다음의 3가지 방향으로 진행되고 있다: 프린터와 프린팅 방법, 설계와 프린트를 위한 소프트웨어, 프린팅에 사용되는 소재개발.

### 드론

드론(drone)은 일반적으로 작은 크기의 사람이 탑승하지 않고 원격으로 조정되거나 프로그램되어 원하는 지점까지 비행할 수 있는 비행체이다. 드론의 가장 큰 장점은 사람이 접근하기에 위험하거나 접근 자체가 힘든 장소에 대한 영상정보를 얻을 수 있다는 것이다. 예를 들어 폭풍이나 지진 피해지역에 도로나 다리가 유실되거나 산사태나 폭설 등으로 인해 접근이 힘든 지역에 대한 관측이 가능하다. 또한, 농작물 피해를 확인하거나 산불 모니터링, 파이프라인, 기지국, 철도, 전력선 등에 대한 점검 등에도 활용될 수 있다. 긴급하게 약품이나 의료물품을 원거리로 수송할 경우에도 드론은 유용하다. 하지만, 다른 드론이나 전력선, 조류나 기타 물체와의 충돌, 기계적 결함이나 조종 오류 등으로 인해 의도한 임무를 수행하지 못하는 위험도 상존한다. 또한, 이러한 사고가 발생하여 드론이 추락할 경우 사람들에게 상해를 입히거나 건물 등의 구조물에 피해를 입힐 수도 있다.

## 6.4 프로세스 전략

경쟁 전략으로서 *유연성*의 중요성은 이 책에서 일관되게 강조된다. 하지만 유연성이 프로세스 결정에서 언제나 가장 현명한 선택은 아니다. 유연한 시스템과 장비는 덜 유연한 대안에 비해 더 고가이고 효율성이 낮은 경우도 많다. 제품이 성숙기에 있으면 설계 변경이 별로 필요 없고 수요가 안정적이므로 유연성이 필요하지 않을 수도 있다. 이런 상황에서는 일반적으로 유연성이 없는 전용 장비가 필요하다. 이런 점의 함의는 분명하다. 즉, 유연성 채택 결정은 매우 신중하게 이루어져야 하고, 유연성이 분명히 *필요한* 상황에 적절한 유형의 유연성을 적용하여야 한다.

실무적으로는, 수요가 변동하거나 수요가 불확실한 경우에 유연한 시스템을 채택한다. 수요 다양성과 불확실성은 예측 향상으로 극복할 수 있다.

## 6.5 전략적 자원 조직화: 시설 배치

*배치*(*layout*)란 부서, 작업장, 장비의 공간적 구성이다. 배치계획을 수립할 때에는 작업 대상

(물자나 고객)의 흐름을 특히 강조한다. 이 절에서는 주요 배치 유형에 대해 알아보고 배치 계획을 평가하는 모형을 배우게 된다.

시스템 설계의 다른 주제들과 마찬가지로 배치에 관련된 결정들도 세 가지 기본적인 이유 때문에 중요한데, 그것들을 보면 배치 결정은 (1) 상당한 투자와 노력을 요하고, (2) 장기적으로 유지할 수밖에 없어서 실수를 하면 회복하기 어렵고, (3) 생산운영의 비용과 효율성에 큰 영향을 미친다는 점이다.

배치계획은 신규 시설을 설계할 때나 기존 시설의 설계를 변경할 때 필요하다. 비용이 높거나 병목으로 인한 전반적인 자원의 낭비로 인하여 생산운영이 비효율적일 때, 사고나 산업 재해 위험성이 있을 때, 제품 · 서비스의 설계가 바뀔 때, 새로운 제품 · 서비스를 도입할 때, 제품의 믹스나 물량이 바뀔 때, 생산 방법이나 장비가 바뀔 때, 환경규제 등 법규가 바뀔 때, 그리고 작업자 간 대면 접촉 결여와 같은 사기 문제가 있을 때 흔히 기존 시설의 배치를 바꾼다.

배치가 나쁘면 시스템이 제 기능을 잘 수행할 수 없다. 예를 들어, 미니애폴리스–새인트 폴 국제공항의 경우 배치를 바꾸어 여행객들을 괴롭히던 문제를 해결했다. 배치를 바꾸기 전에는 환승객들도 비행기를 갈아탈 때 그 공항에서 여행을 시작하는 승객들과 함께 줄을 서서 보안검색대를 거쳐야 했다. 이 때문에 모든 승객들이 필요 이상으로 장시간 줄을 서서 기다려야 했다. 그래서 보안검색대를 탑승 구역에서 발권 구역과 가까운 곳으로 옮겼다. 그러자 환승객들은 보안검색대를 거칠 필요가 없어졌으며, 이 때문에 승객들의 대기 시간이 상당히 줄어들었다.[1]

배치 설계의 기본 목표는 생산운영 시스템 내에서 작업, 물자, 정보가 원활하게 흐르도록 하는 것이다. 이외에도 다음과 같은 목표들이 있다.

- 제품 · 서비스 품질의 확보가 쉽도록 한다.
- 작업자와 공간을 효율적으로 사용한다.
- 병목을 피한다.
- 물자 이동 비용을 최소화한다.
- 작업자와 물자의 불필요한 이동을 피한다.
- 생산시간이나 서비스시간을 최소화한다.
- 시설을 안전하게 설계한다.

세 가지 기본적인 배치 유형은 제품별 배치, 공정별 배치, 위치고정형 배치이다. *제품별 배치*는 반복프로세스에 가장 적합하고, *공정별 배치*는 단속 프로세스에 사용되며, *위치고정형 배치*는 프로젝트에 적합하다. 이 절에서 기본 배치 유형과 이들의 결합인 혼합형 배치에 대하여 그 특징과 장단점을 기술한다. 혼합형 배치에는 셀 배치(cellular layout)와 유연생산시스템(flexible manufacturing system)이 있다.

**제품별 배치**
표준 프로세스들을 사용하여 많은 양의 흐름이 원활하고 신속하게 흐르게 하는 배치.

## 반복프로세스와 연속프로세스: 제품별 배치

**제품별 배치**(product layout)는 대량의 제품이나 고객을 시설 내부에서 신속하고 원활하게

[1] 출처: "Airport Checkpoints Moved to Help Speed Travelers on Their Way," *Minneapolis—St. Paul Star Tribune*, January 13, 1995, p. 1B.

흐르도록 하고자 할 때 사용된다. 이런 흐름은 제품이나 서비스가 매우 표준화되어 있어서 고도로 표준화된 프로세스를 반복적으로 사용하기 때문에 가능하다. 일을 일련의 표준화된 요소 업무들로 나누면 장비의 전문화와 노동의 분업이 가능하다. 이런 방식으로 처리하는 제품이나 서비스는 물량이 매우 많으므로 상당한 자금을 장비와 직무 설계에 투자하더라도 경제적으로 타당하다. 처리 대상 제품이나 서비스가 한 가지이거나 매우 유사한 몇 가지에 불과하므로, 장비나 작업장을 대상 제품 · 서비스를 처리하기 위하여 필요한 요소 업무들의 기술적 순서에 맞추어 배치하는 것이 경제적으로 합리적이다. 예를 들어, 제조 작업의 일부 순서가 절단, 연마, 도색이면 장비들도 여기에 맞추어 배치하는 것이 적절하다. 그리고 모든 일감이 동일한 업무 순서에 의하여 처리되므로 컨베이어벨트와 같은 고정된 물자 운반 장치를 사용할 수 있다. 결과적으로 제품별 배치는 그림 6.3과 같은 라인형이 된다. 제조업에서 이런 라인을 업무 활동의 성격에 따라 **생산라인**(production line) 또는 **조립라인**(assembly line)이라고 부른다. 서비스 맥락에서는 *라인*이라는 말은 쓸 수도 있고 그렇지 않을 수도 있다. 카페테리어와 자동 세차장은 개념적으로는 거의 동일하지만 카페테리어 라인이라는 말은 쓰지만 세차라인이라는 말은 안 쓴다. 그림 6.4는 전형적인 카페테리어 라인의 배치를 보여준다. 서비스의 경우, 처리에 필요한 업무들이 아주 다양하여 표준화가 어려우므로 이와 같은 라인형 배치는 제조업에 비하여 흔치는 않다. 제품이나 서비스를 표준화할 수 없으면 반복프로세스의 장점이 많이 사라진다. 이 경우 라인을 사용하면 비반복 프로세스의 장점을 어느 정도 희생해야 하기도 한다. 예를 들어, 자동 세차장은 차가 더러운 정도에 따라서 세차 요구가 다를 수 있지만, 동일한 양의 세제와 물을 사용하여 동일한 시간 동안 솔질을 하는 등 모든 자동차를 더러운 정도에 상관없이 동일하게 취급할 수밖에 없다.

**생산라인**
한 가지 고정된 생산 업무 순서에 맞춘 표준화된 배치

**조립라인**
한 가지 고정된 조립 업무 순서에 맞춘 표준화된 배치

제품별 배치에서는 인력과 장비의 가동률이 높아서 장비의 높은 투자비용을 상쇄할 수 있다. 작업물이 한 공정에서 다음 공정으로 빠르게 옮겨 가므로 재공품(work-in-process, WIP)이 매우 적은 경우가 흔하다. 하지만 공정들이 긴밀하게 연결되어 있고 작업경로가 다양하지 않기 때문에 장비의 고장이나 작업자의 결근이 발생하면 전체 프로세스가 정지되는 취약성을 내포하고 있다. 따라서 장비고장을 방지할 수 있는 유지보수의 체계적인 절차가 필요하다. 정기적으로 장비를 점검하고 낡은 부품이나 고장이 잘 나는 부품을 미리 교체하는 관리활동을 *예방보전*(*preventive maintenance*)이라고 하는데, 이를 통해 작업 중에 고

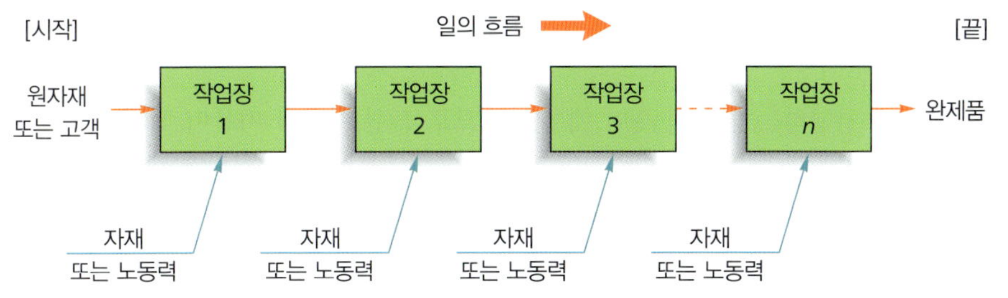


**그림 6.3**
제조나 서비스 흐름라인

**그림 6.4**
카페테리어 라인

조립라인에서의 작업자 ▶

poosan/Shutterstock

장이 날 확률을 줄인다. 물론 아무리 예방보전 활동을 잘 하더라도 고장을 완전히 제거할 수는 없으므로 고장이 발생하면 긴급하게 수리할 수 있는 대책을 마련하여야 한다. 이런 대책의 일환에는 예비부품의 재고를 유지하고 수리 요원을 확보하여 프로세스에 장애가 발생하면 긴급히 투입하여 정상화할 수 있도록 하는 절차가 필요하다. 긴급수리를 위해서는 특수한 장비가 필요하기도 하고, 고장진단과 해결이 점점 더 어려워지는가 하면, 예비부품 재고가 상당히 많을 수 있으므로 이런 절차를 운영하는 데는 비용이 꽤 많이 들 수 있다.

반복프로세스에서 흐름의 속도는 자동세차나 자동차 조립처럼 기계에 의하여 결정될 수도 있고, 맥도날드나 버거킹과 같은 패스트푸드점에서처럼 작업자가 결정하거나, 카페테리어에서처럼 고객이 결정하기도 한다.

제품별 배치의 주요 장점은 다음과 같다.

- 산출률이 높다.
- 산출량이 많은 덕분에 단위당 원가가 낮다. 전용장비의 높은 가격이 많은 산출량에 의해 상쇄되고 분산된다.
- 한 작업자가 담당하는 업무의 폭이 매우 좁으므로 훈련 시간과 비용이 적게 들고, 작업을 감독하기도 쉽다.
- 물자 운반 비용이 적게 든다. 작업 대상이 동일한 작업 순서를 따라 흐르므로 자재 운반이 단순하다. 물자 이동이 흔히 자동화된다.
- 인력과 장비의 가동률이 높다.
- 프로세스 경로(routing)나 일정계획(scheduling)이 시스템 설계 단계에서 수립되며, 이것은 일단 운영에 들어가면 크게 신경 쓰지 않아도 된다.
- 경리, 구매, 재고 관리가 상당한 정도로 일상적인 반복 업무가 된다.

제품별 배치의 주요 단점은 다음과 같다.

- 작업을 아주 단순한 수준으로 세분함에 따라 작업자들은 단순 반복적이며 권태로운 업무를 수행하며 승진의 기회도 거의 없다. 이로 인하여 사기 문제나 반복성 스트레스로 인한 부상도 발생할 수 있다.
- 비숙련 작업자들이 장비유지나 품질에 관심을 보이지 않을 수 있다.
- 물량의 변화나 제품이나 프로세스의 설계 변경에 유연하게 반응할 수 없다.
- 작업장들이 고도로 상호 의존적이기 때문에 장비 고장이나 무단결근에 매우 취약하다.
- 예방보전, 긴급수리 능력, 예비부품 재고가 필요하며 이를 유지하는 데 비용이 든다.
- 개별 작업자를 상대로 한 인센티브 제도는 현실적이지 못한데, 그런 제도를 도입하면 작업자 간 생산량의 불균형이 발생하여 작업의 원활한 흐름을 막기 때문이다.

**U자형 배치** 직관적으로는 직선형 생산라인이 매력적이지만 U자형 생산라인(그림 6.5 참조)도 몇 가지 장점이 있어서 고려할 가치가 있다. 길게 뻗은 직선 생산라인의 한 가지 단점은 그것 때문에 작업자와 차량이 건너다니기 어렵다는 점이다. U자형 생산라인은 작업장들이 더 가깝게 모여 있으며, 흔히 그 길이가 직선형 라인의 대략 절반 정도이다. 게다가 작업자들도 더 가깝게 모여 있으므로 소통이 쉬워서 팀워크가 더 잘 이루어진다. 작업자들이 좌우로 인접한 작업장뿐만 아니라 서로 맞은편에 있는 작업장들도 다룰 수 있으므로 업무 할당의 유연성이 증가한다. 자재가 들어오는 곳과 완성품이 나가는 곳이 같으면 물자 이동 업무 부담이 최소화된다.

물론 U자형 라인을 구성할 수 없거나 구성하더라도 별 이득이 없는 경우도 있다. 특히, 라인을 고도로 자동화하면 소통이나 팀워크가 별로 필요하지 않다. 또한, 작업의 시작점과 종료점이 건물의 반대편에 있을 수도 있다. 소음이나 오염 가능성 때문에 작업장들을 멀리 떼어 놓아야 할 수도 있다.

## 단속프로세스: 공정별 배치

**공정별 배치**(process layout)는 처리 대상 제품이나 서비스마다 처리 요구사항이 다를 때 적합하다. 대상 제품이나 서비스가 다양하면 대상에 따라서 장비를 바꾼다든지 작동 조건을 재설정하여야 한다. 이 때문에 처리 대상이 계속적으로 흐르지 않고 끊기는데, 이렇게 흐름이 끊어졌다가 이어지곤 한다고 해서 **단속처리**(intermittent processing)라고 한다. 이 배치는 유사한 종류의 활동들이 수행되는 부서별 혹은 *기능별* 집단의 형태를 띤다. 제조업에서 이런 배치의 예는 *기계가공공장*(*machine shop*)을 들 수 있는데, 이런 공장은 작업 내용에

**공정별 배치**
다양한 처리 요구를 다룰 수 있는 배치

**단속처리**
비반복 처리

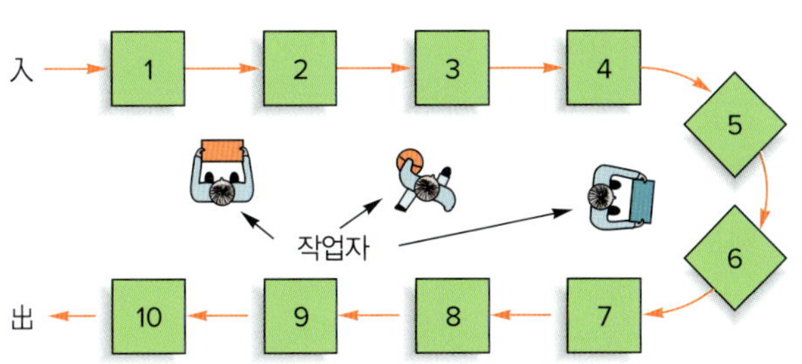


**그림 6.5**
U자형 생산라인

**그림 6.6**
프로세스중심 배치와 제품별 배치의 비교

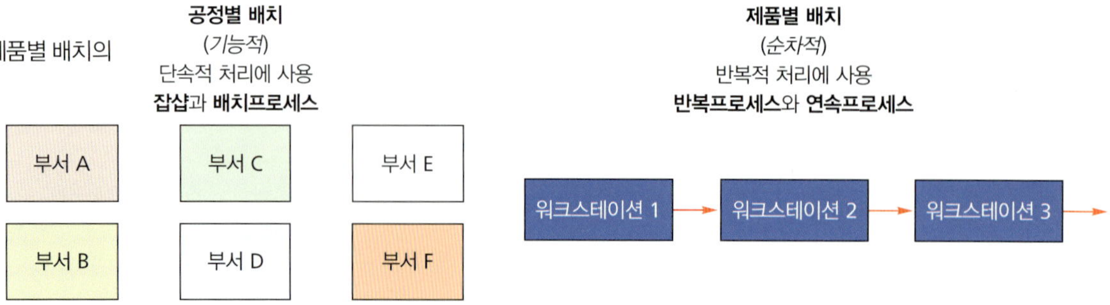

따라서 절삭부, 연삭부, 천공부 등등 기능 부서로 이루어진다. 작업물은 보통 로트(lot 또는 배치, batch) 단위로 부서들을 옮겨 다니며 처리된다. 작업물이 거치는 부서의 순서는 일감에 따라서 다르다. 그러므로 지게차처럼 자유롭게 다닐 수 있는 운반 수단이 필요하다. *범용 장비*를 사용하기 때문에 처리할 수 있는 작업의 범위가 매우 넓다. 이런 장비를 다루는 작업자는 보통 숙련공이거나 반숙련공이다. 그림 6.6의 왼편은 공정별 배치에서 부서 배치를 보여준다.

공정별 배치는 서비스업에서 꽤 흔하다. 예를 들면, 병원, 대학, 은행, 자동차 정비공장, 항공사, 공공 도서관 등등이 있다. 병원을 보면, 외과, 산과, 소아과, 정신과, 응급실, 노인과 등등 전문 영역별로 병과로 구성되어 있다. 종합대학은 경영대학, 공과대학, 자연대학, 수학과 등등 학문 영역별 단과대학이나 학과로 구성되어 있다.

공정별 배치에서 장비들은 작업의 기술적 순서보다 유형별로 집단을 이루므로 고장이나 작업자 결근으로 작업이 중단될 취약성이 작다. 생산 현장에서 기계 한 대가 고장나면 동일하거나 유사한 기계가 대신 작업할 수 있다. 더욱이 작업물들은 흔히 로트 단위로 처리되므로 작업순서상 연결된 작업들 사이의 상호 의존도가 제품별 배치에서보다 현저하게 낮다. 사용하는 장비의 특수성도 제품별 배치에서 사용하는 장비들보다 낮으므로 유지보수 비용도 일반적으로 낮으며, 동일하거나 유사한 기계들을 모아 놓기 때문에 보전 요원들의 숙련도도 높아진다. 기계들이 유사하므로 예비부품 재고 비용도 낮아진다. 공정별 배치는 부정적인 측면도 많다. 우선 일감별로 처리 요구 작업이 다르고 작업의 순서도 다를 수 있으므로 프로세스 경로 계획과 일정계획을 일감이 바뀔 때마다 수립하여야 한다. 물자 운반이 비효율적이며, 일반적으로 단위당 운반비용은 제품별 배치에서보다 훨씬 높다. 배치로 처리하기 때문에 공정재고가 상당히 많을 수 있다. 더욱이 다양한 처리 요구로 인하여 경로와 일정계획이 복잡하기 때문에 장비의 가동률이 50%를 밑도는 경우도 드물지 않다.

요컨대, 공정별 배치는 장점도 있고 단점도 있다. 장점들에는 다음과 같은 것들이 있다.

- 다양한 처리 요구를 다룰 수 있다.
- 장비 고장에 크게 취약하지 않다.
- 제품별 배치에서 사용하는 전용 장비에 비하여 공정별 배치에서 사용하는 범용장비는 흔히 값이 싸며 유지보수도 쉽고 비용도 적게 든다.
- 개인별 인센티브 제도를 사용할 수 있다.

공정별 배치의 단점에는 다음과 같은 것들이 있다.

- 제조 시스템에서 뱃치단위로 처리하면 공정재고 비용이 높을 수 있다.
- 경로계획과 일정계획을 자주 수립해야 한다.
- 장비 가동률이 낮다.
- 물자 운반이 느리고 비효율적이며, 단위당 운반비용이 제품별 배치에 비하여 높다.
- 일감이 복잡하므로 흔히 감독의 범위가 좁고, 결과적으로 감독비용이 제품별 배치에 비하여 높다.
- 제품이나 고객별로 특별히 취급하여야 하고[예, 처리 경로, 일정계획, 작업준비(setup)] 물량이 적으므로 제품별 배치에 비하여 단위당 원가가 높다.
- 경리, 재고 관리, 구매 관련 업무가 제품별 배치에 비하여 훨씬 복잡하다.

## 위치고정형 배치

**위치고정형 배치**(fixed-position layout)에서는 작업 대상은 한 자리에 있고, 작업자와 물자 그리고 장비들이 작업 대상이 있는 지점까지 이동한다. 이것이 제품별 배치나 공정별 배치와는 크게 다른 점이다. 위치고정형 배치는 거의 언제나 작업 대상의 특성 때문에 선택한다. 작업 대상물의 무게, 크기 등 기타 어떤 특성 때문에 그것을 이동하는 것이 바람직하지 않거나 지극히 어려울 때 이 배치를 택한다. 위치고정형 배치는 대규모 건설프로젝트(건물, 발전소, 댐), 조선, 대형 항공기와 우주선 로켓 등 제작에 채택된다. 이런 프로젝트에서는 물자와 장비의 반입 시기를 잘 맞추어, 작업 현장이 혼잡하고 길이 막혀 물자와 장비를 이리저리 다시 치우는 일이 없도록 세심하게 계획하고 진행하는 데 노력을 집중한다. 저장 공간 부족은 심각한 문제가 될 수도 있는데, 복잡한 도심의 건설현장이 좋은 예이다. 대형 프로젝트에는 아주 다양한 활동이 수행되고 광범위한 기술이나 능력이 필요하므로 이런 활동들을 조정하기 위한 특별한 노력이 필요하며, 통제의 범위가 매우 좁을 수 있다. 이런 이유들 때문에 위치고정형 배치는 다른 배치 유형에 비하여 흔히 행정 및 관리 부담이 훨씬 크다. 물자 운반은 중요한 사항일 수도 있고 아닐 수도 있다. 재고관리 시스템 프로그램의 개발처럼 유형의 제품이 없는 프로젝트도 많은데, 이런 프로젝트에서는 물자의 운반은 고려할 필요가 없다. 제품이나 물자가 관련되는 프로젝트에서는 물자 운반에는 흔히 범용 운반 장비를 사용하고, 운반 경로는 공정별 배치에서처럼 비고정 경로이다. 예를 들어, 건설 프로젝트의 경우 불도저 같은 땅 파기 장비나 트럭을 사용하여 물자를 현장에 반입 반출하여야 한다.

**위치고정형 배치**
제품 또는 프로젝트는 한 곳에 있고, 작업자, 물자, 상비가 필요에 따라 움직이는 배치

위치고정형 배치는 농업, 방화, 도로 건설, 주택 신축 · 개조 · 수리, 석유 시추 등에서 광범위하게 채택된다. 이런 경우에는 어쩔 수 없이 장비를 제품이 있는 곳으로 이동할 수밖에 없다.

## 혼합형 배치

앞에서 설명한 세 가지 배치 형태는 가장 기본적인 유형이지만, 상황에 따라 변경될 수 있다. 우리는 주변에서 한 가지 배치유형이 아닌 여러 유형들이 섞여 있는 경우를 어렵지 않게 발견할 수 있다. 예를 들어, 대형할인점은 본질적으로 공정별 배치이지만, 창고에서는 롤러 컨베이어를 사용한 고정경로형 물자 운반 장치를 사용하고 계산대에서는 컨베이어 벨트를 사용하는 이른바 제품별 배치의 형태를 띠고 있다. 병원에서도 기본적으로는 공정별 배치를

채택하지만 환자, 특히 입원 환자의 진료를 위해서는 의사, 간호사, 약, 진단 장비 등이 환자가 있는 입원실로 가거나 이동된다. 마찬가지로 제품별 배치에서 불량품이 만들어지면, 그것은 별도의 구역에서 특별히 처리된다. 더욱이 컨베이어벨트를 농장이나 건설 현장에서도 흔히 볼 수 있다.

공정별 배치와 제품별 배치는 작은 일감들의 처리로부터 연속생산에 이르는 다양한 프로세스 유형을 위한 배치의 양 극단이다. 공정별 배치가 다양한 제품이나 서비스 생산에는 제품별 배치보다 더 유리하므로, 고객별로 특수한 요구를 반영하는 데에도 더 유리하다. 하지만 공정별 배치는 상대적으로 효율이 낮으며 단위당 원가가 높은 편이다. 일부 제조업체들은 공정별 배치에서 벗어나 제품별 배치의 장점을 취하려고 노력한다. 생산시스템이 유연하면서도 효율적이고 단위당 생산원가가 낮으면 가장 이상적이다. 셀 생산방식, 그룹테크놀로지, 유연생산시스템 등은 이런 이상을 추구하기 위한 것이다.

## 셀 배치

**셀 생산방식** ▸
비슷한 작업이 필요한 부품들을 생산하기 위하여 작업장들을 묶어서 셀을 구성한 일종의 배치

**셀 생산방식(cellular production)** **셀 생산방식**은 여러 작업장들을 *셀*이라는 하나의 집단으로 묶어서 구성하는 배치유형이다. 비슷한 처리와 작업순서가 필요한 일련의 부품들을 묶어서 하나의 *부품군*으로 분류하고, 그 부품군을 생산하는 작업장들로 하나의 셀을 구성한다. 결과적으로 셀은 하나의 소규모 제품별 배치가 된다. 셀 내부에는 작업 대상물의 이동을 위한 자동 운반 장치가 있는 경우도 있고 그렇지 않은 경우도 있다. 모든 부품들은 약간의 차이(예를 들어, 일부 공정 건너뛰기)는 있을 수 있지만 거의 동일한 생산 경로를 따라 흐른다. 이에 비해 공정별 배치에는 많은 경로가 있으며, 부품들을 군으로 분류할 필요가 없거나 분류하려는 노력을 거의 하지 않는다.

셀 생산방식을 채택하면 여러 가지 제품들을 최소한의 낭비로 생산할 수 있게 된다. 셀 배치는 최소한의 운반과 지연으로 프로세스 전체에 걸쳐 작업의 원활한 흐름을 가능하게 한다. 셀 생산방식의 이점은 최소한의 공정재고, 작업 공간과 리드타임의 감축, 생산성 및 품질 향상, 유연성 증대 등을 들 수 있다.

그림 6.7은 전통적인 공정별 배치(6.7A)와 셀 배치(6.7B)를 비교하여 보여준다. 공정별 배치에서의 물자 흐름을 보면, 왼쪽 하단에 있는 입출고부에서 시작하여 창고로 옮겨지고 창고에서 다시 배치 단위로 작업 현장에 투입된다. 화살표를 따라서 여러 (공정)부서를 거친 다음 다시 입출고부로 돌아와서 고객에게 보내진다. 그림 6.7B의 셀 배치에서는 주문이 거치는 경로가 전통적인 공정별 배치에 비하여 훨씬 간단함을 알 수 있다.

셀 생산방식을 채택하기 위해서는 몇 가지 수단이 필요한데, 그중 두 가지를 소개한다.

**단분 단위 금형 교체(single-minute exchange of die, SMED).** 새로운 부품에 대하여 작업을 하려면 해당 금형을 기계에 장착해야 한다. 10분 이내에 이런 교체와 본격적인 생산을 준비하는 것을 단분 단위 금형 교체라고 한다. 이런 능력이 있으면 다른 부품을 생산할 수 있도록 신속하게 기계나 프로세스를 준비할 수 있다. 그러면 하나의 셀에서 기존의 대형 배치 프로세스와 달리 장비 교체·준비에 오랜 시간을 낭비하지 않고 다양한 제품을 생산할 수 있으므로 기업은 고객의 수요 변화에 신속하게 반응할 수 있다.

**적정규모 장비(right-sized equipment).** 셀 생산방식에 사용하는 장비들은 흔히 전

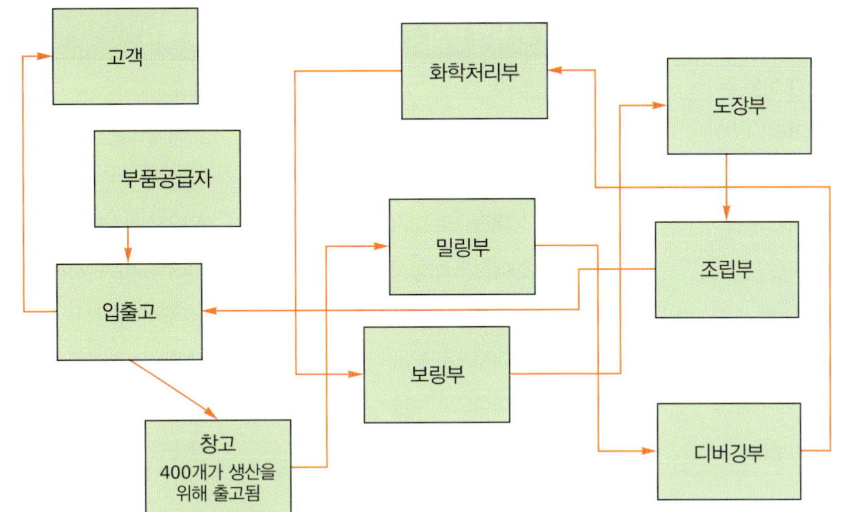


A. 전통적 공정별 배치에서 주문이 처리되는 예

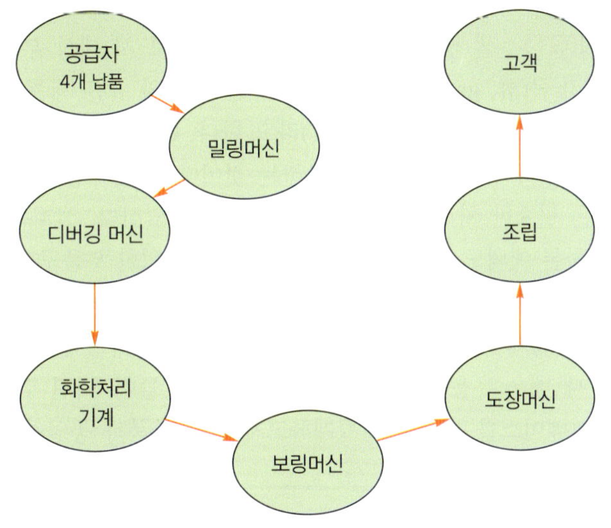


B. 동일한 주문을 셀 배치에서 처리한 예

**그림 6.7**
공정별 배치와 셀 배치의 비교

출처: Adapted from U.S. Environmental Protection Agency, "Lean Manufacturing and the Environment." www.epa.gov/innovation/lean/thinking/cellular.htm

통적인 공정별 배치에서 사용하는 장비에 비하여 작고 이동할 수 있어서 필요하면 신속하게 다른 셀 구성에 투입될 수 있다.

셀 배치의 장점을 전통적인 공정별 배치와 대비하여 표 6.5에 정리하였다.

셀 생산방식을 구현할 때 직면하는 가장 큰 어려움은 장비 및 배치 관련 이슈와 작업자 및 경영 관련 이슈이다. 셀 생산방식으로의 전환에 따른 생산 중단으로 인한 비용과 신규 장비 도입이나 장비 개조와 장비의 재배치에 따른 비용 모두 만만치 않을 수 있다. 셀 생산방식의 구현에 드는 비용은 셀을 사용함으로써 기대할 수 있는 비용 절감과 비교해야 한다. 또한 셀 생산방식의 구현에는 흔히 종업원 재교육과 직무의 재정의가 필요하다. 한 셀에 근무하는 모든 종업원은 그 셀에서 처리되는 모든 업무를 수행할 수 있는 것이 이상적이며 이것은 각자에게 이전보다 더 다양한 기술 · 기능이 있어야 함을 의미한다. 더욱이 셀에는 흔히 자율 관리가 기대되는데 그렇기 때문에 작업자들이 더 효과적으로 팀 플레이를 할 수 있어

**표 6.5**
공정별 배치와 셀 배치 비교

| 항목 | 공정별 배치 | 셀 배치 |
|---|---|---|
| 부서 간 이동 수 | 다수 | 소수 |
| 이동 거리 | 장거리 | 상대적으로 단거리 |
| 이동 경로 | 가변적 | 일정함 |
| 일감 대기 시간 | 상대적으로 장기 | 상대적으로 단기 |
| 흐름 시간 | 상대적으로 장시간 | 상대적으로 단시간 |
| 공정재고량 | 상대적으로 많음 | 상대적으로 적음 |
| 감독 난이도 | 상대적으로 높음 | 상대적으로 낮음 |
| 스케줄링 복잡성 | 상대적으로 높음 | 상대적으로 낮음 |
| 장비 이용률 | 상대적으로 낮음 | 상대적으로 높음 |

야 한다. 경영자들은 전통적인 작업 방식들에서보다 적게 개입하는 방법을 배워야 한다.

**그룹테크놀로지(GT)** 셀 생산방식이 효과적이려면 반드시 대상 부품을 필요 작업의 특성이 유사한 것끼리 군(群, group)으로 분류해야 한다. 이와 같은 제품 및 프로세스 설계 전략을 **그룹테크놀로지**(group technology, GT)라고 한다. GT의 핵심 아이디어는 부품을 *설계특성*이나 *제조특성*에 따라 *부품군*으로 분류하는 것이다. 설계특성에는 크기, 형상, 기능 등이 있고 제조특성은 필요한 처리 · 작업의 종류와 순서를 말한다. 설계특성과 제조특성은 상관관계가 있지만 물론 예외도 있다. 그러므로 설계특성에 의한 부품군과 제조특성에 의한 부품군이 다를 수 있다. 그림 6.8은 제조특성은 유사하지만 설계특성이 다른 부품군을 보여준다.

**그룹테크놀로지** ▸ 부품들을 설계특성이나 제조특성에 따라 분류하여 부품군(part family)으로 묶는 것

부품을 일정 기준에 따라서 군으로 분류하여 데이터베이스에 입력해 두면, 설계나 생산계획을 수립할 때 매우 유용하게 사용할 수 있다. 예를 들어, 어떤 부품을 설계하려고 할 때 설계자가 데이터베이스를 검색하여 설계하고자 하는 부품과 동일하거나 유사한 것이 있는

**그림 6.8**
가공 요구사항은 유사하지만 설계 속성이 다른 부품군

출처: Mark Dierker/McGraw-Hill Education

지 신속하게 알아볼 수 있다. 유사한 부품이 발견되어 약간 수정하여 설계를 완료할 수 있는 경우도 있다. 결과적으로 설계의 생산성이 크게 향상된다. 이와 유사하게, 새로운 부품을 생산하기 위하여 제조계획을 수립할 때 이 부품을 기존의 부품군들과 비교하여 유사한 부품군을 발견하면 세부 공정절차를 다시 개발하여야 하는 수고를 줄일 수 있다.

GT와 셀 생산방식을 채택하려면 부품들을 체계적으로 분석하여 부품군들을 파악하여야 한다. 이 작업은 대체로 간단하지 않은데, 많은 양의 자료를 분석하여야 하므로 시간이 많이 걸리고 전문가의 도움을 받아야 할 수도 있다. 부품군 식별을 위한 세 가지 주요 방법은 육안 검토, 설계자료와 생산자료의 검토, 생산 흐름 분석이다.

육안 검토는 세 가지 방법 중에서 가장 부정확하지만 비용이 가장 적게 들고 간단하다. 설계자료와 생산자료의 검토는 더 정확하지만 훨씬 시간이 많이 걸리는데, 아마 가장 흔히 쓰일 것이다. 생산 흐름 분석은 설계 관점이 아니라 제조 관점에서 부품들 간의 유사성을 찾기 위하여 부품들이 생산되는 기존의 공정 순서와 기계 경로를 검토한다. 하지만 기존의 공정순서와 기계 경로는 최적이라고 말할 수 없다.

셀 생산방식으로 전환하려면 기존의 장비 배열을 바꾸어야 하고 이때 비용이 많이 들 수 있다. 따라서 전환에 따르는 이득과 부품군 분류와 장비 배열 변경에 따르는 비용을 비교하여 결정하여야 한다.

유연생산시스템은 자동화 정도가 높은 셀 생산방식이다.

### 서비스 배치

제조업과 마찬가지로 서비스업에서도 배치는 흔히 제품별 배치, 공정별 배치, 위치고정형 배치로 구분될 수 있다. 방문 가전제품 수리, 지붕 교체나 수리, 조경, 주택 리모델링, 복사기 수리나 정비 등은 자재, 작업자, 장비가 고객의 주택이나 사무실로 이동하여 서비스가 이루어지는 위치고정형 배치에 해당한다. 서비스 조직에서는 공정별 배치가 흔한데 이는 주로 고객에 따라 처리 요구사항이 매우 다양하기 때문이다. 병원, 슈퍼마켓, 백화점, 차량 수리 센터, 은행 등이 좋은 예이다. 자동 세차장이나 카페테리아처럼 모든 고객이나 일감이 동일하거나 유사한 작업 순서나 경로로 이동하는 경우에는 제품별 배치가 채택된다.

그러나 서비스 배치는 제조업 배치와는 다소간 다른 조건을 충족해야 한다. 고객 접촉 정도와 고객화 수준은 서비스 배치 설계에서 고려하여야 하는 두 가지 주된 요인이다. 의료 서비스처럼 고객 접촉과 고객화가 모두 높은 경우에는 서비스 환경은 잡샵이며 대개 노동집약적이고 유연한 장비, 그리고 이를 지원할 수 있는 배치가 필요하다. 맞춤 액자나 의복 가게처럼 고객화는 높되 고객 접촉은 낮은 서비스를 수행하는 경우에는 작업자와 장비 위주로 배치를 할 수 있다. 슈퍼마켓이나 주유소처럼 고객 접촉은 높지만 고객화는 낮은 경우에는 셀프 서비스가 한 방안이며 이때 고객 편의와 안전이 고려되어야 한다. 고객 접촉과 고객화 필요성이 모두 낮은 경우에는 핵심 서비스와 고객이 분리될 수 있어서 생산활동의 효율을 높이기 쉽다. 표준화 수준이 높은 서비스는 자동화할 수도 있다. 웹 서비스, 온라인 뱅킹, ATM 장비 등이 서비스 자동화의 예이다.

**창고 및 저장설비 배치** 저장시설의 설계에는 공장의 설계에서와는 다른 고려사항들이 있다. 주문 빈도가 매우 중요한 사항이다. 주문이 잦은 항목은 시설의 출입구 가까이 두어야 하고, 주문이 뜸한 항목은 입구에서 먼 뒤쪽에 두어야 한다. 항목들 사이의 상관관계(예를

읽을거리

## 미래의 안전한 병원 입원실

▲ 어느 누구도 안전하지 않거나 환자케어에 소홀한 병원에 입원하고 싶지는 않을 것이다. 다음은 보다 향상된 미래 입원실을 위한 제안들이다.

1. **양면 린넨 케비넷**: 병원관계자가 환자를 방해하지 않고 의약품을 보관하도록 해 준다.
2. **바코드**: 각 환자에게 정확한 투약 등의 처방이 가능하게 해 준다.
3. **투빈(tow-bin) 공급 시스템**: 중요한 의약품의 품절을 예방한다.
4. **손세척실**: 모든 입원실에 손세척을 위한 공간을 둔다.
5. **여닫이 유리문**: 정보교환을 위한 **화이트보드**로 활용된다.
6. **손잡이**: 화장실 모든 면에 설치되어 환자의 안전을 강화한다.
7. **침대 알람**: 간호사에게 환자가 침대를 벗어나 있음을 알린다.
8. **소독장치**: 자외선 전등으로 세균을 억제한다.
9. **체크리스트**: 감염을 막아준다.
10. **환기구**: 입원실의 공기순환과 환기를 돕는다.
11. **스마트 펌프**: 링거, 영양제, 약물 등이 환자에게 정확한 양이 공급되도록 한다.
12. **낙상방지**: 미끄럼방지 양말, 무릎담요, 손목보호대 등
13. **세균방지 구리합금**: 잦은 접촉이 일어나는 링거대, 침대난간, 수도꼭지 등
14. **적외선기술**: 불빛이 싱크대를 비춤으로써 방문자에게 손세척을 일깨워준다.
15. **통역기능**이 있는 침대: 환자와의 소통을 돕는다.
16. **실시간 바이탈 신호**: 심장 박동수, 혈압 등이 입원실 밖에서 모니터링 되도록 한다.

**[질문]**

1. 환자 또는 방문자로서 입원실에 대한 경험에 비추어 볼 때 위의 사항들 중에 현재 입원실에 갖추어져 있는 것은 어떤 것들인가?
2. 자신의 경험에 비추어 볼 때 위의 사항들 중에 아직 갖추어지지 않은 것들은 무엇이고 그중에 어떤 것이 필요하다고 생각되는가?

출처: "Real Possibilities." *AARP The Magazine*, April/May 2013, p. 54.

들어, 항목 A는 통상적으로 항목 B와 함께 주문되는 경우)도 중요한데, 상관관계가 높은 항목들은 가까이 두면 물건을 찾아서 *집어내*는 시간과 비용을 절약할 수 있다. 다른 고려사항에는 통로의 폭과 수, 적재 선반의 높이, 레일 또는 트럭 상하차, 주기적 재고 실사 필요성 등이 있다.

**소매점 배치** 제조 설비 배치 계획의 목적은 비용과 물자 흐름의 최소화와 관련이 있다. 백화점, 슈퍼마켓, 전문 매장과 같은 소매점 배치 계획 시에는 고객의 실재와 매출 및 고객의 태도에 미칠 영향을 고려해야 한다. 고객의 통행량과 흐름도 중요한 고려사항이다. 일부 대형 소매 체인들은 모든 점포 또는 거의 모든 점포에 하나의 표준 배치를 채택하는데, 이렇게 하면 몇 가지 이점이 있다. 가장 분명한 이점은 각 점포별로 배치계획을 세우지 않고 한 가지 배치를 적용하는 데 따른 시간과 비용의 절감이다. 다른 이점은 여러 점포를 방문하는 고객들이 혼란을 겪지 않는다는 점이다. 세탁소, 구두 수리센터, 자동 서비스 센터 등과 같은 소규모 소매점의 배치는 아주 간단하다.

**사무실 배치** 전자 통신기술 사용이 증가하여 서류작업을 대체하면서 사무실 배치가 변화하고 있다. 이것은 자료의 이동이나 서류작업을 최적화하기 위하여 많은 인원을 한 사무실에 배치할 필요가 줄어들었음을 의미한다. 또 하나의 경향은 개방 이미지의 조성인데 그 한 예가 사무실 간의 벽을 나지막한 칸막이로 대체하는 것이며 이는 또한 직원들 간의 커뮤니케이션을 촉진한다.

**레스토랑 배치** 레스토랑은 푸드트럭에서 우아한 건물에 이르기까지 매우 다양한 형태가 있다. 체인이나 프랜차이즈의 가맹점인 경우에는 본사에서 정한 일정한 평면도를 그대로 따르는 경우가 많지만, 독립적인 레스토랑이나 바인 경우에는 독자적인 평면도를 가진다. 아이오와(Iowa)의 더뷰크(Dubuque)에 있는 MVP 서비스 그룹(MVP Services Group Inc.)의 Ed Norman은 다음과 같은 중요한 사항을 제시하였다. “가장 중요한 점은 프로세스의 흐름

Quietword/Shutterstock

키오스크는 고객들에게 매우 유용하며 따분하고 지루한 업무를 신속하게 처리할 수 있게 하여 대기 시간을 줄여준다. 맥도날드 점포에서는 고객들이 직원을 통할 때보다 키오스크를 사용하여 직접 주문할 때 평균 1달러어치를 더 주문하는 것으로 밝혀졌다. 이 회사의 경영자들은 키오스크가 고객이 원하는 상품을 그림으로 즉각적으로 보여주기 때문에 이런 매출 증가가 일어난다고 설명한다.

이다. 식료품 창고에서부터 전처리, 조리, 보관, 서비스의 모든 단계에서 음식이나 기타 물품의 이동이 끊기지 않고 최소의 이동으로 원활하게 진행되어야 하며 이를 위해서는 좋은 배치설계가 필요하다."

**병원 배치** 병원 배치에서의 핵심요소는 환자에 대한 배려와 안전이며, X-선, CAT 스캔, MRI 장비와 같은 핵심 자원에 쉽게 접근이 가능해야 한다. 진료를 위한 공간과 입원병동의 배치는 다른 형태를 띠어야 한다.

**서비스 자동화** 서비스 분야에서 생산성을 향상하고 비용을 줄이는 한 가지 방법은 고객을 서비스 처리 프로세스에서 가능한 한 떼어내는 것이다. 이를 위한 한 방편으로 서비스 자동화가 점점 더 많이 사용된다. 예를 들면, 금융 기관들은 ATM, 자동 응답 서비스, 온라인 뱅킹, 전자 자금 이체를 사용하고 소매점에서는 계산대에서 광스캔을 사용하며 여행업계에서는 전자 예약 시스템을 사용한다. 이외에도 배송, 우편 처리, 통신, 보건 및 의료 서비스에서 서비스 자동화를 많이 사용한다.

서비스의 자동화는 서비스의 표준화가 증가하고 고객이 서비스 과정에 직접적으로 참여해야 할 필요성이 감소함을 의미한다. 하지만 서비스 표준화에는 단점도 있다. 서비스를 표준화하면 일반적으로 비용이 줄어들고 생산성이 향상되지만 고객화가 결여되고 고객을 직접 대할 수 없기 때문에 고객의 불만족이 증가할 수도 있다.

## 6.6 제품별 배치의 설계: 라인밸런싱

제품별 배치의 목표는 수행할 작업들의 순서에 따라서 기계와 작업자를 배열하는 것이다. 이와 같은 기계와 작업자의 열을 생산라인 또는 조립라인이라 부른다. 이런 라인은 아주 짧을 수도 있고 때로는 매우 길 수도 있다. 자동차 조립라인은 긴 라인의 예이다. 포드 자동차의 승용차 머스탱(Mustang)의 조립라인은 총 14.5 km나 된다.

제품별 배치의 여러 가지 장점은 전체 작업을 일련의 작은 요소작업(task; 예, '부품 C와 D를 조립하기')들로 나누고 이것들을 전용기계나 숙련도가 낮은 작업자들도 일상적으로 쉽고 신속하게 수행할 수 있도록 하는 데에서 생긴다. 이런 요소작업들의 작업시간은 보통 수초에서 15분 내외까지 범위가 넓지만, 대부분의 요소작업시간은 매우 짧아서 한 작업자에게 한 가지 요소작업만 할당하는 것은 비현실적이다. 왜냐하면 그렇게 하면 동일한 요소작업의 계속된 반복으로 작업자들이 따분해지기 쉽고, 간단한 제품이나 서비스의 생산을 위해서 매우 많은 작업자가 필요하기 때문이다. 따라서 통상적으로 요소작업들은 여러 개를 묶어서 1인 또는 2인의 작업자가 일하는 작업장(workstation, 작업대 또는 작업공간)에 할당한다.

**라인밸런싱** ▶ 모든 작업장들의 작업시간들이 비슷하도록 요소작업들을 작업장들에 할당하는 절차

요소작업들을 묶어서 각 작업장에 할당하는 과정을 **라인밸런싱**(line balancing)이라고 한다. 라인밸런싱의 목표는 각 작업장에 할당되는 요소작업들의 작업시간이 작업장들 간에 대략 비슷하도록 하는 것이다. 이렇게 하면 전체 라인 상에서 작업자나 기계의 유휴시간(idle time)을 최소화하여 이용률(utilization)을 높게 유지할 수 있다. 유휴시간은 작업장들 간에 작업시간이 서로 같지 않을 때 발생하며, 결과적으로 상대적으로 할당된 작업시간이 짧은 작업장의 경우는 더 많은 양을 생산할 수 있게 된다. 이런 '빠른' 작업장은, 할당된 작업시간이 길어서 '늦은' 작업장들로부터 작업물이 넘어오기를 기다리면서 놀거나, 너무 많은 재공

재고를 만들지 않기 위해 어쩔 수 없이 놀아야 하는 상황이 주기적으로 발생한다. 이러한 작업할당의 불균형은 장비와 인력의 유휴시간으로 인한 비효율성을 유발할 뿐만 아니라 '늦은' 작업장의 작업자들은 쉬지 않고 계속 일을 하게 함으로써 사기 문제가 발생할 수도 있으므로 바람직하지 않다.

완벽하게 균형을 이룬 라인은 작업장의 이용률을 최대화할 수 있도록 작업장들이 동기화되어 있으므로 라인상에서 작업물의 흐름이 원활해진다. 이렇게 완벽히 균형 잡힌 라인구성을 어렵게 하는 주된 장애물은 모든 작업장에 대해 그들에게 할당된 작업시간이 동일하도록 요소작업들을 여러 개의 그룹으로 묶기가 현실적으로 어렵다는 것이다. 그 이유는 각 요소작업을 처리할 수 있는 기계나 장비가 요소작업별로 다르거나, 작업 활동들의 특성상 동일한 장소에서 수행할 수 없어서(예, 사포작업과 도색을 동일한 작업장에 할당하면 사포작업이 도색을 오염시킬 수 있다) 발생한다. 또한 요소작업들의 소요시간 간에 차이가 클수록 이들을 여러 묶음으로 나눌 때 각 묶음의 총소요시간의 크기가 같아지도록 하는 것은 어려워진다. 세 번째는 기술적 이유로 인해 어떤 제품을 생산하는 데 필요한 요소작업들의 작업순서에는 선후관계가 존재하는 경우가 많기 때문이다. 다음 그림과 같이 소요 시간이 2분, 4분, 2분인 세 가지 작업이 있다고 해보자. 이상적으로는 첫 작업과 마지막 작업을 동일한 작업장에 할당하여 총 작업시간이 4분이 되도록 하면 두 번째 작업의 소요시간과 같게 할 수도 있다. 하지만 첫 작업과 마지막 작업은 같은 작업장에 할당할 수 없다. 자동 세차의 경우, 헹굼은 솔질과 건조 사이에 반드시 진행해야 하는 작업이므로 솔질과 건조를 하나의 작업장에 할당할 수는 없는 것이다.

라인밸런싱은 요소작업들을 작업장에 할당하는 과정이다. 한 작업장에는 통상 한 작업자만 배치되는데 여러 작업자를 배치하는 것도 가능하다. 여기서는 설명의 편의상 한 명만 배치된다고 가정한다. 총 다섯 개의 요소작업을 처리하여야 할 때 필요한 작업장의 수는 한 개에서 다섯 개까지다. 작업장을 한 개만 사용할 경우에는 모든 요소작업이 한 작업장에서 수행되는 것을 의미하며, 다섯 개를 사용할 경우에는 각 작업장에 하나의 요소작업만 배정된 경우이다. 만약 둘, 셋 혹은 네 개의 작업장을 사용한다면 일부 혹은 전부에 복수의 요소작업이 배정될 것이다. 그러면 필요한 작업장의 수는 어떻게 결정할까?

라인밸런싱의 주요 결정 사항 중 하나는 해당 라인의 **사이클타임**(cycle time)이다. 사이클타임은 하나의 작업물(또는 제품)에 대하여 각 작업장에 할당된 요소작업들의 총소요시간들 중에서 *가장 큰* 값(상한값)이다. 사이클타임이 정해지면 해당 라인의 산출률은 자동적으로 결정된다. 예를 들어, 사이클타임이 2분이면 제품이 라인 끝에서 2분마다 한 단위씩 생산되는 것을 의미한다. 따라서 이 라인의 산출률은 분당 1/2개 또는 시간당 30개라고 할 수 있으며, 결국 라인의 생산용량은 사이클타임의 함수라는 것을 확인할 수 있다.

**사이클타임**
한 작업물에 대하여 각 작업장에서 수행하여야 하는 요소작업들의 총소요시간의 상한

다음의 예는 요소작업 묶기와 사이클타임에 대한 보다 자세한 이해를 돕기 위한 것이다.

어떤 제품의 가공은 5가지의 요소작업으로 구성되고, 그 순서와 소요시간은 다음 그림과 같다고 가정하자.

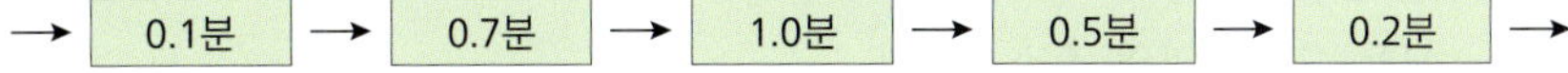

이들 요소작업의 소요시간이 사이클타임의 범위를 결정한다. *최단* 사이클타임은 *가장 긴* 요소작업의 소요시간이고(1.0분) *최장* 사이클타임은 모든 요소작업의 소요시간의 합(0.1 + 0.7 + 1.0 + 0.5 + 0.2 = 2.5분)과 같다. 다섯 개의 작업장을 채택하면 최단 사이클타임이 라인의 사이클타임이 된다. 모든 요소작업을 하나의 작업장에 할당하면 최장 사이클타임이 라인의 사이클타임이 된다. 최장 사이클타임과 최단 사이클타임은 라인의 산출률의 범위를 결정하므로 중요하다. 라인의 산출률은 다음 식으로 계산할 수 있다.

$$\text{산출률} = \frac{\text{1일 작업시간}}{\text{사이클타임}} \tag{6-1}$$

이 라인이 1일 8시간(480분) 작업한다고 가정하자. 사이클타임이 1분이면 산출률은

$$\frac{\text{480분/일}}{\text{1.0분/단위}} = \text{480단위/일}$$

이고, 사이클타임이 2.5분이면 산출률은

$$\frac{\text{480분/일}}{\text{2.5분/단위}} = \text{192단위/일}$$

이다.

라인을 한 개만 구성한다고 가정하면 이 라인의 하루 생산량은 192단위에서 480단위 사이에 있다.

일반적으로 사이클타임은 목표 산출률에 의하여 결정된다. 즉, 목표 산출률이 결정되면 이를 달성하기 위한 사이클타임을 계산할 수 있다. 이렇게 계산한 사이클타임이 달성 가능한 범위를 벗어나면 산출률 목표를 수정하여야 한다. 사이클타임은 다음 식을 사용하여 계산할 수 있다.

$$\text{사이클타임} = \frac{\text{1일 작업시간}}{\text{목표 산출률}} \tag{6-2}$$

예를 들어, 목표 산출률이 480단위라고 가정하자. 식 (6-2)를 사용하면 사이클타임은 다음과 같이 계산할 수 있다.

$$\frac{\text{480분/일}}{\text{480단위/일}} = \text{1.0분/단위}$$

필요한 작업장의 수는 목표 산출률과 요소작업들을 균형 있게 작업장에 할당하는 능력에 좌우된다. 목표 산출률을 달성하는 데 필요한 작업장의 *이론적 최소* 숫자는 다음의 식을 사용하여 구할 수 있다.

$$N_{\min} = \frac{\sum t}{\text{사이클타임}} \tag{6-3}$$

단,

$N_{\min}$ = 필요한 작업장의 최소 수
$\sum t$ = 모든 요소작업의 총소요시간

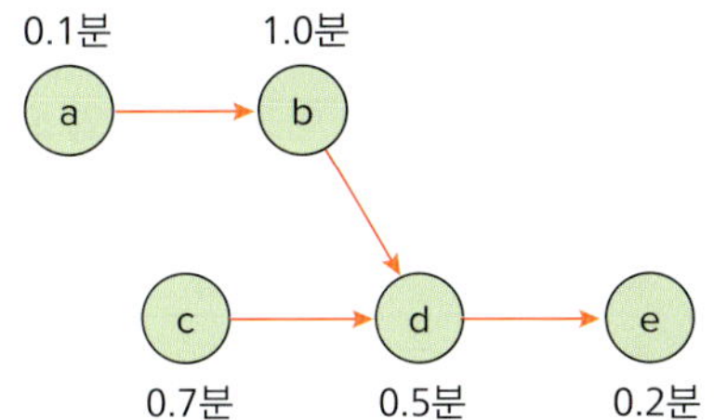


**그림 6.9**
간단한 선후관계도

목표 산출률이 480단위/일이라고 가정하자[2](따라서 사이클타임은 1분). 최소 작업장 수는 다음과 같이 계산된다.

$$N_{\min} = \frac{2.5\text{분/단위}}{1\text{분/단위, 작업장}} = 2.5\text{작업장}$$

작업장 수는 정수이므로 2.5개는 *올림하여* 3개가 된다. 그러므로 실제 작업장의 수는 3개 또는 그 이상이다.

라인밸런싱을 위해서는 요소작업들의 **선후관계도**(precedence diagram)가 고려되어야 한다. 그림 6.9는 아주 간단한 선후관계도의 예이다. 이것은 수행되어야 할 요소작업들과 그들 간의 요구되는 작업 *순서*를 나타낸다. 선후관계도는 왼쪽에서 오른쪽으로 읽는다. 이 그림에서 선후관계를 보면, 작업 *b*를 수행하기 위하여 먼저 완료되어야 할 유일한 작업은 작업 *a*이다. 작업 *d*는 두 가지 작업, 즉 작업 *b*와 작업 *c*가 모두 완료되기 전에는 시작할 수 없다.

**선후관계도**
요소작업들과 그들 사이의 선후관계를 나타내는 다이어그램

이제 라인의 균형을 취하는 방법을 알아보자. 라인을 구성하려면 요소작업들을 작업장들에 할당해야 한다. 일반적으로 최적 할당을 보장하는 기법은 없다. 따라서 통상적으로 *휴리스틱*(또는, *발견적 해법*) 절차를 사용하는데, 이렇게 하면 최적해(optimal solution)는 아니지만 상당히 균형 잡힌 라인을 얻거나 가끔은 최적해를 구할 수도 있다. 여러 가지 휴리스틱 방법이 라인밸런싱에 사용될 수 있는데, 여기서는 두 가지를 소개한다.

1. 후속작업이 가장 많은 요소작업을 우선 할당한다.
2. 위치 가중치(positional weight)가 가장 큰 요소작업부터 우선 할당한다. 어떤 요소작업의 위치 가중치는 자신의 소요시간과 모든 후속 요소작업들의 소요시간을 합한 값이다.

### 후속작업 수를 기준으로 할당

그림 6.9의 요소작업들을 세 작업장에 할당하라. 목표 사이클타임을 1분으로 하고, 후속작업이 많은 요소작업을 우선 할당하라.

**풀이**

1. 작업 *a*가 후속작업이 가장 많으므로(3개), 작업 *a*부터 먼저 작업장 1에 할당한다.
2. 다음으로, 작업 *b*와 *c*가 모두 후속작업 2개인 동률로 경합상태이다. 둘 중 아무거나 먼저 할당해도 무방하나 작업 *b*의 소요시간(1분)은 작업장 1의 잔여시간(0.9분)을 초과한다. 따라서, 작업 *c*를 작업장 1에 할당한다.

[2] 언뜻 생각하면 목표 산출률은 논리적으로 달성 가능한 최대 산출률인 것처럼 보일지 모르지만, 항상 그런 것은 아니다.

3. 이제 작업 $b$의 차례이다. 작업장 1에는 할당할 수 없으므로, 작업장 2에 할당한다.
4. 작업장 2의 잔여시간이 0이므로, 작업장 3으로 이동하여 작업 $d$와 $e$를 차례대로 할당한다.

| 작업장 | 할당 전 잔여시간 | 할당 후보작업 | 할당 작업 | 할당 후 잔여시간 | 작업장 유휴시간 |
|---|---|---|---|---|---|
| 1 | 1.0 | a, c | a | 0.9 | |
| | 0.9 | b, c | c | 0.2 | |
| | 0.2 | none | — | | 0.2 |
| 2 | 1.0 | b | b | 0.0 | 0.0 |
| 3 | 1.0 | d | d | 0.5 | |
| | 0.5 | e | e | 0.3 | |
| | 0.3 | — | — | | 0.3 |
| | | | | | 0.5 |

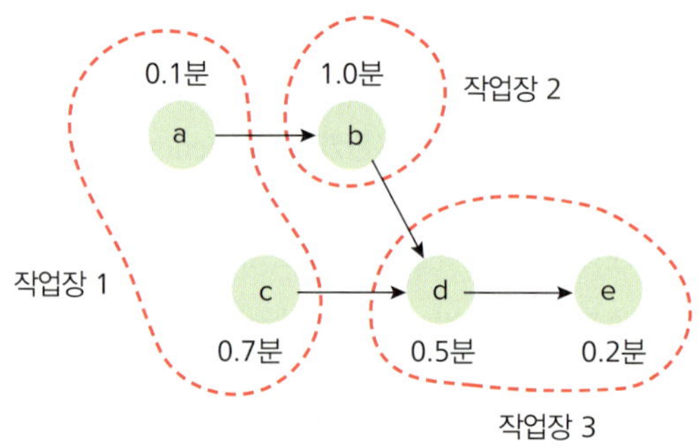


최초의 각 작업장의 '잔여시간'은 목표 사이클타임인 1.0분과 동일하다. 각 단계에서 할당 후보작업은 선후관계도상의 선행작업이 모두 할당된 작업만이 될 수 있다. 또한, 어떤 작업의 소요시간이 작업장의 잔여시간을 초과할 때는 그 작업장에 할당될 수 없다. 왜냐하면, 그러한 할당이 이루어질 경우 전체 생산라인의 사이클타임이 목표한 값을 초과할 것이기 때문이다.

예제 1은 라인밸런싱의 기본적인 절차를 보여주기 위하여 의도적으로 단순화한 예이다. 다음 예제들에서는 경합 해결(tiebreaking), 선후관계도의 작성, 위치가중치 방법 등 좀 더 복잡한 내용들이 소개된다. 그 전에 라인밸런싱의 성과를 평가하는 데 널리 사용되는 두 가지 척도를 먼저 소개한다.

**밸런스 지체** ▸ 라인에서 발생하는 유휴시간의 비율

1. **밸런스 지체**(balance delay)는 사이클당 라인에서 발생하는 **유휴시간의 비율(percentage of idle time)**을 나타내는 척도로 다음과 같이 계산한다.

$$\text{밸런스 지체} = \frac{\text{사이클당 총 유휴시간}}{N_{\text{actual}} \times \text{사이클타임}} \times 100 \qquad (6\text{-}4)$$

여기서, $N_{\text{actual}}$ = 실제 작업장 수

앞의 예제 1의 라인밸런싱에 대한 밸런스 지체를 계산하면 다음과 같다.

$$\text{밸런스 지체} = \frac{0.5}{3 \times 1.0} \times 100 = 16.7\%$$

결과적으로 밸런스 지체는 작업장당 평균 유휴시간을 사이클타임으로 나눈 다음 100을 곱한 값이다. 식 (6-4)와 아래의 식 (6-5b)에서 분모의 실제 작업장 수와 사이클타임은 라인밸런싱의 결과로 실제 발생한 작업장 수와 사이클타임을 말하며, 식 (6-2)와 (6-3)의 최소 작업장 수나 목표 사이클타임과는 다른 값일 수도 있음을 유의해야 한다.

2. 밸런스 지체의 반대 개념인 **라인 효율(efficiency)**은 다음과 같이 계산한다.

$$\text{라인 효율} = 100\% - \text{밸런스 지체} \tag{6-5a}$$

예제 1에서는 라인 효율 = 100% − 16.7% = 83.3%이다. 라인 효율은 다음의 식을 통해서도 계산될 수 있다.

$$\text{라인효율} = \frac{N_{\text{actual}} \times \text{사이클타임} - \text{총 유휴시간}}{N_{\text{actual}} \times \text{사이클타임}} \times 100 \tag{6-5b}$$

이제 라인밸런싱의 결과로 얻어진 실제 산출률이 반드시 최대 산출률과 일치하여야만 하는지에 대해 생각해 보자. 식 (6-3)에서 알 수 있듯이 최소 작업장 수는 목표 산출률(또는 목표 사이클타임)로부터 얻어진 결과이다. 실제 산출률이 낮을수록(즉, 사이클타임이 길수록) 필요한 작업장 수는 작아지며 이에 대한 투자와 비용절감을 기대할 수 있다. 따라서 생산운영관리자는 작업장 수가 줄어듦에 따른 비용절감과 산출률(생산량) 감소에 따른 이익감소를 서로 비교하여 어느 쪽이 더 유리한지를 검토할 필요가 있다.

앞에서 살펴본 예제 1은 라인밸런싱과 관련된 기본적인 개념들을 이해하는 데 도움이 되었다. 실제 기업 현장에서 발생하는 문제는 예제 1에 비해 요소작업의 수가 훨씬 많고 이들의 선후관계 또한 복잡하다. 따라서 라인밸런싱 업무는 대단히 복잡할 수 있다. 작업들을 작업장에 할당할 수 있는 가능한 조합은 너무나 많기 때문에 모든 조합을 다 검토할 수는 없다. 따라서 어느 규모 이상의 현실적인 문제는 일반적으로 휴리스틱으로 푼다. 휴리스틱은 전체 중에 일부의 조합만을 검토하기 때문에 최적해를 얻을 수는 없지만 비교적 괜찮은 라인밸런싱의 결과를 빠른 시간 내에 얻게 해준다.

## 라인밸런싱 지침

생산라인을 구성할 때, *한 번에 한* 작업장씩 라인에 추가하고 그 작업장에 요소작업들을 할당한다. 현재 구성 중인 작업장에 한 요소작업을 할당할 때마다 아직 할당되지 않은 요소작업들 중에서 그 작업장에 할당할 수 있는 후보 작업들을 결정한 다음, 휴리스틱을 사용하여 그 후보들 중에서 하나를 뽑는다. 이 과정은 반복되고 더 이상 할당할 수 있는 요소작업이 없으면 새로운 작업장을 추가한다. 이 과정을 반복하여 모든 요소작업들이 작업장들에 할당되고 나면 라인밸런싱이 끝난다. 라인밸런싱의 목표는 기술적 제약과 산출 목표를 지키면서 유휴시간을 최소화하는 것이다.

기술적 제약에 따라서 특정 작업장에 할당될 수 있는 요소작업 후보들이 결정된다. 기술적 제약은 요소작업들 간의 선후관계에 기인할 수 있다. 선후관계 때문에 어떤 요소작업들은 다른 것들보다 먼저 수행되어야 하고, 이 때문에 작업장들에 할당될 때에도 이 순서가 지켜져야 한다. 세차를 예로 들면, 헹굼작업이 건조작업보다 먼저 수행되어야 하므로 건조작업은 헹굼작업이 할당되기 전에는 할당 후보에 들 수 없다. 이 외에도 기술적 제약은 공간 제약이라든지 기타 프로세스의 특성상 두 가지 요소작업을 동일한 작업장에서 수행할 수 없는 경우에 발생한다. 예를 들어, 사포작업과 도장작업을 동일한 작업장에 할당하면 먼지 때문에 도장이 더러워질 수 있으므로 이들 두 작업은 함께 할당하지 말아야 한다.

산출 목표는 각 작업장에 할당할 작업량을 제한하고, 이 제한 때문에 할당 후보군에 속하는 요소작업을 현재 구성 중인 작업장에 할당하지 못할 수 있다. 산출 목표가 사이클타임을 결정하고, 각 작업장에 할당된 요소작업들의 총소요시간은 이 사이클타임을 초과할 수 없다. 한 요소작업을 하나의 작업장에 할당하더라도 그 작업장의 총작업시간이 사이클타임을 초과하지 않으면 그 요소작업을 그 작업장에 할당할 수 있다.

한 작업장에 기술적으로 할당될 수 있는 후보들이 정해지고 그들이 각각 사이클타임 제약을 어기지 않으면 이 후보들 중에서 하나를 뽑아야 하는데, 이때 휴리스틱이 도움이 된다.

우선 몇 가지 용어를 정의하면, 어떤 특정 작업에 대하여 선후관계도에서 그 작업을 포함하는 각 경로에서 뒤에 나타나는 작업을 *후속작업*이라고 하고, 앞에 나타나는 작업을 *선행작업*이라고 부른다. 아래 그림에서 작업 $b$, $d$, $e$, $f$는 작업 $a$의 후속작업이고, 작업 $a$, $b$, $c$는 작업 $e$의 선행작업이다.

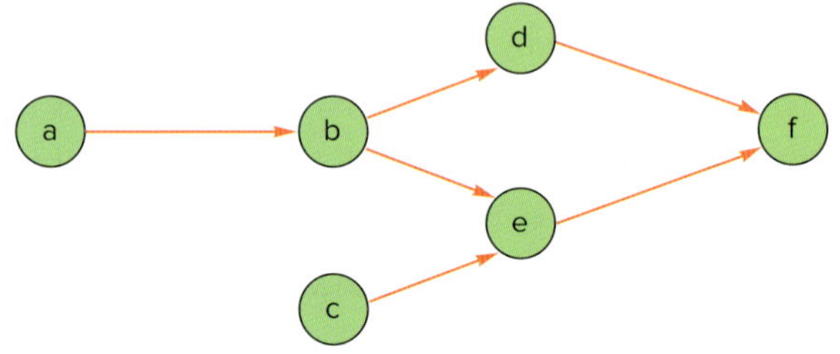


어떤 요소작업의 *위치가중치*는 자신과 자신의 모든 후속작업들의 소요시간의 합이다.

어떤 휴리스틱도 라인밸런싱 문제에서 *최적*해를 *보장*하지는 않지만, 비교적 좋은 해를 찾는 지침은 될 수 있다. 동일한 문제에서 여러 가지 휴리스틱을 사용하여 해들을 구한 다음 그중에서 유휴시간이 가장 작은 해를 택하는 것도 좋은 방법이 될 수 있다.

**예제 2**

mhhe.com/stevenson14e

### 선후관계도 그려보기, 사이클타임과 최소 작업장 수의 계산, 후속작업 수를 기준으로 작업할당

아래 표에 주어진 정보를 사용하여 다음의 각 단계를 수행하라.

1. 선후관계도를 그려라.
2. 하루 조업시간을 8시간으로 가정하고 하루에 400개를 만들기 위한 사이클타임을 계산하라.
3. 최소 작업장의 수를 구하라.
4. 작업들을 작업장에 할당하라. 단, 후속작업 수가 가장 많은 것을 할당하되, 경합이 발생할 경우 소요시간이 가장 긴 것을 먼저 할당하라.

| 작업 | 직전 작업 | 소요 시간(분) |
|---|---|---|
| a | — | 0.2 |
| b | a | 0.2 |
| c | — | 0.8 |
| d | c | 0.6 |

| 작업 | 직전 작업 | 소요 시간(분) |
|---|---|---|
| e | b | 0.3 |
| f | d, e | 1.0 |
| g | f | 0.4 |
| h | g | 0.3 |
| | | $\sum t = 3.8$ |

5. 밸런스 지체를 계산하라.

**풀이**

1. 선후관계도는 쉽게 그릴 수 있다. 선행작업이 없는 작업들부터 시작한다. 표에서 작업 $a$와 $c$가 직전 작업이 없는 것을 확인할 수 있다.

단계 1:

c

단계 2: 작업 *b*와 *d*를 각각 작업의 *a*와 *c*에 연결

단계 3: 작업 *e*를 작업 *b*에 연결

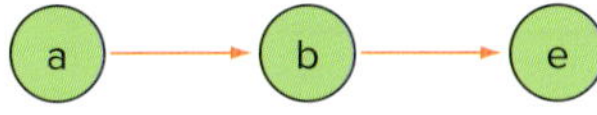

단계 4: 작업 *f*를 작업 *d*와 *e*에 연결

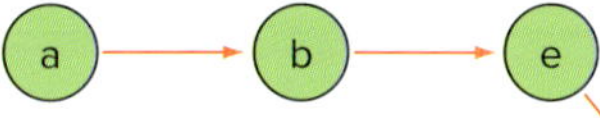


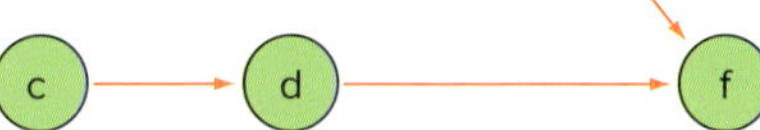


단계 5: 작업 *g*를 작업 *f*에, 작업 *h*를 작업 *g*에 연결

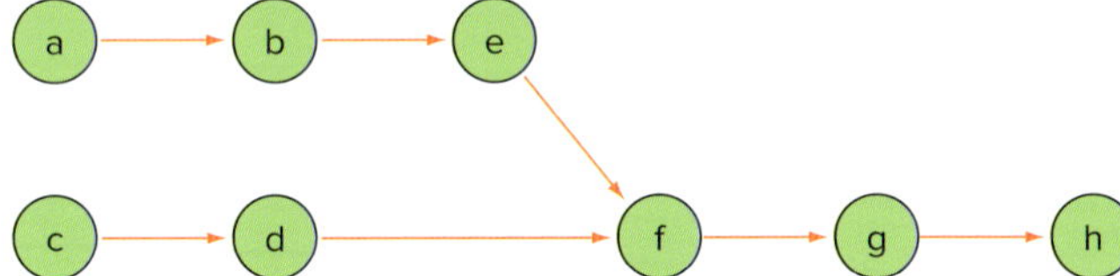


2. $\text{사이클타임} = \dfrac{\text{1일 조업시간}}{\text{1일 산출목표}} = \dfrac{\text{480분/일}}{\text{400개/일}} = \text{1.2분/사이클}$

3. $N_{\min} = \dfrac{\sum t}{\text{사이클타임}} = \dfrac{\text{3.8분/개}}{\text{1.2분/사이클}} = \text{3.17개(4로 올림)}$

4. 다음과 같은 절차에 따라 작업장 1부터 차례로 구성한다. 선후관계도를 보고 할당 후보 작업들을 정한다. 후보 작업들 중에서 잔여시간보다 소요시간이 짧은 작업들 중에서 할당 규칙에 따라서 할당한다. 할당된 작업은 할당 고려 대상에서 제외한다. 현재 작업장에 더 이상 작업을 추가할 수 없으면 다음 작업장을 추가한다. 지금까지의 과정을 모든 작업들이 할당될 때까지 반복한다.

| 작업장 | 잔여시간 | 할당 후보작업 | 할당 가능작업 | 할당 작업 (소요시간) | 할당 후 잔여시간 | 유휴시간 |
|---|---|---|---|---|---|---|
| 1 | 1.2 | a, c* | a, c* | a (0.2) | | |
| | 1.0 | c, b** | c, b** | c (0.8) | 0.2 | |
| | 0.2 | b, d | b | b (0.2) | 0.0 | |
| | 0 | e, d | None | — | | 0.0 |
| 2 | 1.2 | e, d | e, d | d (0.6) | 0.6 | |

| 작업장 | 잔여시간 | 할당 후보작업 | 할당 가능작업 | 할당 작업 (소요시간) | 할당 후 잔여시간 | 유휴시간 |
|---|---|---|---|---|---|---|
| | 0.6 | e | e | e (0.3) | 0.3 | |
| | 0.3*** | f | None | — | | 0.3 |
| 3 | 1.2 | f | f | f (1.0) | 0.2 | |
| | 0.2 | g | None | — | | 0.2 |
| 4 | 1.2 | g | g | g (0.4) | 0.8 | |
| | 0.8 | h | h | h (0.3) | 0.5 | |
| | 0.5 | — | — | — | | 0.5 |
| | | | | | | 1.0분 |

*작업 *a*와 *c*는 선행작업이 없으므로 이 둘은 후보가 된다. 작업 *a*의 후속작업이 더 많으므로 이것을 할당한다.
**작업 *a*가 할당되고 나면, 작업 *b*와 *c*가 후보가 된다. 두 작업의 후속작업 수가 같고 소요시간도 모두 작업장 1의 잔여시간보다 작으므로 어느 것이든 할당이 가능하다. 여기서는 작업시간이 긴 *c*를 택한다.
***작업 *f*가 후보지만, 작업시간(1.0)이 작업장 2의 잔여시간보다 길어서 할당할 수 없다.

라인밸런싱의 결과는 다음 그림과 같다. *주의사항*: 휴리스틱은 항상 최적해를 보장하지는 않으며, 최적해를 구하기 어려운 복잡한 문제에 실용적인 해법을 제시할 뿐이다. 또한, 사용하는 휴리스틱 방법에 따라 서로 다른 해가 제시될 수 있다. 또한, 작업장 수 $N_{min}$를 고정한 상태에서는 라인효율이 향상되지 않을 수도 있다는 것에 주의해야 한다.

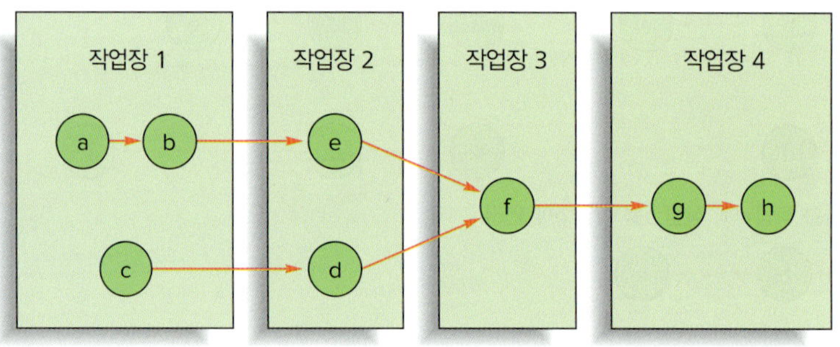


5. $\text{밸런스 지체} = \dfrac{1.0\text{분}}{4 \times 1.2\text{분}} \times 100 = 20.83\%$

$\text{라인효율} = 100\% - 20.83\% = 79.17\%$

## 기타 고려사항

라인밸런싱에 대한 앞의 논의는 대략적으로 균형적인 생산 라인을 비교적 쉽게 구성하는 방법을 제시한다. 실무에서는 추가적으로 고려하여야 할 사항들이 있으며 그 일부는 기술적 사항이다.

기술적 사항에는 다양한 작업을 수행하기 위한 기술과 기능이 포함된다. 몇 가지 작업들을 수행하는 데 필요한 기술과 기능의 숙련도에 차이가 크면 그 작업들을 같은 작업장에 할당할 수 없을 수도 있다. 또한, 휘발성 물질을 사용하는 작업과 불을 사용하는 작업처럼 동일한 작업장에 할당하는 것은 말할 것도 없고 인접한 서로 다른 작업장들에도 할당할 수 없는 작업들도 있다.

현실적으로 운영할 수 있는 라인 계획을 수립하는 데에는 인간적 요소와 장비 그리고 공간 제약도 고려하여야 할 경우도 있다.

조립 작업은 항상 같은 속도로 반복되는 것으로 간주하면 편리하지만 사람이 개입되면 작업 소요시간이 일정하지 않다고 가정하는 편이 현실적이다. 이런 변동의 이유로 피로, 권태, 집중 부족 등 여러 가지가 있다. 무단결근도 라인 균형에 영향을 미칠 수 있다. 사소한 변동은 라인에 약간의 여유 시간을 허용하여 대처할 수 있다. 하지만 단지 몇몇 소수의 작업에만 좀 더 큰 변동이 내재되어 있더라도 라인의 균형을 유지하는 데 심각한 어려움이 있을 수 있다.

이런 이유 때문에 사람이 작업하는 라인은 현실이라기보다는 이상이다. 실제로 라인이 완벽하게 균형을 이루는 경우는 드물다. 하지만 이것이 나쁘기만 한 것은 아닌데, 약간의 불균형이 존재하면 라인의 일부분에 여유가 있고, 이런 여유는 일부 작업장에서 발생할 수 있는 짧은 작업 중단의 영향을 줄일 수 있기 때문이다. 또한, 여유가 있는 작업장에는 아직 작업 '속도가 좀 느린' 신입사원을 배치할 수도 있다.

## 기타 방법

원활한 생산 흐름을 위해 사용할 수 있는 몇 가지 다른 방법이 있다. 그중 하나는 *병렬 작업장*이다. 병렬 작업장은 제품의 흐름을 방해하여 라인의 속도를 떨어뜨리는 병목공정에 유익하다. 병목은 작업이 어렵거나 작업시간이 길기 때문에 발생한다. 병렬 작업장은 병목의 처리 용량을 늘리고 유연성을 제공한다.

다음 예를 생각해 보자.[3] 어떤 일이 4개의 작업으로 이루지며 소요시간은 각각 1분, 1분, 2분, 1분이다. 라인의 사이클타임은 2분이고 산출률은 시간당 30단위이다.

$$\frac{60\text{분/시간}}{2\text{분/단위}} = 30\text{단위/시간}$$

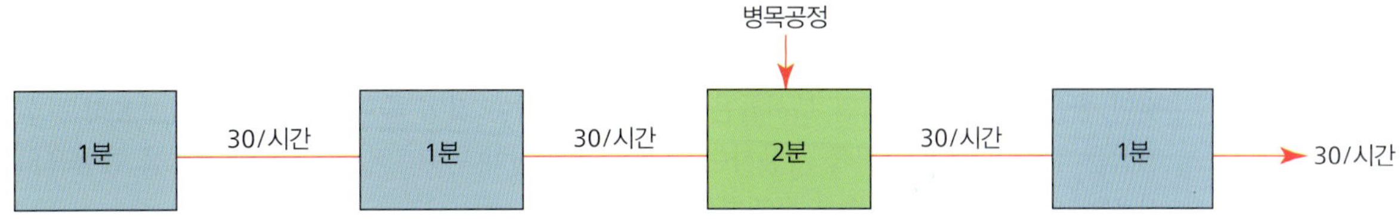


이때 다음 그림과 같이 세 번째 작업에 작업장을 하나 추가하여 병렬로 사용하면 이 작업장의 처리율이 다른 작업장의 처리율과 같으므로 사이클타임이 1분이 되어 라인의 산출률은 60단위/시간이 된다.

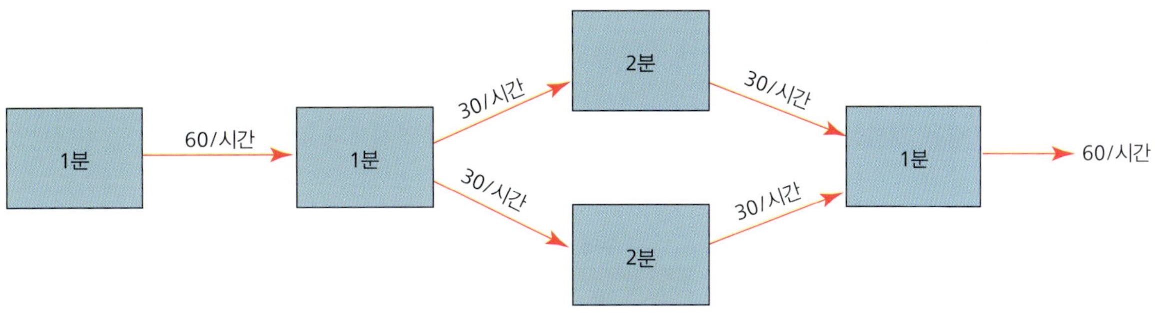


[3] Adapted from Mikell P. Groover, *Automation, Production Systems, and Computer-Aided Manufacturing*, 2nd ed. © 1987. Reprinted by permission of Pearson Education, Inc., Upper Saddle River, NJ.

읽을거리

## BMW의 유연성 전략

BMW는 독일의 딘골핑(Dingolfing) 조립라인에서 7시리즈를 조립하는데, 이 조립 라인에는 유연성이 내재되어 있어서 여러 모델을 쉽게 생산할 수 있다. 다른 경쟁사들은 보통 한 번에 한 모델을 생산하도록 라인을 구성한다. 이런 라인에서 생산 차량의 모델을 바꾸려면 라인을 세우고 바뀐 모델을 조립할 수 있도록 라인의 일부를 변경하여야 한다. BMW의 조립라인은 매우 유연하기 때문에 경쟁사들이 경직적인 라인을 매번 변경할 때마다 치르는 비용 부담 없이 시장의 유동성에 쉽게 반응할 수 있다.

출처: Based on "Betting on the S," *The Wall Street Journal*, July 11, 2005, p. B1.

라인의 균형을 이루는 또 하나의 대안은 작업자들을 다기능으로 훈련시켜서 한 가지 이상의 업무를 할 수 있도록 하는 것이다. 그리하여 병목이 발생하면 유휴시간이 늘어난 작업자들이 일시적으로 과부하 상태인 다른 작업자들을 도울 경우 라인에서 일정한 흐름을 유지할 수 있다. 이렇게 균형을 유지하는 것을 *동적 라인밸런싱*이라고 하며, 린생산 시스템에서 자주 사용된다.

또 다른 대안으로, 두 가지 이상의 제품을 동시에 생산할 수 있도록 라인을 설계하는 방법이 있다. 이런 라인을 *혼류모델생산라인*(*mixed model line*)이라고 한다. 당연히, 제품들이 꽤 유사하여서 모든 제품의 업무들이 거의 동일하여야 한다. 이 방법은 제품들의 산출량을 변경하는 데 아주 유연하다. 위 기사가 그런 라인을 묘사하고 있다.

## 6.7 공정별 배치의 설계

공정별 배치의 주요 이슈는 부서들의 상대적 위치이다. 그림 6.10이 예시하는 바처럼, 부서의 위치를 결정하여야 한다. 문제는, 부서들의 공간적 조합의 수가 엄청나게 많을 수 있는데, 이들 중에서 만족할 만한 배치를 찾는 일이다. 예를 들어, 어떤 부서들은 서로 인접하는 것이 좋은 반면, 다른 어떤 부서들은 거리를 유지하는 것이 좋다. 정밀 장비를 사용하는 실험실은 진동이 심한 장비를 사용하는 부서와 떨어져야 한다. 역으로, 일부 장비를 공동으로 사용하는 부서는 가까울수록 유리하다.

공정별 배치는 출입구, 적재 도크(dock), 승강기, 창문, 강화 바닥 구역의 위치와 같은 외적 요인의 영향도 받는다. 또한, 소음 수준, 안전, 화장실의 크기와 위치에도 영향을 받는다.

슈퍼마켓, 주유소, 패스트푸드 체인 등처럼 성격이 비슷한 점포가 많을 경우에는 표준 배치를 개발할 수도 있다. 예를 들어 맥도날드 점포들에서는 동일한 기본적 배치 패턴을 사용하므로, 신규 점포 건축이나 종업원 훈련이 쉽다. 체인에 속한 모든 점포에서 조리실, 주문대, 고객 서비스는 동일한 패턴을 따른다. 장비의 설치와 서비스도 표준화되어 있다. 이와 같은 개념은 마이크로소프트 윈도우나 매킨토시 운영체제와 같은 소프트웨어도 채택되었

**그림 6.10**
공정별 배치에서는 작업장들의 위치를 정해야 한다.

구역

| A | B | C |
|---|---|---|
| D | E | F |

할당대상 부서
1
2
3
4
5
6

다. 모든 응용프로그램들은 동일한 기본적인 특징이 있으므로 한 가지 소프트웨어에 익숙한 사용자는 다른 소프트웨어도 비교적 쉽게 사용할 수 있다.

대부분의 배치 문제는 복수 현장보다는 단일 현장 문제이고, 현장마다 독특한 요인이 있어서 표준화할 수 없다. 그러므로 이런 경우 배치문제는 맞춤식으로 다루어져야 한다.

가장 효율적인 배치 계획을 세우기가 어려운 주된 이유는 가능한 배치 대안이 너무 많다는 점이다. 예를 들어, 14개의 부서를 직선으로 나열하는 방법은 대략 872억 가지가 된다. 프레스는 강화지반 구역에 설치하여야 하는 것과 같이 제약이 있든지, 공간의 형태가 직선 대신 2 × 7 바둑판 형이면 이 숫자는 줄어든다. 그렇지만 가능한 조합은 여전히 매우 많다. 아직까지 항상 가장 좋은 배치를 찾을 수 있는 알고리즘은 없다. 시행착오적으로 만족할 만한 배치계획을 찾을 때 적당한 휴리스틱을 사용할 수밖에 없는 경우가 허다하다.

### 배치 성과 척도

공정별 배치의 한 가지 장점은 다양한 처리 요구를 충족할 수 있는 능력이다. 이런 시설에서 처리하는 고객이나 일감은 각기 필요한 작업들과 그것들의 순서가 다르므로 시설 내에서 거치는 경로도 다르다. 물자의 운반은 작업장 사이를 자유롭게 이동할 수 있는 운반 장치를 사용하여야 하고, 고객은 스스로 옮겨 다니거나 다른 사람의 도움을 받아 이동해야 한다. 그래서 이동에 필요한 시간이나 비용이 상당할 수 있다. 이 때문에 공정별 배치의 한 가지 중요한 목표는 이동에 따르는 비용, 거리, 시간의 최소화이다. 이 목적을 달성하려면 고객이나 일감의 흐름량이 상대적으로 많은 작업장이나 부서들을 가능한 가까이 붙여 놓는 것이 좋다.

배치 대안을 평가할 때 사용하는 기준에는 초기 배치 비용, 예상 운영비용, 유효생산용량, 변경 용이성 등이 있다.

기존 시설의 배치를 변경하고자 할 때에는 재배치에 따르는 비용과 혜택을 비교하여야 한다.

### 공정별 배치 설계에 필요한 정보

공정별 배치 설계에는 다음과 같은 정보가 필요하다.

- 배치하고자 하는 시설의 제원과 그 시설에 들어갈 작업장이나 부서들의 이름과 대략적인 제원을 기록한 목록
- 작업장이나 부서들 사이의 예상 업무 흐름량
- 시설 내부에서 구역들 간의 거리와 단위 거리당 작업물량의 이동 비용
- 배치에 투입할 총 비용
- 서로 인접하여야 할 작업들 또는 인접하지 않아야 할 작업들 등과 같은 특기 사항 목록
- 기존 건물에서 주요 기반 설비, 출입 통로, 선적/하역장 등의 위치

배치계획을 먼저 수립하고 그것에 맞추어 건물을 설계하면 가장 제약이 적은 상태에서 배치계획을 수립할 수 있으므로 이상적이다. 건물을 신축할 때에는 이렇게 할 수 있지만, 기존 시설의 배치계획을 수립할 때에는 바닥 면적, 건물 제원, 출입구와 승강기 위치 등과 같은 요인들을 신중하게 감안하여야 한다. 다층 건물의 배치계획을 수립할 때에는 특별한 문제들이 있을 수 있다.

**표 6.6**
구역 간 거리(미터, m)

| 출발 \ 도착 | 구역 A | 구역 B | 구역 C |
|---|---|---|---|
| A | | 20 | 40 |
| B | | | 30 |
| C | | | |

**표 6.7**
부서간 흐름량(1일 물동량)

| 출발 \ 도착 | 부서 1 | 부서 2 | 부서 3 |
|---|---|---|---|
| 1 | | 30 | 170 |
| 2 | | | 100 |
| 3 | | | |

## 운반비용 또는 운반거리의 최소화

공정별 배치계획 수립 시 가장 흔한 목표는 운반비용이나 운반거리의 최소화이다. 이때 필요한 자료는 표 6.6이나 표 6.7과 같이 *출발지-도착지 표(from-to chart)*로 정리하면 매우 유용하다. 표 6.6은 구역 간 이동거리를 나타내고, 표 6.7은 각 부서 간 예상 혹은 실제 흐름량을 나타낸다. 예를 들어, 표 6.6은 구역 A에서 구역 B로 이동 거리가 20미터임을 나타낸다(구역 간 거리는 보통 구역의 중심 간 거리로 나타낸다). 때에 따라서는 두 구역 간 거리가 *방향*에 따라서 다를 수 있는데, 이는 일방통행이나 승강기 등 때문일 수 있다. 여기서는 편의상 두 구역 간 거리는 방향에 상관없이 동일하다고 가정한다. 또한 부서 간 흐름량도 방향에 따라 다를 수 있다. 부서 1에서 부서 2로의 흐름량이 반드시 부서 2에서 부서 1로 흐름량과 같다고 볼 이유가 없다. 예를 들어, 여러 부서에서 포장부서로 일감을 보내는 반면 포장부서는 일감을 출고부서로만 보내게 된다.

운반비용도 출발지-도착지 표로 정리할 수 있지만 논의 목적상 굳이 그럴 필요가 없어서 피하고, 운반비용은 운반거리에 정비례한다고 가정한다.

**예제 3**

mhhe.com/stevenson14e

### 운반비용을 최소화하기 위한 배치

운반비용을 최소화하면서 표 6.7에 주어진 세 부서를 표 6.6에 주어진 세 구역에 배정하라. 표 6.7의 흐름량은 이동 방향에 무관하다고 가정하라. 흐름량이 가장 큰 부서들을 가장 인접한 구역들에 배정하는 방식으로 배치 계획을 수립하라.

**풀이**

부서 쌍은 흐름량 순으로, 구역 쌍은 거리 순으로 정리하면 배치계획 수립에 도움이 된다.

| 구역 쌍 | 거리(미터) | 부서 쌍 | 흐름량 |
|---|---|---|---|
| A–B | 20 | 1–3 | 170 |
| B–C | 30 | 2–3 | 100 |
| A–C | 40 | 1–2 | 30 |

이 목록을 보면, 부서 1과 3 사이에 업무 흐름량이 가장 많고 구역 A와 B가 가장 가까움을 알 수 있다. 따라서 부서 1과 3을 구역 A와 B에 배정하는 것이 합당해 보인다. 구체적으로 어느 부서를 어느 구역에 배정할지는 그 다음 문제이다. 다시 위의 목록을 보면, 부서 2와 3 사이의 흐름량이 부서 1과 2 사이의 흐름량보다 크므로 부서 2와 3을 부서 1과 2보다 더 가깝게 배치하는 것이 바람직해 보인다. 따라서 부서 3을 부서 1과 2 사이에 두는 것이 합리적이다. 이렇게 하면 그림 6.11과 같은 배치 계획이 나온다.

일감을 1 m 운반하는 데 드는 비용이 $1라고 하면 이 배치 계획의 하루 운반 비용은 다음과 같이 계산할 수 있다.

| 부서 | 부서 간 흐름량 | 구역 | 구역 간 거리 | 흐름량 × 거리 |
|---|---|---|---|---|
| 1 | 2: 30 | A | C: 40 | 30 × 40 = 1,200 |
| | 3: 170 | | B: 20 | 170 × 20 = 3,400 |
| 2 | 3: 100 | C | B: 30 | 100 × 30 = 3,000 |
| | | | B: 30 | 100 × 30 = 3,000 |
| | | | | 7,600 |

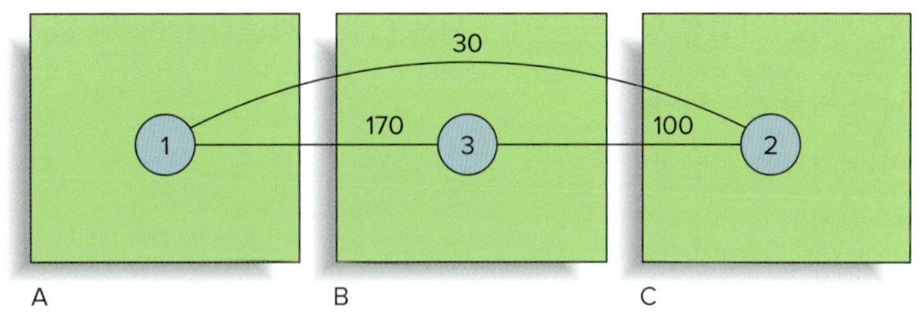


**그림 6.11**
배치 계획에 따른 부서 간 업무 흐름량

일감 흐름 1단위를 1 m 운반하는 데 $1의 비용이 발생한다고 할 때 이 배치계획의 1일 운반비용은 $7,600이다. 이 배치의 운반비용이 가장 작게 보이지만, 모든 가능한 배치 대안의 비용을 비교하지 않고는 확신할 수 없다. 모든 배치 대안과 비용을 다 구한 다음 비교하는 것은 현실적으로 불가능한 경우가 많으므로 이 예제에서 사용한 것과 같은 적절한 휴리스틱을 사용하여, 최적이라는 보장은 없지만, 만족할 만한 배치를 구한다.

## 인접성 평정

지금까지 설명한 배치 방법은 널리 쓰이기는 하지만 운반비용이라는 한 가지 기준만 고려한다는 단점이 있다. 현실적으로 배치 계획을 수립할 때에는 여러 가지 기준을 고려하여야 하는 경우가 많다. 머더(Richard Muther)가 보다 일반적인 배치 방법을 개발하였으며 이 방법은 경영자가 분석에 의하거나 주관적으로 제시한, 각 부서 쌍의 인접 필요도를 반영한다.[4] 이 정보는 그림 6.12에 나타난 바와 같은 머더 격자(Muther grid) 형식으로 정리된다. 이 격

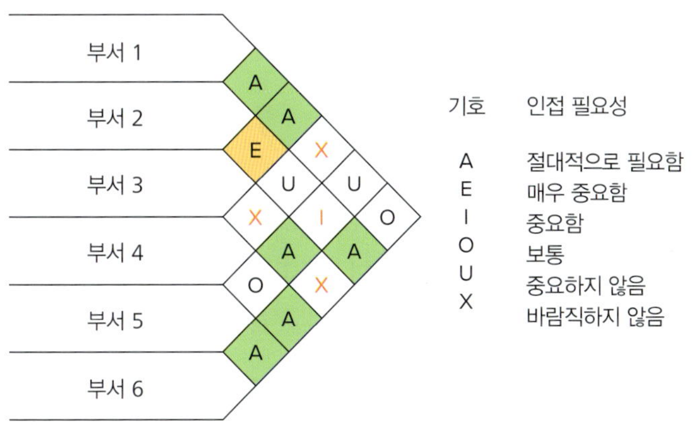


**그림 6.12**
머더 격자

[4] Richard Muther and John Wheeler, "Simplified Systematic Layout Planning," *Factory* 120, nos. 8, 9, and 10 (August, September, October 1962), pp. 68–77, 111–119, 101–113, respectively

자는 교통지도에 있는 거리표를 읽듯이 읽으면 된다. 한 가지 차이는 거리표에는 실제 거리를 나타내는 숫자가 있지만 이 격자에는 알파벳 문자가 있다는 점이다. 이 문자들은 각 부서 쌍의 인접 필요도를 나타내며, A는 인접할 필요가 가장 높고 X는 인접하지 않아야 할 필요가 가장 높음을 의미한다. 즉, 이 격자를 보면 부서 1과 2가 만나는 곳에 문자 A가 있는데 이것은 부서 1과 2는 '절대적으로 인접할 필요'가 있음을 나타내고, 반면 부서 1과 4가 만나는 곳에는 X가 있는데 이것은 부서 1과 4는 인접하지 않는 것이 바람직함을 나타낸다. 실무에서는 흔히 각 문자 옆에 그 이유를 기술한 목록의 항목 번호를 병기하는데 여기서는 편의상 생략하였다. 머더는 인접성 평정의 근거가 되는 이유를 다음과 같이 제시하였다.

- 같은 장비나 설비를 사용한다.
- 같은 인원이나 기록을 사용한다.
- 작업의 흐름 순서
- 의사소통의 용이성
- 안전하지 않거나 불쾌한 상태
- 유사한 업무 수행

**예제 4**

**머더격자를 활용한 부서배치**

그림 6.12의 여섯 개 부서를 2 × 3 격자(즉, 2행 3열 구역 격자)에 다음과 같은 휴리스틱을 사용하여 배정하라. 휴리스틱: 중요한 부서들을 먼저 배치한다.

**풀이**

가장 중요한 부서 쌍들은 관련 인접 필요도가 A 혹은 X인 것들이다. 그림 6.12의 격자를 보면서 이런 부서 쌍들의 목록을 작성한다.

| A 관계쌍 | X 관계쌍 |
|---|---|
| 1–2 | 1–4 |
| 1–3 | 3–6 |
| 2–6 | 3–4 |
| 3–5 | |
| 4–6 | |
| 5–6 | |

A관계 쌍 목록에 가장 자주 등장하는 부서(이 예에서는 부서 6)로부터 출발하여 A관계에 나타나는 부서들의 군을 형성한다. 예를 들면, 부서 6이 가장 자주 등장하므로 부서 6과 A 관계에 있는 부서들을 연결하여 다음과 같은 부서 군을 형성한다.

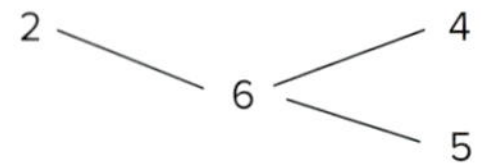


나머지 A 관계 쌍들을 이 주군(主群)에 첨가한다. 이때 필요하면 군을 변형한다. 이렇게 형성된 주군과 연결되지 않는 모든 쌍들의 군을 따로 형성한다. 이 예에서는 모든 쌍들이 주군과 연결된다.

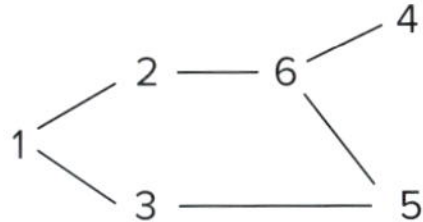


다음에 X 관계 쌍들의 군을 형성한다.

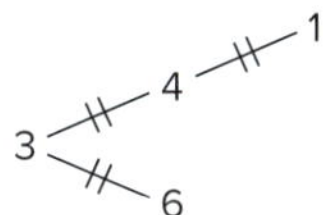


이들 두 군을 보면 A 관계 쌍 군의 연결들이 X 관계의 분리 필요성을 충족함을 알 수 있다. 이제 이 군을 2 × 3 격자에 배정하는 일은 쉽다.

| 1 | 2 | 6 |
|---|---|---|
| 3 | 5 | 4 |

A관계와 X관계만 고려하였지만 다른 관계(E, I, O, U)도 만족되었음을 알 수 있다. 이런 일이 항상 일어나지는 않으므로, A관계와 X관계를 지키면서, 부서를 이동하여 개선할 수 있는지 노력할 필요가 있다.

부서는 변이 접촉한 경우뿐만 아니라 꼭지점이 닿아도 인접한 것으로 간주함에 유의하여야 한다.

이와 같은 인접성 평정 방법의 가치는 여러 가지 목표와 주관적 기준을 반영할 수 있다는 점에 있다. 이 방법의 한계는 부정확성과 낮은 신뢰성이라는, 주관적 기준의 일반적 한계와 관련되어 있다.

## 요약

조직에서 프로세스 선택은 전략적 의미를 지닌다. 프로세스 선택은 원가, 품질, 생산성, 고객 만족, 경쟁 우위에 영향을 미친다. 프로세스 유형에는 잡샵, 배치프로세스, 반복프로세스, 연속프로세스, 그리고 프로젝트가 있다. 프로세스 유형은 업무처리 구성 방식을 정하고 조직 전체와 공급 사슬에 영향을 미친다. 프로세스 유형과 설비 배치는 밀접하게 연관되어 있다.

설비 배치는 생산운영 시스템 설계의 한 중요한 요소이며 생산운영의 비용과 효율에 영향을 미친다. 설비 배치는 흔히 프로세스 선택과 긴밀하게 연결된다.

제품별 배치는 대량 표준제품 생산에 적합하다. 작업자와 장비가 대상 제품이나 서비스를 처리하기 위한 기술적 순서에 따라서 정렬된다. 이 배치계획을 세울 때에는 시스템 내에서 일감의 흐름을 강조하며, 기계와 운반 장치는 맞춤형이거나 특수한 경우가 흔하다. 제품별 배치는 장비 고장에 취약하다. 장비의 고장을 줄이기 위하여 예방적 유지보수를 채택한다.

공정별 배치는 유사한 활동들을 동일한 부서나 작업센터에 배정한다. 공정별 배치를 채택한 생산시스템은 아주 다양한 작업 요구사항을 처리할 수 있으며 고장에도 덜 취약하다. 하지만 작업 요구가 다양한 만큼 빈번한 생산 경로계획과 일정계획 수립이 필요하고 자유경로 물자 운반 장치를 사용한다. 산출률은 제품별 배치에 비하여 일반적으로 훨씬 낮다.

위치고정형 배치는 규모, 비용, 안전 등 기타 요인들을 고려할 때 제품을 이동하는 것이 바람직하지 않거나 비현실적일 때 채택한다. 제품을 이동하는 대신 작업자, 장비, 자재가 제품으로 이동한다.

제품별 배치 계획을 수립할 때에는 해당 제품이나 서비스를 수행하는 데 필요한 일을 가능한 균일한 부하를 가지는 요소업무로 나누는 데 노력을 집중한다. 이때 인력과 장비의 이용률이 중요한 성과 기준이다. 공정별 배치에서는 부서들의 상대적 위치에 집중하여 운반비용을 최소화하거나 부서들 간의 인접성 요구를 충족하려고 노력한다.

배치 문제의 대안의 수는 엄청나게 많으므로 각 대안을 모두 나열하고 평가할 수 없다. 따라서 휴리스틱을 사용한다. 이렇게 하여 얻은 배치는 최적은 아닐지라도 보통은 만족스럽다. 배치 계획 수립에 컴퓨터 프로그램을 사용하면 시간과 노력을 절약할 수 있지만 이런 패키지들도 휴리스틱에 크게 의존한다.

## 주요 내용

1. 프로세스의 선택은 수요에 기반한다.
2. 프로세스 형태와 배치는 예상되는 수요량과 필요한 커스터마이제이션의 정도를 고려하여 결정하게 된다.
3. 프로세스 형태와 배치에 대한 의사결정은 각 방식의 장단점을 정확히 이해하고 난 후에 진행한다.
4. 제품기반 시스템에서는 프로세스의 설계가 중요하고, 프로세스기반 시스템에서는 관리가 중요하다.

## 주요 용어

3D 프린팅(3D printing)
공정별 배치(process layout)
그룹테크놀로지(group technology)
기술(technology)
기술혁신(technological innovation)
단속 처리(intermittent processing)
라인밸런싱(line balancing)
밸런스 지체(balance delay)
사이클타임(cycle time)
생산라인(production line)
선후관계도(precedence diagram)
셀 방식 생산(cellular production)
수치제어 기계[numerically controlled (N/C) machine]
위치고정형 배치(fixed-position layout)
유연생산시스템(flexible manufacturing system, FMS)
자동화(automation)
제품/서비스 프로필 분석(product or service profiling)
제품별 배치(product layout)
조립라인(assembly line)
컴퓨터이용생산(computer-aided manufacturing, CAM)
컴퓨터통합생산(computer-integrated manufacturing, CIM)
프로젝트(project)

## 문제풀이연습

**문제 1** 다음 선후관계도에 있는 작업들을 유휴시간을 최소화하면서 작업장들에 배정하려고 한다. 하루에 440분 근무하여 275개를 생산하고자 한다.

a. 적절한 사이클타임을 정하라.
b. 최소한 몇 개의 작업장이 필요한가?

c. 위치가중치 휴리스틱, 즉 해당 작업 자체를 포함하여 후속 작업들의 총시간이 가장 긴 것을 우선 할당하는 방식으로 작업을 할당하라. 경합이 벌어지면 후속 작업 수가 많은 작업을 우선 할당하라.

d. 라인 효율을 계산하라.

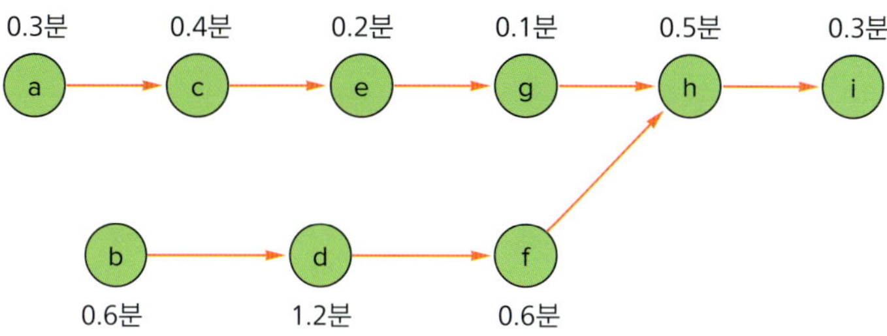


**풀이**

a. 사이클타임 $= \dfrac{\text{1일 작업시간}}{\text{목표 산출률}} = \dfrac{\text{440분/일}}{\text{275개/일}} = \text{1.6분/개}$

b. $N = \dfrac{\sum t}{\text{사이클타임}} = \dfrac{4.2}{\text{1.6분}} = 2.625$(3으로 올림)

c. 선후관계도에 위치가중치를 추가하라. 오른쪽 끝에서 시작하여 역방향으로 왼쪽으로 진행한다.

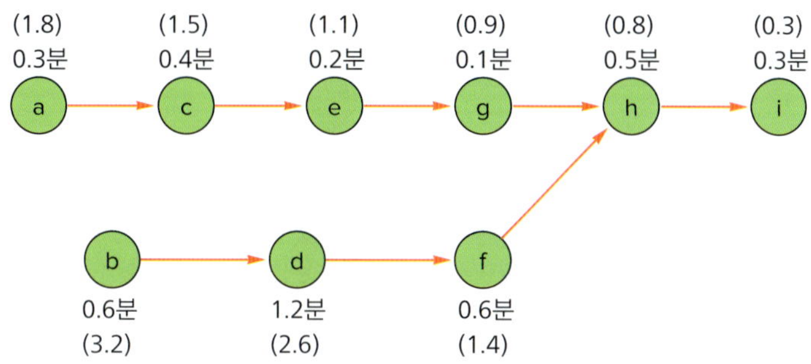


| 작업장 | 잔여시간* | 할당 후보작업 | 할당 가능작업 | 할당 작업/소요시간 | 유휴시간 |
|---|---|---|---|---|---|
| 1 | 1.6 | a, b | a, b | b/0.6 | |
| | 1.0 | a, d | a | a/0.3 | |
| | 0.7 | c, d | c | c/0.4 | |
| | 0.3 | e, d | e | e/0.2 | |
| | 0.1 | g, d | g | g/0.1 | |
| | 0 | — | — | — | 0 |
| 2 | 1.6 | d | d | d/1.2 | |
| | 0.4 | f | none | none | 0.4 |
| 3 | 1.6 | f | f | f/0.6 | |
| | 1.0 | h | h | h/0.5 | |
| | 0.5 | i | i | i/0.3 | |
| | 0.2 | — | — | — | 0.2 |
| | | | | | 0.6 |

*각 작업장의 초기 잔여시간은 a에서 계산된 사이클타임을 사용한다.

최종 할당의 결과는 다음과 같다.

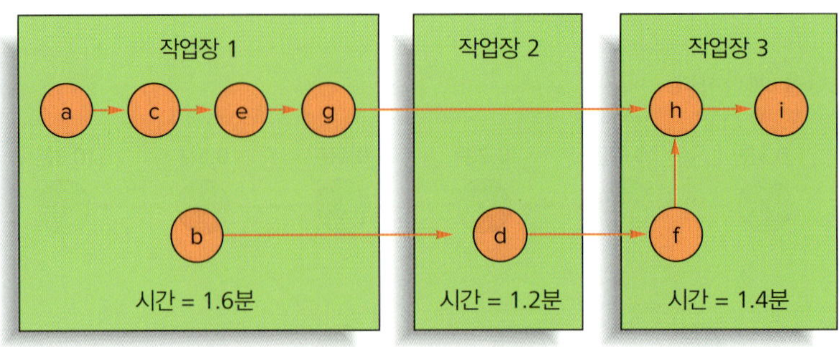


d. $\text{라인효율} = 100\% - \text{밸런스 지체} = 100\% - \dfrac{0.6\text{분}}{3 \times 1.6\text{분}} 100 = 87.5\%$

**문제 2** 다음 그림에 나타난 아홉 개 부서의 인접 필요도 자료를 이용하여 이들을 3 × 3 격자형 시설에 배치하라. 구청의 건축 규정에 맞추어 부서 4는 반드시 오른쪽 상단 모서리에 있어야 한다.

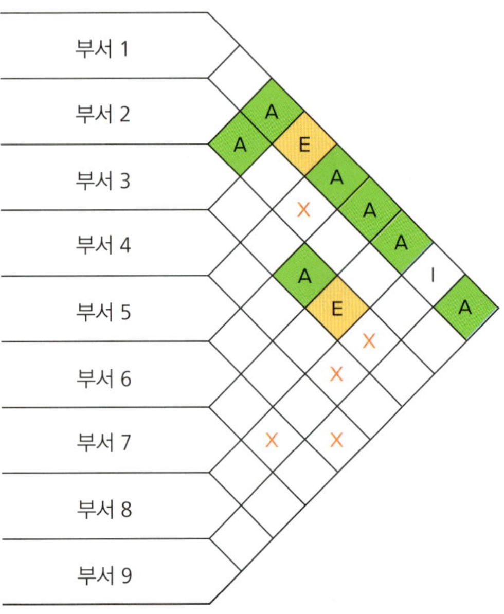


**풀이** 그림을 보면 부서 1이 A를 가장 많이 가지고 있으므로 이 부서가 격자의 중앙을 차지할 가능성이 매우 높다. 인접하여야 할 부서들 군을 작성하면 다음 그림과 같다.

9 — 1, 8 — 1, 7 — 1, 6 — 1, 5 — 1, 4 — 1, 3 — 1, 3 — 2, 3 — 6

다음, 서로 떨어져야 할 부서군을 작성하면 다음과 같다.

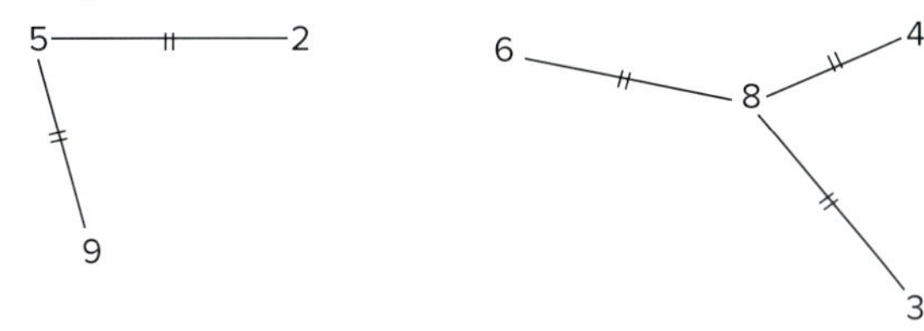


이 부서들은 격자의 주변부에 배정되어야 한다. 여러 차례 시행착오를 거쳐서 다음 그림과 같은 배치를 구하였다. 이 배치가 인접 필요도 요구를 만족하는지 확인하라.

| | | |
|---|---|---|
| 2 | 3 | 4 |
| 9 | 1 | 6 |
| 8 | 7 | 5 |

**문제 3**

여섯 개의 부서를 격자 A-F에 배정하는데, 특수한 사정 때문에 부서 6은 구역 A에 배정하여야 한다. 운반비용은 미터당 $2이다. 총 운반비용을 최소화하는 배치 계획을 수립하라. 구역 간 거리와 부서 간 업무 흐름량은 아래 표에 주어져 있다. 부서 간 업무흐름량이 가장 많은 부서부터 배정하라.

**구역 간 거리(피트)**

| 출발 \ 도착 | A | B | C | D | E | F |
|---|---|---|---|---|---|---|
| A | — | 50 | 100 | 50 | 80 | 130 |
| B | | — | 50 | 90 | 40 | 70 |
| C | | | — | 140 | 60 | 50 |
| D | | | | — | 50 | 120 |
| E | | | | | — | 50 |
| F | | | | | | — |

**부서 간 1일 이동 횟수**

| 출발 \ 도착 | 1 | 2 | 3 | 4 | 5 | 6 |
|---|---|---|---|---|---|---|
| 1 | — | 125 | 62 | 64 | 25 | 50 |
| 2 | | — | 10 | 17 | 26 | 54 |
| 3 | | | — | 2 | 0 | 20 |
| 4 | | | | — | 13 | 2 |
| 5 | | | | | — | 5 |
| 6 | | | | | | — |

| | | |
|---|---|---|
| A<br>부서 6 | B | C |
| D | E | F |

**풀이**

먼저 부서 쌍을 다음과 같이 업무흐름량 순으로 정리한다.

| 부서 | 흐름량 | 부서 | 흐름량 |
|---|---|---|---|
| 1–2 | 125 | 2–4 | 17 |
| 1–4 | 64 | 4–5 | 13 |
| 1–3 | 62 | 2–3 | 10 |
| 2–6 | 54 | 5–6 | 5 |
| 1–6 | 50 | 3–4 | 2 |
| 2–5 | 26 | 4–6 | 2 |
| 1–5 | 25 | 3–5 | 0 |
| 3–6 | 20 | | |

이 표를 보면 부서 쌍 1-2의 업무흐름량이 가장 많으므로 이들 두 부서는 인접하는 것이 바람직하며, 구역 B와 E가 좋을 듯하다. 다음으로는 부서 쌍 1-4 및 1-3의 흐름량이 많다. 하지만 부서 쌍 3-4의 흐름량(2)이 매우 낮으므로 이들 두 부서는 인접할 필요가 낮다. 그래서 이들 두 부서는 부서 1의 양 편에 두기로 한다. 또한 부서 간 흐름량을 보면 부서 쌍 3-4는 2, 3-5는 0인 반면 3-6은 20이고, 4-5는 13이다. 그러므로 부서 3은 구역 D에, 부서 4는 구역 F에, 부서 5는 구역 C에 배정한다.

| A<br>부서 6 | B<br>부서 2 | C<br>부서 5 |
|---|---|---|
| D<br>부서 3 | E<br>부서 1 | F<br>부서 4 |

총 비용은 다음과 같이 계산한다.

| 부서쌍 | b<br>거리 | c<br>이동 빈도 | (b × c × $2)<br>비용 |
|---|---|---|---|
| 1–2 | (B–E) 40 | 125 | $10,000 |
| 1–3 | (D–E) 50 | 62 | 6,200 |
| 1–4 | (F–E) 50 | 64 | 6,400 |
| 1–5 | (E–C) 60 | 25 | 3,000 |
| 1–6 | (A–E) 80 | 50 | 8,000 |
| 2–3 | (B–D) 90 | 10 | 1,800 |
| 2–4 | (B–F) 70 | 17 | 2,380 |
| 2–5 | (B–C) 50 | 26 | 2,600 |
| 2–6 | (A–B) 50 | 54 | 5,400 |
| 3–4 | (F–D) 120 | 2 | 480 |
| 3–5 | (D–C) 140 | 0 | 0 |
| 3–6 | (A–D) 50 | 20 | 2,000 |
| 4–5 | (C–F) 50 | 13 | 1,300 |
| 4–6 | (A–F) 130 | 2 | 520 |
| 5–6 | (A–C) 100 | 5 | 1,000 |
| | | | $51,080 |

## 토의 및 복습문제

1. 시스템 설계에서 프로세스 선택의 중요성을 설명하라.
2. 다섯 가지 프로세스 유형을 간단히 설명하고 이들 각각이 사용될 상황을 제시하라.
3. 자동화의 장단점을 간단히 설명하라.
4. 컴퓨터를 이용한 생산 방식을 간단히 기술하라.
5. 유연생산시스템이란 무엇인가? 그리고 그것은 어떤 상황에 적합한가?

6. 기술관리가 왜 중요한가?
7. 유연한 장비를 선택하는 것이 때에 따라서는 경영의 회피로 보일 수 있는 이유는 무엇인가?
8. 공정별 배치를 선택할 때 발생하는 상충관계(trade-offs)는 무엇인가? 제품별 배치를 선택할 때 발생하는 상충관계(trade-offs)는 무엇인가?
9. 설비 배치 계획을 다시 세우는 일반적인 이유를 나열하라.
10. 두 가지 주요 배치 유형을 간단히 기술하라.
11. 제품별 배치의 주된 장단점은 무엇인가?
12. 공정별 배치의 주된 장단점은 무엇인가?
13. 라인밸런싱의 목표는 무엇인가? 라인이 불균형적이면 어떤 일이 발생하는가?
14. 왜 공정별 배치에서는 경로계획과 스케줄링 작업을 반복하는가?
15. 제품별 배치와 공정별 배치의 장비보전전략을 비교하라.
16. 작업의 순서가 각 배치 유형에 미치는 영향을 간단히 설명하라.
17. 시(市)교통계획위원회가 지하철 건설 장기 프로젝트를 시작할지 기존의 버스 서비스를 업그레이드할지 결정하여야 한다. 당신이 고정경로 및 자유경로 자재 운반 장치 전문가이고 위원회는 당신의 자문을 받고자 한다고 가정하자. 지하철과 버스 시스템의 장단점은 무엇인가?
18. 슈퍼마켓에서 흔히 볼 수 있는 고정경로 및 자유경로 자재운반 장치에는 어떤 것들이 있는가?
19. 휴리스틱이란 무엇인가? 그리고 설비 배치계획을 수립할 때 왜 휴리스틱을 사용하는가?
20. 제품별 배치가 서비스에서 흔하지 않은 이유는 무엇인가?
21. 미국 보험협회에 따르면, 부서진 시보레 승용차를 수리하면 부품비용과 인건비가 차량 구입가격의 세 배 이상이라고 한다. 이와 같이 큰 차이가 나는 이유를 자동차 조립 공장에서 차를 조립하는 프로세스와 정비공장에서 수리하는 프로세스의 차이로 설명하라.
22. 설비 배치가 어떻게 생산성에 도움이 될 수도 있고 해가 될 수도 있는지 설명하라.
23. 셀방식 생산이란 무엇인가? 그것의 주요 혜택과 단점은 무엇인가?
24. 그룹테크놀로지란 무엇인가?
25. 작업 소요시간의 변동이 라인밸런싱에 초래하는 결과들을 설명하라.

## 연습문제

1. 17개의 업무를 수행할 조립 라인을 구성하려고 한다. 가장 오래 걸리는 업무의 소요시간은 2.4분이고 모든 업무의 총소요시간은 18분이다. 하루 근무시간은 450분이다.
   a. 사이클타임의 최솟값과 최댓값은?
   b. 이론적 생산용량의 범위는?
   c. 최대 산출률을 달성하려면 최소 몇 개의 작업장이 필요한가?
   d. 하루 125개씩 생산하려면 사이클타임은 얼마여야 하는가?
   e. 사이클타임이 9분일 때 생산용량은? 사이클타임이 15분일 때 생산용량은?
2. 어떤 제품을 만드는 데 필요한 작업들을 가능한 효율성이 높도록 작업장들에 배정하여 시간당 $33\frac{1}{3}$개씩 생산하고자 한다. 시간당 60분씩 실제 작업을 하는 것으로 가정하라. 아래 선후관계도에 나타난 작업들을 다음과 같은 규칙을 사용하여 작업장들에 배정하라(시간은 분 단위임).

a. 최다 후속작업 우선 배정. 경합이 생기면 위치가중치가 높은 것 우선 배정.

b. 최고 위치가중치 작업 우선 배정.

c. 라인 효율을 계산하라.

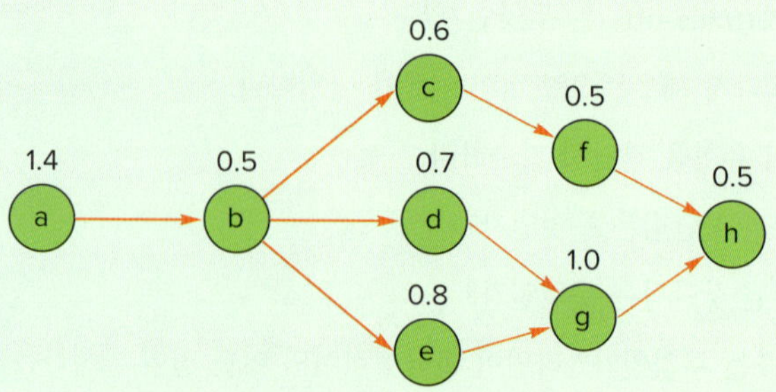


3. 어떤 제품을 만드는 데 필요한 작업들을 가능한 효율성이 높도록 작업장들에 배정하여 시간당 4개씩 생산하고자 한다. 시간당 56분씩 실제 작업을 하는 것으로 가정하라. 아래 선후관계도에 나타난 작업들을 다음과 같은 규칙을 사용하여 작업장들에 배정하라(시간은 분 단위임).

   a. 최다 후속작업 우선 배정. 경합이 생기면 위치가중치가 높은 것 우선 배정.

   b. 최고 위치가중치 작업 우선 배정.

   c. 라인효율을 계산하라.

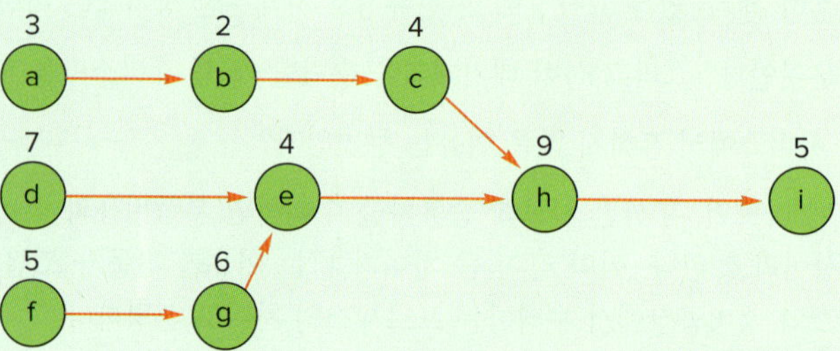


4. 잉크젯 복사기를 생산하는 기업이 새로운 모델들을 추가하려고 하는데, 다음 표에 나타난 정보를 이용하여 생산라인을 구성하고자 한다. 사이클타임은 가능한 짧게 하려고 한다.

| 작업 | 소요시간(분) | 직전 작업 |
|---|---|---|
| a | 0.2 | — |
| b | 0.4 | a |
| c | 0.3 | — |
| d | 1.3 | b, c |
| e | 0.1 | — |
| f | 0.8 | e |
| g | 0.3 | d, f |
| h | 1.2 | g |

   a. 다음에 답하라.

      (1) 선후관계도를 그려라.

      (2) 최다 후속작업 우선 배정 룰을 사용하여 작업장들을 구성하라.

      (3) 밸런스 지체를 계산하라.

      (4) 하루 420분 근무한다고 할 때 예상할 수 있는 일간 산출률은?

b. 다음 질문에 답하라.

(1) 작업장을 두 개만 구성할 때 최단 사이클타임은? 이 사이클타임은 가능한가? 각 작업장에 할당할 작업들은?

(2) 작업장을 두 개만 구성할 때 밸런스 지체는 얼마인가?

(3) 이 라인의 일간 산출률은?

(4) 최장 사이클타임을 적용할 때 산출률은?

5. 대대적인 공장 보수에 참여한 산업공학부가 하루 8시간 근무하여 240개씩 만들 수 있도록 라인을 구성하려 한다. 작업 소요시간과 선후관계는 다음 표에 나타나 있다.

| 작업 | 소요시간(분) | 직전 작업 |
|---|---|---|
| a | 0.2 | — |
| b | 0.4 | a |
| c | 0.2 | b |
| d | 0.4 | — |
| e | 1.2 | d |
| f | 1.2 | c |
| g | 1.0 | e, f |

다음에 답하라.

a. 선후관계도를 그려라.

b. 최단 사이클타임과 최장 사이클타임을 정하라. 사이클타임을 계산하라.

c. 최소한 작업장은 몇 개 필요한가?

d. 최다 후속작업 우선 배정 룰에 따라 작업들을 작업장들에 배정하라. 경합이 발생하면 최장 작업을 우선 배정하라. 그래도 경합이 존재하면 무작위로 배정하라.

e. 앞의 *d*의 결과에 대한 밸런스지체를 계산하라.

6. 다음 표에 주어진 12가지 작업을 사이클타임을 1.5분으로 하고 작업장들에 배정하려고 한다. 두 가지 휴리스틱, (1) 최고 위치가중치 작업 우선 배정, (2) 최다 후속작업 우선 배정을 시도하라. 경합이 발생하면 최단 작업을 우선 배정한다.

| 작업 | 소요시간(분) | 직전 작업 |
|---|---|---|
| a | 0.1 | — |
| b | 0.2 | a |
| c | 0.9 | b |
| d | 0.6 | c |
| e | 0.1 | — |
| f | 0.2 | d, e |
| g | 0.4 | f |
| h | 0.1 | g |
| i | 0.2 | h |
| j | 0.7 | i |
| k | 0.3 | j |
| l | 0.2 | k |

a. 선후관계도를 그려라.

b. 각 휴리스틱을 사용하여 라인을 구성하라.

c. 각 라인의 밸런스 지체를 계산하라.

7. 아래 표에 나타난 작업들에 대하여 다음을 수행하라.

a. 선후관계도를 그려라.

b. 하루 7시간 근무하여 500개씩 생산하고자 할 때 최단 사이클타임과 최장 사이클타임을 결정하라. 사이클타임을 50초로 설정하면 어떻게 될까?

c. 하루 500개씩 생산하려고 할 때 최소 작업장의 수는?

d. *최고 위치가중치* 작업 우선 배정 룰에 따라 라인을 구성하라. 경합이 발생하면 *최다 후속작업* 우선 배정룰을 사용하라. 사이클타임은 50초로 하라.

e. 밸런스지체를 계산하라.

| 작업 | 소요시간(초) | 직전 작업 |
|---|---|---|
| A | 45 | — |
| B | 11 | A |
| C | 9 | B |
| D | 50 | — |
| E | 26 | D |
| F | 11 | E |
| G | 12 | C |
| H | 10 | C |
| I | 9 | F, G, H |
| J | 10 | I |
| | 193 | |

8. 한 공장은 하루에 400분 근무한다. 하루에 200개씩 조립하고자 한다. 다음 표에 주어진 정보를 이용하여 다음을 수행하라.

a. 선후관계도를 그려라.

b. *최다 후속작업* 우선 배정 룰을 사용하여 라인을 구성하라. 경합이 발생하면 최고 위치가중치 작업 우선 배정 룰을 사용한다.

c. *최고 위치가중치* 작업 우선 배정 룰을 사용하여 라인을 구성하라. 경합이 발생하면 최다 후속작업우선 배정 룰을 사용한다.

d. 각 라인의 밸런스 지체를 계산하라. 어느 라인이 더 나은가?

| 작업 | 직전 작업 | 소요시간 |
|---|---|---|
| a | — | 0.5 |
| b | a | 1.4 |
| c | a | 1.2 |
| d | a | 0.7 |
| e | b, c | 0.5 |
| f | d | 1.0 |
| g | e | 0.4 |
| h | g | 0.3 |
| i | f | 0.5 |
| j | e, i | 0.8 |

| 작업 | 직전 작업 | 소요시간 |
|---|---|---|
| k | h, j | 0.9 |
| m | k | 0.3 |

9. 다음과 같은 조건을 만족하면서 6개의 부서를 2 × 3 격자에 배치하라. 부서 1은 부서 2에 인접하고, 부서 5는 부서 2와 부서 6에 인접하며, 부서 3은 부서 1과 2에 인접하지 않는다.

10. 문제 9의 정보를 이용하여 문자 A, O, X를 사용하여 머더격자를 작성하라. 문제에서 언급되지 않은 모든 부서 쌍에 대하여서는 O를 배정하라.

11. 아래 머더격자에 주어진 정보를 이용하여 오른쪽에 제시된 배치가 적절한지 판단하라. 배치가 적절하지 않으면, 조건들을 충족하도록 수정하라.

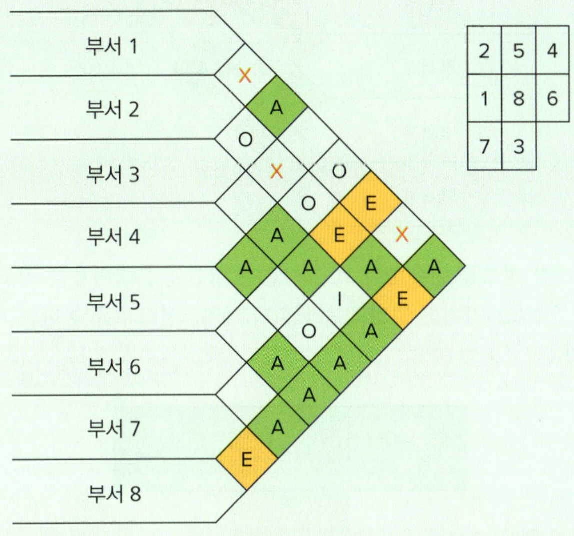


12. 다음 머더격자에 주어진 여덟 개의 부서를 오른쪽에 주어진 2 × 4 격자에 배치하라. 부서 1은 현재 위치를 유지하여야 한다.

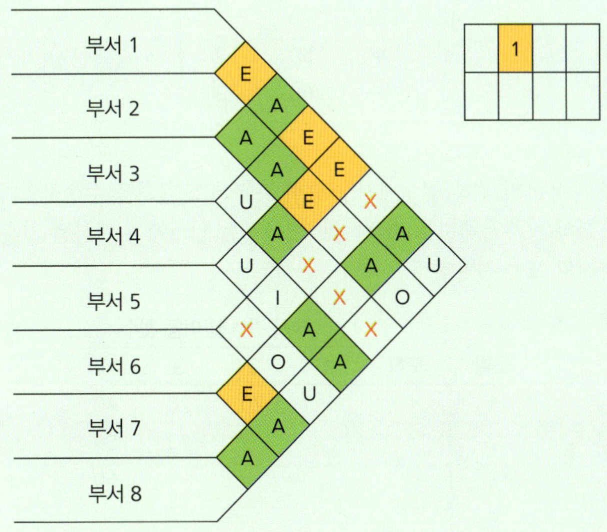


13. 아래 머더격자에 주어진 부서들을 3 × 3 격자에 배치하라. 부서 5는 왼쪽 하단 모서리에 배정

하여야 한다.

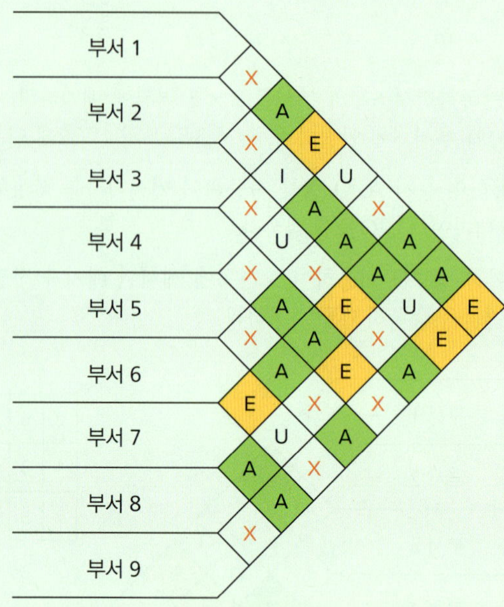


14. a. 다음 표에 주어진 정보를 이용하여 그림과 같은 시설에 운반비용을 최소화하는 배치 계획을 세워라. 구역 간 이동 거리는 방향에 무관하다. 1야드를 1회 이동하는 데 비용이 $1 발생한다고 가정하라.

구역 A | 구역 B | 구역 C
구역 D

**구역 간 거리(야드)**

| 출발 \ 도착 | A | B | C | D |
|---|---|---|---|---|
| A | — | 40 | 80 | 70 |
| B | | — | 40 | 50 |
| C | | | — | 60 |
| D | | | | — |

**부서 간 1일 이동 횟수**

| 출발 \ 도착 | 1 | 2 | 3 | 4 |
|---|---|---|---|---|
| 1 | — | 10 | 20 | 80 |
| 2 | | — | 40 | 90 |
| 3 | | | — | 55 |
| 4 | | | | — |

b. 기술 변화를 수용하기 위해 앞 a에서 기술한 프로세스 계획을 수정하였다고 가정하자. 운반비용을 최소화하는 부서배치를 결정하라. 거리표는 앞 a에서 제시된 것을 사용하되 일일 이동횟수는 아래의 표를 사용하라.

**부서 간 1일 이동 횟수**

| 출발 \ 도착 | 1 | 2 | 3 | 4 |
|---|---|---|---|---|
| 1 | — | 20 | 20 | 40 |
| 2 | | — | 10 | 50 |
| 3 | | | — | 60 |
| 4 | | | | — |

15. 아래 표에 나타난 8개의 워크센터를 L자형 건물에 배치하려고 한다. 워크센터 1과 3은 그림에

나타난 바와 같이 이미 배정되었다. 운반비는 1부하를 1미터 운반하는 데 $1이다. 운반비를 최소화하는 배치계획을 수립하라(구역 간 거리는 방향에 무관하다).

거리(m)

| 출발＼도착 | A | B | C | D | E | F | G | H |
|---|---|---|---|---|---|---|---|---|
| A | — | 40 | 40 | 60 | 120 | 80 | 100 | 110 |
| B | | — | 60 | 40 | 60 | 140 | 120 | 130 |
| C | | | — | 45 | 85 | 40 | 70 | 90 |
| D | | | | — | 40 | 50 | 40 | 45 |
| E | | | | | — | 90 | 50 | 40 |
| F | | | | | | — | 40 | 60 |
| G | | | | | | | — | 40 |
| H | | | | | | | | — |

| A 1 | B | |
|---|---|---|
| C | D | E 3 |
| F | G | H |

1일 부하

| 출발＼도착 | 1 | 2 | 3 | 4 | 5 | 6 | 7 | 8 |
|---|---|---|---|---|---|---|---|---|
| 1 | — | 10 | 5 | 90 | 370 | 135 | 125 | 0 |
| 2 | | — | 360 | 120 | 40 | 115 | 45 | 120 |
| 3 | | | — | 350 | 110 | 40 | 20 | 200 |
| 4 | | | | — | 190 | 70 | 50 | 190 |
| 5 | | | | | — | 10 | 40 | 10 |
| 6 | | | | | | — | 50 | 20 |
| 7 | | | | | | | — | 20 |
| 8 | | | | | | | | — |

16. 다음 표와 그림의 정보를 이용하여 환자의 이동 거리를 최소화하는 공정별 배치 계획을 세워라. 접수창구로부터 각 구역까지의 거리는 35피트이다.

구역 간 거리(피트)

| 출발＼도착 | A | B | C | D | E | F |
|---|---|---|---|---|---|---|
| A | — | 40 | 80 | 100 | 120 | 160 |
| B | | — | 40 | 60 | 80 | 120 |
| C | | | — | 20 | 40 | 80 |
| D | | | | — | 20 | 40 |
| E | | | | | — | 40 |
| F | | | | | | — |

부서 간 1일 이동 횟수

| ＼도착 | 접수실 | 1 | 2 | 3 | 4 | 5 | 6 |
|---|---|---|---|---|---|---|---|
| **접수실** | — | 20 | 50 | 210 | 20 | 10 | 130 |
| **1** | 10 | — | 0 | 40 | 110 | 80 | 50 |
| **2** | 40 | | — | 0 | 50 | 40 | 120 |
| **3** | 10 | | 0 | — | 10 | 250 | 10 |
| **4** | 0 | | | | — | 40 | 90 |
| **5** | 10 | | | | | — | 20 |
| **6** | 30 | | | | | | — |

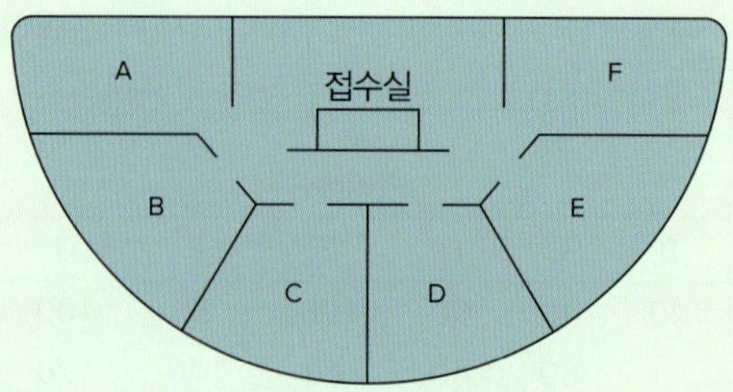


17. 실험실 10개를 다음 그림과 같은 원형건물에 배치하려고 한다. 이와 유사한 배치에서 통행 체증을 경험한 적이 있어서 통행량을 최소화하려고 한다. 복도에서 이동은 반시계방향 일방통행이다. 아래 표에 주어진 정보를 이용하여 적절한 배치를 구해 보라.

**부서 간 1일 이동 횟수**

| 출발 \ 도착 | 1 | 2 | 3 | 4 | 5 | 6 | 7 | 8 | 9 | 10 |
|---|---|---|---|---|---|---|---|---|---|---|
| 1 | — | 40 | 51 | 26 | 23 | 9 | 20 | 12 | 11 | 35 |
| 2 | | — | 37 | 16 | 27 | 15 | 18 | 18 | 18 | 36 |
| 3 | | | — | 18 | 20 | 14 | 50 | 18 | 25 | 36 |
| 4 | | | | — | 35 | 14 | 14 | 22 | 23 | 31 |
| 5 | | | | | — | 24 | 14 | 13 | 21 | 25 |
| 6 | | | | | | — | 17 | 44 | 42 | 25 |
| 7 | | | | | | | — | 14 | 33 | 40 |
| 8 | | | | | | | | — | 43 | 35 |
| 9 | | | | | | | | | — | 47 |
| 10 | | | | | | | | | | — |

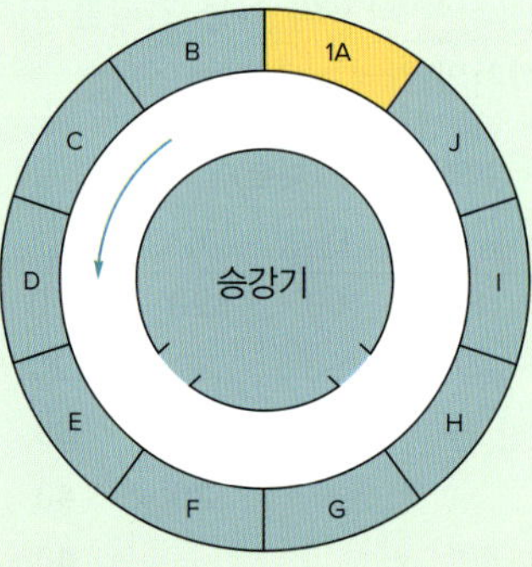


18. 연습문제 7의 조립라인을 재구성하려고 한다. *최장 소요시간* 작업 우선 배정 룰을 사용하고, 경합이 발생하면 *최대 후속작업* 우선 배정 룰을 사용하라. 새로 구성한 라인의 밸런스 지체를 계산하라.

## 참고문헌

Francis, Richard L., Leon F. McGinnis Jr., and John A. White. *Facility Layout and Location: An Analytical Approach*, 3rd ed. Upper Saddle River, NJ: Prentice Hall, 2001.

Groover, Mikell P. *Automation, Production Systems, and Computer-Aided Manufacturing*, 3rd ed. Upper Saddle River, NJ: Prentice Hall, 2007.

Pinto, J. *A Short History of Automation Growth*. JimPinto.com

Stephens, Matthew P., and Fred E. *Meyers. Manufacturing Facilities Design & Material Handling*, 5th ed. West Lafayette, IN: Purdue University Press, 2013.

Zijlstra, Emma, and Mark P. Mobach. "The Influence of Facility Layout on Operations Explored." *Journal of Facilities Management* 9 (2011), pp. 127–144.

# 7 CHAPTER

# 작업설계 및 작업측정
## *Work Design and Measurement*

### 학습 목표 *Learning Objectives*

*이 장을 학습한 후 다음과 같은 능력을 가져야 한다.*

**LO7.1** 작업설계의 중요성을 설명
**LO7.2** 직무설계에 대한 두 가지 기본적 접근방법을 비교하여 설명
**LO7.3** 전문화의 장단점에 대해 논의
**LO7.4** 직무설계에 대한 행동과학적 접근방법을 설명
**LO7.5** 작업 조건이 직무설계에 미치는 영향에 대해 논의
**LO7.6** 시간급제도와 성과급제도의 장단점에 대해 비교
**LO7.7** 작업방법 분석의 목적을 설명하고 작업방법 연구의 기법을 설명
**LO7.8** 가장 흔히 사용하는 네 가지 동작연구 기법을 설명
**LO7.9** 표준시간 정의
**LO7.10** 시간연구 방법들을 비교하여 설명하고 계산하기
**LO7.11** 워크샘플링을 설명하고 계산하기
**LO7.12** 스톱워치 시간연구와 워크샘플링 기법을 비교

### 개요 *Chapter Outline*

Pepeira, Tom/age fotostock

이 장에서는 직무설계, 직장생활의 질, 작업분석방법, 작업측정의 4가지 주제를 다룬다. 이 장의 내용을 학습하면서 다른 분야에서 내려진 결정들이 작업시스템에 어떻게 영향을 미치는지 유의할 필요가 있다. 예를 들면, 제품 및 서비스 설계에 대한 결정은 작업자들이 수행할 활동들에 상당한 영향을 미친다. 마찬가지로, 시설배치에 대한 결정은 작업설계에 영향을 미치며, 공정별 배치는 제품별 배치보다 더욱 폭넓은 작업 내용을 필요로 하는 경향이 있다. 이러한 상호관련성은 생산시스템 설계과정에서 시스템적("큰 그림") 접근이 필요함을 시사한다. 즉, 한 영역에 대한 결정도 전체 시스템을 염두에 두고 이루어져야 한다.

## 7.1 서론

조직은 목적을 달성하기 위해 인간의 노력(즉, 작업)이 필수적이므로 작업설계는 매우 중요하다. 더욱이, 이번 장의 많은 주제들은 생산성 향상 및 지속적인 개선과 관련이 있다.

## 7.2 직무설계

**직무설계** ▶
업무 및 작업의 내용과 수행 방법을 상세히 정의하는 행위

**직무설계**(job design)는 업무 및 작업의 내용과 수행 방법을 상세하게 정의하는 행위이며, 종종 작업설계(work design)라고도 불린다. 직무설계 담당자는 업무 및 작업의 *내용*, *담당자*, *수행 방법*, *수행 장소*에 초점을 맞춘다. 직무설계 시 고려하는 목표에는 생산성, 안전, 직장생활의 질 등이 있다.

직무설계에 대해서는 두 개의 학파가 존재한다. 그중 하나는 직무설계 과정에서 체계적이고 논리적인 접근을 강조하는 *효율성* 학파이고, 다른 하나는 작업자의 욕구 및 필요 충족을 강조하는 *행동과학* 학파이다.

효율성 학파는 테일러(Frederick Winslow Taylor)의 과학적관리(scientific management) 개념에서 발전되었으며 과거에 특히 강조되었다. 이후에는 행동과학적 접근방법이 발전하면서 직무설계의 여러 측면에서 지속적으로 반영되고 있다. 이들 양 학파는 전문화라는 관점에서 주된 차이를 보인다.

### 전문화

**전문화** ▶
업무를 한 제품이나 서비스의 일부분에 국한해 집중하도록 하는 것

**전문화**(specialization)라는 용어는 범위가 매우 좁은 직무를 지칭할 때 사용된다. 이러한 전문화의 예시는 생산라인에서 전문적인 의료행위에 이르기까지 다양한 분야에서 찾을 수 있다. 대학교수들은 흔히 소수의 특정 과목만을 전문적으로 가르치고, 어떤 자동차 수리공은 변속기만 전문적으로 취급하며, 결혼식용 케이크를 전문적으로 만드는 제빵사도 있다. 이러한 전문화의 논리적 근거는 좁은 직무에 노력을 집중함으로써 그 직무에 매우 숙달될 수 있다는 것이다.

때로는 전문가에게 요구되는 지식이나 훈련의 양, 작업의 복잡성이 그러한 직업을 선택한 개인에게 높은 직업 만족도를 주기도 한다. 의사, 변호사, 교수와 같은 '전문직'이 대표적인 예이다. 생산라인의 근로자들 또한 수행하는 직무가 덜 화려할 수 있지만 전문가의 한 예

▲ 장비와 도구를 올바르게 배치하면 피로를 줄이고 생산성을 높일 수 있다.

이다. 이와 같은 전문화를 통해 높은 생산성과 상대적으로 낮은 원가라는 장점을 얻을 수 있으며, 그 덕분에 오늘날 산업화된 국가에서는 높은 수준의 생활을 누릴 수 있다.

하지만 안타깝게도 많은 낮은 수준의 업무는 단조롭거나 아주 지루하며, 이는 많은 산업 근로자들의 불만족 원인이 된다. 물론 의사결정 부담과 책임이 적은 일을 선호하는 근로자들도 분명히 존재하고, 폭넓은 일을 할 능력이 없는 근로자들도 있다. 그럼에도 불구하고 많은 근로자들은 불만을 느끼며, 이러한 불만은 이직이나 무단결근으로 표출되기도 한다. 하나의 예로, 자동차 산업에서는 평균 무단결근율이 20%나 된다. 또한 근로자들은 고의적으로 일을 천천히 하는 방식 등을 통해 업무를 방해하면서 불만을 드러내기도 한다.

이러한 문제가 심각해짐에 따라 직무설계자들은 해결 방안을 찾아야 했다. 다음에서는 이를 위한 일부 방안들을 다룬다. 이에 앞서 전문화의 장단점은 표 7.1에 요약되어 있다.

## 직무설계에 대한 행동과학적 접근방법

직무설계자들은 직무를 더 흥미롭고 의미 있게 만들기 위해 직무확대, 직무순환, 직무충실화, 그리고 기계화의 확대 등을 자주 고려한다.

**직무확대**(job enlargement)는 한 작업자에게 전체 업무의 더 많은 부분을 맡기는 것을 의미하며, 이를 위해 *수평적 업무 부담*을 확대한다. 즉, 기존 직무와 동일한 수준의 능력과 책임을 필요로 하는 업무를 추가하는 것이다. 이는 작업자가 더 다양한 기술을 필요로 하고 전체 업무에 더 많이 기여할 수 있도록 하여 직무에 더 큰 흥미를 느끼게 하는데 그 목적이 있다. 예를 들면, 생산직 근로자에게 한 가지 과업만 맡기는 것이 아니라 *연관된 일련의* 과업들을 맡겨 직무를 확대할 수 있다.

> **직무확대**
> 작업자에게 수평적 업무 부담을 확대하여 전체 업무의 더 많은 부분을 부여하는 것

**직무순환**(job rotation)은 작업자의 직무를 주기적으로 변경하는 것을 의미한다. 이를 통해 작업자들은 학습 경험을 넓힐 수 있고, 병가를 내거나 결근한 다른 직원의 업무를 대신할 수도 있다.

> **직무순환**
> 작업자들이 주기적으로 직무를 변경하는 것

**직무충실화**(job enrichment)는 직무와 관련하여 계획 및 조정에 대한 책임 수준을 증가시키는 것을 의미하며, 이를 *수직적 확대*라고도 한다. 슈퍼마켓에서 재고관리 직원에게 상품 발주 업무도 추가적으로 부여하여 책임의 수준을 높이는 것은 직무충실화의 한 예이다. 이러한 직무충실화는 근로자의 만족도 향상에 초점을 둔다.

> **직무충실화**
> 작업자의 직무를 수직적으로 확장하여 계획 및 조정 업무에 대한 책임을 늘리는 것

직무확대와 직무충실화는 교차훈련(cross-train)을 통해 작업자가 다양한 업무를 수행하

**표 7.1**
전문화의 주요 장단점

| 장점 | |
|---|---|
| 경영진 입장 | 근로자 입장 |
| 1. 훈련 간소화 | 1. 교육 및 능력/기술에 대한 낮은 요구 수준 |
| 2. 높은 생산성 | 2. 적은 책임 |
| 3. 낮은 인건비 | 3. 지적/정신적 부담이 거의 없음 |
| **단점** | |
| 경영진 입장 | 근로자 입장 |
| 1. 품질 향상에 대한 동기부여가 어려움 | 1. 단조로운 업무 |
| 2. 근로자의 불만 및 이로 인한 무단결근, 높은 이직률, 의도적 업무 방해, 품질에 대한 무관심 | 2. 적은 승진 기회 |
| | 3. 업무에 대한 통제 권한이 거의 없음 |
| | 4. 적은 자아실현 기회 |

고 더 많은 권한을 부여하여 자신의 직무를 스스로 관리하도록 하는 *린 생산*(14장)에서도 사용된다.

직무설계를 위한 이러한 접근법들은 *직장생활의 질적 향상*을 통해 근로자의 만족도를 높임으로써, 업무에 대한 동기를 향상시킬 수 있는 잠재력이 있으므로 중요하다.

## 동기부여

동기부여는 직장생활의 여러 측면에서 핵심적인 요소이다. 동기부여는 품질과 생산성에 영향을 미칠 뿐 아니라 작업환경에도 영향을 준다. 사람들은 금전적 보상 외에도 사람들과의 관계, 자아실현, 명예, 일의 생리적 측면, 목적의식과 성취감 등 다양한 이유로 일을 한다. 이러한 요소들에 대한 이해는 직원들이 조직의 목표에 대해 긍정적으로 행동하도록 동기를 부여하는 틀을 개발하는 데 도움이 된다. 동기부여에 대한 상세한 논의는 이 책의 범위를 벗어나지만, 직무설계에 있어 동기부여의 중요성은 말할 필요가 없다.

동기부여와 생산성 그리고 근로자와 관리자 사이의 관계에 영향을 미치는 또 다른 요인으로는 *신뢰*(*trust*)가 있다. 이상적인 업무 환경에서는 근로자와 관리자 사이의 신뢰가 깊다. 근로자를 신뢰하는 관리자는 근로자들에게 더 많은 책임을 부여하는 경향이 있으며, 관리자를 신뢰하는 근로자는 긍정적으로 반응할 가능성이 높다. 반대로 관리자를 신뢰하지 않는 근로자는 부정적으로 반응할 가능성이 높다.

## 팀

기업은 생산성과 경쟁력을 높이고 고객지향적이 되기 위해 업무 수행 방식을 재고한다. 일부 업무 환경(특히, 린 생산시스템)에서 일어난 주요한 구조적 변화는 팀제 채택의 증가와 급여 지급 방식이다.

과거에는 고객 불만 처리나 프로세스 개선과 같은 비일상적 업무들이 주로 특정 근로자나 특정 관리자 하에 있는 다수 근로자에게 배정되었다. 하지만 최근에는 비일상적 업무들을 팀에게 배정하여 문제들의 해결방안을 도출하고 실행한다.

팀에는 다양한 유형이 존재한다. 그중 하나는 단기적인 팀으로, 품질개선, 제품 및 서비스 설계, 또는 특정 문제해결과 같은 하나의 주제에 대해 협업하기 위해 구성된다. 팀원들은 문제의 범위에 따라 동일 부서 또는 다양한 부서에서 선발될 수 있다. 그 외에 장기적인 팀들도 존재한다. 장기적인 팀의 한 유형인 *자율관리팀*은 점점 더 자주 적용되고 있으며, 린 생산 환경에서 특히 자주 사용된다.

**자율관리팀** ▸ 자신들의 업무 프로세스를 자율적으로 변경할 수 있는 그룹

**자율관리팀**(self-directed team 또는 self-managed team)은 팀워크와 구성원 참여 수준을 높이기 위해 고안된 팀이다. 이러한 자율관리팀은 모든 결정에 대한 절대적 권한은 없지만, 자신들이 관리하는 업무 프로세스에 대해서는 변경할 수 있는 권한을 가진다. 그 기저에는 해당 업무 프로세스에 가장 가깝고 지식이 뛰어난 팀 구성원들이 가장 효과적으로 해당 프로세스 개선을 위한 변화를 꾀할 수 있다는 인식이 깔려있다. 게다가 팀 구성원들은 변화에 당연히 관심이 있을 수 밖에 없고 각 개인이 직접적으로 관여하므로, 경영진이 변경을 주도하는 것보다 원하는 결과를 위해 더 열심히 노력하는 경향이 있다. 이러한 팀이 제 역할을 하기 위해서는 팀 구성원들이 품질, 프로세스 개선 및 팀워크에 대한 교육을 받아야 한다. 또한 자율관리팀은 여러 가지 장점을 가진다. 그중 하나는 필요한 관리자의 수를 줄일 수 있다는 것이다. 자율관리팀 체제에서는 한 명의 관리자가 여러 팀을 관리하는 경우가 매우 흔

하다. 또한 자율관리팀은 문제에 대해 더 신속하게 잘 대응하며, 팀 구성원들이 프로세스 수행에 직접적으로 관여하고, 개선사항을 적용하는 데에 더 적은 시간이 소요된다.

일반적으로는 팀제가 정착되면 품질과 생산성 그리고 직원 만족도가 향상된다. 또한 직원 만족도가 향상되면 이직률과 무단결근이 줄어, 신입 직원을 위한 교육 비용이 절감되고 결근한 직원의 업무를 대신할 필요성이 줄어든다. 하지만, 조직이 팀제를 적용하는 데 어려움도 존재한다. 관리자들, 특히 중간관리자들은 팀이 전통적인 관리자의 역할을 수행함에 따라 위협을 느끼는 경우가 종종 존재한다.

또한 팀원들 간의 갈등은 팀의 주요 문제점들 중 하나로, 팀의 효과를 저해할 수 있다.

팀에 대한 전문가 로버트 바칼(Robert Bacal)은 성공적인 팀 구성을 위해 다음과 같은 조건을 제시한다.[1]

1. 명확하게 기술된 공통된 비전과 목표
2. 목표 달성에 필요한 재능, 기술 및 능력
3. 팀 구성원들의 역할과 기능에 대한 명확한 이해
4. 효율적인 절차와 규범 및 그것들에 대한 이해의 공유
5. 효과적이고 노련한 대인 관계
6. 강화(reinforcement)와 축하를 위한 제도
7. 팀과 조직의 관계에 대한 명확한 이해

## 인간공학

**인간공학**(ergonomics)은 인간과 시스템 구성요소들 간의 상호관계를 이해하고 인간의 행복과 전체 시스템 성능을 극대화하기 위해 설계에 대한 이론, 원리, 데이터, 방법들을 연구하는 학문이다. "인간공학은 작업자들의 요구, 능력 및 한계에 적합하도록 작업 및 업무, 제품, 업무환경을 설계하고 평가하는 데 기여한다."[2] 또한, 인간공학은 작업자의 불편함과 피로도를 감소시킴으로써 생산성 향상에 도움을 준다.

> **인간공학**
> 인간의 특성을 반영하여 작업환경을 설계하는 학문

국제 인간공학 협회는 인간공학을 3가지 분야, 즉 신체 분야(예, 반복동작, 설비배치, 건강, 안전), 인지 분야(정신적 부담, 의사결정, 작업자-기계의 상호작용, 업무 스트레스), 조직 분야(의사소통, 팀워크, 작업설계, 원격근무)로 구분한다.[3]

인간공학 적용 사례는 생산운영관리 분야에서 많이 찾을 수 있다. 1900년대 초, 과학적 관리법의 창시로 알려진 테일러(Frederick Winslow Taylor)는 삽의 크기와 무게를 줄임으로써 작업자들이 삽으로 옮기는 석탄의 양을 증가시킬 수 있음을 발견하였다. 길브레스 부부(Frank & Lillian Gilbreth)는 테일러의 방법을 확장하여, 작업자의 효율성을 향상시키고, 부상 및 피로도를 줄이기 위해 동작 연구(motion study) 원리를 개발하였다. 그 후, 작업장에서 손과 눈의 협응(hand-eye coordination) 및 의사결정이 중요해짐에 따라 기술력의 변화와 함께 인간공학의 범위는 더 확대되었다. 최근에는 작업자-기계 상호작용의 수준이 높아지면서 인간공학의 범위가 작업설계뿐만 아니라 전자제품 설계 영역으로까지 확대되었다.

[1] Robert Bacal, "The Six Deadly Sins of Team-Building," www.performance-appraisals.org.
[2] The International Ergonomics Association ( www.iea.cc).
[3] Ibid.

휴식시간 또한 중요하다. 긴 근무시간은 지루함과 피로를 유발시키는 경향이 있으며, 생산성과 품질이 모두 악화될 수 있다. 반면, 주기적인 휴식 및 휴가는 근로자들에게 기대감, 기분전환, 재충전의 기회를 제공한다.

**직업건강관리** 건강한 근로자의 상태는 생산성 향상, 건강관리 비용 감소, 근로자의 복지 향상에 도움을 준다. 많은 조직들이 근로자의 건강을 유지 및 향상시키기 위해 운동 및 식단 프로그램을 운영하고 있다.

**안전** 근로자의 안전은 작업설계에서 가장 기본적인 요소 중 하나이다. 경영진과 직원 그리고 설계자들은 지속적으로 안전에 관심을 기울여야 한다. 근로자들은 물리적으로 위험하다고 느끼면 효과적으로 동기부여되지 않는다.

고용주의 입장에서도 사고는 바람직하지 않다. 근로자에게 부상을 입힐 수 있고, 비용(보험과 보상)이 많이 들며, 일반적으로 장비 및 제품에 손상을 주고, 직원을 새로 채용하거나 훈련시켜야 하며, 추가적인 업무가 필요할 뿐만 아니라 보통 작업 중단이 필요하기 때문이다. 근로자 입장에서는 사고가 육체적·정신적 고통, 소득 손실의 가능성, 업무 혼란으로 이어질 수 있다.

사고의 기본적인 두 가지 원인은 작업자의 *부주의*와 사고 *위험요소*(*hazards*)들이다. 작업자의 부주의는 위험한 행동으로 이어진다. 예를 들어, 보호 장비 미사용, 안전장치 무력화(예, 제어 버튼 고정하기), 안전절차 무시, 장비 및 도구의 부적절한 사용, 위험한 구역에서의 부주의 등이 있다. 위험한 작업 조건에는 보호 장치가 없는 도르래, 체인, 자재취급 장비, 기계 등이 있다. 또한 조명이 부적절한 통로, 계단, 상하역장 등도 위험요소에 포함되며, 유독성 폐기물, 가스 및 증기, 그리고 방사선 같은 위험요소들도 조심해야 한다. 이러한 위험요소들로부터 보호하기 위해서는 적절한 조명, 위험구역의 명확한 표시, 보호장비(안전모, 보안경, 귀마개, 장갑, 두꺼운 신발과 작업복 등), 안전 장치(기계 보호대, 양손을 함께 사용해야 작동하는 이중제어 스위치 등), 응급 장치(응급 샤워, 소화기, 화재 대피로)를 사용해야 한다. 안전 절차와 일반 및 응급 장비의 사용법을 철저하게 따르는 것도 중요하며, 작업장 관리(청소, 통로 확보, 폐기물 제거)도 중요한 안전요소이다.

안전 및 사고 통제 프로그램을 효과적으로 운영하려면 종업원들과 경영진 양측의 협력이 필요하다. 작업자들은 적절한 안전 절차와 태도에 대한 교육을 받아야 하며, 경영진에게 위험요소를 알려 위험을 줄이는 데 기여해야 한다. 경영진은 작업자들이 안전 절차를 따르고 안전 장구를 사용하도록 해야한다. 감독관이 작업자들이 안전 절차를 무시하게 내버려두거나 위반사항을 보고도 못 본 척한다면, 작업자들은 주의를 기울이지 않을 가능성이 높다. 일부 회사들은 부서별 안전 실적을 비교하여 수상하는 회사도 있다. 하지만 사고를 완전히 제거하기란 불가능하며, 이상한 사고가 발생하여 작업자의 사기를 심각하게 떨어뜨리고 심지어 또 다른 사고를 유발하기도 한다. 적절하고 구체적인 문구로 작성된 포스터는 사고를 줄이는 데 효과적일 수 있다. 예컨대, "조심하세요"라는 경고보다는 "안전모를 착용하세요"나 "달리지 말고, 걸으세요" 또는 "난간을 꼭 잡으세요"와 같은 문구들이 더 효과적이다.

**직업안전보건국(OSHA)** ▸ 1970년 미국 직업안전보건법에 의해 설립된 조직

1970년 미국에서는 **직업안전보건법**(Occupational Safety and Health Act)의 제정과 직업안전보건국(Occupational Safety and Health Administration, OSHA)의 설립으로 인해 작업시스템을 설계할 때 안전을 고려하는 것이 더욱 중요하게 되었다. 이 법을 통해 모든 작업자는 건강하고 안전한 근무 환경을 보장받게 되었으며, 조사관들에게는 구체적인 안전규정

들이 제공되었다. 조사는 불시에 또는 안전 관련 불만이 접수되었을 때 이루어지며, OSHA 직원들은 불안전한 작업 조건에 대해 경고, 벌금부과, 심지어 법원명령에 의한 폐쇄조치까지 시행할 수 있는 권한이 있다.

OSHA은 작업자의 안전과 관련된 모든 영역에서 경영진의 결정에 큰 영향을 주었으며, 변화의 필요성은 인정하면서도 실천하지 않던 기업들에게 근로자들의 복지와 안전을 향상시키는 촉매제 역할을 하였다.

**윤리적 이슈** 윤리적 이슈들은 작업방법, 작업환경 및 안전, 정확한 기록 관리, 공정한 성과평가, 공정한 보상, 그리고 승진 기회 등을 통해 운영에 영향을 미친다.

## 보상

보상은 업무시스템 설계에 있어 중요한 이슈이며, 조직이 직원을 위해 적절한 보상 계획을 수립하는 것은 중요하다. 임금이 너무 낮으면 유능한 직원 및 관리자를 채용하고 유지하기 어렵다. 반면 임금이 너무 높으면 비용 상승으로 인해 이익이 감소하거나 가격 상승으로 인해 제품 및 서비스 수요가 감소할 수도 있다.

소식은 *시간급 제도*(*time-based system*), *성과급 제도*[*output-based* (*incentive*) *system*], *지식급 제도*(*knowledge-based system*) 등 다양한 방식으로 직원들에게 보상한다. **시간급 제도**는 급여 기간 동안 근로자가 *일한 시간*에 따라 보상하는 제도이다. 월급 및 봉급(salary)도 일종의 시간급 보상이다. **성과급(인센티브) 제도**는 급여 기간 동안의 성과에 따라서 보상하며, 따라서 성과가 급여로 직결된다.

> **시간급 제도**
> 급여 기간 동안 근로자가 일한 시간에 따라 급여를 결정하는 보상제도
>
> **성과급(인센티브) 제도**
> 급여 기간 동안의 성과(예: 산출물의 양)에 따라 급여를 결정하는 보상제도

시간급 제도는 인센티브 제도보다 더 널리 사용되며, 특히 사무직, 행정직, 관리직 직원뿐 아니라 생산직 노동자들에게도 널리 사용된다. 이는 임금 계산이 직관적이고 고용 수준에 따른 인건비 추정이 쉽기 때문이다. 직원들도 흔히 급여가 일정하고 임금이 얼마인지 미리 알 수 있기 때문에 시간급을 선호한다. 또한, 직원들이 성과급 제도가 주는 압박감을 싫어할 수도 있다.

시간급을 채택하는 또 다른 이유는 성과급을 적용하기 어려운 업무들이 다수 존재한다는 점이다. 경우에 따라서는 성과를 측정하는 일이 어렵거나 아예 불가능할 수도 있다. 예를 들면, 창의력이나 정신적 노동이 필요한 업무는 쉽게 성과를 측정할 수 없다. 또한, 어떤 업무는 불규칙적인 활동을 포함하거나 성과의 형태가 너무 다양하여 그것들을 측정하고 임금을 결정하는 일이 매우 복잡할 수도 있다. 조립 라인에서는 *개인별* 인센티브가 전체 공정의 일정한 흐름을 방해할 수 있지만 *집단별* 인센티브는 종종 성공적으로 사용되기도 한다. 또한, *양적 측면*뿐 아니라 *질적 측면*도 중요할 수 있다. 예컨대, 의료 서비스에서는 진료한 환자의 수뿐만 아니라 진료 및 치료의 질에도 중점을 둔다.

반면, 성과급 제도가 바람직한 경우도 존재한다. 성과급 제도는 근로자의 성과에 따라 보상하며, 일부 근로자들은 시간급 하에서의 성과보다 더 큰 성과를 낼 수도 있다. 이때 특정 (고정) 비용들은 성과(생산량)가 증가해도 변화하지 않기 때문에 단위당 총 원가(overall cost per unit)가 감소하는 장점이 있다. 근로자들은 자신의 노력에 따른 보상을 알 수 있기 때문에 성과급 제도를 선호할 수도 있으며 성과급 제도는 근로자에게 더 많은 돈을 벌 수 있는 기회를 제공한다.

하지만 성과급 제도에는 부정적 측면도 존재한다. 성과급 제도는 상당한 행정 작업을 수

**표 7.2**
시간급 제도와 성과급 제도의 비교

| | 경영자 측 | 종업원 측 |
|---|---|---|
| **시간급** | | |
| **장점** | 1. 안정적인 노무비<br>2. 쉬운 관리<br>3. 간단한 임금 계산<br>4. 안정적인 성과 | 1. 안정적인 수입<br>2. 성과급 제도보다 성과에 대한 압박감이 적음 |
| **단점** | 1. 직원의 성과 독려 방안이 없음 | 1. 추가적인 노력에 대한 보상이 없음 |
| **성과급** | | |
| **장점** | 1. 낮은 단위당 원가<br>2. 성과 증가 | 1. 노력한 만큼 보상 받음<br>2. 수입을 늘릴 기회 |
| **단점** | 1. 어려운 임금 계산<br>2. 성과 측정이 필요<br>3. 품질 저하 가능성<br>4. 임금 상승 반영의 어려움<br>5. 스케줄링 관련 문제 발생 가능성 | 1. 수입의 변동<br>2. 자신이 통제할 수 없는 요인(예, 기계 고장)으로 인한 피해 가능성 |

반하고, 시간급 제도보다 임금 계산이 어려우며, 성과를 측정하고 기준을 설정해야 하며, 생계비 인상을 반영하기 어렵고, 불가피한 지연에 대한 비상대책 또한 개발해야 한다.

이러한 시간급 제도와 성과급 제도의 장단점은 표 7.2에 요약되어 있다.

성과급 제도를 효과적으로 사용하기 위해서는 제도가 정확하고, 이해 및 적용이 쉬우며, 공정하고 일관적이어야 한다. 또한 노력과 보상 사이의 관계가 명확해야 하며 보상에 한계가 없어야 한다.

성과급 제도는 개인이나 집단을 대상으로 할 수 있다.

**개인별 성과급 제도** 개인별 성과급 제도에는 여러 유형이 있다. 가장 단순한 유형은 성과에 *완전히 비례하도록* 보상하는 것이다. 이 유형에서 근로자의 임금은 성과에 대한 선형함수에 의해 결정된다. 이러한 형태는 과거에는 널리 사용되었으나, 현재는 최저임금제의 시행으로 다소 비현실적이게 되었다. 하지만 근래 사용되는 많은 보상 제도들이 이러한 유형에서 변형되었다. 근로자들은 성과에 상관없이 최소한의 기본급을 보장받는다. 이러한 기본급은 기준 성과에 의해 결정되며, 근로자의 성과가 기준보다 적으면 기본급만 지급된다. 이를 통해 근로자는 지연, 고장 및 유사한 문제로부터 발생하는 임금 저하를 방지할 수 있다. 대부분의 경우 성과가 기준을 초과할 때 성과급이 지급되며 이를 *상여금(bonus)*이라고 일컫는다.

**집단 성과급 제도** 집단 성과급 제도는 생산성 향상으로 인한 이익을 직원들과 공유하는 것을 강조하며, 여러 가지 유형이 존재한다. 전적으로 성과에만 집중하는 유형도 있는 반면, 성과뿐 아니라 자재비 및 기타 비용 절감에 대해서 보상하기도 한다.

집단 성과급의 한 유형은 *팀을 기반*으로 하는 것이며, 현재 많은 기업들이 문제 해결 및 지속적 개선을 위해 적용하고 있다. 이는 *개인별* 성과가 아니라 *팀*의 성과를 중요하게 다룬다.

**지식급 제도** 기업들이 린 생산을 채택함에 따라서 여러 가지 변화가 작업환경에 직접적으로 영향을 끼쳤다. 기존에 존재하던 버퍼(buffer)들이 많이 사라졌고 관리자의 수도 줄었다. 또한, 품질, 생산성, 그리고 유연성이 더 강조되었다. 이에 따라 다양한 업무를 수행할 수 있는 근로자의 가치가 크게 증가하였으며, 기업들은 이러한 상황을 인식하고 자신의 능력 향상을 위한 교육 및 훈련을 받은 직원들을 보상하기 위한 제도를 수립하기도 한다. 이러한 보상 체계를 **지식급**(knowledge-based pay)이라고 한다. 이러한 지식급은 근로자의 지식과 능력을 바탕으로 근로자 임금의 일부가 된다. 지식급은 세 가지 차원을 반영한다. *수평적 능력*(*horizontal skills*)은 근로자가 수행할 수 있는 업무의 다양성을 나타내고, *수직적 능력*(*vertical skills*)은 근로자의 관리 능력을 나타내며, *심층 능력*(*depth skills*)은 높은 품질 및 생산성에 대한 능력을 나타낸다.

**지식급 제도**
능력 향상을 위한 교육 및 훈련을 받은 직원들을 보상하는 급여 제도

**경영자 보상** 관리자와 고위 경영진들을 *양적 성과*를 기반으로 보상하던 많은 조직들이 이제는 이러한 보상제도를 재고(再考)하고 있다. 고객 서비스와 품질이 새롭게 강조되면서 이러한 새로운 차원의 성과들을 반영하도록 보상 체계를 재구성하고 있는 것이다. 또한, 많은 기업들에서 고위 경영진의 임금에 해당 사업부나 기업의 성과를 더 긴밀하게 반영하고 있다. 그럼에도 불구하고 많은 직원들을 해고하고 큰 적자를 보는 기업이 최고 경영진의 연봉은 인상하는 사례가 보고되고 있다.

**최신 경향** 많은 기업들은 성과 기반의 변동적인 임금 시스템과 더불어 유연성과 성과를 강조하는 보상시스템을 도입하고 있다. 일부 기업들은 이익분배 제도나 수익 및 비용 목표 달성을 기반으로 한 보너스 제도를 사용하기도 한다. 또한, 직원 의료혜택 비용의 증가로 인해 전반적인 보상 체계를 재고하는 조직도 존재한다. 일부 조직은 직장생활의 질을 강조하기도 한다. 이상적인 보상체계는 동기부여, 수익성, 우수인력 유지 간의 균형을 잘 이루는 체계이다.

## 7.4 작업방법 분석

**작업방법 분석**(methods analysis)은 업무나 작업을 수행하는 방식을 집중적으로 다룬다. 대체로 직무설계의 첫 단계에서는 전체 업무에 대해 분석한다. 다음으로 작업공간의 배치와 자재 및 작업자의 이동에 집중하면서 업무의 일반적인 사항부터 구체적 세부사항 순서로 분석한다. 작업방법 분석은 생산성 향상을 위한 훌륭한 출발점이 될 수 있다.

**작업방법 분석**
작업을 수행하는 방식을 분석하는 것

작업방법 분석의 필요성은 도구 및 장비의 변경, 제품 설계의 변경이나 신제품의 도입, 자재나 절차의 변경, 정부 규제나 계약사항, 안전사고나 품질 문제와 같은 사건 등 여러 원인에서 기인한다.

작업방법 분석은 기존 업무와 새로운 신규 업무 모두에 대해 수행되며, 신규 업무의 경우에는 작업방법을 정립하기 위해 필요하다. 기존 직무의 분석을 위해서는 먼저 분석담당자가 직무의 현재 수행 방법을 관찰한 후 개선 방안들을 고안하는 것이 통상적인 절차이다. 신규 직무의 경우, 분석담당자는 직무기술서와 작업을 시각화하는 능력에 의존하여 분석할 수밖에 없다.

기본적인 작업방법 분석은 다음과 같은 절차를 따른다.

1. 분석할 직무를 식별하고, 도구, 장비, 자재 등에 대한 모든 관련 자료를 수집한다.
2. 기존 직무 분석의 경우, 작업자 및 관리자와의 토론을 통해 작업에 대한 정보와 그들의 의견을 구한다.

읽을거리  

## 테일러의 기술, UPS를 돕다

**리사 스펜서(Lisa Spencer)의 글**

테일러(Frederick Winslow Taylor)는 노동 효율성을 향상시키는 혁신적인 방법으로 잘 알려져 있으며, 베들레헴 철강 회사(Bethelehem Steel Company)의 삽질 작업에 대해 연구하였다. 그는 노동자들이 삽질의 대상이 무겁든 가볍든 상관없이 동일한 '범용' 삽을 사용한다는 것을 발견하고, 삽 작업을 위한 최적 하중을 결정하여 작업 대상에 따라 다양한 크기의 삽을 개발하였다. 이를 통해, 하루에 청소할 수 있는 양을 거의 네 배로 늘릴 수 있었다("Frederick Winslow Taylor", 2015).

오늘날 UPS사는 이러한 테일러의 아이디어를 적용하여 전체 시스템뿐만 아니라 개별 작업자의 효율성을 극대화한다. 작업자 이동, 상품 적재, 배송 경로 등에 대한 규칙과 정책을 수립하여 생산성을 높이고 비용을 절감한다. 근로자들은 초당 2.5 걸음의 속도로 걷는 법을 배우며, 배송직원들은 허리 벨트에 열쇠를 매달아 신속하게 차량에 탑승함으로써 시간을 단축할 수 있다. 또한 각 배송직원이 휴대용 데이터 장치에서 입력하는 행동을 하루에 한 번만 줄이면 UPS의 비용을 연간 100,000달러 줄일 수 있으며, UPS사는 실제로 이를 달성하고 있다(Hagan, 2014).

UPS사에서 배송트럭을 일컫는 갈색 '패키지 차'의 겉모습은 예전과 같지만, 첨단기술과 빅데이터를 통해 수작업으로 수행되던 업무들이 모든 것들이 추적되고 모니터링되는 시스템을 통해 수행되는 방식으로 발전하고 있다. 온보드 컴퓨터는 하루 종일 데이터를 수집하는데, 차량마다 200개 이상의 센서가 장착되어 있어 운전자가 안전벨트를 매고 있는지, 문을 열거나 닫는지, 브레이크를 사용하고 있는지 등을 알 수 있다. 이를 통해, 배송직원들은 안전벨트를 거의 100% 착용하게 되었고, 이는 안전 향상으로 이어졌다. 또한 언제 시동을 걸었는지, 얼마나 빠른 속도로 달리는지, 문이 열렸는지, 어느 위치에 있는지, 공회전 시간의 비율은 얼마나 되는지 등도 알 수 있게 되었다(Stashik, 2014).

센서는 운전자가 후진주행하는 것을 감지할 수 있고, 후진 속도 및 거리도 파악할 수 있다. UPS사는 사고의 위험 감소를 위해 배송직원들의 후진주행을 줄이기를 원했고, 후진주행을 너무 자주 하는 배송직원들에게는 이를 통지하였다. 기술 발전 및 이러한 데이터와 함께, UPS사는 경로 최적화 프로그램을 개선하여 연간 850만 갤런의 연료 사용량을 감소시키는 동시에 배송기사당 하루 90건의 배송에서 120건의 배송으로 늘릴 수 있었다(Goldstein, 2014). 또한 진단 데이터를 사용하여 예방정비에 활용함으로써, 배터리 고장으로 인해 월요일 아침에 수백 명의 배송기사의 업무가 지연되는 것과 같은 업무중단 시간을 줄이려 한다. 현재 UPS사는 배터리의 상태를 추적할 수 있으며, 문제가 생기기 전에 배터리를 충전 및 교체 시기를 알 수 있다. UPS 엔지니어링사의 사장인 랜디 스테이식(Randy Stashik)은 "우리는 기술을 보유한 트럭 운송 회사에서 트럭을 보유한 기술 회사로 발전했다"고 말했다(Stashik, 2014).

참고:

"Frederick Winslow Taylor, the Patron Saint of the Shovel." *Mental Floss Magazine*, April 27, 2015. http://mentalfloss.com/article/63341/frederick-winslow-taylor-patron-saint-shovel

Jacob Goldstein, "To Increase Productivity, UPS Monitors Drivers' Every Move." NPR, April 17, 2014. https://www.npr.org/ sections/money/2014/04/17/303770907/to-increase-productivityups-monitors-drivers-every-move

Alex Hagan, "Frederick Taylor Has Been Reincarnated and Works for UPS Now." May 5, 2014. http://www.kienco.com.au/blog/workforce-analytics-and-neotaylorism

Randy Stashick, "Big Data Delivers Big Results at UPS." Production and Operations Management Society Conference, May 11, 2014. https://pressroom.ups.com/pressroom/ContentDetailsViewer.page?ConceptType=-Speeches&id=1426415450350-355

3. 프로세스 차트를 활용하여 기존 직무를 수행하는 현재의 방법을 검토하고 문서화한다. 신규 직무에 대해서는 관련 활동들에 대한 정보를 바탕으로 차트를 작성한다.
4. 직무를 분석한다.
5. 새로운 작업방법을 제안한다.
6. 새로운 작업방법을 적용한다.

7. 적용된 방법을 관찰하면서 개선 여부를 확인한다.

**분석대상 업무 선택** 때로는 감독이나 관리자가 특정 업무에 대한 분석을 요청할 것이다. 또는 생산성 향상 및 원가 절감을 위한 상위 계획의 일부로서 작업방법 분석이 수행되기도 한다. 작업방법 분석을 수행할 대상을 선정 시에는 일반적으로 다음과 같은 업무들을 고려한다.

1. 노동량이 많은 업무
2. 자주 수행되는 업무
3. 안전하지 않거나, 피곤하거나, 불편하거나, 소음이 발생하는 업무
4. 문제로 지적되는 업무(예, 품질 문제, 병목 공정)

**기존 작업방법의 문서화** 업무가 현재 수행되는 방식을 차트 및 그래프로 표현하고 서술하여 문서화한다. 이를 통해 업무에 대한 명확히 이해가 가능하고, 도출된 문서들은 개선 방안의 비교 및 평가를 위한 근거로 사용될 것이다.

**직무의 분석과 새로운 방법의 제안** 직무분석을 위해서는 특정 업무를 누가, 언제, 어디서, 무엇을, 어떻게, 왜 하는지에 대해 세심하게 고려해야 한다. 종종 단순히 이런 질문들을 하나씩 검토해보는 것만으로도 분석담당자는 기존 방법과 개선 방법 모두에 대해 건설적인 비판자의 태도를 가질 수 있으며, 이를 통해 명확한 분석이 가능해진다.

*흐름공정도*나 *작업자-기계 차트*와 같은 다양한 차트를 사용하면 작업방법의 분석과 개선이 용이하다.

**흐름공정도**(flow process chart)는 작업자의 움직임이나 자재의 흐름에 초점을 맞추어 공정의 전반적인 순서를 검토하는 데 활용되며, 지연, 임시 저장, 이동 거리 등과 같은 비생산적인 요소들을 파악하는 데 유용하다. 그림 7.3은 흐름공정도에서 사용되는 기호들을 보여주며, 그림 7.4는 흐름공정도의 한 예이다.

**흐름공정도**
작업자의 움직임이나 자재의 흐름을 중심으로 공정의 전반적인 순서를 검토하기 위해 사용하는 차트

흐름공정도는 부서 내에서 자재의 흐름 분석, 문서나 양식의 작성 순서 연구, 수술 환자의 이동 및 치료 분석, 백화점과 식료품점의 배치 연구, 우편물 처리 등을 위해 사용될 수 있다.

경험이 많은 분석전문가들은 보통 스스로에게 질문할 체크리스트를 작성하여 개선을 위한 아이디어를 도출한다. 다음은 몇 가지 대표적인 질문들이다.

1. 왜 특정 지점에서 지연이나 저장이 발생하는가?
2. 어떻게 하면 이동을 제거하거나 이동 거리를 줄일 수 있을까?
3. 자재 취급 활동을 줄일 수 없을까?
4. 작업공간을 재배치하여 효율성을 향상시킬 수 있을까?
5. 유사한 활동들을 하나로 묶거나 모을 수 없을까?
6. 장비를 추가하거나 개선된 장비를 사용하면 도움이 되지 않을까?
7. 작업자들이 개선 아이디어를 갖고 있지 않을까?

**작업자-기계 차트**(worker-machine chart)는 하나의 작업 주기(cycle) 내에서 작업자와 기계가 실제로 작업 및 사용(busy) 중인 부분과 유휴(idle) 상태인 부분을 시각화하는 데 유용하다. 이를 통해 작업자와 기계가 언제 독립적으로 일하는지, 언제 동시에 일하는지, 언제

**작업자—기계 차트**
하나의 작업 주기 내에서 작업자와 기계가 실제로 작업 및 사용 중인 부분과 유휴 상태인 부분을 분석하기 위한 차트

**그림 7.3**
흐름공정도 기호

출처: Adapted from Ben-jamin W. Niebel, Motion and Time Study, 8th ad. Copyright © 1988 Richard D. Irwin, Inc. Used by permission of McGraw-Hill Education, Inc., p.35.

상호의존적인 작업이 발생하는지를 쉽게 파악할 수 있다. 또한 이러한 유형의 차트는 한 명의 작업자가 관리할 수 있는 기계 및 장비의 개수를 결정하는 데 사용될 수도 있다. 그림 7.5는 작업자-기계 차트의 예시이며, 여기서 '작업자'는 슈퍼마켓의 식품 코너에서 구매할 식품을 봉지에 넣어서 무게를 재는 고객이다. 이 차트에서 얻을 수 있는 정보는 여러 가지가 있지만 작업자와 기계의 이용률(utilization)이 특히 잘 드러난다.

**개선된 작업방법의 적용** 새로이 제안된 작업방법을 성공적으로 적용하려면 새로운 방법의 장점을 경영진에게 설득하고 작업자들의 협조를 구해야 한다. 만약 작업방법 분석 과정에서

| 흐름 공정도<br>업무: 소액현금청구 처리 | 분석 담당자<br>D. Kolb | PAGE<br>1 of 2 | | | | | |
|---|---|---|---|---|---|---|---|
| 내역 | | | 작업 | 운반/이동 | 검사 | 정체 | 저장 |
| 부서장이 요청서 작성 | | | ● | | | | |
| 요청서 바구니에 넣기 | | | | | | ● | |
| 경리부서로 이동 | | | | ● | | | |
| 계정 및 서명 확인 후 회계원이 승인 | | | | | ● | | |
| 재무담당자가 승인 | | | ● | | | | |
| 출납담당자가 현금을 셈 | | | ● | | | | |
| 장부관리자가 장부에 기입 | | | ● | | | | |
| 현금을 봉투에 넣고 봉인 | | | ● | | | | |
| 현금이 든 봉투를 청구부서로 이동 | | | | ● | | | |
| 현금액수가 요청금액과 같은지 확인 | | | | | ● | | |
| 영수증에 서명 | | | ● | | | | |
| 현금을 금고에 보관 | | | | | | | ● |

**그림 7.4**
흐름공정도 양식

출처: Elias M. Awad, Systems Analysis and Design, 4th ed. Copyright ⓒ 1985 by Richard D. Irwin, Inc. Used by permission of McGraw-Hill Education, Inc., p.113.

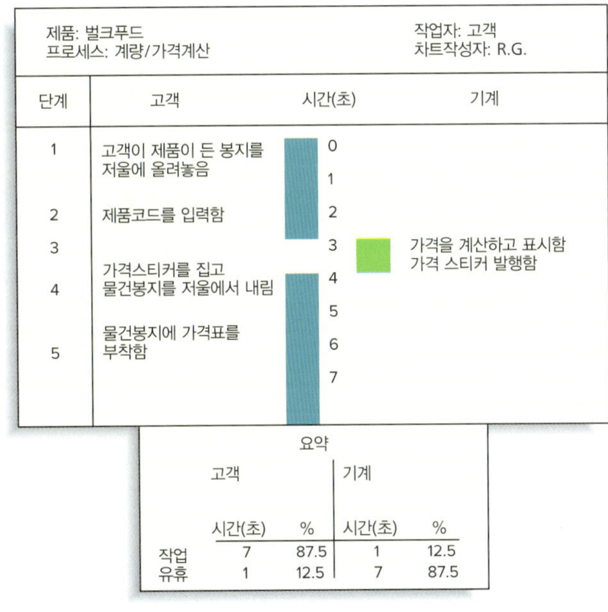


**그림 7.5**
작업자—기계 차트

작업자들과 지속적으로 상의하고 그들의 의견을 반영한다면, 분석담당자가 홀로 개선안을 수립한 경우보다 개선안을 적용하기가 훨씬 쉬울 것이다.

제안하는 방법이 기존의 작업방법을 크게 변경하는 것이라면 작업자들의 재교육이나 재훈련이 필요할 수 있으며, 완벽하게 시행하는 데 꽤 오랜 시간이 걸릴 수도 있다.

**후속 조치** 새로운 작업방법이 제대로 적용되고 예상대로 작동하는지 확인하기 위해 분석담당자는 적절한 기간이 지난 후에 작업을 재검토하고 작업자들과 다시 상담해야 한다.

## 7.5 동작연구

**동작연구** ▸
작업을 수행하기 위해 사용하는 동작들에 대한 체계적 연구

**동작연구**(motion study)는 작업을 수행하는 데 사용되는 사람의 동작에 대한 체계적인 연구이다. 불필요한 동작을 제거하고 최적의 동작 순서를 발견해 효율성을 극대화하는 것에 그 목적이 있기 때문에, 동작연구는 생산성 향상을 위한 중요한 수단이다. 오늘날의 동작연구는 길브레스(Frank Gilbreth)의 연구에서 발전하였다. 그는 20세기 초에 벽돌 쌓기 작업에서 동작연구에 대한 개념을 창안했으며, 동작연구 기법을 활용해 시간당 쌓는 평균 벽돌의 수를 3배 이상 늘렸다고 알려져 있다. 벽돌 쌓기는 이전부터 수 세기 동안 계속되어 온 작업이라는 사실을 고려하면 길브레스의 업적은 매우 대단하다.

효율적인 작업 절차를 개발하기 위해 사용되는 동작연구의 기법은 다양하다. 가장 많이 사용되는 기법은 다음과 같다.

1. 동작연구원리
2. 서블릭(therblig) 분석
3. 미세동작연구
4. 각종 차트

**동작연구원리** ▸
효율적으로 동작하기 위한 작업절차를 설계하기 위한 지침

길브레스의 연구는 효율적으로 동작하는 작업절차 설계를 위한 지침인 **동작연구원리**(motion study principles)의 토대를 마련하였다. 이러한 지침은 3가지 범주, 즉 신체 사용 원리, 작업장 배치 원리, 도구 및 장치 설계로 나뉜다. 표 7.3은 이러한 원리들의 몇 가지 예들을 보여준다.

분석전문가들은 효율적인 동작의 작업방법을 개발하기 위해 다음을 시도한다.

1. 불필요한 동작을 제거한다.
2. 활동을 결합한다.
3. 피로를 줄인다.
4. 작업장의 배치를 개선한다.
5. 도구와 장비의 설계를 개선한다.

**표 7.3**
동작연구원리

출처: Adapted from Benjamin W. Niebel, Motion and Time Study, 8/e. Copyright © 1988 Richard D. Irwin, Inc. Used by permission of McGraw-Hill Companies, Inc., pp. 206-207.

A. 신체 사용. 예:
1. 양손은 일을 동시에 시작하고 끝내야 하며 휴식시간을 제외하고는 동시에 유휴 상태에 있어서는 안 된다.
2. 양손의 동작은 대칭적이어야 한다.
3. 급작스럽고 급격한 방향전환을 수반하는 직선 동작보다 연속적인 곡선 동작이 더 좋다.

B. 작업장의 배치와 환경. 예:
1. 모든 도구와 자재는 서블릭의 탐색과 선택 동작을 제거하거나 줄이고 사용 순서에 가장 적합하도록 고정된 위치에 배치해야 한다.
2. 중력을 이용한 통(bin)과 낙하를 이용한 전달로 팔 뻗기 및 이동 시간을 줄여야 한다. 가능하면 자동 배출장치(ejector)를 사용하여 완성된 부품은 자동으로 분류되어야 한다.

C. 도구와 장치의 설계. 예:
1. 모든 레버, 핸들 및 기타 제어 장치들은 작업자가 쉽게 접근할 수 있어야 하며, 기계적인 장점을 최대한 살리며, 가장 강한 근육들을 사용할 수 있도록 설계되어야 한다.
2. 부품은 고정장치(fixture)로 정위치에 고정해야 한다.

**서블릭**(therblig)은 기본적인 요소동작들을 일컫는다. "*therblig*"이라는 단어는 "Gilbreth"에서 마지막 "*th*"를 제외하고 철자를 뒤에서부터 쓴 것이다. 서블릭 분석은 작업을 기본적인 요소들로 세분화하고 이들을 제거, 결합, 재배치 등을 통해 분석함으로써 작업을 개선하는 접근법이다.

서블릭 작업을 구성하는 기본적인 요소동작

서블릭에 대한 상세한 설명은 이 책의 범위에 포함되지 않지만, 아래에 나열된 몇 가지 서블릭을 통해 기본 요소동작에 대해 이해할 수 있다.

**찾기**(search)는 손이나 눈으로 어떤 대상을 찾는 동작을 뜻한다.
**선택**(select)은 여러 개의 대상물에서 고르는 동작을 의미한다.
**쥐기**(grasp)는 대상을 쥐는 동작을 의미한다.
**쥐고있기**(hold)는 대상을 쥔(grasp) 상태를 유지하는 것을 말한다.
**옮기기**(transport load)는 대상을 쥔 상태(hold)로 옮기는 동작을 의미한다.
**내려놓기**(release load)는 대상을 내려놓는 동작을 의미한다.

이외에도 서블릭에는 *검사*(*inspect*), *위치정하기*(*position*), *계획*(*plan*), *휴식*(*rest*), *지연*(*dclay*) 등이 있다.

서블릭을 사용해 업무를 묘사하는 데에는 상당한 시간과 노력이 필요한 경우가 많다. 하지만 짧고 반복적인 작업에 대해서는 서블릭 분석이 유용하다.

프랭크 길브레스와 산업 심리학자인 그의 아내 릴리안 길브레스(Lillian Gilbreth)는 영상을 도입해 작업동작을 연구하였는데, 이를 **미세동작연구**(micro motion study)라고 한다. 이 기법은 산업 현장뿐만 아니라 스포츠나 의료 등 다양한 분야에서도 사용되며, 육안으로 식별할 수 없는 빠른 동작도 슬로 모션으로 재생하면서 분석할 수 있다. 또한 기록된 영상은 추후 작업자 및 분석담당자의 교육뿐 아니라 작업방법과 관련한 분쟁 해결을 위해서도 사용될 수 있다.

미세동작연구 영상의 슬로 모션 재생을 통해 매우 빠른 작업동작을 분석하는 동작연구

미세동작연구는 비용이 많이 들기 때문에, 조금의 개선도 큰 효과로 이어지는 반복 작업이나 수술처럼 특별한 이유가 있는 경우에 국한하여 사용된다.

동작연구 전문가들은 흔히 다양한 차트들을 사용한다. 앞서 학습한 활동 관련 차트나 프로세스 관련 차트들도 매우 유용하게 사용되며, 양손을 동시에 사용하는 동작을 연구하기 위해서는 *사이모 차트*(*simo chart*)가 사용될 수도 있다(그림 7.6 참조). 이러한 차트들은 자료입력, 재봉, 수술 및 치과치료 과정, 특정 조립작업 등과 같은 작업들을 연구하는 데 특히 유용하다.

## 7.6 작업측정

직무설계는 업무의 *내용*을 정하고, 작업방법 분석은 업무를 수행하는 *방법*을 결정한다. **작업측정**(work measurement)은 업무를 수행하는 데 필요한 적절한 *소요시간*을 결정하는 방법을 다룬다. 업무 소요시간은 생산용량계획, 인력투입 계획, 인건비 추산, 스케줄링, 예산 수립 및 성과급 제도 설계 등에 필수적인 매우 중요한 정보이다. 업무의 표준시간은 업무를 수행하는 데 필요한 활동들의 예상 소요시간과 발생 가능한 지연에 대비하기 위한 여유시간을 포함한다. 근로자의 입장에서는 일반적인 상황이라면 표준시간 내에 업무를 완료해야 함을 의미한다.

작업측정 작업에 필요한 소요시간을 결정하는 것

**그림 7.6**

사이모 차트(Simultaneous motion chat)

출처: From Benjamin W. Niebel, Motion and Time Study, 8th ed. Copyright ©1988 Richard D. Irwin, Inc. Used by permission of McGraw-Hill Education, Inc., p. 229.

**SIMO CHART**

작업자: Ken Reisch
날짜: 5월21일
작업: 조립
부품: 장갑의 손가락 부분 레이스(lace)
방법: 개선안
작성자: Joseph Riley

| 시계눈금 (winks) | 소요시간 | 왼손동작 | 기호 | 동작 등급 1 2 3 4 5 5 4 3 2 1 | 기호 | 오른손동작 | 소요시간 | 시계눈금 (winks) |
|---|---|---|---|---|---|---|---|---|
| 4548 | 12 | 손가락 부분을 향하여 손을 뻗다. | RE | | RE | 손가락 부분을 향하여 손을 뻗다. | 12 | 4548 |
| 4560 | 19 | 손가락 부분을 쥐다. | G | | G | 손가락 부분을 쥐다. | 19 | 4560 |
| 4579 | 31 | 손가락 부분을 옮기다. | M | | M | 손가락 부분을 옮기다. | 31 | 4579 |
| 4610 | 75 | 손가락 부분을 제자리에 놓다. | P RL | | P RL | 손가락 부분을 제자리에 놓다. | 75 | 4610 |
| 4685 | 15 | 클램프를 향하여 손을 뻗다. | RE | | RE | 클램프를 향하여 손을 뻗다. | 15 | 4685 |
| 4700 | 15 | 클램프를 쥐다. | G | | G | 클램프를 쥐다. | 15 | 4700 |
| 4715 | | | | | | | | 4715 |
| | 12 | 어셈블리를 쥐다. | G | | G | 어셈블리를 쥐다. | 12 | |
| 7541 | 18 | 어셈블리를 옮기고 놓다. | M RL | | M RL | 어셈블리를 옮기고 놓다. | 18 | 7541 |
| 7559 | | | | | | | | 7559 |

요약

| % | 시간 | 왼손 요약 | SYM. | 오른손 요약 | TIME | % |
|---|---|---|---|---|---|---|
| 8.56 | 249 | 손뻗기 | RE | 손뻗기 | 245 | 8.4 |
| 7.49 | 218 | 쥐기 | G | 쥐기 | 221 | 7.6 |
| 12.16 | 354 | 옮기기(운반) | M | 옮기기(운반) | 413 | 14.2 |
| 30.47 | 887 | 정치 | P | 정치 | 1124 | 38.6 |
| 39.33 | 1145 | 사용 | U | 사용 | 876 | 30.1 |
| 1.03 | 30 | 유휴 | I | 유휴 | 0 | 0.0 |
| 0.96 | 28 | 놓기 | RL | 놓기 | 32 | 1.1 |
| 100.0 | 2911 | | 합계 | | 2911 | 100.0 |

**표준시간** ▸
일정한 자격을 갖춘 작업자가 적절한 작업장에서 정해진 방법, 도구 및 장비, 원자재를 사용하여 지속 가능한 속도로 해당 업무를 수행하는데 필요한 시간

업무의 **표준시간**(standard time)은 일정한 자격을 갖춘 작업자가 적절한 작업장에서 정해진 방법, 도구 및 장비, 원자재를 사용하여 지속 가능한 속도로 해당 업무를 수행하는데 필요한 시간이다. 이러한 조건들은 실제 작업시간에 크게 영향을 미치기 때문에, 업무의 표준시간을 정할 때에는 반드시 모든 요소들에 대해 완벽하게 기술해야 한다. 하나의 요소만 변경되어도 필요 소요시간은 변경될 수 있다. 예를 들어 제품의 설계가 변경되거나 작업방법 연구에 의해 작업성과가 변경되면, 소요시간을 다시 분석하여 표준시간을 수정해야 한다.

하지만 실제로는 비용 문제로 인해 시간연구를 완전히 다시 하지 않고 일부만 수정하기도 하며, 따라서 많은 업무 표준시간들이 조금 부정확할 수도 있다. 물론 주기적인 시간연구를 통해 표준시간을 업데이트할 수도 있다.

표준시간을 설정하는 방법에는 여러 가지가 있다. 일부 소규모 제조업체나 서비스업체들은 업무 소요시간을 적당히 주관적으로 정하기도 하지만, 일반적으로는 작업측정을 위해 (1) 시간연구, (2) 과거 작업 시간, (3) 기정시간 자료 이용법, 그리고 (4) 워크샘플링을 활용한다. 다음에서 각 기법들에 대해 자세히 설명하기로 한다.

## 스톱워치 시간연구

19세기 말, 테일러는 제조 및 건설 활동의 시간을 정하기 위해 스톱워치 시간연구를 최초로 도입하였다. 초기에는 측정 대상이 된다는 데 불편함을 느끼는 작업자들로부터 상당한 반발이 있었으나, 시간이 지나면서 스톱워치 시간연구는 창고업무, 청소용역, 폐기물 관리, 콜센터, 병원, 데이터 처리, 소매점 운영, 서비스 센터 등 넓은 분야에서 사용되고 있다. 특히 짧은 반복 업무에 매우 적합하다.

**스톱워치 시간연구**(stopwatch time study)는 한 작업자가 동일한 작업을 여러 번 수행하는 것을 관찰하여 그 작업의 수행하는 데 걸리는 표준시간을 정한다. 이렇게 정해진 표준시간은 동일한 작업을 수행하는 조직 내 다른 작업자들에게도 적용될 것이다. 시간연구의 기본적인 절차는 다음과 같다.

**스톱워치 시간연구**
어떤 업무를 한 작업자가 여러 번 수행하는 것을 관찰하여 표준시간을 정하는 절차

1. 대상 작업을 선정하고 그것을 수행할 작업자에게 알린다.
2. 관찰 횟수를 결정한다.
3. 시간을 측정하고, 그 작업자의 성과를 평가한다.
4. 표준시간을 계산한다.

시간연구에서는 선정된 작업자가 작업 표준시간을 길게 설정하기 위해 불필요한 동작을 추가하는 경우가 종종 있기 때문에 분석담당자는 대상 작업에 대해 완전히 숙지하고 있어야 한다. 또한 담당자는 표준시간을 정하기에 앞서 해당 업무의 수행방법이 효율적인지 확인해야 한다.

대부분의 경우, 분석담당자는 아주 짧은 작업이 아니면 기본적인 요소동작(예, 팔 뻗기, 쥐기)으로 나누고 각 요소동작의 소요시간을 측정한다. 여기에는 몇 가지 이유가 있다. 첫째, 어떤 요소동작들은 매 작업마다 수행되지 않으며, 이런 경우 작업을 분해하면 작업에 대해 더 잘 파악할 수 있다. 둘째, 작업자의 숙련도가 모든 요소동작들에 대하여 동일하지 않을 수 있다. 마지막으로, 다른 작업의 소요시간을 정하는 데 활용할 수 있는 요소시간 자료를 얻을 수 있다. 이에 대해서는 나중에 설명한다.

경우에 따라서는 연구에 참가하는 작업자들이 측정 대상이 되는 것을 불편해 하거나 이후의 변화를 두려워하기도 한다. 분석담당자는 연구에 참가하는 작업자와 미리 이러한 것들에 대하여 이야기를 나누어 작업자들의 두려움을 줄이고 협조를 이끌어 내야 한다.

측정 횟수를 결정하는 요인으로는 (1) 관측된 시간의 변동성, (2) 목표 정확도, (3) 추정 작업시간의 목표 신뢰도 수준이 있다. 거의 대부분, 목표 정확도는 관측하는 시간의 평균에 대해 백분율로 표시한다. 예를 들면, 시간연구의 목표는 실제 평균의 10% 이내에 드는 추정값을 구하는 것일 수 있다. 이렇듯 목표 정확도가 백분율로 표현된 경우, 목표를 달성하기

위해 필요한 표본의 크기는 다음 공식을 사용하여 구할 수 있다.

$$n = \left(\frac{zs}{a\bar{x}}\right)^2 \tag{7-1}$$

여기서,

$z$ = 목표 신뢰도를 달성하기 위한 정규 표준편차(normal standard deviation)의 수
$s$ = 표본 표준편차
$a$ = 목표 정확도(%)
$\bar{x}$ = 표본평균

이 계산에 흔히 사용되는 $z$값은 다음과 같다.[4]

| 목표 신뢰도 (%) | z |
|---|---|
| 90 | 1.65 |
| 95 | 1.96 |
| 95.5 | 2.00 |
| 98 | 2.33 |
| 99 | 2.58 |

물론 임의의 신뢰도에 대한 $z$값은 부록 B의 표 A에 제시된 표준정규분포표에서 구할 수 있다.

목표 정확도가 백분율이 아닌 실제값(예, 실제 평균의 1분 이내) $e$로 주어지면 다음 공식을 사용한다.

$$n = \left(\frac{zs}{e}\right)^2 \tag{7-2}$$

여기서,

$e$ = 최대 허용 오차시간

처음에 표본 크기를 추정하기 위해서는, 일반적으로 적은 횟수의 관측(이를테면, 10~20개)를 반복하여 $\bar{x}$와 $s$를 계산하고 이를 $n$을 구하는 공식에 대입한다. 추후에 축적된 자료를 사용하여 $\bar{x}$와 $s$를 업데이트하여 $n$을 다시 계산할 수 있다.

*참고*: 실무에서는 분석담당자에 따라서 이러한 공식을 사용하지 않을 수도 있다. 경험이 많은 담당자는 종종 관측 횟수를 스스로 판단한다.

**예제 1**

mhhe.com/stevenson14e

### 시간연구에 필요한 관측 횟수 정하기

시간연구 담당자가 어떤 업무를 수행하는 데 필요한 시간을 추정하려고 한다. 예비 연구를 통하여 평균 시간 6.4분과 표준편차 2.1분을 얻었다. 신뢰도 목표는 95%이다. 최대 허용 오차가 다음과 같을 때, 예비 연구에서 관측한 자료를 포함하여 몇 회의 관측을 수행해야 하는가?

[4] 이론적으로는 모집단의 표준편차를 모르므로 $z$값 대신 $t$값을 사용해야 한다. 하지만 $z$값을 사용하는 것이 더 간단하며 표본의 크기가 30 이상이면 상당히 정확하므로 실무에서는 거의 대부분 $z$값을 사용한다.

a. 표본평균의 ±10%
b. 0.5분

**풀이**

a. $s = 2.1$분, $z = 1.96$, $\bar{x} = 6.4$분, $a = 10\%$

$$n = \left(\frac{zs}{a\bar{x}}\right)^2 = \left(\frac{1.96(2.1)}{0.10(6.4)}\right)^2 = 41.36;\text{ 올림하여 42회}$$

b. $e = 0.5$분, $n = \left(\frac{zs}{e}\right)^2 = \left(\frac{1.96(2.1)}{0.5}\right)^2 = 67.77$; 올림하여 68회

*주의*: $n$의 값이 정수가 아닐 경우, 올림한다.

시간에 대한 표준을 수립하기 위해서는 세 가지 시간, 즉 *관측시간(observed time, OT)*, *정상시간(normal time, NT)*, *표준시간(standard time, ST)*을 계산해야 한다.

**관측시간** 관측시간은 단순히 관측된 시간의 평균값을 말한다. 즉,

$$\text{OT} = \frac{\sum x_i}{n} \tag{7-3}$$

여기서,

$\text{OT}$ = 관측시간
$\sum x_i$ = 관측된 시간의 합
$n$ = 관측 횟수

*참고*: 어떤 요소동작이 매번 필요하지 않으면, 해당 요소동작의 평균을 따로 계산하여 관측시간(OT)에 반영되어야 한다.

**정상시간** 정상시간은 작업자의 능력을 감안하여 관측시간을 조정한 것으로, 관측시간에 작업자의 *평정계수(performance rating, PR)*을 곱하여 계산한다. 평정계수는 성과평정이라고도 불린다. 즉,

$$\text{NT} = \text{OT} \times \text{PR} \tag{7-4}$$

여기서,

NT = 정상시간
PR = 평정계수(성과평정)

여기에서는 전체 작업에 대하여 동일한 평정계수를 적용한다고 가정하자. 만약 요소동작별로 평정계수가 구해진 경우에는 요소동작별 평균 관측시간에 해당 평정계수를 곱하여 모두 합산해야 한다. 즉,

$$\text{NT} = \sum(\bar{x}_j \times \text{PR}_j) \tag{7-5}$$

여기서,

$\bar{x}_j$ = 요소동작 $j$의 평균 관측시간

$PR_j$ = 요소동작 $j$의 평정계수(성과평정)

평정계수와 같은 조정 요소를 반영하는 이유는 관찰대상 작업자가 의도적으로 속도를 늦추거나 타고난 능력으로 인해 비정상적인 속도로 작업할 수 있기 때문이다. 따라서, 분석담당자는 평정계수를 할당하여 관측시간을 '평균적인' 속도로 조정하며, 보통의 평정계수는 1.00이다. 관측된 작업자가 정상속도에 비해 90% 정도의 속도로 수행했으면 평정계수는 0.9이며, 평정계수가 1.05이면 작업자가 정상속도보다 조금 더 빨리 수행했음을 의미한다. 긴 작업의 경우 개별 요소동작마다 평정계수를 적용하고, 짧은 작업은 전체 작업에 대해 평정계수를 적용할 수도 있다. 일반적으로 기계에 대한 평정계수는 1.00이다.

분석담당자는 업무수행 속도를 평가할 때, 관측된 속도를 자신이 생각하는 정상적인 속도와 비교해야 한다. 물론 과연 무엇이 정상적인 속도인지에 대해서는 논란의 여지가 있어, 때로는 근로자와 경영진 간의 갈등을 유발하기도 한다. 아무도 이런 주관적 평가에 대한 극복방안을 제시하지는 못하지만, 분석담당자들을 충분히 훈련하고 훈련용 영상을 통해 주기적으로 *교정*해준다면 꽤 일관성 있는 평가가 가능할 것이다. 편향되지 않고 공정한 평가를 위하여 추가적인 분석담당자를 투입하는 방법도 있다. 사실 노조가 이를 요구할지도 모른다.

**표준시간** 정상시간은 개인적 요인으로 인한 지연(예, 작업자의 피로, 물 마시기, 화장실 가기), 어쩔 수 없는 지연(예, 기계 조정 및 수리, 관리자와의 대화, 자재 기다리기), 휴식 시간 등을 고려하지 않는다. 이러한 지연을 감안하기 위해 정상시간에 *여유인자*(*allowance factor*, AF)를 곱하여 표준시간을 계산한다. 즉,

$$ST = NT \times AF \tag{7-6}$$

여기서,

ST = 표준시간
AF = 여유인자

여유인자는 작업 소요시간이나 근무시간(예, 1일)을 기준으로 계산할 수 있다. *작업 소요시간*을 기준으로 산정하면 여유인자는 다음 공식을 사용하여 계산한다.

$$AF_{job} = 1 + A \tag{7-7}$$

여기서,

$A$ = 작업 소요시간 대비 여유시간의 비율(%)

이 공식은 작업별로 여유시간 비율이 다른 경우에 사용한다. 아래 공식은 여유인자를 *근무시간* 기준으로 산정하는 경우이다.

$$AF_{day} = \frac{1}{1 - A} \tag{7-8}$$

여기서,

$A$ = 근무시간 대비 여유시간의 비율(%)

이 공식은 작업들이 동일하거나 유사하고 여유인자가 동일할 때 사용한다.

## 여유인자 계산하기

예제 2

mhhe.com/stevenson14e

다음 두 경우에 대하여 여유인자를 계산하라.

a. 여유율은 *업무 소요시간*의 20%이다.

b. 여유율은 *근무시간*의 20%이다.

풀이

$A = 0.20$

a. $\text{AF}_{\text{job}} = 1 + A = 1.20$ 또는 120%

b. $\text{AF}_{\text{day}} = \dfrac{1}{1 - A} = \dfrac{1}{1 - 0.20} = 1.25$ 또는 125%

표 7.4은 몇 가지 전형적인 여유율을 보여준다. 실제로는 시간연구 전문가의 판단이나 워크샘플링(뒤에서 설명), 또는 노사 간 합의에 의해 여유율이 정해질 수 있다.

예제 3은 관측한 결과로부터 표준시간을 구하는 과정을 보여준다.

## 표준시간 계산하기

예제 3

mhhe.com/stevenson14e

어떤 조립 업무를 대상으로 한 시간연구에서 특정 작업에 대하여 다음과 같은 관측시간을 얻었으며, 분석전문가는 이 작업자에 대하여 평정계수를 1.13으로 판단하였다. 여유시간을 *작업 소요시간*의 20%로 하고 이 작업의 표준시간을 결정하라.

| 관측 $i$ | 시간, $x$(분) | 관측 $i$ | 시간, $x$(분) |
|---|---|---|---|
| 1 | 1.12 | 6 | 1.18 |
| 2 | 1.15 | 7 | 1.14 |
| 3 | 1.16 | 8 | 1.14 |
| 4 | 1.12 | 9 | 1.19 |
| 5 | 1.15 | | 합계 10.35 |

풀이

$n = 9$, $\text{PR} = 1.13$, $A = 0.20$

1. $\text{OT} = \dfrac{\sum x_i}{n} = \dfrac{10.35}{9} = 1.15$분

2. $\text{NT} = \text{OT} \times \text{PR} = 1.15(1.13) = 1.30$분

3. $\text{ST} = \text{NT} \times (1 + \text{A}) = 1.30(1.20) = 1.56$분

*참고*: 관측된 시간이 비정상적으로 짧으면 관찰 과정의 오류로 보고 제외한다. 예를 들어, 예제 3에서 0.10인 관측치가 있었다면 이 관측치는 제외될 것이다. 하지만 비정상적으로 긴 시간이 관측되면 분석담당자는 불규칙적으로 발생하는 동작(예: 떨어진 도구나 부품의 회수)이 발생했는지 조사해야 하며, 이는 업무 소요시간으로 정식으로 반영되어야 한다.

시간연구를 통한 작업측정은 명확한 이점을 가짐에도 불구하고 몇 가지 한계점도 존재한다. 그중 하나는 관찰이 가능한 업무에 대해서만 적용할 수 있다는 점이다. 이 때문에 육체적 측면뿐 아니라 정신적인 측면도 필요한 대부분의 관리업무 또는 창조적 업무는 적용 대

**표 7.4**
작업환경에 따른 전형적인 여유율

출처: From Benjamin W. Niebel, Motion and Time Study, 8th ed. Richard D. Irwin, Inc. p. 416. 1988.

| 백분율(%) | | 백분율(%) | |
|---|---|---|---|
| A. 고정 여유율: | | 4. 열악한 조명: | |
| 1. 인적 여유율 | 5 | a. 권고 수준에 약간 미달 | 0 |
| 2. 기본적 피로 여유율 | 4 | b. 제법 미달 | 2 |
| B. 변동 여유율: | | c. 아주 미달 | 5 |
| 1. 기립자세 여유율 | 2 | 5. 대기 환경(기온 및 습도) — 변동적 | 0~10 |
| 2. 비정상적 자세 여유율: | | 6. 주의력: | |
| a. 약간 불편 | 0 | a. 약간 섬세한 작업 | 0 |
| b. 불편(구부린 자세) | 2 | b. 섬세하거나 까다로운 작업 | 2 |
| c. 아주 불편(누운 자세, 몸을 쭉 편 자세) | 7 | c. 아주 섬세하거나 또는 아주 까다로운 작업 | 5 |
| C. 힘을 주거나 근육을 사용하는 경우 (들기, 당기기, 밀기): | | 7. 소음 수준: | |
| 해당 중량(파운드): | | a. 지속적 소음 | 0 |
| 5 | 0 | b. 간헐적인 큰 소음 | 2 |
| 10 | 1 | c. 간헐적인 아주 큰 소음 | 5 |
| 15 | 2 | d. 고음의 큰 소음 | 5 |
| 20 | 3 | 8. 정신적 부담: | |
| 25 | 4 | a. 약간 복잡한 업무 | 1 |
| 30 | 5 | b. 복잡하거나 광범위한 업무 | 4 |
| 35 | 7 | c. 아주 복잡한 업무 | 8 |
| 40 | 9 | 9. 단조로움: | |
| 45 | 11 | a. 낮은 수준 | 0 |
| 50 | 13 | b. 중간 수준 | 1 |
| 60 | 17 | c. 높은 수준 | 4 |
| 70 | 22 | 10. 지루함: | |
| | | a. 약간 지루함 | 0 |
| | | b. 지루함 | 2 |
| | | c. 아주 지루함 | 5 |

상에서 제외된다. 또한, 시간연구는 비용이 많이 들기 때문에 불규칙적이게 필요한 작업이나 드물게 일어나는 업무도 대상에서 제외한다. 또 다른 시간연구의 한계점으로는 정상적인 업무 일상을 방해할 수 있으며 많은 경우에 근로자들이 불쾌감을 느낀다는 것이다.

## 표준요소시간

**표준요소시간** ▸ 회사의 과거 시간연구 데이터에서 도출한 시간 표준

**표준요소시간**(standard elemental times)은 회사가 자체적으로 축적해온 과거 시간연구 데이터로부터 도출된다. 회사의 시간연구 부서는 시간이 흐름에 따라 다양한 업무에 공통적으로 존재하는 요소동작들의 시간 자료를 축적하여 데이터베이스를 구축할 수 있으며, 이를 활용해 많은 요소동작들의 소요시간을 간단히 추출할 수 있으므로 시간연구를 완전히 새롭게 하지 않아도 된다.

다음과 같은 단계를 통해 표준요소시간을 활용할 수 있다.

1. 업무를 분석하여 표준요소동작들을 파악한다.
2. 기존의 데이터베이스에 존재하는 표준요소동작들은 이를 사용한다. 데이터베이스에 존재하지 않는 표준요소동작들에 대해서는 필요 시 시간연구를 수행한다.
3. 필요하면 데이터베이스에서 추출한 표준요소시간을 수정한다(아래 설명 참조).

4. 요소동작 시간들을 합하여 정상시간을 구하고, 여유인자를 반영하여 표준시간을 계산한다.

경우에 따라서는 기존 데이터베이스의 내용이 관심있는 작업과 정확하게 일치하지 않을 수도 있다. 예를 들어, 도구를 6 cm 이동시키는 동작의 소요시간에 대해 궁금한데 데이터베이스에는 “도구를 3 cm 이동”이나 “도구를 9 cm 이동”이라는 요소만 존재할 수 있다. 이런 경우에는 보통 기존의 자료를 이용하여 보간법(interpolation)을 통해 관심있는 요소동작의 소요시간을 구한다.

이러한 방법의 첫번째 분명한 장점은 각 작업에 대하여 완전히 새롭게 시간연구를 하지 않아도 되므로 비용과 노력을 절감할 수 있다는 점이다. 두 번째 장점은 작업자에 대한 관측이 필요치 않으므로 업무의 중단이나 방해가 적다는 점이다. 세 번째는 평정계수를 정할 필요가 없다는 점이다. 일반적으로 *평정계수*는 이미 데이터에 반영되어 있다. 하지만 이 방법의 주요 단점은 데이터베이스에 존재하는 요소의 양이 충분치 않을 수 있고, 데이터가 편향(biased)되거나 부정확할 수 있다는 점이다.

다음으로는 이러한 딘점들을 보완하기 위해 변형된 방법들을 소개한다.

## 기정시간표준

**기정시간표준**(predetermined time standards)은 공식적으로 공개된 표준요소시간을 이용하는 것이다. 이를 위해 흔히 방법공학위원회(Methods Engineering Council)가 개발한 *방법-시간측정(methods-time measurement, MTM)*을 사용한다. 여기에서 제공하는 MTM 표는 기본적인 요소동작들 및 그 시간에 대한 광범위한 연구의 결과이다. 분석담당자는 대상 작업을 기본적인 요소동작(도달, 이동, 회전, 분리 등)으로 분해한 다음, (해당 시) 관련 거리를 측정하고, 난이도를 평가하여, 이에 해당하는 소요시간을 적절한 표에서 찾음으로써 이러한 자료를 활용할 수 있다. 작업 표준시간은 분해된 모든 요소동작들의 시간을 합하여 구할 수 있다. 1분짜리 작업도 꽤 많은 기본 요소동작으로 이루어질 수 있으며, 일반적인 작업들은 수백 가지 이상의 기본 요소동작들을 포함할 수도 있다. 분석전문가는 작업을 적절하게 기술하고 현실적으로 시간을 추정할 수 있는 상당한 기술이 필요하다. 전문가들은 필요한 기술을 개발하기 위해 대부분 교육이나 자격증 과정을 밟는다.

◂ **기정시간표준**
광범위한 연구를 통해 도출하여 공개된 표준요소시간

기정시간표준의 주요 장점은 다음과 같다.

1. 적절한 작업환경에서 많은 작업자들이 수행한 결과를 근거로 한다.
2. 표준을 개발하기 위해 평정계수를 분석할 필요가 없다.
3. 실제 업무를 방해하지 않는다.
4. 업무를 실제로 수행하기 전에 표준시간을 수립할 수 있다.

기정시간표준을 이용하는 방법을 지지하는 사람들은 이 방법이 스톱워치를 이용한 시간연구보다 훨씬 정확하다고 주장하지만, 모두가 동의하는 것은 아니다. 일부는 많은 작업들이 특수하므로 기정시간표준으로 일반화할 수는 없다고 주장한다. 또 다른 이들은 분석담당자에 따라서 요소동작을 다양하게 분해 가능하여, 동일하지 않은 작업시간 추정을 야기한다고 주장한다. 또한, 동작에 대한 난이도 평가도 담당자마다 달라 동일하지 않은 표준시간을 얻는다고 주장하는 사람들도 있다.

## 워크샘플링

**워크샘플링** ▶
작업자 또는 기계의 다양한 활동 시간 및 유휴 시간의 비율을 추정하기 위한 기법

**워크샘플링**(work sampling)은 작업자 또는 기계의 다양한 활동 시간 및 유휴 시간의 비율을 추정하기 위한 기법이다.

시간연구와 달리, 워크샘플링은 활동에 대한 소요시간을 측정하지 않으며 심지어 활동을 지속적으로 관측하지도 않는다. 대신, 워크샘플링에서는 관찰자가 작업자 또는 기계를 무작위적인 시간간격으로 관찰하고 단순히 그 시점에 수행 중인 활동의 종류를 기록한다. 예를 들면, 기계는 작업 중이거나 유휴상태일 수 있으며, 비서는 타자를 치고 있거나, 문서 정리 중이거나, 전화통화 중이거나 다른 업무 중일 수 있으며, 목수는 자재를 나르고 있거나, 무엇을 측정 중이거나, 목재를 자르는 중일 수도 있다. 이러한 관측들을 통해 결과적으로 각 활동별로 관측된 *횟수 데이터*를 얻는다.

워크샘플링은 가끔 표준시간을 정하기 위하여 사용되기도 하지만, 주된 두 가지 목적은 (1) 작업자가 어쩔 수 없이 지연을 겪는 시간의 비율이나 기계가 유휴 상태인 시간의 비율을 분석하는 지연비율 연구(ratio-delay study)나 (2) 비반복적인 직무의 분석이다. 예를 들어, 지연비율 연구에서는 병원 경영자가 X-선 장비가 사용되지 않는 시간의 비율에 대해 궁금할 수 있다. 비서 업무나 정비 업무처럼 비반복적인 직무에서는 직원이 각각의 활동을 수행하는데 소요된 시간의 비율을 파악하는 것이 중요할 수 있다.

일반적으로 비반복적인 직무를 수행하는 데는 반복적인 직무에 비하여 더 넓은 범위의 능력이 필요하며, 이런 직무를 맡은 근로자의 임금은 종종 보유한 능력 중 가장 고급능력을 근거로 결정된다. 그러므로 고급능력이 요구되는 업무에 얼마나 많은 시간이 소요되는지 파악하는 것이 중요하다. 예를 들면 비서는 문서 작성, 자료 정리, 전화 응대, 기타 일상적인 사무 업무를 수행할 수 있는데, 이 비서가 문서 작성보다 문서 정리에 더 많은 시간을 할애해야 한다면, 문서 작성 업무가 더 많은 경우보다 임금이 낮을 것이다. 워크샘플링을 사용하면 이런 비율을 파악할 수 있으므로 직무기술서(job description)를 작성하는 데에도 중요한 도구가 된다. 또한 워크샘플링은 직무의 내용을 검증하기 위해 사용될 수도 있으며, 이는 고용차별 방지를 목적으로 채용공고에서 요구한 직무 능력이 실제로 필요한지 확인하는 실질 업무능력(bona fide occupational qualifications, BFOQ) 검증 프로그램을 위해 필요할 수 있다.

워크샘플링을 통한 추정치는 어느 정도의 오차를 포함하며 각 활동에 실제로 소요하는 시간 비율의 *근사치*임을 주의해야 한다. 워크샘플링의 목표는 특정 신뢰 수준에서 주어진 오차 한계를 벗어나지 않는 추정값을 구하는 것이다. 예컨대, 어떤 병원 경영자는 95% 신뢰 수준에서 오차가 4%를 넘지 않는 X-선 장비의 유휴시간 비율 추정치를 요구할 수도 있다. 따라서 워크샘플링은 실제 비율(모비율) $p$로부터 특정 허용오차 $e$ 이내에 있는 추정값 $\hat{p}$를 구한다. 즉 $p$가 $\hat{p} \pm e$ 이내에 존재하도록 추정값 $\hat{p}$를 구한다. 표본의 크기가 크면 표본의 비율은 근사적으로 정규분포를 따르는 것으로 알려져 있으며, 최대 가능오차는 표본의 크기와 신뢰 수준에 의해 결정된다.

표본이 크면 최대 오차율 $e$는 다음 공식을 사용하여 구할 수 있다.

$$e = z\sqrt{\frac{\hat{p}(1-\hat{p})}{n}} \tag{7-9}$$

여기서,

$z$ = 원하는 신뢰수준을 달성하기 위한 표준편차의 개수
$\hat{p}$ = 표본비율 (발생 횟수를 표본 크기로 나눈 값)
$n$ = 표본의 크기

대부분의 경우, 경영진에서 신뢰수준과 허용 오차의 크기를 결정하면, 분석전문가는 이를 충족하기 위한 표본의 크기를 결정한다. 적절한 필요 표본의 크기 $n$은 식 (7-9)로부터 유도한 다음 식을 사용하여 구한다.

$$n = \left(\frac{z}{e}\right)^2 \hat{p}(1-\hat{p}) \tag{7-10}$$

### 워크샘플링을 위한 표본 크기 계산하기

**예제 4**

mhhe.com/stevenson14e

어떤 소규모 슈퍼마켓 관리자는 재고관리 담당직원들이 고객 응대나 식료품 포장 등 기타 업무 외에 실제로 재고를 정리하는 데 소비하는 시간의 비율을 추정하려고 한다. 신뢰수준 98%에 오차한계를 5%가 되도록 하려면 표본의 크기는 얼마가 되어야 하는가?

**풀이**

$z = 2.33$, $e = 0.05$, $\hat{p}$은 알려져 있지 않다.
모비율 $p$에 대한 추정치를 모를 경우에는 $\hat{p} = 0.50$을 초기값으로 가정하고 필요한 표본의 크기를 구한다. 대략 20회의 관측을 한 다음 그 값들을 사용하여 $\hat{p}$를 다시 계산하고, 이를 통해 필요한 표본의 크기를 다시 구한다. 적절한 표본의 크기를 구하기 위해서는 이러한 과정을 두번 또는 세번 반복하는 것이 좋다. 따라서 최초에 계산되는 표본의 크기 $n$은 다음과 같다.

$$n = \left(\frac{2.33}{0.05}\right)^2 0.50(1-0.50) = 542.89 \text{ 또는 } 543\text{회}$$

재고관리 담당직원들이 무엇을 하고 있는지 20번 관측하였더니 재고를 정리하는 경우가 2번이었다고 가정하자. 그러면 비율의 새로운 추정치는 $\hat{p} = 2/20 = 0.10$이 되며, 이를 사용하여 표본의 크기를 다시 계산하면 다음과 같다.

$$n = \left(\frac{2.33}{0.05}\right)^2 0.10(1-0.10) = 195.44 \text{ 또는 } 196\text{회}$$

이후 처음의 20회 관찰을 포함하여 총 100회 관찰한 후 $\hat{p} = 0.11$를 얻었다고 가정하자. 이 값을 사용하여 다음과 같이 표본의 크기를 업데이트할 수 있다.

$$n = \left(\frac{2.33}{0.05}\right)^2 0.11(0.89) = 212.60 \text{ 또는 } 213\text{회}$$

*참고*: 계산된 표본의 크기 $n$값이 정수가 아니면 *올림*한다.

필요한 표본의 크기를 구하기 위해 이러한 과정을 한차례 더 수행할 수도 있다. 다시 계산한 $n$값이 이미 관측한 횟수보다 작으면 관측을 중지한다.

표본 크기의 결정은 워크샘플링의 일부분일 뿐, 전체적인 절차는 다음과 같다.

1. 분석할 작업자(들)이나 기계(들)을 명확히 정한다.
2. 의심의 소지가 생기지 않도록 작업자와 감독관에게 조사의 목적을 분명하게 설명한다.
3. 가능하다면 분석전문가의 경험이나 과거자료를 활용하여 $p$에 대한 초기 추정값을 구하고, 이를 사용해 표본 크기를 계산한다. 그렇지 않으면 $\hat{p} = 0.50$을 사용하여 표본 크기를 계산한다.
4. 무작위 시간간격으로 관측할 수 있도록 관측일정을 수립한다.
5. 관측을 시작한다. 관측하면서 필요한 표본 크기를 여러 번 재계산한다.
6. 각 활동에 대한 소요시간 비율을 추정한다.

다른 작업자나 다른 작업을 관찰하는 등의 실수를 방지하려면 문제를 세심하고 분명하게 정의해야 한다. 또한, 유효한 결과를 얻기 위해 무작위적인 시간 간격으로 관측하는 것도 중요하다.

관측은 일정 기간에 걸쳐서 수행되어야 변동성을 제대로 반영할 수 있다. 관측이 너무 짧은 간격으로 이루어지면 전형적인 업무수행 과정이 제대로 반영되지 않을 수 있다.

**난수표** ▸ 숫자를 무작위적으로 나열한 표로써 무작위적인 관측 시점을 결정하기 위해 사용한다.

**난수표**(표 7.5 참조)는 숫자를 *순서 없이* 무작위적으로 나열한 표인데, 무작위적 관측일정을 수립하기 위해서 이러한 난수표(random number table)를 사용한다. 이 표를 이용하여 무작위성을 워크샘플링에 반영할 수 있으며, 표에서 얻은 숫자를 사용하여 관찰 시점을 정할 수 있다. 표에서는 연속되는 숫자를 원하는 대로 구분함으로써 원하는 자릿수의 수를 얻을 수 있다. 편의상 표에서는 4개씩 숫자가 나열된다. 기본적인 아이디어는 표에서 얻어진 숫자를 관측 시점으로 변환하여 사용하는 것으로 이를 위해서는 다양한 방법이 있다. 여기에서는 관측 시점을 위해서 세 개의 수를 사용한다. 첫 번째 수는 관측이 일어날 *일(day)*, 두 번째 수는 *시(hour)*, 세 번째 수는 *분(minute)*을 나타낸다. 각 수의 자릿수는 며칠 동안 관측하는지, 하루당 몇 시간 동안 관측하는지, 한 시간당 몇 분 동안 관측하는지와 관련이 있다.

**표 7.5**
난수표의 일부

| | 1 | 2 | 3 | 4 | 5 | 6 |
|---|---|---|---|---|---|---|
| 1 | 6912 | 7264 | 2801 | 8901 | 4627 | 8387 |
| 2 | 3491 | 1192 | 0575 | 7547 | 2093 | 4617 |
| 3 | 4715 | 2486 | 2776 | 2664 | 3856 | 0064 |
| 4 | 1632 | 1546 | 1950 | 1844 | 1123 | 1908 |
| 5 | 8510 | 7209 | 0938 | 2376 | 0120 | 4237 |
| 6 | 3950 | 1328 | 7343 | 6083 | 2108 | 2044 |
| 7 | 7871 | 7752 | 0521 | 8511 | 3956 | 3957 |
| 8 | 2716 | 1396 | 7354 | 0249 | 7728 | 8818 |
| 9 | 2935 | 8259 | 9912 | 3761 | 4028 | 9207 |
| 10 | 8533 | 9957 | 9585 | 1039 | 2159 | 2438 |
| 11 | 0508 | 1640 | 2768 | 4666 | 9530 | 3352 |
| 12 | 2951 | 0131 | 4359 | 3095 | 4421 | 3018 |

예컨대, 47일간에 대해 분석한다면 두 자릿수가 필요하고, 하루 업무 시간이 8시간이면 한 자릿수가 필요하며, 한 시간은 60분이므로 두 자릿수가 필요하다. 즉, 일, 시간, 분을 나타내기 위하여 각각 두 자릿수, 한 자릿수, 두 자릿수가 필요하다.

만약 하루에 9시간 근무하는 업무에 대해 7일 간 관측을 한다면, 한 자릿수의 일자, 한 자릿수의 시간, 두 자릿수의 분(60분)을 나타내는 숫자가 필요하다. 이 경우에 3번의 관측이 이루어진다고 가정하자. 관측이 이루어질 일자를 먼저 결정하고 다음으로, 시간, 분 순서로 결정한다고 하자. 먼저 난수표의 첫째 행에서 시작하여 오른쪽 방향으로 읽기로 하자. 첫 번째 숫자는 6이므로 6일째를 나타낸다. 두 번째 숫자는 9이지만 관측 일수를 초과하므로 제외하며, 세 번째 숫자가 1이므로 첫째 날을 나타낸다. 그 다음 숫자는 2이므로 둘째 날을 의미한다. 따라서 6일째, 1일째, 2일째에 관측할 것이다. 다음으로는 두 번째 행에서 하나씩 숫자를 읽어 시간을 결정한다. 즉, 다음과 같다.

3 (셋째 시간), 4 (넷째 시간), 9 (아홉째 시간)

다음으로 세 번째 행에서 두 개씩 숫자를 읽어 관찰시점의 분을 구하면 다음과 같다.

47 (47번째 분), 15 (15번째 분), 24 (24번째 분)

이들을 합하면 다음과 같은 관찰 시점을 얻는다.

| 일 | 시간 | 분 |
|---|---|---|
| 6 | 3 | 47 |
| 1 | 4 | 15 |
| 2 | 9 | 24 |

즉, 6일차의 3시간 47분, 1일차의 4시간 15분, 2일차의 9시간 24분에 관측함을 의미한다. 이를 보기 쉽게 시간 순으로 정리하면 다음과 같다.

| 일 | 시간 | 분 |
|---|---|---|
| 1 | 4 | 15 |
| 2 | 9 | 24 |
| 6 | 3 | 47 |

아래 예시는 이틀 동안 매일 10회씩 관측할 때 시간 순으로 정리한 완성된 관측 일정을 보여준다.

**1일차**

| 관찰 | 시간 | 작업 중(✓) | 유휴(✓) |
|---|---|---|---|
| 1 | 8:15 | | |
| 2 | 9:24 | | |
| 3 | 9:02 | | |
| 4 | 9:31 | | |
| 5 | 9:48 | | |
| 6 | 10:05 | | |
| 7 | 10:20 | | |
| 8 | 11:02 | | |
| 9 | 1:13 | | |
| 10 | 3:55 | | |

**2일차**

| 관찰 | 시간 | 작업 중(✓) | 유휴(✓) |
|---|---|---|---|
| 1 | 8:04 | | |
| 2 | 9:15 | | |
| 3 | 9:24 | | |
| 4 | 9:35 | | |
| 5 | 10:12 | | |
| 6 | 10:27 | | |
| 7 | 10:38 | | |
| 8 | 10:58 | | |
| 9 | 11:50 | | |
| 10 | 1:14 | | |

난수표를 사용할 때에는 일반적으로 행 방향 또는 열 방향(위쪽 또는 아래쪽)으로 부적절한 수는 제외하며 읽는다. 난수표를 사용 시 매번 시작점을 달리 하여 분석마다 관측 시점이 달라지도록 해야 한다. 왜냐하면 작업자들은 관측이 일어나는 시점에 대해서 쉽게 익숙해지고 미리 알아차려 무작위성을 잃을 수 있기 때문이다. 난수표의 시작점을 무작위로 결정하기 위해 지폐의 일련번호를 사용하는 것도 하나의 방법이다.

요약하면, 워크샘플링의 관찰 시점을 무작위로 결정하는 절차는 다음과 같다.

1. 관측을 수행할 일수와 하루당 관측 시간을 결정한다.
2. 주어진 관측 일수를 초과하는 수는 제외하면서 필요한 관측 횟수에 해당하는 관찰 *일자*(*days*)들을 구한다.
3. 유사한 방법으로 관측을 수행할 *시간*(*hours*)들을 구한다.
4. 유사한 방법으로 관측을 수행할 *분*(*minutes*)들을 구한다.
5. 정해진 일자, 시간, 분을 순서대로 결합한다.
6. 관측 시점을 시간 순으로 정리한다.

표 7.6은 워크샘플링과 시간연구를 비교한 표이다. 워크샘플링은 비반복적 활동을 분석하는 것에 가장 적합하며, 작업 소요시간을 결정하는 데 사용하기에는 절차와 상세함이 부족하다.

## 7.7 생산운영전략

경영자들은 반드시 작업시스템 설계를 생산운영전략의 핵심 요소로 다루어야 한다. 컴퓨터와 생산 및 운영 기술의 발전에도 불구하고 사람은 여전히 기업의 핵심이다. 어떤 기술을 사용하든 간에 사람이 성패를 좌우할 수 있다. 물론 기술도 중요하지만 기술만으로는 충분하지 않다.

**표 7.6.** 스톱워치 시간연구 대비 워크샘플링의 장단점

**장점**
1. 전 기간에 거쳐 고루고루 관측하여, 단기적 변동에 덜 민감하다.
2. 작업을 전혀 또는 거의 방해하지 않는다.
3. 작업자들의 반감이 덜하다.
4. 시간과 비용이 적게 소요되며, 훨씬 낮은 수준의 전문성이 요구된다.
5. 관측 및 연구가 잠깐 중단되어도 분석결과에 영향을 주지 않는다.
6. 여러 연구를 동시에 진행할 수 있다.
7. 시간 측정용 도구가 필요하지 않다.
8. 비반복적 작업에도 적합하다.

**단점**
1. 작업을 구성하는 세부 활동들에 대한 정보가 훨씬 적다.
2. 작업자들이 관찰되고 있음을 인식하여 작업 방식을 바꿈으로써 결과를 왜곡시킬 수 있다.
3. 많은 경우 작업자들의 작업 방식에 대한 기록이 없다.
4. 관측자들이 무작위적 관측 일정을 준수하지 못할 수 있다.
5. 짧고 반복적인 작업에는 적합하지 않다.
6. 무작위 관측을 위해 작업장을 옮겨다니느라 많은 시간이 소요될 수 있다.

이번 장에서 다루는 주제들은 모두 생산성에 영향을 미친다. 첨단기술처럼 화려하지는 않지만 작업설계의 기본 원리를 이해하는데 필수적인 주제들이다.

작업자들은 업무를 실제로 수행하고 발생하는 문제를 가장 가까이에서 접하므로 통찰력과 창의력의 귀중한 원천이 될 수 있다. 그럼에도 불구하고 경영자나 관리자들은 무지나 그릇된 자부심 때문에 직원들의 공헌 또는 잠재적 공헌을 간과하는 실수를 너무나 자주 범한다. 노조와 경영진 사이의 불화도 하나의 원인이다. 그러나 점점 더 많은 기업들이 직원과 경영진 사이의 협력을 강화하기 위해 노력하고 있다.

직장 생활의 질을 향상하고 직원들에게 자부심과 존중을 심어주려 노력하는 기업들이 점점 늘어나고 있는 것도 같은 맥락이다. 많은 조직들이 직원들에게 보다 많은 *권한*을 부여하고 발언권을 줌으로써 놀랄 만한 성과를 거두고 있다.

직장 생활의 질에 대한 고려 또한 직무설계, 작업분석방법과 작업측정과 함께 업무 시스템 설계에 포함된다.

## 요약

직장 생활의 질에는 상사와 동료와의 관계, 작업 조건, 보상 등이 포함된다. 직무설계는 직무의 내용과 작업방법을 다룬다. 과거에는 직무설계 시 효율성(efficiency)을 중시하는 경향이 있었지만 최근에는 근로자의 만족과 행동과학적 측면 또한 강조되고 있다. 오늘날 생산성에 대한 염려 또한 직무설계가 주목을 받는 원인이다. 하지만 다소 역설적이게도 보통 생산성이 높은 직업들이 근로자의 불만이 가장 큰 직업이기도 하다.

분석전문가들은 보통 작업방법 분석과 동작연구 기법을 활용하여 업무의 '효율성(efficiency)'을 강화하지만, 이러한 기법들이 직접적으로 행동과학적 측면으로 이어지진 않는다. 그럼에도 불구하고 행동과학적 측면은 직무설계의 중요한 일부분이다. 근무 환경도 직무설계 시 주목해야 할 측면인데, 행동과학적 요인과 효율성에 영향을 미칠 뿐만 아니라 종업원의 건강과 안전에도 중요하기 때문이다.

작업측정은 특정 업무를 수행하는 데 필요한 소요시간을 결정하기 위한 것이다. 업무 소요시간은 인력계획, 원가추정, 예산수립, 스케줄링, 보상 등을 위한 필수적인 정보이다. 이를 위해 스톱워치를 사용한 시간연구와 기정시간을 활용한 방법을 흔히 사용한다. 워크샘플링도 작업측정과 관련되어 있으며 활동 소요시간을 구하는 데 사용될 수 있으나, 이보다는 주로 작업자가 특정 활동을 수행하는 시간 비율을 추정하는 사용된다. 표 7.7에 시간연구와 워크샘플링에 사용되는 공식들이 요약되어 있다.

조직이 채택할 수 있는 보상 제도는 매우 다양하다. 보상제도는 직원과 조직 모두에게 매우 중요하기 때문에 신중하게 정해야 하며, 대개 한번 정해지면 크게 변경하게 어렵다.

## 주요 내용

1. 직무설계는 생산운영의 핵심에 집중한다.
2. 직무설계는 작업내용을 결정한다. 작업방법 분석과 동작연구는 작업방법을, 작업측정은 작업에 필요한 소요시간을 결정한다.
3. 직무설계, 작업방법 분석, 동작연구, 표준시간들을 통해 프로세스와 생산성 향상을 위해 매우 가치있는 정보를 얻을 수 있다.
4. 직장생활의 질은 생산적인 노동력을 유지하는 주요한 요인이다.

**표 7.7**
공식 요약

| 시간연구 | | 위크샘플링 | |
|---|---|---|---|
| A. 표본의 크기 | | A. 최대 오차 | |
| $n = \left(\frac{ZS}{a\bar{x}}\right)^2$ | (7–1) | $e = z\sqrt{\frac{\hat{p}(1-\hat{p})}{n}}$ | (7–9) |
| [정확성 목표가 %인 경우] | | B. 표본의 크기 | |
| $n = \left(\frac{zs}{e}\right)^2$ | (7–2) | $n = \left(\frac{z}{e}\right)^2 \hat{p}\left(1-\hat{p}\right)$ | (7–10) |
| [정확성 목표가 시간인 경우] | | | |
| B. 관측시간 | | | |
| $OT = \frac{\sum x_i}{n}$ | (7–3) | | |
| C. 정상시간 | | | |
| $NT = OT \times PR$ | (7–4) | | |
| $NT = \sum(\bar{x}_j \times PR_j)$ | (7–5) | | |
| D. 표준시간 | | | |
| $ST = NT \times AF$ | (7–6) | | |
| E. 여유인자 | | | |
| $AF_{job} = 1 + A$ | (7–7) | | |
| $AF_{day} = \frac{1}{1-A}$ | (7–8) | | |

**기호**

$a$ = 허용오차(평균시간의 백분율)
$A$ = 여유율(%)
AF = 여유인자
$e$ = 최대허용오차
$n$ = 표본의 크기
NT = 정상시간
OT = 관측시간
$\hat{p}$ = 표본비율
PR = 평정계수
$s$ = 표본표준편차
ST = 표준시간
$\bar{x}$ = 표본평균
$x_i$ = $i$번째 관측시간($i$ = 1,2,3, ..., $n$)
$z$ = 목표 신뢰수준을 달성하기 위한 $z$값

## 주요 용어

기정시간표준(predetermined time standards)
난수표(random number table)
동작연구(motion study)
동작연구원리(motion study principles)
미세동작연구(micro motion study)
성과급(인센티브)제도(output-based (incentive) system)
서블릭(therbligs)
스톱워치 시간연구(stopwatch time study)
시간급제도(time-based system)
워크샘플링(work sampling)
인간공학(ergonomics)
자율관리팀(self-directed teams)
작업방법 분석(methods analysis)
작업자−기계 차트(worker-machine chart)
작업측정(work measurement)
전문화(specialization)
지식급(knowledge-based pay)
직무설계(job design)
직무순환(job rotation)
직무충실화(job enrichment)
직무확대(job enlargement)
표준시간(standard time)
표준요소시간(standard elemental times)
흐름공정도(flow process chart)

## 문제풀이연습

**문제 1** 시간연구 전문가가 어떤 작업자가 수행하는 조립 작업을 30회 관찰하면서 작업시간을 측정하고 평균 시간을 계산하니 18.75분이었다. 이 전문가는 이 작업자에 대해 평정계수를 0.96이라고 판단하였고, 적절한 여유율은 15%라고 판단하였다. 여유율은 *근무시간*에 근거하는 것으로 가정하고 관측시간(OT), 정상시간(NT), 표준시간(ST)을 결정하라.

**풀이** OT = 평균시간 = 18.75분
NT = OT × 평정계수 = 18.75분 × 0.96 = 18분

$$AF = \frac{1}{1-A} = \frac{1}{1-0.15} = 1.176$$

$$ST = NT \times AF = 18 \times 1.176 = 21.17\text{분}$$

**문제 2**

어떤 시간연구 전문가는 95.5% 신뢰수준에서 특정 오차를 초과하지 않기 위하여 관측 횟수를 결정하려고 한다. 예비 연구를 통하여 평균 5.2분과 표준편차 1.1분을 얻었다. 다음 두 경우에 대하여 관측 횟수를 결정하라.

a. 최대 오차 = 표본 평균의 ±6%

b. 최대 오차 = 0.40분

**풀이**

$x = 5.2$분 $\quad z = 2.00$ (95.5%에 대한 값)

$s = 1.1$분 $\quad a = 0.06$

$$n = \left(\frac{zs}{ax}\right)^2 = \left(\frac{2.00(1.1)}{0\ .06(5.2)}\right)^2 = 49.72 \text{ (올림하여, 50)}$$

$e = 0.40$

$$n = \left(\frac{zs}{e}\right)^2 = \left(\frac{2.00(1.1)}{0.40}\right)^2 = 30.25 \text{ (올림하여, 31)}$$

**문제 3**

*워크샘플링.* 한 분석전문가는 선반 작업자가 기계를 조정하는 데 보내는 시간의 비율을 90% 신뢰 수준에서 추정하여야 한다. 분석전문가는 자신의 경험상 이 비율이 약 30%쯤 될 것으로 생각한다.

a. 이 분석가가 400회 관찰하면 최대 오차는 얼마인가?

b. 최대 오차를 ±5%로 하려면 관찰을 몇 회나 하여야 하는가?

**풀이**

$\hat{p} = 0.30 \quad z = 1.65$ (90%에 대한 값)

$$e = z\sqrt{\frac{\hat{p}(1-\hat{p})}{n}} = 1.65\sqrt{\frac{0.3(0.7)}{400}} = 0.038$$

$$n = \left(\frac{z}{e}\right)^2 \hat{p}(1-\hat{p}) = \left(\frac{1.65}{0.05}\right)^2 (0.3)(0.7) = 228.69 \text{ (올림하여, 229)}$$

**문제 4**

데이터 3, 2, 4, 1의 표준편차를 구하라.

**풀이**

1단계: 평균을 구한다.

2단계: 각 값에 평균을 빼 편차를 구한다(총 편차의 합은 0이다).

3단계: 각 값의 편차를 제곱하여 총합을 구한다.

4단계: 총합에 $n - 1$을 나눈다.

5단계: 단계 4 결과값의 제곱근을 구한다.

| 자료 | 1 단계<br>평균 계산 | 2 단계<br>편차 계산 | 3 단계<br>총합 계산 | 4 단계<br>$n - 1$ 나누기 | 5 단계<br>결과값의 제곱근 |
|---|---|---|---|---|---|
| 3 | 3 | 3 − 2.5 = 0.5 | $0.5^2 = 0.25$ | | |
| 2 | 2 | 2 − 2.5 = −0.5 | $-0.5^2 = 0.25$ | | |
| 4 | 4 | 4 − 2.5 = 1.5 | $1.5^2 = 2.25$ | | |
| 1 | 1 | 1 − 2.5 = −1.5 | $-1.5^2 = 2.25$ | | |
| | 10/4 = 2.5 | 0.0 | 5.00 | 5/(4 — 1) = 1.66667 | $\sqrt{1.66667} = 1.297$ |

## 토의 및 복습문제

1. 직무설계란 무엇이며 왜 중요한가?
2. 경영자와 작업자 각자의 입장에서 볼 때 전문화의 주요 장단점들에는 어떤 것들이 있는가?
3. a. *직무확대*와 *직무충실화*의 의미를 비교하여 설명하라.

   b. 직무확대와 직무충실화의 목적은 무엇인가?
4. a. 인간공학은 무엇이며, 직무설계 시 왜 중요한가?

   b. 인간공학과 직장 생활의 질 간의 관계를 설명하라.
5. *지식급 제도*를 설명하라.
6. 자율관리팀이란 무엇인가? 이런 팀의 혜택에는 어떤 것들이 있는가?
7. 일부 일본 회사들은 관리자들에게 직무순환을 시키는 반면, 미국 회사의 관리자들은 특정 분야(예, 재무, 생산운영)를 전문적으로 다루는 경향이 있다. 각 정책의 장단점을 논의하라. 당신이 선호하는 정책을 선택하고, 이유를 설명하라.
8. 동작연구원리란 무엇인가? 그것들은 어떻게 분류되는가?
9. 작업방법 분석이 필요한 이유를 몇 가지 들어보라. 작업방법 분석은 생산성 향상과 어떻게 연결되는가?
10. 흐름공정도와 작업자-기계 차트와 같은 도구들은 어떻게 유용한가?
11. 표준시간은 무엇인가? 표준시간을 결정할 때 고려해야 할 요인들은 무엇인가?
12. 시간연구 자료는 주로 어디에 사용하는가?
13. 여러 작업자들의 작업을 관찰하여 그들의 작업시간 평균을 구하면 평정계수는 구하지 않아도 되는가? 이에 대해 간단히 설명하라.
14. 만약 평균적인 작업자를 파악할 수 있다면, 이 작업자를 대상으로 시간연구를 하면 어떤 장점이 있는가? 평균적인 작업자를 대상으로 연구하지 않는 이유는 무엇인가?
15. 시간연구의 주요 한계점들은 무엇인가?
16. "어떤 순간이든 많은 작업의 표준시간은 완벽하게 정확하지는 않다."는 진술에 대해 생각해 보라.

    a. 그 이유가 무엇인가?

    b. 이 말은 표준시간이 쓸모없다는 뜻인가? 설명하라.
17. 작업자들이 때때로 시간연구를 싫어하는 이유가 무엇인가?
18. 시간급 제도와 성과급(인센티브) 제도의 주요 장단점은 무엇인가?
19. 워크샘플링이란 무엇인가? 시간연구와는 어떻게 다른가?

## 연습문제

1. 시간연구 분석전문가가 어떤 금속 절단 작업의 시간을 50회 측정하여 작업시간의 평균과 표준편차를 계산하였더니 각각 10.40분과 1.20분이었다. 전문가는 이 작업자의 평정계수를 125%로 판단하였다. 작업소요시간의 16%를 여유시간으로 가정하고, 이 작업의 표준시간을 구하라.
2. 어떤 작업을 60회 관찰하면서 작업시간을 측정하였더니 평균이 1.2분이었다. 작업자의 평정계수는 95%이고 여유시간은 근무시간의 10%이다. 다음을 결정하라.

   a. 관측시간

b. 정상시간

c. 표준시간

3. 네 가지 요소로 이루어진 어떤 작업에 대하여 시간연구를 수행하였다. 6번의 작업을 관찰하여, 요소동작별 소요시간과 평정계수를 다음과 같이 정리하였다.

| 요소동작 | 평정계수 | 관찰 결과(분) | | | | | |
|---|---|---|---|---|---|---|---|
| | | 1 | 2 | 3 | 4 | 5 | 6 |
| 1 | 90% | 0.44 | 0.50 | 0.43 | 0.45 | 0.48 | 0.46 |
| 2 | 85% | 1.50 | 1.54 | 1.47 | 1.51 | 1.49 | 1.52 |
| 3 | 110% | 0.84 | 0.89 | 0.77 | 0.83 | 0.85 | 0.80 |
| 4 | 100% | 1.10 | 1.14 | 1.08 | 1.20 | 1.16 | 1.26 |

a. 각 요소동작의 평균시간을 결정하라.

b. 각 요소동작의 정상시간을 구하라.

c. 여유시간을 작업시간의 15%로 가정하고, 이 작업의 표준시간을 구하라.

4. 아래 표는 네 가지 요소로 이루어진 어떤 작업을 6회 관측하여 소요시간(분)을 측정한 것이다. 각 요소동작의 관측시간을 결정하라. 두 번째 요소동작은 두 번의 작업당 한번씩 일어남을 주의하라.

| 요소동작 | 작업 시행 | | | | | |
|---|---|---|---|---|---|---|
| | 1 | 2 | 3 | 4 | 5 | 6 |
| 1 | 4.1 | 4.0 | 4.2 | 4.1 | 4.1 | 4.1 |
| 2 | — | 1.5 | — | 1.6 | — | 1.4 |
| 3 | 3.2 | 3.2 | 3.3 | 3.2 | 3.3 | 3.3 |
| 4 | 2.7 | 2.8 | 2.7 | 2.8 | 2.8 | 2.8 |

5. 아래 표는 다섯 가지 요소로 이루어진 어떤 작업을 6회 관측하여 소요시간(분)을 측정한 것이다. 각 요소동작의 관측시간(OT)을 결정하라. 일부 요소동작은 주기적으로 발생함을 주의하라.

| 요소동작 | 작업 시행 | | | | | |
|---|---|---|---|---|---|---|
| | 1 | 2 | 3 | 4 | 5 | 6 |
| 1 | 2.1 | 2.0 | 2.2 | 2.1 | 2.1 | — |
| 2 | — | 1.1 | — | 1.0 | — | 1.2 |
| 3 | 3.4 | 3.5 | 3.3 | 3.5 | 3.4 | 3.3 |
| 4 | 4.0 | — | — | 4.2 | — | — |
| 5 | 1.4 | 1.4 | 1.5 | 1.5 | 1.5 | 1.4 |

6. 표 7.4를 사용하여, 간헐적으로 큰 소음이 발생하고, 권장 기준에 약간 못 미치는 조명하에서 약간 어색한 자세로 서서 10파운드를 들어 올리는 요소동작의 여유율을 정하라. 또한, 이 작업의 단조로움 정도는 높다. 인적여유율 5%와 기본적 피로 여유율 4%도 포함하여라.

7. 작업자가 기계를 사용하는 어떤 작업에 대해 40회에 거쳐 스톱워치 연구를 한 결과 한 번의 작업 주기(cycle)당 기계는 평균 3.3분 사용되었다. 작업자는 한 번의 주기당 평균 1.9분 작업하였으며, 평정계수는 120%으로 평가되었다(참고로 기계의 평정계수는 100%이다). 또한, 이 시간연구가 진행되는 중간에 작업자는 10분 동안 휴식을 취했다. 여유인자를 근무시간의 12%로 가정하고, 이 작업의 표준시간을 결정하라.

8. 어떤 회사에서 최근 체결한 노사 협약에서는 선적부서의 작업자들에게 4시간의 근무시간당 휴식시간 24분, 개인시간 10분, 그리고 지연시간 14분을 인정받았다. 어떤 시간연구 전문가가 연

속적으로 수행되는 한 가지 작업을 관찰하여 평정계수는 95%, 평균작업시간은 6분을 얻었을 때, 이 작업의 표준시간을 구하라.

9. 아래의 표는 3가지 요소작업으로 구성된 재무관리자 보조의 업무에 대한 자료이다.

    a. 업무시간의 10%를 여유율을 가정하고, 이 관측자료를 사용하여 이 작업의 표준시간을 결정하라.

    b. 요소작업 A의 평균시간을 신뢰수준 98%에서 오차가 4% 이하가 되도록 추정하기 위한 관측 횟수를 결정하라.

    c. 요소작업 C의 평균시간을 신뢰수준 90%에서 오차가 0.10분 이하가 되도록 추정하기 위한 관측 횟수를 결정하라.

| | | 관찰 결과(분) | | | | |
|---|---|---|---|---|---|---|
| **요소작업** | **평정계수** | **1** | **2** | **3** | **4** | **5** |
| A | 90% | 1.40 | 1.42 | 1.39 | 1.38 | 1.41 |
| B | 120% | 2.10 | 2.05 | 2.00 | 1.85 | 1.80 |
| C | 110% | 1.60 | 1.40 | 1.50 | 1.45 | 1.55 |

10. 아래의 표는 어떤 목공 작업에 대한 시간연구의 관측 결과이다.

    a. 업무시간의 15% 여유율을 가정하고, 관측자료를 사용하여 이 작업의 표준시간을 결정하라.

    b. 요소작업 2의 평균시간을 신뢰수준 95.5%에서 오차가 1% 이하가 되도록 추정하려면 몇 번이나 관측해야 하는가?

    c. 요소작업 2의 평균시간을 신뢰수준 95.5%에서 오차가 0.01분 이하가 되도록 추정하려면 몇 번이나 관측해야 하는가?

| | | 관찰 결과(분) | | | | | |
|---|---|---|---|---|---|---|---|
| **요소작업** | **성과평정** | **1** | **2** | **3** | **4** | **5** | **6** |
| 1 | 110% | 1.20 | 1.17 | 1.16 | 1.22 | 1.24 | 1.15 |
| 2 | 115% | 0.83 | 0.87 | 0.78 | 0.82 | 0.85 | 1.32* |
| 3 | 105% | 0.58 | 0.53 | 0.52 | 0.59 | 0.60 | 0.54 |

* 비정상적 지연이므로 무시할 것.

11. 어떤 작업의 소요시간에 대한 표준편차가 1.5분이다. 신뢰수준 95.5%에서 평균 소요시간의 오차가 0.4분 이하가 되도록 추정하려면 몇 번 관측해야 하는가?

12. 어떤 작업의 소요시간을 파악하기 위하여 우선 6회 관측하여 시간을 측정하였더니 5.2, 5.5, 5.8, 5.3, 5.5, 5.1이었다(단위: 분). 평균소요시간을 신뢰수준 99%에서 오차가 0.4% 이하가 되도록 추정하려면 몇 번 관측해야 하는가? 표준편차는 0.253분이다.

13. 항공특송화물 선적 근로자들의 유휴시간 비율을 추정하기 위하여 50회 관찰하였더니 그 중 6회가 유휴상태였다.

    a. 유휴시간에 대한 추정 비율은 얼마인가?

    b. 이 자료를 사용하여 신뢰수준 95%에서 오차가 5%를 넘지 않도록 유휴비율을 추정하려면 총 몇 회 관측해야 하는가?

14. 고객서비스 당당자가 업무(B) 중인지, 유휴상태(I)인지에 대해 관찰하였더니 아래와 같았다.

    a. 유휴 시간의 비율을 구하라.

    b. 신뢰수준 90%에서 오차가 6% 이하가 되도록 유휴 시간의 비율을 추정하려면 몇 번이나 관

찰해야 하는가?

| 관찰 | 1 | 2 | 3 | 4 | 5 | 6 | 7 | 8 | 9 | 10 | 11 | 12 | 13 | 14 | 15 | 16 | 17 | 18 | 19 | 20 |
|---|---|---|---|---|---|---|---|---|---|---|---|---|---|---|---|---|---|---|---|---|
| **업무 또는 유휴 상태** | B | B | I | B | I | B | B | B | I | B | B | B | B | I | B | B | B | B | B | I |

15. 한 보험회사의 업무는 보험가입자와의 전화통화를 필요로 한다. 관리자는 직원들이 평균적으로 근무시간의 절반 정도를 전화통화에 사용할 것으로 추정한다. 워크샘플링을 통하여 신뢰수준 98%에서 오차가 6%를 넘지 않도록 전화통화 시간의 비율을 추정하려면 총 몇 회 관찰해야 하는지 계산하라.

16. 병원 관리자는 X-레이 장비가 약 20% 정도의 시간 동안만 사용된다고 생각한다. 워크샘플링을 통하여 이 비율을 신뢰수준 98%에서 오차가 5%를 넘지 않도록 추정하려면 총 몇 회 관찰해야 하는지 계산하라.

17. 하루 8시간 근무시간(0:00~7:59) 중 8회 관찰하는 워크샘플링을 계획한다. 표 7.5를 다음과 같이 사용하여, 관찰 시점을 결정하라. 4열에서 아래로 내려가며 *마지막 숫자*를 사용(즉, 1, 7, 4, 4, 6, …)하여 시간을 정하고, 3행에서 오른쪽으로 이동하며 두 자리씩 사용(즉, 47, 15, 24, 86, …)하여 분을 정하라.

18. 근무 인원이 많은 어떤 사무실에서 관리자는 직원들이 전화통화에 소모하는 시간을 추정하기 위하여 50일에 걸쳐 워크샘플링을 수행하려고 한다. 이 사무실은 주당 5일, 매일 8시간(0:00~7:59)씩 근무한다. 총 200회 무작위 관찰을 계획하고 있지만, 이 문제에서는 11회만의 관찰 시점을 결정하기로 한다. 표 7.5를 사용하라.

    a. 관찰 일(day)을 결정하기 위해서는 4행에서 오른쪽으로 이동하며 두 자리씩 사용하라(즉, 16, 32, 15, 46, …). 모자라면 5행에서 계속한다.
    b. 관찰 시간(hour)을 결정하기 위해서는 1열에서 아래로 이동하며 한 자리씩 사용한다(즉, 6, 3, 4, 1, … ).
    c. 관찰 분(minute)을 결정하기 위해서는 4열의 아래에서 위로 이동하며 처음 두 자리씩 사용하고(즉, 30, 46, 10, …), 모자라면 4열의 마지막 2자리를 같은 방법으로 사용한다(즉, 95, 66, 39,…).
    d. 앞에서 구한 값(일, 시, 분)을 결합하여 시간순으로 정렬한다.
    e. 워크샘플링은 3월 1일 월요일부터 시작한다. 중간에 휴일이 없는 것으로 가정하고, 관측 시점을 3~5월의 실제 날짜로 변환하라.

19. 퇴근시간대(오후 4:00~6:59) 교통량을 조사하기 위해 매주 5일씩 40일 동안 워크샘플링 조사를 실시하려고 한다. 표 7.5를 사용하여 다음과 같은 절차에 따라 10회의 관찰을 위한 일, 시간, 분을 결정하라.

    a. 관찰 일을 정하기 위해, 5열의 첫 두 자리 수를 아래로 이동하며 읽고(즉, 46, 20, 38, …), 같은 열의 마지막 두 자리 수를 아래로 이동하며 읽는다(즉, 27, 93, 56,…).
    b. 관찰 시간을 정하기 위해서 1행을 오른쪽으로 이동하며 한 자리씩 읽고, 다음으로는 2행에 대해 동일하게 수행한다(숫자 4, 5, 6만 읽어라. 그 외의 숫자는 무시하라).
    c. 관찰 분을 결정하기 위해서, 6열을 아래로 이동하며 읽되 처음에는 마지막 두 자리 수를 읽고(즉, 87, 17, 64,…) 마지막 행에 다다르면 같은 열의 첫 두 자리 수를 아래로 이동하며 읽어라(즉, 83, 46, 00, 19,…).

    얻어진 관찰 시점을 시간 순으로 정리하라.

## 참고문헌

Aft, Larry. "New Tools for the Tried and True." *Industrial Engineer* (March 2013), pp. 44–49.

Bridger, R. S. *Introduction to Ergonomics*, 3rd ed. New York: CRC Press, 2008.

Cascio, Wayne. *Managing Human Resources: Productivity, Quality of Work Life. Profits*, 7th ed. New York: McGraw-Hill, 2006.

Freivalds, Andris, and Benjamin Neibel. *Neibel's Methods, Standards, and Work Design*, 13th ed. New York: McGraw-Hill, 2013.

Groover, Mikell P. Work Systems: *The Methods, Measurement, and Management of Work*. Upper Saddle River, NJ: Prentice Hall, 2007.

Meyers, Fred E. and J. R. Stewart. *Motion and Time Study for Lean Manufacturing*, 3rd ed. Upper Saddle River, NJ: Prentice Hall, 2002.

Mundel, Marvin E., and David L. Danner. *Motion and Time Study: Improving Productivity*, 7th ed. Englewood Cliffs, NJ: Prentice Hall, 1994.

Salvendy, Gavriel. *Handbook of Human Factors and Ergonomics*, 4th ed. New York: Wiley, 2012.

# 학습곡선

## Learning Curves

**학습 목표 *Learning Objectives***

*이 부록을 학습한 후 다음과 같은 능력을 가져야 한다.*

**LO7S.1** 학습곡선의 개념 설명
**LO7S.2** 학습곡선을 기반으로 시간을 추정
**LO7S.3** 학습곡선의 주요 적용사례를 나열하고 설명
**LO7S.4** 학습곡선에 대한 유의점과 비판을 간략히 기술
**LO7S.1** 작업시간 자료로 학습 비율을 추정

**보충자료 *Supplement Outline***



일반적으로 학습은 인간이 관여되는 상황이면 발생하므로, 작업시스템 설계 시 기본적으로 고려된다. 학습이 작업 시간 및 비용에 어떤 영향을 주는지를 예상하는 것은 중요하며, 이번 보충자료에서는 이러한 이슈들에 대해 다뤄본다.

## 7S.1 학습곡선의 개념

활동이 반복적으로 수행되면, 활동에 대한 인간의 성과는 향상된다. 즉, 반복 횟수가 증가할수록 작업을 수행하는 데 필요한 시간은 감소한다. *학습곡선*(*learning curves*)은 이러한 현상을 나타낸다. 향상의 정도와 향상을 달성하기 위해 필요한 작업 횟수는 수행되는 작업의 함수이다. 만약 작업이 짧고, 반복적이면, 단지 조금의 향상만 발생하기 쉽고, 이것도 일반적으로 처음 몇 번의 반복작업을 통해 달성된다. 만약 작업이 꽤 복잡하고 작업 시간이 긴 경우, 향상은 오래 시간(예, 많은 반복작업)에 걸쳐 이루어진다. 때문에, 학습요인은 일상적인 활동의 계획 및 생산계획보다는 새롭거나 복잡한 반복적인 활동(예, 복잡하고 반복적인 작업을 포함한 입찰계약)과 관련이 있다.

그림 7S.1은 반복횟수와 1회당 작업 소요시간의 관계에 대해 나타내고 있다. 학습곡선은 절대 $x$축과 만나지 않음을 주의하라. 이것은 작업 시간은 절대로 0이 될 수 없음을 의미한다.

**그림 7S.1** 학습효과: 반복횟수가 증가할수록 1회 반복당 소요시간은 줄어든다.

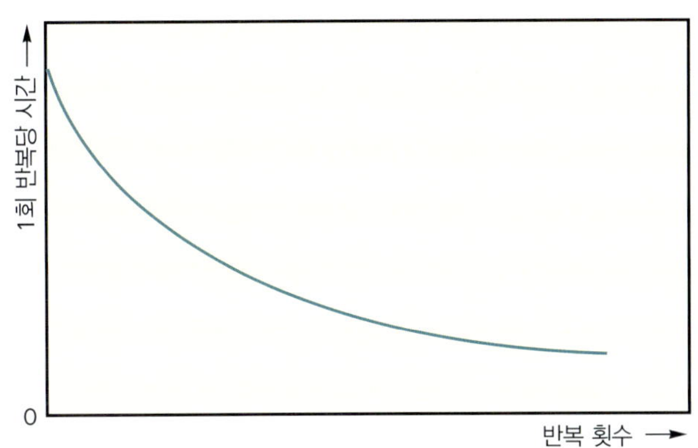


**그림 7S.2** 향상은 물결모양(scallop effect)으로 일어날 수 있다.

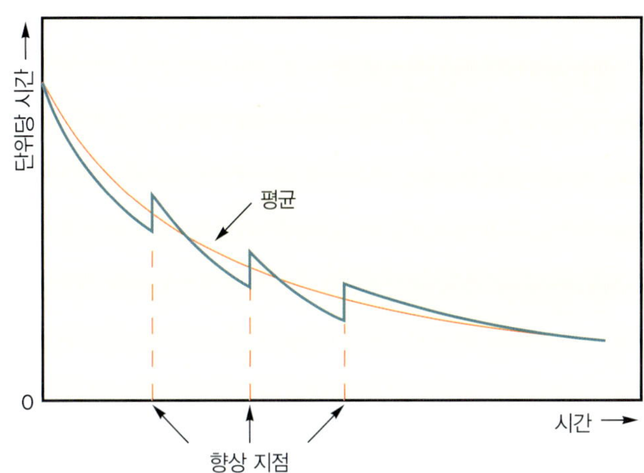


이러한 관계는 경험곡선(experience curve), 발전함수(progress function), 향상함수(improvement function)로도 불린다. 전문가들은 학습 효과가 작업자들의 실제 학습 외에도 추가적인 요인들에 의해 발생한다는 점에 동의한다. 향상의 일부는 생산준비 요인들(예, 도구 및 장비의 선택, 제품 설계, 작업분석방법, 즉, 일반적으로 작업 개시 전 들어간 노력)로 설명될 수 있다. 또 다른 요인들로는 생산 시작 후 변동들(예, 작업방식, 도구, 설계의 변동)이 있다. 더불어, 생산계획, 일정계획, 동기부여 및 통제와 같은 관리적 부분도 향상의 중요한 요인이 된다.

생산 중의 변동으로 인해 작업자들은 추후에는 정상적으로 작업할지라도, 변동에 적응할 때까지 일시적으로 작업속도가 *늦어질 수 있다*. 만약 생산 중에 많은 변동이 발생할 경우, 학습곡선은 그림 7S.2에 나타나듯이, 현실적으로는 물결 모양이 될 수 있다. 그럼에도, 일반적으로 편의를 위해, *평균 학습 효과*를 의미하는 부드러운 곡선(예, 그림 7S.2의 빨간색 곡선)을 다룬다.

**그림 7S.3** log-log 그래프에서 학습곡선은 직선이 된다.

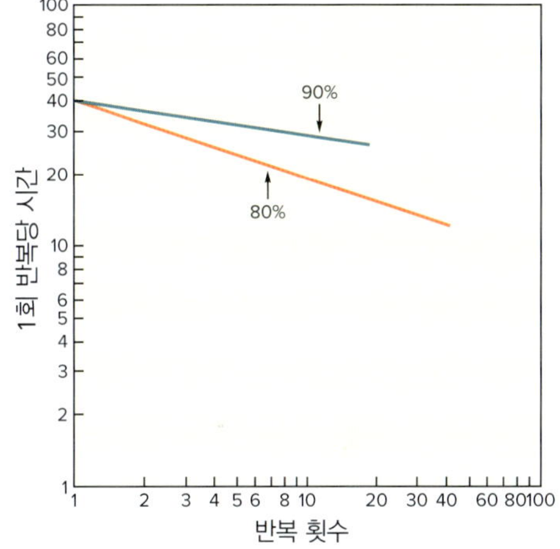


조직관점에서, 학습효과를 흥미롭게 만드는 점은 *예측할 수 있다*는 것이다. 만약 관계를 log-log 그래프상에 나타내면, 이는 명확해진다(그림 7S.3 참조). 그 결과 작성된 직선은 일정한 학습곡선 추정의 기준이 되는 학습비율을 의미한다. 경험적으로, 반복 횟수가 *두 배*가 되면 1회당 소요시간이 *일정한 비율*로 감소한다고 알려져 있다. 일반적인 감소 비율 범위는 10~30%이다. 즉, 학습 비율의 범위는 70~90%이다. 관례상, 학습곡선은 향상비율의 *보수*(complement)로 나타낸다. 예를 들면, 80% 학습곡선은 반복 횟수가 두 배가 되면 1회당 소요시간이 20% 감소함을 의미하고, 90% 곡선은 10%의 향상 비율을 의미한다. 100% 곡선은 향상이 전혀 발생하지 않았다는 것을 나타낸다.

이러한 두 배 반복효과(doubling effect)는 반복 회수가 두 배씩 증가하는 경우가 아니라면 시간 추정치를 제공할 수 없으므로 실제 작업 시간 추정에 실용적이지 않을 수 있다. 그러나 이 효과는 반복 횟수가 증가함에 따라 단위당 필요한 작업시간이 감소한다는 개념을 설명한다.

다음 예제는 80%(0.80)의 학습 비율을 가지는 두 배 효과로 인한 단위당 필요한 작업시간 감소를 설명하고 있다. LR은 학습 비율을 의미하고, $T_n$은 $n$번째 작업 시간을 의미한다.

예를 들어 $T_1$은 첫 번째 작업시간, $T_2$는 두 번째 작업시간을 의미한다.

**예제 7S-1**

mhhe.com/stevenson14e

### 두 배 효과를 적용하여 작업시간 계산하기

어떤 활동은 80% 학습곡선을 따른다고 알려져 있다. 작업자는 첫 번째 작업 시 10시간이 걸린다. 이후 2, 4, 8, 16번째 작업 시 예상되는 작업시간을 구하라. 매 작업 횟수에 두 배 효과가 발생한다.

**풀이**

$T_1$ = 10시간이고 LR = 80%이므로

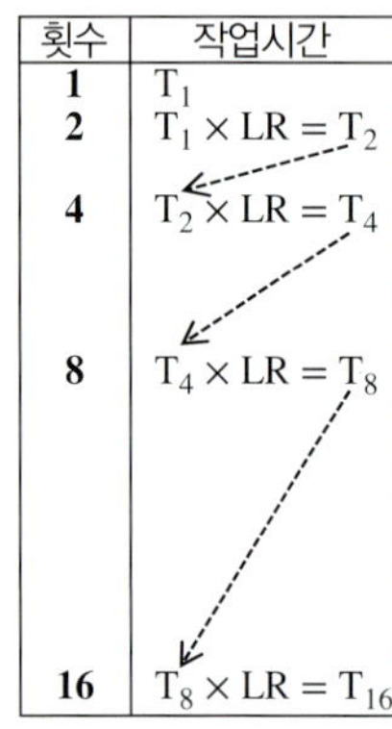

| 횟수 | 작업시간 |
|---|---|
| 1 | $T_1$ |
| 2 | $T_1 \times LR = T_2$ |
| 4 | $T_2 \times LR = T_4$ |
| 8 | $T_4 \times LR = T_8$ |
| 16 | $T_8 \times LR = T_{16}$ |

| 횟수 | 작업시간 |
|---|---|
| 1 | 10 |
| 2 | 10(.80) = 8 |
| 3 | |
| 4 | 8(.80) = 6.4 |
| 5 | |
| 6 | |
| 7 | |
| 8 | 6.4(.80) = 5.12 |
| 9 | |
| 10 | |
| 11 | |
| 12 | |
| 13 | |
| 14 | |
| 15 | |
| 16 | 5.12(.80) = 4.096 |

예제 7S.1을 통해 중요한 점을 알 수 있을 뿐 아니라 흥미로운 의문이 발생한다. 중요한 점은 *단위당* 시간 감소폭은 반복횟수가 증가할수록 감소된다는 것이다. 예를 들며, 두 번째 작업시간은 첫 번째보다 두 시간 더 짧고, 8번째와 16번째의 작업시간 향상은 한 시간 남짓이다. 흥미로운 의문은 "위 예제에 고려한 횟수 이외의 3, 5, 6, 7번째 등 다른 작업시간은 어떻게 계산할 수 있을까?"라는 것이다.

위 질문의 답에 대해서는 두 가지 접근방법이 있다. 첫 번째는 공식의 사용이고, 두 번째는 표의 사용이다.

우선 공식을 사용한 접근법을 알아보자. 공식은 두 변수를 로그형식으로 표현했을 때, 작업시간과 작업횟수 간의 관계가 선형이라는 것을 전제로 유효하다.

$n$번째 작업의 작업시간은 다음 공식으로 구할 수 있다.

$$T_n = T_1 \times n^b \qquad (7S\text{-}1)$$

단,

$T_n$ = $n$번째 작업의 작업시간
$T_1$ = 첫 번째 작업의 작업시간
$b$ = ln (학습비율) ÷ ln 2, ln는 자연로그를 의미한다.

공식을 사용하기 위해서, 첫 번째 작업시간 및 학습비율 값을 알아야 한다. 예를 들어, $T_1$ = 10시간인 80%의 학습곡선에 대해, 3번째 작업시간은 다음과 같이 계산된다.

$$T_3 = 10(3^{\ln 0.8/\ln 2}) = 7.02$$

*참고*: log도 ln 대신 사용할 수 있다.

두 번째 접근방법은 표 7S.1과 같은 표에서 '학습요인'을 사용하는 것이다.

표에 특정 학습비율에 대한 두 가지 지표가 나타나 있다. 하나는 특정 작업의 소요시간이다. 이것은 각 작업이 얼마나 걸리는지 결정하기 위해 사용된다. 나머지는 주어진 반복 횟수를 수행하기 위해 필요한 시간을 구해주는 누적값이다. 두 지표는 간단하게 계산할 수 있다: 첫 번째 작업시간에 표의 해당 값을 곱한다.

각 작업시간(예, 10번째 작업)을 구하기 위해, 아래 공식을 이용한다.

$$T_n = T_1 \times \text{작업시간요인} \tag{7S-2}$$

$T_1$ = 4시간인 85%의 학습곡선에 대해, 10번째 작업시간은 4 × 0.583 = 2.33시간이 된다. 특정작업까지 완료하기 위해 (예, 처음 10번째 작업들) 필요한 시간을 구하기 위해서는, 다음 공식을 이용한다.

$$\Sigma T_n = T_1 \times \text{전체 작업시간요인} \tag{7S-3}$$

$T_1$ = 4시간인 85%의 학습곡선에 대해, 첫 10번째까지의 전체 작업시간은 4 × 7.116 = 28.464시간이 된다.

이렇듯 표 7S.1의 사용을 위해서 첫 번째 작업시간이 필요하다. 하지만 만약 첫 번째 작업시간을 사용할 수 없거나 관리자가 첫 번째가 아닌 나중 작업시간을 더 신뢰한다면, 표를 이용하여 첫 번째 작업시간을 추정할 수도 있다.

**예제 7S-2**

excel
mhhe.com/stevenson14e

### 표 7S.1을 사용하여 작업시간 추정하기

비행기 제조회사가 20개의 소형 제트기 생산에 대한 계획을 협상하고 있다. 첫 제트기 생산은 대략 400일이 소요됐다. 학습비율은 80%이다. 아래 작업을 완료하는 데 필요한 시간을 추정하라.

a. 20번째 제트기
b. 제트기 20개 전체
c. 제트기 20개 전체에 대한 평균 작업시간

**풀이**

표 7S.1에 있는 n = 20이고 80%의 학습비율을 이용하여, 다음 요인들을 추정한다: 작업시간요인 = 5.381이고 전체작업시간 요인 = 10.485

a. 20번째 제트기 추정 완료시간: 400(0.381) = 152.4일
b. 제트기 20개 전체에 대한 추정 완료시간: 400(10.485) = 4,194일
c. 제트기 20개 전체에 대한 평균 작업시간: 4,194 ÷ 20 = 209.7일

**예제 7S-3**

mhhe.com/stevenson14e

### 표 7S.1을 사용하여 첫 번째 작업시간 추정하기

예제 7S-2의 관리자는 어떤 비정상적인 사건이 첫 번째 작업 시 발생했다고 생각하여, 세 번째 작업시간인 276(일)을 기반으로 첫 번째 작업시간을 수정하길 원한다.

**풀이**

$n$ = 3이고 80%의 학습곡선에 대한 작업시간 요인은 0.702이다(표 7S.1). 작업 3의 작업시간을 표의 값(0.702)으로 나누어 첫 번째 작업시간을 구한다: 276 ÷ 0.702 = 393.2일.

**표 7S.1** 학습곡선 계수

| 반복 횟수 | 70% | | 75% | | 80% | | 85% | | 90% | |
|---|---|---|---|---|---|---|---|---|---|---|
| | 작업시간 | 전체 작업시간 | 작업시간 | 전체 작업시간 | 작업시간 | 전체 작업시간 | 작업시간 | 전체 작업시간 | 작업시간 | 전체 작업시간 |
| 1 | 1.000 | 1.000 | 1.000 | 1.000 | 1.000 | 1.000 | 1.000 | 1.000 | 1.000 | 1.000 |
| 2 | 0.700 | 1.700 | 0.750 | 1.750 | 0.800 | 1.800 | 0.850 | 1.850 | 0.900 | 1.900 |
| 3 | 0.568 | 2.268 | 0.634 | 2.384 | 0.702 | 2.502 | 0.773 | 2.623 | 0.846 | 2.746 |
| 4 | 0.490 | 2.758 | 0.562 | 2.946 | 0.640 | 3.142 | 0.723 | 3.345 | 0.810 | 3.556 |
| 5 | 0.437 | 3.195 | 0.513 | 3.459 | 0.596 | 3.738 | 0.686 | 4.031 | 0.783 | 4.339 |
| 6 | 0.398 | 3.593 | 0.475 | 3.934 | 0.561 | 4.299 | 0.657 | 4.688 | 0.762 | 5.101 |
| 7 | 0.367 | 3.960 | 0.446 | 4.380 | 0.534 | 4.834 | 0.634 | 5.322 | 0.744 | 5.845 |
| 8 | 0.343 | 4.303 | 0.422 | 4.802 | 0.512 | 5.346 | 0.614 | 5.936 | 0.729 | 6.574 |
| 9 | 0.323 | 4.626 | 0.402 | 5.204 | 0.493 | 5.839 | 0.597 | 6.533 | 0.716 | 7.290 |
| 10 | 0.306 | 4.932 | 0.385 | 5.589 | 0.477 | 6.315 | 0.583 | 7.116 | 0.705 | 7.994 |
| 11 | 0.291 | 5.223 | 0.370 | 5.958 | 0.462 | 6.777 | 0.570 | 7.686 | 0.695 | 8.689 |
| 12 | 0.278 | 5.501 | 0.357 | 6.315 | 0.449 | 7.227 | 0.558 | 8.244 | 0.685 | 9.374 |
| 13 | 0.267 | 5.769 | 0.345 | 6.660 | 0.438 | 7.665 | 0.548 | 8.792 | 0.677 | 10.052 |
| 14 | 0.257 | 6.026 | 0.334 | 6.994 | 0.428 | 8.092 | 0.539 | 9.331 | 0.670 | 10.721 |
| 15 | 0.248 | 6.274 | 0.325 | 7.319 | 0.418 | 8.511 | 0.530 | 9.861 | 0.663 | 11.384 |
| 16 | 0.240 | 6.514 | 0.316 | 7.635 | 0.410 | 8.920 | 0.522 | 10.383 | 0.656 | 12.040 |
| 17 | 0.233 | 6.747 | 0.309 | 7.944 | 0.402 | 9.322 | 0.515 | 10.898 | 0.650 | 12.690 |
| 18 | 0.226 | 6.973 | 0.301 | 8.245 | 0.394 | 9.716 | 0.508 | 11.405 | 0.644 | 13.334 |
| 19 | 0.220 | 7.192 | 0.295 | 8.540 | 0.388 | 10.104 | 0.501 | 11.907 | 0.639 | 13.974 |
| 20 | 0.214 | 7.407 | 0.288 | 8.828 | 0.381 | 10.485 | 0.495 | 12.402 | 0.634 | 14.608 |
| 21 | 0.209 | 7.615 | 0.283 | 9.111 | 0.375 | 10.860 | 0.490 | 12.892 | 0.630 | 15.237 |
| 22 | 0.204 | 7.819 | 0.277 | 9.388 | 0.370 | 11.230 | 0.484 | 13.376 | 0.625 | 15.862 |
| 23 | 0.199 | 8.018 | 0.272 | 9.660 | 0.364 | 11.594 | 0.479 | 13.856 | 0.621 | 16.483 |
| 24 | 0.195 | 8.213 | 0.267 | 9.928 | 0.359 | 11.954 | 0.475 | 14.331 | 0.617 | 17.100 |
| 25 | 0.191 | 8.404 | 0.263 | 10.191 | 0.355 | 12.309 | 0.470 | 14.801 | 0.613 | 17.713 |
| 26 | 0.187 | 8.591 | 0.259 | 10.449 | 0.350 | 12.659 | 0.466 | 15.267 | 0.609 | 18.323 |
| 27 | 0.183 | 8.774 | 0.255 | 10.704 | 0.346 | 13.005 | 0.462 | 15.728 | 0.606 | 18.929 |
| 28 | 0.180 | 8.954 | 0.251 | 10.955 | 0.342 | 13.347 | 0.458 | 16.186 | 0.603 | 19.531 |
| 29 | 0.177 | 9.131 | 0.247 | 11.202 | 0.338 | 13.685 | 0.454 | 16.640 | 0.599 | 20.131 |
| 30 | 0.174 | 9.305 | 0.244 | 11.446 | 0.335 | 14.020 | 0.450 | 17.091 | 0.596 | 20.727 |

## 7S.2 학습곡선의 적용

학습곡선 이론은 수많은 분야에 유용하게 적용되고 있다. 예를 들면, 다음과 같다.

1. 인력 계획 및 일정계획
2. 구매협상
3. 신제품 가격책정
4. 예산 편성, 구매, 재고 계획
5. 생산용량 계획

학습이 발생할 수 있는 상황을 감안한 산출 예상 정보는 관리자가 학습을 고려하지 않았을 경우보다 필요 인력에 대해 보다 나은 결정을 할 수 있다. 물론 관리자는 향상이 발생할 것이라는 것을 명확히 인지하고 있어야 한다. 학습곡선을 통해 미래 향상 정도를 정량적으로 추정할 수 있다.

매우 복잡한 속성을 지닌 품목 계약에 대해서는 일반적으로 구매협상을 한다. 이러한 품목의 예시로는 비행기, 컴퓨터, 특수목적으로 제작된 설비 등이 있다. 이러한 품목의 단위당 직접노동비용은 주문량이 증가할수록 감소하는 경향이 있으므로, 협상자들은 우선 주문량을 정하고 이를 기준으로 가격을 협상한다. 정부는 크고 복잡한 품목의 구매계약에 대해서 학습곡선 자료를 요구하기도 한다. 모든 품목을 납품하기 전에 계약이 중도해지된 경우, 공급자는 학습곡선을 적용하여 적은 수의 품목을 기준으로 산출된 더 높은 단위 가격을 요구할 수 있다. 또는, 정부가 예상되는 학습효과를 기반으로 더 낮은 단위당 가격으로 추가적인 주문에 대해 협상할 수 있다.

관리자는 초기 생산기준정보를 기준으로 신제품 및 새로운 서비스에 대한 가격을 책정해야 한다. 처음 몇 번의 생산비용 정보로 산출된 가격은 양산 후 추정되는 가격보다 높을 수 있다. 가격 책정 시, 관리자는 가격의 과다책정 및 과소책정을 피하기 위해, 학습곡선을 활용하는 것이 필요하다. 관리자는 조직의 과거 경험을 나타낸다고 알려져 있는 학습발달과정(learning progression)을 이용하거나 혹은 초기 자료에 대한 회귀분석을 통하여 초기비용을 예상할 수 있다.

관리자는 학습곡선을 통해 비용과 노동, 구매, 재고수요를 계획하는 데에도 도움을 받을 수 있다. 예를 들어, 초기에는 단위당 비용은 높고 산출량은 적으므로, 구매와 재고 결정에 학습곡선을 반영한다. 생산성이 올라감에 따라, 구매와 재고 활동은 원자재 사용 및 부품 구매 증가를 허용하여 산출량 속도를 맞춘다. 학습 효과 때문에, 사용속도는 시간이 지남에 따라 증가한다. 그러므로, 학습곡선을 고려하지 않는 것은 잠재적으로 노동 수요를 *과대평가*하고 원자재 사용을 *과소평가*하는 결과를 초래할 수 있다.

때때로, 학습 원리는 직무훈련 기간 동안 신입 작업자들의 평가에도 사용될 수 있다. 즉, 각 작업자의 성과를 측정하여 결과를 그래프로 나타내고, 이를 예상 학습률과 비교하며 평가할 수 있다. 이러한 비교를 통해, 특정 작업에 대해 어떤 작업자가 자격이 부족한지, 충분한지, 아니면 필요이상의 자격을 가지고 있는지 파악할 수 있다(그림 7S.4 참조). 또한, 작업자의 발전 정도를 측정하여 작업자가 주어진 기간 내에 할당량을 처리할 수 있을지 예측하는 데 도움을 줄 수 있다.

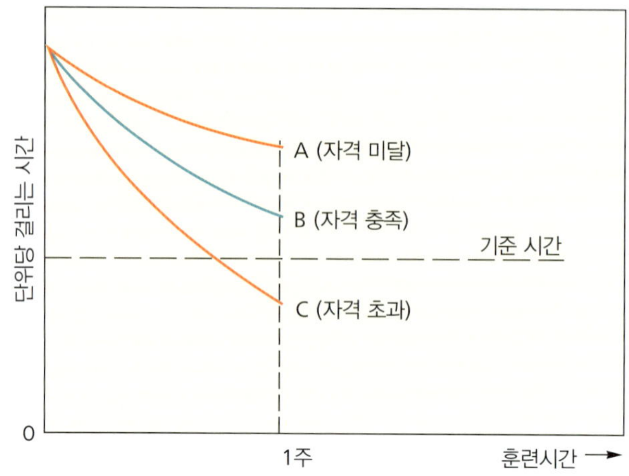


**그림 7S.4**
작업자 학습곡선은 직원의 작업배치에 도움이 될 수 있다.

보잉(Boeing)은 새로운 기종의 설계를 위한 무게 감축량을 추정하는 데 학습 곡선을 사용한다. 무게는 연료 경제성과 직접적인 연관이 있기 때문에, 입찰을 따내는 데 중요한 요인이다.

**예제 7S-4**

mhhe.com/stevenson14e

### 특정 작업시간을 달성하는 데 필요한 작업횟수 예측하기

어떤 수습직원이 첫 번째 작업을 10분에 처리했고 90%의 학습곡선을 따른다고 한다. 학습곡선 이론을 사용하여, 이 직원의 작업시간이 6분이 되기 위해 필요한 작업 횟수를 구하라.

a. 학습표를 사용하라.

b. log 공식을 사용하라.

**풀이**

a. 표 상단에 나열되어 있는 학습비율(이번 예제는 90%)과 식 (7S-2)를 이용하여 구한다.

$T_n = T_1 \times$ 작업시간요인

위 공식에 $T_1 = 10$분이고 $T_n = 6$분으로 놓으면,

6분 = 10분 × 작업시간요인

이고, 이를 풀면 작업시간요인은 0.600이 된다.

표 7S.1에 있는 90% 학습비율의 작업시간요인 열(column)에서 29번째에 0.599를 찾을 수 있다. 그러므로 목적한 작업시간에 도달하기 위해서는 대략 29번 작업이 필요하다.

b. log 공식을 사용하라.

(1) 첫 번째 작업시간과 목적 작업시간의 비율을 구한다: 6분 ÷ 10분 = 0.600.

(2) ln 2와 ln(학습비율)의 비율을 구한다: ln 0.90 ÷ ln 2 = −0.105 ÷ 0.693 = −0.152.

(3) $n$을 구한다. $n^{-0.152} = 0.600$이므로 $\sqrt[-0.1520]{0.600} = 28.809$이며, 반올림하여 n = 29이다. 그러므로 작업시간이 6분이 되기 위해 29번 작업이 필요하다.

학습비율은 반복 횟수의 자료를 통해 추정 가능하다.

## 7S.3 생산운영전략

조직이 시장점유율을 빠르게 확보하고자 할 때, 학습곡선은 시장 진입 시 전략적 영향을 미치는 경우가 많으며, 시간 의존(time-based) 전략 사용 시에는 더욱 그러하다. 시장점유율의 증가는 생산량을 증가시키고 빠르게 학습시킴으로써, 비용을 감소시키고 경쟁 우위를 얻을 수 있다. 경우에 따라서는 생산량이 충분히 많아 배치(batch) 생산방식에서 반복 작업방식으로 변화시킴으로써 추가적인 비용절감 효과를 얻을 수도 있다.

학습곡선 예측은 용량계획에도 유용하다. 관리자는 학습곡선 이론을 기반으로 한 현실적인 작업시간 추정치를 통해 실제 용량수요를 추정하고 계획에 반영할 수 있다.

## 7S.4 유의점과 비판

관리자는 학습곡선의 한계점과 위험성을 잘 알고 있어야 한다. 이 절에서 학습곡선에 대한 주요 유의점 및 비판에 대해 간략하게 소개하려고 한다.

1. 학습비율은 조직 또는 작업 종류에 따라 다를 수 있다. 따라서, 가정된 비율보다 경험적 연구를 통해 얻어진 학습비율을 기반으로 하는 것이 최선이다.
2. 학습곡선에 기반한 예측은 실제 작업시간에 대한 *근사치*로 간주해야 하며, 이를 감안하여 적용해야 한다.
3. 작업시간 추정치는 첫 번째 작업시간을 기초로 하기 때문에, 첫 번째 작업시간이 유효한지 신중히 고려해야 한다. 첫 번째가 아닌 추후의 작업 시간이 더 유효할 경우는, 나중의 작업시간을 기초로 하여 첫 번째 작업시간을 수정해야 한다. 종종 생산 시작 전에 첫 번째 작업시간을 추정하는 것이 필요하므로, 이를 유의하는 것은 매우 중요하다.
4. 학습곡선은 어떤 지점(특히, 작업이 거의 끝나 갈 때)에서는 변동이 없거나 오를 수도 있다. 이러한 지점에서는 잠재적 개선효과가 매우 미미해 대부분 작업에 대해 지속적인 개선이 필요하지 않다. 이 경우, 일부 기존 작업자나 다른 자원들을 새로 시작하는 작업에 투입할 수도 있다.
5. 어떤 개선은 실제보다 더욱 명확할 수 있다. 즉, 작업 시간의 단축은 부분적으로는 관리감독, 유지보수, 자재관리 직원과 같은 *간접*인건비의 *증가* 때문일 수 있다.
6. 대량생산 시, 초기에는 학습곡선이 공정이 안정화되는 데 걸리는 시간을 예측하는 데 유용할 수 있다. 그러나 대부분의 경우, 단위당 생산 소요시간의 감소는 너무 미미해서, 학습곡선의 개념은 양산단계에는 잘 적용되지 *않는다*(그림 7S.5를 참고). 또한 학습곡선은 기계에 의해 속도가 결정되는 작업(machine-paced oparations)에는 적용되지 않는다.
7. 학습곡선를 적용 시에 이월효과(carryover effect)를 간과하기도 한다. *학습비율*이 같게 유지된다 하더라도, 유사한 작업을 한 과거경험이 작업 시간을 감소시킬 수 있다.
8. 학습곡선 적용 시, 더 짧아진 제품수명주기, 유연제조생산, 다기능 작업자들을 고려해야 한다.

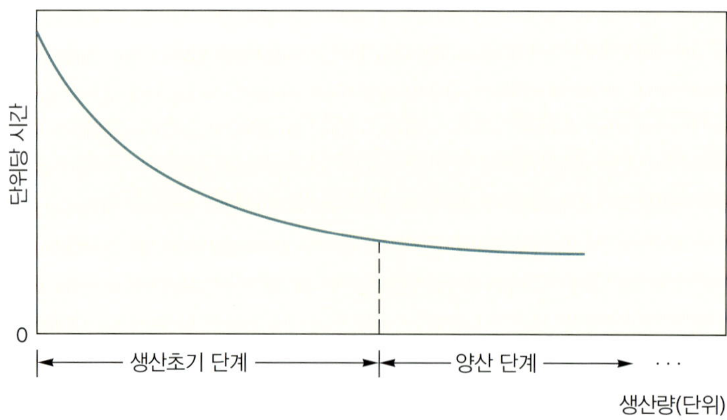


**그림 7S.5**
학습곡선은 양산단계보다 생산초기 단계에 유용하다.

CHAPTER 8

# 입지계획과 분석

## *Location Planning and Analysis*

### 학습 목표 *Learning Objectives*

*이 장을 학습한 후 다음과 같은 능력을 가져야 한다.*

**LO8.1** 조직에서 입지결정이 필요한 몇 가지 이유를 설명

**LO8.2** 입지결정이 중요한 이유를 설명

**LO8.3** 입지결정 시 생각할 수 있는 방안들에 대하여 논의

**LO8.4** 글로벌 입지결정에 영향을 미치는 주요 요인을 설명

**LO8.5** 입지결정 과정을 간단히 기술

**LO8.6** 서비스 및 소매업의 입지결정에 도움을 주는 주요 요인들을 기술

**LO8.7** 입지대안을 평가하기 위해 이 장에서 소개된 기법을 활용

### 개요 *Chapter Outline*

Lee Snider Photo Images/Shutterstock

"간단합니다. 입지, 입지, 그리고 입지이지요." 부동산 가치를 결정짓는 가장 중요한 세 가지 요소가 무엇이냐는 질문에 어떤 유명한 부동산 중개업자가 내놓은 답이다. 주택 시장에서 입지는 중요한 요소이다. 주택의 양식, 방과 욕실의 수, 유지관리 상태 그리고 주방이 얼마나 최신식인지 등도 중요한 고려 사항이지만 입지가 결정적으로 중요한 경우가 있다. 사업장의 경우에도 입지의 중요도는, 이유는 다를 수 있지만, 여러 측면에서 주택의 경우에 못지않다. 입지결정은 사실상 모든 조직에서 전략적 계획 수립 과정에서 고려해야 하는 핵심 사항 중 하나이다. 입지결정은 신설 조직의 일회성 문제처럼 보일 수도 있지만 이미 한곳에 터를 잡고 있는 기존 조직에서 더 중요한 경우도 흔하다. 이 장은 입지결정을 다룬다. 먼저 입지결정을 내려야 하는 이유와 입지결정의 본질 그리고 입지 대안을 개발하고 평가하는 일반적인 절차를 알아본다.

## 8.1 입지결정의 필요성

기업이 입지결정을 내려야 하는 데는 여러 가지 이유가 있을 수 있다. 은행, 패스트푸드체인, 슈퍼마켓, 소매점 등은 입지선정을 마케팅전략의 일부로 간주하여 시장 확대에 유리한 장소를 물색한다. 반대로, 프랜차이즈 체인이 사업장의 일부를 철수하려는 경우에는 어떤 사업장을 계속 유지할 것인가가 의사결정 문제가 될 것이다.

기업이 증가하는 수요를 기존 시설이나 사업장의 확장으로 감당할 수 없을 때에는 신규 사업장을 추가하여 기존 시스템을 보완하는 것이 현실적 대안이 될 수 있다.

기본적인 자원이나 원자재가 고갈되어 입지결정을 내려야 하는 경우도 있다. 특정 지역에서 일시적으로 나무가 고갈되어 벌목장을 이동해야 하는 경우가 그러한 예이다. 정부가 어획량에 제한을 걸거나 계절에 따라 어획량이 달라지는 경우에 조업장소도 달라질 수 있다. 또한, 기간에는 차이가 있지만 광업이나 석유 시추업에서도 유사한 상황이 발생한다.

수요가 다른 지역으로 옮겨감에 따라서 사업장을 이전해야 하는 경우도 있고 사업을 영위하는 데 드는 비용이 일정 수준을 초과하여 비용 측면에서 더 유리한 곳으로 이전해야 하는 경우도 있다.

## 8.2 입지결정의 본질

많은 기업에서 입지결정은 자주 일어나는 일은 아니지만 조직에 미치는 영향은 크다. 이 절에서는 입지결정의 중요성과 입지결정 시 고려하는 주요 목표들 그리고 대안들을 살펴본다.

### 입지결정의 전략적 중요성

입지결정은 기업의 전략과 긴밀하게 연결되어 있다. 예컨대, 저원가 전략을 채택하면 인건비나 원재료 가격이 저렴한 곳이나 운송비를 절약하기 위해 시장이나 원재료 산지에 가까운 곳에 입지를 정할 수 있다. 시장 점유율을 높여 이익을 늘리려는 전략을 채택하면 유동인구가 많은 입지를 선호하고 고객의 편의를 중시하면 고객에 가까운 곳을 선호하게 될 수 있다. 여러 곳에 은행들이 지점을 열고 ATM을 설치하거나 패스트푸드체인이 점포를 여는 것이 그러한 예이다.

입지선택은 생산용량과 유연성에 영향을 줄 수 있다. 어떤 입지는 미래의 확장이 어려운 공간적인 제약을 갖고 있을 수 있다. 나아가 지역의 규제가 기업에서 제공하는 서비스나 제품의 유형에 제약이 되어 미래의 신 서비스나 제품 출시에도 영향을 줄 수 있다. 어떤 경우에는 고속도로나 기찻길 주변의 입지가 운송비 측면에서 도움이 되기도 한다.

입지결정이 전략적으로 중요한 데는 다른 이유도 있다. 한번 입지를 정하고 나면 오랫동안 그곳에 묶이는 경향이 있으므로 입지결정을 내릴 때 실수를 하면 만회하기 어렵고 그 영향이 오래간다. 또한, 입지결정은 투자 규모와 운영비용, 수익 그리고 사업 운영에 장기적 영향을 미치므로 전략적 시각을 가지고 신중히 접근해야 한다. 입지결정을 잘못 내리면 과도한 운송비용, 양질의 노동력 부족, 경쟁우위 상실, 원자재 수급 차질 등으로 사업 활동에 지장을 받을 수 있다. 서비스업의 경우에도 입지결정을 잘못 내리면 수요가 부족하거나 운영비용이 높을 수 있다. 서비스업이나 제조업 할 것 없이 입지결정은 경쟁우위에 크게 영향을 미칠 수 있다. 입지결정을 신중히 내려야 하는 또 다른 이유는 공급사슬에서 입지가 차지하는 전략적 중요성이다.

## 입지결정의 목표

일반적으로 영리 조직은 의사결정을 내릴 때 이익을 중시하고 비영리 조직은 고객에게 제공하는 서비스의 수준과 비용의 균형을 맞추려고 애쓴다. 모든 조직이 최선의 입지를 찾으려고 노력하는 것처럼 보이지만 반드시 그렇지는 않다.

특정 입지가 다른 입지들에 비해 두드러지게 더 나은 경우는 흔치 않다. 다양한 입지에서 성공하는 기업들이 있는 것을 보면, 대안으로 꼽을 만한 입지는 많이 있을 수도 있다. 게다가 가장 좋은 입지를 고르기 위해 비교해야 할 후보지가 너무나 많아서 모두 다 탐색하는 것은 비현실적일 수도 있다. 따라서 대부분의 조직은 *단 하나의 최적* 입지를 찾겠다는 의도를 가지고 시작한다기보다는 *수용할 만한* 몇 곳을 파악한 뒤, 그 중에서 한 곳을 선택하는 방식으로 진행한다.

Netflix와 같은 인터넷 기반의 소매 기업들은 어디에 위치해도 상관없기 때문에 입지에 크게 구애받지 않을 수 있는 반면, Amazon과 같이 배송이 상당히 중요한 경우에는 물류창고와 같은 시설을 어디에 둬야 할지 신중히 결정해야 한다.

## 공급사슬 관점에서의 고려사항

어떤 조직의 입지선정 기준은 *공급사슬*에서 그 조직이 처한 위치에 따라 다를 수 있다. 예를 들면, 공급사슬의 하단에 위치한 소매점의 경우 접근성, 고객의 인구통계학적 특성(인구 밀집도, 연령 분포, 평균 소득), 교통흐름패턴, 그리고 지역 관습을 중시하는 경향이 있다. 공급사슬의 상단에서 원자재를 공급하는 기업들은 흔히 원자재 산지에 터를 잡는다. 공급사슬에서 중간에 속한 기업은 여러 가지 사정에 따라 공급자나 시장에 가까이 위치할 수 있다. 예를 들면 보관 및 배송 관련 업체들은 보관과 운송에 따르는 비용을 최소화할 목적으로 서비스 지역의 중앙 위치를 택한다.

공급사슬관리는 공급사슬의 전반적인 디자인 문제를 고려해야 한다. 여기에는 공급자, 생산시설, 창고, 유통센터의 수와 입지가 포함된다. 이러한 시설들의 입지는 자원의 장기적 투자가 필요하며, 알려진 위험 및 이익이 신중하게 고려되어야 한다. 관련 쟁점으로 유통을 중앙집중식 혹은 분권식으로 할지에 대한 것이 있다. 중앙집중식 유통은 분권식보다 일반적으로 규모의 경제와 보다 강력한 통제력을 발휘할 수 있으나, 종종 보다 높은 운송비를 발생시킨다. 분권식 유통은 시장의 수요에 보다 적극적으로 대응할 수 있다.

이러한 결정은 고객 시장에 접근하기 위한 기본적인 전략의 일부라는 점에서 그 중요성이 강조되고, 또한 비용, 수익, 시장 반응성에 지대한 영향을 끼친다.

이번 장에서 기술하는 정량적인 분석도구는 공급사슬의 구성 문제에 도움을 줄 수 있다. 또한, 15장의 공급사슬관리에 추가적인 시사점이 기술되어 있다.

## 입지계획 대안

이미 사업을 하고 있는 기업은 일반적으로 네 가지 입지계획 대안을 고려한다.

**기존 시설을 확장한다.** 이 대안은 확장하기 적당한 공간이 있으면 매우 유력한 대안이 될 수 있으며 특히 현 입지가 다른 곳에서는 쉽게 발견할 수 없는 바람직한 요소들을 갖추고 있다면 더욱 그렇다. 확장비용은 일반적으로 다른 대안들에 비해 저렴하다.

**기존 사업장을 유지하면서 다른 곳에 입지를 추가한다.** 이 대안은 많은 소매유통업에서 채택되고 있는데 이 경우, 사업장의 추가가 전체 시스템에 미칠 영향을 반드시 분석해야 한다. 쇼핑센터에 새로운 점포를 열었을 때 전체 시장 점유율이 올라가지는 않은 채 단순히 기존 점포들의 단골 고객을 끌어가는 결과가 발생할 수 있다. 다른 한편으로는 기존 시장 점유율을 유지하거나 경쟁자의 진입을 막기 위한 방어 전략의 일환으로 지점의 추가를 고려할 수도 있다.

**기존의 사업장을 폐쇄하고 다른 곳으로 이전한다.** 이 경우에는 반드시 이전에 따르는 비용과 편익을 기존 입지에서 사업을 계속함에 따른 비용 및 편익과 비교해야 한다. 기업들은 시장이 이동한다든지 원자재가 고갈되거나 생산운영비가 증가하면 흔히 이 방안을 심각하게 고려한다.

**아무것도 하지 않는다.** 몇 가지 입지 대안에 대하여 상세한 분석을 한 결과 위의 세 가지 방안 중 어느 것도 매력적이지 않으면 최소한 당분간 현상 유지를 택할 수도 있다.

## 8.3 글로벌 입지결정

글로벌화에 따라 새로운 시장이 열리면서 공장과 서비스 사업장이 전 세계에 걸쳐 더 넓게 분산되고 있다. 게다가 많은 회사들이 생산운영을 해외의 다른 회사에 아웃소싱하고 있다. 과거에는 회사들이 특정 국가 즉 '본거지'에서 사업을 하는 경향이 있었지만 이제는 전략적·전술적 이유로 사업을 글로벌화하고 있다. 글로벌화로 득을 보는 기업이 있는가 하면 점점 더 어려워지는 회사들도 있겠지만 이제는 모든 기업들이 글로벌 사업 운영에 따르는 이슈와 씨름을 해야 한다.

이 절에서는 글로벌화를 추진하는 이유와 글로벌 사업 경영과 관련한 이슈, 이점, 불리한 점, 위험 등에 대해 알아본다.

### 촉진 요인

글로벌화가 기업들에게 매력적이며 실행 가능하게 된 여러 요인들이 있지만, 두 가지 핵심적 요인은 무역 협정과 기술 발전이다.

**무역 협정** 관세나 수출입 물량 제한과 같은 무역 장벽은 무역에 나쁜 영향을 미칠 수 있지만, 모두에게 공정한 무역 협정은 무역을 활성화시킬 수도 있다. 유럽연합(European Union, EU)의 경우에는 많은 무역장벽을 없앴으며, 세계무역기구(World Trade Organization, WTO)의 출범도 자유 무역 촉진에 도움이 되고 있다.

**기술** 문자 메시지, 이메일, 휴대 전화, 원격회의, 인터넷 등과 같은 통신과 정보 공유 기술의 발전도 글로벌화에 매우 도움이 되고 있다.

### 이점

글로벌화의 다양한 이점들은 다음과 같다. 물론 이러한 것들은 어떤 상황에서나 항상 해당되는 것은 아니다.

**시장.** 기업들은 기존 고객들의 세분화된 요구에 더 잘 부응하고 문제가 발생할 때 더 신속하게 대응하려는 동시에, 종종 자사가 제공하는 제품과 서비스의 시장을 확대할 수 있는 기회를 모색할 수 있다.

**비용 절감.** 글로벌화로 절감이 가능한 비용에는 운송비, 인건비, 원자재비, 그리고 세금 등이 있다. 꽤 많은 독일 기업들이 국내의 높은 생산비 때문에 생산 시설을 비용이 적게 드는 해외에 건설하였다. 몇몇 예를 보면, 영국에 반도체 공장을 갖고 있는 산업재 제조 거대기업인 Siemens AG, 제약회사로는 미국 Texas주에 공장을 갖고 있는 Bayer AG와 중국에 제조공장을 보유한 Hoechst AG, 그리고 자동차 제조기업으로는 스페인, 프랑스, 미국 Alabama주에 공장을 보유한 Mercedes와 미국 South Carolina주의 Spartanburg에 공장을 보유한 BMW가 있다.

**법률 및 규제.** 외국의 노동법, 제조물책임법, 환경규제 등 여타 규제가 본국보다 기업 활동에 더 유리한 경우가 있다.

**재무적 유인.** 기업은 제품의 생산지와 판매 시장이 다를 경우 발생할 수 있는 환전이나 관세의 영향을 피할 수 있다. 또한, 일자리 창출과 지역 경제 발전을 위해 기업을 유치하려는 해외 현지의 다양한 재무적 유인책이 있을 수 있다. 예컨대, Nissan 자동차는 미국 Mississippi주 Canton에 대규모 조립공장을 건립하였으며 Mercedes는 미국 Alabama주 Vance에 조립공장을 건립하였는데 이러한 결정에는 주정부가 제공한 여러 가지 인센티브와 저렴한 노동력 및 토지가 크게 작용했다. 이 공장들에 납품하는 공급업자들에게도 해당 지역에 공장을 건립한다면 추가적인 유인책이 제공되곤 한다.

**기타.** 신상품 아이디어의 새로운 원천과 사업 운영이나 문제 해결을 위한 새로운 안목을 얻을 수 있는 점도 글로벌화의 이점이다.

## 단점

글로벌 운영에 따른 다음과 같은 여러 단점들이 있을 수 있다.

**운송 비용.** 사회 기반시설이 열악하거나 운송거리가 증가하여 운송비용이 증가할 수 있으며, 이로 인해 인건비나 원자재비 절감에 따른 이점이 상쇄될 수도 있다.

**보안 비용.** 보안 리스크와 도난이 증가하여 비용이 늘어날 수 있다. 또한, 국경에서 보안 검사로 운송 시간이 길어질 수 있다.

**미숙련 노동력.** 미숙련 노동력은 생산성과 품질에 악영향을 미칠 수 있으며 직업 윤리도 본국과 다를 수 있다. 또한, 종업원 교육과 훈련도 더 필요할 수 있다.

**수입 규제.** 어떤 국가는 품목에 따라서 수입을 규제하여 질이 낮거나 비싸더라도 현지 업체로부터 부품을 조달할 수밖에 없는 경우도 있다.

**부정적 비판.** 글로벌 기업들이 생산원가를 절감하기 위하여, 후진국에서 어린이를 고용하고 느슨한 환경 기준을 활용하면서, 노동자들을 열악한 작업 환경에서 착취한다고 비난하는 사람도 있다.

**낮은 생산성.** 낮은 노동 생산성은 저렴한 노동비용 및 그 외 이점들을 상쇄할 수 있다.

### 위험

글로벌 운영 따른 위험 요소들로 다음과 같은 것들이 있다.

**지적재산권의 보호.** 해외 국가에 생산을 아웃소싱하는 기업들은 지적재산권이 확실히 보호받고 있는지 주의할 필요가 있다. 그렇지 않다면 해당 국가의 다른 기업들이 지적재산권에 대한 정당한 대가를 치르지 않은 채 유사하거나 동일한 제품을 생산하면서 자사와 경쟁하는 상황이 생길 수도 있다.

**정치적 위험.** 정치적 불안과 소요 때문에 재산과 신변에 위험이 초래될 수 있고 극단적으로는 해외 정부가 생산시설을 몰수하여 국유화할 수도 있다.

**테러리즘.** 세계의 여러 곳에서 테러의 위협이 지속되고 재산과 신변이 위험에 노출되면서 현지인들이 특정 지역에서 근무하거나 출장을 가는 것을 기피할 수도 있다.

**경제적 위험.** 경제 불안으로 인플레이션이나 디플레이션이 발생할 수 있으며 이 모두 기업의 이익에 악영향을 미친다.

**법률적 위험.** 법률과 규정이 바뀌면서 핵심 이점이 줄어들거나 사라질 수 있다.

**윤리적 위험.** 어떤 나라에서는 일상적인 부패와 뇌물이 본국에서는 불법일 수 있다. 이것은 뇌물 없이 생산운영을 어떻게 할 것인지, 특히 비윤리적인 거래에 익숙한 현지인들을 어떻게 못하게 할 것인지와 같은 수많은 이슈를 유발한다.

**문화적 위험.** 문화적 차이는 보기보다 더 실질적인 영향을 미칠 수 있다. 예를 들어, Walmart가 일본에 점포를 개장하였을 때 이런 경험을 했다. Walmart는 세계의 여러 나라에서 자사의 저가 명성에 힘입어 성공했지만 Walmart가 일본에 점포를 개장하였을 때 일본 소비자들은 저가격 제품은 품질이 낮을 거라고 여겼다. 이 때문에 Walmart는 일본 시장에서의 전략을 수정할 수밖에 없었다.

**품질.** 낮은 수준의 품질 관리는 리콜 및 제조물책임 이슈의 원인이 될 수 있다.

### 글로벌 운영의 관리

여러 나라에서 사업을 운영하는 데는 여러 가지 이점이 있지만 새로운 이슈도 여러 가지 있다. 예를 들면, 언어와 문화의 차이로 인해 의사소통이 어려워지는 위험이 증가하고 사업 관계에서 아주 중요한 요소인 신뢰를 형성하기가 어려울 수 있다. 경영 스타일도 상당히 달라서 어떤 나라에서는 잘 통하는 경영 방식이 다른 나라에서는 그렇지 않을 수도 있다. 거리가 멀어지면서 여행 시간과 비용이 늘어나서 직접 만나서 회의를 한다든지 현장 방문을 하는 일이 줄어들 수 있다. 또한, 광범위하게 떨어진 여러 사업장의 활동을 조정하는 일은 더 어려울 수 있다. 경영자들은 부패나 뇌물 그리고 상이한 직업윤리를 다루어야 할 수도 있다. 기술 수준이 낮고 기술 변화에 대한 저항이 예상보다 높아서 새로운 기술들을 통합하는 일이 더 어려울 수 있다. 현지 직원들이 근무지 변경을 싫어하고, 심지어 일시적 근무지 변경도 거부할 수 있다.

### 자동화

특히 주요 시장이 내국시장일 경우, 자동화는 상품을 어디서 생산할지 결정하는 데 중요한 고려 요인이다. 외국의 낮은 인건비는 제조시설의 해외 이전에 중요한 이유가 되어왔으나,

읽을거리  **커피?**

**리사 스펜서**

78개국에 걸쳐 약 30,000개의 점포를 가진 커피의 강자 Starbucks는 전 세계적 성장을 지속적으로 추진하고 있다. 하지만 이 커피 공룡은 여러가지 도전에도 직면하고 있다. 미국 내 사정을 보면 시장은 포화되고 매장의 수가 넘치면서 서로의 매출을 갉아먹는 상황이 전개되고 있고, Starbucks의 시장점유율을 빼앗으려는 경쟁자들의 도전도 치열하게 전개되고 있다. McDonald's의 McCafe는 가격에 민감한 미국 소비자들에게 인기를 얻어가고 있으며 Blue Bottle Coffee와 같은 고급 커피 경쟁자들도 인기를 얻어가고 있다. 이러한 상황에서 Starbucks는 경쟁력을 유지하기 위해 본사 소유의 약 2,000개 매장에서 UberEats와의 파트너쉽을 통해 커피 배달 서비스를 제공하려 하고 있고, 고객의 주문 과정에서 기술 사용을 극대화하여 종업원들이 고객들과 더욱 많은 시간을 보낼 수 있도록 서비스 측면을 강화하고 있다. 또한 회사는 빅데이터를 활용하여 고객의 기호를 분석하여 신제품을 출시하고 있다.[1]

중국에는 미국 내 매장 수의 절반 정도의 매장들이 있는데 150개 이상의 도시에 걸쳐 3,600개의 매장이 있는 Starbucks의 두 번째 큰 시장이다. 회사의 CEO인 Kevin Johnson은 Alibaba의 전자상거래 플랫폼을 이용한 신규 가상 매장 개점뿐만 아니라, 2,000개의 오프라인 매장에서 6억명의 중국 소비자에게 배달 서비스를 제공할 계획을 세우고 있다. 또한 전 세계 단 4곳에만 있는 커피원두 가공공장 중 하나가 상하이에 있다. 고객들은 약 30,000 제곱미터 공간에 세워진 이러한 프리미엄 커피 가공공장에서 원두를 직접 가공해보고 최고의 환경에서 스페셜티 커피를 즐길 수 있다.[1] 전 세계 식료품점과 식당에서 패키지된 커피를 제공하기 위해 라이벌 기업인 Nestle와 파트너쉽을 맺은 것도 회사의 역량을 확장하면서 고객들과의 접점을 확대하려는 노력의 일환이다.

중국인들이 점점 더 커피를 찾게 되면서 경쟁자들도 이 매력적인 시장에 뛰어들고 있다. Starbucks의 새로운 CEO인 Kevin Johnson은 중국 시장내 경쟁을 "높은 강도의 판촉이 전개되는 파괴적 경쟁"[2]이라고 묘사하고 있다. 2017년 후반 베이징에서 시작한 Luckin Coffee는 일년만에 2,000개의 매장을 열었고 조만간 4,500개의 매장을 열 계획이다. 소규모 매장에서 다양한 기술들을 이용하여 빠른 배달을 하는 Luckin의 비즈니스 모델은 중국의 젊은 소비자들에게 인기가 있다. Luckin의 가격은 Starbucks보다 20% 저렴한데, 중국 경제가 가라앉으면 가격에 민감한 중국 소비자들은 이 가격차이에 소구될 수 있다.[3]

중국에는 여러 개의 소비자 세부시장들이 존재하는데, 각 세부시장은 나름대로의 구매 기호가 뚜렷하다. 홍콩, 광저우, 상하이 그리고 베이징을 포함하는 동부지역의 소비자들은 서구 선진국 소비자들과 유사한 매우 글로벌화된 소비 성향을 가지고 있는 반면, 중앙과 서부지역의 소비자들은 자국 기업과 제품을 선호하는 경향이 있다. 마지막으로 푸저우, 산터우, 후이저우와 같은 대도시 소비자들은 글로벌한 소비성향과 지역적인 소비성향을 모두 가지고 있다. 지금까지 Starbucks는 자사 제품에 저항감이 별로 없는 동부지역의 소비자들을 대상으로 매장을 열어왔다. 만약 Starbucks가 다른 지역들을 공략하려 한다면 좀 더 어려움이 많을 수 있다.[2]

1. Starbucks가 글로벌한 성장을 계속 추구할 경우 본국과 해외 모두에서 성공적으로 경쟁해 나갈 수 있다고 생각하는가?
2. Starbucks가 진출한 여러 국가들 간의 가장 큰 차이점은 무엇이라고 생각하는가? 미래의 성공을 위해 이러한 차이점들을 어떻게 이용할 수 있겠는가?
3. Starbucks가 글로벌 시장에서 현지 커피 기업들에 비해 어떠한 유리한 점이 있다고 생각하는가? 이러한 점들이 다른 나라에 있는 커피 매장들에게는 불리하게 작용될 수 있다면 그 이유는 무엇이겠는가?

출처:

[1]Andrew Cheng, "How Starbucks Plans to Roast Its Coffeehouse Competition." January 25, 2019. https://www.forbes.com/sites/andriacheng/2019/01/25/how-starbucks-plans-to-roast-its-coffee-house-competition/#3cc9d4b1247a

[2]Lila MacLellan, "The Countries with the Most Starbucks Locations." Quartz, January 30, 2019. https://qz.com/1536009/the-countries-with-the-moststarbucks-locations/

[3]Panos Mourdoukoutas, "Starbucks' Worst Nightmare in China Is Coming True." January 21, 2019. https://www.forbes.com/sites/panosmourdoukoutas/2019/01/21/starbucks-worst-nightmare-in-china-is-coming-true/#1aca18ad17ec

일부 개발도상국의 인건비 상승 및 낮은 수준의 안전, 국내에서의 짧은 운송 시간의 이점, 자동화 기술 발달 등은 제조시설 입지 결정에 새로운 국면을 가져오고 있다.

## 8.4 일반적인 입지결정 절차

기업이 입지를 결정할 때 사용하는 방법은 조직의 규모와 사업의 성격이나 범위에 따라 다르다. 신생 조직이나 소규모 조직은 입지 의사결정을 할 때 비공식적인 접근방법을 사용하는 경향이 있다. 그리고 신생 기업들은 단순히 기업주가 그곳에 거주하기 때문에 특정 지역에 입지하는 경향도 있다. 이와 유사하게 소규모 기업의 경영자들은 흔히 자신의 근거지에서 사업을 하고 싶어 하기 때문에 거의 전적으로 국내입지만 고려하게 된다. 확고하게 자리를 잡은 대규모 기업들, 특히 이미 여러 곳에서 사업을 영위하는 기업들은 체계적인 접근방법을 따르는 경향이 있으며 이런 기업들은 상대적으로 넓은 지역을 대상으로 한다. 본 절에서는 주로 체계적인 입지결정 방법을 논한다.

입지결정을 위한 일반적인 절차는 다음과 같은 단계들로 이루어진다.

1. 입지 대안을 평가할 때 사용할 기준들(예컨대, 수익증가나 원가절감, 지역 사회에 대한 봉사)을 결정한다.
2. 중요한 입지요인들(예컨대 시장이나 원자재의 위치)을 파악한다. 이들 입지요인은 시설의 유형에 따라 달라진다. 예컨대 소매, 제조, 유통, 보건, 운송시설들은 모두 입지 의사결정을 할 때 서로 다른 입지요인을 검토하게 된다.
3. 입지 대안을 개발한다.
   a. 사업장이 위치할 국가(또는 여러 국가)를 선정한다.
   b. 사업장이 위치할 일반적인 지역을 선정한다.
   c. 위에서 정한 지역 내에서 지역사회 몇 곳을 물색한다.
   d. 지역사회 대안들 중에서 구체적인 부지 대안을 파악한다.
4. 부지 대안들을 평가하고 선택한다.

1단계는 경영진의 판단에 따른 사항이다. 2~4단계는 좀 더 상세하게 다룰 필요가 있다.

## 8.5 입지결정을 위한 국가, 지역, 지역사회 및 부지 요인

입지결정에 영향을 미치는 요인은 많지만 하나 혹은 몇 가지 요인이 특히 중요하여 결정을 좌우하는 경우가 흔하다. 예를 들면, 제조업의 경우 보통 풍부한 물과 에너지 그리고 원자재 접근성이 입지결정에 우선적으로 영향을 미칠 수 있는 요인으로 꼽힌다. 구체적 예를 보면, 원자로는 냉각수가 엄청나게 많이 필요하고 제철 및 알루미늄 생산과 같은 중공업은 전기가 많이 필요하다. 운송비용도 주요 요인이 될 수 있다. 서비스업에서 지배적인 입지결정 요인은 시장과 관련이 있는데, 교통흐름 패턴, 편의성, 경쟁자의 입지, 시장 접근성이 있다. 예컨대, 렌트카 회사들은 공항이나 도시 중심부에 영업점을 두는데 바로 거기에 고객이 있기 때문이다. 여기서 논의된 많은 입지요인들은 생산운영 시설뿐만 아니라 공급사슬내 시설과도 관련이 있음을 명심하기 바란다.

조직이 가장 중요한 입지요인들을 결정한 다음에는 적절한 입지대안을 특정의 지리적 권역(지역)으로 좁혀간다. 그 다음에는 몇 곳의 지역사회–부지 대안을 선정한 다음 심층 분석

**표 8.1**
해외 입지결정의 요인

| | |
|---|---|
| 정부 규제 | a. 외국회사 소유의 생산시설에 대한 정부 정책<br>일정 수준 이상의 현지 조달률 요구 여부<br>수입 규제<br>외환 규제<br>환경 규제<br>현지 제품 표준<br>제조물책임법<br>b. 안정성 이슈 |
| 문화적 차이 | 외국인 근로자와 부양가족의 생활 환경<br>사업 방식<br>종교적 휴일/전통 |
| 고객 선호 | 국산품 애용 정서 |
| 노동력 | 근로자의 교육 및 훈련 수준<br>임금률<br>노동 생산성<br>직업 윤리<br>외국인 고용 인원 제한 규제의 유무<br>언어 차이 |
| 자원 | 원자재, 에너지, 교통 인프라의 질과 가용량 |
| 재무 요인 | 재무적 인센티브, 세율, 인플레이션율, 이자율 |
| 기술 요인 | 기술 변화율, 혁신율 |
| 시장 | 시장 성장 가능성, 경쟁 |
| 안전 | 범죄, 테러 위험 |

을 한다. 본 장의 읽을거리에서 알 수 있듯이 인적 요인도 대단히 중요한 요인이 될 수 있다. 인적 요인에는 기존 근무지와는 환경이 현저하게 다른 지역으로 이동할 때 직원들이 흔히 겪는 '문화적 충격'이 있을 수 있다. 예를 들면, 대도시에서 시골로 또는 시골에서 대도시로 옮기거나 기후가 아주 다른 지역으로 이동할 때 문화적 충격을 겪을 수 있다.

## 국가 요인

각 국가는 고유의 잠재적인 기회 및 위험요소를 가지고 있기 때문에, 의사결정자는 기회 및 위험 요소가 무엇이 있는지뿐만 아니라 실제 이 요소들이 발생할 가능성까지 명확하게 하여, 해당 국가에 입지하는 것이 바람직한지 올바르게 판단할 수 있어야 한다. 몇 가지 이슈에 대해서는 글로벌 운영의 관리 절에서 다루었다. 표 8.1은 고려해야 하는 입지요인을 나열하고 있다.

400여 글로벌 최고경영자를 대상으로 제조 경쟁력에 대한 설문조사를 실시한 Council on Competitiveness와 Deloitte Touche Tohmatsu의 보고서에 따르면, 제조 시설 입지 결정의 3가지 주요 요인은 유능한 인력, 노동 비용, 그리고 에너지 비용이다.[1] 실제로 많은 기업들이 상대적으로 저임금을 활용하기 위하여 일부 생산운영 기능을 외국의 공급자에게 외주를 주고 있다. 일부 미국 제조회사는 저임금을 활용하는 것뿐만 아니라 세금을 회피하거나

[1] *Newsweek*, July 19, 2010, p. 15.

납부를 연기할 목적으로 해외 자회사를 설립한다. 해외 자회사를 둔 제조 회사는 낮은 관세로 미국으로 제품을 들여올 수 있다. 더욱이 이들은 이익을 해외에 보고하고 이를 미국으로 가지고 들어오지 않는 방법으로 세금을 회피할 수 있다. 이러한 일들이 가능한 것은 미국 기업이 이익 대부분을 해외 자회사에 두는 것을 허용하는 *사내 이전가격(transfer pricing)* 규칙이 있기 때문이다. 이러한 이익은 미국내 모회사에 배당금으로 지급되지 않는 한, 미국 과세 대상에서 제외된다.

낮은 인건비의 이점을 활용하려 한다면, 몇몇 요인들에 유의해야 한다. 다른 비용들이 낮은 인건비의 이점을 상쇄할 수 있기 때문이다. 예를 들면, 낮은 임금은 *낮은 생산성*을 동반하여, 사실상 국내에서 생산하는 것보다 전체적으로 비용이 높아질 수 있다. 다른 유의 사항은 거리에 비례하여 증가하는 운송비용이다. 이 또한 저임금 효과의 일부 혹은 전부를 상쇄할 수 있다. 또한, 긴 운송시간은 공급사슬의 재고를 증가시키고 운송 중 분실 또는 날씨, 항만 작업자들의 파업 등으로 인한 운송 지연의 위험을 증가시켜 공급사슬의 유연성을 떨어트릴 수 있다.

고려해야 할 또 다른 요인은 제조하는 국가와 구매 및 판매하는 국가가 다를 경우 발생하는 통화 및 환율 위험이다. 기업은 그들이 속해 있는 나라의 통화로 거래해야 한다. 그런데 통화 가치가 변동하기 때문에, 기업이 입지한 나라로 환전했을 때, 다른 국가에서의 판매 이익과 공급자에게 지불하는 비용이 환율의 변동에 영향을 받는다.

기업은 관심을 갖고 있는 국가에 대해 다양한 출처를 통해 정보를 얻을 수 있다. 아래 두 개의 유용한 사이트를 참고하기 바란다.

*미중앙정보국(CIA)*—https://www.cia.gov/library/publications/the-world-factbook/index.html
*세계은행(World Bank)*—http://www.doingbusiness.org/ExploreEconomies/?economyid=2

## 지역 요인

입지 선정 시 고려해야 할 주요 지역 요인으로는 원자재, 시장, 노동력과 관련된 사항을 꼽을 수 있다.

**원자재 위치** 기업은 흔히 원자재 산지나 그 근처에 입지한다. 그럴 수밖에 없는 불가피성, 원자재의 변질가능성과 운송비용이 세 가지 주된 이유이다. 광업, 농업, 임업, 어업은 필연적으로 원자재 산지에 입지할 수밖에 없다. 생과일이나 채소를 통조림으로 만들거나 냉동하는 업체, 낙농제품 가공업체, 제빵업체 등은 입지선정 과정에서 반드시 원자재의 변질가능성을 고려한다. 가공 과정에서 원자재의 부피나 무게가 현저하게 줄어드는 업종의 경우 원자재 산지 가까이 위치하면 운송비용을 절약할 수 있다. 알루미늄 제련, 치즈 제조, 제지 등이 좋은 예이다. 원자재를 여러 지역에서 가져오는 경우에는 그런 곳들의 지리적 중심에 위치하기도 한다. 예를 들면, 미국에서는 많은 제철소가 애팔래치아(Appalachian) 산맥의 탄광 지역과 동부 지역의 철광석 광산 사이에 있다. 제철소는 철광석과 석탄이 많이 필요하기 때문이다. 운송비용은 공급자들이 주요 고객들과 가까운 곳에 위치하기로 결정하는 데 고려하는 주요 요인이기도 하다. 게다가 슈퍼마켓이나 여러 소매업체들은 지역 물류창고를 통해 복수의 소매 점포에 상품을 공급하려 하고 새로운 점포나 창고를 추가할 때는 기존 점포와 창고의 입지를 고려한다.

**시장의 위치** 영리를 추구하는 기업은 흔히 경쟁전략의 일환으로 선택한 시장 가까이 위치하고 비영리조직은 사용자들의 필요를 고려하여 입지를 결정한다. 시장이나 고객의 필요 이외에 유통 비용이나 유통 시간에 따른 제품의 변질가능성도 입지를 결정할 때 고려하는 요인이다.

소매업의 경우 경쟁압력은 입지결정에 지극히 중요한 요인일 수 있다. 위치에 따라서는 둘 이상의 경쟁자가 사업을 하기에는 수요가 너무 적을 수도 있어서, 신규 점포를 열려고 할 때에는 경쟁자가 없는 곳만 물색하기도 한다(예를 들면, 햄버거 프랜차이즈의 경우 블록당 한 점포만 허용). 이와 반대의 경우도 가능한데, 업종에 따라서는 경쟁자들 근처에 개점하는 편이 더 현명할 수도 있다. 대형 백화점들은 흔히 서로 이웃하고 소규모 가게들은 백화점이 있는 쇼핑몰에 입점하여 백화점의 고객 흡인력을 이용할 수 있다. 대형 가게는 고객을 많이 끌어들이고 이들 고객은 또한 인근 다른 가게의 고객이 되기도 한다.

유통 기한이 짧아서 제품이 쉽게 변질될 수 있기 때문에 시장 가까이로 입지를 결정할 수밖에 없는 경우도 있다. 빵집, 꽃집, 신선 해산물가게가 좋은 예이다. 어떤 기업들의 경우에는 주로 운송비를 절감하기 위해 시장 인근에 입지한다. 모래나 자갈 공급자들은 일반적으로 특정 지역을 상대로 사업을 하는데 주된 이유는 운송비용 때문이다. 이외에도 고객과 많이 접촉해야 하기 때문에 공급하고자 하는 시장에 근접하여 입지하기도 한다. 전형적인 예로는 양복점, 주택 수리 및 리모델링업자, 카펫 청소업자, 잔디와 정원 관리업자 등을 들 수 있다.

정부기관이나 공공서비스 기관들도 주민들 가까이 위치한다. 대도시의 경우 우체국은 보통 전 지역에 흩어져 있다. 경찰서나 응급의료기관은 사용자들의 요구에 따라 입지가 결정되는 일이 흔하다. 예를 들면, 경찰의 방범 순찰은 우범지역에 집중하고 응급의료기관은 모든 방향에서 접근이 쉽게 하기 위해 대체로 관할 지역의 중앙에 위치한다.

세계의 많은 제조업체가 미국에 생산시설을 두고 있는데 미국이 주요 시장이기 때문이다. 자동차 업체들이 대표적이며 특히 일본 업체들이 두드러지고 다른 나라 업체들도 마찬가지이다. 일본 자동차 업체들이 미국 현지에서 생산을 하기로 결정한 배경에는 대미 수출로 미국 자동차 산업의 일자리가 줄어들면서 형성되는 부정적 정서를 상쇄하려는 의도도 있었다. 현재는 수많은 미국 사람들이 일본 자동차 업체들의 미국 현지 공장에서 일한다.

**노동력 요인** 노동력과 관련된 주된 고려 사항은 가용량, 임금 수준, 노동 생산성 및 근로태도, 그리고 노동조합이 심각한 잠재적 문제가 되는가 등이다.

인건비는 노동집약적 산업에서 매우 중요한 사항이다. 섬유산업이 중국이나 베트남과 같은 나라들로 옮겨간 것도 인건비 차이 때문이었다.

경력사원만 뽑기보다는 무경험자를 채용하여 교육·훈련하는 편을 선호하는 기업도 있지만, 앞으로 일을 하게 될 사람들의 기술이나 능력도 중요한 요인이다. 많은 산업에서 전문화가 심화되면서 이 점은 더욱 중요해질 수 있다. 대부분의 회사들은 육체 노동자의 공급에 관심을 두지만 일부 기업들은 과학기술 인력에 더 관심이 있어서 그런 인력이 집중된 곳을 물색한다.

이직이나 결근과 같은 요인들에 대한 근로자들의 태도는 지역에 따라 다를 수 있다. 대도시 도심 지역의 근로자들은 소도시나 시골의 근로자들과는 이런 측면에서 다른 태도를 보일 수 있다. 더욱이 국가 간 또는 한 나라 내에서도 지역에 따라서 사람들의 근로 태도는 현격하게 다를 수 있다.

회사가 다른 지역으로 이전할 때 근로자들에게 고용을 보장하는 경우가 있다. 하지만 많은 경우에는 근로자들이 따라가기를 꺼리며, 가족이나 친구들을 떠나야 한다면 특히 그렇다. 게다가 맞벌이 부부의 경우 이전을 하면 배우자가 기존 직장을 포기하고 이전한 곳에서 새 일자리를 찾아야 하는 문제가 있기 때문이다.

**기타의 요인들** 경우에 따라서는 기후와 세금도 입지결정에 중요한 고려 요인이다. 예를 들면, 몇 해 동안 겨울마다 극심한 추위가 되풀이되면 온난한 지역으로의 이전을 심각하게 고려하는 기업들이 나타날 수 있다. 특히 악천후 때문에 배달이 지연되거나 근로자들이 출근을 제대로 할 수 없어서 업무가 중단되는 경우가 잦으면 이전을 더욱 심각하게 고려할 수 있다. 이와 유사하게 법인세율이나 개인 소득세율이 높은 지역으로는 기업들이 이전을 꺼릴 수 있다. 저임금 노동력이 풍부하고 기후가 온화하며 세율이 낮은 지역들은 많은 기업들을 유치하는데 유리하다. 프로 스포츠계에서도 세금 및 기타 금전적인 인센티브는 구단을 유치하는 데 중요한 요인이다.

## 지역사회 요인

많은 지역사회들이 기업을 유치할 때 금전 및 기타 유인책을 제시하는데, 기업을 일자리와 미래의 세금 수입원으로 보기 때문이다. 하지만 공해 문제를 일으키든가 어떤 식으로든 삶의 질을 해치는 업체들은 원칙적으로 피하고자 한다. 지역의 시민단체들이 이런 기준에 따라 특정 기업들을 적극적으로 배척할 수도 있으며, 그런 대상이 되는 기업은 '책임감 있는 시민'이 될 것이라고 시민 단체들을 적극적으로 설득해야만 할 수도 있다. 또한, 지역사회 전체적으로는 우호적으로 보는 기업도 그 기업이 들어설 장소 인근 주민들은 소음, 교통 체증, 공해 등을 이유로 싫어할 수 있다. 그러한 예로 공항 확장, 도시계획 구역 변경, 핵 관련 시설 건설, 고속도로 건설 등에 대한 지역사회의 저항을 들 수 있다.

기업의 입장에서 보기에 관리자들과 근로자들이 살기 좋은 지역을 결정하는 몇 가지 요인이 있다. 교육·쇼핑·여가·교통·종교·오락 시설, 경찰·소방·의료 서비스의 질, 회사에 대한 지역 주민의 태도, 그리고 지역사회의 규모를 꼽을 수 있다. 한 기업이 그 지역사회의 주요 고용기관이 될 경우에는 지역사회의 규모가 특히 중요할 수 있다. 그 지역사회에서 미래에 사업을 중단하거나 축소할 경우 규모가 작은 지역의 경제에 미치는 충격이 심각할 수 있기 때문이다.

지역사회와 관련된 다른 요인들에는 전기, 가스 그리고 수도와 같은 유틸리티의 비용과 가용량, 환경규제, 세금(직접세 및 간접세와 지방세), 그리고 흔히 주정부나 지방정부가 제시하는 유인책 목록에 포함되는 채권 발행, 세금 감면, 저리 융자, 보조금, 종업원 훈련 등이 있다.

적시생산시스템(just-in-time, JIT)도 입지결정에 영향을 미치는 또 하나의 추세이며(14장 참조), 여기에서는 공급 리드타임을 단축시키기 위해 공급자를 고객사 인근에 입지하도록 권장한다. 이러한 이유로 일부 미국 기업들은 공장의 해외 이전 결정을 재고하고 있다. 특히 경공업(이를테면, 전자산업)에서 저임금 노동력은 시장 근접성보다 덜 중요해지고 있다. 전자부품을 사용하는 업체들은 자사의 공장 인근에 위치하는 공급업체들을 원한다. 이런 경향으로부터 유추하건데 앞으로는 작은 규모의 공장들이 시장 인근에 위치하는 추세가 생겨날 가능성이 있다. 어떤 산업에서는 반응시간을 줄이기 위하여 몇 가지 제한된 제품들만 생산하는 소규모 자동화 **마이크로공장**(microfactory)들이 주요 시장 인근에 위치할 것이다.

**마이크로공장** ▸
주요시장 인근에 위치하면서 제한된 품목만 집중적으로 생산하는 소규모 공장 정보기술의 발전으로 제조업체가 구매·마케팅·유통 기능을 개발·엔지니어링·제조 기능과 연결하여 정보를 수집·추적·배포하는 능력이 증진될 것이다. 이와 같은 정보처리 능력 덕분에 이러한 기능 부문들이 가까이 있어야 할 필요성이 낮아질 것이며 생산시설을 주요 시장 인근에 두는 전략이 가능해진다.

**윤리적 이슈** 윤리적 이슈는 입지 탐색 시점부터 발생할 수 있기 때문에, 기업과 정부는 사전에 이에 관한 정책을 제대로 수립해야 하고 협상을 진행하면서 의사결정의 윤리적 측면을 염두에 두어야 한다. 예를 들면, 정부는 기업으로부터 약속된 이익을 얻기 위해 자신의 행정구역 내에 기업이 입지하도록 기업에 다양한 인센티브를 제시할 수 있다. 기업은 합리적으로 기대할 수 있는 이상(예컨대, 일자리, 기업의 존속기간) 또는 이하(예컨대 소음, 교통혼잡)를 약속하지 않도록 주의해야 한다. 마찬가지로 정부의 협상자는 궁극적으로 납세자들에게 이익이 되도록 협상해야 하며, 납세자들에게 부담을 떠맡길 수 있는 위험이 있는 장기 계약에는 굉장히 신중해야 한다. 또한, 이면 거래나 다른 경우라면 그렇게 높게 평가받지 못할 의사결정에 대해 호의를 베푸는 것 또한 경계의 대상이다.

## 부지 요인

부지와 관련하여 주로 고려해야 할 사항은 토지, 교통, 도시계획구획이나 기타 규제들이다.

부지 후보를 평가할 때에는 엔지니어나 건축가의 자문이 필요할 수 있으며, 특히 중공업, 대형 건물의 건축, 또는 특수한 요건을 고려해야 하는 시설의 경우는 더욱 그렇다. 토질 상태, 하중 요인, 그리고 배수율은 반드시 점검해야 할 사항이며 이런 사항들을 평가하는 데는 흔히 전문지식이 필요하다.

Jill Braaten/McGraw-Hill Education

▲ Apple은 평균 이상의 가구 소득이 있거나 유동인구가 많은 핵심 지역에 소매점포를 입점한다. 사진의 Apple 소매점은 Chicago의 Michigan Avenue에 있다.

일반적으로 한번 입지가 결정되면 오랜 기간 머물러야 하므로 장래 확장을 위한 여유 공간, 전력과 하수처리 용량과 같이 미래의 성장을 저해할 수 있는 것들에 대한 어떠한 형태로의 제약조건, 종업원과 고객을 위한 주차 공간 등과 같은 부지와 관련된 요인에 비하면 토지 가격은 부차적일 수 있다. 또 많은 기업에게 트럭 접근로나 철도 지선도 중요한 경우가 많다.

산업단지는 경공업이나 조립산업, 그리고 창고업을 하는 기업이나 고객 서비스 시설이 필요한 경우 고려할 만하다. 산업단지는 이미 부지가 개발되어 있어서 전기, 상·하수도에 쉽게 연결할 수 있고 토지 사용 계획에 특별히 신경을 쓰지 않아도 된다. 하지만 산업단지는 사업 활동의 유형을 제한하여 미래에 개발할 제품이나 서비스를 제한할 수 있는 단점도 있다. 때에 따라서는 건물의 규모, 형태 등 건물에 대한 까다로운 규제로 인해 경영자들이 크게 제한을 받는 경우도 있다. 게다가 장차 확장할 여유 공간이 없을 수도 있다.

고위 경영진의 출장이 잦은 기업의 경우에는 공항이나 기차역의 규모와 인접성뿐만 아니라 연결 교통편도 중요하다. 물론 스케줄과 연결 교통편은 변경될 수 있다.

표 8.2
입지결정 요인

| 수준 | 요인 | 고려 사항 |
|---|---|---|
| 지역 | 원자재나 공급품의 위치 | 근접성, 운송수단과 비용, 가용량 |
| | 시장의 위치 | 근접성, 운송비용, 목표시장, 거래 관행/제약 |
| | 노동력 | 가용성(일반 인력/전문 인력), 연령, 노동 인구의 분포, 근로 태도, 노조 존재 여부, 임금 수준, 실업보상 관련 법규 |
| 지역사회 | 삶의 질 | 학교, 교회, 쇼핑, 주택, 교통수잔, 여가시설, 생활비 |
| | 서비스 | 의료, 소방, 치안 |
| | 태도 | 우허적/비우호적 |
| | 세금 | 국세/지방세, 직접세, 간접세 |
| | 환경규제 | 국가/지방 |
| | 전기/수도와 같은 유틸리티 | 비용과 가용성 |
| | 개발 지원 | 채권 발행, 세금 경감, 저리 융자, 보조금 |
| 부지 | 토지 | 비용, 필요한 개발 정도, 토질 특성과 배수성, 확장 여유 공간, 주차 |
| | 교통수단 | 유형(접근로, 철도 지선, 항공 화물) |
| | 환경/법규 | 도시 계획이나 토지 사용 규제 |

표 8.2에 입지의사결정에 영향을 줄 수 있는 요인들이 나열되어 있다.

## 복수 공장 제조전략

회사의 공장이 여러 개이면 이들을 운영하는 데는 여러 가지 전략이 있을 수 있다. 공장별로 서로 다른 계열의 제품을 배정할 수도 있고 각기 다른 시장을 전담시킬 수도 있다. 또 다른 방안으로는 공장별로 다른 프로세스를 배정하는 것이다. 각 전략마다 비용이나 경영상 함의와 경쟁우위가 다를 수 있다.

**제품 공장 전략** 이 전략은 공장별로 다른 제품을 생산하며 각 공장은 일반적으로 맡은 제품을 국내 시장 전체에 공급한다. 각 공장은 담당하는 제품에 맞추어 노동력, 자재, 장비를 전문화하면서 규모의 경제를 이루게 되어 다용도 공장에 비해 상대적으로 생산운영비용이 낮은 이점이 있다. 공장들은 광범위하게 흩어질 수도 있고 비교적 가까이 위치할 수도 있다.

**시장 공장 전략** 이 전략을 채택하면 공장별로 특정 지리적 시장(이를테면, 서부, 동부)을 담당하게 한다. 개별 공장은 특정 지역의 소비자들이 필요로 하는 제품의 전부는 아닐지라도 대부분의 제품들을 생산하여 공급한다. 제품 공장 전략에 비해 다양한 제품을 생산하기 때문에 공장별 생산운영비용이 높은 경향이 있지만 시장과의 접근성을 바탕으로 운송비용을 크게 절약할 수 있다. 이 전략은 제품의 부피나 무게 또는 다른 요인 때문에 운송비용이 높은 경우에 특히 바람직하다. 운송비용 절감 외에도 지역시장에 빠른 배송이 가능하고 시장 수요의 변화에 빠르게 대응할 수 있는 이점이 있다. 이 전략이 효과적이기 위해서는 시장 상황의 변화에 따라 공장의 폐쇄 또는 신설 또는 기존 공장의 확장 또는 축소 등의 의사결정을 중앙에서 조정할 필요가 있다.

**프로세스 공장 전략** 이 전략에서는 공장별로 전체 프로세스의 일부분에 집중한다. 자동차 업체들이 흔히 이 전략을 채택하는데, 엔진 공장, 변속기 공장, 차체 프레스 공장, 심지어는 라디에이터 공장까지 따로 운영한다. 이 전략은 제품이 많은 부품들로 구성되어 있을 때 가장 적합하다. 부품별로 따로 생산함으로써 혼잡을 피할 수 있다.

프로세스 공장 전략에서는 모든 공장을 종합적으로 조정하는 능력이 중요하며 효율적인 운영을 위하여서는 정보를 잘 통합하고 종합적으로 관리할 수 있어야 한다. 이 전략의 핵심 이점은 각 공장을 고도로 전문화하고 물량을 집중하여 규모의 경제를 달성할 수 있다는 것이다.

**범용 공장 전략** 이 전략에서는 공장은 유연하며 여러 가지 제품을 생산할 수 있다. 보다 집중화된 공장에 비해 생산성은 다소 떨어질 수 있지만 제품이나 시장의 변화에 신속하게 대응할 수 있다.

복수의 공장을 갖게 되면 각기 다른 공장에서 수행되는 유사한 작업에 대한 정보를 서로 공유하면서 학습기회가 증가하는 이점이 있을 수 있다. 일반적으로 여러 공장에서 발생하는 문제들은 유사한 경향이 있고 이런 문제들에 대한 해결책뿐만 아니라 제품과 프로세스에 대한 일반적인 개선이 다른 공장들에게도 공유될 수 있다.

## 지리정보시스템

**지리정보시스템**(geographic information system, GIS)은 인구통계학적 자료를 수집·저장·검색하고 지도에 표시하는 컴퓨터 정보시스템이다. 지리정보시스템은 컴퓨터 하드웨어, 소프트웨어, 데이터를 통합하여 훈련된 직원들이 다양한 지리 관련 정보를 다룰 수 있는 통합 시스템이다. 이동 방향에 대한 정보를 제공하는 내비게이션 서비스가 지리정보시스템의 한 예이다.

◀ **지리정보시스템**
지도상의 지리적 데이터를 수집, 저장, 검색 및 출력 그리고 표시해 주는 컴퓨터 기반의 도구

많은 국가는 방대한 지리정보시스템 자료를 가지고 있다. 입지 분석을 위해, 지리정보시스템을 이용하면 입지 요인과 관련된 상세한 정보(예를 들면, 인구밀도, 나이, 소득, 인종, 교통 패턴, 경쟁업체 입지, 교육 기관, 쇼핑센터, 범죄 통계, 교통 시설, 유틸리티, 편의시설, 지도와 이미지, 기타 그 지역과 관련된 풍부한 정보)를 비교적 쉽게 얻을 수 있다. 지방 정부는 지리정보시스템을 이용하여 지역사회와 관련된 정보를 정리, 분석, 계획, 소통한다. 구직자들은 일자리를 검색하는 데 지리정보시스템을 활용할 수 있다.

다음은 기업들이 지리정보시스템을 활용하는 사례들이다.

- **물류회사**는 GIS를 사용하여 고객들의 위치에 따라 트럭의 운송 경로나 일정을 계획한다.
- 신문과 잡지를 간행하는 **출판사**들은 GIS를 사용하여 구독자 분포를 분석하고 광고주를 끌어들인다.
- **부동산회사**들은 주로 GIS에 의존하여 잠재적인 주택이나 사무실 구입자들에게 온라인으로 지도를 사용할 수 있게 한다.
- **은행**들은 GIS를 이용하여 지점 위치를 결정하고 다양한 세분 시장들의 구성과 니즈(needs)를 파악한다.
- **보험회사**들은 GIS를 사용하여 인구 분포, 범죄율, 홍수와 같은 자연 재해를 파악하여 보험료를 결정하고 위험을 관리한다.
- **소매업자**들은 입지 계획 단계에서 지리정보시스템을 활용하여 특정 지역의 매출, 고객, 인구통계 관련 정보를 획득할 수 있다. 또 마케팅 전략을 수립하고 고객 분포 확인, 부지 선정, 매출액 예상, 판촉 및 점포 포트폴리오 관리 등에도 지리정보시스템을 활용한다.

- 전기나 수도와 같은 **유틸리티 회사**들은 수요와 공급을 맞추고 문제를 일으키는 지역들을 파악하기 위하여 GIS를 사용한다.
- **응급서비스기관**들은 서비스가 필요한 지역을 적절히 커버할 수 있도록 자원을 지역에 할당하기 위해 GIS를 사용한다.

## 8.6 서비스 및 소매점 입지

서비스업 및 소매업에서 입지결정은 제조업과는 다소 다른 사항을 고려하는 경향이 있다. 우선, 보통 원자재 접근성은 고려하지 않아도 된다. 고객 접근성은 은행이나 슈퍼마켓에서와 같이 때로는 우선적으로 고려해야 하지만 콜센터나 통신판매, 온라인 서비스처럼 그렇지 않은 경우도 있다. 제조업체는 비용을 중시하는 경향이 있어 노동력, 에너지, 원자재의 비용과 가용량에 신경을 쓴다. 서비스와 소매업체는 이익이나 매출을 중시하여 연령, 소득, 교육, 상권 내 인구밀도와 같은 인구통계학적 특성과 경쟁, 통행의 양과 패턴, 고객의 접근과 주차 용이성에 신경을 쓴다.

소매업체들과 서비스업체들은 일반적으로 그들이 영업하는 시장의 중심에 위치하고 있다. 예를 들면 패스트푸드점, 서비스 지점, 세탁소, 슈퍼마켓 등이 있다. 일반적으로 동종 기업들이 제공하는 제품 및 서비스가 아주 유사한 경우 고객을 유치하기 위해서는 편의성에 중점을 둬야 한다. 때문에, 이러한 사업은 인구밀도 및 교통량이 많은 입지를 추구한다. 경쟁강도/편의성 요인은 은행, 호텔 및 모텔, 자동차 수리업체, 약국, 신문가판대, 쇼핑센터 입지 결정에서도 중요한 요인이다. 이와 유사하게 의사, 치과의사, 변호사, 미장원, 뷰티샵은 전형적으로 한정된 지역에 거주하는 고객들을 대상으로 서비스를 제공한다.

소매업체들과 서비스업체들은 일반적으로 교통량과 편의성을 우선적으로 고려한다. 특정 유형의 소매업이나 서비스업은 그 사업이나 고객의 특성 때문에 특정 요인을 더 중요하게 생각하기도 한다. 사업이 독특하고 고객을 끌 수 있는 독특한 능력이 있는 업체에게는 경쟁자 근접성이 별로 중요하지 않을 수 있다. 그러나 소매업은 일반적으로 타 소매업체 인근의 입지를 선호하는데, 이는 많은 통행량과 고객의 편의성 때문이다. 예컨대 자동차 딜러십들은 서로 이웃하는 경향이 있으며, 식당과 전문점은 흔히 쇼핑몰 주변에 입점한다. 유사한 업종의 점포들이 서로 근처에 입점해 있는 것을 **클러스터링**(clustering)이라고 부른다.

**클러스터링** ▸ 유사한 업종의 점포들이 서로 근처에 입점해 있는 것

의료서비스업체들은 흔히 환자의 편의를 위하여 종합병원 인근에 위치한다. 의원들은 종합병원 주변에 위치하거나 다른 의원들과 함께 중심가에 몰려 있다. 대중교통으로의 접근성이 일반적으로 중요한 고려사항이다.

소매기관에게는 편리한 교통과 주차시설이 결정적으로 중요할 수 있다. 쇼핑몰은 넓은 무료 주차장을 제공하고 또 주거지역에 가깝기 때문에 도심지는 쇼핑몰에 비해 고객유인 측면에서 불리할 수 있다.

도심지역에서 고객이 서비스업체를 방문(주택수리나 카펫 청소와 같은 방문 서비스와는 달리)해야 하는 모든 유형의 서비스업에서는 고객의 안전과 치안이 핵심 요인이 될 수도 있다.

많은 소매점이 복수의 점포(입지)를 가지고 있으며 이러한 경우 고려해야 할 점에는 다음과 같은 것들이 있다.

- 어떻게 하면 전체 점포들의 총 매출, 시장점유율, 이익을 최적화할 것인가? 일부 시설의 업그레이드, 일부 지점의 확장, 신규 지점의 추가, 일부 지점의 폐쇄와 위치 변경 등을 적절하게 조합하는 것도 방법이 될 수 있다.
- 각 해결 방안을 사용하여 실현 가능한 매출은 얼마인가?
- 다른 점포에 해를 끼치지 않으면서 시장점유율, 매출, 이익을 최대화하려면 점포들은 어디에 위치해야 하는가? 이것은 가맹점주들과 프랜차이즈 본부 사이의 갈등을 일으키는 주 원인이 될 수도 있다.
- 경쟁자가 인근에 점포를 내면 시장점유율, 매출, 이익에 어떠한 영향을 미칠까?

온라인 소매점의 최신 경향은 빠른 배송을 위해 시장과 가까운 곳에 창고를 설치하는 것이다. 이런 현상은 특히 온라인 의류판매업에서 두드러진다.

## 8.7 입지대안평가

입지대안을 평가하는 몇 가지 기법들이 있는데 입지 비용–이익–조업도 분석, 요인 평정법, 무게 중심법 같은 것들이다.

### 입지 비용–이익–조업도 분석

비용–이익–조업도 분석 기법을 사용하면 입지 대안들을 경제적으로 평가하는 것이 용이해진다. 이 분석은 수식이나 그래프를 사용하여 이루어질 수 있는데 그래프를 사용하면 개념을 더 쉽게 이해할 수 있고 각 대안이 다른 대안에 비하여 우월한 구간을 표시할 수 있다는 장점이 있다.

**입지 비용–이익–조업도 분석**(locational cost-profit-volume analysis)은 다음과 같은 3단계로 이루어진다.

**입지 비용–이익–조업도 분석** 입지 대안들을 경제적 측면에서 평가하는 기법

1. 각 입지 대안과 관련된 고정비와 변동비를 파악한다.
2. 각 대안의 총비용선을 하나의 그래프에 모두 나타낸다.
3. 예상되는 물량을 생산하는 데 드는 총비용이 어느 입지 대안에서 가장 낮은지 결정한다. 어느 입지 대안에서의 이익이 가장 큰지 결정해도 된다.

이 기법은 다음과 같은 가정을 전제한다.

- 현실적인 산출 범위에서 고정비용은 변하지 않는다.
- 현실적인 산출 범위에서 변동비는 산출에 정비례한다.
- 필요한 산출 수준을 꽤 정확하게 추정할 수 있다.
- 한 가지 제품만 취급한다.

비용 분석을 위해 각 입지의 총비용을 다음과 같이 계산한다.

$$총비용 = FC + v \times Q \qquad (8\text{-}1)$$

단,

FC = 고정비용
$v$ = 단위당 변동비용
$Q$ = 산출량

**예제 1**

mhhe.com/stevenson14e

### 복수 대안들의 최저 비용 구간 구하기

다음 표에는 공장 입지 후보지 네 곳의 고정비용과 변동비용 자료가 정리되어 있다.

| 입지 | 고정비 | 단위당 변동비 |
|---|---|---|
| A | $250,000 | $11 |
| B | 100,000 | 30 |
| C | 150,000 | 20 |
| D | 200,000 | 35 |

a. 모든 대안들의 총비용선을 하나의 그래프 상에 표시하라.
b. 각 대안별로 해당 대안이 가장 우월한 구간, 즉 총비용이 가장 낮은 구간을 파악하라.
c. 예상 산출이 연간 8,000단위일 때 어느 대안의 총비용이 가장 낮은가?

**풀이**

a. 예상 산출과 비슷한 산출량을 정하고(이를 테면, 10,000단위/년), 그 산출량을 기준으로 각 입지 대안의 총비용을 계산한다.

| 입지 | 고정비 | + | 변동비 | = | 총비용 |
|---|---|---|---|---|---|
| A | $250,000 | + | $11(10,000) | = | $360,000 |
| B | 100,000 | + | 30(10,000) | = | 400,000 |
| C | 150,000 | + | 20(10,000) | = | 350,000 |
| D | 200,000 | + | 35(10,000) | = | 550,000 |

각 대안에 대하여 고정비(산출 = 0)와 산출이 10,000단위일 때의 총비용을 연결하는 직선을 긋는다(다음 그림 참조).

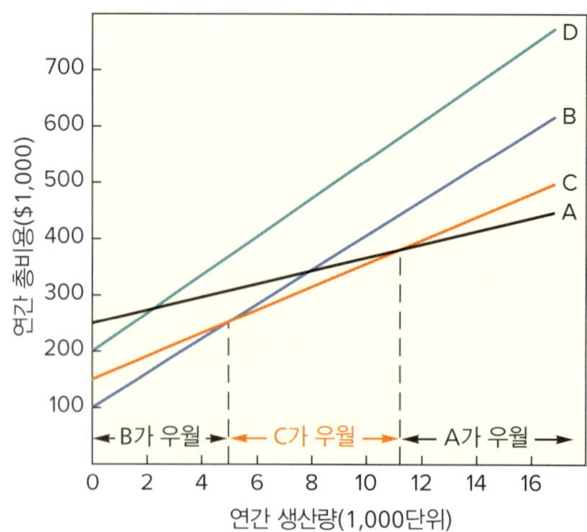


b. 각 대안의 최저 비용인 구간이 그래프에 *대략적으로* 나타나 있다. 대안 D는 어떤 산출 수준에서도 비용이 가장 낮지 않음에 유의하라. 정확한 구간은 직선 B와 C 그리고 직선 C와 A가 만나는 점의 산출을 구하면 된다. 이를 위해 각 해당 직선 쌍을 등식으로 놓고 산출량에 대하

여 풀면 된다. 즉, 대안 B와 C에 대해서는 다음 식

(B) (C)

$\$100,000 + \$30Q = \$150,000 + \$20Q$

을 풀면, $Q$ = 5,000단위/연을 얻는다.

대안 C와 A에 대해서는,

(C) (A)

$\$150,000 + \$20Q = \$250,000 + \$11Q$

을 풀면, $Q$ = 11,111단위/연을 얻는다.

c. 그래프를 보면 연간 산출이 8,000단위라면 대안 C의 총비용이 가장 낮음을 알 수 있다.

이익분석은 다음과 같이 각 입지 별로 총이익을 계산한다.

$$\text{이익} = Q(R - v) - \text{FC} \tag{8-2}$$

단,

$R$ = 단위당 수익

이 장의 말미에 있는 문제풀이연습 2번에 이익분석의 예가 제시되어 있다.

예상되는 산출량이 한 입지 대안이 대안 대안들보다 비용상 우월한 구간 내에 위치하면 최적 입지를 쉽게 선택할 수 있다. 하지만, 예상 산출량이 그런 구간의 시작 부분이나 끝 부분에 위치하면, 두 대안의 연간 총비용이 비슷할 수 있다는 의미이므로 이 경우 의사결정자는 *총비용* 측면에서는 두 가지 대안에 대하여 무차별적일 것이다. 그러나 대부분의 경우에 비용 이외의 다른 요인들도 신중히 고려해야 하는 것이 일반적이다. 이 절의 후반부에 여러 가지 요인들을 반영하는 일반적인 방법을 소개한다. 우선, 입지결정에 흔히 고려해야 하는 다른 한 가지 중요한 비용 요인, 즉 운송비용에 대해서도 알아보자.

## 수송모형

때로는 운송비용이 입지결정에 중요한 역할을 한다. 운송비용은 원자재나 완제품의 이동에 따라 발생한다. 특정 입지가 운송과정에서의 유일한 출발지이거나 목적지이면 비용-이익-조업도 분석을 할 때 단위당 운송비를 그 입지의 단위당 변동비용에 포함하면 된다(원자재의 경우 운송비는 *산출* 단위당 운송비로 환산하여 다른 변동비와 단위를 일치시켜야 한다).

복수의 출발지와 복수의 목적지 사이에 운송이 일어나는 경우, 한 입지를 출발지나 목적지로 추가하고자 할 경우에는 운송문제 분석을 별도로 수행해야 한다. 이런 경우에 *수송모형* 선형계획법(*transportation model* of linear programming)이 아주 유용하다. 이는 새로운 입지가 기존 시스템에 추가될 때 운송비용을 최소로 하는 운송계획을 찾는 데 특화된 알고리즘이다. 또한 여러 입지가 기존 시스템에 추가되거나 완전히 새로운 시스템을 개발할 때에도 유용하다. 이 모형을 사용하면 각 시스템 구성 대안의 최소비용을 찾을 수 있다. 뒤에 나오는 문제풀이연습 1번에서 수송모형을 이용한 분석 결과가 입지 비용-조업도 분석 방식의 분석 결과와 결합되어 사용되는 과정을 볼 수 있다.

이 교재의 웹 사이트에서 북서코너법(northrwest corner), 디딤돌법(steppingstone), 보겔

법(Vogel's approximation method)과 같은 기법들을 포함하여 수송모형 전반에 걸친 내용을 제공하고 있다.

## 요인평정법

요인평정법은 자동차나 주택의 구입과 같은 구매 결정부터 직업이나 직장의 선택과 같은 의사결정 등에 이르기까지 광범위하게 적용할 수 있는 기법이다. 여기서는 입지결정에 이 방법을 적용한다.

**요인평정법** 정량적 요인과 정성적 요인을 모두 고려하여 입지를 평가하는 데 사용하는 일반적인 방법

일반적으로 입지결정에는 정성적 요인과 정량적 요인이 모두 관련되며 그 구체적인 내용은 상황에 따라 다르다. **요인평정법**(factor rating)은 특정 입지를 평가하거나 여러 입지 대안들을 비교하는 데 유용한 일반적인 방법이다. 요인평정법을 사용하면 각 입지 대안과 관련된 모든 요인들을 고려하여 *종합적인* 매력도를 매길 수 있으므로 합리적으로 평가할 수 있고 여러 대안들을 쉽게 비교할 수 있다. 의사결정자는 요인평정법을 사용하여 자신의 주관적 의견과 정량적 정보를 의사결정에 반영할 수 있다.

다음은 요인평정법이 진행되는 절차이다.

1. 고려해야 할 요인들을 정한다(예, 시장 위치, 용수 공급, 주차 시설, 예상 수익).
2. 모든 요인들을 비교하여 각 요인의 상대적 가중치를 매긴다. 가중치의 합은 1이다.
3. 모든 요인에 대하여 사용할 단일 점수 척도(이를테면, 1에서 100까지)를 정하고, 필요하면 최저 한계점수를 정한다. 높은 범죄율과 같은 바람직하지 않은 요인은 음의 점수를 부여할 수 있다. 또는 낮은 범죄율은 높은 점수를 그리고 높은 범죄율은 낮은 점수를 주는 방식으로 진행할 수도 있다.
4. 각 입지 대안에 점수를 매긴다.
5. 대안별로, 각 요인의 가중치와 점수를 곱하여 가중점수를 구한 다음 이 가중점수들을 합하여 종합점수를 구한다.
6. 종합점수가 가장 높은 대안을 선택한다. 만약 이 점수가 최저 허용점수에 못 미치면 새로운 대안을 찾든가 기준을 낮출 수 있다.

예제 2에 상기 절차가 예시되어 있다.

**예제 2**

mhhe.com/stevenson14e

### 대안 비교에 요인평정법 사용하기

어떤 커피 프랜차이즈 회사가 새로운 지점을 열려고 한다. 다음 표에 두 유력한 대안에 대한 정보가 담겨있다. 어느 대안이 더 나은가?

| | | 점수(100점 만점) | | 가중점수 | |
|---|---|---|---|---|---|
| 입지요인 | 가중치 | 대안 1 | 대안 2 | 대안 1 | 대안 2 |
| 기존 지점과의 거리 | 0.10 | 100 | 60 | 0.10(100) = 10.0 | 0.10(60) = 6.0 |
| 교통량 | 0.05 | 80 | 80 | 0.05(80) = 4.0 | 0.05(80) = 4.0 |
| 임차비용 | 0.40 | 70 | 90 | 0.40(70) = 28.0 | 0.40(90) = 36.0 |
| 크기 | 0.10 | 86 | 92 | 0.10(86) = 8.6 | 0.10(92) = 9.2 |
| 매장 배치 | 0.20 | 40 | 70 | 0.20(40) = 8.0 | 0.20(70) = 14.0 |
| 운영비용 | 0.15 | 80 | 90 | 0.15(80) = 12.0 | 0.15(90) = 13.5 |
| | | | | 70.6 | 82.7 |

풀이

대안 2의 종합점수가 더 높으므로 대안 2가 더 낫다.

어떤 경우에는 경영자가 종합점수의 하한을 설정할 수도 있다. 특정 대안이 그 하한에 미달하면 그 대안은 더 이상 고려하지 않고 탈락시킬 수 있다. 모든 대안들이 하한에 미달하면 대안을 추가하든지 하한을 낮추어 의사결정해야 할 수도 있다.

## 무게중심법

**무게중심법**

운송비용을 최소화하는 물류센터의 위치를 결정하는 방법

**무게중심법**(center of gravity method)은 여러 목적지에 물품을 배송해야 하는 시설의 입지를 선정할 때 운송거리를 최소화하거나 운송비용을 최소화하는 입지를 결정하는 방법이다. 예컨대, 도시 계획자가 인구밀도와 병원, 양로원, 고속도로, 공항, 소매업체들의 위치를 고려하여 소방서나 대피소, 학교, 복지관, 문화 센터 등의 입지를 정할 때 사용한다. 경찰서나 소방서의 입지를 정할 때 흔히 사용하는 목표는 응급 전화를 받고 현장까지 가는 데 걸리는 시간의 최소화이다. 무게중심법은 물류센터의 입지를 정하는 데도 사용되며, 전형적인 목표는 물류비용의 최소화이다. 이 방법에서 물류비용은 거리와 운송량의 일차함수로 간주하며 각 목적지로 운송될 물량은 변하지 않는다고 가정한다. 그러나 계절적 변동처럼 각 목적지로의 상대적 물량이 변하지 않는다는 전제하에서 물량의 변화를 반영할 수도 있다.

이 방법을 사용하려면 목적지들이 표시된 지도가 필요하다. 지도는 축척이 적절해야 하고 정확해야 한다. 지도 위에 표기된 목적지들 간의 상대적 위치 표기가 정확해야 하는 반면, 원점(0,0)의 위치나 축척의 정확성은 그리 중요하지 않다. 좌표 시스템이 설정되면 각 입지 대안의 좌표를 정할 수 있다(그림 8.1의 A와 B 참조).

만약 각 목적지로 운송될 양이 모두 *같으면*, 모든 목적지의 $x$-좌표 값들의 평균값과 $y$-좌표 값들의 평균값이 바로 무게중심이 된다(그림 8.1 참조). 이 평균들은 다음 공식들을 사용하여 쉽게 구할 수 있다.

$$\bar{x} = \frac{\sum x_i}{n}$$
$$\bar{y} = \frac{\sum y_i}{n} \qquad (8\text{-}3)$$

**그림 8.1** 무게중심법

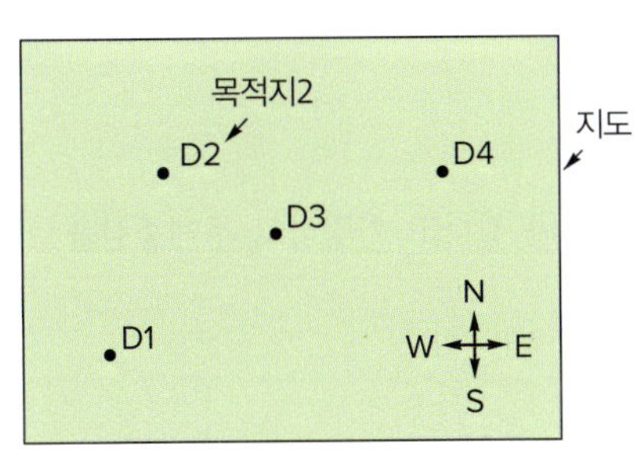

A. 목적지가 표시된 지도

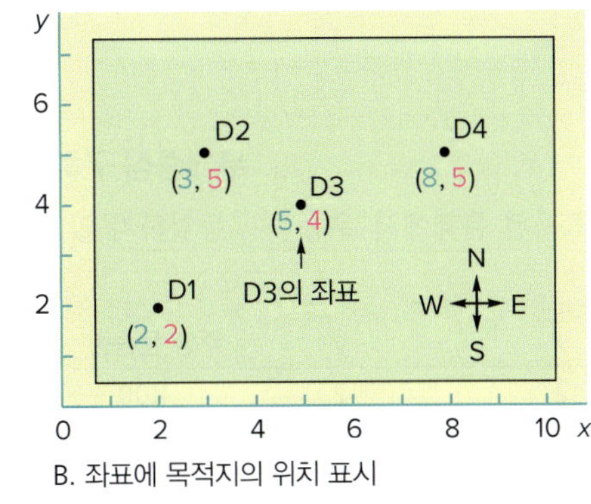

B. 좌표에 목적지의 위치 표시

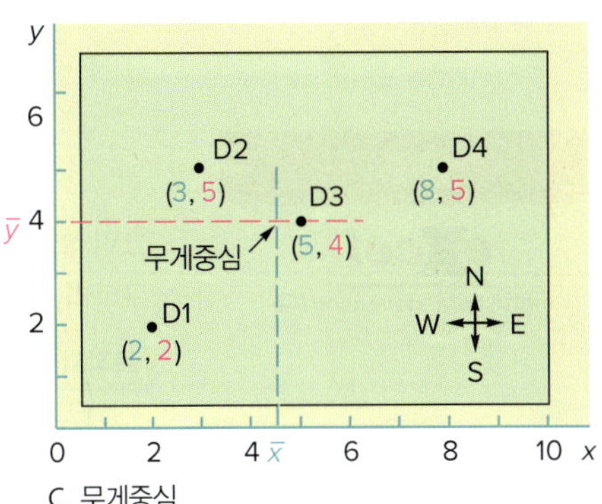

C. 무게중심

단,

$x_i$ = 목적지 $i$의 $x$ 좌표
$y_i$ = 목적지 $i$의 $y$ 좌표
$n$ = 목적지의 수

각 목적지로 운송될 양이 같지 않으면, 목적지별 운송량을 가중치로 한 *가중평균값*을 구하여 무게중심을 결정한다. 운송량보다 운송 횟수가 더 중요할 경우, 운송량 대신 운송거리가 측정지표로 사용된다.
이를 위한 공식은 다음과 같다.

$$\bar{x} = \frac{\sum x_i Q_i}{\sum Q_i}$$

$$\bar{y} = \frac{\sum y_i Q_i}{\sum Q_i} \qquad (8\text{-}4)$$

단,

$Q_i$ = 목적지 $i$의 운송량
$x_i$ = 목적지 $i$의 $x$ 좌표
$y_i$ = 목적지 $i$의 $y$ 좌표

**예제 3**

mhhe.com/stevenson14e

**무게중심 구하기**

그림 8.1C에 표현된 문제의 무게중심을 구하라. 무게중심으로부터 각 목적지로의 물동량은 같다고 가정한다.

**풀이**

그림 8.1B로부터 각 목적지의 좌표를 구할 수 있다.

| 목적지 | $x$ | $y$ |
|---|---|---|
| D1 | 2, | 2 |
| D2 | 3, | 5 |
| D3 | 5, | 4 |
| D4 | 8, | 5 |
| | 18 | 16 |

$$\bar{x} = \frac{\sum x_i}{n} = \frac{18}{4} = 4.5 \qquad \bar{y} = \frac{\sum y_i}{n} = \frac{16}{4} = 4$$

따라서 무게중심은 (4.5,4)이며, 목적지 D3의 바로 서쪽에 위치한다(그림 8.1C 참조).

**예제 4**

mhhe.com/stevenson14e

**무게중심 구하기**

그림 8.1A에 표시된 문제에서 운송량이 동일하지 않고 다음 표와 같다고 가정하고 무게중심을 구하라.

| 목적지 | $x$ | $y$ | 주당 운송량 |
|---|---|---|---|
| D1 | 2, | 2 | 800 |
| D2 | 3, | 5 | 900 |

| | | | |
|---|---|---|---|
| D3 | 5, | 4 | 200 |
| D4 | 8, | 5 | 100 |
| | | | 2,000 |

**풀이**

목적지별로 운송량이 다르므로 가중평균 공식을 사용한다.

$$\bar{x} = \frac{\sum x_i Q_i}{\sum Q_i} = \frac{2(800) + 3(900) + 5(200) + 8(100)}{2{,}000} = \frac{6{,}100}{2{,}000} = 3.05[\text{반올림하여 } 3]$$

$$\bar{y} = \frac{\sum y_i Q_i}{\sum Q_i} = \frac{2(800) + 5(900) + 4(200) + 5(100)}{2{,}000} = \frac{7{,}400}{2{,}000} = 3.7$$

따라서 무게중심의 좌표는 대략 (3,3.7)이다. 이 점은 목적지 D2 남쪽에 위치한다(그림 8.2 참조).

**그림 8.2** 예제 4의 무게중심

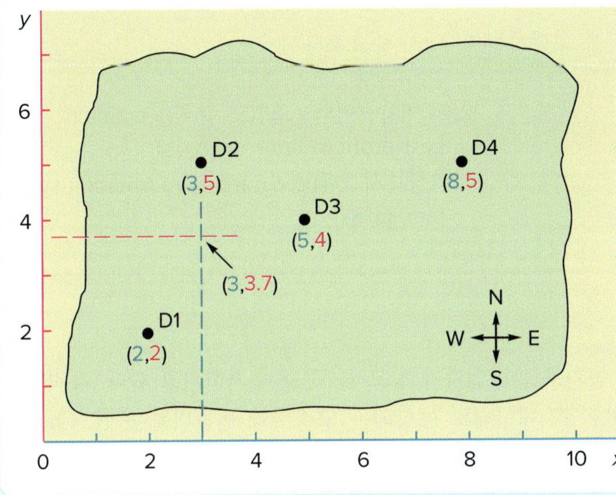


**그림 8.3** 예제 4의 문제풀이

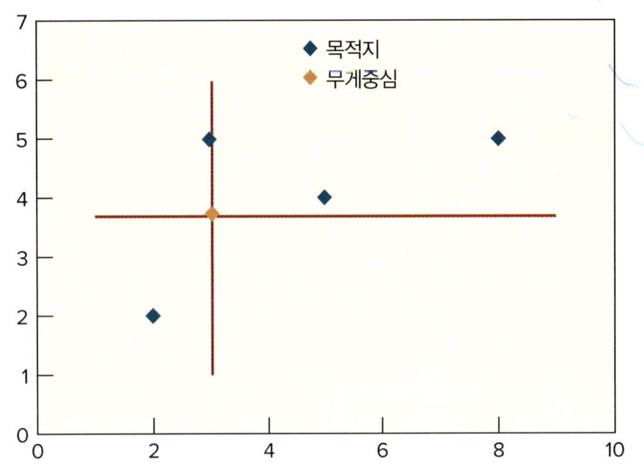


예제 4의 풀이는 그림 8.3을 참조하라. 또는 교재 웹 사이트에 있는 Excel 템플릿을 사용하여 문제를 풀어볼 수도 있다.

## 요약

입지결정 문제는 어느 조직이나 겪게 되는 문제이다. 조직이 입지결정 문제를 고려하는 이유는 조직의 성장, 기존 시장의 소멸과 새로운 시장의 출현을 포함하는 시장의 이동, 원자재 고갈, 신규 제품이나 서비스의 출시 등을 포함하여 다양하다. 입지결정은 그 효과가 장기적으로 나타나며 생산운영시스템에 중요한 영향을 미치므로 매우 신중하게 이루어져야 한다.

기존 조직은 입지결정과 관련한 우선적인 대안들로 기존 시설의 확장, 이전, 신규 시설의 추가 또는 현상유지를 고려할 수 있다.

입지결정에 주로 영향을 미치는 현실적 요인으로는 원자재의 위치, 인력 공급, 시장관련 사항, 지역사회 관련 요인, 부지 관련 요인, 기후 등이 있다. 해외 입지가 인건비, 풍부한 자재, 잠재적 시장 측면에서 매력적일 수 있지만, 해외에서 부딪칠 수 있는 문제에는 언어 차이, 문화적 차이, 편견, 정치적 불안정 등이 있다.

입지 대안들을 좁혀 나가는 일반적인 방법은 우선 전반적인 요구사항을 만족하는 국가나 지역을 정한 다음 심층 분석을 할 지역사회와 부지를 파악하는 것이다. 입지 대안을 평가하는 방법에는 여러 가지가 있다. 이 장에서 설명한 방법에는 입지 비용-이익-조업도 분석, 요인평정법 그리고 무게중심법이 있다. 수송모형도 간단히 설명하였다.

입지 분석에 사용할 수 있는 상업용 소프트웨어가 많이 있다. 이 장에서 설명한 수송모형 선형계획법 외에도 선형계획법이나 혼합정수계획법 알고리즘을 이용한 패키지들이 많이 있다. 이외에도 일부 소프트웨어는 휴리스틱 알고리즘을 사용하여 만족할 만한 해법을 구하는 데 도움이 된다.

## 주요 내용

1. 입지 결정은 전략적 의사결정이다. 이 결정은 사업의 성공과 실패에 중요한 역할을 한다.
2. 일반적으로 입지 결정은 장기적이고 상당한 비용이 들기 때문에 신중하게 입지를 선택하는 것이 중요하다.
3. 의사결정자는 의사결정 시, 일부 요인들에 치우지지 말고 되도록 많은 요인들 고려해야 한다. 또한, 주요 요인의 도출 및 가중치 산출이 필수적이며, 이러한 정보를 대안 평가 시 사용해야 한다.
4. 입지 선택이 공급사슬에 끼칠 영향을 고려하는 것 역시 중요하다.

## 주요 용어

마이크로공장(microfactory)
무게중심법(center of gravity method)
요인평정법(factor rating)
입지 비용-이익-조업도 분석(locational cost-profit-volume analysis)
지리정보시스템(geographic information system, GIS)

## 문제풀이연습

**문제 1** **비용 분석.** 3곳에 창고를 가지고 있는 농기구 판매업자가 창고 한 곳을 추가하려고 한다. 유력한 입지는 Charlotte, Atlanta, Columbia이다. 각 대안별로 예상되는 고정비와 변동비를 보면, Charlotte에 둘 경우 고정비는 월 $4,000이고 단위당 변동비는 $4이며, Atlanta에 둘 경우 고정비는 월 $3,500이고 단위당 변동비는 $5이며, Columbia에 둘 경우 고정비는 월 $5,000이고 단위당 변동비는 $6이다. 예상되는 월간 운송비 증가액은 Charlotte, Atlanta, Columbia 각각 $19,000, $22,000, $18,000이다. 월간 800단위를 처리할 때 총비용이 가장 낮은 곳은 어디인가?

주어진 정보에서 월간 운송 물량은 800단위이다.

**풀이**

| | 월간 고정비 | 단위당 변동비 | 월간 운송비 |
|---|---|---|---|
| Charlotte | $4,000 | $4 | $19,000 |
| Atlanta | 3,500 | 5 | 22,000 |
| Columbia | 5,000 | 6 | 18,000 |

월간 총비용 = 고정비 + 변동비 + 운송비

*Charlotte*: $4,000+ $4 × 800 + $19,000 = $26,200

*Atlanta*: $3,500 + $5 × 800 + $22,000 = $29,500

*Columbia*: $5,000 + $6 × 800 + $18,000 = $27,800

따라서 새로운 창고는 Charlotte에 두는 것이 가장 비용이 적게 든다

**문제 2** **이익 분석.** 스테이플러 제조업자가 공장의 임차기간이 만료되어 다른 곳으로 이전해야 한다. 현재 두 곳의 입지(A, B)가 유력한데, 월간 예상 고정비용을 보면 A입지는 $8,000이고 B입지는 $9,400

이다. A입지와 B입지의 단위당 변동비용은 각각 $5와 $4이다. 수요는 안정적이어서 지난 수년 동안 월 8,800개 정도였으며 당분간 변하지 않을 것으로 예상된다. 스테이플러의 판매가를 $6로 가정하고 두 입지 중 어디에서 이익이 더 클지 판단하라.

**풀이**

이익 $= Q(R - v) - FC$

| 입지 | 수익($/월) | FC | $v$ | 이익($/월) |
|---|---|---|---|---|
| A | $52,800 | $8,000 | $44,000 | $800 |
| B | $52,800 | $9,400 | $35,200 | $8,200 |

따라서 B입지에서 이익을 더 많이 낼 것으로 예상된다.

**문제 3**

**요인평정법.** 아래에 주어진 정보를 사용하여 어느 입지 대안의 요인평정 점수가 높은지 결정하라.

| | | 입지별 점수 | |
|---|---|---|---|
| 요인 | 가중치 | A | B |
| 노동비 | 5 | 20 | 40 |
| 원자재비 | 3 | 10 | 30 |
| 운송비 | 2 | 50 | 10 |

**풀이**

각 입지의 요인 점수에 가중치를 곱하여 합계를 구한 결과 입지 B의 종합점수가 더 높다.

| | | 입지별 점수 | | 가중 점수 | |
|---|---|---|---|---|---|
| 요인 | 가중치 | A | B | A | B |
| 노동비 | 5 | 20 | 40 | 5(20)= 100 | 5(40)= 200 |
| 원자재비 | 3 | 10 | 30 | 3(10)= 30 | (30)= 90 |
| 운송비 | 2 | 50 | 10 | 2(50)= 100 | (10)= 20 |
| 총점 | | | | 230 | 310 |

**문제 4**

**무게중심법.** 아래 표에 나타난 목적지들의 무게중심을 구하라.

| 목적지 | $x, y$ | 주당 운송량 |
|---|---|---|
| D1 | 3, 5 | 20 |
| D2 | 6, 8 | 10 |
| D3 | 2, 7 | 15 |
| D4 | 4, 5 | 15 |
| | | 60 |

**풀이**

목적지별 물량이 같다면, 식 (8-3)을 사용할 수 있으나, 다르므로 식 (8-4)를 사용해서 다음과 같이 구한다.

$$\bar{x} = \frac{\sum xQ}{\sum Q} = \frac{3(20) + 6(10) + 2(15) + 4(15)}{60} = \frac{210}{60} = 3.5$$

$$\bar{y} = \frac{\sum yQ}{\sum Q} = \frac{5(20) + 8(10) + 7(15) + 5(15)}{60} = \frac{360}{60} = 6.0$$

따라서 무게 중심은 ($x = 3.5$, $y = 6.0$)이다.

## 토의 및 복습문제

1. 입지결정은 생산시스템에 어떻게 영향을 미치는가?
2. "입지결정의 중요도가 종종 지나치게 과장되고 있다. 사실 모든 형태의 사업체가 곳곳에 위치하고 있는데, 이를 보면 적당한 입지를 찾는 일은 문제될 것이 없음을 의미한다."라는 문장에 대한 당신의 견해는 무엇인가?
3. 입지결정에 영향을 미치는 지역사회 요인에는 어떤 것들이 있는가?
4. 제조업과 비제조업의 입지결정 의사결정의 유사점과 차이점은 무엇인가?
5. 해외 입지의 잠재적인 장단점을 들고 설명하라.
6. 요인평정법이란 무엇이며 그 절차는 어떻게 되는가?
7. 입지 대안들을 개발하는 일반적인 접근방법을 설명하라.
8. 입지 비용-이익-조업도 분석의 기본적인 가정들은 무엇인가?
9. 입지 결정에 관한 최근의 추세와 미래에는 어떠한 추세가 생겨날지에 대하여 토의하라.

## 연습문제

1. 어떤 신설 기업이 공장입지를 정해야 한다. 두 곳의 유력한 후보지가 있는데 한 곳은 주요 원자재 인근이고 다른 곳은 주요 고객사들 인근이다. 원자재 인근에 위치하면 고객사들 인근에 위치하는 것에 비해 고정비와 변동비가 낮지만 경영진은 주요 고객사들이 인근의 공급자를 선호하는 경향이 있으므로 매출 손실이 좀 있을 것으로 생각한다. 어느 곳에 위치하든지 단위당 매출은 $185이다. 아래의 정보를 사용하여 공장을 어느 곳에 입지를 정하는 것이 이익을 더 많이 낼 수 있을지 판단하라.

| | Omaha | Kansas City |
|---|---|---|
| 고정비(백만$/년) | $1.2 | $1.4 |
| 변동비($/단위) | $36 | $47 |
| 기대수요(단위/년) | 8,000 | 12,000 |

2. Genuine Subs, Inc.는 지점을 한 곳 더 추가하여 사업을 확장하려고 하는데 후보지로 세 곳을 조사하였다. 인건비와 원자재(식재료, 냅킨…)비는 모든 지점에서 샌드위치 한 개당 $1.76으로 동일하다. 샌드위치 가격은 위치에 상관없이 개당 $2.65이다. 월 임차료와 장비비는 A 위치에서는 $5,000, B 위치에서는 $5,500, C 위치에서는 $5,800로 예상된다.
   a. 위치별로 월 $10,000의 이익을 내려면 판매량이 각각 얼마 이상이어야 하는가?
   b. 입지 A, B, C의 월간 예상 판매량이 각각 21,000, 22,000, 23,000개일 때 어느 입지에서의 이익이 가장 높을까?
3. 어떤 소규모 공작기계 생산업체가 좀 더 큰 건물로 이전을 하기로 하고 두 곳을 물색하였다. 대안 A의 연간 고정비는 $800,000이고 단위당 변동비는 $14,000이며, 대안 B의 연간 고정비는 $920,000이고 단위당 변동비는 $13,000이다. 공작 기계의 판매 가격은 단위당 $17,000이다.
   a. 두 대안의 연간 총비용이 같아지는 생산량을 구하라.
   b. 대안 A와 B가 각각 유리한 생산량 구간을 구하라.
4. 레저용 보트를 생산하는 업체가 새로운 제품 라인을 추가하려고 하는데 기존 시설의 용량이 모자라서 다른 곳에 신규로 공장을 건립하는 방안(대안 A), 외주 생산(대안 B), 그리고 기존 시설의 확장(대안 C) 등 세 가지 대안을 고려하고 있다. 대안 A는 상당한 고정비가 들어가지만 단위당 변동비는 비교적 낮을 것으로 예상되며, 구체적으로 보면 각각 $250,000/년과 $500/

대이다. 외주로 생산하면 보트 한 대당 $2,500이 들고, 기존 시설을 확장하면 연간 고정비가 $50,000 증가하고 변동비는 보트 한 대당 $1,000로 예상된다.

a. 각 대안이 가장 유리한 생산량 구간을 구하라.

b. 보트를 연간 150대 생산할 때 어느 대안의 총비용이 가장 낮은가?

c. 기존 시설의 확장과 외주 생산 중 선택하여야 할 때 고려해야 하는 다른 사항들은 무엇이 있는가?

5. 다음의 추가 정보를 이용하여 문제 4b를 다시 풀어보라. 각 대안에서 연간 운송비용 증가액이 기존 시설을 확장할 경우는 $70,000이고, 외주 생산할 경우는 $25,000이며 신규 공장을 건립하면 $4,000이다.

6. 최근에 급성장한 어떤 기업이 작은 공장을 임차하려고 한다. 현재 유력한 입지는 Memphis, Tenn., Biloxi, Miss., Birmingham, Ala. 등 세 곳이다. Memphis, Biloxi, Birmingham의 연간 임차료와 설비비, 관리비의 총액은 각각 $40,000, $60,000, $100,000으로 추산된다. 또한, 세 입지의 단위당 원자재비와 인건비의 총액은 각각 $8, $4, $5이다. 그리고 세 곳의 연간 운송비 증가액은 각각 $50,000, $60,000, $25,000로 예상된다. 연간 예상 생산량이 10,000단위일 때 이들 세 대안에 대하여 경제성 분석을 하라.

7. 어떤 은퇴한 자동차 정비사가 자동차 좌석에 난방과 환기장치를 설치하는 센터를 열려고 하는데 사업장으로 시내 중심부와 외곽 두 곳 중 한 곳을 고려하고 있다. 시내 중심부에 센터를 열면 매월 고정비 $7,000에 차 한 대당 인건비, 자재비, 운송비가 $30가 들 것으로 예상된다. 시 외곽에 열면 매월 고정비 $4,700에 차 한 대당 인건비, 자재비, 운송비가 $40가 들 것으로 예상된다. 대당 설치 가격은 $300이다.

a. 매월 수요가 (1) 200대와 (2) 300대인 경우 각각에 대하여 어느 입지가 더 많은 이익을 낼 수 있는가?

b. 두 곳의 이익이 같아지는 수요량은 얼마인가?

8. 아래의 네 가지 조직에 대하여 입지결정 시 각 요인의 중요도를 L(낮음), M(중간) H(높음)로 구별하여 매겨보라.

| 요인 | 은행 지점 | 제철소 | 식자재창고 | 공립학교 |
|---|---|---|---|---|
| 고객 편리성 | ______ | ______ | ______ | ______ |
| 건물의 매력도 | ______ | ______ | ______ | ______ |
| 원자재 근접성 | ______ | ______ | ______ | ______ |
| 풍부한 전력 | ______ | ______ | ______ | ______ |
| 오염 규제 | ______ | ______ | ______ | ______ |
| 풍부한 노동력과 인건비 | ______ | ______ | ______ | ______ |
| 운송비 | ______ | ______ | ______ | ______ |
| 건축비 | ______ | ______ | ______ | ______ |

9. 아래 자료에서 요인평정법을 사용하여 종합점수가 가장 높은 입지를 찾아라.

| | | 각 입지의 점수 | | |
|---|---|---|---|---|
| 요인(100점 만점) | 가중치 | A | B | C |
| 편의성 | 0.15 | 80 | 70 | 60 |
| 주차시설 | 0.20 | 72 | 76 | 92 |
| 전시장 | 0.18 | 88 | 90 | 90 |
| 유동인구 | 0.27 | 94 | 86 | 80 |

| 요인(100점 만점) | 가중치 | 각 입지의 점수 A | B | C |
|---|---|---|---|---|
| 운영비용 | 0.10 | 98 | 90 | 82 |
| 주변환경 | 0.10 | 96 | 85 | 75 |
| | 1.00 | | | |

10. 아래 자료에서 요인평정법을 사용하여 종합점수가 가장 높은 입지를 찾아라.

| 요인 | 가중치 | East #1 | East #2 | West |
|---|---|---|---|---|
| 초기비용 | 8 | 100 | 150 | 140 |
| 교통 | 10 | 140 | 140 | 130 |
| 유지보수 | 6 | 120 | 125 | 118 |
| 부두 규모 | 6 | 125 | 110 | 112 |
| 주변환경 | 4 | 112 | 118 | 115 |

11. 새로운 사무용 건물을 건립하기 위해 세 가지 입지 대안에 대하여 아래 표와 같이 평정하였다.

| 요인 | 각 입지의 점수 A | B | C |
|---|---|---|---|
| 사업환경 | 9 | 5 | 5 |
| 지역환경 | 7 | 6 | 7 |
| 토지비용 | 3 | 8 | 7 |
| 건설비용 | 5 | 6 | 5 |
| 거주비용 | 4 | 7 | 8 |
| 세금 | 5 | 5 | 4 |
| 교통 | 6 | 7 | 8 |

a. 각 요인의 중요도가 같다면 종합점수가 높은 것부터 순서대로 나열하라.

b. 사업환경 요소와 건설비용 요소의 가중치가 다른 요인들의 가중치의 2배일 때 종합점수가 높은 것부터 순서대로 나열하라.

12. 어떤 장난감 회사는 전국에 걸쳐 다섯 곳에 생산 시설이 있다. 원자재(주로 플라스틱 가루) 창고를 한 곳에 신축하여 이들 공장에 공급할 계획이다. 매월 각 공장에 운송할 원자재의 양은 모든 공장이 동일하다. 각 공장의 위치를 나타내는 좌표는 아래 표에 나타난 바와 같다. 이 신규 원자재 창고의 입지를 결정하라.

| 위치 | $(x, y)$ |
|---|---|
| A | 3, 7 |
| B | 8, 2 |
| C | 4, 6 |
| D | 4, 1 |
| E | 6, 4 |

13. 한 의류업체가 멕시코의 네 군데 공장에서 여성 의류를 생산한다. 이들 공장의 상대적 위치가 아래 표에 나타나 있다. 이 공장들에 원단을 공급하는 중앙 창고의 입지를 결정하려고 한다. 공장별 주당 원단 공급량은 아래 표에 나타난 바와 같다. 배송 비용을 최소화하는 창고의 입지를 결정하라.

| 공장 | (*x*, *y*) | 주간 공급량 |
|---|---|---|
| A | 5,7 | 15 |
| B | 6,9 | 20 |
| C | 3,9 | 25 |
| D | 9,4 | 30 |

14. 유해 물질을 처리하는 한 업체가 다섯 군데 수집 센터에서 유해 물질 폐기물을 수집한 뒤 이를 한 곳의 처리 시설로 보내려고 한다. 각 수집 센터의 위치(좌표)와 일일 배송 물량이 다음 표에 나타난 바와 같을 때 운송비용을 최소화하는 처리 시설의 위치(좌표)를 구하라.

| 수집센터 위치(*x*, *y*) | 물량(톤/일) |
|---|---|
| 10, 5 | 26 |
| 4, 1 | 9 |
| 4, 7 | 25 |
| 2, 6 | 30 |
| 8, 7 | 40 |

15. 다섯 곳의 목적지(D1~D5)에 상품을 공급하는 물류센터의 입지를 결정하기 위하여 유력한 두 곳(L1, L2)의 부지를 찾아서 다음의 지도에서와 같이 표시하였다. 이 두 부지의 매력도는 주요 요인들 측면에서 거의 유사하다. 한 가지 고려해야 할 요인은 무게중심이다. 월간 물동량이 아래 표에 나타난 바와 같을 때 무게중심법을 사용하여 L1과 L2 중 물류센터로 어느 위치가 더 나은지 결정하라.

| 목적지 | 물동량 |
|---|---|
| D1 | 900 |
| D2 | 300 |
| D3 | 700 |
| D4 | 600 |
| D5 | 1,200 |

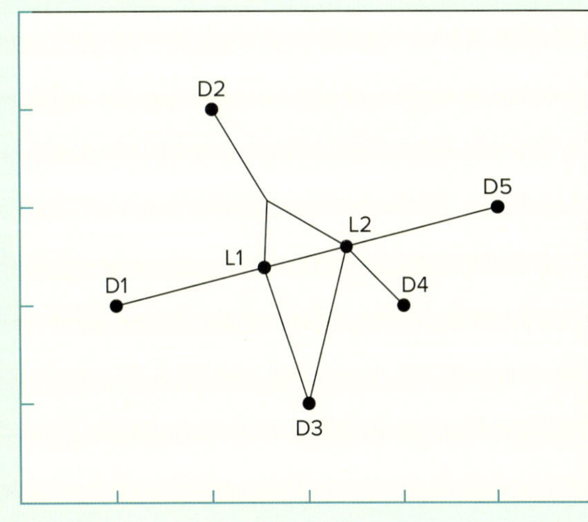

사례 

## 헬로, Walmart?

Walmart는 세계에서 가장 큰 기업이며, 모두가 알다시피 엄청난 성공을 이루었다. 많은 지역에서 Walmart의 입점을 환영하지만 그렇지 않은 경우도 있다. 어떤 사람들은 Walmart가 입점하면 교통체증, 반노조 정서, 불공정 경쟁 등 너무 많은 부정적 영향이 있다고 불평한다.

Walmart가 한 작은 도시의 도시계획위원회에 신규 점포 건축 인가를 신청하겠다는 계획을 발표하였다고 가정하자. 이 계획에 대한 공청회를 앞두고 다음과 같은 두 그룹의 입장에서 인가 찬반 이유들을 작성해 보라.

- Walmart 신축 부지 인근의 소규모 가게 주인
- 이 도시 주민 및 인근 도시의 주민

Walmart는 공청회에서 부각될 수 있는 부정적 견해에 대하여 어떻게 대응하여야 할까? 또한 인가를 받기 위하여 도시계획위원회에 어떤 혜택을 제시하여야 할까?

## 참고문헌


Ballou, Ronald H. *Business Logistics Management*, 5th ed. Upper Saddle River, NJ: Prentice Hall, 2004.

De Meirleir, Marcel. *Location, Location, Location: A Plant Location and Site Selection Guide*. London: Routledge, 2008.

Grimshaw, David J. *Bringing Geographical Information Systems into Business*. New York: John Wiley & Sons, 2000.

Mentzer, John T. "Seven Keys to Facility Location." *Supply Chain Management Review* 12, no. 5, May 2008, p. 25.

Pick, James B. Geo-Business: *GIS in the Digital Organization*. New York: Wiley, 2008.

9

CHAPTER

# 품질경영

## *Management of Quality*

### 학습 목표 *Learning Objectives*

*이 장을 학습한 후 다음과 같은 능력을 가져야 한다.*

**LO9.1** 품질경영 권위자들의 철학에 대해 토론

**LO9.2** 품질을 제품과 서비스 측면에서 정의

**LO9.3** 품질 결정요인들을 식별

**LO9.4** 품질이 중요한 이유와 품질 불량이 초래하는 결과에 대해 설명

**LO9.5** 품질비용을 설명하고 예를 제시

**LO9.6** 품질경영에서 윤리의 중요성을 토론

**LO9.7** 품질경영상들을 비교 설명

**LO9.8** 품질인증의 중요성을 토론

**LO9.9** TQM을 설명

**LO9.10** 문제해결의 개요를 설명

**LO9.11** 프로세스 개선의 개요를 설명

**LO9.12** 식스시그마 방법론을 설명

**LO9.13** 다양한 품질경영의 도구들을 설명하고 사용

### 개요 *Chapter Outline*

Gorodenkoff/Shutterstock



이 장은 품질에 관한 두 개의 장 가운데 첫 번째에 해당한다. 이 장에서는 품질경영의 발전, 품질의 정의, 품질비용 및 불량에 따른 결과, 품질경영상과 품질인증, 종합적 품질경영, 품질경영도구들에 대해 학습할 것이다.

모든 구매 결정의 핵심 요소는 가격과 품질이므로 품질의 중요성은 말할 필요도 없다. 따라서 자동차 제조업체, 전자 제품 판매업체, 금융서비스 업체, 의료 기관, 제과업체 등 모든 조직에서는 품질 및 품질 향상에 집중해야 한다.

## 9.1 서론

넓은 의미로 **품질**(quality)이란 제품이나 서비스가 고객의 욕구나 기대를 지속적으로 충족시키거나 초과하는 능력을 뜻한다. 하지만 고객에 따라 요구가 다양하기 때문에, 실질적인 품질의 정의는 고객에 따라 달라진다.

십여 년 동안 품질은 비즈니스에서 중요한 요소였다. 하지만 그 이후로 품질의 중요성은

**품질**
제품이나 서비스가 지속적으로 고객의 기대를 충족시킬 수 있는 능력

잊혀지기 시작했고, 품질은 다른 관심사의 뒷전으로 밀렸다. 그러나 최근에는 다시 품질에 대한 관심이 급증하고 있다. 이 중 많은 부분은 자동차, 육가공품, 장난감, 농산물, 개사료, 의약품 등에 걸친 광범위한 리콜 비용 및 부정적인 평판 때문이다.

## 9.2 품질경영의 발전과정

산업혁명 이전에는 숙련된 장인들이 생산의 모든 단계를 수행했다. 그들은 기술에 대한 자부심과 명성을 걸고 스스로 직무를 잘 수행하고자 했으며, 오랜 견습 기간을 통해 이러한 자세는 새로운 작업자에게도 전수되었다. 또한 개인 또는 소수의 사람들이 하나의 제품 전체를 전담하고 있었다.

각 작업자가 제품의 일부분만을 담당하는 분업은 산업혁명을 통해 이루어졌다. 작업자들은 이제 최종제품을 쉽게 확인할 수 없었기 때문에 기술에 대한 자부심은 의미를 잃게 되었으며, 품질에 대한 책임은 현장의 감독관(foreman)에게 넘겨졌다. 어떤 경우에는 100% 검사를 행하기도 했지만, 검사를 무계획적으로 행하거나 행하지 않는 경우도 있었다.

품질의 중요성은 '과학적 관리법의 아버지'로 일컬어지는 테일러(Frederick W. Taylor)가 제조관리 핵심 영역에 제품검사와 측정을 포함시키면서 부각되었다. 래드포드(G. S. Radford)는 테일러의 방법을 개선하였으며, 그의 가장 중요한 업적 중 첫 번째는 제품 설계단계 초기부터 품질을 고려해야 함을 제시한 것이고, 두 번째는 품질이 좋을수록 생산성이 높아지고 비용은 감소함을 주장한 것이다.

1924년 벨 전화 연구소는 생산을 모니터하기 위한 통계적 관리도를 도입하였으며, 벨 연구소의 닷지(H. F. Dodge)와 로믹(H. G. Romic)은 1930년경에 표본추출을 위한 표를 도입하였다. 그럼에도 불구하고 미국정부가 납품업체에게 적용을 요구하기 시작한 제2차 세계대전 이전까지는 통계적 품질관리 절차들이 널리 사용되지 못했다.

제2차 세계대전은 품질관리의 중요성을 급격하게 증가시켰다. 미국 육군은 많은 납품업체들로부터 무기를 납품받을 때 사용하기 위해 샘플링기법을 개선하였다. 1940년대 말까지 미국 육군, 벨 연구소 및 주요 대학들은 여러 산업의 기술자들에게 통계적 샘플링기법을 훈련시켰으며, 이와 동시에 품질관리 전문조직이 미국 전역에 등장했다. 이들 중 하나가 미국품질관리협회(American Society of Quality Control, ASQC, 현재 명칭은 ASQ임)이다. 수년 후 협회는 출판물, 세미나, 학회 및 교육훈련 프로그램 등을 통해 품질 관련 영역을 발전시켰다.

1950년대에는 품질보증에 대한 인식이 높아졌다. 1950년대 중반 전사적 품질관리노력은 품질관리의 영역을 제조과정에서 제품 설계와 원자재 입고 영역까지 확대시켰다. 이러한 과정에서 한 가지 주요 특징은 품질에 상위층의 관리자들이 보다 많이 참여하게 된 점이다.

1960년대에는 '무결점(zero-defect)' 운동이 등장하였다. 이는 직원의 동기부여와 인식, 개별 직원의 완벽에 대한 기대감에 집중한 접근법이었다. 이러한 접근법은 마틴이라는 기업이 미국 육군을 위한 '완벽한' 미사일을 생산하는 데 성공하면서 발전하였다.

1970년대에는 정부행정, 의료, 은행 및 여행산업을 비롯한 서비스에서도 품질보증기법이 점점 강조되었다.

또한 1970년대에 발생한 한 사건은 전 세계적으로 품질경영에 영향을 주었다. 석유수출기구(OPEC)에 의해 단행된 원유수출금지는 에너지 비용을 증가시켰으며, 자동차 구매자들은 연료 효율성이 높고 저렴한 차량에 보다 관심을 갖게 되었다. 제품 개선을 위한 노력을 계속해오던 일본 자동차 회사들은 이러한 변화에 준비가 되어 있었으며, 자동차 시장의 시장점유율을 증가시킬 수 있었다. 그들의 자동차 품질은 일본 제조업체들에 대한 명성을 높여주었고, 나아가 일본산 제품들의 미국시장 진출에 큰 기여를 하게 되었다.

시장점유율 감소에 놀란 미국 자동차 제조업체들은 1970년대 후반과 1980년대에 제품의 품질을 향상시키고 비용을 감소시키기 위하여 노력하였다.

1970년대 후반에는 품질보증으로부터 품질에 대한 전략적 접근으로 발전하였다. 그 이전까지는 고객에게 제품이 전달되기 전에 불량을 발견하고 바로잡는 것에 중점을 둔 반응적 접근법이었다. 이에 반해 전략적 접근법은 실수가 발생하지 않도록 하는 데 중점을 두는 예방적 기법으로, 불량을 발견하고 수정하기보다는 품질을 고려하여 제품을 설계하였다. 이러한 접근법은 오늘날 프로세스와 서비스에도 적용되고 있으며, 품질과 이익은 보다 밀접하게 연결되었다. 또한 이러한 접근법은 고객만족을 보다 중시하고, 작업자들뿐만 아니라 모든 계층의 경영자들이 품질향상을 위해 지속적으로 노력하게 만들었다.

## 9.3 현대 품질경영의 기초: 품질경영의 권위자들

현대품질경영 발전에 공헌한 품질 개척자들의 사상과 주요 공헌 내용을 간략히 소개한다.

**슈하르트(Walter Shewhart)** 슈하르트는 품질관리 분야의 진정한 개척자였으며 '통계적 품질관리의 아버지'로 알려지게 되었다. 그는 시정조치가 필요한 시점을 결정하기 위하여 공정의 산출물을 분석하는 관리도 기법(control chart)을 개발하였다. 또한, 그는 데밍과 쥬란의 철학에 지대한 영향을 미쳤다.

**데밍(W. Edwards Deming)** 1940년대 뉴욕대학의 통계학 교수였던 데밍은 2차 세계대전 후 일본으로 건너가 일본의 품질 개선과 생산성 향상에 기여하였다. 1951년, 데밍을 초대했던 일본과학자연맹은 데밍의 강의들을 듣고 매우 감명받아 **데밍상**(Deming Prize)을 만들었다. 데밍상은 뛰어난 품질관리를 수행한 기업과 개인에게 매년 수여된다.

> **데밍상**
> 일본에서 뛰어난 품질관리를 수행한 기업과 개인에게 매년 수여하는 상

데밍은 일본인들에게 존경받았지만, 미국의 주요 사업가들에게는 알려지지 않다가 그가 30여 년간 일본에서 일한 이후에야 미국에서 알려지기 시작했다. 1993년 그가 사망하기 전, 미국의 회사들은 그에게 관심을 갖고 그의 철학을 받아들였으며, 품질개선 프로그램을 수립하기 위해 그에게 도움을 요청하였다.

데밍은 조직에서 품질을 달성하기 위하여 필요한 사항을 14가지로 정리했다(표 9.1 참조). 그는 불량과 비효율의 원인은 사람이 아니라 *시스템*이라고 주장했으며, 원하는 결과를 달성하기 위하여 시스템을 개선하는 것은 *관리자의 책임*이라고 생각했다. 14가지 지침과 함께, 그는 *이상변동*과 *우연변동*을 구별하여 산출물의 변동(표준으로부터의 편차)를 감소시켜야 함을 강조하였다. 데밍의 심오한 지식에는 일본을 세계 경제대국으로 만드는 데 지침이 되었던 신념과 가치들이 반영되어 있다.

**쥬란(Joshep M. Juran)** 데밍과 마찬가지로 쥬란은 일본 제조업체들에게 제품 품질 개선 방법들을 가르쳤으며, 그 역시 품질분야에서 일본에게 성공을 가져다 준 주역으로 여겨진다.

**표 9.1**
데밍의 14가지 지침

1. 제품 및 서비스 개선을 위한 목표를 일관되게 유지하라.
2. 새로운 철학을 채택하라.
3. 고품질 달성을 위해 검사에만 의존하지 마라.
4. 공급업체를 가격만으로 평가하지 말고, 단일 공급업체와 협력하여 총 비용을 최소화하라.
5. 계획, 생산 및 서비스와 관련된 모든 프로세스를 지속적으로 그리고 끊임없이 개선하라.
6. 직무에 대한 교육을 실시하라.
7. 리더십을 가르치고 함양하라.
8. 두려움을 몰아내라.
9. 부서 간의 벽을 허물어라.
10. 직원들에 대한 구호, 권고 및 목표를 없애라.
11. 수치화된 업무 할당량 및 경영 목표를 없애라.
12. 전문가로서의 자부심을 저해하는 요인을 제거하고, 연간 평가 제도를 없애라.
13. 모든 구성원에 대해 교육과 자기개발을 장려하라.
14. 모든 구성원이 혁신에 동참하게 하라.

출처: Adapted from W. Edwards Deming, *Out of the Crisis*, pp.23 and 24. Copyright ©2000 MIT Press. Used with permission.

주란은 품질을 사용적합성 관점에서 보았다. 또한, 그는 품질결함의 대략 80%는 통제 가능하며, 따라서 경영자는 이러한 결함을 시정할 책임이 있다고 믿었다. 그는 품질경영을 품질계획, 품질관리, 품질개선이라는 *세 가지 요소*로 표현했다. 주란에 따르면 품질표준을 *충족시킬 수 있는* 프로세스들을 수립하기 위해 품질계획이 필요하고, 시정조치가 필요한 시점을 파악하기 위해 품질관리가 필요하며, 품질개선은 보다 나은 작업방법을 찾는 데 도움이 된다. 경영층의 지속적인 개선 노력도 주란 철학의 핵심요소이다.

주란은 품질비용을 측정한 최초의 학자들 중 한 명으로 인정받고 있으며, 품질 불량으로 인한 비용의 감소가 잠재적으로 수익을 증가시킬 수 있음을 보여주었다.

**화이겐바움(Armand Feigenbaum)** 화이겐바움은 경영층이 품질에 전념해야 하는 이유로서 부적합 비용(cost of nonconformance) 접근법을 발전시키는 데 기여했다. 그는 품질이 단순히 수단과 기법들의 집합이 아니라 '모든 영역(total field)'이라고 인식했다. 또한 그는 품질이 고객에 의해 정의된다고 주장하였다.

**크로스비(Philip B. Crosby)** 크로스비는 *무결점 개념*을 발전시켜 "처음부터 올바르게 작업하라."는 문구를 유행시켰다. 그는 예방을 강조했으며, "항상 어느 정도의 불량은 있을 수 있다."는 데 반대하였다. 그의 저서 *Quality is free*에서는 낮은 품질로 인한 비용은 기존에 정의되는 것보다 훨씬 크다고 주장한다. 크로스비에 따르면, 낮은 품질로 인한 비용은 너무 크므로 품질에 대한 노력을 비용이라기보다 비용 절감 방법으로 여겨야 한다. 품질을 위한 노력으로 인한 개선이 그 비용보다 크기 때문이다.

크로스비는 그의 저서 *Quality Without Tears: The Art of Hassle-Free Management*에서 기술했듯이, 어떠한 불량이든 그로 인한 손실은 매우 크며, 품질달성은 비교적 쉬울 수 있다고 믿었다.

**이시카와(Kaoru Ishikawa)** 작고한 일본의 품질 전문가 이시카와는 데밍과 쥬란의 영향을 강하게 받았으며 품질관리에 상당한 기여를 했다. 특히 그는 문제해결을 위해 사용되는 특성요인도(cause-effect diagram)를 개발하였으며, 이는 어골도(fishbone chart)라고도 불린다. 또한 작업자들이 품질개선에 참여하는 품질관리분임조(또는 품질분임조)도 제시하였다. 그는 조직 내의 후속 작업자를 *내부고객*으로 본 최초의 품질 전문가이다.

**다구치(Genichi Taguchi)** 다구치는 낮은 품질로 인해 발생하는 비용을 계산하기 위한 다구치 손실함수로 매우 유명하다. 이는 각 부품이 가지는 표준치로부터의 편차는 손실을 초래하며, 각 개별 부품의 편차가 작더라도 모든 부품의 편차들이 합쳐지면 그 영향은 클 수 있다는 개념을 포함한다. 또한 그의 철학에서 중요한 부분은 낮은 품질이 사회적 비용을 야기시킨다는 것이다.

**오노와 신고(Taiichi Ohno & Shigeo Shingo)** 이들은 토요타에서 지속적 개선을 의미하는 일본어 용어인 *카이젠(kaizen)*에 대한 철학과 기법을 개발하였다. 카이젠은 본 장의 뒷부분에서 자세히 다뤄진다. 지속적 개선은 성공적인 품질관리의 특징 중 하나이다.

표 9.2는 현대 품질경영에 크게 기여한 사람들의 주요 업적을 요약하고 있다.

## 9.4 품질경영 개관

성공적인 품질경영을 위해서 경영자들은 품질의 여러 측면에 대한 통찰력을 지녀야 한다. 품질에 대한 정의, 품질비용과 이익에 대한 이해, 품질불량의 결과 인식, 윤리적 행동의 필요성 인식 등이 이에 포함된다.

### 품질의 정의: 품질의 차원

품질을 결정하는 한 가지 방법은 재화와 서비스의 성능이 고객의 기대를 충족시키거나 초과하는 정도를 살펴보는 것이다. 이 경우, 고객의 기대와 성능 간의 차이, 즉 성능 − 기대가 중요한 관심사가 된다. 만약 두 값이 같을 경우, 차이는 0이 되고 기대가 충족된다. 차이가 음이면 고객의 기대는 충족되지 못하고, 차이가 양일 경우에는 성능이 기대를 뛰어넘는 것이다.

고객의 기대는 고객이 제품이나 서비스의 품질판단에 사용하는 여러 가지 영역 또는 *차원*들로 세분화될 수 있다. 이들을 이해하면 조직이 고객의 기대를 충족시키거나 뛰어넘는데 도움이 된다. 또한 제품품질을 위한 차원과 서비스품질을 위한 차원은 다소 차이가 있다.

**표 9.2**
주요 품질경영 공헌자 요약

| 공헌자 | 주요 업적 |
|---|---|
| 슈하르트 | 관리도; 변동 감소 |
| 데밍 | 14가지 요점; 이상변동과 우연변동 |
| 쥬란 | 품질은 사용적합성; 품질 3요소 |
| 화이겐바움 | 품질은 종합적 영역; 고객이 품질 정의 |
| 크로스비 | 품질은 무료; 무결점 |
| 이시카와 | 특성요인도; 품질관리분임조 |
| 다구치 | 다구치 손실함수 |
| 오노와 신고 | 지속적 개선 |

**제품품질** 제품의 품질은 9가지 품질차원(dimensions of quality)에 따라 판단된다.[1]

**성능(performance)**—제품의 주요 특성
**심미성(aesthetics)**—외관, 느낌, 냄새, 맛
**부가적 특성(features)**—부수적인 특성
**적합성(conformance)**—제품이 설계사양에 부합되는 정도
**신뢰성(reliability)**—성능의 지속도
**내구성(durability)**—제품의 수명
**인지품질(perceived quality)**—품질에 대한 간접적 평가(예, 평판)
**서비스능력(seviceability)**—불만이나 수리의 처리
**일관성(consistency)**—일정한 품질

이러한 차원들에 대한 자동차 예시가 표 9.3에 정리되어 있다. 하지만 특정 제품에 대해서는 *사용 적합성(fitness for use)*을 통해 처음 4가지 차원(즉, 성능, 심미성, 부가적 특성, 적합성)을 판단하기도 한다.

표 9.3의 예시에서 가격은 품질의 차원이 *아님*을 주의하라.

**서비스품질** 제품품질 차원은 서비스품질을 잘 나타낼 수 없다. 그 대신 서비스품질은 다음과 같은 차원들로 설명된다.[2]

**편의성(convenience)**—서비스의 가용성 및 접근성
**신뢰성(reliability)**—서비스를 믿음직하고 지속적으로 정확히 제공하는 능력
**반응성(responsiveness)**—특수한 상황에 대해서도 고객을 돕고 문제를 해결해 주려

**표 9.3**
자동차에 대한 제품품질 차원 예시

| 차원 | 예 |
|---|---|
| 1. 성능 | 모든 것이 작동: 차량 마감, 승차감, 핸들링, 가속력 등 |
| 2. 심미성 | 외부 및 내부 디자인 |
| 3. 부가적 특성 | 편의성: 계기판 배치 등<br>첨단기술: GPS 시스템 등<br>안전성: 미끄럼 방지 기능, 에어백 등 |
| 4. 적합성 | 제조사 사양과 일치 |
| 5. 신뢰성 | 수리 빈도 |
| 6. 내구성 | 사용가능 주행거리, 부식에 대한 방지력 |
| 7. 인지품질 | 최고급 |
| 8. 서비스능력 | 수리 편리성 |
| 9. 일관성 | 차량별로 품질 차이가 없음 |

[1] Adapted from David Garvin, "Competing on the Eight Dimensions of Quality", *Harvard Business Review* 65, no. 6 (1987). 
[2] Adapted from Valerie A. Zeithaml, A. Parasuraman, and Leonard L. Berry, *Delivering Quality Service and Balancing Customer Expectations* (New York: The Free Press, 1990); and J. R. Evans and W. M. Lindsey, *The Management and Control of Quality*, 3rd ed. (St. Paul, MN: West Publishing, 1996).

는 서비스 제공자의 태도

**시간(time)**—서비스 제공 속도

**확신성(assurance)**—고객과 접촉하는 직원이 고객에게 지식, 신뢰 및 자신감을 전달하는 능력

**예의(courtesy)**—직원들이 고객을 대하는 태도

**유형성(tangibles)**—시설, 장비, 직원, 유인물 등의 물리적 외관

**일관성(consistency)**—동일하게 양질의 서비스를 반복적으로 제공할 수 있는 능력

**기대(expectation)**—고객 기대를 충족(또는 초과)

표 9.4는 서비스품질 차원들이 자동차수리에 어떻게 적용될 수 있는지를 보여 주고 있다.

제품과 서비스 품질의 차원은 품질에 대한 사고의 *개념적* 틀을 구축해주지만, 너무 추상적이어서 서비스와 제품의 설계나 실제 제품의 생산, 서비스 운영에 적용하기는 어렵다. 따라서 품질차원들은 구체적이고 *측정 가능한* 척도로 기술되어야 한다. 예를 들면, 자동차를 구입하는 고객들은 당연히 자동차의 성능에 관심을 가진다. 하지만 자동차의 성능이 무엇을 의미하는가? 보다 구체적으로 자동차 연비, 정지 상태에서 시속 100 km까지 가속하는데 소요되는 시간, 시속 100 km로 주행하는 자동차의 정지거리 등으로 나타낼 수 있을 것이다. 이러한 사항들은 측정 가능한 용어로 나타낼 수 있다. 연비의 예를 들면, 시내에서는 1리터당 10 km, 고속도로에서는 1리터당 12 km와 같이 기술할 수 있을 것이다. 측정 가능한 다른 유사 특성들도 이렇듯 제품뿐 아니라 서비스 차원에서도 정의될 수 있을 것이다. 이러한 상세 정보들은 높은 품질의 제품과 서비스를 설계하고 생산하기 위해 필요하다.

서비스에서는 고객들의 요구사항에 대해 정확히 파악하기가 어려워 서비스 품질을 설계하고 관리하기 어려운 경우가 존재한다. 예를 들면, 고객들이 서비스 제공자들에게 기대하는 바를 *다정하고 사려 깊게 전문적인* 용어를 사용하여 설명하더라도 정확한 서비스 사양으로 정의하기 어려울 수 있다. 게다가 많은 경우 고객들의 요구는 분야에 따라 다르다. 가령, 의료 서비스에 대한 기대와 드라이크리닝에 대한 고객의 기대는 상당히 다를 것이다. 또한, 고객의 불만은 고객의 기분, 건강상태, 날씨 등과 같이 서비스와 관련이 없는 요소들에 의해 발생할 수도 있다.

서비스 품질과 관련된 또 다른 어려움은 시간에 따라 고객의 기대가 변화하기도 하고 고

**표 9.4**
자동차 수리에 대한 서비스 품질 차원 예시

| 차원 | 예 |
|---|---|
| 1. 편의성 | 서비스 센터는 편리한 곳에 위치하고 있는가? |
| 2. 신뢰성 | 고장이 수리되었고 수리 상태가 지속되는가? |
| 3. 반응성 | 서비스 직원이 적극적이고 제대로 질문에 답변할 수 있었는가? |
| 4. 시간 | 고객은 얼마나 기다려야 하는가? |
| 5. 확신성 | 서비스 직원이 수리에 대해 잘 알고 있는 것처럼 보였는가? |
| 6. 예의 | 서비스 직원들과 계산하는 직원들은 친절하고 정중했는가? |
| 7. 유형성 | 시설이 깨끗했는가? 직원들은 깔끔했는가? |
| 8. 일관성 | 이전 방문 시와 동일하게 서비스의 질이 좋았는가? |
| 9. 기대 | 고객의 기대가 충족되었는가? |

객마다 기대가 달라 어떤 고객이 좋은 서비스품질로 여기는 것도 다른 고객에게는 전혀 만족스럽지 않을 수 있다는 점이다. 이러한 특성을 '진실의 순간(moment of truth)'이라 일컫는 고객과의 접촉 시점과 결부시켜 생각하면, 서비스 품질을 지속적으로 높게 인식시키기 위한 어려움들을 이해할 수 있다. 이러한 진실의 순간에는 서비스 품질이 즉각적으로 평가된다.

고객들이 서비스 시스템에 직접 참여하는 경우(예, 셀프 서비스), 품질에 대해 부정적으로 인식할 가능성이 커진다. 또한 참여하는 고객들을 미리 교육시킬 수 없으므로, 필요한 고객의 행동은 단순하고 안전해야 하며 오류 방지 기능이 시스템에 반영되어야 한다.

대부분의 경우 제품이나 서비스의 특정 품질차원들은 다른 품질차원들보다 더 중요하므로 고객의 우선순위를 파악하는 것이 매우 중요하다. 특히 설계와 생산의 다양한 의사결정 시점에 상충관계가 존재하는 경우에 더욱 중요하다. 4장에서 언급했던 품질기능전개는 이러한 우선순위 파악에도 유용한 도구이다.

## 서비스품질의 평가

서비스품질을 평가하기 위해 널리 사용되는 도구로는 SERVQUAL이 있다.[3] 이것은 고객에게 양질의 서비스를 제공하는 조직의 능력에 대한 피드백을 얻기 위해 고안된 도구이다. 이 도구는 서비스품질에 대한 고객의 인식에 영향을 미치는 5가지 서비스품질 차원(유형성, 신뢰성, 반응성, 확신성, 공감성)에 중점을 둔다. SERVQUAL을 통한 서비스품질 평가 결과는 경영자가 서비스의 강점과 약점을 파악하는 데 도움이 되며, 특히 서비스품질의 *차이* 또는 불일치에 대해 파악할 수 있다. 불일치의 유형은 다음과 같다.

1. 실제 고객의 기대와 고객기대에 대한 경영자 인식 사이의 불일치
2. 고객기대에 대한 경영자 인식과 설계한 서비스품질 사양 사이의 불일치
3. 서비스품질 설계 사양과 실제 제공되는 서비스 사이의 불일치
4. 실제 제공되는 서비스와 고객에 인식되는 서비스 사이의 불일치
5. 제공된 서비스에 대한 고객의 인식과 고객들의 기대 사이의 불일치

불일치가 발견되는 경우, 해당 불일치를 유형성이나 다른 서비스품질 차원과 결부시켜 다룰 수 있다.

## 품질 결정요인

다음의 네 가지 주요 결정요인은 제품이나 서비스가 의도한 목적을 성공적으로 만족시키는 정도를 결정한다.

1. 설계
2. 제품 또는 서비스가 설계에 부합하는 정도
3. 사용 편리성
4. 배송 후의 서비스

[3] Valarie A. Zeithaml, A. Parasuraman, and Leonard L. Berry, *Delivering Quality Service: Balancing Customer Perceptions and Expectations* (New York: The Free Press, 1990), p.26.

## 읽을거리 미국 패스트푸드 레스토랑이 중국에서 성공을 거두고 있다

중국 소비자들은 처음에는 단지 호기심으로 KFC나 피자헛 같은 미국 패스트푸드점을 방문하였으나, 이제는 현지의 일부 '모방' 식당들에 비해 뛰어난 품질과 일관성으로 인해 미국 패스트푸드점을 좋아하게 되었다. 많은 중국 소비자들에게 신뢰는 특히 중요하며, 그들은 미국 패스트푸드점의 품질에 대한 엄격한 관리를 높이 평가하고 있다. 또한 테이크아웃 중심의 미국 패스트푸드점과 달리, 외식을 즐기는 중국 고객들의 성향을 고려하여 중국의 패스트푸드점은 좌석 공간을 더 늘렸다. 게다가 중국 소비자의 취향을 고려하여 미국과 비교하여 보다 더 음식을 고급스럽게 제공한다.

출처: Clarissa Wei, "Why China Loves American Chain Restaurants So Much." *Eater, March* 20, 2018. https://www.eater.com/2018/3/20/16973532/mcdonaldsstarbucks-kfc-china-pizza-hut-growth-sales

설계단계는 최종적으로 달성할 품질 수준을 결정하는 시작점이다. 설계에는 크기, 모양, 위치와 같은 제품이나 서비스의 특성에 대한 결정이 수반된다. 따라서 **설계품질**(quality of design)은 제품이나 서비스가 포함하거나 제외할 특성에 대한 설계자의 의도를 담고 있다. 예를 들어, 오늘날 많은 종류의 자동차 모델들이 판매되고 있으며, 다양한 크기, 외관, 내부 공간, 연비, 편의성, 사용자재 등을 가진다. 이러한 특성의 차이는 설계품질을 결정하는 설계자들의 선택을 반영하고 있다. 설계에 대한 결정은 고객 요구, 생산 및 서비스 능력, 생산 과정 및 배송 후의 안전과 책임, 비용 및 기타 사항들을 고려해야 한다.

> **설계품질**
> 제품이나 서비스에 기능을 포함하거나 제외하려는 설계자의 의도

설계자들은 고객조사나 기타 시장조사를 통해 마케팅 부서에서 제공하는 정보를 이용하여 고객이 원하는 바를 파악할 수 있다. 마케팅 부서는 소비자들로 구성된 포커스 그룹을 구성하여 고객들이 좋아하는 것과 싫어하는 것, 그들이 원하는 것 등 그들의 의견을 파악한다.

설계자들은 설계한 제품이 생산가능한지 확인하기 위해 생산운영 부서의 담당자들과 긴밀히 협력해야 한다. 즉, 특정 설계대로 제품을 생산하거나 서비스를 제공하기 위한 장비, 능력, 기술을 보유하고 있는지 확인해야 한다.

적절하지 않은 설계는 생산이나 서비스에 어려움을 초래한다. 예를 들면, 자재를 구하기 어렵거나, 규격을 맞추기 힘들 수도 있고, 공정절차가 수행하기 어려울 수도 있다. 또한, 설계가 작업환경에 부적합하거나 부적절한 경우, 최고의 기량을 갖춘 작업자라 할지라도 원하는 품질을 달성할 수 없을 것이다. 주어진 도구나 절차가 부적절할 경우에도 좋은 결과를 얻을 수 없다. 이와 유사하게, 우수한 설계 또한 일반적으로 작업자의 부족한 기량을 상쇄할 수 없다.

**적합품질**(quality of conformance)은 제품이나 서비스가 설계자의 의도에 부합하는 정도를 말한다. 이러한 적합품질은 사용되는 장비의 성능, 작업자의 기술과 훈련 및 동기부여, 설계가 생산을 고려한 정도, 적합성 평가를 위한 모니터링 절차, 적절한 시정 조치 등 다양한 요인에 의해 영향을 받는다. 이러한 품질에 대한 주요 핵심 중 하나는 공정 산출물의 변동성을 감소시키는 것이다. 즉, 개별 제품 간에 또는 개별 서비스 간에 다른 정도를 줄이는 것으로, 이는 10장에서 자세히 다루어진다.

> **적합품질**
> 제품이나 서비스가 설계자의 의도에 부합하는 정도

제품이나 서비스는 판매되거나 배송된 후에도 품질에 대한 평가가 이루어진다. 따라서 *사용편리성*과 사용설명서도 중요하다. 이러한 사용편리성과 사용설명서는 의도한 목적 및 지속적이고 안전하게 작동하도록 의도된 방식으로 제품을 사용할 가능성을 증가시킨다. 물론 이를 보장하지는 않는다. (법적 소송에 직면했을 때, 기업들은 종종 사용자의 오용으로 인해 부상이나 피해가 발생했다고 주장한다.) 서비스에도 유사한 내용들이 적용될 수 있다. 고객이나 환자, 의뢰인, 사용자들은 그들이 해야 할 것과 하지 말아야 할 것에 대하여 명확

하게 전달받아야 한다. 그렇지 않으면 품질에 악영향을 미치는 행동을 할 위험이 있다. 예를 들면, 의사가 식사 *전에* 약을 먹어야 한다고 환자에게 고지하지 않거나, 변호사가 청구 마감 시한을 의뢰인에게 알리지 않으면 서비스 품질에 악영향을 끼칠 것이다.

많은 경우 소비자 교육은 설명서나 라벨 등을 통해 이루어지고 있다. 따라서 제조사들은 제품의 포장 풀기, 조립, 사용, 유지관리, 조정 방법, 이상이 발생한 경우 취할 조치(예, 물로 눈 씻기, 의사에게 전화 상담하기, 구토 또는 구토 금지, 즉각적인 분리 등) 등을 *명확하고 이해하기 쉽게 표시*해야 한다.

다양한 원인들로 인해 제품이 항상 기대처럼 작동하지는 않으며, 서비스가 항상 원하는 결과를 제공하는 것은 아니다. 이유가 무엇이든 품질의 관점에서 제품의 리콜 및 수리, 조정, 교환이나 반품, 서비스의 재평가 등을 통하여 상황을 해결하고 제품이나 서비스가 원하는 수준에 이를 수 있도록 가능한 모든 조치를 취하는 것이 중요하다.

## 품질 관련 책임

조직의 모든 구성원이 품질에 대한 책임을 지지만, 특정 부서가 책임의 중심에 있는 것은 사실이다.

**최고경영진(top management).** 최고경영진은 품질에 대해 궁극적으로 책임진다. 최고경영진은 품질전략을 수립하는 동시에 품질개선 프로그램을 도입하고, 관리자들과 작업자들을 지도 및 지휘하고 동기를 부여해야 하며, 품질 프로그램에 앞장서서 참여하여 모범을 보여야 할 것이다. 이러한 예로 품질 교육을 받거나, 정기적으로 품질 관련 보고서를 발행하거나, 품질관련 회의에 참석하는 것 등이 있다.

**설계(design) 부서.** 좋은 품질의 제품과 서비스는 설계에서부터 시작된다. 설계는 제품이나 서비스의 특성뿐 아니라, 제품이나 서비스를 생산하는데 필요한 *공정*이나 고객들에게 제품이나 서비스를 전달하는 데 필요한 서비스 등도 포함한다.

**구매(procurement) 부서.** 구매 부서는 기업이 생산하는 제품과 서비스의 품질을 저하시키지 않을 물품과 서비스를 조달할 책임을 진다.

**생산/운영(production/operations) 부서.** 생산/운영 부서는 공정이 설계규격에 적합한 제품과 서비스를 생산하도록 보장할 책임이 있다. 공정을 모니터링하고 문제의 근본 원인을 발견해서 해결하는 것도 이러한 책임의 중요한 부분이다.

**품질보증(quality assurance) 부서.** 품질보증 부서는 문제에 대해 자료를 수집 및 분석하고 생산운영 부서와 협조하여 문제 해결을 담당한다.

**포장 및 배송(packaging and shipping) 부서.** 해당 부서는 제품이 운송 중에 손상되지 않도록 해야 하며, 상표를 명확하게 부착하고, 사용설명서와 모든 부품을 빠짐없이 포장하며, 배송이 적시에 이루어질 수 있도록 해야 한다.

**마케팅 및 판매(marketing and sales) 부서.** 해당 부서는 고객의 요구를 파악하여 회사의 적절한 부서에 전달할 책임을 진다. 또한, 제품이나 서비스에 관한 모든 문제들을 회사에 보고할 책임도 지고 있다.

**고객서비스(customer service) 부서.** 고객서비스 부서는 일반적으로 문제를 가장 먼저 알게 되는 부서이다. 이 부서는 해당 정보를 적절한 부서에 전달하고, 합리적인 방식으로 고객들을 상대하며, 문제해결을 위해 노력하고, 문제가 효과적으로 해결되었는지 확인할 책임을 맡고 있다.

낮은 품질은 조직에서 발생하는 특정 비용을 증가시킨다. 다음으로는 품질과 관련된 비용에 대해서 자세히 다룬다.

## 좋은 품질의 이점

품질이 좋거나 우수한 기업들은 일반적으로 다양한 이점을 가지는데, 품질에 대한 평판 향상, 높은 가격 책정 가능, 시장점유율 증가, 고객충성도 향상, 법적 책임 관련 비용 감소, 제품 및 서비스 문제 감소 및 이로 인한 생산성 증가, 고객 불만 감소, 생산비용 절감, 이윤 증가 등이 이러한 이점에 포함된다. 미국 국가표준원(National Institute of Standard)의 연간 보고에 따르면, 볼드리지상(Malcolm Baldrige National Quality Award)을 수상한 기업들은 S&P 500 지수에 포함된 다른 기업들보다 훨씬 우수한 성과를 달성한다.[4]

## 품질 불량의 결과

경영진은 제품이나 서비스의 품질이 여러 가지 측면에서 조직에 영향을 미칠 수 있음을 인식하고, 이를 고려하여 품질보증 프로그램을 개발 및 유지해야 한다. 품질의 영향을 받는 주요 영역들은 다음과 같다.

- 사업 손실
- 법적 책임
- 생산성
- 비용

설계가 미흡하거나 제품 또는 서비스에 결함이 있을 경우, *사업의 손실*을 초래할 수 있다. 품질에 충분히 주의를 기울이지 않으면 영리기업은 평판이 저해되고 시장점유율이 감소할 수 있으며, 정부 기관이나 비영리조직들은 비판이나 통제가 증가될 수 있다.

소매 분야에서는 관리자들이 제품이나 서비스에 대한 품질 저하를 완전히 인식하지 못할 수 있는데, 이는 고객들이 불만을 항상 보고하는 것은 아니기 때문이다. 그럼에도 불구하고 불만족 고객들은 소셜미디어를 통해 그들의 불만을 표출하는 경향이 있으며, 이는 다른 고객들의 기업에 대한 인식과 향후의 사업에 부정적인 영향을 줄 수 있다.

기업은 미흡한 설계나 작업자들의 역량 때문에 발생하는 고객의 부상이나 손해에 관한 *법적 책임*에 대해 특히 주의해야 한다. 이는 제품과 서비스 모두에 해당된다. 자동차의 스티어링 암이 잘못 설계되거나 잘못 조립된 경우, 운전자는 차량 제어가 불가능 할 수도 있다. 또는 수목치료사가 나무 가지들을 케이블로 묶는 작업을 수행한 후, 나무 가지가 이웃의 자동차에 떨어져 피해를 입힐 수 있다. 이 경우, 사고 원인이 케이블 연결 작업에 대한 잘못된 설계나 작업자의 작업 불량일 수도 있을 것이다. 법적으로는 품질 불량으로 인한 책임에 대해서 잘 정립되어 있다. 특히, 자동차 산업과 같이 많은 품목들이 관련되어 있거나 원자력발전소 사고처럼 매우 광범위한 피해나 상해를 일으킬 수 있는 경우에는 조직의 법적 책임 비용은 매우 크다. 명시적 보증 및 묵시적 보증은 고객이 제품을 의도한 용도로 사용할 때 안

[4] "Baldrige Index' Outperforms S&P 500 by Almost 5 to 1," press release, available at www.quality.nist.gov.

## 읽을거리 현대자동차: 기대를 뛰어넘다

현대자동차가 자동차 품질을 도요타 수준으로 향상시키겠다고 나섰을 때, 그 주장에 의문을 품는 이들이 많았다. 하지만 현대자동차는 이를 달성했을 뿐 아니라, 여러 고객 설문조사의 다양한 부문에서 도요타 차량을 제치는 등 목표를 뛰어넘었다. 이러한 상황은 현대자동차가 제네시스라는 럭셔리 브랜드를 만드는데 영향을 주었을 지도 모른다.

현대자동차는 품질에 대한 약속을 바탕으로 자동차 제조사 중 가장 긴 품질보증(warranty) 기간을 가지고 있다. 회장의 품질 목표에 대한 관심, 품질팀에 대한 인력 충원과 그들에 대한 지원, 경쟁사와의 품질 비교를 위한 잦은 회의 등을 통해 현대자동차는 품질에 집중할 수 있었다.

전을 보장한다. 하지만 법에서는 제품의 용도를 제조사가 의도한 것뿐 아니라 *예측 가능한* 사용 범위로 확대하는 경향이 있다. 의료계에서는 의료 과실 소송 및 보험료가 급증하고 있어 전국적으로 주요 이슈가 되고 있다. 미국에서 의료 과실로 인한 연간 사망자가 약 98,000명으로 추산되며, 놀랍게도 이 숫자는 몇 년 동안 꾸준히 유지되어 왔다. 이는 의료사고를 질병으로 분류할 경우 주요 사망 원인 6위에 해당하는 수치이다.

*생산성*과 품질은 밀접하게 연관되어 있다. 부품 불량으로 인해 재작업을 하거나 조립자가 조립에 적절한 부품을 찾기 위해 여러 번 시도하는 것처럼, 낮은 품질은 제조공정의 생산성에 부정적 영향을 준다. 또한, 도구나 설비의 품질이 좋지 않으면 작업자가 부상을 입거나 재작업 및 폐기가 필요한 불량품을 생산할 것이며, 따라서 주어진 투입물 대비 사용 가능한 산출물의 양은 감소할 것이다. 마찬가지로, 미흡한 서비스는 서비스를 다시 제공해야하는 결과를 초래하고 서비스 생산성을 저하시킨다.

문제 해결을 위한 비용도 품질경영에서 중요한 고려사항 중 하나이다. 공정에서 문제가 일찍 발견될수록 이에 대한 해결 비용은 감소한다. 고객에게 전달된 이후에 문제를 해결하는 비용은 설계나 생산 단계에서 문제를 해결하는 비용보다 약 5배 정도 비싸다고 추정된다.

## 품질비용

품질 문제를 해결하기 위한 방안을 마련할 때는 품질과 관련된 비용을 반드시 고려해야 한다. 이러한 비용들은 평가비용, 예방비용, 내부실패비용, 외부실패비용과 같이 네 가지로 분류할 수 있다. 처음 세 가지 비용은 고객이 제품 또는 서비스를 받기 *전에* 발생하는 비용인 반면, 마지막 비용은 고객이 제품 또는 서비스를 받고 난 *이후*에 발생한다. 이러한 비용들에 대한 설명은 표 9.5에 요약되어 있으며, 자세한 내용은 다음과 같다.

**평가비용** ▸ 품질을 보증하거나 불량을 발견하기 위한 활동에 소요되는 비용

**예방비용** ▸ 불량이 발생하는 것을 방지하기 위한 비용

**실패비용** ▸ 부품 및 제품의 불량이나 서비스의 결함으로 인해 발생하는 비용

**내부실패** ▸ 생산 단계에서 발견된 실패

**외부실패** ▸ 고객에게 전달된 이후 발견된 실패

**평가비용**(appraisal costs)은 제품이나 서비스의 불량을 발견하거나 불량이 없음을 보증하기 위한 검사, 테스트 및 기타 활동들과 관련된 비용이다. 여기에는 검사원 임금, 테스트 비용, 시험장비 비용, 실험실 비용, 품질검사 비용, 현장 검사비용 등이 포함된다.

**예방비용**(prevention costs)은 불량이 발생하는 것을 방지하기 위한 활동과 관련된 비용이다. 계획 및 관리 시스템, 공급업체와의 협력, 훈련, 품질관리절차, 작업불량 가능성의 감소를 위해 수행하는 설계 및 생산 단계에서의 추가활동 등과 관련된 비용이 포함된다.

**실패비용**(failure costs)은 부품 및 제품의 불량이나 서비스의 결함으로 인해 발생하는 비용이다. **내부실패**(internal failure)는 생산과정 중에 발견되는 것들인 반면, **외부실패**(external failure)는 고객에게 전달한 후에 발견되는 것들이다. 내부실패는 공급업체의 자재 결함, 부정확한 기계 세팅, 설비 결함, 부적절한 작업방법, 부적절한 가공처리, 부주의, 부적절한 자

재취급절차 등과 같은 다양한 원인으로 인해 발생한다. 이러한 내부실패비용에는 생산시간 손실, 재작업 및 폐기, 조사, 설비 손상, 직원의 부상 등과 관련된 비용이 포함된다. 또한 재작업 비용에는 작업자의 임금과 재작업을 위해 필요한 설비, 에너지, 원자재 등과 같은 추가 자원에 대한 비용이 포함된다. 그 외에도 재작업부품 검사비용, 일정 차질에 따른 비용, 재작업부품을 기다리는 부품 및 원자재에 대한 추가 재고비용, 재작업부품들이 공정에 재투입될 때까지 추적하기 위해 발생하는 행정작업 비용 등이 있다. 외부실패는 제조사나 서비스 제공자가 발견하지 못한 제품의 불량이나 서비스 불량에 대한 것이다. 보증(warranty) 관련 업무, 불만 처리, 교환, 법적 책임 및 소송, 고객에 대한 보상 및 할인, 고객의 선호도 감소와 관련된 비용 및 판매 손실에 의한 기회비용 등이 외부실패비용에 포함된다.

일반적으로 외부실패비용은 내부실패비용보다 훨씬 크다. 품질비용에 대한 내용은 표 9.5에 요약되어 있다.

내부실패비용 및 외부실패비용은 품질불량과 관련된 비용인 반면, 평가비용과 예방비용은 좋은 품질을 달성하기 위한 투자이다.

예방에 대한 지출을 통해 얻는 가치는 품질경영에서 중요한 이슈이다. 이에 대해서는 두 개의 학파가 존재한다. 그중 하나는 예방비용이 평가비용과 실패비용을 감소시키므로 이점이 더 크다는 주장이다. 이러한 의견은 크로스비와 쥬란 등에 의해 지지받고 있으며, 이 장의 뒷부분에서 자세히 설명한다. 그들은 예방비용이 증가할수록 평가비용 및 실패비용은 훨씬 더 감소한다고 믿는다. 만약 이러한 주장이 사실이라면, 결과적으로 총비용이 감소함을 의미하며 따라서 크로스비가 제안한 것처럼 품질은 무료가 된다. 반면에 어떤 경영자들은 품질을 위한 비용이 일정수준을 넘어가면 제품 개발기간 단축이나 기술 개발과 같은 다른 목적을 위한 예산을 감소시킨다고 믿는다. **품질수익률**(return on quality, ROQ) 접근법은 이러한 품질에 대한 노력의 경제성에 중점을 둔다. 이 접근법에서는 품질개선을 위한 프로젝트들을 투자로 간주하고 일반적인 다른 투자들처럼 투자수익률(ROI) 등의 지표를 사용하여 평가한다.

**품질수익률**
품질에 대한 투자에 대해 재무적 수익을 평가하는 접근법

## 윤리와 품질경영

조직의 모든 구성원은 윤리적인 방식으로 업무를 처리할 의무가 있다. 윤리적 행위는 품질을 포함한 많은 상황에서 중요한 역할을 한다. 불량 제품과 수준 이하의 서비스, 부실한 설

**표 9.5**
품질비용 요약

| 유형 | 설명 | 예 |
|---|---|---|
| **평가비용** | 품질 표준에 적합한지 평가하기 위해 자재, 부품, 제품, 서비스를 측정, 평가, 검사하는 데 소요되는 비용 | 검사장비, 테스트, 실험실, 검사원, 표본추출을 위한 생산 중단 |
| **예방비용** | 품질문제 발생 가능성을 감소시키기 위해 소요하는 비용 | 품질개선 프로그램, 훈련, 모니터링, 데이터 수집 및 분석, 설계비용 |
| **내부실패비용** | 고객에게 전달되기 전에 발견된 제품 또는 서비스 결함에 대한 비용 | 재작업, 문제해결, 자재 및 제품 손실, 폐기, 작업중단 |
| **외부실패비용** | 결함 제품 및 미흡한 서비스가 고객에게 전달될 때 발생하는 비용 | 반품, 재작업, 품질보증(warranty) 비용, 고객선호도 저하, 법적 책임, 벌금 |

계, 조잡한 솜씨, 수준 이하의 부품과 원자재 등도 주요한 범주 중 하나이다. 이러한 상황을 알고도 제때 고치거나 보고하지 않는 것은 비윤리적 행위이며 수많은 부정적인 결과를 초래할 수 있다. 이러한 행위는 생산성 저하로 인한 비용 상승, 직원의 사고발생 증가, 고객의 불편 및 부상 증가, 법적 책임 비용 증가 등도 불러일으킬 수 있다.

기업이 이미 시판 중인 제품의 품질문제 정보를 어떻게 처리하는지도 윤리 관련 이슈이다. 예를 들어, 자동차 회사와 타이어 업체들이 최근에 실제로 발생한 품질문제 또는 잠재적인 품질문제에 대한 정보를 알리지 않아 비난을 받았다. 그들은 해당 제품을 리콜하거나 관련 정보를 공표하지 않고 문제가 발생한 일부 개인의 불만사항만 처리하였다.

## 9.5 품질 관련 상

1880년대 후반 및 1990년대에는 품질에 대한 인식과 관심을 불러일으키기 위해 여러 품질 관련 상들이 제정되었다. 매년 경제 전분야의 조직을 대상으로 수상되는 말콤 볼드리지 국가 품질상과 유럽품질상은 초기에는 품질경영에만 국한하여 시상하였으나, 현재는 전반적인 조직 우수성에 대해 시상하고 있다. 데밍상은 품질경영을 조직에 성공적으로 반영한 기업에게 수여한다.

### 볼드리지상

**볼드리지상** ▸
미국 정부가 미국 기업들의 품질업적을 인정하기 위하여 매년 수여하는 상

출처: Crystal Manufactured by Pelucida Glass LLC

기업가이자 전 미국 상무장관이었던 말콤 볼드리지의 이름을 딴 **볼드리지상**(Baldrige Award)은 미국국립표준기술연구소(National Institute of Standards and Technology)의 볼드리지 성과 우수 프로그램에 의해 관리되고 있다. 이 상의 목적은 롤모델이 되는 조직을 발굴하고, Baldrige Excellence Framework로 알려진 개선 노력 평가 기준을 확립하며, 모범사례를 전파 및 공유하는 것이다.

1988년 처음 제정 당시, 수상분야는 제조업과 중소기업에 국한되었다. 몇 년 후 서비스 분야가 추가되었으며, 이어서 교육, 의료, 비영리 및 정부 기관에 대해서도 확대되었다. 초기 수상 기업으로는 모토로라(Motorola), 글로브 메탈러지컬(Globe Metallurgical), 제록스(Xerox Co.), 밀리켄 앤 컴퍼니(Milliken & Company)가 있으며, 이후에도 많은 업체들이 수상하였다. 전체 수상업체 명단은 www.nist.gov/baldrige/award-recipients을 참조하라.

볼드리지 상과 조직평가를 위한 Baldrige Excellence Framework는 계속 진화해왔다. 현재 볼드리지 상은 조직 전 영역에서 우수성을 가진 미국의 롤모델 조직을 발굴하며, 조직을 7가지 주요 영역(리더십, 전략, 고객, 평가/분석 및 지식 관리, 인적자원, 운영, 결과)로 평가한다.

심사자들은 조직이 제품 및 서비스의 전반적인 성과를 지속적으로 개선할 수 있는지 확인하며, 고객 및 이해관계자를 만족시키고 대응하기 위한 접근법을 제시한다. 심사자들은 5가지 핵심영역(제품 및 프로세스, 고객, 인적자원, 리더십 및 거버넌스, 재무 및 시장)에 대한 성과를 검토한다. 참여조직들은 수상을 못하더라도 자신의 프로세스 및 성과 개선을 위한 강점과 기회에 대해 요약보고서를 받는 혜택이 있다.

대부분의 주(州)에서도 Baldrige Framework를 기반으로 하는 성과우수프로그램(Alliance for Performance Excellence에서 관리, www.baldrigealliance.org 참고)을 운영하고

있다. 이러한 수상 프로그램은 조직의 성과를 개선하거나 최종적으로 볼드리지 상을 지원하기 위한 출발점 역할을 한다.

보다 자세한 정보는 www.nist.gov/baldrige를 참고하라.

### 유럽품질상

**유럽품질상**(European Quality Awards)은 우수한 조직에게 주어지는 유럽에서 가장 권위 있는 상이다. 유럽품질상은 지역 또는 국가 품질상 중 최고 수준이며, 유럽품질상에 지원하는 조직들은 대부분 이미 하나 이상의 다른 품질상을 수상한 경우가 많다.

◀ **유럽품질상**
우수 조직에 수여하는 유럽의 상

### 데밍상

데밍(W. Edwards Deming)의 업적을 기리기 위해 제정된 데밍상은 성공적인 품질 노력을 인정하는 상으로 일본에서 가장 받고 싶어 하는 상 중 하나이다. 이 상은 수상기준을 충족하는 모든 기업들에게 매년 수여되며, 주로 일본 기업에게 수여되지만 다른 나라의 기업들도 수상할 수 있다. 또한 이 상은 개인에게도 수여된다.

주요 심사기준은 통계적 품질관리로, 고객만족에 중점을 두는 볼드리지상보다 좁은 영역에 집중한다. 데밍상을 수상한 기업들은 기업 전반에 걸쳐 상세하고 잘 소통되는 품질 프로그램을 가지는 경향이 있다. 이들의 품질개선 프로그램도 상위 경영자와 직원의 참여, 고객만족, 교육훈련을 반영한다.

## 9.6 품질 인증

사업을 국제적으로 하는 많은 기업들은 품질 인증의 중요성을 인식하고 있다.

### ISO 9000, 14000 및 24700

국제표준기구(ISO)는 일련의 표준과 가이드라인들을 통해 품질개선, 생산성, 운영 효율성에 대한 세계적인 표준들을 장려한다. 산업조직과 기업, 규제기관, 정부, 무역 관련기구 등이 사용하는 이러한 표준들은 경제적, 사회적으로 중요한 이익을 제공한다. 이들 표준은 설계사, 제조사, 공급사, 서비스 제공사 및 고객들에게 매우 중요한 요소일 뿐만 아니라 사회 전반에도 엄청난 기여를 한다. 즉, 제품이나 서비스를 적절한 가격으로 제공하는 동시에 품질과 신뢰성, 생산성, 안전성의 수준을 증진시킨다. 이러한 표준들은 국제 무역을 용이하게 하는 데에도 도움을 주며, 정부에게는 건강, 안전, 환경에 대한 법을 제정하는 토대를 제공한다. 또한 이들은 개발도상국에 기술을 이전하는 데에도 도움을 준다.

가장 잘 알려진 품질인증은 ISO 9000과 ISO 14000이다. **ISO 9000**은 품질경영과 관련이 있으며, 조직이 생산한 제품과 서비스가 고객의 요구사항을 만족시키기 위해 무엇을 해야 하는가에 대해 다룬다. **ISO 14000**은 기업이 환경에 미치는 유해성을 최소화하기 위해 무엇을 해야 하는가에 관한 것이다. ISO 9000과 ISO 14000은 모두 제품이나 서비스가 아닌 조직의 *프로세스*에 대해 다루며, 둘 모두 지속적인 개선을 강조한다. 또한 표준들은 포괄적이다. 즉 조직의 사업 영역이 무엇이든 간에, 품질관리시스템이나 환경관리시스템을 갖추고자 한다면 ISO 9000이나 ISO 14000에 포함된 필수 요건들을 충족해야 한다. ISO 9000 표준은 사업을 국제적으로(특히, 유럽에서) 수행하려는 기업들에게 매우 중요하다. 그러한

◀ **ISO 9000**
품질관리 및 품질보증에 대한 일련의 국제 표준으로, 국제적으로 사업하는 데 매우 중요함

◀ **ISO 14000**
기업의 환경적 유해성을 평가하는 일련의 국제표준

기업들은 품질절차를 문서화하고 현장평가를 포함한 일련의 과정을 통과해야 하며, 이러한 과정은 보통 12~18개월이 걸린다. 인증을 받으면 공급업체를 찾는 기업들이 참고하는 ISO 목록에 등록되며, 일반적으로 인증 기업들은 인증되지 않은 기업에 비해 더 선호된다. 전 세계적으로 4만 개 이상의 기업들이 등록되어 있으며, 이들 가운데 4분의 3이 유럽에 위치하고 있다.

인증을 위해서 기업은 필수적으로 공정관리, 검사, 구매, 교육훈련, 포장, 배송과 같은 기능들을 검토 및 정리하여 적절하게 보여주어야 한다. 볼드리지상과 마찬가지로, 인증을 위한 평가 과정은 기업의 자체평가를 포함하며, 이를 통해 자사의 문제를 인식하고 개선할 수 있다. 하지만 볼드리지상과는 달리 인증업체들은 지속적으로 일련의 감사를 받게 되며, 매 3년마다 재인증받아야 한다.

유럽연합(EU)을 상대하는 기업에게 인증이라는 명확한 이점을 줄 뿐만 아니라, ISO 9000 인증 및 인증 과정은 품질관리시스템이 갖춰지지 않은 기업에게도 크게 도움이 된다. 이러한 과정은 시스템 구축 및 효율화를 위한 가이드라인을 제공하기 때문이다. ISO 9000 최신 버전의 기반을 이루는 8가지 품질경영 원칙은 다음과 같다.

1. 고객중심
2. 리더십
3. 사람들의 참여
4. 프로세스 접근법
5. 경영에 대한 시스템적 접근법
6. 지속적인 개선
7. 사실에 기반한 의사결정
8. 상호 간 이익이 되는 공급업체와의 관계

ISO 14000 인증 표준은 다음의 세 가지 주요 분야와 관련되어 있다.

**경영시스템(management systems)**—시스템 개발 및 사업계획 내에 환경에 대한 책임 통합

**생산운영(operations)**—천연자원과 에너지의 소비

**환경시스템(environmental systems)**—배기가스, 오폐수, 기타 폐기물에 대한 측정, 평가 및 관리

**ISO 24700** ▸
재사용 부품들을 활용한 사무기기의 성능과 품질에 관한 일련의 국제표준

**ISO 24700**은 재사용 부품이 포함된 사무용 기기의 품질과 성능에 관한 것이다. ISO/IEC 24700은 사무기기 제조사 또는 공인된 제3의 제조사가 재사용 부품을 사용하는 경우, 사무기기의 성능이 신규 부품을 사용하는 제품과 동일한 성능을 가지며, 동등한 규격 및 성능 기준을 충족하며, 요구되는 모든 안전 및 환경 기존을 지속적으로 충족할 수 있음을 증명하는데 필요한 제품 특성을 규정한다. 이는 제조 및 재생 과정에서 부품을 재사용하는 판매제품에 적용된다.

ISO 웹 사이트(www.ISO.org/ISO/en/ISOonline.frontpage)나 미국품질협회 웹 사이트(www.asq.org)에서 ISO 표준에 대해 더 자세히 알 수 있다.

## 9.7 품질과 공급사슬

기업경영자들은 품질목표를 달성하기 위한 공급사슬의 중요성을 인식하고 있다. 품질목표를 달성하기 위해서는 품질에 대한 고객 인식의 측정, 문제 영역의 식별과 이들 문제의 해결이 필요하다.

글로벌 시장에서 공급업체를 상대하면 업체마다 품질보증과 관련된 정교함의 수준이 다양하다는 것을 알 수 있다. 선진국은 정교함의 수준이 상당히 높지만 일부 저개발 국가들은 현대적 품질관리에 대한 인식이 거의 없거나 전혀 없다. 이러한 점은 이들 지역에서 아웃소싱한 기업들에게 중요한 제품책임 문제를 야기하기도 한다.

제약업계에서의 아웃소싱 상황은 흥미롭다. 해외의 공급업체들은 국내 생산업체들이 따라갈 수 없는 낮은 가격을 제시한다. 그러나 해외업체의 비용우위는 단지 인건비 때문만은 아니다. 국내업체는 비용이 크고 엄격한 정부의 품질 규제와 불시 검사를 받지만, 해외업체에게는 적용되지 않는다는 점도 상당한 '이점'이다. 이는 수입업자들의 비용을 낮추지만, 제품에 대한 법적 책임 위험을 증가시킨다.

공급사슬 품질 관리에서는 아웃소싱 위험, 제품이나 서비스의 변동성 및 간접비의 감소를 점점 강조하고 있다. 위험은 표준 이하의 재료나 작업 방법의 사용으로부터 야기되며, 제품 품질을 떨어뜨리고 제품 책임을 발생시킨다. 공급업체에 대한 엄격한 통제와 작업자 교육훈련은 이러한 위험을 줄일 수 있다. 변동성은 통제되지 않은 프로세스의 결과이고, 이는 통계적 품질관리를 통해 줄일 수 있다. 간접비의 경우, 고객기업은 공급업체의 품질관련 노력을 모니터링하며 품질 감사의 역할만을 담당하고, 품질보증 책임을 공급업체에 맡김으로써 비용을 줄일 수 있다.

공급사슬 품질관리는 품질관련 문제에 대한 정보 공유뿐 아니라 공급 업체의 품질보증 지원을 포함한 협력적 관계를 통해 향상될 수 있다. 이상적으로는 공급사슬의 품질을 개선하는 것이 기업의 지속적 개선을 위한 노력의 일환이 될 수 있다.

## 9.8 종합적 품질경영

경영자의 주요 역할은 일상적인 경영활동에서 조직을 이끌고 미래에도 조직이 생존할 수 있도록 유지하는 것이다. 품질은 이 두 가지 목표에 있어서 중요한 요소가 되었다.

**종합적 품질경영** 또는 **전사적 품질경영**(total quality management, TQM)이란 용어는 조직이 품질을 추구하는 것을 말한다. 이 접근방법에는 세 가지 핵심 철학이 있는데 그중 하나는 개선을 위한 끝없는 노력이며 *지속적 개선*(*continuous improvement*)이라고 부른다. 두 번째는 *조직 내 모든 사람의 참여*(*involvement of everyone*)이며, 세 번째는 *고객만족*(*customer satisfaction*)이라는 목표로서 이는 고객의 기대를 충족하거나 초과하는 것을 의미한다. TQM은 최종 제품 및 서비스의 품질에만 중점을 두던 전통적인 품질의 관점을 확장하여 품질을 제품이나 서비스를 생산하는 *모든 프로세스의 관점에서 바라본다*. TQM 시스템은 불량이 발생하지 않도록 방지하기 위한 것이다.

**종합적 품질경영 또는 전사적 품질경영(TQM)**
조직 내 모든 구성원들이 품질 개선과 고객만족의 달성을 위해 지속적으로 노력해야 한다는 철학

TQM 접근방법은 다음과 같이 설명될 수 있다:

1. 고객이 원하는 것을 찾아라. 의사결정 과정에 고객의 목소리를 반영하기 위해 설문조사, 포커스 그룹, 인터뷰 및 기타 기법들을 사용할 수 있다. 또한, *외부 고객*(최종 고객)뿐만 아니라 *내부 고객*(다음 프로세스의 담당자)을 포함해야 한다.
2. 고객이 원하는 것을 충족하거나 뛰어넘는 제품이나 서비스를 설계하라. 또한 사용하기 쉽고 생산하기 쉬워야 한다.
3. 처음부터 한 번에 일을 제대로 할 수 있도록 프로세스를 설계하라. 실수가 발생할 가능성이 높은 곳을 파악하고 이를 방지하라. 실수가 발생했을 때는 원인을 파악하여 재발할 가능성을 낮추어라. '실수 방지(mistake-proof)'가 되는 프로세스를 만들기 위해 노력하라. 때로는 이것을 **안전장치**(fail-safing)라고 일컫기도 한다. 즉, 직원이나 고객이 어떤 일을 잘못하는 것을 사실상 불가능하도록 만드는 요소를 제품이나 서비스 설계에 포함시키는 것이다. 일본어 용어로는 *포카요케*(*pokayoke*)라고 한다. 예를 들면, 오직 한 방향으로만 조립이 가능하게 된 부품이나 올바른 방향으로만 벽의 콘센트에 꽂을 수 있는 가전제품의 플러그가 이러한 예일 것이다. *바보방지*(*foolproofing*)라는 용어도 가끔 사용되는데, 이 용어는 직원 또는 고객이 바보라는 것을 의미하므로 좋은 용어라고 볼 수 없다.

**안전장치** ▶ 잘못된 절차를 방지하기 위해 반영된 설계 요소

4. 결과를 추적하고, 이를 시스템의 개선을 위해 사용하라. 개선하려는 노력을 결코 멈추지 마라.
5. 이러한 개념들을 공급사슬 전체로 확장하라.
6. 최고 경영진이 열정적으로 참여해야 한다. 그렇지 않으면, TQM은 실패하고 사라지는 그저 하나의 유행이 될 것이다.

많은 기업들은 TQM 프로그램을 성공적으로 구현하였다. 성공적인 TQM 프로그램은 조직 내 모든 사람들의 헌신과 노력을 통해 이루어진다.

앞의 설명은 TQM이 무엇에 관한 것인지에 대한 개념을 잘 설명하지만, TQM의 모든 것을 설명하지는 않는다. 다음과 같은 TQM의 다른 요소들 또한 중요하다.

1. **지속적 개선(continuous improvement).** 투입물을 산출물로 전환하는 프로세스와 관련된 모든 요소들을 계속해서 개선하려 노력하는 *철학*을 **지속적 개선**이라고 한다. 이는 장비, 방법, 자재, 그리고 사람을 포함한다. 지속적 개선에서는 "고장난 게 아니면 고치지 말라"는 옛 속담이 "고장나지 않았다고 해서 개선될 수 없는 것은 아니다"로 바뀐다.

   지속적 개선의 개념은 새로운 것은 아니었지만, 미국에서 유래하였음에도 불구하고 한동안 미국에서 많은 관심을 받지는 못하였다. 그러나 많은 일본 기업들은 수년간 지속적 개선의 개념을 적용해 왔으며, 지속적 개선은 생산에 대한 일본식 접근법의 초석이 되었다. 일본에서는 지속적 개선을 **카이젠**(kaizen)이라고 한다. 일본 기업의 성공으로 인해 다른 기업들도 자신들의 접근법을 재검토하게 되었고, 그 결과 지속적 개선 접근법에 대한 관심이 높아지게 되었다.

**지속적 개선** ▶ 투입물을 산출물로 전환하는 프로세스의 끊임없는 개선을 추구하는 철학

**카이젠** ▶ 지속적인 개선을 의미하는 일본 용어

2. **경쟁적 벤치마킹(competitive benchmarking).** 이는 운영 개선 방법을 배우기 위해 특정 분야에서 가장 뛰어난 조직을 찾아 그들이 어떻게 하는지를 연구하는 것이다. 그 기업이 반드시 동일 분야의 사업일 필요는 없다. 예컨대, 제록스는 주문이행 방법을 위해 통신판매회사인 L. L. Bean을 벤치마킹했다.

3. **직원 권한부여(employee empowerment).** 직원에게 개선에 대한 책임과 권한을 부여하는 것은 직원들에게 강한 동기부여가 된다. 또한 이를 통해 업무에 가장 가깝고 문제 및 해결방안에 대해 상당한 통찰력도 가지고 있는 구성원이 의사결정을 내릴 수 있다.
4. **팀 접근방법(team approach).** 문제해결을 위해 팀을 활용하고 공감대를 형성하는 것은 집단 시너지 효과, 직원의 참여 확대, 직원 간의 협력 정신 고취 및 가치 공유 등의 이점을 준다.
5. **의견보다는 사실에 근거한 의사결정(decision based on facts rather than opinions).** 경영진은 데이터를 수집하고 분석하여 의사결정의 근거로 사용한다.
6. **품질 도구에 대한 지식(knowledge of tools).** 직원과 경영진은 품질 관련 도구에 대해 교육 및 훈련을 받는다.
7. **공급업체 품질(supplier quality).** 공급업체들도 품질 보증 및 품질 개선 노력에 참여해야 하며, 이를 통해 그들이 좋은 품질의 부품과 자재를 적시에 공급할 수 있도록 해야 한다.
8. **챔피언(champion).** TQM 챔피언의 업무는 TQM 원칙의 가치와 중요성을 기업 전체에 전파하는 것이다.
9. **원천에서의 품질관리(quality at the source).** **원천에서의 품질관리**는 각 작업자가 자신의 작업 품질에 대해 책임지게 하는 철학을 말하며, "처음부터 옳게 하라(Do it right the first time)"는 것이다. 작업자들은 규격을 만족시키는 제품이나 서비스를 제공하고 스스로 발생한 오류를 찾아 수정해야 한다. 사실상, 작업자 개개인이 자신의 업무에 대한 품질 검사관이 되는 것이다. 작업이 프로세스의 다음 단계(내부고객)에게 전달되거나 또는 해당 작업이 프로세스의 마지막 단계여서 최종 고객에게 전달될 때, 작업자는 해당 작업이 품질 표준을 충족시키는지 '인증'한다.

   이를 통해 다음과 같은 것을 달성할 수 있다. (1) 작업에 직접적으로 영향을 미치는 사람에게 품질에 대한 직접적인 책임을 부여하고, (2) 품질관리 검사관과 생산직 근로자 사이에 종종 존재하는 적대 관계를 없애주며, (3) 작업자들에게 자신의 작업에 대한 자부심과 통제권을 줌으로써 동기부여를 할 수 있다.

**원천에서의 품질관리**
각 작업자가 자신의 작업 품질에 대해 책임지게 하는 철학

10. **공급업체(suppliers).** 공급업체들은 프로세스 측면에서의 파트너이며, 장기적인 관계를 구축해야 한다. 이는 공급업체로 하여금 좋은 품질의 제품과 서비스를 공급하게 하는 데 필수적이다. 공급업체들 또한 원천에서 품질관리를 해야하며, 따라서 공급업체들의 납품을 검사할 필요성을 줄이거나 없앨 수 있다.

TQM을 단순한 기법의 집합으로 생각하는 것은 잘못된 것이다. 오히려, TQM은 품질에 대한 새로운 태도를 반영하며, 이는 조직의 *문화*에 관한 것이다. TQM의 진정한 이점을 누리려면 조직 문화를 변화시켜야 한다.

표 9.6은 TQM 조직과 전통적인 조직 간의 문화적 차이를 설명하고 있다.

## TQM 적용에 대한 방해요인

기업들은 TQM의 적용에 있어 각기 다른 정도의 성공을 거두었다. 일부는 상당히 성공했지만 일부는 어려움을 겪었다. 어려움의 원인 중 일부는 TQM의 원칙보다는 TQM을 적용하

**표 9.6**
TQM과 전통적 조직의 문화 비교

| 비교대상 | 전통적 조직 | TQM |
|---|---|---|
| 전반적 목적 | 투자수익률의 최대화 | 고객 기대의 충족 또는 초과 |
| 목표 | 단기적 성과 강조 | 장단기 성과의 균형 |
| 경영 | 항상 개방적이지는 않음; 때로는 일관성 없는 목적 | 개방적; 직원의 참여 장려; 일관된 목적 |
| 관리자의 역할 | 명령 지시; 강요 | 지도; 장벽 제거; 신뢰 형성 |
| 고객 요구사항 | 높지 않은 우선순위; 불명확할 수도 있음 | 높은 우선순위; 고객 요구사항 파악 및 이해가 중요 |
| 문제 | 책임 할당; 처벌 | 파악 및 해결 |
| 문제 해결 | 비체계적; 개인 | 체계적; 팀 |
| 개선 | 불규칙 | 지속적 |
| 공급자 | 적대 관계 | 파트너 |
| 업무 | 범위가 좁고 전문화; 개인 노력 중심 | 범위가 넓은 전반적 업무; 팀 노력 중심 |
| 중점 | 제품 지향 | 프로세스 지향 |

는 과정과 관련된 것일 수도 있다. 그중 문헌에서 언급된 요인들은 다음과 같다:

1. 품질에 대한 전사적 합의의 미흡: 노력이 조직적이지 않다. 사람들은 서로 다른 목표를 위해 일하고, 서로 다른 문제를 다루며, 성공에 대해 서로 다른 척도를 사용한다.
2. 변화를 위한 전략적 계획의 부족: 이러한 계획이 없으면 성공 가능성이 감소되고, 변화의 전략적 영향도 다뤄지지 않는다.
3. 고객 중심의 사고 부족: 고객 중심의 사고가 없으면 고객 불만의 위험이 있다.
4. 미흡한 조직 내 의사소통: 서로 어떤 일을 하고 있는지 모른다. 불만, 낭비 혼란 등이 발생한다.
5. 직원 권한부여의 부족: 직원에게 권한을 부여하지 않는 것은 직원의 능력을 신뢰하지 않는다는 인상을 주며, 불필요한 절차를 추가하며 문제해결을 지연한다.
6. 품질을 '즉효적'으로 봄: 품질은 장기적이고 지속적인 노력이 필요하다.
7. 단기적 재무성과 강조: '접착테이프(duct-tape)'적인 해결방안은 보통 증상만을 치료한다. 즉, 당장은 적은 비용만 발생시키지만 나중에는 훨씬 많은 비용을 발생시킨다.
8. 과도한 내부 정치 및 '세력' 문제: 이는 조직의 에너지를 약화시키고, 최고의 아이디어일지라도 채택되지 않게 할 수 있다.
9. 강한 동기부여의 부족: 경영자들은 직원들이 동기부여가 될 수 있도록 해야한다.
10. 품질 개선에 전념할 시간의 부족: 추가적인 지원 없이 추가적인 업무를 시키지 말아야 한다.

11. 리더십의 부족: 경영자들은 리더가 될 필요가 있다.[5]

이러한 잠재적 문제 목록은 TQM 구현을 고려하고 있는 조직들에게는 지침이 되며, TQM을 구현하는 데 어려움을 겪고 있는 조직들에게는 체크리스트가 될 수 있다.

### TQM에 대한 비판

TQM 프로그램들은 기업의 경쟁력을 개선하는 방법으로 추천되며, 이는 매우 가치 있는 목표임에 틀림없다. 그럼에도 불구하고, TQM 프로그램들에 대한 비판이 없는 것은 아니다. 다음은 주요 비판 사항 중 일부이다.

1. TQM에 대한 맹목적인 지지는 더 중요한 우선순위(예, 경쟁자의 발전에 대한 신속한 대응)이 있더라도 품질에 집중하면서 맹목적으로 TQM 프로그램을 추구할 수 있다.
2. 프로그램들이 의미 있는 방식으로 조직의 전략에 연결되지 않을 수 있다.
3. 품질 관련 의사결정들이 시장성과에 연결되지 않을 수 있다. 예컨대, 직간접적 이득보다 비용이 훨씬 초과되는 수준까지 고객만족이 강조될 수 있다.
4. TQM 프로그램 도입에 앞서 주의 깊게 계획하지 않으면 잘못된 시작, 직원의 혼란, 무의미한 결과 등으로 이어질 수 있다.
5. 조직이 *극적인* 개선이 필요할 경우에도 지속적인 개선(즉, 점진적인 개선)을 추구하기도 한다.
6. 품질에 대한 노력이 결과로 이어지지 않을 수 있다.

본질적으로 TQM은 아무런 문제가 없다. 일부 개인 또는 조직들이 TQM을 잘못 사용하는 것이 문제이다. 이제 문제해결 및 프로세스 개선에 대해 살펴보기로 한다.

## 9.9 문제해결 및 프로세스 개선

문제해결은 TQM의 기본 절차들 중 하나이다. 문제해결 노력이 성공하기 위해서는 표준 접근방법을 따라야 한다. 표 9.7은 TQM 문제해결 프로세스의 기본 단계들을 나타낸다.

TQM 접근방법에서 문제해결의 중요한 측면은 원인을 *제거*하여 그 문제가 재발하지 않도록 하는 것이다. 이것이 TQM 접근방법 사용자들이 종종 문제를 '개선의 기회'로 생각하는 이유이다.

### 계획-실행-분석-조치 사이클

**계획-실행-분석-조치**(plan-do-study-act, PDSA) 사이클은 슈하르트 사이클(Shewart cycle) 또는 데밍의 수레바퀴(Deming wheel)라고도 하며, 문제해결 활동의 개념적 기초가 된다. 이러한 사이클은 그림 9.1과 같으며, 지속적인 특성을 강조하기 위해 프로세스를 원으로 나타낸다. PDSA 사이클은 네 가지 기본 단계로 이루어진다.

**계획-실행-분석-조치(PDSA) 사이클**
문제 해결 및 개선 활동을 위한 프레임워크

**계획(plan).** 기존의 프로세스를 분석하는 것부터 시작한다. 프로세스를 문서화한

[5] Excerpt from Gary Salegna and Farzaneh Fazel, "Obstacles to Implementing Quality," *Quality Progress*, July 2000, p. 53.

**표 9.7**
문제해결을 위한 기본 단계들

| | |
|---|---|
| 1단계 | **문제를 정의하고 개선 목표를 설정하라.**<br>문제를 신중하게 정의하라. 이 단계는 문제해결 노력의 초점을 결정하므로, 이 단계를 급하게 진행하지 마라. |
| 2단계 | **성과 척도를 개발하고 데이터를 수집하라.**<br>해결책은 사실에 근거해야 한다. 체크시트, 산포도, 히스토그램, 런차트, 관리도와 같은 도구를 사용할 수 있다. |
| 3단계 | **문제를 분석하라.**<br>파레토 차트, 특성요인도와 같은 도구를 사용할 수 있다. |
| 4단계 | **잠재적 해결방안들을 도출하라.**<br>브레인스토밍, 인터뷰, 설문조사와 같은 방법들을 사용할 수 있다. |
| 5단계 | **하나의 해결방안을 선택하라.**<br>1단계에서 설정한 목표를 참고해서 해결방안을 선택하기 위한 기준을 도출하라. 이러한 기준을 통해 잠재적 해결방안 중 최선의 해결방안을 선택하라. |
| 6단계 | **선택된 해결방안을 적용하라.**<br>모두에게 알려라. |
| 7단계 | **목표를 달성하는지 모니터링해라.**<br>해결방안이 목표를 달성하지 못한다면 1단계로 돌아가라. 관리도나 런차트를 사용할 수 있다. |

**그림 9.1**
출처: Figure from Donna Summers, Quality, 2nd ed., p. 67. 2000. Prentice Hall, Inc. Pearson Education, Inc., Upper Saddle River, NJ.

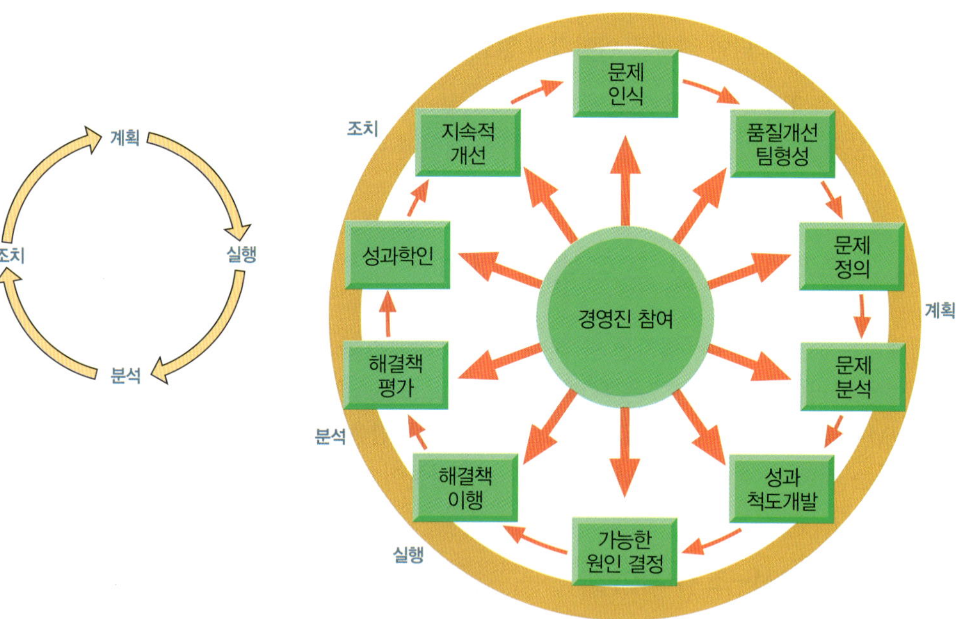


후, 해당 프로세스나 문제에 대한 데이터를 수집한다. 다음으로, 데이터를 분석하고 개선계획을 수립한다. 계획을 평가하기 위한 성과척도 또한 결정한다.

**실행(do).** 가능하면 작은 규모로 계획을 실행한다. 이 단계에서 이루어진 모든 변화를 문서화하고, 평가를 위해 데이터를 체계적으로 수집한다.

**분석(study).** *실행* 단계에서 수집한 데이터를 평가한다. 결과가 기존의 *계획* 단계 목표와 얼마나 일치하는지 검토한다.

**표 9.8**
프로세스 개선 개요

**A. 프로세스 파악**

1. 프로세스에 대한 정보를 수집하고, 프로세스의 단계를 파악하라. 각 단계별로 다음 사항을 파악하라:
   투입물과 산출물.
   관련된 사람들.
   관련 의사결정.
   시간, 비용, 사용공간, 낭비, 직원의 사기 및 이직, 사고 및 안전 위험, 업무환경, 수익 및 이익, 품질, 고객만족도를 파악할 수 있는 문서.
2. 프로세스를 *정확하게* 보여주는 흐름도를 만들어라. 주요 활동과 의사결정 또한 포함되어야 한다.

**B. 프로세스 분석**

1. 프로세스에 대해 다음과 같은 질문을 하라.
   프로세스 흐름이 논리적인가?
   누락된 단계나 활동이 있는가?
   중복된 단계가 있는가?
2. 각 단계별로 다음과 같은 질문을 하라.
   제거될 수 있는가?
   이 단계가 가치를 부가하는가?
   이 단계가 낭비를 유발하는가?
   시간을 단축할 수 있는가?
   비용을 줄일 수 있는가?
   두 개 이상의 단계를 결합할 수 있는가?

**C. 프로세스 재설계**

분석 결과를 사용해서 프로세스를 재설계하고, 개선 사항을 문서화하라. 성과척도로는 시간, 비용, 공간, 낭비, 직원 이직, 사고, 안전 위험, 직원 사기 진작, 업무환경, 수익/이익, 품질 및 고객만족 개선 등이 사용될 수 있다.

**조치(act).** 만약 결과가 성공적이라면, 새로운 방법을 *표준화*하여 프로세스와 관련된 모든 사람들에게 새로운 방법을 알리고 교육시킨다. 결과가 성공적이지 않다면, 계획을 수정하여 프로세스를 반복하거나 프로젝트를 중단한다.

이러한 일련의 단계를 통해 지속적인 개선을 체계적으로 수행할 수 있다.

**프로세스 개선**(process improvement)은 프로세스를 개선하기 위한 *체계적인* 접근방법이다. 이것은 프로세스의 기능을 개선하기 위한 문서화, 측정 및 분석을 포함한다. 프로세스 개선의 대표적인 목표는 고객만족도 향상, 품질 향상, 낭비 제거, 비용 절감, 생산성 향상, 프로세스 시간 단축 등이다.

◂ **프로세스 개선**
프로세스 개선을 위한 체계적 접근법

표 9.8은 프로세스 개선에 대한 개요를 보여주고 있다.

## 식스시그마

**식스시그마**(Six Sigma)라는 용어는 여러 가지 의미를 가진다. 통계적으로 식스시그마는 특정 프로세스, 제품, 혹은 서비스에서 100만 번의 기회당 3.4번 미만의 불량이 발생하는 것을 의미한다. 개념적으로는 훨씬 더 넓은 의미를 가지는데, 비용 절감과 고객만족도 개선을 달성하고자 불량 발생을 감소시키기 위해 고안된 프로그램을 지칭한다. 이는 사업의 전략적 성과를 달성하기 위해 특정 프로젝트에 특정 도구나 기법을 적용하는 것을 바탕으로 하는데, 여러 사업 분야에서 식스시그마 프로그램은 품질 개선, 시간 절약, 비용 절감을 하기 위한 핵심 수단이 되었다. 식스시그마 프로그램은 설계, 생산, 서비스, 재고 관리, 배송 등에 적용할 수 있다. 중요한 점은 식스시그마 프로젝트는 조직의 전략에 일치해야 한다는 것이다.

◂ **식스시그마**
품질개선, 비용감소, 고객만족 증가를 위한 비즈니스 프로세스 모토롤라는 1980년대에 식스시그마 프로그램의 개념을 개척했으며, 실제로 이 용어를 상표로 등록했다. 오늘날 식스시그마 개념은 사업 성과 향상을 위한 방법론으로 기업, 정부, 컨설턴트, 심지어 군대에서도 널리 사용된다.

식스시그마 프로그램에는 경영 및 기술적인 구성요소들이 존재한다. 경영적 요소에는 강한 리더십의 제공, 성과 척도의 정의, 사업 성과 달성 가능성이 높은 프로젝트의 선택, 적절한 인력 선정 및 훈련을 포함한다. 기술적 구성요소는 프로세스 성과 개선, 변동성 감소, 통계적 방법들의 활용, 체계적 개선 전략의 설계를 포함하며, 이는 정의, 측정, 분석, 개선, 그리고 통제 단계를 포함한다.

식스시그마가 특정 조직에서 성공을 거두기 위해서는 최고 경영층의 참여가 필수적이다. 최고경영자는 기업의 전체 목표를 공식화하고 전달하며, 성공적인 도입을 위해 프로그램을 이끌어야 한다. 식스시그마 프로그램을 위한 또 다른 주요 참가자로는 프로그램 챔피언, '마스터 블랙벨트(master black belts)', '블랙벨트(black belts)' 그리고 '그린벨트(green belts)'가 있다. 챔피언은 잠재적 프로젝트를 파악하여 우선순위를 정하고, 후보 선정 및 평가를 도우며, 프로그램 자원을 관리하고, 프로그램을 위한 조력자로 활동한다. 마스터 블랙벨트는 통계 및 품질 도구 사용에 대한 광범위한 교육을 받으며, 블랙벨트의 스승이자 멘토이다. 블랙벨트는 프로세스 개선 프로젝트의 실현을 책임지는 프로젝트 팀의 리더이다. 이들은 일반적으로 4주간의 식스시그마 교육을 이수하고, 시험을 통과하고 하나 이상의 프로젝트를 성공적으로 완료하여 해당 주제에 대해 숙달했음을 입증해야 한다. 그린벨트는 프로젝트 팀의 구성원이다.

블랙벨트는 식스시그마 프로그램의 성공에 핵심적인 역할을 한다. 이들은 변화를 이끌고, 팀워크를 구축하며, 도구와 기법을 적용하는 데 리더십을 발휘하며, 그린벨트들에게는 지식과 기술을 전수한다. 이러한 블랙벨트 후보들은 일반적으로 공학과 같은 기술 분야나 경영 분야에서 검증된 강점을 가져야 하며, 변화를 이끌 수 있는 강한 '사람을 다루는 능력(people skill)'도 필요하다. 또한, 지속적인 개선과 통계적 방법 및 도구 이용에 능숙해야 한다. 블랙벨트는 프로세스 개선의 기술적인 측면뿐만 아니라 예상되는 사업적 결과(시간, 비용, 품질개선 등)에 대한 이해도 필수적이다.

식스시그마는 다음과 같은 기본 원칙을 기반으로 한다.

1. 변동의 감소는 중요한 목표이다.
2. 타당한 측정을 통해 데이터 중심의 방법론을 적용하라.
3. 결과는 투입 요소에 따라 결정된다. 결과를 개선하기 위해 투입 요소를 수정하거나 제어하는 데 집중하라.
4. 소수의 핵심적인 투입 요소가 결과에 커다란 영향을 미친다(파레토 효과). 이러한 핵심 요소에 집중하라.

**DMAIC** (define-measure-analyze-improve-control)은 식스시그마의 공식화된 문제 해결 절차이다. 모든 프로세스에 적용되어 그 효과성을 높일 수 있으며, 다음과 같은 5단계로 구성되어 있다.

1. 정의(Define): 개선할 상황과 목표 설정

2. 측정(Measure): 프로세스의 성능 기준 및 능력 결정
3. 분석(Analyze): 데이터와 도구를 사용하여 프로세스의 인과 관계 이해
4. 개선(Improve): 프로세스의 유의미한 개선을 이끌 수 있는 변경 방안 개발
5. 통제(Control): 개선이 지속될 수 있도록 계획 및 절차 수립

## 9.10 품질 도구

조직은 문제해결 및 프로세스 개선을 위해 다양한 도구들을 사용할 수 있다. 여기에서는 데이터 수집 및 해석에 도움을 주고 의사결정의 근거를 제공하는 도구 8가지를 설명한다. 처음 일곱 개의 도구들을 *7가지 기본 품질 도구*라고 일컬으며, 그림 9.2는 이러한 7가지 도구에 대해 간략히 설명하고 있다.

**흐름도** **흐름도**(flowchart)는 프로세스를 시각적으로 나타낸 것이다. 흐름도는 문제해결 도구 중 하나로서, 프로세스에 문제가 발생했을 때 문제 발생 가능 지점을 도출하는 데 도움을 준다. 그림 9.3은 카탈로그 전화주문에 대한 흐름도이며, 잠재적으로 문제가 발생할 수 있는 지점들이 표시되어 있다.

◂ **흐름도**
프로세스의 단계들을 나타내는 도표

흐름도의 다이아몬드 모양은 프로세스에서의 의사결정 지점을 나타내며, 직사각형은 절차를 나타낸다. 화살표는 프로세스 단계의 '흐름' 방향을 나타낸다.

흐름도를 작성하기 위해서는 우선 프로세스의 단계를 나열하는 것부터 시작한다. 그 후, 각 단계를 절차나 의사결정(또는 검사) 지점으로 분류한다. 흐름도를 너무 상세히 작성하면 다루기 힘들 수 있으며, 중요한 단계를 빠뜨리지 않도록 주의해야 한다.

**체크시트** **체크시트**(check sheet)는 문제 식별을 위해 자주 사용되는 간단한 도구이다. 체크시트는 수집 및 분석이 용이하도록 자료를 기록하고 정리할 수 있는 양식을 제공한다. 단순한 체크 표시를 하는 양식일 수도 있다. 체크시트는 사용자가 자료 수집을 통해 알고 싶은 내용에 기초하여 만들어 진다.

◂ **체크시트**
문제를 식별하기 위하여 자료를 기록하고 정리하기 위한 도구

체크시트는 다양한 양식을 사용할 수 있다. 그림 9.4와 9.5의 예시처럼, 불량의 유형을 표시하거나 불량의 위치를 나타내는 체크시트는 자주 사용되는 양식이다.

그림 9.4는 불량의 유형과 불량이 발생한 시간을 보여준다. 라벨 미부착 문제는 오전 일찍 발생하는 경향이 있고, 얼룩은 오후 늦게 발생하는 반면, 라벨위치 오류는 하루 종일 발생한다. 이렇듯 불량의 유형과 발생 시점을 파악하면 불량 원인을 정확히 파악하는 데 도움이 된다.

그림 9.5는 제품(즉, 장갑)의 어느 위치에서 불량이 발생하는지를 쉽게 확인할 수 있도록 해준다. 예시에서는 장갑의 엄지와 검지 끝, 손가락들 사이(특히 엄지와 검지 사이), 장갑의 중앙에서 불량이 발생하는 것으로 보인다. 이러한 체크시트 역시 불량의 발생 원인을 밝히고 해결방안을 도출하는 데 도움을 준다.

**히스토그램** **히스토그램**(histogram)은 관측치의 분포를 파악하는 데 유용하다. 특히, 분포의 대칭 여부, 값의 범위, 이상치의 존재 여부를 파악할 수 있다. 그림 9.6은 히스토그램의 한 예시이다. 히스토그램에 두 개의 봉우리(peak)가 나타나는데, 이는 중심이 다른 두 개의

◂ **히스토그램**
도수 분포를 나타내는 도표

그림 9.2 일곱 가지 기본 품질 도구

**흐름도**

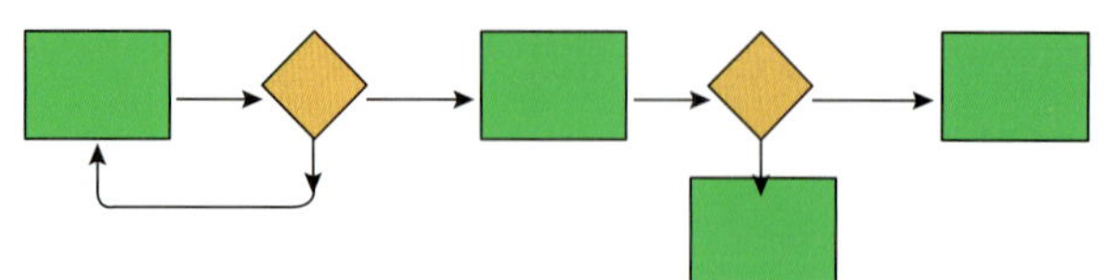

프로세스의 단계들을 나타내는 도표

**체크시트**

| 불량 유형 | 일자 1 | 일자 2 | 일자 3 | 일자 4 |
|---|---|---|---|---|
| A | /// | | //// | / |
| B | // | / | // | /// |
| C | / | //// | // | //// |

자료를 수집정리하는 도구

**히스토그램**

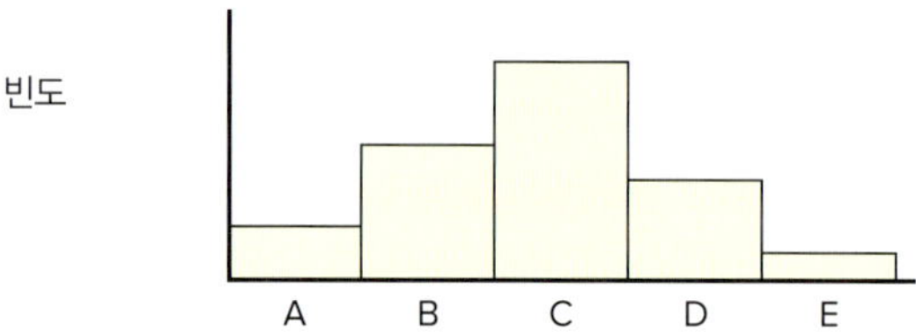


도수 분포를 나타내는 도표

**파레토 차트**

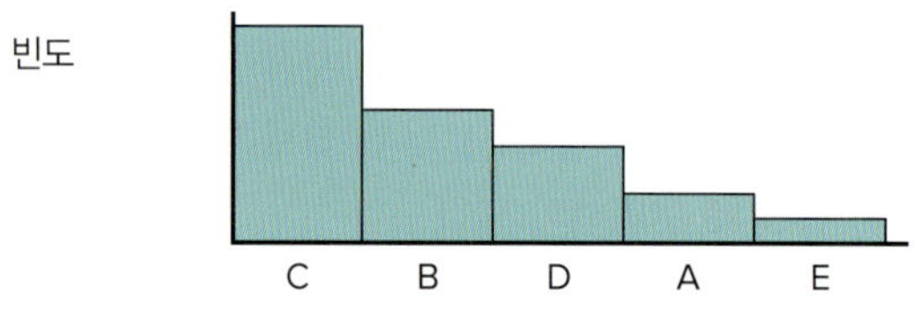


발생빈도가 가장 높은 것부터 가장 낮은 것 순으로 정리한 도표

**산점도**

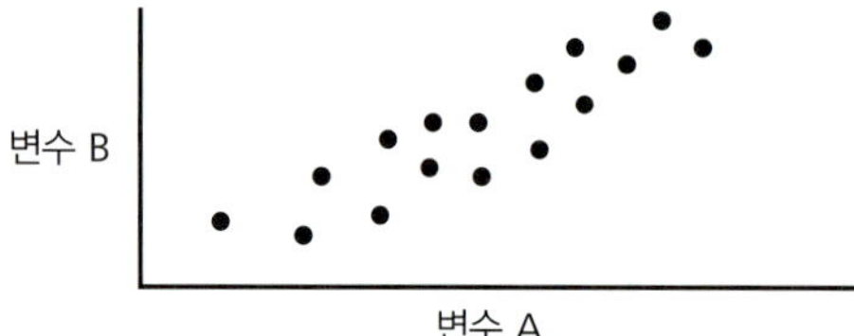


두 변수 간의 관계의 정도와 방향을 제시하는 그래프

**관리도**

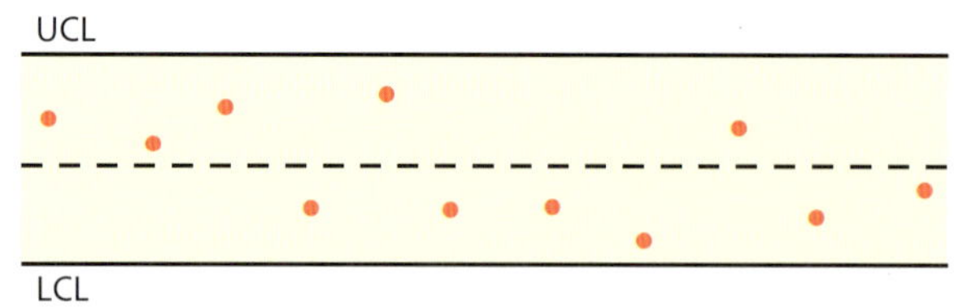


시간의 흐름에 따라 표본 통계량(예, 표본평균 등)의 값을 나타내는 통계적 도표

**특성요인도**

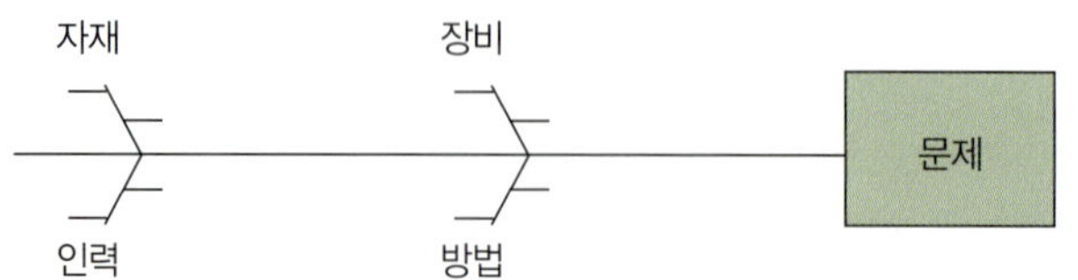


문제의 원인을 탐색하기 위한 도표, *어골도*라고 불리기도 함

시작
고객이 전화함
통화중
판매상실 가능
예
재통화 시도?
예
아니오
판매 상실
아니오
희망상품 확인
가능한가?
판매상실 가능
아니오
대안선택
예
아니오
판매 상실
예
주문 확정
배달지시 확인
잘못된 지시 가능
지불방법 명시
끝

**그림 9.3**
카탈로그 전화주문 흐름도

| 일자 (요일) | 시간 | 불량유형 | | | | | 합계 |
|---|---|---|---|---|---|---|---|
| | | 라벨 미부착 | 라벨위치 오류 | 얼룩 | 올이 성김 또는 접힘 | 기타 | |
| 월요일 | 8–9 | IIII | II | | | | 6 |
| | 9–10 | | III | | | | 3 |
| | 10–11 | I | III | I | | | 5 |
| | 11–12 | | I | | I | I (찢어짐) | 3 |
| | 1–2 | | I | | | | 1 |
| | 2–3 | | II | III | I | | 6 |
| | 3–4 | | II | 卌I | | | 8 |
| 합계 | | 5 | 14 | 10 | 2 | 1 | 32 |

**그림 9.4**
체크시트의 예

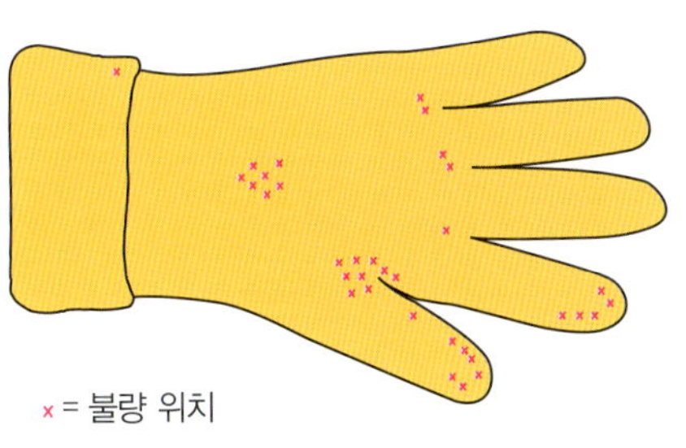


**그림 9.5**
특수 목적용 체크시트

분포가 존재할 가능성을 나타낸다. 그 원인을 추측해 보면, 품질 수준이 서로 다른 두 명의 작업자 또는 두 명의 공급자 때문일 수 있다.

**파레토 분석** 중요도에 따라 문제 영역을 분류하고 가장 중요한 문제에 집중하는 기법

**파레토 분석** **파레토 분석**(Pareto analysis)은 가장 중요한 문제 영역에 집중하기 위한 기법이다. 19세기 이탈리아 경제학자인 파레토(Vilfredo Pareto)의 이름을 붙인 파레토 개념은 상대적으로 소수의 요인들이 전체 사례(예, 불만, 불량, 문제)의 대부분을 차지한다는 것이다. 따라서 중요도에 따라 사례를 분류하여 상대적으로 덜 중요한 요인들을 그대로 두고 가장 중요한 요인을 해결하는 데 집중하자는 취지이다. 80-20 규칙으로 불리는 파레토 개념은 문제의 약 80%가 20%의 항목으로부터 나온다고 말한다. 예를 들어, 기계 고장의 80%는 전체 기계 중 20%에서 발생하며, 제품 불량의 80%는 불량 원인들 중 20%의 원인에 기인한다는 것이다.

종종 유형별 발생 건수를 빈도순으로 정리하여 도표로 보여주는 것은 매우 유용하다. 그림 9.7은 그림 9.4의 체크시트를 그러한 차트로 나타낸 것이며, '라벨 위치 오류'의 문제가 가장 중요함이 명백해 진다. 아마도 경영진과 직원들은 이 문제를 해결하는 데 집중할 것이다. 일단 '라벨 위치 오류'를 해결하고 나면, 유사한 방식으로 남아있는 불량을 해결할 수 있다. 즉, '인쇄 얼룩' 문제가 다음으로 해결해야 할 문제가 될 것이다. 이러한 유형의 불량들이 제거되거나 상당히 감소되었는지는 추가적인 체크시트를 통해 데이터를 수집하여 검증할

**그림 9.6**
히스토그램

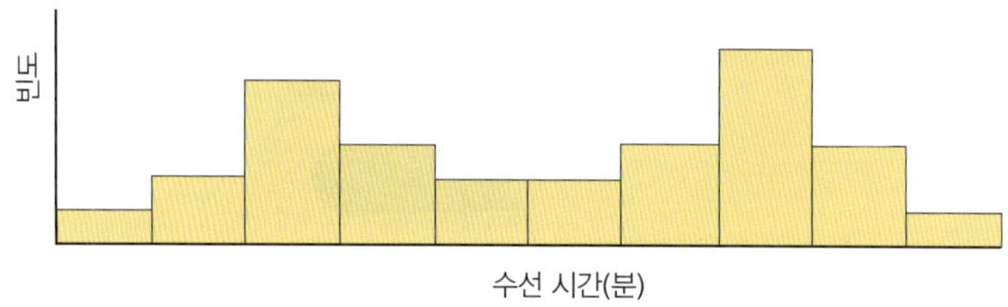


**그림 9.7**
그림 9.4 자료에 따른 파레토 차트

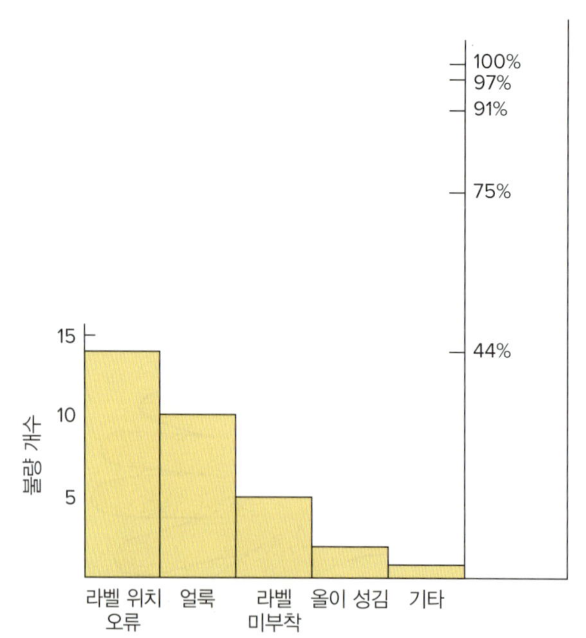

수 있다. 추후에는 파레토 차트(파레토도)에서 '라벨위치 오류' 항목의 빈도가 훨씬 줄어들 것이다.

**산점도** **산점도**(scatter diagram)는 두 변수 사이에 상관관계가 있는지 여부를 결정하는 데 유용하며, 상관관계를 통해 문제의 원인을 파악할 수도 있다. 그림 9.8은 산점도의 예를 보여 준다. 이 산점도에서는 습도와 시간당 오류 수 사이에 양(우상향)의 상관관계가 있다. 습도가 높을수록 오류가 많으며, 그 역도 성립한다. 반면, 음(우하향)의 상관관계는 한 변수의 값이 작을수록 다른 변수의 값은 크다는 것을 의미하며, 그 역도 성립한다.

두 변수 간의 상관관계가 높을수록 점들이 덜 흩어지고 선에 가까운 형태가 되며, 반대로 두 변수 간에 상관관계가 낮거나 없을 경우에는 완전히 흩어진다. 그림 9.8에서는 점들이 가상의 선을 따라 분포하는 것처럼 보이므로, 습도와 오류 간의 상관관계는 강한 것으로 보인다.

**산점도**
두 변수 간의 관계의 정도와 방향을 보여주는 그래프

**관리도** **관리도**(control chart)는 프로세스를 모니터링하여 프로세스의 결과가 무작위적인지 확인하는 데 사용될 수 있다. 또한, *개선 가능한* 변동 원인이 존재하는지 확인하는 데 도움이 된다. 그림 9.9는 관리도를 나타낸다. 관리도는 문제의 발생 시점을 표시하고 문제의 원인 파악을 도와주기도 한다. 관리도는 3장에서도 소개되었으며, 10장에서 자세히 설명한다.

**관리도**
표본의 통계치를 시간의 흐름에 따라 보여주는 통계적 차트

**특성요인도** **특성요인도**(cause-and-effect diagram)는 문제에 대한 잠재 원인들을 도출하기 위한 체계적 접근방법이다. 도표의 모양으로 인해 *어골도(fishbone diagram)*라고 불리기도 하고, 이 접근방법을 개발한 일본인 교수의 이름을 따서 *이시카와 도표(Ishikawa diagram)*라고도 한다. 이시카와 교수는 문제에 대한 잠재 원인들이 많아 곤란한 작업자들을 돕기 위해 이 특성요인도를 개발하였다. 이 도구는 문제의 원인이 될 수 있는 요인들의 *범주*를 식별함으로써 문제해결 노력을 체계화하는 데 도움을 준다. 종종 브레인스토밍 회의 이후, 산

**특성요인도**
문제의 원인을 찾는 데 사용되는 도표. 어골도로 불리기도 함

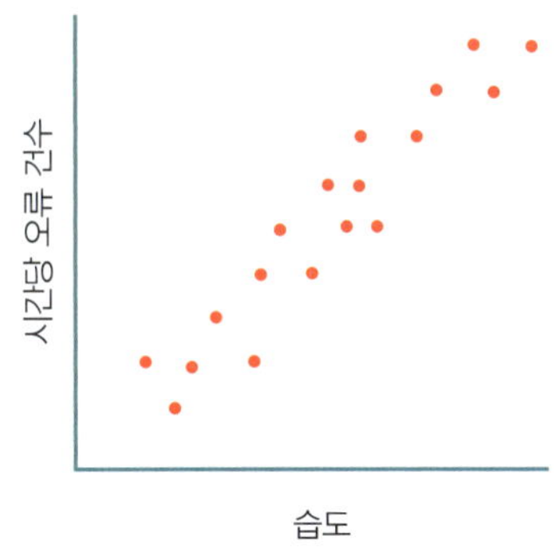


**그림 9.8**
산점도

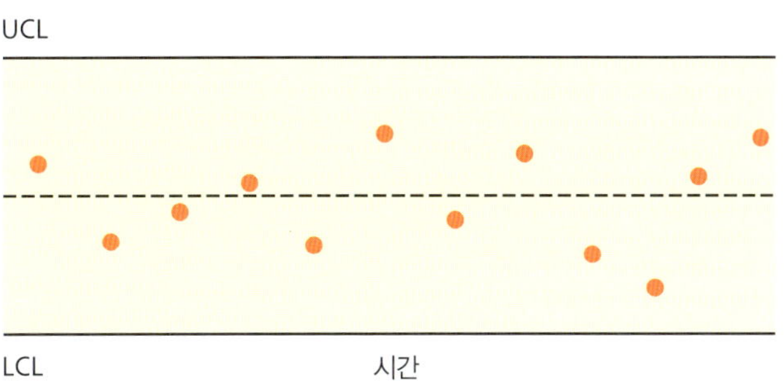


**그림 9.9**
관리도

**그림 9.10**
특성요인도의 한 형태

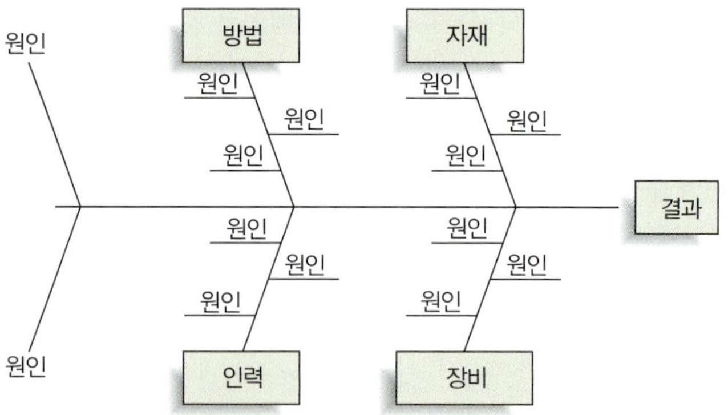


출된 아이디어를 체계화하는 데에도 사용된다. 그림 9.10은 특성요인도의 한 형태를 나타낸 것이다.

잠재 원인들 중 특정 요인은 그 성격에 따라 다른 요인들보다 원인이 될 가능성이 높을 수 있다. 하지만 여전히 원인이 명확하지 않다면, 심층 분석을 통해 근본 원인(root cause)에 대한 추가적인 조사가 필요할 수 있다. 종종, 문제의 원인으로 가장 가능성이 높은 요인들에 대해 *누가*, *무엇을*, *어디서*, *언제*, *왜*, *어떻게*라고 질문함으로써 좀 더 세부적인 정보를 얻는다.

**런차트** ▸ 일정기간 동안의 결과를 추적하는 도구

**런차트** **런차트**(run chart)는 시간에 따른 변수 값을 추적하는 데 사용된다. 이를 통해 추세를 파악하거나 기타 패턴들을 파악하는 데 도움이 된다. 그림 9.11은 시간에 따라 사고 빈도가 감소하는 추세를 보여주는 런차트의 한 예시이다. 런차트의 큰 장점은 작성과 해석이 쉽다는 것이다.

## 그래픽 도구들의 사용 예시

여기에서는 프로세스나 제품 개선을 위해 사용한 그래픽 도구들의 몇 가지 예시를 보여준다. 그림 9.12에서는 먼저 체크시트를 작성하고, 발견된 오류 유형에 대해 파레토 차트를 작성한다. 다음으로 특성요인도를 활용하여 가장 빈번하게 발생하는 오류 유형에 대해 좀 더 집중적으로 분석한다. 또한, 추가적으로 파레토 차트를 사용하여 위치별 오류에 대해 분석할 수도 있다.

그림 9.13은 파레토 차트가 특정 시나리오를 통해 개선한 정도를 어떻게 측정하는지 보

**그림 9.11** 시간의 흐름에 따른 성과를 보여주는 런차트

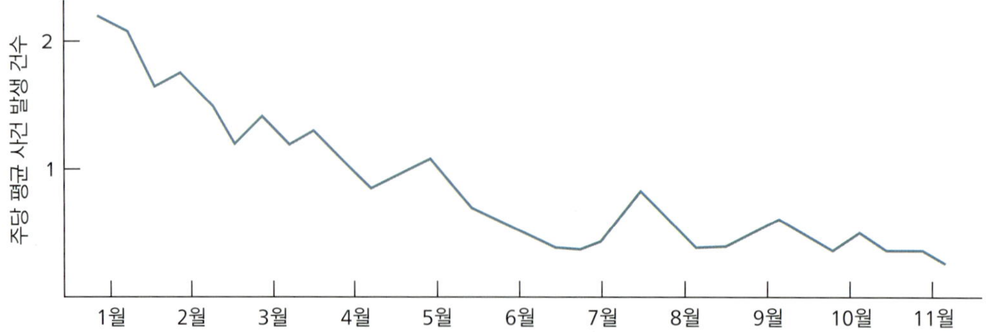

그림 9.12 문제해결을 위한 그래픽 도구 사용

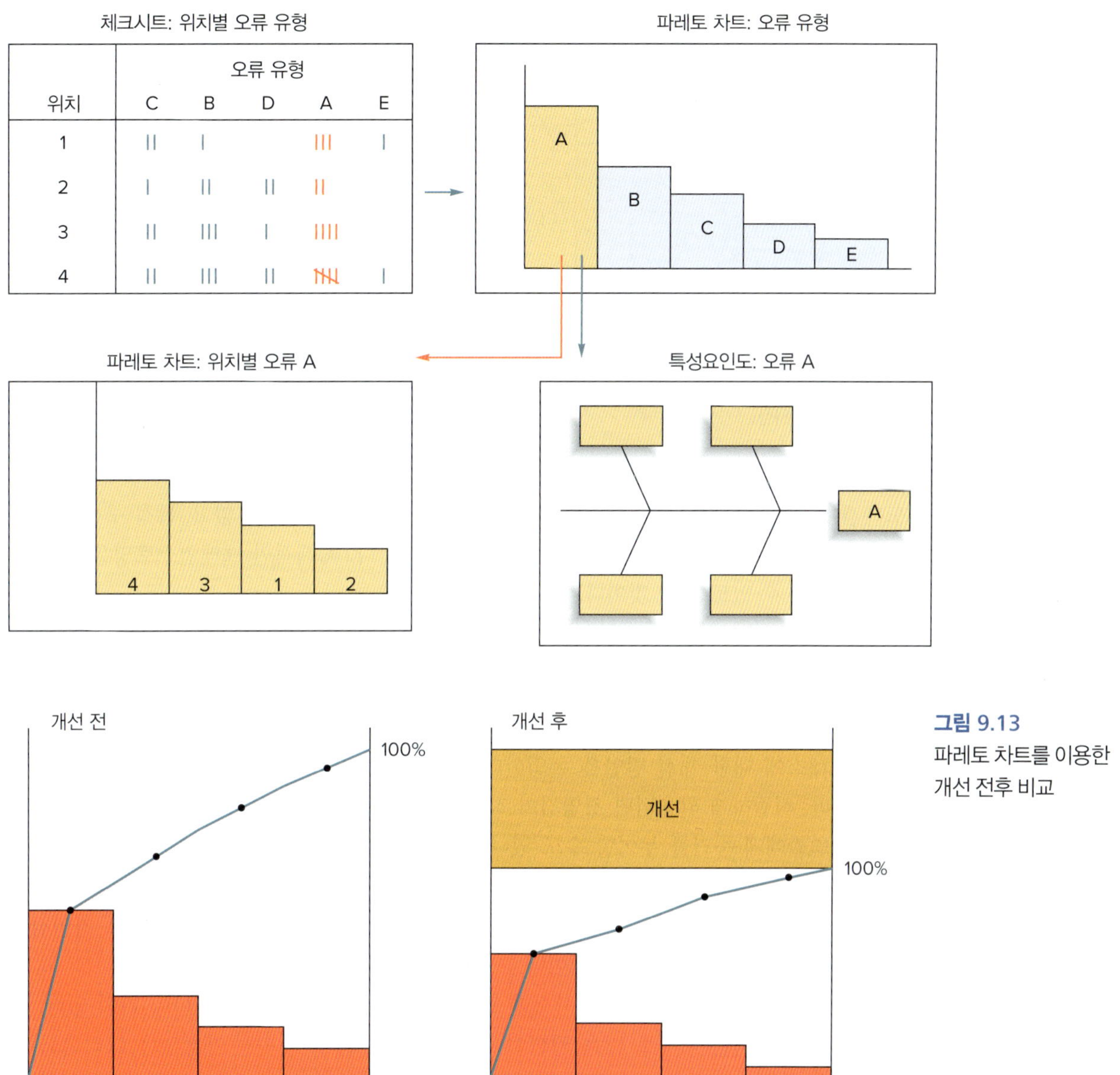


그림 9.13 파레토 차트를 이용한 개선 전후 비교

여준다.

그림 9.14는 관리도가 통제를 벗어난 프로세스에 대한 두 번의 개선을 어떻게 추적하는지 보여준다.

## 아이디어 도출을 위한 방법

문제 해결 및 프로세스 개선에 유용한 추가적인 도구들은 브레인스토밍, 품질관리분임조, 벤치마킹 등이 있다.

**브레인스토밍** **브레인스토밍**(brainstorming)은 한 집단의 사람들이 제한되지 않고 집단적 사고를 하도록 자유로운 분위기 속에서 문제에 대한 생각과 아이디어를 공유하는 기법이다. 문제 파악, 원인 및 해결 방안 도출, 구체적 실현 방안 등에 대한 아이디어가 자유롭게 흐르

**브레인스토밍**
한 집단 내에서 자유로운 아이디어의 흐름을 만들기 위한 기법

**그림 9.14**
개선을 추적하기 위한 관리도의 사용

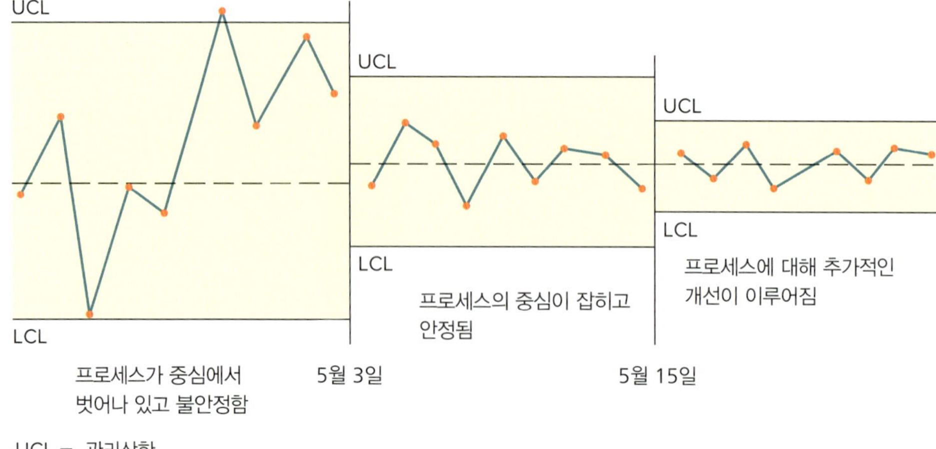


도록 하는 데 그 목적이 있다. 성공적인 브레인스토밍에서는 비판이 없고, 특정 구성원이 분위기를 장악하지 않으며, 어떠한 아이디어라도 환영한다. 체계적인 브레인스토밍은 모든 사람이 참여할 수 있도록 할 것이다.

**품질관리분임조** 제품이나 프로세스의 개선 방안을 토의하기 위해 구성된 작업자 집단

**품질관리분임조** 기업들은 직원들로부터 품질 향상에 대한 아이디어를 도출하는 한 가지 방법으로 **품질관리분임조**(quality circle)를 활용하였다. 품질관리분임조는 짧게 품질분임조라고도 불린다. 품질관리분임조는 여러 명의 작업자들로 구성되며, 주기적으로 모여 제품이나 프로세스에 대한 개선 방안을 논의한다. 품질관리분임조는 직원 의견의 소중한 원천일 뿐 아니라, 적절하게 활용되면 경영진이 직원들의 아이디어에 관심이 있다는 것을 보여줌으로써 직원들에게 동기를 부여할 수도 있다. 품질관리분임조는 일반적으로 지속적인 개선을 위한 팀보다는 비공식적이고 덜 조직적이지만, 일부 조직에서는 품질관리분임조가 지속적 개선팀으로 발전하기도 한다. 아마도 품질관리분임조와 지속적 개선팀 간의 주요 차이점은 팀에게 주어지는 *권한*의 크기일 것이다.

일반적으로 품질관리분임조는 사소한 변화 외에는 실행할 수 있는 권한이 거의 없다. 반면 지속적 개선팀은 때때로 많은 권한이 주어진다. 그 결과, 지속적 개선팀은 그러한 권한 덕분에 추가적으로 동기 부여되기도 한다.

**벤치마킹** 동종업계나 타업계에서 최고인 조직과 비교하는 성과 측정 프로세스

**벤치마킹** **벤치마킹**(benchmarking)은 개선 노력에 새로운 활기를 불어 넣을 수 있는 접근법이다. 표 9.9에 요약된 벤치마킹은 동종업계 또는 타 업계의 최고 조직과 비교하여 주요 고객 요구사항에 대한 조직의 성과를 측정하는 프로세스이다. 이러한 프로세스 목적은 어떤 성과를 평가할 것인지에 대한 기준을 세우고, 개선 방법을 배우기 위한 모형을 수립하는 것에 있다. 이때, 벤치마크(benchmark)는 다른 조직의 고객이 만족하는 정도를 나타낸다.

**표 9.9**
벤치마킹 접근법

1. 그것을 가장 잘하는 조직이 누구인가?
2. 그들은 어떻게 일하고 있는가?
3. 지금 우리는 어떻게 일하고 있는가?
4. 최고를 따라잡거나 뛰어넘기 위해 우리는 어떻게 변화할 것인가?

일단 벤치마크를 식별한 후에는, 적절한 프로세스 개선을 통해 그 기준을 충족시키거나 넘어서는 것을 목표로 한다. 일반적으로 벤치마킹 프로세스에는 다음과 같은 단계들이 포함된다

1. 개선이 필요한 핵심 프로세스를 찾는다(예, 주문 입력, 유통, 애프터서비스 등).
2. 해당 프로세스에 대해 뛰어난 조직(가급적이면 최고 조직)을 찾는다.
3. 벤치마킹할 조직과 연락하고, 방문하여, 해당 활동을 분석한다.
4. 데이터를 분석한다.
5. 자신의 조직에서 핵심 프로세스를 개선한다.

업계 선두 주자를 선정함으로써 경쟁업체들의 동향에 대해 알 수 있으나, 경쟁업체들은 정보 공유를 꺼릴 수도 있다. 몇몇 조직들은 벤치마킹 연구를 수행한 후 타 조직에는 자료의 출처를 밝히지 않고 정보를 제공하는 방법으로 이러한 어려움을 극복하고 있다. 타 업종의 세계 최고 조직을 선정하는 것도 하나의 방법이다.

## 9.11 생산운영전략

모든 고객은 구입한 제품이나 서비스의 품질에 관심을 가진다. 이 한 가지 이유만으로도 기업은 높은 품질 표준을 달성하고 유지하는 것이 필수적이고 이에 대해 전략적인 관심을 가진다. 또한, 품질과 생산성은 양의 관련성이 있어, 높은 품질을 달성함으로써 추가적인 이점을 얻고, 현재 및 잠재 고객에게 좋은 이미지를 줄 수 있다.

최고의 기업들은 품질을 끝없는 여정으로 생각한다. 즉, 아무리 품질이 좋아도 항상 더 개선될 수 있으며, 이러한 개선은 이점이 있다는 태도로 지속적 개선을 위해 노력한다.

TQM이 성공하기 위해서는 조직 내 대다수의 사람들이 TQM 사고를 받아들여야 한다. 그렇지 않을 경우, TQM 접근법이 가지는 이점의 상당부분을 누리지 못할 위험이 있다. 그러므로 이러한 점에 충분한 주의를 기울여야 하며, TQM을 추진하기 전에 충분히 의견을 일치시키는 것이 중요하다. TQM은 하향식(top-down) 접근법이다. 최고 경영진은 눈에 띄게 참여하고 재정적 및 감정적 측면에서 모두 지원해야 한다. 또한 경영진과 직원에게 품질의 개념, 도구, 절차를 교육하는 것도 중요하다. 만일 교육이 부족하면, TQM을 통해 원하는 이득을 얻지 못할 수 있다.

또한 고객 유지율은 수익성에 큰 영향을 미칠 수 있지만 고객만족이 항상 고객의 충성도를 보장하지 않음을 주의해야 한다. 따라서 조직은 이러한 가능성들을 잘 대처하기 위해 고객 유지 전략을 개발해야 할 수도 있다.

조직이 품질을 자신의 생산운영에 반영하는 것만으로는 충분하지 않다. 전체 공급사슬이 참여해야 한다. 구입된 부품의 불량, 긴 리드타임, 제품이나 서비스의 배송 지연 및 누락 같은 문제들은 모두 조직이 고객을 만족시키는 데 부정적인 영향을 미친다. 따라서 품질은 공급사슬 전체에 대해서 고려되어야 한다.

## 요약

이 장에서는 높은 품질을 달성하고 지속적으로 품질을 개선하는 데 사용할 수 있는 철학과 도구들을 소개한다. 품질은 조직 전체와 공급사슬이 노력한 결실이다. 우선 고객이 무엇을 원하는지 신중하게 평가한 다음, 이러한 정보를 제품이나 서비스가 충족시켜야 하는 기술적인 규격으로 변환해야 한다. 이러한 규격들은 제품 및 서비스 설계, 프로세스 설계, 제품의 생산과 서비스의 전달, 판매 또는 배송 후 서비스 등을 위한 지침이 된다.

품질 불량은 시장점유율 하락, 제품책임 소송, 생산성 저하, 비용 증가로 이어진다. 품질비용에는 예방, 평가, 실패와 관련된 비용이 포함된다. 품질 결정 요소로는 설계, 설계와의 일치 여부, 사용 용이성, A/S 등이 있다.

현대 품질경영은 이미 발생한 오류를 찾는 것보다는 오류를 예방하고 프로세스 결과물의 변동성을 줄이는 데 초점을 맞추고 있다. 또한 현재 업계에서는 품질과 경쟁력 향상에 많은 관심을 보이고 있다.

본 장에서는 품질경영에 기여한 주요 인물들을 설명하고, ISO 9000, ISO 14000 및 ISO 24700 같은 국제 품질 표준도 개략적으로 설명한다.

품질경영 분야에서 탁월한 성과를 보인 조직에게는 매년 볼드리지상, 유럽품질상, 데밍상이 수여된다.

종합적 품질경영은 조직 내 모든 구성원들이 끊임없이 품질을 추구하는 것이다. 그 원동력은 고객 만족이며, 핵심 철학은 지속적인 개선이다. 품질 개념, 도구 및 절차에 대해 경영진과 직원들에게 교육하는 것은 TQM에서 중요한 측면이다. 팀 또한 TQM에서 필수적인 요소이다.

TQM 접근법의 두 가지 주요한 측면은 문제 해결과 프로세스 개선이다. 식스시그마 프로그램은 TQM의 한 형태이며, 식스시그마는 경영 성과를 달성하기 위해 선택된 프로젝트에 통계나 과학적 관리 도구의 사용을 강조한다.

## 주요 내용

1. 모든 구매 거래에서 가격과 품질은 두 가지 주요 고려 사항이므로, 품질은 매우 중요하다.
2. 품질 권위자들은 조직이 품질을 바라보는 관점과 품질을 달성하는 방식에 큰 기여를 했다.
3. 품질 인증 및 품질상은 고객에게 품질에 대해 어느 정도의 확신을 줄 수 있기 때문에 중요하다.
4. 문제 해결 및 프로세스 개선을 위해 사용이 간편한 많은 도구들을 활용할 수 있다.

## 주요 용어

DMAIC
ISO 9000
ISO 14000
ISO 24700
계획-실행-분석-조치 사이클[plan-do-study-act (PDSA) cycle]
관리도(control chart)
내부실패(internal failure)
데밍상(Deming Prize)
런차트(run chart)
벤치마킹(benchmarking)
볼드리지상(Baldrige Award)
브레인스토밍(brainstorming)
산점도(scatter diagrams)
설계 품질(quality of design)
식스시그마(Six Sigma)
실패비용(failure costs)
안전장치(fail-safing)
예방비용(prevention costs)
외부실패(external failure)
원천에서의 품질관리(quality at the source)
유럽품질상(european quality award)
적합 품질(quality of conformance)
종합적 품질경영(total quality management, TQM)
지속적 개선(continuous improvement)
체크시트(check sheet)
카이젠(kaizen)
특성요인도(cause-and-effect diagram)
파레토 분석(Pareto Analysis)
평가비용(appraisal costs)
포카요케(pokayoke)

품질수익률(return on quality)
품질(quality)
품질관리분임조(quality circle)
프로세스 개선(process improvement)
흐름도(flowchart)
히스토그램(histogram)

## 문제풀이연습

**문제 1**

경찰은 여름 주말에 다음과 같은 위반 딱지를 떼었다. 위반사항 종류에 따라 체크시트와 파레토 분석을 하여라.

| 딱지번호 | 위반사항 | 딱지번호 | 위반사항 |
|---|---|---|---|
| 1 | 과속 | 11 | 정비검사 불이행 |
| 2 | 정비검사 불이행 | 12 | 주차위반 |
| 3 | 불법 회전 | 13 | 불법 회전 |
| 4 | 과속 | 14 | 주차위반 |
| 5 | 주차위반 | 15 | 과속 |
| 6 | 주차위반 | 16 | 주차위반 |
| 7 | 과속 | 17 | 주차위반 |
| 8 | 주차위반 | 18 | 주차위반 |
| 9 | 불법 회전 | 19 | 과속 |
| 10 | 주차위반 | 20 | 주차위반 |

**풀이**

체크시트(위반사항의 종류에 따라 빈도를 조사한다.)

| 위반사항 | 횟수 | 빈도 |
|---|---|---|
| 과속 | 𝍸 | 5 |
| 정비검사 불이행 | // | 2 |
| 불법 회전 | /// | 3 |
| 주차위반 | 𝍸 𝍸 | 10 |

파레토 차트(위반사항을 가장 많은 것부터 가장 적은 것 순으로 배열한다.)

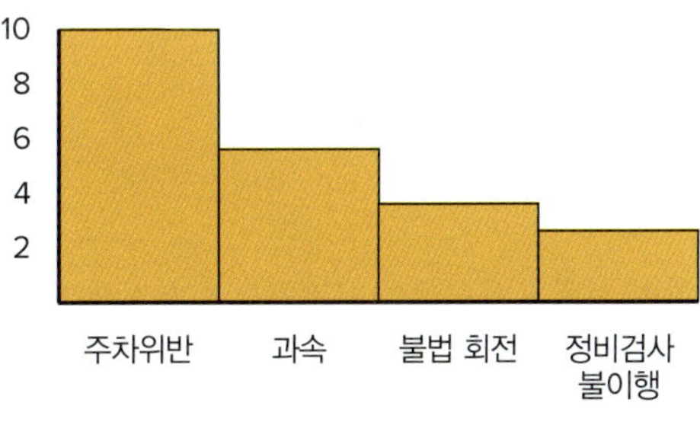


## 토의 및 복습문제

1. 아래를 나열하고 간략하게 설명하라.
   a. 서비스품질 차원
   b. 품질 결정요인
2. *설계품질(quality of design)*과 *적합품질(quality of conformance)*을 설명하라.
3. 낮은 품질로 인해 발생할 수 있는 결과에는 어떠한 것이 있는가?

4. 품질 차원을 사용해서 아래 제품 및 서비스의 전형적인 특징들을 기술하라.
   a. TV 세트
   b. 레스토랑에서의 음식(제품)
   c. 레스토랑에서의 식사(서비스)
   d. 집 페인트칠
   e. 수술 및 수술 후 치료
5. 인터넷에는 많은 제품들에 대한 리뷰가 존재한다. DVD 플레이어나 HD TV와 같은 전자제품에 대한 리뷰를 예로 들어보자. 리뷰들은 긍정적인 것도 있고 부정적인 것도 있다.
   a. 그러한 리뷰들은 당신의 구매행동에 긍정적 또는 부정적인 영향을 미치는가? 그 이유는 무엇인가?
   b. 왜 고객들은 그러한 리뷰들을 작성하는 데 시간과 노력을 들인다고 생각하는가?
   c. 리뷰가 도움이 되는지 여부를 당신에게 묻는다면 일반적으로 반응하는 편인가? 그 이유는 무엇인가?
6. 품질과 윤리의 연관성에 대해 기술하라.
7. 품질에 대한 권위자 한 명을 선택하고, 그가 품질경영에 기여한 바를 간략하게 기술하라.
8. a. ISO 9000은 무엇이며 글로벌 사업에 ISO 9000 인증이 중요한 이유는 무엇인가?
   b. 볼드지리상과 ISO 인증을 비교하라. 만일 한 조직이 볼드리지상과 ISO 인증을 모두 받기를 원한다면, 어떤 것을 우선적으로 받기 위해 노력해야 하는가? 이유는 무엇인가?
9. 기업이 제품이나 서비스의 품질개선을 통해 어떻게 낮은 생산비용과 생산성 증가를 달성하는지 간략하게 설명하라.
10. TQM 접근법의 중요 요소는 무엇인가? TQM의 원동력은 무엇인가?
11. 일곱 개의 품질 도구들 각각에 대해 간략하게 기술하라.
12. 아래 도구들을 간략하게 정의하거나 설명하여라.
    a. 브레인스토밍
    b. 벤치마킹
    c. 런차트
13. 계획-실행-분석-조치 사이클을 설명하라.
14. 문제해결의 단계들을 나열하라.
15. 4개의 도구들을 선택하여 선택된 도구들이 문제해결에 어떻게 사용될 수 있는지를 기술하라.
16. 프로세스 개선 단계들을 나열하라.
17. 4개의 도구들을 선택하여 선택된 도구들이 프로세스 개선에 어떻게 사용될 수 있는지를 기술하라.

## 연습문제

1. 아래 자동차 수리점 자료에 대해 체크시트를 만들고 파레토 차트를 그려라.

| 티켓번호 | 작업 | 티켓번호 | 작업 | 티켓번호 | 작업 |
|---|---|---|---|---|---|
| 1 | 타이어 | 11 | 브레이크 | 21 | 윤활유와 오일 |
| 2 | 윤활유와 오일 | 12 | 윤활유와 오일 | 22 | 브레이크 |
| 3 | 타이어 | 13 | 배터리 | 23 | 트랜스미션 |

| | | | | | |
|---|---|---|---|---|---|
| 4 | 배터리 | 14 | 윤활유와 오일 | 24 | 브레이크 |
| 5 | 윤활유와 오일 | 15 | 윤활유와 오일 | 25 | 윤활유와 오일 |
| 6 | 윤활유와 오일 | 16 | 타이어 | 26 | 배터리 |
| 7 | 윤활유와 오일 | 17 | 윤활유와 오일 | 27 | 윤활유와 오일 |
| 8 | 브레이크 | 18 | 브레이크 | 28 | 배터리 |
| 9 | 윤활유와 오일 | 19 | 타이어 | 29 | 브레이크 |
| 10 | 타이어 | 20 | 브레이크 | 30 | 타이어 |

2. 에어컨 수리부서 관리자는 지난주에 발생한 41개의 서비스 요구 및 주요 원인에 대해 다음 표와 같은 자료를 수집하였다. 자료를 사용하여 각 고객 유형 및 문제 유형에 대한 체크시트를 만들고 각 고객 유형에 대한 파레토 차트를 만들어라.

| 작업번호 | 문제/고객유형 | 작업번호 | 문제/고객유형 | 작업번호 | 문제/고객유형 |
|---|---|---|---|---|---|
| 301 | F/R | 315 | F/C | 329 | O/C |
| 302 | O/R | 316 | O/C | 330 | N/R |
| 303 | N/C | 317 | W/C | 331 | N/R |
| 304 | N/R | 318 | N/R | 332 | W/R |
| 305 | W/C | 319 | O/C | 333 | O/R |
| 306 | N/R | 320 | F/R | 334 | O/C |
| 307 | F/R | 321 | F/R | 335 | N/R |
| 308 | N/C | 322 | O/R | 336 | W/R |
| 309 | W/R | 323 | F/R | 337 | O/C |
| 310 | N/R | 324 | N/C | 338 | O/R |
| 311 | N/R | 325 | F/R | 339 | F/R |
| 312 | F/C | 326 | O/R | 340 | N/R |
| 313 | N/R | 327 | W/C | 341 | O/C |
| 314 | W/C | 328 | O/C | | |

문제 유형: N 소음, F 기계 고장, W 온풍, O 냄새

고객 유형: C 상가용, R 주택용

3. 분석가들이 모니터 제조 공정으로부터 얻은 다음 자료를 바탕으로 불량 모니터의 발생에 대해 그림 9.11과 같은 런차트를 만들어라. 작업자는 오전 10:15과 오후 3:15에 15분 간의 휴식을 취하며, 정오에는 식사시간이 주어진다. 당신은 어떠한 결론을 내릴 수 있는가?

| 시작 시간 | 불량 수 | 시작 시간 | 불량 수 | 시작 시간 | 불량 수 |
|---|---|---|---|---|---|
| 8:00 | 1 | 10:45 | 0 | 2:15 | 0 |
| 8:15 | 0 | 11:00 | 0 | 2:30 | 2 |
| 8:30 | 0 | 11:15 | 0 | 2:45 | 2 |
| 8:45 | 1 | 11:30 | 1 | 3:00 | 3 |
| 9:00 | 0 | 11:45 | 3 | 3:30 | 0 |
| 9:15 | 1 | 1:00 | 1 | 3:45 | 1 |
| 9:30 | 1 | 1:15 | 0 | 4:00 | 0 |
| 9:45 | 2 | 1:30 | 0 | 4:15 | 0 |
| 10:00 | 3 | 1:45 | 1 | 4:30 | 1 |
| 10:30 | 1 | 2:00 | 1 | 4:45 | 3 |

4. 다음 응급통화 자료에 대해 런차트를 만들어라. 5분의 시간간격을 이용하라(즉, 5분의 시간간격으로 수신한 통화수를 세어라. 0~4, 5~9와 같은 시간간격을 사용하라). 두 개 이상의 전화가 동시에 걸려올 수도 있음을 주의하라. 3명의 직원이 근무 중 이었을 때, 런차트를 통해 어떠한 결론을 내릴 수 있는가?

| 전화 | 시간 | 전화 | 시간 | 전화 | 시간 | 전화 | 시간 |
|---|---|---|---|---|---|---|---|
| 1 | 1:03 | 12 | 1:36 | 23 | 1:56 | 34 | 2:08 |
| 2 | 1:06 | 13 | 1:39 | 24 | 2:00 | 35 | 2:11 |
| 3 | 1:09 | 14 | 1:42 | 25 | 2:00 | 36 | 2:12 |
| 4 | 1:11 | 15 | 1:43 | 26 | 2:01 | 37 | 2:12 |
| 5 | 1:12 | 16 | 1:44 | 27 | 2:02 | 38 | 2:13 |
| 6 | 1:17 | 17 | 1:47 | 28 | 2:03 | 39 | 2:14 |
| 7 | 1:21 | 18 | 1:48 | 29 | 2:03 | 40 | 2:14 |
| 8 | 1:27 | 19 | 1:50 | 30 | 2:04 | 41 | 2:16 |
| 9 | 1:28 | 20 | 1:52 | 31 | 2:06 | 42 | 2:19 |
| 10 | 1:29 | 21 | 1:53 | 32 | 2:07 | | |
| 11 | 1:31 | 22 | 1:56 | 33 | 2:08 | | |

5. 탁상용 램프를 켰을 때 불이 들어오지 않았다고 가정해 보자. 가능한 원인을 분석하기 위해 간단한 특성요인도를 작성하라.

6. 공급자로부터 주문한 부품 배달이 늦은 원인을 분석하는 특성요인도를 작성하라.

7. 기계가 계속적으로 불량품을 생산한 이유를 분석하는 특성요인도를 작성하라.

8. 아래 데이터들에 대해 산점도를 그리고, 두 변수 간의 명백한 관계를 설명하라. 첫 번째 변수는 $x$축, 두 번째 변수는 $y$축으로 설정하라.

a.

| 나이 | 24 | 30 | 22 | 25 | 33 | 27 | 36 | 58 | 37 | 47 | 54 | 28 | 42 | 55 |
|---|---|---|---|---|---|---|---|---|---|---|---|---|---|---|
| 결석률 | 6 | 5 | 7 | 6 | 4 | 5 | 4 | 1 | 3 | 2 | 2 | 5 | 3 | 1 |

b.

| 온도(°F) | 65 | 63 | 72 | 66 | 82 | 58 | 75 | 86 | 77 | 65 | 79 |
|---|---|---|---|---|---|---|---|---|---|---|---|
| 오차율 | 1 | 2 | 0 | 0 | 3 | 3 | 1 | 5 | 2 | 1 | 3 |

9. 시험공부를 위해 도서관으로 가는 것을 설명하는 흐름도를 만들어라. 흐름도에는 도서관에서 공부할 장소 물색, 책, 종이, 형광펜 등이 있는지 확인, 도서관으로 이동, 만일 공부하기로 선택한 장소가 붐비면 다른 장소로 이동 등과 같은 항목들이 포함되어야 한다.

10. 수강신청을 하려는 학생이 수강신청이 마감되거나 원하는 분반의 수강신청이 마감되었다는 것을 알게 되었다. 이 문제에 대한 특성요인도를 작성하라.

11. 경찰서에서는 최근 몇 달 동안 1/4마일 구간에서 이례적으로 많은 자동차 사고가 발생하는 것을 알게 되었다. 이 문제에 대한 특성요인도를 작성하라.

12. 동네 약국에서 약을 조제한다고 가정하자. 서비스품질 차원을 고려하여 각 품질 차원에서 약국의 서비스 품질을 어떻게 판단할 것인가에 대해 예시를 들어 설명하여라.

# Chick-n-Gravy Dinner 생산라인

냉동식품을 생산하는 기업의 운영관리자는 슈퍼마켓으로부터 자사 제품인 Chick-n-Gravy Dinner에 대해 많은 항의를 받았다. 그러자 관리자는 그녀의 조수인 Ann에게 문제를 조사하고 개선사항을 보고할 것을 요구하였다.

Ann의 첫 번째 임무는 어떤 문제가 불만을 발생시키는지 알아내는 것이었다. 항의의 다섯 가지 주요 원인은 내용물 부족, 라벨 누락, 내용물 유출 및 혼합, 맛의 이상, 포장 불량이었다.

다음으로 그녀는 두 개의 생산라인에서 표본을 추출하여 발견한 결함을 기록하였다. 결과에 대한 요약은 다음 테이블에 나타나 있다.

데이터는 약 800개의 제품을 조사한 결과이다. Ann은 관리자에게 무엇을 제안해야 하는가?

**관찰된 결함**

| 날짜 | 시간 | 라인 | 내용물 부족 | 라벨 누락 | 내용물 유출 및 혼합 | 맛의 이상 | 포장 불량 |
|---|---|---|---|---|---|---|---|
| 5/12 | 09:00 | 1 | | ✓✓ | ✓ | ✓✓✓ | |
| 5/12 | 13:30 | 2 | | | ✓✓ | | ✓✓ |
| 5/13 | 10:00 | 2 | | | | ✓ | ✓✓✓ |
| 5/13 | 13:45 | 1 | ✓✓ | | ✓✓ | | |
| 5/13 | 15:30 | 2 | | ✓✓ | ✓✓✓ | | ✓ |
| 5/14 | 08:30 | 1 | | ✓✓✓ | | ✓✓✓ | |
| 5/14 | 11:00 | 2 | ✓ | | ✓ | | ✓✓ |
| 5/14 | 14:00 | 1 | | | ✓ | | ✓ |
| 5/15 | 10:30 | 1 | | ✓✓✓ | | ✓✓✓✓✓ | |
| 5/15 | 11:45 | 2 | | | ✓ | ✓✓ | |
| 5/15 | 15:00 | 1 | ✓ | | ✓ | | |
| 5/16 | 08:45 | 2 | | | | ✓✓ | ✓✓ |
| 5/16 | 10:30 | 1 | | ✓✓✓ | ✓ | ✓✓✓ | |
| 5/16 | 14:00 | 1 | | | | | |
| 5/16 | 15:45 | 2 | ✓ | ✓✓✓✓ | ✓ | ✓ | ✓✓ |

# 팁 탑 마켓

팁 탑 마켓(Tip Top Markets)은 미국 남동부에 위치한 지역 슈퍼마켓 체인이다. 한 매장의 매니저 Karen Martin은 많은 고객 불만에 시달렸다. 특히 화요일에 고객불만이 많았으므로, 고객 서비스 데스크로부터 최근 9주 동안의 화요일에 발생한 고객 불만 기록을 넘겨받았다. 하지만, 실제로는 불만이 아닌 사항도 몇몇 존재했고, 모든 불만이 매장의 책임은 아니므로, 이러한 사항들은 분석에서 제외되어야 한다.

이제 여러분이 데이터 분석을 돕고 개선을 위한 제안을 하도록 요청받았다고 가정하자. 체크시트, 파레토 차트, 런차트를 사용하여 데이터를 분석하라. 그런 다음 파레토 차트의 주요 영역에 대한 특성요인도를 작성하라.

7월 15일에 품절에 대한 불만, 매장 유지관리, 계산대 혼잡 및 가격 문제 등을 개선하기 위해 변경 사항이 적용되었다. 지난 2주간의 데이터를 볼 때, 개선이 되었는가?

분석을 바탕으로 고객 불만 사항을 해결할 수 있는 제안사항 목록을 만들어라.

(계속)

**6월 1일**

| | |
|---|---|
| 오렌지 요구르트 품절 | 신선하지 않음 |
| 빵 부패 | 레몬요구르트 유통기한 경과 |
| 계산대 혼잡 | 쌀이 없음 |
| 값이 비싸다 | 우유 유통기한 경과 |
| 이중 계산 | 재고 관리자가 무례함 |
| 육류에서 이상한 냄새 | 계산원 불친절 |
| 미구입 품목 계산 | 메이플호두아이스크림 품절 |
| 스폰지를 찾지 못함 | 고기 색깔이 이상함 |
| 육류 맛이 이상함 | 실내 음악 부적합 |
| 매장이 너무 추움 | 계산이 느림 |
| 주차장 정전 | |

**6월 8일**

| | |
|---|---|
| 생선에서 이상한 냄새 | 금액 과소 청구 |
| 다이어트 빵 품절 | 장미 품절 |
| 찌그러진 캔 | 고기 부패 |
| 햄버거 롤 품절 | 두 품목에 대한 금액 과대 청구됨 |
| 생선이 신선하지 않음 | 매장이 너무 따뜻함 |
| 계산원 불친절 | 쌀이 없음 |
| 육류 맛이 나쁨 | 전화 고장 |
| ATM기가 카드를 삼킴 | 비싸다 |
| 바닥이 미끄러움 | 냄새나는 롤빵 |
| 음악소리가 너무 큼 | 빵 유효기간 경과 |

**6월 15일**

| | |
|---|---|
| 작은 제품 희망 | 특정 품목 비쌈 |
| 매장이 너무 추움 | 아스피린 못찾음 |
| 밀가루 품절 | 금액 과소 청구 |
| 소포장 쌀 품절 | 계산대 대기줄이 너무 김 |
| 계산원이 무례함 | 다이어트 콜라 품절 |
| 비린내 나는 생선 | 육류에서 나쁜 냄새 |
| 녹은 아이스크림 | 달걀 비쌈 |
| 하드 롤 이중 계산 | 빵이 신선하지 못함 |
| 긴 계산대 대기시간 | 실내음악 부적합 |
| 가격표 잘못 부착 | 지갑 분실 |
| 비쌈 | 빵값 비쌈 |
| 생선에서 이상한 냄새 | |

**6월 22일**

| | |
|---|---|
| 우유 유효기간 경과 | 오트밀을 찾지 못함 |
| 매장 너무 따뜻함 | 종이타올 품절 |
| 육류에 이물질 | 오렌지 쥬스가 비쌈 |
| 매장 너무 추움 | 계산대 혼잡 |
| 깨어진 달걀 | 신발끈 찾지 못함 |
| 비계를 찾지 못함 | 스마커 딸기잼 품절 |
| 42온스 세제 품절 | 시리얼 품절 |
| 생선 상태 나쁨 | 머핀 품절 |
| 창문이 더러움 | |

**6월 29일**

| | |
|---|---|
| 계산대 혼잡 | 화장실 불결 |
| 도브 비누 품절 | 스폰지를 찾지 못함 |
| 비스퀵 품절 | 계산 속도 느림 |
| 깨어진 달걀 | 18온스 타이드 세제 품절 |
| 매장이 청결하지 못함 | 캠벨 칠면조 수프 품절 |
| 매장이 너무 추움 | 페퍼로니 스틱 품절 |
| 계산이 너무 느림 | 계산대 대기행렬이 너무 깁 |
| 탈지 우유 품절 | 육류가 신선하지 못함 |
| 잘못된 가격으로 계산 | 멜론이 비쌈 |

**7월 6일**

| | |
|---|---|
| 빨대 품절 | 매장이 너무 따뜻 |
| 새모이 품절 | 가격이 광고와 다름 |
| 버터 값이 비쌈 | 계산대 증설 요구 |
| 마스킹 테이프 품절 | 쇼핑카트 운전 힘듦 |
| 재고관리자 불친절 | 통로 복잡 |
| 아이를 잃어버림 | 드라노(뚫어뻥) 품절 |
| 육류가 상해 보임 | 중국 양배추 품절 |
| 버터 값이 비쌈 | 매장이 너무 따뜻함 |
| 적근대 채소 품절 | 바닥 불청결 |
| 매장 혼잡 | DCW 캔디 품절 |
| 거품목욕 세제 품절 | |
| 다이알 비누 품절 | |

(계속)

**7월 13일**

| | |
|---|---|
| 스파게티 가격 오류 | 금액 과소 청구 |
| 바닥에 물기가 많음 | 현미 품절 |
| 매장이 지저분함 | 버섯 품절 |
| 매장이 너무 따뜻함 | 값이 비쌈 |
| 계산대 혼잡 | 계산 대기시간 너무 김 |
| 계산원 불친절 | 부서진 쇼핑 카트 |
| 치즈 두들스 품절 | 아스피린을 찾지 못함 |
| 같은 제품을 3번 청구 | 팁탑 점심 도시락 품절 |
| 사란 랩 품절 | 팁탑 빨대 품절 |
| 도브 비누 품절 | |

**7월 20일**

| | |
|---|---|
| 오이 품절 | 팁탑 화장지 품절 |
| 계산 속도 느림 | 고춧가루 품절 |
| 주차장에서 키를 주움 | 팁탑 냅킨 품절 |
| 키 분실 | 살구 품절 |
| 판매품목 가격표 오류 | 전화 고장 |
| 옥수수 가격이 비쌈 | 칵테일 소스 품절 |
| 베이비 푸드 가격오류 | 바닥에 물기가 많음 |
| 18온스 세제 품절 | 양파 품절 |
| 팁탑 티슈 품절 | 애호박 품절 |
| 계산대 혼잡 | 양상추 품절 |
| 로메인 상추 품절 | 팁탑 종이타올 품절 |

**7월 27일**

| | |
|---|---|
| 바나나 품절 | 로터리복권 당첨자 발표요구 |
| 주차장 사고 보고 | 매장이 너무 따뜻함 |
| 크랜애플쥬스 가격오류 | 벌크섹션에 오트밀을 엎지름 |
| 당근 품절 | 전화 고장 |
| 팁탑 냅킨 품절 | 팁탑 티슈 품절 |
| 팁탐 빨대 품절 | 바닥에 물기가 많음 |
| 창문 더러움 | 팁탑 종이 타올 품절 |
| 양상추 품절 | 팁탑 화장지 품절 |
| 매장 실내장식 지적 | 바닥에 스파게티 소스 엎지름 |
| 팁탑 점심도시락 품절 | PP 크런치 땅콩버터 품절 |
| 바닐라 콩우유 품절 | |

## 참고문헌


Besterfield, Dale H., Carol Besterfield-Micha, Glen Besterfield, and Mary Besterfield-Sacre. *Total Quality Management*, 3rd ed. Upper Saddle River, NJ: Prentice Hall, 2011.

Brassard, Michael, and Diane Ritter. *The Memory Jogger II: A Pocket Guide of Tools for Continuous Improvement and Effective Planning*. Methuen, MA: Goal/QPC, 1994.

Butman, John. *Juran: A Lifetime of Influence*. New York: John Wiley & Sons, 1997.

El-Haik, Basem, and David M. Roy. *Service Design for Six Sigma: A Roadmap for Excellence*. Hoboken, NJ: John Wiley and Sons, 2005.

Garvin, David A. *Managing Quality*. New York: Free Press, 1988.

Goetsch, David L., and Stanley B. Davis. *Quality Management for Organizational Excellence: Introduction to Total Quality Management*, 6th ed. Upper Saddle River, NJ: Prentice Hall, 2010.

Gygi, Craig, Neil DeCarlo, and Bruce Williams. *Six Sigma for Dummies*, 2nd ed. Hoboken, NJ: John Wiley and Sons, 2012.

Scherkenbach, W. W. *The Deming Route to Quality and Productivity: Roadmaps and Roadblocks*. Rockville, MD: Mercury Press/Fairchild Publications, 1990.

Snee, Ronald D., and Roger W. Hoerl. *Six Sigma beyond the Factory Floor: Deployment Strategies for Financial Services, Health Care, and the Rest of the Real Economy*. Upper Saddle River, NJ: Pearson/Prentice Hall, 2005.

Stevenson, William J. "Supercharging Your Pareto Analysis."*Quality Progress*. October 2000, pp. 51–55.

Summers, Donna. *Quality*, 5th ed. Upper Saddle River, NJ: Prentice Hall, 2010.

Trusko, Brett, Carolyn Pexton, Jim Harrington, and Praveen Gupta. *Improving Healthcare Quality and Cost with Six Sigma*. FT Press, 2007.


**Design element**: Operations Tour (city map icon): tovovan/Shutterstock

# 10 CHAPTER 품질관리 Quality Control

## 학습 목표 *Learning Objectives*

*이 장을 학습한 후 다음과 같은 능력을 가져야 한다.*

**LO10.1** 품질관리의 필요성을 설명

**LO10.2** 검사 기본항목을 설명

**LO10.3** 품질관리 프로세스의 기본요소를 열거하고 간단히 설명

**LO10.4** 프로세스 관리를 위해 관리도를 사용하는 방법과 관리도 사용의 기본개념을 설명

**LO10.5** 관리도를 사용하고 해석

**LO10.6** 프로세스 산출물에서 이상변동을 체크하기 위해 런 검정을 사용

**LO10.7** 프로세스 능력을 평가

## 개요 *Chapter Outline*

Juice Images/Alamy Stock Photo

이 장에서는 품질관리에 관해 다룬다. 품질관리의 목적은 프로세스가 허용 가능한 방식으로 수행되고 있는지를 확인하는 것이다. 기업은 통계적 기법을 활용하여 프로세스 결과를 모니터링하여 이러한 목적을 달성할 수 있다. **품질관리**(quality control)는 결과를 측정하고 표준과 비교하여 결과가 표준에 부합하지 않으면 시정조치를 취하는 프로세스이다. 만약 결과를 수용할 수 있다면 시정조치가 필요 없지만, 그렇지 않다면 시정조치가 필요하다.

모든 프로세스는 우연변동을 보이는 결과를 산출한다. 그것은 자연스러운 현상이며 이를 해결할 수는 없다. 그러나 프로세스 산출물에 우연적이지 않은 변동(이상변동)이 있다면, 이는 개선될 수 있다. 품질 관리 도구들은 시정조치가 필요한 시점을 파악하는 데 사용된다.

## 10.1 서론

이미 생산된 품목의 로트(lot) 및 배치(batch)에 대한 검사에 주로 의존하는 품질보증 활동을 *샘플링 검사*(*acceptance sampling*)라고 하며, 본 책의 웹사이트에 있는 부록에서 설명한

▲ **품질관리**
표준과 비교하여 결과물을 평가하고 결과물이 표준에 부합하지 않으면 시정조치를 하는 프로세스

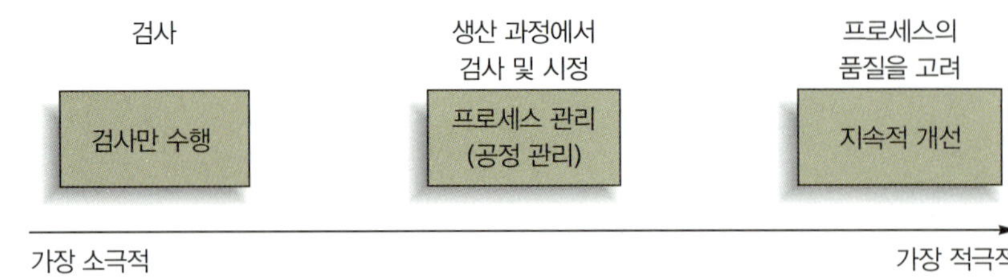


**그림 10.1**
품질보증에 대한 접근법

다. *통계적 프로세스 관리* 또는 *통계적 공정 관리*(*statistical process control*)는 생산 과정에서 행하는 품질 관리 노력을 말하며, 다음 절에서 다룬다.

우수한 기업들은 *프로세스의 품질*을 강조하는데, 이를 통해 검사나 관리 노력의 필요성을 크게 줄일 수 있다. 이에 대한 기업들의 발전 정도는 다양하다. 일부 기업은 검사에만 크게 의존하지만, 일반적으로 검사만으로는 만족할 수준의 품질을 달성할 수 없다. 많은 기업들은 어느 정도의 검사와 많은 프로세스 관리를 수행하는 중간 수준에 있다. 그림 10.1은 이러한 품질보증의 단계를 나타내고 있다.

## 10.2 검사

**검사** ▸
제품이나 서비스에 대한 평가

**검사**(inspection)란 제품이나 서비스를 표준과 비교하는 평가 활동이다. 검사는 필수적이지만 종종 품질관리 측면에서는 인정받지 못한다. 잘 설계된 프로세스는 검사가 거의 필요하지 않지만, 그렇다고 검사를 완전히 제거할 수는 없다. 또한, 제품 및 서비스의 아웃소싱이 증가함에 따라 검사는 이전보다 더 중요하게 되었다. 린(lean) 조직에서는 제품과 프로세스를 설계함에 있어 품질을 매우 강조하기 때문에 검사는 다른 조직보다 덜 문제가 된다. 또한, 린 운영방식에서는 작업자가 품질에 대한 책임을 진다(원천에서의 품질관리). 하지만 많은 조직이 린 방식을 적용하지 않으며, 그들에게는 검사가 중요하다. 서비스 조직은 더욱 이러한 상황에 처해있으며, 따라서 서비스 업계 경영진에게 품질은 계속해서 어려운 과제였다.

검사는 3가지 시점, 즉 생산 전, 생산 중, 생산 후에 실시할 수 있다. 생산 전에 실시하는 적합성 검사는 투입물이 허용 가능한지 확인하며, 생산 중의 적합성 검사는 투입물이 산출물로 변환되는 과정이 허용할 수 있는 방식으로 진행되는지를 확인한다. 산출물에 대한 적합성 검사는 고객에게 제품이 전달되기 전에 적합성을 최종적으로 확인하는 것이다.

생산 전후의 검사에서는 보통 *샘플링 검사*(*acceptance sampling*)를 포함하며, 생산 공정 중의 모니터링은 *프로세스 관리*(*process control*)라고 한다. 그림 10.2는 이러한 두 절차가 생산공정에서 적용되는 위치를 보여준다.

프로세스가 의도한 대로 작동하는지 또는 원자재나 완제품 배치 및 로트에 정해진 비율

**그림 10.2**
샘플링 검사 및 프로세스 관리

이상의 불량이 포함되어 있지 않는지 확인하기 위해서는 해당 품목들 중 적어도 일부를 물리적으로 검사해야 한다. 검사의 목적은 특정 품목이 기준 및 규격에 부합하는 정도에 대한 정보를 제공하는 것이며, 검사에 대한 기본적인 이슈는 다음과 같다.

1. 얼마나 많은 양을, 얼마나 자주 검사할 것인가?
2. 프로세스의 어느 지점에서 검사를 실시할 것인가?
3. 중앙집중식 검사를 실시할 것인가 아니면 현장에서 검사를 실시할 것인가?
4. 속성을 검사(즉, 발생 횟수 *카운트*)할 것인가 아니면 변량을 검사(즉, 특성값 *측정*)할 것인가?

예를 들어, 노트북 제조 공정의 중간 단계에서 검사를 실시하는 경우를 고려해 보자. 검사 비용은 종종 상당하기 때문에 모든 노트북을 검사해야 하는지 아니면 일부 노트북만 검사하는 것으로 충분한지에 대한 의문이 자연스럽게 제기된다. 또한, 검사를 제조 공정 상의 다양한 지점에서 할 수 있지만, 모든 지점에서 검사하는 것은 일반적으로 비용 대비 효과적이지 못하다. 결국 어느 지점에서 검사할 것인지 결정해야 한다. 일단 검사 지점이 결정되고 나면, 관리자는 노트북을 생산라인에서 검사용 장비가 있는 검사실로 옮길 것인지 또는 생산현장에서 검사할 것인지를 결정해야 한다. 다음 절에서는 이러한 다양한 선택지들에 대해서 토의한다.

## 검사량과 검사빈도

검사량은 검사를 아예 하지 않는 것부터 각 품목을 여러 번 검사하는 것까지 다양하다. 클립, 못, 연필 등과 같은 원가가 저렴하고 대량생산하는 제품들은 검사가 필요하지 않은 경우가 많다. 왜냐하면 (1) 불량품을 통과시킨 경우에도 관련 비용이 상당히 낮고 (2) 대개 이러한 품목의 생산공정은 신뢰도가 높아서 불량품이 거의 발생하지 않기 때문이다. 반대로 생산원가가 비싸고 소량생산하는 제품들은 불량품이 통과되면 큰 비용이 발생하므로 엄격한 검사가 요구된다. 예를 들면, 유인 비행우주선의 주요 부품들은 인간의 안전에 대한 위험과 높은 임무 실패 비용 때문에 철저한 검사가 요구된다. 대량생산 시스템에서는 *자동화된* 검사를 적용할 수도 있다.

대부분의 품질관리는 양 극단 사이의 어딘가에 존재한다. 대부분은 약간의 검사를 필요로 하지만, 품질관리를 위해서 제품의 모든 부품과 서비스의 모든 부분을 면밀하게 검사하는 것은 불가능하거나 경제적으로 타당하지 않다. 카메라나 센서를 사용하여 자동화된 검사가 가능하고 비용 대비 효과적인 경우가 아니면, 프로세스 중단 및 지연, 검사 방식으로 인해 검사 비용은 100% 전수검사를 통해 얻는 이점을 대부분 초과한다. 또한 수동 검사의 경우, 전수검사라 해도 모든 불량을 발견하고 제거한다는 보장이 없다는 점을 기억해야 한다. 검사 또한 하나의 프로세스이므로 변동성을 가지며, 지루함과 피로로 인해 검사 실수가 발생할 수도 있다. 또한, 테스트에 의해 물품이 파괴되는 파괴검사도 존재할 수 있지만, 불량이 검출되지 않고 통과되는 경우 발생하는 비용이 매우 크기 때문에 검사를 완전히 배제할 수 없다. 필요한 검사량은 검사비용과 불량품이 통과했을 때의 기대비용에 의해 결정된다. 그림 10.3에 나타낸 바와 같이, 검사활동이 증가할수록 검사비용이 증가하지만 검출하지 못한 불량품으로 인한 비용은 감소한다. 전통적으로는 두 가지 비용의 합을 최소로 하는 것을 목표로 삼았다. 즉, 검사비용이 불량품의 검사 통과에 따른 불이익을 넘어서는 경우에는 더

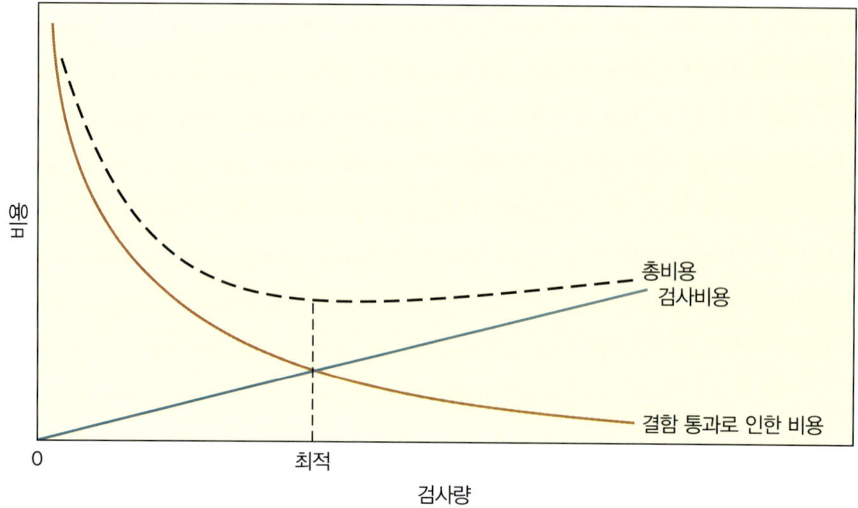


**그림 10.3**
전통적 견해: 검사비용과 결함을 발견하지 못하여 발생하는 비용의 합이 최소가 되는 지점이 최적의 검사량이다.

이상 불량품을 찾아내려고 하지 않았다. 불량품의 생산은 줄일수록 비용이 절감되고 고객만족도는 증가한다.

일반적으로 사람이 참여하는 비중이 높은 작업은 기계작업보다 더 많은 검사 노력을 필요로 한다. 기계작업은 더 신뢰할 수 있는 경향이 있다.

검사빈도는 프로세스가 관리한계를 벗어나는 비율과 검사하는 로트 수에 따라 달라진다. 안정적인 프로세스는 자주 검사할 필요가 없는 반면, 불안정한 프로세스나 최근에 문제가 발생한 프로세스는 더 자주 검사할 필요가 있다. 또한, 많은 개수의 소규모 로트들은 소수의 대규모 로트보다 더 많은 표본을 필요로 한다. 왜냐하면 각 로트마다 표본을 추출하는 것이 중요하기 때문이다. 대량생산의 반복 작업의 경우, 프로세스의 핵심 지점에서 전산화되고 자동화된 검사를 적용하면 비용 대비 효과적이다.

## 검사지점

많은 프로세스들은 검사가 가능한 위치가 매우 많다. 검사는 제품이나 서비스에 추가비용을 발생시키므로, 검사를 잘 수행할 수 있는 지점들에서 검사를 수행하는 것이 중요하다. 제조업에서 대표적인 검사지점은 다음과 같다.

1. **원자재 및 구매부품.** 품질 기준을 충족하지 않는 부품을 구매하기 위해 지출하거나 처음부터 불량인 자재에 시간과 노력을 들이는 것은 의미가 없다. 공급자 인증 프로그램은 검사의 필요성을 줄이거나 없앨 수 있다.
2. **완제품.** 고객만족과 기업의 이미지는 완제품에 의해 좌우되며, 이미 출고된 완제품을 수리하거나 교환하는 것은 공장에서 하는 것보다 훨씬 많은 비용이 소요된다. 또한, 판매자는 일반적으로 반품에 대한 운송비용도 책임지며, 만족스러운 제품 또는 수리 서비스가 제공될 때까지 구매비용의 지급이 보류될 수 있다. 잘 설계된 프로세스와 제품 및 서비스, 원천에서의 품질관리, 프로세스 모니터링 등은 검사의 필요성을 줄이거나 없앨 수 있다.
3. **비용이 많이 드는 프로세스 전.** 이미 불량인 품목에 비싼 인력 또는 기계 시간을 낭비하지 않을 수 있다.

4. **되돌릴 수 없는 프로세스 전.** 많은 경우, 어떤 지점 이전에는 재작업이 가능하지만 그 이후에는 재작업이 불가능하다. 예를 들어, 도자기는 굽기 전까지는 재작업을 할 수 있지만, 구운 후에는 불량인 도자기를 폐기하거나 저가인 2등품으로 판매해야 한다.
5. **결함을 숨기는 프로세스 이전.** 도장, 도금, 조립 작업은 종종 결함을 가려버린다.

검사는 프로세스 수율을 개선하는 노력의 일환으로 사용될 수 있다. 프로세스 수율을 측정하는 한가지 척도는 전체 산출물 대비 양품의 비율이다. 핵심 지점에서의 검사는 폐기율을 줄이고 전체 프로세스 수율을 높이기 위한 프로세스 개선 노력을 돕고, 검사 필요성을 줄이거나 없앨 수 있다.

서비스 부문에서의 검사지점은 구입 원자재와 공급품, 직원, 서비스 접점(예, 서비스 카운터), 완료된 작업물(예, 수리된 가전제품) 등이다. 표 10.1는 여러 가지 예시를 보여준다.

**표 10.1**
서비스 조직에서의 검사지점 예시

| 사업 유형 | 검사지점 | 관련 특성 |
|---|---|---|
| 패스트푸드점 | 계산원 | 정확도 |
| | 카운터 | 외관, 생산성 |
| | 식사구역 | 청결, 어수선함 |
| | 건물 및 구내 | 외관, 안전 |
| | 주방 | 청결, 식품 신선도, 식품 보관, 보건 규정 |
| | 주차장 | 안전, 적절한 조명 |
| 호텔/모텔 | 회계/계산 | 정확성, 적시성 |
| | 건물 및 구내 | 외관, 안전 |
| | 프런트 | 외관, 대기시간, 계산 정확성 |
| | 객실 청소 | 완벽도, 생산성 |
| | 직원 | 외관, 태도, 생산성 |
| | 예약/객실이용 | 예약초과/예약부족, 이용율 |
| | 레스토랑 | 주방, 메뉴, 음식, 계산서 |
| | 룸서비스 | 대기시간, 음식의 질 |
| | 관련물품들 | 주문, 수령, 재고 |
| 슈퍼마켓 | 계산원 | 정확성, 예의, 생산성 |
| | 배달 | 품질, 양 |
| | 제품 | 신선도, 충분한 재고 |
| | 복도 및 저장창고 | 정돈된 배치 |
| | 재고관리 | 재고부족 |
| | 선반 재고 | 충분한 공급, 부패성 제품의 교체 |
| | 선반 진열 | 외관 |
| | 계산대 | 대기시간 |
| | 쇼핑 카트 | 상태, 충분한 공급, 절도 및 파손 |
| | 주차장 | 안전, 적절한 조명 |
| | 직원 | 외모, 생산성 |
| 병원 | 대기실 | 외관, 편안함 |
| | 진료실 | 청결, 온도 |
| | 의사 | 단정함, 친절함, 관심도, 숙련도, 풍부한 지식 |
| | 의사의 조수 | 단정함, 친절함, 관심도, 숙련도 |
| | 환자 기록 | 정확성, 최신성 |
| | 계산 | 정확성 |
| | 기타 | 대기시간 최소화, 충분한 진료시간 |

읽을거리  

## 검사 결과의 위조는 큰 위험과 실직을 유발할 수 있다

미국 연방정부는 검사 보고서의 서명 위조 혐의로 뉴욕 북부 기업의 한 직원을 고소했다. 문제의 남성은 PMI사의 직원으로, PMI사는 스페이스X와 여러 우주비행선 제조업체에 사용하는 미션 핵심 부품의 고내구성 기계가공을 전문으로 하는 우주산업 분야의 정밀제조 업체이다. 그는 품질 보증 엔지니어로 근무했으며, 부품이 검사받지 않았음에도 불구하고 검사 받았다고 38개의 검사 보고서를 위조하였다. 우주비행선인 팰컨 9 시리즈와 팰컨 헤비 시리즈에 사용된 최소 76개의 부품이 이 사건과 관련된다. 고소에 따르면, 검사되지 않은 이러한 부품 중 일부가 오작동할 경우 "임무 실패가 재앙으로 이어질 수 있다"고 한다. 실제로 이러한 일이 발생하면 수년 간의 작업을 위험하게 만들고 수백만 달러의 손실이 발생할 수 있다.

연방 당국이 이 남성의 체포를 발표한 직후 스페이스X는 PMI사와의 계약을 해지했고, PMI사는 얼마 지나지 않아 문을 닫았으며 35명의 근로자들이 일자리를 잃었다.

참고: Will Cleveland, "Penn Yan man put SpaceX rockets in jeopardy by forging inspection reports, feds allege." Rochester Democrat and Chronicle, USA Today Network, pp. 4 – 5, May 24, 2019.

**[질문]**

1. 허위 검사 보고서의 발생 가능성을 줄이기 위해 회사가 취할 수 있는 조치는 무엇인가?
2. 스페이스X에 사용된 부품에는 문제가 발생하지 않은 것으로 보이지만, 만약 오작동이 발생했다면 그 결과는 얼마나 '치명적(catastrophic)' 이었을까?

### 현장 외 검사와 현장검사

특정 상황에서는 *현장*에서 검사를 수행해야 한다. 예를 들어, 선체의 균열을 검사하기 위해서는 검사자가 선박을 방문해야 한다. 어떤 경우에는 실험실에서 전문적인 테스트를 수행해야 할 수도 있다(예, 의학 실험, 식품 표본 분석, 금속 강도 시험, 윤활유 점도 시험 등).

현장에서 검사할 것인지 실험실에서 검사할 것인지를 결정하는 핵심은 전문적인 실험실 검사의 장점이 검사 소요시간과 작업 중단보다 가치가 있는지 여부이다. 현장검사는 의사결정이 신속하고 외부요인(예, 실험실로 운반하는 과정에서 발생 가능한 표본의 손상 및 변형)을 피할 수 있기 때문에 선호된다. 반면, 전문 장비와 보다 좋은 검사 환경(적은 소음, 덜 혼란스러움, 무진동, 먼지 없음, 작업자와 격리 등) 때문에 실험실 사용이 선호될 수 있다.

일부 기업은 작업자가 스스로 오류를 추적할 수 있는 경우 자체 검사에 의존하기도 한다. 이를 통해 책임을 원천에 부여할 수 있으며, 이를 *원천에서의 품질관리*(*quality at the source*)라 한다.

## 10.3 통계적 프로세스 관리

**적합품질** ▸ 제품이나 서비스가 규격과 일치하는 정도

**통계적 프로세스 관리(SPC)** ▸ 프로세스의 산출물에 대한 통계적 평가

품질관리는 프로세스의 결과가 설계 의도에 부합하는지에 대해 묻는 프로세스의 **적합품질**(quality of conformance)과 관계가 있다. 프로세스 결과물의 특성이 변동성을 가지기 때문에 프로세스를 관리할 필요가 있다. 프로세스가 '정상상태(in control)'인지 또는 시정조치가 필요한지 평가하기 위하여 **통계적 프로세스 관리**(statistical process control, SPC)를 활용한다. 이는 통계적 공정 관리라고도 불린다.

### 프로세스 변동성

모든 프로세스의 산출물은 어느 정도의 변동성을 가진다. 문제는 산출물의 변동성이 허용

범위 내에 있는지 여부이다. 이 문제는 프로세스의 변동성에 대한 기본적인 질문 두 개를 통해 해결할 수 있다.

- *변동이 우연적인가?* 우연적이지 않은 변동이 존재한다면 프로세스는 불안정하다고 간주된다. 안정적인 프로세스를 달성하기 위해서는 시정조치를 통해 이러한 비우연성의 원인을 제거함으로써 프로세스를 개선해야 한다.
- *프로세스가 안정적이라고 하더라도, 프로세스 산출물이 가지는 고유변동(inherent variability)이 성과 기준에 부합하는 범위 내에 있는가?* 이것은 표준을 충족하기 위한 프로세스 능력에 대한 평가도 포함한다. 프로세스의 능력이 부족하다면, 이러한 상황은 해결되어야 한다.

프로세스 산출물의 자연적 또는 고유한 변동을 *확률변동(chance variation)* 또는 **우연변동**(random variation)이라 한다. 이러한 변동은 무수히 많은 사소한 요인들의 복합적인 영향 때문에 발생하며, 각각의 요인들은 중요하지 않아 제거하더라도 프로세스 변동성에 대한 영향은 미비할 것이다. 데밍은 이를 *공통변동(common variability)*이라고 불렀다. 이러한 고유변동의 크기는 프로세스마다 다르다. 예를 들어, 일반적으로 오래된 기계는 새 기계보다 큰 고유변동을 보인다. 이는 부품이 마모되어서일 수도 있고, 새 기계가 변동성을 감소시키는 설계 개선을 반영했기 때문일 수도 있다.

**우연변동**
수많은 사소한 요인들에 의해 발생하는 프로세스 산출물의 자연적인 변동

프로세스 변동의 두 번째 유형은 **이상변동**(assignable variation) 또는 *비우연변동(non-random variation)*이다. 데밍은 *특별변동(special variation)*이라고 표현하였다. 자연적인 변동과 달리, 이상변동의 주요 요인은 보통 식별하여(특정 원인에 할당하여) 제거할 수 있다. 공구 마모, 조정이 필요한 장비, 원자재 불량, 인적 요인(부주의, 피로, 소음 및 주의 산만, 정확한 절차 미준수 등), 측정 장비 문제 등은 대표적인 이상변동의 원인이다.

**이상변동**
프로세스 산출물에서 원인이 파악될 수 있는 변동

## 표본추출과 표본분포

통계적 프로세스 관리에서는 주기적으로 프로세스 산출물들의 표본을 추출하여, 표본 평균 또는 특정 유형의 결과 발생 횟수와 같은 표본통계량(sample statistic)을 계산한다. 이러한 표본통계량은 프로세스 변동의 우연성을 판단하는 데 사용될 수 있다. 표본통계량은 프로세스와 마찬가지로 변동성을 가지며, 이러한 표본통계량의 변동성은 표본통계량의 *우연적 변동성*을 설명하는 이론적 분포인 **표본분포**(sampling distribution)로 설명할 수 있다. 여러 가지 이유로 가장 많이 사용되는 분포는 정규분포이다.

**표본분포**
표본통계량의 이론적 분포

그림 10.4A는 프로세스의 분포(즉, 프로세스 변동성 분포)와 표본분포를 보여준다. 그림 10.4A에서 다음 세 가지 중요한 사항이 있다. (1) 두 분포 모두 동일한 평균을 가지며, (2) 표본분포의 변동성이 프로세스의 변동성보다 작고, (3) 표본분포는 정규분포를 따른다. 표본의 크기가 매우 작지만 않으면, 프로세스 분포가 정규분포가 아닐지라도 표본분포는 정규분포를 따른다.

표본평균의 경우, **중심극한정리**(central limit theorem)에 따르면 표본 크기가 증가함에 따라 모집단의 모양에 관계없이 표본평균의 분포가 정규분포에 가까워진다. 이러한 중심극한정리는 표본 크기가 상당히 작은 경우에도 성립하는 경향이 있다. 다른 표본통계량에 대해서도 정규분포는 실제 표본분포의 모양에 대한 합리적인 근사치 역할을 한다.

**중심극한정리**
프로세스 분포의 모양에 관계없이 표본 크기가 증가함에 따라 표본평균의 분포는 정규분포에 가까워진다.

그림 10.4B는 표본 크기에 따른 표본분포 모양의 변화를 보여준다. 표본 크기가 클수록

**그림 10.4A** 표본평균의 분포는 정규분포이며, 프로세스의 분포보다 변동성이 작다. 한편 프로세스의 분포는 정규분포가 아닐 수도 있다.

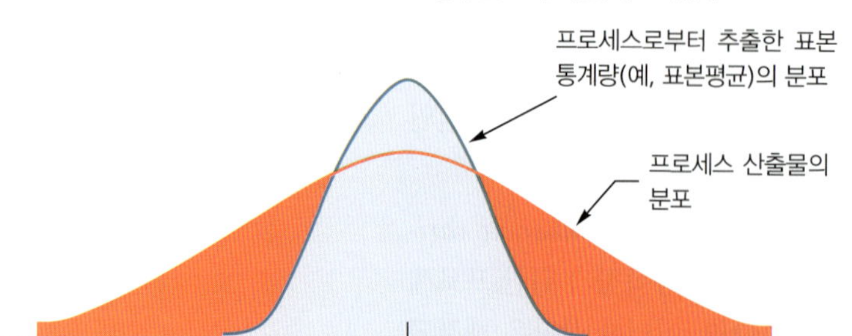


**그림 10.4B**
표본 크기가 커질수록 표본분포의 변동성은 작아진다.

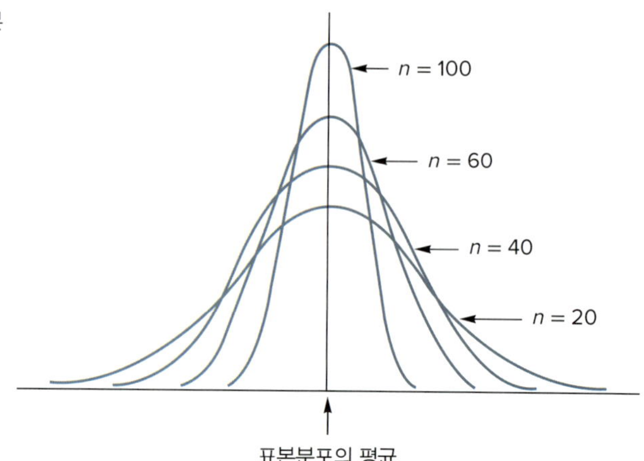


표본분포는 좁아진다. 즉, 표본 크기가 커질수록 표본통계량이 모집단의 실제 값에 가까울 가능성이 높아짐을 의미한다.

표본분포는 표본통계량의 우연성을 판단하는 이론적 근거로 사용된다. 간단히 말해, 변동이 우연적인 경우 대부분의 표본통계량이 속하게 되는 범위의 한계를 결정한다. 이러한 한계는 분포 평균으로부터의 표준편차 개수로 표현된다. 일반적인 한계는 ±2 표준편차 또는 ±3 표준편차이다. 우연적인 변동만 존재하는 경우, 이러한 한계에 따라 표본 통계가 한계 내에 속할 확률이 그림 10.5에 나타나 있다. 반대로 표본통계량이 한계를 벗어나는 경우에는 그 값이 우연성을 가질 확률은 아주 작다(±3 한계의 경우 100 − 99.74 = 0.26%, ±2 한계의 경우 100 − 95.44 = 4.56%). 이러한 값은 비우연적 변동성을 나타낸다.

## 관리 프로세스

표본추출 및 시정조치는 관리 프로세스의 일부분이다. 관리를 효과적으로 하기 위해서 다음과 같은 단계들이 필요하다.

**정의.** 첫 번째 단계에서는 무엇을 통제할 것인지에 대해 충분히 상세하게 정의한다. 예를 들어, 통제할 대상으로 단순히 도장면을 정의하는 것은 충분하지 않다. 도장 상

**그림 10.5**
정규분포에서 주어진 범위 내 값들의 비율

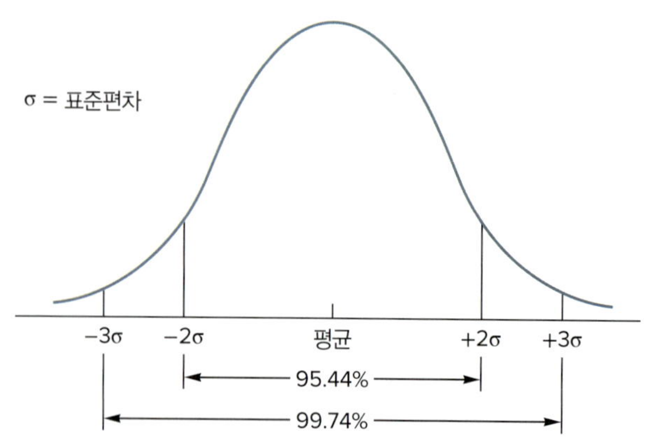

태는 두께, 강도, 색 바램 및 흠집에 대한 저항성 같은 다양한 주요 특성을 가지고 있으며, 특성에 따라 다른 접근법으로 통제해야 할 수도 있다.

**측정.** 계산 또는 측정이 가능한 특성만이 통제의 대상이 될 수 있다. 따라서 어떻게 측정할 것인지 고려하는 것도 중요하다.

**비교.** 측정값을 평가하기 위한 비교 기준이 있어야 한다. 이러한 기준은 기업이 추구하는 품질 수준을 반영할 것이다.

**평가.** 경영진은 *이상상태*(*out of control*)의 정의를 명확하게 해야 한다. 정상적으로 작동하고 있는 프로세스일지라도 표준과 정확히 일치하는 결과물들을 생산할 수는 없다. 왜냐하면 수작업이든 기계작업이든 고유의 자연적인(즉, 우연적인) 변동성을 가지고 있어 어느 정도의 변동성은 불가피하기 때문이다. 하지만 비우연변동은 프로세스가 이상상태임을 의미하며, 품질관리의 주요 업무는 우연변동과 비우연변동(이상변동)을 구분하는 것이다.

**시정조치.** 프로세스가 이상상태로 판단될 경우, 시정조치를 해야 한다. 이것은 비우연변동의 원인(예, 낡은 설비, 잘못된 작업방법, 특정 절차의 준수 실패 등)을 찾이내고 이를 시정하는 것을 포함한다.

**모니터링.** 시정조치의 효과를 보장하기 위해, 충분한 시간 동안 프로세스 산출물을 모니터하고 문제가 해결되었는지 확인해야 한다.

요약하면, 제품 및 서비스의 일부를 확인하고, 그 결과를 사전에 정한 표준과 비교하여, 표준에서 벗어났는지를 평가하고, 필요하다면 시정조치를 실행하며, 문제가 시정되었음을 확인하는 후속조치를 수행함으로써 프로세스 관리가 이루어진다.

## 관리도: 프로세스의 목소리

슈하르트(Walter Shewhart)가 개발한 관리도는 통계적 프로세스 관리의 중요한 도구이다. **관리도**(control chart)는 표본통계량(예, 표본평균)을 *시간* 순으로 표시한 도표로서, 우연변동과 비우연변동을 구분하기 위해 표본통계량을 모니터링한다. 표본통계량의 허용 가능한 변동(즉, 우연변동) 범위를 *관리한계*(*control limit*)라고 부르며, 관리한계는 보통 상한과 하한을 가진다. 그림 10.6은 관리도의 예시이다. 관리도의 목적은 표본 통계량이 우연적이지 않은 변동을 가지는지 여부를 확인하는 것이다. 프로세스가 '정상상태(in control)' 또는 안

**관리도**
우연변동과 이상변동을 구분하기 위하여 표본통계량을 시간 순으로 나타낸 도표

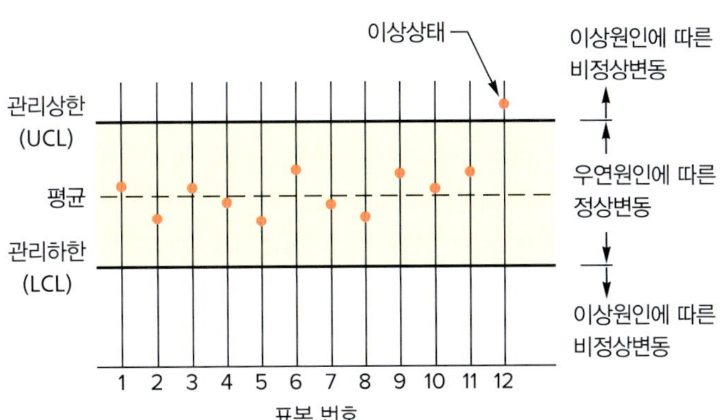


**그림 10.6**
관리도 예시

정상태라고 판단할 수 있는 필요조건(충분조건은 아님)은 관리도상의 모든 데이터값들이 관리상한과 관리하한 사이에 위치하는 것이다. 반대로, 데이터값이 관리한계를 벗어난다면 프로세스 산출물이 비우연적이므로 프로세스가 '정상상태(in control)'가 아니라는 증거로 간주된다. 이러한 경우에는 프로세스를 중단하고 비우연변동의 원인을 찾아서 시정할 것이다. 통계적 프로세스 관리의 본질은 현재와 *미래의 프로세스 변동*이 우연적이도록 보장하는 것이다. 참고로 정상상태를 관리상태라고 표현하기도 한다.

기본적으로 우연적 변동을 설명하는 표본분포는 관리도의 기초가 된다. 하지만, 정규 표본분포를 사용함에 있어 한 가지 사소한 어려움이 있다. 이론적 분포는 양방향으로 *무한대로* 확장되므로 평균에서 아주 많이 떨어져 있는 값이 존재할 수 있다. 하지만 현실적인 측면에서는 가령 99.7%의 값들이 분포의 평균으로부터 ±3 표준편차 이내에 존재함을 알고 있으므로, 평균으로부터 ±3 표준편차에 해당하는 값들을 한계로 설정할 수 있다. 또한, 그 한계로부터 벗어난 모든 값들은 비우연변동이라고 판단할 것이다.

**관리한계** ▶ 분포의 평균을 중심으로 우연변동과 비우연변동을 구분하는 선

이러한 한계를 **관리한계**(control limit)라고 하며, 이 선들을 통해 평균을 중심으로 우연변동과 비우연변동을 구분한다. 그림 10.7은 관리한계가 표본분포에 기초하고 있음을 보여준다.

관리도에는 우연변동과 비우연변동을 구분하는 두 개의 관리한계가 존재한다. 큰 값은 *관리상한*(*upper control limit, UCL*)이며, 작은 값은 *관리하한*(*lower control limit, LCL*)이다. 이 두 관리한계 사이에 나타나는 표본통계량은 우연변동을 시사(그러나 이를 증명하는 것은 아님)하는 반면, 이 두 관리한계 상에 존재하거나 벗어나는 값은 비우연변동을 시사(그러나 이를 증명하는 것은 아님)한다.

관리한계는 분포의 *꼬리* 부분에 일부 영역을 남기므로, *우연변동만 존재할지라도* 관측값이 관리한계 밖에 나타날 확률이 적게나마 존재함을 명심해야 한다. 예를 들어 만약 ±2 표준편차 한계를 적용하면 관리한계 내에 관측값이 존재할 확률은 95.44%이며, 따라서 그 확률의 나머지(100% − 95.44% = 4.56%)에 해당하는 값들은 관리한계 내에 포함되지 않는다. 이러한 비율 또는 확률을 **제1종 오류**(Type I error)라고 한다. 이는 실제로는 우연변동만 존재함에도 불구하고 이상변동이 존재한다고 판정하는 '오류'이다. 또한, 이를 $\alpha$ *위험*(*alpha risk*)이라고도 일컬으며, 여기서 $\alpha$는 양쪽 꼬리에 해당하는 확률값의 합을 의미한다. 이러한 개념은 그림 10.8에 나타나 있다.

**제1종 오류** ▶ 프로세스가 실제로는 정상상태임에도 불구하고 이상상태라고 결론짓는 오류

만약 ±3σ와 같은 더 넓은 관리한계를 사용한다면 꼬리 부분의 면적이 줄어들어 제1종 오류의 확률이 감소할 것이다. 그러나 더 넓은 관리한계는 비우연변동을 탐지하기 더욱 어렵게 만든다. 예를 들어, 이상변동 원인으로 인해 프로세스의 평균이 이동한 경우 2-표준편차(2-시그마)의 관리한계는 탐지할 수 있지만, 3-표준편차의 관리한계는 탐지하지 못할 수 있다. 이러한 두 번째 유형의 오류를 **제2종 오류**(Type II error)라고 일컬으며, 프로세스가 실

**제2종 오류** ▶ 프로세스가 실제로는 이상상태에 있음에도 불구하고 정상상태에 있다고 결론짓는 오류

**그림 10.7**
표본분포를 근거로 하는 관리한계

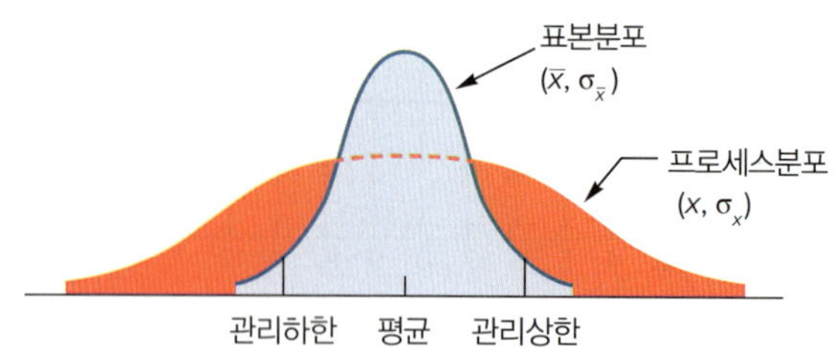

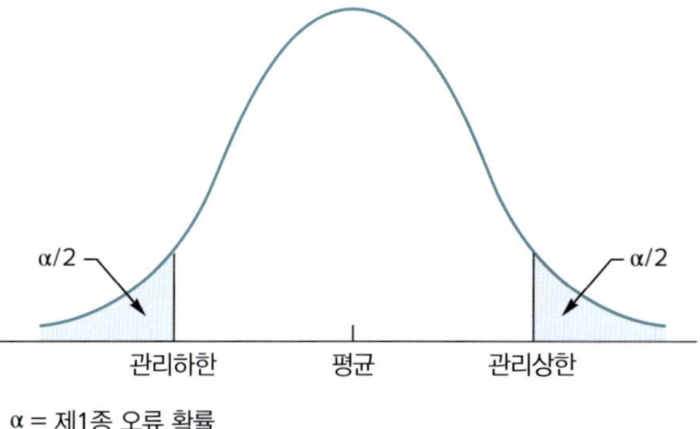


**그림 10.8**
제1종 오류의 확률

제로는 이상상태임에도 불구하고 정상상태라고 판정하는 것(즉, 비우연변동이 실제로 존재함에도 불구하고 비우연변동이 존재하지 않는다고 판정하는 것)을 말한다. 이론적으로, 각 오류로 인한 비용과 각 오류가 발생할 확률을 함께 고려해야 한다. 그러나 실제로는 제2종 오류의 확률에 대한 특별한 고려 없이 2-표준편차 관리한계 또는 3-표준편차 관리한계를 일반적으로 사용한다.

표 10.2는 제1종 오류와 제2종 오류를 보여준다.

각각의 표본은 관리도 상에서 한 개의 값(예, 표본평균)으로 표시되며, 이러한 값을 표본분포의 양 극단(관리 한계)과 비교하여 허용범위(우연변동 범위) 내에 있는지 판단한다. 그림 10.9는 이러한 개념을 설명하고 있다.

주로 사용되는 관리도에는 4가지 종류가 있다. 두 개의 종류는 **변량**(variables)에 관한 것이며, 나머지 두 개는 **속성**(attributes)에 관한 것이다. 속성 자료는 *세는 것*(예, 표본에 존재하는 불량품의 개수, 하루에 걸려 오는 전화 통화 수)이며, 변량 자료는 *측정하는 것*(예, 작업 완료에 소요되는 시간, 부품의 길이 또는 너비)으로 주로 연속적인 척도를 가진다.

**변량** 측정하여 생성되는 자료

**속성** 개수 등을 세어서 생성되는 자료

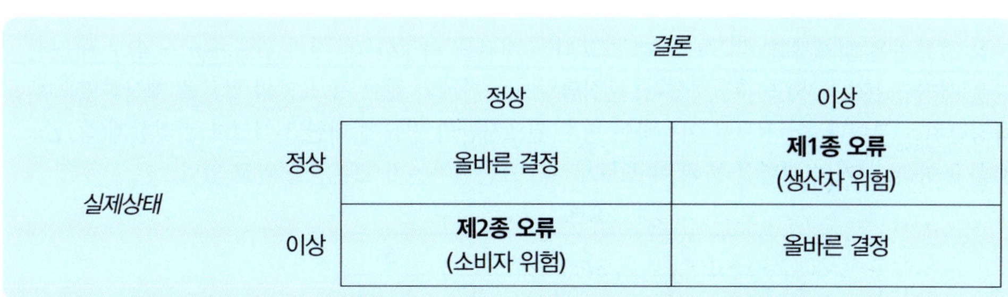

| | | *결론* | |
|---|---|---|---|
| | | 정상 | 이상 |
| *실제상태* | 정상 | 올바른 결정 | **제1종 오류**<br>(생산자 위험) |
| | 이상 | **제2종 오류**<br>(소비자 위험) | 올바른 결정 |

**표 10.2**
제1종 오류와 제2종 오류

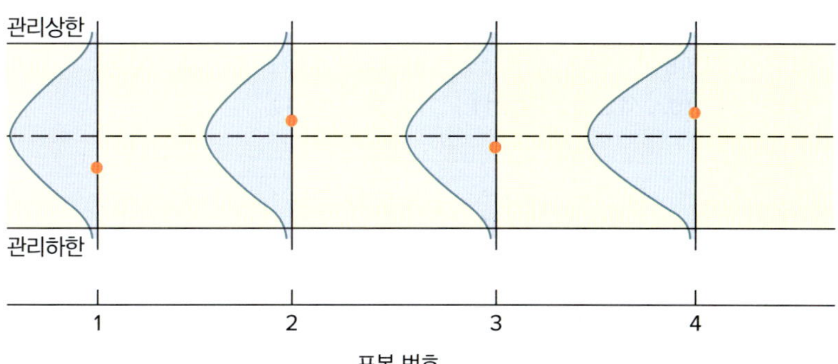


**그림 10.9**
각 관측값은 표본평균의 관리한계와 비교된다

변량 데이터에 대한 두 개의 관리도를 먼저 설명한 다음, 속성 데이터에 대한 두 개의 관리도를 설명한다.

## 변량관리도

평균관리도와 범위관리도는 변량을 모니터하기 위해 사용한다. 평균관리도는 프로세스의 *중심 경향성*을 다루며, 범위관리도는 프로세스의 *산포*를 다룬다.

**평균관리도** ▸ 프로세스의 중심 경향성을 모니터하기 위해 사용되는 관리도

**평균관리도** **평균관리도**(mean control chart)는 정규분포를 기반으로 하며, $\bar{x}$ ("x bar"로 읽음) 관리도라고 불린다. 평균관리도를 작성하는 방법은 두 가지가 있으며, 어떤 정보를 이용할 수 있는가에 따라 방법을 선택한다. 프로세스의 표준편차인 $\sigma$를 모르는 경우가 종종 있지만, 합리적인 추정치가 있다면 다음 공식을 이용하여 관리한계를 계산할 수 있다.

$$\text{관리상한(UCL)} := \bar{\bar{x}} + z\sigma_{\bar{x}} \qquad (10\text{-}1)$$
$$\text{관리하한(LCL)} := \bar{\bar{x}} - z\sigma_{\bar{x}}$$

여기서,

$\sigma_{\bar{x}} = \sigma/\sqrt{n}$
$\sigma_{\bar{x}}$ = 표본평균 분포의 표준편차
$\sigma$ = 프로세스 표준편차의 추정값
$n$ = 표본크기
$z$ = 관리한계를 결정하기 위한 표준편차의 개수
$\bar{\bar{x}}$ = 표본평균의 평균

다음의 예제를 통해 이러한 공식을 시용해보자.

**예제 1**

mhhe.com/stevenson14e

### 평균에 대한 관리한계 설정

품질 검사관은 접착제를 건조하는 데 소요되는 시간을 측정한 네 개의 관측치($n$ = 4)로 구성된 다섯 개의 표본($k$ = 5)을 추출하였다. 분석담당자는 아래와 같이 각 표본의 평균을 계산하였으며, 측정단위는 분이다. 이 정보를 이용하여 향후 건조시간의 평균에 대한 3-시그마 관리한계(즉, $z$ = 3)를 구하라. 과거의 경험을 통해 이 프로세스의 표준편차는 0.02분임을 알고 있다.

| | | 표본 | | | | |
|---|---|---|---|---|---|---|
| | | 1 | 2 | 3 | 4 | 5 |
| 관측치 | 1 | 12.11 | 12.15 | 12.09 | 12.12 | 12.09 |
| | 2 | 12.10 | 12.12 | 12.09 | 12.10 | 12.14 |
| | 3 | 12.11 | 12.10 | 12.11 | 12.08 | 12.13 |
| | 4 | 12.08 | 12.11 | 12.15 | 12.10 | 12.12 |
| | $\bar{x}$ | **12.10** | **12.12** | **12.11** | **12.10** | **12.12** |

**풀이**

$$\bar{\bar{x}} = \frac{12.10 + 12.12 + 12.11 + 12.10 + 12.12}{5} = 12.11$$

$z$ = 3, 표본당 관측치의 수 $n$ = 4, $\sigma$는 0.02이므로, 식 10-1을 사용하여 다음과 같이 계산할 수 있다.

$$\text{UCL: } 12.11 + 3\left(\frac{0.02}{\sqrt{4}}\right) = 12.14$$

$$\text{LCL: } 12.11 - 3\left(\frac{0.02}{\sqrt{4}}\right) = 12.08$$

*참고*: 만약 표본평균에 대해 이러한 관리한계를 적용하면, 모든 표본평균이 관리한계 내에 들어오기 때문에 프로세스를 정상상태로 판단할 수 있다. 일부 *개별* 관측치가 관리한계 밖에 있는 것(예, 표본 2의 첫 번째 관측치와 표본 3의 마지막 관측치)은 상관이 없다. 그림 10.7을 보면 그 이유를 알 수 있는데, *개별* 관측치들은 프로세스의 분포를 따르며 그들 중 상당 부분은 관리한계 바깥에 존재한다. 이 예제와 유사한 문제들은 본 교재의 웹 사이트에서 제공되는 Excel 템플릿을 사용하여 풀이가 가능하다. Excel을 사용한 예제 1의 해는 다음과 같다.

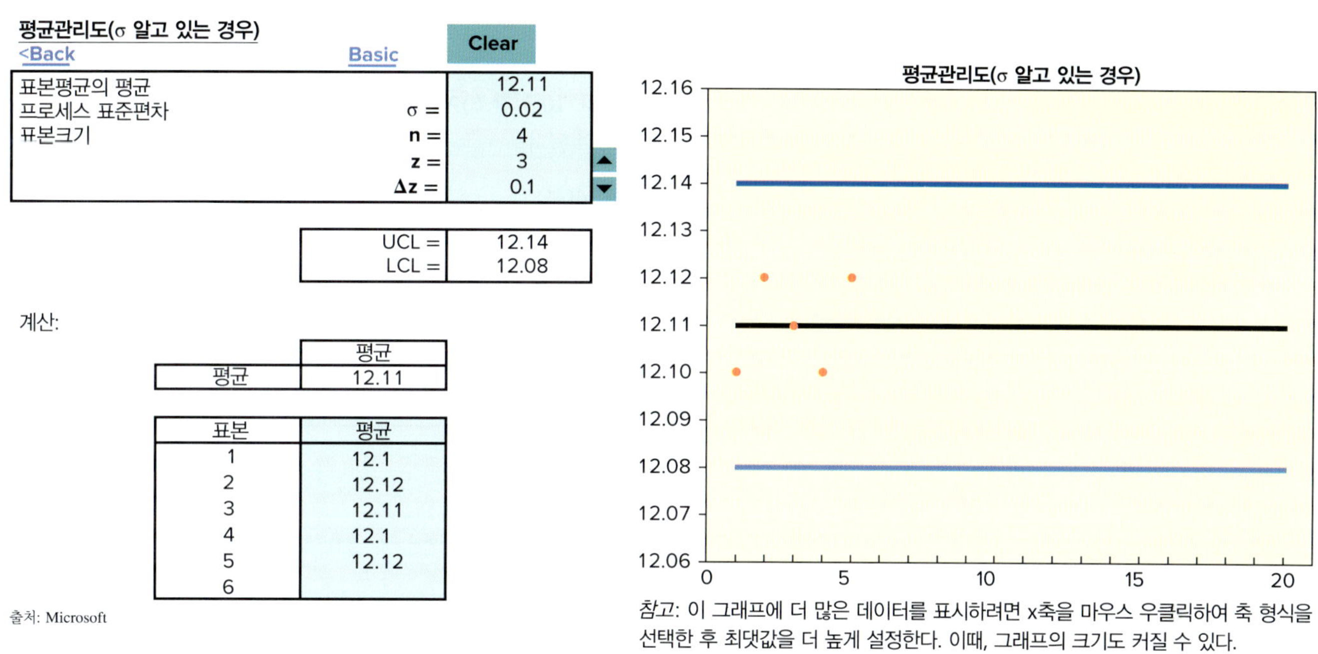

출처: Microsoft

*참고*: 이 그래프에 더 많은 데이터를 표시하려면 x축을 마우스 우클릭하여 축 형식을 선택한 후 최댓값을 더 높게 설정한다. 이때, 그래프의 크기도 커질 수 있다.

관리도상의 관측치가 관리한계와 같거나 관리한계를 벗어나면, 프로세스를 중단하고 작업자 실수, 조정이 필요한 기계, 또는 기타 변동의 원인을 조사한다. 만약 오류의 원인을 찾을 수 없다면, 그러한 관측치는 단지 우연히 발생했을 수 있으므로 프로세스를 재시작한다. 그러나 관리한계를 벗어나는 값이 추가적으로 발생하는지 여부를 확인하기 위해 산출물을 모니터링해야 한다. 만약 추가적으로 관리한계를 벗어난 값이 발생하면, 문제의 원인을 파악하고 이를 시정하기 위해 보다 철저한 조사가 필요하다.

프로세스의 표준편차를 모르는 경우에는 *표본범위*(*sample range*)를 프로세스 변동성의 척도로 사용하는 방법이 있다. 이러한 방법에서는 관리한계를 계산하기 위해 다음 공식을 사용한다.

$$\begin{aligned} \text{UCL} &= \bar{\bar{x}} + A_2\overline{R} \\ \text{LCL} &= \bar{\bar{x}} - A_2\overline{R} \end{aligned} \qquad (10\text{-}2)$$

여기서,

$A_2$ = 표 10.3에서 주어지는 계수
$\overline{R}$ = 표본범위의 평균

**예제 2**

mhhe.com/stevenson14e

### 표 10.3을 사용하여 평균에 대한 관리한계 설정

예제 1에서 얻은 데이터에 적용해보자. 식 (10-2)를 사용하려면 데이터의 전체 평균과 표본범위의 평균을 계산해야 한다. 예제 1에서 전체 평균은 12.11이다. 각 표본의 범위는 표본에서 가장 큰 값과 가장 작은 값의 차이이다. 첫 번째 표본의 경우, 최대치는 12.11, 최소치는 12.08이므로 범위는 12.11 − 12.08 = 0.03이 된다. 두번째 표본의 경우, 범위는 12.15 − 12.10 = 0.05이다. 다른 표본에 대한 범위들도 같은 방식으로 계산할 수 있다. 평균 범위는 다음과 같다.

$$\overline{R} = (0.03 + 0.05 + 0.06 + 0.04 + 0.05)/5 = 0.046$$

**풀이**

$\bar{\bar{x}} = 12.11$, $\overline{R} = 0.046$이고, $A_2 = 0.73$(표 10.3 참조)이므로, 식 (10-2)를 통해 다음과 같이 평균관리도의 관리상한과 관리하한을 구할 수 있다.

$$\text{UCL} = 12.11 + 0.73(0.046) = 12.14(\text{분})$$
$$\text{LCL} = 12.11 - 0.73(0.046) = 12.08(\text{분})$$

이러한 결과는 반올림을 제외하고는 예제 1의 결과와 동일하다. 보통은 이렇게 동일하지만, 항상 그런 것은 아니다.

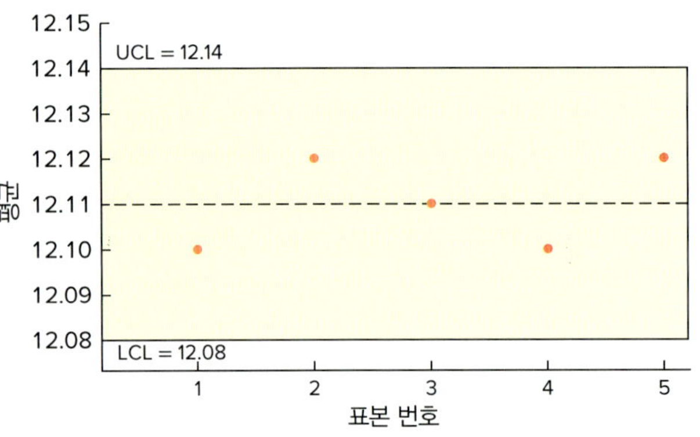


**범위관리도** 프로세스의 산포를 모니터하기 위해 사용하는 관리도

**범위관리도** **범위관리도**(range control chart, *R*-charts)는 프로세스의 산포를 모니터링하는 데 사용되며, 프로세스 산포의 변화에 민감하다. 범위관리도의 기본이 되는 표본분포는 정규분포를 따르지 않지만, 그 사용 개념은 평균관리도와 매우 유사하다. 범위관리도의 관리한계는 평균 표본범위와 함께 다음 공식을 사용하여 계산할 수 있다.

$$\text{UCL} = D_4\overline{R} \quad (10\text{-}3)$$
$$\text{LCL} = D_3\overline{R}$$

여기서 $D_3$와 $D_4$ 값은 표 10.3에서 구할 수 있다.[1]

[1] 프로세스의 표준편차를 아는 경우에는 표 10.3의 값과 다음 공식을 사용하여 범위관리도의 관리한계를 계산할 수 있다: $\text{LCL} = \frac{3D_3\sigma}{A_2\sqrt{n}}$, $\text{UCL} = \frac{3D_4\sigma}{A_2\sqrt{n}}$

### 표 10.3을 사용하여 범위에 대한 관리한계 설정

**예제 3**

eXcel
mhhe.com/stevenson14e

예제 2에서 계산된 평균 범위와 식 (10-3)을 사용하여, 범위관리도의 관리한계를 계산할 수 있다.

**풀이**

표 10.3에서 $n = 4$인 경우, $D_4 = 2.28$이며 $D_3 = 0$이다. 따라서,

$$UCL = 2.28(0.046) = 0.105(\text{분})$$
$$LCL = 0(0.046) = 0(\text{분})$$

예제 2의 5개 표본범위는 모두 관리한계 내에 있다.

**표 10.3**
$\bar{x}$ 관리도와 $R$ 관리도의 3-시그마 관리한계 계수

출처: Adapted from Eugene Grant and Richard Leavenworth, Statistical Quality Control, 5th ed. Copyright © 1980 McGraw-Hill Companies, Inc. Used with permission.

| | | $R$ 관리도 계수 | |
|---|---|---|---|
| 표본의 크기, $n$ | $\bar{x}$ 관리도 계수, $A_2$ | 관리하한, $D_3$ | 관리상한, $D_4$ |
| 2 | 1.88 | 0 | 3.27 |
| 3 | 1.02 | 0 | 2.57 |
| 4 | 0.73 | 0 | 2.28 |
| 5 | 0.58 | 0 | 2.11 |
| 6 | 0.48 | 0 | 2.00 |
| 7 | 0.42 | 0.08 | 1.92 |
| 8 | 0.37 | 0.14 | 1.86 |
| 9 | 0.34 | 0.18 | 1.82 |
| 10 | 0.31 | 0.22 | 1.78 |
| 11 | 0.29 | 0.26 | 1.74 |
| 12 | 0.27 | 0.28 | 1.72 |
| 13 | 0.25 | 0.31 | 1.69 |
| 14 | 0.24 | 0.33 | 1.67 |
| 15 | 0.22 | 0.35 | 1.65 |
| 16 | 0.21 | 0.36 | 1.64 |
| 17 | 0.20 | 0.38 | 1.62 |
| 18 | 0.19 | 0.39 | 1.61 |
| 19 | 0.19 | 0.40 | 1.60 |
| 20 | 0.18 | 0.41 | 1.59 |

**평균관리도와 범위관리도의 활용** 평균관리도와 범위관리도는 프로세스에 대해 서로 다른 관점을 제공한다. 앞에서 살펴본 바와 같이, 평균관리도는 프로세스 평균의 이동에 민감한 반면, 범위관리도는 프로세스 산포의 변화에 민감하다. 이러한 관점의 차이 때문에 동일한 프로세스에 대해 두 관리도를 모두 사용하여 모니터링 하기도 한다. 두 관리도를 모두 사용하는 이유는 그림 10.10에 잘 설명되어 있다. 그림 10.10A에서 평균관리도는 프로세스 평

**그림 10.10**
평균관리도와 범위관리도의 상호보완성

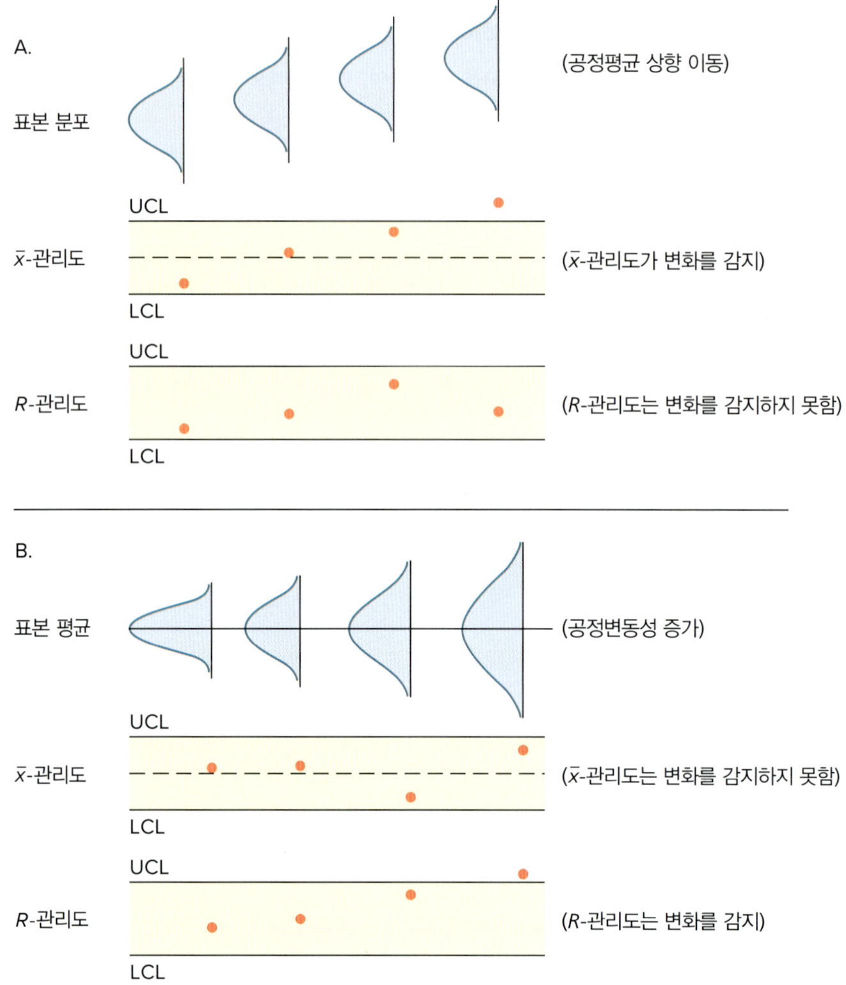


균의 이동을 감지하고 있으나, 산포는 변하지 않으므로 범위관리도에서는 어떠한 문제도 확인되지 않는다. 반면에 그림 10.10B에서 프로세스 산포의 변화는 평균관리도보다 범위관리도에서 쉽게 발견된다. 따라서 하나의 관리도를 사용하는 것보다 두 관리도를 모두 사용할 때 더 완벽한 정보를 얻을 수 있다. 그럼에도 불구하고 하나의 관리도만으로도 충분한 경우도 있다. 예를 들어, 어떤 프로세스가 산포의 변화보다 프로세스 평균의 변화가 있을 가능성이 크다면 산포를 모니터링할 필요가 없을 수도 있다. 관리도를 작성하고, 필요한 정보를 수집하고, 그 결과를 평가하는 데 시간과 비용이 소요되므로, 문제를 일으키는 경향이 있는 프로세스의 특성만을 모니터해야 한다.

설정된 관리도는 프로세스를 중단하고 변동의 원인을 탐색할 시점을 결정하는 기준이 될 수 있다. 초기의 관리한계를 결정하기 위해서는 다음과 같은 절차를 사용할 수 있다.

1. 20~25개의 표본을 추출한 후, 각 표본에 대한 적절한 표본통계량(예, 평균)을 계산한다.
2. 공식을 사용하여 예비 관리한계를 설정한다.
3. 관리한계 밖에 나타나는 값들이 있는지 확인한다.

4. 관리도에 데이터를 표시하고 패턴이 있는지 확인한다.
5. 만약 이상상태의 징후가 발견되지 않으면, 프로세스는 정상상태에 있다고 가정한다. 만약 이상상태의 징후가 발견되면, 변동의 원인을 조사하고 시정한다. 이후 프로세스를 재개하고, 또다른 표본들을 추출하여 새로운 관리한계를 산출한다.

## 속성관리도

속성관리도는 프로세스의 특성이 측정되는 것이 아니라 *셀(count) 수 있는 경우*에 사용한다. 예를 들어, 각 품목의 길이는 측정하지만 표본에 속한 불량품의 개수는 센다. 속성관리도에는 두 가지 종류의 관리도가 있으며, 하나는 표본의 불량품 비율을 다루는 관리도($p$-관리도)이고 다른 하나는 단위당 결함의 수를 다루는 관리도($c$-관리도)이다. $p$-관리도는 데이터가 두 가지 범주로 나누어지는 경우에 적합하다. 예를 들어, 유리병의 이가 빠졌거나 균열이 있는지 검사하는 경우, 양품과 불량품의 수 둘 다 셀 수 있다. 하지만, 특정 기간 동안 발생한 자동차 사고의 횟수는 셀 수 있으나 *발생하지 않은* 사고의 횟수는 셀 수 없다. 마찬가지로 연마한 표면의 흠집 수, 일정한 양의 물에 존재하는 박테리아 수, 8월에 발생한 범죄 건수 등은 셀 수 있지만, 발생하지 않은 경우의 수는 셀 수는 없다. 이러한 경우에는 $c$-관리도가 적합하다. 표 10.4를 참고하라.

**$p$-관리도** **$p$-관리도**($p$-chart)는 프로세스가 생산하는 불량품의 비율을 모니터링하는 데 사용된다. $p$-관리도의 이론적 근거는 이항분포이지만, 표본의 크기가 커지면 이항분포는 정규분포에 가까워진다. 개념적으로, 불량률 관리도는 평균관리도와 거의 동일한 방법으로 작성되고 사용된다.

◂ **$p$-관리도**
프로세스에 대해 불량품의 비율을 모니터링하는 데 사용하는 속성관리도

$p$-관리도의 중심선은 모집단의 평균 불량률 $p$이다. $p$가 알려진 경우, 표본분포의 표준편차는 다음과 같다.

$$\sigma_p = \sqrt{\frac{p(1-p)}{n}}$$

관리한계는 다음 공식을 사용하여 계산된다.

**표 10.4**
$p$-관리도와 $c$-관리도

다음은 $p$-관리도와 $c$-관리도 중 더 적절한 것을 선택하는 데 도움을 준다.

**$p$-관리도 사용:**
1. 제품이나 관측치가 두 가지 범주 중 하나에 해당될 수 있는 경우이다. 예를 들어,
   a. 양품 또는 불량
   b. 합격 또는 불합격
   c. 가동 또는 비가동
2. 자료가 $n$개의 관측치를 지닌 다수의 표본으로 구성된 경우(예, $n$ = 20개의 관측치로 구성된 15개의 표본)

**$c$-관리도 사용:**
측정단위당 발생하지 않는 횟수는 셀 수 없고, 발생횟수만 셀 수 있는 경우이다. 발생 및 측정 단위의 예는 다음과 같다.
a. 제품당 흠집, 이빠짐, 찌그러짐, 오류 등의 개수
b. 단위거리(미터, 마일)당 크랙 또는 결함 개수
c. 단위면적(평방야드, 평방미터)당 깨지거나 찢겨진 횟수
d. 단위 부피(갤론, 입방피트, 입방야드)당 박테리아나 오염물의 수
e. 단위 시간(예, 시간, 일, 월, 년)당 통화 수, 불만 수, 실패 횟수, 설비 고장 횟수, 범죄 횟수 등

예제 5

mhhe.com/stevenson14e

## 결함 수에 대한 관리한계 설정

전선 코일을 모니터링하기 위해 $c$-관리도를 활용하고 있으며, 18개의 코일을 검사하였더니 코일당 결함 수가 다음 표와 같았다. 프로세스는 관리상태에 있는가? 3-시그마의 관리한계를 이용하여 관리도에 값을 표시하라.

| 표본 | 결함 수 | 표본 | 결함 수 | 표본 | 결함 수 |
|---|---|---|---|---|---|
| 1 | 3 | 7 | 4 | 13 | 2 |
| 2 | 2 | 8 | 1 | 14 | 4 |
| 3 | 4 | 9 | 2 | 15 | 2 |
| 4 | 5 | 10 | 1 | 16 | 1 |
| 5 | 1 | 11 | 3 | 17 | 3 |
| 6 | 2 | 12 | 4 | 18 | 1 |
| | | | | | 45 |

풀이

$\bar{c} = 45/18 = 2.5 =$ 코일당 평균 결함 수

$$\text{UCL}_c = \bar{c} + 3\sqrt{\bar{c}} = 2.5 + 3\sqrt{2.5} = 7.24$$
$$\text{LCL}_c = \bar{c} - 3\sqrt{\bar{c}} = 2.5 - 3\sqrt{2.5} = -2.24 \rightarrow 0$$

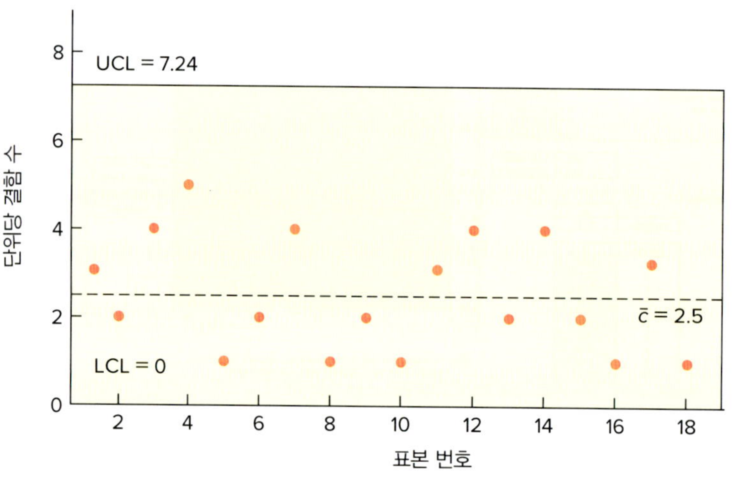


계산된 관리하한이 음수인 경우, 실제 관리하한은 0을 사용한다. 이때, 관리도 상에 0인 값이 나타나도 이상상태로 간주되어서는 안 된다. 포아송 분포를 근사하기 위해 정규분포를 사용했기 때문에 관리하한이 음수가 나올 수 있다. 이는 $c$가 0에 가까워지면 포아송 분포는 비대칭이지만 정규분포는 대칭이기 때문이다.

평균관리도나 범위관리도와 마찬가지로, $p$-관리도 또는 $c$-관리도에서 값이 관리하한보다 작은 경우에는 프로세스가 기대보다 우수한 품질을 보이더라도 그 원인을 조사해야 한다. 이는 자원의 남용으로 인한 결과일 수도 있지만, 프로세스 품질 개선 방법의 발견으로 이어질 수도 있다.

## 관리도에 대한 고려사항

관리도를 사용하려면 추가적인 시간과 비용이 필요하다. 이상적으로는 프로세스가 매우 우수하면 관리도를 사용하지 않고도 원하는 수준의 품질을 얻을 수 있고, 많은 우수한 기업들이 이러한 수준을 달성하기 위해 노력한다. 하지만 아직 그러한 수준에 도달하지 못한 조직이 많으며, 프로세스의 다양한 지점에서 관리도를 활용한다. 그러한 조직의 관리자들은 관리도의 사용에 대해 여러가지 중요한 결정을 내려야한다.

- 프로세스의 어느 지점에서 관리도를 사용할 것인가?
- 표본의 크기를 얼마로 할 것인가?
- 어떤 종류의 관리도를 사용할 것인가(즉, 변량관리도를 사용할 것인가 또는 속성관리도를 사용할 것인가)?
- 표본을 얼마나 자주 추출할 것인가?

관리도를 사용할 지점을 결정할 때에는 (1) 정상상태를 벗어나는 경향이 있고 (2) 제품이나 서비스의 성공적인 운영에 필수적인(즉, 제품이나 서비스의 특성에 영향을 미치는 변수들) 프로세스의 측면에 주안점을 두어야 한다.

표본의 크기는 두 가지 이유로 중요하다. 첫째, 비용과 시간이 표본 크기의 함수이기 때문이다. 표본의 크기가 클수록 검사 비용이 증가하며(파괴 검사를 하는 경우에는 손실되는 제품도 증가), 표본추출의 결과를 기다리느라 프로세스를 중단하는 시간도 길어진다. 두번째 이유는 표본의 크기가 작을수록 큰 사이즈의 표본보다 프로세스의 변화를 쉽게 드러내기 때문이다. 표본이 크면 변화가 하나의 표본 *내에서* 일어나기 쉽고, 표본이 작으면 표본들 *사이*에서 변화가 발생하기 쉽다. 즉, 큰 표본에서는 표본평균과 같은 표본통계량에 '변화 전'의 관측치와 '변화 후'의 관측치가 모두 포함될 수 있지만, 작은 두 개의 표본의 경우에는 첫번째 표본이 변화 전의 관측치를 포함하고 두 번째 표본이 변화 후의 관측치를 포함할 수 있으므로 변화를 감지할 수 있는 가능성이 더 높다.

경우에 따라, 관리자는 변량관리도(평균관리도)나 속성관리도($p$-관리도) 중 하나를 선택할 수 있다. 예를 들어, 관리자가 구동축의 직경을 모니터링하는 경우, 직경을 직접 측정하여 평균관리도를 사용할 수도 있고, 또는 단지 구동축 직경의 표준 충족 여부만 알려주는 *합격여부측정기(go, no-go gage)*를 사용하여 $p$-관리도를 사용할 수도 있다. 직접 측정하는 경우에는 단순히 합격 여부를 검사하는 것보다 더 높은 단위당 비용과 시간이 소요되지만, 측정은 단순히 양품이나 불량품의 수를 세는 것보다 훨씬 더 많은 정보를 제공해 주기 때문에 평균관리도의 표본크기는 $p$-관리도의 표본크기보다 훨씬 작아야 한다. 따라서 관리자는 제공되는 정보와 표본추출에 소요되는 시간 및 비용을 비교하고 검토해야 한다.

표본추출의 빈도는 프로세스의 안정성과 표본추출 비용의 함수일 수 있다.

## 런 검정

관리도는 우연적이라고 생각하기에는 매우 극단적인 값(예, 관리한계를 벗어나는 값)에 대해 검사한다. 그러나 모든 값이 관리한계 내에 존재하더라도 데이터는 여전히 우연적인 프로세스를 반영하지 않을 수 있다. 특히, 데이터가 패턴을 가지는 것은 프로세스가 비우연성을 가지고 있음을 암시한다. 그림 10.11은 존재할 수 있는 몇 가지 패턴들을 보여준다.

그림 10.11
관리도에 나타나는 비우연적 패턴의 예

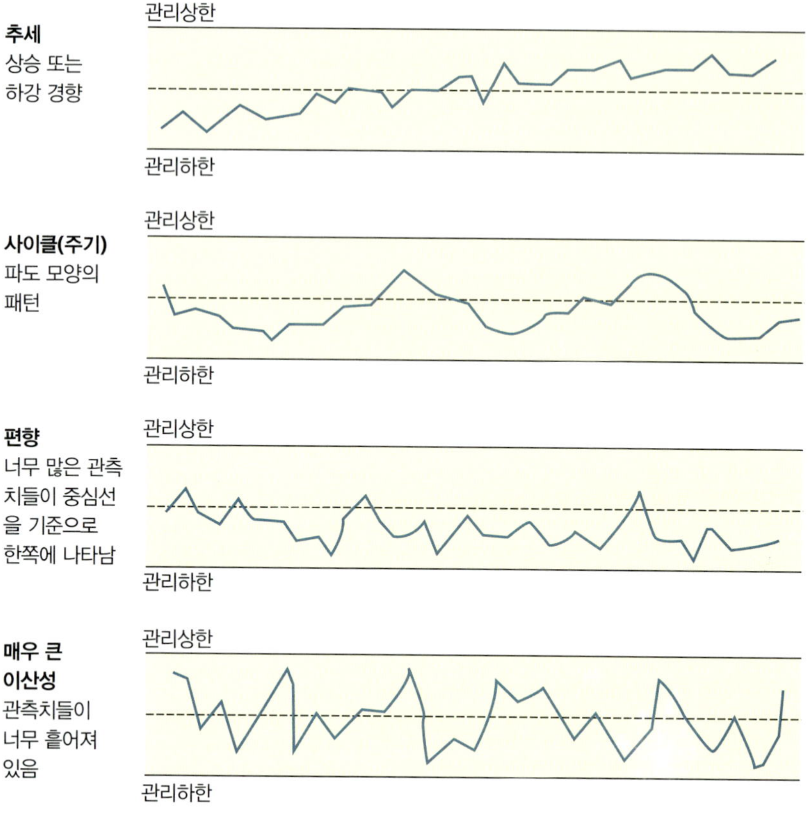


**런 검정** ▶ 일련의 관측치의 패턴에 대한 검사

분석전문가들은 보통 일련의 관측치에서 패턴을 확인하는 **런 검정**(run test)을 사용하여 관리도를 보완한다. 런 검정을 통해 분석전문가들은 프로세스의 이상을 보다 효과적으로 감지할 수 있으며 이상상태인 프로세스의 시정조치에 대한 직관을 가질 수 있다. 여기에서는 널리 쓰이는 두 종류의 런 검정을 소개한다.

프로세스가 안정적이거나 통계적으로 정상상태인 경우, 프로세스의 산출물은 일정 기간에 걸쳐 우연변동을 보인다. 산출물에서 추세(trend), 주기(cycles), 편향(bias) 등의 패턴이 존재하는 것은 이상원인 또는 비우연원인의 변동이 존재함을 나타낸다. 따라서 관리도 상의 모든 값들이 관리한계 내에 있더라도, 이러한 패턴을 보이는 프로세스는 통계적으로 정상상태에 있지 않다. 따라서 패턴이 감지되는지 확인하기 위해 관리도 데이터를 사용하여 런 검정을 실행하는 것이 일반적으로 신중한 행동일 것이다.

**런** ▶ 하나의 동일한 특성을 가지는 일련의 관측치들

**런**(run)은 하나의 동일한 특성을 가지는 일련의 관측치들로 정의되며, 하나의 런 다음에는 상이한 특성을 지니는 관측치가 뒤따른다. 특성은 관찰 가능하다면 무엇이든 가능하다. 예를 들어, 연속적인 관측치 A A A B에는 두 개의 런이 존재하며, 첫 번째 런은 3개의 A로 구성되고 두 번째 런은 B로 구성된다. 각 런에 밑줄을 그어 쉽게 런을 구분할 수 있다. 예를 들어, 연속되는 관측치 AA BBB A에서는 밑줄을 통해 3개의 런이 존재함을 알 수 있다.

두 가지 유용한 런 검정에는 *증감 런*(*up and down run*) 검정과 *중위수*[2] 상하 런(run

[2] 관리도에서는 중위수와 평균은 거의 동일하다. 중위수를 쉽게 구할 수 있으면 중위수를 사용하되, 평균이 주어지는 경우에는 평균을 사용하라.

above and below the *median*) 검정이 있다. 런의 개수를 세기 위해서 자료를 일련의 U와 D (*up*과 *down*) 또는 A와 B [중위수 *위*(*above*)와 *아래*(*below*)]로 변환한다. 중위수가 36.5인 다음의 관측치들을 보자. 처음 두 값은 중위수 아래, 다음 두 값은 중위수 위, 그 다음 값은 중위수 아래, 마지막 값은 중위수 위이다. 따라서 4개의 런이 존재한다.

| 25 | 29 | 42 | 40 | 35 | 38 |
|---|---|---|---|---|---|
| B | B | A | A | B | A |

동일한 데이터에 대해 증감 측면에서는 3개의 런이 존재한다. 두 번째 값은 첫 번째 값에 비해 증가했고, 세 번째 값도 두 번째 값에 비해 증가했으며, 네 번째 값은 세 번째 값에 비해 감소했고, 다섯 번째 값은 감소, 마지막 값은 증가했다.

| 25 | 29 | 42 | 40 | 35 | 38 |
|---|---|---|---|---|---|
| — | U | U | D | D | U |

(첫 번째 값은 앞에 아무것도 존재하지 않으므로 U나 D 중 어느 것도 표시하지 않는다.)

노표를 사용한다면, 그림 10.12와 10.13에서 보는 것처럼 런을 도표에서 직접 쉽게 셀 수 있다.

관리도 데이터에 패턴이 존재하는지 파악하려면, 데이터를 A와 B, U와 D의 두 형태로 모두 변환하여 런의 개수를 세야 한다. 그런 다음, 이 숫자를 완전히 우연적인 일련의 관측치에서 발생할 것으로 기대되는 런의 개수와 비교한다. 중위수 런 검정 및 증감 런 검정에서 기대되는 런의 개수는 연속된 관측치의 개수에 따라 달라지며, 이를 위한 공식은 다음과 같다.

$$E(r)_{\text{med}} = \frac{N}{2} + 1 \tag{10-6a}$$

$$E(r)_{\text{u/d}} = \frac{2N-1}{3} \tag{10-7a}$$

여기서 $N$은 관측치 또는 데이터의 개수이며, $E(r)$은 런의 기대 개수이다.

주어진 관측치들에 존재하는 실제 런의 개수는 런의 기대 개수와 다를 수 있다. 이는 단

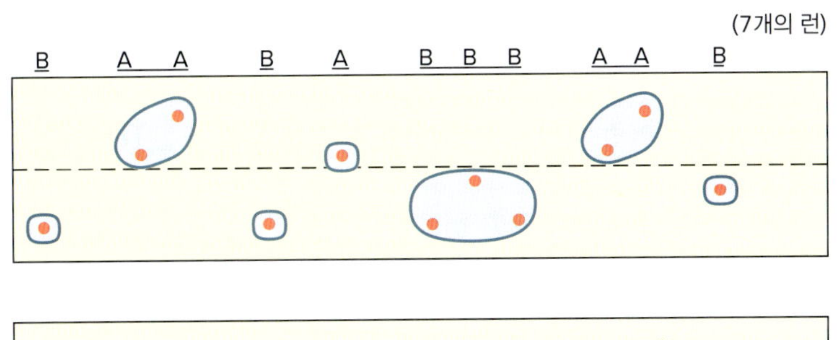


**그림 10.12**
중위수 상하 런의 수

U U D U D U D U U D
(8개의 런)

**그림 10.13**
증감 런의 수

지 우연일 수도 있고 패턴이 존재하기 때문일 수도 있다. 우연변동 여부는 런에 대한 표준편차를 통해 판단되며, 이를 위한 공식은 다음과 같다.

$$\sigma_{\text{med}} = \sqrt{\frac{N-1}{4}} \tag{10-6b}$$

$$\sigma_{\text{u/d}} = \sqrt{\frac{16N-29}{90}} \tag{10-7b}$$

우연변동과 패턴을 구분하려면 중위수 런과 증감 런에 대한 표본분포를 사용해야 한다. 두 분포는 모두 정규분포에 가깝다. 따라서, 예를 들면, 우연변동의 프로세스에서는 관측되는 런 개수의 95.44%는 런의 기대 개수를 기준으로 2-표준편차 안에 존재한다. 만약 관측된 런 개수가 그 범위 안에 있다면 아마 비우연적인 패턴이 없을 것이며, 관측된 런 개수가 그 범위 밖에 있다면 패턴이 존재한다고 의심할 것이다. 이렇듯, 런의 개수가 너무 적거나 너무 많은 것은 비우연성을 나타낼 수 있다.

실무적으로는 런의 기대 개수와 관측된 런의 개수의 차이에 해당하는 표준편차의 개수인 $z$를 계산하는 것이 종종 더 편리하다. 이러한 $z$값을 ±2 (95.44%를 위한 $z$값)나 다른 원하는 값(예, 95%를 위한 $z$값은 ±1.96, 98%를 위한 $z$값은 ±2.33)과 비교한다. $z$값이 기대하는 한계를 벗어나면 패턴이 존재할 수 있음을 의미한다(그림 10.14 참조). $z$는 다음 공식으로 계산한다.

$$z_{\text{test}} = \frac{\text{관측 런 수} - \text{기대 런 수}}{\text{런 수의 표준편차}}$$

중위수 런 검정과 증감 런 검정의 경우, 다음 공식을 이용하여 $z$값을 구할 수 있다.

$$\text{중위수 런 검정: } z = \frac{r - [(N/2)+1]}{\sqrt{(N-1)/4}} \tag{10-8}$$

$$\text{증감 런 검정: } z = \frac{r - [(2N-1)/3]}{\sqrt{(16N-29)/90}} \tag{10-9}$$

여기서,

$N$ = 총 관측 수

$r$ = 관측된 런의 개수(런 검정 유형에 따라, A 또는 B, U 또는 D에 대한 런의 개수)

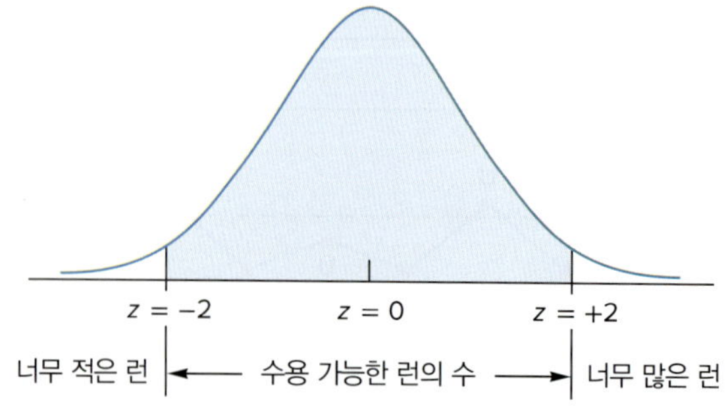


**그림 10.14**
우연변동과 패턴의 구분을 위한 런 표본분포

각각의 런 검정은 파악할 수 있는 패턴의 종류가 다르기 때문에, 하나의 관측치 세트에 대해 두 검정 모두 시행해 보는 것이 바람직하다. 경우에 따라서 두 검사 모두가 특정 패턴을 감지할 수도 있지만 때로는 한 검사만이 비우연성을 파악할 수도 있다. 만약 두 검사 중 어느 하나라도 비우연성을 감지한다면, 이는 데이터에 일종의 비우연성이 존재함을 의미한다.

예제 6

mhhe.com/stevenson14e

### 런 검정을 이용한 비우연성 검사

공정에서 20개의 표본에 대해 평균을 구하여 다음 표에 나타내었다. 변동의 이상원인 존재 여부를 판단하기 위해, $z = 2$인 중위수 런 검정과 증감 런 검정을 사용하여라. 중위수는 11.0이라고 가정한다.

풀이

각 표본에 대해 평균과 중위수 및 증감 런 결과를 나타내었다. 실선은 런을 표시한다.

| 표본 | A/B | 평균 | U/D | 표본 | A/B | 평균 | U/D |
|---|---|---|---|---|---|---|---|
| 1 | B | 10.0 | — | 11 | B | 10.7 | D |
| 2 | B | 10.4 | U | 12 | A | 11.3 | U |
| 3 | B | 10.2 | D | 13 | B | 10.8 | D |
| 4 | A | 11.5 | U | 14 | A | 11.8 | U |
| 5 | B | 10.8 | D | 15 | A | 11.2 | D |
| 6 | A | 11.6 | U | 16 | A | 11.6 | U |
| 7 | A | 11.1 | D | 17 | A | 11.2 | D |
| 8 | A | 11.2 | U | 18 | B | 10.6 | D |
| 9 | B | 10.6 | D | 19 | B | 10.7 | U |
| 10 | B | 10.9 | U | 20 | A | 11.9 | U |

A/B: 10개 런 U/D: 17개 런

각 검정에 대한 런의 기대 개수는 다음과 같다.

$$E(r)_{\text{med}} = \frac{N}{2} + 1 = \frac{20}{2} + 1 = 11$$

$$E(r)_{\text{u/d}} = \frac{2N - 1}{3} = \frac{2(20) - 1}{3} = 13$$

표준 편차는 다음과 같다.

$$\sigma_{\text{med}} = \sqrt{\frac{N-1}{4}} = \sqrt{\frac{20-1}{4}} = 2.18$$

$$\sigma_{\text{u/d}} = \sqrt{\frac{16N - 29}{90}} = \sqrt{\frac{16(20) - 29}{90}} = 1.80$$

$z_{\text{test}}$값은 다음과 같다.

$$z_{\text{med}} = \frac{10 - 11}{2.18} = -0.46$$

$$z_{\text{u/d}} = \frac{17 - 13}{1.80} = +2.22$$

중위수 런 검정에서는 $z_{test}$ 값이 ±2의 범위 내에 있으므로 패턴이 발견되지 않았지만, 증감 런 검정의 결과는 ±2보다 큰 값을 가지므로 패턴이 있음을 알 수 있다. 결론적으로 데이터에 이상변동이 존재하며, 프로세스는 정상상태가 아니다.

검정에서 동일한 값이 발생하면(예, 중위수와 동일한 값이 나오거나 연속되는 두 개의 값이 동일한 경우), $z_{test}$ 값이 가능한 크게 나오도록 A/B나 U/D를 결정하라. 만약 $z$가 그래도 여전히 ±2(±1.96 등)를 초과하지 않는다면, 자료가 우연성을 가진다고 꽤 확신할 수 있다.

## 관리도와 런 검정의 동시 사용

본 책에서는 대부분의 예제, 문제풀이나 연습문제들이 관리도 또는 런 검정 둘 중 하나에만 중점을 두지만, 이상적으로는 데이터 도표와 함께 관리도와 런 검정을 모두 사용하여 프로세스의 결과를 분석해야 한다. 그러한 절차는 다음과 같이 세 단계로 이루어져 있다.

1. 프로세스 산출물에 대한 관리한계를 결정한다.
   - a. 적절한 관리도 유형을 결정하라(그림 10.18 참조).
   - b. 적절한 공식을 사용하여 관리한계를 계산하라. 확률이 주어지지 않으면 $z = 2.00$을 사용하여 관리한계를 계산하라.
   - c. 표본통계량이 관리한계를 벗어나면 프로세스는 정상상태가 아니다. 모든 값들이 관리한계 내에 있다면, 2단계로 넘어간다.
2. 중위수 런 검정 및 증감 런 검정을 수행하라. 검사 값을 비교하기 위해 $z = \pm 2.00$을 사용하라. 두 가지 런 검정에 대한 값 모두가 $z = \pm 2.00$ 이내에 있지 않으면 프로세스가 우연적이지 않을 수 있다. 두 검사 값 모두 $z = \pm 2.00$ 이내이면 3단계로 넘어간다.
3. *참고*: 이 단계에 이르면 지금까지는 프로세스 결과가 우연적이지 않다는 징후는 없다. 표본 데이터를 관리도 상에 표시하고, 패턴(예, 주기)을 시각적으로 확인하라. 패턴이 보인다면 프로세스가 우연적이지 않을 수도 있다. 패턴이 보이지 않으면, 프로세스 결과는 우연적이며 프로세스가 정상상태에 있다고 결론 내린다.

## 프로세스가 이상변동을 보인다면 어떻게 될까

관리한계 바깥의 값이 관측되거나 런 검정 결과 $z$값이 큰 경우(예, ±1.96 초과)는 비우연적 변동을 의미하며, 관리자는 그 원인을 조사하기 위한 대응 계획을 수립해야 한다. 이는 잘못된 경보(즉, 제1종 오류)일 수도 있으나, 변동의 이상원인이 존재함을 의미하는 실제 신호일 수도 있다. 만약 잘못된 경보임이 밝혀지면 프로세스를 다시 시작하되, 확인을 위해 일정기간 동안은 프로세스를 모니터링해야 한다. 만약 이상원인이 발견된다면 이를 해결한다. 프로세스의 결과가 좋으면(예, $p$-관리도나 $c$-관리도에서 관측값이 관리하한보다도 낮거나, 또는 범위관리도에서 비정상적으로 좋은 품질을 보이는 경우), 지속적으로 유사한 결과를 얻기 위해 프로세스를 변경할 수도 있다. 하지만 고쳐야 할 문제점이 발견되는 경우가 더 일반적이다. 작업자를 훈련하여 간단한 문제를 해결할 수도 있으나, 좀 더 복잡한 문제를 위해서는 팀이 필요할 수도 있다. 문제 해결을 위해서는 보통 9장에서 설명한 다양한 도구를 활용하여 문제의 근본 원인을 파악한 후, 문제의 재발 가능성을 줄이기 위한 시정조치를 해야 한다.

## 10.4 프로세스 능력

일단 프로세스의 안정성이 확보되면(즉, 비우연적 변동이 존재하지 않으면), 프로세스가 허용 가능한 범위 내에 있는 산출물을 생산할 능력이 있는지를 판단해야 한다. 이를 위해서는 프로세스의 변동성이 분석의 초점이 된다.

일반적으로 사용되는 다음 세 용어는 프로세스 산출물의 변동성을 나타낸다. 하지만 각 용어는 약간씩 다른 측면과 관련이 있으므로, 이러한 용어들을 구분해야 한다.

> **규격**(specification) 혹은 *허용오차*(*tolerance*)는 공학적 설계나 고객의 요구사항에 의해 결정된다. 이들은 개별 산출물에 대해 허용할 수 있는 값의 범위를 나타낸다.
>
> **관리한계(control limit)**는 평균, 범위 등과 같은 *표본 통계량*이 오로지 우연성에 의해 변할 수 있는 범위를 반영하는 통계적 한도이다.
>
> **프로세스 변동성**(process variability)은 프로세스의 자연적 또는 고유한 변동(즉, 우연 변동)을 나타낸다. 이것은 프로세스 표준편차로 측정된다.

**규격**
공학적 설계나 고객 요구에 따라 결정되는 개별 산출물에 허용되는 값의 범위

**프로세스 변동성**
프로세스의 자연적 혹은 고유한 변동

관리한계와 프로세스 변동성은 직접적인 관계가 있다. 관리한계는 표본의 변동성에 기초하고 있으며, 표본의 변동성은 프로세스 변동성에 의해 결정된다. 반면, 규격과 관리한계 또는 규격과 프로세스 변동성 사이에는 직접적인 연관이 *없다*. 규격은 산출물을 생산하는 *프로세스*와는 별개로 제품 및 서비스의 산출물 측면에서 결정된다. 따라서 프로세스가 통계적으로 정상상태에 있을지라도, 상황에 따라 프로세스 산출물은 규격에 적합할 수도 있고 적합하지 않을 수도 있다. 이것이 프로세스 능력을 고려해야 하는 이유이다. **프로세스 능력** 또는 **공정 능력**(process capability)이란 용어는 설계 규격이 허용하는 변동성 대비 프로세스

**프로세스 능력**
설계 규격이 허용하는 변동성 대비 프로세스 산출물의 고유한 변동성

Moreno Soppelsa/Shutterstock

제지 공장에서 기계를 최대한 가동하려면 기계가 정확히 정렬되어야 한다. 그렇지 않으면 성능 및 품질에 영향을 미쳐 기계의 가동 중단과 값비싼 수리 비용이 발생할 수 있다. 내장 프로세서는 기계 기준점을 통해 용지의 위치를 계산한 후, 롤러에서 두 점을 측정한다. 작업자는 간단히 버튼을 눌러 편차를 확인할 수 있다.

산출물의 고유한 변동성을 의미한다. 다음 절에서는 프로세스 능력 분석에 대해 설명한다.

## 프로세스 능력 분석

프로세스 능력 분석은 관리상태에 있는 프로세스(즉, 프로세스가 오직 우연변동만 보이는 경우)에 대해 적용하며, 산출물의 변동 범위가 설계 규격의 허용 범위 내에 있는지 판단할 목적으로 수행한다. 설계규격은 산출물이 의도된 용도대로 사용 가능하도록 결정된다. 만약 산출물의 변동 범위가 설계규격의 범위 내에 있으면 그 프로세스는 '능력이 있다'고 말하고, 그렇지 않으면 관리자는 어떻게 그 상황을 바로잡을지 결정해야 한다.

그림 10.15에 나타낸 세 가지 경우를 살펴보자. 첫 번째 경우에는 프로세스 능력과 산출물 규격이 잘 일치하고 있어 거의 모든 산출물이 규격을 충족시킬 것으로 예상된다. 두 번째 경우에는 프로세스 변동성이 요구되는 것보다 훨씬 작으므로 산출물의 거의 100%가 허용오차 내에 있을 것이다. 그러나 세 번째 경우에는 프로세스가 능력보다 규격이 엄격하기 때문에 프로세스가 정상적으로 작동하더라도 산출물 중 꽤 많은 비율이 규격을 충족시킬 수 없을 것이다. 이렇듯, 프로세스가 관리상태에 있다 하더라도 불량품을 생산할 수도 있다. 따라서 관리상태의 프로세스가 항상 원하는 산출물의 공급을 보장하지 않으며, 단순히 관리도를 설정하고 모니터링하는 것이 아니라 프로세스가 규격을 충족시킬 *능력*이 있는지 여부를 구체적으로 확인해야 한다. 프로세스는 생산을 시작하기 *전*에 관리 상태와 규격 내에 있어야 한다. 즉, "토스터기를 처음부터 올바르게 설정하고, 토스트를 태워서 긁지 말라."

그림 10.15의 C와 같은 경우, 관리자는 다음과 같은 해결방안들을 고려할 수 있다. (1) 원하는 산출물을 얻을 수 있도록 프로세스를 재설계, (2) 원하는 산출물을 얻을 수 있는 다른 대체 프로세스를 사용, (3) 지금의 프로세스를 유지하되 100% 전수검사를 통해 불량품을 제거, (4) 현재의 규격이 불가피한지 검토하거나 고객만족을 해치지 않으면서 규격을 완화하는 방법 등이다.

또한 고객의 유형(예, 개인 소비자와 기업고객 등)에 따라 제품을 서로 다른 용도나 방식으로 사용할 수 있고, 따라서 규격들도 다를 수 있음을 유념할 필요가 있다.

프로세스 변동성이 프로세스 능력에 영향을 미치는 핵심 요인임은 명백하다. 프로세스 능력은 프로세스의 표준편차로 측정되며. 프로세스가 능력이 있는지를 판단하기 위해 프로세스의 ±3 표준편차(즉, 6 표준편차)와 프로세스의 규격을 비교한다. 예를 들어, 어떤 서비스를 수행하는 데 소요되는 이상적인 시간이 10분이고, 허용하는 시간의 변동 범위는 ±1분이라고 가정하자. 만약 프로세스가 0.5분의 표준편차를 가진다면, ±3 표준편차는 ±1.5분으로 규격인 ±1분을 초과하므로 프로세스는 능력이 부족하다.

**그림 10.15** 프로세스 능력과 규격은 일치할 수도 있고, 일치하지 않을 수도 있다

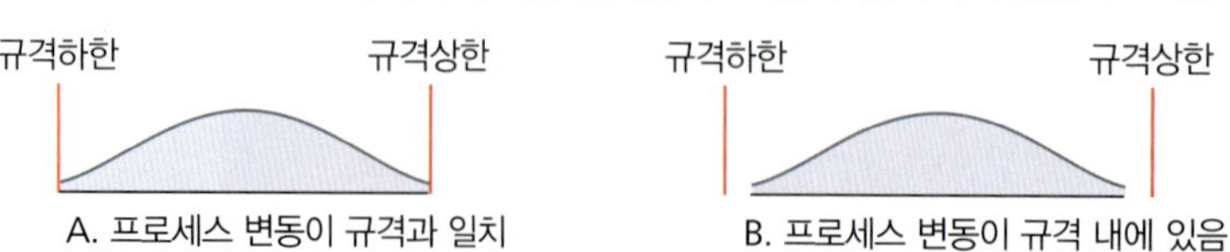

예제 7

eXcel
mhhe.com/stevenson14e

### 프로세스의 능력 판단하기

관리자는 3대의 장비 중 한 대를 선택하여 작업에 사용할 수 있으며, 각 장비의 표준편차는 아래와 같다. 규격이 10.00 mm에서 10.80 mm일 때, 어느 프로세스가 능력이 있는지 파악하라.

| 장비 | 표준편차(mm) |
|---|---|
| A | 0.13 |
| B | 0.08 |
| C | 0.16 |

풀이

각 장비에 대해 변동성의 정도(프로세스의 폭, 즉, 6 표준편차)를 결정하고, 이 값을 규격의 폭인 0.80 mm와 비교한다.

| 장비 | 표준편차(mm) | 프로세스 폭 |
|---|---|---|
| A | 0.13 | 0.78 |
| B | 0.08 | 0.48 |
| C | 0.16 | 0.96 |

## $C_p$

기계나 프로세스의 능력을 평가하기 위해 다음 공식을 사용하여 **프로세스 능력 지수**(process capability index) 또는 **공정 능력 지수**를 계산할 수 있다.

**프로세스 능력 지수** 규격을 충족시키는 프로세스의 능력을 평가하기 위한 지수

$$\text{프로세스 능력 지수, } C_p = \frac{\text{규격 폭}}{\text{프로세스 폭}}$$

$$= \frac{\text{규격 상한} - \text{규격 하한}}{\text{프로세스의 } 6\sigma} \tag{10-10}$$

어떤 프로세스가 능력이 있다고 판단하기 위해 널리 받아들여지는 기준은 프로세스 능력 지수가 최소 1.33을 갖는 것이다. 프로세스 능력 지수가 1.00일 때 프로세스는 규격에 일치하는 능력이 가능하다고 생각할 수 있으나, 어떤 이유로 약간의 편차만 발생하더라도 프로세스는 능력이 부족할 수 있기 때문이다. 하지만 최소 1.33이라는 프로세스 능력지수를 사용하면 약간의 여유를 가질 수 있다. 프로세스가 때때로 '흔들리는' 경우가 드물지 않으므로, 1.33이라는 지수는 완충역할을 한다

프로세스 능력 지수가 1.00이라면 백만 개 중 약 2,700개(즉, 2,700 ppm)가 규격을 벗어날 것이라고 예상되는 반면, 지수가 1.33이라면 단지 63 ppm만이 규격을 벗어날 것임을 의미한다. 프로세스 능력 지수가 커질수록 프로세스의 산출물이 설계 규격을 충족시킬 확률이 커진다.

**예제 8**

### 장비의 프로세스 능력 지수 계산

예제 7의 장비들에 대해 공정 능력 지수를 계산하라.

**풀이**

예제 7에서 규격의 폭은 0.80 mm이다. 따라서 각 장비의 공정 능력 지수를 구하기 위해서는 0.80을 각 장비의 공정 폭(즉, 6 표준편차)으로 나누면 된다. 그 결과는 다음과 같다.

| 장비 | 표준편차(mm) | 프로세스 폭 | $C_p$ |
|---|---|---|---|
| A | 0.13 | 0.78 | 0.80/0.78 = 1.03 |
| B | 0.08 | 0.48 | 0.80/0.48 = 1.67 |
| C | 0.16 | 0.96 | 0.80/0.96 = 0.83 |

장비 B만이 공정 능력 지수가 1.33보다 크며, 프로세스 능력이 충분함을 알 수 있다. (그림 10.15는 이러한 결과를 그림으로 보여준다.)

능력이 부족한 프로세스에 대해서는 몇 가지 옵션을 고려할 수 있다. 허용되지 않는 산출물을 제거하기 위해 전수검사를 하거나, 공정을 개선하여 변동성을 줄이거나, 능력이 있는 다른 프로세스로 전환하거나, 아웃소싱을 하는 것 등이다.

모토로라는 *식스시그마*(*Six Sigma*)라는 용어를 사용한 것으로 유명하다. 여기서 식스시그마는 프로세스의 평균 기준 $\pm 6\sigma$가 설계규격과 일치할 정도로 프로세스의 변동성을 매우 작게 하겠다는 목표를 의미한다. 이는 프로세스 능력 지수가 2.00인 것과 같으며, 따라서 산출물이 설계 규격을 충족시키지 못할 확률은 매우 낮을 것이다. 이러한 내용이 그림 10.16에 나타나 있다.

프로세스 능력 지수 2.00과 1.00을 불량의 관점에서 살펴보기 위해, 미국 우체국의 1급 우편 배달 서비스를 예로 들어보자. 만약 이러한 서비스에 대한 프로세스 능력 지수가 1.00이라면, 이것은 매일 약 10,000개의 배달 오류가 발생할 것임을 의미하지만, 프로세스 능력 지수가 2.00이라면, 배달 오류는 하루 1,000건으로 줄어든다.

$C_p$를 해석할 때는 주의가 필요하다. $C_p$를 계산할 때에는 프로세스의 평균을 고려하지 않기 때문이다. 목표값(즉, 프로세스 평균)이 규격상한과 규격하한의 중앙에 위치하지 않을 경우, $C_p$는 오해의 소지가 있다. 예를 들어, 규격하한과 상한이 각각 10과 11이고, 프로세스의 표준편차가 0.10인 경우를 생각해 보자. 이 때, $C_p$는 다음과 같이 1.67이라는 값을 가지므로 매우 좋은 프로세스처럼 보인다.

**그림 10.16** 3-시그마 프로세스 능력과 6-시그마 프로세스 능력의 비교

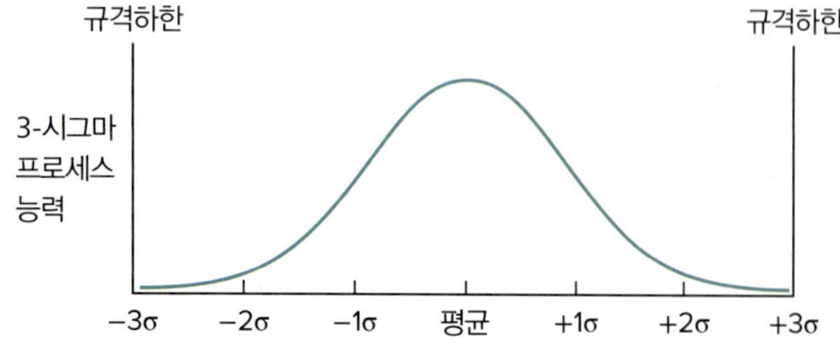


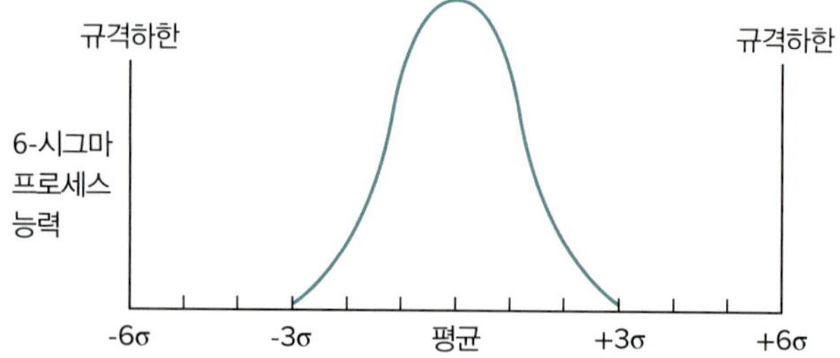

$$\frac{11-10}{6(0.10)} = 1.67$$

하지만, 만약 프로세스 평균이 12이라면, 표준편차가 0.10이고 ±3 표준편차를 적용해도 11.70~12.30이므로 산출물이 규격인 10~11을 충족시킬 확률은 매우 낮다!

의도적이든 불가피하든 간에 목표값이 규격의 중앙에 위치하지 않을 수 있다. 이러한 경우에는 프로세스 평균을 고려하는 $C_{pk}$ 지수가 더 적절하게 프로세스의 능력을 평가한다.

## $C_{pk}$

만약 프로세스 평균이 중앙에 위치하지 않으면, 프로세스 능력을 측정하기 위하여 조금 다른 척도인 $C_{pk}$가 사용된다. $C_{pk}$는 두 규격한계와 평균과의 차이 중에서 작은 값을 프로세스의 3 표준편차로 나누어 구한다. 즉, $C_{pk}$는 다음 값들 중에서 *작은 값*과 같다.

$$\frac{\text{규격상한} - \text{프로세스 평균}}{3\sigma}, \frac{\text{프로세스 평균} - \text{규격하한}}{3\sigma} \tag{10-11}$$

프로세스 평균과 목표치가 일치하지 않는 이유는 여러 가지가 있다. 한 가지 이유는 규격을 목표값이 아닌 허용하는 값의 범위로 지정하기 때문이다. 보다 흥미로운 이유는 한쪽 규격한계에 대한 부적합 비용이 다른 규격한계에 대한 부적합 비용보다 크다는 것을 들 수 있다. 이 경우에는 목표값을 낮은 부적합 비용의 규격한계에 보다 가깝게 하는 것이 타당할 것이고, 따라서 프로세스의 평균은 규격한계의 중앙에 위치하지 않게 된다.

### $C_{pk}$ 계산

예제 9

어떤 프로세스의 평균이 9.20그램, 표준편차가 0.30그램이다. 규격하한과 규격상한은 각각 7.50그램과 10.50그램이다. $C_{pk}$를 계산하라.

풀이

1. 규격하한에 대한 지수는 아래와 같다.

$$\frac{\text{프로세스 평균} - \text{규격하한}}{3\sigma} = \frac{9.20-7.50}{3(0.30)} = \frac{1.70}{0.90} = 1.89$$

2. 규격상한에 대한 지수는 아래와 같다.

$$\frac{\text{규격하한} - \text{프로세스 평균}}{3\sigma} = \frac{10.50-9.20}{3(0.30)} = \frac{1.30}{0.90} = 1.44$$

$C_{pk}$는 두 값 중에서 작은 값인 1.44이며, $C_{pk}$가 1.33보다 크므로 프로세스는 능력이 있음을 알 수 있다.

## 프로세스 능력의 개선

프로세스 능력을 개선하기 위해서는 프로세스에 내제되어 있는 변동성을 줄여야 한다. 이를 위해서는 프로세스의 단순화, 표준화, 실수방지 프로세스, 설비 개선, 자동화 등이 수행될 수 있다. 표 10.5의 예시를 참조하라.

**표 10.5**
프로세스 능력 개선

| 방법 | 예 |
|---|---|
| 단순화 | 단계 제거, 부품 수 감소, 모듈화 설계 |
| 표준화 | 표준 부품 및 표준 절차 사용 |
| 실수 방지 | 올바른 방법으로만 조립이 가능하도록 설계, 절차가 정확히 수행되었는지 간단히 확인할 수 있도록 부품을 설계 |
| 설비 개선 | 낡은 설비의 교체, 새로운 기술의 적용 |
| 자동화 | 수작업을 자동작업으로 대체 |

프로세스 능력의 개선은 검사 필요성 감소, 보증비용 감소, 서비스 불만 감소, 생산성 증가 등을 의미한다. 또한, 프로세스 관리의 측면에서는 관리한계가 좁아짐을 의미한다.

## 다구치의 품질손실함수

일본의 품질 전문가인 다구치(Genichi Taguchi)는 품질 불량과 그로 인한 비용에 대해서 전통적인 견해와 다른 사고를 가지고 있었다. 전통적 관점에서는 산출물이 규격 내에만 있으면 비용이 발생하지 않는다. 그러나 다구치는 목표값으로부터 조금이라도 벗어나면 품질 불량을 의미하며, 목표값으로부터 멀어질수록 비용도 커진다고 믿었다. 그림 10.17은 이러한 관점을 나타낸다. 다구치의 관점은 프로세스가 내재하고 있는 변동을 감소시키면(즉, 프로세스 능력 지수를 증가시키면) 품질 불량에 대한 비용을 줄일 수 있으며 결과적으로 사회적 손실도 감소시킬 수 있음을 의미한다.

## 프로세스 능력 지수의 한계

프로세스 능력 지수를 사용하는 데에는 몇 가지 위험이 존재한다.

1. 프로세스는 안정적이지 않을 수 있으며, 이 경우 프로세스 능력 지수는 무의미하다.
2. 프로세스의 결과는 정규분포를 따르지 않을 수 있으며, 이 경우 산출물의 불량 비율에

**그림 10.17**
품질 불량 비용에 대한 다구치의 견해와 전통적 견해

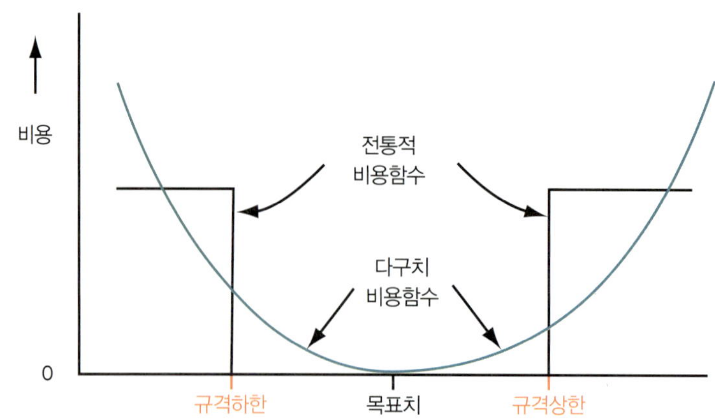

읽을거리 

## RFID는 병원의 투약 과실을 막을 수 있다

미국에서는 약물 투약 과실로 인해 매년 25만 명 이상의 사망자가 발생한다고 추정되고 있으며, 많은 사람들이 잘못된 약물이나 잘못된 용량 투여로 인해 부작용을 겪고 있다. 이에 일부 병원들은 RFID를 환자의 손목밴드에 부착하여, 환자에게 약을 투여하는 병원 직원들이 약물과 투여량이 적절한지 전자적으로 확인할 수 있도록 하고 있다. 또한, 의사와 간호사는 약물을 투여하기 전에 약물을 스캔하여 환자의 RFID 태그와 일치하는지도 확인할 수 있다.

**[질문]**

1. RIFD가 병원에서 사용되는 이유는 무엇인가?
2. 환자의 RFID 태그가 또 어떻게 병원에서 사용될 수 있는가?

출처: https://www.hopkinsmedicine.org/news/media/releases/study_suggests_medical_errors_now_third_leading_cause_of_death_in_the_us and https://hbr.org/2015/12/how-rfid-technology-improves-hospital-care

대한 추론이 정확하지 않을 수 있다.

3. 목표값과 프로세스 평균이 일치하지 않을 경우, $C_p$를 사용하면 잘못된 결과를 초래한다.

## 10.5 생산운영전략

품질은 사실상 모든 고객들에게 중요한 고려사항이다. 따라서 품질 표준을 달성하고 유지하는 것은 모든 기업조직에 전략적으로 중요하다. 품질보증과 제품 및 서비스 설계는 이러한 과정과 연관되는 중요한 요소이다. 기업은 프로세스 능력을 증대시키기 위한 지속적인 노력을 통해, 원하는 품질 수준을 달성하기 위해 검사나 관리도를 광범위하게 사용하는 것이 아니라 제품 및 프로세스에 품질을 내재하여 품질보증을 위한 노력이 필요 없도록 할 수 있다. 비우연성을 명백히 보여주는 프로세스나 프로세스 능력이 없는 것으로 간주되는 프로세스는 지속적인 프로세스 개선의 기회로 생각해야 한다.

## 요약

이 장에서는 품질검사와 통계적 프로세스 관리에 대해 설명한다. 검사는 프로세스의 산출물을 조사하여 허용 가능한지 판단하는 것을 의미한다. 검사의 핵심 이슈는 검사지점, 검사빈도, 현장 검사 또는 실험실 검사 여부 등이다.

통계적 프로세스 관리는 프로세스가 우연성으로부터 벗어나는 것을 감지하는데 초점을 맞추며, 프로세스 관리의 두 가지 기본 도구는 프로세스 관리도와 런 검정이다. 그림 10.18은 품질관리에 대한 개요를 보여준다. 이 장에서는 관리도의 전반적인 이론에 대해 다루며, 네 가지 종류의 관리도(변량관리도 두 가지, 속성관리도 두 가지)와 두 가지 종류의 런 검정에 대하여 설명하였다. 또한, 프로세스 능력에 대하여 설명하였다. 프로세스 능력 연구는 프로세스의 산출물이 규격을 충족하는지 여부를 확인하는 데 사용되며, 비용을 절감하고 규격 외의 산출물로 인한 여러 문제들을 방지할 수 있는 중요한 정보들을 관리자에게 제공한다. 이 장의 여러 공식들은 표 10.6에 요약되어 있다.

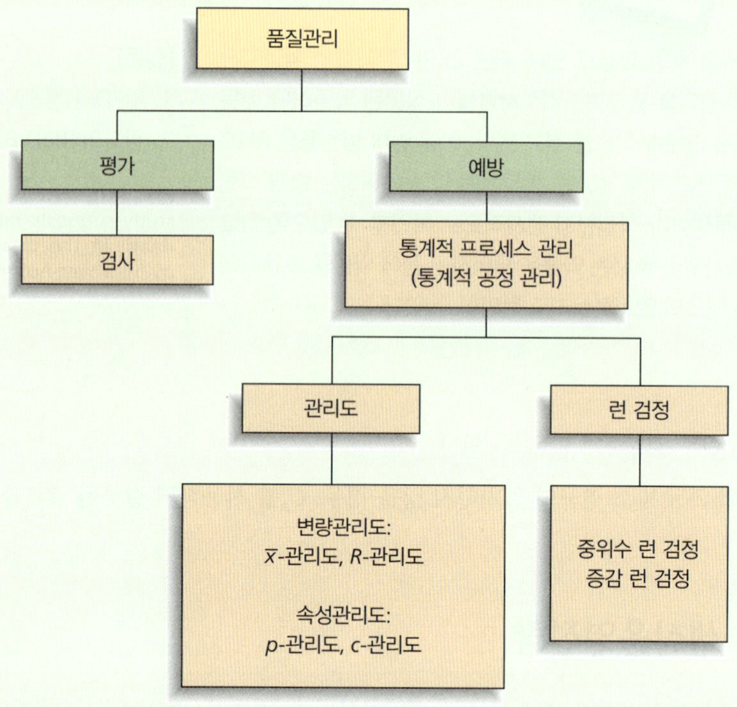


**그림 10.18**
품질관리 개요

**표 10.6**
공식 요약

| 관리도 | | |
|---|---|---|
| 종류 | 사용 | 관리 한계 |
| 평균, $\bar{x}$ 관리도 | 측정하는 자료에 사용. 평균을 다룸 | $\bar{\bar{x}} \pm z\frac{\sigma}{\sqrt{n}}$ or $\bar{\bar{x}} \pm A_2\bar{R}$<br>$n$ = 표본 크기 |
| 범위, $R$ 관리도 | 측정되는 자료에 사용. 범위 및 산포를 다룸 | $\text{UCL} = D_4\bar{R}$, $\text{LCL} = D_3\bar{R}$ |
| 불량률, $p$-관리도 | 셀 수 있는 자료에 사용. '양품' 또는 '불량' 등 셀 수 있을 때 사용 | $\bar{p} \pm z\sqrt{\frac{\bar{p}(1-\bar{p})}{n}}$<br>$n$ = 표본 크기 |
| 결점 수, $c$-관리도 | 셀 수 있는 자료에 사용. '발생' 횟수만 셀 수 있을 때 사용 | $\bar{c} \pm z\sqrt{\bar{c}}$ |

| 런 검정 | | | | |
|---|---|---|---|---|
| | 런의 개수 | | | |
| 종류 | 관측값 | 기대값 | 표준편차 | $z$ |
| 중위수 | $r$ | $\frac{N}{2}+1$ | $\sqrt{\frac{N-1}{4}}$ | $\frac{r-[(N/2)+1]}{\sqrt{(N-1)/4}}$ |
| 증감 | $r$ | $\frac{2N-1}{3}$ | $\sqrt{\frac{16N-29}{90}}$ | $\frac{r-[(2N-1)/3]}{\sqrt{(16N-29)/90}}$ |
| $N$ = 관측 수 | | | | |

(계속)

**표 10.6** 공식 요약

| 프로세스능력 | | |
|---|---|---|
| 종류 | 기호 | 공식 |
| 프로세스분포의 평균이 규격 중간에 위치하는 경우의 프로세스 능력 지수 | $C_p$ | $\dfrac{\text{규격의 폭}}{\text{프로세서의 }6\sigma}$ |
| 프로세스분포의 평균이 규격 중간에 위치하지 않는 경우의 프로세스 능력 지수 | $C_{pk}$ | 작은 값 $\begin{cases} \dfrac{\text{평균} - \text{규격하한}}{3\sigma} \\ \dfrac{\text{규격하한} - \text{평균}}{3\sigma} \end{cases}$ |

## 주요 내용

1. 모든 프로세스는 우연변동을 보인다. 품질 관리의 목적은 프로세스에서 얻은 표본통계량(예, 표본평균)을 기반으로 우연하지 않은(시정 가능한) 변동을 보이는 프로세스를 파악하는 것이다.
2. 관리도 및 런 검정을 사용하여 표본통계량의 비우연적 변동을 파악할 수 있다. 또한 패턴을 시각적으로 확인할 수 있도록 데이터를 도표로 나타내는 것이 바람직하다.
3. 프로세스가 우연적인 변동만 보일 경우, 규격에 맞는 산출물을 생산할 수 있는지 프로세스의 능력을 평가한다.

## 주요 용어

검사(inspection)
*c*-관리도(*c*-chart)
관리도(control chart)
관리한계(control limits)
규격(specification)
런(run)
런 검정(run test)
범위관리도(range control chart)
변량(variables)
*p*-관리도(*p*-chart)
속성(attributes)
우연변동(random variation)
이상변동(assignable variation)
적합품질(quality of conformance)
제1종 오류(type 1 error)
제2종 오류(type 2 error)
중심극한정리(central limit theorem)
통계적 프로세스 관리(statistical process control)
평균관리도(mean control chart)
표본분포(sample distribution)
품질관리(quality control)
프로세스 변동성(process variability)
프로세스 능력(process capability)

## 문제풀이연습

**문제 1**

*프로세스 분포와 표본분포*. 3 m 길이의 플라스틱 파이프를 생산하는 제조 공정에서 내부 지름의 평균은 1 cm이며 표준편차는 0.05 cm이다.

a. 만약 임의로 하나의 파이프를 선택한다면, 내부 지름이 1.02 cm보다 클 확률은 얼마인가? 모집단은 정규 분포를 갖는다고 가정하자.

b. 만약 임의로 25개의 파이프를 선택한다면, 표본의 내부 지름 평균이 1.02 cm보다 클 확률은 얼마인가?

**풀이**

$\mu = 1.00,\ \sigma = 0.05$

a. $z = \dfrac{x - \mu}{\sigma} = \dfrac{1.02 - 1.00}{0.05} = 0.40$

부록 B의 표 A를 이용하면, $P(z > 0.4) = 0.5000 - 0.1554 = 0.3446$임을 알 수 있다.

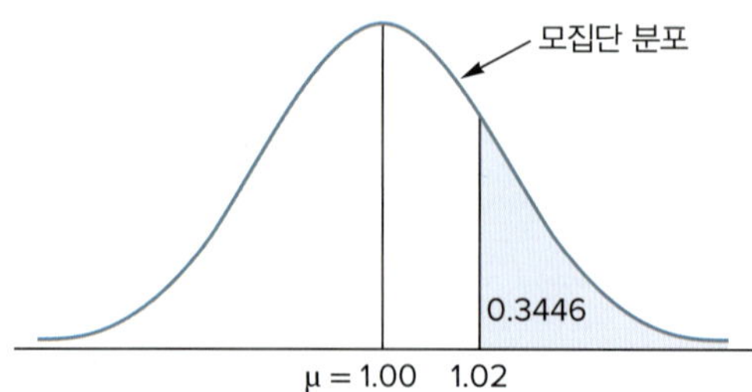


b. $z = \dfrac{\bar{x} - \mu}{\sigma/\sqrt{n}} = \dfrac{1.02 - 1.00}{0.05/\sqrt{25}} = 2.00$

부록 B의 표 A를 이용하면, $P(z > 2.00) = 0.5000 - 0.4772 = 0.0228$임을 알 수 있다.

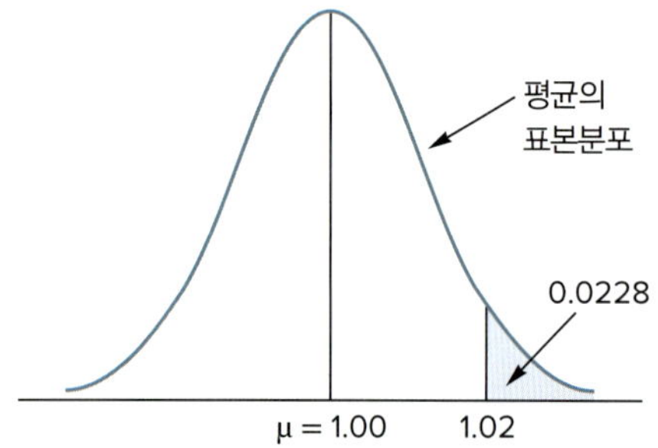


**문제 2** *평균관리도와 범위관리도*. 은행에서 새로운 계좌를 개설하기 위해서는 계좌당 평균 10분 걸린다. 이에 대해 각각 4개의 관측치로 구성된 5개의 표본을 추출하였다. 표본 자료와 표 10.3을 이용하여 평균관리도와 범위관리도의 관리상한과 관리하한을 결정하라. 계좌개설 프로세스는 정상상태인가?

| | 표본 1 | 표본 2 | 표본 3 | 표본 4 | 표본 5 |
|---|---|---|---|---|---|
| | 10.2 | 10.3 | 9.7 | 9.9 | 9.8 |
| | 9.9 | 9.8 | 9.9 | 10.3 | 10.2 |
| | 9.8 | 9.9 | 9.9 | 10.1 | 10.3 |
| | 10.1 | 10.4 | 10.1 | 10.5 | 9.7 |
| 합계 | 40.0 | 40.4 | 39.6 | 40.8 | 40.0 |

**풀이** a. 각 표본의 평균과 범위를 결정한다.

$\bar{x} = \dfrac{\sum x}{n}$이며, 범위 = 최대치 − 최소치이므로,

| 표본 | 평균 | 범위 |
|---|---|---|
| 1 | 40.0/4 = 10.0 | 10.2 − 9.8 = 0.4 |
| 2 | 40.4/4 = 10.1 | 10.4 − 9.8 = 0.6 |
| 3 | 39.6/4 = 9.91 | 10.1 − 9.7 = 0.4 |
| 4 | 40.8/4 = 10.2 | 10.5 − 9.9 = 0.6 |
| 5 | 40.0/4 = 10.0 | 10.3 − 9.7 = 0.6 |

b. 표본평균의 평균과 범위의 평균을 계산한다.

$$\bar{\bar{x}} = \frac{10.0 + 10.1 + 9.9 + 10.2 + 10.0}{5} = \frac{50.2}{5} = 10.04$$

$$\bar{R} = \frac{0.4 + 0.6 + 0.4 + 0.6 + 0.6}{5} = \frac{2.6}{5} = 0.52$$

c. 표 10.3으로부터 $n = 4$일 때 $A_2$, $D_4$, $D_3$값을 구한다. 그 결과 $n = 4$일 때 $A_2 = 0.73$, $D_4 = 2.28$, $D_3 = 0$이다.

d. 관리상한과 관리하한을 구한다.

$$\text{UCL}_{\bar{x}} = \bar{\bar{x}} + A_2\bar{R} = 10.04 + 0.73(0.52) = 10.42$$

$$\text{LCL}_{\bar{x}} = \bar{\bar{x}} - A_2\bar{R} = 10.04 - 0.73(0.52) = 9.66$$

$$\text{UCL}_R = D_4\bar{R} = 2.28(0.52) = 1.19$$

$$\text{LCL}_R = D_3\bar{R} = 0(0.52) = 0$$

e. 값이 한계 내에 있는지 확인한다. (한계 안에 있지 않은 경우, 이상원인을 시정하기 위해 프로세스를 조사한다.)

가장 작은 표본 평균은 9.9이고, 가장 큰 표본 평균은 10.2이다. 둘 다 관리한계 내에 있다. 마찬가지로, 가장 큰 표본 범위는 0.6으로 관리한계 내에 있다. 따라서 결과는 프로세스가 정상임을 보여준다. 하지만 이 예제는 예시의 목적으로 표본의 수가 너무 적다. 적어도 20개 이상의 표본이 있어야 관리한계와 프로세스의 정상 여부도 명확히 파악할 수 있다.

**문제 3**

*제1종 오류($\alpha$ 위험).* 관리한계 밖의 값들을 여러 차례 조사하였지만 아무 원인도 발견하지 못한 관리자는 사용된 관리한계($z = 1.90$)에 대한 제1종 오류 확률에 대해 관심을 갖게 되었다.

a. 이 $z$값에 대한 $\alpha$ 위험(즉, $P$[제1종 오류])을 계산하라.

b. 2%의 $\alpha$ 위험을 위한 $z$값을 구하여라.

**풀이**

a. 부록 B의 표 A를 사용하여, $z = 0$과 $z = +1.90$ 사이의 곡선 아래 면적이 0.4713임을 알 수 있다. 따라서 −1.90과 +1.90 *사이*의 면적(확률)은 2(0.4713) = 0.9426이며, 이러한 한계 *밖의* 면적은 1 − 0.9426 = 0.0574이다. 따라서 $\alpha$ 위험은 5.74%이다.

b. $\alpha$ 위험(제1종 오류의 확률)은 항상 분포의 꼬리 부분에 존재하며, 관리도에서는 두 개의 관리한계를 사용한다. 결과적으로, 위험의 반이 각 꼬리 부분에 존재하게 된다. 따라서 오른쪽 꼬리의 영역은 1%, 혹은 0.0100이다. 즉, $z = 0$과 구하는 $z$값 사이의 곡선 아래 면적은 0.4900임을 의미한다. 가장 가까운 값은 0.4901을 가지는 $z = 2.33$이다. 따라서 $z = \pm 2.33$를 기준으로 하는 관리한계가 2%의 $\alpha$ 위험을 갖게 한다.

**문제 4**

*p-관리도와 c-관리도.* 적절한 관리도를 사용하여 아래 경우에 대해 2-시그마 관리한계를 결정하라.

a. 검사 결과, 판매업자에게 배송하기 위해 준비 중인 차량의 외부 도색에서 평균 3.9개의 흠집이 발견되었다.

b. 판매업자에게 잔디 깎는 기계를 배송하기 전에, 검사관은 각 기계에 시동을 걸어 첫 번째 시도에 시동이 걸리지 않은 기계들을 표시해 두었다. 100개의 기계를 검사하였고, 평균 4개의 기계가 시동이 걸리지 않았다(4%).

**풀이**

두 종류의 관리도 중에서 선택하는 것은 *두 가지* 유형의 결과를 모두 셀 수 있는지(*p*-관리도), 혹은

*발생 횟수만 셀 수 있는지*($c$-관리도)에 따라 이루어진다.

a. 검사관은 생기지 않는 흠집의 수는 셀 수 없고, 생긴 흠집의 수만 셀 수 있다. 결과적으로, $c$-관리도가 적합하다. 표본평균은 3.9이며 2-시그마 관리한계는 다음과 같이 계산한다.

$$\text{UCL} = \bar{c} + z\sqrt{\bar{c}}$$
$$\text{LCL} = \bar{c} - z\sqrt{\bar{c}}$$

여기서 $\bar{c} = 3.9$이고 $z = 2$이므로

UCL $= 3.9 + 2\sqrt{3.9} = 7.85$개의 흠집

LCL $= 3.9 - 2\sqrt{3.9} = -0.05$, 즉 0개의 흠집

(*주의*: 계산된 관리하한이 음수이면 0으로 취급한다.)

b. 검사관은 시동이 걸린 기계의 수와 시동이 걸리지 않은 기계의 수 모두를 셀 수 있으므로 $p$-관리도가 적절하다. 2-시그마 관리한계는 다음과 같이 계산한다.

$$\text{UCL} = \bar{p} + z\sqrt{\frac{\bar{p}(1-\bar{p})}{n}}$$

$$\text{LCL} = \bar{p} - z\sqrt{\frac{\bar{p}(1-\bar{p})}{n}}$$

여기서 $\bar{p} = 0.04$, $n = 100$, $z = 2$이다.

따라서 다음과 같이 계산된다.

$$\text{UCL} = 0.04 + 2\sqrt{\frac{0.04(0.96)}{100}} = 0.079$$

$$\text{LCL} = 0.04 - 2\sqrt{\frac{0.04(0.96)}{100}} = 0.001$$

**문제 5** *런 검정*. 11개의 표본에 대하여 표본당 불량품의 수는 다음과 같다. 비우연적 패턴이 존재하는지 판단하라.

| | 표본 | | | | | | | | | | |
|---|---|---|---|---|---|---|---|---|---|---|---|
| | **1** | **2** | **3** | **4** | **5** | **6** | **7** | **8** | **9** | **10** | **11** |
| 불량품의 수 | 22 | 17 | 19 | 25 | 18 | 20 | 21 | 17 | 23 | 23 | 24 |

**풀이** 중위수가 주어져 있지 않으므로, 표본 자료로부터 계산한다. 자료를 작은 것부터 순서대로 배열하여 가운데에 있는 값이 중위수이다(이 경우, 홀수 개의 값이 있다. 짝수 개의 값이 있는 경우에는 가운데 두 값의 평균을 중위수로 사용한다). 따라서, 중위수는 21이다.

17 17 18 19 20 21 22 23 23 24 25

(작은 값 5개) ↑ 중위수 (큰 값 5개)

다음으로, 관측치를 A/B 또는 U/D로 변환한다.

| 표본 | A/B | 불량품 수 | U/D |
|---|---|---|---|
| 1 | A | 22 | — |
| 2 | B | 17 | D |
| 3 | B | 19 | U |
| 4 | A | 25 | U |

| 표본 | A/B | 불량품 수 | U/D |
|---|---|---|---|
| 5 | B | 18 | D |
| 6 | B | 20 | U |
| 7 | 동일 값 | 21 | U |
| 8 | B | 17 | D |
| 9 | A | 23 | U |
| 10 | A | 23 | 동일 값 |
| 11 | A | 24 | U |

각 런 검정은 동일한 값을 갖고 있다. 이것을 어떻게 해결하느냐에 따라 런의 개수가 달라진다. 관측된 런 수와 기대 런 수의 차이가 최대한 크도록 동일한 값에 대한 A/B 또는 U/D를 결정한다고 가정하자. 이를 위해서 동일한 값은 일단 무시하고 런의 수를 세어서 너무 많거나 적은지 확인한 후, 동일한 값에 A/B 또는 U/D를 결정한다. 이러한 방식은 보수적인 방법이다. 만약 이 방법을 통해 자료가 우연적이라는 결론을 얻었을 때, 적어도 이 방식이 우연성을 "생성"하지는 않았다고 확신할 수 있다. 이 경우, 기대 런 수는 다음과 같다.

$$E(r)_{\text{med}} = N/2 + 1 = 11/2 + 1 = 6.5$$

따라서 표본 7을 A로 할당하여 런 수를 7개로 만드는 것보다, 표본 7을 B로 할당하여 5개의 런을 만드는 것이 6.5와 더 큰 차이를 갖는다. 마찬가지로, 증감 런 검정에서 기대 런 수는 다음과 같다.

$$E(r)_{\text{u/d}} = (2N - 1) \div 3 = (22 - 1) \div 3 = 7$$

표본 10은 U로 지정되든 D로 지정되든 기대 런 수와의 차이가 1로 동일하며, 여기서는 D로 지정하였다.

두 런 검정의 계산은 다음에 요약되어 있다. 각 검사는 $z$값은 ±2.00 내에 존재한다. 따라서 두 검사 모두 비우연성을 나타내지 않으므로, 자료는 우연하다고 할 수 있다.

| | 관측된 런 수 | $E(r)$ | $\sigma_r$ | $z$ | 결론 |
|---|---|---|---|---|---|
| 중위수 | 5 | 6.5 | 1.58 | −0.95 | 우연적 |
| 증감 | 8 | 7.0 | 1.28 | 0.78 | 우연적 |

**문제 6**

*프로세스 능력.* 다음 셋 중 프로세스 능력을 지닌 프로세스를 결정하라.

| 프로세스 | 프로세스 평균 | 표준편차 | 규격상한 | 규격하한 |
|---|---|---|---|---|
| 1 | 7.5 | 0.10 | 7.0 | 8.0 |
| 2 | 4.6 | 0.12 | 4.3 | 4.9 |
| 3 | 6.0 | 0.14 | 5.5 | 6.7 |

**풀이**

처음 두 프로세스의 평균은 정확히 규격상한과 규격하한의 중간에 있다. 따라서 프로세스 능력 지수 $C_p$(식 10-10)가 적합하다. 그러나 세 번째 프로세스는 평균이 중간에 있지 않으므로 프로세스 능력 지수 $C_{pk}$(식 10-11)가 적합하다.

$$\text{프로세스 1과 2: } C_p = \frac{\text{규격 상한} - \text{규격 하한}}{6\sigma}$$

프로세스 능력을 지니기 위해서는 $C_p$가 1.33 이상이어야 한다.

$$\text{프로세스 1: } C_p = \frac{8.0 - 7.0}{6(0.10)} = 1.67 \text{ (프로세스 능력이 있다)}$$

$$\text{프로세스 2: } C_p = \frac{4.9 - 4.3}{6(0.12)} = 0.83 \text{ (프로세스 능력이 없다)}$$

프로세스 3에서는 $C_{pk}$가 1.33 이상이어야 한다. $C_{pk}$는 다음 두 값 중에서 작은 값이다.

$$\frac{\text{규격 상한 − 프로세스 평균}}{6\sigma} = \frac{6.7 - 6.0}{3(0.14)} = 1.67$$

$$\frac{\text{프로세스 평균 − 규격 하한}}{6\sigma} = \frac{6.0 - 5.5}{3(0.14)} = 1.19 \text{ (프로세스능력이 없다)}$$

## 토의 및 복습문제

1. 프로세스 관리의 단계를 설명하라.
2. 관리도의 작성과 해석의 기초를 이루는 주요 개념은 무엇인가?
3. 관리도의 목적은 무엇인가?
4. 프로세스 관리에서 관측 순서는 왜 중요한가?
5. 다음 관리도의 목적을 간단히 설명하라.
   a. $\bar{x}$-관리도
   b. 범위 관리도
   c. $p$-관리도
   d. $c$-관리도
6. 런은 무엇인가? 런 차트가 프로세스 관리에 어떻게 유용하게 사용되는가?
7. 만약 모든 관측 값이 관리한계 내에 있다면 그것은 프로세스가 우연적임을 보증하는가? 이에 대해 설명하라.
8. 왜 같은 자료에 중위수 런 검정과 증감 런 검정을 모두 하는 것이 바람직한가?
9. 만약 두 가지 런 검정이 모두 비우연성을 찾아내지 못할 경우, 프로세스는 우연적임을 증명하는가? 이에 대해 설명하라.
10. 관리한계, 규격, 프로세스 변동을 정의하고 비교하라.
11. 한 고객이 최근에 우리 기업이 공급하는 부품에 대한 규격을 강화함에 따라, 현재의 규격은 기존에 그 작업을 수행했던 기계의 프로세스 능력보다 더 강화되었다. 이 문제를 해결하기 위한 대안을 간단히 제시하라(그림 10.15C 참고).
12. 부서에 새로운 주문이 들어왔다. 이 작업에 사용되는 기계는 모든 산출물을 규격 내에서 만들 수 있는 프로세스 능력을 가지고 있다(그림 10.15B 참고).
    a. 이 상황으로부터 얻는 이점은 무엇인가?
    b. 관리자가 고려할 수 있는 대안은 무엇인가?
13. 검사에 대한 다음 질문에 답하라.
    a. 최적의 검사 수준은 무엇인가?
    b. 검사량을 결정하는 요소는 무엇인가?

c. 중앙집중식 검사(현장 외 검사)와 현장 검사 중 어느 것을 선택하는 데 고려해야 중요 요소는 무엇인가?

d. 검사의 후보지점들은 어디인가?

14. 프로세스 능력 지수를 사용하기 위해 필요한 기본적인 가정 두 가지는 무엇인가?

15. 품질 문제를 대함에 있어 관리자가 윤리적인 행동을 유지하고 증진시키는 것이 얼마나 중요한가? 답변은 서비스나 제품에 따라 달라지는가?

16. 다음을 제1종 오류나 제2종 오류로 분류하라.

a. 무고한 사람을 투옥하는 것

b. 범죄자를 석방하는 것

c. 바닥에 떨어진 과자를 먹는 것(또는 먹지 않는 것)

d. 독을 먹은 후 즉시 병원에 가지 않는 것

## 연습문제

1. 3-D프린터에 사용되는 한 부품은 규격에 대해 24~25온스 사이의 무게를 가져야 한다고 명시하고 있다. 부품을 생산하는 프로세스는 24.5온스의 평균과 0.2온스의 표준편차를 갖는다. 부품의 무게는 정규분포를 따른다.

a. 무게 규격을 충족시키지 못하는 부품의 비율은 얼마인가?

b. 만약 프로세스가 정상상태이고 $n$ = 16개의 표본이 추출되었다면, 이 프로세스의 표본 평균 중 95.44%가 어떤 값들 사이에 포함되는가?

c. 다음과 같은 표본평균을 얻었다. 위의 b문제에서 구해진 관리한계를 사용할 때, 이 프로세스는 관리상태에 있는가?

24.52, 24.53, 24.44, 24.51, 24.41, 24.39

2. 어떤 기계가 1리터짜리 콜라 병을 채우는 데 사용된다. 기계의 산출물은 대략적으로 정규분포를 따르며, 1.0리터의 평균과 0.01리터의 표준편차를 갖는다. 산출물은 25개의 관측치로 이루어진 표본의 평균을 사용하여 모니터링된다.

a. 프로세스가 정상상태일 때 표본평균의 97%를 포함하는 관리상한과 관리하한을 구하라.

b. 다음과 같은 표본평균이 주어졌을 때 프로세스는 정상상태인가?

1.005, 1.001, 0.998, 1.002, 0.995, 0.999

c. 다음과 같은 표본평균이 주어졌을 때 프로세스는 정상상태인가?

1.003, 0.999, 0.997, 1.001, 1.002, 0.998, 1.004

3. 다음의 상황에서 프로세스가 정상상태인지 여부를 판단하라.

| 표본 | 평균 | 범위 | 표본 | 평균 | 범위 |
|---|---|---|---|---|---|
| 1 | 3.06 | 0.42 | 4 | 3.13 | 0.46 |
| 2 | 3.15 | 0.50 | 5 | 3.06 | 0.46 |
| 3 | 3.11 | 0.41 | 6 | 3.09 | 0.45 |

a. 어떤 자동차 서비스센터에서는 와이퍼 교체시간(분)을 평균관리도와 범위관리도를 이용하여 모니터링하고 있다. $n$ = 20개의 관측치로 이루어진 여섯 개의 표본을 추출했더니, 다음과 같은 표본평균과 범위를 가졌다. 표 10.3의 값을 이용하여, 평균관리도와 범위관리도의 관리상한과 관리하한을 구하라. 이 프로세스는 정상상태인가?

b. 어떤 보안카메라 공장에서 각각 15개의 관측치로 이루어진 8개 표본을 추출하여 조립시간

(분)에 대한 평균과 범위를 계산하였더니 다음과 같았다. 표 10.3의 값을 이용하여, 평균관리도와 범위관리도의 관리상한과 관리하한을 구하고, 조립공정이 관리상태에 있는지 판단하라.

| 표본 | 평균 | 범위 | 표본 | 평균 | 범위 |
|---|---|---|---|---|---|
| 1 | 7.10 | 0.52 | 5 | 7.21 | 0.46 |
| 2 | 6.92 | 0.48 | 6 | 8.01 | 0.55 |
| 3 | 7.25 | 0.50 | 7 | 7.80 | 0.53 |
| 4 | 7.54 | 0.51 | 8 | 7.63 | 0.49 |

4. 어떤 소프트웨어의 업그레이드 소요 시간(분)을 평가하려 한다. 각각 다섯 개의 관측치를 갖는 표본을 다음과 같이 추출하였다. 표 10.3을 사용하여, 평균관리도와 범위관리도의 관리상한과 관리하한을 구하고, 프로세스가 정상상태인지 결정하라.

| 표본 | | | | | |
|---|---|---|---|---|---|
| 1 | 2 | 3 | 4 | 5 | 6 |
| 79.2 | 80.5 | 79.6 | 78.9 | 80.5 | 79.7 |
| 78.8 | 78.7 | 79.6 | 79.4 | 79.6 | 80.6 |
| 80.0 | 81.0 | 80.4 | 79.7 | 80.4 | 80.5 |
| 78.4 | 80.4 | 80.3 | 79.4 | 80.8 | 80.0 |
| 81.0 | 80.1 | 80.8 | 80.6 | 78.8 | 81.1 |

5. 회계 감사원은 200개의 신용카드 명세서로 이루어진 표본들을 사용하여 다음 표과 같은 결과를 얻었다.

| **표본** | 1 | 2 | 3 | 4 |
|---|---|---|---|---|
| **오류 명세서 수** | 4 | 2 | 5 | 9 |

a. 각 표본의 불량률을 결정하라.

b. 만약 이 프로세스의 실제 불량률을 알 수 없는 경우, 불량률에 대한 추정치는 얼마인가?

c. 이러한 표본 크기에서, 불량률에 대한 표본분포의 평균과 표준편차를 얼마로 추정할 수 있는가?

d. 이 프로세스의 $\alpha$ 위험이 0.03이 되도록 관리한계를 계산하여라.

e. 관리한계가 0.047과 0.003이라면, $\alpha$ 위험은 얼마인가?

f. 관리한계가 0.047과 0.003이라면, 프로세스는 정상상태인가?

g. 프로세스의 장기(long-term) 불량률은 2%라고 알려져 있다. 표본분포의 평균과 표준편차는 얼마인가?

h. 불량률이 2%일 때, 2-시그마 관리한계를 이용하여 관리도를 작성하라. 프로세스는 정상상태인가?

6. 의료시설에서는 운동으로 인한 부상에 대해 MRI를 사용한다. 가끔 검사결과가 명확하지 않으면 재검사를 수행한다. $n = 200$인 다음 표본 자료와 2-시그마 관리한계를 사용하여, 재검사 비율에 대한 관리상한과 관리하한을 결정하라. 프로세스는 정상상태인가?

| | 표본 | | | | | | | | | | | | |
|---|---|---|---|---|---|---|---|---|---|---|---|---|---|
| | 1 | 2 | 3 | 4 | 5 | 6 | 7 | 8 | 9 | 10 | 11 | 12 | 13 |
| 재검사 수 | 1 | 2 | 2 | 0 | 2 | 1 | 2 | 0 | 2 | 7 | 3 | 2 | 1 |

7. 서부 소도시의 우체국장은 매일 우편배달에 대한 불만사항을 접수받는다. 다음 자료를 이용하여 3-시그마 수준의 관리한계를 결정하라. 프로세스는 정상상태인가?

| | 일자 | | | | | | | | | | | | | |
|---|---|---|---|---|---|---|---|---|---|---|---|---|---|---|
| | 1 | 2 | 3 | 4 | 5 | 6 | 7 | 8 | 9 | 10 | 11 | 12 | 13 | 14 |
| 불만 수 | 4 | 10 | 14 | 8 | 9 | 6 | 5 | 12 | 13 | 7 | 6 | 4 | 2 | 10 |

8. 케이블의 릴당 결함수가 다음과 같이 주어졌을 때, 3-시그마의 수준의 관리한계를 이용하여 프로세스가 정상상태인지를 결정하라.

| | 관측 | | | | | | | | | | | | | |
|---|---|---|---|---|---|---|---|---|---|---|---|---|---|---|
| | 1 | 2 | 3 | 4 | 5 | 6 | 7 | 8 | 9 | 10 | 11 | 12 | 13 | 14 |
| 결함 수 | 2 | 3 | 1 | 0 | 1 | 3 | 2 | 0 | 2 | 1 | 3 | 1 | 2 | 0 |

9. 어떤 컴퓨터 제조업체에서는 전화통화를 통한 기술지원에 대해 많은 불만사항이 접수되어, 잘못된 안내의 빈도를 확인하기 위해 통화 표본을 조사하였다. 하나의 표본은 100통의 전화로 구성되어 있다. 이때, 95% 수준의 한계를 결정하라. 프로세스는 안정적인가(즉, 정상상태인가)? 이에 대해 설명하라.

| | 표본 | | | | | | | | | | | | | | | |
|---|---|---|---|---|---|---|---|---|---|---|---|---|---|---|---|---|
| | 1 | 2 | 3 | 4 | 5 | 6 | 7 | 8 | 9 | 10 | 11 | 12 | 13 | 14 | 15 | 16 |
| 오류 수 | 5 | 3 | 5 | 7 | 4 | 6 | 8 | 4 | 5 | 9 | 3 | 4 | 5 | 6 | 6 | 7 |

10. 금속 축(shaft)의 규격은 축을 만들기 위한 절단기계의 능력보다 훨씬 더 넓다. 하지만 축을 만들기 위해 절단기계를 사용할 때마다 조금씩 공구가 마모되며, 따라서 일정 개수 작업 후에는 공구를 교체해야 한다. 한편 공구는 축 1개를 절단할 때마다 0.004 cm의 비율로 마모된다. 이 프로세스는 정규분포를 따르며, 고유변동 $\sigma = 0.02$ cm이다. 축의 규격은 15.0 cm에서 15.2 cm이며, 3-시그마의 여유를 양 끝에 설정하여 축이 규격을 벗어날 위험을 최소화하려 한다. 공구의 교체가 필요할 때까지 몇 개의 금속 축을 가공할 수 있는가? 아래 그림을 참고하여라.

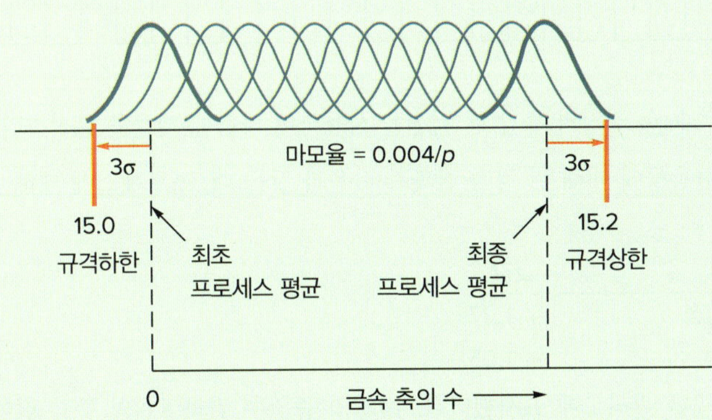


11. 4번 문제에서 소프트웨어의 업그레이드 소요시간에 대한 규격은 78분에서 81분이다. 규격에 부합할 것이라고 예상되는 경우의 비율을 추정하라. 관리자의 입장에서 규격이 충족되고 있다고 생각하는가?

12. 호텔 체크인을 하는 데 필요한 소요 시간을 조사하였다. 과거자료에 따르면 프로세스의 표준편차는 0.146이며, $n = 14$인 39개의 표본에 대한 평균 데이터는 다음과 같다.

| 표본 | 평균 | 표본 | 평균 | 표본 | 평균 | 표본 | 평균 |
|---|---|---|---|---|---|---|---|
| 1 | 3.86 | 11 | 3.88 | 21 | 3.84 | 31 | 3.88 |
| 2 | 3.90 | 12 | 3.86 | 22 | 3.82 | 32 | 3.76 |
| 3 | 3.83 | 13 | 3.88 | 23 | 3.89 | 33 | 3.83 |
| 4 | 3.81 | 14 | 3.81 | 24 | 3.86 | 34 | 3.77 |

| 표본 | 평균 | 표본 | 평균 | 표본 | 평균 | 표본 | 평균 |
|---|---|---|---|---|---|---|---|
| 5 | 3.84 | 15 | 3.83 | 25 | 3.88 | 35 | 3.86 |
| 6 | 3.83 | 16 | 3.86 | 26 | 3.90 | 36 | 3.80 |
| 7 | 3.87 | 17 | 3.82 | 27 | 3.81 | 37 | 3.84 |
| 8 | 3.88 | 18 | 3.86 | 28 | 3.86 | 38 | 3.79 |
| 9 | 3.84 | 19 | 3.84 | 29 | 3.98 | 39 | 3.85 |
| 10 | 3.80 | 20 | 3.87 | 30 | 3.96 | | |

a. 이 프로세스로부터 3시그마 한계를 갖는 관리도를 작성하라. 프로세스는 정상상태인가?

b. 중위수 런 검정과 증감 런 검정을 시행하여 자료를 분석하라. 어떤 결론을 내릴 수 있는가?

13. 다음 두 관리도에 대해 $z = \pm 1.96$ 한계를 적용하여 중위수 런 검정과 증감 런 검정을 수행하라. 비우연변동이 존재하는가? 중심선을 장기적인 중위수라 가정하라.

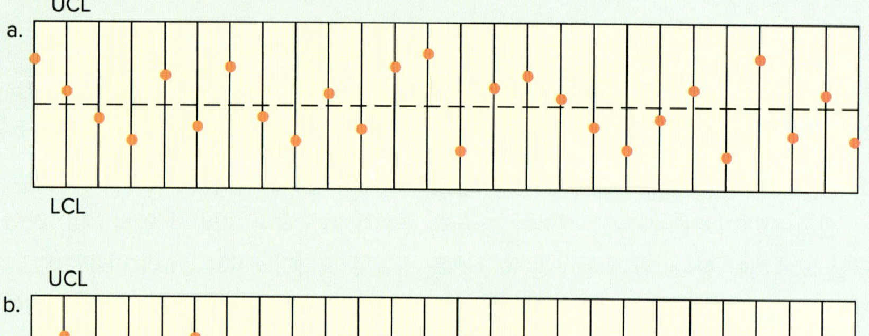


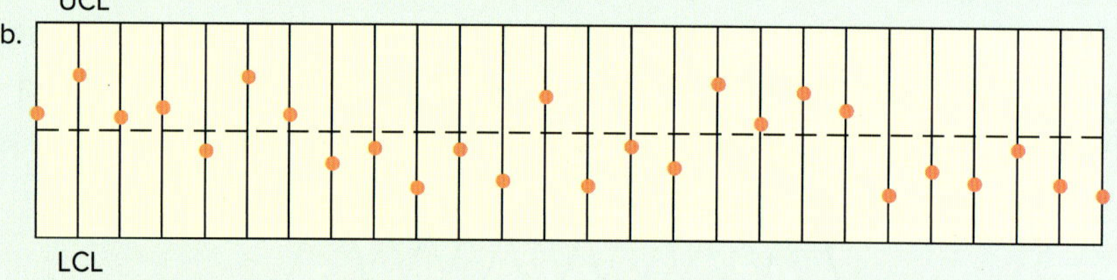


14. $z = \pm 2$인 중위수 런 검정과 증감 런 검정을 사용하여 다음 문제들을 분석하라.

a. 프로세스 산출물에 대해 런 검정 결과가 다음과 같을 때, 프로세스에 대해 의미하는 바는 무엇인가?

| 검사 유형 | $z$값 |
|---|---|
| 중위수 런 검정 | + 1.37 |
| 증감 런 검정 | + 1.05 |

b. 20개의 평균을 관리도에 표시했더니, 14개의 중위수 런과 8개의 증감 런이 존재하였다. 이 결과는 프로세스에 대해 무엇을 의미하는가?

c. 문제 8번.

d. 문제 7번.

15. 다음의 일별 지출전표 금액에 대해 두 종류의 런 검정을 시행하라. 중위수는 31달러이다.

| 일자 | 금액 | 일자 | 금액 | 일자 | 금액 | 일자 | 금액 |
|---|---|---|---|---|---|---|---|
| 1 | $27.69 | 16 | $29.65 | 31 | $40.54 | 46 | $25.16 |
| 2 | 28.13 | 17 | 31.08 | 32 | 36.31 | 47 | 26.11 |
| 3 | 33.02 | 18 | 33.03 | 33 | 27.14 | 48 | 29.84 |
| 4 | 30.31 | 19 | 29.10 | 34 | 30.38 | 49 | 31.75 |
| 5 | 31.59 | 20 | 25.19 | 35 | 31.96 | 50 | 29.14 |

| 일자 | 금액 | 일자 | 금액 | 일자 | 금액 | 일자 | 금액 |
|---|---|---|---|---|---|---|---|
| 6 | 33.64 | 21 | 28.60 | 36 | 32.03 | 51 | 37.78 |
| 7 | 34.73 | 22 | 20.02 | 37 | 34.40 | 52 | 34.16 |
| 8 | 35.09 | 23 | 26.67 | 38 | 25.67 | 53 | 38.28 |
| 9 | 33.39 | 24 | 36.40 | 39 | 35.80 | 54 | 29.49 |
| 10 | 32.51 | 25 | 32.07 | 40 | 32.23 | 55 | 30.81 |
| 11 | 27.98 | 26 | 44.10 | 41 | 26.76 | 56 | 30.60 |
| 12 | 31.25 | 27 | 41.44 | 42 | 30.51 | 57 | 34.46 |
| 13 | 33.98 | 28 | 29.62 | 43 | 29.35 | 58 | 35.10 |
| 14 | 25.56 | 29 | 30.12 | 44 | 24.09 | 59 | 31.76 |
| 15 | 24.46 | 30 | 26.39 | 45 | 22.45 | 60 | 34.90 |

16. 한 회사는 다른 업체의 부품을 생산하기로 계약했다. 이를 위한 부품 가공 과정에서 절삭 공구가 마모되면서 생산되는 부품의 내경이 점점 작아진다. 그러나 규격이 기계 성능에 비해 상당히 넓으므로, 초기에는 큰 직경으로 설정하면 절삭 공구를 교체하기 전까지 여러 번 공정을 수행할 수 있다.

    내부 직경은 부품당 평균 0.001 cm의 비율로 감소하며, 공정의 표준편차는 0.05 cm이다. 변동성은 대개 정규분포를 따른다. 프로세스 규격이 3 cm 및 3.5 cm이고 양 끝에 3-시그마 버퍼를 설정할 때, 공구를 얼마나 자주 교체해야 하는가?

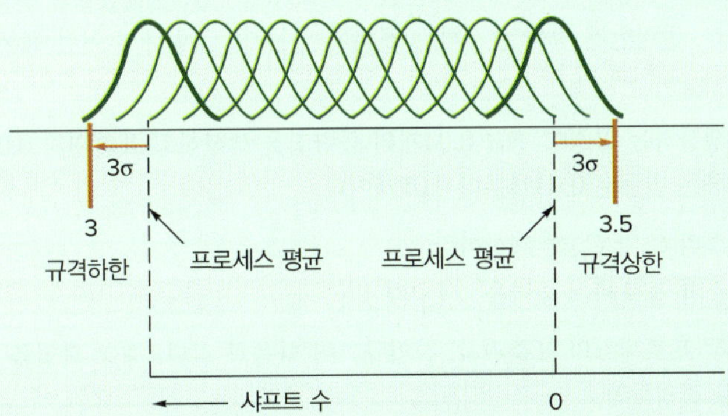


17. (문제풀이연습 문제 2 참고) 프로세스의 규격이 9.65분에서 10.35분이라고 하자. 주어진 자료를 바탕으로 규격이 충족되는가? 그렇지 않다면 어떤 노력을 해야 하는가?

18. 어떤 생산공정이 3단계로 이루어져 있다. 첫 단계의 폐기율은 10%이며, 다음 두 단계의 폐기율은 각각 6%이다.

    a. 만약 원하는 일일 생산량이 450개라면, 폐기로 인한 손실을 고려하여 얼마나 많은 양이 처음 공정에 투입되어야 하는가?

    b. 만약 각 단계의 폐기율이 반으로 줄어든다면, 이전에 비해 폐기물의 양이 얼마나 줄어드는가?

    c. 만약 단위량 폐기비용이 10달러일 때, 회사의 하루 폐기 비용은 얼마인가?

19. (예제 5의 자료 참고) 2번의 관측이 추가적으로 수행되었다. 첫 관측은 3개의 불량품을, 두 번째 관측은 4개의 불량품을 발견하였다. 총 20번의 관측치에 대해 런 검정을 시행하라. 이 자료로부터 어떤 결론을 내릴 수 있는가?

20. 어떤 은행직원이 무작위로 선정된 20명의 고객들에게 서비스를 제공하는 데 걸린 소요시간(분)은 다음과 같다.

| 표본 | | | |
|---|---|---|---|
| 1 | 2 | 3 | 4 |
| 4.5 | 4.6 | 4.5 | 4.7 |
| 4.2 | 4.5 | 4.6 | 4.6 |
| 4.2 | 4.4 | 4.4 | 4.8 |
| 4.3 | 4.7 | 4.4 | 4.5 |
| 4.3 | 4.3 | 4.6 | 4.9 |

a. 각 표본의 평균을 구하라.

b. 만약 프로세스의 모수가 알려져 있지 않다면, 평균과 표준편차를 추정하라.

c. 표본분포의 평균과 표준편차를 추정하라.

d. 이 프로세스의 3-시그마 관리한계를 구하여라. α 위험은 얼마나 존재하는가?

e. 관리한계가 4.14와 4.86이라면 α 위험은 얼마나 존재하는가?

f. 4.14와 4.86의 관리한계에서 표본평균은 관리한계 밖에 있는가? 만약 그렇다면 어떤 표본이 관리한계 밖에 있는가?

g. 표 10.3을 이용하여 평균관리도와 범위관리도를 작성하라. 관리한계 밖에 존재하는 표본이 있는가? 그렇다면 어떤 표본이 관리한계 밖에 있는가?

h. d와 g에서 관리한계가 다른 이유를 설명하라.

i. 만약 프로세스의 평균이 4.4이고 표준편차가 0.18이라면, 평균관리도에서 3-시그마 관리한계를 구하라. 관리한계 밖에 존재하는 표본이 있는가? 그렇다면 어떤 표본이 관리한계 밖에 있는가?

21. 컴퓨터 칩을 생산하는 공정이 평균 0.04개의 불량칩을 생산하고 표준편차 0.003개이다. 불량칩에 대해 허용하는 변동은 0.03개부터 0.05개이다.

a. 이 프로세스의 $C_p$와 $C_{pk}$를 계산하라.

b. 이 프로세스가 프로세스 능력을 갖는가?

22. 프로세스 목록, 프로세스의 표준편차, 작업규격이 다음과 같다. 해당 작업을 수행할 능력이 있는 프로세스를 결정하라.

| 프로세스 | 표준편차(in.) | 작업규격(±in.) |
|---|---|---|
| 001 | 0.02 | 0.05 |
| 002 | 0.04 | 0.07 |
| 003 | 0.10 | 0.18 |
| 004 | 0.05 | 0.15 |
| 005 | 0.01 | 0.04 |

23. 관리자는 작업용 기계에 대해 다음과 같은 정보를 가지고 있으며, 이 중 하나를 선택해야 한다. 규격의 너비는 0.48 mm이다. 이 경우에 선택의 폭을 좁힐 수는 있으나 추가적인 정보가 없는 이상 하나를 선택하기 힘들다. 그 이유와 어떤 추가정보가 필요한지 설명하라.

| 기계 | 단위당 가격($) | 표준편차(mm) |
|---|---|---|
| A | 20 | 0.059 |
| B | 12 | 0.060 |
| C | 11 | 0.063 |
| D | 10 | 0.061 |

24. 다음 표의 프로세스들은 해당 규격에 대해 중심이 일치하지 않는다. 각 프로세스에 대하여 적합한 프로세스 능력 척도를 계산하고, 프로세스 능력이 있는지를 결정하라.

| 프로세스 | 평균 | 표준편차 | 규격 하한 | 규격 상한 |
|---|---|---|---|---|
| H | 15.0 | 0.32 | 14.1 | 16.0 |
| K | 33.0 | 1.00 | 30.0 | 36.5 |
| T | 18.5 | 0.40 | 16.5 | 20.1 |

25. 인디애나폴리스의 한 가전제품 제조사는 공인 수리 서비스를 제공하기 위해 수리점과 계약 맺기를 원한다. 이 제조사는 허용가능한 수리 시간을 50~90분으로 설정했으며, 두 곳의 수리점이 계약을 위해 입찰했다. 테스트 결과, 한 수리점은 74분의 평균 수리 시간과 4.0분의 표준편차를 보였고, 다른 수리점은 72분의 평균 수리 시간과 5.1분의 표준편차를 보였다. 어떤 수리점을 선택해야 하는가? 이유를 설명하라.

26. 보험 회사 교육 프로그램의 참가자들은 고객이 보험에 가입할 수 있는지 여부를 분석하는 방법을 배운다. 참가자들은 30~45분 사이에 분석을 완료하는 것을 목표로 삼는다. 세 참가자의 결과는 다음과 같았다. Armand는 평균 38분, 표준편차 3분이 걸렸고, Jerry는 평균 37분, 표준편차 2.5분이 걸렸고, Mclissa는 평균 37.5분, 표준편차 1.8분이 걸렸다.

    a. 어떤 참가자가 프로세스 능력이 있다고 판단되는가? 이유를 설명하라.

    b. 참가자들의 $C_{pk}$ 값이 $C_p$ 값을 초과할 수 있는가? 이에 대해 설명하라.

27. Healthy 초콜릿 회사는 12온스짜리 초콜릿 바(340 g)와 1온스짜리 초콜릿 바 여섯 개로 구성된 박스(170 g) 등 다양한 초콜릿 과자를 생산한다.

    a. 12온스짜리 초콜릿 바의 규격은 330 g에서 350 g이다. 평균 양이 340 g일 때, 초콜릿 바 제조 기계가 프로세스 능력이 있다고 평가받을 수 있는 최대 표준편차는 얼마인가?

    b. 1온스짜리 초콜릿 바 제조 기계의 표준편차는 0.80 g이다. 제조 기계는 평균 1.01온스의 초콜릿 바를 만들도록 설정되어 있다. 6개의 초콜릿 바로 구성된 한 박스의 규격은 160~180 g이다. 프로세스는 프로세스 능력이 있는가? *힌트*: 한 박스의 *분산*은 초콜릿 바 *분산*의 6배이다.

    c. 6개의 초콜릿 바로 구성된 박스의 경우, 프로세스가 능력을 가지게 하는 기계의 *최저* 설정 온스는 얼마인가?

28. 다음은 22개의 서비스 보고서에서 발견된 사소한 오류의 평균을 나타낸 관리도이다. 이 자료로부터 어떤 결론을 지을 수 있는가? 어떻게 결론에 이르렀는지 설명하라.

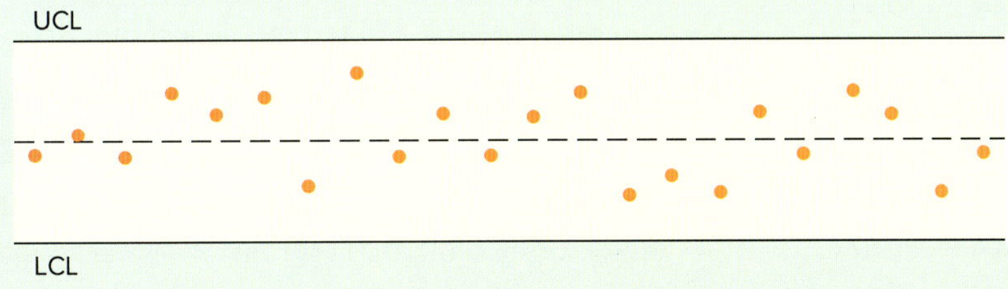


29. '관리도와 런 검정의 동시 사용' 절에서 설명한 3단계 프로세스를 사용하여 다음 관측치들이 관리상태에 있는 프로세스를 나타내는지를 판단하라.

| **관측 번호** | 1 | 2 | 3 | 4 | 5 | 6 | 7 | 8 | 9 | 10 | 11 | 12 |
|---|---|---|---|---|---|---|---|---|---|---|---|---|
| **불량 수** | 1 | 0 | 3 | 2 | 0 | 1 | 3 | 2 | 1 | 0 | 2 | 3 |

사례

# Toys, Inc.

Toys, Inc.는 20년 동안 장난감과 보드 게임을 생산하여 판매해 오고 있다. 이 회사는 품질과 혁신으로 명성을 쌓아 왔다. 비록 회사가 이 분야의 선두 기업 중 하나이지만, 최근 몇 년간 매출이 침체되었다. 실제로 최근 6개월의 매출은 전년 동기 대비 감소했다. 생산관리자인 에드 머피(Ed Murphy)는 매출의 부진을 '경제' 탓으로 돌렸다. 그는 생산비용을 절감하고 설계 및 생산개발부서의 인력을 해고하는 등 여러 가지 긴축조치를 취하게 되었다. 비록 여전히 수익의 변화는 없지만, 그는 6개월 이내에 그의 결정이 이익 증가로 나타날 것이라 믿는다.

영업 부사장인 조 마틴(Joe Martin)은 공장, 농장, 주유소 모형과 같은 회사의 사실적 장난감 모형들에 대한 고객의 불만에 대해 우려해 왔다. 어떤 모형의 작동부품(moving part)은 풀려 버려 작동하지 않거나 비정상적으로 작동하였다. 그의 조수인 키스 맥널리(Keith McNally)는 고장난 장난감을 새로운 장난감으로 교환할 수 있는 trade-in program을 제시하였다. 맥널리는 이 프로그램을 통해 고객에게 호의를 제공하여 실망한 고객들을 달랠 수 있다고 믿었다. 그는 또한 반환된 장난감을 다시 조립하여 상설 할인점에서 할인된 가격으로 판매할 것을 제안하였으며, 이것이 새 제품의 판매를 빼앗지 않을 것이라고 생각하였다. 또한 맥널리의 제안은 새로운 직원을 필요로 하지 않는다. 직원들은 비수기에 교환품들을 수리할 것이므로 생산량도 현재 수준으로 유지될 것이다.

생산 보조인 스티브 부코스키(Steve Bukowski)는 맥널리의 제안을 들은 후, 완성된 장난감을 배송하기 전에 검사를 더 많이 시행하는 것이 더 좋은 방법이 아니냐며 "100% 검사를 통해 우리는 불량품들을 모두 가려내어 문제를 완전히 해결할 수 있다"고 말했다.

회사 사장인 메리벳 코르벨라(Marybeth Corbella)은 자문을 위해 당신을 컨설턴트로 고용하였다. 당신은 어떤 조언을 하겠는가?

사례

# Tiger Tools

Drillmore Industries사의 한 부서인 Tiger Tools는 신제품 출시를 앞두고 있었다. 생산관리자인 미셸 요크(Michelle York)는 그녀의 조수인 짐 피터슨(Jim Paterson)에게 공정에 사용되는 오븐

| 표본 | 평균 | 범위 | 표본 | 평균 | 범위 |
|---|---|---|---|---|---|
| 1 | 45.01 | 0.85 | 10 | 44.97 | 0.91 |
| 2 | 44.99 | 0.89 | 11 | 45.11 | 0.84 |
| 3 | 45.02 | 0.86 | 12 | 44.96 | 0.87 |
| 4 | 45.00 | 0.91 | 13 | 45.00 | 0.86 |
| 5 | 45.04 | 0.87 | 14 | 44.92 | 0.89 |
| 6 | 44.98 | 0.90 | 15 | 45.06 | 0.87 |
| 7 | 44.91 | 0.86 | 16 | 44.94 | 0.86 |
| 8 | 45.04 | 0.89 | 17 | 45.00 | 0.85 |
| 9 | 45.00 | 0.85 | 18 | 45.03 | 0.88 |

의 공정능력에 대해 물었다. 짐은 20개씩 18개의 표본을 임의로 추출하였고, 그 표본의 결과는 다음 표와 같았다. 그가 표본을 분석한 결과, 규격의 너비가 1.44 cm라는 기준에서는 프로세스의 능력이 부족하다고 결론을 내렸다.

신제품을 성공시켜 잃어버린 영광을 되찾을 수 있기를 바랐던 미셸은 이 말을 듣고 매우 실망했다. 회사는 1만 달러 이상의 자본 지출이 동결되어 있었고, 오븐을 교체하는 것은 그 금액의 몇 배가 들 것이다. 짐 피터슨은 오븐 기술자들과 함께 원하는 결과를 얻을 수 있는지 여러 가지 설정을 확인했지만 별다른 소용이 없었다.

이러한 사실을 받아들이지 못한 미셸은 교수 중 한 명에게 문제에 대해 설명하였고, 교수는 표본의 크기를 줄이고 표본의 수를 늘려 다시 표본을 추출할 것을 제안하였다. 미셸과 짐은 각각 5개씩 27개의 표본을 추출하기로 합의하였고, 그 결과는 다음 표와 같다.

*(계속)*

| 표본 | 평균 | 범위 |
|---|---|---|
| 1 | 44.96 | 0.42 |
| 2 | 44.98 | 0.39 |
| 3 | 44.96 | 0.41 |
| 4 | 44.97 | 0.37 |
| 5 | 45.02 | 0.39 |
| 6 | 45.03 | 0.40 |
| 7 | 45.04 | 0.39 |
| 8 | 45.02 | 0.42 |
| 9 | 45.08 | 0.38 |
| 10 | 45.12 | 0.40 |
| 11 | 45.07 | 0.41 |
| 12 | 45.02 | 0.38 |
| 13 | 45.01 | 0.41 |
| 14 | 44.98 | 0.40 |

| 표본 | 평균 | 범위 |
|---|---|---|
| 15 | 45.00 | 0.39 |
| 16 | 44.95 | 0.41 |
| 17 | 44.94 | 0.43 |
| 18 | 44.94 | 0.40 |
| 19 | 44.87 | 0.38 |
| 20 | 44.95 | 0.41 |
| 21 | 44.93 | 0.39 |
| 22 | 44.96 | 0.41 |
| 23 | 44.99 | 0.40 |
| 24 | 45.00 | 0.44 |
| 25 | 45.03 | 0.42 |
| 26 | 45.04 | 0.38 |
| 27 | 45.03 | 0.40 |

**[질문]**

아래 질문을 고려하여, 당신이 알아낸 것에 대한 간단한 요약보고서를 작성하여라.

1. 짐은 처음 표본 집단(20개씩 18개의 표본)에서 왜 공정의 능력이 부족하다고 결론을 내렸는가? (*힌트*: 공정의 표준편차인 $\sigma$를 추정하기 위해 식 $A_2\bar{R} \approx 3\frac{\sigma}{\sqrt{n}}$를 사용하여라.)
2. 두 번째 표본 집단(5개씩 27개의 표본)을 통해 새로운 사실을 알 수 있는가? 그렇다면 그 사실은 무엇이고 왜 그런지 설명하여라.
3. 만약 문제점을 찾아 시정할 수 있다면, 이것은 프로세스 능력에 어떠한 영향을 미치겠는가?
4. 작은 크기의 표본이 큰 크기의 표본에서 나타나지 않는 것도 보여준다면, 왜 항상 작은 크기의 표본을 사용하지 않는가?

## 참고문헌


Besterfield, Dale H. *Quality Control*. Upper Saddle River, NJ: Prentice Hall, 2009.

Mitra, Amitava. *Fundamentals of Quality Control and Improvement*, 4th ed. Hoboken, NJ: John Wiley & Sons, 2017.

Montgomery, Douglas C. *Introduction to Statistical Quality Control*, 7th ed. New York: John Wiley and Sons, 2013.

*Quality Management Journal*. ASQ. asq.org

*Quality Progress*. QP. www.qualityprogress.com

Summers, Donna. *Quality*, 5th ed. Upper Saddle River, NJ: Prentice Hall, 2009.

# 11 CHAPTER

# 총괄계획 및 주일정계획

# *Aggregate Planning and Master Scheduling*

## 학습 목표 *Learning Objectives*

*이 장을 학습한 후 다음과 같은 능력을 가져야 한다.*

**LO11.1** 총괄계획이 무엇이며 어떻게 유용한지를 설명

**LO11.2** 총괄계획에서 의사결정자가 사용해야 하는 변수를 인지

**LO11.3** 균등하지 않은 수요를 충족시키기 위해 이용할 수 있는 전략들을 기술

**LO11.4** 계획수립 책임자가 사용할 수 있는 도표적 기법과 계량적 기법들을 설명

**LO11.5** 총괄계획을 수립하고 계획에 수반되는 비용을 계산

**LO11.6** 서비스산업의 총괄계획을 논함

**LO11.7** 총괄계획의 분해

**LO11.8** 주일정계획의 프로세스를 기술하고 그 중요성을 설명

## 개요 *Chapter Outline*

Aflo/Shutterstock

**총괄계획**(aggregate planning)은 일부 회사에서는 18개월까지 연장되기도 하나 전형적으로 2개월에서 12개월의 기간을 대상으로 하는 중기 생산용량계획이다. 이것은 수요 또는 생산용량 측면에서 계절적 또는 기타의 변동이 있는 기업에 특히 유용하다. 총괄계획의 목표는 예상되는 수요를 충족시키기 위해 조직의 자원을 효과적으로 활용할 수 있는 생산계획을 달성하는 것이다. 총괄계획 담당자는 산출률, 고용수준과 그 변화, 재고수준과 그 변화, 백오더(back order), 하청에 대한 의사결정을 해야 한다. 계획담당자는 개별제품 보다는 카테고리별로 그룹화된(즉, 총괄된) 제품을 대상으로 이를 수행한다. 예컨대, 잔디 깎는 기계를 생산하는 기업은 각각 다양한 모델의 수동식, 자주식, 승용식 잔디 깎는 기계를 생산할 수 있지만 이 세 개 라인별로 총괄하는 것이다. 예컨대, 다음과 같이 총괄한다.

**총괄계획**
일반적으로 2개월에서 12개월의 기간을 대상으로 하는 중기 생산용량계획

| 카테고리 | 모델 |
|---|---|
| 수동식 | 2 |
| 자주식 | 6 |
| 승용식 | 3 |

수요의 계절적 변동은 여러 산업 및 공공서비스 부문, 예컨대 냉·난방기, 연료, 전기 및 수도, 경찰 및 소방과 여행 등의 부문에서 아주 일반적인 현상이며, 이들은 균등하지 않은 수요에 대처해야 하는 산업이나 공공서비스 중 아주 일부의 예에 불과하다. 일반적으로 조직이 특정 제품 혹은 서비스에 대한 수요량과 수요의 발생 시기를 수개월 전에 미리 정확히 예측하는 것은 불가능하다. 혹시 가능하

다 하더라도 이러한 수요에 대처하기 위해 노동력이나 재고와 같은 생산용량 소요량과 비용을 수개월 전에 평가해야 한다.

일부 조직에서는 중기 범위에 해당하는 계획에 대해서 총괄계획 대신 영업 및 생산운영계획(sales and operations planning)이라는 용어를 사용한다. 마찬가지로 **영업 및 생산운영계획**은 재무 및 생산운영계획을 통합하는, 공급과 수요의 균형을 맞추기 위한 중기범위의 의사결정으로 정의한다. 이 계획은 조직 전반에 걸친 기능에 영향을 주기 때문에 전형적으로 판매(수요예측), 재무(재무적인 제약조건), 생산운영(생산용량 제약조건) 부문에서 마련된 입력자료를 사용하여 수립한다. 영업 및 생산운영계획은 공급사슬 전반에 영향을 미치는 중요한 계획 정보이며, 따라서 이 정보는 가치 있는 정보를 역시 보유할 가능성이 있는 공급사슬 파트너들과 공유해야 한다.

**영업 및 생산운영계획** ▸ 재무 및 생산운영계획을 통합하는, 공급과 수요의 균형을 맞추기 위한 중기범위의 의사결정

## 11.1 서론

### 중기계획관점

조직은 장기, 중기, 단기의 세 가지 수준에서 생산용량 의사결정을 한다. 장기 의사결정은 제품 및 서비스의 선정(즉, 어떠한 제품 혹은 서비스를 제공할지), 설비 규모와 입지, 장비 의사결정 그리고 설비배치와 관련된 것이다. 이러한 장기 의사결정은 본질적으로 그 범위 내에서 중기계획이 기능해야 하는 생산용량 제약조건들이 설정된다. 앞에서 본 바와 같이 중기 의사결정은 고용, 산출량 그리고 재고의 일반적인 수준과 관련이 있고 그 범위 내에서 단기 생산용량 의사결정이 이루어지는 경계들을 설정한다. 따라서, 단기 의사결정은 기본적으로 장기 및 중기 의사결정으로 초래되는 제약조건의 범위 내에서 원하는 결과를 달성하기 위한 최선의 방법을 결정하는 것이다. 단기 의사결정은 작업, 작업자 그리고 장비 등의 일정계획에 관한 것이다. 세 가지 수준 생산용량 의사결정이 표 11.1에 정리되어 있다. 장기 생산용량 의사결정은 5장에서 다루었으며 일정계획수립 및 관련된 문제들은 16장에서 다룰 예정이다. 이 장은 중기 생산용량 의사결정을 다룬다.

많은 기업조직들은 장기 및 중기계획을 포괄하는 *사업계획*(*business plan*)을 개발한다. 사업계획은 기업조직의 전략과 정책, 조직의 제품 혹은 서비스에 대한 수요예측, 경제적 경쟁적 및 정치적 환경 등을 고려한 조직을 위한 지침을 수립한다. 사업계획 수립의 핵심 목적은 기업조직의 마케팅(marketing), 생산운영(operations) 및 재무(finance) 등과 같은 다양한 조직의 기능들을 조정하는 것이다. 제조기업의 경우 조정 대상에는 엔지니어링 및 자재관리도 포함된다. 따라서 총괄계획을 수립하기 위해서는 이 모든 기능 부문들이 함께 작

**표 11.1**
계획 수준의 개요(해당되는 교과서 장 표기)

| 장기계획 | 중기계획(11) | 단기계획 |
|---|---|---|
| 장기 생산용량/5 | 다음에 대한 일반적 수준: | 다음에 대한 상세계획: |
| 위치/8 | 고용 | 생산 로트 사이즈/13 |
| 설비배치/6 | 산출량 | 주문량/13 |
| 제품 설계/4 | 완성품 재고 | 기계 부하/16 |
| 작업 시스템 설계/7 | 하도급 | 작업할당/16 |
| | 백오더 | 작업순서/16 |
| | | 작업일정/16 |

업을 해야 한다. 총괄계획 의사결정은 그 범위 내에서 생산운영 의사결정을 해야 하는 틀(framework)을 정의하는 전략적 의사결정이며 일정계획과 생산관리 시스템을 위한 시발점이다. 이는 재무계획을 위한 투입 자료를 제공하는 반면 수요예측과 수요관리를 투입요소로 활용하며 고용수준의 변화를 요청하기도 한다. 그리고 만일 기업이 *시간기반경쟁*(*time-based competition*)에 직면해 있다면 변화하는 요구조건에 신속하게 대처할 수 있기 위해서는 총괄계획에 유연성을 확보하는 것이 중요하다. 앞서 설명한대로 이들 계획들은 조직의 장기목표와 전략에 의해 설정된 체계와 장기적인 설비 및 자본예산 의사결정에 따라 설정된 제약조건에 잘 맞아야 한다. 총괄계획은 궁극적으로는 *주일정계획*(*master schedule*)에로 이어지는 보다 상세한 계획으로 발전한다. 그림 11.1은 계획수립 절차를 보여 주고 있다.

총괄계획은 또한 다른 전략적 의사결정을 위한 중요한 투입요소가 될 수 있다. 예컨대, 한시적으로 생산용량을 증대시키는 총괄계획 대안(예컨대, 초과 근무나 하청 등)의 비용이 지나치게 높을 경우 경영층은 생산용량을 추가하는 의사결정을 할 수도 있다.

## 총괄화의 개념

총괄계획은 본질적으로 계획수립에 대한 일종의 '큰 그림(big-picture)'을 그리는 것이다. 계획수립담당자는 기업조직이 단지 하나의 주력 제품 혹은 서비스만 가지고 있지 않는 한 보통 개별적인 제품이나 서비스에만 집중하지는 않는다. 대신에 유사한 제품이나 서비스 그룹에 혹은 전체 제품이나 서비스 라인에 집중한다. 예컨대, HDTV를 생산하는 회사의 계획수립담당자는 회사가 제공하는 다른 사이즈의 TV에 관심을 기울이는 대신, 모든 개별 모델을 합해 하나의 단일제품처럼 취급하며 따라서 *총괄계획*(*aggregate* planning)이라는 용어를 사용하는 것이다. 맥도날드나 버거킹 또는 웬디스(Wendy's)와 같은 패스트푸드 회사들이 고용수준과 산출수준을 계획할 때 자신들이 제공하는 다양한 메뉴들로 수요를 분할하려고 노력하지 않고 대신 자신들이 제공하고자 하는 전체 수요와 전체 생산용량에 집중한다. 총괄화가 일반적으로 개별적인 품목을 각각 예측하는 것보다 더 정확한 예측을 제공한다.

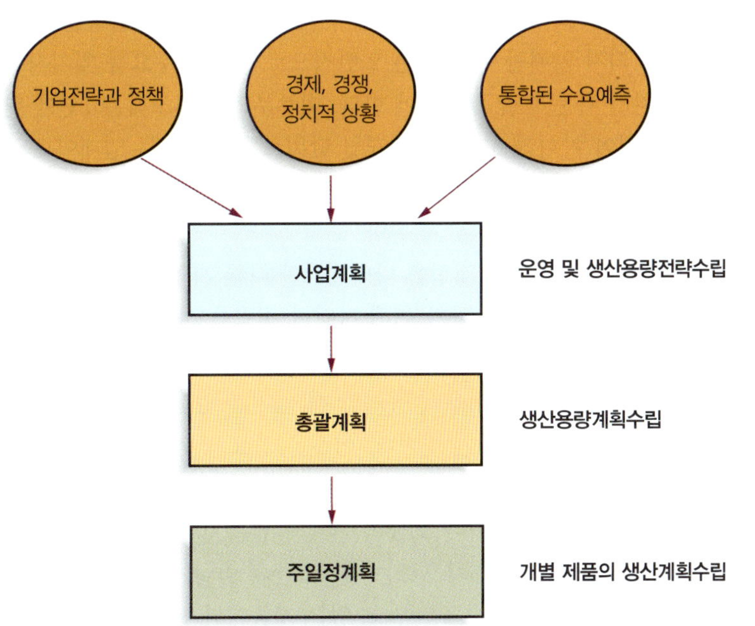


**그림 11.1**
계획수립 절차

대형 백화점에서 총괄계획이 어떻게 작동하는지 생각해 보자. 공간 할당은 보통 총괄계획 의사결정이다. 즉, 관리자는 의류 부문에 할당된 가용면적의 20%는 여성 스포츠웨어 부문에, 30%는 주니어 의류 부문에 할당하는 방식으로 의사결정을 하지 특정 브랜드나 주니어 의류의 몇 %를 청바지 부분에 할당할지 등에 대해서는 관심이 없다. 총괄의 척도(aggregate measure)는 매장 면적이나 의류를 진열하는 진열대(racks) 수 등이 될 수 있다.

총괄계획을 수립하기 위한 목적이라면 특정 품목의 생산량에 대해서 고민할 필요 없이 생산용량을 기간당 노동시간(labor hours)이나 기계시간(machine hours), 혹은 산출률(예컨대, 기간당 배럴, 기간당 개수)로 생각하는 것이 보다 편리하다. 이러한 접근방법은 계획수립담당자로 하여금 개별 제품이나 서비스의 복잡한 요구사항에 대해 고민할 필요 없이 자원의 사용에 대한 전반적인 의사결정을 수립할 수 있도록 한다. 제품을 그룹화하는 것(product grouping)은 총괄화의 단위를 결정하는 문제를 보다 용이하게 하는데, 이는 제품그룹(product group) 자체가 동일한 총괄척도(aggregate measures)가 될 수 있기 때문이다.

그러면 조직은 왜 총괄계획이 필요한가? 그 대답은 두 가지 관점에서 할 수 있다. 그중 하나는 *계획수립*과 관련이 있다. 계획을 실행하기 위해서는 시간이 걸린다. 예컨대, 계획이 작업자를 신규로 채용하고 훈련시켜야 한다면 시간이 걸릴 것이다. 두 번째는 전략적인 것이다. 개별제품 수요의 시기와 양을 정확하게 예측하는 것은 불가능하기 때문에 *총괄화*는 중요하다. 따라서 만약 기업조직이 개별 제품들에 집착하게 되면 시장에 대응하기 위한 유연성을 상실할 수도 있다.

일반적으로 총괄계획은 예산수립 과정과 관련이 있다. 대부분의 기업조직들은 자금소요를 매년 부서별로 계획한다.

마지막으로 총괄계획은 공급사슬 전반에 걸친 흐름을 동기화시킬 수 있기 때문에 중요하며 총괄계획은 비용, 장비 이용률, 고용수준과 고객만족에 영향을 미친다.

총괄계획에서 핵심 이슈는 변동성을 어떻게 다룰 것인가 하는 것이다.

## 변동성 처리

기업경영의 다른 영역에서와 마찬가지로 공급이나 수요의 변동이 발생할 수 있다. 미미한 변동은 보통 문제가 되지 않지만 큰 변동은 일반적으로 공급과 수요를 일치시킬 수 있는 능력에 큰 영향을 미치기 때문에 잘 처리해야 한다. 대부분의 기업조직은 1년에 한 번 하는 수요예측에 의존하는 것이 아니라 3, 6, 9, 12개월 단위로 주기적으로 업데이트되는 연동예측을 활용한다. 이를 통해 계획담당자는 예상되는 수요나 예상되는 공급의 변동을 고려할 수 있게 되고 수정된 계획을 개발할 수 있게 된다.

어떤 사업들은 상당한 정도의 안정성을 나타내지만 다른 사업들은 변동이 오히려 일상적이다. 이러한 경우에는 변동에 대응하기 위해 다양한 전략을 사용한다. 그중 하나는 수요증가에 대비하기 위해 일정량의 초과 생산용량을 유지하는 것이다. 이 전략은 상실된 매출의 기회비용이 초과 생산용량의 유지비용을 능가할 때 의미가 있다. 또 다른 전략은 변화에 대처할 어느 정도의 유연성을 유지하는 것이다. 이것은 필요시 임시 직원을 고용하거나 초과근무(잔업)를 하는 것이다. 계절변동이 있는 기업들이 전형적으로 이 접근방법을 활용한다. 4장에서 언급한 바 있는 지연차별화나 모듈식 설계와 같은 설계 전략들도 가능한 선택대안이다. 그럼에도 불구하고 또 다른 전략으로는 일정수준의 공급능력을 갖추기 전까지 가능한 한 오래 기다리는 것이다. 이것은 수요를 알고 있는 제품이나 서비스에 대한 일정계획을 먼저 하여 어느 정도 시간이 흘러가면, 계획시평이 단축되어 나머지 제품이나 서비스에 대한 수요의 불확실성을 줄일 수 있게 하는 것이다.

## 총괄계획 개관

총괄계획은 중기 범위에 대한 총괄 수요의 예측에서부터 출발한다. 그 다음 산출량, 고용, 완제품 재고수준이나 서비스 생산용량을 결정함으로써 수요 요구량을 충족시키기 위한 일반계획이 뒤따른다. 관리자들은 여러 개의 계획을 고려하게 되는데, 그 각각에 대해 타당성과 비용을 검토해야 한다. 만일 어떤 계획이 전반적으로 아주 좋지만 사소한 문제점들이 있다면 재작업을 해야 할 것이다. 역으로, 부실한 계획은 폐기하고 수용 가능한 계획을 찾을 때까지 계획 대안을 검토해야 한다. 총괄생산계획은 기본적으로 총괄계획의 산물이다.

총괄계획은 갱신된 수요예측이나 기타 변경사항을 고려하기 위해 주기적으로(주로 월별로) 갱신된다. 그 결과 *연동된 계획구간*(*rolling planning horizon*)을 갖게 된다(즉, 총괄계획은 항상 다음 12~18개월을 계획구간으로 가지게 된다).

**수요와 공급** 총괄계획담당자는 예상수요(expected demand)의 *수량*(*quantity*)과 *시기*(*timing*)에 관심이 있다. 만일 계획기간의 총예상수요가 동일 기간의 가용생산용량과 차이가 많으면 계획담당자의 주요 접근방법은 생산용량, 수요 또는 양자 모두를 변경하여 균형을 달성하도록 시도하는 것이다. 한편, 계획기간 전체의 생산용량과 수요가 대략적으로 일치하더라도 계획수립자들은 여전히 *계획기간 동안의* 안정적이지 않은 수요에 대처해야 하는 문제에 직면하게 된다. 어떤 기간에는 예상수요가 계획된 생산용량을 상회할 수도 있고 또 다른 기간에는 예상수요가 계획된 생산용량보다 적을 수 있으며, 또 어떤 기간에는 양자가 일치할 수도 있다. 총괄계획담당자의 업무는 전체 계획 기간에 걸쳐 수요와 생산용량을 대략적으로 일치시키는 것이다. 뿐만 아니라 계획수립자들은 비록 비용이 유일한 고려사항은 아닐지라도 보통 총괄계획의 비용 최소화를 추구한다.

**총괄계획의 투입물** 효과적인 총괄계획은 좋은 *정보*를 필요로 한다. 첫째, 계획기간 동안의 가용자원을 알아야 한다. 그 다음 예상수요의 예측을 이용할 수 있어야 한다. 마지막으로 계획담당자들은 고용수준의 변경에 대한 기업의 정책을 고려해야 한다(예컨대, 어떤 조직은 해고를 아주 바람직하지 않은 것으로 보며 따라서 마지막 수단으로 사용한다).

표 11.2는 총괄계획의 주요 투입물들을 열거하고 있다.

여행업과 같은 산업의 기업들은 고객들로부터 종종 중복된 주문을 받게 되는데 고객들은 여러 개의 예약을 하지만 궁극적으로는 그중 한 개만을 유지하고 싶어 한다. 이러한 현상은 생산용량계획 수립을 한층 더 어렵게 한다.

## 총괄계획과 공급사슬

총괄계획을 수립할 때 해결해야 할 수량이나 타이밍 문제가 없도록 공급사슬의 능력을 고려하는 것이 필수적이다. 새로 개발되었거나 설계가 변경된 제품이나 서비스들이 관련된 경우 특히 중요하나, 아무런 변경이 계획되지 않은 경우에도 마찬가지로 중요하다. 계획 단계에서 공급사슬 파트너들과 상의하여 그들이 가지고 있는 어떠한 쟁점이나 조언들도 고려하여야 하며 계획수립이 완료되면 이를 알려 주어야 한다.

읽을거리 

## 중복주문은 과잉 생산용량의 원인이 된다

우리는 주변에서 여행계획이 확정되지 않아서 두 항공사의 좌석을 동시에 예약하거나 호텔 객실 두 곳을 동시에 예약을 해서 나중에 그 여행을 놓치지 않으려고 하는 경우를 들어본 적이 있다. 이 경우 나중에 한 세트의 예약을 취소하게 된다. 이런 종류의 중복예약/주문은 여행업에만 국한하지 않는다. 레스토랑, 영화관, 스포트 이벤트등에서 이런 문제들이 발생한다. 문제는 기업들이 수요 추정치를 기초로 생산용량계획을 하고, 중복주문이 많은 경우 수요를 과대 예측하기 쉽고 결과적으로 생산용량이 과잉된다는 점이다. 어떤 경우에는 수요가 실제로는 안정적이거나 심지어는 감소하고 있는 시점에도 기업들은 확장을 하게 된다! 만약 기업이 고객이 기다리는 것을 싫어해서 주문 취소를 하는 것으로 결론을 내리고 실제로는 중복주문을 해서 주문취소를 했음에도 기업이 생산용량을 확장하는 방법으로 대응하게 되면 문제는 더욱 더 복잡하게 된다.

일부 반도체 회사는 중복주문과 실제 고객수요를 구분하기가 너무 어렵기 때문에 예약 주문 데이터를 경시하는 경향이 있다.

그럼에도 불구하고 중복주문을 살펴보는 것은 중요하다. 그렇지 않을 경우, 중복주문을 실제 수요로 간주하여 수요율을 과잉추정할 수 있고, 중복주문의 취소를 판매 상실(lost sales)로 간주하여 고객의 지연민감도를 과대평가하고, 결국엔 과잉용량의 결과를 가져오게 된다.

"생산용량의 최적수준(optimal level)은 고객의 지연민감도에 따라 증가하기 때문에 고객의 지연민감도를 추정하는 것이 퍼즐의 가장 중요한 조각이다."

중복주문은 생산용량계획을 매우 어렵게 만든다. 핵심은 중복주문율과 중복주문 때문에 발생하는 주문 취소의 정도를 모두 주의 깊게 추정하는 것이다.

출처: Mor Armony and Erica L. Plambeck, "The Impact of Duplicate Orders on Demand Estimation and Capacity Investment,"GSB Research Paper #1740, Graduate School of Business, Stanford University, June 2002.

**표 11.2**
총괄계획의 투입과 산출

| 투입물 | 산출물 |
|---|---|
| 자원 | 총 계획비용 |
| 노동력/생산량 | 다음에 대한 예측 수준: |
| 설비 및 장비 | 재고 |
| 수요예측 | 산출량 |
| 노동력 변경 정책 | 고용 |
| 하도급 | 하도급 |
| 초과근무 | 백오더 |
| 재고수준/변동 | |
| 백오더 | |
| 비용 | |
| 재고유지비용 | |
| 백오더 | |
| 채용/해고 | |
| 초과근무 | |
| 재고변동 | |
| 하도급 | |

### 수요대안과 공급대안

총괄계획의 전략은 수요, 생산용량 또는 양자 모두와 관련될 수 있다. 수요전략은 생산용량과 일치하도록 수요를 조절하고자 한다. 공급전략은 수요와 일치하도록 생산용량을 조절하는 것이다. *혼합*전략은 이들 모두를 고려하는 접근방법이다.

**수요대안들** 수요대안에는 가격책정, 판촉, 백오더(이월주문; 주문이행의 지연), 신규수요 창출이 있다.

1. **가격책정(pricing).** 가격차별화는 수요를 성수기에서 비수기로 이전시키고자 할 때 흔히 사용된다. 예컨대, 호텔들은 주말 숙박에 대해 낮은 숙박요금을 제시하고, 항공사들은 야간 여행에 대해 낮은 항공요금을 제시한다. 영화관은 주간 상영에 대해 할인요금을 제시하고 레스토랑들은 고객이 많은 저녁시간대의 수요를 전통적으로 고객이 적은 시간 대로 이전시키기 위해 조조할인 '특별요금(early bird special)'을 제시한다. 어떤 레스토랑들은 적은 양을 할인된 요금으로 제공하는데, 이들 레스토랑의 대부분이 어린이용 가격이 따로 있다. 특정 기간 동안의 수요를 충족시키는 데 충분하지 못한 생산용량 때문에 발생하는 손실된 수익을 나타내는 *기회비용*에도 불구하고, 가격책정이 효과적인 한 수요는 서비스용량에 근접하게 이전될 것이다.

   제품이나 서비스의 가격탄력성의 *정도(degree* of price elasticity)도 고려해야 할 중요한 요소인데, 가격탄력성이 클수록 가격책정이 보다 효과적으로 수요패턴에 영향을 줄 것이다.

2. **판촉(promotion).** 광고나 기타 형태의 판촉활동들[예컨대, 전시나 직접마케팅(direct marketing)]은 때때로 수요가 생산용량에 보다 근접하게 일치하도록 수요를 이전시키는데 아주 효과적이다. 물론 바람직한 결과를 얻기 위해서는 이러한 노력의 시기선택과 반응률이나 반응 패턴에 대한 지식이 필요할 것이다. 그러나 가격책정 정책과 달리 판촉활동은 수요시기에 대한 통제력이 아주 적어 원하지 않은 시점에 수요를 발생시킬 수 있고 이렇게 되면 오히려 생산용량에 보다 압박을 주는 결과를 가져와 판촉이 개선하려했던 상황을 더 어렵게 만들 위험도 존재한다.

3. **백오더(back order).** 기업은 주문을 받고 그 후 다음 기간에 배송(delivery)을 하게 되는 백오더를 허용함으로써 수요를 다른 기간으로 이동시킬 수 있다. 이러한 방법의 성공 여부는 고객들이 기꺼이 지연된 배송을 위해 기다릴 수 있는가이다. 뿐만 아니라 백오더와 관련된 비용은 매출기회의 상실, 당황하거나 실망한 고객들 그리고 추가적인 서류작업 등을 포함하기에 정확히 산출하기 어렵다.

4. **신규수요(new demand).** 많은 조직에서 수요가 아주 불안정할 경우 제품이나 서비스를 최대수요(peak demand) 시에 제공해야 할 문제에 봉착하게 된다. 예컨대, 버스의 운송수요는 아침이나 늦은 오후의 러시아워에 보다 집중되어 있고 다른 시간에는 훨씬 낮은 경우가 보통이다. 다른 시간대에 버스에 대한 신규수요를 창출하는 것(예컨대, 학교, 동호회, 노인단체의 당일 여행)은 한산한 시간대의 유휴 용량을 활용할 수 있다. 이와 비슷하게 많은 패스트푸드 식당이 생산용량을 더 완전히 사용하기 위해 아침식사를 위해 개점하며 북부의 추운 지방에 위치한 조경업체들은 장비를 겨울에 제설작업 용으로 활용하기도 한다. 특정 제품(예컨대, 제설기)의 계절변동 수요를 겪는 제조업체들은 동일한 생산공정을 활용하는 보완제품(예컨대, 잔디깎는 기계, 정원용 기기)의 수요를 개발할 수 있다. 이렇게 함으로써 노동력, 장비 및 시설을 보다 좀 더 안정적으로 활용할 수 있다. 또 다른 대안은 다른 조직에 하청했던 작업을 '내부조달'로 바꾸는 것이다.

**공급대안들** 공급대안에는 근로자의 고용/해고, 초과근무/여유시간, 파트타임 또는 임시고용, 재고와 하도급이 있다.

1. **근로자의 고용 및 해고(hire and lay off workers).** 생산운영의 노동집약도는 인력수준

의 변화가 생산용량에 미칠 수 있는 영향력을 결정한다. 각 작업자에게 필요한 자원도 하나의 요인이 될 수 있다. 예컨대, 슈퍼마켓이 통상 14개의 계산대 중 10개를 운영하고 있다면 추가로 네 사람의 계산원만 추가될 수 있다. 따라서 작업자를 추가할 수 있는 능력은 작업자를 지원하기 위해 필요한 다른 자원(이 경우 계산대의 수)에 의해 제약된다. 역으로, 실행 가능한 운영 상태를 유지하기 위해 필요한 최소 인원이 있을 수도 있다(예컨대, 항공기 운행에 필요한 최소 인원).

노동조합과의 협약이 회사가 실행할 수 있는 고용 및 해고 수준을 제약할 수 있다. 뿐만 아니라, 해고는 근로자들에게는 중대한 문제이기 때문에 어떤 기업들은 인력의 구조조정을 금지하거나 제한하는 방침을 갖고 있다. 반면에, 고용은 근로자의 공급이 충분하다고 가정하고 있지만 근로자의 공급은 시간에 따라 가변적일 수 있으며, 근로자의 공급이 적은 시기에는 고용을 추구하는 기업조직의 능력에 영향을 준다.

또 다른 고려사항은 작업자의 기량 수준이다. 고도로 숙련된 작업자는 일반적으로 숙련도가 낮은 작업자보다 구하기가 어렵고 따라서 그들을 모집하는 것은 더 많은 비용이 든다. 따라서 고도로 숙련된 작업자가 필요한 경우 이 대안의 유용성은 제한적일 수밖에 없다.

고용 및 해고는 비용을 수반한다. 고용과 관련된 비용은 모집, 선발 및 신규 작업자를 '기대수준'에 이르도록 하는 훈련비용이며 경우에 따라서 품질이 영향을 받을 수도 있다. 최근에 해고된 작업자를 재고용할 때에는 이러한 점에서 어느 정도의 비용을 절약할 수 있다. 해고 비용에는 퇴직금, 실업수당비용, 잔여 인력의 재배치 비용, 해고된 작업자가 느낄 수 있는 회사에 대한 적대적 감정, 그리고 해고되지 않은 작업자의 사기 저하(즉, 회사의 해고하지 않겠다는 보장에도 불구하고 어떤 작업자들은 자신들도 때가 되면 해고되리라 믿는다) 등이 포함된다.

점점 많은 기업조직들이 작업자를 변동비용이 아닌 자산으로 보고 있으며, 해고와 같은 접근방법은 고려하지 않으려고 한다. 대신 여유시간을 다른 용도로 활용하고자 한다.

2. **초과근무/여유시간(overtime/slack time).** 생산용량의 변경 방법으로 초과근무나 여유시간을 사용하는 것은 고용 및 해고에 비해 덜 가혹한 방법으로서 따라서 전면적으로 사용하거나 필요에 따라 선택적으로 사용할 수 있다. 또 이 방법은 고용이나 해고에 비해 신속하게 실행할 수 있으며, 일정한 수의 종업원을 안정적으로 유지할 수 있게 한다. 초과근무는 계절수요의 성수기 수요를 다루는 데 특히 매력적인데, 이는 비수기에 해고시킬 사람들을 고용하고 훈련시킬 필요가 없기 때문이다. 초과근무는 또한 회사 입장에서는 숙련된 인력을 유지할 수 있고, 종업원 입장에서는 수입이 증가하며, 기업은 후생복지 등의 혜택이 일반적으로 고정되므로 비용을 절약할 수 있다. 특히 승무원의 경우 한두 명의 추가 인원을 고용하기보다 전체 승무원을 활용할 필요가 있다. 따라서 추가 인원을 고용하기 보다는 전체 승무원이 초과근무를 하는 것이 보다 바람직할 것이다.

   경우에 따라 노동조합 협약에서 초과근무를 거부할 수 있도록 하고 있다는 점에 주의해야 한다. 이 경우 전체 팀 요원을 초과근무를 하도록 소집하는 것이나 정규시간 후 전체생산라인을 가동하는 것이 어려울 수도 있다. 근로자들의 입장에서 초과근무로 수입이 느는 것은 좋아할지라도 갑작스러운 지시로 추가 작업을 해야 하거나 그에 따른 수입의 변동은 호의적으로 생각하지 않을 수도 있다. 더욱이 초과근무로 인해 생산성이 저하하고 품질이 저하하며, 보다 많은 사고의 위험성이 있으며 인건비가 증가한다는 사실과, 반면 유휴시간은 기계와 기타 고정 자산을 효율적으로 사용하지 못하게 한다는 사실을 고려할 필요가 있다.

수요가 생산용량보다 적을 경우, 여유시간을 활용하는 것이 중요한 고려사항이 될 수 있다. 어떤 조직에서는 이 시간을 교육훈련을 위해 사용한다. 또 숙련 작업자들을 재교육하고, 작업자들에게 문제해결과 공정개선을 하기 위한 시간을 줄 수 있다.

3. **파트타임 작업자(part time worker).** 작업의 성격, 요구되는 훈련과 기능, 그리고 노동조합과의 협약 등에 좌우되겠지만 경우에 따라서는 파트타임 작업자를 활용하는 것이 하나의 실용적 대안이 된다. 중저급 정도의 직무기능이 요구되는 계절 작업의 경우 파트타임 작업자가 적합한데, 이는 이들이 시급과 후생복지 면에서 정규직보다 비용이 덜 들기 때문이다. 그러나 노동조합은 이들이 조합비를 납부하지 않고 노동조합의 협상력을 약화시키기 때문에 이들을 호의적으로 보지 않는다. 그러나 백화점, 식당, 슈퍼마켓에서는 파트타임 근로자를 활용하고 있으며, 계절수요가 있는 공원이나 레크리에이션 부문, 리조트, 여행사, 호텔 등에서도 활용한다. 이러한 기업들이 성과를 내기 위해서는 필요한 경우 파트타임 근로자를 고용할 수 있어야 한다.

   어떤 기업들은 특정 업무가 필요한 경우 *자유계약직*(*independent contractor*) 또는 '긱 경제근로자(gig worker)'로도 지칭하는 계약제 근로자를 활용한다. 정규직 근로자는 아니지만 종종 정규직과 함께 근무하기도 한다. 이들은 정규직과는 다른 급여체계를 가지고 있고 별다른 복리후생 혜택이 없을 뿐만 아니라 정규직보다 용이하게 기업의 노동력에 가감될 수 있으므로 기업이 노동력 규모를 조정하는 데 큰 유연성을 가질 수 있다.

4. **재고(inventory).** 완제품 재고를 활용함으로써 기업은 재고 보유에 따른 재고유지비용은 발생하지만 특정 기간에 제품을 생산하여 다른 기간에 판매하고 출하할 수 있다. 재고유지비용에는 보관비용과 다른 곳에 투자할 수 있는 자금이 동결되어 발생하는 자본비용뿐만 아니라 보험, 진부화, 부패, 품질저하, 파손 등의 비용이 포함된다. 본질적으로 재고는 생산용량이 수요를 초과하는 기간 동안에는 비축이 되고 수요가 생산용량을 초과하는 기간 동안에는 방출이 된다.

   이 방법은 서비스업보다는 제조업에서 보다 쉽게 활용할 수 있는데, 서비스는 일반적으로 저장이 불가능한 데 반해 제품은 저장이 가능하기 때문이다. 그러나 서비스업에서 활용하는 유사한 방법은 서비스를 간소화하도록 하는 노력(예컨대, 표준형)을 하거나 서비스의 일부분을 여유시간이 있는 기간에 하도록 하는 것이다(예컨대, 작업장의 체계화). 이러한 가능성에도 불구하고 서비스는 생산용량 요구를 변경하기 위해 재고를 활용하는 경우가 많지 않다.

5. **하도급(subcontracting).** 하도급은 계획담당자가 임시적으로 생산용량을 획득할 수 있도록 해 주지만, 산출에 대한 통제력이 약화되고 높은 비용과 품질문제가 수반될 수도 있다. 제조업에서 자체 생산할 것인가 아니면 외주할 것인가(make or buy)의 문제나 서비스를 직접 수행할 것인가 아니면 외부인으로 하여금 대행하게 할 것인가의 문제는 일반적으로 가용 생산용량, 상대적인 전문지식, 품질 고려사항, 비용 그리고 수요의 양과 안정성에 의해 좌우된다.

   역으로, 기업이 과잉생산용량이 있는 기간에는 외주를 *받아* 다른 조직을 위해 일을

Geoff Robinson Phtography/Shutterstock

아마존은 재고수준을 관리하는 데 매우 적극적이다. 이것은 주문이 빈번하지 않은 품목은 재고로 보관되지 않으며 공급업체로부터 조달하는 데 시간이 걸릴 수 있음을 의미한다. 이는 또한, 아마존이 고객에게 재고를 가능한 한 신속히 이동시키려고 노력한다는 것을 의미한다.

대행하기도 한다. 하도급을 대신할 수 있는 대안으로 *아웃소싱*을 고려할 수도 있는데, 이는 제품이나 서비스의 일부분을 정기적으로 공급하기 위해 다른 기업과 계약을 맺는 것이다.

## 11.2 균등하지 않은 수요를 충족시키기 위한 기본 전략

알다시피, 관리자는 총괄계획에서 수요와 생산용량의 균형을 이루기 위해 고려할 수 있는 광범위한 의사결정 대안을 가지고 있다. 수요에 영향을 미칠 수 있는 가장 적절한 대안들은 (백로그 주문(backlog)을 제외하고는) 생산운영의 영역보다는 주로 마케팅 영역에 포함되기 때문에 생산운영 영역에 속하는 생산용량 대안에 집중(단, 백오더 사용 포함)하고자 한다.

총괄계획 수립담당자는 다수의 전략을 채택할 수 있으나 대표적인 것으로는 다음과 같은 것들이 있다.

- 인력을 일정하게 유지한다(생산용량 평준화).
- 안정적인 산출률을 유지한다(생산용량 평준화).
- 기간별로 수요에 대응한다(수요추종).
- 위의 의사결정 변수들의 조합을 사용한다.

그 외의 전략들도 고려할 수 있지만 위의 대안들만 가지고도 총괄계획이 수많은 기업 조직에서 어떻게 운영되는지 이해하는 데에는 충분할 것이다. 처음 세 개의 전략들은 "순수"전략("pure" strategy)이라 하는데 이는 각각이 단일의 초점을 가지고 있기 때문이다. 마지막 전략은 단일의 초점이 없으므로 "혼합"전략("mixed" strategy)이라고 한다. 일정한 산출률을 유지하면서 수요변동은 재고, 초과근무, 시간제 근로자, 하도급과 백오더(back order: 추후 납품)의 조합으로 충족시키는 전략을 **생산용량 평준화전략**(level capacity strategy)이라고 한다. 반면 생산용량을 수요에 대응하게 하는 것을 **수요추종전략**(chase demand strategy)이라 하며, 이는 특정 기간의 계획 산출량을 그 기간의 예상수요와 일치하게 하는 것이다.

**생산용량 평준화전략**
정규시간 산출량을 일정하게 유지하면서 수요변동은 다양한 선택 대안들의 조합으로 충족시키는 전략

**수요추종전략**
생산용량을 수요변동에 대응시키는 전략: 특정 기간의 계획 산출량을 그 기간의 예상수요와 일치하게 한다.

많은 기업들은 인력을 일정 수준으로 유지하는 것을 아주 바람직하게 생각한다. 고용과 해고를 통한 인력수준의 변경은 종업원들의 생활과 사기에 큰 영향을 줄 수 있으며, 관리자에게는 업무에 차질을 줄 수 있기 때문에, 조직은 불안정한 수요를 처리하기 위해 여타의 방법을 선호한다. 뿐만 아니라 인력 규모의 변경은 비용이 매우 많이 들며, 필요한 경우에도 적절한 기량을 보유한 근로자 집단이 충분하지 않을 위험이 상존한다. 이러한 고려사항이 아니더라도 인력수준 변경에는 상당한 양의 서류작업이 수반된다. 작업자를 자유로이 고용하거나 해고하는 것은 노동조합의 힘을 약화시킬 수 있기 때문에 노동조합은 일정 수준의 인력 유지를 선호하는 경향이 있다.

조직은 변화하는 수요를 충족시키면서 일정한 수준의 산출량을 유지하기 위해 변동을 흡수할 수 있는 하도급, 백로깅, 재고 활용 등의 조합에 의존해야 한다. 하도급은 비용이 증가할 수 있고 산출량이나 품질에 대한 통제가 약화될 뿐만 아니라 공급원을 평가하기 위한 투자를 필요로 한다. 백로그는 판매기회 상실, 기록관리의 증가와 고객서비스 수준의 저하를 가져올 수 있다. 수요변동을 흡수하기 위해 재고를 보유하는 것은 재고에 묶인 자금과 관련된 자본비용, 상대적으로 큰 저장설비를 유지하는 비용과 기타 재고 관련 비용을 발생시킴으로 인해 상당한 수준의 비용을 수반한다. 그럼에도 불구하고 재고는 보통 서비스 중심의 조직에서 활용할 수 있는 대안은 아니다. 그러나 이러한 전략은 몇 가지 이점도 가지고 있는데, 최소의 채용 및 교육훈련비용, 최소의 초과근무 및 여유시간 비용, 직원의 사기저하 문제의 감소, 장비와 설비의 안정적 사용과 같은 것들이다.

수요추종전략은 수요조정의 유연성을 갖기 위해 관리자 측의 많은 능력과 의지를 전제로 한다. 이 전략의 주요 장점은 재고를 상대적으로 적게 유지하게 하여 기업에게 상당한 비용 절감을 가져온다. 주요 단점은 생산운영의 안정성의 결여, 즉 수요의 장단에 맞추어 춤을 추어야 한다는 것이다. 또한, 예측 수요와 실제 수요가 다를 때 사기 저하가 우려되는데, 이는 그동안의 노력이 무산되었다는 것을 작업자나 관리자가 곧바로 느끼게 되기 때문이다. 그림 11.2는 두 가지 접근방법의 차이점을 조명하기 위해 변동하는 수요패턴을 사용한 두 전략을 비교하고 있다. 각 접근방법에 대해 동일한 수요패턴을 사용하고 있으며, 그림의 상단부(A)에 그러한 패턴을 보여주고 있다. 다음의 세 가지 상황이 있는데 (1) 수요와 생산용량이 동일한 경우, (2) 수요가 생산용량보다 적은 경우, 그리고 (3) 수요가 생산용량을 초과하는 경우이다.

가운데 그림은 수요추종전략의 경우 어떠한 일이 일어나는가를 보여 주고 있다. 정규생산용량(normal capacity)이 수요를 초과할 때는 수요에 일치시키기 위해 생산용량을 감축한다. 그 다음 수요가 정규생산용량을 초과할 때는 추종 전략은 수요에 일치시키기 위해 생산용량을 일시적으로 증대시킨다.

맨 아래 그림은 생산용량 평준화전략을 보여 주고 있다. 수요가 생산용량보다 적을 때에

그림 11.2 변하는 수요패턴과 수요추종전략 및 생산용량 평준화전략의 비교

A. 가능한 불안정 수요패턴

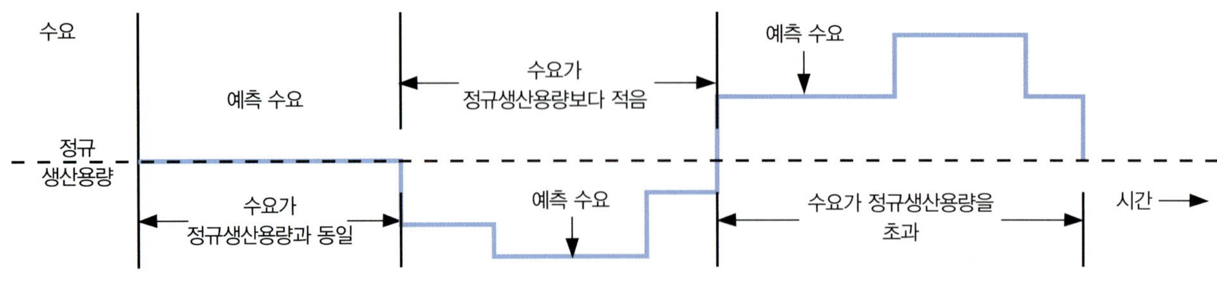


B. 두 가지 전략

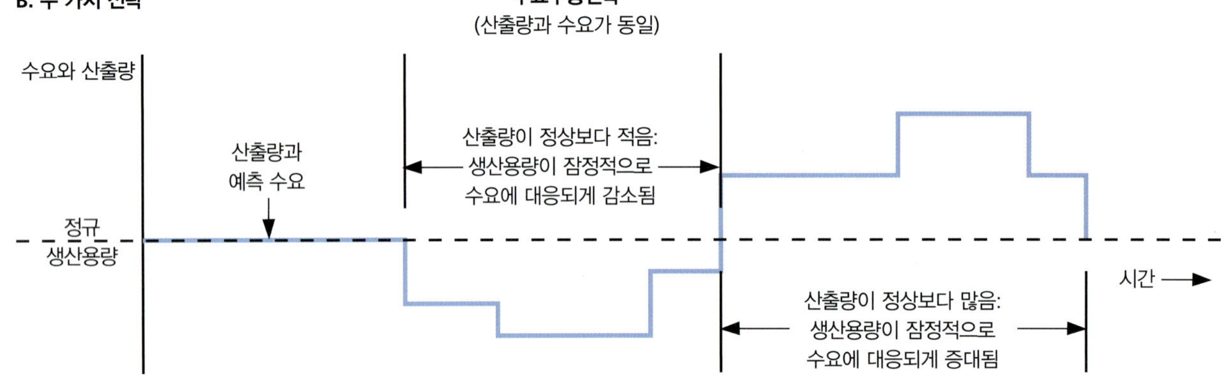


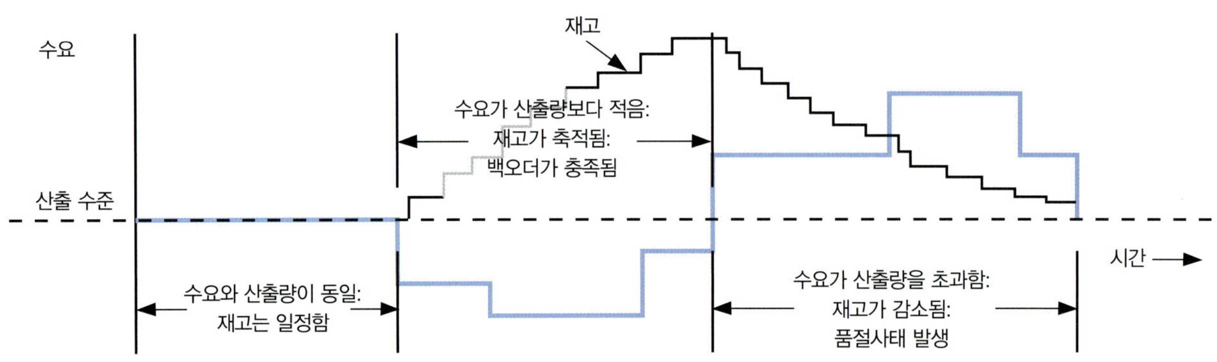


도 산출량은 정규 생산용량으로 계속 생산되며, 초과 산출량은 수요가 생산용량을 초과할 때를 예상하여 재고로 비축하게 된다. 수요가 생산용량을 초과할 때는 산출량의 부족을 보충하기 위해 재고를 방출한다.

조직은 몇 가지 순수전략을 조합한 전략을 선택할 수 있을 것이다. 이는 관리자로 하여금 안정적이지 않은 수요를 처리하고 다양한 접근방법을 실험하는 데 더 큰 유연성을 갖게 해 줄 것이다. 그러나 명확한 초점이 없으면 잘못된 접근방법이 될 수도 있으며, 종업원들에게 혼란을 줄 수도 있다.

### 전략 선택

조직이 고려하는 전략이 무엇이든 *회사의 정책, 유연성*, 그리고 *비용*과 같은 요소가 중요하다. 회사의 정책 때문에 가용한 대안이나 대안이 사용되는 정도가 제약을 받을 수 있다. 예컨대, 극단적인 상황이 아니면 회사의 정책 때문에 해고를 하지 못할 수도 있다. 제품 제조와 관련된 비밀 유지 차원에서(예컨대 비밀의 공식이나 비밀의 혼합공정) 하도급은 타당한 대안이 되지 못할 수도 있다. 노동조합의 단체협약이 제약이 되기도 한다. 예컨대, 노조협약에서는 시간제 근로자를 활용할 수 있는 최소 및 최대시간을 명시할 수 있다. 정유공장이나 자동차 조립공장처럼 높고 안정적인 산출을 목표로 설계된 기업들에서는 수요추종 전략에 필요한 유연성의 정도는 고려대상이 아니다.

조직이 세우는 계획은 조직의 전략과 맞추는 것이 중요하다. 예컨대, 조직의 전략이 우수한 고객서비스를 제공하는 것이라면 고객을 기다리게 하는 주문의 백로그는 바람직하지 않다. 또는 직원들에 대한 좋은 처우에 자부심을 갖는 기업의 경우 고용 및 해고는 대안에는 우선 순위에 있지 않게 된다. 비수기에 재고를 구축하는 대안은 재고의 저장공간, 재고유지와 관련된 비용(난방, 조명, 보안, 도난, 품질저하 및 재고에 묶인 자본과 관련되 기회 비용), 다른 용도로 사용할 수 있는 자본을 고려해야 한다.

일반적으로 총괄계획담당자는 회사 정책이나 협정에 따라 본인들에게 부과된 제약조건 내에서 최소의 비용으로 공급과 수요를 일치시키고자 한다. 이들은 보통 전체 비용의 관점에서 대안들을 평가한다. 표 11.3은 반응적인 전략들을 서로 비교하고 있다. 다음 절에서는 몇 가지 총괄계획 기법을 설명하고 몇 가지 대안적인 계획에 대한 비용평가의 예를 제시한다.

## 11.3 총괄계획기법

총괄계획수립을 위한 많은 기법들이 있다. 일반적으로 이들 기법들은 약식으로 사용되는 시행착오 기법(trial-and-error technique)과 수리적 기법(mathematical technique)으로 구분

**표 11.3**
반응적 전략들의 비교

**수요추종전략**
계획기간에 걸쳐 수요에 일치되도록 생산용량(인력 수준, 산출률 등)을 조정한다. 수요추종전략은 재고유지 비용이 높고 생산용량 변경에 따른 비용이 낮을 때 가장 효과적이다.
장점:
재고투자가 적다.
노동 활용도가 높게 유지된다.
단점:
산출률 조정과 인력수준 조정 비용

**생산용량 평준화전략**
생산용량(인력 수준, 산출량 등)이 계획기간에 걸쳐 일정하게 유지된다. 생산용량 평준화전략은 재고유지비용과 백로그 비용이 상대적으로 낮을 때 가장 효과적이다.
장점:
안정적 산출률과 인력 수준
단점:
재고 비용의 증가
초과근무 및 여유시간의 증가
시간에 따라 변하는 자원이용률

할 수 있다. 실제로 약식기법(informal technique)이 좀 더 자주 사용되고 있다. 그러나 수리적 기법에 대한 상당한 연구가 이루어지고 있고 비록 널리 사용되지는 않더라도 이들은 종종 총괄계획을 위한 대안적 기법들의 효과성을 비교하기 위한 기반이 되고 있다. 따라서 약식기법뿐만 아니라 수리적 기법들도 간략히 검토해 보도록 한다.

총괄계획을 위한 일반적인 절차는 다음과 같은 단계로 이루어진다.

1. 각 기간의 수요를 결정한다.
2. 각 기간의 생산용량(정규시간, 초과근무, 하도급)을 결정한다.
3. 기업 혹은 부서의 관련 정책을 파악한다(예컨대, 수요의 5%를 안전재고(safety stock)로 유지한다, 비교적 안정적인 인력수준을 유지한다 등).
4. 정규시간, 초과근무, 하도급, 재고보유, 백오더, 해고 및 기타 관련된 단위비용을 결정한다.
5. 계획 대안들을 개발하고 각각의 비용을 계산한다.
6. 만일 만족스러운 계획이 도출되면 목적을 가장 잘 만족시키는 대안을 선택한다. 그렇지 않으면 5단계로 돌아간다.

각 계획의 수요, 생산용량과 비용을 요약하기 위해 표 11.4와 같은 워크시트 혹은 스프레드시트를 사용하는 것이 도움이 될 수 있다. 뿐만 아니라 대안개발을 위해 그래프를 사용하기도 한다.

**표 11.4**
총괄계획을 위한 워크시트/스프레드시트

| 기간 | 1 | 2 | 3 | 4 | 5 | | 총계 |
|---|---|---|---|---|---|---|---|
| 예측 | | | | | | | |
| 산출: | | | | | | | |
| 정규시간 | | | | | | | |
| 초과근무 | | | | | | | |
| 하도급 | | | | | | | |
| 산출−예측 | | | | | | | |
| 재고: | | | | | | | |
| 초기 | | | | | | | |
| 기말 | | | | | | | |
| 평균 | | | | | | | |
| 백로그 | | | | | | | |
| 비용 | | | | | | | |
| 산출: | | | | | | | |
| 정규 | | | | | | | |
| 초과근무 | | | | | | | |
| 하도급 | | | | | | | |
| 채용/해고 | | | | | | | |
| 재고 | | | | | | | |
| 백오더 | | | | | | | |
| 총계 | | | | | | | |

## 그래프와 스프레드시트를 사용한 시행착오적 기법

시행착오(trial-and-error)적 접근방법은 계획수립담당자가 기존의 생산용량과 계획된 수요량을 시각적으로 비교할 수 있는 간단한 표나 그래프를 개발하는 것이다. 계획 대안들은 보통 전체 비용적 관점에서 평가한다. 이러한 시행착오 기법의 주요 단점은 그 결과가 반드시 최적의 총괄계획이 되지는 않는다는 것이다.

두 예제를 가지고 총괄계획의 개발과 비교를 설명하고자 한다. 첫 번째 예제에서는 정규산출량을 안정적으로 유지하면서 재고로 수요변동을 흡수한다. 두 번째 예제에서는 낮은 수준의 정규산출률을 유지하면서 초과근무 활용으로 보완한다. 두 경우 모두 어느 정도의 백로그를 허용한다.

이 두 가지 예제뿐만 아니라 이 장에서 다루는 다른 예제와 문제들은 다음과 같은 가정에 기초하고 있다.

- 정규 생산용량은 모든 기간에 걸쳐 동일하다. 휴일이나 매월 상이한 작업일수 등은 고려하지 않는다. 이러한 가정은 계산을 단순화시킨다.
- 비용(백오더, 재고, 하도급 등)은 단위원가와 수량의 선형함수이다. 비록 이 가정은 유효한 범위가 좁을지라도 실제에 대한 합리적인 근사치가 된다. 오히려 비용은 때때로 계단함수(step function)의 성격을 가지고 있다.
- 계획들은 실행 가능하다. 즉, 계획을 수용할 수 있는 충분한 재고가 존재하며, 적절한 품질과 생산용량을 갖춘 하도급 업체가 존재하며 필요에 따라 산출량을 변경할 수 있다.
- 의사결정 대안과 관련한 모든 비용은 총액으로 표시되거나 수량과 독립적인 단가로 표시될 수 있다. 계단함수가 보다 현실적이나 예를 들거나 단순화가 목적이라면 이러한 가정이 적합하다.
- 비용 수치들은 합리적으로 추정할 수 있고 계획기간 동안 일정하다.
- 재고는 일정한 비율로 축적되고 감소되며 산출은 각 기간에 걸쳐 일정한 비율로 발생한다. 그러나 백로그는 처음으로 발생하여 그 기간의 마지막까지 축적되는 기간에서도 마치 전체 기간 동안 존재하는 것처럼 다루어진다. 따라서 이 가정은 어떤 기간에 대해서는 약간 비현실적이지만 계산을 단순화시키는 기능을 한다.

이 장에서 다루는 예와 문제들에서는 작업자 수, 재고량과 특정 계획의 비용을 산정하기 위하여 다음과 같은 관계식을 사용한다.

특정 기간의 가용 작업자 수는 다음과 같이 계산된다.

$$\text{특정 기간의 작업자 수} = \text{전기 말 작업자 수} + \text{기초 신규 작업자 수} - \text{기초 해고 작업자 수}$$

*주의*: 조직은 동시에 채용 및 해고를 행하지 않는다. 따라서 적어도 마지막 두 항목 중 하나는 0이 된다.

특정 기간의 기말 재고량은 다음과 같이 계산된다.

$$\text{기말 재고} = \text{전기 말 재고} + \text{금기 생산량} - \text{금기의 수요충족을 위해 사용된 수량}$$

$$\text{특정 기간의 평균 재고량} = \frac{\text{기초재고} + \text{기말재고}}{2}$$

특정 기간의 특정 계획의 비용은 관련 비용들의 총합으로 결정된다.

특정 기간의 비용 = 산출 비용(정규시간 + 초과 근무시간 + 하도급)
+ 고용/해고 비용 + 재고 비용 + 백오더 비용

관련비용은 다음과 같이 계산된다.

| 비용 유형 | 계산 방법 |
|---|---|
| 산출 | |
| 정규 | 단위당 정규 비용 × 정규산출 수량 |
| 초과근무 | 단위당 초과근무비용 × 초과근무 생산 수량 |
| 하도급 | 단위당 하도급 비용 × 하도급 수량 |
| 고용/해고 | |
| 고용 | 인당 고용비용 × 고용 인원 수 |
| 해고 | 인당 해고비용 × 해고 인원 수 |
| 재고 | 단위당 재고유지비용 × 평균 재고 수량 |
| 백오더 | 단위당 백오더 비용 × 백오더 수량 |

다음의 예들은 시도할 수 있는 많은 가능한 대안 중 단지 두 개일 뿐이다. 아마 더 저렴한 비용의 다른 대안들이 있을지도 모른다. 시행착오적인 방법으로는 가능한 모든 대안을 평가하지 않고서는 최소비용의 대안을 찾았다고 완벽하게 확신할 수는 없다. 다음 예들의 목적은 최소비용의 계획을 찾는 것이 아니라 총괄계획을 수립하고 평가하는 과정을 설명하기 위한 것이다. 이 장의 마지막 부분에서 다루는 문제들에서는 다른 대안들도 설명한다.

실무에서 좋은 계획을 성공적으로 달성하기 위해서는 계획수립자의 풍부한 경험과 끈기가 있어야 한다. 이 책에 수록된 Excel 템플릿과 같은 컴퓨터 소프트웨어가 시행착오 기법의 계산 부담을 덜어줄 수 있다.

**예제 1**

mhhe.com/stevenson14e

### 총괄계획의 수립

여러 모델의 스케이트보드를 생산하는 회사의 계획수립담당자들이 여섯 기간 동안의 총괄계획을 수립하고자 하며 다음과 같은 정보를 수집했다.

| 기간 | 1 | 2 | 3 | 4 | 5 | 6 | 합계 |
|---|---|---|---|---|---|---|---|
| 수요예측 | 200 | 200 | 300 | 400 | 500 | 200 | 1,800 |

비용:
산출
정규시간 = 스케이트보드당 $20
초과근무시간 = 스케이트보드당 $30
하도급 = 스케이트보드당 $60
재고 = 스케이트보드당 $1 (평균재고에 대해 1기간당)
백오더 = 스케이트보드당 $5 (1기간당)

이제 고르지 않은 수요를 흡수하기 위해 약간의 백로그를 허용하지만 주로 재고를 사용하는, 정규시간 산출량이 일정한 계획을 평가하고자 한다. 일정한 산출량을 원하기 때문에 초과근무와 하도급은 사용하지 않는다. 첫 기에는 초기재고가 없는 상태로 시작하고자 한다. 이상의 정보를 활용하여 총괄계획을 준비하고 비용을 산정하라. 정규시간에 기간당 300개의 스케이트보드 산출량을 가정하라(즉, 1,800/6 = 300). 계획된 기말 재고는 0이다. 2명의 작업자가 있고 각각 기간당 150개의 스케이트보드를 생산할 수 있다.

풀이

| 기간 | 1 | 2 | 3 | 4 | 5 | 6 | 합계 |
|---|---|---|---|---|---|---|---|
| 예측 | 200 | 200 | 300 | 400 | 500 | 200 | 1,800 |
| 산출 | | | | | | | |
| 정규근무 | 300 | 300 | 300 | 300 | 300 | 300 | 1,800 |
| 초과근무 | — | — | — | — | — | — | |
| 하도급 | — | — | — | — | — | — | |
| 산출-예측 | 100 | 100 | 0 | (100) | (200) | 100 | 0 |
| 재고 | | | | | | | |
| 초기 | 0 | 100 | 200 | 200 | 100 | 0 | |
| 기말 | 100 | 200 | 200 | 100 | 0 | 0 | |
| 평균 | 50 | 150 | 200 | 150 | 50 | 0 | 600 |
| 백로그 | 0 | 0 | 0 | 0 | 100 | 0 | 100 |
| 비용 | | | | | | | |
| 산출 | | | | | | | |
| 정규근무 | $6,000 | 6,000 | 6,000 | 6,000 | 6,000 | 6,000 | $36,000 |
| 초과근무 | — | — | — | — | — | — | |
| 하도급 | — | — | — | — | — | — | |
| 채용/해고 | — | — | — | — | — | — | |
| 재고 | $ 50 | 150 | 200 | 150 | 50 | 0 | $ 600 |
| 백오더 | $ 0 | 0 | 0 | 0 | 500 | 0 | $ 500 |
| 합계 | $6,050 | 6,150 | 6,200 | 6,150 | 6,550 | 6,000 | $37,100 |

1,800개의 총정규시간 산출은 총예상수요와 동일하다. 기말재고는 기초재고 +/− 산출량−예측수량이다. 만일 산출량−예측수량이 음이면 재고가 그 만큼 그 기간에서 감소된다. 만일 재고가 충분하지 않으면 모자라는 수량만큼의 백로그가 발생한다(기간 5 참조). 이것은 기간 6의 초과된 산출로 해결된다.

비용은 다음과 같이 계산된다. 각 기간의 정규시간 비용은 300단위 × 단위당 $20 = $6000이고, 재고비용은 평균 재고량 × 단위당 1$이며, 백오더 비용은 단위당 $5이므로 이 계획의 총비용은 $37,100이다.

각 행의 첫 번째 2개의 수치는 주어진 것이다. 나머지 수치들은 첫 번째 행에서 시작하여 각 행에서 아래로 내려가며 계산된다. 각 비용들은 표의 상단부분의 수량에 기초하여 계산된다.

흔히 대안들을 개발하는 지침으로 그래프가 사용될 수 있다. 계획수립담당자들에 따라 기간별로 분해된 계획을 선호하기도 하고, 누적 데이터를 표시하는 그래프를 선호하기도 한다. 예컨대, 그림 11.3은 안정적 산출(점선의 기울기가 생산율을 나타냄)과 수요변동을 재고로 흡수하는 계획에 대한 누적그래프를 보여 준다. 그림 11.2는 기간별 그래프의 한 예이다. 그래프의 확실한 이점은 계획을 시각적인 그림으로 보여준다는 것이다. 계획수립담당자의 선호도에 따라 둘 중 하나를 선택한다.

예제 2

mhhe.com/stevenson14e

### 총괄계획의 개발과 비교

앞의 예제에서 개발된 계획을 검토한 후 계획수립담당자는 다른 계획을 개발하기로 결정하였다. 종업원 중 한 사람이 회사에서 퇴사하려는 것을 알았으며 담당자는 그 사람을 대체하기보다 적은 인력수준을 유지하고 상실되는 산출량을 보충하기 위해 초과근무를 사용하고자 한다. 감소된 정규시간 산출물은 기간당 280단위이다. 기간 당 최대 초과근무 산출량은 40단위이다. 새로운 계획을 개발하고 이것을 이전의 계획과 비교하라.

**그림 11.3**
누적 그래프

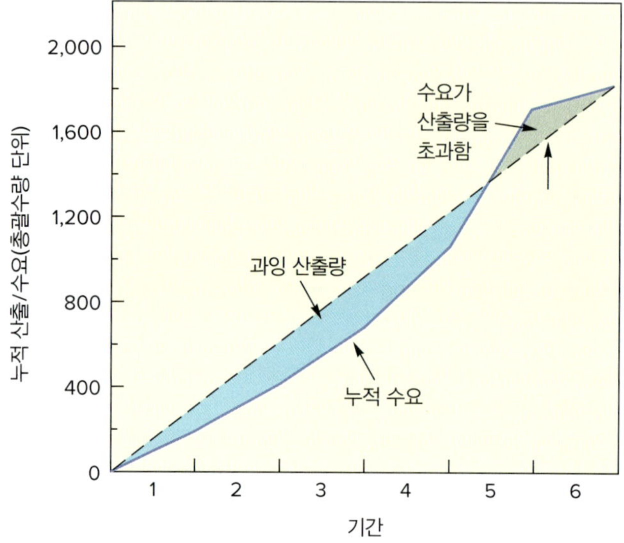


풀이

| 기간 | 1 | 2 | 3 | 4 | 5 | 6 | 합계 |
|---|---|---|---|---|---|---|---|
| 예측 | 200 | 200 | 300 | 400 | 500 | 200 | 1,800 |
| 산출 | | | | | | | |
| 정규근무 | 280 | 280 | 280 | 280 | 280 | 280 | 1,680 |
| 초과근무 | 0 | 0 | 40 | 40 | 40 | 0 | 120 |
| 하도급 | — | — | — | — | — | — | |
| 산출–예측 | 80 | 80 | 20 | (80) | (180) | 80 | 0 |
| 재고 | | | | | | | |
| 초기 | 0 | 80 | 160 | 180 | 100 | 0 | |
| 기말 | 80 | 160 | 180 | 100 | 0 | 0 | |
| 평균 | 40 | 120 | 170 | 140 | 50 | 0 | 520 |
| 백로그 | 0 | 0 | 0 | 0 | 80 | 0 | 80 |
| 비용 | | | | | | | |
| 산출 | | | | | | | |
| 정규근무 | $560 | 560 | 560 | 560 | 560 | 560 | $3,360 |
| 초과근무 | 0 | 0 | 120 | 120 | 120 | 0 | $360 |
| 하도급 | — | — | — | — | — | — | |
| 채용/해고 | — | — | — | — | — | — | |
| 재고 | 40 | 120 | 170 | 140 | 50 | 0 | $520 |
| 백오더 | $ 0 | 0 | 0 | 0 | 400 | 0 | $400 |
| 합계 | $600 | 680 | 850 | 820 | 1,130 | 560 | $4,640 |

6개의 기간 동안 기간당 상실된 20단위, 즉 120단위를 보충하기 위해 초과근무를 배정해야 한다. 초과근무는 계획기간 중 대량의 수요가 발생하는 계획기간의 중간부분에 계획된다. 합계 수량이 120개가 되는 한 다른 수량을 다른 기간에 계획할 수도 있지만, 초과근무를 너무 빨리 배정하면 재고 유지비용을 증가시키고 너무 늦게 배정하면 백로그(backlog) 비용을 증가시킬 것이다.

전반적으로 이 계획에 대한 총비용은 $4,640이며, 이전의 계획에 비해 $60가 적다. 정규시간 생산비용과 재고비용은 감소했지만 초과근무 비용이 발생했다. 그러나 이 계획은 백오더 비용의 절감을 달성하여 전체적으로 예제 1의 계획보다 적은 비용을 발생시킨다.

## 수리적 기법

총괄계획을 처리하기 위하여 몇 가지 수리적 기법들이 개발되었다. 이들은 수리적 프로그래밍 모형에서 휴리스틱(heuristic) 모형과 컴퓨터 탐색모형에 이르기까지 다양하다. 여기서는 잘 알려진 기법 몇 가지를 간략히 다룬다.

**선형계획법** 선형계획(linear programming, LP) 모형은 비용 최소화 혹은 이익 극대화의 관점에서 한정된 자원의 할당을 포함하는 문제들에 대한 최적해를 얻는 방법이다. 총괄계획에서 그 목표는 보통 정규근무시간, 초과근무, 하도급, 재고보유와 노동력 규모를 변경하는 것 등 관련된 총비용의 합을 최소화하고자 하는 것이다. 제약조건은 노동력, 재고와 하도급의 생산용량을 포함한다.

이 문제는 생산용량을 수요량에 충족시키면서 비용을 최소화하는 총괄계획을 얻기 위한 방법으로 수송계획 모형을 사용하여 공식화시킬 수 있다. 이러한 접근방법을 사용하기 위해서 계획수립담당자는 기간별 정규근무시간, 초과근무시간, 하도급 및 재고의 공급능력뿐만 아니라 각 변수와 관련된 비용을 파악해야 한다.

표 11.5는 수송계획표의 표기 및 초기조건을 표시하고 있다. 왼쪽에서 오른쪽 열로 움직임에 따라 비용이 변화되는 체계적 방식에 대해서 주목하라. 정규시간 비용과 초과근무 비용과 하도급 비용은 산출량이 생산된[정규시간 비용에 대한 1기의 열(row)과 행(column)의 교차점, 정규시간 비용에 대한 2기의 열과 행의 교차점 등] 동일 기간 내에서 소모(또는 전달)되었을 때 최저이다. 만일 제품이 특정 기간에 생산되어 다음 기간으로 이전(즉, 열을 따라 이동)되면 재고유지비용이 기간당 $h$의 비율로 발생한다. 따라서 두 기간 동안의 재고유지비용은 그 제품이 정규생산, 초과근무시간, 하도급 중 어느 방법으로 생산된 것이든 상관없이 단위당 $2h$가 된다. 반대로 백오더의 경우 단위비용은 동일기간(예컨대, 3기)의 열과 행의 교차점에서 시작하여 그 열을 따라 오른쪽에서 왼쪽으로 이동하면서 증가한다. 예컨대, 어떤 제품이 2기의 백오더를 충족시키기 위하여 3기에 생산되면 단위당 백오더 비용인 $b$가 발생된다. 그리고 만일 3기의 제품이 두 기간 전의(예컨대 1기의) 백오더를 충족시키기 위해 사용되면 $2b$의 단위비용이 발생한다. 사용되지 않은 생산용량은 경우에 따라 실제비용을 실제로 산입할 수 있다 하더라도 일반적으로 단위비용 0을 부여한다. 마지막으로 기초재고는 1기의 수요를 충족시키기 위하여 사용되면 단위비용은 0이 된다. 그러나 추후 기간에 사용하기 위하여 보유하면 개당 $h$의 재고유지비용이 각 기간에 대해 추가된다. 만일 재고가 전체 계획기간 동안 보유되면 단위비용 $h$에 기간 수 $n$을 곱한 총비용이 발생할 것이다.

예제 3은 총괄계획수립 문제에 대한 수송계획 모형의 초기 조건과 최종 해답을 보여 주고 있다.

**표 11.5**
총괄계획수립을 위한 수송계획 표기법

| | | 기간 1 | 기간 2 | 기간 3 | . . . | 기간 $n$의 기말 재고 | 미사용 생산용량 | 생산용량 |
|---|---|---|---|---|---|---|---|---|
| 기간 | 초기재고 | 0 | $h$ | $2h$ | . . . | $(n-1)h$ | 0 | $I_0$ |
| 1 | 정규시간 | $r$ | $r+h$ | $r+2h$ | . . . | $r+(n-1)h$ | 0 | $R_1$ |
| | 초과근무시간 | $t$ | $t+h$ | $t+2h$ | . . . | $t+(n-1)h$ | 0 | $O_1$ |
| | 하도급 | $s$ | $s+h$ | $s+2h$ | . . . | $s+(n-1)h$ | 0 | $S_1$ |
| 2 | 정규시간 | $r+b$ | $r$ | $r+h$ | . . . | $r+(n-2)h$ | 0 | $R_2$ |
| | 초과근무시간 | $t+b$ | $t$ | $t+h$ | . . . | $t+(n-2)h$ | 0 | $O_2$ |
| | 하도급 | $s+b$ | $s$ | $s+h$ | . . . | $s+(n-2)h$ | 0 | $S_2$ |
| 3 | 정규시간 | $r+2b$ | $r+b$ | $r$ | . . . | $r+(n-3)h$ | 0 | $R_3$ |
| | 초과근무시간 | $t+2b$ | $t+b$ | $t$ | . . . | $t+(n-3)h$ | 0 | $O_3$ |
| | 하도급 | $s+2b$ | $s+b$ | $s$ | . . . | $s+(n-3)h$ | 0 | $S_3$ |
| 수요 | | | | | . . . | | | 합계 |

$r$ = 단위당 정규생산비용
$f$ = 단위당 초과근무생산비용
$s$ = 단위당 하도급생산비용
$h$ = 단위당기간당 재고유지비용
$b$ = 단위당기간당 백오더비용
$n$ = 계획기간의 기간수

**예제 3**

mhhe.com/stevenson14e

### 수송계획표의 작성과 해 구하기

다음에 주어진 정보로 문제를 수송계획표로 작성하고(표 11.6 참조) 최소비용 계획의 해를 구하라.

| | 기간 1 | 2 | 3 |
|---|---|---|---|
| 수요 | 550 | 700 | 750 |
| 생산용량 | | | |
| 정규근무 | 500 | 500 | 500 |
| 초과근무 | 50 | 50 | 50 |
| 하도급 | 120 | 120 | 100 |
| 기초재고 | 100 | | |
| 비용 | | | |
| 정규근무 | \$60 per unit | | |
| 초과근무 | \$80 per unit | | |
| 하도급 | \$90 per unit | | |
| 재고유지 비용 | \$1 per unit per month | | |
| 백오더 비용 | \$3 per unit per month | | |

**풀이**

수송계획표와 풀이는 표 11.6과 같다. 몇몇 입력사항은 추가적인 설명을 필요로 한다.

a. 이 예제에서 재고유지비용은 단위당, 단위 기간당 $1이다(비용은 표의 각 셀의 상단부 오른쪽 코너에 나타나 있다). 한 기간에서 생산되어 다음 기간으로 넘겨진 수량에 대해서는 보유기간의 선형함수의 형태로 재고유지비용이 발생할 것이다.
b. 이러한 유형의 선형계획 모형에서는 공급(생산용량)과 수요가 동일해야 한다. 이러한 조건을 만족시키기 위해 더미(dummy) 열(실제로 존재하지 않는 생산용량)이 추가되었다. 이 경우 실제로 존재하지 않는 생산용량을 사용하지 않는 데 대한 추가적 '비용'이 발생하지 않으므로 셀(cell) 비용은 0이 할당되었다.
c. 이 예에서 백로그는 필요가 없다.
d. 수량들(예컨대, 1기의 100과 450)은 수요 요구조건을 충족시키기 위해 사용될 산출량이나 재고량이다. 따라서 1기의 수요 550단위는 재고에서 100단위와 정규시간 산출량에서 450단위를 사용하여 충족될 것이다.

백로그가 허용되지 않는 경우에는 해에서 백로그가 나타나지 않도록 백로그를 의미하는 위치의 셀 비용을 아주 크게 설정한다.

선형계획모형의 주요 제약점은 변수 간의 선형적 관계를 가정하고, 산출률을 지속적으로 조정할 수 없으며, 다수의 목표(예컨대, 노동력을 안정적으로 유지하면서 비용을 최소화하

**표 11.6**
수송계획의 풀이

| 공급 | | 수요: 기간 1 | 기간 2 | 기간 3 | 미사용 생산용량 (더미) | 총 가용 생산용량 (공급) |
|---|---|---|---|---|---|---|
| 기간 | 기초재고 | [0] 100 | [1] | [2] | [0] | 100 |
| 1 | 정규시간 | [60] 450 | [61] 50 | [62] | [0] | 500 |
| | 초과근무 | [80] | [81] 50 | [82] | [0] | 50 |
| | 하도급 | [90] | [91] 30 | [92] | [0] 90 | 120 |
| 2 | 정규 | [63] | [60] 500 | [61] | [0] | 500 |
| | 초과근무 | [83] | [80] 50 | [81] | [0] | 50 |
| | 하도급 | [93] | [90] 20 | [91] 100 | [0] | 120 |
| 3 | 정규 | [66] | [63] | [60] 500 | [0] | 500 |
| | 초과근무 | [86] | [83] | [80] 50 | [0] | 50 |
| | 하도급 | [96] | [93] | [90] 100 | [0] | 100 |
| 수요 | | 550 | 700 | 750 | 90 | 2,090 |

**표 11.7**
계획수립 기법의 요약

| 기법 | 문제해결에 대한 접근법 | 특징 |
|---|---|---|
| 스프레드시트 | 휴리스틱(시행착오적) | 직관적이며 쉽게 이해 가능, 반드시 최적해가 아닐 수 있음 |
| 선형계획법(LP) | 최적화 | 컴퓨터화, 선형관계의 가정이 항상 유효하지 않음 |
| 시뮬레이션 | 휴리스틱(시행착오적) | 다양한 조건 하에서 컴퓨터화된 모형을 검토 가능 |

는 것 등)를 사용할 수 없고 단일의 목표(예컨대, 비용을 최소화하는 것)만을 사용해야 한다는 것이다.

**시뮬레이션 모형** ▸ 문제에 대한 수용 가능한 해답을 찾기 위해 다양한 시나리오 하에서 검증할 수 있는 컴퓨터 모형

**시뮬레이션 모형** 총괄계획을 위해 몇 가지 **시뮬레이션 모형**(simulation model)이 개발되었다(시뮬레이션에 대한 소개는 이 교과서의 웹 사이트에 있다). 시뮬레이션의 핵심은 컴퓨터를 활용해 문제들에 대해 비교적 수용 가능한(비록 항상 최적은 아니지만) 해결책을 찾기 위해 다양한 조건에서 검증할 수 있는 컴퓨터 모형을 개발하는 것이다.

표 11.7은 계획수립 기법을 요약하고 있다.

시행착오 기법 외의 총괄계획기법들은 널리 사용되고 있는 것 같지 않다. 대신 대부분의 기업들에서 시행착오 기법과 함께 좀 더 경험에 기초하여 총괄계획을 수립하는 것으로 보인다. 위에 언급한 수리적 기법들이 대부분에서 사용되지 않는 이유를 정확히 이야기하기는 어렵다. 아마도 수학적인 복잡성 때문에 수리적 기법들이 보다 많이 사용되지 않고, 특정 모형에서 필요한 가정들이 비현실적이거나 모형이 적용가능한 범위가 너무 좁기 때문일 것이다. 이유가 무엇이든 오늘날 어떤 기법도 총괄계획수립담당자의 광범위한 관심을 끌지 못하고 있다. 시뮬레이션은 점점 인기를 끌고 있는 기법 중의 하나이다. 한편 총괄계획에 대한 개선된 접근방법에 대한 연구가 지속되고 있다.

## 11.4 서비스 산업의 총괄계획

서비스를 위한 총괄계획은 예측된 고객수요, 장비의 용량과 노동력의 역량을 고려한다. 그 결과 산출되는 계획은 서비스 인력 소요의 시차별 예상치이다.

다음은 총괄계획을 이용하는 다양한 서비스 기업들의 예이다.

**병원:** 병원은 의료서비스에 대한 고객의 수요를 충족시키기 위해 자금, 의료 인력과 의약품을 할당하기 위해 총괄계획을 활용한다. 예컨대, 침상수, 약품, 외과용품과 의료 인력에 대한 계획은 환자 수 예측에 기초하여 이루어진다.

**항공사:** 항공 산업의 총괄계획은 다양한 요인들(항공기, 승무요원, 지상요원)과 많은 비행경로 및 이착률 지점을 고려해야 하기 때문에 꽤 복잡하다. 또한 용량에 대한 의사결정은 이익 혹은 수익(yield)을 극대화하기 위하여 다양한 요금 등급에 할당되는 좌석의 비율을 고려해야 한다.

**식당:** 음식점과 같이 대규모로 서비스를 제공하는 서비스업의 경우 총괄계획은 서비스율을 평준화하고, 인력의 규모를 결정하며, 수요를 주방과 고객서비스 공간의 고정

된 용량에 일치하도록 하는 방향으로 이루어진다. 일반적인 접근 방법은 시간과 요일에 따라서 종업원의 수를 조정하는 것이다.

**기타 서비스:** 금융서비스, 접객서비스, 운송서비스와 레크리에이션 서비스는 대규모의 무형적 산출물을 제공한다. 이들 및 유사한 서비스를 위한 총괄계획에는 수요관리와 인적자원의 소요량 계획이 포함된다. 주요 목표는 첨두수요에 대응하고 비수기 동안에 인적자원을 효과적으로 활용하는 방법을 찾는 것이다.

제조업의 총괄계획과 서비스업의 총괄계획은 어떤 측면에서는 유사성이 있지만 제조업과 서비스업의 본질적 차이와 관련된 중요한 차이점이 있다.

1. **서비스에 대한 수요는 예측하기 어렵다.** 서비스 수요량은 흔히 아주 변동적이다. 어떤 상황에서 고객은 신속한 서비스를 *필요로 하고*(예컨대, 경찰, 소방, 응급의료 서비스 등) 또 다른 상황에서는 고객들이 단순히 신속한 서비스를 *원하지만* 그러한 요구가 충족되지 않으면 다른 곳으로 가버린다. 이러한 요인들은 서비스 제공자가 수요예측을 하는데 큰 부담을 준다. 결과적으로 서비스 제공자는 서비스 용량수준 계획에 대해 신중한 주의를 기울여야만 한다.
2. **용량 가용성이 예측하기 어려울 수 있다.** 잡샵(job shop)에서 작업의 변동성과 유사하게 서비스에 대한 처리요구사항은 종종 가변적일 수 있다. 뿐만 아니라 서비스 제공자에게 요구되는 과업의 다양성이, 역시 잡숍에서의 작업의 다양성과 유사하게, 아주 클 수 있다. 그러나 서비스에서는 그 다양성의 유형이 제조업보다 더 광범위하다. 이 때문에 용량에 대한 단일의 척도를 결정하는 것이 보다 어렵다. 예컨대, 주택의 내부에 페인트칠을 하는 사람의 용량을 무엇으로 측정할 것인가? 하루에 칠하는 방의 수 혹은 시간당 칠하는 면적(평방피트) 등이 가능한 척도가 될 수 있으나, 페인트칠을 하는 방의 크기가 다양하고 세부사항들에 대한 수준도 엄청나게 달라질 수 있기 때문에(따라서 사용되는 페인트 도구도 달라져야 함), 계획 목적에 적합한 척도를 결정하기가 아주 어려울 수 있다. 마찬가지로 다양한 거래 및 정보요구를 처리하는 은행의 창구 직원들 경우, 역시 그들의 서비스용량을 나타내는 적절한 척도를 결정하는 것이 어렵다.
3. **노동 유연성은 서비스에서 이점이 될 수 있다.** 제조업과 비교할 때 서비스는 노동력이 상당한 부분을 차지하고 있다. 이러한 사실은 서비스 제공자가 매우 다양한 서비스 요구사항을 다룰 수 있다는 사실과 결부되어 서비스의 노동력에 대한 계획은 제조업보다 어느 정도 보다 용이하다는 것을 의미한다. 물론 제조업자들은 이러한 이점을 인식하고 동일한 유연성을 달성하기 위해 종업원에 대한 교차훈련(cross-training)을 시키고 있다. 뿐만 아니라 제조와 서비스 시스템 모두에서 시간제 근무자의 활용은 중요한 대안(예를 들어, 우버이츠)이 될 수 있다. 셀프서비스 시스템에서 (고객의) 노동력이 서비스 수요 변화에 자동적으로 조정되는 것을 주목하라!
4. **서비스는 고객의 요구에 따라 발생한다.** 제조업의 산출과 달리 대부분의 서비스는 재고로 저장할 수 없다. 재무계획수립, 세무 컨설팅 및 오일교환과 같은 서비스는 재고로 쌓아 둘 수 없는 것이다. 이 때문에 비수기 동안 미래 수요를 예상해서 재고를 비축하는 대안은 활용할 수 없다. 더욱이 사용되지 않은 유휴 서비스생산용량은 본질적으로 낭비이다. 따라서 수요와 공급을 일치시킬 수 있는 능력이 더욱 중요해지고 있다.

## 11.7 주일정계획 과정

주일정계획은 하나의 제품이나 제품 그룹에 대해 수량과 시기(즉, 납품시기)를 나타내지만 계획된 *생산*을 나타내지는 않는다. 예컨대, 주일정계획은 50상자의 크랜베리 애플 주스를 5월 1일에 납품할 것을 요구하지만 이것은 반드시 어떠한 생산도 필요하지 않을 수 있다. 200상자의 재고가 있을 수 있기 때문이다. 경우에 따라 *약간의* 생산을 요하기도 하는데 예컨대 40상자의 재고가 있으면 약속한 납품량을 달성하기 위해 10상자가 추가로 필요하기 때문이다. 또 50상자 이상의 생산이 필요할지도 모르는데, 경우에 따라 소량생산보다 대량생산이 더욱 경제적일 수 있기 때문이다. 물론 초과량은 필요시까지 잠정적으로 재고로 유지된다. 따라서 *생산 로트 사이즈(production lot size)*가 70상자일 경우 추가 수량이 필요하면(예컨대 50상자), 실제 70상자의 생산이 이루어질 것이다.

주일정계획은 그림 11.6과 같은 주일정계획 과정의 주요 산출물 중의 하나이다.

**개략적 생산용량계획** ▸ 주일정계획의 실행 가능성을 점검하기 위해 개략적으로 생산용량과 수요의 균형을 검토하는 것

일단 *잠정적인* 주일정계획이 개발되었다면 그것은 반드시 검증되어야 한다. 이것은 아주 중요한 단계이다. 검증은 **개략적 생산용량계획**(rough-cut capacity planning, RCCP)이라고 불린다. 그것은 가용 생산용량에 대해 제안된 주일정계획의 타당성을 검증하는데, 이는 명백한 생산용량의 제약이 없다는 것을 확인하기 위한 것이다. 이는 주일정계획을 실행할 수 없도록 하는 총체적인 부족함이 없다는 것을 확인하기 위해 생산과 창고 설비, 노동력 그리고 공급자의 능력을 점검하는 것이다. 이때 주일정계획은 *단기*계획수립을 위한 기초가 된다. 총괄계획은 예컨대 12개월 정도의 기간을 대상으로 하는데 비해 주일정계획은 이 기간의 일부만 대상으로 한다는 사실에 주목하라. 달리 말하면, 총괄계획이 몇 주에서 2~3개월에 이르는 기간을 대상으로 하는 단계들로 분해된다. 뿐만 아니라 주일정계획이 2~3개월을 대상으로 하더라도 매월 갱신된다. 예컨대, 잔디깎는 기계의 주일정계획은 4월의 계획산출량에 대한 새로운 정보는 물론, 2월과 3월의 계획산출량에 대한 수정사항도 포함하도록 1월 말에 갱신될 것이다.

### 시간구획

주일정계획의 변경, 특히 계획의 초기 또는 최근 부분에 대한 변경은 계획실행에 차질을 가져올 수 있다. 전형적으로 미래의 먼 부분에 대한 변경은 문제를 발생시키는 경향이 덜하다.

**시간구획** ▸ 주일정계획의 기간 범위에서 단계를 구획짓는 시점

고성과를 나타내는 조직들의 경우 효과적인 주일정계획 과정이 있다. 효과적인 일정계획의 핵심 부분은 납품약속일(order promising)과 시스템에 주문 입력을 용이하게 하는 *시간구획*을 사용하는 것이다. **시간구획**(time fence)은 일정계획 기간을 세 가지 부문 혹은 단계로 나누는데 이는 일정계획의 확실성과 결부시켜 *동결(frozen)*, *반동결(slushy)*, *유동(liquid)* 단계로 부른다(그림 11.7).

동결 단계는 곧 닥칠 가까운 기간의 단계로서 너무 가까워서 새로운 주문의 납품이 불가능하거나, 계획의 변경은 비용이 많이 들거나 다른 주문을 지연시키는 것과 같이 특별한 대

**그림 11.6**
주일정계획 과정

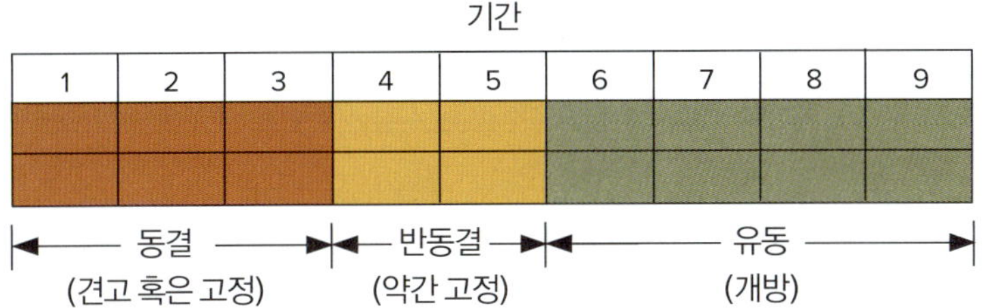


**그림 11.7**
주일정계획에서의 시간구획

안을 사용할 때만 가능한 단계이다. 이 단계에서 신규주문을 입력할 수 있는 권한은 보통 제조담당 부사장에게 있다. 동결 단계의 기간은 제품을 생산하기 위해 필요한, 즉 자재를 조달하는 것에서부터 주문을 출하하는 데까지 소요되는 총 시간의 함수이다. 이 경우에는 납품 약속 일자에 대해서 높은 확신감이 있다.

반동결 단계는 동결 단계의 다음 단계로서 시간구획은 보통 동결 단계 다음의 몇 기간이다. 이 단계에서 주문 입력은 절충을 필요로 하지만 동결단계보다는 비용이 적게 들고 계획 차질을 덜 일으킨다. 신규주문 입력 권한은 보통 주일정계획 담당자에게 있다. 이 경우는 주문약속 일자에 대해 상대적으로 확신이 있고, 용량 계획이 매우 구체적이다.

유동 단계는 계획기간 중 가장 먼 단계이다. 신규주문과 취소를 용이하게 입력할 수 있다. 납품 약속일자는 잠정적이고 시간이 지남에 따라 주문이 계획기간 중의 확실한 단계에 이르면 확고해질 것이다.

주일정계획의 성공의 주요 요소는 시간구획 방침과 규칙을 엄격히 지키는 것이다. 이러한 시간구획에 대한 방침과 규칙들이 조직 전체에 걸쳐 엄격히 지켜지고 의사소통하는 것이 필수적이다.

## 투입물

주일정계획에는 다음의 세 가지 투입물이 있다. 즉, 전기로부터 이월된 실제 보유하고 있는 재고수량(on-hand inventory)인 기초재고, 일정상 각 기간에 대한 실제예측값과 고객에게 이미 *약속한* 수량인 고객주문이다. 고려해야 할 다른 요소들에는 인적자원관리방침에 따른 고용 및 해고의 제약, 기술 수준, 가용한 공간과 같은 재고에 대한 제약사항, 품목이 변질될 수 있는지와 시장 수명(예컨대, 계절적 요인 또는 진부화)과 같은 고려사항들이다.

## 산출물

주일정계획 과정에서는 기간별로 이 정보를 사용하여 예측된 재고, 생산 요구량과 그 결과 산출되는 약속되지 않은 재고—이를 **약속가능재고**(available-to-promise (ATP) inventory)라고 한다—가 결정된다. 공급약속이 되지 않은 재고에 대한 정보는 마케팅부서에서 신규주문의 납품에 대해 고객에게 현실적인 약속을 할 수 있게 한다.

**약속가능재고** 공급약속이 되지 않은 재고

주일정계획 과정은 예상되는 보유재고의 사전 계산으로 시작된다. 이것은 언제 추가적인 재고(즉, 생산)가 필요할지를 보여 준다. 다음의 예를 고려해 보도록 하자. 산업용 펌프를 생산하는 기업이 6월과 7월에 대한 주일정계획을 수립하고자 한다. 마케팅부서는 6월과 7월의 수요를 각각 120대와 160대로 예측했다. 이들은 매월 4주에 걸쳐 고르게 배분되었는데, 즉 6월에는 주당 30대씩, 7월에는 주당 40대씩 배분되었다(그림 11.8A 참조).

현재 64대의 펌프 재고가 있고(즉, 기초재고는 64대), 반드시 납품되어야 할 약속된(예약

그림 11.8A
산업용 펌프에 대한 주별 예측 소요량

| | 6월 | | | | 7월 | | | |
|---|---|---|---|---|---|---|---|---|
| | 1 | 2 | 3 | 4 | 5 | 6 | 7 | 8 |
| 예측 | 30 | 30 | 30 | 30 | 40 | 40 | 40 | 40 |
| | | | | | | | | |

그림 11.8B
예측, 고객주문과 기초재고를 나타내는 8주 스케줄

| 기초재고 64 | 6월 | | | | 7월 | | | |
|---|---|---|---|---|---|---|---|---|
| | 1 | 2 | 3 | 4 | 5 | 6 | 7 | 8 |
| 예측 | 30 | 30 | 30 | 30 | 40 | 40 | 40 | 40 |
| 고객주문(약속된) | 33 | 20 | 10 | 4 | 2 | | | |
| | | | | | | | | |

된) 고객주문이 있다고 가정하자(그림 11.8B 참조).

그림 11.8B에는 주일정계획 과정에 대한 세 가지 주요 투입물, 즉 기초재고, 예측과 약속된 고객주문이 포함되어 있다. 이 정보는 3가지의 수량, 즉 예상 보유재고, 주일정계획과 약속되지 않은(ATP) 재고 수량을 결정하기 위해 필요하다. 첫 번째 단계는 규정된 한도 아래로 떨어질 때까지 한 번에 한 주씩 예상 보유재고를 계산하는 것이다. 이 예에서 규정된 한도는 0이다. 따라서 예상 보유재고가 음의 값이 될 때까지 계속한다.

예상 보유재고는 다음과 같이 계산된다.

$$\text{예상 보유재고} = \text{전주로부터의 이월 재고} - \text{금주의 요구수량} \quad (11\text{-}1)$$

여기서 금주의 요구수량은 예측과 약속된 고객주문량 중에 *더 큰* 것이 된다.

첫 주의 예상 보유재고는 기초재고에서 예측과 고객주문량 중 큰 것을 뺀 것이다. 고객주문량(33)이 예측치(30)보다 크기 때문에 고객주문량이 사용된다.

따라서 첫 주의 예상 보유재고 = 64 − 33 = 31이다.

첫 3주(즉, 예측된 보유재고량이 음의 값을 가질 때까지)에 대한 예상 보유재고를 그림 11.9에서 보여 주고 있다.

예상 보유재고가 음의 값을 가지게 될 때, 이것은 재고를 보충하기 위해 생산이 필요하다는 신호이다. 그러므로 음의 값을 가지는 예상 보유재고는 계획된 생산을 요구할 것이다. 만약 생산 로트 크기를 70대로 한다면 생산이 필요한 경우는 언제든지 70대의 펌프가 생산될 것이다(로트 크기의 결정은 13장에서 설명한다). 따라서 3번째 주의 음의 값을 가지는 예상 보유 재고는 70대의 펌프를 생산할 것을 요구하고 그 결과 예상 부족량 29대를 충족하고 41대(즉, 70 − 29 = 41)의 펌프를 미래의 수요에 대비해 재고로 남기게 된다.

이러한 계산은 전 일정에 대해서 계속되며, 예상 보유재고가 음의 값을 가질 때마다 70대의 펌프 생산 로트가 일정에 추가된다. 그림 11.10는 그 계산을 보여 주고 있다. 그 결과는 전체 일정의 각 주에 대한 주일정과 예상 보유재고이다. 이것들은 이제 주일정계획에 추가

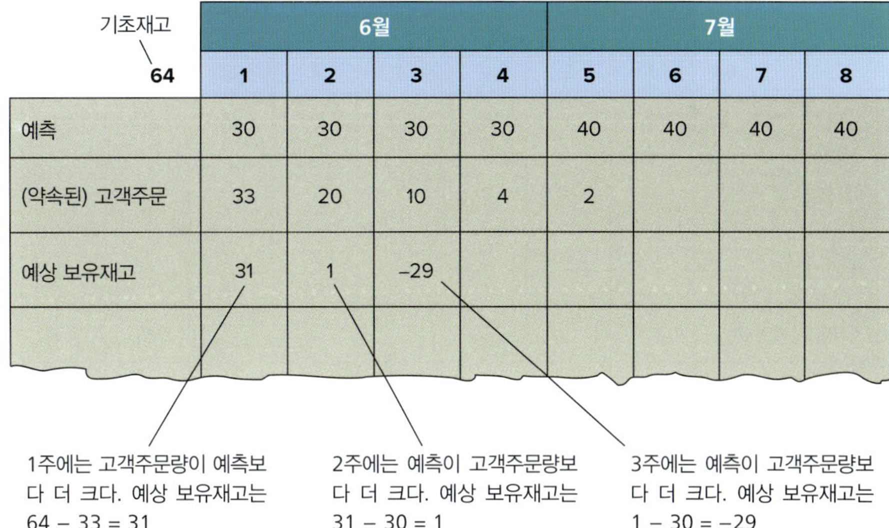


그림 11.9
예상 보유재고는 음의 값을 가질 때까지 매주 계산된다

그림 11.10
주일정계획(MPS)과 예상 보유재고의 결정

| 주 | 이전 주로부터의 재고 | 소요량* | MPS 이전의 순재고 | | (70) MPS | | 예상재고 |
|---|---|---|---|---|---|---|---|
| 1 | 64 | 33 | 31 | | | | 31 |
| 2 | 31 | 30 | 1 | | | | 1 |
| 3 | 1 | 30 | −29 | + | 70 | = | 41 |
| 4 | 41 | 30 | 11 | | | | 11 |
| 5 | 11 | 40 | −29 | + | 70 | = | 41 |
| 6 | 41 | 40 | 1 | | | | 1 |
| 7 | 1 | 40 | −39 | + | 70 | = | 31 |
| 8 | 31 | 40 | −9 | + | 70 | = | 61 |

*소요량은 주별로 고객주문과 예측 중 큰 값

될 수 있다(그림 11.11 참조).

이제 약속되지 않은 따라서 약속가능한 재고량을 결정할 수 있다. 실무에서는 여러 가지 방법이 사용되고 있다. 우리가 적용할 방법은 예상(look-ahead) 절차이다. 즉, 주별로 예약된 고객주문(MPS 수량이 계획된 주는 제외)을 MPS 수량이 계획된 주까지 더하라. 예컨대, 이 절차를 따르면 첫 주에는 33대(1주)와 20대(2주)의 고객주문을 합쳐서 53을 얻는다. 첫 주에는 이 수량을 기초재고 64대에서 차감하고 MPS 수량(이 예에서는 0)을 더하여 ATP 수량을 계산한다. 즉,

$$64 + 0 - (33 + 20) = 11\text{이다.}$$

이 재고(11대)는 주문이 약속되지 않은 것이며 따라서 전량이 1주 혹은 2주에 납품되거나 또는 그 일부가 1주에 납품되고 나머지가 2주에 납품될 수 있다(ATP 수량은 첫 번째 주와 MPS가 계획된 주에 대해서만 계산되는 것을 명심하라. 따라서 여기서는 1, 3, 5, 7, 8주에 계산되었다.) 그림 11.12 참조.

**그림 11.11**
예상 보유재고와 MPS를 주일정계획에 추가

| | 6월 | | | | 7월 | | | |
|---|---|---|---|---|---|---|---|---|
| 64 | 1 | 2 | 3 | 4 | 5 | 6 | 7 | 8 |
| 예측 | 30 | 30 | 30 | 30 | 40 | 40 | 40 | 40 |
| (약속된) 고객주문 | 33 | 20 | 10 | 4 | 2 | | | |
| 예상 보유재고 | 31 | 1 | 41 | 11 | 41 | 1 | 31 | 61 |
| 주일정계획(MPS) | | | 70 | | 70 | | 70 | 70 |
| | | | | | | | | |

**그림 11.12**
ATP 재고량이 주일정계획에 추가됨

| | 6월 | | | | 7월 | | | |
|---|---|---|---|---|---|---|---|---|
| 64 | 1 | 2 | 3 | 4 | 5 | 6 | 7 | 8 |
| 예측 | 30 | 30 | 30 | 30 | 40 | 40 | 40 | 40 |
| (약속된) 고객주문 | 33 | 20 | 10 | 4 | 2 | | | |
| 예상 보유재고 | 31 | 1 | 41 | 11 | 41 | 1 | 31 | 61 |
| 주일정계획(MPS) | | | 70 | | 70 | | 70 | 70 |
| (약속되지 않은) 약속가능(ATP) 재고 | 11 | | 56 | | 68 | | 70 | 70 |

첫 주가 아닌 다른 주에 대해서는 기초재고는 계산에서 제외되고 ATP는 MPS 수량에서 차감된 예상 가용수량이다.

따라서 3주에 대해서는 약속된 양은 10 + 4 = 14, 그리고 ATP는 70 − 14 = 56이다. 5주에 대해서는 고객주문은 2(미래의 주문은 아직까지 예약되지 않았다)이고, ATP는 70 − 2 = 68이다.

7주와 8주에 대해서는 고객주문이 없다. 따라서 현재로서는 MPS의 모든 수량이 약속 가능하다.

추가 주문이 예약됨에 따라 이들이 주일정계획에 입력되고 ATP 수량은 그러한 추가 주문을 반영하기 위하여 갱신된다. 고객들에게 실제적인 납품일자를 알려주기 위하여 마케팅 부서는 ATP 수량을 사용할 수 있다.

## 요약

총괄계획은 2~12개월에 걸쳐 고용, 산출, 재고의 일반적 수준을 결정한다. 계획수립의 범위에서 총괄계획은 장기 계획의 폭넓은 의사결정과 아주 구체화되고 상세한 단기 계획 의사결정 사이에 위치한다. 총괄계획은 계획기간에 대한 개괄적 예측으로 시작하여 계획을 특정 제품과 서비스에 적용하기 위한 준비로 끝난다.

총괄계획의 핵심은 제품들과 서비스들의 그룹을 하나의 단위 '제품'과 '서비스'로 총괄화하는 것이다. 이것은 계획수립 담당자가 단기 계획에서 다룰 구체적인 세부사항들에 관여하지 않고도 고용과 재고의 개괄적인 수준을 고려할 수 있게 한다. 총괄계획을 수립하기 위한 다양한 수리적 기법이 개발되어 있지만 계획수립 담당자는 보통 그래프와 도표 기법과 같은 약식 기법을 사용한다. 다양한 수리적 기법들의 복잡성과 제한적 가정들 때문에 실무에서는 폭넓게 사용되지 않고 있다.

총괄계획을 개발한 후 특정 제품의 소요량으로 분해한다. 이것은 특정 산출물의 계획된 수량과 생산시기를 나타내는 주일정계획으로 이어진다. 주일정계획에 대한 투입물은 보유 재고량, 수요예측 그리고 고객주문량들이다. 산출물은 예측된 생산량과 재고 소요량 및 약속가능재고(ATP 재고)라고 부르는 고객에게 아직 예약되지 않은 재고이다.

## 주요 내용

1. 총괄계획은 단기범위의 계획을 위해서 세우게 되는 유사 제품과 서비스의 집합체를 위한 중기범위의 계획이다. 총괄계획에 대한 간편한 요약은 표 11.8을 참고하라.
2. 주일정계획은 총괄계획을 구체적인 단기범위의 산출량과 시기에 대한 요구사항으로 나눈다.

**표 11.8**
총괄계획 요약

**목적**
산출률, 고용수준, 보유 재고수준의 조합에 대해 결정

**목표**
비용의 최소화, 바람직한 수준의 고객서비스 유지, 인력변동의 최소화

**가능한 전략들**
**A. 공급관리(반응적)**
***생산 평준화 전략(level production)***:
수요의 변동을 흡수하기 위해 재고를 허용함
수요가 높은 시기에 백오더를 사용
***수요추종 전략(chase production)***:
수요를 추종하기 위하여 채용 혹은 해고에 의한 근로자 수를 변동함에 의해서 산출량을 변동시킴
초과근무 혹은 여유시간 활용을 통해 산출량을 변동시킴
시간제 근로자를 사용하여 산출량을 변동시킴
산출량을 보완시키기 위하여 하도급을 이용
***혼합전략(mixed strategy)***:
위의 두 가지 방법을 혼합하여 사용

**B. 수요관리(선응적)**
판촉, 가격설정을 통해 수요에 영향을 미침
보완적 수요패턴을 갖는 제품 혹은 서비스생산

**총괄계획수립의 관리적 중요성**
총괄계획수립은 아래의 각 사항들에 영향을 미침:
비용
장비활용
고객만족
고용수준
공급사슬을 통한 흐름의 동기화(synchronization)

a. 개략적 생산용량 계획은 생산용량에 대해 잠정적 주일정계획의 타당성을 검증한다.

b. 시각구획은 주일정계획이 견고한지 유동적인지에 대한 정도에 따라서 다양한 단계를 나눈다. 가까운 기간은 일반적으로 변경이 용이하지 않은 반면 계획구간 중 먼 기간은 좀더 유동성을 갖게 된다.

3. 총괄계획을 수립할 때 전체 공급사슬을 포함시키는 것은 필수적이다.

## 주요 용어

개략적 생산용량계획(rough-cut capacity planning, RCCP)
생산용량 평준화 전략(level capacity strategy)
수요추종 전략(chase demand strategy)
수익관리(yield management)
시간구획(time fence)
시뮬레이션모형(simulation model)
약속가능재고(available-to-promise (ATP) inventory)
주생산일정계획(master production schedule, MPS)
총괄계획(aggregate planning)
영업 및 운영계획(sales and operations planning)

## 문제풀이연습

**문제 1** 한 관리자가 앞으로 9개월 동안의 총괄계획을 수립하고자 한다. 관리자는 계획기간의 기대수요예측값을 확보했다. 계획은 높은 계절변동을 다루어야 하는데 다음의 예측에서 보는 바와 같이 계절변동수요는 3기와 4기에서 그리고 또다시 8기에서 다른 기에 비해 상대적으로 높다.

| 기간 | 1 | 2 | 3 | 4 | 5 | 6 | 7 | 8 | 9 | 합계 |
|---|---|---|---|---|---|---|---|---|---|---|
| 예 | 190 | 230 | 260 | 280 | 210 | 170 | 160 | 260 | 180 | 1,940 |

이 부서는 20명의 직원을 두고 각자는 단위 수량당 $6의 비용으로 기간당 10개를 생산할 수 있다. 1기의 초기 재고는 0이다. 재고 유지비용은 기간당 그리고 단위당 $5이다. 백로그 비용은 기간당 그리고 단위당 $10이다.

a. 현재의 인력으로 예상 수요를 모두 처리할 수 있는가?

b. 계획의 생산, 재고 및 백오더 비용을 포함하는 총비용을 결정하라.

**풀이** a. 현재인력인 20명이 각각 기간당 10개를 생산하므로 정규생산 용량은 9개월 동안에 1,800개가 되는데 이는 예상 수요보다 140개가 모자라는 양이다. 따라서 실제 수요가 예측치와 같게 된다면 충족시키지 못한 수요에 대한 백로그가 생기게 된다.

b. 생산 계획은 다음과 같다.

| 기간 | 1 | 2 | 3 | 4 | 5 | 6 | 7 | 8 | 9 | 합계 |
|---|---|---|---|---|---|---|---|---|---|---|
| 예측 | 190 | 230 | 260 | 280 | 210 | 170 | 160 | 260 | 180 | 1,940 |
| 산출 | | | | | | | | | | |
| 정규 | 200 | 200 | 200 | 200 | 200 | 200 | 200 | 200 | 200 | 1,800 |
| 초과근무 | — | — | — | — | — | — | — | — | — | — |
| 하도급 | — | — | — | — | — | — | — | — | — | — |
| 산출–예측 | 10 | (30) | (60) | (80) | (10) | 30 | 40 | (60) | 20 | (140) |
| 재고 | | | | | | | | | | |
| 기초 | 0 | 10 | 0 | 0 | 0 | 0 | 0 | 20 | 0 | |
| 기말 | 110 | 0 | 0 | 0 | 0 | 0 | 20 | 0 | 0 | |
| 평균 | 5 | 5 | 10 | 0 | 0 | 0 | 10 | 10 | 0 | 10 |

| 기간 | 1 | 2 | 3 | 4 | 5 | 6 | 7 | 8 | 9 | 합계 |
|---|---|---|---|---|---|---|---|---|---|---|
| 백로그 | 0 | 20 | 80 | 160 | 170 | 140 | 100 | 160 | 140 | 970 |
| 비용 | | | | | | | | | | |
| 산출 | | | | | | | | | | |
| 정규 @ $6 | 1,200 | 1,200 | 1,200 | 1,200 | 1,200 | 1,200 | 1,200 | 1,200 | 1,200 | $10,800 |
| 초과근무 | | | | | | | | | | |
| 하도급 | | | | | | | | | | |
| 재고 @ $5 | $ 25 | $ 25 | 0 | 0 | 0 | 0 | 0 | 0 | 0 | $ 50 |
| 백오더 @ $10 | 0 | $ 200 | 800 | 1,600 | 1,700 | 1,400 | 1,000 | 1,600 | 1,400 | $ 9,700 |
| 합계 | $1,225 | 1,425 | 2,000 | 2,800 | 2,900 | 2,600 | 2,200 | 2,800 | 2,600 | $20,550 |

이 계획에 대한 총비용은 $20,550이다. 이 계획이 좋을 수도 나쁠수도 있다. 관리자는 하나의 계획을 정하기 전에 기타비용과 대안에 대한 정보를 필요로 할 것이다.

계산이 상대적으로 쉽긴 하지만, 백로그가 때때로 구하기 어려울 수 있다. 백로그를 계산하기 위해 다음과 같은 규칙을 고려하라.

1. '산출−예측' 값으로 시작하라. 만약 이 값이 양(+)이고 전기에 백로그가 있었다면 그만큼 백로그를 감소시킨다. 만일 '산출−예측' 값이 백로그를 초과한다면 그 차이는 그 기간의 기말재고가 된다. 만일 '산출−예측' 값과 백로그가 정확히 같다면 백로그와 기말재고는 모두 0일 것이다.

2. 만일 '산출−예측' 값이 음(−)이라면 그것을 초기재고로부터 차감시켜라. 만일 '산출−예측' 값이 음(−)의 값을 갖는다면 그 값은 그 기간에 대해 백로그가 된다.

   풀이를 위해서 Excel 템플릿 총괄계획 (B)를 사용할 수도 있다.

| 기간 | 1 | 2 | 3 | 4 | 5 | 6 | 7 | 8 | 9 | 합계 |
|---|---|---|---|---|---|---|---|---|---|---|
| 예측 | 190 | 230 | 260 | 280 | 210 | 170 | 160 | 260 | 180 | 1,940 |
| 산출 | | | | | | | | | | |
| 정규 | 200 | 200 | 200 | 200 | 200 | 200 | 200 | 200 | 200 | 1,800 |
| 파트타임 | | | | | | | | | | 0 |
| 초과근무 | | | | | | | | | | 0 |
| 하도급 | | | | | | | | | | 0 |
| 산출–예측 | 10 | –30 | –60 | –80 | –10 | 30 | 40 | –60 | 20 | –140 |
| 재고 | | | | | | | | | | |
| 초기 | 0 | 10 | 0 | 0 | 0 | 0 | 0 | 0 | 0 | 10 |
| 기말 | 10 | 0 | 0 | 0 | 0 | 0 | 0 | 0 | 0 | |
| 평균 | 5 | 5 | 0 | 0 | 0 | 0 | 0.0 | 0.0 | 0.0 | |
| 백로그 | 0 | 20 | 80 | 160 | 170 | 140 | 100 | 160 | 140 | 970 |
| 비용 | | | | | | | | | | |
| 재고 @ 6 | $1,200 | $1,200 | $1,200 | $1,200 | $1,200 | $1,200 | $1,200 | $1,200 | $1,200 | $10,800 |
| 파트타임 @ | $ 0 | $ 0 | $ 0 | $ 0 | $ 0 | $ 0 | $ 0 | $ 0 | $ 0 | $ 0 |
| 초과근무 @ | $ 0 | $ 0 | $ 0 | $ 0 | $ 0 | $ 0 | $ 0 | $ 0 | $ 0 | $ 0 |
| 하도급 @ | $ 0 | $ 0 | $ 0 | $ 0 | $ 0 | $ 0 | $ 0 | $ 0 | $ 0 | $ 0 |
| 채용/해고 | | | | | | | | | | $ 0 |
| 재고 @ 5 | $ 25 | $ 25 | $ 0 | $ 0 | $ 0 | $ 0 | $ 0 | $ 0 | $ 0 | $ 50 |

| 기간 | 1 | 2 | 3 | 4 | 5 | 6 | 7 | 8 | 9 | 합계 |
|---|---|---|---|---|---|---|---|---|---|---|
| 백오더 @ 10 | $ 0 | $ 200 | $ 800 | $1,600 | $1,700 | $1,400 | $1,000 | $1,600 | $1,400 | $ 9,700 |
| 합계 | $1,225 | $1,425 | $2,000 | $2,800 | $2,900 | $2,600 | $2,200 | $2,800 | $2,600 | $20,550 |

**문제 2** 의류생산업체인 Spring and Suppler Fashions사는 향후 8주간의 수요예측을 하였는데, 수요가 높은 3기 4기를 제외하고는 상당히 안정적이라고 예상하였다.

| 기간 | 1 | 2 | 3 | 4 | 5 | 6 | 7 | 8 | 합계 |
|---|---|---|---|---|---|---|---|---|---|
| 예 | 1,200 | 1,200 | 1,400 | 3,000 | 1,200 | 1,200 | 1,200 | 1,200 | 11,600 |

이 회사는 일반적으로 3, 4기에 추가 작업량을 처리하기 위해서 계절 노동자를 고용한다. 계절 노동자를 고용하고 훈련시키는 데 드는 비용은 근로자당 $50이며 회사는 2명의 근로자를 고용할 계획으로 3기에는 근로자들을 훈련시키고 4기에는 작업을 시키고, 그 후에는 해고(해고비용은 0이다)를 계획하고 있다. 4기의 2명의 계절근로자로부터 얻게 되는 추가된 산출량과 정규근로자로부터 얻게되는 일정한 산출물을 이용하여 총괄계획을 수립하여라. 계절근로자의 산출률이 정규근로자에 비해서 적을 수 있기 때문에 단위당 비용이 더 높게 된다. 정규근로자의 단위당 비용을 $4인 반면 계절근로자의 단위당 비용이 $5이다 백로그 비용은 단위당 기간당 $1이다.

**풀이**

| 기간 | | | | 1 | 2 | 3 | 4 | 5 | 6 | 7 | 8 | 합계 |
|---|---|---|---|---|---|---|---|---|---|---|---|---|
| 예측 | | | | 1,200 | 1,200 | 1,400 | 3,000 | 1,200 | 1,200 | 1,200 | 1,200 | 11,600 |
| 산출 | | | | | | | | | | | | |
| | 정규근무 | | | 1,200 | 1,200 | 1,200 | 1,200 | 1,200 | 1,200 | 1,200 | 1,200 | 9,600 |
| | 파트타임 | | | | | | 2,000 | | | | | 2,000 |
| | 초과근무 | | | | | | | | | | | 0 |
| | 하도급 | | | | | | | | | | | 0 |
| 산출 – 예측 | | | | 0 | 0 | –200 | 200 | 0 | 0 | 0 | 0 | 0 |
| 재고 | | | | | | | | | | | | |
| | 초기 | | | 0 | 0 | 0 | 0 | 0 | 0 | 0 | 0 | |
| | 기말 | | | 0 | 0 | 0 | 0 | 0 | 0 | 0 | 0 | |
| | 평균 | | | 0.0 | 0.0 | 0.0 | 0.0 | 0.0 | 0.0 | 0.0 | 0.0 | 0 |
| 백로그 | | | | 0 | 0 | 200 | 0 | 0 | 0 | 0 | 0 | 200 |
| 비용: | | | | | | | | | | | | |
| | 정규근무 | @ | 4 | 4,800 | 4,800 | 4,800 | 4,800 | 4,800 | 4,800 | 4,800 | 4,800 | 38,400 |
| | 파트타임 | @ | 5 | 0 | 0 | 0 | 10,000 | 0 | 0 | 0 | 0 | 10,000 |
| | 초과근무 | @ | | 0 | 0 | 0 | 0 | 0 | 0 | 0 | 0 | 0 |
| | 하도급 | @ | | 0 | 0 | 0 | 0 | 0 | 0 | 0 | 0 | 0 |
| | 채용/해고 | | 50 | | | 100 | | | | | | 100 |
| | 재고 | @ | | 0.0 | 0.0 | 0.0 | 0.0 | 0.0 | 0.0 | 0.0 | 0.0 | 0.0 |
| | 백오더 | @ | 1 | 0 | 0 | 200 | 0 | 0 | 0 | 0 | 0 | 200 |
| 합계 | | | | 4,800 | 4,800 | 5,100 | 14,800 | 4,800 | 4,800 | 4,800 | 4,800 | 48,700 |

**문제 3** 다음과 같은 상황에서 그림 11.12과 같은 일정계획을 수립하라. 각 기간의 예측값은 70개이고 기초재고는 없다. MPS 규칙은 예상보유재고가 음(–)이 될 때 생산을 계획하는 것이다. 생산 로트 크기는 100개이며, 약속된 고객주문은 아래 표와 같다.

| 기간 | (약속된) 고객주문 |
|---|---|
| 1 | 80 |
| 2 | 50 |
| 3 | 30 |
| 4 | 10 |

풀이

| 기간 | (A) 이전 주로부터의 재고 | (B) 소요량* | (C = A − B) MPS 이전의 순재고 | MPS | (MPS + C) 예상 보유재고 |
|---|---|---|---|---|---|
| 1 | 0 | 80 | (80) | 100 | 20 |
| 2 | 20 | 70 | (50) | 100 | 50 |
| 3 | 50 | 70 | (20) | 100 | 80 |
| 4 | 80 | 70 | 10 | 0 | 10 |

*소요량은 기간마다 고객주문과 예측 중 큰 값

| 기초재고 = 0 | 1 | 2 | 3 | 4 |
|---|---|---|---|---|
| 예측 | 70 | 70 | 70 | 70 |
| 고객주문 | 80 | 50 | 30 | 10 |
| 예상 보유재고 | 20 | 50 | 80 | 10 |
| MPS | 100 | 100 | 100 | 0 |
| ATP | 20 | 50 | 60 | 0 |

Excel 템플릿을 이용해서 주일정계획에 대한 같은 해답을 얻을 수 있다.

| 주 | 0 | 1 | 2 | 3 | 4 | 5 | 6 | 7 | 8 |
|---|---|---|---|---|---|---|---|---|---|
| 예측 | | 70 | 70 | 70 | 70 | | | | |
| 고객주문 | | 80 | 50 | 30 | 10 | | | | |
| 예상 보유재고 | | 20 | 50 | 80 | 10 | 10 | 10 | 10 | 10 |
| MPS | | 100 | 100 | 100 | | | | | |
| ATP | | 20 | 50 | 60 | | | | | |

## 토의 및 복습문제

1. 운영관리자가 담당하는 세 가지 수준의 계획은 무엇인가? 각 단계에서 어떤 종류의 의사결정이 이루어지는가?
2. 중기계획의 세 단계는 무엇인가?
3. 총괄계획이란 무엇이며, 그 목적은 무엇인가?
4. 총괄계획의 필요성은 무엇인가?
5. 제조업과 서비스업에서 총괄계획을 위한 가장 일반적인 의사결정 변수들은 무엇인가?
6. 하나 혹은 소수의 유사한 제품이나 서비스를 생산하는 기업에서는 직면하지 않지만 다양한 제품 혹은 서비스를 생산하는 기업이 총괄계획수립시 직면하게 되는 어려움은 무엇인가?
7. 다음의 계획수립 전략의 장점과 단점을 간략히 설명하라.
   a. 일정수준의 산출을 유지하면서 수요의 변동을 재고로 흡수하는 전략
   b. 예측된 수요 요구량의 변화에 맞춰 작업자의 규모를 다양하게 가져가는 전략
   c. 작업자의 규모는 일정하게 유지하면서 예측된 수요변동에 따라 작업 시간을 변경하는 전략
8. 총괄계획수립 시 약식으로 사용되는 그래프 기법과 차트 기법의 장점과 한계는 무엇인가?
9. 아래의 계획수립 기법들을 간략히 설명하고 각각의 장점과 단점을 설명하라.
   a. 스프레드시트(spreadsheet)

b. 선형계획법(linear programming)

c. 시뮬레이션(simulation)

10. 주일정계획의 투입물과 산출물은 무엇인가?

11. 총괄계획의 관리적 중요도를 설명하라.

## 연습문제

1. 다음 주어진 단위 비용을 이용해서 총괄 계획의 총비용을 각각 계산하라.

정규산출물 = $40

초과근무 = $50

하도급 = $60

평균 재고 = $10

a.

| 월 | 1월 | 2월 | 3월 | 4월 | 5월 | 6월 |
|---|---|---|---|---|---|---|
| 예측 산출물 | 300 | 320 | 320 | 340 | 320 | 320 |
| 정규 | 300 | 300 | 300 | 300 | 300 | 300 |
| 초과근무 | 20 | 20 | 20 | 20 | 20 | 20 |
| 하도급 | 0 | 0 | 0 | 0 | 0 | 0 |
| 산출–예측 | | | | | | |
| 재고 | | | | | | |
| 기초 | | | | | | |
| 기말 | | | | | | |
| 평균 | | | | | | |

b.

| 월 | 7월 | 8월 | 9월 | 10월 | 11월 | 12월 |
|---|---|---|---|---|---|---|
| 예측 산출물 | 320 | 340 | 360 | 380 | 400 | 400 |
| 정규 | 300 | 300 | 300 | 300 | 300 | 300 |
| 초과근무 | 20 | 20 | 20 | 20 | 30 | 30 |
| 하도급 | 20 | 30 | 40 | 40 | 60 | 70 |
| 산출–예측 | | | | | | |
| 재고 | | | | | | |
| 기초 | | | | | | |
| 기말 | | | | | | |
| 평균 | | | | | | |

c. (위의 b를 참조) 상반기 동안 작업자가 매월 초과 근무를 하는 것에 대한 불만을 제기한 후, 관리자는 하반기에 임시직 작업자를 추가 고용을 고려하고 있으며, 이는 정규 산출물을 초과 근무를 이용하지 않고 한달에 350개로 늘릴 것이며, 필요한 산출물을 보충하기 위해서 하도급을 고려하고 있다. 이 계획에 대해서 총비용을 계산하라.

2. 관리자는 한 달에 200개를 생산하는 일정한 정규 생산율을 이용하고, 최대 초과 근무 생산은 매달 20개이고, 부족분을 보충하기 위해서 하도급을 이용하여 수요예측치를 충족하는 수요추종전략의 총비용을 알고자 한다. 단위 비용은 다음과 같다.

정규 생산 = $35

초과근무 = $70

하도급 = $80

| 월 | 1 | 2 | 3 | 4 | 5 | 6 |
|---|---|---|---|---|---|---|
| 예측 | 230 | 200 | 240 | 240 | 250 | 240 |

3. 예측치가 다음과 같이 주어졌을 때 이 계획의 총비용을 결정하라.

| 월 | 1 | 2 | 3 | 4 | 5 | 6 |
|---|---|---|---|---|---|---|
| 예측 | 380 | 400 | 420 | 440 | 460 | 480 |

정규산출물이 매달 400개를, 초과근무는 매달 최대 40개까지 이용하고 예측수요를 맞추기 위해 부족분은 하도급을 이용하라. 단위 비용은 다음과 같다.

정규산출 = $25

초과근무 = $40

하도급 = $60

평균재고 = $15

4. a. 다음과 같이 수요예측치가 주어지고, 매달 550개의 정규 산출물이 일정하게 있고, 초과 근무 생산량이 매달 최대 40개, 하도급은 매달 최대 10개까지 이용할 수 있을 때, 총비용을 계산하라. 단위 비용은 다음과 같다.

정규산출 = $20

초과근무 = $30

하도급 = $25

평균재고 = $10

백로그 = $18

| 월 | 1 | 2 | 3 | 4 | 5 | 6 |
|---|---|---|---|---|---|---|
| 예측 | 540 | 540 | 570 | 590 | 600 | 580 |

b. 위의 a에서 세운 계획을 수정하여 가능한한 경제적인 계획을 세워라. 초과근무와 하도급에 대한 상한은 위과 동일하고, 백로그를 허용되지 않는다고 가정하라.

5. 잔디깎기와 낙엽 제거기의 생산기업인 플럼엔진(Plum Engines)사의 관리자인 T.C. Downs는 표에서와 같이 엔진 수요예측값이 주어진 가운데 총괄계획을 개발해야 한다. 그 부서는 월 130개의 엔진을 생산할 수 있는 정규생산용량을 가지고 있다. 정규산출량은 엔진 1개당 $60의 비용을 발생한다. 기초재고는 0이다. 초과근무는 엔진 1개당 $90의 비용을 발생한다.

a. 예측에 대응하는 수요추종 전략을 개발하고 계획에 대한 총 비용을 계산하라. 정규생산이 정규생산용량보다 적을 수 있다.

b. 수요변동을 흡수하기 위해 재고를 사용하는 생산 평준화 전략과 비용을 비교하라. 재고유지비용은 매월 엔진 1개당 $2이다. 백로그 비용은 매월 엔진 1개당 $90이다. 마지막 달에는 백로그를 허용하지 않는다. 초과근무를 이용하지 않는다고 가정하라.

| | 월 | | | | | | | | |
|---|---|---|---|---|---|---|---|---|---|
| | 1 | 2 | 3 | 4 | 5 | 6 | 7 | 8 | 합계 |
| 예측 | 120 | 135 | 140 | 120 | 125 | 125 | 140 | 135 | 1,040 |

6. 패브릭밀스(Fabric Mills)사의 Chris Channing은 다음의 표와 같이 옷감에 대한 예측을 하였다. 수치들은 100개 묶음이 한 단위이다. 해당 부서는 매월 275묶음을 생산하는 정규생산능력을 갖추고 있다. 단 7개월째만 250묶음의 생산능력을 갖고 있다. 정규산출은 묶음당 $40의 비용이 발생한다. 작업자들은 만일 생산량이 정상보다 적을 경우 다른 일에 할당될 수 있다. 초기

재고는 없다.

a. 예측에 대응하는 수요추종계획을 작성하고, 그 계획의 총비용을 산정하라. 초과 생산비용은 묶음당 $60이다. 정규 생산이 정규생산용량보다 적을 수 있다.

b. 초과 근무 없이 정규생산용량을 생산하다가 정규생산용량을 초과하는 초과분은 묶음당 $50로 하도급을 사용하는 경우에 총비용이 더 적은가? 백로그는 허용되지 않고 재고유지비용은 묶음당 $2이다.

| 월 | 1 | 2 | 3 | 4 | 5 | 6 | 7 | 합계 |
|---|---|---|---|---|---|---|---|---|
| 예측 | 250 | 300 | 250 | 300 | 280 | 275 | 270 | 1,925 |

7. 썸머펀(SummerFun)은 다양한 레크리에이션 및 레저용품을 생산한다. 생산관리자는 표와 같이 수요예측을 하였다.

| 월 | 3월 | 4월 | 5월 | 6월 | 7월 | 8월 | 9월 | 합계 |
|---|---|---|---|---|---|---|---|---|
| 예측 | 50 | 44 | 55 | 60 | 50 | 40 | 51 | 350 |

총괄계획을 개발하기 위해 다음의 정보를 사용하라.

| | | | |
|---|---|---|---|
| 정규생산비용 | $80/개 | 백오더 비용 | $20/개 |
| 초과근무생산비용 | $120/개 | 기초재고 | 0 |
| 정규생산용량 | 40개/월 | | |
| 초과근무생산용량 | 8개/월 | | |
| 하도급비용 | $140/개 | | |
| 하도급생산용량 | 12개/월 | | |
| 재고유지비용 | $10/개/월 | | |

다음의 지침을 사용하여 총괄계획을 수립하고 각 계획에 대한 총비용을 계산하라. 힌트: 4월과 8월에는 다음 달들의 수요를 수용하기 위해서 추가 산출량이 필요할 것이다.

a. 정규생산을 사용하라. 필요에 따라 재고, 초과근무 그리고 하도급을 사용하여 보충하라. 백로그는 허용되지 않는다.

b. 생산 평준화 전략을 사용하라. 수요변동에 대응하기 위해 백로그, 하도급 및 재고 등의 조합을 사용하라. 단, 마지막 기간에는 백로그가 없어야 한다.

8. 나우주스(Nowjuice)사는 병에 담긴 과일 주스를 생산한다. 한 계획수립담당자가 다음 6개월 수요에 대해 표와 같이 수요예측을 하였다.

| 월 | 5월 | 6월 | 7월 | 8월 | 9월 | 10월 |
|---|---|---|---|---|---|---|
| 예측 | 4,000 | 4,800 | 5,600 | 7,200 | 6,400 | 5,000 |

다음의 정보를 사용하여 총괄계획을 작성하라.

| | |
|---|---|
| 정규생산비용 | $10/상자 |
| 정규생산 생산용량 | 5,000상자 |
| 초과근무생산비용 | $16/상자 |
| 하도급비용 | $20/상자 |
| 재고유지비용 | $1/상자/월 |
| 기초재고 | 0 |

다음의 지침을 사용하여 총괄계획을 작성하고 각 계획안에 대한 총비용을 산정하라. 어느 계획의 총비용이 더 적은가? 단, 백로그는 허용하지 않는다.

a. 생산 평준화 전략을 사용하라. 필요에 따라 초과근무를 사용하여 부족부분을 보충하라.

b. 수요변동을 다루기 위해 초과근무(기간당 최대 500상자), 재고 그리고 하도급(기간당 최대 500상자)을 조합하여 사용하라.

c. 수요변동에 대응하기 위해 기간당 최대 750상자까지 생산할 수 있는 초과근무와 재고를 사용하라.

9. 웜우드(Wormwood) 사는 다양한 가구 제품을 생산한다. 총괄계획담당자는 다음의 정보를 사용하여 다음 6개월간의 총괄계획을 수립하고자 한다.

| | 월 | | | | | |
|---|---|---|---|---|---|---|
| | 1 | 2 | 3 | 4 | 5 | 6 |
| 수요 | 160 | 150 | 160 | 180 | 170 | 140 |
| 생산용량 | | | | | | |
| 정규 | 150 | 150 | 150 | 150 | 160 | 160 |
| 초과근무 | 10 | 10 | 0 | 10 | 10 | 10 |

| 단위당 비용 | |
|---|---|
| 정규시간 | $50 |
| 초과근무 | 75 |
| 하도급 | 80 |
| 월별재고유지 | 4 |

하도급은 월 최대 10단위를 생산할 수 있다. 기초재고는 0이다. 총비용을 최소화하는 계획을 수립하라. 단, 백오더는 허용되지 않는다. 정규생산량 = 정규생산용량을 가정하라.

10. 문제풀이연습 문제 1 참조. 두 개의 추가적인 총괄계획안을 작성하라. 문제풀이 연습 문제 1의 A안을 환기해 보라. B안에 대해서는 $200의 비용을 주고 작업자를 한 사람 더 고용하라. 하도급을 개당 $8을 지불하고 최대 기간당 20개까지(즉, 예측값이 정규산출량을 초과 시 백오더를 줄이기 위해 하도급을 사용하라) 사용가능하다. 9기의 기말재고는 0이다. 그러므로 총예측 − 총산출량 = 하도급량이다. 추가적 제약사항은 백오더는 어느 기간이건 80개를 초과할 수 없다. C안에 대해서는 작업자의 신규고용은 없다고 가정한다(그러므로 정규산출량은 B안에서의 210개 대신에 기간당 200개이다). 필요에 따라 하도급을 사용하되 기간당 20개를 넘어서는 안 된다. 각 계획안의 총비용을 산정하라. 어느 계획안의 총비용이 최소가 되는가? 정규월별생산량 = 정규생산용량을 가정하라.

11. 문제풀이연습 문제 1 참조. 또 다른 대안은 계절적인 피크시기 동안에 보조할 비상근(파트 타임) 작업자를 사용하는 것이다. 단위당 비용은 채용 및 훈련비용을 포함하여 $11이다. 모든 작업자의 경우 산출량은 기간당 그리고 작업자당 10개이다. 최대 10명의 비상근 작업자를 사용할 수 있고 비상근 작업자를 사용하는 모든 기간에서는 반드시 동일한 수의 비상근 작업자가 투입되어야 한다. 그리고 9기에서의 기말재고는 10개이어야 한다. 백로그의 한도는 기간당 20개이다. 가능한 한 신속히 백로그를 보충하라. 이 계획에 대한 총비용을 산정하고 문제풀이 연습 문제 1의 비용과 비교하라. 총 상근 작업자는 20명으로 가정하고, 정규월별생산량 = 정규생산용량을 가정하라.

12. 문제풀이연습 문제 1 참조. 초과근무(개당 $9, 최대 기간당 25개)와 재고를 사용하는 총괄계획안을 수립하라. 백로그는 최소화하고 기간 9의 기말재고는 0이며, 백로그 한도는 기간당 60개이다. 이 계획에 대한 총비용을 산정하고 문제풀이 연습 문제 1에서 사용된 계획의 총비용과 비교하라. 총 상근 작업자는 20명으로 가정하라.

13. 예제 2 참조. 초과근무는 이용하지 않고 하도급을 기간당 최대 50개까지 이용하는 계획이 예제 2에서 세운 계획보다 총비용이 낮은지 결정하라. 기간 6에서의 기말재고가 0이고 정규생산량은 정규생산용량보다 적을 수 있다.

14. 예제 3의 수송계획의 풀이를 검증하라.

15. 예제 3 참조. 창고비용 및 기타 비용인상으로 인해 재고유지비용이 개당 월 $2가 되었다고 가정하라. 모든 다른 비용과 수량은 과거와 동일하다. 이 수송 문제에 대해 수정된 해결책을 제시하라. 표 11.6을 수정하여 풀어라.

16. 예제 3 참조. 정규시간 생산용량이 장비의 전사적인 안전 점검을 위해 3기에 440개로 감소되었다고 가정하자. 예제 3에서 계산된 비용과 비교하여 최적 계획안의 추가비용은 얼마일까? 모든 비용과 수량은 예제 3에서 주어진 것과 동일하되 3기의 정규시간 산출량만 예외이다. 표 11.6을 수정하여 풀어라.

17. 16번 문제를 재고유지비용이 '기간당 단위당 $2'인 것을 적용하여 추가비용을 계산하라.

18. 일리노이주의 Wheelville에 위치한 던다스바이크 컴포넌트(Dundas Bike Components)사는 도시 건너편에 위치한 빅바이크(Big Bike)사의 조립공장을 위해 두 개의 서로 다른 사이즈의 바퀴를 제조하고 있다. 회사의 책임자인 David Dundas는 방금 다음 6개월 동안의 빅바이크사의 주문을 접수받았다.

| | 11월 | 12월 | 1월 | 2월 | 3월 | 4월 |
|---|---|---|---|---|---|---|
| **20-인치 바퀴** | 1,000 units | 900 | 600 | 700 | 1,100 | 1,100 |
| **24-인치 바퀴** | 500 units | 500 | 300 | 500 | 400 | 600 |

a. 어떠한 조건하에서 Dundas가 각 사이즈별로 두 개의 계획안이 아닌 하나의 총괄계획안을 작성하는 것이 가능할까? 계산이 아닌 2-3문장으로 설명하라.

b. 현재 Dundas는 28명의 상근 작업자를 고용하고 있고 각 작업자는 다른 업무와 더불어 매월 50개의 바퀴를 생산할 수 있다. Wheelville 지역에서는 노동공급이 부족하기에 Dundas는 순수 생산 평준화 전략을 개발하고자 한다. 현재 완제품 바퀴 재고는 없으나 Dundas는 4월 말에 300개를 보유하고자 한다. 빅바이크사는 월 200개까지 백오더를 허용할 것이다. 표의 형식으로 생산 평준화 전략을 수립하라. 단, 초과근무를 이용한 생산량은 마지막 달을 제외하고 동일해야 한다.

c. 다음의 비용들을 사용하여 당신이 제시한 계획안의 총 연간 비용을 산정하라.

| | | | |
|---|---|---|---|
| 정규 | $5.00 | 채용 | $300 |
| 초과근무 | $7.50 | 해고 | $400 |
| 비상근 | NA | 재고 | $1.00 |
| 하도급 | NA | 백오더 | $6.00 |

19. 산업용 펌프의 사례에서 MPS 규칙을 "예측 보유재고가 추가생산 없이 음(−)일 때 생산일정을 계획하시오."에서 "예측 보유재고가 추가생산 없이 10개보다 작을 때 생산일정을 계획하시오." 라는 규칙으로 변경한 다음 예와 같은 입력사항과 로트사이즈를 70으로 설정해서 그림 11.11과 같은 방식으로 산업용 펌프의 주생산일정계획을 작성하라.

20. 다음과 같은 갱신된 입력사항을 가지고 그림 11.11의 주일정계획을 갱신하라. 즉, 현재시점은 1주 말이다. 고객주문은 2주차에는 25개, 3주차에 16개, 4주차에는 11개, 5주차에는 8개, 그리고 6주차에는 3개이다. 예상 보유재고가 추가생산 없이 음(−)일 때 생산 주문을 내는 MPS 규칙을 사용하라. 2주부터 8주까지 주일정계획을 세워라.

21. 다음의 정보를 가지고 그림 11.11에서와 같은 주일정계획을 작성하라. 즉, 8주간의 일정에서 매주 예측값은 50개이다.

MPS 규칙은 예상 보유 재고가 추가생산 없이 음(−)일 때 생산 주문을 내는 것이다. 약속된 고객주문은 다음과 같다.

| 주(week) | 고객주문 |
|---|---|
| 1 | 52 |
| 2 | 35 |
| 3 | 20 |
| 4 | 12 |

생산 로트 사이즈는 75개이고 기초재고는 없다고 가정하라.

22. 연습문제 21번에 대해 각 기간의 약속가능재고(ATP) 수량을 산정하라.

23. 다음의 상황에 대해 그림 11.12과 같은 일정계획을 작성하라. 즉, 예측값은 첫 두 기간 동안 각 80개이고 다음 세 기간 각각은 60개이다. 기초재고는 20개이다. 회사는 생산 로트 사이즈를 결정하기 위해 수요추종 전략을 사용한다. 단 로트 사이즈에는 70개의 상한이 있다. 또한 바람직한 안전재고는 10개이다.

    *주의*: ATP 수량은 최대 허용 생산량에 기반을 둔다.

    *주의*: (−)의 값의 예정보유량이 있을 수 있다.

    약속된 주문들은 다음과 같다.

| 기간 | 고객주문 |
|---|---|
| 1 | 82 |
| 2 | 80 |
| 3 | 60 |
| 4 | 40 |
| 5 | 20 |

사례

# Eight Glasses a Day (EGAD)

EGAD사는 여러가지 특별한 풍미를 포함하는 프리미엄 생수를 생산하는 새로운 라인을 소개하기로 결정했다. 마케팅 관리자인 Georgiana Mercer는 새로운 새로운 제품을 출시하는 것과 물을 많이 마시는 것이 건강에 이롭다는 대중의 인식이 증대하는 것에 기반하여 수요의 상승을 예상하고 있다. 다음 6개월간 총괄수요예측을 준비하였는데, 다음 표와 같다. (단위 수량은 탱크로드이다.)

| 월 | 5월 | 6월 | 7월 | 8월 | 9월 | 10월 | 합계 |
|---|---|---|---|---|---|---|---|
| 예측 | 50 | 60 | 70 | 90 | 80 | 70 | 420 |

한편, 생산관리자 Mark Mercer는 다음과 같은 정보를 준비했다. 비용은 $1000단위이다.

| | |
|---|---|
| 정규생산비용 | =$1/탱크로드 |
| 정규생산용량 | =60 탱크로드 |
| 초과근무생산비용 | =$1.6/탱크로드 |
| 하도급비용 | =$1.8/탱크로드 |
| 재고유지비용 | =$2/탱크로드/월 |
| 백오더 비용 | 백로그를 허용하지 않는다. |
| 기초재고 | 0 |

고려되는 전략들은 다음과 같다.

1. 초과근무로 월 10대의 탱크로드까지 보충할 수 있는 생산 평준화 전략
2. 초과근무, 재고, 하도급 조합의 사용
3. 수요변동에 대응하기 위해 재고 사용을 허용하면서 월 15대 탱크로드까지 초과근무 사용하고 정규생산은 매월 동일

**[질문]**

1. 최소비용의 계획을 선정하는 것이 목적이라면, 어떤 계획을 추천할 것인가?
2. 공급사슬 파트너들과 새로운 생산라인에 대한 정보가 공유되어 왔다. 어떤 정보가 다양한 파트너들과 공유되어야 하지, 그러한 정보를 공유하는 것이 왜 중요한지를 설명하여라.

## 참고문헌


Burrows, Robert P., Lora Cecere, and Gregory P. Hackett. *The Market-Driven Supply Chain: A Revolutionary Model for Sales and Operations Planning in the New On-Demand Economy*. Miama, FL: The Hackett Group, 2012.

Jacobs, F. Robert, William L. Berry, D. Clay Whybark, and Thomas Vollman. *Manufacturing Planning and Control for Supply Chain Management*, 6th ed. Burr Ridge, IL: McGraw-Hill/Irwin, 2018.

Wallace, Thomas F. and Robert A. Stahl. *Sales and Operations Planning: The How-to Handbook*, 3rd ed. T. F. Wallace and Company, 2008.

Wallace, Thomas F., and Robert A. Stahl. *Sales and Operations Planning: The Executive's Guide*. T.F.Wallace and Company, 2014.

# 12 CHAPTER 재고관리

## *Inventory Management*

### 학습 목표 *Learning Objectives*

*이 장을 학습한 후 다음과 같은 능력을 가져야 한다.*

**LO12.1** *재고*의 개념을 정의

**LO12.2** 재고 유형을 열거

**LO12.3** 재고의 주요 기능을 설명

**LO12.4** 효과적인 재고관리를 위한 주요 사항들을 토론

**LO12.5** 정기 조사 시스템과 계속 조사 시스템에 대해 토론

**LO12.6** 재고관리 관련 비용들을 설명

**LO12.7** ABC 접근법을 기술하고 얼마나 유용한가를 설명

**LO12.8** EOQ 모형과 가정을 설명하고 관련 문제 풀기

**LO12.9** 경제적 생산량 모형을 설명하고 관련 문제 풀기

**LO12.10** 수량할인 모형을 설명하고 관련 문제 풀기

**LO12.11** 재주문점 모형을 설명하고 관련 문제 풀기

**LO12.12** 고정주문간격 모형이 적합한 상황을 설명하고 관련 문제 풀기

**LO12.13** 단일기간 모형이 적합한 상황을 설명하고 관련 문제 풀기

### 개요 *Chapter Outline*

Maxim Blinkov/Shutterstock

재고관리는 생산운영관리의 핵심 활동이다. 효과적인 재고관리는 기업과 공급사슬의 성공적 운영을 위해 필수적이며, 생산운영관리, 마케팅관리, 재무관리와도 관련되어 있다. 즉, 재고관리를 잘못할 경우 운영에 나쁜 영향을 미치며 고객만족도를 감소시키고 이는 다시 운영비용의 증가로 이어진다. 일부 기업은 뛰어난 재고관리 능력을 지니고 있으며, 많은 기업들이 만족할 만한 수준의 재고관리를 하고 있다. 그러나 아직도 상당수의 기업들은 만족스럽지 못한 재고관리능력을 보여주고 있는데, 재고가 너무 적거나 너무 많거나, 재고 추적이 정확하지 않거나, 우선 순위가 잘못되어 있다. 즉, 무엇을 해야 하고 어떻게 해야 하는가에 대한 이해가 부족하다. 이 장에서는 효과적인 재고관리를 위한 개념과 지식기반을 제시한다.

## 12.1 서론

**재고**(inventory)란 저장 또는 비축된 상품을 의미한다. 일반적으로 기업은 수백 개 혹은 수천 개의 품목을 재고로 저장한다. 저장하는 품목은 연필, 클립, 나사, 너트, 볼트 같은 작은 품목에서 기계, 트럭, 건설장비, 항공기와 같은 큰 품목까지 다양하다. 기업이 재고로 보관하는 품목들의 대부분은 당연히 비즈니스와 관련되어 있다. 즉, 제조 기업은 원자재, 구입부품, 재공품, 완제품, 기계 및 도구 등을 재고로 보관한다. 백화점은 의류, 가구, 카펫, 문구,

**재고**
저장 또는 비축된 상품

읽을거리 $$$

한 공장이 재고관리에 어려움을 겪으면서 컨설턴트인 Bill에게 도움을 청했다. 그는 최근의 정리해고 과정에서 주문관리를 담당하던 몇 명의 시니어 관리자들이 회사를 떠난 것을 발견했다. 신임 생산관리 책임자는 새로 채용된 관리자들에게 주문 방법에 대한 재량권을 더 많이 허용하기로 결정했다. 신임 관리자들은 과거에 사용하던 재고관리 모형을 '구식'이라면서 사용하기를 회피했는데 이는 모형이 관리자들의 '직관'을 허용하지 않았기 때문이었다. Bill은 시설을 둘러보면서 일부 부서에서는 부품 및 원자재의 재고가 과다(비용발생)한 것을 발견했으며, 한편 다른 부서에서는 재고 부족으로 작업이 심각하게 방해받고 있다(더 많은 비용발생)는 불만을 들었다. Bill이 생산관리 책임자에게 자신이 발견한 사항을 언급하는 자리에서 '직관적인 방법'이 회사의 비용을 오히려 증가시키고 있다는 사실을 지적하자, 깜짝 놀란 생산관리 책임자는 즉시 '직관적인 방법'을 폐기하고 보다 적절한 '현실적' 모형으로 대체한 뒤 신임 관리자들에게 재고관리 모형의 사용방법에 대한 교육을 실시하였다. 얼마 안가 과잉재고와 재고부족 문제는 과거의 일이 되었다. 비용은 현저히 감소했고, 이익, 고객 만족도 및 종업원의 사기가 모두 증가했다.

화장품, 선물, 카드, 장난감을 재고로 보관한다. 병원은 약품, 수술용품, 시트와 베개 커버 등을 재고로 보관하고, 슈퍼마켓은 신선한 음식과 캔류, 포장식품 및 냉동식품, 주방용품, 신문, 가공음식, 생활용품, 농산물, 기타 품목들을 재고로 보관한다.

이 장에서 설명하는 재고 모형들은 주로 *독립수요*를 가진 품목들을 위한 모형들이다. 독립수요란 수요가 시장의 소비자들로부터 발생하는 품목을 의미한다. 즉, 컴퓨터는 독립수요를 가지고 있지만, 컴퓨터를 조립하는 데 사용되는 구성요소들은 컴퓨터라는 완제품에 종속된 수요를 가진 품목들이다.

## 12.2 재고의 성격과 중요성

재고는 경영에 중요한 부분이다. 재고는 생산운영을 위해 필요할 뿐만 아니라 고객만족에도 상당히 기여한다. 재고의 중요도를 이해하기 위해 다음을 고려해 보자. 일부 대기업들은 엄청난 양의 재고를 가지고 있다. 예컨대, GM은 한때 공급사슬에 400억 달러 상당의 원자재, 부품, 엔진과 같은 구성품의 재고를 가지고 있었던 것으로 알려져 있다. 비록 기업마다 취급하는 재고의 양과 금전적 가치는 매우 다르지만, 전통적인 기업은 유동자산의 약 30%를 재고자산으로 보유하고 있고, 운영자본의 90%를 재고자산에 투자하는 것으로 알려져 있다. 일반적으로 사용되는 경영성과 측정방법인 *투자수익률*(*return on investment*, *ROI*)은 세후 이익을 총자산으로 나눈 값이다. 재고는 전체 자산의 상당 부분을 차지하기 때문에 재고를 줄이면 고객 서비스 감소를 야기할 수 있지만, 투자수익률의 증가로 이어질 수 있다. 제조, 도매 및 소매 부문의 판매 대비 재고 비율이 한 국가의 경제가 얼마나 건강한지를 측정하는 데 사용되는 중요한 지표 중 하나라는 점은 주목할 만하다.

서비스조직에서 재고 의사결정은 사소할 수도 있지만 특별히 중요할 수도 있다. 예컨대, 병원들은 긴급 상황에 필요한 약품과 혈액을 재고로 보관하는데 이 중 일부가 부족하게 되면 환자의 생명을 위협할 수 있다. 그러나 이러한 품목들 상당수가 유통기한이 짧기 때문에 많은 양을 보관할 경우 유통기한 내에 사용되지 않은 값비싼 물품들을 폐기해야 하는 위험이 따른다. 컴퓨터, 프린터, 복사기, 팩스에 대한 현장수리서비스는 현장에 어떠한 부품을 가지고 갈 것인가를 주의 깊게 고민해야 부품 부족으로 인해 현장을 재방문해야 하는 번거

로움을 피할 수 있다. 전기 수리공, 전자제품수리업자, 배관공의 경우에도 마찬가지이다.

도소매사업의 주 수익원은 상품, 즉 재고의 판매이다. 사실 판매를 위한 상품재고는 도소매사업자에게 중요한 자산 가운데 하나이다. 의류를 판매하는 소매점은 어떤 스타일의 옷을 취급할 것인지, 얼마나 보관할지에 대해 고민한다. 의류 판매 소매점은 잘 팔리지 않아 나중에 크게 할인해야 하는 품목들보다 빠르게 판매되는 품목들이 훨씬 큰 이익을 제공함을 잘 이해해야 한다.

다음과 같은 다양한 유형의 재고들이 있다.

- 원자재와 구입한 부품들
- 부분적으로 완성된 제품, 즉 재공품(work-in-process, WIP)
- 제조기업의 완제품 재고 혹은 소매점의 상품
- 공구, 공급품
- 유지 보수용(maintenance, repair and operations, MRO) 재고
- 창고, 유통업자 및 고객으로 이동 중인 제품(파이프라인 재고)

제조업체와 서비스업체는 모두 재고에 따른 공간 문제를 고려해야 한다. 어떤 경우에는 공간 상의 제약이 재고저장능력을 제약하면서 재고 의사결정에 영향을 미치기도 한다.

기업이 재고를 보유하는 이유를 이해하기 위해서 재고의 다양한 기능들을 알아 둘 필요가 있다.

## 재고의 기능

재고는 많은 기능들을 수행하고 있다. 그중 가장 중요한 것은 다음과 같다.

- **고객의 예상수요를 만족시킨다.** 고객은 새로운 스마트폰을 사기 위해 불시에 가게를 방문하는 사람일 수도 있고, 도구 보관실에서 도구를 주문하는 기술자일 수도 있으며, 커피 재고를 주문하는 커피전문점일 수도 있다. 이러한 재고들은 예상되는 (즉, *평균*)수요를 만족시키기 위해 보관되기 때문에 *예상재고(anticipation stocks)*에 해당한다.
- **생산 수준을 평준화한다.** 수요에 변동성이 있는 기업의 경우 수요가 증가하는 기간 동안에도 일정한 생산량을 유지하기 위해 수요가 생산량보다 낮은 기간동안 비축했던 재고를 활용할 수 있다. 마찬가지로 수요에 계절성이 존재하는 경우 성수기의 높은 수요에 대비하여 계획적으로 비수기에 재고를 비축하기도 한다. 이러한 재고를 *계절성 재고(seasonal inventories)*라고 부른다. 연하장이나 겨울 또는 여름기간 동안에 주로 팔리는 계절성 상품을 다루는 상점들이 계절성 재고를 보관한다.
- **생산 활동들을 분리하여 보호한다.** 기업은 연속되는 일련의 프로세스가 한 곳에서의 기계고장이나 사고로 인해 전체적으로 멈추는 상황을 피하기 위해 재고를 버퍼로 사용할 수 있다. 이러한 완충재고는 문제가 해결되기까지 생산의 연속성을 유지해주는 역할을 한다. 이와 유사하게 기업은 공급자로부터의 배송 차질로부터 생산 활동을 보호하기 위해 원자재 완충재고를 사용하며 제조 중단에 따른 재고부족으로 판매활동에 차질이 발생하지 않도록 완제품재고의 완충재고를 사용한다. 최근 기업들은 완충재고를 면밀하게 관찰하여 이에 수반되는 비용과 공간을 인식하고, 프로세스가 중단되는 원인을 찾아서 제거한다면 생산 활동을 분리할 필요성이 크게 줄어들어 완충재고의 필요성을 감소시킬 수

있다고 인식하고 있다.

또한, 완충재고는 *공급사슬*에서도 중요하다. 완충재고가 가장 유용한 곳과 의미 없이 비용만을 증가시키는 곳을 구별하기 위해 면밀한 분석이 이루어져야 한다.

- **상품이 품절되는 위험을 줄인다.** 배달지연과 수요의 갑작스러운 증가는 재고 품절의 위험을 증가시킨다. 지연은 날씨, 공급자의 재고부족, 잘못된 자재의 전달, 품질문제 등으로 인해 발생할 수 있다. 품절의 위험은 안전재고를 보유함으로써 줄일 수 있는데, *안전재고*(*safety stocks*)는 수요와 리드타임의 *변동성*에 대비하여 예상되는 평균수요를 초과하여 보관하는 재고이다.
- **정해진 주문 주기를 활용할 수 있게 해준다.** 일정 기간 동안의 주문비용과 재고비용을 최소화하기 위해 기업은 당장 필요한 양보다 많은 수량을 구입한 뒤 여분을 다음 주문시까지 사용할 수 있다. 이와 유사하게 일반적으로 소량보다는 대량으로 생산하는 것이 경제적이다. 이 경우에도 여분의 생산량은 다음 번 생산이 일어날 때까지 사용하기 위해 보관한다. 따라서 기업이 단기적인 수요를 맞추기 위해 구매하고 생산하기 보다는, 주문 주기를 활용하여 *경제적 주문량*(*economic lot sizes*)을 구매하거나 생산할 수 있다. 그 결과 *주기적 주문*(*periodic* orders) 또는 주문 사이클이 발생한다.
- **가격 상승에 따른 위험을 회피할 수 있게 해준다.** 기업은 구매품의 가격상승이 예측되는 경우 이를 피하기 위해 통상적인 구매량 이상을 구매할 수도 있다.
- **끊김 없는 운영을 가능하게 해준다.** 상품을 생산하는 데에는 일정한 시간이 소요되기 때문에 그 과정에서 일반적으로 프로세스 상의 재공품 재고가 존재하게 된다. 나아가, 생산현장의 원자재, 재공품, 완제품뿐만 아니라 물류창고에 저장된 제품 등 생산-유통시스템 전반에 걸친 재고가 *파이프라인* 재고(*pipeline* inventory)의 형태로 존재하게 된다. **리틀의 법칙**(Little's law)은 파이프라인 재고를 계산하는 데 유용하다. 시스템 내의 평균 재고량은 재고단위가 시스템을 떠나는 평균비율 즉, 평균수요율과 한 단위의 재고가 시스템에 머무는 평균시간의 곱과 동일하다. 즉, 수요율이 매일 5단위이고 품목들이 평균 10일 동안 시스템에 머무른다면 평균재고는 5단위/일 × 10일 즉, 50단위이다.

**리틀의 법칙** ▸
시스템 내의 평균 재고량은 평균수요율과 시스템 내에 머무는 평균시간의 곱과 같다.

- **수량할인(quantity discounts)을 활용하여 이익을 얻게 해준다.** 공급자는 종종 대량주문에 대해 가격할인을 제공하는데, 구매자 입장에서는 구매수량을 증가시키면 재고가 증가할 수 있지만 대량으로 구매함으로써 총 비용을 줄일 수 있는 기회가 생길 수 있다.

## 재고관리의 목적

재고를 적절히 관리하지 못하면 하면 너무 적거나 많은 재고를 보유하게 된다. 과소보유는 배달 지연, 매출 기회 상실, 고객 불만족, 생산 지연으로 이어지며, 과잉보유는 공간 활용의 비효율성을 초래하고 다른 생산적인 부분에 투입되어야 할 자금을 불필요하게 묶어 놓는 결과를 초래하게 된다. 비록 과잉 재고가 두 가지 악재 중 조금 더 나아 보일 수 있지만, 재고유지비용이 높을 때 과잉 재고는 상당한 부담이 될 수 있고 현장은 통제가 되지 않는 상황으로 쉽게 빠져들 수 있다.

재고관리의 전체적인 목적은 재고*비용*을 합리적인 수준으로 유지하면서 만족할 만한 *고객서비스*수준을 달성하는 것이다. 재고관리에서 두 가지 기본적인 의사결정은 *언제 주문*하고 *얼마나 주문*하는가이다. 이 장의 상당 부분은 이러한 의사결정을 하는 데 이용될 수 있는 모형들을 집중적으로 다룰 것이다.

관리자는 다양한 성과 지표를 통해 재고관리의 효과성을 판단할 수 있다. 가장 기본적인 것은 비용과 고객만족도인데, 이는 미납주문의 양과 고객불평의 횟수로 측정될 수 있다. 널리 사용되는 척도로 **재고회전율**(inventory turnover)이 있는데 이는 평균재고투자액에 대한 연간 매출원가의 비율로 측정된다. 간단히 표현하면 재고회전율은 재고가 연간 몇 차례 판매되었는가를 나타낸다. 일반적으로 비율이 높을수록 재고를 효과적으로 관리한 것으로 간주하기 때문에, 비율이 높을수록 좋다. 그러나 바람직한 회전수는 산업과 통상적으로 기대하는 이윤의 정도에 따라 다르다. 이윤이 클수록 용인할 수 있는 재고회전율은 낮으며, 그 역도 성립한다. 또한, 제조와 판매에 오랜 시간이 걸리는 제품은 회전율이 낮다. 이는 이윤 폭이 큰 고급품 소매상의 경우에 해당한다. 역으로 이윤 폭이 적은 슈퍼마켓은 상당히 높은 회전율을 가져야만 한다. 그렇지 않으면 적정한 수준의 이윤을 유지할 수 없다. 중요한 점은 재고투자와 고객서비스 사이에서 바람직한 균형이 이루어져야 한다는 점이다. 관리자는 재고회전율을 사용해서 재고관리 성과를 평가하면서 시간의 흐름에 따른 재고회전율의 변화를 측정하여 성과의 변화를 추적할 수 있다.

**재고회전율**
평균재고투자액 대비 연간 매출원가의 비율

다른 유용한 척도로서 보유중인 재고의 공급일수를 들 수 있는데, 이는 현재 보관 중인 재고를 이용하여 향후 몇일동안 수요를 감당할 수 있는가를 나타낸다. 다시 말해 몇일분의 판매량을 현재 재고로 보유하고 있는가를 나타내는 지표이다. 보유 중인 재고의 공급일수가 길다는 것은 과도한 재고를 의미하며 반면에 짧을 경우 재고부족의 위험이 있을 수 있음을 의미하므로 이 둘 간의 균형이 필요하다.

## 12.3 효과적인 재고관리를 위한 요구사항

관리자는 재고에 대해 기본적으로 두 가지 관리 책임이 있다. 하나는 재고 품목들을 추적하는 시스템을 만드는 것이고, 다른 하나는 재고 품목 각각의 주문 시점과 양을 결정하는 것이다. 효과적인 관리를 위해서 관리자가 알아야 할 사항은 다음과 같다.

1. 보유하거나 주문한 물품에 대한 **재고 추적** 시스템
2. *예측오차*를 포함한 신뢰할 수 있는 **수요예측**
3. **리드타임**과 **리드타임 변동성**에 관한 정보
4. **재고유지비용**, **주문비용**, **재고부족비용**에 대한 합리적인 추정치
5. 재고품목에 대한 **분류 시스템**

이제 각 항목에 대해 자세히 살펴보기로 한다.

### 재고조사 시스템

재고조사 시스템은 정해진 시점에만 정기적으로 진행될 수도 있고 계속적으로 진행될 수도 있다. **정기조사 시스템**(periodic system)에서는 재고로 보유 중인 각 품목의 주문량을 결정하기 위해 현장 재고조사가 주별, 월별 등 주기적으로 이루어진다. 그리고 난 뒤 다음 주문이 도착하기까지 수요가 얼마나 될지를 추정하고 이 정보를 바탕으로 주문량을 결정한다. 이러한 유형의 시스템이 갖는 이점은 많은 품목에 대한 주문을 정기적인 시점에 동시에 진행할

**정기조사 시스템**
주별 또는 월별 등 정기적으로 이루어지는 재고조사

수 있으며, 주문처리 및 선적에 있어서도 규모의 경제에 따른 비용 절감 효과를 얻을 수 있다. 주기적 재고조사는 몇 가지 단점도 있다. 조사 시점 사이에 발생하는 일에 대해서는 관리가 어렵기 때문에 조사 시점 사이에 품절이 발생하는 것을 막기 위해 추가적인 재고를 보유할 필요가 있다.

**계속조사 시스템** ▶ 항시적으로 재고를 추적하여 각 품목별로 현재의 재고수준 감시

**계속조사 시스템**(perpetual inventory system)은 항시적으로 재고의 입고와 출고를 추적하여, 각 품목별로 현재의 재고수준에 대한 정확한 정보를 확보하고자 하는 시스템이다. 보유 중인 재고량이 사전에 정해진 최소재고수준에 도달하게 되면 고정된 양($Q$)의 주문을 발주한다. 이 시스템의 장점은 항시적 조사를 통한 재고에 대한 통제력에 있다. 또 다른 장점은 고정된 주문량을 사용할 수 있다는 점으로 관리자는 최적 주문량을 사전에 결정한 뒤 이 주문량을 반복적으로 사용할 수 있다. 이 시스템의 단점은 항시적인 조사와 기록에 따른 추가비용이다. 더욱이 오류, 도난, 파손 및 재고량을 감소시킬 수 있는 기타 요인들 때문에 계속조사 시스템을 사용하더라도 시스템상의 정보가 정확한지를 판단하기 위해 현장 재고 실사와 확인이 주기적으로 이루어져야 한다. 은행에서 고객예금 및 인출과 같은 금융거래가 이루어질 때마다 금융시스템이 그 내역을 계속적으로 추적하여 잔고변화를 기록하는 것이 이 시스템의 한 예이다.

**투빈 시스템** ▶ 재고관리를 위해 두 개의 용기를 사용하며 첫 번째 용기가 비면 재주문이 이루어짐

계속조사 시스템은 매우 단순한 방식에서 매우 복잡한 방식까지 다양하게 적용될 수 있다. **투빈 시스템**(two-bin system)의 경우에는 내용물이 채워진 두 개의 용기를 사용하는데, 일단 첫 번째 용기에 담긴 내용물을 사용하다가 이 용기가 비는 시점에서 주문을 발주한다. 이 때 용기 밑바닥에 주문카드를 설치해서 주문시점을 직관적으로 인지하게끔 유도하기도 한다. 두 번째 용기에 담긴 내용물은 발주한 주문이 배달될 때까지 사용되는데, 배달기간동안 예상되는 수요와 주문이 늦거나 수요가 예상보다 많을 경우를 대비하여 여분의 재고를 보관하여 사용한다. 이 시스템의 장점은 각각의 재고 사용을 일일이 기록할 필요가 없다는 것이다. 단점으로는 재주문카드가 이런저런 이유로 제출되지 않을 수 있다는 것이다. 예컨대, 재주문카드를 잘못 놔두거나, 담당자가 카드 제출하는 것을 잊어버릴 수도 있다.

**UPC** ▶ 라벨이 부착된 품목에 관한 정보가 담긴 바코드

슈퍼마켓, 할인점, 백화점은 주로 계속조사 시스템을 사용한다. 대부분은 태그나 포장지에 표시된 **UPC** (universal product code) 즉, *바코드*를 읽는 레이저스캐닝 장비를 이용하여 재고를 파악하는 시스템을 사용하고 있다. 일반적인 식료품의 제품 코드는 다음과 같다.

바코드의 왼쪽에 있는 0은 이 품목이 식료품임을 나타내고, 처음 5자리 숫자(14800)는 제조업체(Mott's)를 나타내며 마지막 5자리 숫자(23208)는 특정 품목(자연산 사과소스)을 나타낸다. 캔디와 껌 같이 작은 포장지가 사용되는 품목에는 6자리 숫자가 사용된다.

**POS 시스템** ▶ 판매시점 거래 기록

**POS** (point-of-sale) 시스템은 현장에서의 실제 판매를 전자적으로 기록하는 시스템이다. 실제 판매 관련 정보는 수요예측 및 재고관리를 크게 향상시킬 수 있다. 이 시스템은 실제 수요 정보를 실시간으로 중계함으로써 관리자가 재고 의사결정을 효과적으로 할 수 있게 해

## 읽을거리 무선주파수 인식(RFID) 태그

제조, 서비스 및 소매업 운영 과정에서 회사내 그리고 공급사슬 전반에 걸쳐 재고를 추적하는 것은 매우 중요하다. 이를 위해 오랫동안 바코드가 사용되었지만 바코드에 담을 수 있는 정보의 양이 한정되어 있고 매번 바코드를 직접 스캔해야만 한다. RFID 태그는 선적 컨테이너, 창고의 부품, 슈퍼마켓 선반의 품목 등을 추적하고 처리하는 기능을 향상시켜 실시간 정보를 제공하는 재고관리 분야의 획기적인 기술이다. 이는 바코드보다 훨씬 많은 정보를 담아 전달할 수 있으며, 직접 바코드를 스캔할 필요도 없다.

RFID 태그는 제품 정보 또는 기타 데이터를 전파를 통해 네트워크에 연결된 RFID 리더기로 전송한다. 팔레트, 상자 또는 개별 품목에 태그를 부착하면 리더기의 인식 범위 내에서 있는 모든 객체를 식별, 추적, 모니터링 또는 위치확인을 할 수 있다. 예를 들어, 유료도로의 경우 하이패스 시스템에 태그가 사용된다.

농업 분야에서는 과일 재배자가 RFID 태그를 사용하여 운송 중인 과일 주위의 온도를 지속적으로 모니터링하면서 과일을 적절한 온도로 보관 유지할 수 있다. 태그는 농산품에 광범위하게 사용할 수 있으며, 재배 이력과 같은 정보 뿐만 아니라 과일이 유기농으로 재배되었는지 또는 어떤 종류의 비료나 화학물질을 사용했는지에 대한 정보도 담을 수 있다.

Walmart나 Target 같은 대형 소매 체인이나 정부 기관은 이제 공급업체가 RFID 태그를 사용하도록 요구하기 때문에, 기업들은 운영의 우선순위를 이미 RFID 사용에 두고 있다.

RFID 기술은 안전성, 편의성 및 재고관리의 향상에 대한 잠재력이 있지만 소매업에서 널리 사용되려면 글로벌 표준이 수립되고 저렴한 일회용 태그가 개발되어야 하기 때문에 수년이 걸릴 수 있다.

준다. 이러한 시스템은 공급업체에 판매 정보를 제공하여 효과적인 공급망 관리를 가능하게 하므로 점점 더 그 중요성이 강조되고 있다.

UPC 스캐너를 이용한 시스템은 슈퍼마켓에게 중요한 이점을 제공한다. 이 시스템은 속도와 정확성의 향상 외에도 관리자에게 재고에 대한 지속적인 정보를 제공하므로, 정기적인 재고 조사 및 주문량 결정이 필요 없어지고 고객의 영수증에 각 품목의 판매 가격과 수량을 자동으로 표시하여 고객 서비스수준을 향상시킨다.

바코딩은 소매점 이외의 사업 분야에서도 중요한 역할을 한다. 제조 산업과 서비스 산업은 바코딩이 제공하는 단순화된 생산 및 재고 통제로부터 상당한 편익을 얻고 있다. 제조업의 경우에는 바코드가 부품, 하위부품, 완제품에 부착되어 재고조사와 통제 활동에 상당한 도움이 되고 있으며, 바코드를 이용하여 자동 라우팅, 스케줄링, 정렬 및 포장을 수행할 수도 있다. 의료분야에서도 바코드 사용은 약품 처방과정에서의 실수를 줄이는 데 도움을 줄 수 있다.

**재고저장단위(Stock Keeping Units, SKU)**는 소매점에서 재고 품목과 매출을 추적하는 데 특히 도움이 된다. 전 산업에 걸쳐 범용적으로 사용되는 UPC코드와는 달리, SKU는 각 기업이 자사의 품목을 분류하고 파악하기 위해 자체적으로 숫자와 문자를 배합하여 사용하는 고유 코드이다. 이는 브랜드, 크기, 색상, 가격, 그리고 고객 유형(예, 성인, 아동, 성별)과 같은 제품의 특성을 나타내는데 사용되며, 코드 내 각 기호는 제품의 특성을 나타낸다. 일반적으로 각 기호는 고객 관점에서 중요도가 높은 것에서 낮은 것의 순으로 표시되는데, 예를 들어 브랜드가 중요한 정보라면 이에 관한 기호가 코드의 첫 자리에 표시된다.

또한 일부 업종에서는 *무선주파수 인식*(*Radio Frequency Identification, RFID*) 태그가 재고를 추적하는 데 사용되고 있다.

### 수요예측 및 리드타임 정보

재고는 수요를 만족시키는 데 사용되므로, 기본적으로 수요의 양과 시기를 잘 추정하는 것

읽을거리

## 도난 당하기 전에 잡아라! AI를 이용한 재고 손실의 감소

**리사 스펜서**

소매업의 경우 매장 내 절도가 재고 손실의 주요 요인이다. 전 세계적으로 대략 $340억이 매장 내 선반에서 사라지는데 이는 전체 매출의 약 2%에 해당하는 금액이다. 일본의 Vaak 또는 영국의 Third Eye와 같은 창업 기업은 이를 해결하기 위한 새로운 해법을 제시하고 있다. 먼저, 기존의 방범 카메라를 통해 절도범의 흔적을 추적하고, 알고리즘이 장착된 AI 소프트웨어를 이용하여 절도행각 직전의 안절부절 또는 불안정한 비정상적인 행위를 파악하는 것이다. 그리고 난 뒤, 스마트폰의 앱을 통해 경비원에게 알려서 절도행위를 사전에 예방하는 것이다. 예방이 목적이기 때문에 용의자를 사전에 접촉하여 도움이 필요한지 등을 물어보면 대부분의 경우에는 범죄로 연결되지는 않는다.

도쿄의 많은 소매점들이 Vaak의 소프트웨어를 시험 사용 중이며, 회사는 향후 3년내 일본내 십만개의 점포가 자사의 소프트웨어를 사용할 것이라 기대하고 있다. 반면, Third Eye의 소프트웨어는 유사한 방식으로 영국 내 주요 식료품점에서 사용되고 있으며 조만간 유럽 전역에 사용될 것으로 기대하고 있다.

출처: Lisa Du and Ayaka Maki, "These Cameras Can Spot Shoplifters Even Before They Steal." Bloomberg, March 4, 2019. https://www.bloomberg.com/news/articles/2019-03-04/the-ai-cameras-that-can-spot-shoplifters-evenbefore-they-steal

이 중요하다. 마찬가지로 주문한 자재나 제품이 배송되는 데 얼마나 시간이 걸리는가도 반드시 알아야 한다. 또한, 관리자는 수요와 **리드타임**(lead time)이 어느 정도 변동하는가를 알아야 할 필요가 있다. 변동성이 클수록 주문 배송시점 간에 재고부족이 발생할 위험을 줄이기 위해 추가재고의 필요성이 커지게 된다. 따라서 수요 예측과 재고관리는 중요한 상관관계가 있다.

> **리드타임** ▸ 주문 시점과 입고 시점 간의 시간 간격

### 재고비용

재고와 관련된 비용에는 구매비용, 재고유지비용, 주문비용, 재고부족비용의 네 가지가 있다.

> **구매비용** ▸ 재고를 구입하기 위하여 지불하는 금액

**구매비용**(purchase cost)은 재고를 구입하기 위하여 공급업자에게 지불하는 금액이다. 일반적으로 재고관련 비용 중 가장 큰 비중을 차지한다.

> **재고유지비용** ▸ 품목을 특정 기간 동안(일반적으로 1년) 재고로 보관하는 데 드는 비용

**재고유지비용**(holding or carrying cost)은 재고를 물리적으로 창고에 보관하는 것과 관련해서 발생하는 비용이다. 재고유지비용에는 이자, 보험료, 세금, 감가상각비와 가치하락, 진부화, 부패, 도난 및 파손으로 인한 비용, 그리고 난방비, 조명비, 임대료 및 보안비 등의 창고비용이 포함된다. 또한, 재고에 자금이 묶임으로써 발생하는 기회비용도 포함된다. 주목할 점은 이러한 비용 중 *변동*비적 성격을 지닌 부분이 재고관리와 관련된 단기적 의사결정에 유의미하다는 점이다.

세금, 이자 및 보험료는 일반적으로 재고 자산의 화폐가치를 기반으로 계상하지만, 재고유지비용 중 각 요소의 중요성은 관련된 품목의 유형에 따라 다르다. 휴대할 수 있는 품목이거나 값비싼 품목은 도난의 위험이 높다. 신선한 해산물, 고기, 가금류, 농산물, 가공음식은 빨리 상하는 경향이 있다. 또한, 유제품, 샐러드 드레싱, 약, 배터리 등은 유통기한이 정해져 있다.

재고유지비용은 통상적으로 단위가격 대비 비율 또는 단위당 비용으로 매겨진다. 일반적으로 연간 재고유지비용은 한 품목의 단위당 가격의 20~40%에 해당한다. 즉, $100짜리 품목을 1년간 재고로 유지하는 데 $20~40의 비용이 들 수 있다.

> **주문비용** ▸ 재고를 주문하고 수령하는 데 드는 비용

**주문비용**(ordering cost)은 재고를 주문하고 납품 받는데 드는 비용이다. 주문비용은 실제 주문 실행 과정에서 발생하는 비용인데, 여기에는 주문 수량을 파악하는데 드는 비용, 송장 준비, 선적비용, 납품 후 수량 및 품질 검사비용, 임시 저장장소로 제품을 옮기는 비용 등이

포함된다. 주문비용은 일반적으로 주문의 크기와는 무관하게 주문마다 일정한 금액이 발생하는 것으로 간주된다.

기업이 공급자에게 품목을 주문하는 것이 아니라 직접 생산할 경우, 장비를 셋업하고 필요한 공구를 교체하는 것과 같은 활동에 드는 비용 즉, **셋업비용**(setup cost)은 주문비용과 유사하다. 즉, 1회 생산량과는 무관하게 작업준비 시마다 일정한 금액이 발생하는 것으로 간주한다.

**셋업비용** 작업을 위해 준비하는 데 드는 비용

**재고부족비용**(shortage cost)은 수요가 보유 중인 재고의 양을 초과할 경우 발생한다. 이 비용에는 판매가 이루어지지 못한 데 따른 기회비용, 기업 평판의 훼손, 배달지연에 따른 비용 등이 포함된다. 더욱이, 만일 내부 프로세스에서 사용할 목적으로 보유하고 있는 품목에서 재고부족이 발생할 경우, 생산손실에 따른 비용도 재고부족비용에 해당한다. 이러한 비용은 1분에 수백 달러 이상이 발생하기도 한다. 재고부족비용은 그 성격상 정확히 측정하기 어려운 면이 있으며, 주관적으로 측정될 수도 있다.

**재고부족비용** 수요가 보유중인 재고를 초과할 경우 발생하는 비용; 단위당 미실현 이익

## 분류 시스템

재고관리에서 염두에 둘 점은 재고로 보관 중인 모든 품목들이 금액, 잠재적 이익, 판매량이나 사용량, 혹은 재고부족에 따른 위험과 관련해서 동일하게 중요하지는 않다는 것이다. 따라서 각 품목이 동일하게 중요하다고 생각하는 것은 비현실적이다. 대신에 재고로 보관 중인 다양한 품목들의 *상대적 중요도*에 따라 통제에 드는 노력과 시간을 비례적으로 할당하는 것이 좀 더 합리적인 접근방법이다.

**A-B-C 접근법**(A-B-C approach)은 재고품목의 중요도(예를 들어 연간 사용액 즉, 단위당 가격과 연간 구매량을 곱한 값)에 따라 재고 품목을 범주별로 분류한 다음, 그에 따라 통제 노력을 달리하는 접근법이다. 일반적으로, A(매우 중요), B(약간 중요), C(덜 중요)의 세 가지 범주로 품목을 분류한다. 그러나 실제 분류방식은 기업에 따라 다를 수 있으며, 기업이 통제노력을 얼마나 차별화하길 원하는가에 따라 달라진다. 세 가지 범주로 품목을 분류하는 경우, 범주 A에 속하는 품목들은 일반적으로 전체 품목 수의 10~20%을 차지하며 *연간 사용액*으로는 60~70%에 해당한다. 세 가지 범주 중 마지막에 해당하는 C범주 품목은 전체 품목 수의 50~60%를 차지하지만 연간 사용액으로는 10~15% 정도만을 차지한다. 이러한 비율은 기업마다 다르지만 대부분 상대적으로 적은 수의 품목이 재고와 관련된 가치나 비용의 대부분을 차지할 것이며, 이러한 품목들은 상대적으로 더 많은 통제노력을 기울여야 한다. 예컨대, A범주에 속하는 품목은 자주 검사하고 밀착관리를 해야 하며, 가능하다면 고객서비스수준이 적절히 유지되는지를 면밀히 확인해야 한다. C범주에 속하는 품목은 투빈 시스템, 대량주문 등의 느슨한 통제를 하며, B범주에 속하는 품목은 그 중간의 적절한 통제가 이루어진다.

**A-B-C 접근법** 재고를 중요도 척도에 따라 분류해서 그에 따라 관리노력을 달리하는 것

참고로 C범주의 품목이 중요하지 않다는 것은 아니다. 제품을 조립하는 데 사용되는 너트와 볼트 같은 C범주의 품목에서 재고부족이 발생하게 되면 조립라인의 정지로 인해 엄청난 비용발생을 초래할 수도 있다. 그러나 이 품목들은 연간 구매 금액이 크지 않아서 해당 항목을 대량 주문하거나 좀 더 일찍 주문하더라도 추가 비용이 많이 발생하지는 않을 것이다.

그림 12.1은 A-B-C 개념을 보여주고 있다.

A-B-C 분석은 다음의 단계들로 수행된다.

1. 각 품목에 대해 연간 구매량과 단가를 곱하여 연간 사용액을 구한다.

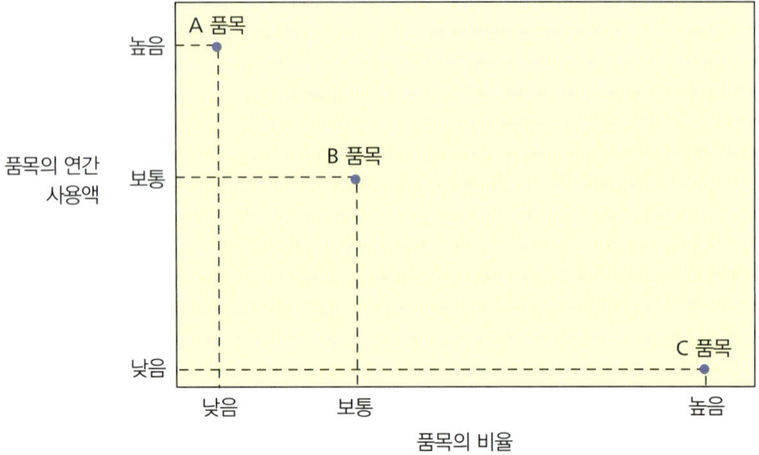


**그림 12.1**
범주 내 품목의 수와 품목별 연사용액 기준을 이용한 일반적인 A-B-C 재고 분류

2. 연간 사용액을 내림차순으로 정렬한다.
3. 연간 사용액이 가장 높은 품목들(10~15%)이 A범주의 품목이다. 연간 사용액이 가장 적은 대부분(약 50%)의 품목들은 C범주에 속하는 품목이다. 그 중간(약 35%)에 속하는 품목들은 B범주에 속한다.

**예제 1**

mhhe.com/stevenson14e

### A-B-C 범주별 분류

관리자가 10개 재고 품목 각각의 단위당 비용과 연간수요에 관한 자료를 확보한 뒤, A-B-C 품목으로 분류하고자 한다. 각 품목의 연간수요에 단위당 비용을 곱하여 연간 사용액을 계산하면 다음과 같다:

| 품목 번호 | 연간 수요(00) | × | 단위당 가격 | = | 연간 사용액(00) |
|---|---|---|---|---|---|
| 1 | 25 | | $ 360 | | $9,000 |
| 2 | 10 | | 70 | | 700 |
| 3 | 24 | | 500 | | 12,000 |
| 4 | 15 | | 100 | | 1,500 |
| 5 | 7 | | 70 | | 490 |
| 6 | 10 | | 1,000 | | 10,000 |
| 7 | 2 | | 210 | | 420 |
| 8 | 10 | | 4,000 | | 40,000 |
| 9 | 80 | | 10 | | 800 |
| 10 | 5 | | 200 | | 1,000 |
| | | | | | 75,910 |

풀이

품목별 연간 사용액을 내림차순으로 정렬하면 각 품목을 각 범주에 쉽게 할당할 수 있다.

| 품목 번호 | 연간 사용액 | 분류 | 품목비율 | 연간 사용액 비율 |
|---|---|---|---|---|
| 8 | $40,000 | A | 10 | 52.7 |
| 3 | 12,000 | B | | |
| 6 | 10,000 | B | 30 | 40.8 |
| 1 | 9,000 | B | | |
| 4 | 1,500 | C | | |
| 10 | 1,000 | C | | |
| 9 | 800 | C | 60 | 6.5 |
| 2 | 700 | C | | |
| 5 | 490 | C | | |
| 7 | 420 | C | | |
| | 75,910 | | 100 | 100 |

A범주에 속하는 품목의 수는 가장 적지만 연간 사용액 비율이 가장 큰 반면, C범주에는 가장 많은 품목이 해당되지만 연간 사용액 비율은 적다.

연간 사용액이 재고품목을 분류하는 중요한 요소가 될 수도 있지만 관리자는 특정 품목에 대해서는 예외적으로 다른 요인들을 고려하여 분류를 시도할 수 있다. 다른 요인들의 예로는 진부화의 위험, 재고부족 위험, 공급자와의 거리 등을 들 수 있다.

관리자는 생산운영을 개선하기 위해 다양한 환경에서 A-B-C 접근법의 개념을 사용할 수 있다. 고객서비스도 자주 사용되는 분류 기준인데, 다양한 서비스 관련 부분들을 매우 중요, 중요, 혹은 약간 중요로 분류하여 매우 중요한 부분에 관리 노력을 집중할 수 있다. 중요한 측면을 희생하면서 별로 중요하지 않는 고객서비스에 과도하게 집중하지 않아야 한다는 것이 요점이다.

A-B-C 접근법은 재고 실사과정에서 하나의 가이드라인으로도 사용될 수 있다. **사이클 카운팅**(cycle counting) 또는 주기적 재고실사란 재고로 보유 중인 품목의 실재 재고수준을 주기적으로 현장 조사하는 재고조사활동이다. 사이클 카운팅의 목적은 재고기록에 나타난 양과 재고로 보유 중인 실제 수량 간의 차이를 줄이기 위한 것이다. 부정확한 기록은 생산 중단, 부실한 고객서비스, 불필요한 재고유지비용으로 이어질 수 있기 때문에 정확한 정보는 매우 중요하다. 주기적 조사는 1년에 한 번 이상 이루어지는데, 자주할수록 불일치가 발생하는 원인을 조사하고 수정할 수 있게 되므로 불일치로 인한 비용을 절감하게 된다.

**사이클 카운팅**
재고로 보관 중인 품목들에 대한 실제 재고 조사활동

사이클 카운팅에서 관리자가 고려해야 할 주요 사항은 다음과 같다.

- 얼마나 정확해야 하는가?
- 언제 사이클 카운팅이 이루어져야 하는가?
- 누가 그것을 해야 하는가?

APICS는 재고기록의 정확성을 위해서 A 품목 ±0.2%, B 품목 ±1%, C 품목 ±5%의 지침을 제시하고 있다. A범주의 품목은 자주 조사되고, B범주의 품목은 상대적으로 덜 조사되며, C범주의 품목은 가장 적은 빈도로 조사된다.

읽을거리

## 드론이 창고의 재고관리에 도움이 될 수 있다

**리사 스펜서**

공급사슬관리용 기기와 트럭 대여로 잘 알려진 Ryder사는 드론을 이용하여 일부 고객의 창고에서 팔렛트의 위치를 파악하고 있는데, 어떤 경우에는 수작업으로 90분이 걸릴 일을 20분 만에 끝내고 있다. 또한 드론은 수작업으로 이틀이 소요되던 전체 창고의 사이클 카운팅을 3시간 만에 수행해낸다. 드론은 제품 적재를 위한 팔렛트의 위치를 찾고 적절히 적재되었는지를 확인하는 데에도 사용될 수 있다.

**[질문]**

**1.** 드론의 또 다른 용도에 대해 듣거나 읽어 본 적이 있는가?

출처: "Ryder redefines the smart warehouse," Fleet Owner, January 18, 2019, https://www.fleetowner.com/technology/ ryder-redefines-smart-warehouse

일부 기업들은 사이클 카운팅을 위해 특정 이벤트를 사용하는 반면 다른 기업들은 정기적으로 사이클 카운팅을 한다. 재고의 실제 조사를 촉발할 수 있는 이벤트로는 재고기록에 보유 중이라 표시된 품목의 재고가 실제로는 없는 경우, 특정 품목의 재고수준이 낮거나 0이라고 표기되는 경우, 그리고 매 2,000단위 판매 등과 같이 지정된 활동 수준에 도달한 경우 등을 들 수 있다.

일부 기업들은 비수기 동안 사이클 카운팅을 수행할 정규 재고실사 전담인력을 사용하는 반면 일부 기업들은 정기적으로 사이클 카운팅을 하기 위해 외부기업들을 활용한다. 외부기업을 활용하면 재고로 보유 중인 품목을 별도로 체크하므로, 정직하지 않은 직원이 문제를 일으킬 위험을 감소시킬 수 있다. 사이클 카운팅 전담인력을 유지하고 있는 기업도 여전히 존재한다.

## 12.4 재고 주문 정책

재고 주문 정책은 다음과 같은 재고관리의 두 가지 기본적인 의사결정 문제를 다룬다.

- 주문량
- 주문시기

이어지는 절에서는 이러한 문제에 사용되는 여러 모형을 설명한다. 먼저 주문량 결정에 관한 모형을 다루도록 한다.

## 12.5 얼마나 주문할 것인가: 경제적 주문량 모형

**경제적 주문량** ▸ 연간 총비용을 최소화하는 주문량

얼마나 주문할 것인가에 대한 질문은 **경제적 주문량**(economic order quantity, EOQ) 모형을 통해 해결될 수 있다. EOQ 모형은 주문의 크기와 빈도에 따라 달라지는 연간 총비용의 합계를 최소화하는 최적의 주문량을 찾는데 초점을 두고 있다. 이 절에서는 다음의 세 가지 주문량 결정 모형을 다룰 것이다.

- 기본 EOQ 모형
- 경제적 생산량(EPQ) 모형
- 수량할인 모형

## 기본 경제적 주문량(EOQ) 모형

기본 경제적 주문량 모형은 세 모형들 중 가장 단순하다. 연간 재고유지비용과 연간 주문비용의 합을 최소화하는 주문량을 알아내기 위해 사용된다. 재고품목의 단위당 구매가격은 일반적으로 총비용에 포함되지 않는데, 이는 수량할인이 존재하는 경우가 아니라면 주문량과 상관없이 단위당 구매가격이 일정하기 때문이다. 다만, 단위당 재고유지비용이 단위당 구매비용의 백분율로 나타날 경우에는 단위당 구매비용은 재고유지비용의 일부로 총비용에 포함된다.

기본 모형은 몇 가지 가정을 이용하고 있는데, 이러한 가정들은 표 12.1에 나타나 있다.

재고의 주문과 사용은 주기적으로 발생한다. 그림 12.2는 재고 주기들이 전개되는 형태를 묘사하고 있다. 주기는 $Q$ 단위의 주문이 입고되면서 시작하는데 이 물량은 해당 주기 전반에 걸쳐 일정한 속도로 사용된다. 보유 중인 재고량이 리드타임 기간 동안의 수요와 일치할 정도로 낮아졌을 때, $Q$ 단위의 주문이 공급자에게 발주된다. 수요율과 리드타임이 변하지 않는다고 가정하였기 때문에 발주된 주문은 보유 중인 재고가 0이 되는 정확한 시점에 입고될 것이다. 따라서 주문 발주의 시점은 과도한 재고 또는 재고부족이 일어나지 않도록 정해진다.

최적 주문량은 연간 재고유지비용과 연간 주문비용이 균형을 이룰 때 달성된다. 연간수요는 알려져 있고 정해져 있다고 가정하기 때문에, 주문량이 달라지면 한 비용은 증가하고

**표 12.1**
기본 EOQ 모형의 가정

- 한 제품만을 다룬다.
- 연간수요는 알려져 있다.
- 수요는 연중 균일하게 발생하며, 따라서 수요율은 일정하다.
- 리드타임은 알려져 있고 일정하다.
- 각 주문은 한 번에 배달된다.
- 수량할인은 없다.

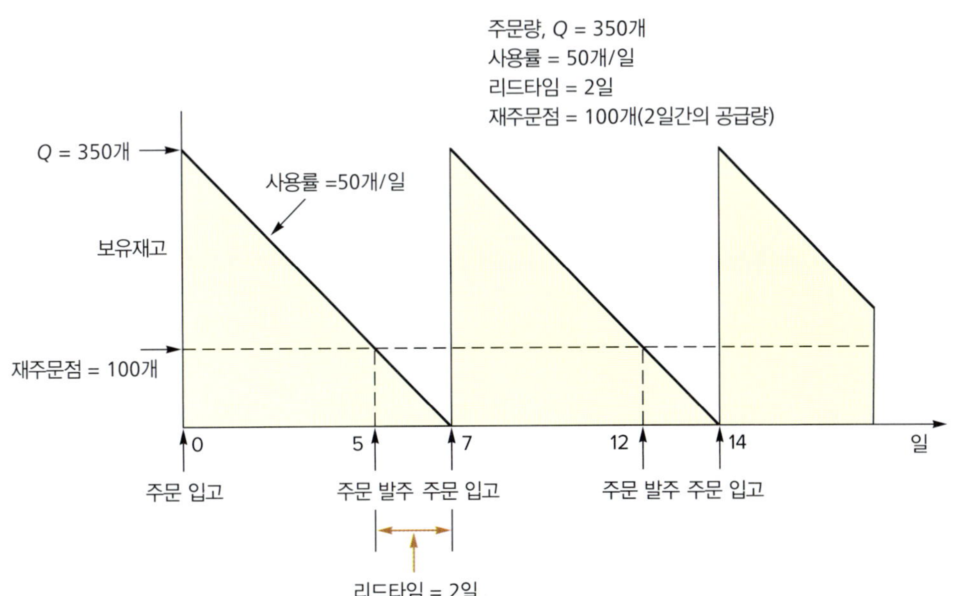


**그림 12.2**
재고 사이클: 시간에 따른 재고수준의 변화

**그림 12.3**
평균 재고수준과 연간 주문 횟수와의 관계: 하나가 증가하면 다른 하나는 감소

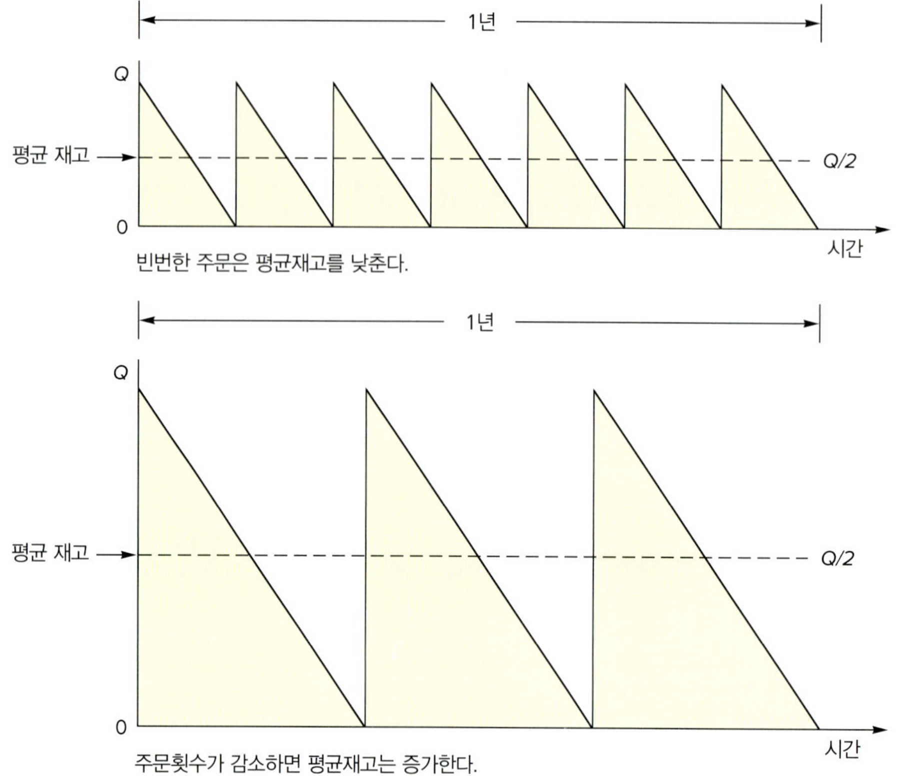


다른 비용은 감소하게 된다. 예컨대, 1회 주문량이 상대적으로 적을 경우 평균 재고가 적기 때문에 결과적으로 재고유지비용이 낮아지게 된다. 그러나 적은 주문량을 빈번하게 주문해야 하므로 연간 주문비용이 많이 발생하게 될 것이다. 역으로 1회 주문량이 커지면 연간 주문 횟수와 이에 따른 비용은 줄어들겠지만 평균 재고량은 높아져서 재고유지비용을 증가시킬 것이다. 그림 12.3이 이 두 가지 경우를 보여주고 있다.

따라서 너무 많거나 적은 주문량은 적절하지 않기 때문에 그 사이에 있는 주문량을 선택하는 것이 이상적이다. 정확한 주문량은 연간 재고유지비용과 연간 주문비용의 상대적 크기에 따라 다르다.

연간 재고유지비용은 평균 재고량에 한 단위의 품목을 1년간 재고로 보유할 경우 발생하는 비용을 곱하여 계산한다. 평균 재고수준은 주문량의 1/2이다. 재고 수준이 $Q$단위에서 0으로 일정하게 감소하기 때문에 $(Q + 0)/2$, 즉 $Q/2$가 된다. $H$를 사용해서 단위당 평균 연간 재고유지비용을 나타낼 경우, *총 연간 재고유지비용*은 다음과 같다.

$$\text{연간 재고유지비용} = \frac{Q}{2}H$$

여기서,

$Q$ = 1회 주문량
$H$ = 단위당 연간 재고유지비용

따라서 재고유지비용은 $Q$의 선형함수인데, 그림 12.4A에서 보는 바와 같이 주문량 $Q$에 따라 선형으로 일정하게 비례하여 증감한다.

**그림 12.4**
재고유지비용, 주문비용 그리고 총비용 곡선

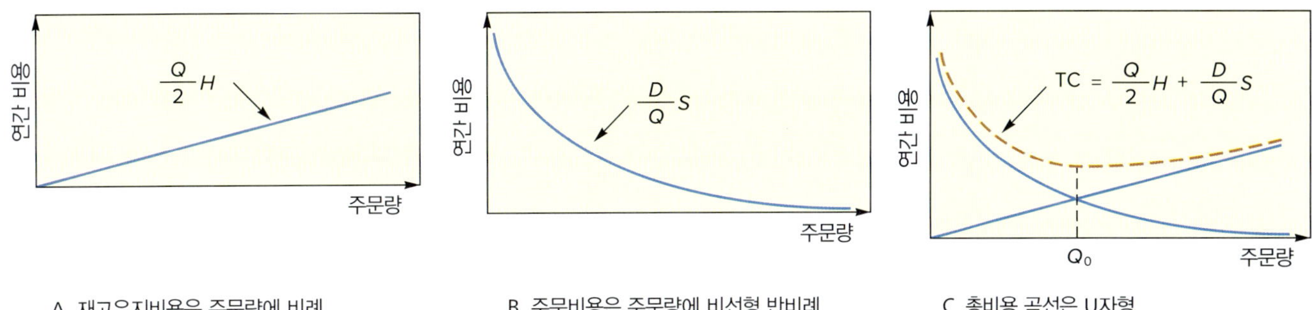


A. 재고유지비용은 주문량에 비례 B. 주문비용은 주문량에 비선형 반비례 C. 총비용 곡선은 U자형

반면에 연간 주문비용은 1회 주문량이 증가함에 따라 감소하는데, 이는 연간 수요가 일정할 경우, 1회 주문량이 증가함에 따라 필요한 주문 횟수는 감소하기 때문이다. 예컨대, 연간 수요가 12,000단위이고 1회 주문량이 1,000단위일 경우 연간 열두 번의 주문이 발생한다. 그러나 1회 주문량이 2,000단위가 되면 여섯 번의 주문만이 필요할 것이다. 만일 주문량이 3,000단위일 경우 당연히 네 번만 주문하면 될 것이다. 일반적으로 연간 주문 횟수는 $D/Q$ ($D$ = 연간 수요량, $Q$ = 1회 주문량)이다. 재고유지비용과는 달리 주문비용은 주문량에 상대적으로 덜 민감하다. 얼마나 많은 양이 필요한지 결정하고, 주기적으로 공급원을 평가하고, 송장을 준비하는 등의 주문비용과 관련된 활동은 주문량과 무관하게 수행된다. 심지어 품질과 질적 특성을 검수하기 위해 선적물을 검사하는 것은 대량선적이라 할지라도 전수조사보다는 표본조사가 이루어지기 때문에 주문량에 따라 크게 영향을 받지 않는다. 따라서 1회당 주문비용은 일정한 것으로 가정된다. *연간 주문비용*은 연간 주문 횟수와 주문당 주문비용의 곱의 함수이다.

$$\text{연간 주문비용} = S\frac{D}{Q}$$

여기서,

$D$ = 연간 수요량
$S$ = 1회 주문비용

$Q$가 증가함에 따라 연간 주문횟수 $D/Q$는 감소하기 때문에 연간 주문비용은 그림 12.4B에서처럼 주문량과 반비례의 관계에 있다.

매번 $Q$단위가 주문될 경우 재고유지비용과 주문비용을 포함한 연간 총비용은 다음과 같다.

$$\text{TC} = \text{연간 재고유지비용} + \text{연간 주문비용} = \frac{Q}{2}H + \frac{D}{Q}S \quad (12\text{-}1)$$

여기서 $D$와 $H$의 시간 단위는 월간, 연간 등과 같이 동일해야 한다. 그림 12.4C는 총비용 곡선이 아래로 볼록한 U자형이며 *재고유지비용과 주문비용이 일치하는 점에서 총비용이 최*

소가 된다. 최적주문량 $Q_0$는 미분하여 얻을 수 있다.[1] 그 결과 수식은 다음과 같다.

$$Q_0 = \sqrt{\frac{2DS}{H}} \tag{12-2}$$

따라서 연간수요, 1회 주문비용, 단위당 연간 재고유지비용이 주어질 경우 최적(경제적) 주문량을 산출할 수 있다. 최소 총비용은 식 (12-1)의 $Q$를 $Q_0$로 대체하여 구할 수 있다.

주문 사이클의 길이(즉, 주문 간격)는 다음과 같다.

$$\text{주문 사이클의 길이} = \frac{Q}{D} \tag{12-3}$$

**예제 2**

mhhe.com/stevenson14e

### EOQ 계산 및 사용

국내 타이어 회사의 한 지역 유통업체는 내년에 특정 규격의 래이디얼 타이어를 약 9,600개 판매할 것으로 예측하고 있다. 연간유지비용은 타이어당 $16이며, 주문비용은 $75이다. 이 유통업체는 1년에 288일 영업한다.

a. EOQ는 얼마인가?
b. 유통업체는 일 년에 몇 번 주문해야 하는가?
c. 주문 사이클의 길이는 얼마인가?
d. 만일 EOQ 양이 주문된다면 연간 총비용은 얼마인가?

**풀이**

$D$ = 9,600개/년
$H$ = 연간 $16/개
$S$ = $75/회

a. $Q_0 = \sqrt{\frac{2DS}{H}} = \sqrt{\frac{2(9{,}600)75}{16}} = 300\text{개}$

b. 연간 주문 횟수: $D/Q = \frac{9{,}600 \text{ 개/년}}{300 \text{ 개/회}}\text{회/년}$

c. 주문 사이클의 길이: $Q/D = \frac{300 \text{ 개/회}}{9{,}600 \text{ 개/년}} = 1/32\text{년} = 1/32 \times 288(\text{일}) = 9(\text{일})$

d. TC = 재고유지비용 + 주문비용

$= (Q_0/2)H + (D/Q_0)S$
$= (300/2)16 + (9{,}600/300)75$
$= \$2{,}400 + \$2{,}400$
$= \$4{,}800$

그림 12.4C에 설명된 바와 같이 재고유지비용과 주문비용이 EOQ에서 동일하다는 점에 주목하라.

---

[1] 총비용 곡선의 최저점을 찾으려면 TC를 $Q$에 관해 미분한 값을 0으로 하는 수식을 만든 뒤, 이를 $Q$에 관해 풀면 된다.

1. $\frac{dTC}{dQ} = H/2 - DS/Q^2$

2. $0 = H/2 - DS/Q^2$, 따라서 $Q^2 = \frac{2DS}{H}$이고 $Q = \sqrt{\frac{2DS}{H}}$

참고로 이차 미분값은 양수이므로, 구한 주문량이 최적해임을 알 수 있다.

재고유지비용은 때로 단위당 금액이 아닌 품목의 구매가격에 대한 비율로 표시될 수도 있다. 그러나 비율을 금액으로 전환하면 EOQ 수식에 그대로 적용할 수 있다.

### EOQ 계산

Piddling 제조회사는 보안 시스템을 조립하는 회사이다. 회사는 3,600개의 HD(고화질) 보안카메라를 개당 \$180에 구입하고 있다. 주문비용은 \$50이며, 연간 재고유지비용은 구매가격의 20%이다. 최적주문량과 연간 총비용(연간 재고유지비용과 주문비용의 합)을 계산하라.

**풀이**

$D = 3{,}600$개/년

$S = \$50$

$H = 0.20(\$180) = \$36$

$$Q_0 = \sqrt{\frac{2DS}{H}} = \sqrt{\frac{2(3{,}600)(50)}{36}} = 100\text{개}$$

TC = 재고유지비용 + 주문비용

$= (Q_0/2)H + (D/Q_0)S$

$= (100/2)36 + (3{,}600/100)50$

$= \$1{,}800 + \$1{,}800$

$= \$3{,}600$

**부가설명** 일반적으로 재고유지비용, 주문비용, 연간수요는 회계기록으로부터 정확하게 결정될 수 있는 값이라기보다는 추정된 값이다. 재고유지비용은 매번 계산되기보다는 때로 관리자에 의해 사전에 *정해진다*. 따라서 EOQ는 정확한 값이라기보다는 *대략적인* 값으로 인식되어야 하고, 계산된 값을 반올림하여 정수화하는 것은 전혀 문제될 게 없다. 소수점 몇 자리까지 주문량을 계산했다고 해서 이 수치가 더 정확할 것이라고 생각할 필요는 없다. 중요한 질문은 '근사치'인 이 EOQ 값이 얼마나 비용을 최소화하는 데 도움이 되는가 하는 것이다. 이 질문에 대한 답은 EOQ가 상당히 도움이 된다는 것이다. 총비용 곡선은 EOQ 부근에서 상당히 평평하다. 즉, EOQ값이 실제 EOQ와 다르더라도 총비용은 크게 증가하지는 않는다. 이는 주문량이 실제 EOQ보다 큰 값인 경우에 더욱 그러한데, 그 이유는 총비용 곡선이 EOQ의 오른쪽에서 매우 천천히 증가하기 때문이다(그림 12.5 참조).

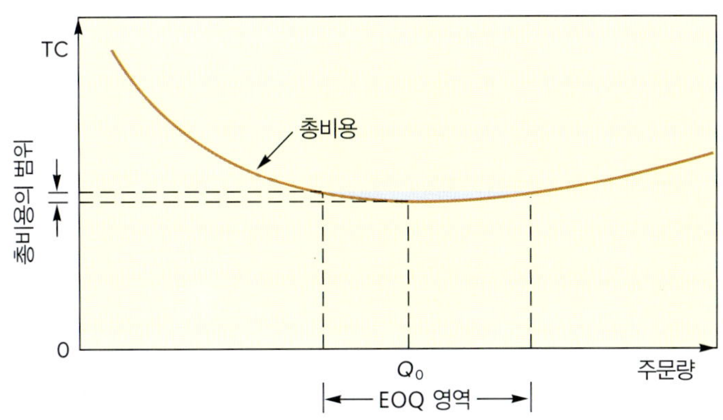


**그림 12.5**
총비용 곡선은 EOQ 부근에서 매우 평평함

총비용 곡선이 EOQ 주변에서 상대적으로 평평하기 때문에 계산된 EOQ값이 실제 EOQ값과 약간 다르더라도 총비용을 크게 증가시키지 않으면서 반올림한 한 로트분 또는 트럭 한 대분 물량 등으로 수정할 수 있는 융통성을 발휘할 수 있다.

## 경제적 생산량(EPQ) 모형

생산과정에서 배치(묶음생산) 모드는 자주 사용된다. 심지어 조립생산에서도 일부 작업은 배치로 이루어진다. 이는 부품 생산능력이 부품 사용이나 수요율을 초과하는 경우, 계속 생산하면 바로 소진되지 않고 재고로 전환되어 계속해서 증가하는 현상을 방지하기 위해서이다. 이 경우에는 해당 부품을 계속적으로 생산하는 것보다 주기적으로 배치 단위, 즉 로트로 생산하는 것이 좋을 수 있다.

EPQ 모형의 가정은 전반적으로 EOQ 모형의 가정과 유사하지만, 주문의 입고가 한번에 이루어지지 않고 생산 기간 중에 점차적으로 이루어진다는 것이 주요 차이점이다. 가정들은 다음과 같다.

- 한 품목만을 다룬다.
- 연간 수요는 알려져 있다.
- 수요율이 일정하다.
- 수요는 지속적으로 발생하지만 생산은 주기적으로 이루어진다.
- 생산이 이루어지는 동안 생산율은 일정하다.
- 리드타임은 변하지 않는다.
- 수량할인은 없다.

그림 12.6은 특정 품목을 주기적으로 배치 생산할 경우 재고량이 어떻게 변하는지를 보여주고 있다.

한 사이클에서 생산이 이루어지는 동안에는 재고가 생산율과 수요율 간의 차이만큼 증가한다. 예를 들어, 일일 생산율이 20단위이고 일일 수요율이 5단위일 경우 재고는 매일 20 − 5 = 15단위씩 증가할 것이다. 생산이 이루어지는 동안 재고는 계속해서 증가하지만, 생산이 중단되고 나면, 계속되는 수요로 인해 재고는 감소하기 시작할 것이다. 따라서 재고수준은

**그림 12.6**
재고량이 점진적으로 증가하는 EPQ 모형

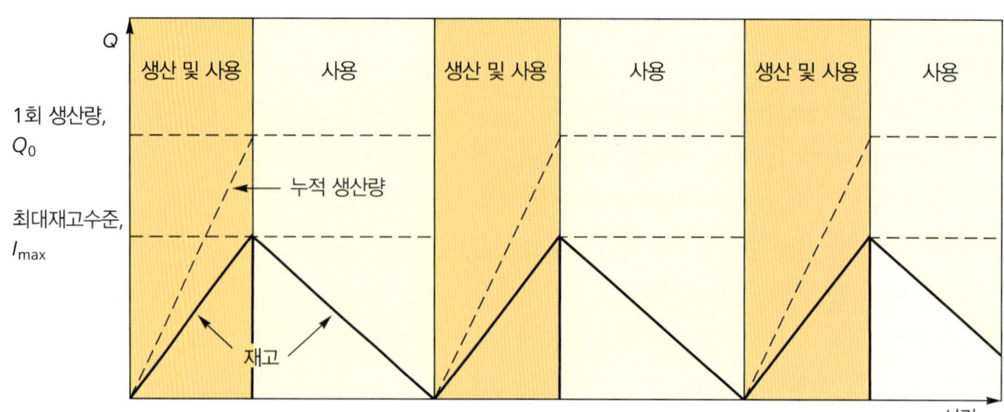

생산이 중단되는 시점에서 최고가 된 뒤 그 이후에는 일정한 수요율만큼씩 감소한다. 재고가 모두 소진되면, 생산이 재개되면서 사이클이 다시 반복된다.

EPQ 모형은 기업이 품목을 자체적으로 생산하는 것을 전제하므로 주문비용이 발생하지는 않는다. 그러나 생산이 재개될 때마다 셋업(생산준비)비용이 발생한다. 즉, 도구 및 설비 청소, 수리, 교체와 관련된 비용이 발생한다. 셋업비용은 1회 생산량 즉, 로트 크기와는 무관하다는 점에서 주문비용과 유사하기 때문에 수식에서는 주문비용과 동일하게 취급된다. 연간 수요량이 일정하므로, 로트 크기가 커질수록 필요한 배치의 수가 적어지고 연간 셋업비용은 더 적어진다. 연간 배치의 수는 $D/Q$이며 연간 셋업비용은 연간 배치의 수($D/Q$)와 배치당 셋업비용($S$)를 곱한 값으로 계산된다.

총비용은 다음과 같다.

$$\text{TC}_{\min} = \text{재고유지비용} + \text{셋업비용} = \left(\frac{I_{\max}}{2}\right)H + \left(\frac{D}{Q}\right)S \qquad (12\text{-}4)$$

여기서,

$I_{\max}$ = 최대 재고수준

주문량($Q$)이 일시에 재고로 입고되는 EOQ 경우와는 달리, 이 경우에는 수요를 충당하고 남은 것만 재고로 이동한다. 따라서 재고수준은 1회 생산량인 $Q_0$에 결코 다다를 수 없다. 그림 12.6에서 이를 확인할 수 있다.

경제적 생산량은 다음과 같다.

$$Q_p = \sqrt{\frac{2DS}{H}}\sqrt{\frac{p}{p-u}} \qquad (12\text{-}5)$$

여기서,

$p$ = 생산율
$u$ = 수요율

*주의*: $p$와 $u$는 시간 단위가 일 또는 주로 동일해야 한다.

한 사이클의 길이 즉, 연속되는 셋업 간의 시간간격은 배치의 크기와 수요율의 함수이다.

$$\text{생산주기의 길이} = \frac{Q_p}{u} \qquad (12\text{-}6)$$

마찬가지로, 한 사이클에서 생산이 이루어지는 시간 즉, 런 타임은 생산량과 생산율의 함수이다.

$$\text{런 타임} = \frac{Q_p}{p} \qquad (12\text{-}7)$$

최대 및 평균재고수준은 다음과 같다.

$$I_{\max} = \frac{Q_p}{p}(p-u) \text{ 또는 } Q_p - \left(\frac{Q_p}{P}\right)u \text{ 그리고 } I_{\text{average}} = \frac{I_{\max}}{2} \qquad (12\text{-}8)$$

**예제 4**

mhhe.com/stevenson14e

### 최적 생산량의 계산과 사용

장난감 제조업체는 인기 덤프트럭 시리즈를 만들기 위해 매년 48,000개의 고무바퀴를 사용한다. 업체는 바퀴를 자체적으로 생산하는데 매일 800개의 비율로 생산할 수 있다. 장난감 트럭의 수요는 매년 일정하다. 바퀴의 연간 재고유지비용은 바퀴당 \$1이고, 바퀴의 생산을 위한 셋업비용은 \$45이다. 업체는 매년 240일 조업한다. 아래를 결정하라.

a. 최적생산량
b. 재고유지비용 및 셋업비용을 고려한 최소 연간 총 비용
c. 최적 생산량을 생산하는 시간간격 즉 사이클의 길이
d. 런 타임

**풀이 4**

$D = 48{,}000$개/년
$S = \$45$/회
$H = \$1$/개/년
$p = 800$개/일
$u = 48{,}000$개/240일 또는 200개/일

a. $Q_p = \sqrt{\frac{2DS}{H}}\sqrt{\frac{p}{p-u}} = \sqrt{\frac{2(48{,}000)45}{1}}\sqrt{\frac{800}{800-200}} = 2{,}400$개

b. $\text{TC}_{\min} =$ 재고유지비용 + 셋업비용 $= \left(\frac{I_{\max}}{2}\right)H + (D/Q_p)S$

우선 $I_{\max}$를 먼저 계산한다.

$I_{\max} = \frac{Q_p}{p}(p-u) = \frac{2{,}400}{800}(800-200) = 1{,}800$개

$\text{TC} = \frac{1{,}800}{2} \times \$1 + \frac{48{,}000}{2{,}400} \times \$45 = \$900 + \$900 = \$1{,}800$

EOQ에서 재고유지비용과 주문비용 두 가지가 동일함을 다시 한번 기억하자.

c. 사이클의 길이 $= \frac{Q_p}{u} = \frac{2{,}400\text{개/회}}{200\text{개/일}} = 12$일/회.

즉, 자동차 바퀴의 생산은 매 12일마다 이루어져야 한다.

d. 런 타임 $= \frac{Q_p}{p} = \frac{2{,}400\text{개/회}}{800\text{개/일}} = 3$일/회.

즉, 각 생산에 소요되는 시간은 3일이다.

## 수량할인 모형

**수량할인** ▸ 대량 주문 시의 가격할인

**수량할인**(quantity discounts)은 공급업체가 대량 주문을 유도하기 위해 고객에게 대량 주문에 대해 가격할인을 제공하는 관행을 말한다. 예컨대, 수술용품 공급업체의 거즈박스에 대한 가격표가 표 12.2에 나타나 있다. 보다시피 박스당 가격은 주문량이 증가함에 따라 감소하고 있다.

공급자로부터 수량할인의 기회가 있는 경우, 구매자는 주문량을 늘려 할인혜택을 받을지 여부를 결정하기 위해 다음의 질문들을 생각해보아야 한다.

- 추가 수량을 저장할 공간이 있는가?

**표 12.2**
거즈의 가격 리스트

| 주문량 | 박스당 가격 |
|---|---|
| 1~44 | $2.00 |
| 45~69 | 1.70 |
| 70 이상 | 1.40 |

- 진부화 또는 가치하락의 문제가 있는가?
- 재고에 추가 자금을 투자할 여유가 있는가?

수량할인을 이용하기로 결정한 경우, 목표는 총비용을 최소화할 수 있는 주문량을 선택하는 것이다. 총비용은 재고유지비용, 주문비용 및 구매비용 즉, 제품비용의 합계이다.

$$\begin{aligned} \text{TC} &= \text{재고유지비용} + \text{주문비용} + \text{구매비용} \\ &= \left(\frac{Q}{2}\right)H + \left(\frac{D}{Q}\right)S + PD \end{aligned} \tag{12-9}$$

여기서,

$Q$ = 주문량
$H$ = 단위당 연간 재고유지비
$D$ = 연간 수요
$S$ = 주문비용
$P$ = 단위당 가격 또는 비용

기본 EOQ 모형에서는 주문량을 구할 때 구매비용을 고려하지는 않았다. 그 이유는 수량할인이 없다는 가정 하에 단위당 가격은 모든 주문량에 대해 동일하기 때문에, 총비용 계산에서 구매비용을 포함시키면 단순히 $P$와 $D$를 곱한 값만큼 총비용을 단순 증가시킬 뿐, 최적 주문량 결정에는 아무런 영향을 미치지 못하기 때문이다(그림 12.7 참조).

수량할인이 있을 경우, 각 단위당 가격에 대해 별도의 U자형의 총비용 곡선이 존재한다. 여기에서도 구매비용을 고려하면 각 커브는 일정한 금액만큼씩 단순 증가한다. 그러나 구매단가가 모두 다르기 때문에 구매단가가 낮을 경우에는 구매단가가 높은 경우보다 총비용이 더 적게 증가할 것이다. 특정 단위당 가격을 전제로 그린 곡선은 그 가격이 가능한 수량범위에서만 의미가 있으므로, 전체 수량에 대해 적용되지 않는다는 점에 유의하라. 즉, 각 곡선은 일부 *범위*에만 적용된다(그림 12.8 참조). 따라서 실제 *실현 가능한* 총비용 곡선은 초기에는 가장 높은 단가를 갖는 곡선이지만, 그 다음 가격할인이 적용되는 최소 수량인 *가격 분기점*에서 낮은 쪽 곡선으로 이동한다. 표 12.2에서 가격 분기점은 45박스와 70박스이므로 총비용 곡선은 해당 가격분기점에서 *단계적으로* 아래쪽 곡선으로 이동한다.

다시 말하면, 비록 각 총비용 곡선에는 최소점이 있지만 이 최소점들이 늘 실현 가능하지는 않다는 것이다. 예를 들어, 그림 12.8에서 단위당 가격이 $1.40인 총 비용곡선에서 최소점은 약 65단위인데, 표 12.2의 가격 리스트를 보면 65박스를 주문할 경우 단가가 $1.70이기 때문에 이 주문량은 $1.40에서 실현 가능하지 않다. 그림에서 실현가능한 총비용 곡선은 실선으로 표기되었으며, 실선상의 가격과 수량의 조합만이 실현 가능하다. 수량할인 모형의

**그림 12.7** 구매비용(PD)을 포함시켜도 EOQ는 변하지 않음

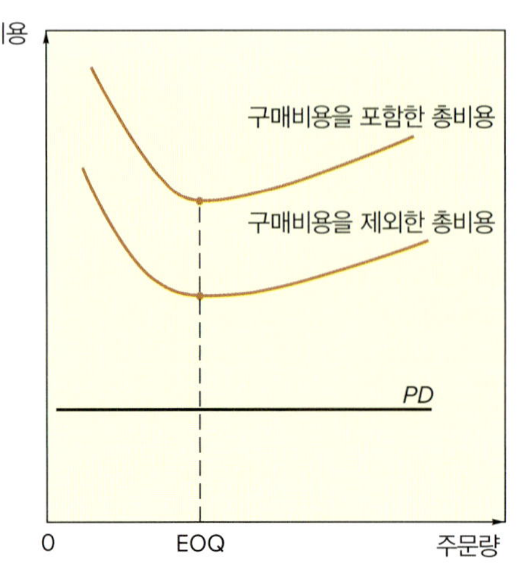


**그림 12.8** 수량할인 시의 총비용 곡선은 각 가격대의 총비용 곡선들의 결합으로 구성

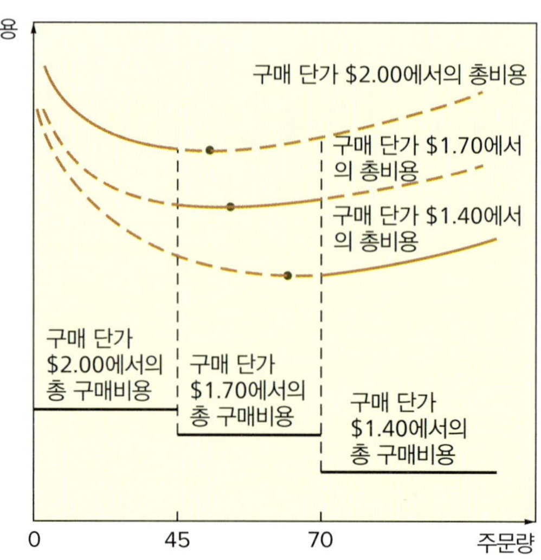


목적은 실선상에서 총비용을 최소화하는 주문량을 찾는 것이다.

수량할인 문제의 분석은 단위당 재고유지비용이 단위당 가격과는 상관없이 독립적인 상수로 주어지는지 아니면, 단위 당 가격에 대한 비율로 주어지는지에 따라 약간 다르다. 다음 표는 두 가지 경우를 보여주는데, 단위당 재고유지비용은 $4로 동일하거나 품목의 단위당 가격 비율의 20%로 나타내고 있다.

| 주문량 | 단위당 가격 | *H*: $4로 동일 | *H*: 단가의 20% |
|---|---|---|---|
| 1~99 | $10 | 4 | 0.20(10) = 2.00 |
| 100~299 | 9 | 4 | 0.20(9) = 1.80 |
| 300 이상 | 8 | 4 | 0.20(8) = 1.60 |

단위당 연간 재고유지비용이 일정한 상수라면, 각 총비용 곡선의 최소점은 모든 비용곡선들에 걸쳐 동일할 것이다. 결과적으로 각 총비용 곡선은 수직으로 정렬되는 형태가 되며 그림 12.9A에서 보는 바와 같이 단위당 가격은 낮아질수록 총비용 곡선은 낮아진다(설명을 단순하기 하기 위해 수평적인 구매비용선은 생략되었다).

재고유지비가 단위당 가격에 대한 비율로 나타날 때, 각 곡선은 각기 다른 최소점을 갖는다. 재고유지비는 가격에 대한 비율이기 때문에 낮은 가격대에서는 재고유지비가 적어지고 최소점의 값은 상대적으로 커질 것이다. 따라서 단위당 가격이 감소함에 따라 각 총비용 곡선의 최소점은 이전 높은 가격대의 총비용 곡선의 최소점보다 오른쪽에 위치할 것이다(그림 12.9B 참조).

따라서 수량할인이 존재하는 경우에 EOQ를 결정하는 절차는 이러한 두 가지 경우에 따라 약간 다르다. 단위당 재고유지비가 일정한 경우의 절차는 다음과 같다.

1. 공통의 총비용 최소점을 계산하고, 이 최소점이 실현가능한 가격 범위를 확인하라.
    a. 만일 실현가능한 최소점이 최저 가격의 범위에 있다면 그것이 최적 주문량이다.
    b. 만일 실현가능한 최소점이 최저 가격보다 높은 가격대에 있다면, 이 가격을 기준으

**그림 12.9**

단위당 재고유지비용이 일정한 경우와 단위당 가격에 대한 비율로 주어지는 경우의 총비용 곡선의 비교

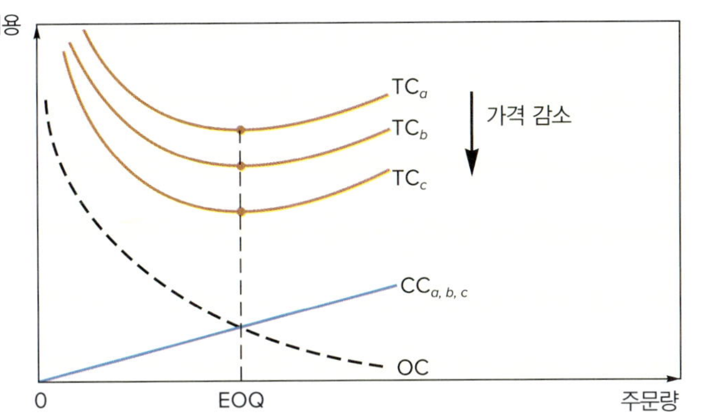


A. 재고유지비용이 일정할 때 모든 총비용 곡선은 동일한 주문량에서 최저점을 갖는다.

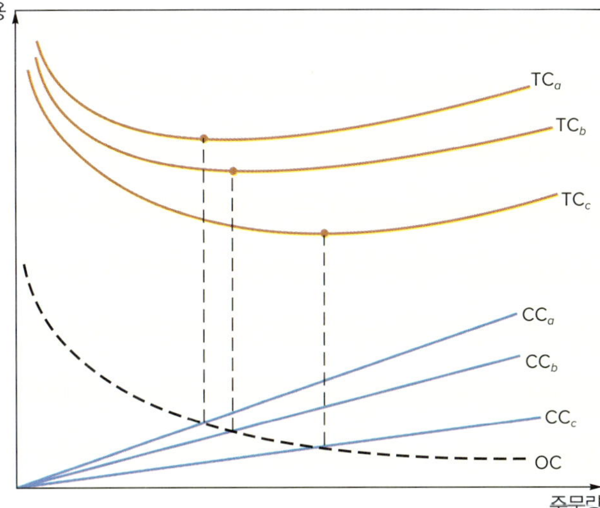


B. 재고유지비용이 단위당 가격에 대한 비율로 주어질 때, 최저점은 비용 곡선별로 다르다.

로 총비용을 계산한 뒤, 각 수량할인 가격 분기점 수량을 기준으로 총비용을 별도로 계산하라. 이제 계산된 모든 총 비용들을 비교하여 그중 가장 적은 총비용을 발생시키는 주문량이 최적 주문량이다.

### 수량할인이 적용되고 재고유지비가 일정한 경우 최적 주문량 결정

**예제 5**

한 병원의 건물관리부서는 매년 약 816케이스의 액체세제를 사용한다. 주문비용은 \$12이며, 재고유지비용은 연간 케이스당 \$4이다. 공급업자가 새로이 제시한 가격표에 따르면, 50케이스 이하의 주문에 대해서는 케이스당 \$20이고, 50~79케이스를 주문할 경우에는 케이스당 \$18이며, 80~99케이스를 주문할 경우에는 케이스당 \$17이다. 그리고 100케이스 이상 주문할 경우에는 케이스당 \$16에 판매할 것이라고 한다. 최적주문량과 총비용을 계산하라.

**풀이**

그림 12.10을 보자.

$D = 816$개/년 $\quad S = \$12 \quad H = \$4$/개/년

| 범위 | 가격 |
|---|---|
| 1~49 | \$20 |
| 50~79 | 18 |
| 80~99 | 17 |
| 100 이상 | 16 |

1. 공통의 최소 비용 주문량 계산:

$$Q = \sqrt{\frac{2DS}{H}} = \sqrt{\frac{2(816)12}{4}} = 69.97 \approx 70\text{케이스}$$

*주의*: 그림은 설명을 위한 것이며, 문제 풀이를 위해 반드시 그림과 같은 곡선을 그릴 필요는 없음.

2. 70케이스는 50~79 사이에 해당하는 값이기 때문에 케이스당 $18에 구입될 수 있다. 주문당 70케이스씩 연간 816개의 케이스를 구입하는 데 드는 총비용은 다음과 같다.

$$\begin{aligned} TC_{70} &= \text{재고유지비용} + \text{주문비용} + \text{구매비용} \\ &= (Q/2)H + (D/Q)S + PD \\ &= (70/2)4 + (816/70)12 + 18(816) = \$14{,}968 \end{aligned}$$

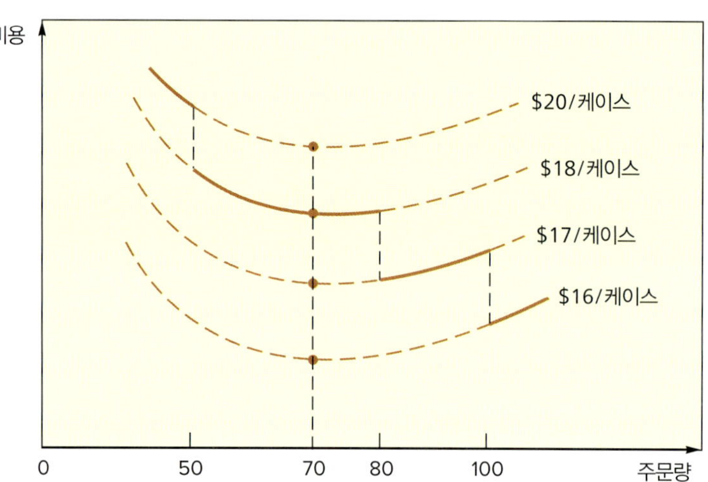


**그림 12.10**
예제 5의 총비용 곡선

더 낮은 비용 범위가 존재하기 때문에, 각 비용범위별로 상기 최소 총비용보다 더 낮은 총비용이 가능할지 비교해 보아야 한다. 케이스당 $17로 구입하기 위해서는 최소 80개를 구입해야 한다. 80케이스에서 총비용은

$$TC_{80} = (80/2)4 + (816/80)12 + 17(816) = \$14{,}154$$

다음으로, 케이스당 $16을 지불하여 혜택을 보려면 주문당 적어도 100케이스를 주문해야 하며 해당 가격분기 수량에서 총비용은

$$TC_{100} = (100/2)4 + (816/100)12 + 16(816) = \$13{,}354$$

따라서 주문당 100케이스를 주문할 경우 총비용이 최소가 되기 때문에 100케이스가 최적주문량이다.

단위당 재고유지비가 가격에 대한 비율로 표시될 경우, 다음 절차에 따라 최적 주문량을 결정한다.

1. 최저단가로부터 시작해서 실현가능한 최저점을 찾을 때까지 각 가격대에서 최소점을 구하라.
2. 만일 최저 단위당 가격을 전제로 계산한 총비용 최소점의 주문량이 실현 가능하다면 그 점이 최적주문량이다. 만일 그 주문량이 실현 불가능하다면, 단위당 가격대를 점차적으

로 올리면서 실현가능한 최소 총비용 주문량을 찾고 그때의 총비용과 그보다 낮은 단가가 가능한 수량할인 분기 수량들을 전제로 총비용들을 비교하라. 총비용을 최소화시키는 수량이 최적주문량이 된다.

**예제 6**

mhhe.com/stevenson14e

### 수량할인이 적용되고 재고유지비가 품목 가격의 비율로 주어질 경우 최적 주문량 결정

Surge Electric은 매년 4,000개의 토글스위치를 사용하고 있다. 스위치 가격은 다음과 같다. 주문량 0~499개 사이는 단위당 90센트, 500~999개 사이는 단위당 85센트, 1,000개 이상은 단위당 80센트이다. 주문에는 $30의 비용이 들며, 재고유지비용은 단위당 구매가격의 40%이다. 최적 주문량과 연간 총비용을 결정하라.

**풀이**

그림 12.11을 보라.

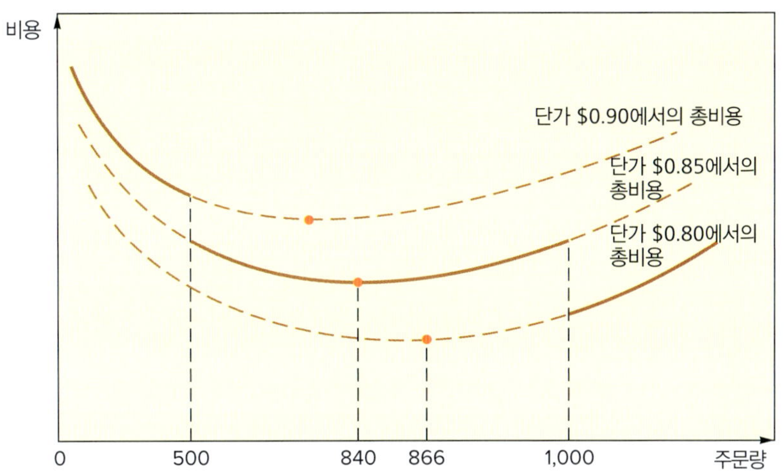


**그림 12.11**
예제 6의 총 비용 곡선

$D = 4{,}000$개/년 $\quad S = \$30 \quad H = 0.40P$

| 범위 | 단가 | $H$ |
|---|---|---|
| 1~499 | $0.90 | 0.40(0.90) = 0.36 |
| 500~999 | $0.85 | 0.40(0.85) = 0.34 |
| 1,000 이상 | $0.80 | 0.40(0.80) = 0.32 |

최소 단가로부터 시작해서 실현 가능한 주문량을 찾을 때까지 각 가격별로 최소 총비용 수량을 찾아라.

$$\text{최소 비용점}_{0.80} = \sqrt{\frac{2DS}{H}} = \sqrt{\frac{2(4{,}000)30}{0.32}} = 866\text{개}$$

866개 주문량은 구매가격이 $0.85이므로, 866개는 $0.80의 최소단가로 실현 가능한 주문량이 아니다. 다음으로 단위당 $0.85를 시도해보자.

$$\text{최소 비용점}_{0.85} = \sqrt{\frac{2(4{,}000)30}{0.34}} = 840\text{개}$$

이 수치는 실현 가능하다. 500~999 사이의 주문수량에서는 $0.85의 단가가 가능하기 때문이다. 이제 840개에 대해 총비용을 산출하라. 그리고 이 총비용을 스위치당 $0.80의 구매단가를 행사하기 위해 필요한 최소한의 주문량이 초래하는 총비용과 비교하라.

$$\begin{aligned}
\text{TC} &= \text{재고유지비용} + \text{주문비용} + \text{구매비용} \\
&= \left(\frac{Q}{2}\right)H + \left(\frac{D}{Q}\right)S + PD \\
\text{TC}_{840} &= \frac{840}{2}\Big(0.34\Big) + \frac{4{,}000}{840}\Big(30\Big) + 0.85\Big(4{,}000\Big) = \$3{,}686 \\
\text{TC}_{1000} &= \frac{1{,}000}{2}\Big(0.32\Big) + \frac{4{,}000}{1{,}000}\Big(30\Big) + 0.80\Big(4{,}000\Big) = \$3{,}480
\end{aligned}$$

따라서 최소비용 주문량은 1,000개이다.

## 12.6 재주문점 발주

**재주문점** ▸ 보유중인 재고량이 미리 결정된 이 수량까지 감소했을 때 해당 품목을 재주문

**사이클 재고** ▸ 예상되는 수요를 충족시키기 위한 재고

**안전재고** ▸ 수요나 리드타임의 변동성 때문에 발생하는 재고부족의 가능성을 줄이기 위해 예상수요 이상으로 보유하는 재고

EOQ 모형은 얼마나 주문할 것인가에 대한 질문에 대해 답하고 있지만, 이를 언제 주문해야 하는가에 대해서는 대답하지 못한다. 후자는 **재주문점**(reorder point, ROP)을 파악하는 모형을 이용하여 해결될 수 있다. 이 모형에서는 재주문은 보유 중인 재고량이 미리 결정된 수량까지 감소했을 때 이루어진다는 전제를 갖고 있는데, 이 수량은 일반적으로 리드타임 기간 동안의 기대수요를 충족시키기 위한 재고와 리드타임 기간 동안 재고부족의 가능성을 줄이기 위해 보유하는 별도의 재고로 구성된다. 참고로 이 모형에서 재주문점에 도달했는지를 알기 위해 계속적인 재고조사가 필수적이다.

일반적으로 특정 기간 동안의 예상되는 수요를 만족시키고자 보유하는 재고는 **사이클 재고**(cycle stock)라고 부르고, 수요나 리드타임의 변동성 때문에 재고부족이 발생할 가능성을 줄이기 위해 보유하는 재고를 **안전재고**(safety stock)라 한다.

발주는 보유 중인 재고량이 리드타임 동안의 수요를 충분히 만족시킬 수 있다고 판단되는 시점에 주문하는 것을 목표로 한다. 재주문점의 결정요인에는 네 가지가 있다.

- 수요율(일반적으로 예측에 바탕을 둠)
- 리드타임
- 수요나 리드타임의 변동성 정도
- 관리자가 수용할 수 있는 재고부족의 위험 정도

만일 수요나 리드타임이 모두 일정하다면 재주문점은 단순히

$$\text{ROP} = d \times \text{LT} \tag{12-10}$$

이다. 여기서,

$d$ = 수요율(일 또는 주 단위)
LT = 리드타임(일 또는 주 단위)

*주의*: 수요와 리드타임은 동일한 시간 단위로 표현되어야 한다.

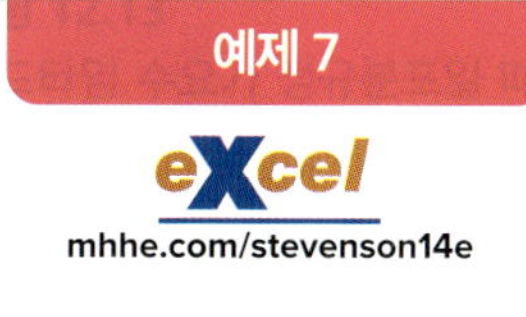


### 수요율과 리드타임이 일정할 때 ROP 계산

Tingly는 하루 두 개씩 먹는 비타민 제품을 섭취하고 있으며, 이 제품은 주문 후 3일 만에 배달되고 있다. Tingly가 언제 재주문을 하면 될까?

**풀이**

수요율 = 2개/일
리드타임 = 3일
ROP = 수요율 × 리드타임
= 2개/일 × 3일 = 6개

따라서 Tingly는 비타민 6개가 남았을 때 재주문해야 한다. 이는 3일분의 공급량에 해당한다.

수요나 리드타임에 변동성이 있을 경우, 실제 수요가 예측한 기대(평균) 수요를 초과할 가능성이 있기 때문에 리드타임 동안 재고가 부족해질 위험을 줄이기 위해 안전재고라는 추가적인 재고를 보유해야 한다. 따라서 재주문점은 안전재고량만큼 증가해야 한다.

ROP = 리드타임 기간 동안 기대수요 + 안전재고 (12-11)

예컨대, 리드타임 동안 기대수요가 100단위이고 바람직한 안전재고량이 10단위일 경우 ROP는 110단위가 될 것이다.

그림 12.12는 안전재고가 리드타임 동안 재고부족의 위험을 어떻게 줄일 수 있는지를 보여주고 있다. 재고부족을 방지하는 것은 리드타임 동안에만 필요하다는 것에 주목하기 바란다. 리드타임 이외의 기간에서 수요가 갑작스럽게 증가하여 보유 재고량이 재주문점에 도달한다면 그 시점에서 주문을 발주하면 된다. 리드타임 경과 후 그 주문량이 입고되면 다음 주

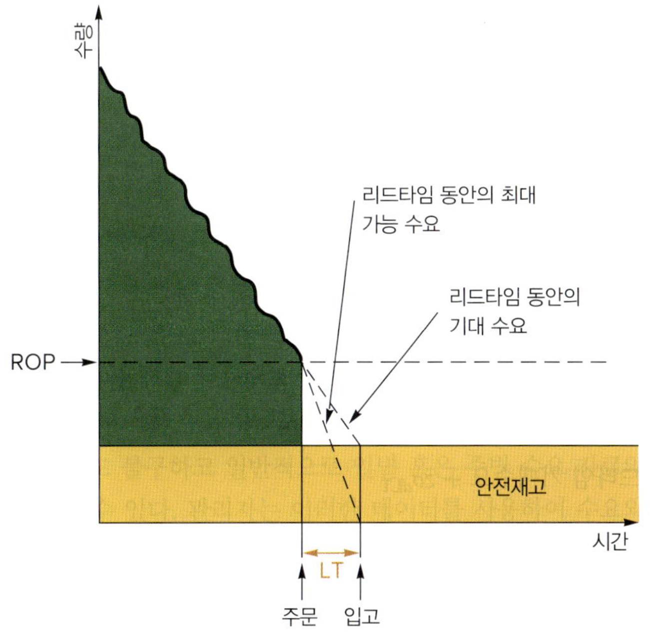


**그림 12.12**
안전재고는 리드타임 동안의 품절위험을 감소시킴

$$\text{ROP} = \bar{d} \times \text{LT} + z\sigma_d \sqrt{\text{LT}} \quad (12\text{-}13)$$

여기서,

$\bar{d}$ = 일일 또는 주별 평균 수요
$\sigma_d$ = 일일 또는 주별 수요의 표준편차
LT = 리드타임(일 또는 주 단위)

만약 리드타임만 변동한다면, $\sigma_{d\text{LT}} = d\sigma_{\text{LT}}$이며, 재주문점은 다음과 같다.

$$\text{ROP} = d \times \overline{\text{LT}} + zd\sigma_{\text{LT}} \quad (12\text{-}14)$$

여기서,

$d$ = 일일 또는 주별 수요
$\overline{\text{LT}}$ = *평균* 리드타임
$\sigma_{\text{LT}}$ = 리드타임의 표준편차

수요와 리드타임이 모두 변동할 경우의 리드타임 수요의 표준편차는 다음과 같다.

$$\sigma_{d\text{LT}} = \sqrt{\overline{\text{LT}}\,\sigma_d^2 + \bar{d}^2\sigma_{\text{LT}}^2}$$

그리고 재주문점은 다음과 같다.

$$\text{ROP} = \bar{d} \times \overline{\text{LT}} + z\sqrt{\overline{\text{LT}}\,\sigma_d^2 + \bar{d}^2\sigma_{\text{LT}}^2} \quad (12\text{-}15)$$

*주의*: 상기 모형들은 수요와 리드타임이 독립적이라고 가정한다.

**예제 9**

**수요가 변동적일 때 ROP 계산**

한 레스토랑에서는 매주 평균 소스 50병을 사용한다. 표준편차는 주당 3병이다. 관리자는 리드타임 동안 재고부족에 대해 10% 이하의 위험을 받아들일 수 있다. 리드타임은 2주이다. 소스 사용 분포는 정규분포를 따른다.

a. 상기 수식들 가운데 이 상황에서 적절한 것은 어떤 것인가? 왜 그러한가?
b. $z$값을 결정하라.
c. ROP를 결정하라.

**풀이**

$\bar{d}$ = 50병/주　　LT = 2주
$\sigma_d$ = 3병/주　　수용 가능한 위험 = 10%, 따라서 서비스수준은 90%

a. 수요만이 변동적이기 때문에 수식 (12-13)이 적절하다.
b. 부록 B, 표 B에서, 서비스수준 0.9000에 상응하는 $z = +1.28$이다.
c. $\text{ROP} = \bar{d} \times \text{LT} + z\sigma_d\sqrt{\text{LT}} = 50 \times 2 + 1.28(3)\sqrt{2} = 100 + 5.43 = 105.43$
d. 재고단위가 정수(병)이기 때문에 106으로 올림하였다(일반적으로 올림을 사용한다).

일전에 소개한 투빈 시스템은 실질적으로 재주문점(ROP)을 활용하고 있다. 두 번째 용기의 보관량은 ROP와 동일하다.

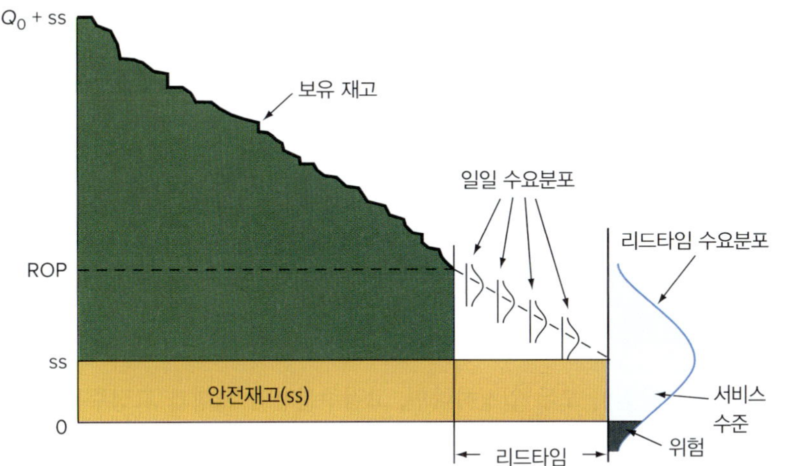


**그림 12.14**
리드타임 동안의 수요

재주문점에 대한 상기 세 개의 수식에 대한 논리를 쉽게 이해하기는 어려울 수 있다. 각 수식의 첫 부분인 기대 수요는 리드타임 동안의 일별 혹은 주별 수요와 리드타임 길이(일 또는 주단위)의 곱이다. 수식의 두 번째 부분은 리드타임 기간 동안 수요의 표준편차에 $z$값을 곱한 값이다. 수요만 변동하는 경우에는 일별(혹은 주별) 수요는 정규분포를 따르는 것으로 가정하며 기간별 수요는 동일한 평균과 표준편차를 가지는 것으로 가정한다(그림 12.14 참조). 전체 리드타임 기간 동안의 수요의 표준편차는 일별(혹은 주별) 수요의 *분산*을 합하고, 그 값을 제곱근해서 구할 수 있다. 따라서 일일 수요의 표준편차가 $\sigma_d$라면 *분산*은 $\sigma_d^2$이며, 리드타임이 4일이라면 리드타임 기간 동안 수요의 분산은 4개의 분산을 합한 값인 $4\sigma_d^2$이다. 리드타임 기간 동안 수요의 표준편차는 이 값의 제곱근으로 $2\sigma_d$이다. 일반화시키면 이는 $\sqrt{\text{LT}}\sigma_d$로 식 (12-13)의 마지막 부분에 해당한다.

리드타임만이 변동할 경우, 설명은 더 단순하다. 리드타임 기간 동안의 수요의 표준편차는 리드타임의 표준편차를 일정한 일별 수요에 곱한 값과 같다.

수요와 리드타임이 모두 변동할 경우 식은 상당히 복잡해 보이지만 리드타임 기간 동안의 수요의 표준편차는, 리드타임 기간 동안의 수요의 표준편차에 대한 이전 두 개의 식을 각각 제곱하여 분산을 얻고, 이 값들을 합한 후 다시 제곱근한 값이다.

때때로 연단위로 서비스수준을 생각하는 것이 편리하다. 연간 서비스수준의 한 가지 정의는 보유 중인 재고로 직접 충족되는 수요의 비율이다. 이것은 **충족률**(fill rate)이라고도 한다. 따라서 $D$ = 1,000이고 990단위가 재고에서 직접 채워지는 경우(연간 10단위의 부족) 연간 서비스수준, 즉 충족률은 990/1,000 = 99%가 된다.

**충족률**
보유 중인 재고로 충족되는 수요의 비율

## 12.7 얼마나 주문할 것인가: 고정주문간격 모형

**고정주문간격**(fixed-order-interval, FOI) 모형은 일정한 시간 간격으로 발주가 이루어질 때 사용된다. 이때 각 발주점에서 얼마나 주문할 것인가의 문제가 발생한다. 이 시스템은 소매업분야에서 자주 사용되는데 수요가 변동하는 경우에는 주문량이 발주시점별로 달라지는 경향이 있다. 따라서 주문량이 주기별로 고정되어 있는 EOQ/ROP 접근법과는 매우 다르다.

**고정주문간격 모형**
고정된 시간간격으로 발주가 이루어지는 모형

### 고정주문간격 모형을 사용하는 이유

어떤 경우에는 공급자가 일정한 주기로 발주하기를 바랄 수 있다. 그러한 경우가 아니더라도 동일한 공급자로부터 납품 받는 다수 품목들의 주문을 그룹화하는 것이 선적비용절감에 도움이 될 수 있다. 또한 구입업체 스스로가 재고수준을 지속적으로 모니터링하는 것이 현실적으로 쉽지 않을 수 있는데 약국, 소규모 식료품점 등 많은 소매점 운영이 여기에 속한다. 이에 대한 대안으로 재고수준을 발주 시점별로 체크하는 고정주문간격 주문방식을 사용하는 것이다.

### 주문량 결정

만일 수요율과 리드타임이 모두 일정하다면, 고정주문간격 모형과 고정주문량 모형은 주문시점과 주문량 면에서 동일한 결과를 도출한다. 두 모형의 차이는 수요와 리드타임이 변동할 때만 극명하게 드러나게 된다. ROP 모형에서처럼 고정주문간격 모형도 단지 수요만 변동하거나, 수요와 리드타임 모두 변동할 수 있다. 그러나 설명을 단순화하기 위해 가장 일반적인 경우인 *수요는 변동*하지만 *리드타임은 일정*한 경우만을 다루겠다.

그림 12.15는 고정주문량 시스템과 고정주문간격 시스템을 비교하고 있다. 고정주문량 시스템에서 발주는 재고수준이 *특정량*(ROP)에 도달할 때 이루어진다. 반면에 고정주문간격 시스템에서 주문은 일정한 *시간* 간격으로 이루어진다. 따라서 고정주문간격 시스템은 리드타임을 포함하여 다음 주문시점까지 재고부족이 발생하지 않도록 해야 한다. 그러나 고정주문량 시스템은 언제든지 추가 주문을 발주할 수 있기 때문에 배달 리드타임 동안만 재고부족이 발생하지 않도록 하면 된다. 결과적으로 고정주문량 모형보다는 고정주문간격 모형에서 더 많은 안전재고가 필요하다. 예를 들어, 그림 12.15의 B에서 고정주문간격 모형을 사용한 2번째 주기의 안전재고가 급격히 감소했음을 주목하라.

두 모형 모두 재주문 시점 직전까지의 수요에 민감하다. 고정주문량 모형에서 수요가 평균 이상으로 발생하면 주문 사이의 *시간 간격이 짧아진다*. 반면에 고정주문간격 모형에서는 수요가 평균이상이면 주문량을 더 늘려야 한다. 또 다른 차이점은 고정주문량 모형은 보유중인 재고량이 *언제* 재주문점에 도달하는지를 알기 위해 재고수준을 면밀히 모니터링해야 하지만, 고정주문간격 모형은 주문량을 결정하기 위해 주문 직전의 재고수준에 대한 주기적인 검토만이 필요하다.

고정주문간격 모형에서 주문량은 다음과 같이 결정된다.

$$\text{주문량} = \text{보호기간 동안의 기대 수요} + \text{안전재고} - \text{재주문 시점 보유재고} \tag{12-16}$$

$$Q = \bar{d}(\text{OI} + \text{LT}) + z\sigma_d\sqrt{\text{OI} + \text{LT}} - A$$

여기서,

OI = 주문 간격
$A$ = 재주문 시점에 보유 중인 재고량

이전 모형에서처럼 보호기간 동안의 수요는 정규분포를 따른다고 가정한다.

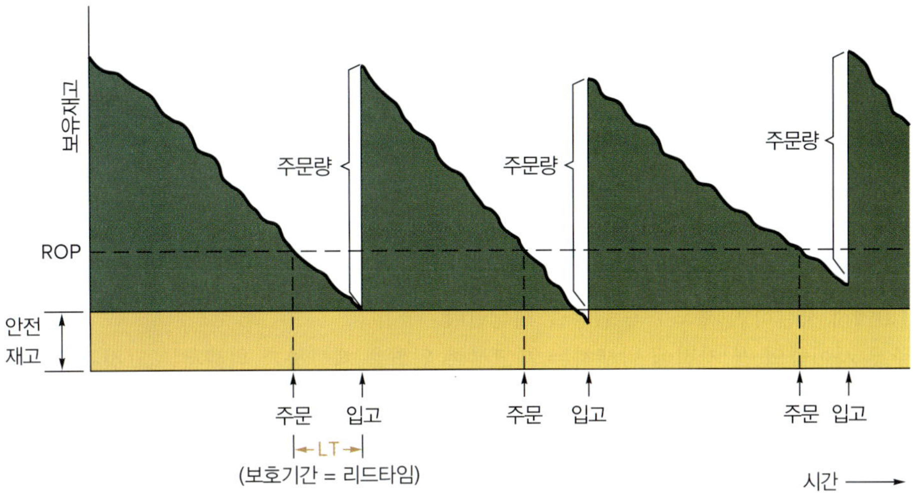


A. 고정주문량 시스템

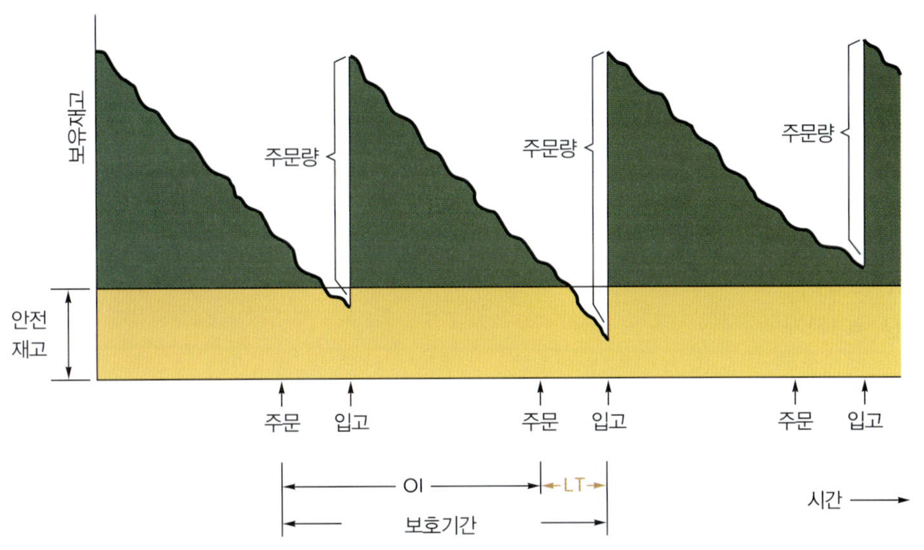


B. 고정주문간격 시스템

**그림 12.15**
고정주문량 시스템과 고정주문간격 시스템의 비교

**예제 10**

mhhe.com/stevenson14e

### 고정주문간격 모형의 주문량 계산

다음 정보가 주어진 경우 주문량을 구하라.

$\bar{d}$ = 30개/일 서비스 수준 = 99%

$\sigma_d$ = 3개/일 재주문 시점에서의 보유 재고 = 71개

LT = 2일 OI = 7일

**풀이**

99% 서비스수준에 대해 $z = +2.33$

주문량 $= \bar{d}(\text{OI+LT}) + z\sigma_d\sqrt{\text{OI + LT}} - A$

$Q = 30(7+2) + 2.33(3)\sqrt{7+2} - 71 = 220$개

고정주문간격과 관련된 이슈로는 재고부족 위험이 있다. 발주와 관련해서 주문주기 동안 재고부족이 발생할 수 있는 기간은 두 곳이 있는데, 하나는 주문시점들 사이에서 발생할 수 있고(그림 12.15 참고), 두 번째 부분은 사이클의 끝 지점 즈음에 발주 후 입고를 기다리는 배달 리드타임 동안 발생할 수 있다.

첫 번째 재고부족 위험을 계산하기 위해, 주문이전에 재고부족이 발생하지 않았다고 가정하고, ROP 식(12-13)을 이용하여 주문 시점에서의 보유 중 재고량을 ROP에 맞추어 $z$를 계산한 다음 부록 B의 표 B를 이용하여 이 계산된 $z$값에 상응하는 서비스수준을 구한 뒤 이를 1.0에서 차감하여 재고부족 위험을 계산한다.

주문 사이클의 끝 지점에 발생하는 재고부족 위험을 계산하기 위해서는 고정주문간격 모형에서의 주문량 식(12-16)을 이용해서 $z$값을 구한다. 그리고 부록 B의 표 B.2로부터 $z$값에 해당하는 서비스수준을 구하고 이를 1.0에서 차감하여 재고부족 위험을 계산한다.

다음 예제를 보자.

**예제 11**

mhhe.com/stevenson14e

### 고정주문간격 모형의 재고부족 위험 계산

다음 정보가 주어진 경우,

LT = 4일
OI = 12일
$\bar{d}$ = 10개/일
$\sigma_d$ = 2개/일
$A$ = 43개
$Q$ = 171개

다음 각각의 시점에 재고부족 위험을 구하라.

a. 최초 리드타임의 끝 시점
b. 두 번째 리드타임의 끝 시점

**풀이**

a. 첫 번째 리드타임 동안 재고부족 위험에 대해 식 (12-13)을 사용한다. 주어진 값들을 식 (12-13)에 대입하면, $10 \times 4 + z(2)(2) = 43$을 얻을 수 있다. 여기서 $z$를 풀면 $z = 0.75$를 얻을 수 있고, 부록 B의 표 B로부터 이에 상응하는 서비스수준이 0.7734임을 알 수 있다. 위험은 $1 - 0.7734 = 0.2266$으로 상당히 높은 수준이다.

b. 두 번째 리드타임 동안 재고부족 위험을 계산하려면 식 (12-16)을 사용한다. 주어진 값들을 식 (12-16)에 대입하면 $10 \times (4 + 12) + z(2)(4) - 43 = 171$을 얻을 수 있다. 여기서 $z$를 풀면 $z = 6.75$를 얻을 수 있고, 이 값은 정규분포의 오른쪽 꼬리의 밖에 있기 때문에 서비스수준이 사실상 100%에 이르는 것으로 해석할 수 있다. 따라서 이 시점에서 재고부족 위험은 0에 가깝다.

## 장점과 단점

고정주문간격 시스템을 이용하면 재고수준의 면밀한 통제가 가능하다. 추가적으로, 복수의 품목들이 동일한 공급업자로부터 공급될 경우 복수의 품목들을 동시 발주하면서 주문, 포장, 선적비용의 절감으로 이어질 수 있다. 더욱이 재고가 면밀하게 통제될 수 없을 경우에 유일하게 실용적인 방법이다.

부정적인 측면에서, 고정주문간격 시스템은 특정 재고부족 위험 수준을 달성하기 위해 다른 시스템보다 더 많은 양의 안전재고를 필요로 한다. 이는 안전재고가 주문간격과 리드타임 기간을 모두 포함하는 기간 즉, 보호기간 동안의 재고부족을 방지해야 하기 때문이다. 따라서 고정주문간격 시스템에서는 재고유지비용이 증가하며 또한 정기적인 조사비용이 발생한다.

## 12.8 단일기간 재고모형

*신문팔이소년 문제*(*newsboy problem*)라고 불리기도 하는 **단일기간 재고모형**(single-period model)은 과일, 채소, 해산물, 꽃 등의 부패성 품목과 신문, 잡지, 특정 장비의 스페어 부품 등 수명주기가 짧은 품목들을 주문하는 데 사용된다. 스페어 부품의 *수명*은 그 부품이 특정 장비에만 사용되는 부품이라면 해당 장비의 수명 기간 동안에만 사용될 수 있을 것이다. 이러한 품목이나 부품들을 다르게 생각해야 하는 이유는 일반적으로 이러한 제품들이 사용가능 기간동안 소진되지 않으면 추가적인 비용부담 없이 다음 기간으로 이월 보관될 수 없기 때문이다. 예컨대, 하루가 지난 가공식품은 할인된 가격에 판매되며, 판매되지 않은 해산물은 폐기될 수 있고, 날짜가 지난 잡지는 헌책방에 할인되어 판매될 수밖에 없다. 심지어 남은 제품을 그냥 폐기하려 해도 비용이 발생할 수 있다.

**단일기간 재고모형**
부패성 제품이나 사용기간이 제한된 품목들을 주문하기 위한 모형

단일기간 상황에 대한 분석은 일반적으로 재고부족과 재고초과와 관련된 두 가지 비용에 초점을 둔다. 재고부족비용에는 판매손실에 따른 기회비용뿐만 아니라 평판의 훼손과 같은 비용이 포함될 수 있다. 일반적으로 **재고부족비용**(shortage cost)은 단순히 단위당 실현되지 않은 이익을 의미한다. 즉,

**재고부족비용**
단위당 실현되지 않은 이익

$$C_{\text{부족}} = C_s = \text{단위당 판매가격} - \text{단위당 구매원가}$$

만일 생산에 사용되는 품목이나 특정 기계의 스페어 부품에 재고부족이 발생할 경우, 재고부족비용은 실제 생산손실비용에 해당한다.

**재고초과비용**(excess cost)은 사용가능기간 이후 남은 품목들로 인해 발생하는 비용이다. 재고초과비용은 구매비용과 잔존 가치의 차이이다. 즉,

**재고초과비용**
사용가능기간 마지막에 남은 항목의 구매가격과 잔존 가치의 차이

$$C_{\text{초과}} = C_e = \text{단위당 구매원가} - \text{단위당 잔존 가치}$$

남아있는 재고를 처분하는 데 비용이 발생할 경우, 잔존 가치는 음(−)이 될 것이며, 따라서 단위당 초과비용은 더 *커질* 것이다.

단일기간 재고모형의 목적은 장기적으로 초과비용과 부족비용의 합을 최소화할 수 있는 주문량이나 재고수준을 알아내는 것이다.

문제의 유형은 두 가지로 분류될 수 있다. 수요가 균등분포나 정규분포와 같은 연속적 분포인 경우와 과거 빈도나 이론적 포아송 분포와 같은 이산적 분포인 경우이다. 재고유형에 따라 사용 모형이 달라진다. 예를 들어, 석유, 액체, 가스에 대한 수요는 *연속적으로* 변하는 경향이 있기 때문에 연속 분포로 나타내는 것이 적절하다. 트럭, 차, 컴퓨터에 대한 수요는

**그림 12.16**
최적 재고수준은 단위당 부족비용과 초과비용이 균형을 이루는 수준

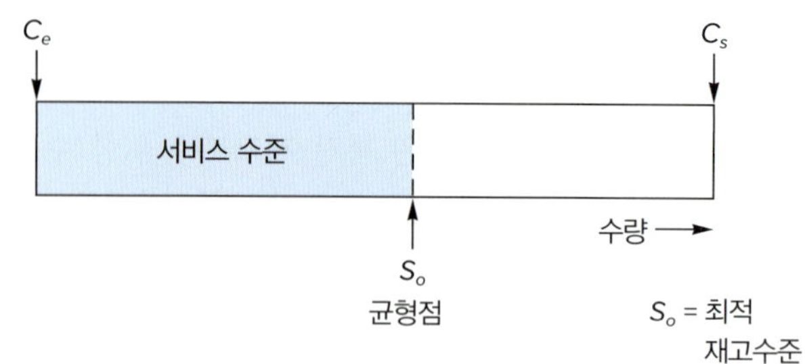


*개수*로 나타낼 수 있기 때문에 이산 분포로 나타내는 것이 적절하다.

## 연속수요일 때의 재고수준

수요가 *균등분포*를 따를 때 최적재고수준의 개념을 시각화하기 가장 좋다. 재고수준을 정하는 것은 시소의 균형을 유지하는 것과 비슷한데, 시소의 각 끝에 사람 대신 단위당 초과 비용과 단위당 부족비용이 올라서 있다고 생각해보자. 최적 재고수준은 시소의 받침대와 유사하다. 그림 12.16에서 볼 수 있듯이 최적 재고수준은 각 비용 가중치가 균형을 이루는 지점에서 찾을 수 있다.

여기에서 *서비스수준*은 수요가 재고수준을 초과하지 않을 *확률*이며, 서비스수준의 계산식은 최적주문량, $S_o$를 결정하는 열쇠가 된다.

$$\text{서비스수준} = \frac{C_s}{C_s + C_e} \tag{12-17}$$

여기서,

$C_s$ = 단위당 부족비용
$C_e$ = 단위당 초과비용

만일 실제 수요가 $S_o$를 초과하면 재고부족이 발생한다. 따라서 $C_s$는 수요가 분포에서 서비스 수준보다 높은 오른쪽에서 발생하는 경우의 비용이다. 만일 수요가 서비스 수준보다 적으면 재고 초과가 발생하므로 $C_e$는 수요가 분포에서 서비스 수준보다 낮은 왼쪽에서 발생하는 경우의 비용이다. $C_e = C_s$일 경우 최적재고수준은 분포의 중간에 위치한다. 한 비용이 다른 비용보다 클 경우 $S_o$는 더 큰 비용을 가진 쪽에 가깝게 위치하게 된다.

**예제 12**

mhhe.com/stevenson14e

**수요가 균등 분포를 따를 때 단일기간 재고모형의 최적 주문량과 재고부족 위험 계산**

Cindy's Cider Bar는 애플사이다를 주단위로 주문하고 있다. 수요는 주별로 300~500리터 사이에 균등하게 발생한다. Cindy는 사이다 리터당 $0.80을 지불하여 $3.20에 판매하고 있다. 판매되지 않은 사이다의 잔존가치는 없으며 상하기 때문에 다음 주까지 보관할 수 없다. 최적주문량을 찾고 최적주문량에 따른 재고부족위험을 구하라.

**풀이**

$C_e$ = 단위당 구매원가 − 단위당 잔존가치
= $0.80 − $0
= $0.80/단위

$C_s$ = 단위당 판매가격 − 단위당 구매원가
= \$3.20 − \$0.80
= \$2.40/단위

$$SL = \frac{C_s}{C_s + C_e} = \frac{\$2.40}{\$2.40 + \$0.80} = 0.75$$

따라서 최적 주문량은 그 시기 수요의 75%를 만족해야 한다. 이는 균등분포에서 최대와 최소수요 간의 차이의 75%를 최소 수요에 합한 값이다.

$S_o$ = 300 + 0.75(500 − 300) = 450리터

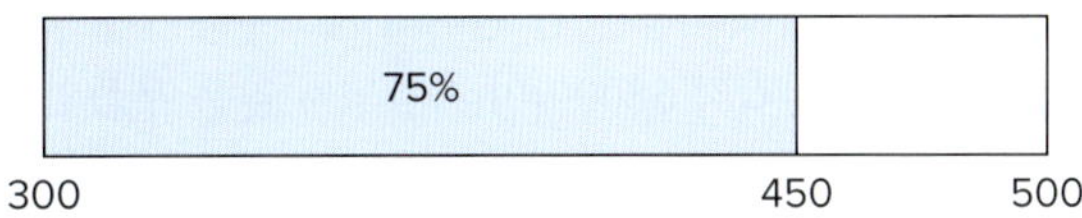


재고부족위험은 1.00 − 0.75 = 0.25이다.

수요가 정규분포를 따를 경우에도 유사한 접근방식이 사용된다.

### 수요가 정규분포를 따를 때의 최적 주문량 결정

**예제 13**

Cindy's Cider Bar는 체리주스와 애플사이다의 혼합음료를 판매하고 있다. 혼합음료의 수요는 주당 평균 200리터, 표준편차 10리터의 정규분포를 따른다. $C_s$ = 리터당 \$2.40, $C_e$ = 리터당 \$0.80이다. 애플-체리 혼합음료의 최적주문량을 구하라.

**풀이**

$$SL = \frac{C_s}{C_s + C_e} = \frac{\$2.40}{\$2.40 + \$0.80} = 0.75$$

이는 정규분포의 곡선 아래 영역의 75%가 최적 서비스수준의 왼편에 있어야 한다는 것을 의미한다. 부록 B의 표 B에서 이에 상응하는 $z$값은 +0.67과 +0.68 사이에 있으며 면적이 0.75에 보다 가까운 $z$값은 0.67이다. 최적주문량 $S_o$ = 평균수요 + $z\sigma$이다. 따라서 $S_o$ = 200리터 + 0.67(10리터) = 206.7리터

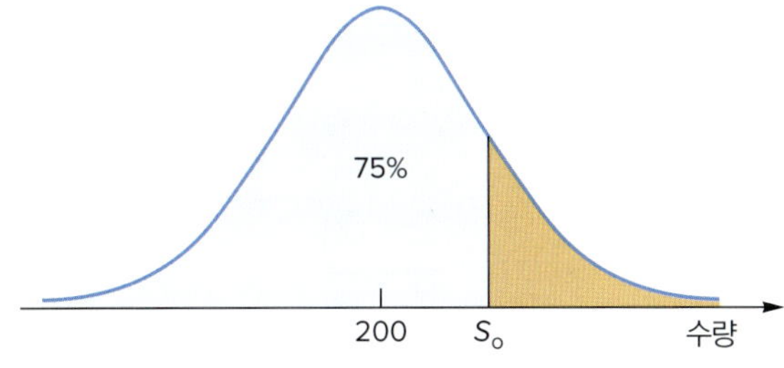


## 이산수요일 때의 재고수준

재고수준이 이산적일 경우에는 일반적으로 $C_s/(C_s + C_e)$ 비율을 사용해서 계산되는 서비스수준이 실행 가능한 재고수준이 아닐 수 있다. 예컨대, 최적주문량이 5단위와 6단위 *사이*에 존재할 수 있다. 이 경우 최적치보다 높은 수준, 즉 6단위가 최적해가 된다. 바라는 서비스

수준과 같거나 이를 초과하는 재고수준을 선택하는 것이 합리적이다. 그림 12.17에서 이 개념을 설명하고 있다.

예제 14는 경험적 분포의 사용 예를 보여준다.

**예제 14**

mhhe.com/stevenson14e

### 경험적 빈도 분포가 주어졌을 때 최적 주문량 결정

대형 수력 프레스에 사용되는 스페어 부품의 과거 사용 기록은 새로 설치된 프레스의 스페어 부품의 수요 예측을 위한 추정 값으로 사용된다. 재고부족비용에는 작업 중단에 따른 비용과 특별 주문비용이 포함된다. 이러한 재고부족비용은 한 단위의 재고부족이 발생할 때마다 평균 $4,200가 발생한다. 스페어 부품의 원가는 각각 $800이며 사용되지 않은 부품의 잔존 가치는 0이다. 최적주문량을 구하라.

| 사용된 스페어 부품 수 | 상대도수 | 누적 상대도수 |
|---|---|---|
| 0 | 0.20 | 0.20 |
| 1 | 0.40 | 0.60 |
| 2 | 0.30 | 0.90 |
| 3 | 0.10 | 1.00 |
| | 1.00 | |

**풀이**

$$C_s = \$4{,}200 \qquad C_e = \$\ 800 \qquad \text{SL} = \frac{C_s}{C_s + C_e} = \frac{\$4{,}200}{\$4{,}200 + \$800} = 0.84$$

누적 상대도수를 나타내는 열은 수요가 재고량을 초과하지 않을 비율을 나타낸다. 예컨대, 수요가 하나를 초과하지 않을 확률은 60%이며, 수요가 두 개를 초과하지 않을 확률은 90%이다. 따라서 *적어도* 84%의 서비스수준을 달성하려면 두 개의 스페어 부품을 재고로 보유해야 한다.

*의사결정 테이블*을 이용하여 문제를 풀어보면 식 (12-17)의 배경 논리를 이해할 수 있다. 표 12.3은 이러한 접근법을 보여준다. 이 표는 주문량과 수요의 각 조합에 대한 기대 비용을

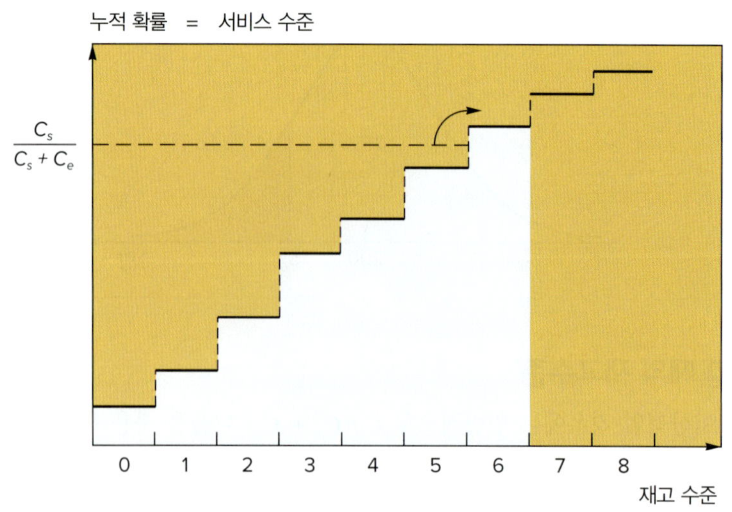


**그림 12.7**
서비스수준은 $C_s/(C_s + C_e)$와 같거나 이를 초과해야 함

**표 12.3** 각 발생 가능한 경우에 대한 예상 비용

| 주문량 | 수요 발생 확률<br>P(0) = 0.20 | P(1) = 0.40 | P(2) = 0.30 | P(3) = 0.10 | 기대 비용 |
|---|---|---|---|---|---|
| 0 | $S = D$<br>$0 | 1단위 부족<br>0.40(1)($4,200) = $1,680 | 2단위 부족<br>0.30(2)($4,200) = $2,520 | 3단위 부족<br>0.10(3)($4,200) = $1,260 | $5,460 |
| 1 | 1단위 초과<br>0.20(1)($800) = $160 | $S = D$<br>$0 | 1단위 부족<br>0.30(1)($4,200) = $1,260 | 2단위 부족<br>0.10(2)($4,200) = $840 | $2,260 |
| 2 | 2단위 초과<br>0.20(2)($800) = $320 | 1단위 초과<br>0.40(1)($800) = $320 | $S = D$<br>$0 | 1단위 부족<br>0.10(1)($4,200) = $420 | $1,060 |
| 3 | 3단위 초과<br>0.20(3)($800) = $480 | 2단위 초과<br>0.40(2)($800) = $640 | 1단위 초과<br>0.30(1)($800) = $240 | $S = D$<br>$0 | **$1,360** |

보여준다. 예를 들어, 주문량이 3이고 수요가 0인 것으로 판명되면(푸른색 음영 셀 참조), 이는 3단위를 초과 보유한 것이 되고, 이때 단위당 비용은 $800이 된다. 수요가 0단위일 확률은 0.20이므로, 그 셀의 기대 비용은 0.20(3)($800) = $480이다. 마찬가지로 주문량이 0이고, 수요가 2인 경우(노란색 음영 셀 참조), 기대 비용은 수요가 2일 확률(즉, 0.30)에 2단위를 곱하고 단위당 부족비용을 곱하면, 기대 비용은 0.30(2)($4,200) = $2,520이다. 수요와 재고수준이 같을 경우(녹색 음영 셀), 공급 = 수요이므로 부족이나 초과가 없으므로 비용은 $0이다. 가장 적은 기대 비용은 $1,060로 2단위의 주문량에서 발생하기 때문에, 2개가 최적 주문량이며 이는 비율을 이용한 계산 방식의 결과와 일치한다.

예제 15에서는 수요가 포아송 분포를 따르는 경우에 문제 해결 방법을 다루고 있다.

### 수요가 포아송 분포를 따를 때 최적 주문량 결정

**예제 15**

mhhe.com/stevenson14e

어떤 작은 꽃집에서는 긴 꽃자루 붉은 장미에 대한 수요가 매일 네 다스의 평균을 가진 포아송 분포를 따르는 것으로 추정된다. 장미의 이익은 다스당 $3이다. 남은 장미는 다음 날 다스당 $2를 할인하여 판매한다. 할인된 장미는 모두 판매된다고 가정하자. 최적 주문량은 얼마인가?

**풀이**

$C_s = \$3 \qquad C_e = \$2 \qquad \text{SL} = \dfrac{C_s}{C_s + C_e} = \dfrac{\$3}{\$3 + \$2} = 0.60$

평균 4.0에 대해 포아송 분포표(부록 B, 표 C)를 이용해서 누적빈도를 구한다.

| 수요(일별 다스 수) | 누적확률 |
|---|---|
| 0 | 0.018 |
| 1 | 0.092 |
| 2 | 0.238 |
| 3 | 0.433 |

| 수요(일별 다스 수) | 누적확률 |
|---|---|
| 4 | 0.629 |
| 5 | 0.785 |
| ⋮ | ⋮ |

서비스수준을 누적확률과 비교해보면, 최소한 0.60의 서비스수준을 얻기 위해서는 네 다스를 재고로 보관해야 한다.

이산분포하에서의 재고수준 결정문제에서 마지막으로 유의할 점은 만약 계산된 서비스수준이 특정 재고수준의 누적확률과 정확히 같을 경우 장기비용을 최소화하는 두 가지 재고수준이 존재한다는 것이다. 하나는 동일한 확률을 가진 재고수준이며 다른 하나는 그보다 한 단위 더 많은 재고수준이다. 앞의 예제에서, 만일 비율이 0.629와 정확히 일치하면 매일 네 다스의 장미를 재고로 보유하는 것과 다섯 다스의 장미를 재고로 보유하는 것은 비용이 동일할 것이다.

## 12.9 생산운영전략

재고에는 종종 상당한 투자액이 잠겨 있다. 보다 중요한 것은 재고 프로세스를 개선하면 비용 절감 및 고객 만족 측면에서 상당한 이점을 얻을 수 있다는 것이다. 잠재력이 있는 분야는 다음과 같다.

**기록 보관.** 재고 결정이 정확한 정보를 기반으로 이루어지도록 재고기록을 정확하고 최신으로 유지하는 것이 중요하다. 재고유지비용, 주문비용 및 셋업비용과 수요 및 리드타임에 대한 추정은 주기적으로 검토하고 필요할 때 업데이트해야 한다.

**변동성 감소.** 리드타임 변동 및 예측오차는 재고관리에 영향을 미치는 두 가지 핵심 요소이며, 이러한 영역에서의 변동성 감소는 재고 관리를 크게 향상시킬 수 있다.

**린 운영.** 린 시스템은 수요 중심적이다. 즉, 제품이 수요와 직접적 관계없이 밀어 내기 방식으로 생산되기보다는 실제로 발생하는 수요를 맞추기 위해 생산된다. 또한, 린 시스템은 전통적인 시스템보다 작은 로트 크기를 사용하는 것을 특징으로 하며, 재고유지비용이 전통적인 시스템에서 생각하는 것보다 높다는 믿음을 바탕으로 하고 있다. 또, 필요한 활동을 단순화하고 표준화하여 주문비용과 셋업비용을 줄이기 위한 의도적인 노력을 수행한다. 주문비용과 셋업비용이 낮아지면 재고관리가 적시생산시스템과 유사하게 된다(14장 참조). 분명한 이점은 평균재고가 줄어들고 재고유지비용이 절감된다는 것이다. 다른 이점으로는 작업흐름 중단의 감소, 공간요구 감소, 문제파악능력 향상, 기계와 작업자를 가까이에 배치할 수 있는 가능성 증가 등이 있으며, 이는 사회화, 의사소통 및 협업을 위한 더 많은 기회를 제공한다.

**공급사슬 관리.** 공급업체와 보다 긴밀히 협력하면서 선적을 조정하고 리드타임을 줄이며 공급망 재고를 줄이기 위해 노력하면, 재고유지비용을 낮추면서 재고부족의 크기와 빈도를 줄일 수 있다. 일괄 주문(blanket order) 및 공급업체 관리 재고(vendor-managed-inventories, VMI)로 거래 비용을 줄일 수 있다. 크로스 도킹(cross docking)을 이용하면 공급업체의 유통창고에 도착한 인바운드 트럭의 화물을 매장 또는 대리점 수송용 아웃 바운드 트럭에 직접 적재할 수 있어, 창고 처리 비용이나 보관비용을 지불하지 않아도 되므로 재고유지비용을 절감할 수 있다.

## 요약

재고관리는 핵심적인 운영관리활동이다. 재고관리를 잘한다는 것은 조직이 잘 운영되고 있다는 표시이다. 재고수준은 재고유지비용과 적절한 수준의 고객서비스를 제공하는 데 따른 비용이 균형을 이룰 수 있도록 주의 깊게 계획되어야 한다. 성공적인 재고관리는 재고 현황을 추적할 수 있는 시스템, 수요 및 리드타임에 대한 정확한 정보, 특정 재고관련 비용에 대한 현실적인 추정치, 재고 품목을 분류하고 재고관리 노력을 적절히 분배하기 위한 재고분류 시스템을 필요로 한다.

재고관리를 위한 네 가지 모형, 즉 EOQ, ROP, 고정주문간격 모형, 단일기간 재고모형이 제시되었다. 첫 번째 세 모형은 이번 기간 판매되지 않은 품목이 다음 기간에도 판매될 수 있을 경우에 적절하다. 단일기간 재고모형은 품목이 다음 기간에는 판매될 수 없을 경우에 적절하다. EOQ 모형은 얼마나 주문할 것인가에 대한 답을 제공한다. ROP 모형은 언제 주문할 것인가에 대한 답을 제시하며 특히 수요율이나 리드타임에 변동성이 있는 경우에 도움이 되기 때문에 서비스수준과 안전재고에 대한 고려가 반영 되어있다. 주문 간격이 고정된 경우에는 고정주문간격(FOI) 모형이 유용한 반면, 단일기간 재고모형은 사용기간이 짧거나 극히 한정된 품목에 유용하다. 이 장에서 제시된 모형은 표 12.4에 요약되어 있다.

## 주요 내용

1. 모든 사업체는 재고를 보유하며, 이는 장래에 사용하거나 또는 잠재적인 미래에 사용하려고 보유하는 재화이다. 재고는 상품이나 자재에 묶여 있는 화폐가치를 나타낸다.
2. 재고 관리에서 두 가지 기본적인 결정사항은 주문량과 주문시점이다.
3. 효과적인 재고 의사결정을 위해서는 정확한 재고 기록, 비용 정보 및 수요 예측이 요구된다.
4. 보유재고 수준에 대한 결정은 상충관계를 동반한다. 예를 들어 재고자산에 투자하는 자금 대비 다른 용도로 사용할 수 있는 자금과 같은 상충관계를 나타낸다. 결정과 관련된 요소로는 구매비용, 재고유지비용, 주문비용, 재고부족 비용 및 재고초과 비용, 재고 저장 공간 및 다른 용도로 사용하여 얻을 수 있는 수익 등이 있다.
5. 다른 생산운영 영역과 마찬가지로 변동성은 늘 존재하므로 이를 고려해야 한다. 안전 재고를 보유함으로써 불확실성을 어느 정도 상쇄할 수 있지만 이는 재고유지비용을 증가시킨다.

## 주요 용어

ABC 접근법(A-B-C approach)
POS 시스템[point-of-sale (POS) system]
UPC (universal product code)
경제적 주문량(economic order Quantity, EOQ)
구매비용(purchase cost)
단일기간 재고모형(single-period model)
리드타임(lead time)
리틀의 법칙(little's law)
사이클 카운팅(cycle counting)
서비스수준(customer service level)
수량할인(quantity discount)
안전재고(safety stock)
연속조사 시스템(perpetual inventory system)
셋업비용(setup cost)
재고(inventory)

**표 12.4**
재고관련 수식 요약

| 모형 | 공식 | | 기호 |
|---|---|---|---|
| 기본 EOQ | $TC = \frac{Q}{2}H + \frac{D}{Q}S$ | (12-1) | $Q_0$ = 경제적 주문량<br>$D$ = 연간수요<br>$S$ = 주문비용<br>$H$ = 단위당 연간 재고유지비용<br>$Q$ = 주문량 |
| | $Q_0 = \sqrt{\frac{2DS}{H}}$ | (12-2) | |
| | 주문 사이클의 길이 $= \frac{Q}{D}$ | (12-3) | |
| | 평균재고 $= \frac{Q}{2}$ | | |
| EPQ | $TC = \frac{I_{max}}{2}H + \frac{D}{Q}S$ | (12-4) | $Q_P$ = 최적생산 혹은 주문 크기<br>$p$ = 생산율<br>$u$ = 수요율<br>$I_{max}$ = 최대 재고수준 |
| | $Q_p = \sqrt{\frac{2DS}{H}}\sqrt{\frac{p}{p-u}}$ | (12-5) | |
| | 사이클타임 $= \frac{Q}{u}$ | (12-6) | |
| | 런타임 $= \frac{Q}{p}$ | (12-7) | |
| | $I_{max} = \frac{Q_0}{p}(p-u)$ | (12-8) | |
| | 평균재고 $= \frac{I_{max}}{2}$ | | |
| 수량할인 | $TC = \frac{Q}{2}H + \frac{D}{Q}S + PD$ | (12-9) | $P$ = 단위당 가격 |
| 아래 경우의 재주문점: | | | ROP = 재주문점에서 보유중인 재고량<br>$d$ = 수요율<br>$LT$ = 리드타임<br>$\bar{d}$ = 평균수요율<br>$\sigma_d$ = 수요율의 표준편차<br>$z$ = 표준편차의 배수<br>$\overline{LT}$ = 평균 리드타임<br>$\sigma_{LT}$ = 리드타임의 표준편차 |
| a. 일정한 수요 및 리드타임 | $ROP = d(LT)$ | (12-10) | |
| b. 수요율의 변동 | $ROP = \bar{d}LT + z(\sigma_d)\sqrt{LT}$ | (12-13) | |
| c. 리드타임의 변동 | $ROP = d\overline{LT} + z(\sigma_{LT})d$ | (12-14) | |
| d. 리드타임과 수요의 변동 | $ROP = \bar{d}\overline{LT} + z\sqrt{\overline{LT}\sigma_d^2 + \bar{d}^2\sigma_{LT}^2}$ | (12-15) | |
| 고정주문간격 | $Q = \bar{d}(OI + LT) + z\sigma_d\sqrt{OI + LT} - A$ | (12-16) | OI = 주문 간격<br>$A$ = 주문시점에서 보유 중인 재고량 |
| 단일기간 | $SL = \frac{C_s}{C_s + C_e}$ | (12-17) | SL = 서비스수준<br>$C_s$ = 단위당 부족비용<br>$C_e$ = 단위당 초과비용 |

재고부족비용(shortage cost)
재고유지비용(holding cost)
재고초과비용(excess cost)
재고회전율(inventory turnover)
재주문점(ROP)
고정주문간격 모형(fixed-order-interval model)
고정주문간격 시스템(periodic system)
사이클재고(cycle inventory)
주문비용(ordering cost)
충족률(fill rate)
투빈 시스템(two-bin system)

## 문제풀이연습

**문제 1**

*기본 EOQ*. 연간 수요(D), 주문 비용(S), 단위당 재고유지 비용(H)이 주어질 때 기본 EOQ 모형이 사용될 수 있다. 주문량은 식 (12-2), 총비용은 식 (12-1), 주문 횟수는 $D/Q$를 사용하라.

드론 제조업체는 연간 약 32,000개의 실리콘 칩을 사용한다. 칩은 연간 240일의 공장 운영기간 동안 일정한 비율로 사용된다. 연간 재고유지 비용은 칩 하나당 $3이며, 주문비용은 $120이다. 다음을 구하라.

a. 최적주문량

b. 주문 간격

**풀이**

$D = 32{,}000$칩/년 $\quad S = \$120$

$H = \$3$개/년

a. $Q_0 = \sqrt{\dfrac{2DS}{H}} = \sqrt{\dfrac{2(32{,}000)120}{3}} = 1{,}600$개

b. $\dfrac{Q}{D} = \dfrac{1{,}600\text{ 개}}{32{,}000\text{ 개/년}} = \dfrac{1}{20}$년 (즉, $1/20 \times 240$일), 또는 12일

**문제 2**

*경제적 생산량*. 기본 EOQ 정보 외에 생산율($p$)과 수요율($u$)이 주어질 때, 경제적 생산량 모형을 사용할 수 있다. 식 (12-5)를 사용하여 최적 생산량을 계산한다. 생산(런) 시간은 $Q/p$이다. $I_{max} = (Q/p)(p - u)$이다. 한 번 생산이 끝난 후 다음 생산이 시작될 때까지의 시간은 $I_{max}/u$ – 셋업시간이다.

Dine 기업은 구리 커플링의 생산자이며 사용자이다. 이 기업은 연간 220일 운영한다. 매일 50개의 안정적인 비율로 커플링을 사용하고 있으며, 매일 200개씩 생산한다. 연간 유지비용은 커플링 하나당 $2이며, 셋업비용은 회당 $70이다.

a. 경제적 생산량을 결정하라.

b. 연간 몇 번의 생산이 있을 것인가?

c. 최대 재고수준을 계산하라.

d. 보유재고의 평균 수준을 계산하라.

e. 한 사이클에서 *소비만* 일어나는 기간의 길이를 구하라.

**풀이**

$D = 50$개/일 $\times$ 220일/연 $= 11{,}000$개/년

$S = \$70$/회

$H = \$2$/개, 년

$p = 200$개/일

$u = 50$개/일

a. $Q_p = \sqrt{\dfrac{2DS}{H}}\sqrt{\dfrac{p}{p-u}} = \sqrt{\dfrac{2(11{,}000)70}{2}}\sqrt{\dfrac{200}{200-50}} \approx 1{,}013$개

b. 연간 생산횟수: $D/Q_p = 11{,}000/1{,}013 = 10.86$ 혹은 11

c. $I_{max} = \dfrac{Q_p}{p}(p-u) = \dfrac{1{,}013}{200}(200-50) = 759.75 \approx 760$개

d. 평균 재고 $= \dfrac{I_{max}}{2} = \dfrac{760}{2} = 380$개

e. $I_{max}/u = 760/50 = 15.2$일

**문제 3** *수량할인*. 기본 EOQ 정보와 함께 각 주문수량 범위의 가격을 보여주는 목록이 제공될 때 수량할인 모형을 사용할 수 있다.

a. 단위당 재고유지비용이 일정한 경우 다음 단계를 사용하여 문제를 해결하라.
   1. 식 (12-2)를 사용하여 $Q$를 계산한다.
   2. 가격표에서 $Q$의 위치를 찾는다.
   3. 식 (12-1)을 사용하여 $Q$값이 속하는 수량범위를 기준으로 총 비용을 계산하고, 이보다 저가의 단위당 가격이 가능해지는 가격할인 수량분기점들을 찾아 각각 총비용을 계산한다.

b. 단위당 재고유지비용이 단위당 가격의 비율로 주어지는 경우 다음 단계를 사용하여 문제를 해결하라.
   1. 최저 단가부터 시작하여 해당 단가의 $H$값을 식 (12-2)에 적용하여 $Q$를 계산한다. 실행 가능한 $Q$가 발견될 때까지 다음 높은 단가로 이동하면서 같은 작업을 수행한다.
   2. 가격표에서 실행 가능한 $Q$를 찾는다.
   3. $Q$와 이보다 낮은 단가가 가능해지는 모든 가격할인 수량 분기점에 대해 식 (12-9)를 사용하여 총비용을 계산한다. 이때 각 단가를 이용한 $H$를 사용해야 함을 기억하라.

한 소형 제조업체는 매년 약 3,400 kg의 화학 염료를 사용하고 있다. 현재 그 기업은 주문당 300 kg을 구입하며 kg당 $3를 지불하고 있다. 공급자는 최근 1,000 kg 이상의 주문은 kg당 $2에 공급하겠다고 발표하였다. 제조업체는 주문할 때마다 $100의 비용이 발생하며 kg당 구매가격의 17%에 해당하는 연간 재고유지비용을 할당하고 있다.

a. 총비용을 최소화할 주문량을 구하라.

b. 만일 공급자가 1,000 kg 대신에 1,500 kg부터 할인을 해준다면 총비용을 최소화하는 주문량은 얼마인가?

$D = 3{,}400$ kg/년 $\quad S =\$100$/회 $\quad H = 0.17P$

**풀이** a. $2/kg에 대해 EOQ를 계산하라.

수량할인 범위는 아래와 같다.

| 범위 | 단위당 가격 |
|---|---|
| 1~999 | $3 |
| 1,000 이상 | $2 |

$$Q_{\$2/\mathrm{kg}} = \sqrt{\frac{2DS}{H}} = \sqrt{\frac{2(3{,}400)(100)}{0.17(2)}} = 1{,}414 \text{ kg}$$

이 주문량은 가장 낮은 단가인 kg당 $2에서 실행 가능한 수량이기 때문에 최적 주문량이다.

b. 할인이 1,500 kg에서부터 제공될 경우, kg당 $2에 대한 EOQ는 더 이상 실행 가능하지 않다. 결과적으로 kg당 $3로 EOQ를 계산하고 해당 주문량에 대한 총비용과 가격할인을 사용한 총비용을 비교해야 한다.

$$Q_{\$3/\mathrm{kg}} = \sqrt{\frac{2DS}{H}} = \sqrt{\frac{2(3{,}400)100}{0.17(3)}} \approx 1{,}155 \text{ kg}$$

$$\mathrm{TC} = \left(\frac{Q}{2}\right)H + \left(\frac{D}{Q}\right)S + PD$$

$$\mathrm{TC}_{1,155} = \left(\frac{1,155}{2}\right)0.17(3) + \left(\frac{3,400}{1,155}\right)100 \quad + 3(3,400)$$
$$= \$294.53 \qquad + \$294.37 \qquad + \$10,200 = \$10,789$$
$$\mathrm{TC}_{1,500} = \left(\frac{1,500}{2}\right)0.17(2) + \left(\frac{3,400}{1,500}\right)100 \quad + 3(3,400)$$
$$= \$255 \qquad + \$226.67 \qquad + \$6,800 = \$7.282$$

따라서 1,500에서 총비용이 최소가 되기 때문에 1,500 kg이 최적 주문량이 된다.

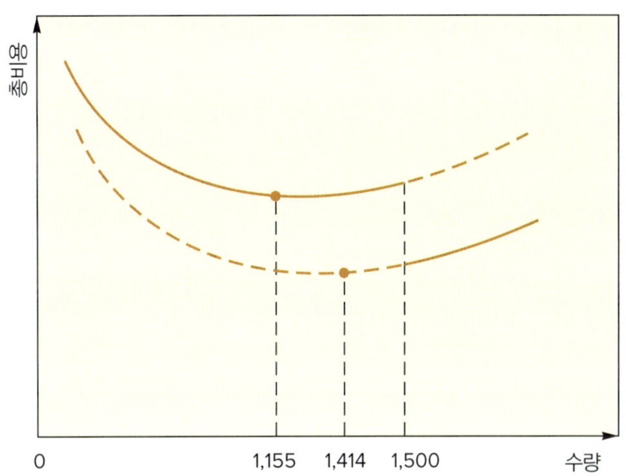


**문제 4**

*재주문점*. 수요율($d$), 리드타임(LT) 및 원하는 서비스수준 또는 재고부족 위험이 주어질 때 재주문점에 관한 문제임을 확인할 수 있다. 다음의 단계들을 이용하여 이 문제를 해결할 수 있다.

1. 문제에서 주어진 변동성 상황에 맞는 수식을 선택하라. 예를 들면, 수요와 리드타임의 표준 편차가 모두 주어진 경우 ROP 계산을 위해서 식 (12-15)를 사용한다.
2. 문제가 안전 재고량을 묻는 경우, 해당 ROP 수식의 두 번째 부분을 사용하라.
3. '리드타임 동안의 기대수요' 및 '리드타임 수요의 표준편차'가 주어지면, 수식 (12-12)를 사용하라.

*변동적인 수요와 일정한 리드타임에 대한 ROP*. 한 모텔의 청소부서에는 매일 대략 400개의 비누를 사용한다. 실제 사용 개수는 일별 고객의 수에 따라 변한다. 사용 개수는 일일 평균 400개와 표준편차 9개를 가진 정규분포를 따른다고 추정한다. 공급 회사는 비누를 배달하는 데 3일의 리드타임이 소요된다. 만일 모텔의 정책이 2%의 재고부족 위험을 유지하는 것이라면 재주문 시점에 재고로 유지해야 하는 최소의 비누 개수는 얼마인가? 또한 안전재고로는 얼마나 유지하여야 하는가?

**풀이**

$\bar{d}$ = 400개/일 LT = 3일

$\sigma_d$ = 9개/일 재고부족위험 = 2%, 따라서 서비스수준은 98%

부록 B의 표 B.2로부터 정규분포 곡선에서 찾고자 하는 $z$값의 왼쪽 부분에 해당하는 영역의 비율이 98%에 이르는 $z$값은 약 +2.05이다.

$$\mathrm{ROP} = \bar{d}\mathrm{LT} \quad + z\sigma_d\sqrt{\mathrm{LT}} = 400(3) + 2.05(9)\sqrt{3}$$
$$= 1,200 + 31.96 \text{ 또는 대략 } 1,232\text{개}$$

안전재고는 대략 32개이다.

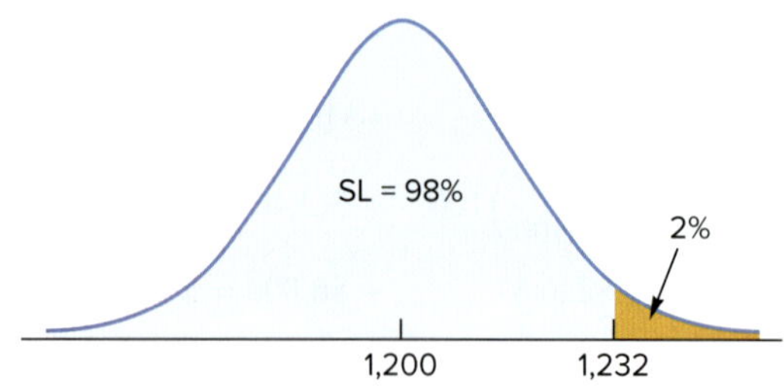


**문제 5** *일정한 수요와 변동 리드타임에서의 ROP*. 문제 4에서의 모텔은 매일 대략 600병의 생수를 사용하는데, 매일의 사용량은 거의 일정하다. 생수 배달의 리드타임은 평균 6일과 표준편차가 2일인 정규분포를 따른다. 바람직한 서비스 수준은 90%이다.

a. ROP를 찾아라.

b. ROP로 보유 중인 재고는 며칠 분에 해당하는가?

**풀이** $d$ = 600병/일

SL = 90%, 따라서 $z$ = +1.28(부록 B의 표 B2 참조)

$\overline{\text{LT}}$ = 6일

$\sigma_{LT}$ = 2일

a. $\text{ROP} = d\overline{\text{LT}} + z(\sigma_{\text{LT}})d = 600(6) + 1.28(2)(600) = 5{,}136$병

b. $\dfrac{\text{ROP}}{d} = \dfrac{5{,}136}{600} = 8.56$일

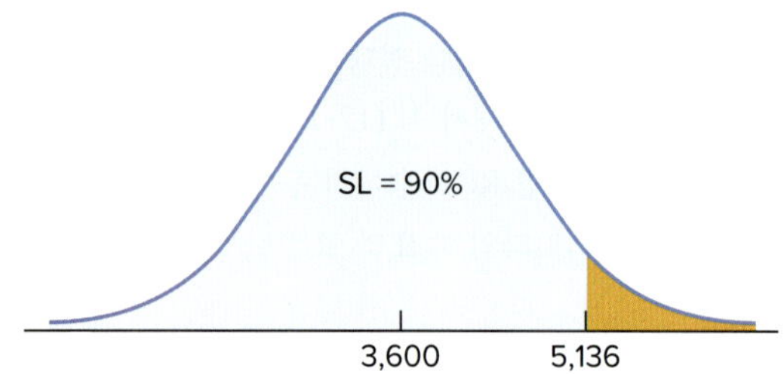


**문제 6** *변동적인 수요율과 변동적인 리드타임에 대한 ROP*. 앞서 모텔에서는 매일 평균 25장의 깨진 컵을 교체하고 있다. 이 수량은 정규분포를 따르며 매일 3개의 표준편차를 가지고 있다. 컵의 공급자가 제공하는 리드타임은 10일의 평균과 2일의 표준편차를 가진 정규분포를 따른다. 95%의 서비스수준을 달성하기 위해 사용되어야 하는 ROP는 얼마인가?

**풀이** $\bar{d}$ = 25장/일 $\overline{\text{LT}}$ = 10일

$\sigma_d$ = 3개/일 $\sigma_{\text{LT}}$ = 2일

SL = 95%, 따라서 $z$ = +1.65(부록 B의 표 B2 참조)

$$\text{ROP} = \bar{d}\overline{\text{LT}} + z\sqrt{\overline{\text{LT}}\,\sigma_d^2 + \bar{d}^2\sigma_{\text{LT}}^2}$$

$$= 25(10) + 1.65\sqrt{10(3)^2 + (25)^2(2)^2} = 334\text{개}$$

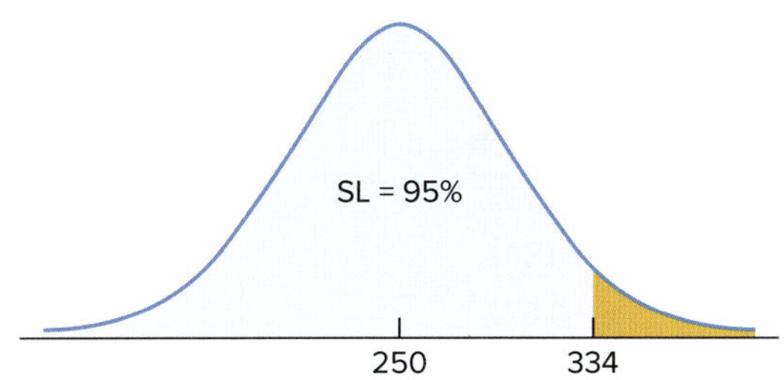


문제 7

*고정주문간격 시스템*. 주문간격(예를 들어 매 10일마다)이 주어지고 수요율, 리드타임, 주문시점의 보유재고 수준이 제시되면 이 유형의 문제임을 확인할 수 있다. 식 (12-16)을 사용하여 최적의 주문량을 계산한다.

한 연구실에는 매 30일마다 동일한 공급자로부터 여러 가지 화학물질을 주문한다. 리드타임은 5일이다. 이 연구실의 조교는 이러한 화학물질 가운데 하나를 얼마나 주문할 것인지 결정해야 한다. 재고기록을 통해 11개의 25 ml 병이 재고로 보관되고 있다는 것을 알게 되었다. 이 화학물질의 일일 사용량은 평균 15.2 ml, 표준편차 1.6 ml인 정규분포를 따르고 있다. 이 화학물질에 대해 바라는 서비스수준은 95%이다.

a. 몇 병의 화학물질이 발주되어야 하는가?

b. 화학물질의 안전재고량은 얼마인가?

풀이

$\bar{d}$ = 15.2 ml  OI = 30일  SL = 95%  $z$ = 1.65

$\sigma_d$ = 1.6 ml/일  LT = 5일  A = 11병 × 25 ml/병 = 275 ml

a. 주문량 $= \bar{d}(\text{OI} + \text{LT}) + z\sigma_d\sqrt{\text{OI} + \text{LT}} - A$

$$= 15.2(30 + 5) + 1.65(1.6)\sqrt{30 + 5} - 275 = 272.62 \text{ ml}$$

이를 병의 수로 변환하면

$$\frac{272.62 \text{ ml}}{25 \text{ ml/병}} = 10.90 \text{ 혹은 } 11\text{병}$$

b. 안전재고 $= z\sigma_d\sqrt{\text{OI} + \text{LT}} = 1.65(1.6)\sqrt{30 + 5} = 15.62$ ml

문제 8

*단일기간 재고모형*. '부패성' 품목의 수요 확률분포 또는 경험적 분포가 단위당 부족비용 및 초과비용 또는 이들을 계산하는 데 사용될 수 있는 정보와 함께 제공될 때 이 유형의 문제임을 확인할 수 있다. 다음 단계를 사용하여 문제를 해결할 수 있다.

1. 식 (12-17)을 사용하여 최적의 서비스수준을 계산한다.
2. 주어진 분포가 균등분포이거나 정규분포일 경우, 이 분포를 사용하여 정확한 재고수준을 구한다.
3. 분포가 포아송 분포나 경험적 분포일 경우 SL은 두 누적 확률 사이에 위치한다. 최적의 재고수준을 찾기 위해 높은 확률로 반올림한다. *주의*: 경험적 분포일 경우 먼저 누적 상대도수 또는 확률을 구하라.

한 기업은 케이블 TV 시스템의 특정 장비에 대해 두 개의 스페어 부품을 보유하고 있다. 부품 가격은 $500이며 잔존 가치는 없다. 장비의 수명기간 동안 부품고장 횟수는 평균이 2회인 포아송 분포를 따른다. 재고유지비용과 처분비용은 무시될 수 있다. 재고부족비용의 범위를 추정하라.

**풀이** $C_s$ 미지수, $C_e = \$500$

포아송 분포표(부록 B, 표 C)에서 2.0의 평균에 대한 확률값을 제공하고 있다.

| 고장 횟수 | 누적 확률 |
|---|---|
| 0 | 0.135 |
| 1 | 0.406 |
| 2 | 0.677 |
| 3 | 0.857 |
| 4 | 0.947 |
| 5 | 0.983 |
| ⋮ | ⋮ |

서비스수준과 일치하거나 초과하는 재고수준이 최적재고수준이 된다. 따라서 재고수준 두 단위를 최적수준이 되려면 서비스수준이 0.406과 0.677 사이에 있어야 한다. 서비스수준을 처음에 0.406과 이후 0.677로 설정하여 재고부족비용의 범위를 찾을 수 있다.

$$\frac{C_s}{C_s + \$500} = 0.406, \text{ 따라서 } C_s = 0.406(C_s + 500)$$

이를 풀면 $C_s = \$341.75$이다.

마찬가지로

$$\frac{C_s}{C_s + \$500} = 0.667, \text{ 따라서 } C_s = .667(C_s + 500)$$

이를 풀면 $C_s = \$1,047.99$이다. 따라서 재고부족비용의 범위는 \$341.75에서 \$1,047.99이다.

## 토의 및 복습문제

1. 재고를 보유하는 주요 이유는 무엇인가?
2. 효과적인 재고관리를 위한 요구사항들은 무엇인가?
3. 재고와 관련된 비용들에 대해 약술하라.
4. RFID 태그가 재고관리에 대해 가지는 잠재적 효용과 위험은 무엇인가?
5. 다른 산업에 속한 기업들의 재고관리 성과를 비교하는 데 재고회전율을 사용하는 것이 부적절한 이유는 무엇인가?
6. 관리자들이 A-B-C 분류의 결과를 어떻게 사용할 수 있나?
7. a. EOQ 모형의 주요 가정을 열거하라.

   b. EOQ 모형이 $D$, $S$, $H$ 값들을 추측하여 사용하기 때문에 잘못된 결과를 제시할 수도 있다는 비판에 대해 어떻게 대응하겠는가?
8. 높은 재고유지비용이 어떻게 재고감소로 이어질 수 있는지를 간략하게 설명하라.
9. 안전재고란 무엇이며, 안전재고를 보유하는 목적은 무엇인가?
10. 기업은 어떤 환경에서 많은 양의 안전재고를 갖게 되는가? 안전재고가 적은 환경은? 안전재고가 0인 환경은?

11. *서비스수준*이라는 용어의 의미는 무엇인가? 일반적으로 안전재고량과 서비스수준의 관계는 어떠한가?
12. 재고관리에서 A-B-C 접근법을 약술하라.
13. 남미에서 에어컨을 조립해서 판매하는 한 기업의 구매 대리인은 컴프레서 비용이 재주문할 때마다 많이 증가한다는 점에 주목하였다. 기업은 EOQ 모형을 사용해서 주문량을 결정하고 있다. 가격 상승은 주문량에 어떠한 영향을 미치는가? 가격 이외의 요소 중 고려해야 할 것은 무엇이 있는가?
14. 셋업시간 감소로 인해 기업이 보유하는 평균 재고량이 어떻게 감소되는지를 설명하고 그것이 왜 기업에게 이익이 되는지를 설명하라.
15. 단일기간 재고모형은 무엇이며 어떠한 상황에 적절한가?
16. 단일기간 재고모형에서 최적재고수준이 기대수요보다 적을 수 있을까? 간략하게 설명하라.
17. 기업이 재고의 필요성을 감소시킬 수 있는 방법들은 무엇인가?

## 연습문제

1. a. 다음 품목들에 대해 A-B-C 분류를 하라.

| 품목 | 단위당 비용 | 연간 사용량(100단위) |
|---|---|---|
| 1 | $100 | 25 |
| 2 | 80 | 30 |
| 3 | 15 | 60 |
| 4 | 50 | 10 |
| 5 | 11 | 70 |
| 6 | 60 | 85 |
| 7 | 10 | 60 |

b. $D = 4{,}500$개/년, $S = \$36$, $H = \$10$/개/년일 때 EOQ를 구하라.

c. 다음과 같은 정보가 주어졌을 때 경제적 생산량을 구하라.

$D = 18{,}000$개/년, $S = \$100$, $H = \$40$/개/년, $p = 120$개/일, $u = 90$개/일

2. a. 아래 표는 의료시설이 보유하고 있는 2,000개의 재고품목들 중 16개를 무작위로 추출한 표본에 대해 월별 사용량과 단위당 가격에 대한 자료를 담고 있다. 이 품목들에 대해 A-B-C 분석을 행하라.

| 품목 | 단가 | 사용량 | 품목 | 단가 | 사용량 |
|---|---|---|---|---|---|
| K34 | $10 | 200 | F99 | 20 | 60 |
| K35 | 25 | 600 | D45 | 10 | 550 |
| K36 | 36 | 150 | D48 | 12 | 90 |
| M10 | 16 | 25 | D52 | 15 | 110 |
| M20 | 20 | 80 | D57 | 40 | 120 |
| Z45 | 80 | 200 | N08 | 30 | 40 |
| F14 | 20 | 300 | P05 | 16 | 500 |
| F95 | 30 | 800 | P09 | 10 | 30 |

b. 다음 표와 같이 월별 사용량이 주어진 경우, 품목들을 사용액에 따라 A, B 및 C 군으로 분류하라.

| 품목 | 사용량 | 단가 |
|---|---|---|
| 4021 | 90 | $1,400 |
| 9402 | 300 | 12 |
| 4066 | 30 | 700 |
| 6500 | 150 | 20 |
| 9280 | 10 | 1,020 |
| 4050 | 80 | 140 |
| 6850 | 2,000 | 10 |
| 3010 | 400 | 20 |
| 4400 | 5,000 | 5 |

c. b에서 각 범주의 품목 수 비율과 각 범주의 사용액 비율을 계산하라.

3. 한 제과점에서는 25 kg 밀가루 포대를 구입하고 있다. 제과점에서는 연간 1,215포대를 사용하고 있다. 주문비용은 주문당 $10가 발생하며, 연간 재고유지비용은 포대당 $75이다.

   a. 최적주문량을 구하라.

   b. 보유 중인 포대의 수는 평균 얼마인가?

   c. 매년 몇 번의 주문이 발생하는가?

   d. 밀가루 주문 및 재고유지에 따르는 연간 총비용을 계산하라.

   e. 만일 재고유지비용이 연간 $9씩 증가한다면, 연간 총비용에 얼마만큼의 영향을 미치겠는가?

4. 매년 260일 영업하고 있는 대형 로펌에서는 하루 평균 40박스의 복사용지를 사용하고 있다. 복사용지의 저장 및 처리비용은 박스당 $30/년이며, 종이를 주문하고 받는 데 대략 $60의 비용이 발생한다.

   a. 연간 주문비용과 유지비용의 합을 최소화하는 주문량은 얼마인가?

   b. a의 주문량을 사용하여 연간 총비용을 계산하라.

   c. 소수점 아래 부분을 염두에 두지 않는다면, 연간 주문비용 및 재고유지비용은 EOQ에서 항상 같은가?

   d. 사무실 관리자는 최근 200박스씩 주문하고 있다. 회사 파트너는 회사가 '비용 효율적인 방식으로' 관리되고 있을 것으로 기대하고 있다. 사무실 관리자가 200박스 대신 최적주문량을 사용할 것을 추천하겠는가? 어떻게 생각하는지 자신의 의견을 설명하라.

5. Garden Variety 꽃가게는 매월 750개의 꽃병을 사용하고 있다. 꽃병은 개당 $2에 구매한다. 꽃병 연간 재고유지비용은 구매비용의 30%이며 주문비용은 한 번 주문에 $20이다. 관리자는 한 번에 1,500개의 꽃병을 주문하고 있다.

   a. 이 주문량을 유지할 경우, 꽃 가게에 발생하는 추가적인 연간 총비용은 얼마인가?

   b. 비용절감 이외에 최적주문량을 이용하는 경우 어떠한 이익이 있는가?

6. 농산물 유통업자는 매월 800개의 포장바구니를 사용하고 있으며, 개당 $10에 구매하고 있다. 바구니 하나당 구매가격의 35%만큼 연간 재고유지비용이 발생한다. 주문비용은 $28이고, 현재 관리자는 한 달에 한 번 주문을 한다. EOQ를 사용한다면 연간 주문비용과 재고유지비용을 얼마나 절약할 수 있는가?

7. 관리자가 내년도 수요예측 자료를 받았는데 수요는 상반기에 600개이며 하반기에 900개로 예상되고 있다. 매월 재고유지비용은 개당 $2이며 주문 처리에 $55의 비용이 발생할 것으로 예상된다.

a. 월별 수요가 6개월간 일정하다고 가정한다면(예를 들어 첫 6개월간은 월간 100개의 수요), 상하반기 각각에 대해 주문비용 및 재고유지비용의 합계를 최소화하는 주문량을 결정하라.

b. 수요가 6개월간 일정하다고 가정하는 것이 중요한 이유는 무엇인가?

c. 공급자가 50, 100, 150 같이 50의 배수단위로 주문하는 것에 대해 *주문당 $10*의 비용할인을 제공할 계획이라면, 당신은 관리자에게 상반기나 하반기에 그러한 기회를 활용하라고 조언할 것인가? 만일 그렇다면 주문량을 얼마로 하는 것이 좋겠는가?

8. 음식 가공업자는 생산된 과일주스를 담기 위해 매달 27,000개의 유리병을 사용하는데, 저장 공간 때문에 한 번에 4,000개씩 주문한다. 매달 재고유지비는 병당 18센트이며 주문비용은 주문당 $60이다. 회사는 매월 평균 20일 운영한다.

   a. 회사는 현재의 주문량으로 인해 얼마나 손해를 보고있는가?

   b. 관리자는 매월 10차례 주문하는 것을 선호하지만 주문량을 바꾸려면 정당한 이유가 있어야 한다고 할 것이다. 한 가지 대안은 주문비용을 감소시키기 위해 주문 과정을 단순화하는 것이다. 매월 10회 주문, 즉 하루걸러 한 번씩 주문하려면 주문비용이 얼마가 되어야 하는가?

9. Friendly Sausage Factory (FSF)는 하루 5,000개의 핫도그를 생산할 수 있는데, 하루 평균 250개씩 지역 레스토랑에 공급하고 있다. 핫도그 생산 장비를 셋업하는 데 드는 비용이 $66이다. 연간 재고유지비용은 핫도그 당 45센트이며, 공장은 매년 300일 운영한다. 아래 문제에 대한 답을 구하라.

   a. 최적 생산량

   b. 연간 생산 횟수

   c. 최적 생산량을 생산하는 데 소요되는 일수

10. 화학회사에서 100파운드 용량 포대의 황산수소염을 생산한다. 이 제품의 수요는 하루 20톤이다. 제품생산 용량은 하루 50톤이다. 셋업비용은 $100이며, 저장 및 처리비용은 톤당 연간 $5이다. 회사는 매년 200일 작업한다(1톤 = 2,000파운드).

   a. 한 번 생산에 100파운드 용량 황산수소염 몇 포대를 생산하는 것이 최적인가?

   b. 이 로트 사이즈로 인한 평균재고는 얼마인가?

   c. 한 번 생산 작업할 때마다 며칠 동안 작업하는가?

   d. 매년 약 몇 번의 생산 작업이 이루어지는가?

   e. 회사가 셋업비용을 한 번 생산에 $25로 절감할 수 있다면 연간 얼마의 비용을 절감할 수 있는가?

11. 한 회사는 신제품생산을 시작하였다. 신제품이 들어가는 부품 한 가지를 생산하는 부서의 관리자는 그 부품을 생산하는 데 사용되는 기계가 다른 작업에 얼마나 자주 이용 가능한지를 알고자 한다. 기계는 해당 부품을 하루 200개씩 생산할 수 있으며, 하루 80개가 최종제품을 조립하는 데 사용된다. 조립은 매주 5일씩, 연간 50주 동안 이루어진다. 관리자는 생산을 위해 기계를 셋업하는데 꼬박 하루가 걸리며, 비용은 $300가 발생한다고 추정하였다. 재고유지비용은 매년 $10이다.

   a. 연간 총비용을 최소화하기 위한 생산량은 얼마인가?

   b. 최적생산량을 생산하는데 며칠이 소요되는가?

   c. 평균재고수준은 얼마인가?

   d. 만약 관리자가 이 부품 생산작업 사이에 다른 작업을 수행하고자 하는데, 이 작업의 수행에 최소 10일씩이 소요된다면, 충분한 시간적 여유가 있는가?

e. d에서 구한 답에 따라 관리자가 이 기계를 이용하여 수행할 다른 작업을 실제로 할 수 있는 방안들을 모색하고자 한다. 관리자가 고려할 수 있는 3가지 방안을 설명하라.

f. 관리자가 신제품의 1회 생산량을 증가시킬 것을 결정했다고 가정하자. 다른 작업을 할 수 있으려면 신제품의 1회 생산량을 얼마나 증가시켜야 하는가? 이로 인해 연간 총비용은 얼마나 증가하는가?

12. 헤어드라이기를 생산하는 업체가 있다. 이 업체는 일부 부품들은 구입하고 있지만 열선은 직접 만들어서 사용하고 있는데, 일일 800개까지 생산할 수 있다. 헤어드라이기는 연간 250일 동안 하루 300개씩 조립될 수 있다. 생산율과 수요율이 다르기 때문에 열선은 주기적으로 한 번에 2,000개씩 생산된다.

a. 열선은 1년에 대략 몇 *차례* 생산되어야 하는가?

b. 만일 생산 작업이 재고로 보유 중인 열선이 없을 때 시작된다면, 생산이 시작되고 *2일 후*에는 몇 개의 재고가 보관될 수 있는가?

c. 보유 중인 재고가 없는 경우에 각 생산주기가 시작한다면 부품의 평균재고는 얼마인가?

d. 열선을 만드는 데 사용되는 장비는 회사의 다른 제품에 들어가는 부품을 만드는 데 사용될 수 있다. 이 일에는 셋업을 포함해서 4일이 소요된다. 열선 한 배치를 생산하기 셋업시간은 1/2일이다. 열선의 배치 생산 작업 사이에 이 일을 할 수 있는 충분한 시간이 있는가? 설명하라.

13. 우편 주문을 받는 가게에서는 매년 18,000개의 박스를 사용하고 있다. 재고유지비용은 박스 당 연간 60센트이며, 주문비용은 $96이다. 아래 가격표를 이용해서 다음을 구하라.

a. 최적주문량

b. 연간 주문 횟수

| 박스 수 | 단가 |
|---|---|
| 1,000~1,999 | $1.25 |
| 2,000~4,999 | 1.20 |
| 5,000~9,999 | 1.15 |
| 10,000 이상 | 1.10 |

14. 보석회사는 팔찌와 반지를 만들기 위해 반가공된 보석을 구입하고 있다. 공급자는 600개 이상을 구입할 경우 개당 $8, 구입량이 400~599개 사이이면 개당 $9, 그보다 더 적게 구입할 경우에는 개당 $10의 가격에 판매한다고 한다. 보석회사는 매년 200일 동안 운영하고 있다. 수요율은 매일 25개씩이며 주문비용은 $48이다.

a. 만일 보석의 재고유지비용이 개당 연간 $2인 경우 연간 총비용을 최소화하는 주문량을 구하라.

b. 연간 재고유지비용이 단위당 구입 가격의 30%인 경우, 최적주문량은 얼마인가?

c. 리드타임이 6일(운영일 기준으로)인 경우, 기업은 언제 주문을 해야 할까?

15. 운동기구 제조업체는 다음과 같은 가격을 제시하는 공급자로부터 부품을 구입하고 있다. 1,000개 미만일 경우 $5, 1,000~3,999개일 경우에는 $4.95, 4,000~5,999개일 경우에는 $4.90, 6,000개 이상일 경우 $4.85이다. 주문비용은 $50이며, 단위당 연간 재고유지비용은 구매비용의 40%이며, 업체는 연간 4,900개씩 부품을 사용하고 있다. 총비용을 최소화하는 주문량을 구하라.

16. 기업은 리모컨 장치를 재고로 보관할 예정이다. 매월 예상수요는 800개이다. 리모컨은 공급업체 A나 공급업체 B로부터 구입할 수 있다. 가격표는 아래와 같다.

| 공급업체 A | | 공급업체 B | |
|---|---|---|---|
| 수량 | 단가 | 수량 | 단가 |
| 1~199 | $14.00 | 1~149 | $14.10 |
| 200~499 | 13.80 | 150~349 | 13.90 |
| 500 이상 | 13.60 | 350 이상 | 13.70 |

주문비용은 $40이며 연간 재고유지비용은 단위당 가격의 25%이다. 만일 연간 총비용을 최소화하는 것이 목적이라면 어떤 공급자를 선택해야 하며, 최적주문량은 얼마인가?

17. 관리자가 방금 공급업자로부터 새로운 가격표를 받았다. 박스를 801개 이상 주문할 때에는 한 박스당 $1.00, 200~800개를 주문할 때에는 $1.10, 200개보다 작게 주문할 때에는 $1.20이다. 주문비용이 주문당 $80이며 재고유지비용은 박스당 연간 $10이다. 회사는 매년 3,600박스를 사용하고 있다. 관리자는 800박스의 주문량을 제안하였다. 관리자의 논리적 근거는 비용곡선이 최소점에서 상당히 평평한 U자형이고 800개와 801개 간의 연간 총비용의 차이가 매우 적을 것이라는 것이다. 당신은 관리자의 제안을 어떻게 생각하는가? 당신이 추천하는 최적주문량은 얼마인가?

18. 신문사에서는 배급소에서 수십 묶음의 신문을 안전하게 배포하기 위해 매일 대략 800피트의 묶음선을 사용한다. 신문은 월요일부터 토요일까지 발간된다. 묶음선의 주문 시 리드타임은 6일이 소요된다. 신문사가 95%의 서비스수준을 바란다면 적절한 재주문점은 얼마인가? 각 안전재고 수준에 대한 재고부족 위험은 1,500피트일 때 0.10, 1,800피트일 때 0.05, 2,100피트일 때 0.02, 2,400피트일 때 0.01이라고 가정한다.

19. 다음 정보가 주어져 있다.

    리드타임 동안의 예상수요 = 300개

    리드타임 수요의 표준편차 = 30개

    리드타임 수요가 정규분포를 따를 경우 아래를 구하라.

    a. 리드타임 동안 재고부족위험이 1%가 되는 ROP는 얼마인가?
    b. 리드타임 동안 재고부족위험이 1%가 되기 위해 필요한 안전재고수준은 얼마인가?
    c. 재고부족위험이 2%로 하고자 한다면 재고부족위험이 1%인 경우보다 필요로 하는 안전재고는 더 많은가 혹은 더 적은가? 만일 허용 가능한 위험이 1% 대신 2%일 경우 ROP는 커지는가, 적아지는가, 혹은 영향을 받지 않는가? 설명하라.

20. 다음 정보가 주어져 있다.

    리드타임 동안 수요 = 600파운드

    리드타임 동안 수요의 표준편차 = 52파운드(정규분포 가정)

    리드타임 동안 허용 가능한 재고부족위험 = 4%

    a. 적절한 안전재고수준은 얼마인가?
    b. 이 품목은 언제 재주문해야 하는가?
    c. 안전재고를 전혀 보유하지 않을 경우 재고부족위험은 얼마인가?

21. Sweet Cream Dairy (SCD)의 호두캔디 아이스크림에 대한 수요는 매주 21갤런의 평균과 3.5갤런의 표준편차를 가진 정규분포를 따르고 있다. 새로운 관리자는 90%의 서비스수준을 바란다. 리드타임은 2일이며, SCD는 매주 7일 영업을 한다. (*힌트*: 일을 시간 단위로 사용하라.)

    a. 만일 ROP 모형이 사용된다면, 바라는 서비스수준을 얻기 위한 ROP 수준은 얼마인가? 평균 수요를 가정할 경우, ROP로 보유 중인 재고로 며칠 동안 공급할 수 있는가?

b. 만일 주문 간격이 10일인 고정주문간격 모형을 ROP 모형 대신 사용하고자 한다면, 주문시점에 보유재고수준이 8갤런이고 달성하고자 하는 서비스수준이 90%일 경우 주문량은 얼마가 되어야 하는가? 주문이 도착하기 전에 재고부족을 경험할 확률은 얼마인가?

c. 관리자가 위 a에서 언급된 ROP 모형을 사용한다고 가정하자. 공급업자에게 주문하고 난 다음날 관리자는 공급업자로부터 공장문제로 인해 주문 배달이 지연될 것이라는 전화를 받았다. 공급업자는 2일 내에 주문을 배달하기로 약속하였다. 전화를 끊고 관리자는 호두캔디 아이스크림의 재고를 체크하였으며 주문 후 2갤런이 팔린 것을 확인하였다. 공급자의 약속이 지켜진다고 가정할 경우, SCD가 주문이 배달되기 전에 현 재고를 다 사용할 확률은 얼마인가?

22. 기업의 사출성형 부서는 매일 평균 30갤런의 윤활유를 사용한다. 보유 중인 윤활유의 재고량이 170갤런일 때 주문이 이루어진다. 주문이 배달되는 데 4일이 걸린다. 안전재고는 50갤런이며, 이 경우 재고부족 위험은 9%이다. 재고부족 위험을 3%로 하고자 한다면 안전재고수준은 얼마가 되어야 하는가? 정규분포를 가정하라.

23. 한 기업은 제조공정에 매일 85개의 회로판을 사용하고 있다. 회로판 발주자는 보유 재고량이 625개까지 감소되었을 때 주문하라는 규칙을 준수해야 한다. 주문은 주문 후 대략 6일 만에 배달된다. 리드타임은 평균 6일과 1.10일의 표준편차를 가진 정규분포를 따른다. 만일 이 기업의 보유 재고량이 625개로 감소되었을 때 재주문을 행한다면 주문이 배달되기 전 보유 재고를 모두 소진할 확률은 얼마인가?

24. 컴퓨터 가게에서 판매하는 한 품목은 해당 품목만 판매하는 공급업체로부터 공급되고 있다. 최근 해당 품목에 대한 수요는 변하고 있으며, 가게 관리자는 주문시점을 결정해야 한다. 관리자는 리드타임 동안 재고가 부족하지 않을 확률이 최소한 96% 이상이기를 바란다. 관리자는 이 품목의 일일 수요가 평균 12개이며 표준편차가 2개일 것으로 기대하고 있다. 리드타임은 평균 4일에 표준편차가 1일로 변동한다. 정규분포를 가정하며 계절성은 고려 대상에서 제외한다.

a. 관리자가 바라는 확률을 얻기 위해 재주문할 시점 즉, 재주문점은 얼마인가?

b. 계절성이 존재하는 경우 이 의사결정 모형이 부적절한 이유는 무엇인가?

25. 세차업체의 관리자는 세정제를 공급하는 공급업자로부터 수정된 가격표와 더불어 더 빠른 배달을 약속받았다. 이전 리드타임은 4일이었지만 공급업자는 이를 25% 감소시킬 것을 약속했다. 세정제의 연간사용은 4,500갤런이고, 세차업체는 연간 360일 영업을 하고 있다. 세정제의 연간사용량은 정규분포를 따르며 매일 2갤런의 표준편차를 가진다고 가정하자. 주문비용은 $30이며 연간 재고유지비용은 갤런당 $3이다. 수정된 가격표는 아래에 나타나 있다.

| 수량 | 단가 |
|---|---|
| 1~399 | $2.00 |
| 400~799 | 1.70 |
| 800 이상 | 1.62 |

a. 최적주문량은 얼마인가?

b. 수용 가능한 재고부족 위험이 1.5%일 경우 적절한 ROP는 얼마인가?

26. 소형 복사점에서는 매주 500매들이 박스 5개 사용하고 있다. 경험에 따르면 수요는 매주 평균 5박스와 표준편차 1/2박스인 정규분포를 따른다. 복사지 윗부분에 발신자 주소를 인쇄하기 위해 배달에는 2주가 걸린다. 주문비용은 $2이며 연간 재고유지비용은 박스당 20센트이다.

a. 연간 52주를 가정할 경우 경제적 주문량을 구하라.

b. 만일 복사점이 보유 복사용지가 12박스일 때 재주문할 경우 재고부족 위험을 계산하라.

c. ROP 대신 주문간격이 7주인 고정주문간격 모형이 재주문에 사용된다고 하자. 이 경우, 보유 중인 재고량이 12박스일 때 36박스를 주문하였다면 주문이 도착하기 전에 보유 중인 재고가 모두 소진되는 경우가 발생할 수 있는 위험은 얼마인가?

27. Ned 자연식품은 파운드 단위로 땅콩을 판매하고 있다. Ned는 과거 경험을 바탕으로 일일 땅콩 수요가 평균 80파운드, 표준편차 10파운드인 정규분포를 따른다고 생각하고 있다. 리드타임은 8일의 평균과 1일의 표준편차를 가진 정규분포를 따른다. 리드타임 기간동안 10% 재고부족 위험이 발생하는 ROP는 얼마인가?

28. 연간 360일 운영하는 슈퍼마켓이 있다. 현금등록기 테이프 사용량은 하루 평균 10롤이다. 일일 사용량은 표준편차가 2롤인 정규분포를 따른다. 테이프 주문비용은 $1이며 재고유지비용은 연간 롤당 40센트이다. 리드타임은 3일이다.

a. EOQ는 얼마인가?

b. 96%의 리드타임 서비스수준을 제공하는 ROP는 몇 단위인가?

29. 자동차 정비소에서는 매년 1,200케이스의 기름을 사용한다. 주문비용은 $40이며, 연간 재고유지비용은 케이스당 $3이다. 관리자는 99%의 연간 서비스수준을 목표로 하고 있다.

a. 최적 주문량은 얼마인가?

b. 리드타임 동안의 수요가 평균 80케이스, 표준편차 6케이스인 정규분포를 따른다면 어느 정도 수준의 안전재고가 적절하겠는가?

30. 요양원은 한 약품의 보유량이 18개로 줄어들면 이를 재주문한다. 리드타임은 3일이다. 지난 10일간의 약품 사용량이 아래와 같을 때, 요양원의 재주문 정책을 통해 달성할 수 있는 서비스수준은 얼마인가? (*힌트*: 식 (12-13)을 사용하라.)

| **일자** | 1 | 2 | 3 | 4 | 5 | 6 | 7 | 8 | 9 | 10 |
|---|---|---|---|---|---|---|---|---|---|---|
| **사용량** | 3 | 4 | 7 | 5 | 5 | 6 | 4 | 3 | 4 | 5 |

31. 약국에서는 재고로 보관 중인 많은 품목에 대해 고정주문간격 모형을 사용하여 관리하고 있다. 약사는 0.98의 서비스수준을 원한다. 주문주기는 14일이며, 리드타임은 2일이다. 한 품목의 평균 수요는 하루에 40개이며 표준편차는 하루 3개이다. 각 주문주기의 재주문 시점에 보유 중인 재고수준이 아래 표와 같다면 1, 2, 3기의 주문시점에서의 주문량을 각각 구하라.

| **주기** | **보유량** |
|---|---|
| 1 | 42 |
| 2 | 8 |
| 3 | 103 |

32. 관리자는 새로운 생산품목 P34와 P35를 위한 재고주문시스템을 결정해야 한다. P34는 아무 때나 주문할 수 있으나 P35는 4주마다 한 번씩 주문할 수 있다. 회사에서는 연간 50주 운영하며 두 품목의 주별 수요율은 정규분포를 따른다. 관리자는 품목들에 대해 다음 정보를 수집하였다.

| | **P34** | **P35** |
|---|---|---|
| 주별 평균수요 | 60개 | 70개 |
| 주별 수요의 표준편차 | 4개 | 5개 |
| 단가 | $15 | $20 |
| 연간 재고유지비 | 30% | 30% |
| 주문비용 | $70 | $30 |
| 리드타임 | 2주 | 2주 |
| 목표 재고부족위험 | 2.5% | 2.5% |

a. 관리자가 각 품목을 언제 재주문해야 하는가?

b. P34의 주문량을 구하라.

c. P35가 주문시점에 110개를 보유하고 있다면 주문량은 얼마가 되어야 하는가?

33. 여러 품목들의 목록이 아래에 주어져 있다.

a. A, B 혹은 C범주로 품목들을 분류하라.

b. 각 품목별 경제적 주문량을 결정하라.

| 품목 | 추정 연간 수요 | 주문비용 | 재고유지비용(%) | 단가 |
|---|---|---|---|---|
| H4-010 | 20,000 | 50 | 20 | 2.50 |
| H5-201 | 60,200 | 60 | 20 | 4.00 |
| P6-400 | 9,800 | 80 | 30 | 28.50 |
| P6-401 | 14,500 | 50 | 30 | 12.00 |
| P7-100 | 6,250 | 50 | 30 | 9.00 |
| P9-103 | 7,500 | 50 | 40 | 22.00 |
| TS-300 | 21,000 | 40 | 25 | 45.00 |
| TS-400 | 45,000 | 40 | 25 | 40.00 |
| TS-041 | 800 | 40 | 25 | 20.00 |
| V1-001 | 33,100 | 25 | 35 | 4.00 |

34. 도넛츠 가게의 토요일 젤리 도넛 수요가 아래 표와 같다. 인건비, 재료비, 간접비가 다스당 $3.20이고, 도넛은 다스당 $4.80로 판매되며, 매일 저녁 남은 도넛은 다음 날 1/2의 가격으로 판매될 경우 최적재고수준을 구하라. 이에 따른 서비스수준은 얼마인가?

| 수요(다스) | 상대빈도 | 수요(다스) | 상대빈도 |
|---|---|---|---|
| 19 | 0.01 | 25 | 0.10 |
| 20 | 0.05 | 26 | 0.11 |
| 21 | 0.12 | 27 | 0.10 |
| 22 | 0.18 | 28 | 0.04 |
| 23 | 0.13 | 29 | 0.02 |
| 24 | 0.14 | | |

35. 한 전력회사는 확장계획의 일환으로 터빈을 구입하면서 여기에 사용할 스페어 부품의 수를 결정해야 한다. 부품 X135는 개당 $100에 구입할 수 있다. 터빈의 수명 기간 동안 부품의 재고유지비용과 처분비용은 구매가격의 145%일 것으로 추정된다. 재고부족비용은 생산중단, 주문, '특별주문' 등으로 인해 $88,000로 추정된다. 유사한 상황에서 운영되었던 유사 장비에 대한 데이터에 따르면 터빈의 수명 기간 동안 스페어 부품에 대한 수요는 평균 3.2인 포아송 분포를 따른다.

a. 스페어 부품의 최적주문수량은 얼마인가?

b. 재고부족비용의 범위가 얼마일 경우에 스페어 부품을 보관하지 않는 것이 최적의 전략인가?

36. 스키너의 생선가게에서는 매일 신선한 고등어를 파운드당 $4.20에 구입하여 파운드당 $5.70에 판매하고 있다. 각 영업일 끝에 남은 고등어는 파운드당 $2.40에 고양이 먹이 생산업자에게 판매된다. 하루 수요는 평균 80파운드, 표준편차 10파운드의 정규분포를 따른다. 최적 주문량은 얼마인가?

37. 소형 식료품 상점에서 지역 농부로부터 구입한 신선한 농산물을 판매하고 있다. 딸기 시즌에 신선한 딸기의 수요는 매일 평균 40쿼트, 표준편차 6쿼트인 정규분포를 이루고 있다. 초과비용

은 쿼트 당 35센트이다. 식료품점에서는 매일 49쿼트를 주문한다(참고 1쿼트 = 1/4갤런).

a. 쿼트당 부족 비용은 얼마로 추정되었는가?

b. 이것이 왜 합리적인 수치인가?

38. 생과자 가게에서 생크림 케이크 수요는 매일 평균 6개인 포아송 분포를 사용해서 추정될 수 있다. 관리자는 각 케이크를 준비하는 데 $9의 비용이 드는 것으로 추정하고 있는데, 신선한 케이크는 $12에 판매가 되며, 하루 지난 케이크는 $9에 판매가 된다. 하루 지난 케이크의 절반이 판매되고 나머지는 폐기된다면 적절한 주문량은 얼마인가?

39. 프린스 버거는 최상급 쇠고기를 파운드당 $1.00에 구입하고 있는데, 출입구 상단의 커다란 사인으로 매일 신선한 고기를 사용한다고 보장한다. 하루 지난 후 남은 고기는 파운드당 80센트에 고등학교 식당으로 판매된다. 1파운드의 고기로 햄버거 4개를 만들 수 있으며 햄버거는 개당 60센트에 판매된다. 노무비, 간접비, 쇠고기, 롤빵, 첨가물 등 햄버거 하나당 50센트의 비용이 발생한다. 쇠고기의 수요는 하루 평균 400파운드, 표준편차 50파운드인 정규분포를 이룬다. 최적주문량은 얼마인가? (힌트: 부족비용은 파운드당 $로 표시된다.)

40. Clyde's U-Rent-It 카펫 세탁기에 대한 수요가 다음 표에 나타나 있다. 세탁기는 하루만 대여가 된다. 세탁기에서 발생하는 이익은 일일 $10이다. Clyde는 4개의 카펫 세탁기를 가지고 있다.

| 수요 | 빈도 |
|---|---|
| 0 | 0.30 |
| 1 | 0.20 |
| 2 | 0.20 |
| 3 | 0.15 |
| 4 | 0.10 |
| 5 | 0.05 |
| | 1.00 |

a. Clyde의 재고의사결정이 최적이라고 가정할 경우, 세탁기 하나당 재고초과비용의 범위는 얼마인가?

b. 위 a에서 파악된 수치에 대해 Clyde는 그 값이 너무 적다고 주장하였다. 이는 Clyde가 보관하는 세탁기의의 수가 증가되어야 함을 의미하는가 아니면 혹은 감소되어야 함을 의미하는가? 설명하라.

c. 이익으로 언급된 $10는 각 세탁기에 대해 1일 초과비용이며 재고부족비용은 알려져 있지 않다고 가정해보자. 기계의 최적 수는 4대라고 가정할 경우 기계당 재고부족비용의 범위는 얼마로 추정되는가?

41. 관리자는 새로운 가공장비를 구입할 예정이며 이 장비에 사용될 여분의 스페어 부품의 주문수량도 결정해야 한다. 스페어 부품은 단위당 $200의 구매비용이 들며 사용되지 않은 부품에 대해 기대되는 잔존 가치는 각각 $50이다. 사용 확률은 아래 분포와 같다.

| 개수 | 0 | 1 | 2 | 3 |
|---|---|---|---|---|
| 확률 | 0.10 | 0.50 | 0.25 | 0.15 |

만일 부품이 필요한데 여분의 부품이 없는 경우, 부품 주문과 설치에 2일이 걸린다. 가공장비가 돌아가지 않을 경우 발생하는 손실은 하루 $500이다. 어느 정도 수량이 주문되어야 하는가?

a. 비율 방법을 사용하여 주문 수량을 계산하라.

b. 테이블 방법을 사용하여 주문 수량을 계산하라(표 12-3 참조).

42. 라스베이거스 슈퍼마켓의 제과점은 오는 주말에 몇 개의 웨딩 케이크를 준비해야 할지 결정해야 한다. 케이크는 만드는 데 $33가 들며, 개당 $60에 판매된다. 판매되지 않은 케이크는 월요일에 반값에 판매되며, 일반적으로 1/3가량이 반값에 판매되고 있다. 반값에도 판매되지 않는 케이크는 가까운 노인정에 기부된다. 최근 수요분석결과가 아래 표와 같다.

| 수요 | 0 | 1 | 2 | 3 |
|---|---|---|---|---|
| 확률 | 0.15 | 0.35 | 0.30 | 0.20 |

기대이익을 최대화하기 위해 몇 개의 케이크가 준비되어야 하는가?

a. 비율 방법을 사용하여 준비해야 할 수량을 계산하라.

b. 테이블 방법을 사용하여 준비해야 할 수량을 계산하라(표 12.3 참조).

43. Offwego 항공은 시카고에서 라스베이거스로 매일 운행하고 있다. 평균적으로 18명이 예약을 취소하기 때문에 회사는 의도적으로 비행기의 예약을 초과해서 받고 있다. 예약취소의 확률분포는 평균이 18명이며 표준편차가 4.55명인 정규분포로 나타낼 수 있다. 승객 한 명당 이익은 $99이다. 만일 승객이 도착했으나 초과예약으로 인해 탑승할 수 없다면 회사 정책상 $200의 보상금을 제공하고 있다. 기대 이익을 최대화하려면 몇 장의 티켓을 초과 예약하는 것이 적절한가?

사례

## UPD Manufacturing

UPD Manufacturing은 가정용과 병원용으로 다양한 의료 기기를 생산한다. 회사 제품에 대한 수요는 꾸준했으며, 헬스케어 분야에서 높은 평가를 받고 있다. 최근 회사는 비용 절감을 위한 대규모 노력의 일환으로 재고 주문 절차를 재검토했다.

이 회사의 제품 중 하나는 혈압 측정 키트이다. UPD는 디지털 디스플레이 장치를 제외하고 키트 자체 구성요소를 모두 제조한다. 디스플레이 장치는 현재 공급업체에 6주 간격으로 주문을 내고 있는데, 이 주문 시스템은 약 5년 전에 공급업체의 제안에 따라 만들어졌다. 그러나 해당 공급업체는 약 1년 전에 다른 공급업체에 합병되었으며 6주 간격 주문 요구사항은 더 이상 적용되지 않는다. 그럼에도 불구하고 UPD는 6주 간격 주문 정책을 계속 사용하고 있다.

구매 담당자 Tom Chambers는 "누군가가 현재의 주문 정책을 변경해야 할 분명한 이유를 제시할 수 없다면, 나는 우리가 하던 대로 주문을 낼 것이다. 별 문제 없이 돌아가는 주문 시스템을 다시 디자인할 이유는 없다."

Tom과 추가 논의한 결과 공급업체로부터 디스플레이 장치를 주문하고 배송받는 데 $32의 비용이 드는 것으로 나타났다. 회사는 1주일에 89개의 키트를 조립한다. 또한, 회계 부서의 Sara James는 디스플레이 장치 하나당 주당 재고유지비용을 $0.08로 책정했다.

공급업체의 배송은 믿을 만했으며, 공급업체에 주문을 내면 근무일 기준으로 5일 이내에 납품되고 있다. 리드타임 변동성은 사실상 존재하지 않는다.

**[질문]**

1. 6주의 주문간격 대신 다른 주문간격을 사용하면 비용이 절감될 수 있는가? 그렇다면 주문간격은 어느 정도가 가장 좋으며, 주문 시점의 주문량은 얼마가 될 것인가?
2. 최적 주문 간격으로 변경할 것을 권고할 것인가? 그 이유를 설명하라.

사례 

## Grill Rite

Grill Rite는 나무 성냥을 제조하면서 시작한 오래된 회사이다. 이 성냥에 대한 수요가 줄어들면서, 회사는 전기 바비큐 그릴 시장에 진입하여 5가지 그릴 모델을 전국에 판매하고 있다. 수년 동안 이 회사는 단일 창고를 이용하여 유통업체에 공급했다.

회사가 바비큐 그릴 세트를 생산하는 공장은 작은 마을에 위치하고 있었으며, 많은 근로자들이 수년간 회사와 함께 해왔다. 목제 성냥에서 바비큐 그릴로 전환하는 과정에서 많은 직원들이 주말도 포기하면서 공장 교체를 돕고 필요한 신기술을 학습했다. 실제로 Mac Wilson 사장은 직원들이 회사에 얼마나 충성스러운가에 대해 자랑스럽게 생각하고 있다. 그는 어떤 근로자도 해고하지 않고, 완전 고용과 꾸준한 산출량을 유지하겠다고 다짐했다. "바비큐 그릴에 대한 수요는 계절성이 있지만 재고를 이용하여 이를 해결하려고 합니다. 연간 기준으로 보면 우리의 산출량은 판매량과 일치합니다."

재고는 4개의 창고를 이용하여 보관된다. 공장 가까이에서 중앙 창고가 있는데, 이 곳에서는 일부 고객들에게 직접 공급하거나 다른 세 곳의 지역 창고에 물품을 공급하고 있다.

Julie Berry 영업 부사장은 "노후화되고 반응이 느린" 현재의 재고 시스템에 점점 더 좌절하고 있다. 그녀는 각 지역을 담당하는 영업 관리자들이 고객 주문을 맞출 수 없거나 지연되면서 고객 서비스의 질이 떨어지고 있다고 불만을 제기하고 있고 상황은 점점 더 나빠지고 있다고 지적하고 있다. 이는 분명히 지역 창고에서 발생하는 품절로 인해 발생하는 문제이다.

영업 관리자의 불만을 접한 지역 창고 관리자는 중앙 창고로부터의 주문량을 늘리고 대량의 안전 재고를 유지하면서 대응했다. 이로 인해 재고유지비용이 증가했지만 문제를 해결하지는 못하고 있으며, 재고부족과 판매손실로 인해 판매원들의 불만이 계속 제기되고 있다. 지역 창고 관리자에 따르면, 중앙 창고로 발주한 주문이 배송되지 않거나, 배송된 경우에도 주문량보다 적은 수량이 도착한다고 한다. 중앙 창고의 매니저인 Jimmy Joe Sorely는 지역 창고들이 안전 재고를 확보하려고 발주하는 주문보다는 실제 고객의 직접 주문을 먼저 고려하는 것이 그의 정책이라고 말한다. "게다가 우리는 지역 창고가 언제 주문을 낼지 모르는데, 지역 창고는 자신들이 주문을 내면 우리가 무제한 공급이 가능하다고 생각하는 것 같다." 그리고 다음과 같이 덧붙였다. "우리가 창고의 수를 좀 늘리고, 각 창고로 우리의 재고를 나누어 줄 수 있다면 문제가 해결될 것 같다고 생각한다."

지역 창고 관리자는 '실제 고객'이라는 말을 듣고서는 "우리가 가장 큰 고객입니다!"라고 외쳤다.

Julie Berry는 한 지역의 창고에서 재고가 없는 품목이 다른 지역의 창고에서는 재고가 충분한 경우를 여러 번 목격했다.

Mac Wilson 사장이 컨설턴트인 당신을 불러 해결책을 물어본다면, 당신은 회사가 겪고 있는 문제를 해결하기 위해 어떤 권고를 할 수 있을까?

사례 

## Farmers Restaurant

***SARAH LUBBERS AND CHRIS RUSCHE, GRAND VALLEY STATE UNIVERSITY***

Farmers Restaurant은 다양한 메뉴의 아침, 점심, 저녁 식사를 제공하는 풀 서비스 레스토랑이다. 현재 Kristin Davis는 Farmers Restaurant의 총 책임자이다. 점장이 된 이래로 Kristin은 레스토랑에 필요한 식재료의 적정 주문량을 결정하는 데 어려움을 겪고 있다. 이 때문에 어떤 날은 신선하지 않은 식재료가 많아서 폐기처분하기도 하고 또 어떤 날은 일부 식재료가 부족한 상황을 겪기도 한다. 식재료 재고 관련 비용이 레스토랑 총 수익의 26%에 달한다는 사실은 재고 관리의 중요성을 잘 드러내고 있다. 따라서 Kristin은 다양한 식재료들의 적절한 재고량을 유지할 수 있는 방법을 찾고자 한다. 레스토랑의 고객 수는 점차 줄어드는 추세이기 때문에 Kristin의 가장 중요한 현안은 현재 고객을 유지하면서 신규 고객을 유치하는 것인데, 그녀는 이를 위해 메뉴의 모든 품목들을 위한 식재료 재고를 보유하는 것이 가장 중요하다고 생각한다.

레스토랑 업계는 경쟁이 심하다. Grand Rapids-Wyoming 메트로 지역만 해도 1,600개 이상의 레스토랑이 있다. IHOP, Applebee's 및 Big Boy 같은 식당들이 Farmers Restaurant의 주요 경쟁자 이며 이들은 모두 Farmers Restaurant에서 20마일 이내에 위치하므로 고객 입장에서는 선택할 수 있는 여러 대안들이 있다.

레스토랑 관리자가 보유 재고를 결정하고 식재료 비용을 관리하는데 도움을 주기 위해 온라인 재고시스템이 사용되고 있다. Farmers Restaurant의 회계 주간은 목요일에서부터 다음 주 수요일까

(계속)

지이다. 매주 수요일 저녁, 관리자는 보유 중인 재고를 실사하여 온라인 재고시스템에 데이터를 입력한다. 그리고 나면 컴퓨터 소프트웨어 시스템은 해당 주의 보유 중인 재고, 주문한 식재료의 양 및 지난 회계 주간 말의 보유 재고를 금번 회계 주간의 판매량와 비교하면서, 해당 회계 주간의 총 식재료 비용을 계산한다. 그러면 관리자는 이 비용을 벤치마크 비용과 비교하여 레스토랑이 재고를 얼마나 잘 관리하고 있는지 판단한다. 이 수치는 매장의 총 비용 중 약 30%를 차지하기때문에 Farmers Restaurant의 관리자에게 가장 중요한 숫자 중 하나이다.

또한 컴퓨터 소프트웨어 시스템은 해당 회계 주간의 총매출액과 보유 중인 식재료의 총비용을 비교하여 보유 재고의 비율을 계산한다. 지침에 따르면, 회사는 보유재고 수준의 표준을 29~36%로 설정했다. 회사는 이러한 재고수준이 유통기한 이내의 신선한 양질의 식품을 보장하기 위해 수준이라고 생각한다. 마지막으로 재고의 정확성과 재고 실사의 용이성을 위해 재고는 최소 수준으로 유지하는 것이 바람직하다.

Kristin이 관리하는 매장은 식재료비용을 평균 이상으로 지출해 왔다. 이 때문에 그녀의 상사는 그녀가 사용하는 주문 시스템이 적절한지 관심을 갖게 되었다. Kristin은 식재료 주문 양식이 각 식재료의 이동 평균 사용량을 제공하고 있음에도 불구하고 자신의 직감을 사용하여 주문량을 결정해 왔다. 이는 Kristin이 이동 평균 예측법을 활용하는 방법을 이해하지 못하고 있기 때문이다. 추가적으로 각 식재료 항목들은 박스단위로 포장되어 배달되기 때문에 꼭 필요하다고 생각되는 양을 주문할 수 없다는 문제도 있다. 그녀의 상사는 식재료를 주문하는 정확한 방법을 고안하여 한 달 안에 그에게 보고할 것을 요청했다. Kristin은 재고 수준을 너무 낮추면 식재료가 부족하게 될 것이고, 그 결과 고객 수가 감소할 것이라고 걱정하고 있다.

상사와의 미팅 후 Kristin은 어떤 변화가 필요한지 고민하기 시작했다. 그녀는 재고관리가 그녀의 약점임을 알고 있지만, 직원 중 한 명이 대학에서 배운 재고 관리에 대해 이야기한 것을 기억해내고는 그 직원에게 식재료를 주문하는 데 도움을 줄 수 있는지 묻기로 했다. Kristin은 그에게 주문시스템이 어떻게 작동하는지 알려주고, 주문 양식을 보여주면서 주어진 정보들을 연계시켰다.

당신이 Kristin에게 도움을 요청받은 직원이라고 가정하고, 다음의 질문들에 답하라.

**[질문]**

1. Farmers Restaurant에서의 재고관리의 중요성을 설명하라.
2. 이 상황에 가장 적합한 주문시스템은 무엇이라고 생각하는가?
3. 다음의 정보가 주어질 때 Famers Sausage Gravy Mix 식재료의 주문량을 계산하라. 매주 목요일에 주문을 발주하고, 95%의 서비스수준을 달성하고자 하며, 해당 식재료의 주당 수요의 표준편차가 3.5단위이며, 주당 수요의 이동평균은 35단위이다. Gravy Mix는 2인분의 포장팩으로 제공되며, 현재 보유중인 재고는 3팩이다.
4. 상기의 정보와 더불어 보유재고수준이 12이면, 초기 리드타임의 끝과 두 번째 리드타임의 끝 시점에서의 재고부족위험은 얼마인가? 리드타임은 2일이며 주문 발주는 일주일에 한 번 이루어진다.
5. Kristin이 현재 거래하는 공급업체는 다른 도시에 위치하고 있다. Kristin이 다른 도시가 아닌 좀 더 가까운 곳에 위치한 공급업체를 고려해야할 필요가 있는가? 그 이유는 무엇인가? 공급자를 전환하지 않은 데에는 어떤 이유가 있을 수 있는가?

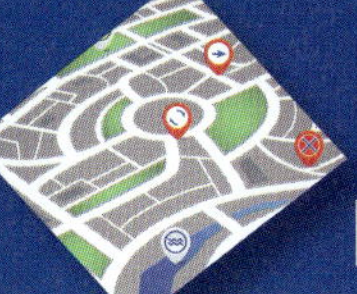

# Brueggers's Bagel Bakery

Bruegger's Bagel Bakery (BBB)는 플레인, 양파, 양귀비씨앗, 계피 건포도 등을 포함한 여러 가지 베이글과 여러 가지 맛의 크림치즈를 판매한다. 베이글은 회사의 주요 수익원이다.

베이글 사업은 $30억 규모의 산업이다. 베이글은 소비자들에게 매우 인기가 있는데 포만감도 주고, 적은 지방으로 맛도 좋다! 투자가들은 수익성이 높기 때문에 베이글 산업을 좋아한다. 베이글을 만드는 데는 약 $0.10밖에 들지 않으며, 각 $0.50 이상으로 팔릴 수 있다. 최근 몇 년 동안 부실한 경영으로 인해 일부 베이글 기업의 경영 실적이 좋지 않았지만, BBB의 사업은 급성장하고 있다. BBB는 시장점유율 1위이며 450개가 넘는 지점에서 베이글, 커피, 베이글 샌드위치를 매장 및 포장용으로 판매한다. BBB 체인의 많은 매장들은 평균 $80만의 연간 매출을 올리고 있다.

베이글의 생산은 맛 즉, 풍미에 따라 배치 생산의 형태로 이루어지며, 모든 종류는 매일 생산된다. BBB의 베이글 생산은 가공공장에서 시작되는데, 먼저 밀가루, 물, 효모 및 향료의 기본 요소들이 특수 혼합기에서 섞어진다. 충분히 섞어진 반죽은 개별 베이글 형태로 성형하는 다른 기계로 옮겨진다. 만들어진 베이글은 냉장 트럭에 실려 개별 매장으로 배송된다. 베이글이 매장에 도착하면, 트럭에서 하역되어 일시적으로 저장된다. 마지막 두 단계는 베이글을 물과 맥아에 1분간 끓이고 약 15분 동안 오븐에서 굽는 것이다.

프로세스가 아래 그림에 그려져 있다.

품질은 비즈니스의 성공을 위해 매우 중요하다. 고객은 베이글의 크기, 모양 및 빛깔과 같은 외관과 맛 그리고 일관성에 따라 베이글의 품질을 판단하고, 매장에서의 서비스에 민감하다. BBB는 원료 공급업체 선택, 원료의 신중한 모니터링, 공정의 각 단계에서 산출물을 모니터할 수 있도록 장비 유지 등 작업의 모든 단계에서 품질에 대한 신중한 주의를 기울이고 있다. 매장의 직원들은 모양에 결함이 있는 베이글을 찾아내어 가공 공장으로 반송하는데, 공장에서는 이 베이글들을 칩으로 얇게 조각내어 포장한 다음 판매용으로 다시 매장으로 보내며. 이 과정을 통해 전체적으로 폐기되는 베이글의 양을 줄일 수 있다. 매장의 직원은 신중하게 선발되어 가게에서 필요한 장비를 작동하고 고객이 원하는 수준의 서비스를 제공할 수 있도록 훈련 받는다.

이 회사는 공장에서 원료 및 반제품 재고를 최소화하고 매장의 재고가 거의 없도록 운영한다. 이를 통해 신선한 제품을 매장에 계속적으로 공급하여 신선도를 유지할 수 있다. 또한 재고가 적으면 저장공간이 절약되어 재고 관련 비용도 낮아진다.

**[질문]**

1. BBB는 공장이나 매장에서 상대적으로 적은 재고를 유지한다. 이 정책의 이점과 위험을 열거하라.
2. BBB는 품질을 매우 중요시한다.
   a. 고객은 품질을 판단하기 위해 베이글의 어떤 면을 고려하는가?
   b. 공장 작업자는 생산 과정의 어느 시점에서 베이글의 품질을 점검하는가?
   c. 재료 구입에서부터 생산 그리고 최종판매까지 전 과정을 단계별로 나열하고, 각 단계에서 품질에 긍정적인 영향을 미칠 수 있는 방법을 기술하라.
3. 베이글의 원료를 발주하기 위해 사용할 수 있는 재고 모형은 무엇인가? 각 생산사이클에서 생산할 배치의 크기(베이글의 수량)를 결정하는 데 가장 적합한 모형은 무엇이라고 생각하는가?
4. BBB는 공장에 베이글 제조기를 가지고 있다. 또 다른 가능성은 각 매장에 베이글 제조기를 갖추는 것이다. 각 대안에는 어떤 이점이 있는가?

# PSC, Inc.

PSC는 다양한 레이저 바코드 스캐닝 장치를 설계하고 생산한다. 제품에는 휴대용 바코드 판독기, 산업용 고정식 고속 스캐너 및 소매점포용 스캐너뿐만 아니라 제품과 더불어 사용되는 다양한 액세서리, 소프트웨어 및 소모품 등이 포함된다. 오리건 주 유진에 본사를 두고 있는 이 회사는 유진과 프랑스 파리에 제조 설비를 갖추고 있으며 전 세계적으로 약 1,200명의 직원을 고용하고 있다.

## 제품

바코드 스캐너는 원거리 스캔, 소형 바코드 판독 및 고속 스캔이 필요한 다양한 상황에 맞게 설계되었다. 이 제품들은 공급업체, 생산, 창고 보관, 유통, 소매점 판매 및 서비스를 포함하는 전체 공급망을 관리하고 통제하기 위해 산업, 비즈니스 및 정부에서 광범위하게 사용된다. 바코드 리더기의 예로는 슈퍼마켓 및 기타 소매점에서 접하는 친숙한 POS (point-of-sale) 스캐너가 있다. 이 제품은 휴대용에서 내장용에 이르기까지 다양한 형태로 제공된다. 고속 무인 스캐너는 자동 자재 처리 및 분류에 사용되는데, JC Penney의 카탈로그 제작이나 공항 수하물 처리 시스템과 같은 대용량 물류시스템에 사용되고 있다. 회사는 또한 타사의 제품에 사용되는 '판독기 엔진'을 생산하여 공급하는데, 그중에는 1.2입방인치 정도의 작은 부품도 있다. 타사에 공급하는 '엔진 제품'의 예로는 복권 확인 시스템을 들 수 있다. 바코드 판독기를 사용하면 데이터 수집의 속도와 정확성이 크게 향상되어 생산성이 향상되고 생산 및 재고 추적 및 제어가 개선되며 시장 정보가 개선된다.

## 생산운영

**수요예측** 몇 가지 요인으로 인해 예측은 PSC에서 중요한 활동이 아니다. 스캐너 구성 부품들은 표준화가 잘 이루어져 생산 여건이 안정적이다. 공급업체 리드타임은 상대적으로 짧으며, 종종 몇 일에 불과하다. 주문량은 일반적으로 적은데 전체 주문의 70%는 10대 이하이다. 특히 고객맞춤 생산을 위해 적절한 생산 유연성을 지니고 있다. 이러한 요인들로 인해, 회사는 주로 단기 이동평균 수요예측치를 이용하고 있다.

**제품 디자인** PSC는 대다수의 제품에 견고한 디자인을 적용하여 광범위한 사용 환경에서 효과적으로 작동될 수 있도록 했다. 예를 들어, 휴대용 스캐너의 대부분은 −22~120°F 범위의 온도에서 작동되며, 6피트 높이에서 콘크리트 표면에 떨어져도 문제없이 작동한다. 이러한 품질에 대한 자신감을 바탕으로 회사는 24~36개월 사이의 품질 보증 기간을 제공할 수 있었으며, 이는 업계 표준인 3~12개월을 훨씬 능가하는 것이다.

**설비 배치** PSC는 조립 라인과 작업 센터로 구성된 효율적인 생산 레이아웃을 개발했다. 조립 라인은 표준화된 생산 및 서브 어셈블리를 처리하고 작업 센터는 최종조립 및 제품 고객화를 담당한다. 조립 라인은 작업자 간의 의사소통을 원활하게 하기 위해 U자 모양으로 배치되어 있다. 작업 센터는 생산 유연성을 확보할 수 있도록 설계되었는데 대략 4시간 만에 재구성될 수 있으며, 3~6명의 다기능 직원들이 한 주문을 처음부터 끝까지 처리하도록 구성되어 있다.

**생산 프로세스** 생산 시스템은 대량생산과 맞춤형 주문생산이 모두 가능하도록 조립생산 라인과 배치생산 라인이 혼합되어 있다. 모든 부품들은 높은 수준으로 표준화되어 있어서 조립 라인에서 다양한 조립품들을 생산할 수 있다. 고객화는 주로 고객 주문사양에 따라 제품의 외장 부분에서 이루어진다.

스캐너 엔진의 생산 프로세스는 다음 그림에 제시된 프로세스 순서도에 나와 있다. 고객 주문이 접수되면 프로세스가 시작된다. 고객 사양에 따라 주문이 설계된 뒤 컴퓨터에 입력되어 필요한 자재명세서(BOM)를 확보한 다음 생산 일정 수립을 위해 생산관리 시스템으로 전송된다. 제품 사양 및 BOM을 포함한 '작업공정표(traveler)' 패킷이 생성된 뒤, 이는 해당 주문의 생산 프로세스 전반에 걸쳐 참고 자료로 따라다닌다.

작업공정표는 작업에 필요한 표준 부품과 맞춤 부품을 작업용 카트 담는 키팅 영역(kitting area)으로 보내지며, 필요한 부품들이 다 준비되면 지정된 작업 센터가 작업 준비가 완료될 때까지 대기열에서 대기한다(즉, 풀 시스템).

프로세스의 다음 단계는 패널 회로 보드를 프로그래밍하는 것이다. 보드는 먼저 스텐실을 사용하여 접착용 물질로 보드를 코팅하는 스크린 프린터를 통과한다. 그 다음 보드는 시간당 25,000개의 비율로 회로보드의 소형 수동형 구성부품 값을 입력하는 칩 마운터를 통과한다. 두 번째 마운터는 시간당 7,000개의 비율로 대형 능동형 구성부품 값을 입력한다. 대형 구성부품 값 입력 속도가 느리지만 이러한 구성부품의 양이 상대적으로 많지는 않다. 따라서 프로세스가 균형을 이루면서 병목 현상이 발생하지는 않는다.

프로그래밍된 보드는 컨베이어를 통해 육안 검사를 위한 스테이션으로 이동한다. 불량 보드는 칩 마운터 영역으로 되돌아가고 통과된 보드는 오븐으로 땜납을 고화시켜 프로그래밍을 영구화한다. 그런 다음 회로 보드를 패널에서 탈착하여 키트에 넣는다. 그런 다음 키트는 스캐너 엔진의 고객화 작업 및 설치를 위해 지정된 작업장으로 이동한다.

작업 센터에는 일반적으로 작업자, 컴퓨터 작업자 및 검수자가 있다. 작업자는 레이저 다이오드를 회로기판에 장착하고, 이를 스캐너 엔진의 마이크로프로세서에 고객사양을 다운로드하는 컴퓨터 작

### PSC사 스캐너 엔진 생산 프로세스 순서도

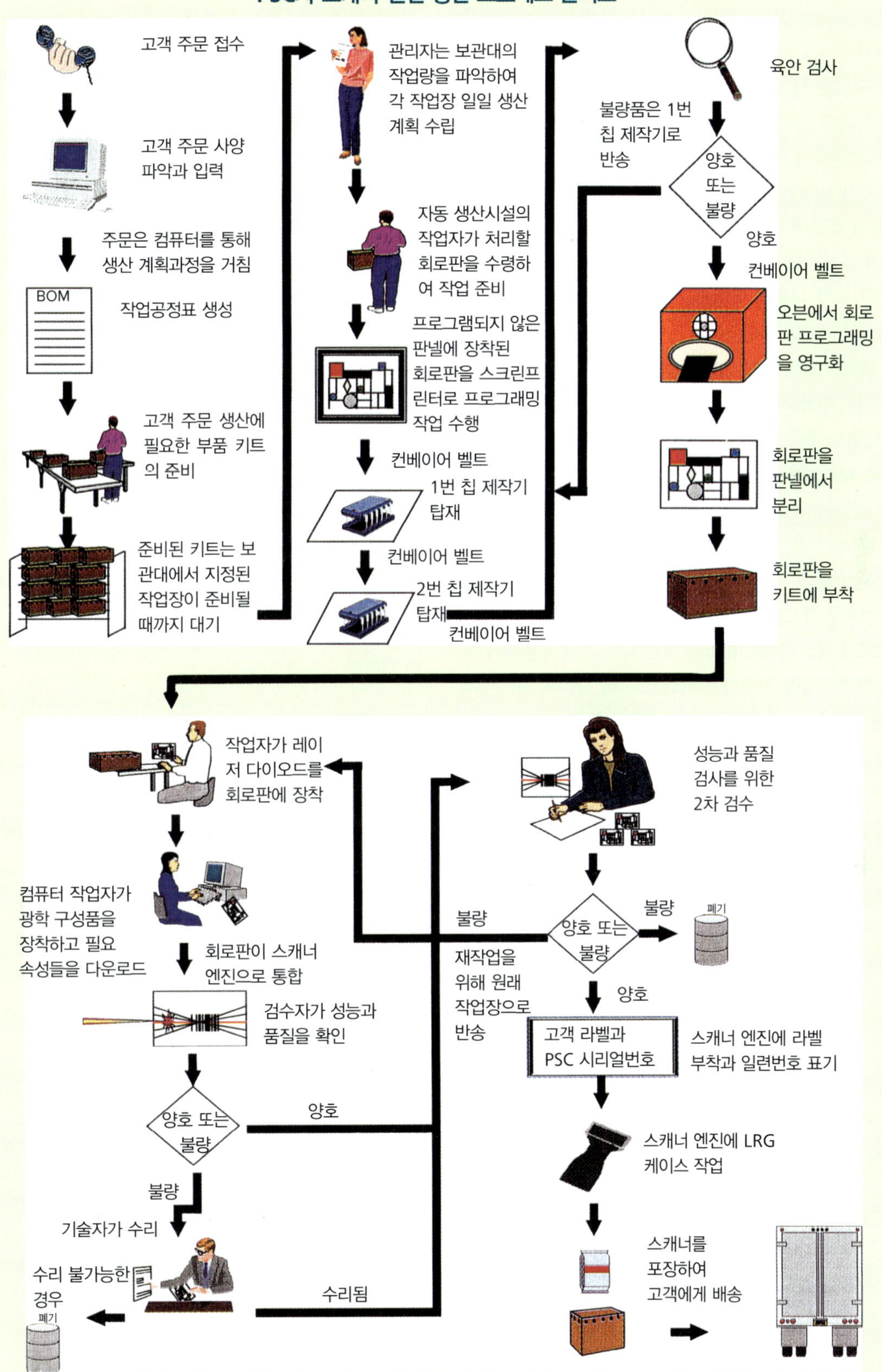

업자에게 전달한다. 컴퓨터 작업자는 광학 구성부품을 장착하고 스캐너 설계(예, 원격 스캐닝)에 맞게 그 구성부품을 조정한다. 다음으로 엔진은 검수자에게 전달되며 검수자는 스캐너가 바코드와 레이저 특성을 읽을 수 있는지 확인한다. 불량 엔진은 수리된 뒤 다시 검수가 이루어진다. 그런 뒤에도 불량이 지속되면 추가 수리 또는 폐기를 위해 반환된다. 검수를 통과한 엔진은 프로그래밍을 정전기로부터 보호하는 정전기 백에 담는다.

그런 다음 성능 품질에 대한 추가 점검을 위해 엔진이 추가 검수자에게 전달된다.

합격한 엔진은 최종 제품에 통합되고 레이블과 함께 일련번호가 추가된 뒤 포장되어 고객에게 배송된다.

**재고** 회사는 재고관리를 위해 다양한 방법을 이용하여 재고량을 최소화하려고 한다. 컴퓨터는 고객 주문별로 구성품 요구사항을 파악하여 공급업체별로 주문을 준비한다. 그러나 표준 구성부품의 경우에는 재주문점 시스템을 사용하여 재고를 보충한다. 회사는 일부 작업장에 사용시점에 주문을 내는(point-of-use) 시스템을 채택했으며, 이 시스템에서는 공급업체가 주문량을 생산현장에 직접 배달하게 되어 있다. 완제품은 즉시 고객에게 배송되므로 회사의 납기능력이 향상되고 완제품 재고를 유지할 필요가 없게 된다.

**공급업체** 약 40개 공급업체가 PSC에 부품 및 자재를 공급하는데, 각 공급업체는 거래관계를 지속하기 위해서 여러 과정의 공급업체 인증프로그램을 거쳐야 한다. 자체 평가 설문지 작성, 엔지니어링, 구매 및 운영 담당자들로 구성된 PSC의 팀에 의한 공급업체 시설 현장 방문, 개선 유예 기간, 정부 MIL-STD 105 기준을 바탕으로 한 평가 과정 등이 이루어지며, 각 공급업체의 성과는 제품 품질, 납품 및 서비스 측면에서 지속적으로 모니터링된다.

재고가 출고될 때 컴퓨터로 스캔되고, 이 정보는 구매 주문서와 함께 공급업체에 직접 전송되어 재고가 보충되도록 되어 있다.

**품질** PSC에서는 품질이 매우 강조된다. 직원은 품질 개념 및 품질 도구 사용에 대한 교육을 받는다. 교육은 실무와 통합되어 실시되며, 직원들은 학습내용을 실제로 적용해 볼 수 있다. 직원은 프로세스 상에서의 결함을 현장에서 즉시 발견할 책임이 있으며(quality at source) 발견한 결함을 감독자에게 보고할 책임이 있다. 발견된 결함은 문제 해결을 위해 다음 세 가지 범주 중 하나로 분류된다.

- 작업자/교육 오류. 감독자는 담당 교육자에게 이 사실을 알리고 적절한 재훈련을 제공하게 한다.
- 프로세스/장비 문제. 감독자는 담당 엔지니어에게 알리고, 그로 하여금 원인을 진단하고 문제를 해결하도록 한다.
- 부품/재료 문제. 감독자는 품질 부서에 알리고, 품질 부서가 공급업체에게 이 문제를 알려 시정하게 한다. 결함이 있는 부품은 폐기되거나 공급업체에 반송된다.

## 린 생산

PSC는 린 생산 원칙에 따라 운영된다. 높은 수준의 품질, 생산 유연성, 낮은 재고 보유량 및 부품의 생산현장 직배송뿐만 아니라, 조직 구조는 매우 수평적이며 팀 접근 방식을 사용한다. 린 생산의 또 다른 특징은 PSC의 근로자 중 상당수가 다기능을 갖추고 있다는 것이다. 회사는 작업자들이 기술 숙련 프로그램을 통해 새로운 기술을 습득하도록 장려하고 작업자가 수행할 수 있는 기술의 수에 따라 상이한 시간당 임률을 적용한다.

## 사업 전략

회사는 성공을 위해 꼭 필요한 전략이라고 생각하는 다음과 같은 것들에 우선순위를 두고 있다. 제품 소형화에 대한 시장의 요구를 이해하고 제품을 유연하게 고객화 할 수 있는 능력을 배양하며, 자사의 독점기술을 늘리고, 현재 매출액의 약 35%와 10%를 각각 차지하는 서유럽과 환태평양지역으로 시장을 확대하려고 한다. 여러 공장 또는 그룹이 유럽시장에서 중시되는 ISO 인증을 받았으며, 회사는 타사의 인수 합병을 통해 제품 라인을 지속적으로 확장하고자 한다.

## 참고문헌


APICS.org

Hopp, Wallace J., and Mark L. Spearman. *Factory Physics*, 3rd ed. New York: Irwin/McGraw–Hill, 2007.

Muller, Max. *Essentials of Inventory Management*, 2nd ed. New York: Amacom Books, 2011.

Piasecki, David J. *Inventory Management Explained: A Focus on Forecasting, Lot Sizing, Safety Stock, and Ordering*. Kenosha, WI: Ops Publishing. 2009.

Pound, Edward, Jeffery H. Bell, And Mark L Spearman. *Factory Physics for Managers: How Leaders Improve Performance in a Post-lean, Six Sigma World*. New York: McGraw-Hill, 2016.

RFID Journal. www.rfidjournal.com

13

CHAPTER

# MRP와 ERP

## *MRP and ERP*

### 학습 목표 *Learning Objectives*

*이 장을 학습한 후 다음과 같은 능력을 가져야 한다.*

**LO13.1** MRP를 적용하기에 가장 적절한 조건을 설명

**LO13.2** MRP 처리를 위한 투입물, 산출물 그리고 MRP의 특성을 설명

**LO13.3** 주일정계획(MPS)이 어떻게 자재소요량으로 변환되는지를 설명

**LO13.4** MRP의 이점과 요구사항에 대해 설명

**LO13.5** 사용자가 MRP로 인해 당면하는 몇 가지 난관에 대해 설명

**LO13.6** MRP II와 그 이점에 대해 설명

**LO13.7** MRP 시스템이 생산용량소요계획에서 어떻게 유용한지에 대해 설명

**LO13.8** ERP에 대한 설명, ERP가 제공하는 것과 ERP의 드러나지 않은 비용에 대한 설명

### 개요 *Chapter Outline*

Jenson/Shutterstock

이 장은 자재소요계획(material requirements planning, MRP)과 전사적 자원관리(enterprise resource planning, ERP)에 대해 설명하고 있다. MRP는 조립품목의 배치생산(batch production)을 위해 사용되는 계획 및 일정계획 기법이다. 이 장의 전반부에서는 MRP를 다루고, 후반부에서는 기업조직과 공급사슬 부문에 걸쳐 기록 관리와 정보공유를 통합하는 광범위한 소프트웨어의 사용과 관련된 ERP를 다루고 있다.

## 13.1 서론

재고를 관리하는 방식의 주된 차이는 그 제품의 수요특성 때문에 발생한다. 품목에 대한 수요가 완제품생산에 사용되는 원자재, 부품 그리고 조립품에서와 같이 특정제품을 생산하기 위한 계획으로부터 도출될 때 이런 품목들은 **종속수요**(dependent demand)의 특성을 가진다고 말한다. 자동차생산에 필요한 부품과 자재들이 종속수요의 예로서, 특정 기간 동안 필요한 부품과 원자재 수량은 생산되는 자동차 대수에 따라 달라진다. 반대로, *완제품* 자동차에

**종속수요**
완제품생산에 사용되는 하위조립품 또는 구성부품의 수요

대한 수요는 독립수요(independent demand)이다. 자동차는 다른 품목의 구성품이 아니기 때문이다.

## 13.2 MRP의 개요

**자재소요계획(MRP)** ▸ 주일정계획 상의 최종제품 소요량을 시간단계별로 하위 조립품, 구성부품 그리고 원자재에 대한 소요량으로 변환하는 방법론

**자재소요계획**(material requirements planning, MRP)은 스마트폰, 자동차, 식탁, 기타 조립이 필요한 무수히 많은 제품과 같은 조립 제품의 생산을 계획하는 데 이용되는 방법론이다. 어떤 품목은 반복적으로 생산되는 데 반해 또 다른 품목은 배치(batch) 단위로 생산된다. 이러한 프로세스는 주일정계획으로부터 시작된다. 주일정계획은 조립제품, 또는 최종품목이라고 일컫는 제품의 수량과 완성시점을 지정한다. 그 후 자재소요계획은 최종 제품을 조립하기 위해 필요한 하위조립품, 구성부품, 원자재들이 필요한 수량과 시기를 나타내는 최종품목에 대한 생산 계획을 생성한다. 이 과정을 그림 13.1에 나타내었다.

MRP는 다음의 세 가지 질문에 답하기 위하여 설계된다. 즉, "*무엇*이 필요한가?", "*얼마만큼* 필요한가?", "*언제* 필요한가?"라는 것이다.

MRP의 주요 투입물은 완제품의 구성을 나타내는 자재명세서(bill of material, BOM), 얼마만큼의 완제품이 요구되고 언제 요구되는지를 나타내주는 주일정계획, 그리고 현재 얼마만큼의 재고가 수중에 있고 혹은 주문 상태에 있는지를 나타내는 재고기록(inventory record)이다. 계획수립 담당자는 전체 계획기간의 각 기간에 대한 순 소요량(net requirements)을 결정하기 위하여 이러한 정보를 처리한다.

MRP 처리 결과 산출물은 계획발주일정(planned-order schedule), 발주량(order release), 변경사항(changes), 성과관리보고서(performance-control report), 계획보고서(planning report), 그리고 예외 보고서(exception report)들이다. 이러한 주제들은 다음 절에서 보다 상세히 논의된다(그림 13.2 참조).

## 13.3 MRP 투입물

MRP 시스템은 주일정계획, 자재명세서(BOM) 그리고 재고기록(inventory record)과 같은 세 가지 정보원천(투입물)이 필요하다(그림 13.2 참조). 각각의 투입물에 대해 살펴보도록 하자.

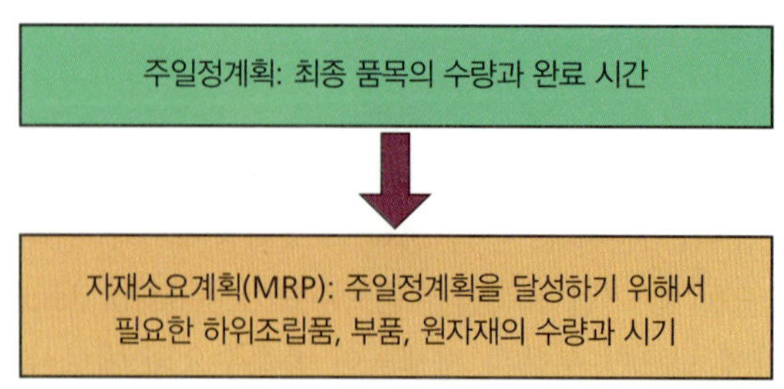


**그림 13.1**
자재소요계획(MRP)은 주일정계획을 달성하기 위해 필요한 수량과 시기를 상세히 나타낸다.

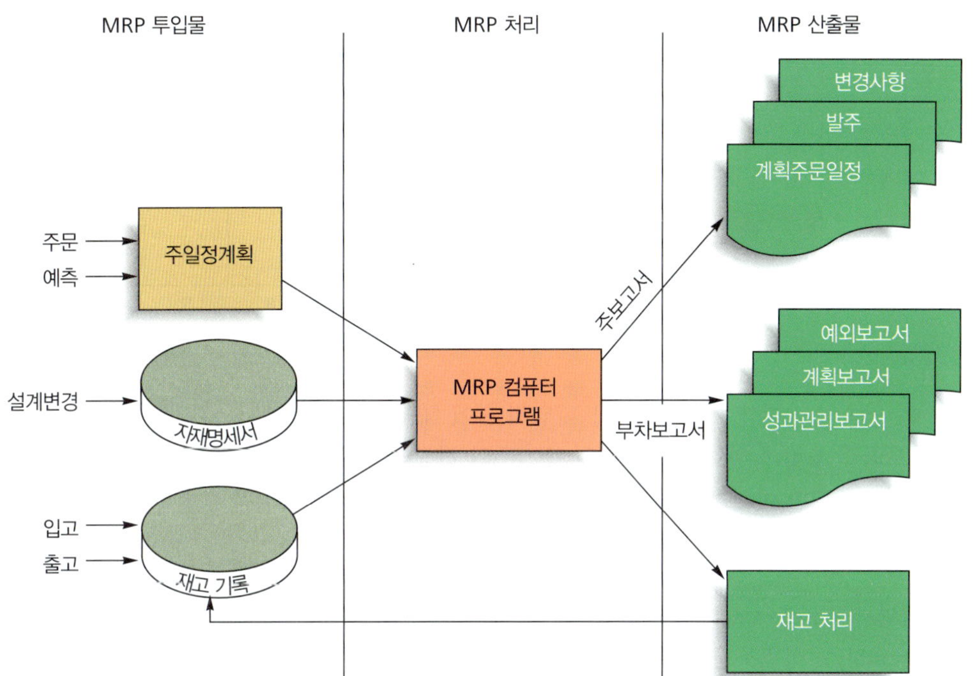


**그림 13.2**
MRP 투입물, 처리, 산출물

## 주일정계획

**주일정계획**(master schedule)은 *주생산일정계획(master production schedule, MPS)*이라고도 불린다. 이는 어떤 최종품목이 생산되고 언제, 얼마만큼이 필요한가를 나타낸다. (11장 총괄계획에서 주일정계획이 총괄계획을 분해하는 과정에서 어떻게 도출되었는지에 대한 논의가 있었다) 그림 13.3은 계획기간 동안의 최종품목 X에 대한 계획된 산출량을 보여 주는 주일정계획의 한 부분을 보여 주고 있다. 이 계획은 4주 초에 100단위, 8주 초에 150단위의 X가 필요(고객에게 선적하기 위해)하다는 것을 나타내고 있다.

> **주일정계획**
> 어떤 최종품목이 생산되고 언제, 얼마나 필요한지를 나타내는 MRP의 세 가지 주요 투입물 중의 하나

주일정계획 상의 수량들은 고객주문, 예측, 그리고 계절재고를 축적하기 위해 창고에서 필요한 수량 등을 포함하는 여러 원천으로부터의 수량이다.

주일정계획은 계획기간을 보통 주로 표시되는 일련의 기간 혹은 시간 *구역(buckets)*으로 분할한다. 그러나 그 시간구역의 길이가 반드시 동일할 필요는 없다. 사실 주일정계획의 가까운 기간들은 주로 표시되나 후반부는 월 또는 분기로 표시된다. 보통 보다 먼 기간의 계획들은 가까운 기간보다 잠정적인 성격을 갖는다.

주일정계획이 포괄해야하는 정해진 기간은 없지만 대부분의 관리자들은 가까운 장래에 발생할 수 있는 수요에 대한 일반적인 아이디어를 갖기 위해 미래에 대해 충분히 계획하고 싶어한다. 하지만 주일정계획이 최종제품을 생산하기 위해 필요한 **누적 리드타임**(cumulative lead time)을 포함해야 한다는 점은 중요하다. 이는 그림 13.4에서와 같이 생산과 조립

> **누적 리드타임**
> 부품이나 원자재의 주문으로부터 최종 조립이 완료될 때까지의 공정의 순차적 단계별로 필요한 리드타임의 합계

주(week)

| 품목: X | 1 | 2 | 3 | 4 | 5 | 6 | 7 | 8 |
|---|---|---|---|---|---|---|---|---|
| 수량 | | | | 100 | | | | 150 |

**그림 13.3**
최종품목 X에 대한 주일정계획

**그림 13.4**
계획기간은 누적리드타임을 포함해야 함

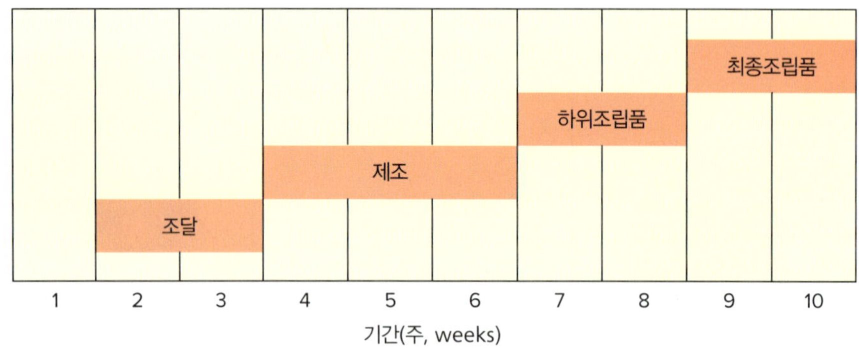


공정의 연속된 단계가 요구하는 리드타임의 합에 해당하며, 그림에서는 부품과 원자재를 주문하고 최종 조립이 완료될 때까지의 총 9주의 리드타임이 필요하다. 리드타임에 작업준비 및 가동 시간뿐만 아니라 이동 및 대기 시간까지도 포함된다는 사실을 명심하라.

## 자재명세서

**자재명세서(BOM)** ▶
MRP의 세 가지 주요 투입물 중의 하나로서 한 단위의 제품을 생산하기 위해 필요한 모든 원자재, 부품, 하위조립품과 조립품들의 목록

**제품구조나무** ▶
자재명세서의 소요량을 시각적으로 표현한 것으로 모든 구성품들이 단계별로 나열되어 있음

**자재명세서**(bill of material, BOM)는 *한* 단위의 완제품을 생산하기 위해 필요한 모든 조립품(assembly), 하위조립품(subassembly), 부품(part)과 원자재(raw material)의 목록이다. 따라서 각각의 완제품들은 각각의 자재명세서가 있다.

자재명세서의 구성항목들은 계층적으로 나열되고, 해당 품목의 상위품목(모품목) 한 단위를 완성하기 위해서 필요한 각 품목의 수량을 보여준다. 이러한 자재명세서의 성격은 한 단위의 제품을 조립하기 위해 필요한 하위조립품들과 구성부품들을 시각적으로 묘사하는 **제품구조나무**(product structure tree)를 고려한다면 분명해진다. 그림 13.5는 의자의 *조립도*

**그림 13.5**
의자조립품에 대한 조립도와 제품구조나무

자재명세서

| 레벨 | | 수량 |
|---|---|---|
| 0 | 의자 | 1 |
| 1 | 다리조립품 | 1 |
| 2 | 앞쪽다리 | 2 |
| 2 | 연결대 | 1 |
| 1 | 좌석 | 1 |
| 1 | 등판조립품 | 1 |
| 2 | 뒤쪽다리 | 2 |
| 2 | 연결대 | 1 |
| 2 | 등받침 | 3 |

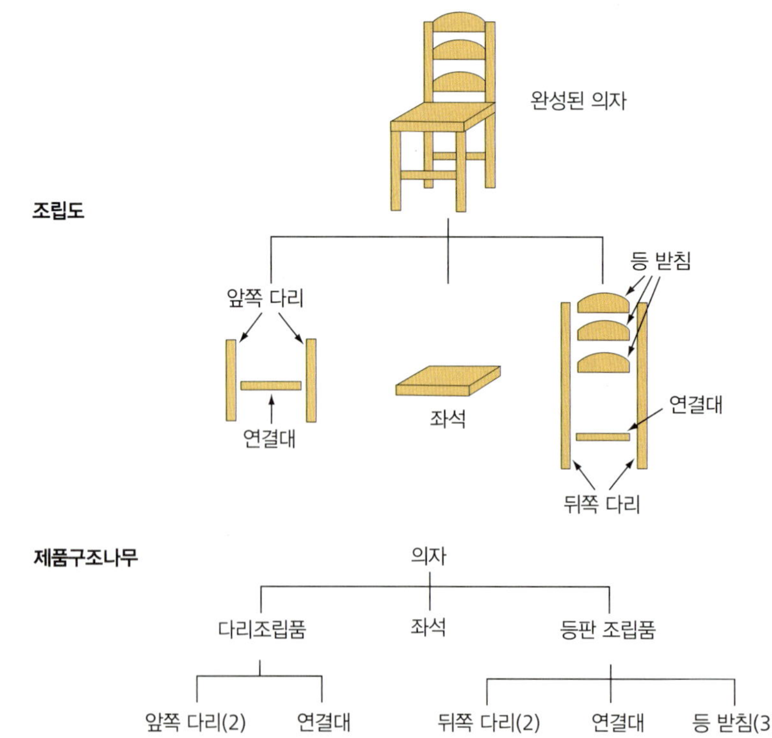

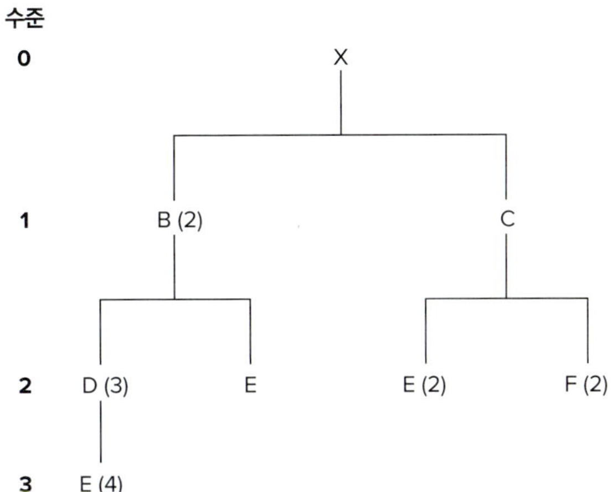


**그림 13.6**
최종제품 X의 제품구조나무

(*assembly diagram*)와 의자의 간단한 제품구조나무를 보여주고 있다. 최종품목(이 경우 완제품인 의자)은 제품구조나무의 정점에 있다. 바로 그 아래에는 최종품목을 완성하기 위하여 조립되어야 하는 하위조립품들, 즉 주요 구성품들이 있다. 각 주요 구성품 아래에는 더 낮은 단계의 필요한 구성품들이 있다. 제품구조나무 아래로 이동되는 각 단계에는 제품구조나무에서 다음 상위 품목 한 단위를 만들기 위해 필요한 구성품(부품, 자재)들이 있다.

제품구조나무는 원하는 수량의 최종품목을 획득하는 데 필요한 각 내용물(소요량)의 수량을 결정하기 위해 자재명세서가 어떻게 사용되는지를 알려준다. 구조나무의 가장 낮은 수준에 있는 품목은 원자재나 구매부품이며, 반면 상위 수준에 있는 품목들은 일반적으로 조립품이나 하위 조립품들이다. 자재 공급자들의 관심사는 가장 낮은 수준에 있는 품목들에 대한 제품구조나무이다.

그림 13.6의 제품나무구조를 살펴보자. 최종품목 X는 두 단위의 B와 한 단위의 C로 구성된다. 뿐만 아니라, 각 B는 세 단위의 D와 한 단위의 E를 필요로 한다. 그리고 각 D는 네 단위의 E를 필요로 하고 있다. 비슷하게 각 C는 두 단위의 E와 두 단위의 F로 이루어진다. 이러한 *소요량*은 *수준별*로 나열되어 있는데 최종제품의 수준은 0으로, 그리고 다음 수준은 1, 등등으로 표시된다. 각 수준의 품목들은 차상위 수준의 *구성품*들이며 이들은 마치 가계도(family tree)에서처럼 각각의 구성품들의 *모품목*(*parents*)이 된다. 제품구조나무에 기재된 각 품목의 수량들은 오직 차상위수준의 조립품을 완성하기 위해 필요한 수량임에 주의하라.

mhhe.com/stevenson14e

### 조립에 필요한 각 구성품의 수량 결정

그림 13.6에 제시된 정보를 참조하여 다음 물음에 답하라.

a. 한 단위의 X를 조립하기 위해 필요한 B, C, D, E, F의 수량을 결정하라.
b. 다음 표와 같은 각 구성품의 보유 재고량을 고려하여, 10단위의 X를 조립하기 위해 추가로 요구되는 각 구성품들의 수량을 결정하라.

| 구성품 | 보유 재고량 |
|---|---|
| B | 4 |
| C | 10 |
| D | 8 |
| E | 60 |

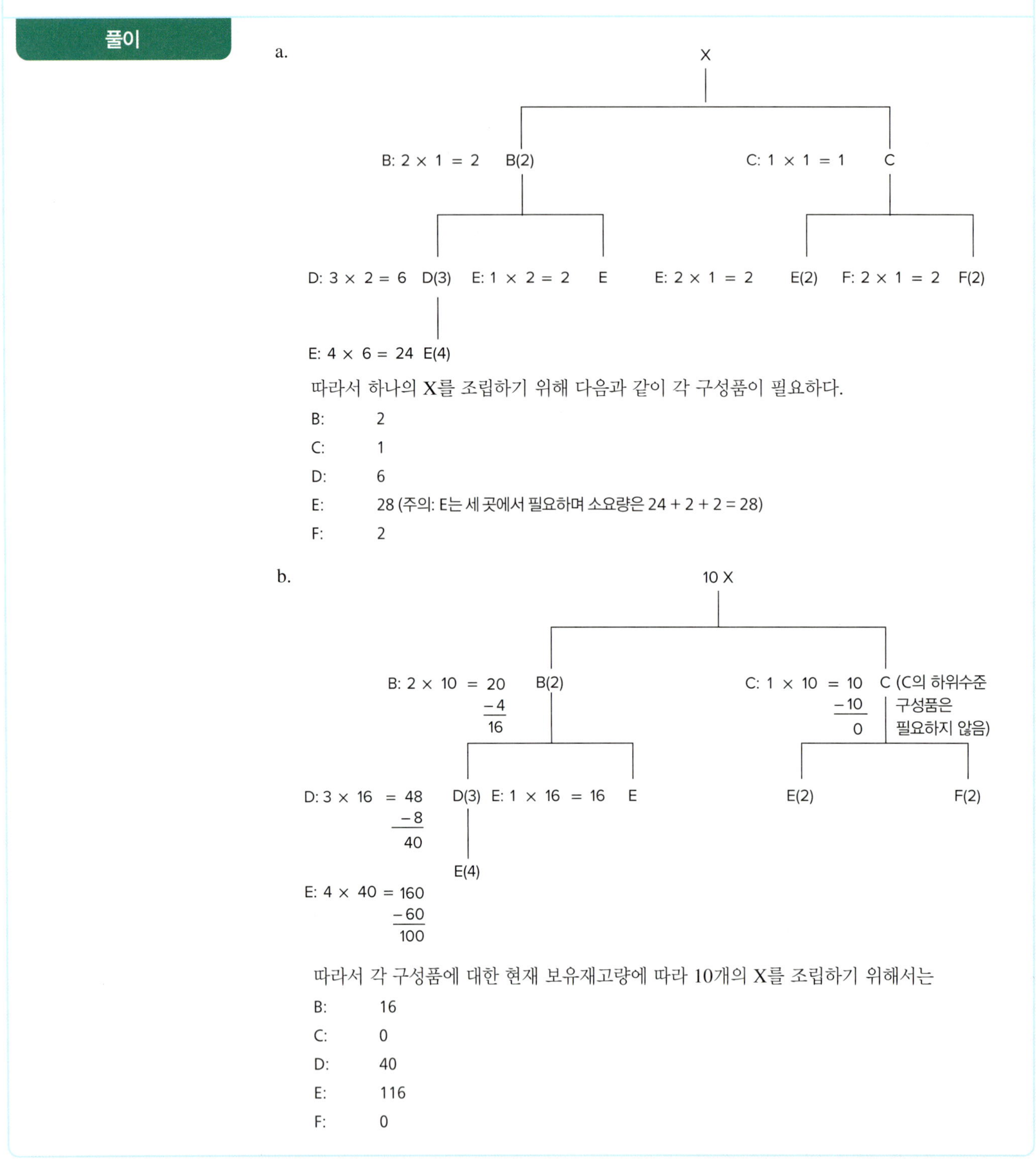


따라서 하나의 X를 조립하기 위해 다음과 같이 각 구성품이 필요하다.

B: 2
C: 1
D: 6
E: 28 (주의: E는 세 곳에서 필요하며 소요량은 24 + 2 + 2 = 28)
F: 2

따라서 각 구성품에 대한 현재 보유재고량에 따라 10개의 X를 조립하기 위해서는

B: 16
C: 0
D: 40
E: 116
F: 0

총 소요량을 결정하는 것은 보통 예제 1보다 훨씬 복잡하다. 이는 많은 제품들이 상당히 많은 구성품들을 가지고 있는 것이 그 하나의 이유이고, 또 다른 이유는 *시기*의 문제(즉, 언제 구성품들을 발주하거나 제작해야 하는지)로 반드시 분석에 포함되어야 하기 때문이다.

Andrey Armyagov/Shutterstock

◀ CAD/CAM 소프트웨어는 설계 사양 뿐만 아니라 부품 목록을 준비하는 데 사용할 수 있다. 이 화면에서 제품의 3차원 뷰(view)와 함께 부품 목록을 볼 수있다.

마지막으로 여러 가지 이유로 어떤 구성품/하위조립품들은 이미 보유하고 있을 수 있다(즉, 현재 재고 보유). 따라서 *총 소요량*을 결정함에 있어, 예제 1에서 보는 바와 같이 순 소요량을 결정하기 위해서는 현보유량(on-hand)을 고려해야 한다(즉, 계산상의 요구수량에서 차감해야 한다).

MRP 시스템이 소요량을 계산할 때, 컴퓨터는 단계별로 자재명세서를 검토한다. 그림 13.6에서의 E와 같이, 하나의 구성품이 하나 이상의 단계에서 나타날 때, 해당 구성품의 모든 항목이 그 구성품이 나타나는 가장 낮은 단계로 나타나도록 **하위수준 코딩**(low-level coding)이 사용된다. 그림 13.6에서 개념적으로는 단계 2에서 E가 두 번 출현하고 단계 3에서 한번 출현하는 것에 대해 제품구조나무상의 단계 3에서 E가 세 번 발생하도록 단계 2의 E가 나타나는 수직선 2개(구성품 B를 위한 E와 구성품 C를 위한 E)를 단계 3까지 연장시키는 것이다.

◀ **하위수준 코딩**
자재명세서 상에서 하나의 구성품이 여러 수준에서 출현할 때 그 구성품이 출현하는 최저 수준과 일치하도록 자재명세서를 재구축하는 것

자재명세서가 제품 구성을 정확히 반영해야 하는 것은 특히 한 수준에서 발생한 오류가 자재의 수량을 결정하기 위한 곱셈 과정에 의하여 증폭되기 때문에 아주 중요하다는 것을 명심하라. 명백해 보이지만 종종 많은 회사들이 자재명세서의 기록들이 정확하지 않은 것을 발견한다. 이 때문에 자재소요량을 효과적으로 결정할 수 없게 된다. 뿐만 아니라, 이러한 기록들을 수정하는 작업은 아주 복잡하고 시간 소모적이다. 정확한 기록들은 효과적인 MRP의 전제 조건이다.

## 재고기록

**재고기록**(inventory record)은 *시간구역*(*time buckets*)이라고 하는 기간별로 각 품목의 재고 상태에 대한 저장된 정보를 말하며, 여기에는 보유량과 주문량이 포함된다. 여기에는 각 품목에 대한 기타 상세사항들 예컨대, 공급자, 리드타임, 그리고 로트사이즈 결정 방침과 같은 것들도 포함되어 있다. 자재의 입고 및 인출, 취소된 주문 그리고 유사한 상황 발생에 따른 변경사항 역시 이 파일에 기록된다.

◀ **재고기록**
MRP의 세 가지 주요 투입물 중의 하나로 기간별 각 품목의 현황 정보를 포함

자재명세서와 같이 재고기록들은 반드시 정확해야 한다. 소요량이나 리드타임에 대한 잘못된 정보는 MRP에 악영향을 미칠 수 있고, 보유재고 수량이 정확하지 않고 예상납기를 맞출 수 없을 때에 혼란을 초래할 수 있다.

## 13.4 MRP 처리

MRP 처리 과정은 주일정계획에 의해 명시된 최종제품 소요량을 자재명세서와 (각 자재의) 리드타임을 감안하여 조립품, 부품, 그리고 원자재의 *시간대별*(*time-phased*) 소요량으로 '전개'한다. 그림 13.7의 조립시간 차트에서 시간대별 소요량을 볼 수 있다. 예컨대, 계획된 납품을 위해 가용하기 위해서는 원자재 D, F, I는 2주 초에 발주해야 하고, 부품 C는 4주 초에 발주해야 하며, 부품 H는 5주 초에 발주해야 한다.

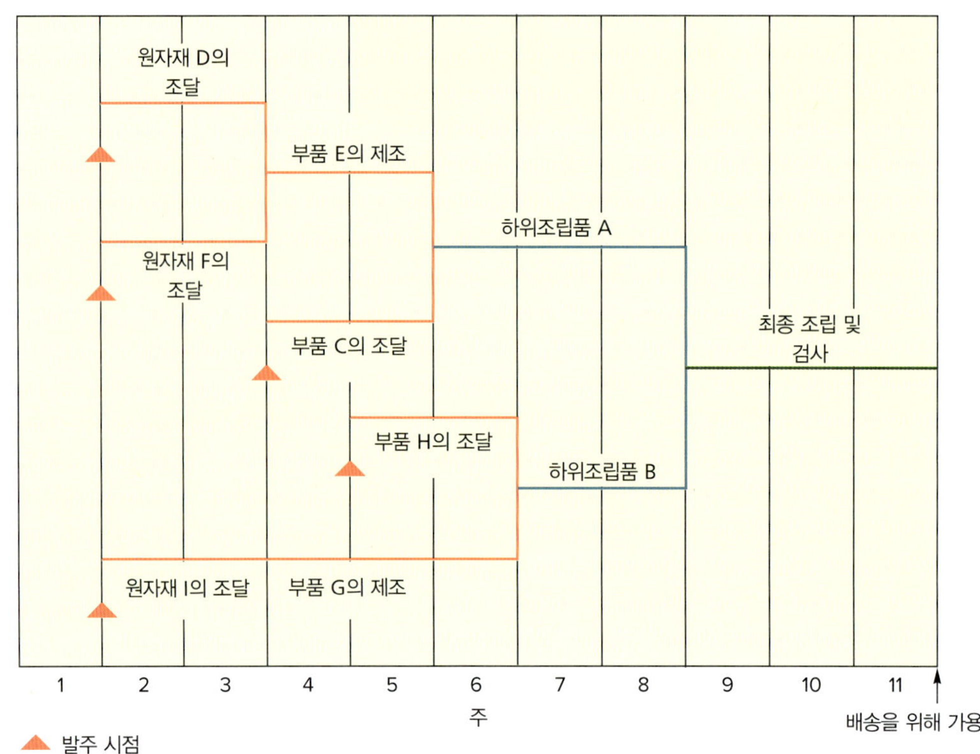


**그림 13.7**
최종제품의 예정된 가용성을 충족하기 위해 필요한 자재의 발주 시점을 보여 주는 조립시간 차트

MRP 처리는 시간차감(time phasing)과 MRP '전개(explosion)'를 다음 양식과 같은 스프레드시트를 활용해 통합한다.

| 주(week) | 기초 재고 | 1 | 2 | 3 | 4 | 5 | 6 | 7 | 8 |
|---|---|---|---|---|---|---|---|---|---|
| 품목: | | | | | | | | | |
| 총 소요량 | | | | | | | | | |
| 예정입고량 | | | | | | | | | |
| 예상보유량 | | | | | | | | | |
| 순 소요량 | | | | | | | | | |
| 계획입고량 | | | | | | | | | |
| 계획발주량 | | | | | | | | | |
| | | | | | | | | | |

스프레드시트의 용어들은 다음과 같이 정의된다.

**총 소요량**(gross requirements): 현재 보유량과 무관하게 각 기간별 특정 품목이나 원자재의 총 예상 수요량. 최종제품의 총 소요량은 주일정계획에 나타나고, 구성품의 총 소요량은 직계 모품목의 계획 발주량으로부터 도출된다.

**예정입고량**(scheduled receipts): 과거에 발주가 이루어져 금기의 *기초*까지는 공급자나 공급경로상의 어디로부터 도착 예정인 주문량.

**예상보유량**(projected on-hand): 각 기간의 초에 보유할 것으로 예상되는 재고량: 예정입고량 + 전기로부터 이월된 이월재고. 특정 기의 기말재고는 차기의 기초재고가 된다는 것을 기억하라.

**순 소요량**(net requirements): 각 기간에 필요한 실제 소요량.

**계획입고량**(planned-order receipts): 기간 *초*까지 수령되리라고 예상되는 수량. 로트 대 로트 주문(lot-for-lot ordering, L4L ordering) 방식에서는 이 수량이 순 소요량과 같아진다. 로트사이즈 주문(lot size ordering) 방식에서는 이 수량이 순 소요량보다 많아진다.

실제에서는 해당 기간 내에 사용될 수도 있지만 단순화를 위해 초과량(로트크기 주문하의 계획입고량 − 순 소요량)은 *차기*의 가용재고에 더해진다.

**계획발주량**(planned-order releases): 각 기간의 *계획된* 발주량을 나타내는데, 이는 계획입고량을 리드타임만큼 역산하여 기간 이동한 것이다. 이 수량은 조립이나 생산의 연쇄 상에서 다음 단계의 총 소요량을 생성한다. 발주가 실행되면 이 수량은 "계획발주량"에서 지워지고 "계획입고량"에 입력된다.

**총 소요량**
특정 기간의 특정 품목이나 원자재에 대한 총 예상수요량

**예정입고량**
공급자나 공급경로상의 어디로부터 도착하기로 예정되어 있는 미입고된 주문수량

**예상보유량**
각 기간의 초에 보유할 것으로 예상되는 재고량

**순 소요량**
각 기간에 필요한 실제 소요량

**계획입고량**
기간 초까지 수령되리라고 예상되는 수량

**계획발주량**
각 기간의 계획된 발주량. 계획입고량을 리드타임만큼 역산하여 기간 이동한 것

자재명세서를 전개하여 생성된 수량은 *총 소요량*(*gross requirements*)이며, 이는 현재 보유하고 있는 재고나 입고 예정인 재고를 고려하지 않는다.

$$\text{금기의 예상보유 재고량} = \text{전기의 계획입고량} - \text{전기의 순 소요량} + \text{금기의 계획입고량} \quad (13\text{-}1)$$

기업이 주일정계획에 따라 생성된 수요를 충족하기 위하여 실제로 획득해야 하는 자재수량이 순 *자재소요량*(*net material requirements*)이다.

순 소요량의 결정은 MRP 처리과정의 핵심이다. 이는 총 소요량에서 보유재고량과 예정입고량의 합을 차감하여 얻는다.

$$\text{금기의 순 소요량} = \text{금기의 총 소요량} - \text{금기의 예상보유 재고량} \quad (13\text{-}2)$$

[식 (13-1)과 식 (13-2)의 음(−)의 결과 값은 0으로 올림 교정해야 한다.] 예상 보유재고는 계획입고를 포함하는데 이는 사내에서 완성되거나 외부공급자로부터 수령하기로 계획된 구성품에 대해 실행된 발주량이다.

발주(즉, 공급자에게 발주된 자재나 사내에서 시작된 작업)의 수량과 시기는 *계획발주량*(*planned-order releases*)에 따라 결정된다. 이 수량의 입고 시점은 *계획입고량*(*planned-order receipts*)에 표시된다. 주문정책에 따라 계획발주량은 특정 수량의 배수(예컨대 50단위)

가 되거나 그 기간에 필요한 수량(로트 대 로트 주문방식)과 같아진다. 다른 가능성도 있지만 이 두 가지 주문정책이 가장 널리 사용되고 있는 것 같다. 예제 2는 MRP의 자재소요량의 시간차감에 대한 일반적인 개념뿐만 아니라 위의 두 가지 주문정책의 차이를 보여 주고 있다.

자재소요계획의 개발은 제품구조나무 다이어그램에 기초하고 있다. 소요량은 단계별로 결정되는데 최종 제품(나무의 정점)에 시작하여 나무를 따라 내려온다. 왜냐하면 각 '모'품목의 수량과 시기는 바로 아래에 있는 '자'품목의 수량과 시기를 결정하는 기초가 되기 때문이다. 자품목은 다음 단계의 모품목이 되고 이러한 방법으로 계속 진행된다.

**예제 2**

mhhe.com/stevenson14e

### 로트 대 로트 발주방식과 로트 사이즈 발주방식에 따른 MRP 계산

나무 셔터(shutter)와 책장을 생산하는 기업이 셔터에 대한 두 개의 주문을 받았다. 하나는 셔터 100단위의 주문이고 또 하나는 셔터 150단위의 주문이다. 100단위 주문은 현 일정상 4주 초에 납품해야 하고 150단위의 주문은 8주 초에 납품해야 한다. 각 셔터는 두 단위의 프레임과 네 단위의 나무부품들로 이루어진다. 나무부품은 사내에서 제작되고 제작에 1주가 소요된다. 프레임은 외부공급자에게 발주하며 리드타임은 2주이다. 셔터의 조립에는 1주가 소요된다. 제1주 초의 나무부품 예정입고량은 70단위이다. 다음과 같은 조건에서 납품요구를 충족시키기 위해 필요한 계획발주량의 크기와 시기를 정하라.

1. 로트 대 로트 발주(lot-for-lot ordering) 방식(즉, 계획발주량이 순 소요량과 동일)
2. 로트 사이즈 발주(lot-size ordering) 방식으로 발주하되 프레임은 로트 크기가 320단위, 나무부품은 로트 크기가 70단위

**풀이**

a. 주일정계획을 개발한다.

| 주 | 1 | 2 | 3 | 4 | 5 | 6 | 7 | 8 |
|---|---|---|---|---|---|---|---|---|
| 수량 | | | | 100 | | | | 150 |

b. 제품구조나무를 작성한다.

c. 주일정계획을 사용하여 셔터에 대한 총 소요량을 결정하고 다음에 순 소요량을 계산한다. 로트 대 로트 발주 방식을 사용하여 주일정계획을 충족시키기 위한 계획입고량과 계획발주시기를 정한다(그림 13.8 참조).

**그림 13.8** 로트 대 로트 발주(lot-for-lot ordering) 방식에 따른 MRP 일정계획

셔터의 주일정계획:

| 주 | 기초재고 | 1 | 2 | 3 | 4 | 5 | 6 | 7 | 8 |
|---|---|---|---|---|---|---|---|---|---|
| 수량 | | | | | 100 | | | | 150 |

| 셔터: LT = 1주 | | 기초재고 | 1 | 2 | 3 | 4 | 5 | 6 | 7 | 8 |
|---|---|---|---|---|---|---|---|---|---|---|
| | 총 소요량 | | | | | 100 | | | | 150 |
| | 예정입고량 | | | | | | | | | |
| | 예상보유량 | | | | | | | | | |
| | 순 소요량 | | | | | 100 | | | | 150 |
| | 계획입고량 | | | | | 100 | | | | 150 |
| | 계획발주량 | | | | 100 | | | | 150 | |

곱하기 2 곱하기 2

| 프레임: LT = 2주 | | 기초재고 | 1 | 2 | 3 | 4 | 5 | 6 | 7 | 8 |
|---|---|---|---|---|---|---|---|---|---|---|
| | 총 소요량 | | | | 200 | | | | 300 | |
| | 예정입고량 | | | | | | | | | |
| | 예상보유량 | | | | | | | | | |
| | 순 소요량 | | | | 200 | | | | 300 | |
| | 계획입고량 | | | | 200 | | | | 300 | |
| | 계획발주량 | | 200 | | | | 300 | | | |

곱하기 4 곱하기 4

| 나무조각: LT = 1주 | | 기초재고 | 1 | 2 | 3 | 4 | 5 | 6 | 7 | 8 |
|---|---|---|---|---|---|---|---|---|---|---|
| | 총 소요량 | | | | 400 | | | | 600 | |
| | 예정입고량 | | 70 | | | | | | | |
| | 예상보유량 | | 70 | 70 | 70 | | | | | |
| | 순 소요량 | | | | 330 | | | | 600 | |
| | 계획입고량 | | | | 330 | | | | 600 | |
| | 계획발주량 | | | 330 | | | | 600 | | |

주일정계획은 납품을 위하여 100단위의 셔터가 준비되도록 요구하며 4주 초에는 예상보유량이 0이므로 순 소요량은 100단위의 셔터이다. 따라서 4주의 계획입고량은 100단위의 셔터이다. 셔터조립에는 1주가 소요되므로 이는 계획발주가 3주 초에 이루어져야 한다는 것을 의미한다. 동일한 논리를 적용하면 150단위의 셔터가 8주 초에 납품할 수 있도록 가용하려면 7주에 반드시 조립되어야 한다.

3주 초의 셔터의 계획발주량이 100단위는 프레임 200단위(총 소요량)가 그 주에 가용해야 한다는 것을 의미한다. 예상보유량이 0이기 때문에 이것은 프레임 200단위의 순 소요량을 생성하

고 3주 초까지 프레임 200단위의 계획입고량을 필요하게 한다. 이는 프레임의 발주와 입고에는 2주의 리드타임이 소요되므로 기업은 1주 초에 200단위의 프레임을 반드시 발주해야 한다는 것을 의미한다. 마찬가지로 7주의 셔터 150단위의 계획발주량은 7주의 프레임 총 소요량 및 순 소요량 300단위를 생성하고 같은 주에 이를 충당하기 위한 계획입고량을 생성한다. 또한 리드타임이 2주이므로 5주 초에는 프레임을 발주해야 하는 것을 의미한다.

3주 초에 100단위의 셔터를 계획발주하는 것은 그 기간에 400단위의 나무부품 총 소요량을 생성한다. 그러나 70단위의 나무부품 보유가 예상되기 때문에 순 소요량은 400 − 70 = 330이다. 이는 3주 초까지 330단위의 계획입고를 의미한다. 제작기간이 1주이기 때문에 제작은 2주 초에는 시작되어야 한다(계획발주).

**그림 13.9** 로트사이즈 발주(lot-size ordering) 방식에 따른 MRP 일정계획

셔터의 주일정계획:

| 주 | 기초재고 | 1 | 2 | 3 | 4 | 5 | 6 | 7 | 8 |
|---|---|---|---|---|---|---|---|---|---|
| 수량 | | | | | 100 | | | | 150 |

| 셔터:<br>LT = 1주<br>로트사이즈 = 순 소요량 | 주 | 기초재고 | 1 | 2 | 3 | 4 | 5 | 6 | 7 | 8 |
|---|---|---|---|---|---|---|---|---|---|---|
| | 총 소요량 | | | | | 100 | | | | 150 |
| | 예정입고량 | | | | | | | | | |
| | 예상보유량 | | | | | | | | | |
| | 순 소요량 | | | | | 100 | | | | 150 |
| | 계획입고량 | | | | | 100 | | | | 150 |
| | 계획발주량 | | | | 100 | | | | 150 | |

곱하기 2 / 곱하기 2

| 프레임:<br>LT = 2주<br>로트사이즈 = 320의 배수 | 주 | 기초재고 | 1 | 2 | 3 | 4 | 5 | 6 | 7 | 8 |
|---|---|---|---|---|---|---|---|---|---|---|
| | 총 소요량 | | | | 200 | | | | 300 | |
| | 예정입고량 | | | | | | | | | |
| | 예상보유량 | | | | | 120 | 120 | 120 | 120 | 140 |
| | 순 소요량 | | | | 200 | | | | 180 | |
| | 계획입고량 | | | | 320 | | | | 320 | |
| | 계획발주량 | | 320 | | | | 320 | | | |

곱하기 4 / 곱하기 4

| 나무조각:<br>LT = 1주<br>로트사이즈 = 70의 배수 | 주 | 기초재고 | 1 | 2 | 3 | 4 | 5 | 6 | 7 | 8 |
|---|---|---|---|---|---|---|---|---|---|---|
| | 총 소요량 | | | | 400 | | | | 600 | |
| | 예정입고량 | | 70 | | | | | | | |
| | 예상보유량 | | 70 | 70 | 70 | 20 | 20 | 20 | 20 | 50 |
| | 순 소요량 | | | | 330 | | | | 580 | |
| | 계획입고량 | | | | 350 | | | | 630 | |
| | 계획발주량 | | | 350 | | | | 630 | | |

비슷한 방식으로 7주에 셔터 150단위의 계획발주는 7주에 나무부품의 총 소요량 600단위를 생성한다. 그리고 나무부품의 보유량이 0이라고 예상되기 때문에 순 소요량은 600단위이고 계획입고량 또한 600단위이다. 다시, 리드타임이 1주이므로 600단위의 나무부품이 6주 초에 제작되도록 일정을 계획하여야 한다.

d. 로트사이즈 발주(lot-size ordering) 방식의 유일한 차이는 계획입고량이 순 소요량을 초과할 가능성이다. 그 초과량은 다음 기에 예상보유재고로 기록된다. 예컨대, 그림 13.9에서 프레임의 발주 로트사이즈는 320단위이다. 그리고 3주의 순 소요량은 200단위이다. 따라서 초과량은 320 − 200 = 120단위이고 이것이 차주의 예상보유 재고량이 된다. 비슷한 방식으로 7주의 프레임의 순 소요량은 180단위이며, 이는 발주량 320단위보다 140단위 적다. 다시, 그 초과량은 8주의 예상보유 재고가 된다. 동일한 상황이 나무부품에서도 발생하는데 3주와 7주의 계획입고량에 대한 초과량이 4주와 8주의 예상보유 재고에 더해진다. 발주량은 로트사이즈의 *배수*가 되어야 함을 주목하라. 즉, 3주에는 70의 5배수이고 7주에는 70의 9배수라는 것에 주목하자.

MRP는 최종품목과 그것의 하위조립품 및 구성품들에 대한 계획을 제공한다. 개념적으로 이것은 그림 13.10에서 표시된 바와 같다. 그러나 실제적으로는, 비교적 간단한 제품이라도 그 구성품의 수가 많아 결과적으로 스프레드시트의 폭을 쉽게 처리하기 힘들 정도로 넓게 만든다. 따라서 개별 구성품에 대한 계획은 앞의 예에서 보여진 바와 같이 *누적된다*. 이것 때문에 구성품 간의 관계를 추적하기 위하여 제품구조나무를 참조하는 것이 중요하다.

**그림 13.10**
각 단계에서의 순 소요량은 다음 단계의 총 소요량을 결정한다.

**그림 13.11**
동일한 부품 D가 사용되는 서로 다른 제품

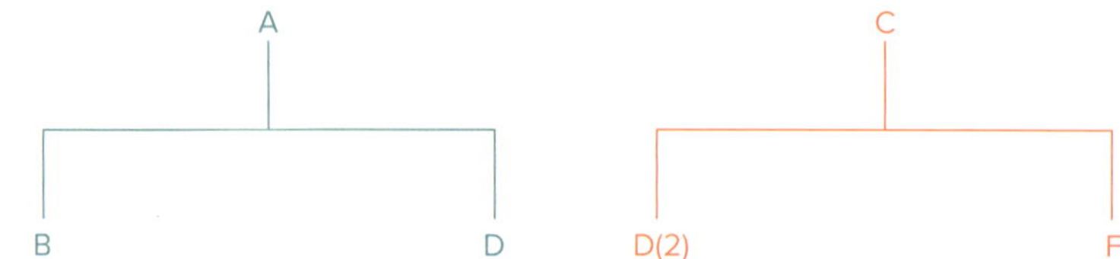


예제 2는 MRP 처리상의 주요 기능들을 서술하는 데 유용하지만 동일한 하위조립품, 부품 또는 원자재가 다수의 서로 다른 제품에 사용되는 상황에서는 자재소요량을 추적하는 막대한 작업이 과소평가될 수 있다. 수요 시기와 필요 수량의 차이, 납품지연으로 인한 수정사항, 높은 불량 비율, 취소된 주문들 모두가 MRP 처리에 영향을 준다.

그림 13.11의 두 개의 제품구조나무를 고려하자. 이 두 제품들은 모두 D를 구성품으로 갖는다. 다음의 추가적인 정보를 가지고 D에 대한 자재소요계획을 수립한다고 하자. 즉, D의 기초재고는 110단위이며, 전체 품목들의 리드타임은 1주이다. 주일정계획은 4주에 80단위의 A를 필요로 하고 5주에 50단위의 C를 필요로 하며, 그 계획은 그림 13.12에 나타나 있다. B와 F에 대한 소요량은 그것들이 D와 관련이 없기 때문에(즉, D의 '모'품목도 아니고 '자'품목도 아니다) 나타나 있지 않다.

**페깅** ▸
어떤 품목의 자재소요량을 발생시킨 모품목을 파악하는 과정

**페깅**(pegging)이라는 용어는 이러한 과정이 역으로 진행되는 것을 나타내는데, 즉 D와 같은 품목에 대한 자재소요량을 생성하는 모품목을 파악하는 것을 말한다. 비록 그 과정은 제품구조나무와 주일정계획이 주어졌을 때 단순해 보이지만, 여러 개의 제품이 관련된 경우 그 과정은 보다 복잡해진다. 페깅은 납품지연, 품질 문제 또는 기타의 문제로 인해 주문이 지연될 때 어느 제품이 영향을 받을지를 관리자가 결정하게 할 수 있게 한다.

컴퓨터의 중요성은 기업이 각각의 구성품 집합을 가진 MRP를 개발해야 할 최종제품의 수가 하나가 아니라 다수일 경우 분명해진다. 보유재고와 발주 중인 재고, 일정계획, 발주량 등은 변경사항이나 일정변경이 발생할 때 전부 갱신되어야 한다. 컴퓨터의 도움 없이는 그러한 작업은 거의 불가능할 것이며 컴퓨터를 활용하여 계획담당자들은 이러한 것들을 큰 어려움 없이 해낼 수 있다.

## MRP 시스템의 갱신

자재소요계획은 정태적인 문서는 아니다. 시간이 지남에 따라 어떤 주문들은 완료되고 또 다른 주문들은 거의 완료 상태에 있으며, 신규주문들은 입력될 것이다. 또한 부품이나 원자재의 수량 변경, 지연, 배송 누락과 같은 주문에 대한 변경사항이 발생할 수도 있다. 따라서 자재소요계획은 "살아있는" 문서로서 시간이 지나감에 따라 변화하는 것이다. 따라서 우리가 "기간 1 [즉, 현재 기간, 금기(今期)]"이라고 하는 것은 지속적으로 앞을 향하여 이동하는데 시간이 지남에 따라 '기간 2'가 곧 '기간 1'이 된다. 어떤 의미에서 이와 같은 일정계획들은 *연동 계획기간*(*rolling horizon*)을 가지는데 이는 계획들이 시간에 따라 움직이는 계획기간을 반영하도록 갱신되고 수정되는 것을 의미한다.

**일괄갱신 시스템** ▸
MRP 기록들을 주기적으로 한 번에 변경사항 전체를 갱신하는 접근방법

**순변동 시스템** ▸
MRP 기록들을 변경사항이 발생할 때마다 즉시 그리고 지속적으로 갱신하는 접근방법

MRP 기록들을 갱신하기 위해 사용되는 2개의 기본적 시스템은 *일괄갱신* 시스템(*regenerative* system)과 *순변동* 시스템(net-change system)이다. **일괄갱신 시스템**은 MRP 기록이 주기적으로 갱신되고 **순변동 시스템**은 지속적으로 갱신된다.

일괄갱신 시스템은 본질적으로 배치 유형(batch type)의 시스템으로서 시간 간격(예컨대

그림 13.12
부품 D의 MRP

주일정계획

| 주 | | 1 | 2 | 3 | 4 | 5 | 6 |
|---|---|---|---|---|---|---|---|
| A의 수량 | | | | | 80 | | |
| C의 수량 | | | | | | 50 | |

| A LT = 1 | 기초재고 | 1 | 2 | 3 | 4 | 5 | 6 |
|---|---|---|---|---|---|---|---|
| 총 소요량 | | | | | 80 | | |
| 예정입고량 | | | | | | | |
| 예상보유량 | | | | | | | |
| 순 소요량 | | | | | 80 | | |
| 계획입고량 | | | | | 80 | | |
| 계획발주량 | | | | 80 | | | |

| C LT = 1 | 기초재고 | 1 | 2 | 3 | 4 | 5 | 6 |
|---|---|---|---|---|---|---|---|
| 총 소요량 | | | | | | 50 | |
| 예정입고량 | | | | | | | |
| 예상보유량 | | | | | | | |
| 순 소요량 | | | | | | 50 | |
| 계획입고량 | | | | | | 50 | |
| 계획발주량 | | | | | 50 | | |

곱하기 2

| D LT = 1 | 기초재고 | 1 | 2 | 3 | 4 | 5 | 6 |
|---|---|---|---|---|---|---|---|
| 총 소요량 | | | | 80 | 100 | | |
| 예정입고량 | | | | | | | |
| 예상보유량 | 110 | 110 | 110 | 110 | 30 | | |
| 순 소요량 | | | | | 70 | | |
| 계획입고량 | | | | | 70 | | |
| 계획발주량 | | | | 70 | | | |

주)내에 발생하는 모든 변경사항(예컨대, 신규주문, 입고)을 한꺼번에 정리하는 시스템이다. 그러한 정보를 사용하여 최초의 계획이 수립된 방법과 동일하게 수정된 생산계획이 수립된다(예컨대, 자재명세서를 단계별로 전개하는 것).

순변동 시스템에서는 변경사항이 발생할 때마다 변경사항을 즉각 반영하여 생산계획이 수정된다. 만일 구매된 불량부품을 공급자에게 반품하려고 한다면 관리자는 이러한 정보를 알게 되는 즉시 시스템에 입력시킨다. 그리고 *변경사항*만 시스템을 통해 단계별로 전개되고 전체 계획은 일괄갱신되지 않는다.

순변동 시스템이 빈번하게 변경사항이 발생하는 시스템에 가장 적합한 반면, 일괄갱신 시스템은 아주 안정된 시스템에 가장 적합하다. 일괄갱신 시스템의 명백한 단점은 변경 정보가 획득된 시점과 그것이 자재소요계획에 통합되는 시점 간에 지체시간이 발생할 수 있다는 것이다. 그러나 한편, 보통 일괄갱신 시스템을 사용하는 경우에 처리비용이 덜 든다. 즉, 특정 기간 동안 발생하는 변경사항들이 궁극적으로 서로를 취소할 수 있게 하고 그 결과 계획을 수정한 다음 재수정할 필요를 없애준다. 순변동 시스템의 단점은 시스템을 연속적으로 갱신하는 데 관련된 비용이 많고 수많은 소규모 변경사항에 의해 야기되는 시스템상의 지속적인 변화이다. 이것에 대한 대응 방법은 작은 변경사항은 주기적으로 입력하고 큰 변경사항은 즉각적으로 입력하는 것이다. 순변동 시스템의 주요 이점은 경영층이 계획 및 통제를 하기 위한 최신의 정보를 가질 수 있다는 것이다.

## 13.5 MRP 산출물

MRP 시스템은 경영층에게 광범위한 산출물을 제공하는 능력을 갖추고 있다. 이러한 산출물은 주된 보고서인 *주보고서(primary report)*와 선택적 보고서인 *부차보고서(secondary report)*로 분류된다.

**계획주문** ▸ 미래 발주량과 발주시기를 보여 주는 일정

**발주** ▸ 계획주문의 실행을 승인

**변경사항** ▸ 납기, 주문 수량, 주문취소와 같은 수정 사항들

**성과관리보고서** ▸ 계획으로부터의 차이 및 비용정보를 포함하는 시스템운영에 대한 평가

**계획보고서** ▸ 미래의 자재소요량을 평가하는 데 유용한 데이터

**예외보고서** ▸ 직면한 주요 불일치사항에 대한 데이터

**주보고서** 생산 및 재고의 계획과 통제는 주보고서의 일부분이다. 이 보고서들은 보통 다음과 같은 내용을 포함한다.

1. **계획주문**(planned orders): 미래 발주량과 발주시기를 보여 주는 일정
2. **발주**(order releases): 계획주문의 실행을 승인
3. 계획주문의 **변경사항**(changes): 납기, 주문 수량, 주문취소와 같은 수정 사항들

**부차보고서** 성과관리, 계획 그리고 예외 사항들이 부차 보고서에 포함된다.

1. **성과관리보고서**(performance-control report)는 시스템운영을 평가한다. 성과관리 보고서는 납품 누락과 품절 등 계획에서 벗어난 정도를 측정하거나 비용성과를 평가하는 데 유용한 정보를 제공함으로써 관리자를 도와준다.
2. **계획보고서**(planning report)는 미래의 재고소요를 예측하는 데 유용하다. 여기에는 미래의 자재소요를 평가하기 위해 사용될 수 있는 구매계약과 기타 자료가 포함되어 있다.
3. **예외보고서**(exception report)는 지연되었거나 기한을 넘긴 주문, 과다한 스크랩 비율(scrap rates), 보고 오류, 그리고 존재하지 않는 부품에 대한 요구와 같은 주요 불일치 사항에 대해 주의를 환기시킨다.

다양한 범위의 산출물 덕분에 일반적으로 사용자는 MRP를 각자의 특별한 요구에 맞출 수 있다.

## 13.6 기타 고려사항

투입물, 산출물 그리고 처리과정의 세부사항들 외에도 관리자들은 MRP의 다른 측면에 대해 서도 많이 알고 있어야 한다. 여기에는 안전재고의 보유, 로트사이즈 결정, 완성되지 않은 제품에 대한 MRP의 사용 가능성 등이 포함된다.

### 안전재고

이론적으로는 종속수요를 갖는 재고시스템은 최종제품 단계 이하의 품목에 대해서는 안전재고(safety stock)가 필요하지 않다. 이것은 MRP의 주요 이점 중의 하나이다. 수요가 변동적이지 않기 때문에 주일정계획이 일단 확정되면 관리자가 정확한 사용량을 예측할 수 있다고 가정하기 때문에 따라 안전재고는 필요하지 않다. 그러나 실제로는 예외가 있을 수 있다. 예컨대, 병목공정이나 불량률이 변동하는 공정은 하부 작업공정에서 부족 사태를 야기할 수 있다. 뿐만 아니라, 납품이 늦어지거나 제작이나 조립시간이 예상보다 길어지는 경우에도 부족 사태가 발생할 수 있다. 표면적으로 이러한 상황은 평준화된 공정운영을 유지하기 위하여 안전재고를 사용하게 한다. 그러나 나세층(multiechelon) 품목(즉, 조립되는 제품처럼 다단계의 품목)의 경우 문제는 보다 복잡해지는데, 이는 *어느* 구성품이 부족하더라도 최종조립을 할 수 없기 때문이다. 그러나 모든 하위 단계 품목에 대해 안전재고를 유지하는 것은 MRP의 주요 이점을 상실하게 한다.

MRP 시스템은 이러한 문제들을 여러 가지 방법으로 처리한다. 관리자가 할 수 있는 첫 번째 조치는 변동을 야기할 수 있는 활동이나 공정을 파악하고, 그 변동성의 정도를 결정하는 것이다. 리드타임이 가변적인 경우 안전*재고* 대신에 안전*시간*(safety *time*)의 개념을 사용한다. 그 결과 그러한 품목을 대기하게 할 가능성의 요소를 제거하거나 현저히 줄이기 위해 그 품목들이 필요한 시점보다 충분한 시간 전에 도착하거나 완성되도록 주문의 일정을 계획한다. 수량이 변동하는 경향이 있을 경우에는 어느 정도의 안전재고가 필요할지 모르나 관리자는 추가 재고를 유지할 필요성과 그 비용을 주의 깊게 따져보아야 한다. 관리자들은 흔히 무작위적인 수요(random demand)를 따르는 최종품목에 대해서는 안전재고를 유지하고자 하나, 안전시간이 실행 가능하지 않을 때에는 일부 하위 단계의 품목에 대해서도 안전재고를 유지하고자 한다.

일반적으로 리드타임을 정확하게 지키도록 하는 것이 중요하며, 특히 외부에서 들어는 부품과 자재를 필요한 시점 직전에 도착하도록 하는 목표를 가지고 있을 때는 특히 그러하다. 너무 빨리 도착하면 보유재고와 재고유지비용을 증가시키며, 늦게 도착하면 차후의 공정을 지연시켜 혼란을 가중시킬 수 있다. 이러한 사실을 알기 때문에 관리자들은 리드타임을 부풀리고(즉, 안전시간을 사용) 조기 도착을 야기할 가능성이 있으며 그 결과 주문품의 도착과 생산스케줄을 일치시키고자 하는 목표가 무산된다.

안전재고가 필요한 경우에는 지정된 구성품에 한해 계획발주량을 안전재고량만큼 증가시키면 된다.

### 로트사이즈 결정

발주 로트사이즈나 생산 로트사이즈를 결정하는 것은 독립수요 품목이나 종속수요 품목 모두의 재고관리에 있어서 중요한 문제이다. 이것을 로트사이즈 결정(lot sizing)이라고 한다.

독립수요 품목의 경우 관리자들은 흔히 경제적 주문량(economic order quantity)과 경제적 생산량(economic production quantity)을 사용한다. 그러나 종속수요 시스템에서는 로트사이즈를 결정하기 위해 훨씬 다양한 방법을 사용하는데, 이는 어떠한 방법도 다른 방법에 비해 명확한 이점이 없기 때문이다. 로트사이즈를 결정하는 가장 보편적인 몇 가지 방법을 이 절에서 설명한다.

독립수요 시스템이나 종속수요 시스템 모두 재고관리의 주요목표는 주문비용(또는 셋업비용)과 재고유지비용(holding costs)의 합을 최소화하는 것이다. 독립수요의 경우 수요는 일반적으로 계획기간(예컨대, 6개월, 1년)동안 균등하게 분포한다. 경우에 따라 수요가 간헐적인 형태이거나 계획기간이 상대적으로 짧아(예컨대, 3개월) 경제적 주문량을 결정하는 것이 훨씬 어렵다. 그림 13.3의 상황을 고려해 보라. 기간별 수요가 1에서 80단위까지 변동하며 계획기간 동안 동일한 수요가 반복되지도 않는다.

관리자들은 여러 주문을 모아 그룹화(grouping)하여 경제성을 실현할 수 있다. 이러한 경우는 추가수량을 실제 사용할 때까지 보유함으로써 발생하는 추가비용보다 주문비용이나 셋업비용(setup cost)을 절감할 수 있을 때이다. 이러한 결정은 경우에 따라 여러 가지 이유로 대단히 복잡해질 수 있다. 첫째, 몇 기간의 수요를 단일의 주문으로 결합하면, 특히 중간단계의 품목이나 최종품목의 경우에는 제품나무구조의 아래로 내려가며 계단식으로 영향을 준다. 즉, 이러한 그룹화를 하기 위해서 제품구조나무의 하위단계 품목에 대해서도 그룹화를 해야 하며 이들의 셋업비용과 재고유지비용을 함께 고려해야 한다. 둘째, 불규칙한 기간별 수요와 상대적으로 짧은 계획기간 때문에 로트사이즈에 대해 지속적으로 재계산과 갱신을 해야 한다. 따라서 로트사이즈 결정을 하기 위해 사용되는 방법은 모든 관련비용을 포함시키고자 하는 복잡한 것에서부터 사용하기 쉽고 이해하기 쉬운 아주 단순한 것까지 다양하다. 어떤 경우에는 단순한 모형이 일반화는 어렵더라도 오히려 비용을 최소화할 수 있는 방법일 수도 있다. 몇 개의 모형들을 살펴보도록 하자.

**로트 대 로트(Lot-for-Lot) 발주** 모든 방법 중 가장 단순한 것은 아마도 로트 대 로트(lot-for-lot or L4L) 발주일 것이다. 각 기간의 발주량이나 생산량은 그 기간의 수요와 동일하도록 정한다. 예제 2가 이 방법을 보여 주고 있다. 발주량이 명백할 뿐 아니라 차기까지 이월되어 보유되는 부품에 대한 재고유지비용도 사실상 제거된다. 그러므로 로트 대 로트 발주는 재고에 대한 투자를 최소화한다. 로트 대 로트 발주의 두 가지 주요 단점은 매 주문 시마다 발주수량이 다르고 따라서 고정발주량의 경제적 이점(표준 용기와 기타 표준화된 절차)을 누리지 못한다는 점과 매 생산 시마다 새로운 생산준비(set up)가 필요하다는 점이다. 생산준비비용을 현저히 감소시킬 수 있으면 이 방법은 최소비용의 로트사이즈에 근접할 것이다.

**경제적 주문량(economic order quantity) 모형** 경우에 따라 경제적 주문량(EOQ) 모형이 사용된다. 품목의 사용이 굉장히 균등하다면 모형은 최소비용을 가능하게 한다. 상이한 모품목에 공통으로 사용되는 하위단계 품목이거나 원자재의 경우가 여기에 해당한다. 그러나 수요가 보다 덩어리수요의 성격을 가질수록 이 접근방법은 적절하지 못하다, 왜냐하면 수요와 공급의 불일치 때문에 재고가 발생하기 때문이다.

**고정기간 주문(fixed-period ordering)** 이러한 유형의 발주는 사전에 정해진 기간 (예

| | 기간 1 | 2 | 3 | 4 | 5 |
|---|---|---|---|---|---|
| 수요 | 70 | 50 | 1 | 80 | 4 |
| 누적수요 | 70 | 120 | 121 | 201 | 205 |

**그림 13.13**
부품 K에 대한 수요

컨대, 2~3기간)을 대상으로 한다. 경우에 따라 그 기간은 단순히 임의적이거나, 과거 수요패턴을 검토함으로써 고정된 발주기간의 길이에 대해 좀 더 합리적인 결정을 할 수 있다. 단순한 규칙은 2개 기간의 간격을 커버할 만큼의 수량을 발주하는 것이다. 이 규칙은 상식적으로 더 나은 방안이 있을 때에는 수정될 수 있다. 예컨대, 그림 13.13의 수요를 살펴보자. 2개 기간 규칙을 사용하면 120단위의 발주로 첫 두 기간을 커버할 수 있다. 다음의 두 기간은 81단위의 발주량으로 커버될 수 있다. 그러나 기간 3과 기간 5의 수요가 너무 적으므로 그 두 기간의 수요를 기간 4의 수요인 80단위와 합하여 85단위를 발주하는 것이 보다 상식적이다.

**기타의 모형들** 부품보유기간 모형(part-period model)이나 바그너 화이틴 모형(Wagner-Whitin model)과 같은 모형들도 로트사이즈 결정을 하는 데 활용되나 본 교과서의 범위를 넘어서므로 설명은 생략한다.

## 13.7 서비스산업에서의 MRP

MRP는 제조업에서는 물론 서비스업에서도 적용할 수 있다. 제품-서비스 패키지의 일부인 자재에 적용하거나 주로 서비스 구성요소에도 적용할 수 있다. 서비스에서는 작업장을 재구성하거나 다양한 공정 요구사항을 처리하기 위해서 장비를 제어하는 소프트웨어를 수정하는 작업이 포함될 수 있다.

제품-서비스 패키지의 예는 다수의 사람들에게 식사를 준비하고 제공하는 출장 요리 서비스의 경우이다. 주문에 대한 수량과 비용을 추정하기 위해서 식품관리자는 먼저 메뉴 상의 각 조리법(즉, 자재 명세서)에 따라 식자재 수량을 결정해야 하고 이것을 준비해야 할 식사의 수량과 결합하여 행사 계획에 따른 자재 소요량을 계산하는 것이다.

유사한 예가 스포츠 스타디움이나 대형 호텔 등의 대규모 개/보수 공사에서도 발견되는데, 여기서는 비용 추정과 일정계획 수립을 위해 개/보수 공사에 필요한 관련된 자재와 다수의 반복적인 활동들을 개별 구성요소들로 전개해야 한다.

## 13.8 MRP의 이점과 필요사항

### 이점

MRP는 관리자가 특정의 주문 사이즈에 대해 모든 구성품의 수량을 쉽게 결정하도록 하고, 각 구성품의 발주를 언제 해야 하는지를 알게 해주며 품목에 대한 주의가 필요한 경우 이를 알려준다. 이외에도 다음과 같은 다른 이점들이 있다.

1. 공급과 수요를 정확하게 일치시켜 낮은 단계의 재공품 재고 유지
2. 자재소요량을 추적할 수 있는 능력
3. 주어진 주일정계획에 따라 생성되는 생산용량소요량(capacity requirements)을 평가할 수 있는 능력
4. 생산시간을 할당하는 수단
5. *백플러싱(backflushing)*을 이용하여 재고 사용량을 용이하게 결정할 수 있는 능력

**백플러싱** ▸ 최종제품을 제조하기 위해 사용된 구성품들의 수량을 결정하기 위해 최종 품목의 BOM을 전개하는 것

**백플러싱**은 특정 품목을 제조하기 위해 사용된 다양한 구성품의 수량을 결정하기 위해 최종 품목의 자재명세서(BOM)를 주기적으로 전개하는 절차로서, 생산현장에서는 세부적인 사용정보를 수집할 필요성이 없어진다.

전형적인 제조기업에서 MRP 시스템이 제공하는 정보의 중요한 사용자들은 다양한 범위의 구성원들이다. 생산계획 담당자는 명백히 MRP의 사용자이다. 작업을 여러 생산부문에 균형있게 할당하고 작업일정에 대한 의사결정을 하는 생산관리자 담당자와 작업지시서(work order)를 발급하고 생산일정을 유지하는 책임이 있는 일선감독자들 역시 MRP 산출물에 크게 의존하고 있다. 기타의 사용자들로는 고객에게 예상 납품일자를 알려주는 고객서비스 담당자, 구매 관리 담당자와 재고관리 담당자들이 있다. MRP의 이러한 이점들은 자재소요량에 대한 최신의 정보를 유지하기 위하여 상당 부분 컴퓨터의 사용에 의존한다.

## 필요사항

효과적인 MRP 시스템을 구축하고 운영하기 위해서는 다음의 사항들이 필요하다.

- 계산과 기록 유지를 위한 컴퓨터와 필요한 소프트웨어 프로그램
- 정확하며 최신의
  a. 주일정계획
  b. 자재명세서
  c. 재고 기록
- 파일 데이터의 완전성

정확성은 MRP 시스템의 성공에 필수적이다. 재고기록이나 자재명세서상의 부정확성은 주문 시 부품을 빠뜨리거나, 특정 품목을 너무 많이 주문하거나 또는 너무 적게 주문하는 것, 또는 일정을 맞추지 못하는 것 등을 야기하는데, 이 모두는 자원의 비효율적 사용, 납품일자를 맞추지 못하는 것, 부실한 고객서비스의 원인이 된다. 따라서 기업은 일정계획수립에 관한 원칙을 고수하고 자재명세서를 유지하고 갱신하는 표준절차를 가지고 있어야 한다.

MRP 사용과 관련하여 발생하는 공통의 문제점에는 리드타임이 일정하다고 가정하기 때문에 발생하는 문제점들과 자재명세서와 서로 다르게 생산되는 제품들, 주문제작(customizing) 시에 자재명세서를 수정하지 못하는 것 등이 있다.

이와 유사하게 부정확한 예측 때문에 조립제품의 생산자에게 심각한 결과가 발생할 수도 있다. 예측이 지나치게 낙관적이면 부품이나 원자재의 과다한 재고 때문에 기업은 상대적으로 높은 재고유지비용을 경험할 것이며, 역으로 너무 낮게 예측하면 부품의 부족을 가져와 부족사태의 영향을 줄이기 위해서는 필요한 부품을 획득하고 제품을 조립하는 데 더 긴 리드타임이 필요할 것이다.

## 13.9 MRP II

MRP는 제조업에서 제품을 생산할 때 어떤 자재가 필요한지 그리고 그러한 자재가 언제, 얼마만큼 필요한지를 보다 정확히 계산하기 위한 방법으로 개발되었다. **제조자원계획**(manufacturing resources planning, MRP II)은 제조업자들의 추가적인 요구사항을 인식하여 MRP로부터 진화되었다. MRP II는 자재계획의 범위를 생산용량소요계획(capacity requirements planning, CRP)을 포함시키고 계획수립 과정에서 마케팅과 재무와 같은 기업조직의 다른 기능영역을 포함하도록 확대한 것이다.

**제조자원계획**
생산자원계획(production resource planning)에 대한 확장된 접근방법으로서, 계획 수립 과정에서 기업 내 타 분야를 포함시키고 생산용량소요계획(capacity requirements planning)을 할 수 있도록 함

자재소요계획은 MRP II 과정의 중심에 있다(그림 13.14 참조). 그 과정은 모든 원천으로부터의 수요(예컨대, 확정된 주문, 예측, 안전재고 요구수량)를 총괄하는 것에서부터 출발한다. 생산, 마케팅 및 재무 분야의 담당자들이 주일정계획을 개발하기 위해 공동으로 작업한

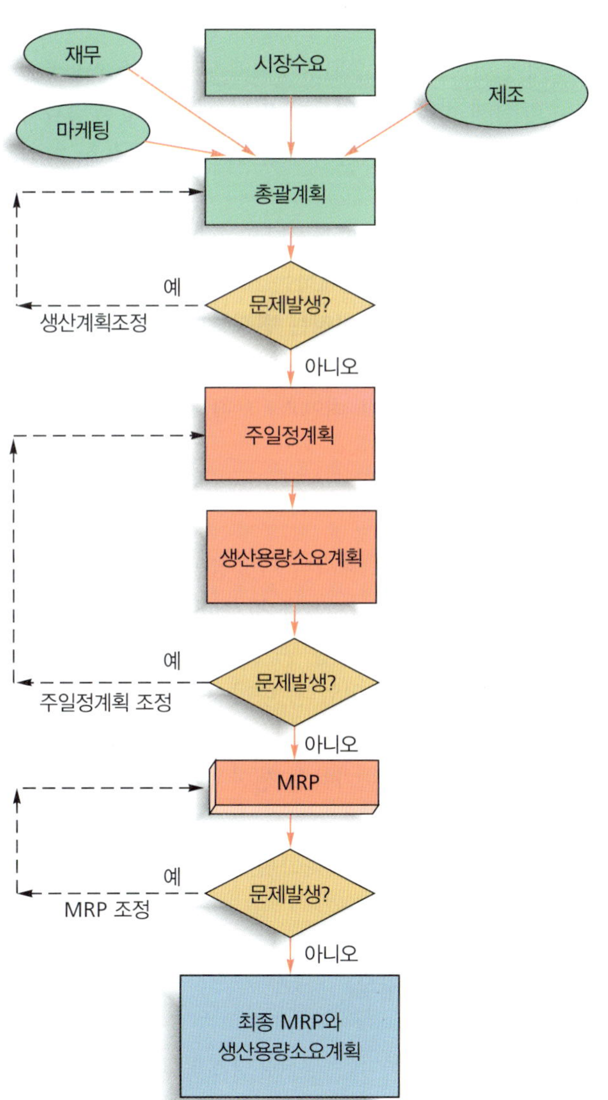


그림 13.14
MRP II의 개요

다. 제조부문의 담당자는 일정계획의 결정에 주요한 투입요소를 가지고 있고 일정계획이 실행되도록 하는 책임을 지며, 마케팅 및 재무부문의 담당자 역시 중요한 투입요소이며 책임이 있다. 이들 기능부문들이 공동으로 작업해야 하는 근거는 실행가능하고 모든 사람이 공생할 수 있는 계획을 개발할 가능성을 높인다는 것이다. 뿐만 아니라 이들 기능부문들 각각이 계획수립에 참여했기 때문에 계획에 대해 보다 더 잘 알고 계획을 달성하기 위해 더욱 노력할 것이기 때문이다.

계획을 지원하기 위해 필요한 명백한 제조자원에 추가하여 재무자원이 필요하고 그 금액과 시기에 대해서도 계획해야 한다. 마찬가지로 마케팅 자원들 또한 전 과정을 통해 다양한 정도로 필요할 것이다. 계획을 실행하기 위해서 기업은 필요에 따라 가용한 모든 필요자원을 확보해야 한다. 이따금 다양한 자원의 가용성에 대한 평가에 기초하여 최초의 계획을 수정할 필요도 있다. 일단 이러한 것들이 결정되면 주일정계획을 확정할 수 있다.

이 시점에서 자재소요계획이 작동하여 자재소요량과 일정계획 필요사항들을 생성한다. 다음으로 경영층은 보다 상세한 용량소요계획을 수립하여 보다 구체적인 생산용량소요를 충족할 있는지를 검토해야 한다. 다시, 주일정계획에 약간의 조정이 필요할 수도 있다.

일정계획이 전개되고 실제 작업이 시작됨에 따라 관리자가 작업과정을 모니터하고 생산운영을 정상적으로 유지하기 위해 필요한 조정을 할 수 있도록 하기 위해서는 다양한 보고서가 도움이 된다.

사실 이것은 지속적인 과정으로서 주일정계획은 기업 목표를 달성하기 위해서 필요에 따라 갱신되고 수정된다. 보통 전 과정을 지배하는 사업계획도 변경되지만 사업계획의 변경은 보다 하위단계(즉 주일정계획)에서 이루어지는 변경보다는 덜 빈번하게 발생한다.

대부분의 MRP II 시스템은 시뮬레이션을 실행할 수 있는 기능이 있어 관리자가 다양한 'what-if' 질문에 대한 답을 얻어 가용한 대안과 그 결과에 대해 보다 잘 인식하게 할 수 있게 한다.

### 폐쇄순환 MRP

MRP가 처음 도입되었을 때는 제안된 계획의 타당성(즉, 계획을 달성하기 위해 필요한 충분한 생산용량이 모든 단계에서 존재하는지)을 평가하는 기능이 없었다. 따라서 제안된 계획을 실행하기 전에는 제안된 계획이 달성될 수 있을지에 대해, 또 계획을 실행한 후에는 실제로 계획이 달성되었는지를 알 수가 없었다. 따라서 매주 새로운 계획을 개발해야 했다. MRP II 시스템이 피드백 순환과정을 포함하자 이를 폐쇄순환 MRP (closed-loop MRP)라고 지칭했다. 폐쇄순환 MRP 시스템은 가용한 생산용량에 대해 제안된 자재계획을 평가한다. 만일 제안된 계획을 실행할 수 없으면 그것은 수정해야 한다. 이러한 평가를 생산용량소요계획(capacity requirements planning)이라고 한다.

## 13.10 생산용량소요계획

MRP II의 가장 중요한 기능 중의 하나는 생산용량계획 과정에서 관리자를 지원하는 능력이다.

**생산용량소요계획**(capacity requirements planning, CRP)은 단기 생산용량소요를 결정하는 과정이다. 필요한 투입물로는 MRP의 계획발주량, 현재의 작업장 부하(shop load), 공정절차(routing) 정보[1]와 작업 처리소요시간(job times)이 있다. 주요 산출물로는 각 작업장의 부하 보고서(load report)가 있다. 차이(과부하 혹은 과소 부하)가 예상되면 관리자는 공정절차의 변경, 로트사이즈나 안전재고량의 변경이나 제거, 로트 분할(lot splitting) 등과 같은 개선책을 고려할수도 있다. 생산활동을 전후방으로 이동시키는 것은 선후관계 요구조건(precedence requirements)이나 부품의 가용성 때문에 대단히 어렵다.

**◂ 생산용량소요계획**
단기 생산용량소요를 결정하는 과정

기업은 보통 처음에 "무엇이 가능한가?"가 아닌 "무엇이 필요한가?"의 관점에서 주일정계획을 생성한다. 최초의 일정계획은 최종품목이 조달, 제조 및 조립을 위한 소요량으로 전환될 때 생산시스템과 자재 가용성의 제약조건 하에서 실행가능할 수도 있고 그렇지 않을 수도 있다. 따라서 실제소요량의 보다 명확한 그림을 파악하기 위해서는 제안된 주일정계획을 MRP 처리 절차를 통해 컴퓨터 상에서 실행해 보고 가용 생산용량 및 가용자재와 비교해 보는 것이 필요하다. 그 결과 현재의 주일정계획이 실행가능하지 않다고 판명되면 경영층은 생산용량을 증대하거나(예컨대, 초과근무나 하도급을 이용하여), 주일정계획을 변경하는 의사결정을 할 수 있다. 후자의 경우에는 여러 번의 변경을 수반할지도 모르는데, 각각의 변경계획은 실행가능한 계획을 얻을 때까지 시스템 상에서 실행해 보아야 한다. 이 시점에서 최소한 근접된 계획기간 내에서는 주일정계획이 *동결(frozen)*되고, 자재소요량을 계획하는 확정된 일정계획이 수립된다.

단기 생산계획의 안정성은 매우 중요한데 이러한 안정성이 없으면 발주수량과 발주시기의 변경은 자재소요량 계획을 거의 쓸모없게 만들 수 있다. *시스템 과민성(system nervousness)*이란 용어는 변화에 대한 시스템의 대응방식을 말한다. 그 반응은 때때로 원래의 변화보다 더 클 수 있다. 예컨대, 제품구조나무의 정상 부근에서의 작은 변경은 나무의 하위 단계의 많은 부분에 반영될 수 있고 이는 발주수량과 많은 구성품의 생산일정에 큰 변경을 초래한다. 이것은 차례로 시스템의 다양한 부분에서 대기행렬을 만들어 발주의 지연, 재공품 증가, 재고유지비용의 증가를 초래한다.

이러한 문제들을 최소화하기 위하여 많은 기업들은 **시간구획**(time fence)이라고 하는 일련의 시간간격을 정하고, 그 사이에 주문에 대한 변경이 이루어지게 하고 있다. 예컨대, 기업은 4, 8, 12주의 시간구획을 정해놓고, 가장 가까운 시간구획에서는 변경이 가장 제한적이고 가장 먼 시간구획에서는 변경이 덜 제한적이게 할 수 있다. 12주를 넘는 구간에서는 자유로이 변경이 가능하며, 8주에서 12주까지의 구간에서는 구성품이 가용하고 생산계획이 위태롭게 되지 않는 한 개의 최종품목을 다른 것으로 대체하는 것이 허용된다. 4주에서 8주까지의 구간에서는 계획은 확정되지만 작은 변경은 허용될 수 있고 4주 이내의 구간에서는 모든 계획이 동결된다.

**◂ 시간구획**
주문 변경이 허용되거나 제한되는 일련의 시간간격- 가장 가까운 구획은 변경이 가장 제한적이고 가장 먼 구획은 가장 덜 제한적이다.

일부 기업은 2개의 시간구획을 사용한다. 하나는 가까운 기간의 수요시간구획(*demand* fence)이고 다른 하나는 먼 기간의 *계획*시간구획(*planning* fence)이다. 예컨대, 수요시간구획을 현재로부터 4주로 잡고 계획시간구획은 10주 후로 잡을 수 있다. 가까운 기간 내에서는 고객주문이 수요예측값보다 우선하고, 계획시간구획 이후의 구간에서는 새로운 주문을

[1] 공정절차표(routing sheet)라고도 하는데 해당 품목이 경유하는 작업장, 작업준비시간, 단위당 가공시간 등이 기록되어 있음(역자 주).

주일정계획에 포함시킬 수 있다. 수요시간구획과 계획시간구획 사이의 구간에서 변경을 하고자 할 때에는 초과 생산용량이 가용하지 않는 범위에서는 경영층이 트레이드오프(trade-off)를 고려해야 한다.

시간구획을 설정함에 있어 관리자는 생산계획의 안정성에 따른 이점과 새로운 주문에 신속히 대응할 수 있는 경쟁우위에 미칠 수도 있는 부정적 영향을 견주어보아야 한다.

**부하보고서** ▸ 작업부서 혹은 작업장을 위한 알려지고 예상되는 미래의 생산용량소요량과 예상 용량가용성을 비교하는 보고서

생산용량계획의 절차는 제안된 또는 잠정적인 주일정계획에서 시작하는데 이 주일정계획은 추후 실행가능성이 검토되어야 하고 확정되기 전에 조정을 거쳐야 한다. 제안된 주일정계획은 MRP를 이용하여 처리되는데 이 계획이 생성하는 자재소요량을 확인하기 위한 목적이다. 그리고 나서 이들은 각 부서나 작업장의 일련의 **부하보고서** 형태의 자원(즉, 생산용량) 소요량으로 변환되는데, 이것은 알려져 있고 예상되는 미래의 소요 생산용량과 예상되는 가용 생산용량을 비교하는 것이다. 그림 13.15은 부하보고서의 성격을 표시하고 있다. 이것은 계획기간 동안의 현재 진행중인 작업, 계획된 발주, 예상되는 발주량에 대한 자원의 예상소요량(즉, 사용량)을 보여주고 있다. 이러한 종류의 정보가 주어지면 관리자는 생산용량이 이러한 소요량을 충족시키기 위해 충분한지를 쉽게 결정할 수 있다. 만일 생산용량이 충분하면 이러한 소요량을 생성하는 주일정계획의 부분을 동결시킬 수 있다. 그림 13.15에 표시된 부하프로파일(load profile)상에서 4기의 계획발주가 과부하를 야기할 것이다. 그러나 몇몇 주문을 인접한 기간으로 조금 이동시킴으로써 수요를 수용할 수 있을 것처럼 보인다. 또 11기에도 과부하가 나타나는데 이것 역시 몇 개의 작업을 인접한 시간대로 이동시키면 해결될 수 있다. 생산용량이 충분하지 못한 경우, 관리자는 용량증대가 가능하고 경제적이라면 생산용량을 증가시키거나(초과 근무를 조정하거나 타 부서에서 인력을 전입, 또는 작업의 일부를 하도급하는 방법으로), 그렇지 않으면 주일정계획을 변경하고 수용가능한 생산일정계획을 얻을 때까지 이 절차를 반복한다.

만약 주일정계획을 변경해야 한다면 일반적으로 이것이 의미하는 바는 관리자가 주문에 대한 우선순위를 부여하여 몇몇 주문이 애초에 계획된 일정보다 늦게 완료되어야 한다는 것이다.

주의해야 할 것은 생산용량 부하보고서이다. 부하 보고서는 근사치일 뿐이고 부하의 실상을 제공할 수 없을 수도 있다. 왜냐하면 보고서 상의 작업부하는 일정계획이나 대기로 인

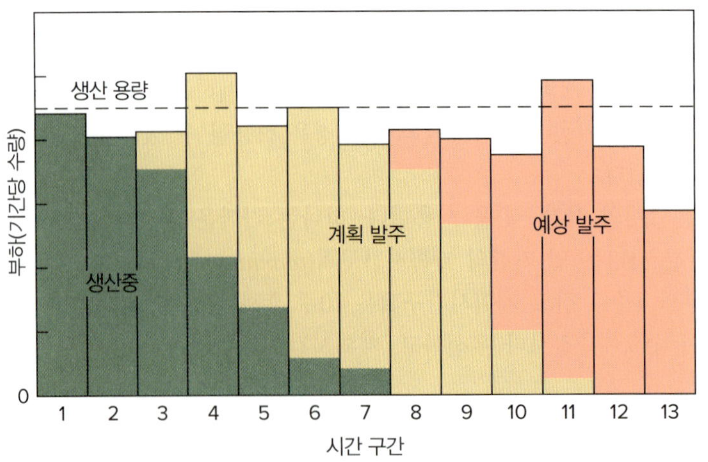


**그림 13.15**
가상의 부서에 대한 부하 프로파일 (load profile)

한 지연을 고려하지 않기 때문이다. 따라서 부하 보고서 상에서 예상되는 부하를 처리하기 위한 충분한 용량이 있는 것처럼 보여도 시스템 백업(system backups)을 경험할 가능성이 있다.

생산용량소요계획의 중요한 측면은 소요 수량을 노동 및 기계시간 소요량으로 변환시키는 것이다. 이것은 각 기간의 소요 수량을 단위당 표준 노동/기계시간 소요량과 곱하는 것이다. 예컨대, A 제품 100단위가 제조부서에서 계획되어 있고 각 제품은 표준 노동시간이 2시간, 표준 기계시간이 1.5시간이라면 A제품 100단위는 다음과 같은 생산용량 소요 용량으로 변환된다.

$$\text{노동: } 100\text{단위} \times 2\text{시간/단위} = 200\text{ 노동시간}$$
$$\text{기계: } 100\text{단위} \times 1.5\text{시간/단위} = 150\text{ 기계시간}$$

이후 이들 소요 생산용량과 부서의 가용 생산용량을 비교하여 이 제품이 어느 정도의 생산용량을 이용하는지를 결정한다. 예컨대, 부서의 가용 노동시간과 기계시간이 각각 200시간이라면, 가능한 모든 노동 시간을 이 제품이 사용하므로 노동이용률은 100%이나 기계의 생산용량은 충분히 이용되지 못하고 있다.

$$\frac{\text{소요량}}{\text{가용량}} \times 100 = \frac{150\text{시간}}{200\text{시간}} \times 100 = 75\%$$

생산용량을 충분히 활용하지 않고 있다는 것(underutilization)은 사용되지 않은 생산용량을 다른 작업에 사용할 수 있다는 것을 의미하며, 초과이용(overutilization)은 가용용량이 소요용량을 처리하기에 불충분하다는 것을 나타낸다. 이를 보완하기 위해 생산부서에서는 일정계획을 조정하거나 초과근무가 필요할 수 있다.

### 공급사슬을 위한 유통자원계획

**유통자원계획**(distribution resource planning, DRP)는 *유통소요계획*(*distribution requirements planning*)이라고도 하며, 공급사슬에서 주문을 계획하는데 사용되는 기법이다. DRP는 MRP 개념을 확장하여 계획담당자가 공급사슬의 시간단계별 재고 소요량을 계산할 수 있게 한다. 그 목표는 공급사슬 전반에 걸쳐 공급과 수요의 균형을 달성하는 것이다.

◂ **유통자원계획**
공급사슬에서 주문을 계획하는 데 사용되는 기법

DRP는 수요의 예측과 함께 공급사슬 상 유통 말단(예컨대, 소매상)의 미래 기간에 대한 실제 주문으로 시작된다. 기타 필요한 정보는 공급사슬 상 다양한 지점에서의 예정입고의 수량과 시간, 현 보유 재고, 안전재고 소요량 등이다. DRP의 일부 버전에서는 필요한 노동력, 자재 취급 시설과 저장 공간에 대한 예상치도 포함된다.

MRP와 유사한 절차에서 공급사슬의 각 단계에서의 계획주문발주 수량은 그림 13.16에서 보듯이 한 단계 이전의 총 소요량이다. 사실상 이 프로세스는 수요에 기반하여 재고의 배송을 전 공급사슬에 걸쳐 상류로 끌어당긴다.

## 13.11 ERP

기업조직은 구매, 생산, 유통, 판매, 인적자원, 재무 및 회계와 같은 다양한 기능이 기업조직의 목표를 달성하기 위해 힘을 합쳐야 하는 복잡한 시스템이다. 그러나 수많은 기업조직이

**그림 13.16**
공급사슬 주문계획

채택하고 있는 기능적 구조에서는 정보가 기능 부문 내부에선 자유로이 흘러가지만 기능 부문 간에는 그렇지 못하다. 기능적 조직구조는 기능부문 간의 정보공유를 힘들게 하고 있다.

**전사적 자원관리(ERP)** ▶ 재무, 제조, 인적 자원의 단일 데이터베이스에서의 통합

**전사적 자원관리**(enterprise resource planning, ERP)는 정보공유를 목적으로 공급사슬의 핵심 부분은 물론 기업조직의 모든 부분을 단일의 데이터베이스로 연결하도록 설계된 컴퓨터 시스템이다. 핵심 연결의 일부분이 그림 13.17에 묘사되어 있다. SAP과 PeopleSoft는 ERP의 많은 공급 업체 중 주요한 공급업체들이다.

ERP 소프트웨어는 조직 전체에 걸쳐 의사결정자와 기타 사용자가 실시간으로 데이터를 획득하고 가용하게 하는 시스템을 제공한다. 이것은 또한 기업조직의 목표를 달성하기 위한 다양한 기업 프로세스를 계획하고 모니터하기 위한 도구들을 제공한다. ERP 시스템은 통합된 모듈의 집합으로 이루어진다. 많은 모듈들을 선택할 수 있는데 다양한 소프트웨어 공급자들이 서로 다르지만 유사한 모듈 목록을 제공하고 있다. 어떤 모듈들은 특정 산업에 특화된 것이지만 또 일반적인 목적을 가지는 모듈들도 있다. 모듈들은 기업조직의 기능부문과 관련이 있다. 예컨대, 회계와 재무, 인적자원관리, 제품계획, 구매, 재고관리, 유통, 주문추적, 재무, 회계, 마케팅 기능을 위한 모듈들이 있다. 기업 조직은 자신의 용도와 예산에 가장 적합한 모듈들을 선택할 수 있다. 표 13.1은 널리 사용되는 일부 모듈에 대한 개요이다.

모듈의 중요한 특성 중의 하나는 한 모듈에 입력된 데이터가 다른 모듈에 자동적으로 전송되므로 모든 데이터가 즉시 갱신되고 모든 기능 부문에서 사용 가능하게 된다는 것이다.

동시에 ERP의 구현은 비용이 많이 들고 종종 수년 동안 지속될 정도로 시간이 많이 걸리며 기업조직 전체에 걸쳐 대규모의 종업원에게 교육훈련이 필요하다는 것을 알아야 한다. 다음의 읽을거리는 ERP에 대한 또 다른 이해를 하게 해준다.

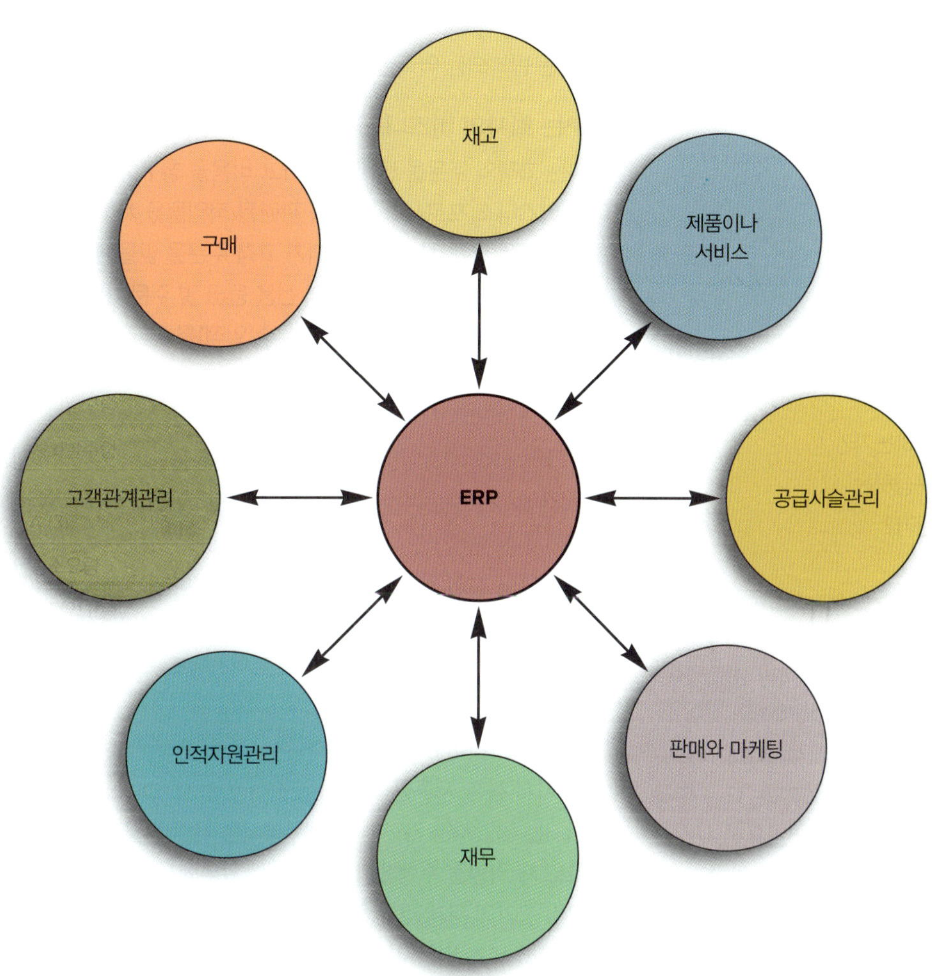


**그림 13.17**
ERP 시스템에 대한 핵심 연결 부문들

**표 13.1**
ERP 소프트웨어 모듈의 개요

| 모듈 | 간략한 설명 |
|---|---|
| 회계/재무 | 대부분의 ERP 시스템의 중심구성요소. 총 계정원장, 미지급급, 미수금, 급여명세서, 손익계산서 및 대차대조표를 포함한 다양한 재무보고서를 제공 |
| 마케팅 | 고객발굴, 타겟 마케팅, 광고용 우편물 및 판매를 지원 |
| 인적자원 | 채용일자, 급여, 연락처 정보, 성과평가 및 기타 관련정보와 같은 종업원 정보의 완전한 데이터베이스를 유지관리 |
| 구매 | 공급업체 선정, 가격협상, 구매결정 및 청구서 작성을 용이하게 함 |
| 생산계획 | 예측, 주문, 생산용량, 보유재고량, 자재명세서, 재공품, 일정계획, 생산 리드타임에 대한 정보를 통합 |
| 재고관리 | 소요 재고량, 가용 재고량, 재고보충 규칙, 재고추적을 파악 |
| 유통 | 제3자 운송업자, 선적 및 납품일정, 배송추적 정보를 포함 |
| 판매 | 주문, 송장, 주문 추적 및 선적에 대한 정보 |
| 공급사슬관리 | 공급업체 및 고객관리, 공급사슬 가시성 및 이벤트 관리를 용이하게 함 |
| 고객관계관리 | 고객연락처 정보, 구매행동, 선호하는 운송수단, 계약, 지불 조건 및 신용기록 |

# ERP의 기초

**크리스터포 코흐, 데릭 슬레이터, 배츠의 보고서에서 편집함**

ERP란 무엇인가?
ERP는 회사의 비즈니스 성과를 어떻게 향상시킬 수 있는가?
ERP 프로젝트는 얼마나 걸리는가?
ERP는 나의 비즈니스에서 무엇을 고칠것인가?
ERP가 내가 비즈니스를 하는 방식에 적합할까?
ERP의 실제 비용은 얼마인가?
ERP로부터 언제 투자금을 회수할 수 있는가? 그 금액은 얼마인가?
ERP의 숨겨진 비용들은?
ERP 소프트웨어 환경설정을 어떻게 하는가?
기업들은 ERP 프로젝트를 어떻게 구성하는가?
ERP는 전자 상거래에 어떻게 적합한가?

## ERP란 무엇인가?

전사적자원관리소프트웨어(enterprise resource planning, ERP)는 약어에 부응하지 않는다. 계획세우는것(planning)은 잊어라—사실 이를 실행하지도 않는다. 또한 자원(resource)과 같이 툭 던지는 식의 용어에 대해서도 잊어라. 하지만 전사적(enterprise) 부분은 기억하라. 이것이 ERP의 진정한 포부이다. ERP는 모든 부서의 통합을 시도한다. 회사전체의 부서와 기능을 단일 컴퓨터 시스템으로 통합하여 다른 모든 부서의 특정 요구사항들을 충족할 수 있도록 해준다.

단일소프트웨어 프로그램을 구축하는 것, 즉 재무부서 사람들, 인사부서 사람들, 물류창고에서 일하는 사람들 모두의 요구를 충족할 수 있는 프로그램을 구축하는 것은 어려운 일이다. 그 부서들 일반적으로 각각에 최적화된 자체 컴퓨터 시스템을 갖고 있다. 하지만 ERP는 모두를 함께 결합하여 단일 통합 소프트웨어 프로그램으로 하나의 데이터베이스에서 실행되므로, 다양한 부서에서 보다 쉽게 정보를 공유하고 서로 소통할 수 있도록 한다.

이러한 통합 접근방식은 회사가 소프트웨어를 올바르게 설치한다면 엄청난 보상을 가져다 줄 수 있다. 예를 들어, 고객주문을 받는다고 하자. 일반적으로 고객이 주문할 때, 해당 주문은 장바구니에서 장바구니로 대부분 서류 기반의 과정을 거치게 되며, 그 과정에서 종종 다른 부서의 컴퓨터 시스템에 키를 입력하고, 다시 입력하게 된다. 장바구니에 담기게 되는 것드은 지연 또는 주문 손실이 일어날 수 있으며 다른 컴퓨터 시스템들에 입력되면서 오류가 발생하게 된다. 한편, 예를 들어 재무부서에서 물류창고의 컴퓨터 시스템에 들어가 물건이 배송되어 있는지의 여부를 확인할 수 있는 방법이 없기 때문에 어느 누구도 어떤 시점에서 해당 물건의 주문상태에 대해서 실제로 알지 못한다. 불만이 있는 고객들은 "물류창고로 전화해보세요"라는 반복되는 익숙한 말만을 듣게 된다.

## ERP는 회사의 비즈니스 성과를 어떻게 향상시킬 수 있는가?

ERP는 고객의 주문을 받아 배송하고 비용을 청구하는 주문 이행과 같은 비즈니스 프로세스 수행과 관련된 작업들을 자동화한다. ERP를 사용하면 고객 서비스 담당자가 고객 주문을 받을때 주문을 완료하는데 필요한 모든 정보(고객의 신용 등급 및 주문 내용, 회사의 재고 수준 및 배송 도크에서의 트럭 운송 일정)를 갖게 된다. 회사의 나머지 사람들은 동일 컴퓨터 화면을 보고 고객이 새 주문 정보를 보관하는 데이터베이스에 액세스할 수 있게 된다. 한 부서에서 주문을 완료하면, ERP 시스템을 통해 자동적으로 다음 부서로 전달된다. 어느 시점에서든 주문이 어디에 있는지 확인하려면 ERP 시스템에 로그인해서 추적하기만 하면 된다. 운이 좋게도 주문절차는 조직 전체에 번개와도 같이 빨리 전달되며, 고객은 그 이전보다 더 빠르고, 오류가 거의 없이 주문을 받게 된다. ERP는 직원 복리후생 또는 재무 보고와 같은 다른 주요 비즈니스 프로세스에도 동일한 마법을 적용할 수 있다.

적어도 그것이 ERP의 꿈이다. 현실은 훨씬 더 가혹하다.

여기서 잠깐 서류함 이야기로 돌아가 보자. 그 프로세스는 효율적이지는 않았지만 간단했다. 재무부서는 제 역할을 수행했고, 물류창고도 제 역할을 수행했고, 만약 부서 외부에서 문제가 발생한다면 다른 누군가의 문제였다. 하지만 더이상 그렇지 않다. ERP를 사용하면 고객 서비스 담당자는 더이상 컴퓨터에 누군가의 이름을 입력하고 리턴키를 누르는 타이핑 치는 사람들이 아니다. ERP 화면이 그들을 사업가로 만들고 있다. 재무부서로부터 고객의 신용등급과 물류창고로부터 제품 재고 수준을 보여준다. 고객이 기한 내에 지불을 할 것인가? 주문이 제 시간에 배송될 수 있을까? 이는 고객 서비스 담당자가 이전에 한 번도 내린 적이 없으며 고객과 회사의 다른 모든 부서에 영향을 미치는 결정이다. 하지만 고객 서비스 담당자만이 깨달아야 하는 문제가 아니다. 재고를 머릿속이나 종이 쪽지에 보관하던 물류 창고에 담당자들은 이제 그 정보를 온라인상으로 올려야 한다. 그렇지 않을 경우, 고객 서비스 담당자는 화면상에서 낮은 재고 수준을 보고 고객들에게 요청한 제품의 재고가 없다고 알리게 될 것이다. 회계책임, 책무 및 의사소통이 이전에는 이와 같이 시험을 거치게 된 적이 없었다.

## ERP 프로젝트는 얼마나 걸리는가?

ERP를 설치하는 회사는 곤란을 겪지 않을 수가 없다. ERP 공급업체에서 평균 구현시간이 3~6개월이라고 말하더라도 속지 말라. 그 짧은 (사실, 6개월은 정말 짧은) 기간의 구현은 이런저런 함정이 있을

(계속)

수 있다. 회사의 규모가 작거나 구현된 부분은 회사의 작은 영역에 제한되어 있거나 ERP 시스템의 재무 부분(이 경우, ERP 시스템은 아주 비싼 회계 시스템에 불과하다)에만 사용했을 수 있다. ERP를 올바르게 수행하기 위해서는 비즈니스를 수행하는 방식이 변해야 하고, 사람들이 업무를 수행하는 방식 또한 변해야 한다. 그리고 그러한 변화는 고통 없이 오지는 않는다. 물론 비즈니스 수행방식이 매우 잘 작동(모든 주문이 정시에 배송되고, 생산성이 모든 경쟁자보다 우수하고, 고객들이 완벽히 만족하는 경우)하는 경우, ERP를 고려할 필요가 없는 상황이 아니라면 말이다. 중요한 것은 시간이 얼마나 걸릴지(실제 변혁의 ERP 노력은 보통 1년에서 3년 사이에 실행된다) 에 초점을 맞추지 않고, ERP가 필요한 이유와 비즈니스를 향상시키는 데 어떻게 이를 이용하는가를 이해하는 것이다.

### ERP는 나의 비즈니스에서 무엇을 고칠 것인가?

ERP를 도입하는 세 가지 주요 이유는 다음과 같다.

1. **재무 데이터의 통합.** CEO는 회사의 전반적인 성과를 이해하려고 노력함에 따라, 다양한 버전의 진실을 알게 된다. 재무에는 회사 수익에 기여한 숫자들이 있고, 판매부서에는 다른 버전의 숫자들이 있으며, 다른 사업부에는 이에 대한 자체 버전이 있다. ERP는 모든 사람이 동일한 시스템을 사용하기 때문에 의문을 품을 수 없는 단 한 가지의 진실을 창출한다.
2. **제조공정의 표준화.** 제조기업들(합병 및 인수를 추구하는)은 회사 전체의 여러 사업부에서 서로 다른 방법과 컴퓨터 시스템을 사용하여 동일한 위젯을 만드는 경우가 종종 있다. 그러한 공정들을 표준화하고 하나의 통합 컴퓨터 시스템을 이용한다면 시간을 절약할 수 있고, 생산성을 높이며, 인원을 줄일 수 있다.
3. **HR정보의 표준화.** 여러 사업부가 있는 회사의 경우, HR 부서에는 직원시간을 추적하고 직원복지나 서비스에 대해 의사소통하는 통합되고 간단한 방법이 없을 수 있다. ERP가 이를 해결할 수 있다.

이러한 문제를 해결하기 위한 경주에서 기업들은 ERP 패키지가 보통 기업이 비즈니스를 수행하는 방식에 대한 일반적인 표현에 불과하다는 사실을 종종 간과하게 된다. 대부분의 패키지는 철저하게 포괄적이지만 각 산업에는 고유한 특성이 존재한다. 대부분의 ERP 시스템은 신중한 제조기업들(물리적으로 셀 수 있는 제품들을 생산하는)에 의해서 설계되어서, 그 외 모든 공정 제조업체들(개별단위가 아닌 유량으로 제품을 측정하는 정유, 화학, 수도/전기 공급 회사)은 고려되지 않았다. 각 산업들은 서로 다른 ERP 공급업체와 함께 핵심 ERP 프로그램을 필요에 맞게 수정하는 데 어려움을 겪고 있다.

### ERP가 내가 비즈니스를 하는 방식에 적합할까?

회사는 수표에 서명하고 구현을 시작하기 전에 비즈니스 수행방식이 표준 ERP 패키지에 적합한지 파악하는 것이 중요하다. 기업이 수백만 달러 규모의 ERP 프로젝트를 포기하는 가장 공동된 이유는 소프트웨어가 그들의 가장 중요한 비즈니스 프로세스중에 하나를 지원하는 않는다는 사실을 발견하기 때문이다. 그 시점에서 그들이 취할 수 있는 두 가지는 다음과 같다. 그들은 소프트웨어를 수용하기 위해서 비즈니스 프로세스를 변경할 수 있는데, 이는 오랫동안 자리잡은 그들의 비즈니스를 수행하는 방식(경쟁적 우위를 제공하는)의 큰 변화를 의미하고 또한 중요한 사람들의 역할과 책임의 대대적인 개혁(거의 대부분의 회사가 내키지 않아 하는)을 의미한다. 또는 프로세스에 맞게 소프트웨어를 수정할 수 있는데 이는 프로젝트를 지연시킬 것이고 시스템에 위험한 버그를 발생시킬 수 있으며 소프트웨어를 ERP 공급업체의 다음 버전으로 업그레이드하는 것이 극도로 어려워질 수 있는데, 이는 사용자 지정 내용을 해체헤서 다시 새 버전에 맞게 작성해야 하기 때문이다.

말할 필요도 없이, ERP로의 이전은 숨막히게 하는 범위의 프로젝트이며 착수금의 가격표는 가장 침착한 CFO도 약간 어리둥절하게 만들기에 충분하다. 소프트웨어 비용에 대한 예산 책정 외에도 재무 부서의 임원은 ERP의 이점이 나타나기 전에 컨설팅, 프로세스 재작업, 통합 테스트 및 기타 비용의 긴 목록을 포함하는 수표를 작성할 계획을 세워야 한다. 사용자에게 새로운 작업을 가르치는 데 드는 비용을 과소평가하면 진행중에 갑작스럽게 큰 충격을 받을 수 있다. 따라서 데이터 저장 통합 요구사항과 이전 보고서 형식을 복제하기 위한 추가 소프트웨어 비용을 고려하지 못할 수도 있다. 예산 책정 및 계획 단계에서 몇 가지 실수로 인해 ERP 비용이 거의 모든 다른 정보 시스템 작업을 계획할 때의 실수들보다 더 빠르게 통제 불능 상태가 될 수 있다.

### ERP의 실제 비용은 얼마인가?

Meta 그룹은 최근 하드웨어, 소프트웨어, 전문 서비스 및 내부 인력 비용을 포함하는 ERP의 총소유비용(TCO)를 조사하는 연구를 수행하였다. TCO 수치들은 소프트웨어 설치 및 이후 2년 포함되며, 이 기간에는 비즈니스를 위해 시스템을 유지관리, 업그레이드 및 최적화하는 데 드는 실제 비용을 느끼는 시점이다. 설문조사에 참여한 63개 기업들(다양한 산업분야의 중소 기업 및 대기업)의 평균 TCO는 1,500만 달러(최고 3억 달러, 최저 40만 달러)였다. 다양한 기업과 ERP의 노력으로부터 정확한 숫자를 얻기는 어려운 반면 Meta는 어떤 기업이 ERP를 사용하든지 비싸다는 것을 증명하는 통계치를 내놓았다. 냉철한 사용자들의 TCO는 믿기 어렵게도 53,320달러 였다.

*(계속)*

**ERP로부터 언제 투자금을 회수할 수 있는가? 그 금액은 얼마인가?**

ERP로 비즈니스 혁신을 기대하지 말라. ERP는 고객, 공급업체, 또는 파트너가 아닌 내부적으로 수행되는 방식을 최적화하는 일에 초점을 맞추는 데만 몰두하는 연습이다. 그러나 이 일에 몰두하는 것을 기다릴 의향이 있다면 꽤 좋은 결과를 가져다 줄 수 있다. 63개의 기업을 대상으로 한 Meta의 연구에 따르면 새로운 시스템이 도입된 후그 혜택을 볼 때까지 8개월이 걸렸다고 한다. 그러나 새로운 ERP 시스템의 연간 절감액 중앙값은 연간 160만 달러였다.

회사마다 예산 책정 과정에서 다른 지뢰를 발견할 수 있지만 ERP 패키지를 구현한 사람들은 특정 비용이 공통적으로 더 간과되거나 과소평가 된다는 데 동의하고 있다. 비즈니스 전반의 통찰력으로 무장한 ERP 전문가들은 예산 초과를 초래할 가능성이 높은 다음 영역에 표를 행사하였다.

- **교육.** 교육은 경험이 풍부한 ERP 구현자들이 거의 만장일치로 선택하는 가장 어려운 예산 항목이다. 이 비용은 지속적으로 과소 평가되기 때문에 이 비용을 완전히 간과하는 것은 아니다. 작업자들이 새로운 소프트웨어 인터페이스가 아니라 새로운 프로세스의 세트를 배워야 하기 때문에 교육 비용이 많이 든다.
- **통합과 테스트.** 사례별로 구축해야하는 ERP 패키지와 기타 기업 소프트웨어 링크 간의 연결을 테스트하는 것 또한 종종 과소평가되는 또 다른 비용 항목이다. 전형적인 제조회사에는 물류, 세금, 생산 계획 및 바코드를 위한 추가 애플리케이션이 있을 수 있다. 이 긴 목록에 ERP 패키지의 사용자 지정도 포함된다면 시스템 통합, 테스트 및 유지 관리 비용이 급증할 것으로 예상된다. 교육과 마찬가지로 ERP 통합 테스트는 프로세스 지향적인 관점에서 이루어져야 한다. 더미데이터를 입력해서 한 애플리케이션에서 다음 애플리케이션으로 이동시키는 대신에 전문가들은 주문입력을 해서 배송 및 지불에 대한 영수증(현금주문식 바나나)까지 실제 해당 작업을 담당할 직원들과 함께 실행하는 것을 추천한다.
- **데이터 변환.** 고객 및 공급업체의 기록, 제품 설계 데이터 등과 같은 기업 정보를 기존 시스템에서 새로운 ERP 홈으로 옮기는 데는 비용이 든다. 인정하는 CIO는 거의 없지만 대부분 구형 컴퓨터 시스템에서 대부분의 데이터는 사용되고 있고 있지 않다. 기업은 인기 있는 ERP 패키지가 필요로 하는 새로운 클라이언트/서버 설정으로 실제로 데이터를 이동해야 할 때까지 데이터가 지저분하다는 것을 부인한다. 결과적으로 그러한 기업들은 이전에 대한 비용을 과소평가할 가능성이 높다. 그러나 데이터가 깔끔하더라도 ERP 구현에서 필요하거나 (영감을 받은) 프로세스 수정사항들과 일치하도록 약간의 점검이 필요할 수 있다.
- **데이터 분석.** 종종 ERP 시스템의 데이터는 분석을 목적으로 외부의 시스템과 결합된다. 분석이 많으 필요한 사용자들은 ERP 예산에 데이터 웨어하우스 비용을 포함해야 한다. 그리고 원활하게 작동하도록 하려면 꽤 많은 작업이 필요하다. 사용자들은 여기에서 곤경에 처하게 된다. 즉, 대규모 기업 데이터 웨어하우스의 ERP 데이터를 매일 새로 고치는 것이 어렵고, ERP 시스템은 매일 변경된 정보를 제대로 표시하지 못하므로 선택적인 웨어하우스 업데이트가 어렵게 된다. 한 가지 값비싼 해결책은 맞춤형 프로그래밍이다. 결과는 현명한 사람이 예산을 승인하기 전에 모든 데이터 분석 요구사항을 확인한다는 것이다.
- **무한정 컨설턴트.** 사용자가 해약에 대한 계획을 세우지 못하면 컨설팅 비용은 엄청나게 많이 든다. 이를 피하기 위해, 기업은 컨설팅 파트너가 내부 직원을 교육할 때 삼아야 하는 목표를 알아내야 한다. 컨설턴트 계약에 메트릭을 포함시켜라. 예를 들어, 빅 5 컨설턴트가 ERP 계약을 이끌기 위해 통과해야 하는 것처럼 특정 숫자의 사용자 회사 직원들이 프로젝트 관리 리더십 테스트를 통과할 수 있도록 한다.
- **최고의 똑똑한 인력을 대체.** ERP 성공은 비즈니스 및 IS에서 가장 우수하고 똑똑한 직원을 프로젝트에 배치하는 데 달려 있다. 소프트웨어가 너무 복잡하고 비즈니스가 너무 극적으로 변화하여 누구에게나 프로젝트를 신뢰할 수 없다. 나쁜 소식은 회사가 프로젝트가 끝나면 많은 사람들을 교체할 준비를 해야한다는 것이다. ERP시장이 예전만큼 뜨겁지는 않지만 최고의 인재를 잃은 컨설팅 회사 및 기타 회사들이 당신 감당할 수 있는 것(또는 당신의 HR 정책이 허용하는 것)보다 더 높은 급여와 보너스 제안으로 당신의 직원들을 노릴 것이다. 직원 유지 보너스 프로그램 개발하고 ERP 전문가를 위한 봉급 계층을 만들기 위해 초기에 HR와 협력하라. 만약 회사에서 그들을 떠나게 내버려 두면 그들 또는 그들과 같은 인력을 다시 컨설턴트로 두 배 이상의 비용으로 고용하게 될 것이다.
- **구현팀은 멈출 수 없다.** 대부분의 기업은 ERP 구현을 다른 소프트웨어 프로젝트와 마찬가지로 취급하려고 한다. 소프트웨어가 설치되면 팀은 쫓겨나고 모든 인력은 다시 본업으로 돌아가게 된다. 하지만 ERP 이후에는 집으로 돌아갈 수 없다. 그들은 가치가 너무 높아졌기 때문이다. 그들은 ERP와 긴밀하게 협력하며 작업하였기 때문에 영업 사원들보다 영업 프로세스에 대해서 더 많이 알게 되고, 제조파트의 직원들보다 제조 프로세스에 대해서 더 많이 알게 된다. ERP 소프트웨어를 설치한 이후 해야할 일이 너무 많기 때문에 기업은 프로젝트 인력을 다시 업무에 투입할 여력이 없다. 새로운 ERP 시스템에서 정보를 가져오기 위해서 보고서를 작성하는 것만으로도 프로젝트 팀은 적어도 1년 동안 바

(*계속*)

쁘게 지내게 될 것이다. 그리고 기업이 ERP 구현을 통해 수익을 올릴 수 있는 것은 분석과 통찰력으로 알 수 있다. 불행히도 ERP 설치 이후에 대한 계획을 세우는 IS 부서가 거의 없으며 ERP프로젝트를 시작할 때 여전히 예산에 구축하는 부서도 드물다. 많은 사람들이 ERP 프로젝트가 어떤 혜택을 제공하기 훨씬 전에 가동한 직후부터도 많은 돈과 인력을 요청할 수밖에 없게 된다.

- **ROI에 대한 기다림.** 전통적인 소프트웨어 프로젝트 관리에서 가장 오해의 소지가 있는 유산중 하나는 회사가 응용 프로그램이 설치되자마자 가치를 획득한다고 기대한다는 것이다. 프로젝트 팀은 휴식과 등을 토닥여주기를 기대한다. 어떤 기대도 ERP에는 적용되지 않는다. 대부분은 기업이 일정 기간동안 운영하고 시스템의 영향을 받는 비즈니스 프로세스를 개선하는 데 집중할 수 있을 때까지 그 가치를 드러내지 않는다. 그리고 프로젝트 팀은 그들의 노력이 결실을 맺을 때까지 보상을 받지 않을 것이다.
- **ERP 이후의 불황.** ERP 시스템은 종종 이를 설치하는 회사에 큰 피해를 안겨준다. 최근 딜러이트 컨설팅에서 Fortune 500대 기업 64곳을 대상으로 한 설문조사에서 4분의 1이 ERP 시스템이 가동되었을 때 회사 성과에 피해를 입었다고 인정했다. 실제 비율은 훨씬 더 높다. 성과문제에 대한 가장 공통된 이유는 모든 업무가 달라졌고 이전 방식과는 다르게 작업해야 하기 때문이다. 사람들이 업무를 수행할 때 익숙한 방식으로 할 수 없고, 새로운 방식으로 수행하는 것이 숙련되지 않을 때 당황하게 되고, 비즈니스는 경련을 일으키게 된다.

### ERP 소프트웨어 환경설정을 어떻게 하는가?

회사가 소위 정당한 이유로 ERP 소프트웨어를 설치하고 모든 사람이 고객에 대한 최적의 정의에 동의할 수 있다고 해도 ERP와 같은 복잡한 것을 구현하는 고유의 어려움이라는 것은 마치 코끼리에게 엉뚱한 짓을 하도록 가르치는 것과 같다. 패키지는 IS 프로그래머와 최종 사용자가 비즈니스 프로세스에 맞게 설명해야 하는 수천 개의 데이터베이스 테이블로 구성된다. 각 테이블에는 소프트웨어를 한 가지 또는 다른 경로로 이끄는 결정 '스위치'가 있다. 회사가 각 작업(예를 들어 급여 서비스를 운영하거나 장부를 마감하는 작업들)을 수행할 수 있는 단 하나의 방법을 제시함으로써 회사의 개별 운영 부서나 멀리 떨어진 부서들이 하나의 시스템으로 통합된다. 하지만 테이블에 있는 모든 스위치를 설정하는 방법을 정확하게 파악하려면 비즈니스를 운영하는 데 사용되는 기존 프로세스에 대한 깊은 이해가 요구된다. 테이블 세팅이 결정되면 이러한 비즈니스 프로세스는 ERP 방식으로 재설계된다. 대부분의 ERP 시스템은 고객이 자신의 비즈니스 활동에 따라 시스템이 작동하는 방식에 영향을 미치는 수천 가지 결정을 내려 모든 기능 절차를 설정해야 하는 세세한 수준에서 결정해야 하는 셸 시스템으로 전달되지 않는다. 대부분의 ERP 시스템은 사전 구성이 되어 있어 고객이 수천 가지가 아닌 수백 가지 절차 설정을 할 수 있도록 되어 있다.

### 기업들은 ERP 프로젝트를 어떻게 구성하는가?

우리가 그동안 관찰한 결과 ERP를 설치하는 가장 많이 쓰인 방법에는 세 가지가 있다.

- **빅 뱅:** ERP구현에 대한 접근 방식 중 가장 야심차고 어려운 이 접근 방식에서 기업은 모든 기존 시스템을 한번에 버리고 회사 전체에 단일 ERP시스템을 구현한다. 이 방법은 초기 ERP 구현에 가장 지백적으로 이용되었지만 회사 전체가 한 번에 동원되어 변화해야 하기 때문에 더이상 이를 감히 시도하는 회사가 거의 없다. 90년대 후반의 ERP 구현에 대한 공포이야기의 대부분은 이 전략을 사용했던 회사에 대해서 경고하고 있다. 새로운 시스템에 대해서는 옹호자가 없기 때문에 모든 사람이 협력하고 동시에 새로운 시스템을 수용하도록 하는 것은 엄청난 노력이 필요하다. 회사 내 누구도 사용 경험이 없으므로 작동여부에 대해서도 확신할 수 없기 때문이다. ERP는 불가피하게 타협을 수반하게 된다. 많은 부서에는 업무 방식에 맞게 다듬어진 컴퓨터 시스템이 있다. 대부분의 경우 ERP는 맞춤형 구형 시스템이 제공할 수 있는 일련의 기능들이나 친숙함의 편안함을 제공하지 않는다. 많은 경우에 새로운 시스템은 단일 부서가 아니라 회사 전체에 서비스를 제공하기 때문에 속도가 저하될 수 있다. ERP 구현은 CEO의 직접 위임이 요구된다.
- **프랜차이즈 전략:** 이 접근 방식은 여러 비즈니스 단위에서 많은 공통의 프로세스를 공유하지 않는 대규모 또는 다양한 회사에 적합하다. 각 부서에 독립적인 ERP시스템을 설치하고 재무부기 등의 공통 프로세스를 전사적으로 연결한다. 이 방식이 ERP 구현을 하는데 가장 흔한 방법으로 등장했다. 대부분의 경우에 사업부마다 고유한 ERP의 '사례' 즉, 별도의 시스템 및 데이터베이스가 있다. 시스템은 기업이 모든 사업부에 걸쳐 성과에 대한 큰 그림(예, 사업부 수익) 을 그리는데 필요한 정보를 공유하거나 사업부마다 크게 다르지 않은 프로세스에 필요한 정보(HR 혜택)를 공유하기 위해서만 함께 연결된다. 일반적으로 이러한 구현은 문제가 발생하더라도 회사의 핵심 비즈니스가 중단되지 않는 개방적이고 인내심이 있는 사업부에 데모 또는 '파일럿' 설치로 시작된다. 프로젝트 팀이 시스템을 가동하고 모든 버그를 해결하면 팀은 사내 고객 참조용으로 첫 번째 구현결과를 이용해서 ERP의 다른 유닛을 판매하기 시작한다. 이 전략은 오랜 시간이 걸린다는 것에 대해 계획을 세워야 한다.
- **슬램덩크:** ERP는 ERP 시스템의 재무 모듈에 포함된 프로세스

(계속)

와 같은 몇 가지 핵심 프로세스에만 초점을 맞추는 방식에 있어서 프로세스 설계를 지시한다. 슬램덩크 접근 방식은 일반적으로 ERP로의 성장을 기대하는 소규모 회사에 적합하다. 여기서 목표는 ERP를 신속하게 시작하고 실행해서 ERP 시스템의 '미리 준비된' 프로세스를 위해 화려한 리엔지니어링을 버리는 것이다. 이러한 ERP 접근 방식을 이용한 회사들은 새로운 시스템에서 많은 투자회수를 거의 요구할 수 없다. 대부분은 이 방식을 장래에 보다 완벽한 ERP 설치 노력을 지원하기 위한 인프라로서 이용한다. 그러나 많은 사람들이 슬램인 ERP 시스템이 직원들에게 오래된 습관을 바꾸라는 강제성을 띠지 않기 때문에 구형 시스템보다 조금 낫다고 여기고 있다. 사실 시스템이 도입된 이후 프로세스 재설계의 힘든 작업을 수행하는 것이 시스템이 전혀 없었을 때보다 회사의 소수의 사람들이 그 시점에서는 이미 많은 이점을 느꼈을 것이기 때문에 더 어려울 수 있다.

### ERP는 전자상거래에 어떻게 적합한가?

ERP를 개발하고, 완성하고, 전 세계에 판매하는 모든 작업을 마친 후, 주요 ERP 공급 업체는 회사 내부의 비즈니스 관행을 간소화하는 응용 프로그램을 만드는 것에서 외부로 향하는 응용 프로그램으로 전환하는 데 어려움을 겪고 있다. 요즘 ERP 설치 후의 외부로 향하는 응용프로그램 작업 중 가장 인기 있는 영역은 전자상거래, 공급망 계획, 고객 추적 및 서비스이다. 대부분의 ERP 공급업체는 이러한 영역에 대한 제품 개발 속도가 느리고 틈새시장에서의 공급업체와 치열한 경쟁에 직면해 있다. ERP 공급업체는 고객의 거대한설치 기반와 주문이행과 같은 '백오피스' 기능에 대한 가상의 통제권이라는 이점을 가지고 있다. 최근 ERP 공급업체는 그들의 야심을 줄이고, 훌륭한 전자상거래 웹사이트에 필요한 모든 소프트웨어의 틈새 시장을 소유하려고 하기보다 전자상거래를 지원하는 백오피스 엔진이 되는 것에 집중하기 시작했다. 실제로 틈새 공급업체가 소프트웨어를 전자상거래 웹사이트에 쉽게 연결할 수 있도록 하고 미들웨어 공급업체가 IS 부서에서 다른 공급 업체들의 응용프로그램을 쉽게 연결할 수 있도록 함에 따라서 많은 사람들은 ERP 공급업체가 Fortune 500대 기업의 주요 플랫폼이라고 얼마나 오랫동안 주장할지에 대해 의문을 품고 있다.

**[질문]**

1. ERP란 무엇인가?
2. 기업들이 ERP를 채택하는 세 가지 주요 이유는 무엇인가?
3. ERP의 숨겨진 비용들에는 무엇이 있는가?
4. ERP가 전자상거래와 공급망 관리에 어떻게 적합한가?

출처: Christopher Koch, "ABC: An Introduction to ERP," Cio.com.


## 서비스산업에서의 ERP

애초에 ERP는 제조부문을 위해 개발되었지만 이제는 서비스부문에서도 많이 활용되고 있다. 여기에는 전문 서비스, 우편서비스, 소매, 금융, 의료, 고등 교육, 엔지니어링 및 건설 서비스, 물류서비스와 부동산 관리 등이 있다.

제조환경에서 ERP 시스템은 일반적으로 생산계획 및 일정계획, 재고관리, 제품원가산정 그리고 유통과 같은 주요 기능들을 망라하고 있다. 서비스환경에서의 주요 기능들은 서비스 조직의 유형에 따라 다르다. 예컨대, 많은 대학들이 ERP 시스템을 사용하는데 대학의 ERP 시스템은 전형적으로 학생정보, 선수과목, 강의 시간표, 강의실 배정, 인적자원, 회계 및 재무정보를 통합하고 이 정보에 접근하여 활용하기 위해 사용된다. 병원의 ERP 시스템은 인적자원 정보는 물론 환자 기록, 처방 데이터, 치료계획 및 일정정보(예컨대, 병실, 의료장비, 수술)를 포함한다.

ERP는 이제 기업의 응용소프트웨어 *통합*과 관련된 것이며 중요한 기술 획득과 함께 대두되는 문제이다. 다음의 읽을거리는 이러한 점을 분명히 보여준다.

# 11가지 흔한 ERP 실수들과 이를 피하는 방법

**ERP 소프트웨어 전문가들이 IT리더가 ERP시스템을 선택하고, 배포하고, 구현할 때 저지르는 가장 공통적인 실수와 이를 미연에 방지하거나 우회하기 위해서 무엇을 할 수 있을지 논의한다.**

**제니퍼 론오프 쉬프**

Thinkstock

오늘날 IT 경영진은 ERP 솔루션을 선택할 때 그 어느 때보다 선택의 폭이 넓다. 온프레미스 시스템에서 클라우드 기반 서비스형 소프트웨어(SaaS), 산업 기반 솔루션까지 눈부신 집합체가 있다. 그리고 의사 결정권자들은 어떤 특징과 기능이 가장 중요한지 결정하려고 할 때 압도될 수 있다.

그래서 CIO.com은 이 복잡한 환경을 탐색하는 방법에 대한 조언을 얻기 위해 수십명의 ERP 전문가들에게 연락하였다. 특히 ERP 시스템을 선택, 배포 또는 구현할 때 경영진이 저지르는 가장 큰 실수를 파악하고 조직에서 잠재적으로 비용이 많이 드는 오류를 방지할 수 있는 방법에 대한 제안을 요청하였다.

1. **세심한 요구사항 수집을 하지 않음.** "기존 비즈니스 프로세스를 있는 그대로 ERP 시스템으로 자동화하는 것은 매우 흔히 일어나고, 솔깃한 일이다."라고 컨설팅 회사인 Cloud Technology Partners의 부사장이자 수석 설계자인 Ed Featherston이 말한다. "개념적으로는 이해할 수 있지만 시간을 들여 ERP 요구사항 수집의 일부로서 이러한 프로세스를 분석하기 위해 노력해야 한다. 새로운 ERP 시스템을 구현하는 것은 비즈니스 프로세스를 식별하고 개선/재설계할 수 있는 기회이다. 잘못된 프로세스를 자동화하면 잘못된 프로세스가 더 빨리 실행될 뿐이다."

   마찬가지로 엔터프라이즈 크라우드 솔루션을 제공하는 Knoa Software사의 CEO인 Brian Berns는 "너무 많은 회사가 새로운 ERP 솔루션으로의 이전(migration)을 시작하기 전에 중요한 소프트웨어 사용문제/고충점들을 식별하고 중요한 프로세스를 매핑하는 데 실패한다."라고 말한다. "비즈니스 주요 이슈들은 단순히 새 플랫폼으로 이전하기 전에 오래되고 비효율적이며 복잡한 프로세스에 대한 필요한 조정을 수행할 수 있도록 이전하기 전에 알아내고 해결되어야 한다.

2. **의사결정 과정에 최종 사용자들(모든 부서의)을 포함하지 않음.** "ERP 시스템을 구현할 때 많은 조직은 시스템을 가장 많이 사용할 핵심 직원을 참여시켜야 할 때 리더쉽 경영진의 승인을 얻는데 시간과 노력에 집중한다."라고 ERP소프트웨어 회사인 VAI의 CIO인 Kevin Beasley는 주장한다.

   "IT 직원뿐만 아니라 재무, 운영, 제조 및 물류창고 전체에 걸쳐 직원들을 참여시키는 것이 중요하다."라고 말한다. "의사결정 과정의 모든 단계에서 조직 전체의 이해관계자를 참여시키면 모든 사람들이 올바른 솔루션을 찾고 구현하는 데 최대한 원활하게 시간과 노력이 투자되게 된다."

3. **기술 관련 직원에 대한 적절한 예산 책정이 이루어지지 않음.** "우리는 리더가 프로젝트를 성공적으로 시작하는 데 필요한 유지 관리 및 인재 수준을 포함하여 구현과 관련된 비용을 과소평가하는 경우를 종종 보게 된다."라고 기술 인력 공급업체인 Robert Half Technology 사의 엔터프라이즈 기술 서비스 실무 이사인 Tim Webb가 말한다. "조직이 더 적은 비용으로 많은 것을 성취하려고 하는 경우... 우리는 그것이 실패한 구현으로 이어지는 것을 보았다. [나중에] 문제나 놀랄 일들에 직면하지 않도록 구현을 주도하는 인재를 [고려하여] 적절한 예산을 책정할 시간을 가져야 한다."

4. **온프레미스와 클라우드 기반 ERP의 장단점을 비교하지 않음.** 회계 및 재고 ERP 소프트웨어 공급업체인 Blue Link사의 대표인 Mark Canes는 온프레미스 ERP 솔루션과 클라우드 기반 ERP 솔루션 중 하나를 결정하기 전에 "기업은 여러 요소를 평가해야 한다"라고 말한다. "예를 들어, 클라우드 배포에는 적절한 인터넷 연결, 구독 유형의 지불이 필요하며 원격으로 일하는 직원에게 케이터링과 같은 혜택이 제공된다. 반면에 온프레미스 배포에는 IT 전담 직원, 최신 서버 및 하드웨어가 사내에 필요하며 자체 서버에서 소프트웨어를 호스팅하려는 사람들에게 적합한 높은 선결재 비용이 요구된다."

   기술연구 및 자문회사 Information Service Group의 파트너인 Nathan Frey는 "SaaS (Software-as-a-service)가 빠르게 새로운 ERP구현을 위한 주요 플랫폼이 되면서 SaaS는 구현이 어려웠거나 초기 ERP투자를 지원하는 데 어려움을 겪

(계속)

었던 조직에게 완벽한 솔루션처럼 보일 수 있다."라고 말한다. "SaaS는 많은 이점을 제공하지만 고객은 SaaS가 제기할 수 있는 조직의 새로운 과제들을 [이해할 필요가 있다].

"SaaS 솔루션을 사용자에 맞게 정의할 수 없기 때문에 사용자는 비즈니스 프로세스를 소프트웨어에 맞게 조정해야 한다."라고 그가 설명한다. "이러한 프로세스 변경은 종종 기존 시스템과의 통합에 영향을 미치므로 조직의 변경관리 문제가 확대될 수 있다. 또한 고유한 기능 또는 산업별 특정 요구사항을 가진 조직은 제2의 해결책, 타사 소프트웨어 또는 대체수단을 통해 새 시스템에서 제공되지 않는 필수 기능을 해결하기 위한 구조와 접근 방식이 필요하다."

5. **의사결정과정에 산업별 솔루션을 포함하지 않음.** (해당되는 경우) ERP 솔루션을 선택할 때 경영진은 "제약 유통과 같이 특별한 요구사항이 있는 특정 산업을 지원하는 매우 우수한 소규모 소프트웨어 회사가 많다."는 사실을 간과한다고 Canes는 말한다. 그리고 이러한 전문 공급업체/솔루션은 당신의 비즈니스에 더 적합할 수 있는 "더 많은 산업별 기능과 소프트웨어 사용자 정의를 제공할 수 있다."
6. **기능에 의해서 현혹됨.** "기능이 중요하지만 전부가 되지 못한다." 물류창고 관리 시스템 제공업체 EVS사의 CTO인 Nathan Brown이 말한다. "조직이 가장 많은 기능 매트릭스를 가진 ERP를 선택하는 경우가 너무 흔하다." 대신 기업은 솔루션이 조직의 요구사항을 얼마나 잘 해결하는지와 함께 고객 지원뿐만 아니라 솔루션의 "산업 성공 이력, 사용자 정의, 유연성 및 통합 능력"을 고려해야 한다.
7. **시스템을 한 번에 구현함(또는 그러한 시도).** 클라우스 ERP 플랫폼 VersAccounts의 CEO인 Sunil Pande는 "ERP 시스템은 복잡하고 모든 구현 요구사항을 미리 결정한 다음 시스템을 구현하고 사용자를 교육하고 실행하는 것은 불가능하다."라고 말한다. "이것은 전통적인 폭포수(waterfall) 구현 모델인데, 그런 식으로 작동하지 않는다. 대신 더 민첩한 접근 방식을 취해야 하는데, 이는 구현이 모든 단계에서 최종 사용자가 참여하여 작은 단계로 수행되어 요구사항을 결정하고 테스트하고, 격차를 찾은 다음 이를 반복하는 방식을 말한다."
8. **변경 관리 무시.** 제조 및 유통 산업에 서비스를 제공하는 독립 연구 및 엔터프라이즈 솔루션 컨설팅 회사인 Ultra Consultants의 설립자이자 CEO인 Jeff Carr는 "변경관리는 새로운 ERP 솔루션을 구현할 때 절대적으로 요구되는 사항이다."라고 말한다. "변화를 효과적으로 관리하는 능력은 경영진, 관리자 및 직원이 숙달해야 하는 가장 중요한 기술일 수 있다. ERP를 통한 비즈니스 혁신은 사람, 프로세스, 기술의 세가지 주요 조직 영역에서 변화를 효과적으로 관리하지 않고는 이루어지지 않을 것이다."

   Tata Consultancy Services사의 엔터프라이즈 애플리케이션 서비스 글로벌 책임자인 Akhilesh Tiwari는 "조직이 비즈니스 운영을 통합, 능률화 및 단순화하기 위해 IT기술에만 집중하는 경우가 너무 많다."라고 말한다. "프로세스와 시스템에는 심도있는 분석이 필요하지만 인력 요소에는 나머지 요소만큼 신중한 고려와 전략적 계획이 필요하다. 이는 클라우드 ERP 이전 과정에서 더욱 중요하다."

   클라우드 기반 ERP 솔루션에도 변경 관리가 필요하다. "SaaS 솔루션은 구성가능한 비즈니스 프로세스를 약속하고, 이전 ERP 소프트웨어 제품보다 더 직관적인 사용자 인터페이스를 가져다 준다."라고 Frey가 말한다. "이로 인해 조직은 조직적 변경 관리 및 교육이 SaaS 프로젝트에 덜 중요하다고 가정하는 경우가 종종 있다." 그러나 "SaaS 솔루션은 고객이 현재 비즈니스 프로세스를 소프트웨어에 맞게 조정하는 데 더 큰 부담을 주게 된다.

   "재작업을 피하고, 최종 사용자가 가동시 발생할 변경사항을 완전히 이해하도록 하려면 조직은 구현 프로젝트 초기에 필요한 프로세스 변경 사항들을 알아내야 한다."라고 Fredy는 권장한다. "또한 최종 사용자 교육은 사용자 역할의 트랜잭션 측면뿐만 아니라 다른 사용자 및 새 솔루션의 일부가 아닌 시스템과의 변화하는 상호 작용도 고려해야 한다. [적합하고, 시기적절한] 교육을 제공함으로써 사용자는 더 빠른 속도로 더 큰 성공을 거둔 새 시스템을 받아들일 가능성이 높다."
9. **구현팀에 투자/지원하지 않음.** "[적절하게] 내부 구현팀을 구성하고 구현 및 관련 비즈니스 혁신을 수행하는 데 [필요한] 시간과 자원을 제공하는 것은 ERP 프로젝트의 가장 중요한 단계 중 하나이다."라고 Carr이 설명한다. "성공적인 팀에는 업무를 완수하기 위해 경영진의 동의와 의사결정 능력을 갖춘 적합한 인력이 필요하다. 이것은 종종 [팀 구성원의] 일상적인 책임을 재할당하는 것을 의미한다." 하지만 그렇게 하는 것이 성공적인 출시와 실패의 차이가 될 수 있다.
10. **정기적으로 정보를 교류하지 않음(특히 부서 간에).** ERP 공급업체 Unit4의 전문 서비스 담당 수석 부사장인 Dave Goos-

*(계속)*

sens는 이 문제를 방지하기 위해 "프로젝트의 모든 단계에 대한 프로젝트 커뮤니케이션 계획을 수립"할 것을 제안한다. "서로 잘 소통하고 협력하며 새로운 솔루션에 의해서 영향을 가장 많은 받는 비즈니스 영역에 영향을 미치는 [서로 다른 부서의 인력으로 구성된] 소규모 핵심 팀을 구성하라. 그런 다음 항상 프로젝트 진행 상황에 대한 최신 정보를 [유지]하고 있는지 확인하라." 그리고 나서 영향을 받는 영역의 모든 사람들에게 최신 정보가 전달되도록 하라.

11. **유지관리 계획을 세우지 않음.** Beasley는 "ERP 시스템 구현에는 시간이 걸리지만 시스템이 성공적으로 설치되면 작업이 거의 중단되지 않는다."라고 말한다. "기업은 ERP 시스템이 구식이 되거나 쓸모없게 되지 않도록 정기적으로 ERP 시스템을 유지 관리하고 개선하기 위해 수행해야 할 작업에 대해 직원들이 조정되도록 유지관리 전략을 구현해야 한다."

"오래된 ERP 시스템은 기업을 보안 문제와 비즈니스 프로세스의 허점에 대한 위험에 노출시킬 수 있다."라고 그는 설명한다. "계획을 세우고, 주어진 시간에 프로젝트 및 유지 관리를 담당하는 사람을 회사에서 배정하면 ERP 시스템이 항상 원활하게 실행되고 최신 응용 프로그램으로 최신 상태를 유지할 수 있다."

전통적인 생산운영관리에서 ERP 시스템으로 전환하는 것은 그 과정을 관리하기 위해 프로젝트 접근방법이 필요한 아주 힘든 일이다.

## 13.12 생산운영전략

ERP 시스템 구축에 따라 기술을 취득하는 것은 전략적 의미를 갖는다. 고려해야 할 사항들에는 높은 초기비용, 높은 유지비용, 미래의 업그레이드 필요성 그리고 집중적인 교육훈련의 필요성이 있다. ERP 팀은 교차기능(cross-functional) 팀의 가치를 보여주는 훌륭한 예이다. 최종적으로 발주를 결정할 구매부서는 일반적으로 최선의 공급자를 선정할 기술적 전문지식이 없다. 정보기술부서는 다양한 기술소요를 평가할 수 있지만 사용자는 아니다. 다양한 기능부서의 사용자(마케팅, 생산운영 및 회계부서의)는 투입물 및 산출물들을 평가하는 가장 좋은 위치에 있고 재무부서는 ERP 시스템이 조직의 수익에 미치는 영향을 평가해야 한다. 또한 구매에 중요한 영향을 미칠 수 있으므로 ERP 인수 협상이 시작될 때부터 구매부서의 담당자가 함께 참여하는 것이 중요하다.

ERP의 실시간 측면 때문에 ERP는 전략적 계획수립 도구로서 가치를 가지게 된다. 예컨대, ERP는 고객과 공급업체 간의 연계를 강화하여 공급사슬 관리를 개선할 수 있고, 조직이 변화하는 고객의 요구사항을 보다 잘 만족시킬 수 있게 한다.

ERP는 기업 내 정보 및 자재의 흐름을 추적하기 때문에 낭비와 환경비용에 대한 정보를 수집할 수 있는 기회를 제공하고 그 결과 프로세스 개선의 기회를 가질 수 있게 한다.

## 요약

MRP는 최종품목의 자재명세서 상의 모든 종속수요 품목에 대한 일정계획을 고정된 제조 리드타임에 기초해서 생성하는 계획수립 기법이다. 최종품목은 자재명세서를 이용하여 전개되고, 구성품의 발주와 생산에 필요한 수량과 시기를 보여주는 자재소요계획이 개발된다.

MRP의 주요한 특성은 소요시기에 대한 시간차감(time-phasing) 기능, 구성품의 소요량을 계산하는 것, 그리고 계획발주량이다. MRP가 성공하기 위해서는 정확한 주일정계획, 자재명세서, 그리고 재고현황 데이터가 필요하다. 비교적 정확한 기록 혹은 일정계획이 없는 기업들은 MRP 유형의 시스템을 실행하는 데 큰 어려움을 겪었다. MRP의 잠재적 취약성은 리드타임이 일정하다고 가정하는 것이다.

MRP는 대부분의 MRP II와 ERP 시스템에서 활용되고 있다. MRP II는 재무와 마케팅을 포함하는 전체 제조과정을 더욱 잘 관리하기 위해 설계된 응용 소프트웨어 시스템과 생산용량계획을 추가한 것이다. ERP는 주문입력과 MRP II의 제조기능과 *통합*된 재무관리기능 옵션을 포함하는 모든 기업기능을 포괄하는 제3세대 제조 소프트웨어이다.

## 주요 내용

1. 조립제품의 생산에서 구성품의 사용량은 제품당 각 구성품의 필요수량과 제품의 생산량에 종속된다. 따라서 *종속 수요(dependent item)*라는 용어가 사용된다.
2. MRP는 종속수요의 구성품에 사용되는 도구로서 재고관리의 두 가지 기본적 의사결정을 지원한다. 즉 구성품의 발주수량과 발주시기이다.
3. MRP II는 경영층이 재무 및 기타 정보를 MRP 계획과 연동시킬 수 있도록 하는 MRP의 확장된 버전이다.
4. ERP는 생산, 판매, 회계, 저장 및 공급사슬 정보에 접근을 허용하는 소프트웨어 기반의 전사적 시스템이다.

## 주요 용어

계획발주량(planned-order release)
계획보고서(planning report)
계획입고량(planned-order receipt)
계획주문(planned order)
누적리드타임(cumulative lead time)
발주(order release)
백플러싱(backflushing)
변경사항(changes)
부하보고서(load report)
생산용량소요계획(capacity requirement planning)
성과관리보고서(performance-control report)
순 소요량(net requirement)
순변동 시스템(net-change system)
시간구획(time fence)
유통자원계획(distribution resource planning, DRP)
예상보유량(projected on hand)
예외보고서(exception report)
예정입고량(scheduled receipt)
일괄갱신 시스템(regenerative system)
자재명세서(bill of material)
자재소요계획(material requirements planning, MRP)
재고 기록(inventory record)
전사적 자원관리(enterprise resource planning, ERP)
제조자원계획(manufacturing resources planning, MRP II)
제품구조나무(product structure tree)
종속수요(dependent demand)
주일정계획(master schedule)
총 소요량(gross requirement)
페깅(pegging)
하위수준코딩(low-level coding)

문제풀이연습

**문제 1**

아래의 제품구조나무는 제품 W 1단위를 조립하기 위해 필요한 구성품을 나타내고 있다. 100개의 W를 조립하기 위해 필요한 각 구성품의 수량을 산출하라.

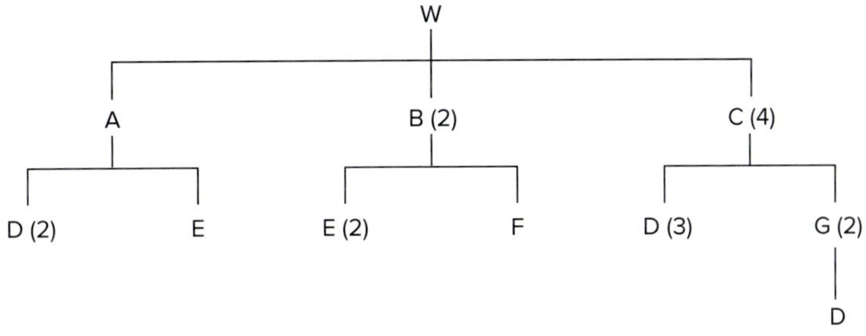


**풀이**

필요한 구성품의 수량을 산출하는 쉬운 방법은 아래 그림처럼 제품구조나무에 조립할 100개의 W에 기초해 필요한 각 구성품을 곱해가는 것(MRP 전개)을 기입하는 것이다. 주의: W 및 각 구성품의 현재 보유재고는 없다(예제 1 참고).

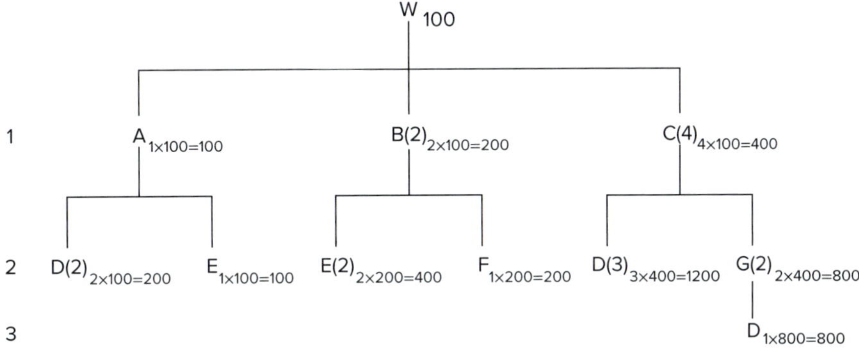


요약:

| 수준 | 아이템 | 수량 |
|---|---|---|
| 0 | W | 100 |
| 1 | A | 100 |
| | B | 200 |
| | C | 400 |
| 2 | E | 500 |
| | F | 200 |
| | G | 800 |
| 3 | D | 2,200 |

**문제 2**

자재소요계획 수립 가이드

최종품목의 12단위가 6주 초에 필요하다. 3주에 하위조립품 A의 10단위의 예정입고량이 있고 다음 정보가 주어졌을때, 구성품 D에 대한 자재소요계획을 세워라.

| Item | End | A | B | C | D |
|---|---|---|---|---|---|
| 보유량 | 2 | 6 | 4 | 32 | 15 |
| 리트타임(주) | 1 | 2 | 1 | 2 | 2 |

최종품목

A(3)

B

C(3)

D(2)

D(4)

**풀이** 1단계 제품구조나무에서 D와 같은 구성품에 대한 자재소요계획에 대한 묻는 질문이 있으면, 해당 구성품의 모든 항목을 동그라미로 표시하여, 포함시켜라.

2단계 제품구조나무에서 보여지는 순서대로 위에서 아래로 방향으로 스프레드시트 섹션에 레이블을 달아라.

3단계 최종품목과 각 구성품에 대해서 위에서 기입한 섹션 레이블에 옆에 리드타임을 추가하라.

최상위 섹션: 최종품목

다음 섹션: A

다음 섹션: B

마지막 섹션: D

(구성품 D에 대한 질문이므로 C를 포함시키지 않는다. 또한 구성품 C는 구성품 D와 관련이 없다.)

4단계 최종품목과 각 구성품에 대해서 초기보유재고량을 스프레드시트 섹션에 추가하라.

5단계 주일정계획에 있는 최종품목의 수량을 필요한 주에 추가하고 같은 주에 최종품목에 대한 총 소요량을 기입하라.

6단계 계획의 나머지 부분을 채워라.

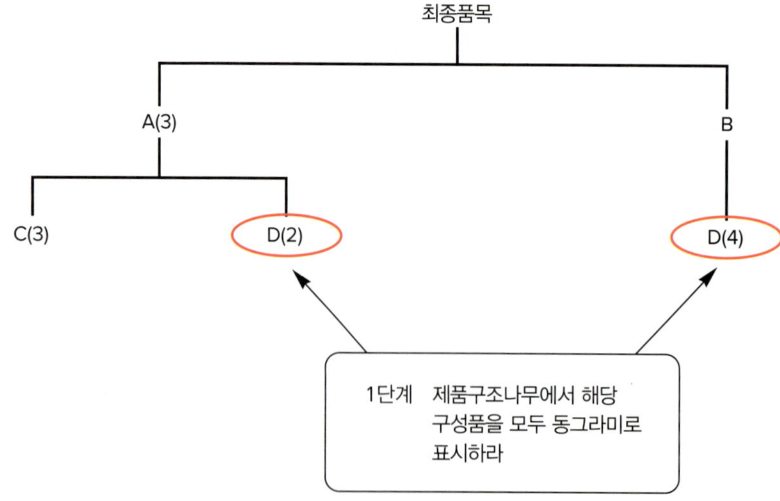

| 주일정계획 | 주 | 1 | 2 | 3 | 4 | 5 | 6 |
|---|---|---|---|---|---|---|---|
| | 수량 | | | | | | |

| 최종품목 | 기초 재고 | 1 | 2 | 3 | 4 | 5 | 6 |
|---|---|---|---|---|---|---|---|
| 총소요량 | | | | | | | |
| 예정입고량 | | | | | | | |
| 예상보유량 | | | | | | | |
| 순소요량 | | | | | | | |
| 계획입고량 | | | | | | | |
| 계획발주량 | | | | | | | |

| A (3) | 기초 재고 | 1 | 2 | 3 | 4 | 5 | 6 |
|---|---|---|---|---|---|---|---|
| 총소요량 | | | | | | | |
| 예정입고량 | | | | | | | |
| 예상보유량 | | | | | | | |
| 순소요량 | | | | | | | |
| 계획입고량 | | | | | | | |
| 계획발주량 | | | | | | | |

2단계 제품구조나무에 보이는 순서대로 스프레드시트 섹션에 레이블을 달아라.

| B | 기초 재고 | 1 | 2 | 3 | 4 | 5 | 6 |
|---|---|---|---|---|---|---|---|
| 총소요량 | | | | | | | |
| 예정입고량 | | | | | | | |
| 예상보유량 | | | | | | | |
| 순소요량 | | | | | | | |
| 계획입고량 | | | | | | | |
| 계획발주량 | | | | | | | |

| D(2) D(4) | 기초 재고 | 1 | 2 | 3 | 4 | 5 | 6 |
|---|---|---|---|---|---|---|---|
| 총소요량 | | | | | | | |
| 예정입고량 | | | | | | | |
| 예상보유량 | | | | | | | |
| 순소요량 | | | | | | | |
| 계획입고량 | | | | | | | |
| 계획발주량 | | | | | | | |

| 주일정계획 | 주 | 1 | 2 | 3 | 4 | 5 | 6 |
|---|---|---|---|---|---|---|---|
| | 수량 | | | | | | |

| 최종품목 LT = 1 | 기초 재고 | 1 | 2 | 3 | 4 | 5 | 6 |
|---|---|---|---|---|---|---|---|
| 총소요량 | | | | | | | |
| 예정입고량 | | | | | | | |
| 예상보유량 | | | | | | | |
| 순소요량 | | | | | | | |
| 계획입고량 | | | | | | | |
| 계획발주량 | | | | | | | |

| A (3) LT = 2 | 기초 재고 | 1 | 2 | 3 | 4 | 5 | 6 |
|---|---|---|---|---|---|---|---|
| 총소요량 | | | | | | | |
| 예정입고량 | | | | | | | |
| 예상보유량 | | | | | | | |
| 순소요량 | | | | | | | |
| 계획입고량 | | | | | | | |
| 계획발주량 | | | | | | | |

3단계 리드타임을 추가하라.

| B LT = 1 | 기초 재고 | 1 | 2 | 3 | 4 | 5 | 6 |
|---|---|---|---|---|---|---|---|
| 총소요량 | | | | | | | |
| 예정입고량 | | | | | | | |
| 예상보유량 | | | | | | | |
| 순소요량 | | | | | | | |
| 계획입고량 | | | | | | | |
| 계획발주량 | | | | | | | |

| D(2) D(4) LT = 2 | 기초 재고 | 1 | 2 | 3 | 4 | 5 | 6 |
|---|---|---|---|---|---|---|---|
| 총소요량 | | | | | | | |
| 예정입고량 | | | | | | | |
| 예상보유량 | | | | | | | |
| 순소요량 | | | | | | | |
| 계획입고량 | | | | | | | |
| 계획발주량 | | | | | | | |

| 주일정계획 | 주 | 1 | 2 | 3 | 4 | 5 | 6 |
|---|---|---|---|---|---|---|---|
| | 수량 | | | | | | |

| 최종품목 LT = 1 | 기초 재고 | 1 | 2 | 3 | 4 | 5 | 6 |
|---|---|---|---|---|---|---|---|
| 총소요량 | | | | | | | |
| 예정입고량 | | | | | | | |
| 예상보유량 | 2 | | | | | | |
| 순소요량 | | | | | | | |
| 계획입고량 | | | | | | | |
| 계획발주량 | | | | | | | |

| A (3) LT = 2 | 기초 재고 | 1 | 2 | 3 | 4 | 5 | 6 |
|---|---|---|---|---|---|---|---|
| 총소요량 | | | | | | | |
| 예정입고량 | | | | 10 | | | |
| 예상보유량 | 6 | | | | | | |
| 순소요량 | | | | | | | |
| 계획입고량 | | | | | | | |
| 계획발주량 | | | | | | | |

4단계 지정된 초기 재고와 예정된 입고수량을 기입하라.

| B LT = 1 | 기초 재고 | 1 | 2 | 3 | 4 | 5 | 6 |
|---|---|---|---|---|---|---|---|
| 총소요량 | | | | | | | |
| 예정입고량 | | | | | | | |
| 예상보유량 | 4 | | | | | | |
| 순소요량 | | | | | | | |
| 계획입고량 | | | | | | | |
| 계획발주량 | | | | | | | |

| D(2) D(4) LT = 2 | 기초 재고 | 1 | 2 | 3 | 4 | 5 | 6 |
|---|---|---|---|---|---|---|---|
| 총소요량 | | | | | | | |
| 예정입고량 | | | | | | | |
| 예상보유량 | 15 | | | | | | |
| 순소요량 | | | | | | | |
| 계획입고량 | | | | | | | |
| 계획발주량 | | | | | | | |

| 주일정계획 | 주 | 1 | 2 | 3 | 4 | 5 | 6 |
|---|---|---|---|---|---|---|---|
| | 수량 | | | | | | 12 |

5단계 정해진 주에 주일정계획 수량을 기입하고 최종품목 총수량을 기입하라.

| 최종품목 LT = 1 | 기초재고 | 1 | 2 | 3 | 4 | 5 | 6 |
|---|---|---|---|---|---|---|---|
| 총소요량 | | | | | | | 12 |
| 예정입고량 | | | | | | | |
| 예상보유량 | 2 | | | | | | |
| 순소요량 | | | | | | | |
| 계획입고량 | | | | | | | |
| 계획발주량 | | | | | | | |

| A (3) LT = 2 | 기초재고 | 1 | 2 | 3 | 4 | 5 | 6 |
|---|---|---|---|---|---|---|---|
| 총소요량 | | | | | | | |
| 예정입고량 | | | | 10 | | | |
| 예상보유량 | 6 | | | | | | |
| 순소요량 | | | | | | | |
| 계획입고량 | | | | | | | |
| 계획발주량 | | | | | | | |

| B LT = 1 | 기초재고 | 1 | 2 | 3 | 4 | 5 | 6 |
|---|---|---|---|---|---|---|---|
| 총소요량 | | | | | | | |
| 예정입고량 | | | | | | | |
| 예상보유량 | 4 | | | | | | |
| 순소요량 | | | | | | | |
| 계획입고량 | | | | | | | |
| 계획발주량 | | | | | | | |

| D(2) D(4) LT = 2 | 기초재고 | 1 | 2 | 3 | 4 | 5 | 6 |
|---|---|---|---|---|---|---|---|
| 총소요량 | | | | | | | |
| 예정입고량 | | | | | | | |
| 예상보유량 | 15 | | | | | | |
| 순소요량 | | | | | | | |
| 계획입고량 | | | | | | | |
| 계획발주량 | | | | | | | |

| 주일정계획 | 주 | 1 | 2 | 3 | 4 | 5 | 6 |
|---|---|---|---|---|---|---|---|
| | 수량 | | | | | | 12 |

| 최종품목 LT = 1 | 기초재고 | 1 | 2 | 3 | 4 | 5 | 6 |
|---|---|---|---|---|---|---|---|
| 총소요량 | | | | | | | 12 |
| 예정입고량 | | | | | | | |
| 예상보유량 | 2 | 2 | 2 | 2 | 2 | 2 | 2 |
| 순소요량 | | | | | | | 10 |
| 계획입고량 | | | | | | | 10 |
| 계획발주량 | | | | | | 10 | |

6단계 나머지를 최종품목으로 시작해 아래로 내려오면서 총소요량에서 예상보유량을 차감하여 순소요량을 계산하여 완성한다.
예정입고량 = 순소요량이 같게 되는데, 같은 주에서는 같게 된다.
계획발주량이 계획입고량과 항상 같게 되는데 이는 리드타임(한주)만큼의 간격을 두고 일어난다.

| A (3) LT = 2 | 기초재고 | 1 | 2 | 3 | 4 | 5 | 6 |
|---|---|---|---|---|---|---|---|
| 총소요량 | | | | | | 30 | |
| 예정입고량 | | | | 10 | | | |
| 예상보유량 | 6 | 6 | 6 | 16 | 16 | 16 | |
| 순소요량 | | | | | | 14 | |
| 계획입고량 | | | | | | 14 | |
| 계획발주량 | | | | 14 | | | |

하위조립품 A와 B가 제품구조나무에서 최종제품 아래에 위치한다.
따라서 그 하위조립품들의 총소요량은 최종제품의 계획발주량과 같은 열에 위치하게 되는데, 그 수량은 구조나무에서 적혀진 배수만큼 발생한다. 즉,
3 × 10 (A의 계획발주량) = 30,
1 × 10 (A의 계획발주량) = 10

| B LT = 1 | 기초재고 | 1 | 2 | 3 | 4 | 5 | 6 |
|---|---|---|---|---|---|---|---|
| 총소요량 | | | | | | 10 | |
| 예정입고량 | | | | | | | |
| 예상보유량 | 4 | 4 | 4 | 4 | 4 | 4 | |
| 순소요량 | | | | | | 6 | |
| 계획입고량 | | | | | | 6 | |
| 계획발주량 | | | | | 6 | | |

| D(2) D(4) LT = 2 | 기초재고 | 1 | 2 | 3 | 4 | 5 | 6 |
|---|---|---|---|---|---|---|---|
| 총소요량 | | | | 28 | 24 | | |
| 예정입고량 | | | | | | | |
| 예상보유량 | 15 | 15 | 15 | 15 | | | |
| 순소요량 | | | | 13 | 24 | | |
| 계획입고량 | | | | 13 | 24 | | |
| 계획발주량 | | 13 | 24 | | | | |

D(2)는 제품구조나무에서 A 아래 위치하게 되는데, 따라서 총소요량은 A 품목의 계획발주량과 같은 열에 위치하고, 구조나무에서 적혀 있듯이 해당배수(3)를 곱하여,
2 × 14 = 28(3주)와 같이 계산된다.

D(4)는 제품구조나무에서 B 아래 위치하게 되는데, 따라서 총소요량은 B 품목의 계획발주량과 같은 열에 위치하고, 구조나무에서 적혀 있듯이 해당배수(4)를 곱하여,
4 × 6 = 24(4주)와 같이 계산된다.

**문제 3** 최종 품목 E의 제품구조나무는 다음과 같다. 관리자는 5주의 주 초까지 120개의 E를 완성하기 위해 필요한 주문부품 R에 대한 자재소요량을 알기를 원한다. 각 품목에 대한 리드타임은 수준 0 (level 0) 품목에 대해서는 1주, 수준 1 (level 1) 품목에 대해서도 1주이며, 수준 2(level 2)에 대한 품목에 대해서는 2주이다. 2주 초에는 60개의 품목 M의 입고량이 예정되어 있고 1주의 주 초에는 100개의 품목 R의 입고량이 예정되어 있다. 로트 대 로트(lot-for-lot) 주문을 사용하라.

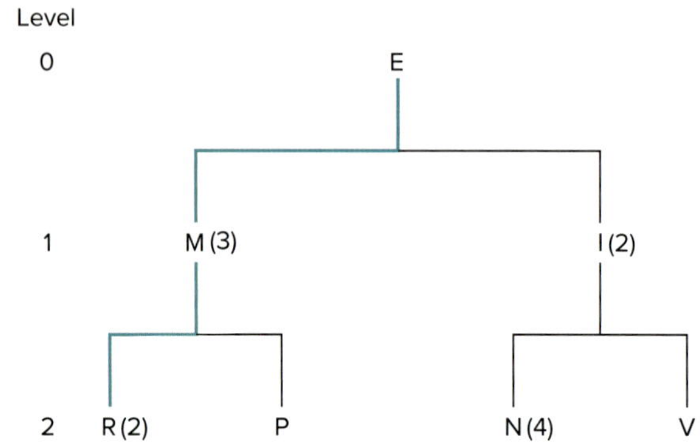


**풀이** R을 포함하는 부분적 조립시간 차트와 5주 주 초까지 E가 완성되는 시간은 다음과 같다.

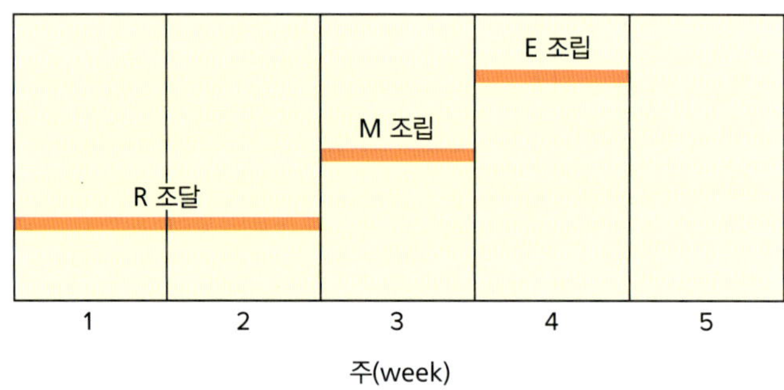


표의 입력사항은 다음과 같이 도출된다.

*주일정계획*: 120개의 제품 E가 5주 초에 가용되어야 한다.

*품목 E*: 총 소요량은 주일정계획에서 정해진 수량과 동일하다.

현재 보유재고가 0이기에 순 소요량은 120개와 같다. 로트 대 로트(lot-for-lot) 주문방침을 채택하기에 120개가 반드시 5주 초에 가용해야만 한다. 품목 E의 조립에 대해서는 1주의 리드타임이 소요되기 때문에 주문은 4주 초에 발생(즉, 작업시작)하여야 할 필요가 있다.

*품목 M*: 품목 M에 대한 총 소요량은 품목 E의 순 소요량의 3배, 즉 360개이다. 왜냐하면 각 품목 E는 세 개의 품목 M을 필요로 하기 때문이다. 이것들은 4주의 주 초에 반드시 가용해야만 한다. 순 소요량은 1주 말에 60개가 입고 예정이므로 300개이다. 그러므로 품목 M의 추가적인 수량 300개가 4주 초에 가용되어야만 한다. 일주일의 리드타임이 있기 때문에 3주 초에 발주되어야 한다.

*품목 R*: 각 품목 M은 2개의 품목 R을 필요로 하기 때문에 600개의 R이 300개의 M을 조립하기 위해 필요할 것이다. 그러나 100개가 입고 예정이므로 500개만 주문할 필요가 있다. 2주간의 리드타임 때문에 500개의 품목 R이 1주 초에 주문되어야만 한다.

품목 E에 대한 주일정계획과 품목 E, M, R에 대한 소요 계획은 다음 그림과 같다.

E에 대한 주일정계획

| 주 | 기초재고 | 1 | 2 | 3 | 4 | 5 |
|---|---|---|---|---|---|---|
| 수량 | | | | | | 120 |

| 품목 E / 리드타임 1주 | | | | | | |
|---|---|---|---|---|---|---|
| 총소요량 | | | | | | 120 |
| 예정입고량 | | | | | | |
| 예상보유량 | | | | | | |
| 순소요량 | | | | | | 120 |
| 계획입고량 | | | | | | 120 |
| 계획발주량 | | | | | 120 | |

3을 곱함(제품구조나무 참조)

| 품목 M / 리드타임 1주 | | | | | | |
|---|---|---|---|---|---|---|
| 총소요량 | | | | | 360 | |
| 예정입고량 | | | 60 | | | |
| 예상보유량 | | | 60 | 60 | 60 | |
| 순소요량 | | | | | 300 | |
| 계획입고량 | | | | | 300 | |
| 계획발주량 | | | | 300 | | |

2를 곱함(제품구조나무 참조)

| 품목 R / 리드타임 2주 | | | | | | |
|---|---|---|---|---|---|---|
| 총소요량 | | | | 600 | | |
| 예정입고량 | | 100 | | | | |
| 예상보유량 | | 100 | 100 | 100 | | |
| 순소요량 | | | | 500 | | |
| 계획입고량 | | | | 500 | | |
| 계획발주량 | | 500 | | | | |

**문제 4**

*생산용량소요계획*. 다음과 같은 생산일정과 이 제품의 노동 및 기계 소요시간에 대한 생산 표준을 고려할 때 각 주에 대한 노동 및 기계 생산용량소요량을 결정하라. 노동력이 주당 200시간이고 기계용량이 주당 250시간일 때 노동력과 기계 사용률을 계산하라.

**생산일정:**

| 주 | 1 | 2 | 3 | 4 |
|---|---|---|---|---|
| 수량 | 200 | 300 | 100 | 150 |

| 표준시간: | |
|---|---|
| 노동 | 0.5 hour/unit |
| 기계 | 1.0 hour/unit |

**풀이** 수량 소요량을 각각의 표준 시간을 곱하여 노동 및 기계 시간으로 변환하는데, 노동시간에는 0.5를 곱하고, 기계시간에는 1을 곱하여 다음과 같은 표를 얻을 수 있다.

| 주 | 1 | 2 | 3 | 4 |
|---|---|---|---|---|
| 수량 | 200 | 300 | 100 | 150 |
| 노동 시간 | 100 | 150 | 50 | 75 |
| 기계 시간 | 200 | 300 | 100 | 150 |

생산용량이용률(capacity utilization)을 계산하기 위해서 생산용량소요량(capacity requirements)을 가용 생산 용량(주당 200시간의 노동력, 250시간의 기계시간)으로 나누고 100을 곱하면, 다음과 같은 결과를 얻는다.

| 주 | 1 | 2 | 3 | 4 |
|---|---|---|---|---|
| 노동 | 50% | 75% | 25% | 37.5% |
| 기계 | 80% | 120% | 40% | 60% |

2주째의 기계용량이 120%로 가용 생산 용량을 초과하였다. 이를 보완하기 위해서 해당 작업을 1주나 3주의 가용 노동시간과 기계시간을 이용할 수 있다.

## 토의 및 복습문제

1. 독립수요와 종속수요를 비교하라.
2. 언제 MRP를 적용하는 것이 적절한가?
3. 다음의 각 항목에 대해 간략히 정의하거나 설명하라.
   a. 주일정계획(master schedule)
   b. 자재명세서(bill of material)
   c. 재고기록(inventory record)
   d. 총 소요량(gross requirements)
   e. 순 소요량(net requirements)
   f. 시간대별 소요량 계획(time-phased plan)
4. 자재소요계획에서는 안전재고를 어떠한 방법으로 고려하는가?
5. MRP 시스템에서 어떠한 요인이 안전재고의 소요량을 유발하는가?
6. 안전재고와 관련하여 *안전시간(safety time)*은 무엇을 의미하는가?
7. MRP에서 *순변동 시스템(net-change systems)*과 *일괄갱신 시스템(regenerative systems)*을 비교하라.
8. 효과적인 MRP를 위한 요구사항에 대해 간략히 논의하라.
9. MRP의 주요 이점과 한계에는 어떤 것들이 있는가?
10. MRP를 사용함으로써 생산성 향상에 어떻게 기여할 수 있는가?

11. MRP II와 폐쇄순환(closed-loop) MRP에 대해 간략히 설명하라.
12. 로트사이즈 결정(lot sizing)이란 무엇인가? 로트사이즈 결정(lot sizing)의 목표는 무엇인가? 그리고 간헐적 대량 수요(lumpy demand)와 관련해서 로트사이즈 결정이 왜 문제가 되는지를 설명하라.
13. 계획입고(planned-order receipt)와 예정입고(scheduled receipt)를 비교하라.
14. 만일 계절적 변동이 존재할 때 MRP로의 통합이 수월한지 또는 어려운지에 대해서 간략히 설명하라.
15. ERP와 MRP II의 목적이 서로 어떻게 다른가?
16. ERP의 예상치 못한 비용들에는 어떤 것들이 있는가?

## 연습문제

1. a. 다음의 제품에 대한 제품구조나무를 사용하여 하나의 완제품을 조립하기 위해 소요되는 각 구성품의 수량을 결정하라.

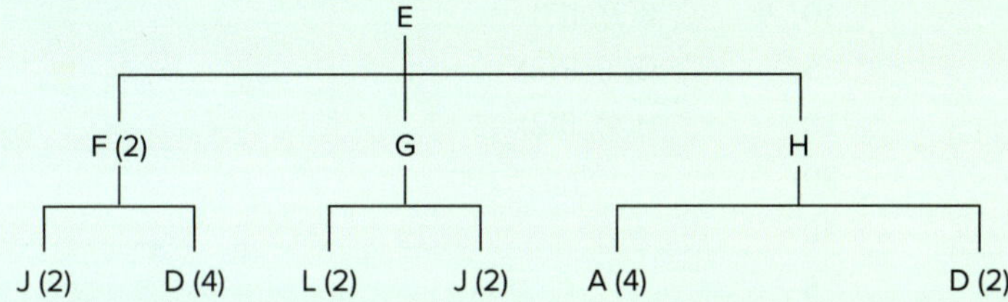


b. 다음과 같이 자재명세서가 주어졌을때 스테이플러에 대한 제품구조나무를 그려보라.

| 품목 | 구성품 |
|---|---|
| 스테이플러 | 탑 조립품, 베이스 조립품 |
| 탑 조립품 | 커버, 스프링, 슬라이드 조립품 |
| 커버 | |
| 스프링 | |
| 슬라이드 조립품 | 슬라이드, 스프링 |
| 슬라이드 | |
| 스프링 | |
| 베이스 조립품 | 베이스, 스트라이크 플레이트, 고무 패드(2) |
| 베이스 | |
| 스트라이크 플레이트 | |
| 고무패드(2) | |

2. 다음의 표는 최종품목을 조립하기 위해 필요한 구성품과 리드타임 그리고 보유수량을 나열하고 있다.

| 품목 | 최종 | B | C | D | E | F | G | H |
|---|---|---|---|---|---|---|---|---|
| 리드타임(주) | 1 | 2 | 3 | 3 | 1 | 2 | 1 | 2 |
| 보유량 | 0 | 10 | 10 | 25 | 12 | 30 | 5 | 0 |

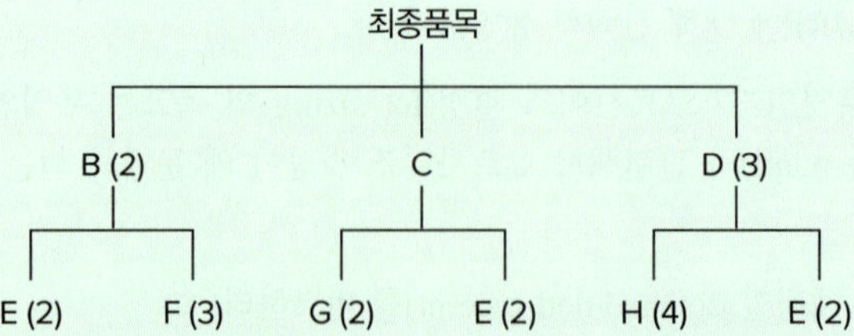


a. 만일 20개의 최종품목이 조립되어야만 한다면 추가적으로 얼마만큼의 품목 E가 필요한가? (*힌트*: 이를 결정하기 위하여 MRP 계획을 작성할 필요는 없다.)

b. 최종품목에 대한 주문이 11주 초에 선적되기로 일정계획되어져 있다. 주문이 시작되고 제시간에 선적될 수 있도록 하게 하는 가장 늦은 주는 몇 주인가? (*힌트*: 이 부분을 위해서도 MRP 계획을 작성할 필요는 없다.)

3. 다음의 표는 최종품목을 조립하기 위해 필요한 구성품, 리드타임(주단위) 그리고 현 보유량을 나타내고 있다.

| 품목 | 리드타임 | 현 보유량 | 직접적 구성품 |
|---|---|---|---|
| 최종 | 1 | — | L(2), C(1), K(3) |
| L | 2 | 10 | B(2), J(3) |
| C | 3 | 15 | G(2), B(2) |
| K | 3 | 20 | H(4), B(2) |
| B | 2 | 30 | |
| J | 3 | 30 | |
| G | 3 | 5 | |
| H | 2 | — | |

a. 만일 40개의 최종품목이 조립되어야 한다면 얼마나 많은 추가적인 품목 B가 필요한가? (*힌트*: MRP 계획을 작성할 필요는 없다.)

b. 최종품목에 대한 하나의 주문이 8주 초에 선적되기로 일정계획되어 있다. 그 주문이 개시되고 제시간에 선적 완료될 수 있는 가장 늦은 주는 어느 주인가? (*힌트*: MRP 계획을 작성할 필요는 없다.)

4. 80개의 최종품목 E가 6주 초에 필요하다. 세 상자(상자당 30개)의 품목 J가 주문되었는데 한 상자는 3주에 도착 예정이고 또 다른 상자는 4주, 나머지 하나는 5주에 도착 예정이다. *주의*: 품목 J는 상자 단위로 주문되어야 하며, 아이템 B는 120개의 배수로 생산되어야만 한다. 현재 60개의 아이템 B와 20개의 아이템 J를 보유하고 있다. 리드타임은 E와 B에 대해서는 2주이고, J에 대해서는 1주이다.

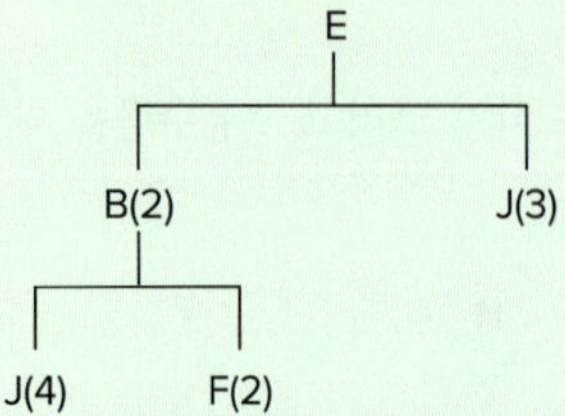


a. 구성품 J에 대한 자재소요를 산출하라.

b. 6주에 필요한 제품 E의 수량이 80에서 70으로 변경되었다고 가정하자. 3주 내에 계획된 발주량은 모두 실행되었다. 얼마나 많은 B와 J를 6주에 보유하게 될 것인가?

5. a. 최종품목 Z의 120개가 7주 초에 필요하다. 구성품 C에 대한 자재소요계획(MRP)을 세워라. 품목 Z는 40개, A는 70개, B는 100개, C는 30개의 현재 보유량을 고려하라. 또한 4주에는 구성품 C의 예정입고량이 20개가 있다. 제품 Z와 구성품 B에 대한 리드타임은 2주이고 다른 구성품에대해서는 1주이다. 모든 품목에 대해서 로트 대 로트(lot-for-lot) 주문을 가정한다.

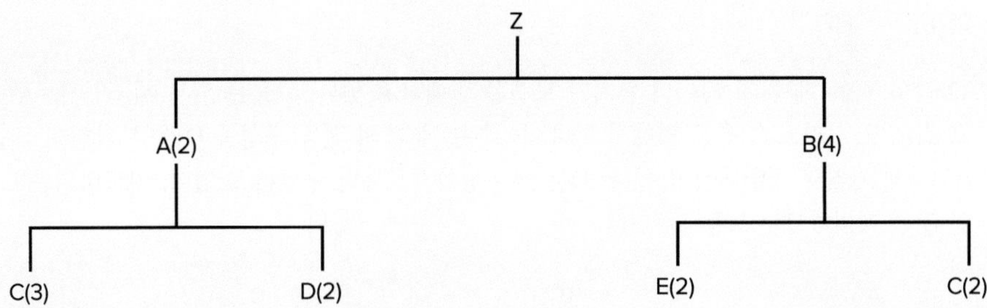


b. 최종품목 E의 95개가 7주 초에 필요하다. *구성품 D*에 대한 자재소요계획(MRP)을 세워라. 품목 E의 현재 보유량은 5개, B는 50개, C는 100개, D는 80개의 보유량을 각각 갖고 있다. 구성품 C의 30개가 하청으로부터 생산되어 4주에 도착할 것으로 예상된다. 구성품 E와 C의 리드타임은 2주이며, 다른 구성품들은 1주이다. 구성품 D를 제외하고 40의 배수가 이용되어야 하는 로트 대 로트(lot-for-lot) 주문을 가정하라.

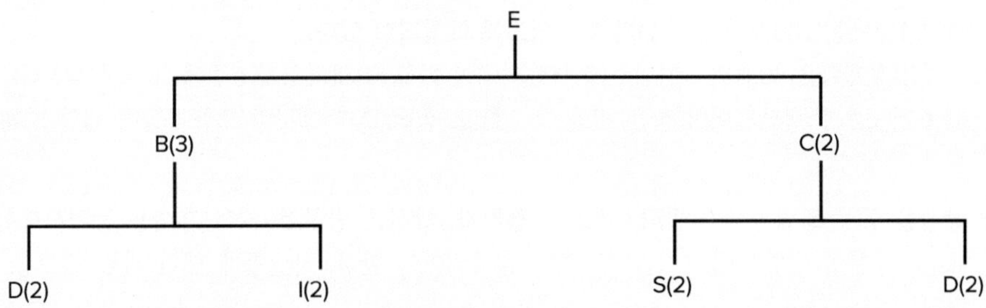


6. 하나의 테이블이, 제시된 제품구조나무에서 보듯이 세 개의 구성품을 사용하여 조립된다. 테이블 제조 회사는 4일 초에 100개를 출하하기를 원하고 5일 초에는 150개, 7일 초에는 200개를 출하하기를 원한다. 100개의 나무조각(wood section) 입고가 2일 초에 예정되어 있다. 그리고 현재 120개의 테이블다리(legs)와 60개의 받침대를 보유하고 있다. 모든 품목에 대한 리드타임은 다음의 표에 나타나 있다. 로트 대 로트(lot-for-lot) 주문 방식을 사용하여 자재소요계획을 작성하라.

| 수량 | 리드타임 |
|---|---|
| 1~200 | 1 |
| 201~550 | 2 |
| 551~999 | 3 |

테이블

나무조각(2) 받침대(3) 다리(4)

7. 80개의 최종품목 X가 6주 초에 필요하고, 또 다른 30개가 8주 초에 필요하다. 구성품 D는 상자단위로만(상자당 50개) 주문될 수 있다. 한 상자의 D가 자동으로 2주에 한 번씩 주 초에 입고된다(즉, 1, 3, 5, 7주). 또한 현재 30개의 B와 20개의 D를 보유하고 있다. 모든 품목에 대한 리드타임은 수량의 함수인데, 즉 100개까지는 1주이고, 101개에서 200개 까지는 2주, 201개에서 300개 까지는 3주, 301개 이상인 경우는 4주이다. 구성품 D에 대한 자재소요계획을 작성하라.

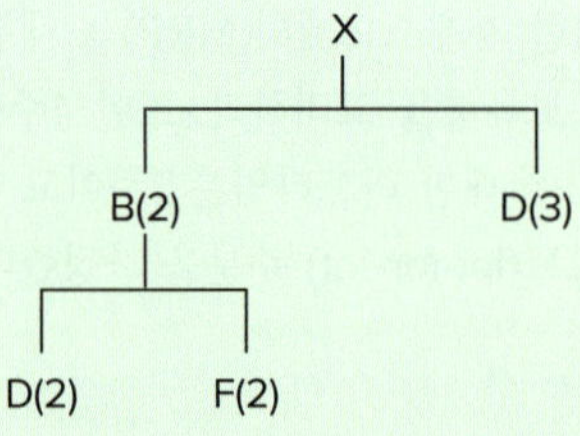


8. 'Oh No!'사는 세 가지 레이더 탐지기 모델을 판매하고 있다. 그들은 일본 제조업자로부터 기본 모델(E, F, 그리고 G)을 구입해서 하나, 둘 혹은 네 개의 전등(구성품 D)을 부착하여 모델을 A, B, C 세 가지로 차별화하고 있다. D는 국내생산자로부터 구입하고 있다. 리드타임은 C가 2주인 것을 제외하고는 모두 1주이다.

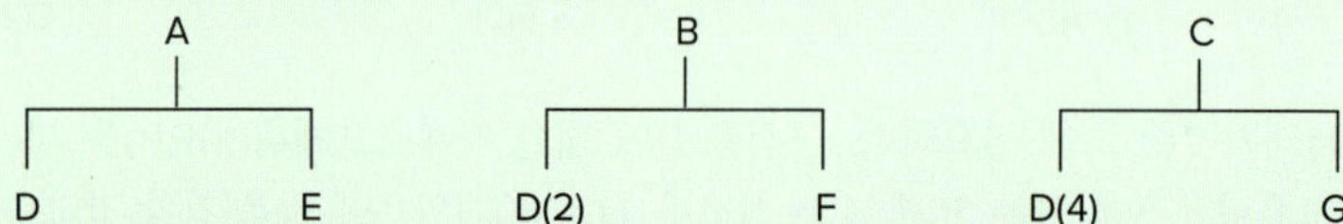


현재 보유하고 있는 기본 품목(E, F 및 G)에 대한 재고는 충분하며 10개의 B와 10개의 C 그리고 25개의 D를 보유하고 있다. 로트크기결정에 대해서는 D를 제외한 모든 품목에 대해서 로트 대 로트(lot-for-lot) 주문 방침을 따른다. 단 품목 D는 100개의 배수로 주문되어야 한다. 그리고 1주에는 100개의 품목 D가 입고되도록 예정되어 있다.

주일정계획은 40개의 A가 4주에 생산되어야 하고 60개의 B가 5주에 생산되어야 하며, 30개의 C가 6주에 생산되어야 하는 것을 요구한다. 품목 D와 그것의 모품목들에 대한 자재소요계획을 작성하라.

9. 당신을 공구 조립공장의 관리자라고 가정하자. 당신은 방금 50개의 휴대용 동력사슬톱(chain saws) 주문을 받았는데, 이는 8주 초에 출하되어야 한다. 사슬톱에 대한 관련 정보는 다음과 같다.

| 품목 | 리드타임(주) | 현 보유량 | 구성품 |
|---|---|---|---|
| 톱 | 2 | 15 | A(2), B(1), C(4) |
| A | 1 | 10 | E(3), D(1) |
| B | 2 | 5 | D(2), F(3) |
| C | 2 | 65 | E(2), D(2) |
| D | 1 | 20 | |
| E | 1 | 10 | |
| F | 2 | 30 | |

a. 제품구조나무, 조립시간 차트 그리고 주일정계획을 작성하라.

b. 로트 대 로트(lot-for-lot) 주문 방식을 사용해 구성품 E에 대한 자재소요 계획을 작성하라.

10. 당신이 Assembly사의 관리자라고 가정하자. 당신은 7주 초에 인도되어야 할 40개의 산업용 로봇에 대한 주문을 방금 받았다. 다음의 정보를 사용하여 얼마나 많은 하위조립품 G를 주문해야 하고 언제 주문해야 하는지를 결정하라. 단 하위조립품 G는 80개의 배수로 주문되어야 하고 기타 모든 구성품은 로트 대 로트(lot-for-lot) 주문 방식을 적용하라. 그리고 구성품들은 이 특정한 로봇을 위해서만 사용된다고 가정하라.

| 품목 | 리드타임(주) | 현 보유량 | 구성품 |
|---|---|---|---|
| 로봇 | 2 | 10 | B, G, C(3) |
| B | 1 | 5 | E, F |
| C | 1 | 20 | G(2), H |
| E | 2 | 4 | — |
| F | 3 | 8 | — |
| G | 2 | 15 | — |
| H | 1 | 10 | — |

11. 문제풀이연습 문제 3번을 참조하여 구성품 N과 V 그리고 하위조립품 I의 자재소요량을 다음의 각 조건에 따라 결정하라.

 a. 현재 100개의 N을 보유하고 있고 3주 초에 40개의 I와 10개의 V가 입고될 예정이다. E의 현재 보유량은 없으며, 5주 초에 120개의 E가 필요하다.

 b. 현재 보유량과 계획입고량이 위 a번 문제와 같다고 가정할 때, 100개의 E가 5주 초에 필요하며, 55개의 E가 7주 초에 필요하다. 또한 주문 크기는 다음과 같다: N은 800의 배수, V는 200의 배수, 그리고 I는 로트 대 로트(lot-fot-lot) 방식으로 주문한다.

 c. b번 문제의 답을 사용하여 V에 대한 MRP를 갱신하되 다음의 추가정보를 활용하라: (1) 시간이 1주 경과됨(2주차에 시작) (2) 시간이 3주 경과됨(4주차에 시작).

 갱신된 주일정계획은 9주에 100개의 E를 주문하는 것이다. (1)번 사례에서는 2주에서 9주에 대해서 해야 하며 (2)번 사례에서는 4주에서 11주에 대한 계획을 세워야 한다. 모든 주문이 계획대로 발주되고 입고되었다고 가정하라.

12. 전기골프카트 생산업체가 200개의 주문을 방금 받았다. 이는 8주 초에 배송 준비완료되어야 한다. 제품구조, 리드타임 그리고 보유량에 관한 정보는 아래의 표와 같다. 이러한 정보를 사용하여 다음의 각각을 수행하라.

 a. 제품구조나무를 작성하라.

 b. 조립시간차트(assembly time chart)를 작성하라.

 c. 로트 대 로트(lot-for-lot) 주문 방식을 가정하여 8주까지 200개의 골프카트를 제공하는 자재소요계획을 작성하라.

| 전기골프카트 부품리스트 | 리드타임 | 보유량 |
|---|---|---|
| 전기골프카트 | 1 | 0 |
| 상체 | 1 | 40 |
| 지지대(4) | 1 | 200 |
| 커버 | 1 | 0 |
| 하체 | 1 | 20 |
| 모터 | 2 | 300 |
| 바디 | 3 | 50 |
| 프레임 | 1 | 35 |
| 컨트롤 | 1 | 0 |
| 휠조립품(4) | 1 | 240 |
| 좌석(2) | 2 | 120 |

13. 문제 12를 참조하라. 유난히 따뜻한 기후가 골프카트 주문량과 시기 변경을 초래하였다. 수정된 계획은 6주 초에 100개의 골프 카트를 필요로 하고 8주 초에 100개 그리고 9주 초에 100개

를 필요로 한다.

a. 이 수정 계획에 대한 주일정계획을 만들어라.

b. 상체와 하체를 위한 주문 시기와 수량을 결정하라.

c. 장비 문제로 인해 하체 조립 용량이 주당 50개로 감소되었다. 이것을 반영한 자재 계획을 수정하라. 그러나 여전히 배송 일자는 충족해야 한다.

14. 다음의 도해를 사용하여 다음을 수행하라.

a. 가위에 대한 제품구조나무를 그려라.

b. 가위에 대한 MRP를 작성하라. 각 구성품과 최종 가위조립품에 대한 리드타임은 하루이다. 그러나 플라스틱 그립은 이틀이다. 600개의 가위가 6일에 필요로 한다.

*주의*: 현재 200개의 직선 날과 350개의 곡선 날을 보유하고 40개의 상부 날 조립품을 보유하고 있다.

모든 구성품에 대해서 로트대로트(lot-for-lot) 주문방식을 적용해라.

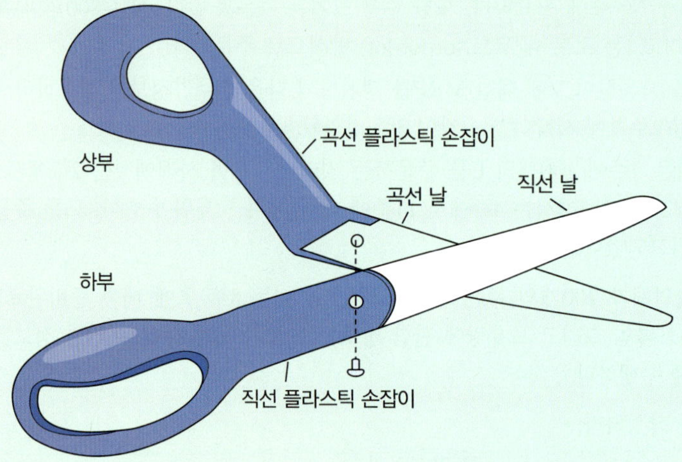


15. 도로 및 주차장 포장재 생산업체가 앞으로 4주 동안 다음과 같은 제품수요를 예상하고 있다.

| 주(week) | 1 | 2 | 3 | 4 |
|---|---|---|---|---|
| 재료(톤) | 40 | 80 | 60 | 70 |

회사의 노동 및 기계의 표준 및 가용생산용량은 다음과 같다.

| | 노동 | 기계 |
|---|---|---|
| 생산표준(톤당 시간) | 4 | 3 |
| 주당 생산용량(시간) | 300 | 200 |

a. 앞으로 4주간 각 주(week)에 대한 노동 및 기계에 대한 생산용량 이용률을 계산하라.

b. 어느 주에 문제가 있으리라 예상되는가? 그 문제를 해소하기 위해 어떤 대안을 제시하겠는가? 어떤 비용들이 대안을 선택하는 의사결정을 위해 고려되어야 하는가?

16. 한 회사가 3단계의, 즉 제조, 조립 그리고 포장의 단계를 거쳐 두 개의 아주 유사한 제품을 생산하고 있다. 각 단계는 하나의 생산 로트(lot)가 완전히 처리되기에 하루를 필요로 하고 다음 부서로 이동된다. 부서별 처리시간(개당 소요시간)은 다음과 같다.

| | 제조 | | 조립 | | 포장 | |
|---|---|---|---|---|---|---|
| 제품 | 노동 | 기계 | 노동 | 기계 | 노동 | 기계 |
| A | 2 | 1 | 1.5 | 1 | 1 | 0.5 |
| B | 1 | 1 | 1 | 1 | 1.5 | 0.5 |

부서들의 생산용량은 금요일을 제외하고 모두 700시간의 노동시간과 500시간의 기계시간이다. 금요일은 노동시간과 기계시간 모두 200시간의 생산용량을 가진다. 다음 주의 생산일정계획은 다음과 같다.

| 요일 | 월 | 화 | 수 | 목 | 금 |
|---|---|---|---|---|---|
| A | 200 | 400 | 100 | 300 | 100 |
| B | 300 | 200 | 200 | 200 | 200 |

a. 각 제품별 노동시간과 기계시간에 대한 소요 용량과 매일의 총 부하를 보여 주는 각 부서별 생산계획을 만들어라. 작업변경시간은 무시하라.

b. 주의 첫 3일간에 대한 예상 작업부하를 평가하라. 그 일정은 타당한가? 작업부하를 평준화하기 위해 무엇을 제안하는가?

17. MRP 부서가 어떤 문제를 가지고 있다. 부서의 컴퓨터가 다음의 정보를 보여 주고는 먹통이 되었다. 즉, 품목 J27의 계획발주량은 2주에 640개이다. 회사는 최종 품목 565에 대한 주일정계획을 제외한 모든 정보를 재구성할 수 있었다. 다행인 것은 품목 J27은 품목 565에만 사용된다는 것이다. 다음의 제품구조나무와 관련 재고상태 기록정보를 활용하여 품목 565에 대해 어떠한 주일정계획 입력사항이 컴퓨터를 정지시킨 자재소요량 산출로 전개되었는지를 결정하라.

| 부품 번호 | 현보유량 | 로트 사이즈 | 리드타임 |
|---|---|---|---|
| 565 | 0 | 로트 대 로트 주문 | 1주 |
| X43 | 60 | 120 | 1주 |
| N78 | 0 | 로트 대 로트 주문 | 2주 |
| Y36 | 200 | 로트 대 로트 주문 | 1주 |
| J27 | 0 | 로트 대 로트 주문 | 2주 |

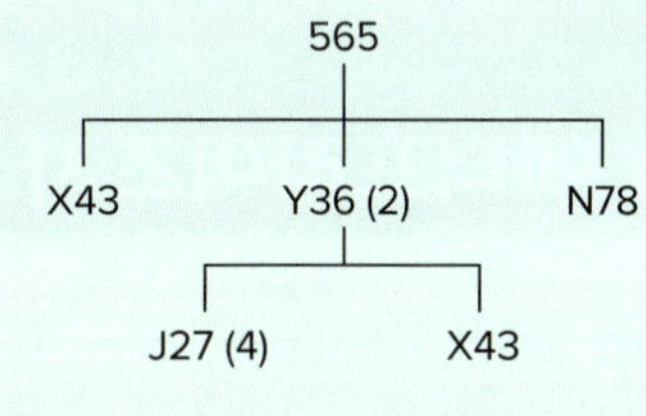


18. 구성품 H에 대한 자재소요계획을 작성하라. 최종품목(A)와 B를 제외한 각 구성품의 리드타임은 1주이다. B의 리드타임은 3주이다. 60개의 A가 8주 초에 필요로 한다. 현재 B를 15개 보유하고 있고 E를 130개 보유하고 있으며, 50개의 H가 생산 중에 있는데 2주 초까지는 완성될 것이다. 모든 품목에 대해서 로트 대 로트(lot-for-lot) 주문 방식이 이용될 것이다.

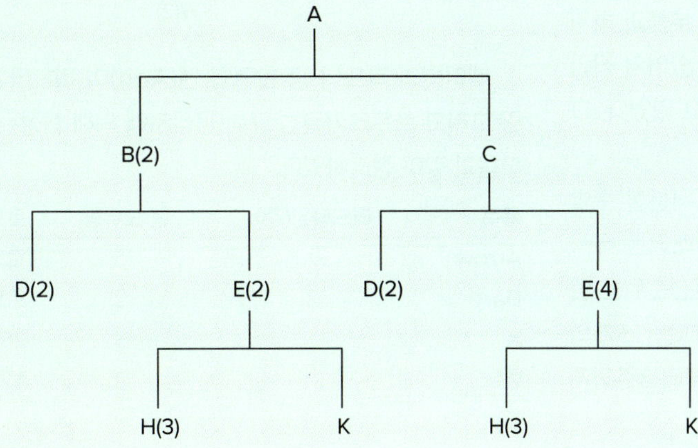

사례

## Promotional Novelties사

Promotional Novelties사는 기업고객을 대상으로 다양한 참신한 품목을 제공한다. 홀리데이 프로모션의 일환으로 지역 주유소에서 판매할 2만 대의 장난감 견인트레일러(tractor-trailer) 주문을 받았다. 주문은 8주 초에 출하된다. 아래 제품구조나무는 트럭의 다양한 구성품을 보여주고 있다.

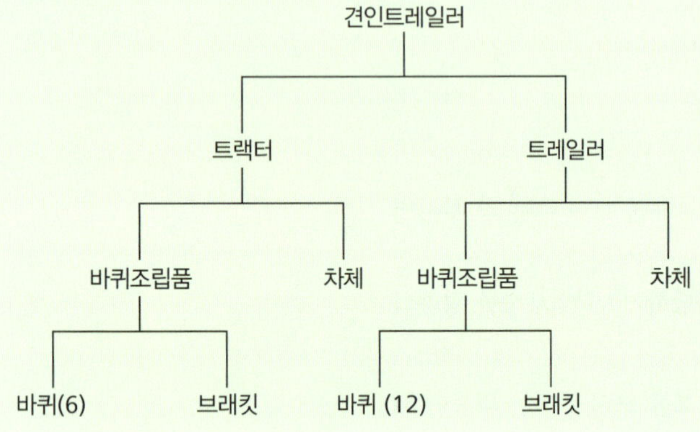


회사는 주당 10,000개의 견인트레일러를 최종조립까지 완료할 수 있다. 트랙터와 트레일러의 차체는 구매하는데, 리드타임이 3주가 소요된다. 바퀴가 관리자의 주요 관심사항이다.

회사는 브래킷을 충분히 공급받고 있다. 조립시간은 트랙터, 트레일러, 바퀴 조립품 각각에 대해서 일주일이 걸린다. 하지만 바퀴 담당 부서는 일주일에 10만 개의 속도로 바퀴를 생산할 수 있다. 관리자는 일정계획의 2주차부터는 바퀴담당부서를 전체생산용량으로 사용하고 필요에 따라서 공급자로부터 추가적으로 주문할 계획이다. 주문한 바퀴가 6,400개의 세트로 오는데, 공급자로부터 배송에 필요한 리드타임은 2주에서 3주까지 예상하고 있다. 구매한 바퀴를 제외한 모든 다른 품목에 대해서는 로트 대 로트(lot-for-lot) 주문 방식을 이용하라.

**[질문]**

**1.** 관리자가 주문해야 하는 바퀴 세트의 주문량은 얼마인가?

**2.** 바퀴 세트는 언제 주문해야 하는가?

사례

## DMD 엔터프라이즈사

David 'Marty' Dawkins(이하 데이빗)은 창업하고자 시도했던 닷컴 비즈니스를 접은 후 자전거 공장을 소유하고자 했던 그의 소년 시절의 꿈을 이루고자 했다. 몇 번의 실수 이후, 마침내 작은 회사를 일으켜 운영하고 있다. 그 회사는 현재 데이빗이 설계한 두 모델, 즉 ARROW와 DART 모델을 조립생산하고 있다. 회사는 아직 수익을 내지 못하지만 데이빗은 일단 그가 겪는 재고와 일정계획 문제를 해결한다면 생산성을 증대시키고 비용을 절감하리라 믿는다.

처음에 그는 4개월분의 생산을 가능하게 할 자전거 부품과 하위 조립품을 충분히 주문하였다. 부품들이 여기저기 쌓여 있어서 작업 공간을 현저히 줄이고 작업자와 자재의 이동을 방해하고 있었다. 그리고 아무도 무엇이 어디에 있는지 정확히 알지 못했다.

그와 그의 두 파트너들은 궁극적으로 많은 재고를 처분할 수밖에 없었다. 그들은 보다 체계적인 방법을 사용하여 미래에는 유사한 문제를 피할 수 있기를 바란다. 데이빗의 첫 번째 우선순위는 앞으로의 기간에 대해 자재소요계획을 개발하는 것이다. 그는 15개의 ARROW 모델과 10개의 DARTS 모델을 4주 초에서부터 8주까지 매주 조립하기를 원한다. 두 가지 자전거에 대한 제품구조나무는 다음과 같다.

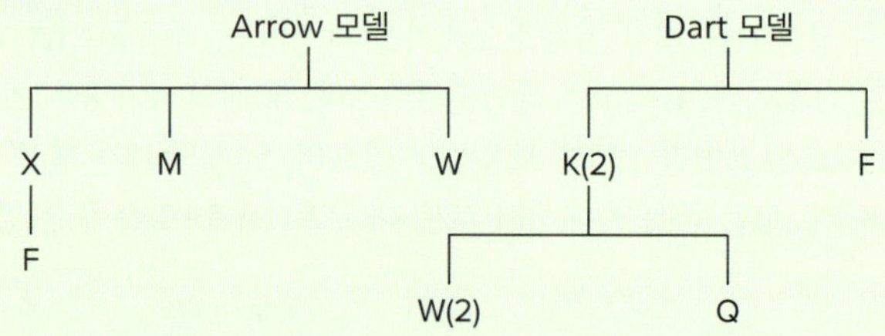


데이빗의 파트너 중 한명인 앤(Ann)이 리드타임, 현 재고 보유량 그리고 로트크기결정 규칙(공급자에 의해 설정된)에 대한 정보를 다음과 같이 정리하였다.

| 품목 | 리드타임(주) | 현 보유량 | 로트크기 결정 규칙 |
|---|---|---|---|
| Arrow | 2 | 5 | 로트 대 로트 주문 |
| Dart | 2 | 2 | 로트 대 로트 주문 |
| X | 1 | 5 | 25의 배수 |
| W | 2* | 2 | 12의 배수 |

(계속)

| 품목 | 리드타임(주) | 현 보유량 | 로트크기 결정 규칙 |
|---|---|---|---|
| F | 1 | 10 | 30의 배수 |
| K | 1 | 3 | 로트 대 로트 주문 |
| Q | 1 | 15 | 30의 배수 |
| M | 1 | 0 | 로트 대 로트 주문 |

*LT = 주문 크기가 36개 이상일 경우 3주

예정된 입고량은 다음과 같다.

기간 1: 20개의 Arrow, 18개의 W

기간 2: 20개의 Dart, 15개의 F

제3의 파트너로서 자재소요계획을 작성하라.

현장 견학

## Stickley 가구회사

### 서론

www.stickley.com

L. & J.G. Stickley사는 1900년 레오폴드(Leopold)와 조지 스티클리(George Stickley) 형제에 의해서 설립되었다. 뉴욕 시라큐스 외곽에 위치한 이 회사는 파인체리, 화이트 오크, 마호가니 가구를 생산한다. 동사는 1980년대에 이 회사의 오리지널 라인이었던 미션스타일 오크 가구를 재도입했으며, 이는 이 회사 판매량의 50%를 차지한다.

수년간 회사는 좋고 나쁜 시기를 경험했는데, 한때 200명이 넘는 직원들이 있었다. 그러나 1970년대 초까지는 사업이 혼란스러워져 20명의 상근 직원들뿐이었고 파산 직전에 있었다. 현재 소유주는 1974년 다 죽어가는 회사를 인수했으며, 그들의 리더십 아래에서 번성하고 성장하여 지금은 1,350명의 직원들이 있다. Stickley사는 뉴욕 주에 5개의 소매점 쇼룸이 있고, 코네티컷 주에는 2개, 노스캐롤라이나 주에는 1개를 보유하고 있으며, 전국적으로 120명의 판매업자에 의해 판매되고 있다.

### 생산

생산 시설은 30피트 높이의 천장이 있는 직사각형 건물에 위치해 있다. 비록 톱, 샌딩기, 기타 장비들이 공정의 상당부분을 차지하지만 가구를 만드는 것은 노동집약적이다. 사실상 전기료는 한 달에 평균 6만 불이다. 회사는 자체 공구실이 있어서 절삭공구를 다듬거나 교체부품들을 필요에 따라서 생산한다.

노동자들의 기술은 숙련도가 낮은 자재 취급자부터 숙련된 기술자까지 다양하다. 예를 들어 7명의 마스터 소목장이 고객맞춤주문을 처리한다.

제작공정(그림 참조)은 목재소로부터 수령한 대형보드를 작은 크기로 절단하는 다양한 톱질 작업으로 시작된다. 회사는 최근에 톱질 생산성을 높이고 낭비를 없애는 컴퓨터 세어 '최적화' 톱을 구매하였다. 작업자는 톱에 목재를 넣기 전에 각 목재를 검사하고 발견된 옹이와 결함들을 표시한다. 컴퓨터는 옹이, 불량의 위치와 후속 작업이 필요한 표준 길이들을 고려하여 최적절단세트를 결정한다. 대략적으로 매일 2만 보드 피트를 절단하는데 후속 절단 작업은 특정작업에 대한 추가절단을 하는 것이다.

그런 다음 근로자들이 작업된 나무 제품들을 접착제로 붙여서, 테이블, 책상, 옷장 또는 이와 유사한 품목의 상판을 만든다. 대형 프레스가 한 번에 20에서 30개의 접착된 부분을 압착한다. 테이블이나 의자 다리, 의자 등받이 또는 기타 제품들이 되는 다른 나무 조각들이 다양한 모양으로 만들어지는 작업을 거치게 된다. 다음에는 일련의 샌딩작업을 거치는데 여기서는 접착공정에서의 과도한 접착제를 제거하고 접착부분과 기타 부분의 표면을 부드럽게 연마한다.

또 다른 나무 조각들은 드릴 작업이나 장붓구멍을 내는 작업이 필요한데, 직사각형의 구멍이나 다른 모양의 구멍들을 낸다. 회사는 홈을 파는 작업이나 기타 전문 절단을 할 수 있도록 프로그램될 수 있는 CNC(수치제어식) 라우터를 보유하고 있다. 일부 품목은 고도의 숙련공을 필요로 하는 조각 작업이 필요하다.

다음으로 작업자는 다양한 구성품을 조립하여 하위 조립품을 조립하거나 때때로 바로 다른 구성품에 조립하여 완성품을 만든다. 각 품목에는 생산날짜가 찍히고 옷장 서랍, 캐비넷 문, 테이블 확장판과 같은 구성품에도 도장이 찍혀 위치(예를 들어, 위서랍, 왼쪽 문)를 식별하도록 한다. 가구가 수리를 위해서 반품되면 가구수리작업이 원래의 제품에 가깝게 수리될 수 있게 수리지침(예, 목재, 마감 처리 등)을 제공하기 위해 이에 대한 세심한 기록을 한다.

가구 품목들은 그런 다음 '백색 재고'(마감처리 되지 않은 재고)

(계속)

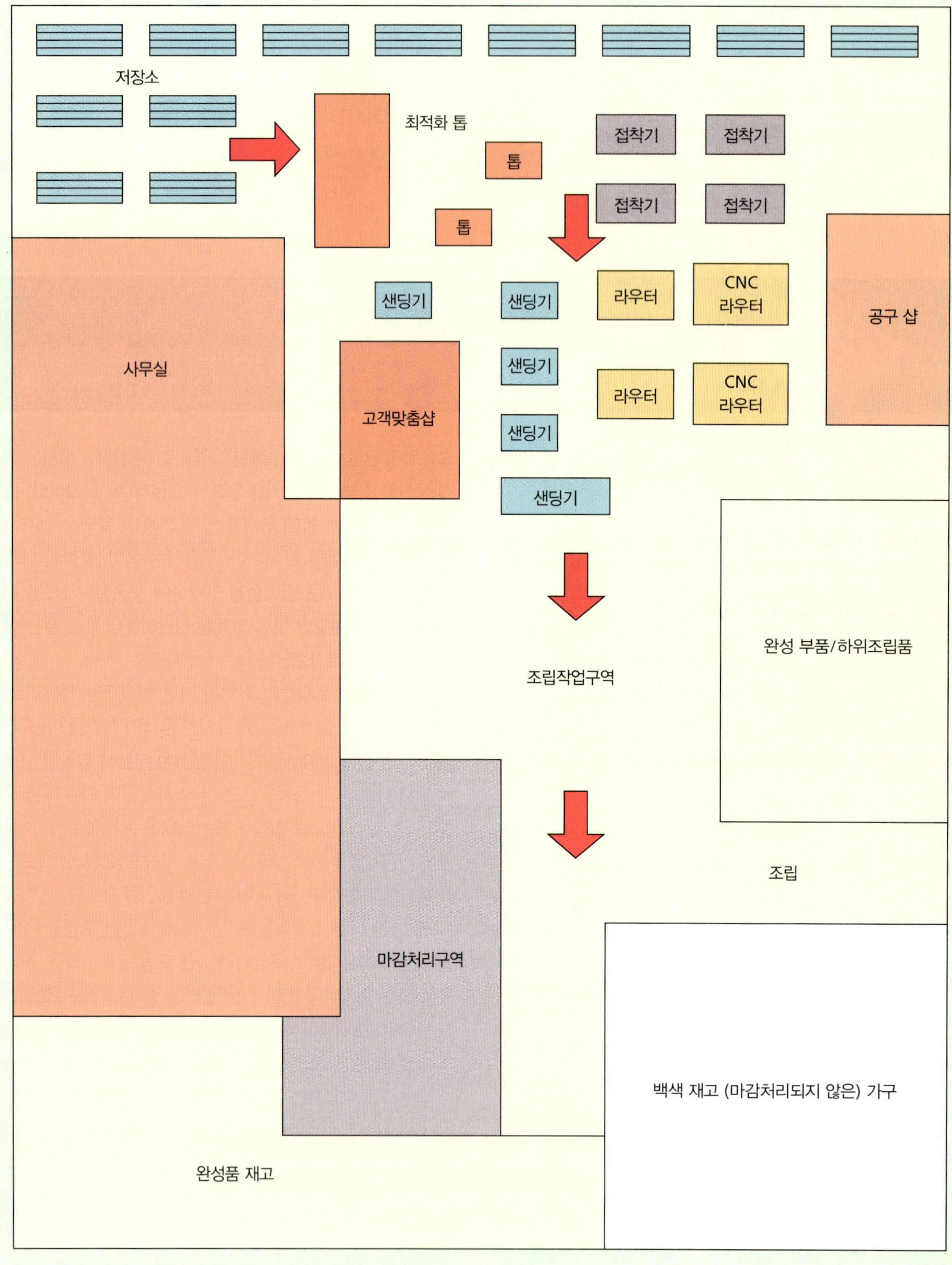
저장소
최적화 톱
톱
톱
접착기
접착기
접착기
접착기
샌딩기
샌딩기
라우터
CNC
라우터
공구 샵
사무실
샌딩기
라우터
CNC
라우터
고객맞춤샵
샌딩기
샌딩기
완성 부품/하위조립품
조립작업구역
조립
마감처리구역
백색 재고 (마감처리되지 않은) 가구
완성품 재고

(계속)

구역으로 이동하며 다음에 마감처리부서로 이동하여 제품에 아마씨 기름을 바르거나 기타 마감작업을 한다. 마지막으로 완제품 재고구역으로 운반하여 고객이나 매장으로의 선적을 대기하게 된다.

회사는 평준화 생산 계획을 이용하는데, 즉, 일정한 산출량과 일정한 노동력을 유지하는 것이다. 수요는 계절 변동을 하는데, 1분기와 3분기의 수요가 상당히 높다. 2분기와 4분기에서는 과다 생산량이 재고로 쌓이게 되는데, 1, 3분기의 초과 수요를 이 재고를 이용해서 충족시킨다. 생산 계획 담당자는 다음 8주에서 10주에 대해 계획된 스케쥴을 이용한다.

### 생산통제

작업의 일련의 과정은 남은 재고량(매일의 보유 공급량)과 처리 시간에 의해서 결정된다. 로트 사이즈는 수요, 작업 준비비용, 재고 비용을 고려하여 결정되는데, 전형적인 로트 사이즈는 25~60개이다. 많은 작업들이 동시에 수행되는데, 각 작업은 그 작업과 공정을 식별하는 일련의 바코드가 있다. 각 작업이 완료되면 운영자는 바코드 스티커를 제거하고 일정관리 사무소로 전달하여 컴퓨터로 스캔을 하여 생산통제부서가 해당 작업에 대한 진행사황을 추적해서 현장에서의 작업의 위치를 파악할 수 있도록 한다.

회사의 평준화 생산 정책은 계절적 수요 패턴과 함께 수요가 가장 높은 기간 전에 초과 생산량이 재고로 쌓이고, 그런 다음 수요가 최대 생산용량을 초과할 때 감소하게 된다.

### 재고

'백색' 재고와 소량의 완성품 재고 외에도 회사는 테이블이나 의자 다리와 같은 가구 구성품 또는 부분 조립된 조립품들의 재고를 보유하고 있다. 이러한 재고들은 두 가지 중요한 기능을 수행한다. 하나는 필요한 제품을 얻기 위해서 전체생산 공정을 거치지 않고 고객 주문에 대응하는 데 필요한 시간을 줄일 수 있는 것이고 다른 하나는 생산을 평활화하고 유휴 기계/작업자들을 활용하는 것이다. 연속적인 작업에서 불균등한 작업 시간으로 인해 일부 작업은 항상 여유 시간을 갖게 되지만 일부 작업은 최대 생산용량으로 작업하게 된다. 이는 자주 이용되는 구성품이나 하위조립품들의 재고를 위해서 이용된다. 게다가 구성품들은 재고생산을 하기 때문에 작업 순서에 유연성이 있다. 따라서 작업 준비가 유사한 작업들을 연속적으로 할 수 있게 되고 작업준비 시간과 비용을 줄일 수 있다.

### 품질

각 작업자는 선행작업에서 받은 자재의 품질뿐만 아니라 자신의 품질을 체크할 책임이 있고, 결함을 보고할 책임이 있다. 더불어 몇몇 어려운 작업에서 품질 관리담당자는 검사를 하고, 작업자와 협력하며 결함을 수정하는 일을 한다. 회사는 TQM 접근방법을 고려하고 있지만 아직 그 방향으로 갈지에 대한 결정을 내리지 않았다.

### [질문]

1. Stickley 가구사에서는 생산 공정의 어떠한 유형이 주요한 생산방식인가? 잡샵(job shop), 배치(batch), 반복생산(repetitive), 연속생산(continuous) 중에서 선택하라. 왜 그렇게 생각하는가? 생산공정의 어떤 유형이 보다 적게 이용되는가? 설명하라.
2. 생산이 이루어지는 동안 작업의 상태와 위치를 경영층에서 어떻게 추적하는가?
3. 회사가 40개의 미션스타일 오크 다이닝룸 세트 주문을 받았다고 가정하자. 회사가 이 작업의 계획을 세우고, 일정을 수립하고, 처리하기 위해서 필요한 정보들이 무엇인지 간략히 나열하라.
4. 회사가 평준화 생산 정책을 이용할 때, 얻게 되는 이점과 문제점들이 무엇인가?
5. 회사에게 도움이 되는 개선사항을 제안할 수 있는가?

## 참고문헌


Hopp, Wallace, and Mark L. Spearman. *Factory Physics*, 3rd ed. New York: Irwin/McGraw-Hill, 2007.

Jacobs, F. Robert, William L. Berry, D. Clay Whybark, and Thomas E. Vollman. *Manufacturing Planning and Control for Supply Chain Management*, 6th ed. Burr Ridge, IL: McGraw-Hill/Irwin, 2011.

Pound, Edward, Jeffery H. Bell, and Mark L. Spearman. *Factory Physics for Managers: How Leaders Improve Performance in a Post-lean,Six Sigma World*. New York: McGraw-Hill, 2016.

Wagner, Brett, and Ellen Monk. *Enterprise Resource Planning*, 3rd ed. Boston, MA: Cengage Learning, 2008.

# 14 CHAPTER JIT와 린 운영

## *JIT and Lean Operations*

### 학습 목표 *Learning Objectives*

*이 장을 학습한 후 다음과 같은 능력을 가져야 한다.*

**LO14.1** 린 운영과 JIT 시스템이 의미하는 바를 설명
**LO14.2** 린 시스템의 주요 특징을 설명
**LO14.3** 린 시스템을 운영하는 방식에 있어서 필요한 5가지 원칙을 나열
**LO14.4** 린 운영의 장점과 위험을 설명
**LO14.5** 토요타 생산 시스템(TPS)을 설명
**LO14.6** 린 시스템의 3가지 목표와 각각의 중요성을 설명
**LO14.7** 린 철학에 따른 8가지 낭비를 열거
**LO14.8** 린 생산 시스템의 4가지 기본 요소를 찾고 간단히 설명
**LO14.9** 주요 린 개선 도구를 설명
**LO14.10** 린 시스템으로 전환하는 과정에서 직면하게 되는 장애요인을 열거
**LO14.11** 린 성공의 방해 요인들을 설명

### 개요 *Chapter Outline*

Dmitry Dven/Shutterstock

기업들은 지속적으로 변화하는 글로벌 경제 환경에서 경쟁력을 유지하고자 노력하는 과정에서 점점 더 새롭고 나은 운영 방식을 추구하게 된다. 이것은 때로 전통적인 운영 방식에서 벗어나서 린 운영이라고 하는 새로운 방식으로의 변화를 의미하기도 한다. **린 운영**은 전통적인 운영 방식에 비해 상당히 적은 자원들(예를 들면, 활동, 사람, 재고, 그리고 작업 공간)을 활용하는 탄력적인 시스템이다. 더 나아가서, 린 시스템은 생산성 증대, 비용 절감, 주기시간 감축, 그리고 품질 개선을 가능하게 하기도 한다.

**린 운영**
최소의 자원을 사용하면서 품질 좋은 제품이나 서비스를 생산하는 유연한 시스템

린 시스템은 고도로 조정된 활동과 제품이 필요한 시점에 배송되는 특징 때문에 가끔은 **적시운영 시스템**(Just-in-time, JIT)으로 부르기도 한다. 이러한 린 접근방식은 토요타 자동차의 창립자들인 다이치 오노(Taiichi Ohno)와 시게오 신고(Shigeo Shingo)가 자동차를 생산하는 훨씬 빠르고 비용이 덜 드는 방법으로 선구적으로 창안하였다. 토요타의 성공에 따라 오늘날 린 접근법은 제조업과 서비스 업종에서 폭넓게 적용되고 있다.

**적시운영 시스템**
정확히 필요한 시점에서 제품이 이동하고 서비스가 수행되는 고도로 조정된 생산시스템

린은 낭비(비부가가치 활동)를 제거하고 작업장 내 모든 활동들을 긴밀하게 조정하여 생산을 간소화하는 데 초점을 맞추는 철학이자 방법론이다. 린 시스템은 다음과 같은 3가지 기본 요소를 가지고 있는데, 그것은 수요 주도적이고, 낭비 제거에 집중하며, 그리고 탁월함과 지속적인 개선에 헌신하는 조직 문화를 추구하는 것이다.

이 장에서는 린의 기본적인 요소들과 이들을 효과적으로 작동하게 하는 요인들을 포함하여 린 생산 접근방식을 기술한다. 또한 이 시스템이 가지고 있는 효익과, 기업이 전통적인 시스템에서 린 시스템으로 전환하고자 할 때 당면하는 잠재적인 장애물들에 대해서 언급한다.

## 14.1 서론

린 운영은 1900년대 중반 일본의 자동차 제조업체인 토요타(Toyota)가 개발하여 린 생산이라는 이름으로 시작되었다. 이것이 일본에서 개발된 것은 당시 일본의 부족한 부존 자원 때문에 영향을 받은 것이었다. 일본인들이 낭비와 비효율에 대해 매우 민감했다는 것은 그리 놀랄 만한 일이 아니다. 린 생산에 대해 광범위하게 관심을 갖게 된 것은 자동차 생산에 대한 한 권의 서적이 출판된 이후이다. 1990년에 James Womack, Daniel Jones와 Daniel Roos에 의해 *The Machine That Changed the World*(생산방식의 혁신)라는 서적이 출판되었다. 이 서적에서 기술된 바와 같이, 토요타는 생산 과정에서 발생하는 모든 종류의 낭비를 제거하는데 초점을 맞추었다. 낭비는 자동차를 생산하는 과정에서 방해를 하거나 가치를 부가하지 못하는 모든 것으로 정의되었다.

린 생산의 잠재력은 캘리포니아주 프리몬트(Fremont)에 있는 한 자동차공장이 1980년대 중반 린 생산을 성공적으로 적용한 예로 설명할 수 있다. 원래 GM에 속해 있었는데 저생산성과 높은 결근율로 1982년에 폐쇄되었다가 몇 년 후에 GM과 토요타의 합작기업인 NUMMI (New United Motor Manufacturing, Inc.)라는 이름으로 새로 문을 열게 되었다. 80%가 넘는 해고 작업자들이 다시 고용되었고, 사무직 직원들은 기획에서 지원 업무로 전환되었으며 성과를 설계하고, 측정하고, 개선하기 위한 소규모 팀들이 결성되고 교육되었다. 그 결과 1985년까지 생산성과 품질이 극적으로 개선되어 GM의 다른 공장들을 앞지르게 되었고, 결근율은 거의 무시할 만한 수준으로 떨어지게 되었다.

다른 북미 지역 기업들이 린 접근방식을 채택하려고 노력하는 과정에서, 성공하기 위해서는 조직과 기업 문화에 대규모 변화가 필요하다는 사실을 인식해 나가기 시작했다. 그들은 또 부분적인 운영의 효율을 강조하고 생산시스템의 불균형을 초래하며 다량의 재고를 유발시키는 대량생산은 이미 구시대의 유물로 전락한 반면에 린 접근방법이 수요에 기반한 운영, 신속한 작업전환 능력을 갖춘 유연한 운영시스템, 효과적인 작업자 관리 그리고 지속적인 개선 노력을 가능하게 한다는 점도 인식하게 되었다.

### 린 시스템의 특징

린 시스템에서는 몇 가지 공통적인 특징들을 발견할 수 있다. 이들에 대해 알아보면 린 시스템을 좀 더 잘 이해할 수 있을 것이다.

**낭비 감축**—린 시스템의 전형적인 특징

**지속적인 개선**—린 시스템의 또 다른 전형적 특징: 개선을 위한 끝없는 노력

**팀 활용**—특히 공정 개선을 위한 교차기능 팀(cross-functional team)

**작업 셀**—셀 작업배치와 함께 향상된 의사소통과 작업자 활용을 가능하게 한다.

**눈으로 보는 관리**—효율적인 흐름과 신속한 운영 평가를 가능하게 하는 간단한 신호

**높은 품질**—공정과 제품의 측면에서

**재고 최소화**—과잉재고는 낭비로 간주

**수요와 밀착된 산출**— 전 공정 시스템에 걸친 '수요에서 끌어당기기(demand-pull)'

**신속한 생산/운영 전환**—공정을 중단하지 않으면서 장비의 유연성과 산출의 다양성을 가능하게 함

**소로트 사이즈**—배치 생산의 다양성을 가능하게 함

**린 문화**—조직 전체가 린 개념을 받아들이고 그것을 달성하기 위해 최선을 다함

5대 원칙은 린 시스템이 작동하는 방식을 구현한다. 이전의 특징들과의 연관성에 주목해야 한다.

- 고객 가치를 인지하라.
- 가치를 부가하는 공정에 집중하라.
- '흐름'을 만들기 위해 낭비를 제거하라.
- 고객의 수요에 따라서만 생산하라.
- 완벽함을 추구하라.

## 린 시스템의 편익과 위험

린 시스템은 몇 가지 위험도 있지만 동시에 많은 편익을 제공한다. 주요 편익들은 아래와 같다:

- 낭비 감축에 대한 강조로 낭비의 감소
- 감소된 낭비와 낮은 재고로 비용 감소
- 고객 중심주의와 고품질 프로세스에 대한 필요성으로 동기유발되는 품질 개선
- 신속한 생산 전환과 소로트 사이즈로 발생하는 유연성 증가
- 비부가가치 프로세스 제거로 발생하는 생산성 증대

린 시스템과 관련된 다음과 같은 몇 가지 위험도 있다:

- 장비 전환, 문제 해결, 그리고 공장과 품질 개선에 대한 증가된 책임 때문에 발생하는 작업자들의 스트레스 증가
- 문제가 발생했을 때 활용할 수 있는 자원들(즉, 재고, 인력, 시간)의 부족
- 최소 재고나 시간 지연 등과 같은 공급사슬 문제가 생산을 중단시킬 수 있음

유명한 트랙터 제조기업인 존 디어는 경기 침체기에 재고 수준을 줄이는 JIT 기법을 활용하여 이윤을 증가시켰지만 경기가 좋아져서 수요가 증가했을 때는 부품 부족으로 납기가 길어지는 현상을 경험했다. 부품을 채우는 데 긴 시간이 소요된다는 것은 추수 시점이 *지나도* 농기계가 농부들에게 납품될 수 없음을 의미할 수 있다! 결과적으로 일부 농부들은 디어의 경쟁업체로부터 농기계를 구매하게 될 것이다.

## 토요타 접근방식

린 운영에서 공통적으로 적용되는 기법들 중 많은 것들이 일본 자동차 기업인 토요타에서 개발되었다. 토요타의 접근방식은 토요타 생산 시스템(TPS)이라는 이름으로 알려지게 되었고 특히 제조업에서 린 시스템의 실행을 위한 모범 사례가 되었다. 토요타가 사용한 많은 용어들이 오늘날 린 시스템과 연계되어 폭 넓게 사용되고 있다. 특히 다음과 같다:

**무다** ▸ 낭비와 비효율

**칸반** ▸ 부품이나 자재가 필요함을 알리는 수작업시스템

**헤이준카** ▸ 작업부하 평준화

**카이젠** ▸ 시스템의 지속적인 개선

**지도카** ▸ 원천에서의 품질관리(오토노메이션)

- ***무다***(*muda*, 낭비): 낭비와 비효율. 일종의 기초 철학. 낭비와 비효율은 최소화될 수 있다.
- ***칸반***(*kanban*, 看板): 부품이나 원자재의 필요(수요)에 대한 *신호*에 반응해서 이들의 이동을 통제하기 위해 사용되는 수동 시스템. 이것은 공장에 대한 배송과 각 작업장에 대한 배송 모두에 적용된다. 그 결과는 하루 종일 부품을 담은 용기가 안정적인 흐름을 유지하며 배송하는 것이다. 각 용기는 소량의 부품이나 자재를 담고 있으며 새로운 용기로 배송하며 빈 용기는 수거한다.
- ***헤이준카***(*heijunka*, 平準化): 생산량의 변동은 낭비를 유발. 작업부하는 일정하게 유지되어야 하고 생산량과 품종은 작업의 안정적인 흐름을 위해 평준화되어야 한다.
- ***카이젠***(*kaizen*, 改善): 생산시스템의 지속적인 개선. 항상 개선의 여지가 있으며 따라서 이러한 노력은 끊임없이 계속되어야 한다.
- ***지도카***(*jidoka*, 自動化): 원천에서의 품질관리. 기계가 불량 부품을 발견하면 자동으로 정지하고, 다음에 작업자가 생산 라인을 정지시킨다. *오토노메이션*(*autonomation*)으로도 알려져 있다

어떤 측면에서 보면 JIT는 60여 년 전 미시간 주 리버 루즈(River Rouge) 산업 단지에서 처음 시도되었다고 할 수 있다.

비록 토요타는 포드의 운영방식을 공부하는 과정에서 많은 것을 배우고 그것을 기초로 해서 린의 초석을 놓았지만, 포드가 할 수 없었던 품종의 다양화를 이루는 문제에 있어서 큰 업적을 이루었다.

JIT/린 생산은 재공품과 재고를 획기적으로 줄일 수 있는 일종의 일정계획 시스템이라고 널리 알려져 있기는 하지만, 따지고 보면 제품의 설계에서부터 판매 그리고 A/S까지의 모든 과정을 포함하는 하나의 *철학*으로 보는 것이 더 타당하다고 할 수 있다. 그 철학은 진정한 의미에서 *린* 시스템이 요구하는 최소 수준의 재고, 낭비의 최소화, 공간의 최소화, 그리고 거래의 최소화까지를 추구하는 것이다. 그래서 잦은 혼란을 겪어서는 안 되고 생산의 범위나 품종에서 유연성이 있어야 한다.

린 시스템에서 품질은 제품과 공정 모든 면에서 깊이 각인되어 있다. 린 운영을 사용하는 기업들은 작은 배치 사이즈와 빡빡한 일정에서도 일관된 수준의 품질을 이루었다. 린 시스템은 높은 신뢰성을 확보하고 있고, 비효율과 혼란의 원인을 제거해 왔고, 작업자들은 시스템에 잘 적응하는 것뿐 아니라 그것을 지속적으로 개선시킬 수 있도록 훈련되었다.

린 운영의 궁극적인 목적은 공급이 고객의 수요를 충족하는 시스템을 만드는 것이다: 공급은 안정적이고 지속적으로 고객 수요를 맞추도록 동기화된다. 그림 14.1은 린 생산 시스템의 목표들과 초석들에 대한 아이디어를 제공한다. 이하에서는 린 시스템을 지탱하는 부가적 목표들과 기본요소에 대해 보다 상세히 설명한다.

읽을거리  토요타 리콜

최근에 토요타는 회사 인기 차종들의 많은 리콜 때문에 골치를 썩이고 있다. 사실 품질과 린 생산에 있어서 세계적인 선두 주자인 토요타의 명성을 생각해 보면 상당히 놀라운 일이다. 상당수 언론 보도들이 다음과 같은 것들을 가능한 이유로 꼽고 있다: 지나친 비용 절감 요구; 문제가 있다는 지적을 거부하다가 문제에 대한 초기 대응 실패; 전 세계로 생산을 확장하면서 일본에서 전체 시스템을 점검하기 어렵게 됨.

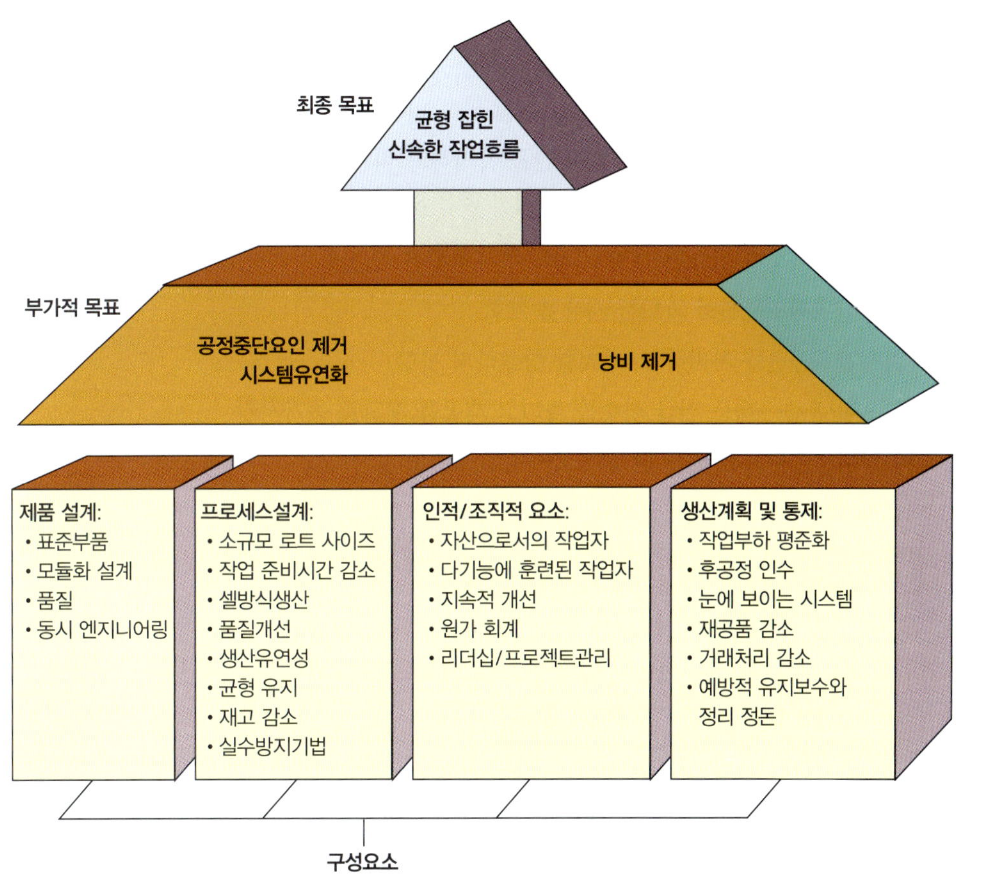


**그림 14.1**
린 생산 시스템의 목표와 기본요소

출처: Adapted from Thomas E. Vollmann, William L. Berry, and D. Clay Whybark, *Manufacturing Planning and Control Systems*, 5th ed. Copyright 2005 Irwin/ McGraw-Hill Companies, Inc. Used with permission.

## 14.2 부가적 목표

JIT의 궁극적인 목표는—원자재나 재공품이 생산시스템 내에서 평활하고 빠르게 흐르는—*균형 잡힌* 시스템의 구현이다. 기본적인 아이디어는 자원을 가능한 잘 활용해서 생산소요시간을 최소화해 보자는 것이다. 최종 목표가 얼마나 잘 성취되는가는 결국 아래의 부가적 목표들이 얼마나 잘 성취되는가에 달려 있다.

1. 공정중단 요인 제거
2. 시스템 유연화
3. 낭비, 특히 과잉재고 제거

*공정중단*은 시스템 내에서의 제품의 원활한 흐름을 방해함으로써 시스템에 부정적인 영

향을 미치기 때문에 제거되어야 한다. 공정중단은 나쁜 품질, 설비의 고장, 일정계획의 변경, 납품 지연과 같은 다양한 요인들 때문에 발생한다. 품질문제는 특히 지장을 주는데 그 이유는 린 시스템에는 불량부품 교체를 위한 여유 재고가 없기 때문이다. 가능한 한 모든 곳에서의 공정중단 요인을 제거해야 한다. 이것은 시스템이 해결해야 하는 불확실성을 줄이게 될 것이다.

*유연한 시스템*은 시스템의 균형과 공정 주기를 그대로 유지하면서 매일 매일의 제품믹스와 생산량에서의 변화에 대처할 수 있을 만큼 충분히 안정적인 시스템이다. 이것은 시스템이 어떤 불확실성에도 대처할 수 있는 능력을 가지게 해 준다. 긴 작업준비 시간과 리드타임은 시스템의 유연성에 악영향을 미치기 때문에 이것들을 줄이는 것이 핵심이다.

*낭비*는 자원이 생산적이지 못한 것을 나타낸다. 낭비를 제거하는 것은 자원의 활용도를 높이고 생산성을 향상시킨다. *재고*는 공간을 차지하고 비용 부담을 일으키는 유휴 자원이므로 반드시 최소화되어야 한다. JIT 시스템에서 다음 8가지 요소가 낭비를 구성한다(*무다*).

1. **과잉재고**—최소한 필요한 수량 이상의 유휴자원은 공간을 차지하고 비용을 발생시킨다.
2. **과잉생산**—제조자원의 과도한 사용을 포함
3. **대기시간**—공간을 차지하고, 가치를 창출하지 못함
4. **불필요한 운송**—제품 취급 회수를 늘리고 재공품 재고를 증가시킴
5. **가공낭비**—불필요한 생산 단계와 폐자원(scrap)을 발생시킴
6. **비효율적인 작업방법**—생산성 감소, 스크랩 증가, 재공품 재고 증가
7. **불량품**—재작업 비용을 발생시키고 고객 불만족에 의한 잠재적 매출 감소
8. **유휴인력**—신체적인 능력뿐 아니라 정신적이고 창의적인 능력까지 포함

이러한 낭비의 존재는 개선이 가능하다는 지표가 된다. 낭비는 지속적인 개선 노력을 위한 잠재적인 목표를 식별할 수 있게 해 준다.

낭비를 제거하기 위한 *카이젠* 철학은 다음과 같은 규칙에 기초해서 이루어졌다.[1]

1. 낭비는 적이며, 제거하기 위한 많은 노력이 필요하다.
2. 개선은 점진적이고 지속적으로 이루어져야 한다. 간헐적으로 이루어지는 개선은 대단한 것이 아니다.
3. 최고경영층, 중간관리층 그리고 작업자들까지 모두가 참여해야 한다.
4. *카이젠*은 많은 비용을 요구하는 전략이 아니다. 그것은 많은 양의 기술이나 컨설턴트가 필요한 일이 아니다.
5. 어디에나 적용될 수 있다.
6. 눈으로 볼 수 있는 시스템에 의해 지원된다. 절차, 공정 그리고 가치의 완전한 투명성, 문제점과 낭비를 모두가 볼 수 있게 하는 것이다.
7. 가치가 창조되는 곳에 주의를 집중한다.

[1] 출처: J. N. Rodrigues, M. Imai, "Masaaki Imai: The Father of Kaizen" www.gurusonline.tv/uk/conteudos/imai.asp.

8. 공정 지향적이다.
9. 개선을 위한 노력은 주로 새로운 사고와 작업 스타일로부터 초래됨을 강조한다.
10. 조직 학습의 본질은 실제 작업을 하면서 이루어진다.

## 14.3 기본요소

린 시스템의 설계와 운영은 앞에서 언급된 목표들을 이루기 위한 기초가 된다. 그림 14.1에서 보는 바와 같이 린 시스템의 기본요소는

- 제품설계
- 프로세스설계
- 인적자원/조직관리
- 생산계획과 통제로 이루어진다.

속도와 단순함은 이러한 기본요소들을 관통하는 두 개의 공통점이다.

### 제품설계

린 생산시스템에서는 제품설계의 다음 네 가지 요소가 중요하다.

- 표준부품
- 모듈화 설계
- 품질이 결합된 고도의 능력을 지닌 생산시스템
- 동시 엔지니어링[2](concurrent engineering)

처음의 두 요소는 속도와 단순함과 관련이 있다.

*표준부품*의 사용은 작업자들이 보다 적은 수의 부품을 취급하고, 교육/훈련 시간과 비용을 줄일 수 있다는 것을 의미한다. 이를 통해서 구매, 물자취급 그리고 품질 측정이 일상화되고 그 결과로 지속적인 개선이 가능하게 된다. 표준부품 사용의 다른 효익은 표준화된 공정을 사용할 수 있다는 점이다.

*모듈화 설계*는 표준부품을 확장한 개념이다. 모듈은 하나의 단위로 취급되는 부품들의 집합으로 조립, 구매, 물자취급 그리고 작업자 교육/훈련 등을 단순화하면서 취급해야 할 부품의 수를 획기적으로 줄인다. 표준화는 다양한 제품을 생산하기 위한 자재명세서에 포함되어 있는 부품과 소재의 수를 줄여서 결과적으로 그들을 단순화시키게 된다.

린은 고도의 능력이 있는 생산시스템을 필요로 한다. 나쁜 품질은 생산시스템에 중대한 차질을 야기한다는 점에서, 품질은 린의 필수적인 요소가 된다. 품질은 제품과 공정 모두에 녹아들어야 한다. 린 시스템은 작업의 흐름을 원활하게 하기 위해 설계되었는데 좋지 않은 품질은 이러한 흐름을 방해하게 된다. 로트 사이즈가 작고, 완충 재고가 존재하지 않기 때문

[2] 지금까지 동시공학이라는 용어를 주로 사용하였으나 의미가 불분명해 앞으로 이 용어를 사용하기로 제안함(역자 주).

에 생산공정은 문제가 발생하면 멈추어야 하고, 그 문제가 해결되고 나서야 재가동이 가능해진다. 분명한 것은, 공정 전체를 멈추게 되면 많은 비용이 발생하고 계획된 생산량을 줄여야 하는 결과가 되는데, 이런 이유로 인해 문제가 발생했을 때 전체 공정을 멈추게 하지 않고 가능한 빨리 문제를 해결하는 것은 절박한 과제가 되고 있다.

린 시스템은 품질에 대해 종합적인 접근방법을 채택하고 있다. 품질은 제품설계와 제조공정설계 모두에 녹아 있다. 린 시스템에서는 표준제품을 생산함으로써 표준적인 작업방법을 채택하고 종업원이 자신의 작업에 아주 친숙하며 표준 장비의 활용을 가능하게 하기 때문에 높은 품질수준이 실현될 수 있다. 뿐만 아니라 설계품질(즉, *설계*단계에서의 품질 구축)의 비용을 다량의 생산량에 분산시키므로 단위당 원가가 낮아진다. 최종고객과 제조가능성의 관점에서 적정품질수준을 선택하는 것도 중요하다. 따라서 제품설계와 제조공정설계는 함께 가야 한다.

공정기술에서의 변화도 원활한 작업 흐름을 방해할 수 있는데 동시 엔지니어링(4장에서 설명)을 실천하는 것이 이를 위한 해결책이 될 수 있다.

## 프로세스설계

린 생산 시스템에서는 프로세스설계의 8가지 측면이 특히 중요하다.

1. 소로트 사이즈
2. 작업준비 시간 단축
3. 제조 셀(cell)
4. 품질개선
5. 생산의 유연성
6. 균형 시스템
7. 소량의 재고
8. 안전장치(fail-safe) 기법

**소로트 사이즈** 린에서 이상적인 로트 사이즈는 최소 로트 사이즈에 대한 현장에서의 요구(예컨대, 여러 개를 동시에 가공하는 기계와 열처리장비, 긴 작업준비 시간을 요하는 기계) 때문에 비현실적일 수 있지만 1이다. 그럼에도 불구하고 생산공정이나 부품/소재의 공급 측면에서 린 시스템이 효과적으로 운영될 수 있도록 하는 많은 장점이 존재하기 때문에 작은 로트 사이즈는 중요한 목표가 되고 있다. 첫째, 작은 로트 사이즈로 공정을 통해 이동하게 되면 공정 내 재고가 현저히 줄어들게 되고, 유지비용과 필요 공간, 작업장에서 발생하는 불필요한 낭비를 줄일 수 있다. 둘째, 품질에 문제가 발생했을 때 검사와 재 작업을 해야 하는 아이템의 수가 적기 때문에 검사와 재작업을 위한 비용이 적게 들어가게 된다.

작은 로트는 일정계획에 대해서도 많은 유연성을 줄 수 있다. 보통 반복 생산시스템은 한정된 종류의 제품을 생산하는데 일반적으로 제품의 종류를 자주 바꾸지 않고 한 가지 종류의 제품을 계속 생산함을 의미한다. 이러한 시스템에서 작업준비 비용이 많은 아이템에 대해 배분되는 장점이 있지만, 결국 폭넓은 종류의 제품을 생산하는데 긴 주기 시간이 소요되게 된다. 예컨대 A B, C, 세 가지 버전의 제품을 한 기업이 생산한다고 하자. 전통적인 시스템에서는 한 종류의 제품을 심지어 2~3일까지 계속 생산하게 된다. 반면에 린 시스템에서는 작은 로트 사이즈를 유지하면서 각 제품의 생산에서 다른 제품의 생산으로의 이동이 빈번하게 일어나게 된다. 이러한 유연성은 린 시스템이 변화하는 소비자의 요구에 신속하게 대응할 수 있게 해 준다. 린 시스템은 필요할 때 필요한 것을 생산할 수 있다. 작은 로트와 큰 로트는 그림 14.2에서 비교가 되어 있고, 표 14.1은 작은 로트의 장점을 요약하고 있다.

작은 로트 사이즈의 사용이 경제적 주문량(EOQ)의 개념과 충돌하지 않음을 이해하는 것이 중요하다. 사실상 린의 두 가지 측면이 작은 경제적 주문량 로트 사이즈를 지지하고 있다. 하나는, 평균재고에 의해 계산되는 재고 유지비용은 높게 나타나는 경향이 있는데, 이것은 평균 재고량을 줄이는데 공헌하는 로트 사이즈를 줄임으로써 낮출 수 있다. 둘째는 작업준비 비용을 줄이는 것이 중요하다는 것이다. 그래서 높은 재고 유지비용과 낮은 작업준비비용은 최적 로트 사이즈를 줄이는 역할을 하게 된다.

**셋업시간 단축** 로트 사이즈를 줄이고 제품믹스를 바꾸는 것은 잦은 작업 준비를 필요로 한다. 로트 사이즈를 줄이고 제품믹스를 바꾸는 것이 신속히 이루어지지 않고 상대적으로 많은 비용이 든다면, 그를 위해 상당한 시간과 비용이 소요될 것이고 긴 자업 준비 시간은 그것이 짧을 때보다 더 많은 양의 재고를 유지하게 할 것이기 때문에 작업 준비 시간을 줄이는 것도 상당히 중요한 일이다. 린에서 작업자들은 스스로 준비를 할 수 있게 교육받고 작업준비 시간과 비용을 줄이기 위한 프로그램이 수행되고 있다. 사려 깊은 노력이 필요하고 작업자들은 공정의 중요한 일부이다.

시게오 신고(Shigeo Shingo)는 시스템 전환시간을 줄이는 데 공헌할 수 있는 SMED (single-minute exchange of die, **단분 금형교환**) 시스템을 개발해서 린 운영에 중요한 업적을 남겼다. SMED는 먼저 시스템을 전환하는 데 필요한 활동을 '내부적인' 것과 '외부적인' 것으로 구분한다. 내부적인 것은 기계가 멈춘 동안에만 할 수 있는 활동으로 정의되는데, 이로 인해 시스템 전환시간을 증가시킨다. 반면에 외부적인 것은 기계가 멈추지 않아도 할 수

◂ **단분 금형교환** 전환 시간을 줄이기 위한 시스템

A = 제품 A
B = 제품 B
C = 제품 C

*소로트 접근법*

AAA BBBBBBB CC AAA BBBBBBB CC AAA BBBBBBB CC AAA BBBBBBB CC

시간 ⟶

*대로트 접근법*

AAAAAAAAAAAA BBBBBBBBBBBBBBBBBBBBBBBB CCCCCCCCC AAAAAAAAAAA

시간 ⟶

**그림 14.2**
소로트와 대로트 사이즈

**표 14.1**
소로트 사이즈로 인한 혜택

| |
|---|
| 재고감소, 낮은 재고유지비용 |
| 재고보관 공간 감소 |
| 불량품 발생 시 낮은 재가공 비용 |
| 제품에 대한 개선 이전에 처분해야 하는 재고 감소 |
| 문제에 대한 가시성 증가 |
| 생산 유연성 증가 |
| 운영상의 균형을 맞추기 용이해짐 |

읽을거리

## 제네럴 밀스는 작업 전환 시간을 줄이기 위해 NASCAR 경주용 자동차 정비팀의 활동을 연구

제네럴 밀스가 회사 공장 중 하나에서 공정 전환 시간을 줄이려고 할 때, NASCAR 자동차 경주에 주목했다. 식품 회사인 제너럴 밀스는 경주 중에 정비팀이 어떻게 경주용 차에 주유를 하고 타이어를 교체하는가를 연구할 팀을 파견했다. 연구 결과 그 회사는 412분에 달하던 생산 전환 시간을 20분으로 줄일 수 있었다.

출처: Based on Karen Mills, "General Mills Looks Outside the Box for Innovation."

있는 활동으로 시스템 전환시간에 영향을 미치지 않는다. 이러한 구분에 이어서 시스템 전환시간을 줄이기 위한 기본적인 방법은 가능한 많은 내부적인 활동을 외부적인 활동으로 전환하고 남은 내부적인 활동을 잘 관리하는 것이라고 주장한다.

1982년에 토요타는 기계의 작업 전환시간을 무려 100분에서 3분으로 줄임으로써 SMED가 해낼 수 있는 잠재적인 이익(SMED는 모든 종류의 작업 전환을 요하는 시스템에도 적용될 수 있다)을 분명하게 증명해 보였다.

작업 준비를 위한 도구나 설비 그리고 작업 준비 절차는 단순화되고 표준화되어야 한다. 다목적 설비나 부속품은 준비 시간을 줄이는 데 공헌할 수 있다. 예컨대, 다른 용도를 위해 쉽게 위치이동이 가능한 여러 개 축을 가지고 있는 기계는 작업 전환시간을 확실하게 줄여준다. *그룹 테크놀로지*(6장 참조)도 반복적인 공정의 유사성에 편승해서 작업 준비 시간과 비용을 줄이는데 사용될 수 있다. 예컨대, 모양, 원재료 등이 비슷한 부품들은 준비 작업도 아주 비슷할 수 있는데, 같은 설비에서 순서대로 그들을 가공하면 준비 활동을 상당히 줄일 수 있고 단지 약간의 조정만 필요하게 된다.

**제조 셀** 린 시스템의 한 가지 특징은 여러 개의 *제조 셀*(*manufacturing cell*)이 존재한다는 것이다. 각 셀은 비슷한 가공을 필요로 하는 부품 군의 가공에 필요한 기계와 도구를 포함한다. 본질적으로 셀은 매우 집중화되고 효율적인 생산 센터이다. 작업 전환시간의 단축, 높은 설비 가동률 그리고 작업자에 대한 다기능 교육훈련의 용이성 등이 제조 셀이 갖는 중요한 이점들이다.

**품질개선** 생산과정에서 발생하는 품질불량은 정상적인 작업 흐름을 방해할 수 있기 때문에 해결이 필요하다. 따라서 불량품이 발생할 때 문제해결은 중요하다. 더 나아가서 재발 방지를 위해 문제의 원인을 찾고 제거하고자 하는 *품질개선*에 대한 요구는 언제나 존재한다.

**오토노메이션** ▸ 생산 도중 자동으로 불량을 탐지

린 시스템은 때때로 **오토노메이션**(autonomation, 자동결함검출, 단어 중간에 *on*이 추가되어 있는 것을 주목하라) 시스템을 활용해서 불량을 최소화한다. *지도카*라고도 하는데, 생산공정에서 발생하는 불량을 자동적으로 감지해내며 기계작업이나 수동작업에 모두 활용될 수 있다. 그것은 두 가지 메커니즘으로 구성된다. 하나는 발생한 불량을 감지하는 것이고, 다른 하나는 사전에 문제해결을 위해 생산을 중단시키는 것이다. 그래서 생산의 중단은 문제에 대한 즉각적인 관심에 초점을 두고 그 이후에 문제에 대한 조사가 이루어지고 그 문제를 해결하기 위한 행동이 취해지게 된다.

**생산 유연성** 린 시스템의 일반적인 목표는 제품이나 서비스의 믹스를 부드럽게 생산하거나 제공할 수 있는 능력을 갖추는 것이다. 이러한 목표를 이루는 데 방해가 될 수 있는 한 가지가 바로 생산이나 서비스시스템의 일부에 과부하가 걸려서 병목현상이 발생하는 것이다. 이런 병목현상의 발생은 곧 그 시스템이 유연하지 못하다는 것을 의미한다. 공정설계단계에

**표 14.2**
생산 유연성 증대를 위한 가이드라인

1. 작업 전환시간을 줄임으로써 작업 전환에 따른 정지시간 발생을 줄여라.
2. 고장과 정지시간을 줄이기 위해 주요 설비에 대한 예방적 유지보수를 수행하라.
3. 병목현상이 발생하거나 다른 작업자가 부재 중일 때 문제해결이 가능하도록 작업자들을 여러 기능에 걸쳐 교육을 하고 설비 조정과 간단한 수리도 할 수 있도록 교육하라.
4. 전체생산용량을 여러 개의 작은 단위로 나누고, 여러 개의 작은 셀들은 일시적으로 생산용량을 변경하는 것을 용이하게 하고, 그것을 나누거나 늘리는 것도 용이하게 한다.
5. 독립된 완충지역을 만들어라. 병목현상을 줄이고 지속적인 작업 변경을 피하기 위해 간헐적으로 작업장으로부터 떨어진 곳에 안전재고를 보관하라.
6. 중요 고객을 위해 생산유휴설비를 운영하라.

출처: Adapted from Edward M. Knod Jr. and Richard J. Schonberger, *Operations Management: Meeting Customers' Demands*, 7th ed. (New York: McGraw-Hill, 2001).

서 *생산 유연성*을 높이고 병목현상을 줄일 수 있는 방법이 여러 가지가 있는데 표 14.2는 이러한 기법을 예시한다.

**균형 잡힌 시스템** 생산라인의 라인밸런싱(line balancing) 즉, 작업장 간에 작업부하를 균등하게 배분하는 것은 시스템 내 작업흐름을 빠르게 하는 데 도움이 된다. 각 작업장에 할당된 작업을 수행하기 위해 필요한 시간은 사이클타임(cycle time)보다 작거나 같아야 한다. 사이클타임은 소위 *택트타임(takt time)*과 동일하게 설정된다(*Takt*는 박자를 뜻하는 독일어이다). **택트타임**은 생산시스템에서 생산속도를 수요율과 일치시키는 데 필요한 사이클타임이다. 이것은 흔히 린 생산시스템의 맥박이라고 말한다.

**택트타임** 최종제품과 고객의 수요를 일치시키기 위해 필요한 사이클타임

택트타임은 작업교대조(work shift)에 대해서도 설정된다. 택트타임을 결정하는 절차는 다음과 같다.

1. 교대조(shift)당 총 작업시간에서 비생산적인 시간을 차감하여 교대조당 사용할 수 있는 순 가용 시간을 결정
2. 하루에 한 번 이상의 시프트가 있다면, 하루당 순 가용시간을 얻기 위해 순 가용시간에 하루 시프트 횟수를 곱함
3. 순 가용 시간을 수요로 나누어 택트타임을 계산

**예제 1**

mhhe.com/stevenson14e

### 택트타임의 계산

다음에 주어진 자료를 가지고 택트타임을 계산하라. 시프트당 총 작업시간은 480분이고 하루에 두 번의 시프트가 발생한다. 시프트당 20분짜리 휴식이 두 번 있고 30분짜리 점심시간이 포함되어 있다. 일간 수요는 80개이다.

**풀이**

1. 총 작업시간 480분
   휴식 −40분
   점심시간 −30분
   410분/시프트
2. 하루 순 가용시간 계산
   시프트당 410분
   × 2시프트/일
   820분/일

3. 택트타임 계산

$$\text{택트타임} = \frac{\text{하루 순 가용시간}}{\text{일일수요}} = \frac{820\text{분/일}}{80\text{개/일}} \tag{14-1}$$

$$= 10.25\text{분/사이클}$$

택트타임이 결정되면 생산공정에 있는 각 작업장에 할당될 시간을 결정할 수 있다. 택트타임을 사용함으로써 수요가 안정적이고 생산용량이 수요와 일치하는 경우 재공품(WIP)을 최소화시키게 된다. 수요가 안정적이지 않은 경우에는 수요의 변동성을 상쇄할 수 있는 추가 재고가 필요하다.

**소량 재고 유지** 린 시스템은 재고 보관을 최소화하도록 위해 설계되었다. 린 철학에서 재고는 낭비로 간주된다는 사실을 기억하라. 재고는 절대 해결할 수 없는 반복되는 문제를 엄폐하는 경향이 있는 완충장치이다(왜냐하면 부분적으로는 명확하지 않거나 부분적으로는 재고의 존재가 그 문제를 심각하지 않아 보이게 하기 때문이다). 어떤 기계가 작동하지 않고 멈추었을 때, 다음 작업장에 보낼 수 있을 만큼 충분한 재고가 있다면 시스템을 중단시키지 않을 것이다. 그러나 이러한 방식의 '해결'은 기계고장이 증가하면 재고량을 증가시킨다. 기계 고장의 *원인*을 찾아서 그것을 제거하는 것이 더 나은 해결책이다. 품질, 믿을 수 없는 공급업체, 그리고 일정계획과 관련된 비슷한 문제들도 재고를 활용해서 해결할 수 있지만 그런 추가적인 재고를 유지하는 것은 비용이 많이 들고 공간적인 부담을 일으키게 되고 결과적으로 문제의 해결책이 되지 못한다.

린 접근방법은 문제를 부각시키기 위해 재고를 점차 줄여 나간다. 일단 문제가 발견되고 해결이 되고 나면 린은 재고를 더욱 줄여서 다른 문제들을 찾아서 고쳐나가는 식으로 작업을 한다. 비유로 표현하면, 그림 14.3과 같이 물 밖에 드러나 있지 않은 큰 바위가 있는 호수에 떠 있는 배가 있다고 하자. 바위는 생산(배)을 방해하는 문제들이고, 바위를 덮고 있는 물은 재고를 나타낸다. 수위가 서서히 낮아지면서 가장 큰 바위들이 모습을 드러내게 되고 이들을 제거하기 위한 노력이 수행되게 된다. 이것이 완료되면, 다음 층의 바위를 찾기 위해 수위를 더 낮추는 식으로 계속 작업을 해 나간다. 점점 더 많은 바위들을 제거해 가면서 바위를 덮는 데 필요한 수량도 점점 줄어드는 것처럼 재고에 대한 의존성도 그만큼 줄어들게 된다.

**그림 14.3** 큰 바위들(문제들)은 (A)에서와 같이 깊은 수위(재고)에 의해 가려진다. 낮은 수위(B)는 바위들(병목, 낭비, 좋지 않은 생산시간과 같은 문제들)을 드러낸다. 일단 큰 바위들이 제거되면 수위 (재고)는 낮아질 수 있다(C).

A

B

C

Franck Robichon/EPA-EFE/Shutterstock

◀ 린 자동차 조립 라인

예를 들면: 추가 원재료를 보유하면 공급업체로부터의 납품이 지연되거나 품질이 좋지 않을 때에도 생산을 지속할 수 있고, 추가 재공품(WIP)를 보유하면 생산 과정 중 문제와 부품 공급 과정의 지연을 감출 수 있고, 추가 완제품을 보유하면 잘못된 수요예측의 문제를 커버할 수 있다.

적은 재고는 지속적으로 계속되는 성공적인 문제해결 *과정*의 산물이다. 더 나아가서, 모든 문제들이 발견되고 해결될 가능성은 매우 낮기 때문에 문제가 발생할 때마다 신속하게 처리해 나갈 필요성이 있고, 생산시스템에서 작업의 원활한 흐름을 저해하는 새로운 문제가 발생하지 않도록 단 시간 내에 그 문제를 발견하고 해결하고자 하는 지속적인 요구가 존재한다.

린 시스템에서 재고를 최소화하는 한 방법은 공급업체가 납품하는 부품이나 원재료를 생산 현장으로 직접 배달하게 하는 것인데, 이를 통해 도입되는 부품이나 원자재를 보관해야 하는 필요성을 완전히 제거할 수 있다. 다른 편에서는 완성품 재고를 줄이기 위해 생산이 끝난 제품을 바로 출고해야 한다. 적은 재공품 재고와 함께 이런 특성들은 결국 매우 적은 재고만을 가지는 시스템을 가능하게 한다.

낮은 재고 유지비용, 적은 소요 공간, 재고에 대한 낮은 의존도, 적은 재작업, 설계개선 이전에 현재의 재고 처리를 해야 할 필요성의 감소 등과 같은 장점이 있지만 재고를 조금 유지하는 것은 여전히 위험을 내포하게 된다. 그중 대표적인 것이 문제 발생 시 안전망이 없다는 것이며 시스템이 이러한 문제에 신속하게 대응할 수 없을 때 시장에 존재하는 기회를 놓칠 수 있다는 것이 또 다른 위험이다.

**안정장치(fail-safe)기법** 공정에서 발생할 수 있는 실수의 가능성을 제거하거나 줄이기 위해 공정에 안전장치를 설치하는 것을 말한다. 원래 사용되었던 용어는 "바보 같은 행동을 하지 않는다"라는 의미를 가지는 *바카-요케*(*baka-yoke*)였다. 그러나 이 말이 가지는 강하고

**포카-요케** ▶
실수 가능성을 줄이기 위해 공정에 설치되는 안전 장치

공격적인 어조 때문에, "실수를 하지 않는다"는 의미를 가지는 **포카-요케**(poka-yoke)로 바뀌었다. 실수방지의 예로 빠진 품목이 있다는 것을 의미하는 포장된 품목의 무게가 지나치게 가벼울 때 소리를 내는 경보시스템이 있다. 또 남는 부품이 없다는 것을 확인하기 위해 모든 조립부품들을 '계란판(egg carton)'처럼 생긴 상자에 담는다거나, 제자리가 아니면 부품이 조립되지 않도록 부품을 설계하는 것 등이다. 차량에도 일상적인 사례들이 있다. 예컨대, 차문이 열려 있는 상태에서 시동을 걸어놓으면 키가 꽂혀 있음을 알려 주고, 차문이 완전히 닫히지 않았음을 알려 주며, 안전띠를 매지 않았음을 알려 주고, 연료가 얼마 남지 않았음을 알려 주는 시스템들이 있다. 다른 예를 보면, 현금지급기에서 카드를 뽑지 않으면 이를 알려 주는 ATM 신호, 반출되는 제품에 감시 태그가 제거되지 않았음을 알려주는 백화점 문에 설치된 도난방지 시스템, 전기 과부하가 걸리면 전기 공급을 차단하는 퓨즈나 회로차단기, 틀린 패스워드를 입력하면 작동하지 않는 컴퓨터나 기타 기기 등이 있다. *포카-요케*적 사고의 많은 부분은 작업에서 실수방지의 사용을 적극 고취했던 시게오 신고의 공헌으로 이루어졌다.

## 인적자원/조직요인

린 시스템에 있어 특히 중요한 5가지 인적/조직적인 요인은 다음과 같다.

1. 자산으로서의 작업자
2. 다기능 훈련 작업자
3. 지속적인 개선
4. 원가 회계
5. 리더십/프로젝트관리

**자산으로서의 작업자** 린 철학의 기본적인 신조 중 하나는 작업자들은 자산이라는 것이다. 잘 훈련되고 동기부여가 된 작업자들은 린 시스템의 핵심이다. 그들은 의사결정 과정에서 더 많은 권한을 위임받게 되고, 권한에 걸맞게 더 많은 책임을 지게 된다.

**다기능 훈련 작업자** 작업자들은 한 공정의 여러 기능을 수행하고 다양한 기계를 작동할 수 있도록 훈련된다. 이를 통해서 병목현상이 생기거나 동료 작업자가 결근을 했을 때 서로 도울 수 있기 때문에 시스템의 유연성을 높여주고 라인 밸런싱에 도움이 된다.

**지속적인 개선** 린 시스템에서 작업자들은 과거보다 품질에 대해 더 많은 책임을 지게 되고, 문제해결과 *지속적인 개선*에 참여해야 한다. 린 시스템에 참여하는 작업자들은 통계적 공정관리, 품질개선 그리고 문제해결에 대해 폭넓은 훈련을 받게 된다.

문제해결은 린 시스템의 근간이 된다. 시스템에서 원활한 작업 흐름을 방해하거나 방해할 가능성이 있는 문제들이 관심의 대상이 된다. 그런 문제가 발생하면 신속하게 해결하는 것이 중요하다. 문제점을 조사하는 과정에서 *일시적으로* 재고량이 많아질 수 있지만 문제해결의 목적은 문제를 제거하거나 최소한 재발할 가능성을 현저히 줄이는 것이다.

**안돈** ▶
공정에 문제가 있거나 지연되고 있음을 알리는 신호 시스템

생산과정에서 발생하는 문제들은 신속하게 해결되어야 한다. 어떤 기업에서는 문제가 발생했음을 표시하기 위해 신호등 시스템을 사용하는데 일본에서는 이를 '**안돈**(andon)'이라고 부른다. 각 작업장에는 3개의 전구가 설치되어서 초록색 전구는 문제가 없음을 나타내고,

노란색은 한 작업자가 약간 뒤처지고 있음을 나타내며, 빨간색은 심각한 문제가 발생했음을 나타낸다. 이런 시스템의 목적은 언제, 어느 작업장에서 문제가 발생했는지 알려 주고, 작업자들과 감독자가 즉각적으로 문제를 파악할 수 있게 하는 것이다.

일본 기업들은 일상적으로 문제해결에 참여할 수 있는 작업자들과 관리자들로 구성되는 팀을 구성해 왔다. 더 나아가서, 작업자들은 문제나 잠재적인 문제들 팀에 보고할 것을 권고 받고 있다.

모든 수준의 경영진이 문제해결을 지원하고 적극적으로 관여하는 것이 중요한데 여기에는 문제해결을 위해 기꺼이 필요한 재무적 지원을 하고, 성과를 인정하는 것 등이 있다. 작업자들의 도움을 얻어서 목표를 설정하고, 공론화하고, 자세하게 결과를 문서화하는 것도 필요하다. 목표는 작업자들에게 추구할 가시적인 어떤 것에 대해 알려 주는 것이고, 인정은 작업자들이 관심과 사기를 유지할 수 있게 한다.

진정한 린 시스템의 핵심주제는 재고를 줄이고, 작업 준비 비용과 시간을 줄이고, 품질을 개선하고, 생산 수율을 늘리고, 낭비와 비효율을 없애는 등 시스템의 지속적인 개선을 도모하는 것이다. 그 목표를 이루기 위해 문제해결은 하나의 삶의 방식이자 경영진과 작업자들을 동등하게 대우하도록 동화시켜야 하는 일종의 '문화'이다. 그것은 조직의 모든 구성원들이 시스템을 개선하기 위해 노력하면서 생산운영 개선에 대한 영원히 끝나지 않는 추구가 된다.

지속적인 개선에 대한 한 가지 도전은 일단 '쉬운' 개선이 이루어지고 나면, 작업자들이 더 이상의 개선을 지속적으로 추구하도록 동기부여 하는 것이 더 어려워진다는 점이다.

린 시스템에서 작업자들은 전통적 시스템의 작업자들에 비해 보다 많은 스트레스를 받는다. 증가된 권한이나 책임뿐만 아니라 여유가 거의 없고 개선에 대한 지속적인 압박이 존재하는 그들이 작업하는 시스템의 빠른 작업속도도 스트레스의 원인이 된다.

**원가 회계** 린의 또 다른 특징은 간접비를 배분하는 방식이다. 전통적인 회계 방식에서는 간접비를 직접 노무비에 기초해서 배분함으로써 간접비 구조를 왜곡할 수 있고, 다른 작업에 의해 발생한 간접비를 정확하게 반영하지 못한다. 또한 최근 일부 산업에서는 직접 노동시간이 상당히 줄어들어 상대적으로 적은 부분의 총 원가를 반영하고 있다. 반면에 다른 비용들이 오히려 원가의 주요 부분을 차지하고 있다. 따라서 노동집약적인 작업들은 지나치게 많은 간접비 배분을 받게 되고, 이로 인해 실제 원가를 제대로 반영하지 못하는 상황이 일어난다. 이것은 결국 경영자들이 잘못된 의사결정을 하도록 유도하게 되고 직접 노무 시간을 추적하는 일도 많은 노력을 필요로 한다. 간접비 배분을 위한 한 가지 대안은 **활동기준원가**(activity-based costing) **회계**이다. 이것은 특정 과업이나 활동에 의해 발생한 실제 간접비를 좀 더 정확하게 반영하기 위해 도입되었다. 활동기준원가 회계는 먼저 추적 가능한 비용을 식별하고 나서 그것을 기계 작업 준비, 검사, 기계 시간, 직접 노동 시간, 자재이동과 같은 다양한 활동들에 정확하게 배분한다. 특정의 작업은 소비한 활동의 비율에 기초하여 간접비를 배부 받는다.

**활동기준원가 회계**
간접비용을 과업이 수행한 활동에 따라 배분

**리더십/프로젝트관리** 린 시스템의 또 다른 특징은 *리더십*과 관련이 있다. 관리자들은 명령권자가 아니라, 리더이자 조력자가 되어 주어야 한다. 린은 작업자와 관리자 사이에 양방향 의사소통을 권장한다.

## 생산계획과 통제

린 시스템에서는 7가지 생산계획과 통제 요인이 특히 중요하다.

1. 평준화된 작업부하
2. 후공정 인수시스템
3. 눈에 보이는 시스템
4. 한정된 수량의 재공품(WIP)
5. 공급업체와의 친밀한 관계
6. 거래처리 감소
7. 예방적 유지보수

**평준화된 작업부하** 린 시스템은 안정적이고 평준한 일일 작업일정을 강조하는데, 이를 위해서 *평준화된 생산 부하*를 가능하게 하는 주일정계획을 수립한다. 주일정계획은 흔히 쓰이는 수량에 기초한 작업일정보다는 비율에 기초한(rate-based) 일정을 수반한다. 특히 생산일정계획이 일단 수립되면 단기적인 시간 구획에서는 비교적 고정되며 이것은 시스템에 확실성을 제공한다. 주일정계획이 잘 마련되었다 해도 평준화된 생산 부하 할당을 위해 매일매일의 일정에 있어 다소간의 변경은 필요할 수 있다. 공급업체들은 평준화 부하를 선호하는데 이것은 부품에 대한 평활한 수요를 의미하기 때문이다.

평준화된 생산일정계획은 평준화 생산을 필요로 한다. 기업이 다양한 제품이나 모델을 생산한다면 작은 로트 크기로 생산하고(재공품 재고를 최소화하고 유연성을 유지하기 위해서), 원활한 생산을 하기 위해 하루에 다양한 제품을 모두 생산하는 것이 바람직하다. 극단적인 경우는 어떤 제품 한 단위를 생산하고 나서, 다른 제품 한 단위를 생산하고, 또 다른 제품 한 단위를 생산하는 경우일 것이다. 이런 방식이 최대한의 다양성을 가능하게 하겠지만 지나치게 큰 작업 준비 비용을 부담해야 하므로 실용적이지는 못하다고 할 수 있다.

*혼류모델(mixed-model) 작업순서* 결정은 각 제품이나 모델의 일일 생산 소요로부터 출발한다. 예컨대, 한 부서가 다음과 같은 일일 생산 소요를 가지는 A, B, C 세 가지 모델을 생산한다고 하자.

세 가지 이슈가 해결되어야 한다. 첫째는 어떤 순서로 생산할 것인가 이고(C-B-A, A-C-B 등), 둘째는 정해진 생산 순서가 하루에 몇 번 반복되어야 하는가 이고(즉, 사이클), 셋째는 각 사이클에서 각 모델이 몇 단위씩 생산되어야 하는 가이다.

| 모델 | 일일 소요량 |
|---|---|
| A | 10 |
| B | 15 |
| C | 5 |

작업순서의 선택은 몇 가지 요인에 의해 좌우되지만 가장 중요한 것은 작업 순서에 따른 작업 준비 시간과 비용이다. 예컨대, 모델 중 2개가(예컨대, A와 C) 아주 비슷하다면 A-C 또는 C-A의 순서는 준비를 위한 비용과 시간을 최소화시킬 것이지만, B를 위한 준비는 많은 비용과 시간을 요구하게 될 것이다. A-C 또는 C-A의 순서를 가지는 작업순서를 선택하게 되면 그렇지 않을 때보다 대략 20% 정도 준비를 위한 시간과 비용을 줄이게 될 것이다.

매일의 주기(사이클)의 수는 일일 생산량에 의해 좌우된다. 모든 모델이 모든 생산 주기에서 생산된다면(보통 목표가 됨) 각 모델의 일일 생산 소요량의 최대 공약수가 주기 수가 될 것이다. 이것은 가장 작은 생산 소요량을 가지는 모델 한 단위를 포함하는 최소 주기 수가 될 것이다. 앞의 표에 나와 있는 모델 A, B, C를 위해서는 5번의 주기가 존재해야 한다(각 수량의 최대 공약수는 5). 높은 작업 준비 비용은 작업 준비 비용과 평준화 생산에서 비용절감을 상쇄시키면서 최소한의 주기를 사용하게 할 수 있다. 최대 공약수가 정수로 존재하지 않는다면 관리자는 최소 생산 소요량을 주기 수로 선택할 수 있는데 이럴 경우 그 차이를 메우기 위해 어떤 주기에서 특정 모델을 더 생산해야 한다.

때때로 관리자는 각 모델의 일일 생산 소요량을 주기 수로 나누어서 각 주기에서 각 모델의 단위 수를 결정한다. 하루에 5 주기를 사용하면 결과가 다음과 같다.

| 모델 | 일일 소요량 | 주기당 단위 |
|---|---|---|
| A | 10 | 10/5 = 2 |
| B | 15 | 15/5 = 3 |
| C | 5 | 5/5 = 1 |

이 값들은 로트 크기의 제약 때문에 실현 불가능할 수 있다. 예컨대, 모델 B는 한 상자에 4 단위를 담을 수 있는데 주기당 3단위를 생산하는 것은 그 상자를 채울 만큼 충분한 양이 생산될 때까지 최종제품들이 기다려야 한다는 것을 의미한다. 이와 비슷하게 일련의 공정을 위한 표준 생산 로트 크기가 존재할 수 있다. 어떤 열처리 공정은 한 번에 6단위를 처리할 수 있는 고로를 보유한 상황에서 만약 각 모델이 다른 고로 온도에서 처리되어야 한다면 그들은 함께 처리될 수 없다. 여기서 필요한 것이 고로의 로트 크기와 평준 생산 사이에 발생하는 상쇄효과에 대한 분석이다.

**예제 2**

mhhe.com/stevenson14e

### 생산계획 수립

A-B-C의 작업 순서를 사용하면서 세 모델을 위한 생산계획을 세우라.

| 모델 | 일일 소요량 |
|---|---|
| A | 7 |
| B | 16 |
| C | 5 |

**풀이**

최소 일일 소요량은 5인데, 다른 두 숫자를 5로 나누어서는 정수 값을 얻을 수 없다. 그렇다 해도, 관리자는 다섯 주기를 사용하겠다고 할 수 있다. 다섯 주기 동안 매 주기마다 모델 A와 C를 한 단위를 생산하고 모델 B를 3단위 생산하게 되면 모델 A 2단위와 모델 B 1단위가 부족하게 된다. 이를 해결하려면 부족한 생산 단위를 어디에든 끼워 넣어야 한다.

| 주기 | 1 | 2 | 3 | 4 | 5 |
|---|---|---|---|---|---|
| 패턴 | A B(3) C | A(2) B(3) C | A B(4) C | A(2) B(3) C | A B(3) C |
| 추가 단위 | | A | B | A | |

만약 모델 A를 위한 소요량이 7이 아니고 8이 된다면 다음과 같은 생산 패턴을 따라야 할 것이다.

| 주기 | 1 | 2 | 3 | 4 | 5 |
|---|---|---|---|---|---|
| 패턴 | A(2) B(3) C | A B(3) C | A(2) B(4) C | A B(3) C | A(2) B(3) C |
| 추가 단위 | A | | AB | | A |

**후공정 인수시스템** *민다*는 말과 *당긴다*는 말은 생산공정에서 작업을 이동시키는 두 가지 서로 다른 시스템을 기술하기 위해 쓰인다. 전통적인 생산 환경에서 한 작업장에서 작업이 완료되면 그 산출물이 다음 작업장으로 전달되거나 공정이 완료되었다면 완제품재고로 저장되게 되는 **전공정 전달시스템**(push system, 밀어내기 방식)이 주로 사용되었다. 반대로 작업 흐름의 통제권이 후속 공정에 있는 **후공정 인수시스템**(pull system, 끌어당기기 방식)에서는 각 작업장은 전 공정의 산출물이 필요할 때 전 공정으로부터 끌어오고, 완제품은 소비자의 수요나 주일정계획에 의해 끌려 나오게 된다. 그래서 후공정 인수시스템에서는 공정의 다음 단계로부터의 요청에 의해 작업이 흐르게 되는 반면, 전 공정 전달시스템에서 작업은 다음 단계의 상황과는 무관하게 완료되면서 흐르게 되어 있다. 결과적으로 작업은 설비 고장이나 불량의 발생으로 인해 일정이 뒤처진 작업장에 쌓여 있게 된다.

**전공정 전달시스템** ▸ 작업이 완료되고 나서 후속 공정으로 밀어냄

**후공정 인수시스템** ▸ 후속 공정에서의 요구에 따라 선행 공정의 산출물을 끌어옴

JIT 시스템에서 작업장 간 의사소통은 후방에서 전방으로 이루어진다. 각 작업장은 공급과 수요가 같다는 것을 확인하면서 선행 작업장에 작업 요청을 하게 되고, 작업은 시간에 맞게 다음 작업을 위해 이동하게 되고 작업들이 즉각적으로 이루어지지는 않으므로 약간의 재고가 존재할 수 있긴 하지만 초과 재고는 존재하지 않게 된다. 어떤 작업장이 작업을 시작하기 전에 후속 작업장으로부터 요청을 받을 때까지 기다렸다면 후속 작업장은 선행 작업장이 작업을 할 때까지 기다려야 하기 때문에, 원칙적으로 각 작업장은 후속 작업장의 (기대) 수요를 충족시키기에 충분한 양만큼만 생산한다. 이것은 선행 작업장이 작업에 착수하기 전에 미리 후속 작업장과 수요에 대해 의사소통이 이루어지거나 작업장들 사이에 어느 정도의 완충재고가 존재해야 가능하다. 후자의 경우에 완충재고가 어느 수준 이하로 떨어지면 선행 작업장은 완충 재고를 채우기 위한 생산에 착수하도록 지시를 받게 된다. 완충 재고의 수준은 선행 작업장의 주기시간에 따라 결정된다. 즉, 주기시간이 짧다면 완충재고는 아주 조금 필요하거나 거의 필요 없고, 주기시간이 길면 상당한 수준의 완충재고가 필요하게 된다. 그러나, 궁극적으로 생산은 오로지 후속 공정에서의 요청에 의해서만 이루어지고, 작업은 다음 공정에 의해 발생하는 수요에 의해 진척된다.

후공정 인수시스템은 작업이 안정적이고 반복적으로 흘러야 한다는 조건을 충족시켜야 하므로 모든 생산공정에 있어서 반드시 좋다고 할 수는 없으며 조업량, 제품믹스 또는 제품 디자인에서의 변동 폭이 크다면 시스템의 성공을 장담하기 어려워진다.

**눈에 보이는 시스템** 후공정 인수시스템에서 작업 흐름은 다음 공정에서의 수요에 의해 지배된다. 수요를 위한 의사소통은 소리를 지르거나 손짓을 하는 등 여러 가지 방법으로 이루어지지만 그래도 가장 흔히 사용되는 방법은 **칸반**이라는 카드를 사용하는 것이다. *칸반*(*kanban*)은 '신호' 또는 '눈에 보이는 기록'이라는 뜻을 가진 일본말이다. 어떤 작업자가 선행 공정으로부터 원자재나 작업이 필요하다면 그는 칸반 카드를 사용해야 하는데 그것은 실제로 부품이나 작업의 이동을 위한 *권한* 같은 것이고, 그것이 없이는 어떤 부품이나 원자재도 절대 이동할 수 없다.

**칸반** ▸ 선행 공정에 작업이나 자재의 수요에 대한 의사를 전달하는 카드나 다른 수단

2가지 형태의 칸반이 존재한다.

1. **생산 칸반(p-칸반)**: 부품 생산을 요구하는 칸반
2. **운반 칸반(c-칸반)**: 다음 작업장으로 부품을 전달할 것을 요구하는 칸반

칸반 시스템이 작동하는 방식은 다음과 같다. 한 장의 칸반 카드가 각각의 부품용기에 부착되어 있다. 어떤 작업장에서 부품의 재고를 보충할 필요가 있으면 작업자가 부품저장소로 가서 부품용기 하나를 인출한다. 각각의 용기는 사전에 정해진 수량을 담고 있다. 작업자는 용기에서 칸반 카드를 떼어 내어 눈에 잘 띄는 지정된 장소(칸반 포스트)에 붙여놓고 용기를 가지고 작업장으로 돌아온다. 포스트에 붙여놓은 칸반은 다른 용기로 재고보충을 하는 재고보충 작업자가 수거해가며 이러한 절차가 모든 라인에서 이루어진다. 부품에 대한 수요가 재고보충을 촉발시키며 부품은 사용량이 지시하는 대로 공급된다. 공급업체에서 완제품 창고에 이르기까지 모든 라인에서 유사한 재고인출과 재고보충이 모두 칸반 카드로 통제되면서 이루어진다. 재고가 쌓이는 것을 보고 감독자가 시스템이 너무 느슨하다고 판단되면 시스템을 균형상태로 만들기 위해 칸반 카드를 추가한다. 부품공급자 역시 용기의 수량에 영향을 미칠 수 있다. 운반시간이 용기의 수량에 영향을 미칠 수도 있다. 운반시간이 길면 보다 큰 용기로 수량이 적어지며, 운반시간이 짧으면 소형용기로 수량이 많아진다.

사용 중인 칸반 카드의 수량이 주용한 변수라는 것은 자명하다. 이상적인 칸반 카드의 수량은 다음 공식을 이용하여 계산할 수 있다.

$$N = \frac{D(T)\,(1+X)}{C} \tag{14-2}$$

여기서,

$N$ = 총 용기의 수(용기 하나당 카드 하나)
$D$ = 부품의 계획된 사용률
$T$ = 부품 재고보충을 위한 평균대기시간과 부품 한 용기당 평균 생산시간의 합
$X$ = 시스템에 존재하는 비효율을 반영하는 경영진의 정책 변수(0에 가까울수록 시스템은 보다 효율적임)
$C$ = 표준부품 용기의 용량

$D$와 $T$는 같은 단위를 사용해야 한다는 점에 주의해야 한다(예, 분, 일 등).

**예제 3**

### 필요한 칸반 카드의 개수 계산

어떤 작업장의 부품 사용률은 하루 300개이고 표준 용기의 용량은 25개이다. 칸반 카드가 접수되고 용기가 비어서 돌아오는 데 걸리는 주기시간은 평균 0.12일이 걸린다. $X = 0.20$일 때, 필요한 칸반 카드의 개수를 계산하라.

**풀이**

$N$ = ?
$D$ = 하루 300개
$T$ = 0.12일

$C$ = 용기당 25개

$X = 0.20$

$N = \frac{300(0.12)(1 + 0.20)}{25} = 1.728$(2로 반올림)

*주의*: 반올림은 시스템을 약간 느슨하게 하고, 반내림은 시스템을 더 타이트하게 하는 경향이 있는데 보통 반올림을 사용한다.

MRP와 칸반의 목표가 본질적으로 같음에도 불구하고(즉, 고객 서비스를 개선하고 재고를 감축시키며 생산성을 향상시킨다), 접근법에 있어서는 차이가 있다. MRP도 그렇고, 칸반 시스템도 그렇고 독립적으로 사용될 수는 없다. MRP는 컴퓨터를 사용해서 운영되는 시스템이고,칸반 시스템은 린 시스템의 일부로서 수작업을 통해 이루어지는 시스템이다.

칸반 시스템은 본질적으로 투 빈(two-bin) 형식의 재고관리 시스템이다. 공급은 그들이 미리 정해진 수준에 도착하면 반 자동적으로 다시 채워지게 된다. MRP는 소요량을 예측하는 데 초점을 맞춘다.

칸반 시스템의 가장 중요한 효익은 그 단순함이고, MRP의 주요 효익은 복잡한 계획과 일정계획 문제를 해결하는 능력이다. 나아가 MRP II는 경영자에게 생산용량계획에서 'what-if' 형태의 문제를 해결할 수 있도록 해 준다.

칸반 시스템을 구성하는 철학은 전통적인 생산시스템의 철학과 상당히 차이가 있다. 그럼에도 불구하고 두 접근법은 자신만의 장점을 가지고 있으므로 모든 경우에 어떤 특정 접근법을 강요하는 것은 옳지 않다. 현재 서구에 있는 기업들이 칸반 시스템을 연구하고 있고 일본의 기업들이 MRP를 연구하고 있다는 점은 시사하는 바가 크다. 이러한 사실은 두 시스템이 서로의 장점을 통합하면서 함께 사용되어야 한다는 것을 제안한다.

기업들이 칸반 시스템을 도입해야 하는지 여부는 논란의 여지가 있다. 사실상 유용하기도 하지만 칸반 시스템은 단순한 정보시스템일 뿐이기 때문에 그 자체로 생산성이나 효율성의 개선을 보장해 주지는 못한다. 같은 논리로 MRP도 그 자체로는 큰 개선을 보장해 주지 않는다. 중요한 것은 전체적인 관점에서의 접근인데, 생산계획과 통제를 개선하는 데 필요한 새로운 방법을 찾는 일에 최고경영층을 포함한 모든 수준의 관리자들이 관심을 가져야 하며 해당 기업이 처한 환경에서 가장 적합한 기법을 선정해야 한다.

**부가설명** 칸반이나 MRP 중 어느 하나를 사용한다고 하여 다른 것을 사용할 수 없음을 의미하지는 않는다. 실제로, 한 생산 설비 내에서 두 시스템이 모두 사용되는 경우를 발견하는 것은 흔히 있는 일이다. 예를 들면, 일부 일본 제조기업들은 생산 계획을 세우고 MRP 시스템으로 회귀한 경우도 있다. 두 접근법 모두 특정한 장점과 단점을 가지고 있다. MRP 시스템은 생산 계획에 사용될 수 있는 자재소요량과 소요시기를 계산할 수 있는 자재명세서 전개능력이 있다. 그러나 MRP가 가지고 있는 고정된 리드타임과 무한 생산 용량의 가정은 심각한 문제를 일으킬 수 있다. 공장 현장에서 보면, 후공정 인수 시스템과 함께, 칸반 시스템이 가지는 의미는 아주 효과적일 수 있다, 그러나 칸반 시스템은 현장에서 균일한 자재 흐름이 이루어질 때 가장 효과적으로 작동하고, 흐름이 가변적이면 완충재고를 필요로 하며 이것은 후공정 인수 시스템의 장점을 상쇄시킨다.

실제로, 어떤 상황에서는 시각적인 접근법이 좋고, 그렇지 않은 상황에서는 MRP가 좋다. 여전히 많은 경우에 그들의 혼합형이 좋을 수도 있다. 칸반/MRP와 같은 혼합형은 MRP가 계획 단계에서, 그리고 칸반이 실행 단계에서 사용될 때 성공적일 수 있다.

**한정된 수량의 재공품(WIP)** 린 시스템에서 자재와 재공품의 이동은 주의 깊게 조정되어 있으며 필요할 때만 각 단계에 도착한다. 생산시스템에서 재공품의 양을 관리하는 것은 많은 효익을 가져다 준다. 그 하나는 재공품 재고가 줄어들어서 발생하는 재고유지비용의 감소이고, 다른 하나는 유연성의 증대이다. 더해서 재공품 수량이 줄어들면 일정계획이 용이해지고 설계 변화가 있을 때 재작업 비용을 절감할 수 있게 된다.

재공품을 관리하게 되는 것은 결국 주기시간의 변동성을 감소시킨다. 재공품은 주기시간과 과업 도착률에 의해 결정된다. 리틀의 법칙에 따르면, 재공품 수량 = 주기시간 × 도착률이 된다. 재공품과 도착률이 모두 상수라면 주기시간도 상수가 된다. 전 공정전달시스템에서는 도착률이 상수가 될 수 없기 때문에 큰 규모의 재공품 채찍 효과가 발생하는데, 이것이 주기시간에서의 변동성을 높인다. 이로 인해, 기업은 고객들에게 긴 리드타임을 강요하게 되는 것이다.

재공품을 관리하는 방법은 두 가지가 있다. 하나는 칸반 시스템이고, 다른 하나는 일정 재공품 수준 유지이다. 칸반을 활용한 방법은 개별 작업장에 초점을 맞추는 반면 일정 재공품 수준 유지는 생산시스템 전체에 초점을 맞춘다. 일정 재공품 수준 유지 기법을 사용하면 한 작업이 시스템을 떠나야만 새로운 작업의 시스템 내로 들어올 수 있는데 이를 통해 바로 일정 재공품 수준을 유지할 수 있게 된다.

칸반 시스템은 안정적이고 예측 가능한 환경에서 가장 좋은 성과를 낸다. 일정 재공품 수준 유지는 생산공정에 기계 고장이나 품질문제와 같은 사건으로 인해 변동성이 높을 때 유용하다. 칸반을 사용하면, 상위 공정의 작업이 중단되며, 공정은 상당히 신속하게 중단될 것이다. 반면에, 일정 재공품 수준 유지를 사용하면, 상위 공정에서는 어느 정도 긴 시간 동안 작업이 지속된다. 그러고 나서 공정을 중단시킨 원인이 제거되면, 칸반 시스템에서처럼 전체 생산 라인이 중단된 경우보다 훨씬 적은 생산 손실이 발생하게 된다. 또, 혼합 생산 환경에서, 일정 재공품 수준 유지 시스템이 특정 부품의 수에 집중하는 칸반 시스템보다 운영이 용이하다.

**공급업체와의 친밀한 관계** 린 시스템은 *공급업체와의 친밀한 관계*에 바탕을 둔다. 전통적으로, 구매하는 기업들은 구매된 제품의 품질을 체크하고, 품질과 수량을 조사하고, 품질이 좋지 않은 제품을 반품하는 역할을 해 왔다. 린 시스템은 거의 여유재고를 가지지 않기 때문에, 품질이 좋지 않은 제품은 작업의 원활한 흐름을 방해하게 된다. 더 나아가서, 입고되는 제품을 검수하는 것도 추가적인 가치를 발생시키지 못하기 때문에 비효율적인 것으로 간주된다. 이런 이유 때문에 품질보증의 책임이 공급업체에게 이전된다. 구매 기업들은 희망 품질수준을 충족시킬 수 있고, 일관되게 좋은 품질의 제품을 공급할 수 있는 공급업체들과 거래하기를 희망한다. 구매 기업의 궁극적인 목표는 공급업체를 고품질 제품생산자로 *인증*해 주는 것이다. 이런 인증이 갖는 의미는 구매기업이 특정 공급업체가 추가적인 검수 과정 없이 고품질의 제품을 공급하고 있다고 믿는 것을 말한다.

공급업체들은 정기적으로 작은 로트의 부품을 공급할 의향과 능력을 보유해야만 한다. 이상적으로 보면, 공급업체들도 JIT 시스템 아래에서 생산을 수행해야 한다. 구매 기업들은 공급업체들이 JIT 시스템을 도입하는 것을 도울 수 있는 경우가 많다. 실제로 공급업체들은 구매 기업과 공급업체들의 생산설비를 통합하는 확장된 JIT 시스템의 일부가 된다. 이런 통합은 공급업체가 소수의 구매기업들하고만 거래를 하면 더 쉽게 이루어질 수 있다.

전통적으로, 구매기업과 공급업체 사이의 협동심은 존재한 적이 별로 없다. 구매기업들과 공급업체들은 상당히 적대적인 관계를 맺어온 것이 사실이다. 구매기업들은 보통 가격을 가장 중요한 요소로 생각해서 가격이 높아질 수 있는 단일 공급업체와의 거래를 기능한 피하고, *여러 공급업체*와 거래하는 것을 선호해 왔다. 이런 관행에 따르면 구매기업들은 좀 더 낮은 가격이나 더 많은 양보를 얻어내기 위해 공급업체들을 경쟁시킨다. 이런 경우 공급업체들은 장기적인 거래를 할 수가 없기 때문에 특정 구매 기업에 대해 충성심을 가질 이유가 전혀 없게 되는 것이다. 더 나아가서, 공급업체들은 위험을 회피하기 위해 보다 많은 수의 구매기업들과 거래하는 전략을 취하게 된다.

JIT 시스템 아래에서 구매활동은 공급업체와의 좋은 관계유지를 강조한다. 구매기업들은 특정 공급업체와 긴밀한 관계를 맺는 데 초점을 맞추면서 거래하는 공급업체의 수를 줄이게 된다. 소량을 자주 배달해야 할 필요성 때문에 구매기업들은 거리적으로 가까이에 위치한 공급업체들을 더 선호하게 된다. 공급업체가 가까이에 있으면 리드타임에서의 불확실성을 줄일 수 있고, 문제가 발생했을 때 신속한 해결이 가능하다는 장점이 있다.

JIT 시스템 아래에서 구매 활동은 공급업체와의 장기적인 관계 형성에 의해 특징지어진다. 이를 통해 공급업체들은 구매기업과의 거래에 더 많은 자원을 투자할 의향을 가지게 되며, 가격은 가장 중요한 요소에서 이차적인 중요도를 가지는 요소로 바뀌게 된다.

**공급업체 계층** 많은 린 생산시스템이 가지는 중요한 특징은 거래하는 공급업체의 수가 상대적으로 적다는 것이다. 전통적인 시스템에서 구매기업들은 많은 바퀴살대를 가지는 거대한 바퀴처럼 매우 집중화된 계약을 바탕으로 수백, 수천의 공급업체들과 거래를 했다. 구매기업이 그 바퀴의 중심에 있고, 공급업체들이 뻗어 나오는 바퀴살대를 이루게 된다. 이런 경우에 공급업체들은 다른 공급업체들이 하는 일에 대한 정보를 가지지 못하며, 다만 구매기업으로부터 받은 작업 명세에 따라 작업을 해서 구매기업에게 공급하게 된다. 공급업체들은 개선의 아이디어가 있어도 제안하는 것에 관심이 거의 없고, 다른 공급업자들과 경쟁을 해야 하기 때문에 정보의 공유는 보상이 아니라 거의 위험요인이 되게 된다. 반면에 JIT 시스템을 운영하는 구매기업들은 공급업체들을 계층적으로 관리한다. 그들은 상대적으로 작은 수의 회사와 직접 거래하거나 주요 사전조립부품들을 공급하는 제1단계 공급업체들과 거래한다. 그들은 사전조립부품을 위한 부품을 납품하는 제2단계 공급업체들을 관리하는 책임이 있어서, 결과적으로 최종 생산자가 많은 수의 공급업자들을 관리해야 하는 작업을 덜어준다.

자동차 산업은 이런 상황을 보여주는 좋은 예 중 하나이다. 어떤 차종이 전동 의자를 포함하고 있다고 하자. 그 의자와 모터는 250개의 부품을 포함한다. 이 전동 의자를 위해 원래는 30개가 넘는 부품 공급업체를 관리했었으나 현재의 린 생산자는 조립된 전동 의자 자체를 공급하는 하나의(제1단계) 공급업체만 관리하면 된다. 자동차 회사는 전체 전동 의자의 세부 사양만 제공하고 모터나 스프링과 같은 세부 사항은 그 공급업체에 일임하게 된다. 그리고 나면, 그 제1단계 공급업체는 모터, 트랙, 쿠션과 천 등을 제2단계 공급업체들과 공급계약을 체결한다. 제2단계 공급업체는 다시 그들의 작업의 일부를 다음 단계 공급업자에게

그림 14.4 전통적인 공급 네트워크와 공급업체 계층의 비교

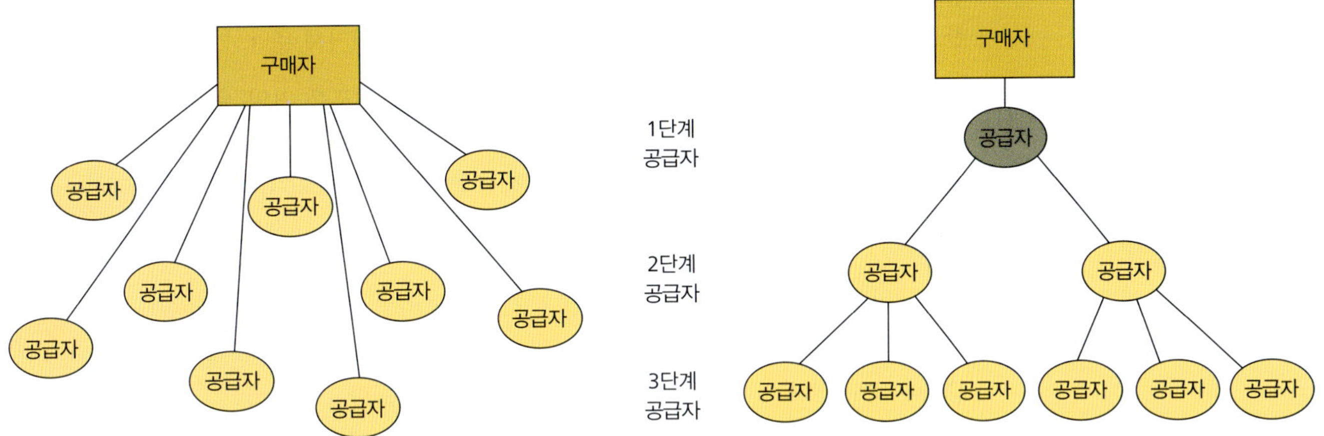


넘길 수 있다. 각 단계의 업체들은 바로 위나 바로 아래 단계의 업체들과만 접촉이 가능한 것이다. 각 계층에 있는 공급업체들은 같은 단계에 있는 다른 업체들과 협력을 할 수 있는데 이것은 최종 생산자의 기대 수준을 충족시킬 수 있는 가능성을 높이는 경우에 주로 가능하다. 이런 공급업체 관리 접근법에서 모든 공급업체들은 하나의 성공적인 제품에 의해 효익을 얻을 수 있게 되며, 각 공급업체는 자신이 맡은 부분에 대해 무한 책임을 지게 된다. 그림 14.4는 전통적인 방법과 계층적인 방법의 차이를 보여 준다.

**거래 처리의 감소** 전통적인 생산시스템들은 제품에 가치를 높이는 데 기여하지 못하는 거래를 많이 포함하는 경우가 많다. 밀러(J. Miller)와 볼만(T. Vollmann)은 그들의 논문 '숨겨진 공장(The Hidden Factory)'[3]에서 전통적인 생산계획 및 통제 시스템에 숨겨진 공장을 구성하는 거래들을 열거하면서 그들이 엄청난 추가비용을 발생시킴을 지적하고 있다. 그 거래들은 물류거래, 균형을 잡기 위한 거래, 품질 거래, 그리고 변경 거래로 분류된다.

**물류 거래**는 주문, 주문처리, 한 지점에서 다른 지점으로 운송되는 물자들에 대한 확인을 포함한다. 관련 비용은 선적 및 입고 인력, 주문 처리, 데이터 입력 그리고 데이터 처리와 관련이 깊다.

**균형을 잡기 위한 거래**는 예측, 생산계획, 생산 통제, 조달, 일정계획, 주문 처리를 포함한다. 비용은 이런 활동들을 수행하는 인력들과 연관되어 있다.

**품질 거래**는 제품 규격을 결정하고 알리는 것, 모니터링, 기록, 후속조치활동을 포함한다. 비용은 평가, 예방, 내부적인 실패와 외부적인 실패와 관련이 있다.

**변경 거래**는 기본적으로 설계변경과 이로 인한 규격, 자재명세서, 일정계획, 작업지시 등의 변경을 포함한다.

린 시스템은 거래의 수를 줄임으로써 거래 비용을 획기적으로 줄인다. 예컨대, 공급업체들이 보관 활동을 배제하고 작업장에 직접 제품을 배달하기 때문에 재고 보관과 이후 운송

[3] Excerpted from Jeffrey G. Miller and Thomas Vollmann, "The Hidden Factory," *Harvard Business Review*, September-October 1985, pp. 141-150. 

을 위한 거래를 피할 수 있게 된다. 나아가 공급업체들이 품질에 대해 책임을 지기 때문에 입고되는 제품의 품질을 검수하는 거래도 없어지게 된다. 린이 추구하는 끝없는 품질에 대한 강조 역시 위에서 열거된 많은 거래들과 관련 비용을 제거해 준다.

**예방적 유지보수** ▸ 기계 고장이 일어나기 전에 좋은 상태로 유지될 수 있도록 보수하고 부품을 교체하는 활동

**예방적 유지보수와 작업장 정리** 린 시스템은 재공품 재고를 거의 유지하기 않기 때문에 기계 고장은 큰 문제를 일으킨다. 이런 기계 고장을 최소화하기 위해 기업들은 기계가 고장이 나기 전에 좋은 상태로 가동이 될 수 있게 하는 **예방적 유지보수**(preventive maintenance) 프로그램을 사용한다. 작업자들은 그들이 사용하는 설비의 유지보수를 책임지는 경우가 많다.

이러한 예방적 유지보수를 사용한다 하더라도 우발적으로 발생하는 기계 고장을 완전히 피할 수는 없다. 이에 대해서도 대비를 해야 하는데, 여분의 핵심 부품을 보유하는 것, 비상 상황에 대한 대처 요령을 마련하는 것, 소규모 비상 수리반을 설치하는 것 또는 작업자들을 스스로 어느 정도의 고장을 수리할 수 있도록 훈련시키는 것들이 있을 수 있다.

**작업장 정리** ▸ 작업장에 불필요한 부품을 없애고 청결하게 유지하는 활동

**작업장 정리**(housekeeping)는 작업의 원활한 흐름을 방해하고 공간만 차지하는 자재들을 치우고 작업장을 청결한 상태로 유지하는 활동을 의미한다.

작업장 정리는 작업장을 효과적으로 만들어주는 5S라고 지칭되는 것에 의해 정리된다:

1. **정리(sort).** 작업을 수행하기 위해 필요한 품목을 결정하고, 이들만 보유
2. **정돈(straighten).** 필요한 품목에 빠르고 쉽게 접근할 수 있도록 작업장을 정돈
3. **청소(sweep).** 작업장을 청결하게 작업준비가 되어 있도록 유지. 장비에 대한 정기적인 유지보수를 수행
4. **표준화(standardize).** 모든 작업의 절차와 방식을 표준화
5. **습관화(self-discipline).** 작업자들이 청결한 작업장의 필요성에 반드시 이해하게 함

위의 5 S들은 성공적인 린 운영을 위한 중요한 요소 중 하나로서 점점 많은 관심을 받고 있다. 5S가 가지는 효익 중에는 생산성 향상, 작업자 사기 앙양, 사고위험감소, 방문자들의 입장에서 보이는 외관 향상 등이 포함된다. 작업자들과 경영자들은 5S를 도입해야 하는 정당성에 공감해야 한다. 그렇지 않으면, 그들은 그들을 불필요한 노력의 낭비로 간주할 수 있다.

지금까지 린 시스템을 설명하고, 전통적인 생산시스템과 비교해 보았다. 표 14.3은 이를 정리하고 있다.

**표 14.3**
린과 전통적 생산철학의 비교

| 요소 | 전통적 생산 철학 | 린 철학 |
|---|---|---|
| 재고 | 수요예측 오류나 배송지연을 상쇄할 정도로 많은 수량 | 생산운영에 필요한 최소 수량 |
| 배송 | 대량으로 덜 자주 | 소량으로 자주 |
| 로트 사이즈 | 큼 | 작음 |
| 셋업, 셋업당 생산(run) | 덜 자주, 긴 런 | 자주, 짧은 런 |
| 공급업체 | 장기적 관계는 흔하지 않음 | 파트너 관계 |
| 작업자 | 작업을 하기 위해 필요 | 자산 |

# 14.4 린 도구

이 절에서는 린 시스템에서 공정 개선을 위해 사용되는 몇 가지 도구들을 기술한다.

## 가치흐름 지도 작성

**가치흐름 지도 작성**은 소비자에게 제품이나 서비스를 전달하는 데 관여하는 원자재와 정보의 흐름을 체계적으로 검토하는 체계적이고 시각적인 도구이다. 이 기술은 토요타 자동차에서 '자재와 정보 흐름 지도 작성'이라는 이름으로 맨 처음 시도되었다.

**가치흐름 지도 작성**
자재나 정보의 흐름을 체계적으로 조사하는 가시적 도구

여기서 지도는 공급업체로부터 부품을 들여오는 것부터 소비자에게 제품이나 서비스를 전달하는 전 과정에 대한 스케치이다. 그것은 부품의 도착에서부터 완제품의 배송까지, 가치흐름에 있는 모든 공정들을 보여준다. 목적은 가치가 품질, 시간, 비용, 또는 유연성(즉, 빠른 반응 속도나 민첩성)의 관점에서 정의되는 곳에서 고객을 위한 가치를 증가시키는 것이다. 지도 작성 과정에서 수집되는 데이터는 시간(예를 들면, 주기시간, 작업준비시간, 작업전환시간, 처리시간, 리드타임), 이동거리(예를 들면, 부품 이동거리, 작업자들의 이동거리, 서류 이동거리), 실수들(예를 들면, 불량품, 데이터 입력 오류), 비효율적인 작업방식(예를 들면, 불필요한 움직임, 불필요한 이동, 위치 재조정), 그리고 대기 라인(예를 들면, 부품이나 설비 수리를 위해 대기하는 작업자들, 작업 순서를 기다리는 주문들)을 포함한다. 정보의 흐름도 역시 지도 작성 과정에 포함된다.

효과적인 가치흐름 지도 개발을 위한 다음 팁에서 가치흐름 지도 작성에 대한 감각을 얻을 수 있다.[4]

1. 직접 가치흐름 지도를 작성하라.
2. 시스템에 대한 감각을 얻기 위해 처음부터 끝까지 시스템 전체를 빠르게 훑어보는 것부터 시작하라.
3. 그리고 나서 자재나 정보의 흐름에 대한 현재 정보를 얻기 위해 실제 작업 경로를 따라가면서 철저하게 시스템을 훑어보라.
4. 주기시간, 스크랩률, 재고량, 시스템 정지시간, 작업자 수, 공정간 거리, 그리고 전환시간과 같은 요소들을 기록하라.

제품이나 서비스의 가치 개선은 앞에서 기술한 린의 5대 원칙에 구현되어 있고 여기서 다시 반복한다. 이것은 고객의 입장에서 가치를 구체화함으로써 시작된다. 가치흐름 지도를 작성함으로써 어디서 공정 개선을 할 수 있는지를 확인할 수 있다:

1. 최종 소비자의 입장에서 가치를 구체화하라.
2. 가치흐름의 모든 단계를 인지하고 눈에 보이는 가치흐름 지도를 작성(시각화)하라.
3. 가치를 창출하지 못하는 단계를 제거하라.
4. 흐름을 관리하기 위해 전 공정에서 필요한 만큼만 가져오기 위해서는 후 공정 고객 수요를 활용하라.
5. 시스템 내에 낭비가 존재하는 한 이 절차를 반복하라.

[4] Adapted from Rother, Mike, and John Shook. *Learning to See*. Cambridge, MA: Lean Enterprise Institute, 2009.

일단 하나의 가치흐름 지도가 완성되면, 다음과 같은 핵심 질문을 하여 개선 기회를 찾아내게 된다:

프로세스의 병목들이 어디인가?
오류는 어디서 발생하는가?
어느 프로세스에서 가장 많은 변동을 처리해야 하는가?
어디에서 낭비가 발생하는가?

모든 기업들은 그들이 기본적으로 서비스업에 종사하는지 제조업에 종사하는지 상관없이 그들의 사무실 운영에 린 원칙들을 적용하면 편익을 얻을 수 있다. 이 사실은 구매, 회계, 주문처리와 다른 사무 기능들을 포함한다. 사무실에서 발생하는 낭비는 다음과 같다:

- **과잉재고**—지나치게 많은 사무용품과 기기
- **과잉작업**—지나치게 많은 서류 작업과 불필요한 결재
- **대기시간**—처리를 기다리는 주문들, 응답을 기다리는 정보 요청
- **불필요한 운송**—비효율적인 경로 설정
- **가공 낭비**—과업 달성을 위해 필요한 것보다 더 많은 자원의 사용
- **비효율적인 작업 기법**—좋지 않은 배치 설계, 불필요한 작업 단계, 부적절한 교육·훈련
- **실수들**—주문 입력 오류, 파일 분실, 잘못된 의사소통
- **인적자원을 충분히 활용하지 못함**—작업자들의 정신적이고 창의적인 능력을 완전히 사용하지 못함

**5W2H 접근법** 무엇을(what), 왜(why), 어디서(where), 언제(when), 누가(who), 어떻게(how), 그리고 얼마나(how much)를 포함하여 공정에 대한 질문을 하는 기법

## 5W2H를 활용한 프로세스 개선

프로세스에 대해 어떤 질문을 하는 것은 비용과 낭비 감소에 도움을 줄 수 있다. **5W2H 접근법** (*w*로 시작하는 5가지 질문들과 *h*로 시작하는 2가지 질문)이 표 14.4에 요약되어 있다.

**표 14.4**
5W2H 접근법

| 항목 | 5W2H | 전형적인 질문 | 목적 |
|---|---|---|---|
| 대상 | 무엇을(What)? | 무엇을 수행하는가? | 분석의 초점을 파악 |
| 목적 | 왜(Why)? | 왜 이것이 필요한가? | 불필요한 과업 제거 |
| 장소 | 어디서 (Where)? | 어디서 이것을 수행하는가?<br>왜 그 곳에서 하는가?<br>이것을 다른 곳에서 하면 더 좋은가? | 장소의 개선 |
| 절차 | 언제(When)? | 언제 이것을 수행하는가?<br>이것을 다른 시점에 하면 더 좋은가? | 절차의 개선 |
| 사람 | 누가(Who)? | 누가 이것을 수행하는가?<br>누군가 다른 사람이 이것을 더욱 잘할 수 있는가? | 절차나 산출의 개선 |
| 방법 | 어떻게(How)? | 이것을 어떻게 수행하는가?<br>더 나은 방법이 있는가? | 과업 단순화, 산출 개선 |
| 비용 | 얼마나(How much)? | 이것은 현재 비용이 얼마나 드는가?<br>새로운 비용은 얼마나 될까? | 개선된 방법 채택 |

출처: Adapted from Alan Robinson, ed., *Continuous Improvement in Operations: A Systematic Approach to Waste Reduction*, p. 246. Copyright © 1991 Productivity Press. www.productivitypress.com.

읽을거리 **겜바 워크**

**리사 스펜서**

일본어로 '겜바'는 실제 장소라고 번역할 수 있다. 무슨 일이 발생하는지 알려면 실제 작업이 이루어지는 곳으로 가야 한다는 말이다.

린을 실행하는 사람들은 현재 공장 상황을 지속적으로 파악하기 위해 이 일본식 기술을 활용한다. 그 이유로는 작업 관행에 대한 이해, 작업자에 대한 교육, 또는 과거에 있었던 문제가 잘 교정되고 있는가에 대한 확인 등을 들 수 있다. 이를 실행하는 데 있어서 정해진 규칙이 있는 건 아니지만 그래도 성공적 실행을 위한 다음과 같은 가이드라인은 존재한다.

- 목적을 분명히 하라. 연구할 공정, 사람, 또는 제품을 구별하라
- 짧게 하라. 30 에서 40분 사이 정도면 충분히 목적을 성취할 수 있다.
- 두려움을 없애라. 직원들이 겜바 워커들을 만나는 것을 기뻐하고 기꺼이 함께 개선을 위한 아이디어를 나눌 수 있는 문화를 조성하라.

겜바 전문가 론 페레이라는 이와 관련된 가장 큰 문제는 겜바 워크가 현재 무슨 일이 일어나고 있는지에 대해 조사하지는 않고 단순히 만나서 인사하고, 작업자들의 등만 두드려주고, 공허한 칭찬만 늘어 놓으면 작업장을 돌아다니는 것이라고 경고한다.

걸어다니는 것도 도움이 되지만 때때로 멈추는 것도 도움이 된다. 린에 기초한 토요타 생산 시스템의 설계자인 타이치 오노는 자주 공장을 방문했는데 그럴 때마다 자주 멈추어 서서 주변에서 무슨 일이 일어나고 있는지 관찰하곤 했다.

제대로 활용한다면 겜바 워크는 경영자들과 매니저들이 공장에서 행해지는 활동의 흐름을 잘 쫓아가고, 인력 투입이나 문제를 포함하는 의사 결정을 내릴 수 있는 갈아 될 수 있다.

**[질문]**

1. 기업들이 린에 겜바 워크를 통합해서 얻을 수 있는 효익이 무엇인가?
2. 겜바 워크가 가치흐름지도화와 어떻게 다른가?
3. 왜 많은 기업들이 현재 공장에서 일어나고 있는 일에 대한 이해가 없이 의사 결정을 내린다고 생각하는가?

출처: Austin Weber, "Daily Walking Is a Healthy Activity in Lean Plants," *Assembly Magazine*, May 3, 2018, https://www.assemblymag.com/articles/94291-daily-walking-is-a-healthy-activity-in-lean-plants

이 접근법은 그 자체로 독립적으로 사용되기도 하고 가치흐름 지도화와 연결해서 사용되기도 한다.

## 린과 6-시그마

린과 6-시그마가 공정 개선을 위한 2가지의 대체적인 접근법이라고 생각하는 사람들이 있다. 그러나, 이 둘은 상호 보완적이어서 함께 사용될 때 훨씬 좋은 결과를 가져온다는 견해도 있다.

린은 가치를 창출하지 못하는 활동들을 찾아내고 제거하는 데 필요한 간단한 도구들을 사용하여 이들을 제거하고자 노력한다. 이것은 공정 속도를 최대화하는 데 초점을 맞추고, 공정 흐름을 분석하고 개선하는 도구들을 사용한다. 그러나 모든 공정에는 차이와 변동성이 존재한다. 이러한 차이를 이해하고 줄여 나가는 것이 품질 개선에 중요하다. 린의 원칙들만으로는 통계적인 공정 관리를 할 수 없고, 6-시그마만으로는 공정 속도와 흐름을 개선할 수 없다. 이 둘을 모두 사용하여 린의 원칙들과 6-시그마의 변동성 감소를 위한 통계적인 도구들을 통합할 수 있으며 이를 통해 균형 잡힌 흐름과 품질을 달성할 수 있다.

## JIT 배송과 공급사슬

직접 공급업체들은 부품을 소량으로 빈번하게 납품하는 적시운영 시스템(just-in-time) 납품을 지원할 수 있어야 한다. 이러한 납품방식은 배송 시 트럭을 만재하지 못하는 경우가 발생하여 배송비 증가로 이어질 수 있으며, 하역장에서 혼잡을 가져올 수도 있다. 더욱이, JIT 배송 요구는 공급사슬의 다른 부분에까지 확장될 수 있으며, 이 경우는 공급사슬 구성원들 간

의 긴밀한 조정이 아주 중요하다. 또한 JIT 배송은 부품 부족으로 인한 생산 차질을 피하기 위하여 정시 배송에 대한 압력으로 이어지게 된다.

### 린과 ERP

린 시스템은 생산 속도를 조절하고 부품이나 원자재의 입고를 생산에 동기화하는데 초점을 맞춘다. SAP의 린 계획과 운영 모듈은 고객 수요와 연동된 린 계획과 일정계획 능력을 제공함으로써 ERP를 린 운영으로 확장하고 있다. 그것은 생산 일정을 일정하게 유지하게 하고 공급사슬 활동과 생산 속도의 동기화를 가능하게 한다.

## 14.5 린 시스템으로 전환

미국과 일본에서의 JIT 시스템의 성공은 다른 기업들의 많은 관심을 끌고 있다.

### 성공적인 전환 계획

성공적인 전환의 확률을 높이기 위해, 기업들은 다음 요소들을 고려하면서 신중하게 계획적으로 접근해야 한다.

1. 최고경영진이 전환에 관여해야 하며, 전환에 필요한 사항을 알고 있어야 한다.
2. 전환 과정을 학습해야 한다. 어떤 부분이 전환을 위해 가장 많은 노력을 필요로 하는지 결정해야 한다.
3. 작업자들의 지원과 협조가 있어야 한다. 작업준비, 설비 유지보수, 다기능 수행을 위한 훈련, 협동, 문제해결과 같은 내용을 포함하는 교육 프로그램을 개발해야 한다. 작업자들이 린이 무엇이고 왜 중요한지에 대해 확실히 이해해야 한다. 그리고 그들의 고용 상태가 아주 안정적임을 확신해야 한다.
4. 현재 시스템을 유지하는 동안에는 준비시간을 줄이는 것으로 시작하라. 현존하는 문제를 발견하고 제거하기 위해 작업자들의 도움을 요청해야 한다.
5. 공정의 *마지막* 단계에서 시작해서 *앞* 공정으로 가면서 점진적으로 전환을 시행해야 한다. 각 단계에서 다음 단계로 넘어가기 전에 전환이 성공적으로 이루어졌음을 확인해야 한다. 주요한 문제들이 해결되기 전에 재고를 줄이기 위한 노력을 시작해선 안 된다.
6. 마지막 단계의 하나로, 공급업체들도 JIT을 도입하도록 하며 이들과 긴밀하게 협조할 준비가 되어 있어야 한다. 먼저 공급업체 리스트를 줄이면서 시작하고, 린 철학을 공유할 의향이 있는 업체들을 찾아야 한다. 오랫동안 믿을 만한 거래를 해온 업체들에게 우선권을 준다. 신속한 대응시간이 중요하다면 인근에 위치한 업체들을 활용하라. 공급업체들과 장기적인 관계를 설정하라. 높은 수준의 품질과 엄격한 공급 일정에 대한 준수를 요구하라.
7. 전환 과정에서 발생하는 장애물에 대처할 준비를 해야 한다.

### 전환 과정에서의 장애물

JIT로 전환하는 것은 쉽지 않은 작업이다. 예컨대, 조직마다 *문화*가 다를 수 있다. 어떤 조직

문화는 JIT을 도입하는 데 우호적일 수 있고, 다른 조직 문화는 그렇지 않을 수도 있다. 그렇지 않은 문화를 가지고 있는 경우 도입은 단기간에 이루어지기 어렵다. 또한 다양한 고객의 요구를 만족시키고자 많은 양의 재고를 유지하고 있는 중이라면 당연히 재고량을 줄이는 것이 어려울 것이다.

이외에도 다음과 같은 장애물들이 존재한다.

1. 경영진은 전적으로 전환에 관여할 수 없거나 필요한 자원투입을 꺼릴 수 있다. 전환은 진지한 관여가 없으면 불가능하기 때문에 이것은 가장 심각한 장애물이다.
2. 작업자와 경영진이 협동심을 보이지 않을 수 있다. 이 시스템은 협동이 필수이다. JIT 시스템은 책임의 일부를 경영진에서 작업자에게로 이전시키고 작업자에게 더 많은 통제권을 주기 때문에 경영진이 저항할 수 있고, 작업자들은 늘어난 책임과 스트레스 때문에 저항할 수 있다.
3. JIT 철학과 일치되는 조직문화로의 변화가 매우 어려울 수 있다.
4. 공급업자들은 다음과 같은 이유 때문에 반대할 수 있다.
   a. 구매자들이 JIT 시스템을 채택하는 데 필요한 자원을 기꺼이 투입하기를 꺼릴 수 있다.
   b. 그들이 한 구매자와 장기적인 관계를 갖는 것에 대해 불편해할 수 있다.
   c. 자주, 소량 납품하는 것이 어려울 수 있다. 특히 공급업자가 대량 납품을 해야 하는 다른 구매자가 있거나 공급업체가 가까이에 있지 않는 더욱 그렇다.
   d. 품질관리책임이 공급업자에게 넘어간다.
   e. 구매자에 의한 지속적인 린 개선 때문에 엔지니어링을 자주 변경해야 할 수도 있다.

## 협동심

린 시스템은 작업자, 경영진, 그리고 공급업자들 간의 협동심을 요구한다. 그렇지 않다면 진정 효과적인 린 시스템이 이루어졌다고 할 수가 없다. 일본 기업들은 부분적으로 존경과 협동이 일본 문화에 깊이 내재되어 있기 때문에 이 부분에 있어서 매우 성공적이다. 서구 문화에서는 이들 간의 관계가 상당히 문제가 있어 왔다. 결론적으로, 린 시스템으로 전환하는 데 있어 중요한 문제 중 하나가 바로 상호 존경과 협동의 정신이 있는가 하는 것이다. 이는 협동의 중요성을 인지하고 그것을 조직에 심고 뿌리내리게 하는 지루한 노력을 요한다.

결론적으로, 모든 기업들이 다 린 접근법에 적합하지는 않다는 점을 주지해야 한다. 린은 상당히 안정적인 수요 아래에서 반복적인 생산이 이루어지는 산업에 가장 적합하다.

린 생산 시스템이 많은 이점이 있기는 하지만, 전환을 계획하는 중에 그것이 가지는 다른 점들도 반드시 고려해야 한다.

주요 고려 사항은 성공적인 전환을 위해 필요한 상당한 양의 시간과 비용 소요이다. 그러나 시스템 내의 주요 방해 요인들을 제거하는 것이 무엇보다 필수적이다. 경영진은 높은 품질 수준을 달성하고 빡빡한 일정을 소화해 내는 데 필요한 자원들을 투입할 준비가 되어 있어야 한다. 이는 설계 단계에서 아주 세밀한 부분에까지 주의를 기울이고, 잘 운영될 수 있을 때까지 문제점을 탐색하고 고쳐나가는 것을 의미한다. 그 이후에는 경영진은 문제가 발생했을 때 신속하게 반응해야 하며, 경영진과 작업자 모두 지속적인 개선을 위해 노력해야 한다. 각 경우마다 다르겠지만 일반적으로 소요되는 시간은 약 3년 정도이다.

## 14.6 린 서비스

린 시스템에 대한 논의는 그것이 제조업을 토대로 발전해 왔고, 주로 거기서 사용되기 때문에 제조업에 초점을 맞추어서 진행되어 왔다. 린 시스템의 모든 혜택을 서비스 운영에서 구현하기는 더욱 어렵다는 점을 인지하는 것이 중요하다. 그럼에도 불구하고, 서비스 산업도 린 개념을 통해 혜택을 얻을 수 있으며 또 얻고 있다. JIT가 서비스 산업에 적용되면, 서비스에서는 제공 속도가 중요한 경우가 많으므로 서비스를 제공하는 데 필요한 시간에 초점을 맞추게 된다. 어떤 서비스 산업은 일종의 재고를 보유하게 되는데, 이 경우에는 재고 감축이 적용 가능한 린의 측면이 될 수 있다. 신속 배송의 예("요구하면 제공하는")는 도미노 피자, 페덱스, 익스프레스 메일, 패스트푸드 레스토랑, 그리고 응급실이다. 다른 예는 신속 출판과 패스트푸드 레스토랑에 있는 조리 셀이다.

속도뿐만 아니라, 린 서비스는 일관성 있고, 품질 좋고, 표준화된 작업방법, 유연성 있는 작업자, 그리고 공급업체와의 긴밀한 관계를 강조한다.

공정 개선과 문제 해결은 시스템을 간소하게 하는 데 기여하여 고객 만족을 증진하고 높은 생산성을 향상시킨다. 린 서비스를 통해 다음과 같은 편익을 얻을 수 있다.

- **방해 제거**. 예를 들면, 고객들에게 서비스를 하고 있는 작업자들이 전화를 받게 하지 않는다.
- **시스템을 유연하게 함**. 주의 깊게 접근하지 않으면 이것은 문제를 일으킬 수 있다. 때때로, 생산성을 높이기 위해 작업을 표준화하는 것이 필요하다. 반면에, 작업 요구에서 다양성에 대처하는 것은 하나의 경쟁 우위 요소가 된다. 한 가지 방법은 작업자들을 다양한 상황에 대처할 수 있도록 훈련시키는 것이다. 다른 방법은 전문 분야에 따라 작업을 할당하고 특정 작업자들이 전문분야에 따라 상이한 작업을 처리하도록 하는 것이다.
- **작업준비시간과 작업시간 감축**. 자주 사용하는 공구와 상비 부품을 항상 사용 가능하게 하라. 또, 서비스 요구에 대처하기 위해 어떤 부품과 공구를 가까이에 두어야 하는지 추정하고 과다한 재고를 유지하는 것을 피하라.
- **낭비 제거**. 여기에는 실수와 작업의 중복이 있다. 품질과 균일한 서비스를 항상 염두에 두라.
- **재공품 최소화**. 순서를 기다리는 주문들, 대기 전화들, 배송 대기 물품들, 적재나 하역을 기다리는 트럭들, 처리를 기다리는 요청들이 좋은 예들이다.
- **프로세스 단순화**. 이는 고객들이 시스템의 일부를 구성할 때 중요하다(셀프 서비스 소매점, 현금 자동 지급기, 자동 판매기 등이 포함된다).

JIT 서비스는 이것을 실현할 수 있는 기업들에게는 중요한 경쟁우위이다. JIT 서비스의 중요한 관건은 서비스가 필요할 때 서비스를 제공할 수 있는 능력이다. 이것은 서비스 공급자의 유연성과(이것은 일반적으로 짧은 준비시간을 의미한다)과 서비스 요청자의 명확한 의사전달을 필요로 한다. 특정 서비스가 언제 필요한지 서비스 요청자가 결정할 수 있으면 JIT 공급자는 이러한 필요에 대응하기 위한 공급일정을 계획할 수 있고 재 요청의 필요성을 없애며 공급자의 유연성에 대해 필요성을 낮춘다. 따라서 JIT 서비스의 원가를 줄일 수 있을 것이다.

린 개념을 서비스 조직에 적용할 수 있는 있지만 서비스에 린을 도입하는 데 대한 도전은 린 원칙을 어떻게 적용할지 참고가 될 수 있는 서비스 기업의 린 서비스 적용의 사례가 비교적 많지 않다는 것이다. 결과적으로 린 서비스 시스템을 달성하기 위한 작업자들의 강한 몰입을 형성하기가 어려울 수도 있다.

## 14.7 JIT II

기업들은 *공급업체*로 하여금 그들이 공급하는 부품의 재고를 관리하게 할 수 있다. 공급업체로부터 파견된 직원이 구매기업의 공장에 상주하면서 적정 재고량이 유지되고 있는지 관리하는 작업을 하게 된다. 이런 경우에 대해 보세 주식회사에 의해 정립되고 최근에 인기를 끌고 있는 *JIT II*라는 개념을 사용할 수 있다. 또는 *공급자재고관리*(*vendor-managed inventory, VMI*)라고도 한다. 15장 '공급사슬관리'에서 공급자재고관리에 관한 내용을 참조할 수 있다(15장).

## 14.8 생산운영전략

린 시스템은 경쟁력을 갖추기 원하는 반복생산공정을 사용하는 기업의 경영자들이 도입을 심각하게 고려해 볼 필요가 있는 새로운 시스템이다.

미래 도입을 원하는 기업들은 현재 시스템이 갖는 장점과 단점을 평가하는 것은 물론이고, JIT 시스템의 요구조건과 이익에 대해 신중하게 연구해 보아야 한다. 도입 시간과 비용의 신중한 추정, 작업자들과 경영자, 공급업체들이 협조할 가능성에 대해 생각해 보는 것이 중요하다.

도입을 위한 결정은 먼저 린 시스템의 일부를 경험해 볼 수 있는 기회를 제공하는 데서 출발하는 연속적인 과정이다. 예컨대, 공급업체와의 관계 개선, 작업준비 시간 단축, 품질개선, 낭비와 비효율의 감축이 희망하는 목표가 된다. 더 나아가서 평준화 생산일정계획이 JIT 시스템의 필요 요소가 된다.

재고에 대한 JIT 접근방법에 대해서는 그 위험과 효익을 신중하게 평가하는 것이 필요하다. JIT 접근방법은 한 기업뿐 아니라 나라 전체를 공급사슬의 혼란에 취약하게 만들 수 있다. 예컨대, 병원에서 독감 백신의 재고를 낮추는 것은 비용을 줄일 수는 있지만 독감이 유행할 경우, 보건 시스템을 위험에 빠뜨릴 수 있다. 또한, 홍수나 태풍과 같은 악천후나 지진으로 발생하는 자연재해는 운송로를 끊어 버릴 수 있고 기업뿐만 아니라 특정 지역이 공급부족 상태에 빠질 수 있게 된다.

공급업체 관리는 JIT 운영의 핵심이다. 일반적으로 공급업체들이 인근에 입지함으로써 매일 심지어는 매 시간 배송을 용이하게 한다. 특히 모든 단계의 공급업체들은 그들의 생산시설이 변동이 잦은 수요요청에 대응할 수 있는지 능력을 판단해 보아야 한다.

끝으로, 린 시스템의 성공은 조직 내 모든 구성원들을 포함하는 린 사고방식의 '문화'를 달성하고 효과적인 팀워크가 가능하게 하는, 리더십의 공헌, 몰입, 그리고 지원에 달려 있다. 이러한 3가지 요소가 없이는 린으로부터 얻을 수 있는 완전한 편익은 실현될 수 없을 것이다.

## 요약

린 운영은 전통적인 운영 방식이나 철학에 대한 대안으로 점점 더 많은 기업들이 채택하고 있다. JIT 시스템의 궁극적인 목표는 생산이 균형 있고 원활하게 이루어지게 하는 것이다. 부가적인 목표는 시스템에 대한 장애를 제거하고, 시스템을 유연하게 만들고, 낭비를 제거하는 것이다. JIT 시스템의 초석을 이루는 요소는 제품 설계, 프로세스설계, 인적자원과 조직 그리고 생산계획과 통제이다.

린 시스템은 작업의 원활한 흐름에 방해가 되는 요인들을 제거하는 역할을 해야 한다. 품질과 관련된 문제들도 공정을 방해할 수 있기 때문에 높은 품질은 아주 중요하다. 신속하고 비용이 적게 드는 작업 준비, 적절한 배치, 후 공정 인수시스템, 그리고 협동심 등이 린 시스템의 주요 특징이 된다. 역시 장애를 줄이고, 시스템의 효율성을 높이고, 지속적인 개선에 대한 태도를 갖게 하는 것을 목적으로 하는 문제해결능력도 중요한 특징이 된다.

JIT/린 시스템의 핵심 효익은 재고수준의 감소, 좋은 품질, 유연성, 리드타임의 감소, 생산성 향상, 설비 가동률 증대, 낭비와 재작업의 감소, 그리고 공간활용 개선 등이다. 위험은 완충 기능의 부족인데, 이는 인적자원이나 재고수준이 낮아서 문제가 발생했을 경우 심각한 위험을 일으킬 수 있다. 위험은 결국 매출액 감소와 고객 상실로 이어질 것이다.

적시운영 시스템은 제품이 시스템을 따라 움직이고 과업들은 작업 일정을 준수하는 바로 딱 그 시간에 완료되는 반복 생산/운영에서 주로 사용되는 린 생산의 한 시스템이다. JIT 시스템은 연속적인 공정들이 밀접하게 조정되기 때문에 거의 재고를 유지하지 않는다. 생산에 필요한 모든 자원이 정확한 시간에 공정에 투입되는, 원활하게 기능하는 시스템을 이루기 위해서는 신중한 계획이 필요하고, 많은 노력을 기울여야 한다. 원자재와 부품은 필요할 때 도착해야 하며, 반제품이나 중간 조립품도 완제품의 조립 시점에 도착해 있어야 하며, 완제품은 소비자가 필요로 할 때 배달이 이루어져야 한다. 공정에 대한 장애물을 신속하게 반응해서 해결하는 것은 물론 시스템에 장애가 발생할 가능성을 줄이는 데 특별한 주의를 기울여야 한다. 보통 기업은 린을 수행하기 위해 설비를 재설계해야 하고, 노동 계약도 새로 맺어야 한다. 팀워크와 협동심도 작업자들의 문제해결능력과 지속적인 개선에 대한 태도와 함께 모든 수준에서 중요한 요소이다.

표 14.5는 린에 대한 개요를 제공한다.

## 주요 내용

1. 린 시스템은 전통적인 운영 시스템에 비해 적은 자원들을 사용하면서 높은 품질의 제품들과 서비스들을 생산한다.
2. 린 사고는 기업들이 더 생산적으로 되고, 비용을 줄이고, 시장에 더 잘 대응하도록 돕는다.
3. 린 운영은 낭비를 줄이고(가치흐름 지도작성), 재고를 최소화하고(JIT 배송), 작업 흐름을 최대화하고(빠른 작업 전환과 소규모 배치 사이즈), 고객들이 원하는 것만을 생산하고(후공정인수시스템), 작업 팀에 권한을 이양하고, 첫 번째 시도에서 제대로 작업을 하고(원천에서의 품질), 그리고 지속적으로 개선하도록 설계된다.

## 주요 용어

JIT (just-in-time, 적시운영 시스템)
SMED (single-minute exchange of die, 단분 금형교환)
린 운영(lean operation)
*무다(muda)*
안돈(andon)
예방적 유지보수(preventive maintenance)
오토노메이션(autonomation)
작업장 정리(housekeeping)
전공정 전달시스템(push system)
*지도카(jidoka)*
*카이젠(kaizen)*
칸반(kanban)
택트타임(*takt* time)
*포카-요케(poka-yoke)*
헤이준카(heijunka)
활동기준원가 회계(activity-based costing)
후공정 인수시스템(pull system)
5W2H 접근법
가치흐름 지도 작성

**표 14.5**
린의 개요

린 시스템은 전통적인 시스템보다 적은 양의 자원으로 운영될 수 있도록 설계된다.
린 운영의 기본요소는:
- 작업흐름의 원활화(궁극적인 목표)
- 낭비 제거
- 지속적인 개선
- 부가가치를 발생시키지 못하는 모든 것들을 제거
- 관리가 용이한 단순한 시스템
- 자재와 부품의 이동시간을 최소화하는 제품별 배치의 활용
- 원천에서의 품질 관리: 각 작업자는 자신이 산출한 산출물의 품질에 책임을 진다
- *포카-요케*: 실수방지 도구와 실수를 예방하기 위한 방법
- 설비 고장의 위험을 줄이는 예방적 유지보수
- 작업장 정리: 청결하고 정돈된 작업장
- 작업준비시간 단축
- 다기능 훈련
- 후공정 인수시스템

린 시스템의 8가지 낭비는:
- 재고
- 과잉생산
- 대기시간
- 불필요한 운송
- 가공낭비
- 비효율적인 작업 방식
- 제품이나 서비스의 불량
- 인적자원을 충분히 활용하지 못함

## 문제풀이연습

**문제 1**

한 상자가 주기를 완료하는 데 소요되는 시간이 90분이고, 표준 용기에 84개를 담을 수 있다면 시간당 100개의 부품을 사용하는 작업장에 필요한 용기의 수를 계산하라. (X = 0.1로 가정)

**풀이**

$N = ?$
$D =$ 시간당 100개
$T =$ 90분(1.5시간)
$C =$ 84개
$X = 0.10$

$$N = \frac{D(T)(1+X)}{C} = \frac{100(1.5)(1+0.10)}{84} = 1.96 \text{ (2로 반올림)개}$$

**문제 2**

다음에 나와 있는 제품 군에 대해 하루당 주기 수와 주기당 생산량을 결정하라. 이 부서는 주당 5일간 근무하며, A-B-C-D의 순서가 사용된다.

| 생산 | 주간 소요량 |
|---|---|
| A | 20 |
| B | 40 |
| C | 30 |
| D | 15 |

**풀이** 주간 소요량을 일간 소요량으로 바꾸어라. 가장 작은 일간 소요량은 3이고 3의 배수로 생산을 하면 A와 B가 몇 개 부족해진다.

| 제품 | 일간소요 = 주간 소요 ÷ 5 | 3주기 사용 시 부족분 |
|---|---|---|
| A | 20 ÷ 5 = 4 | 1 |
| B | 40 ÷ 5 = 8 | 2 |
| C | 30 ÷ 5 = 6 | — |
| D | 15 ÷ 5 = 3 | — |

3번의 주기를 사용하면서 매 주기마다 모든 제품을 생산한다. 부족한 양은 몇몇 주기에서 추가생산을 하면 된다. 추가 단위는 가능한 균일하게 나누어 배분한다. 몇 개의 가능성이 있지만 그중 하나는

| 주기 | 1 | 2 | 3 |
|---|---|---|---|
| 패턴 | A B(3) C(2) D | A B(3) C(2) D | A(2) B(2) C(2) D |
| 추가 단위 | B | B | A |

## 토의 및 복습문제

1. 린 시스템에서 중요한 요소가 표 14.3에 열거되어 있다. 이들 각 요소들의 차원에서 린 시스템이 전통적인 생산시스템과 어떻게 다른지 간단히 설명하라.
2. 린 시스템의 궁극적인 목적이 무엇인가? 부가적인 목표는 또 무엇인가? 기본요소들은 무엇인가?
3. JIT의 기저에 흐르는 철학을 기술하라(예를 들면, JIT가 이루고자 하는 것이 무엇인가?).
4. 전통적인 시스템에서 린 시스템으로 전환하는 과정에서 발생할 수 있는 주요 장애물은 무엇인가?
5. 린 시스템에서 공급업체와의 관계를 다음의 이슈들과 관련하여 간단히 설명하라.
   a. 린 시스템에서 공급업체와의 관계가 중요한 이유는 무엇인가?
   b. 과거의 적대적인 관계와 어떻게 다른가?
   c. 공급업체들은 왜 JIT 구매를 도입하기를 꺼리게 되는가?
6. 어떤 일본 기업들은 포드의 조립라인이 린에 정당성을 부여한다고 주장한다. 조립라인의 어떤 특징이 린 시스템과 공통되는가?
7. JIT에서 칸반이 가지는 의미는 무엇인가?
8. 전 공정 전달시스템과 후공정 인수시스템을 비교하라.
9. 린 시스템의 주요 이점은 무엇인가?
10. 소로트 사이즈의 이점과 위험은 무엇인가?

## 연습문제

1. 다음 달에 도입되는 칸반 시스템에서 입고되는 부품을 위해 사용될 용기의 수를 결정해야 한다. 공정은 시간당 80개의 부품을 사용한다. 새 공정이므로 0.35의 비효율 요인을 할당한다. 각 용기는 45개를 담을 수 있고, 한 주기를 완료하는 데 평균 75분이 소요된다. 얼마나 많은 용기가 사용되어야 하는가? 시스템이 개선된다면 더 많은 용기가 필요할 것인지가 아니면, 더 적은 용기가 필요할 것인가? 이유를 설명하라.

2. JIT 시스템은 입고되는 부품의 이동을 승인하기 위해 칸반을 사용한다. 한 작업장은 시간당 평균 100개의 부품을 사용하며, 0.20의 비효율 요인을 할당한다. 표준 용기는 72개를 담을 수 있다. 부품 용기의 주기시간은 약 105분이다. 몇 개의 용기가 필요한가?

3. 한 작업장은 하루에 어떤 원재료 200파운드를 사용한다. 원재료는 각각 20파운드를 실을 수 있는 용기에 담겨서 운송된다. 용기 하나당 주기시간은 대략 2시간이다. 관리자는 0.08의 비효율 요인을 할당한다. 이 공장이 하루 8시간 운영된다면 필요한 용기의 수는 몇 개인가?

4. 다음 표에 있는 제품에 대해 일간 주기 수를 계산하고 주기당 생산량을 계산하라.

| 생산 | 일일 소요량 |
|---|---|
| A | 21 |
| B | 12 |
| C | 3 |
| D | 15 |

순서는 A-B-C-D를 사용한다.

5. 다음 제품들에 대해 일간 주기 수와 주기당 생산량을 계산하라. 순서는 A-B-C-D-E를 사용한다.

a. 각 할당이 다른 할당에 대해 선호되는 한 가지 이유를 들어라.

b. 4주기가 사용될 때, 각 서비스의 반복횟수를 결정하라.

c. 2주기가 사용될 때, 각 서비스의 반복횟수를 결정하라. 순서는 A-B-C-D-E이다.

| 생산 | 일일 소요량 |
|---|---|
| A | 22 |
| B | 12 |
| C | 4 |
| D | 18 |
| E | 8 |

6. 다음 제품들에 대해 상당히 평준화된 생산계획 아래에서 일간 주기 수와 주기당 생산량을 계산하라. 순서는 F-G-H-K이다.

| 생산 | 일일 소요량 |
|---|---|
| F | 9 |
| G | 8 |
| H | 5 |
| K | 6 |

7. 시프트당 총 시간이 480분인 시스템을 위한 *takt* 시간을 계산하라. 한 번의 시프트가 있고, 작업자들은 2번의 15분짜리 휴식과 45분짜리 점심시간을 가지며, 일간 수요는 300개이다.

8. 일간 수요가 120개이고 2번의 480분짜리 시프트가 있고, 작업자들은 시프트당 세 번의 30분짜리 휴식을 가지는데, 그중 한 번은 점심 또는 저녁을 위한 것이다. 주기시간을 어떻게 결정해야 생산용량과 수요를 맞출 수 있겠는가?

9. 표준화된 서비스를 제공하는 시스템을 위한 *takt* 시간을 계산하라. 그 시스템은 일간 440분을 작업하며, 2번의 10분짜리 휴식과 1시간의 점심시간이 있다. 하루에 90건의 서비스를 제공해야 한다.

사례

# Level Operations

레벨 오퍼레이션스는 펜실베이니아 동부에 위치한 작은 회사이다. 그것은 다양한 형태의 보안 장치와 금고를 제작한다. 금고는 몇 가지 다른 디자인으로 제작한다. 최근에 많은 신규 고객들이 금고를 발주했고, 늘어난 금고 수요에 대처하기 위해 생산 설비를 확충했다. 생산 관리자 스테파니 콜스는 현재 금고 생산 계획을 세우고 있다. 그녀는 요일 별 생산 계획을 세워야 하고 마케팅 부서로부터 다음과 같은 다음 5주간의 예측 수요에 관한 정보를 받았다.

| 모델 | S1 | S2 | S7 | S8 | S9 |
|---|---|---|---|---|---|
| 주간 수요량 | 120 | 102 | 48 | 90 | 25 |

생산 부서는 주 5일 근무를 하고 재공품은 허락하지 않고 제작에 들어간 금고는 반드시 완성되어야 한다는 제약이 있다.

기술부서와 회의 후 스테파니는 각 주기에서 최적 생산량은 57-58-59-51-52라고 결론을 내렸다.

**[질문]**

스테파니는 요일별 주기당 최적 생산량을 몇 개로 결정했는가?

현장 견학

# 보잉

일리노이 주 시카고에 본사가 있는 보잉사는 세계 시장에서 비행기를 생산하는 양대 메이저 회사 중 하나이다. 양대 메이저 회사 중 다른 하나는 유럽 회사인 에어버스사이다.

보잉은 워싱턴 주 에버렛에서 747 시리즈, 767 시리즈, 그리고 777 시리즈 등 3개 모델을 생산하는데 그들 모두는 같은 건물에서 생산된다. 어떤 시점에, 최대 6대의 비행기가 동시에 생산 라인에 있을 수 있다. 분명히 말해서, 공장 건물은 이 정도 작업 수행이 가능할 정도로 충분히 넓을 것이다. 실제로, 이 건물은 약 98에이커 넓이에, 4층 건물 정도의 높이를 차지하는 규모로는 단연 세계에서 가장 큰 건물이다. 그 공장은 디즈니랜드를 통째로 수용하고 실내 주차 공간으로 15에이커 정도를 더 쓸 수 있는 넓이이다! 창문이 없는 이 건물의 길이 100야드, 높이 40야드 한쪽 면(미식축구 경기장 크기)을 따라 6개의 거대한 문들이 있는데 이를 통해 비행기들이 들어갔다 나왔다 할 수 있다.

보잉은 전 세계에 있는 항공사들과 국가들에 비행기를 판매한다. 사전에 정해진 가격은 없고 고객들이 어떤 옵션이나 기능을 원하는가에 따라 다르게 책정된다. 일단 세부 사항이 정해지고 발주가 이루어지면 고객의 요구사항이 설계 부서로 전달된다.

### 설계

설계 팀은 선행적으로 비행기의 정확한 크기를 결정하고 조립 시 발생할 수 있는 문제들을 발견하기 위해 시제품을 제작한다. 이러한 활동은 시간, 재료, 노동, 그리고 공간을 요구한다. 현재 그들은 비행기를 설계하고 시제품 제작 비용을 회피하고 개발 기간을 단축하기 위해 컴퓨터(CAD)를 사용한다.

### 생산 공정

일단 설계가 완료되고, 고객이 추인하면, 그 비행기 생산 일정 계획을 수립하고, 부품과 재료를 주문한다. 부품은 철도, 비행기, 그리고 트럭을 이용하여 그들이 소요되는 생산 라인으로 공급된다. 그들은 사용되기 직전에 조립 라인에서 가장 인접한 보관 구역으로 이동된다. 필요한 시간에 부품이 도착되게 하는 시간 추적 배송 시스템은 재고 비용을 낮춰주고, 나중에 사용할 부품을 보관하는 비용을 회피하게 해 준다.

그럼에도 불구하고 이러한 재고 정책은 어떤 부품이 분실되었거나 망가졌을 때 부품을 재주문해야 하는 상황이 발생할 수 있으므로 생산 지연을 초래할 수 있다는 상충 현상을 일으킬 수 있다. 부품이 분실되거나 파손되었을 때, 그 부품의 생산 중단에 대한 위험도에 따라 우선순위가 부여되고 우선순위가 높은 부품의 경우 그 부품을 대체할 최선의 방법을 찾기 위해 조사관이 할당된다. 조사관은 그 부품의 배송 상황을 추적하고 가능한 빨리 필요한 곳에 공급되도록 조치한다.

그동안에 작업 일부가 끝나지 않은 채로 남아서, 부품 교체를 위해 대기하고, 작업자들은 다른 조립 작업의 완료를 하게 된다. 만약 공급업자들이 신속하게 부품을 공급하지 못하면, 최후의 대안으로 보잉은 그 부품을 직접 제작할 수 있는 작업장을 가동하게 된다.

*(계속)*

부분적으로 조립된 비행기나, 최종 단계에서 완성된 비행기는 작업이 진행됨에 따라 각 작업장에서 약 5일 정도 머무르면서 작업장들을 따라 이동한다. 비행기 휠 부분이 장착이 되면 끌어서 이동시킬 수 있음에도 불구하고 거대한 상부 크레인을 사용하여 큰 부품과 비행기를 이동시킨다.

조립이 끝난 비행기는 2채의 건물 중 하나에서 도색 작업을 한다. 이 작업에 사용되는 페인트의 무게는 보통 400에서 600파운드 정도 된다. 이 도색 공정은 비행기에 음각을 주고 페인트에는 양각을 주어서 페인트가 비행기에 잘 붙게 하는 작업을 포함한다.

### 검사와 품질 관리

보잉은 설계에서부터 생산 공정까지 전체를 통한 매우 광범위한 품질 관리 시스템을 갖추고 있다. 품질 검사 담당자들뿐 아니라 개별 작업자들도 자신이 한 작업과 이전에 다른 작업자들이 한 작업에 대해 검사한다. 고객 측 검사관도 당연히 품질 검사를 한다.

60명의 조종사들이 검사를 위해 존재한다. 먼저 비행기들은 바람 터널에서 그들의 비행 가능성을 평가하기 위한 검사를 받았는데 이 검사는 상당한 비용과 시간을 요한다. 현재 새로운 디자인은 생산에 들어가기 전에 컴퓨터를 사용하여 검사를 하는 데 이는 상당한 비용과 시간을 절약해 준다. 그리고 당신이 궁금해 할 수 있는 것이 있는데, 비행기 날개는 22피트만큼 접힐 수 있다.

### 리엔지니어링

보잉은 사업 시스템을 리엔지니어링하고 있다. 최우선 순위는 보잉의 컴퓨터 시스템을 업그레이드하는 것이다. 이 작업은 공급업자들과의 연결을 개선시킬 것이고, 자재 관리를 위한 최신 정보를 제공할 것이고, 고객들을 상대하는 현장 대표자들이 그들의 노트북 컴퓨터를 활용하여 고객이 원하는 비행기 디자인을 만들 수 있게 할 것이다.

리엔지니어링의 다른 측면은 린 생산으로의 전환을 포함한다. 주요 목표는 생산 시간과 재고를 감축하는 것이다.

보잉은 비행기가 각 작업장에서 머무르는 시간을 약 40$ 정도, 즉 5일에서 3일로 줄이기를 원한다. 이렇게 되면 고객들은 상당히 일찍 비행기를 인도받게 될 뿐 아니라, 보잉은 노동 비용과 재고 비용을 절약하게 되고, 현금 흐름을 개선할 수 있게 된다. 이것은 고객이 원하는 차별화를 나중 작업장으로 미루면 어느 정도 가능해진다, 즉 지연된 차별화이다. 그것은 고객이 원하는 특징들을 장착하기 가능한 오래 전에 조립을 표준화하는 것을 의미한다. 이것은, 다른 작업 시간 단축 과정들과 함께, 생산 속도를 상당히 빠르게 해 줄 것이고, 결과적으로 주요한 경쟁 우위 요인이 될 수 있다.

더해서 보잉은 그들이 보유하는 재고의 양을 엄청나게 줄이기를 원한다(보잉 747 점보 제트기는 약 6백만 개의 부품과 3백만 개의 이음 부품을 포함한다). 이 계획은 공급업자들이 부품을 분리된 상태로 보잉에 공급하는 대신 상당부분 사전에 조립이 되어서 바로 비행기에 장착할 수 있는 상태로 납품이 되게 함으로써 어느 정도 달성할 수 있다. 이렇게 하면 재고 유지 비용을 줄이고 시간을 절약할 수 있다.

보잉은 역시 공급업체들의 수를 줄이고, 그들과의 긴밀한 연결과 협동을 희망한다. 현재, 보잉은 약 3,500개 공급업체들을 보유하고 있다. GM이 대략 2,500개 정도를 가지고 있다고 하면, 보잉이 얼마나 많은 공급업체들을 보유하고 있는지 알 수 있을 것이다.

## 참고문헌


Chalice, Robert. *Improving Healthcare Using Toyota Lean Production Methods: 46 Steps for Improvement*, 2nd ed. Milwaukee: ASQ Quality Press, 2007.

El-Haik, Basem, and David M. Roy. *Service Design for Six Sigma: A Roadmap for Excellence*. New York: Wiley-Interscience, 2005.

Hariharan, Arun. "CEO's Guide to Six Sigma Success." *ASQ Six Sigma Forum Magazine*, May 2006, pp. 16–25.

Hopp, Wallace J., and Mark Spearman. *Factory Physics: Foundations of Manufacturing Management*, 3rd ed. New York: Irwin/McGraw-Hill, 2007.

Jacobs, F. Robert, William L. Berry, D. Clay Whybark, and Thomas E. Vollmann. *Manufacturing Planning and Control Systems for Supply Chain Management*, 6th ed. New York: Irwin/McGraw-Hill, 2011.

Liker, Jeffrey. *The Toyota Way: 14 Management Principles from the World's Greatest Manufacturer*. New York: McGraw-Hill, 2004.

Liker, Jeffery K., and Gary Convis. *The Toyota Way to Lean Leadership: Achieving and Sustaining Excellence through Leadership Development*. New York: McGraw-Hill, 2011.

Mann, David. *Creating a Lean Culture: Tools to Sustain Lean Conversions*. New York: Productivity Press, 2005.

Monden, Yasuhiro. "What Makes the Toyota Production System Really Tick?" *Industrial Engineering* 13, no. 1 (January 1981), pp. 38–46.

Rich, Nick, Nicola Bateman, Ann Esain, Lynn Massey, and Donna Samuel. Lean Evolution: *Lessons from the Workplace*. New York: Cambridge University Press, 2006.

Rother, Mike, and John Shook. *Learning to See*. Cambridge, MA: The Lean Institute, 2009.

Shingo, Shigeo. *Non-Stock Production: The Shingo System for Continuous Improvement*. New York: Productivity Press, 2006.

Spear, Steven, and H. Kent Bowen. "Decoding the DNA of the Toyota Production System." *Harvard Business Review*, 77, no. 5, (Sept. – Oct, 1999).

Swank, Cynthia Karen. "The Lean Service Machine." *Harvard Business Review*, October 2003, pp. 123–129.

Taghizadegan, Salman. *Essentials of Lean Six Sigma*. Burlington, MA: Butterworth-Heinemann, 2006.

Womack, James P., and Daniel T. Jones. *Lean Thinking: Banish Waste and Create Wealth in Your Corporation*. New York: Free Press, 2003.

Womack, James P., Daniel T. Jones, and Daniel Roos. *The Machine that Changed the World*. New York: Simon & Schuster, 1991, 2007.

# 14S CHAPTER 유지보수
## Maintenance

**학습 목표** *Learning Objectives*

*이 부록을 학습한 후 다음과 같은 능력을 가져야 한다.*

**LO14S.1** 생산 시스템에서 유지보수의 중요성 설명

**LO14S.2** 유지보수 활동의 범위를 기술

**LO14S.3** 예방적 유지보수와 이와 관련된 주요 이슈들을 논의

**LO14S.4** 고장발생 후 유지보수과 이와 관련된 주요 이슈들을 논의

**LO14S.5** 파레토 현상이 유지보수 의사결정과 어떤 관련이 있는지 설명

**개요** *Supplement Outline*



조직의 생산능력을 유지하는 것은 어떤 생산 시스템에서도 중요한 기능이다. **유지보수**(maintenance)는 시스템이 의도한 대로 기능할 수 있도록 좋은 설비와 장비를 정상적인 작동상태로 유지하고 고장이 났을 때 필요한 수리를 하는 것과 관련된 모든 활동들을 포함한다.

**유지보수** 시스템이 의도한 대로 기능할 수 있도록 설비와 장비를 정상적인 작동상태로 유지하는 모든 활동들

유지보수 활동은 (1) 건물과 대지, (2) 설비 유지보수의 2가지 부문으로 나누어진다. 건물과 대지 부문은 건물, 주차장, 잔디밭, 담장 같은 것들의 외관과 기능을 책임진다. 유지보수 부문은 기계와 장비를 정상적인 작동 상태로 유지하고 필요한 수리를 하는 것을 책임진다.

## 14S.1 서론

유지보수의 목적은 최소의 비용으로 생산 시스템을 정상적인 작동 상태로 유지하는 것이다. 장비와 기계를 정상적인 작동상태로 유지하고자 하는 이유는 다음과 같다:

- 생산이나 서비스 중단 방지
- 생산이나 서비스 비용의 추가 발생 차단좋은 품질 유지
- 납기 지연 방지

고장이 발생하면 다음과 같은 잠재적인 역효과가 뒤따른다.

- 생산용량이 감소하여 공정이 지연되거나 시간이 더 걸리며 고객의 대기가 발생
- 간접비가 지속되어 단위당 원가 상승
- 품질 문제가 발생할 수 있는데, 제품이 손상될 수 있음
- 안전 문제가 발생할 수 있는데, 작업자들이나 소비자들이 부상을 입을 수 있음

의사 결정자는 유지보수와 관련하여 2가지 기본적인 선택을 하게 된다. 그중 하나의 선택지는 *사후대응적*인 것으로서 이것은 고장이나 문제가 발생했을 때 이를 처리하는 것이다. 이것을 **고장발생 후 유지보수**(breakdown maintenance)라고 한다. 다른 하나는 *사전대비적*인 것으로서 윤활유 주유, 조정, 청소, 검사, 그리고 노후 부품 교체와 같은 프로그램을 통해 고장을 줄이는 것이다. 이를 **예방적 유지보수**(preventive maintenance)라고 한다.

**고장발생 후 유지보수** 반응적 접근법; 고장이나 문제가 발생했을 때 대처하는 것

**예방적 유지보수** 사전적 접근법; 윤활작업, 조정, 청소, 검사, 노후 부품교체 등을 통한 고장 발생 감축

의사 결정자는 총 유지보수 비용을 최소화할 수 있도록 두 선택지 간의 균형관계를 고려해야 한다. 예방적 유지보수를 하지 않으면 고장이나 수리비용이 엄청날 것이고, 뿐만 아니라 설비가 가동되지 않는 동안의 생산 손실이나 노무비와 같은 숨겨진 비용도 고려해야 한다. 또 부상이나 다른 장비나 설비에 대한 손상, 생산중인 타 부문에 대한 영향도 고려해야 한다. 그러나 일정 수준 이상의 과도한 예방적 유지보수는 비용이 이익을 초과할 수 있다.

예컨대, 어떤 사람이 소유하고 있는 자동차의 엔진 오일 교환, 윤활유 교환, 제동 장치나 타이어 검사를 하지 않고 절대적으로 필요한 수리만 한다면, 예방적 비용은 거의 들지 않겠지만, 광범위한 부품들(엔진, 조향장치, 변속기, 타이어, 브레이크 등)의 고장이 발생하는 경우 수리비용은 상당히 많이 들게 될 것이다. 또한, 재산 피해나 부상이 발생할 수 있고, 고장 발생 시점의 불확실성(예컨대, 러시아워 중의 고속도로나 밤늦은 경우)도 있다. 반면, 자동차는 엔진오일이나 윤활유를 교환하지 않고도 상당기간 작동할 수 있도록 설계되어 있기 때문에 매일 아침 엔진오일과 윤활유를 교환하는 것도 지나친 일이 될 것이다. 최선의 접근방법은 예방적 유지보수와 고장발생 후 유지보수 간의 균형을 유지하는 것이다. 생산시스템의 유지보수에도 동일한 개념을 적용할 수 있다. 즉, 예방 비용과 고장발생 후 유지보수 비용 사이의 균형을 맞추어라. 이러한 개념이 그림 14S.1에 도시되어 있다.

어느 정도의 예방적 유지보수가 바람직한지를 결정하는 데에는 설비와 장비의 연령과 상태, 기술 수준, 생산 공정의 형태, 기타 유사한 요인들을 고려한다. 따라서 신차의 경우에는 고장의 위험이 거의 없으므로 예방적 유지보수가 거의 필요하지 않을 것이고, 자동차가 오래되고 사용으로 인한 노후화가 진행될수록 고장의 위험이 증가하므로 예방적 유지보수의 필요성이 증가된다. 따라서 타이어와 제동 장치의 노화 징후가 보이면 고장이 나기 전에 교체해야 한다. 차량의 파인 곳과 긁힌 곳은 녹이 슬기 시작하기 전에 주기적으로 보수를 해야 하고, 먼지에 과도하게 노출된 경우에는 엔진 오일과 윤활유를 교환해야 한다. 물론, 장거리 자동차 여행 전에는 여행 중단이나 비상수리로 인한 비용 증가를 막기 위해 주요 부품들에 대한 점검과 교체를 해야 한다.

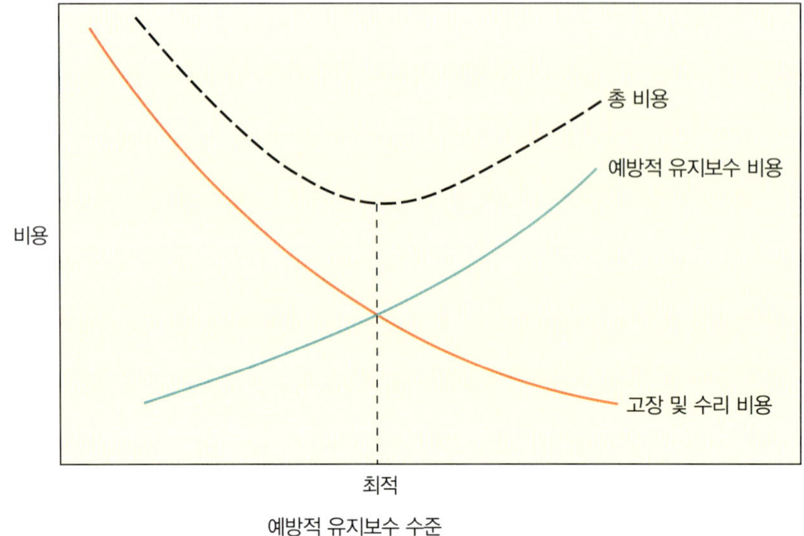


**그림 14S.1**
예방적 유지보수 활동의 함수로서의 총 유지보수 비용

## 14S.2 예방적 유지보수

예방적 유지보수의 목적은 관련된 비용을 줄이기 위해 설비 고장이나 생산 중단의 경우를 줄이는 것이다. 이러한 비용에는 생산 손실, 유휴 작업자, 생산 일정 차질, 부상, 다른 장비나 제품, 설비에 대한 손상, 수리부속 재고, 수리도구나 장비, 수리 기사 등을 유지하기 위한 수리비용 등이 포함된다.

예방적 유지보수는 *정기적으로* 이루어진다. 이것은 유지보수 인력의 가용성과 생산일정에 영향을 미치지 않는 범위에서 계획할 수 있다. 관리자들은 보통 다음의 사항들을 조합하여 예방적 유지보수 계획을 수립한다.

- 유지보수의 필요성을 보여주는 정기 검사 결과
- 달력 체크(시간 경과)
- 사전에 결정된 가동시간의 경과나 생산량

예방적 유지보수의 중요한 이슈는 그 빈도이다. 정기적인 유지보수의 시간간격이 증가함에 따라, 예방적 유지보수의 비용은 감소하나 반면 고장의 위험과 비용은 증가한다. 앞에서 언급한 바와 같이 목표는 두 비용들 간의 균형을 유지(즉, 총 비용의 최소화)하는 것이다.

예방적 유지보수의 수준을 결정하는 것은 고장 빈도의 기대치와 고장 비용(실제 수리비용뿐만 아니라 잠재적인 손상이나 부상, 생산 손실 등을 포함)의 함수이다. 다음 두 예제가 이러한 내용을 보여준다.

**예제 14S-1**

mhhe.com/stevenson14e

**예방적 유지보수 비용과 고장발생 후 유지보수 비용의 비교**

어떤 기계의 월별 고장 빈도가 아래 표에 나와 있다. 한 번 고장이 발생하면 그 비용은 $1,000이고 월간 예방적 유지보수 비용은 $1,250이다. 예방적 유지보수가 이루어지면 고장이 발생할 확률은 거의 없다. 관리자가 예방적 유지보수를 해야 하는가, 아니면 고장이 발생했을 때 수리를 하는 비용이 더 저렴한가?

| 고장 횟수 | 0 | 1 | 2 | 3 |
|---|---|---|---|---|
| 발생 빈도 | 0.20 | 0.30 | 0.40 | 0.10 |

**풀이**

예방적 유지보수를 하지 않을 경우 고장 회수의 기대치(평균치)는 1.4이다.

| 고장 회수 | × | 발생 빈도 | = | 고장 횟수의 기대치 |
|---|---|---|---|---|
| 0 | | 0.20 | | 0 |
| 1 | | 0.30 | | 0.30 |
| 2 | | 0.40 | | 0.80 |
| 3 | | 0.10 | | 0.30 |
| | | 1.00 | | 1.40 |

사후 수리 정책의 기대 비용은 1.40 고장/월 × $1,000/고장 = $1,400/월이다. 예방적 유지보수 비용은 $1,250이다.

따라서, 예방적 유지보수를 통해 월 $150의 비용 절감을 기대할 수 있을 것이다.

**예제 14S-2**

### 고장 시간이 정규분포를 따를 때 예방적 유지보수 비용과 고장발생 후 유지보수 비용의 비교

또 하나의 접근방법은 고장이 발생하기까지 시간과 관련이 있다. 고장 발생까지의 시간이 평균 3주, 표준편차 0.60주인 정규분포를 따른다고 하자. 평균 고장발생 후 유지보수 비용이 $1,000이고 예방적 유지보수 비용은 $250이라면, 최적 유지보수 간격은 얼마인가?

**풀이**

먼저 고장발생 후 유지보수 비용에 대한 예방적 유지보수 비용의 비율을 계산하면,

$$\frac{\text{예방적 유지보수 비용}}{\text{고장발생 후 유지보수 비용}} = \frac{\$250}{\$1,000} = 0.25$$

부록 B의 표 B를 이용하여 정규분포 곡선 아래쪽의 면적이 0.25인 표준편차의 값($z$)을 찾으면 –0.67이다. 이 $z$값을 유지보수 간격을 계산하기 위해 사용한다.

평균 + $z$표준편차 = 3 – 0.67(0.60) = 2.598 (반올림하여 2.6주)

이상적으로는, 예방적 유지보수는 고장이나 가동 중단이 발생하기 직전에 하게 되는데 장비나 설비를 가능한 한 오랫동안 고장 없이 사용할 수 있기 때문이다. **예측적 유지보수**(predictive maintenance)는 예방적 유지보수 활동을 수행하는 최적의 시점을 결정하려고 시도하는 것이다. 이것은 장비의 일부나 부품이 고장이 나려는 시기를 예측하기 위해 과거 기록이나 기술 데이터의 분석에 의존하는 것이다. 고장에 대한 예측이 정확할수록 예방적 유지보수도 더욱 효과적일 것이다. 훌륭한 예방적 유지보수 활동은 장비의 각 부분에 대한 정밀한 기록에 의존한다. 기록에는 설치 일자, 가동 시간, 보험일자와 유형, 수리 일자와 유형에 관한 정보가 포함되어야 한다.

**예측적 유지보수**
예방적 유지보수 활동을 수행하는 최적의 시점을 결정하기 위한 시도

**전사적 생산 유지보수** ▸
작업자들이 자신이 가동하는 기계들에 대해 직접 유지보수활동을 하는 JIT 접근방법

어떤 기업들은 예방적 유지보수를 위해 별도의 인력을 활용하는 대신 기계를 가동하는 작업자들이 직접 그 일을 수행하게 한다. **전사적 생산 유지보수**(total productive maintenance)라고 하는 이 접근방법은 JIT 시스템이나 린 운영과 일치하는데, 이들 시스템에서 종업원들은 품질, 생산성, 그리고 시스템의 일반적인 작동에 대해 더 많은 책임이 부여된다.

가장 폭넓은 의미에서, 예방적 유지보수는 장비와 설비의 설계나 선정 단계에까지 확장된다. 유지보수 문제는 시스템 내에 설계되어 있다. 예컨대, 장비는 빈번한 유지보수활동이 필요하도록 설계하기도 하고 유지보수 활동을 하는 것이 어렵게 설계할 수도 있다(즉, 일상적 유지보수활동을 하기 위해서는 장비를 부분적으로 해체해야 한다). 극단적인 예를 들면, 점화 플러그를 교체하기 위해서 엔진 블록을 어느 정도 들어 올려야 하는 자동차 모델의 경우다. 이러한 경우에는 부품을 교체하기 위해 노력이 덜 드는 경우보다는 유지보수 활동을 덜 자주 할 것이다. 또 다른 다른 경우는 설계 결함으로 장비가 빨리 마모되거나 기대 고장률보다 고장률이 높은 경우이다. 예컨대, *컨슈머 리포트*(*Consumer Report*)지는 자동차의 연간 고장 데이터를 발표하는데, 특정 자동차 모델들이 다른 모델들에 비해 고장이 보다 빈번하다는 사실을 자료에서 알 수 있다.

유지보수 문제가 제품 설계에 내재되는 한 가지 가능한 이유는 설계자가 설계의 다른 측면을 보다 중요하게 고려하기 때문이다. 비용이 그러한 측면 중의 하나이다. 다른 요인은 외관이다. 외관이 아름다우면 유지보수에 더욱 많은 노력이 요구되더라도 그러한 디자인을 선택할 수 있다. 소비자들이 이런 선택을 부추길 수 있는데, 왜냐하면 소비자들은 유지보수가 용이한 디자인보다 외관이 아름다운 디자인을 선호하는 경향이 있기 때문이다.

분명한 것은 내구성과 유지보수의 용이성이 예방적 유지보수 계획에 장기적인 의미를 가질 수 있다는 것이다. 종업원들에게 장비의 올바른 가동절차와 정상적인 가동상태로 유지하는 방법을 교육 훈련시키고 또 그렇게 하도록 인센티브를 주는 것도 중요하다. 미국의 기업들은 점점 더 일본기업들로부터 힌트를 얻고 있으며, 종업원들에게 자신들이 사용하는 장비에 대해서 보다 잘 알고 책임감을 가지며, 장비의 오남용을 방지하기 위해 장비사용자에게 일상적인 유지보수 활동(예컨대, 청소, 조정, 검사)을 하게 하고 있다.

## 14S.3 고장에 대한 대비책

효과적인 유지보수 활동을 통해 고장이 발생할 위험은 상당히 줄어들 수 있다. 그럼에도 불구하고, 여전히 가끔씩 고장이 발생한다. 훌륭한 예방적 유지보수 시스템을 가지고 있는 기업들이라 하더라도 고장에 대한 대비책이 필요하다. 물론, 예방적 유지보수를 보다 덜 하는 기업일수록 고장에 대처하는 효과적인 방법이 더욱 필요하다.

예방적 유지보수와 달리, 관리자들은 사전에 고장을 계획할 수 없고 불규칙한 관점에서(즉, 고장이 발생할 때) 대처해야 한다. 고장에 대처하기 위해 사용하는 주요 접근방법은 다음과 같다.

1. 신속하게 공정에 투입할 수 있는 **예비 장비나 대체 장비**
2. 부품 주문에 소요되는 리드타임을 회피하기 위해 필요할 때 즉시 장착할 수 있는 **수리 부품 재고**, 장비의 잠깐 동안의 고장으로 고장이 나지 않은 다른 설비들이 영향을 덜 받

도록 하는 부품의 *완충재고*(*buffer inventory*)

3. 장비에 대해 최소한의 경정비를 할 수 있는 **작업자**
4. 장비와 관련된 문제를 진단하고 교정할 수 있는 잘 훈련되고 가용한 **정비 인력**

어떤 기업이 어느 정도 수준에서 이러한 활동들을 수행할 것인지는 특정 설비가 전체 생산운영 시스템에서 어느 정도 비중을 갖느냐에 따라 결정된다. 그 극단적인 예가 어떤 시스템의 초점이 되는 장비(예컨대, 신문사의 인쇄기, 또는 브레이크, 조향 장치, 변속기, 점화 장치, 엔진과 같은 자동차의 필수 작동 부분)이다. 반대쪽 극단적인 예는 시스템 내에서 중요한 역할을 하지 않기 때문에 자주 사용되지 않는 장비이거나, 대체 장비를 언제든지 사용할 수 있는 장비의 경우이다.

시사점은 분명하다. 고장에 대한 대비책은 특정 장비가 전체 생산운영시스템 내에서 얼마나 중요한지, 그리고 일정 기간 동안 그 장비가 없어도 시스템이 가동 가능한지를 파악할 수 있을 때 가장 효과적이다. 이런 상황에서 파레토 현상이 존재한다. 상대적으로 소수의 장비들이 시스템의 가동에 극단적으로 중요하므로 더 많은 노력과 비용이 요구되며, 일부는 중간 정도의 노력과 비용을, 많은 경우는 노력과 비용을 거의 투입하지 않아도 된다.

## 14S.4 설비교체

고장이 자주 발생하고 많은 비용이 발생할 때, 관리자는 비용이 중요한 고려요소가 되는 상충관계 의사결정에 직면하게 된다. 지속적인 유지보수 비용과 설비교체 비용을 비교하는 것이다. 이 문제는 미래에 발생할 고장 가능성을 예측할 수 없을 때 아주 풀기 어려운 문제가 된다. 과거 기록을 통해 미래를 투영해 볼 수 있다. 다른 요인은 기술의 변화이다. 보다 최신의 설비는 예방적 유지보수나 고장발생 후 유지보수에 비해 설비교체를 선호하게 하는 요인이다. 반면에, 노후 설비의 철거와 신규 설비의 설치는 고장 때문에 발생하는 공정 중단보다 더 큰 중단을 야기할 수 있다. 또 종업원들도 신규 설비를 가동하는 교육훈련을 받아야 한다. 마지막으로 기존 설비나 신규설비를 사용하는 데 따른 미래의 수요 예측도 고려되어야 한다. 교체설비에 대한 수요는 그 설비가 가지고 있는 다른 특성 때문에 달라질 수 있다. 예를 들면, 기존 설비가 생산하는 제품의 수요는 2년 정도 지속될 수 있지만, 새 설비가 생산하는 제품의 수요는 더 길게 지속될 수 있는 것이다.

이러한 의사 결정은 여러 가지 요인들을 고려해야 하는 상당히 복잡한 문제이다. 그럼에도 불구하고, 대부분의 사람들은 자신이 소유한 자동차에 대해 다음과 같은 유사한 의사결정에 직면하고 있다. 언제 자동차를 교체해야 할까?

# 15 CHAPTER

# 공급사슬관리
## *Supply Chain Management*

### 학습 목표 *Learning Objectives*

*이 장을 학습한 후 다음과 같은 능력을 가져야 한다.*

- **LO15.1** *공급사슬*과 *물류*의 용어 설명
- **LO15.2** 공급사슬관리에 대한 주요 측면 기술
- **LO15.3** 공급사슬관리의 현재 동향을 나열하고 간략히 설명
- **LO15.4** 아웃소싱과 관련된 혜택과 위험요소의 개요를 서술
- **LO15.5** 공급사슬의 주요 위험과 이러한 위험을 최소화하기 위해서 기업이 할 수 있는 일들을 설명
- **LO15.6** 글로벌 공급사슬과 관련된 복잡한 점들을 기술
- **LO15.7** 공급사슬의 윤리적 문제를 설명하고 이를 피하기 위해서 기업이 취할 수 있는 주요단계를 간략히 설명
- **LO15.8** 공급사슬과 관련된 중소기업의 세 가지 우려사항들을 기술하고 관리방법을 제안
- **LO15.9** 공급사슬관리와 관련된 전략적, 전술적, 운영적 책임을 열거
- **LO15.10** 구매인터페이스, 구매주기, 구매윤리 및 중앙집중식 또는 분산형 구매의 관점에서 조달에 대해 논의
- **LO15.11** 공급자 관리의 주요측면을 간략히 설명
- **LO15.12** RFID 기술을 포함한 공급사슬관리의 물류 측면에 대한 논의
- **LO15.13** 반품관리에 대한 문제들을 논의
- **LO15.14** 효과적인 공급사슬을 구축할 때 발생하는 어려움과 그에 따른 상충관계를 기술

### 개요 *Chapter Outline*

Da Da Diamond/Shutterstock



미국에서 가장 성공적인 슈퍼마켓 체인으로 자주 언급되는 웨그먼스(Wegmans) 슈퍼마켓 체인(1장 참조)은 이제 식료품 산업분야에서 공급사슬관리분야의 리더로 언급되고 있다. 얼마나 많은 사람들이 웨그먼스의 공급사슬에서 일하고 있는냐는 질문을 받았을 때 웨그먼스의 대변인은 기본적으로는 회사 내의 모든 사람이라고 대답했다.

사실상 모든 비즈니스 조직에서 일하는 사람들의 대부분이 공급사슬에 어느 정도는 관련되어 있다는 것이다. 여러분의 경력이 어디로 향하든, 행하게 될 작업들은 모두 적어도 하나 (또는 그 이상)의 공급사슬과 관련된다.

이 장에서는 공급사슬관리의 최근 동향, 핵심 공급사슬 프로세스 및 관리 책임, 조달, 물류, 반품관리, 위험 관리, 효과적인 공급사슬 구축에 대한 내용을 학습하게 될 것이다.

# 15.1 서론

**공급사슬** ▸
제품이나 서비스를 생산하고 고객에게 납품하는 것과 관련된 일련의 조직들-각 조직의 설비, 기능, 활동들을 포함

**공급사슬**이란 제품이나 서비스를 생산하고 제공하는 데 관련된 일련의 조직들로 각 조직의 시설, 기능, 활동들을 포함한다. 그 과정은 원자재의 기본적인 공급자로부터 시작하여 최종 고객까지 연장된다. 시설에는 창고, 공장, 가공센터, 유통센터, 소매점 및 사무실 등이 포함된다. 기능 및 활동들에는 예측, 구매, 재고관리, 정보관리, 품질 보증, 일정계획, 생산, 유통, 납품 및 고객 서비스가 포함된다.

**공급사슬관리** ▸
공급과 수요관리를 통합할 목적으로 하는 공급사슬의 전략적 조정

**공급사슬관리**(supply chain management, SCM)란 공급과 수요관리의 *통합*을 목적으로 단일 기업 내의 비즈니스 기능뿐만 아니라 전체 공급사슬 전반에 걸친 비즈니스 기능을 전략적으로 조정하는 것을 말한다. 공급사슬관리자는 기업 조직의 내부와 기업조직들 간의 공급 및 수요를 관리하는 책임을 지는 조직의 다양한 위치에 있는 사람을 말한다. 이들은 원자재와 서비스의 구매와 조달, 변환 활동 및 물류의 활동들을 계획하고 조정하는 일에 관여한다. 주요 활동들은 계획(plan), 조달(source), 제조(make), 배송(deliver)이다. 여기서 주목할 것은 서비스 산업에서는 제조(make)와 배송(deliver)이 동시에 일어난다는 점이다.

**물류** ▸
공급사슬에서 제품, 서비스, 현금, 정보의 흐름

**물류**는 상품, 서비스, 현금 및 정보의 순방향 및 역방향 흐름과 관련된 공급사슬의 일부이다. 물류 관리에는 인바운드(inbound) 및 아웃바운드(outbound) 운송 관리, 자재취급 (material handling), 창고저장(warehousing), 재고관리(inventory), 주문이행(order fulfillment) 및 유통(distribution), 제3자 물류(third-party logistics, 3-PL), 역물류(reverse logistics, 고객으로부터의 반품)가 포함된다.

모든 기업조직은 최소한 하나의 공급사슬에 속하고, 많은 기업들이 복수의 공급사슬에 속해 있다. 공급사슬을 구성하는 조직의 수와 유형은 공급사슬이 제조 지향적인지 또는 서비스 지향적인에 따라 결정된다. 그림 15.1은 공급사슬에 대한 몇 가지 전형적 형태를 보여준다. 그림 15.2는 1장에서 제시된 농장에서부터 시장까지의 공급사슬에 대한 보다 상세한 버전이며 각 단계의 핵심 공급자를 포함하고 있다.

공급사슬은 때로는 *가치사슬*(*value chains*)이라고도 하며, 상품과 서비스가 공급사슬을 통해 진행함에 따라 가치가 부가되는 개념을 반영하고 있다. 공급사슬 또는 가치사슬은 일반적으로 단일 조직이 아닌 독립된 다수의 기업 조직들로 구성된다. 뿐만 아니라 공급사슬 또는 가치사슬은 각 기업조직의 경우, 공급 요소(supply component)와 수요 요소(demand component)의 두 가지 구성요소를 갖추고 있다. 공급 요소는 공급사슬의 시작 부분에서 출발하여 조직의 내부 생산운영에서 끝나게 된다. 공급사슬의 수요 요소는 조직의 산출물이 다음 고객에게 인도되는 시점에서 시작되어 공급사슬의 최종 고객에 이르러 끝나게 된다. *수요사슬*(*demand chain*)은 가치사슬의 판매 및 유통 부분이다. 각 구성요소의 길이는 특정 조직이 공급사슬의 어디에 위치해 있는가에 따라 달라지는데, 조직이 최종 고객과 가까울수록 수요 요소는 짧아지고 공급 요소는 길어지게 된다.

공급사슬은 모든 기업조직의 생명선과도 같다. 제품과 서비스의 생산과 제공에 필수적인 공급자, 생산자 및 최종 고객을 네트워크로 연결하기 때문이다. 공급사슬관리는 공급사슬의 운영을 계획, 실행 및 통제하는 프로세스이다. 기본적인 구성요소는 전략, 조달, 공급관리, 수요관리 및 물류이다. 공급사슬관리의 목표는 가능한 한 효과적이고 효율적으로 수요에 대해 공급을 맞추는 것이다. 관련된 주요 측면은 다음과 같다.

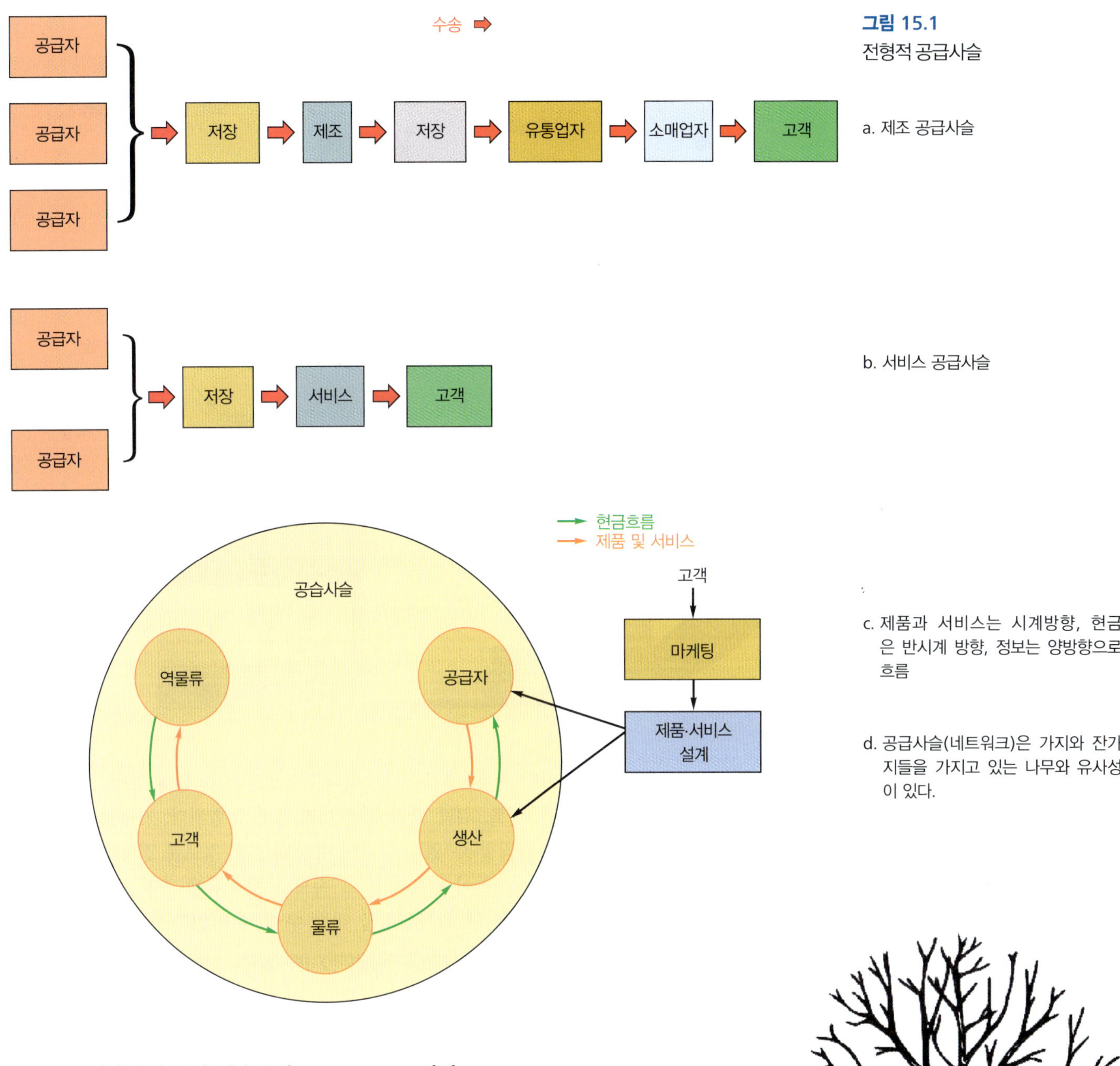


**그림 15.1**
전형적 공급사슬

a. 제조 공급사슬

b. 서비스 공급사슬

c. 제품과 서비스는 시계방향, 현금은 반시계 방향, 정보는 양방향으로 흐름

d. 공급사슬(네트워크)은 가지와 잔가지들을 가지고 있는 나무와 유사성이 있다.

1. 적절한 수준의 아웃소싱(outsourcing) 결정
2. 조달관리
3. 공급자 관리
4. 고객관계관리
5. 문제들을 신속하게 파악하고 그것들에 대응할 수 있음

공급사슬관리의 중요한 측면은 *흐름(flow)에 대한 관리*이다. 관리해야 하는 세 가지 유형의 흐름은 제품과 서비스의 흐름, 정보의 흐름, 재무 흐름이다. 제품과 서비스의 흐름은 공급자에서 고객으로의 상품이나 서비스 이동은 물론 고객 서비스 요구나 반품 처리를 포함한

**그림 15.2**
농장에서 시장에 이르는 공급사슬

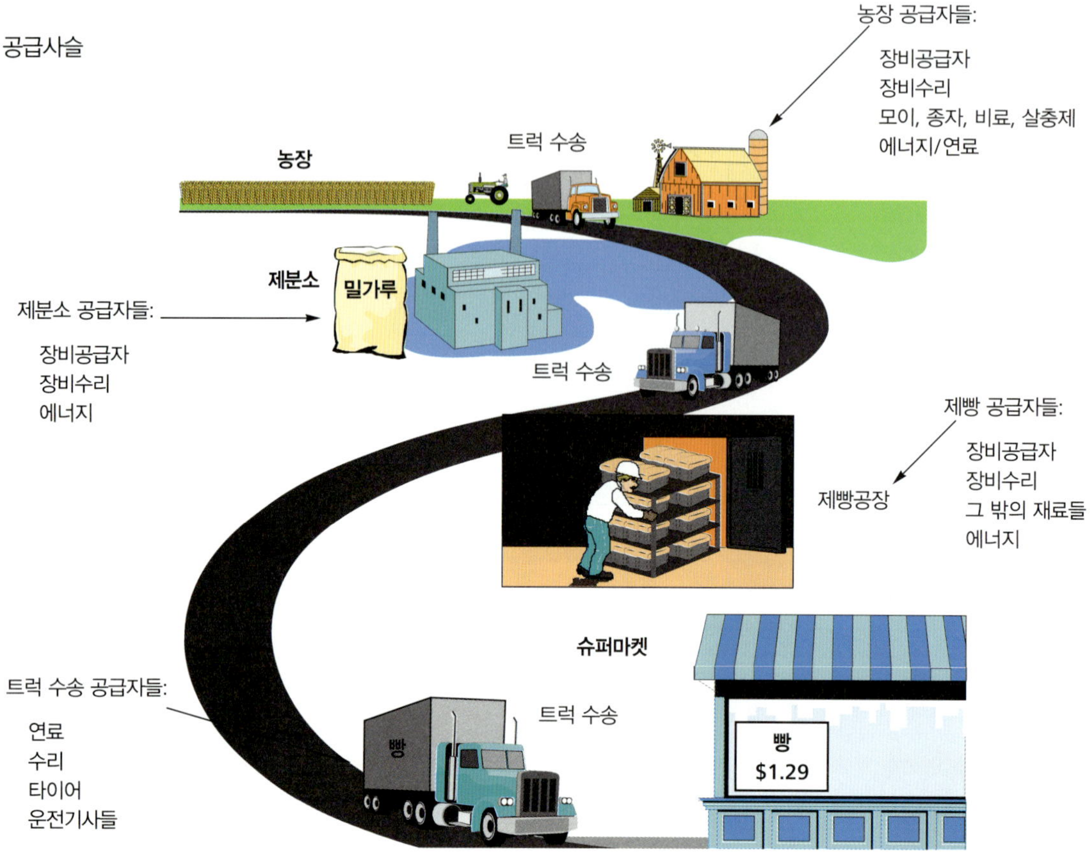

다. 정보 흐름은 예측 및 판매 데이터 공유, 주문 전송, 출하 추적 및 주문 상태 업데이트를 포함한다. 재무 흐름에는 신용 조건, 지불, 위탁 및 소유권 처리 등이 포함된다. 기술적 진보로 인해 이러한 흐름을 효과적으로 관리할 수 있는 능력이 향상되었다. 정보를 전송하고 수신하는 비용이 현저히 감소하고, 의사소통이 쉬워지고 그 속도가 향상됨에 따라 공급사슬 활동들을 조정하는 능력이 향상되고 적시에 의사결정을 내릴 수 있게 되었다. 실제로는 공급사슬(supply chain)은 복잡한 형태의 공급 네트워크(supply network)이다.

## 15.2 공급사슬관리의 동향

산업이나 기업에 따라 공급사슬관리의 발전과정에서의 위치는 크게 변동하지만 많은 기업들은 다음 사항들을 강조하고 있다.

- 공급사슬의 ROI(투자수익률) 측정
- 공급사슬을 '녹색화'하기
- 아웃소싱에 대한 재평가
- IT(정보기술)의 통합

- 위험 관리
- 린 원칙의 채택
- 민첩성
- 블록체인 기술 채택
- 투명성 확립
- 새로운 배송방식 채택

**공급사슬의 ROI를 측정**하면 관리자가 아웃소싱과 기타 의사 결정에 경제적인 측면을 고려할 수 있어 공급사슬을 관리하기 위한 합리적인 기반이 제공된다.

**공급사슬의 녹색화**는 기업의 책임, 규제 및 공공의 압력과 같은 다양한 이유에서 관심을 유발한다. 여기에는 제품이나 서비스의 재설계, 포장 감소, 운송으로 인한 오염을 줄이기 위한 근거리 조달(near-sourcing)(해상운송만으로도 매년 전 세계에서 폐암 및 심폐 질환으로 인한 약 6만 명으로 추산되는 조기 사망자를 유발시킴),[1] '녹색(green)' 공급자의 선정, 반품 관리, 특히 가전제품 및 전자장비의 수명 종료 프로그램의 실천 등이 있다.

**아웃소싱에 대한 재평가**. 기업들은 특히 글로벌 공급자의 경우, 아웃소싱에 대한 재검토를 하고 있다. 기업조직은 다양한 이유로 아웃소싱을 한다. 아웃소싱을 결정하는 이유는 주로 저임금으로 인한 저원가에 기초하고 있다. 기타 잠재적인 이점에는 핵심역량에 집중할 수 있다는 점, 고정비용을 변동비용으로 전환할 수 있다는 점, 자본을 다른 필요한 곳에 투자할 수 있다는 점, 일부의 위험을 공급자에게 전가시킬 수 있다는 점, 공급자의 전문역량을 활용할 수 있다는 점, 해외 시장으로의 확장을 용이하게 할 수 있다는 점 등이 있다. 아웃소싱이 되는 품목의 성격이나 공급사슬의 길이에 따라서 몇 가지 잠재적인 어려운 점들도 존재하는데, 원거리 공급자로부터의 납품에 따르는 긴 리드타임으로 인한 유연성의 결여, 운송비용의 증가, 언어 및 문화적 차이, 일자리 손실, 통제력 손실, 낮은 생산성, 내부 업무능력의 손실과 비즈니스 지식의 손실, 지식 이전, 지적 재산권 보안에 대한 우려, 공급사슬관리에 필요한 노력의 증가 등을 들 수 있다.

점점 주목을 받고 있는 사례는 의류 산업이다. 공급자가 소매용 의류의 대부분을 생산하는 중국 및 여타 국가의 임금 인상으로 이전보다 비용 편익이 적어지고, 긴 리드 타임으로 인해 시장에서의 민첩성이 중요한 산업에서 민첩성이 없어지고 있다. 덧붙여 납품 지연과 기준이하의 품질, 공장화재나 건물붕괴와 같은 사고로 공급자를 바꾸거나 본국으로 되돌아오는(backshoring) 결정이 현실적으로 더 적합해지고 있다.

**정보기술(IT)의 통합**으로 실시간 데이터가 생성되게 되었는데, 그 결과 전략적 계획이 향상 되고, 기업이 원가를 통제하고 품질과 생산성을 측정하며, 문제에 신속하게 대응하고, 공급사슬의 운영을 개선할 수 있게 되었다. 이는 공급사슬관리에서 ERP 시스템이 왜 그렇게 중요한지 그 이유가 된다.

**위험관리**. 몇몇 기업의 경우 공급사슬이 위험의 주요한 원천이며 따라서 위험을 관리하

[1] James J. Corbett, James J. Winebrake, Erin H. Green, Prasad Kasibhatla, Veronika Eyring, and Axel Lauer, "Mortality from Ship Emissions: A Global Assessment," *Environmental Science & Technology* 41, no. 24 (December 15, 2007), pp. 8512–8518.

공급사슬중단(supply chain disruption)은 수익을 감소시키고, 생산 및 유통을 위협할 수 있다. 사고로 인한 위험의 예를 그림에서 볼 수 있는데 뭄바이 해안에서 두 화물선이 충돌한 후 손상된 화물선의 갑판에서 컨테이너들이 추락하고 있다.

Divyakant Solanki/EPA/Shutterstock

는 절차를 채택하는 것이 핵심적이다. 딜로이트 조사[2]에 따르면 공급사슬 리더의 45%는 자신들의 위험관리에 자신감이 부족하다고 한다. 다음 절에서는 위험의 원천과 이러한 위험을 줄이기 위해서 기업들이 취할 수 있는 조치들에 대해서 설명할 것이다.

**린 원칙의 채택**. 많은 기업들이 공급사슬의 성과를 향상시키기 위해서 린 원칙으로 전환하고 있다. 너무나 많은 경우, 전통적인 공급사슬이 느슨하게 연결된 단계들의 조합이며, 비즈니스 프로세스가 공급자들이나 고객들의 필요와 연결되어 있지 않다. 린 원칙을 공급사슬에 적용하면 비부가가치 프로세스를 제거함으로써 이러한 약점을 극복할 수 있다. 예컨대, 푸쉬(push) 시스템 대신 풀(pull) 시스템을 사용하여 제품의 흐름을 개선하고, 공급자 수를 줄이고 공급자인증 프로그램을 사용함으로써 수입자재에 대한 검사의 필요성을 제거할 수 있으며, 시스템 개선을 위해 지속적으로 노력하는 린 태도를 채택하는 것이다.

**민첩성(being agile)**. 민첩성이란 공급사슬이 공급자의 생산 또는 품질 문제, 기상 악화, 수요의 변화(수요량 또는 고객 선호도의 변화), 운송 문제와 정치적인 문제 등과 같은 예기치 못한 변화나 상황에 신속하게 대응할 수 있는 유연성을 가지는 것을 의미한다.

**블록체인 기술 채택**. 블록체인은 모든 거래가 실시간으로 안전하게 기록되고 변경 또는 삭제가 불가능하도록 만든 공유 장부이다. 블록체인은 조직의 공급망(공급자, 화주, 생산자, 유통업체, 소매업체 및 최종 소비자)에 걸친 장부들을 연결하여 제품추적의 정확성과 효율성을 개선하고, 며칠이 걸릴 수 있는 수동 프로세스를 제거해서 몇 초밖에 걸리지 않는 자동화 프로세스로 개선시킨다. AI에서 블록체인으로의 진보가 지능형 공급사슬, 즉 공급사슬 프로세스를 능률화할 수 있는 자율적인 시스템을 발전시키고 있다. 블록체인은 공급사슬 협력업체 간에 보다 나은 투명성과 신뢰를 제공한다. 지능형 공급사슬은 공급사슬과 제조운영 전반에 걸쳐 실시간 가시성을 제공하고, 협업을 촉진하고, 예측을 개선하여 재고를 더 잘 관

[2] Deloitte Survey: "Executives Face Growing Threats to Their Supply Chains." New York: Press release, February 7, 2013.

읽을거리 

## Walmart는 공급사슬에 중점을 둔다

**리사 스펜서**

전 세계 27개국에 58개회사 이름 아래 11,300개의 매장을 보유한 월마트는 물류 및 운용에 있어서 거대 조직이다. 뿐만 아니라 10개국에서 전자 상거래를 운영하고 있다. 220만 명의 직원이 연간 평균 320억 달러 가치의 재고의 이동 및 판매를 관리 감독한다. 세계 최대 소매업체로서 할인 소매업계에서 단위면적(평방 피트)당 가장 높은 매출과 영업 이익을 창출한다. 소비자가 "돈을 절약해서 더 나은 삶을 살 수 있도록(save money, live better)"하는 것이 모토인 회사의 경우에는 효율적인 공급망이 필수적이다.

성공적인 공급망 관리는 '적합한'에 초점을 맞추는 것을 의미한다. 다시 말하면 적시에 적합한 고객에게 적합한 품목을 제공하고, 이러한 일을 효율적으로 수행해 내는 것이다.

창립자 샘 월튼(Sam Walton)은 초창기에도 공급망의 일부를 제거하여 더 짧고 효율적이며 비용이 적게 드는 공급망을 만들기 위해 노력하였다. 월마트 초기에 월튼은 상품을 대량으로 구매한 뒤 그 상품들을 매장으로 직접 옮겼다. 그로부터 20년 후 Walmart는 비용을 절감하고 공급망을 더 잘 관리하기 위해 제조업체와 파트너 관계를 맺었다. 공급자의 재고관리 주도권이 제조업체가 직접 Walmart 창고에서 상품 관리를 담당하도록 하여 주문이행을 거의 100% 완수하고 유통 비용을 크게 절감하게 되었다.

이 밖에 Walmart의 다른 전술들이 Walmart의 공급망에 있어서의 성공에 기여하게 되었는데, 이는 다음과 같다.

- 공급업체와의 전략적, 장기적, 대량의 파트너십은 고객의 가격을 낮춘다.
- 크로스도킹은 재고 및운송 비용과 운송 시간을 줄인다. 유통 센터에 도착한 상품은 들어오는 트럭이나 철도 차량에서 하역되어 일반적으로 24시간 이내에 아웃바운드 운송 모드에 놓인다.
- 유통 센터는 상점으로부터 평균 130마일 안에 위치하기 때문에 운송 거리와 비용을 더욱 최소화한다.
- 발전된 재고관리 기술에 대한 105억 달러 투자가 매장 직원이 재고를 추적하고 선반이 완전히 채워졌는지 확인하는 데 도움이 되었다. Walmart는 세계에서 가장 큰 비상장 기업인 대규모의 IT 인프라를 사용하여 수요 및 재고 수준을 예측하고 효율적인 배송 경로를 개발하며 고객과 접촉한다. 수요 패턴 및 고객 구매에 대한 정보의 지속적인 흐름을 통해 필요 여부와 관계없이 매장에 제품을 밀어 넣는 대신 수요에 기반한 시스템을 통해 제품을 가져올 수있다.
- 2017년에 시작된 Top Stock 프로그램은 추가 재고를 밀실에서 매장의 상단 선반으로 옮겨 직원들이 쉽게 찾을 수 있도록 하고 필요할 때 그것을 얻기 위해 이동해야 하는 거리를 단축한다. 그것은 또한 밀실에서 물건을 찾기 위해 보이지 않는 곳에서 찾는 대신 작업자들은 좀 더 보이는 곳에서 일하게 된다. 이제 더많은 밀실 공간을 이용하여 온라인 주문을 처리하거나 업무 교육 및 팀 빌딩과 같은 다른 기능을 주관할 수 있다.
- Walmart는 공급망의 안전성과 지속 가능성을 개선하기 위해 IBM 블록체인을 채택한 식품 산업 연합에 합류했다. 상추와 시금치 공급업체는 블록체인 데이터베이스에서 농산물에 대한 정확한 정보를 제공한다. 2018년 로메인 상추 대장균 발병과 같은 위기 상황이 발생하면 Walmart는 오염된 농산물을 신속하게 추적하고 방지할 수 있게 됐다. 과거에는 오염된 항목을 식별하고 격리하는 데 일주일이 걸렸지만 블록체인 시스템은 약 2초만에 작업을 수행할 수 있다.
- 경쟁사인 Amazon보다 우위를 확보하기 위해 Walmart는 OTIF(정시 배송)에 대한 기대치를 강화했다. 트럭운전사는 이제 이전의 85%에서 87%의 물량을 2일 이내에 배송해야 한다. 공급업체는 목표점을 달성하지 못하면 벌금을 물게 된다. 벌금은 배송 지연뿐만 아니라 주문한 상품들이 모두 포함되지 않은 배송에 대해서도 부과된다. Walmart가 더 많은 매장 내 픽업 및 기타 옴니채널 배송 옵션을 제공하고 Amazon과 같은 강력한 경쟁자와 경쟁하기 위해 노력함에 따라 배송 정확도는 점점 더 중요해지고 있다. OTIF 프로그램 덕분에 더 많은 선적물이 제시간에 가득 차서 도착하여 선반에 더 많은 재고를 채우고 밀실에 요구되는 재고 보관공간을 줄였다.

옴니채널 시스템이 표준이 되고 기술 역량이 점점 더 복잡해짐에 따라 Walmart는 계속해서 미래의 공급망 리더로 자리매김하고 있다.

**[질문]**

1. Walmart가 공급망 시스템을 위해 만든 개선 사항은 무엇인가?
2. Walmart가 Amazon을 능가할 수 있는 경쟁 우위는 무엇인가?

출처:
Dan Berthiaume, "Report: Walmart seeks supply chain edge over Amazon," Chain Store Age, March 8, 2019, https://www.chainstoreage.com/ operations/report-walmart-seeks-supply-chain-edge-over-amazon/

"Company Facts," visited March 23, 2019, https://corporate.walmart.com/ newsroom/company-facts

Matt Leanoard, "Walmart tightens on-time, in-full rate for suppliers to 87%," Supply Chain Dive, March 8, 2019, https://www.supplychaindive.com/news/ walmart-on-time-in-full-87-suppliers/550083/

(계속)

Kim Souza, "The Supply Side: Retail supply chain digitization lags,"Talk Business and Politics, March 17, 2019, https://talkbusiness.net/2019/03/ the-supply-side-retail-supply-chain-digitization-lags/

Elizabeth Sturcken, "Supply Chain Disruptions Keeping You Up At Night? These Technologies Can Help,"Forbes, March 19, 2019, https://www.forbes.com/ sites/edfenergyexchange/2019/03/19/supply-chain-disruptions-keeping-you-up- at-night-these-technologies-can-help/#37e52d586371

"Walmart's successful supply chain management," Tradegecko, visited March 23, 2019, https://www.tradegecko.com/blog/incredibly-successful-supply-chain- management-walmart

리하고, 공급과 수요를 보다 효율적으로 저비용으로 맞출 수 있게 한다.

블록체인을 통해 또한 기업은 위조 방지 데이터베이스를 구축하고 도난 제품을 추적하거나 제품 진위여부가 중요한 명품과 같은 특정 품질의 품목을 추적할 수 있다. 블록체인이 유망하게 적용될 수 있는 영역 중 하나는 계약 및 문서 관리인데, 이는 종이 인증서, 보증 및 계약관리를 디지털화하고, 필요에 따라 자동으로 업데이트할 수 있는 블록체인으로 이동시키는 것이다. 또다른 적용 분야는 식품안전 산업이다. 블록체인이 식품 품목을 추적가능하도록 하고, 한 예로 생산자가 로메인 상추의 오염된 배치와 같은 문제를 식별하고, 출처를 알아내서 해당 배치의 제품들에 대해서만 리콜 조치를 취함으로써 문제를 방지할 수 있도록 한다.

**투명성 확립**. 구매자 특히 소비자들은 제품이 어디에서 어떻게 만들어지는지에 대해서 점점 더 많은 관심을 갖고 있다.

**새로운 배송방식 채택**. 트럭, 기차, 배, 우편물, FedEx와 UPS와 같은 회사를 포함하는 기존 배송방식과 더불어, 이제 자율주행차량 및 드론이 개별 고객에게 배송하는 데 점점 더 많이 사용되고 있다. 로봇들이 일부 대학 캠퍼스에서 피자나 기타 패스트푸드를 배달하는 데 이용된다. 그럽헙(Grubhub)이나 도어대쉬(Doordash)는 레스토랑의 음식들을 배달하고, 기타 다른 서비스 업체들은 식료품을 쇼핑하고 배달한다. 이는 발송인에게는 더 많은 옵션을 제공하지만 더 많은 도전 과제들을 남긴다. 위험과 법적책임 문제가 도전과제 중 하나이다.

읽을거리

## 공급사슬 투명성

**리사 스펜서**

공급망 투명성은 제품이 어디에서 어떻게 생산되는지에 대해서 투명하지 않은 경쟁업체에 비해 더 큰 경쟁 우위가 될 수 있다. 이는 소비자가 "어디에서, 어떻게" 제품이 생산되는지에 점점 관심이 많아지는 소매업의 경우 특히 더 그렇다. 이에 대해서 기술이 큰 부분을 차지한다. 원자재에서 생산 및 유통에 이르는 상품의 전자 추적(RFID)은 종이나 천 라벨보다 훨씬 더 많은 정보를 제공한다. 또한 일부회사는 소비자에게 생산 작업을 볼 수 있는 포털을 제공한다. Walmart의 일부 공급업체는 소비자가 의류공장의 운영을 직접 볼 수 있는 웹캠을 공장에 설치하여 노동 관행의 투명성을 높이라는 대중의 요구에 부흥했다. 일부 제조업체는 시설검사 결과와 제품안전 시트를 공개적으로 제공하고, 고객에게 공급망의 모든 단계에 대한 정보를 제공하기도 한다. 이는 고객 만족도를 높일 뿐 아니라 기업의 윤리적 주장을 강화한다.

**[질문]**

1. 고객들은 그들이 구매하는 의류의 공급사슬에 어떤 일이 일어나는지에 대해서 얼마나 염려해야 하는가?
2. 공급망 투명성을 높이는 데 참여하는 기업들에게 따르는 이점과 비용은 무엇인가?

출처: "Why Supply Chain Transparency Results in Big Business Benefits" by Megan Ray Nichols. https://cerasis.com/supply-chain-transparency

이러한 현재 및 미래의 가능한 추세의 결과로서 기업들은 공급사슬을 재구성하여 위험을 줄이고 흐름을 개선하며, 비용을 줄이고, 이익을 증가시키고, 일반적으로 고객 만족도를 높이기 위해 공급사슬을 재구성하는 데 진지하게 생각하게 될 것이다.

## 위험 관리와 회복력

위험 관리는 위험을 파악하고 그 발생 가능성 및 잠재적 영향을 평가한 다음 이들 위험을 처리하기 위한 전략을 개발하는 것을 포함한다. 전략들은 *위험 회피*, *위험 감소*, 공급사슬의 파트너들과 *위험 공유*와 관련될 수 있다. *위험 회피*는 특정 지역의 공급자와는 거래를 하지 않음을 의미하고, *위험 감소*는 신뢰할 수 없는 공급자를 교체하는 것을 의미하며, *위험 공유*는 공급사슬상의 파트너와 위험을 분산시키는 계약을 체결하는 것을 의미한다. **회복력**(resiliency)은 기업이 공급사슬에 부정적인 영향을 미친 사건으로부터 회복할 수 있는 능력이다. 회복은 영향력의 심각성과 사건에 대처할 수 있는 계획들의 함수이다. 기업은 위험 관리를 통해 회복력의 필요성을 줄일 수는 있지만 제거할 수는 없다.

**회복력**
기업이 공급사슬에 부정적인 영향을 미친 사건으로부터 회복할 수 있는 능력

위험 관리의 첫 번째 단계는 잠재적인 위험을 파악하는 것이다. 공급사슬의 위험은 몇 가지 범주로 분류된다. 하나는 운송에 지장을 주거나 또는 공급자에게 직접적으로(생산 또는 저장 시설을 파손시킴으로써) 또는 간접적으로(시설의 접근에 영향을 미치거나 다른 방법으로 종업원에게 영향을 미침으로써) 영향을 미치는 화재, 홍수, 허리케인과 같은 자연 재해에서 비롯될 수 있다. 노사분규, 생산문제, 공급업체 파산 등 공급업체 문제로 인해 지장이 발생할 수 있다. 또 다른 위험 요인은 품질 문제로, 이는 공급에 지장을 주고 제품 리콜, 제품 책임 소송 및 부정적인 홍보로 이어질 수 있다. 또 다른 위험은 공급업체가 경쟁업체에게 경쟁우위를 약화시킬 수 있는 민감한 정보를 누설할 가능성이다.

성공적인 위험관리의 핵심 요소는 다음과 같다.

**공급자를 파악하라.** 공급사슬 매핑(mapping)은 공급사슬의 범위를 파악하고, 공급업체를 파악하며, 위험을 증폭시킬 수 있는 1차 공급자나 2차 공급자의 집중도를 확인하는 데 도움이 될 수 있다. 이는 공급사슬을 단순화(단축)하는 바람직한 결과를 가져올 수 있다.

**공급사슬의 가시성(visibility)을 제공하라.** **공급사슬의 가시성**은 주거래 파트너가 재고수준, 출하 상태와 이와 유사한 핵심 정보에 대해서 실시간으로 데이터에 접근하기 위해서 공급사슬의 어느 부분에나 연결될 수 있음을 의미한다. 이를 위해서 데이터 공유가 필요하다.

**공급사슬 가시성**
주거래 파트너들은 실시간으로 데이터에 접근하기 위해 공급사슬에 연결될 수 있다.

**사건 대응 능력(event-response capability)을 개발하라.** **사건 대응 능력**은 지연된 선적 또는 특정 품목의 재고가 낮게 유지되는 창고와 같은 계획되지 않은 사건을 감지하고 대응하는 능력이다. 이벤트 관리 시스템은 다음과 같은 네 가지 능력을 갖추어야 한다, 시스템 모니터링 능력, 계획되었거나 계획되지 않은 사건이 발생하면 알려주는 능력, 계획되지 않은 사건이 발생할 때 잠재적인 해결책을 시뮬레이션하는 능력, 공급자, 운송업체, 다른 공급사슬 파트너들의 장기적 성과를 측정하는 능력들이다.

**사건 대응 능력**
계획되지 않은 사건을 감지하고 대응하는 능력

사건 대응은 대체 공급원천을 식별하는 것을 뜻할 수도 있다. 일반 운영에는 알려지지 않은 지장을 주는 사건, 즉 일반적으로 예측할 수 없지만 발생할 경우 공급사슬에 영향을 미칠 수 있는 사건을 처리하는 기능도 포함되어야 한다. 이러한 혼란스러운 사건들은 알려지

읽을거리

## 3M사에서 원거리운송이 근거리운송으로 변경되었다

3M사의 많은 제품 중 하나는 플라스틱 고리이다. 미국 중서부의 여러 지역에 광범위하게 분산된 지역에서 제품생산을 하고 있었다. 미주리 주의 스프링필드(Springfield)에 있는 공장에서 시작된 공정은 접착제를 생산하여 550마일 떨어져 있는 인디애나 주의 하트포드 씨티(Hartford City)에 있는 공장으로 운송되는데, 그 곳에서는 이 접착제를 발포고무에 바르는 작업을 한다. 그런 다음 발포고무는 다시 600마일 떨어져 있는 미네소타 주의 미니애폴리스(Minneapolis)로 운송되어 개별 조각으로 절단되고 3M 로고가 새겨진다. 마지막으로 개별 폼 조각들이 200마일 떨어져 있는 위스콘신 주 중심부에 위치한 공장으로 운송되어 판매용 고리와 패키지로 포장된다. 전체 공정이 완료되는 데 100일이 소요되고 1,000마일 이상 운송이 소요되었다.

3M은 마침내 여러 종류의 다양한 3M 제품을 생산하는 미네소타 주의 허친슨(Hutchinson)에 위치한 공장에서 생산운영을 통합하였다. 그 결과 모든 운송이 사라졌고, 공정시간을 3분의 2로 단축시킬 수 있었다.

이와 같은 상황은 기업이 다른 기업을 인수하여 현재 위치에서 생산운영을 유지하기로 선택하는 경우 발생할 수 있다.

**[질문]**

1. 기업은 몇 회의 인수, 합병을 통해 광범위하게 분산된 생산 시설들을 획득하게 된다. 통합을 고려할 때 어떠한 상충관계들(trade-offs)에 직면하는가?
2. 3M의 사례를 통하여 긴 공급 프로세스가 왜 존재하는지 한 가지 이유를 알게 된다. 긴 공급 프로세스를 발생시키게 하는 다른 몇 가지 이유들을 더 생각해 볼 수 있는가?

출처: "3M Begins Untangling Their Hairballs." *The Wall Street Journal*, May 17, 2012.

지 않기 때문에 혼란의 심각성과 정도를 예측하는 것이 불가능하다. 결과적으로 예기치 못한 사건들이 일어나는 것을 인식하고 발생했을 때 이를 해결하기 위해 계획을 수립하는 것이 중요하다.

### 공급사슬 단축

기업들이 운송 시간과 비용을 절감할 수 있는 방법을 모색함에 따라 일부 기업은 인근의 공급자, 저장시설, 가공센터를 활용하는 데 중점을 둔다. 앞의 읽을거리에서 다루었듯이 또 다른 일부 기업들은 공급사슬을 통합하여 비용절감의 효과를 얻고 있다.

## 15.3 글로벌 공급사슬

기업들이 점점 아웃소싱을 활용하고 국내시장을 벗어나 해외에서 기회를 추구함에 따라 공급사슬은 점점 글로벌화가 되고 있다. 예컨대, 제품 설계는 종종 세계 각국의 요구사항들을 받아 반영하고, 제품은 전 세계에서 판매되고 있다.

기업들이 효과적인 공급사슬관리의 전략적 중요도를 인식하면서, 글로벌 공급사슬이 자국 내에서 운영될 때는 무시할 수 있거나 아예 존재하지 않았던 부가적인 복잡성이 있다는 것을 발견하게 되었다. 이러한 복잡성에는 언어와 문화의 차이, 환율변동, 관세, 시차, 무력분쟁, 운송비용과 리드타임의 증가, 그리고 공급사슬 파트너 간의 신뢰와 협조의 필요성 증가 등이 있다. 뿐만 아니라, 관리자들은 공급사슬의 성공 여부에 영향을 주는 현지의 역량, 즉, 재무, 운송 및 통신 인프라, 행정, 환경 및 법적 규제, 그리고 정치적 문제 등과 같이 국가별로 상이한 요인들을 파악하고 분석할 수 있어야 한다.

이와 같은 요인들 때문에 위험관리가 글로벌 공급사슬의 중요한 측면이 되었다. 이를 보완하기 위해서 일부의 기업들은 공급사슬의 다양한 지점에 재고량을 증가시켰고, 그 결과 글로벌 소싱(sourcing)의 이점을 일부 상실했다.

위험은 공급(예컨대, 기상상황, 공급자의 실패, 품질 문제, 지속가능성 문제, 운송 문제, 해적, 테러 등), 비용(예컨대, 원자재 가격 상승) 및 수요(예컨대, 수요 감소, 수요의 변동성, 운송 문제)와 관련이 있다. 그 외의 위험으로는 지적재산권 문제, 계약준수문제, 경쟁 압력, 예측오류, 재고관리와 관련된 것들이 있다.

글로벌화의 긍정적인 요인으로는 일련의 통신 기술 진보, 실시간 정보교환으로 가능해진 전 세계의 생산운영을 연동시킬 수 있는 능력이다. 결과적으로 정보통신기술이 글로벌 공급사슬의 운영을 통합시키는 주된 역할을 하고 있다. 불행히도 이를 통해서도 아직 연결되지 않는 지구상의 몇 군데가 남아있다.

## 15.4 ERP와 공급사슬관리

ERP를 통합한 공급사슬관리는 기업체의 모든 자원을 효과적으로 계획하고 관리하기 위한 공식적인 접근방법이다. ERP의 구현은 비즈니스 운영을 관리하고 사업목표와 재무목표를 달성할 수 있도록 운영체계 및 운영 성과 측정을 수립하는 것을 포함한다. ERP는 수요 계획 및 공급 관리, 재고보충, 생산, 저장 및 운송과 같은 공급사슬관리 활동의 전 영역을 포괄한다. ERP 소프트웨어는 또 거래데이터를 중앙집중화 시키는 핵심적인 역할을 한다.

ERP 소프트웨어는 공급사슬을 조정, 모니터링 및 관리할 수 있는 능력을 제공하며 공급자 관계, 성과관리, 판매 및 주문이행 및 고객관계 관리와 같은 영역에서 주요활동 및 이벤트에 대한 시스템 전반의 가시성을 제공하는 통합시스템이라 할 수 있다.

**공급자 관계 관리** ERP는 구매, 수령, 공급자 평가 및 성과 정보, 리드 타임, 품질, 전자 자금 지출을 통합하고 프로세스를 간소화시키며 이들 프로세스에 대한 분석을 가능하게 한다.

**성과관리** ERP의 이러한 측면은 비용 및 이익, 생산성, 품질 성능, 고객 만족에 대한 정보를 종합한다.

**판매 및 주문이행** ERP는 재고관리 및 품질 관리, 반품 추적, 생산, 포장 및 유통의 일정을 계획하고 모니터링 하는 기능이 있다. 보고서들은 주문 및 재고 상태, 납품일자 및 물류 성과에 대한 정보를 제공할 수 있다.

**고객관계관리** ERP 시스템은 기본적인 연락 정보, 계약 세부 사항, 지불 조건, 신용 기록 및 선호하는 운송수단과 관련된 정보들을 중앙집중화 시킬 뿐만 아니라 구매 패턴, 서비스, 반품에 대한 정보도 제공한다.

## 15.5 윤리와 공급사슬

공급사슬과 관련된 비윤리적인 행동의 예들이 많이 있다. 허가를 받거나 유리한 지위를 확보하기 위해 정부 관료나 회사 간부들에 뇌물을 제공하는 경우인데 다음과 같은 예가 있다.

즉, 개발도상국에 굴뚝산업을 수출하거나, '녹색'의 정도가 실제로는 최저치인데 '녹색' 공급사슬이라고 주장하거나, 건강, 안전 및 환경 표준을 무시하거나, 근로자의 기본권을 침해한다든가(예컨대, 수준 이하의 임금지불, 노동착취, 강제 노동 또는 아동 노동), 원산지 표기 오류, 자국에서 금지된 상품의 해외 판매 등이다.

모든 회사는 행동지침이 되는 윤리적 공급사슬 강령을 개발해야 한다. 강령에는 고객, 공급업체, 공급자의 행위, 계약 협상, 채용 및 환경 문제와 관련된 모든 행동들이 포함되어야 한다.

비윤리적인 행위의 주요 위험은 그러한 행위가 언론에 노출되었을 때, 공급사슬에서 실제로 법률상 독립된 회사가 저지른 비윤리적 행위에 대해서도 소비자들은 공급사슬상의 주요 회사나 브랜드를 비난하는 경향이 있다. 공급사슬이 글로벌화가 되어 있고 일반적으로 제조 공정인 경우 문제는 특히 어려워진다. 불행하게도 많은 기업들이 공급사슬 내의 대부분 또는 모든 기업과 신속하게 연락을 취하거나 윤리 및 규정 준수와 관련된 중요한 문제에 대해서 공급업체와 의견을 나누는 능력이 부족하다. 공급사슬 활동을 모니터링하는 것이 필수이기는 하나, 윤리적 공급사슬을 유지하기 위한 한 가지 측면에 불과하다. 글로벌 제조 및 유통에서 공급사슬의 정밀조사에는 구매에서부터 제조, 조립, 운송, 서비스, 수리작업, 궁극적으로 수명이 다한 제품의 적절한 폐기까지 공급사슬의 모든 활동들을 포함시켜야 한다.

비윤리적인 공급자 행위로 인한 피해 위험을 줄이기 위해서 기업이 채택할 수 있는 핵심적인 절차는 윤리적인 행위로 좋은 평판을 받고 있는 기업을 선정하여, 공급자 계약서에 근로기준의 준수를 명시하고, 윤리적인 공급자와 직접적이고 장기적인 관계를 발전시키며, 발생하는 어떠한 문제라도 신속하게 대처하는 것이다.

윤리적이고 지속가능한 글로벌 공급사슬은 공정한 임금, 좋은 근무조건, 양성 평등을 추구하며, 근로자나 환경에 해를 끼치지 않는다.

## 15.6 중소기업들

중소기업들은 공급사슬에 항상 적절한 주의를 항상 기울이지는 못한다. 그러나 중소기업이 공급사슬을 적극적으로 관리함으로써 얻을 수 있는 이점들이 많은데 효율성 증대, 비용 절감, 위험 감소, 이익 증가와 같은 것들이다. 중소기업에게 규모는 경쟁우위 요소인데 그 이유는 중소기업이 규모가 큰 기업보다 더 민첩하여 필요한 경우 보다 신속히 의사결정을 하고 변화할 수 있기 때문이다.

공급사슬관리의 다음 3가지 측면이 보통 중소기업의 관심사항이다.

- 재고관리
- 위험 감소
- 국제 무역

재고가 중소기업에게 문제가 될 수 있다. 공급사슬 중단으로 인한 재고부족을 피하기 위해서 추가 재고를 유지할 수 있다. 하지만 이러한 재고는 자본을 동결시키고, 공간을 차지하게 된다. 그 대안으로 중요 품목에 대해서는 백업 공급업체를 확보하는 것이다. 마찬가지로 공급업체의 배송 및 고객 배송을 위한 백업을 보유하면 공급사슬 중단을 극복하는 데 도움이 될 수 있다. 계정을 설정하는 데 상당한 기간이 소요될 수 있으므로 생산운영을 유지하기 위해 필요한 시점 이전에 이러한 시스템을 준비하는 것이 좋다.

주의를 요하는 또 다른 영역은 위험관리이다. 위험을 줄이기 위한 관건은 공급업체를 관리하는 것이다. 중요한 절차들은 다음과 같다.

- 신뢰할 수 있는 공급업체만을 이용하라.
- 어떤 공급업체가 중요한지를 결정하고, 이들에 대한 알고, 그들이 가지고 있는 문제점에 대해서 이해하라.
- 공급업체의 성과(예컨대, 품질, 신뢰성, 유연성)를 측정하라.
- 공급자의 문제(예컨대, 납품 지연, 미완성 주문, 품질 문제)에 대한 경고 신호를 인식하라.
- 공급사슬 문제를 관리하기 위한 계획을 마련하라.

수출은 중소기업 생산자가 비록 그렇게 할 만한 지식이 없어 예상하지 못한 문제들을 야기할지라도 사업을 확장할 수 있는 좋은 기회이다. 예컨대, 부적합한 제품이나 포장물을 수출할 경우, 입국항에서 화물이 억류되어 비용 증가와 시간 낭비로 인해 고객들의 불만족으로 이어질 수 있다.

수입은 중소기업에게 혜택을 줄 수 있다. 중소기업청은 다음과 같이 외국 공급업체를 이용하는 데 유용한 몇 가지 조언을 제공한다.[3]

- 외국 공급업체를 감독하는 데 전문 지식이 있는 사람, 가능하면 해당 국가에서 상당한 시간을 보낸 사람과 협업하라. 또한 면허가 있는 관세사가 법률 및 규정, 필요한 서류, 수입업자 및 수출업자와의 협력을 도울 수 있다.
- 수요와 타이밍에 대한 기대치를 설정하기 위해서 구매 패턴과 일정을 설명하라
- 단일의 공급업체에만 의존하지 말아라. 백업 공급업체가 위험을 줄이고 협상력을 증가시켜 줄 수 있다.
- 신용을 쌓는 것이 협상을 하거나 문제 해결(문제가 발생할 경우)에 유리할 수 있다.
- 외국 공급업체의 위험이나 다른 문제점들이 심각할 경우, 국내 공급업체를 이용하라. 운송 시간 및 비용이 절감되고, 공급업체와의 긴밀한 상호 작용 및 민첩성 증대와 같은 이점이 있다.

## 15.7 관리 책임

일반적으로 말하면, 기업경영책임은 법률적, 경제적, 윤리적인 측면을 지닌다. 법률적 책임은 공급사슬이 존재하는 국가의 법률과 규정에 대해서 잘 알고 법을 준수하고 규정에 따라 운영하는 것이다. 경제적 책임은 가능한 한 효율적으로 수요를 충족하기 위해 제품과 서비스를 공급하는 것이다. 윤리적 책임은 사회의 도덕적 기준에 부합하는 방식으로 사업을 수

[3] U.S. Small Business Administration, "5 Tips for Managing an Efficient Global Supply Chain," *Small Business Operations*, March 12, 2013.

**몇 가지 공급사슬 전략**

기업 조직이 선택할 수 있는 많은 다양한 전략들이 있는데 여기에 이들 전략 중 일부의 사례를 제시한다.

**대응력/민첩성**: 공급사슬 붕괴 사태나 제품의 요구사항과 수요량의 변화에 신속하게 대응할 수 있는 유연한 공급사슬

**린 공급사슬**: 효율적이고 저비용의 공급사슬을 구축하기 위해 부가가치가 없는 활동을 제거하는 데 집중하는 것

**근거리 소싱**: 주변에 있는 공급업체를 사용하면 공급사슬이 단축되고, 운송시간 및 비용이 절감되며, 공급사슬 내 재고가 줄어들고, 공급사슬 붕괴 위험이 줄고 대응력이 향상된다.

행하는 것이다.

책임의 보다 구체적인 영역은 조직의 전략, 전술 및 운영과 관련이 있다.

### 전략적 책임

최고 경영진은 공급사슬관리뿐 아니라 비즈니스 자체의 성공에 주요 영향을 미치는 전략적 책임을 가지고 있다. 이러한 전략에는 다음과 같은 것들이 있다.

**공급사슬전략 조정:** 공급 및 유통 전략을 조직전략에 맞게 조정하고 아웃소싱을 사용하는 정도를 결정

**네트워크 구성:** 공급업체, 창고, 생산/운영설비와 유통 센터의 수와 위치를 결정

**정보기술:** 예측, 재고 현황, 선적 추적, 특이사항 등의 정보를 공유하기 위해 공급사슬 전반에 걸쳐 시스템과 프로세스를 통합. 이는 종종 대규모 공급업체보다 소규모 공급업체와 달성하기가 더 어렵다.

**제품과 서비스:** 신제품과 서비스의 선정과 설계에 대한 의사결정

**생산용량계획:** 언제 얼마나 필요한 지와 통합할 유연성의 정도를 포함하여 장기적인 생산용량 소요량을 평가

**전략적 제휴:** 파트너십 선택, 협력 수준, 공식성의 정도

**유통전략:** 중앙집중식 또는 분산형 유통을 할 것인지를 결정하고, 유통을 위해 조직의 자체 시설이나 장비를 이용할 것인지 또는 제3자 물류 공급자를 활용할 것인지를 결정

**불확실성과 위험 감소:** 위험의 잠재적 원인을 파악하고 용인할 수 있는 위험의 정도를 결정

### 주요 전술 및 운영적 책임

주요 전술 및 운영적 책임에 대해서 표 15.1에 요약되어 있다.

## 15.8 조달

조직의 구매부문은 제품을 생산하거나 서비스를 제공하는 데 필요한 자재, 부품, 소모품 및 서비스를 획득해야 하는 책임이 있다. 제조분야에서 완제품 원가의 60% 이상이 구매한 부품이나 자재에서 비롯된다는 것을 고려하면 구매의 중요도가 어느 정도인지 가늠할 수 있을

**표 15.1**
주요 전술 및 운영적 책임

**전술적 책임**

**예측**: 예측을 준비하고 평가함
**소싱**: 공급자를 선정하고 제조–구매 의사결정을 함
**운영 계획**: 외부 공급사슬과 내부 운영을 조정
**재고관리**: 다양한 유형의 재고(원자재, 반제품, 완제품)를 공급사슬의 어느 위치에 저장할 것인지를 결정
**운송 계획**: 수요에 생산용량을 맞춤
**협업**: 공급사슬 파트너들과 계획을 조정하기 위해 협력함

**운영적 책임**

**일정계획**: 생산운영과 유통에 대한 단기 일정계획
**수령**: 공급자로부터 들어오는 배송을 관리
**변환**: 투입물로부터 산출물로의 변환
**주문이행**: 특정의 고객 주문에 생산자원이나 재고를 연계시킴
**재고관리**: 재고를 유지하고 보충하는 활동
**선적**: 유통센터나 고객들에게로 나가는 배송의 관리
**정보공유**: 공급사슬 파트너들과 정보 교환
**통제**: 품질, 재고, 다른 핵심 변수들의 통제와 필요한 경우 변동성을 감소시키는 것을 포함하는 시정조치 실행

것이다. 도소매 기업의 경우 구매한 재고의 비율은 더욱 높아 90%를 능가하는 경우도 있다. 그럼에도 불구하고 구매의 중요성은 단순히 구매한 상품의 원가 이상이다. 다른 중요한 요인은 상품이나 서비스의 *품질*과 상품이나 서비스의 *납기*이며, 양자 모두가 기업 운영에 상당한 영향을 미칠 수 있다.

구매부문의 의무 중에는 공급원의 파악, 계약 협상, 공급자들의 데이터베이스 유지, 운영상의 요구조건을 충족하거나 능가하는 제품과 서비스를 적시에 비용효율적인 방식으로 획득하는 것, 공급업체의 관리 등이 있다.

## 구매 인터페이스

구매는 외부 공급자는 물론 기업의 다른 기능 영역들과 많은 연결점들이 있다. 구매는 조직과 공급자 사이의 연결고리이다. 이러한 점에서 구매는 공급자와 기능 영역들과 정보를 교환한다. 구매부문과 다른 영역간의 상호작용은 다음 단락에 간략히 요약한다.

**생산운영 부서**는 구매된 자재에 대한 주요 요구 부서이며 품질, 수량, 납기목표를 충족시키기 위해서는 해당부서와 구매부서간의 긴밀한 협조가 필수적이다. 구매가 효과적이기 위해서는 주문 취소, 규격 변경, 수량 및 납기 변경이 즉시 통보되어야 한다.

**구매부서**는 계약협상, 비정기적 구매에 대한 입찰 조건 작성, 가격 책정, 제조물 책임, 공급자와의 계약에 대한 법률 해석을 돕는 *법무*부서의 지원을 요청할 수 있다.

**회계부서**는 공급자에 대한 대금 지불에 책임이 있고, 가능한 가격할인의 이점을 활용하기 위해서 주문한 물품을 수령했을 때 신속하게 통보받아야 한다. 많은 기업에서 *데이터 처리*는 회계부서에서 다루는데, 재고기록을 유지하고, 송장을 확인하고, 공급자 성과를 모니터한다.

**설계 및 엔지니어링 부서**는 자재규격을 준비하여 구매부서에 알려주어야 한다. 공급자와 접촉하기 때문에 구매부서는 새로운 제품과 자재 개선에 대한 정보를 설계 담당자에게 전달할 수 있는 위치에 있다. 규격, 설계, 자재 변경으로 구매 품목의 원가를 절감할 수 있는지

여부를 판단하기 위해서 설계 및 구매 담당자들은 서로 긴밀히 협력할 것이다. (가치분석에 대한 다음 절 참조)

**수령부서**는 품질, 수량, 납기 목표가 충족되었는지를 결정하기 위해 구매 품목의 납품을 확인하고, 물품들을 임시 저장소로 운반한다. 출하가 늦어질 때는 반드시 구매부서에 통보해야한다. 물품이 입고되면 대금지불이 이루어지도록 회계부서에 통보해야 하며, 구매 및 회계 부서 모두에게 지속적인 공급업체 평가에 대한 최신 정보를 알려야 한다.

**공급자**는 어떤 자재가 구매될 예정이며, 품질, 수량, 납기 측면에서 어떤 종류의 규격이 필요한지 알기 위하여 구매부서와 긴밀히 협력한다. 때때로 여기에는 기존 공급업체 대신에 새로운 공급업체가 포함된다. 구매부서는 원가, 신뢰성과 기타 등등에 대해 공급자를 평가해야 한다(공급자 평가에 대한 다음 절 참조). 좋은 공급자 관계는 긴급주문이나 주문변경을 위해 중요할 수 있으며 공급자는 제품이나 자재 개선에 대한 좋은 정보의 원천을 제공한다.

그림 15.3은 구매 인터페이스를 묘사하고 있다.

## 구매주기

**구매주기** ▸
구매 요청으로 시작되어 구매부서가 배송이 만족스러운 상태로 수령되었다고 통보받는 것으로 끝나는 일련의 단계들

**구매주기**는 조직 내 부서가 구매부서에게 자재, 장비, 보급품, 기타 품목들을 외부 공급업체로부터 요청하는 것으로 시작되어 배송이 만족스러운 상태로 수령되었다고 구매부서에게 통보되면 끝나게 된다. 구매 주기의 주요 단계는 다음과 같다.

1. **구매부서가 구매요청을 받는다.** 구매 요청서에는 (a) 원하는 품목이나 자재에 대한 개요 (b) 필요한 수량과 요구되는 품질 (c) 희망 납품일자 (d) 구매 요청자가 기재된다.
2. **구매부서가 공급업체를 선정한다.** 구매부서는 원하는 물품을 공급할 능력이 있는 공급업체를 파악해야한다. 현재의 업체목록에 그러한 공급업체가 없으면 새로운 업체를 찾아야 한다. 업체를 선정할 때 공급업체 평가 등급을 참고할 수 있으며, 이들 평가등급 정보를 업체에 전달해서 향후 성과 개선을 도모하게 할 수 있다.
3. **구매부서는 공급업체에게 발주를 한다.** 만일 일회성 장비의 구매처럼 주문 금액이 크면

**그림 15.3**
구매인터페이스

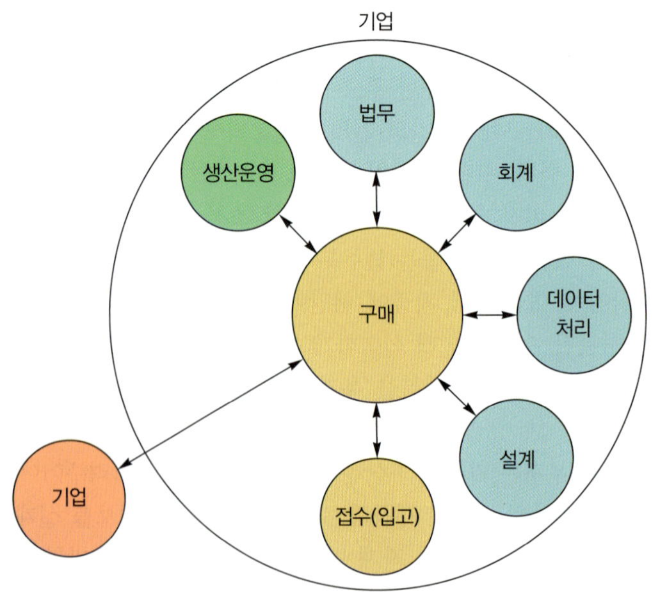

입찰을 하고, 업체와의 협상에 생산운영 및 설계 인력들의 도움을 요청한다. 대량의 반복사용 품목에 대해서는 일괄구매발주(blanket purchase order)를 할 수 있으며 이는 연중 요청에 의해 납품하는 조건의 연중 가격을 협상하는 것이다. 중간 수량의 품목들도 일괄구매발주로 처리할 수 있으나 개별 주문으로도 처리할 수 있다. 소량 구매는 구매 품목을 요청한 생산운영부서와 공급자 간에 직접적으로 처리될 수 있으나 정도를 벗어나는 것을 방지하기 위해서 약간의 통제가 필요하다.

4. **주문 모니터링.** 주문에 대한 통상적인 후속 조치를 하면, 특히 대형 주문이나 리드타임이 긴 주문에 대해서는 구매부서가 발생할 수 있는 지연을 예상할 수 있고 이 정보를 생산운영 단위부서에 통보해 줄 수 있다. 역으로 구매부서는 생산운영부서에서 요청하는 수량 및 납기의 변경 사항을 공급자에게 알려 계획을 변경할 수 있는 시간을 가지도록 해야 한다.
5. **주문 수령.** 수령부서는 입고되는 수송물에 대해 품질과 수량을 확인해야 하고 구매부서, 회계부서, 물품을 요청한 생산운영부서에 통보해야한다. 수령된 물품이 만족스럽지 않은 경우 공급업체에게 반품하거나 추가적인 검사를 해야 한다.

## 중앙집중식 대 분산형 구매

구매는 중앙집중식(centralized) 또는 분산형(decentralized)으로 이루어질 수 있다. 중앙집중식 구매는 단일의 특정부서에서 구매를 처리하는 것을 의미하며, 분산형 구매는 개별 부서나 별도의 위치에서 자체적으로 구매를 처리하는 것을 의미한다.

**중앙집중식 구매**는 여러 건의 주문들을 취합하여 대규모 주문에 제공되는 수량할인(quantity discounts) 혜택을 이용할 수 있는 경우 분산형 보다 가격을 낮출 수 있다. 중앙집중식 구매는 또한 공급자로부터 더 좋은 서비스와 세심한 관심을 받을 수 있다. 뿐만 아니라 중앙집중식 구매는 기업이 특정 범주의 품목들을 전문가에게 할당할 수 있는데, 이들은 노력을 다양한 품목에 분산하는 것이 아니라 소수의 품목에만 집중할 수 있기 때문에 보다 효율적일 가능성이 크다.

◂ **중앙집중식 구매** 구매를 특정의 부서에서 취급하는 것

**분산형 구매**는 서로 다른 '현지의(local)' 요구사항을 잘 알고 이러한 요구사항에 보다 잘 대응할 수 있다는 이점이 있다. 분산 구매는 보통 중앙집중식 구매보다 더 신속하게 대응할 수 있다. 사업장의 입지가 광범위하게 분산되어 있을 경우 분산구매는 해당 지역에서 구매를 함으로써 운송비를 절감할 수 있고, 지역사회에 호감도를 창출할 수 있다는 부가적인 장점이 있다.

◂ **분산형 구매** 개별부서 또는 별도의 지역에서 자체적으로 구매를 처리하는 것

어떤 조직에서는 특정 제품에 대해서는 개별부서가 취급하도록 하고 다른 제품에 대해서는 중앙집중식 구매를 함으로써 중앙집중식과 분산형의 이점을 모두 활용한다. 예컨대, 소규모 주문과 긴급 주문은 현지에서 또는 개별부서에서 처리하고, 중앙집중식 구매는 대량의 고가품을 구매할 때 이용할 수 있는데, 이 경우 할인을 적용받을 수 있거나, 현지의 구매자나 개별부서가 받을 수 있는 서비스보다 나은 전문가의 서비스를 받을 수 있다.

## 구매 윤리

윤리적 행위는 기업의 모든 측면에서 중요하다. 비윤리적인 행위에 대한 유혹이 아주 클 수 있는 구매에 있어서는 이 사실이 더욱 확실하다. 구매자는 종종 큰 권력을 갖고 있으며 판매

자는 판매를 열심히 성사시키려 한다. 양 당사자가 윤리적인 방식으로 행동하지 않으면 권력남용의 가능성이 현실화된다. 뿐만 아니라 글로벌화가 진행됨에 따라 특정 국가에서는 관행적으로 인정되는 행위가 다른 국가에서는 비윤리적으로 간주될 수 있기 때문에 어려움이 더욱 커진다.

## 15.9 e-비즈니스

**e-비즈니스** ▸ 기업거래를 촉진하기 위한 전자기술의 이용

**e-비즈니스**는 기업의 거래를 촉진하기 위해서 전자기술을 이용하는 것을 말한다. e-비즈니스 또는 전자상거래는 개인과 기업 간의 상호 작용뿐만 아니라 서로 다른 기업 조직들 간의 상호 작용을 포함한다. e-비즈니스의 적용에는 인터넷 구매 및 판매, e-메일, 주문 및 출하 추적, 전자데이터교환(electronic data interchange, EDI) 등을 포함한다. 또한 기업은 제품이나 서비스를 홍보하고 자신들에 대한 정보를 제공하기 위해서 e-비즈니스를 이용한다. 배송 회사들은 e-비즈니스로 인해 서비스 수요가 급격히 증가했는데, 그중에는 거대기업인 UPS와 페덱스(FedEx)가 있다. 또한 아마존, 월마트 등 일부업체에서 자체배송을 처리하고 있다.

표 15.2가 e-비즈니스의 수많은 이점 중 일부를 열거하고 있다.

e-비즈니스에는 두 가지 핵심적인 특성이 있는데 웹사이트(website)와 주문이행(order fulfillment)이다. 기업들은 전방에서의 설계(웹사이트 구축)에 상당한 시간과 노력을 투자하지만 후방 활동(주문이행)도 이에 못지않게 중요하다. 여기에는 주문 처리, 대금 청구, 재고관리, 창고보관, 포장, 출하 및 배송이 포함된다.

인터넷 판매와 관련하여 발생하는 많은 문제들이 공급과 관련되어 있다. 신속하게 주문할 수 있으므로 고객은 주문 이후에 남은 과정도 원활하고 신속하게 처리되리라는 기대감을

**표 15.2**
e-비즈니스의 이점

기업들과 출판업자들은 글로벌 입지를 확보하고 있으며, 고객은 글로벌 선택권을 갖고 있으며 정보에 좀 더 쉽게 접근할 수 있다.

기업들은 언제, 어디서든 자신들의 서비스에 접근할 수 있도록 함으로써 서비스의 경쟁력과 품질을 향상시킬 수 있다. 또한 기업들은 고객의 선택과 요구사항들을 전자적으로 모니터할 수 있다.

기업들은 웹사이트 방문(hit) 횟수와 정보요청 횟수에 기초하여 다양한 제품에 대한 고객의 관심 사항을 분석할 수 있다.

기업들은 고객의 선호에 대한 상세한 정보를 수집하여 대량고객화(mass customization)와 개인화된 제품을 가능하게 한다. 예컨대, 구매자가 웹 상에서 PC를 구매하는데 이 경우 구매자가 PC의 최종 규격을 명시한다.

공급사슬 반응 시간이 단축되었다. 출판 및 소프트웨어 유통과 같이 웹 상에서 직접 제공받을 수 있는 제품에 가장 큰 영향을 미치고 있다.

중간상이나 전통적인 소매상, 또는 서비스 제공자의 역할은 탈중개(disintermediation)라고 하는 과정을 통하여 감소하거나 완전히 제거되었다. 이러한 탈중개화는 비용을 줄이고 구매 대안을 증가시킨다.

거래비용의 감소와 관련하여 상당한 비용절감과 상당한 가격 인하가 실현될 수 있다. 웹을 통하여 구매 및 지원을 하는 기업들은 인건비를 현저히 절감할 수 있다.

전자상거래(e-commerce)는 웹을 통해서만 유통되는 가상 기업의 출현을 가져왔고, 그로 인해 비용을 감소시키고 있다. 아마존과 기타 인터넷을 통한 판매자(net vendors)들은 소매 점포를 유지할 필요가 없고 많은 경우, 창고 공간도 유지할 필요가 없기 때문에 더욱 저렴한 가격으로 판매할 수 있다.

인프라와 마케팅에 투자할 자금이 부족한 소기업들도 동일한 기회를 가지게 되었다.

출처: David Simchi-Levi, Philip Kaminsky, and Edith Simchi-Levi, *Designing and Managing the Supply Chain: Concepts, Strategies, and Case Studies* (New York: Irwin/McGraw-Hill, 2000), p. 235.

**표 15.3**
B2B 시장형성을 가능하게 하는 요인

| 유형 | 설명 |
|---|---|
| 재무 | 웹으로 강화된 상거래를 위한 재무 및 기타 리소스를 제공한다. |
| 기술 | B2B 시장형성에 필요한 소프트웨어, 응용 프로그램 및 전문 지식을 제공한다. |

출처: Adapted from Forbes, July 2000.

가진다. 그러나 빠른 주문이 가능하게 하는 그 기능이 수요변동도 가능하게 하므로 시스템에 어느 정도의 혼란을 주입하여 원활하고 신속한 배달을 거의 하기가 어렵게 된다. 인터넷을 통해서 주문이 들어오는 속도는 조직이 주문을 이행할 수 있는 능력을 초월해서 결과적으로 고객불만족으로 이어질 수 있다.

인터넷 판매 초기에는 많은 기업들이 공급업체가 고객들에게 직접 배송하도록 함으로써 중개자로서만 활동하여 재고유지비용을 회피할 수 있다고 생각했다. 이러한 접근방법은 특정 기업의 경우에는 효과적이었지만, 또 다른 경우에는 실패하였는데 이는 공급업체의 특정 품목들이 품절되는 경우가 발생하였기 때문이다. 그리하여 일부 기업들은 이러한 전략에 대해서 다시 생각하게 되었다. 아마존(Amazon.com)과 반즈앤노블스(Barnesandnoble.com)와 같은 산업 내 거대기업은 전국에 대규모 창고를 지어 재고 관리의 통제권을 보다 강화할 수 있었다. 그리고 아마존은 소규모판매자에 대해서는 이런 방식을 취하지만 여전히 여타의 기업들은 주문 처리를 아웃소싱하여 자신의 비즈니스의 일부를 이전의 카탈로그 상품판매 기업인 핑거헛(Fingerhut, 현재는 Federated Department Store의 한 사업단)과 같은 제3자 주문이행(third-party fulfillment) 업체에게 넘긴다.

제3자 주문이행회사를 활용하는 것은 주문이행에 대한 통제권을 상실함을 뜻한다. 또 그 결과 주문이행 사업자가 그들이 대행하고 있는 회사의 주문이행 프로세스를 표준 프로세스로 대체하게 되고 자체의 배송요금체계를 따르게 된다. 반면에 전자상거래 회사는 그러한 업무 자체를 수행하는 데 필요한 자원이나 인프라를 갖지 못할 수도 있다. 그 대안으로 기존의 전통적인 오프라인 기업과 전략적 제휴를 하는 것이다. 이는 전자 상거래 비즈니스를 빠르게 활성화시키는 방법이 될 수 있다. 어떤 경우이건 공급사슬상 어딘가에는 전통적 오프라인 설비가 있어야 한다.

e-비즈니스의 성장하는 부분은 기업 간(business-to-business, B2B) 거래이다. B2B 거래를 촉진하기 위해서는 B2B 시장이 형성되어야 한다. 표 15.3은 B2B 시장(marketplace) 형성을 가능하게 하는 요인들을 설명하고 있다.

B2B 거래는 단일의 접점으로 거래 파트너들에게 공급사슬 가시성을 개선할 수 있는데 이는 일정계획, 제품코드, 위치코드, 성과 기준에 대한 공통 표준 및 데이터 형식 개발을 촉진시킨다. 또 운송서비스에 초점을 둔 e-비즈니스는 화주(shippers)와 운송업자 간의 협력을 위한 효율적인 허브(hub)를 보유함으로써 고객의 출하 예상치를 장비들에 대한 좀 더 예측 가능한 수요로 전환할 수 있게 하고 운송업자가 보유 장비들을 보다 효과적으로 배치할 수 있도록 하는 이점을 누릴 수 있다.

## 15.10 공급자 관리

신뢰할 수 있고 믿을 만한 공급자는 효과적인 공급사슬에서 중요한 연결고리이다. 제품이나 서비스의 적기 납품과 높은 품질은 공급자가 효과적인 운영에 기여할 수 있는 두 가지 방법이다. 구매관리 담당자는 공급자의 생산운영과 구매자의 요구사항을 조정하기 위해 공급자와 협력하는 '외부의 생산운영관리 담당자'로서의 기능을 할 수 있다.

이 절에서는 공급자 감사(audits), 공급자 인증(cerfication), 공급자 파트너십과 같은 공급자 관리의 다양한 측면에 대해 설명한다. 조직 전체에 중요한 영향을 미칠 수 있는 측면인 공급자 선정부터 설명한다.

### 공급자 선정

많은 면에서 공급자를 선정하는 것은 주요 구매(예컨대, 자동차나 스테레오 시스템)와 관련된 많은 동일한 요인을 고려하는 것을 포함한다. 기업은 가격, 품질, 공급자의 평판, 공급업체와의 과거 경험, 판매 후 서비스(A/S) 등을 고려한다. 가장 큰 차이점은 기업은 주문하는 수량과 운영상의 요구사항 때문에 시중에서 제품을 구매하는 대신에 공급자들에게 필요한 자재와 부품의 자세한 규격을 종종 제공한다는 것이다. 하지만, 표준품목에 대해서는 대부분의 조직에서 시장구매를 한다. 기업이 공급업체를 선정할 때 주로 고려하는 요소들을 표 15.4에 요약하였다.

상이한 상황에서는 서로 다른 요소가 중요하기 때문에 구매부서는 운영부서의 도움을 받아 각 요소의 중요성(즉, 각 요소에 얼마의 가중치를 주어야 하는지)을 결정한 다음, 공급업체가 이들 목록상의 요소를 얼마나 잘 수행할 수 있는지 기대되는가에 따라 잠재적인 공급자를 평가해야 한다. 이 프로세스를 **공급자 분석**이라고 하며, 이는 주기적으로 수행하거나

**공급자 분석** 가격, 품질, 평판, 서비스 등의 측면에서 공급자를 평가하는 것

**표 15.4** 공급자 선정

| 요소 | 전형적 질문 |
|---|---|
| 품질과 품질보증 | 공급자는 품질관리 및 품질보증에 대해 어떤 절차를 가지고 있는가?<br>품질문제와 수정활동은 문서화되어 있는가? |
| 유연성 | 공급자는 인도 일정, 수량 그리고 제품 또는 서비스 변경을 다루는 데 얼마나 유연한가? |
| 위치 | 공급자는 가까이 위치하고 있는가? |
| 가격 | 공급자가 제시한 가격이 타당한가?<br>공급자는 기꺼이 가격 협상을 하려 하는가?<br>공급자는 기꺼이 비용 감소를 위해 협조하려 하는가? |
| 제품 또는 서비스 변경 | 공급자는 제품 또는 서비스 변경을 위해 사전 통보를 얼마나 많이 요구하나? |
| 평판 및 재무적 안정성 | 공급자의 평판은 어떠한가?<br>공급자는 재무적으로 얼마나 안정적인가? |
| 리드타임과 정시 인도 | 공급자는 어느 정도의 리드타임을 제공할 수 있는가?<br>공급자는 정시 인도를 위해 어떠한 절차를 갖고 있는가?<br>공급자는 문서기록을 하고 문제해결을 위해서 어떠한 절차를 갖고 있는가? |
| 기타 | 공급자가 다른 구매자에게 크게 의존하여 우리보다 그들의 요구에 우선순위를 부여할 위험이 있지 않는가? |

다양한 요인에 할당된 가중치에 상당한 변화가 있을 때마다 수행한다.

## 공급자 감사

공급자에 대한 정기적인 감사는 공급자의 생산능력(또는 서비스 능력), 품질과 납품의 문제 및 그 해결방안, 여타의 기준에 대한 공급자의 성과에 대한 최신 정보를 유지하는 수단이 된다. 감사를 통해 문제 영역이 발견되면 구매자는 보다 심각한 문제로 발전되기 전에 해결방안을 찾는 시도를 할 수 있다. 공급자 감사에서 전형적으로 다루어지는 요소들 중에는 관리 스타일, 품질 보증, 자재관리, 사용된 설계프로세스, 프로세스 개선 정책, 시정 조치 및 후속 조치와 같은 것들이 있다.

공급자 감사는 공급자 인증 프로그램의 중요한 첫 단계이다.

## 공급자 인증

공급자 인증(supplier certification)은 공급자의 정책과 능력에 대한 세부적인 검사활동이다. 인증 과정에서는 공급자가 구매자의 요구사항을 충족하거나 그 이상인지를 검증한다. 이것은 일반적으로 공급자관계 관리에서 중요하지만 구매자가 공급자와 장기적인 관계를 맺고자 할 때에는 특히 중요하다. 인증을 받은 공급자는 때로 *세계적 수준*(*world class*)의 공급자라고 지칭한다. 인증된 공급자를 활용하는 한 가지 이점은 구매자가 납품된 제품의 검사나 시험의 대부분 또는 전부를 생략할 수 있다는 것이다. 공급자의 제품이나 서비스의 문제점들이 완전히 제거되지 않았더라도 인증되지 않은 공급자보다는 위험이 훨씬 적다.

자체 인증 프로그램을 개발하는 대신 일부 회사들은 가장 널리 사용되는 국제 인증규격인 ISO 9000과 같은 표준산업인증(standard industry certifications)을 활용한다.

## 공급자 관계 관리

구매부서는 좋은 공급자관계를 수립하고 유지하는 궁극적인 책임을 가지고 있다. 관계 유형은 종종 구매자와 판매자 사이의 계약기간과 관련이 있다. 단기계약은 경쟁입찰을 채택한다. 기업은 규격(specification)을 게시하고 잠재적 공급자가 계약에 대해 입찰하도록 한다. 공급자들과의 적당한 거리를 두면서 관계를 최소한으로 한다. 이러한 거래는 전산화되어 수행될 수 있다. 중기의 계약은 종종 지속적인 관계를 수반한다. 장기적인 계약은 종종 파트너 관계로 진화하여 구매자와 판매자는 다양한 문제에서 상호 협력을 하며 이는 양 당사자에게 이익이 된다. 점차적으로 기업들은 *전략적* 고려에 기초한 특정 상황에서는 공급자와 장기적 관계를 수립하고 있다.

일부 기업들은 *공급자 포럼*(*supplier forums*)을 이용해서 잠재적 공급자에게 조직의 정책과 요구사항들을 교육하고 계약을 할 수 있는 기회를 강화한다. 또 다른 기업들은 공급자 포럼을 이용하여 정보를 공유하고 협력을 강화하며 합심사고(joint thinking)를 장려한다. 또 일부 기업은 공급자가 안전한 작업조건을 유지하고, 근로자들을 존중하며, 작업자나 고객, 또는 환경에 해를 끼치지 않는 생산 프로세스를 채택할 것을 요구하는 *공급자행동강령*(*supplier code of conduct*)을 활용한다.

기업들은 공급자와 좋은 관계를 구축하는 것이 중요하다는 사실을 점점 인식하고 있다. 과거에는 너무 많은 회사들이 공급자를 적으로 간주하고 이러한 토대에서 거래하였다. 일본 기업들에게서 얻은 한 가지 교훈은 좋은 공급자 관계로부터 수많은 혜택을 거둘 수 있다는 것으로, 납기, 품질, 수량 등의 변경을 수용하는 측면에서의 공급자 유연성 같은 것이다. 또한 공급자는 문제점들을 파악해서 해결방안을 제시할 수도 있다. 따라서 단순히 가격을 기준으로 공급자를 선정하고 변경하는 것은 지속적인 요구사항을 처리하는 데에는 매우 근시안적인 접근 방식이다.

공급자와 좋은 과계를 유지하는 것은 경쟁우위를 유지하기 위한 중요한 요소로 인식되고 있다. 많은 기업들이 공급자를 파트너로 바라보는 시각을 채택하고 있다. 이러한 관점은 고품질의 제품들을 제공하고 정확한 납기를 유지하며 생산 규격이나 납기의 변경에 대해 유연하게 대처할 수 있는 상대적으로 소수의 신뢰할 만한 공급자들과의 안정적인 관계를 강조한다. 표 15.5는 공급자에 대한 상호 대조되는 관점을 비교한 것이다.

## 공급자 파트너십

보다 많은 기업조직들이 공급사슬의 다른 기업들과 파트너십을 구축하려 하고 있다. 이것은 보다 적은 수의 공급자, 장기적인 관계, 정보(예측, 판매 데이터, 문제점 경고)의 공유, 계획수립 과정의 협력을 의미한다. 가능한 이점 중에는 품질 향상, 납품 속도와 신뢰성 향상, 재고량 감축, 비용 절감, 이익 증가, 그리고 일반적으로 생산운영의 개선 등이 있다.

공급자 파트너십에는 몇 가지 장애물이 있는데, 그중 적지 않은 부분이 파트너십으로 얻게 되는 혜택의 대부분이 구매자에게 돌아가기 때문에 공급자는 이러한 관계를 맺는 것을 주저하기 때문이다. 공급자는 파트너십을 위해 현금 흐름에 부담을 줄 수 있는 장비에 대한 투자를 늘려야 할지도 모른다. 또 다른 가능성은 구매자와 공급자의 문화가 서로 달라서 그러한 협약이 적합하지 않을 수 있다.

## 전략적 파트너링(partnering)

**전략적 파트너링** ▶ 상호 보완되는 제품이나 서비스를 가지고 있는 2개 이상의 기업들이 전략적 이점을 누리고자 공동행동을 합의하는 것

**전략적 파트너링**은 서로 전략적으로 이익이 되는 상호 보완되는 제품이나 서비스를 가지고 있는 2개 이상의 기업들이 *전략적* 이점을 누리고자 공동행동을 합의하는 것이다. 파트너링이 발생하는 한 가지 방법은 공급자가 고객을 대신해서 재고를 보유하는 데 동의하는 것이다. 이렇게 함으로써 고객이 장기약정에 동의하는 대가로 고객의 재고유지 비용은 감소하고, 공급자 입장에서는 지속적으로 새로운 고객을 찾고, 가격과 서비스 등에 협상을 해야 하

**표 15.5**
적으로서의 공급자와 파트너로서의 공급자

| 관점 | 적으로서의 공급자 | 파트너로서의 공급자 |
|---|---|---|
| 공급자 수 | 많음 | 하나 혹은 소수 |
| 관계 기간 | 단기 | 장기 |
| 낮은 공급가격 | 아주 중요한 고려사항 | 상대적으로 중요도가 덜함 |
| 신뢰성 | 높지 않음 | 높음 |
| 개방성 | 낮음 | 높음 |
| 품질 | 신뢰하기 어려움: 구매자가 검사 | 원천(공급자)에서 검사: 공급자 인증 |
| 거래 규모 | (다수 공급자에게 구매하므로) 소규모 | 대규모 |
| 우연성 | 상대적으로 낮음 | 상대적으로 높음 |
| 위치 | 널리 분산됨 | 짧은 리드타임과 신속한 서비스를 위해 구매자와 공급자의 근접성이 중요 |

는 비용 등에 대한 부담을 줄일 수 있게 된다.

협력적 계획, 예측, 재고 보충(collaborative planning, forecasting, and replenishment, CPFR)은 주요 공급사슬 협력자들이 공급사슬에서의 협력적인 재고관리를 통하여 공급사슬 통합을 달성하고자 사용되는 계약상의 협정이다. 여기에는 정보 공유, 예측과 공동 의사 결정이 포함된다. 이것이 제대로 수행되면, 파트너들의 재고, 물류, 판촉비용 등을 절감할 수 있게 된다.

## 15.11 재고관리

재고는 공급사슬의 핵심 구성요소이다. 재고관리는 다른 여러 장에서 보다 자세히 다루어지고 있지만 재고관리의 특정 측면은 공급사슬관리에서 특히 중요하다. 이들은 공급사슬 내의 재고 위치, 공급사슬을 통해 재고가 이동하는 속도, 수요변동이 재고에 미치는 영향 등과 관련이 있다.

재고의 위치는 공급사슬을 통한 효과적인 자재 흐름과 주문이행에 중요한 요소이나. 경우에 따라 상충관계(trade-off)를 고려해야 한다. 한 가지 접근방법은 중앙집중식 재고를 이용하는 것인데 이는 분산형 재고에 전반적인 재고수준을 낮게 유지할 수 있다. 이는 분산형 재고를 채택하면 한 곳에서는 재고 부족이 발생하지만 다른 곳에서는 과잉재고가 되는 경우가 있기 때문이다. 역으로, 분산형 위치는 배송이 빠르고 일반적으로 운송비용이 낮다.

자재가 공급사슬을 통해 이동하는 속도를 **재고흐름속도**라고 말한다. 그 속도가 클수록 재고유지비용이 낮아지고 더 빨리 주문이 충족되어 상품이 현금으로 전환된다.

**재고흐름속도**
상품이 공급사슬을 통해 이동하는 속도

신중히 관리하지 않으면 수요변동은 재고변동을 야기하여 통제가 불가능해진다. 공급사슬의 소비자 끝단에서의 수요 변동은 공급사슬을 거슬러 올라가면서 더 큰 파급효과를 일으킨다. 뿐만 아니라, 주기적인 발주와 재고 부족에 대한 대응이 이 변동을 증폭시키고 재고수준을 점점 더 큰 폭으로 진동하게 한다. 이것은 **채찍효과**(bullwhip effect)라고 알려져 있는데, 이는 수요의 변동패턴이 채찍의 손잡이 부분을 살짝 쳤을 때 나오는 채찍의 움직임과 유사하기 때문이다. 결과적으로 예방조치가 취해지지 않는 한, 공급사슬 전반에 걸쳐 재고 부족 또는 과잉재고 상태가 발생하여 비용이 증가하고 고객만족도가 떨어지게 된다. 그림 15.4에 채찍효과를 도해하였다.

**채찍효과**
재고의 파동이 공급사슬을 거슬러 올라감에 따라 점진적으로 커지는 현상

재고 변동성의 원인은 수요의 변동성뿐만 아니라 품질 문제, 노동문제, 이상기후, 상품의

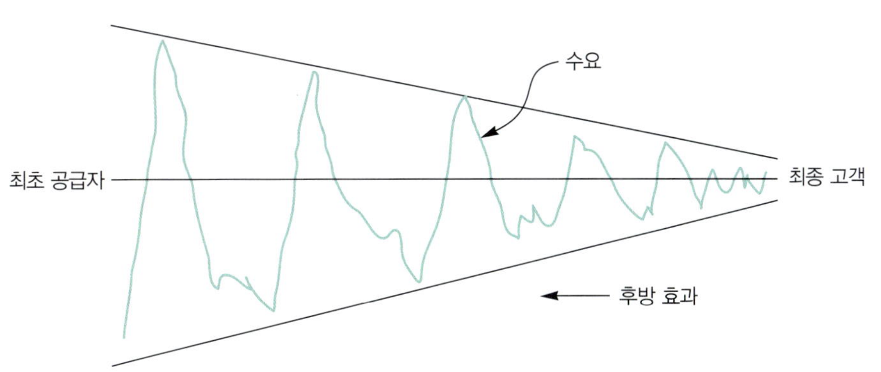


**그림 15.4**
채찍효과: 수요 변동이 공급사슬의 소비자 끝단에서 시작하여 공급사슬을 거슬러 올라가면서 발산하여 점차적으로 증가하는 현상

선적 지연과 같은 요인들이다. 여기에 덧붙여 통신 지연, 불완전한 통신, 공급사슬 상의 조직들 간의 활동들의 조정 실패 등이 원인이 될 수 있다.

다른 요인들도 채찍효과를 일으키는 원인이 될 수 있는데, 여기에는 부정확한 예측, 재고부족에 대한 과잉반응(고객들이 재고부족 상황을 경험한 후에는 필요 이상으로 주문하는 경향이 있음), 발주비용과 운송비용을 절감하기 위한 배치(batch) 형식의 주문이나[예컨대, 만차(full truckloads)나 경제적 로트사이즈(economic lot sizes)], 판매 인센티브와 판촉, 수량할인, 불규칙한 수요 패턴을 일으키는 서비스와 제품 믹스의 변경, 자유로운 반품 정책 등이 포함된다.

좋은 공급사슬관리는 *전략적 재고 버퍼링*, 정보 공유, 필요에 기초한 재고보충을 통해서 채찍효과를 극복할 수 있다. 전략적 버퍼링의 예는 대부분의 소매 재고를 소매점이 아닌 유통센터에서 보유하는 것이다. 이렇게 함으로써, 특정 소매점의 재고는 소매점의 판매시점(point-of-sale, POS) 정보 및 소매점 재고에 대한 정보를 기반으로 필요에 따라 보충할 수 있게 된다.

**공급자 재고관리(VMI)** ▸
공급자가 소매점의 상품 판매상황을 모니터하면서 재고수준이 낮을 때 재고를 보충해 주는 방식

이것은 종종 **공급자 재고관리**(vendor-managed inventory, VMI) 방식을 활용하여 이루어진다. 공급자는 유통업체나 소매점에 출하된 상품을 추적하고, 소매점의 재고상황을 모니터하여 재고수준이 낮을 때 공급자가 재고를 보충할 수 있게 해 준다. 이러한 관행은 소매부문에서 흔히 볼 수 있으며, 공급사슬의 다른 부문에서도 또한 활용하고 있다. VMI는 공급자에게 재고의 소유, 관리와 재고보충의 책임을 이전함으로써 기업의 간접비용을 절감할 수 있게 한다. 따라서 자산(재고자산)이 감소될 뿐만 아니라 기업의 운영에 필요한 운용자본 역시 감소된다.

## 15.12 주문이행

**주문이행** ▸
고객 주문에 대응하는 프로세스

**주문이행**은 고객 주문에 대응하는 프로세스를 말하는데, 주문이행시간은 고객에게 중요한 판단기준이 될 수 있다. 이것은 종종 요구되는 고객화의 정도에 따라 달라진다. 일반적인 생산방식은 다음과 같다.

- **주문설계(engineer-to-order, ETO).** 이 방식은 고객이 요구하는 규격에 따라 제품이 설계되고 제작된다. 이 방식은 대규모 건설공사, 주문형 주택 건설, 주택 개조 및 수리, 개별작업장(job shop)에서 제조되는 제품들에 자주 사용되는 방식이다. 프로젝트의 성격 때문만이 아니라 신규 작업 이전의 다른 작업을 수행해야 한다는 점 때문에 주문이행시간은 다소 길어진다.
- **주문생산(make-to-order, MTO).** 이 방식은 표준 제품 설계가 이용되지만 최종 제품 생산은 최종 고객의 규격과 연결되어 있다. 이 방식은 보잉과 같은 항공기 제작업체가 이용하는 방식이다. 주문이행시간은 일반적으로 ETO 방식보다는 적게 소요되지만, 여전히 꽤 길다.
- **주문조립(assemble-to-order, ATO).** 이 방식은 표준 부품이나 모듈 부품의 재고를 이용하여 고객의 주문규격에 따라 제품을 조립하는 방식이다. Dell과 같은 컴퓨터 제조업체는 이 방식을 사용하여 생산한다. 주문이행시간은 상당히 짧으며, 보통 일주일 이하이다.

- **재고 생산(make-to-stock, MTS).** 이 방식은 예측을 기초로 하여 생산이 이루어지며, 제품은 완제품의 재고에서 고객에게 판매된다. 이 방식은 백화점이나 슈퍼마켓에서 이용된다. 주문이행시간은 즉각적이다. 이 방식의 변형된 형태가 전자상거래인데, 제품이 이미 생산되어 있더라도 주문이행은 배송으로 인해 약간의 지체가 있다.

## 15.13 물류

**물류**(logistics)는 공급사슬 내에서 물자, 서비스, 현금과 정보의 이동을 말한다. 물자는 생산과정에서 사용되는 모든 물리적인 품목들을 포함한다. 원자재나 재공품 외에 연료, 장비, 부품, 공구, 윤활유, 사무용품, 기타 등등이 있다. 물류는 설비 내에서의 이동에서부터 공급사슬을 통하여 제품과 자재가 입하 및 출하를 관리하고 감독하는 것과 정보흐름까지 포함한다.

**물류**
공급사슬 내에서 물자, 서비스, 현금과 정보의 이동

### 설비 내에서의 이동

제조설비 내에서의 물자 이동은 생산관리의 한 부분이다. 그림 15.5는 물자가 제조설비 내에서 이동하는 여러 단계를 보여 주고 있다.

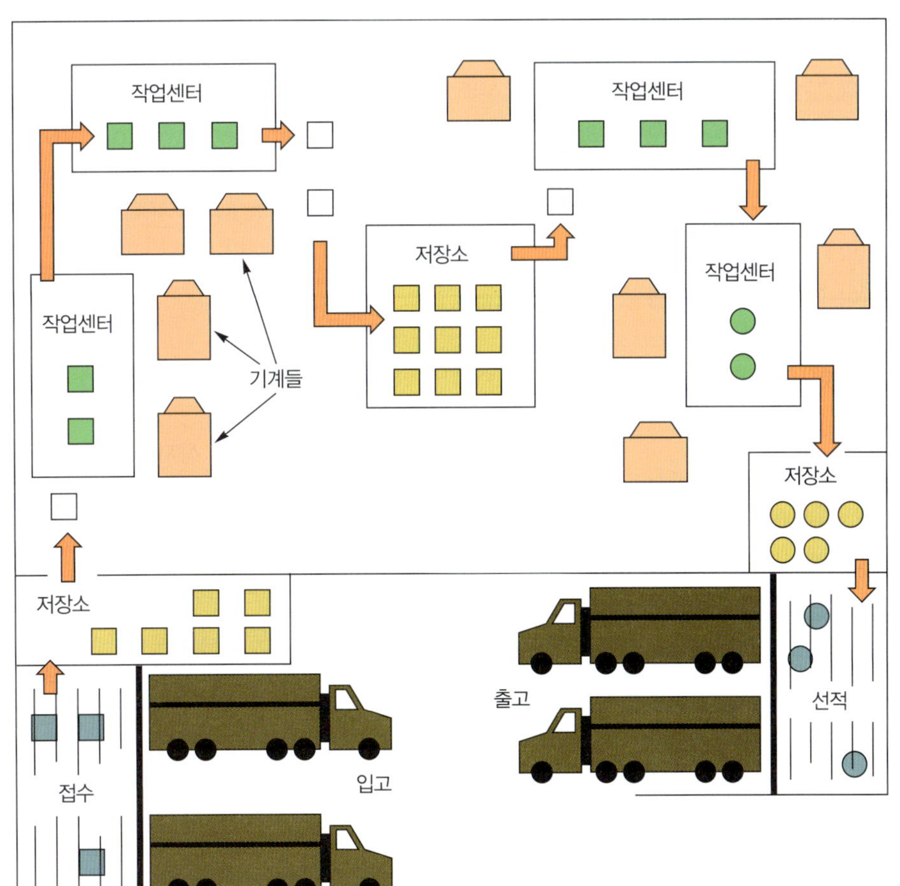


그림 15.5
설비 내에서의 이동

1. 입고 차량에서 접수구역으로
2. 접수구역에서 저장소로
3. 저장소에서 사용 지점(예컨대, 작업센터)으로
4. 작업센터에서 다음 작업센터 또는 임시 저장소로
5. 마지막 작업센터에서 최종 저장소로
6. 최종 저장소에서 포장/출하 구역으로
7. 출하구역에서 출고 차량으로

경우에 따라 이동되는 물자는 소모품이거나 완제품, 또는 재공품이 되기도 하며, 원자재나 구매부품이 되기도 한다.

물자의 이동은 적절한 시간에 적절한 목적지에 도착하도록 조정되어야 한다. 작업자와 감독자는 이동되는 물자들이 이동 중에 분실되거나 도난당하지 않고 파손되지 않도록 주의를 기울여야 한다.

현장 견학

## 웨그먼스(Wegmans)의 운송 시스템

웨그먼스 슈퍼마켓 체인(1장 마지막 부분의 웨그먼스 현장 견학 참조)은 식료품 업계에서 공급사슬관리의 리더로 인용되곤 한다. 동사의 유통 시스템은 공급사슬을 성공적으로 관리하는 데 필요한 여러 가지 전략 및 전술 사례를 제공한다. 웨그먼스는 점포들에 공급하기 위해 사용하는 몇 개의 창고들을 운영하고 있다. 일부 창고는 식료품을 보관하고, 또 일부는 냉동식품을 보관하며, 다른 곳에서는 제빵 제품, 계절 품목과 농산품을 보관한다. 모든 점포와 창고를 웨그먼스가 소유하지만, 창고는 점포들에게 B2B 기반으로 서비스를 한다.

### 분배

개별 점포들의 주문은 매일 자동으로 생성된다. 이들은 해당 창고로 보내진다. 주문충족은 창고가 점포의 주문을 정보시스템에서 다운로드하면서 시작된다. 점포의 재고를 보충하는 데는 다양한 방법들이 활용된다. 이 중 몇 가지는 창고에서의 저장 필요성을 제거시켜 점포의 보관 및 취급 비용을 절감하는 것이다. 이러한 방법들은 다음과 같다.

1. 크로스도킹(cross-dock): 만재된 인바운드 팔레트를 곧바로 아웃바운드 배송으로 출하되도록 전용한다.
2. 교차분배(cross-distribution): 인바운드 팔레트를 하역장에서 바로 상자로 분배하여 나눈 다음, 상자들을 즉시 아웃바운드 팔레트로 분배한다.
3. 공급자 재고관리(vendor-managed inventory, VMI): 빵이나 청량음료와 같은 비점포 브랜드의 공급자들은 재고보충을 처리하는데, 이 품목들은 공급자의 창고에서 점포로 직접 운송된다.

창고에 보관된 재고보충 품목들은 주문수량에 따라 만재 팔레트로 취급되거나 상자로 분배되어 취급된다.

1. 블록 선정(block pick): 창고에 저장된 상품의 팔레트가 아웃바운드 트럭에 적재된다.
2. 상자 선정(case pick): 재고에서 개별 상자나 패키지를 꺼내어, 팔레트에 적재하고 수축포장한 다음 아웃바운드 트럭에 적재한다.

입하 주문에 대한 전산화된 정보는 상품의 입하 선적과 대비, 체크하여 적재구역에서 크로스도킹으로 취급될 품목과 교차분배로 취급될 품목들을 결정한다. 그런 다음 이러한 품목들은 점포의 주문에서 차감한다. 나머지 품목들은 창고 저장품에서 주문이 충족된다.

### 창고에 보관된 품목

다음은 건조상품(통조림, 박스 등) 창고에서 보관된 품목의 검색에 대한 간략한 설명이다. 시스템은 반자동화되어 있으며, 주문을 처리하고 시스템을 모니터하는 데 소수의 작업자만이 필요하다.

(계속)

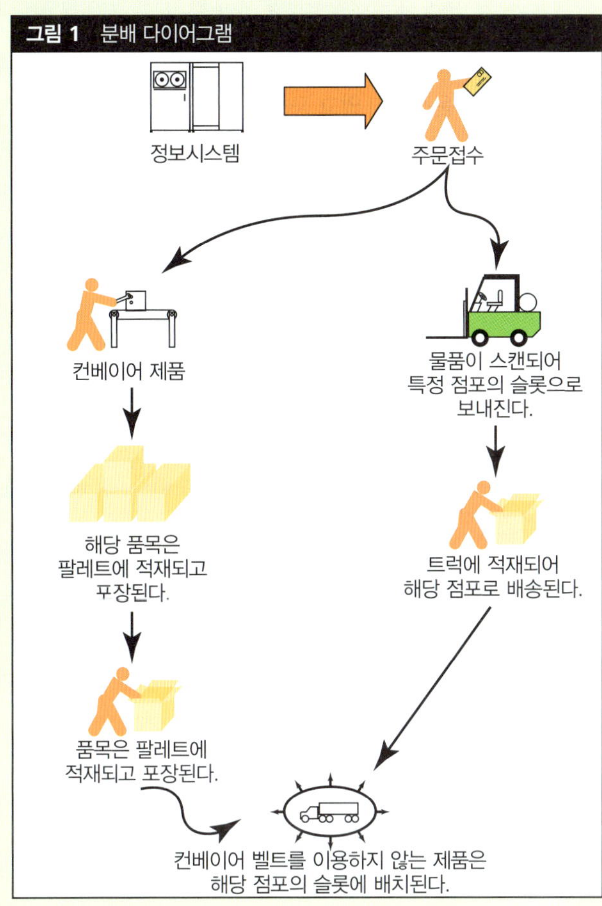

**그림 1** 분배 다이어그램

창고에 보관된 품목들은 컨베이어 벨트를 이용하는 처리와 컨베이어 벨트를 이용하지 않는 처리로 분류되는데 물품들은 포장 및 부피를 기준으로 컨베이어 벨트 처리용으로 지정된다. 부피가 작고 포장이 컨베이어 벨트를 견딜 수 있으면 컨베이어 벨트에 배당된다. 포장이 컨베이어 벨트를 견딜 수 없는 경우, 품목은 개별적으로 상자 선정을 한다. 대용량으로 컨베이어 벨트를 이용하지 않는 처리로 분류된 품목들은 벌크 형태로 창고에서 준비 구역으로 자동으로 이동되어 아웃바운드 트럭에 적재대기를 하게 된다.

컨베이어 벨트 품목의 주문이 접수되면 작업자는 주문한 점포의 번호를 포함하는 바코드 라벨을 받게 된다. 그러면 작업자는 품목이 저장된 구역으로 이동하여 해당 점포 바코드를 부착하고, 컨베이어 벨트에 그 품목을 적재한다. 품목들이 컨베이어벨트를 따라 이동함에 따라서 바코드가 스캔되고 점포 번호에 따라서 분류된다. 스캔 및 분류 작업 후에 해당 제품은 준비구역으로 이동하여 팔레트에 적재되고 수축포장된 다음 해당 점포로 지정된 슬롯에 배치된다. 그림은 소량 품목이 처리되는 상황을 보여주고 있다.

### 공급자와의 협업

컨베이어 벨트 운송을 개선하고자 하는 의도로 웨그먼스사는 포장 디자인을 개선하기 위해 공급자와 협력하게 되었다. 가끔 물품이 벨트 아래로 떨어지게 되어, 이 경우, 품목이 손상되었는지를 확인하기 위해 검사를 해야만 한다. 손상된 품목은 비용이 들 뿐 아니라 재고에서 상실되고 교체되어야 한다. 개선된 포장으로 컨베이어 시스템으로 처리할 수 있는 품목의 수가 증가된다.

### 예측

웨그먼스는 일관된 저가 프로그램을 실행하였다. 이 프로그램은 판촉 및 세일 진행 품목들의 수를 줄이고, 수요의 변동성을 크게 줄였으며, 그 결과 수요 예측 및 재고 계획이 보다 용이해졌다.

### 새로운 접근방식

웨그먼스사는 이제 RFID 태그를 이용하고 있다. 태그의 크기는 소금알갱이보다 크지 않을 정도로 매우 작은 마이크로 칩이다. 태그는 바코드와 다소 유사하지만 신속하게 판독할 수 있고[예컨대, 바코드와는 달리 복수의 품목을 동시에 스캔할 수 있고 판독을 위해 (대상 물체가) 직선의 가시선하에 있을 필요가 없다], 스캔 장치를 창고에 위치시킬 수 있으며 슈퍼마켓의 개별 품목의 재고수준이 떨어질 때는 경고를 할 수 있도록 슈퍼마켓 진열대에서도 위치시킬 수 있기 때문에 공급사슬관리에 큰 잠재력을 제공한다. 태그는 초기에는 개당 $1의 비용이 들었으나 현재는 개당 5센트의 비용이 드는데, 선적이나 벌크품목을 추적하는 데는 비용 효율성이 있지만 점포의 개별 물품에 이용하기에는 여전히 비용이 높다. 그러나 태그는 공급사슬 가시성과 이벤트 관리능력을 증진시킨다는 측면에서 장래성이 있다.

## 입하와 출하

입하나 출하되는 상품의 선적을 감독하는 것은 **트래픽관리**(traffic management)라는 영역에 포함된다. 이 기능은 다양한 선적 대안 비용, 정부 규제사항, 수량과 시기에 대한 조직의 요구사항, 잠재적 선적 지연이나 선적 불가(예컨대, 고속도로 건설이나 트럭운전사들의 파업 등)와 같은 외부 요인 등을 고려하여 선적 방법과 선적 시점에 대한 의사결정과 일정계획을

**트래픽관리**
상품의 입/출하 선적을 감독하는 것

## 읽을거리 UPS

**리사 스펜서**

UPS는 생산성과 안전성을 높이고 비용을 절감하는 기술 및 작업자 교육을 기반으로 하는 정책과 규칙을 시행했다. 작업자들은 초당 2.5보를 걷는 법을 배운다. 열쇠는 벨트 고리에 부착된 근접식 전자열쇠로 대체되어 운전자가 차량에 보다 빨리 탑승할 수 있도록 하여 배달할 때 마다 몇 초씩 시간을 절약할 수 있다. 휴대용 데이터 장치에 운전자당 키 입력을 한 번 적게 입력할 때마다 UPS는 연간 $100,000를 절약할 수 있다.

갈색 배달 트럭이 겉보기에는 같아 보이지만 기술과 빅데이터로 인해 한때 주로 수동이었던 작업이 거의 모든 움직임을 추적하여 모니터링할 수 있는 시스템으로 바뀌고 있다. 차내 컴퓨터가 하루 종일 데이터를 수집하고, 각 차량의 200개 이상의 센서는 운전자가 안전벨트를 착용하고 있는지, 차문을 열거나 닫는지, 브레이크를 사용하는지를 감지한다. 안전벨트를 이제 거의 100% 착용하게 되면서 작업자의 안전이 향상되었다.

센서들은 또한 격벽문이 열려 있는지, 차량이 주행중인 거리가 어디인지, 차량이 움직이지 않고 공회전 하는 시간의 비율을 감지한다. 또한 운전자가 후진할 때와 속도 및 거리를 감지할 수 있다. UPS는 사고로 이어질 수 있기 때문에 그런 관행을 피하기를 원하며 너무 많이 하게 되면 회사는 해당 직원에게 이를 알린다. 기술과 데이터를 사용하여 UPS는 더 나은 경로를 찾는 최적화 프로그램으로 인해 연간 860만 갤런의 연료 사용량을 줄이면서 일반적인 운전자의 하루를 33% 증가킬수 있었다. UPS는 예상치 못한 다운타임을 줄이기 위해서 예방 유지보수를 위한 진단 데이터를 사용하기도 한다.

출처: Jacob Goldstein, "To increase productivity, UPS monitors drivers' every move."NPR, April 17, 2014, https://www.npr.org/sections/money/2014/04/17/ 303770907/to-increase-productivity-ups-monitors-drivers-every-move

Randy Stashick, "Big data delivers big results at UPS."Production and Opera- tions Management Society Conference, May 11, 2014, https://pressroom.ups .com/pressroom/ContentDetails-Viewer.page?ConceptType=Speeches&id= 1426415450350-355

취급한다.

선적에 대한 컴퓨터추적(computer tracking)으로 선적품의 현재 상황을 파악할 수 있을 뿐만 아니라 선적 비용과 일정에 대한 최신 정보도 알 수 있다.

### 정확한 위치에 배송

GPS 내비게이션은 운전자와 자율주행차가 올바른 위치로 안내하는 고객과 기업 모두에서 지속적으로 중요한 자신이 될 것이다. 그리고 클라우드 기반 소프트웨어는 기업이 효율적인 경로와 배송일정을 계획하는 데 도움이 된다. 이점들에는 운전시간이 짧은 효율적인 경로, 주행거리 및 연료비용의 절감, 교통혼잡 및 폐쇄도로의 회피, 회사에서 차량을 추적할 수 있게 하는 기능 등이 있다. 일부는 공격적인 운전자의 행동까지도 식별할 수 있는 기능이 있다. GPS 내비게이션은 배관공 및 전기기사, 응급 서비스, 음식 배달, Uber 및 Lyft와 같은 라이드 제공 서비스와 같이 서비스 기술자들에게는 매우 중요한 자산이다.

### 상품 추적: RFID

**RFID** ▸ 공급사슬 내의 상품과 같은 물품를 식별하기 위해 무선주파수를 사용하는 기술

기술 발전으로 기업이 공급사슬에서 자재를 추적하는 방법이 혁신되고 있다. **RFID** (radio frequency identification; 무선주파수 인식)는 공급사슬 내의 재화와 같은 물체를 식별하는 데 무선주파수(radio wave)를 사용하는 기술이다. 이것은 물체에 부착된 RFID 태그를 통해서 실행된다. 태그는 집적회로와 안테나를 가지고 있는데 안테나는 무선주파수를 이용하여 네트워크에 연결된 RFID 판독기(reader)에 정보 혹은 기타 데이터를 송출한다. RFID 태그는 팔레트(pallet), 상자 또는 개별 제품에 부착할 수 있다. RFID 태그는 고유 식별신호를 송신하는데, 이는 기업이 RFID 판독기의 탐지 범위 내에 있는 공급사슬 상의 어떠한 물품도 식별, 추적, 감독 및 위치 파악을 할 수 있게 한다. 이러한 태그는 바코드(bar code)와 유사하지만 좀 더 많은 정보를 전달하는 이점을 가지고 있으며, 바코드처럼 정보를 판독하기

읽을거리 

## Springdale 농장

스프링데일(Springdale) 농장은 뉴욕 주 로체스터(Rochester)근처에 위치한 시범 농장이다. 농장의 한 부서는 RFID 기술을 독보적으로 활용하는 젖소 관리 분야의 발전에 전념하고 있다. 농장에는 개별 젖소에게 "훈련"을 시켜 특정 젖소의 신체적 특징에 자동적으로 맞추는 로봇화된 착유 시스템을 갖춘 착유실이 있다. 젖소가 착유실에 들어오면 젖소는 RFID에 의해서 즉각적으로 인식이 되어 착유 기계가 자체조정을 하고 착유를 하기 위해 젖소에 장착된다. 이 시스템은 자체세척을 하고 레이저가 인도하는 로봇과 자동화 공급기가 포함되어 있고, 모든 소들이 착용하는 RFID 태그에 연결된 소프트웨어 프로그램으로 관리된다. 함께 제공되는 소프트웨어는 소의 건강상태, 과거 기록, 우유 생산 및 품질에 대한 데이터를 추적한다. 소들이 스스로 원할 때마다 인간의 개입 없이 착유가 되도록 하여 작업자가 농장 운영의 다른 측면에 집중할 수 있도록 한다. 소가 착유실에 들어가면 착석한 다음 자동으로 착유 장비가 젖소에 부착되어 착유가 시작된다. 그 사이에 그 젖소를 위해서 특별히 제조된 스낵이 제공된다. 착유가 완료되면 기계가 젖소에서 분리되고 스낵도 뒤로 물러나게 되고 앞문이 열리고, 소들이 출구로 나가게 된다.

위해 (대상 물품가) 직선의 가시선하에 있을 필요가 없다. 반드시 개별적으로 그리고 수작업으로 스캐닝해야 하는 바코드 방식과 달리 여러 RFID 태그에 저장된 정보가 동시에 그리고 자동으로 판독될 수 있다. 뿐만 아니라 RFID 태그는 바코드 보다 정밀한 정보를 제공한다. 즉, 바코드는 단지 물품의 종류, 다시 말해 재고유지단위(stock keeping unit, SKU)와 같은 분류 정보만을 제공하지만 태그는 각 물품에 대한 상세한 정보를 포함한다. RFID는 경영층이 모든 물체가 공급사슬의 어디에 있는지를 알게 한다. RFID는 기본적으로 기업들이 재고를 추적하고 정보를 공유하는 방식을 바꿀 수 있는 잠재력을 가지고 있기 때문에 공급사슬관리를 크게 개선시킨다. 이 기술은 공급사슬의 가시성을 증대하고 재고관리와 품질관리를 개선시키며 고객과 공급자 간의 관계를 강화시킨다.

RFID 사용으로 자재접수 도크(dock), 창고 내 그리고 소매점 선반 등에서 수작업으로 수량을 세거나 바코드 스캐닝을 할 필요가 없게 된다. 이는 또한 오류를 제거하고 처리속도를 높인다. 태그는 건물출구와 주차장에 판독기를 설치함으로써 종업원과 고객의 도난 행위를 감소시킬 수도 있다. 또 다른 이점으로는 창고에서 선적과 조립공정에서 이용하기 위해 제품을 선정(picking)하는 데 정확성을 증대시키며 또한 병원에서 환자들에게 처방할 약품 선택의 정확성을 증대시키고 수술 시 실수도 감소시킨다.

RFID는 작고 민첩한 기업들이 상대적으로 새로운 경쟁기술을 채택하는 데 느리고 관료적이며 규모가 큰 기업들과 경쟁할 수 있게 한다. 역으로 대기업들은 관련된 비용을 부담하는데 좀 더 좋은 상황에 있을 것이다. 이러한 비용들로는 태그 비용은 물론 개별 태그의 부착비용, 판독기 비용과 생성되는 데이터를 전송하고 분석하기 위해 필요한 컴퓨터 하드웨어, 소프트웨어 비용 등을 포함한다.

공급사슬관리에서 RFID의 잠재적 이점이 클 것이며, 유통업체들과 제조업체들 사이에 RFID의 광범위한 도입이 이루어질 것이라고 예측되고 있다. RFID 기술의 이점을 활용하기 위해서는 기업들은 먼저 그들의 기존 정보시스템 능력을 평가하고 어떤 부문에 RFID가 가장 큰 영향을 줄지를 파악한 다음 새로운 시스템을 구현하는 데 필요한 시간과 자원을 추정하여 RFID의 조기 채택과 늦은 채택에 따른 위험 및 보상을 평가한 다음 최선의 조치를 결정해야 한다. 만일 제품이 구매된 후에도 태그가 계속 작동하여 구매제품에 대한 중요한 고객의 개인정보가 숨겨지지 않는다면 프라이버시와 관련하여 소매 수준에서 고려해야 할 중

읽을거리 

## 능동형, 반수동, 수동 RFID 태그

능동형 RFID 태그에는 송신기가 있고, 일반적으로 배터리인 자체 전원이 있다. 전원은 회로를 실행하고 신호를 태그 판독기에 보내는 데 사용된다. 반수동 태그는 배터리를 사용하여 회로를 실행하지만 판독기와 통신하기 위해 판독기에서 전력을 끌어온다. 수동 태그에는 배터리가 없는 대신, 반 수동 태그와 마찬가지로 판독기로부터 전력을 끌어온다. 능동 및 반수동 태그는 트럭이나 철도 차량과 같이 사정거리가 긴 스캔을 해야 할 필요가 있는 고가 상품들을 추적하는 데 특히 유용하다. 하지만, 수동태그 비용에 비해 상대적으로 높은 비용으로 인해 저가 품목에 사용하는 것이 경제적이지 않다.

요한 문제들이 발생한다.

### 선적대안 평가

선적대안에 대한 평가는 공급사슬관리의 중요한 구성 요소이다. 고려해야 할 사항에는 운송 비용뿐만 아니라 운송과 다른 공급사슬 활동들과의 조정, 유연성, 속도, 환경 문제들이 있다. 선적 대안으로는 철도, 트럭, 항공기, 선박 등이 있다. 관련 요소로는 비용, 시간, 가용성, 운송되는 물자가 있고, 가끔은 환경에 대한 고려사항이 포함된다. 때때로 이들 중 하나 또는 그 이상의 요인들 때문에 선택할 수 있는 대안들이 제한될 수도 있다. 예컨대, 석탄이나 철광석과 같은 중량물들은 항공 운송을 하지 않을 것이다. 어떤 경우에는 높은 비용 때문에 특정 대안을 사용할 수 없을 것이다. 또 시간과 비용의 상충관계(trade-off)가 중요할 수도 있다. 저원가 전략을 채택하는 기업은 주로 느리지만 보다 저렴한 대안을 선호하지만, 반면에 반응전략(responsive strategy)을 채택하는 기업은 보다 신속하고 비용이 높은 대안을 선호한다.

특정의 사업 분야에서 자주 발생하는 상황은 익일운송 또는 2일 항공운송과 같은 속도가 빠른(그러나 보다 비싼) 항공운송과 좀 더 느린 (그러나 보다 저렴한) 운송 대안 사이에서 선택을 해야 하는 것이다. 경우에 따라 최우선적으로 고려해야할 요소 때문에 가능한 한 가장 빠른 대안을 선택해야만 하는 상황이 있다. 그러나 긴급성이 가장 중요하게 고려해야 할 요소가 아닌 다른 경우에는 선택의 여지가 있다. 이러한 경우의 의사결정은, 더 느린 운송 수단을 이용함으로써 얻을 수 있는 비용절감 대비 더 느린 운송수단을 선택한 결과 증가하는 재고유지비용(여기서는, 선적되는 품목의 수익으로 벌 수 있는 잠재적 연간 이익)에 초점을 맞춘다. 중요한 가정은 구매자가 상품을 수령하는 즉시 판매자가 상품대금을 받는다는 것이다 (예컨대, 전자데이터 교환을 통해서)

보다 느린 운송대안을 채택함으로써 증가되는 재고유지비용은 다음과 같이 계산된다.

$$\text{증분재고유지비용} = \frac{H(d)}{365} \qquad (15\text{-}1)$$

여기서,

$H$ = 운송물품의 잠재적 연간 이익
$d$ = 운송대안 간의 날짜 차이

**예제 1**

eXcel
mhhe.com/stevenson14e

### 운송대안의 비용 비교

어떤 품목의 재고유지비용이 개당 $1,000/년이고 1일 배송의 운송비는 $40이고, 3일 배송의 운송비가 다음과 같을 때 1일배송과 3일배송 중 더 나은 대안을 선택하라.

a. $35
b. $30

**풀이**

$H$ = $1,000/연
시간 절약 = 1일배송을 하면 2일 절약
3일 배송을 채택하여 2일을 더 보유했을 때 추가되는 재고유지비용 = $1,000 × (2/365) = $5.48

a. 운송비 실제 절감액 = $5. 3일배송의 운송비 실제 절감액이 추가되는 재고유지비용($5.48)보다 적으므로 1일배송을 채택한다.
b. 운송비 실제 절감액 = $10. 3일배송의 운송비 실제 절감액이 추가되는 재고유지비용($5.48)보다 크므로 3일배송을 채택한다.

### 제3자 물류(3-PL)

**제3자 물류**(third-party logistics, 3-PL)는 물류관리의 아웃소싱을 설명하는 용어이다. 공급사슬관리 전문가협의회(Council of Supply Chain Management Professionals)의 웹사이트에 따르면, 3-PL의 법률적 정의는 '소비자의 제품을 통상적인 업무과정에서 단독으로 수령, 보유, 운송을 하나, 그 제품에 대한 소유권은 취득하지 않는 사람'이다.

**제3자 물류** 물류관리의 아웃소싱

여기에 물류 기능의 일부 또는 전부가 포함될 수 있다. 예컨대, 일부 기업들은 제3자 물류업체에게 운송만을 위탁하고, 또 다른 기업들의 경우에는 보관과 배송을 위탁하며, 제3자 물류업체에게 공급사슬의 대부분 또는 모든 관리를 위탁하는 기업들도 있다. 기업들은 보관과 물적 유통 기능을 이러한 분야에 전문화된 기업에게 넘겨주고 있다. 이를 통해 얻을 수 있는 잠재적 혜택 중에는 전문가의 지식, 잘 개발되어 있는 정보시스템, 보다 유리한 운송요금을 적용받을 수 있는 능력 등을 활용하고, 해당기업은 핵심사업에 더 집중할 수 있다는 것이다.

## 15.14 효과적인 공급사슬의 구축

효과적인 공급사슬을 구축하려면 공급사슬의 모든 측면을 철저히 분석해야 한다. **전략적 소싱**(strategic sourcing)이라는 용어는 이러한 프로세스를 기술하기 위해 이용된다. 전략적 소싱은 낭비와 비부가가치 활동을 줄이고, 이익을 증가시키며, 위험을 줄이고 공급자의 성과를 향상시키는 방법으로 비용을 절감하기 위해 제품과 서비스의 구매를 분석하는 체계적인 프로세스이다. 전략적 소싱은 구매가격만을 고려하는 것이 아니라 전체비용을 강조한다는 점에서 전통적인 소싱과 다르다. 전체비용에는 구매가격뿐만 아니라 저장 비용, 수리 비용, 폐기 비용과 지속성 비용이 포함된다. 또한 구매가격을 낮추기 위해 구매력을 강화하고, 공급업체 수를 줄이고 협력적인 관계를 중시하며, 중복을 제거하기 위해 노력하고, 전통적 조

**전략적 소싱** 낭비와 비부가가치 활동들을 줄여서 비용을 감소시키고, 이익을 증가시키며, 위험을 줄이고, 공급자의 성과를 향상시키기 위해서 조달 프로세스를 분석하는 것

직의 장벽을 극복하기 위해 교차기능(cross-functional) 팀을 활용한다.

전략적 소싱은, 무엇을 구매했는지, 어디에서 어떤 공급자로부터 구매했는지, 다른 공급원을 이용할 수 있는지의 관점에서 현재 조달 상황을 살펴보고 나서 비용과 위험의 결합을 최소화 하도록 소싱 전략을 설계한다. 목표는 활동의 계획과 조정을 용이하게 하는 공급사슬 파트너들의 협력적 관계를 갖는 것이다. 중요한 거래 파트너들이 서로 신뢰하고 파트너가 비슷한 목표를 공유하고, 상호이익이 되는 행동을 취할 것이라고 확신하는 것은 중요하다. 이러한 과정은 주기적으로 반복된다. 결과를 추적하고 변화가 필요할 때 변화를 만들어내는 시스템이 확립된다.

SCOR® (Supply Chain Operaions Reference 공급사슬운영참고) 모형(www.supply-chain.org/SCOR)에서는 효과적인 공급사슬을 구축하기 위해 적용할 수 있는 단계를 다음과 같이 제시한다.

1. **계획(plan).** 제품과 서비스에 대한 예상되는 고객의 수요를 충족시키기 위해 투입되는 모든 자원들을 관리하기 위한 전략과 공급사슬을 모니터하기 위한 지표들을 개발하라.
2. **조달(source).** 제품을 생산하거나 서비스를 지원하는데 필요한 자재와 서비스를 제공할 공급자를 선정하라. 또한, 화물과 서비스를 배송, 수령, 검증하는 데 필요한 시스템을 개발하라. 모니터링을 위한, 만약 필요하다면 관계 개선을 위한 척도와 함께 지불방법을 구조화하라.
3. **제조(make)** 서비스를 제공하거나 제품을 생산, 검사, 포장하는 데 필요한 프로세스를 설계하라. 품질, 서비스의 수준이나 생산의 산출물, 작업자의 생산성을 모니터하라.
4. **배송(deliver):** 공급자로부터의 물품수령을 조정하기 위한 시스템을 구축하고, 저장 네트워크를 개발하며, 고객에게 상품을 운송할 운송 업체를 선정하고, 대금을 받기 위한 대금청구 시스템을 구축하고, 공급사슬 파트너 사이에 양방향 정보 흐름을 위한 통신시스템을 고안하라.
5. **반품관리(manage returns)**. 결함이 있거나 수량 초과된 제품을 고객으로부터 수령하기 위한 유연하고 반응이 빠른 네트워크를 구축하라.

효과적인 공급사슬을 달성하려면 공급사슬의 모든 측면을 통합할 것이 요구된다. 여기에 포함된 세 가지 중요한 측면은 효과적인 의사소통, 공급사슬을 통한 정보의 이동 속도, 성과지표를 갖는 것이다.

**효과적인 의사소통.** 효과적인 공급사슬 통신은 통합된 기술과 표준화된 방식이 요구되고 공급사슬 파트너들 간의 의사소통 수단이 필요하다.

**정보흐름속도** ▸ 공급사슬상에서 정보가 유통되는 속도

**정보 속도.** **정보흐름속도**(information velocity)가 중요한데, 정보 흐름(양방향)이 빠를수록 좋다.

**충족률** ▸ 현재 재고로부터 만족시킬 수 있는 수요의 백분율

**성과지표.** 성과지표는 공급사슬이 예상대로 잘 작동하는지 또는 알려야 할 문제점들이 있는지를 확인하는 데 필수이다. 납품 지연, 재고회전율, 대응시간, 품질 문제 등과 관련된 다양한 지표들이 이용될 수 있다. 소매부문에서는 **충족률**(fill rate)(현재의 재고로 충족시키는 수요의 백분율)은 매우 중요하다.

표 15.6에는 다른 기타 핵심성능척도들이 나열되어 있다.

## 읽을거리  클릭 또는 브릭(clicks or bricks), 아니면 양자 모두?

'클릭 또는 브릭(clicks-or-bricks)'이라는 용어는 기업이 온라인(클릭) 또는 오프라인(브릭) 중 어느 하나의 형태를 취하는 비즈니스 모델을 일컫는 용어이다. 많은 기업들이 두 가지 형태 모두를 취하고 있다. 때로는 이러한 모델을 '클릭과 모르타르(clicks-and-mortars)' 또는 '클릭과 브릭(clicks-and-bricks)'으로 부르기도 한다. 그 중 한 가지 버전은 어느 체인점에서 고객이 주문은 온라인으로 하고 제품 수령은 지역의 점포에서 하는 방식이다. 또 다른 한 가지 버전은 가구나 가전제품과 같은 대형 품목을 지역의 점포에서 직접 확인한 후 주문은 온라인으로 해서 집으로 배송하도록 하는 것이다. 두 가지 경우 모두 오프라인 부분의 입지 결정을 요한다.

외관상으로는 순전히 온라인 업체로 보이는, 컴퓨터와 같은 전자제품을 판매하는 기업들조차도 자재를 거래하는 회사 뒤편에 보관창고와 배송 시설이 있다. 여기서도 입지 결정이 필요하다.

어떤 비즈니스 모델을 채택할지에 대한 선택은 물리적 실재를 소유할 때의 비용과 두 모델 사이의 균형이 어떠해야 하는지를 고려해야 한다. 물론 고객의 선호도와 쇼핑 패턴이 중요하다. 예컨대, 고객들이 온라인 쇼핑을 하는 이유는 가격 비교의 용이성, 편의성, 구하기 어려운 품목을 구할 수 있음, 구매 추천, 이동할 필요가 없음 등이다. 오프라인 쇼핑을 하는 이유는 품목을 즉각 소지할 수 있음, 반품이 용이, 온라인 쇼핑의 보안 위험, 신용카드를 사용할 필요성, 반품의 물류 부담, 빠르게 물건을 테스트해 보는 것(예, 옷을 입어보거나, 신발을 신어보거나, 품질을 확인하는 것 등)이다.

**[질문]**

1. 인터넷 점포가 없는 소매점들은 고객들이 들어와서 실제 테스트를 해 보고 구매는 경쟁사의 온라인으로 한다고 불평을 하는 경우가 있다. 소매점들이 이러한 문제를 극복할 수 있는 방법을 제안하라.
2. 인터넷 비즈니스의 고객들은 인터넷 비즈니스의 물리적 실재가 그들이 거주하는 주에 없을 때는 주 물품세(state sales tax)를 부담하지 않을 수 있다. 그러나 물품세를 징수하는 법을 제정하는 주들이 점점 늘어나고 있다. 이러한 사실이 온라인, 오프라인, 또는 양자 모두의 선택에 어떠한 영향을 줄 수 있는가?

**표 15.6**
공급사슬 성과척도

| 재무 | 생산운영 | 주문이행 |
|---|---|---|
| 총자산수익률(ROA) | 생산성 | 주문정확성 |
| 비용 | 품질 | 주문충족시간 |
| 현금흐름 | | 미완료주문이 배송되는 비율 |
| 이익 | | 정시배송 비율 |
| **공급자** | **재고** | **고객** |
| 품질 | 평균가치 | 고객만족 |
| 정시 납품 | 회전율 | 고객불만비율 |
| 협력 | 공급주 수 | |
| 유연성 | | |

### 반품관리

제품은 다양한 이유로, 다양한 조건에서 기업이나 제3자 물류업체에게 반품된다. 그중 일부는 다음과 같다.

- 결함이 있는 제품
- 리콜된 제품
- 구식 제품
- 소매점에서 반품하는 판매되지 않은 제품
- 현장에서 교체된 부품

- 재활용 품목
- 폐기물

반품의 중요성은 미국 국내에서 연간 반품된 물품들의 가치가 1,000억 달러 부근으로 추산된다는 사실로 강조된다. 과거에는 판매되지 않은 제품을 제외하고는 대부분 폐기되었다. 최근에 기업들은 반품된 품목들에서 상당한 가치를 회수할 수 있다는 사실을 인식하기 시작했다. 예컨대, 결함이 있는 부품들은 수리되거나 교체될 수 있고 이 제품은 재생품(reconditioned)으로 재판매할 수 있다. 구식 제품은 부품이나 하위조립품 중에 사용할 수 있는 것이 있고, 경우에 따라 다른 시장에서는 가치가 있을 수 있다. 현장에서 교체된 부품들은 실제로는 결함이 없을 수도 있다. 현장 교체부품의 3분의 1 정도는 결함이 없는 것으로 추정되며 '재생된(reconditioned)' 교체 부품으로 재사용될 수 있다. 재활용 가능한 물품들은 재활용업자에게 판매할 수 있고 에너지 생산에 활용할 수 있다. 다른 폐기물 및 사용할 수 없는 제품이나 부품들은 때로는 엄격한 지침에 따라 처분해야 한다. 예컨대, 정부 특히 유럽에서는 제품의 유용한 수명이 끝났을 때 애초의 제조업자에게 제품을 회수하고 폐기하는 책임을 지우는 법률의 제정이 증가하고 있다.

반품된 품목의 적절한 처분을 결정하기 위해서 해당 물품들은 선별, 검사, 테스트를 거치고 수리해서 재사용, 재활용, 폐기의 처분에 따라 적합한 목적지로 보내져야 한다. 이 경우 종종 운송이 수반된다. **역물류**(reverse logistics)는 반품된 품목을 물리적으로 운송하는 프로세스이다. 여기에는 현장에서 물품을 인수받는 과정, 해당 물품을 반환 장소에서 검사 및 분류 설비로 이동시키는 과정, 그리고 최종 목적지까지 운송되는 과정을 포함한다.

**역물류** ▸ 반품된 품목을 운송하는 역방향의 프로세스

**게이트키핑** ▸ 반품된 물건을 심사하여 잘못된 수락을 미연에 방지하는 것

반품관리의 두 가지 핵심 요소는 *게이트키핑*(*gatekeeping*)과 *회피*(*avoidance*)이다. **게이트키핑**은 반품비용을 감소시킬 목적으로 시스템에 진입하는 지점에서 물품을 조사하고 반

아마존닷컴 종업원이 네바다에 있는 유통창고에서 반품된 제품들을 검사하고 있다. 반품된 제품들은 검사하여, 신품과 같은 상태일 경우 재고로 다시 보관하고, 필요한 경우에는 수리센터로 보내며, 만약 결함이 있는 경우는 보관하였다가 제품, 공정, 포장의 개선이 가능한지를 검토한다. ▸

Metamorworks/Shutterstock

읽을거리 

## 쉬운 반품

**리사 스펜서**

전자상거래가 성장함에 따라 반품도 증가했으며, 해피리턴즈(Happy Returns)라는 회사는 이와 관련하여 소비자를 돕기 위해 존재한다. 반품 후 환불을 받기 위해 기다리는 번거로움을 덜기 위해 해피리턴즈는 더 쉬운 대안을 제공한다. 즉 전국 300개 이상의 위치에 있는 사용하기 쉬운 키오스크 중 한 곳에 패키지를 맡기고 실시간으로 환불을 받는 것이다. 반품 키오스크 또는 '바(bars)'는 미국 전역의 상점, 쇼핑몰 및 대학 서점에 있다. 키오스크를 사용하는데 고객이 통합 태블릿에서 원래 주문에 액세스하고 적절한 항목을 선택해서 반품 또는 교환을 선택하면 되는데 이는 60초 밖에 걸리지 않는 프로세스이다. 그런 다음 키오스크의 위변조 방지 문을 통해 물품을 넣으면 환불이 처리된다. 거기에서부터는 해피리턴즈가 인수한다.

이 시스템은 여러 고객의 반품을 집계하고 물품들을 대량으로 반품처리 함으로써 프로세스를 단순화하고 비용을 절감함으로써 소매업체에도 혜택을 제공한다. 키오스크에서 물품들은 반품 허브로 이동한 후, 배송될 소매점을 기준으로 검사 및 그룹화가 진행된다.

**[질문]**

**1.** 소매업자들을 위한 해피리턴즈 프로세스의 장점과 단점은 무엇인가?

**2.** 이것은 미래의 기업가들에게 어떤 사례인가?

출처:Happy Returns launches self-service return solution to eliminate the pain of buy-online-return-in-store for omni-channel retailers and their customers."March 4, 2019. https://www.businesswire.com/news/home/20190304005045/en/ Happy-Returns-Launches-Self-Service-Return-Solution

Vishnu Rajamanickam. "Happy Returns launches a kiosk that takes ecommerce returns items." *Freightwaves*, March 4, 2019. https://www.freightwaves.com/ news/technology/happy-returns-launches-a-kiosk-that-takes-ecommerce- return-items

품되어서는 안 되는 물품이나 잘못된 곳으로 반품된 물품의 수락을 거부하는 방법으로 반품 승인을 감독한다. 효과적인 게이트키핑으로 조직은 고객서비스에 부정적인 영향을 미치지 않으면서 반품률을 통제할 수 있다. **회피**란 반품되는 물품의 수를 최소화하는 방안을 찾는 것이다. 여기에는 제품설계나 품질보증이 포함될 수도 있다. 또 판촉기간 동안의 수요예측을 모니터링하기도 하는데 이는 판매되지 않은 제품의 반품을 최소화하기 위해 수요를 과다추정하는 것을 막기 위한 것이다.

◀ **회피**
반품되는 물품을 최소화하는 방안을 찾는 것

반품된 물품의 상태와 반품 시기가 다양하므로 역물류에 대한 계획을 수립하기는 어렵다. 그러나 반품은 실패의 원인과 상태에 대한 귀중한 정보를 제공하여 해당 제품의 품질이나 제품 설계를 개선하고 동일한 이유로 발생할 수 있는 미래의 반품을 최소화할 수 있게 한다. 또한 고객 불만족의 원인들을 파악하는 데 도움이 되어 설계시 이점이 될 수 있다.

짧아진 제품수명주기, 증가하는 인터넷 상거래의 만족하지 못하는 고객으로부터의 반품 증가, 신모델 출시에 따른 작동 가능한 소비자 가전제품의 교체, 제조업자에 대한 원가절감의 압력, 소비자 및 정부의 환경문제에 대한 인식들이 나날이 증가하면서 공급사슬관리의 반품관리의 중요성이 더 증가될 가능성이 높다. **폐쇄순환**(closed-loop) **공급사슬**이라는 용어는 제조업체가 순방향 및 역방향의 물류를 통제하는 상황을 설명하는 데 이용된다.

◀ **폐쇄순환 공급사슬**
제조업자가 순방향과 역방향의 제품 이동을 제어하는 것

## 당면한 과제들

역동적인 공급사슬의 환경과 그 복잡성으로 인해 공급사슬을 관리하는 것이 매우 어려워질 수 있다.

**개별조직의 통합에 대한 장벽** 조직과 그들의 기능 영역은 전통적으로 내부 지향적이며 기업들은 그들 자신과 공급자 사이에 완충영역을 설정하고 있다. 그러한 태도를 바꾸는 것은 쉽지 않다. 공급사슬관리의 목표는 공급사슬에 전반에 걸쳐 효율적이 되고자 하는 것이다.

이러한 목표를 달성하는 어려움 중의 하나는 공급사슬의 다른 구성요소들이 종종 상충하는 목표를 가지고 있다는 것이다. 예컨대, 기업들은 재고 유지비용(holding costs)을 절감하기 위해 소량의 빈번한 물량공급을 선호한다. 이것은 공급자의 재고유지비용의 증가를 가져오며 이러한 비용은 단순히 공급자에게 이전되는 것이다. 이와 비슷하게, 조직 내에서 기능부문들은 해당 기능부문의 성과만을 최적화하기 위한 행위를 하는 근시안적인 의사결정을 하는데, 이는 결과적으로 전체 조직관점에서는 부분최적화(suboptimize)된 결과를 가져오게 된다. 공급사슬이 효과적으로 되기 위해서는 조직들은 공급사슬을 최적화하는 데 있어 일관성 있는 의사결정을 하도록 관심을 가지면서, 공급사슬의 내부 및 외부 영역에서 *시스템 접근방법*(*systems approach*)을 채택해야 한다.

또 다른 어려움은 공급사슬관리가 성공하기 위해서는, 다른 조직들이 그들의 데이터에 접근하는 것을 공급망 내의 조직들이 허용해야 한다는 것이다. 많은 경우 여기에 당연히 주저하게 된다. 그 이유 중의 하나는 신뢰의 부족일 수 있고, 또 다른 이유로는 일반적으로 독점적 정보를 공유하기 싫어하는 것이며, 또 다른 이유는 여러 공급사슬의 구성원이 되는 특정 업체는 자신의 독점적 정보가 경쟁자에게 노출되는 것을 두려워하기 때문이다.

**최고경영자, 이사회 이사, 관리자 및 종업원의 '동참'** 최고경영자와 이사회 이사는 공급사슬관리의 잠재적인 이점을 확신할 필요가 있다. 공급사슬관리의 많은 부분이 기업이 과거 오랫동안 운영되어 왔던 방식의 변화가 요구되기 때문에 관리자와 종업원들로 하여금 새로운 자세를 받아들이고 효과적인 공급사슬 운영을 일관성 있게 실행하는 것 또한 중요한 도전 과제이다.

### 공급사슬을 보다 효율적으로 만드는 것

1. **큰 로트 사이즈 대 작은 로트 사이즈.** 큰 로트(수량 할인과 낮은 셋업 비용, 그러나 높은 재고유지비용)이점과 비용와 작은 로트(민첩성, 큰 로트 생산으로 인한 대기시간이 필요 없어 리드타임 단축, 낮은 재고유지비용, 그러나 품절 위험 증가)의 이점과 위험을 비교하라. 또, 큰 로트를 이용할 경우 채찍효과에 기여할 수 있다는 점도 유념하라.

**크로스도킹** ▸ 공급자로부터 창고에 도착하는 물품들을 공급자의 트럭에서 하역하여 즉시 배송트럭에 적재함으로써 창고에 물품을 저장할 필요가 없게 하는 기법

2. **크로스도킹(corss-docking)을 이용함으로써 얻는 비용 절감 및 시간 단축.** **크로스도킹**은 공급자로부터 창고에 도착하는 물품들을 공급자의 트럭에서 하역하여 즉시 1대 이상의 배송트럭(outbound truck)에 적재함으로써 창고에 물품을 저장할 필요가 없게 하는 기법이다. 월마트는 이 기법을 이용해서 재고유지비용과 리드타임을 성공적으로 감소시킨 기업들 중 하나이다.

**지연차별화** ▸ 표준화된 부품이나 하위 조립품들을 생산한 다음 차별화된 특성을 추가하는 것을 공정의 후반까지 지연시키는 것

3. **지연차별화(delayed differentiation)를 이용하여 낮은 다양성의 이점을 활용하면서 다양성 인식을 증가시키기.** **지연차별화**는 표준화된 부품이나 하위 조립품들을 생산한 다음 차별화된 특성을 추가하는 것을 공정의 후반까지 지연시키는 것이다. 예컨대, 자동차 제조업자는 딜러가 고객을 위한 특정 규격을 추가(또는 제거)할 수 있게 하여 차량의 매력을 높이는 동시에, 다양한 고객의 요구사항을 충족시킬 수 있는 대규모의 차량 재고를 유지할 필요성을 줄인다. 마찬가지로 제과점에서는 고객의 기호에 따라 데코레이션(장식)을 할 수 있는 (예컨대, '축, 생일'과 같은 문구를 넣는 것) '표준' 케익을 생산할 수 있다.

4. **대기시간을 줄이기 위해 고객에게 직접 배송.** 고객의 주문에 대한 대기시간을 줄이기 위한 방법 중의 하나는 소매점을 거치는 것이 아니라 창고에서 고객에게 직접 배송하는

것이다. 일부 슈퍼마켓에서 사용하는 또다른 접근 방식은 점원이 고객주문에 따라 쇼핑을 하도록 하는 것이다. 여기에는 고객에게 배송하거나 고객이 주문한 상품을 픽업하는 것을 포함할 수 있다. 공급사슬에서 하나 이상의 단계를 줄이는 것을 **탈중개**(disintermediation)라고 한다. 운송비용이 다소 높더라도 대기시간을 줄일 뿐 아니라 저장 비용도 감소한다. 이 경우 점포 픽업을 허용하면 운송비를 줄일 수 있다.

**탈중개**
공급사슬에서 하나 이상의 중개자를 배제함으로써 하나 이상의 단계를 줄이는 것

**중소기업** 중소기업은 전문화되고 복잡한 소프트웨어를 도입해야 하고 자신의 민감한 정보를 외부 기업들과 공유해야 하기 때문에 공급사슬을 수용하는 데 주저할 수 있다. 그럼에도 불구하고 생존을 위해서는 공급사슬관리를 수용해야 한다.

**변동성(variability)과 불확실성(uncertainty)** 변동성은 불확실성을 낳고, 그리하여 공급사슬에 비효율을 야기한다. 이러한 변동성은 공급자로부터의 입고, 내부 생산운영, 고객에게 제품이나 서비스를 배송, 그리고 고객수요에서 발생한다. 제품 및 서비스의 *다양성* 증대는 불확실성을 추가시키는데, 이는 조직들이 제품 및 서비스를 고객에게 제공하기 위한 생산운영과정에서 광범위하고 빈번한 변경을 해야 하기 때문이다. 따라서 다양성을 증대시키는 결정을 할 때에는 이러한 상충관계를 고려하여야 한다.

비록 변동성은 대부분의 공급사슬 상에서 존재하더라도 의사결정자는 불확실성을 확실한 것으로 가정하고 그것에 기초하여 의사결정을 한다. 사실상 시스템은 확실성에 기초하여 설계된다. 따라서 확실성에 기초해 설계된 시스템은 불확실성에 잘 대처하지 못할 수 있다. 불행하게도 불확실성은 공급사슬의 효과적인 관리에 치명적인 영향을 미치는데, 예컨대, 재고증대, 병목현상에 따른 지연, 배송 누락, 그리고 공급사슬의 모든 단계에서 종업원과 고객의 불만 등과 같은 다양한 의도하지 않은 결과를 발생시키기 때문이다.

**반응시간** 반응시간(response time) 반응시간은 공급사슬관리에 있어서 중요한 문제이다. 긴 리드타임은 상황 변경—예컨대, 수요시기와 수량의 변경, 제품 및 서비스의 설계 변경, 물류 또는 품질 문제 등—에 대한 신속한 대처를 해야 하는 공급사슬의 역량을 손상시킨다. 그러므로 긴 제품 리드타임, 협력 리드타임, 배송 리드타임을 단축시키기 위해 노력하는 것은 매우 중요하다. 또한 그러한 문제들이 발생했을 때 이들을 해결하기 위한 계획이 마련되어야 한다.

## 15.15 전략

효과적인 공급사슬은 기업의 성공에 아주 중요하다. 공급사슬의 구축은 전략적으로 중요시되어야 한다. 효과적인 공급사슬을 달성하려면 사슬의 모든 측면을 통합해야 한다. 공급자 관계는 공급사슬관리에서 아주 중요한 요소인데, 협력과 공동 계획 및 조정이 공급사슬 성공의 열쇠이다. 이러한 측면에서 공급사슬의 시스템적 관점은 필수적이다.

많은 기업들이 공급사슬의 성과를 개선하기 위하여 린 운영 및 식스 시그마 방법론을 이용하고 있다. 그러나 린 공급사슬은 공급사슬의 위험을 증가시킬 수 있고 이러한 위험을 상쇄하기 위해서 재고를 증가시켜야 할 필요가 있을 수 있다.

## 요약

공급사슬은 제품을 생산하거나 서비스를 제공하는 데 관련된 조직, 설비, 기능, 활동으로 구성된다. 이 장에서는 공급사슬관리와 관련된 전략적, 전술적, 운영적 책임 사항의 목록을 제공한다. 또한 이 장에서는 주요 쟁점, 최근 추세, 조달, 윤리적 행위, e-비즈니스, 공급자 관리, 재고관리, 반품관리, 위험 관리에 대해서 다룬다.

공급사슬관리의 기본 구성요소는 전략 수립, 조달, 공급 관리, 수요관리, 물류 관리들이다. 공급사슬관리의 주요 쟁점들은 아웃소싱의 적정수준 결정, 조달 관리, 공급자 관리, 고객관계 관리, 문제들을 신속하게 파악하고 대응하는 능력, 위험을 관리하는 것과 관련되어 있다.

공급사슬관리의 목표는 공급과 수요를 가능한 한 효율적이고 효과적으로 일치시키는 것이다. 공급사슬은 여러 기업 조직들로 구성되어 있기 때문에, 공급사슬 파트너들 간의 협동과 협력이 매우 중요하다. 공급사슬 기능은 상호간의 신뢰, 정보 공유, 협업을 통한 예측 및 계획으로부터 혜택을 받게 된다.

공급사슬관리의 최근추세는 위험 관리, 아웃소싱에 대한 재평가, 재고 관리, 공급사슬 성과를 개선하기 위한 린 원칙의 적용 등과 관련된 것들이다.

## 주요 내용

1. 공급사슬은 모든 기업 조직의 핵심부분이며 공급과 수요의 균형을 이루기 위해서 효과적으로 관리하여야 한다.
2. 공급사슬관리에서 가장 중요한 추세는 ROI 측정, 공급사슬의 '녹색화', 아웃소싱에 대한 재평가, IT 통합, 위험관리, 린 원칙 채택, 민첩성, 투명성이다.
3. 기업이 공급사슬 파트너들에게 윤리적으로 행동하도록 권장하는 것이 중요하다.
4. 효과적인 공급사슬은 신뢰, 의사소통, 신속한 양방향 정보흐름, 가시성 및 사건대응능력이 있다.

## 주요 용어

e-비즈니스(e-business)
RFID 무선주파수인식(radio frenquency identification)
게이트키핑(gatekeeping)
공급사슬(supply chain)
공급사슬 가시성(supply chain visibility)
공급사슬관리(supply chain management)
공급자분석(vendor analysis)
공급자 재고관리(vendor-managed inventory, VMI)
구매주기(purchasing cycle)
물류(logistics)
분산구매(decentralized purchasing)
역물류(reverse logistics)
사건대응능력(event-response capability)
재고흐름속도(inventory velocity)
전략적 소싱(strategic sourcing)
전략적 파트너링(strategic partnering)
정보흐름속도(information velocity)
제3자 물류(third-party logistics, 3PL)
주문이행(order fulfillment)
중앙집중구매(centralized purchasing)
지연차별화(delayed differentiation)
채찍효과(bullwhip effect)
충족률(fill rate)
크로스도킹(cross-docking)
탈중개(disintermediation)
트래픽관리(traffic management)
폐쇄루프공급사슬(closed-loop supply chain)
회복력(resiliency)
회피(avoidance)

## 토의 및 복습문제

1. 공급사슬(supply chain)이란 무엇인가?
2. 공급사슬관리의 최근 동향은 무엇들이 있는가?
3. 공급사슬관리의 구성요소는 무엇인가?

4. 공급사슬관리에 있어 전략적, 전술적, 운영적 책임에는 무엇이 있는가?
5. 채찍효과(bullwhip effect)란 무엇이며, 왜 발생하는지 그리고 어떻게 채찍효과를 극복할 수 있는지 설명하라.
6. 조달(procurement) 기능의 중요도에 대해 설명하라.
7. *재고흐름속도*(*inventory velocity*)와 *정보흐름속도*(*information velocity*)란 무엇이며, 왜 중요한지 설명하라.
8. 전략적 제휴에 대해 설명하라.
9. 공급사슬관리에 있어 e-비즈니스의 영향은 무엇인가?
10. e-비즈니스의 이점은 어떤 것들이 있는가?
11. 공급사슬 설계에 있어 영향을 미치는 상충관계(trade-offs)에는 무엇이 있는가?
12. 반품을 관리하는 것이 왜 중요한가?
13. 공급사슬가시성(supply chain visibility)의 중요도에 대해 설명하라.
14. 구매담당자가 어떤 일을 하는지 설명하라.
15. 기업에서 구매부서가 다른 부서들과 어떻게 상호작용하는지 설명하라.
16. 공급사슬관리에서 RFID의 중요도에 대해 설명하라.
17. 중앙집중식 구매와 분산형 구매를 설명하고 각각의 이점을 설명하라.
18. 공급자분석을 설명하라.
19. 공급자 인증(supplier certification)이란 무엇이며, 왜 중요한지 설명하라.
20. 공급자를 적으로 보는 관점과 파트너로 보는 관점을 비교하라.
21. 크로스도킹의 혜택을 설명하라.

## 연습문제

1. Strateline Manufacturing사의 관리자는 두 가지 선적 대안 중 하나를 선정해야 한다. 즉, a) 2일 소요 화물운송 대안과 b) 5일 소요 화물운송 대안이다. b) 대안은 a) 대안보다 $135 저렴하다. 주요 고려사항은 연간 개당 $10인 재고유지비용이다. 연간 예상 선적수량은 2,000개이다. 당신은 어떤 운송 대안을 추천할 것인지에 대해 설명하라.
2. 다음 중 어느 대안이 80상자의 부품을 선적하는 데 더 경제적일지 결정하라. 각 부품상자는 구매가격이 $200이고 재교유지비용은 구매가격의 30%이다. 각 선적 대안의 비용은 다음과 같다. 즉, 1일 만에 운송하는 대안은 $300, 이틀이 소요되는 대안은 $260, 6일이 소요되는 대안은 $180이다.
3. 한 관리자가 선적에 대한 의사결정을 행해야 한다. 운송사업자는 A와 B가 있다. 각기 2일 요금을 제시하고 있는데 A는 $500 그리고 B는 $525이다. 추가적으로 A는 3일 소요 시 $460, 9일 소요 시 $400의 요금을 제시하고, B는 4일 소요 시$450, 7일 소요 시 $410의 요금을 제시하고 있다. 300상자가 운송될 예정이다. 연간 재고유지비용은 개당 판매가격의 35%이고 각 상자는 가격이 $140이다. 당신은 어떤 운송 대안을 추천할 것인지에 대해 설명하라.

# MasterTag사

### 니콜 포스터, 그랜드 밸리 스테이트 대학

MasterTag사는 1949년 루트비히 슈미트(Ludwig Schmidt)가 창업하였고, 플라스틱 낚시찌를 제조하는 것으로 출발하였다. 그후 1950년대에 슈미트 씨는 지역 온실 소유주로부터 식물의 원예 라벨(label)을 생산할 수 있는지 요청 받았다. 그 당시 라벨들은 나무로 제작되고 있었다. 슈미트 씨는 이 라벨들을 생산하기 위해서 기계를 개조하였고, 그때부터 식물용 플라스틱 '태그'를 제조해 오고 있다. 수년에 걸쳐 라벨들은 품질이 향상되었고, 현재는 식물명과 재배 및 관리 방법과 함께 풀-컬러(full-color) 사진이 제공된다.

MasterTag사의 가장 큰 고객 중 다수가 상업적 재배자에게 종자를 파는 종묘회사이다. 대형 종묘회사들은 일반적으로 작물의 재배기가 시작될 때MasterTag사에 한 번 내지는 두 번의 대규모 주문을 한다. 그런 다음 종묘 회사들은 종자 및 라벨을 판매하고 식물을 재배하고 최종 소비자에게 판매하는 고객들에게 판매한다. 다양한 이유로 종묘회사들은 태그를 주문하는 것을 좋아하지 않지만, 그들의 고객들이 종자와 함께 라벨을 요구하기 때문에 태그를 주문한다.

그러나 이 주문 절차에 몇 가지 문제가 있다. 주요 문제는 작물의 실패 가능성과 새로운 품목의 도입으로 인해서 필요한 태그의 정확한 수량을 예측하기가 어렵다는 사실로부터 비롯된다. 태그 부족을 피하기 위해서 종자회사들은 주문자에게 많은 양의 태그를 주문하고 발송한다. 태그는 종자와 함께 제공되어야 하기 때문에 필요한 시간을 확보하기 위해서 일찍 주문을 하게 된다. 종자 회사들은 매년 많은 양의 태그가 남게 된다.

MasterTag사의 경영진은 미사용 태그와 불만족스러운 고객들을 보고 태그의 공급과 수요를 맞추기 위해서 더 나은 해결책을 찾아야 한다고 결정했다. 한 가지 가능한 해결책은 초기 상당히 규모가 큰 배치(batch)로 태그를 만들어서 종자회사가 아닌 재배자에게 직접 배송하는 것인데, 현재 그렇게 진행 중에 있다. 추후에 재배자로부터 재배 결과가 나왔을 때 재배자로부터 얼마나 더 추가적인 태그가 필요한지에 대한 정보를 받아서 두 번째 배치를 생산하고, 이는 재배자에게 직접 배송된다. (해결책을 적용한 전후에 대한 그림은 다음과 같다.)

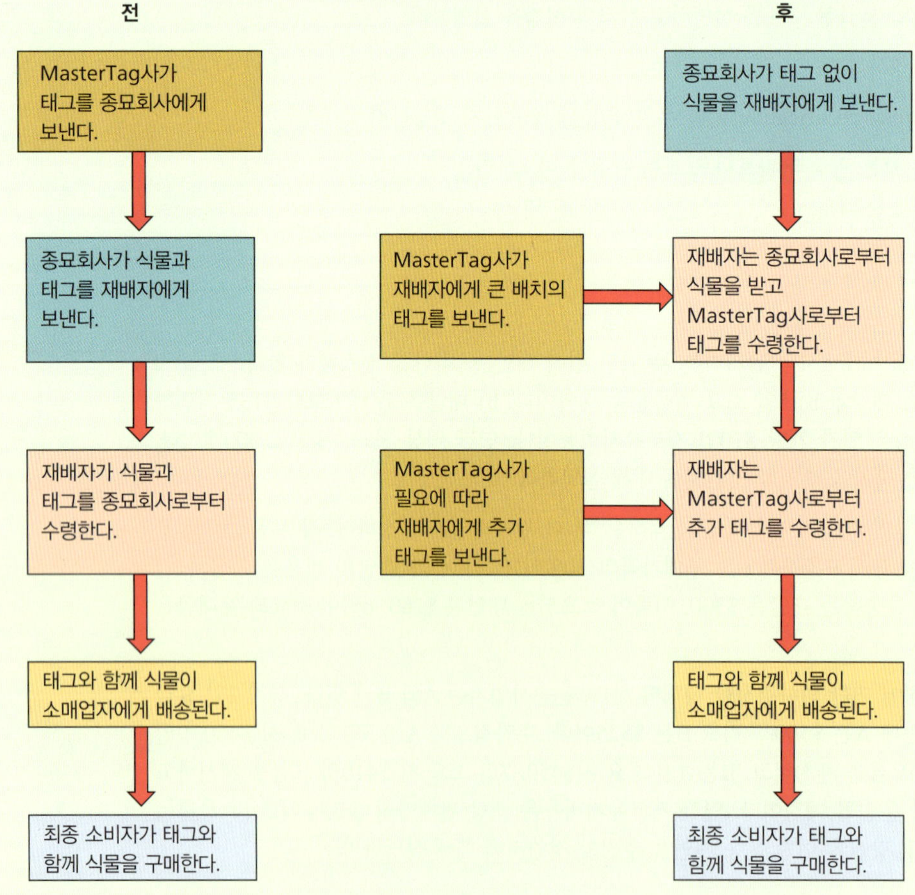


(계속)

**[질문]**

1. 수정된 접근법의 핵심 이점을 설명하고, 이유를 설명하라.
2. MasterTag사는 이 계획을 아직 실행하지 않았다. 고려해야 하는 장단점을 나열하라.

## 참고문헌

Benton, W. C. *Purchasing and Supply Chain Management*, 3rd ed. New York: McGraw-Hill, 2013.

Bowersox, Donald J., David J. Closs, and M. Bixby Cooper. *Supply Chain Logistics Management*, 5rh ed. New York: McGraw-Hill Euducation, 2019.

Chopra, Sunil, and Peter Meidl. *Supply ChainManagement: Strategy, Planning, and Operation*, 7th ed. New York: Pearson, 2018.

Handfield, Robert B., and Ernest L. Nichols Jr. *Introduction to Supply Chain Management*, 2nd ed.Upper Saddle River, NJ: Prentice Hall, 2014.

Johnson, P. Fraser, Michiel R. Leenders, and Anna E. Flynn. *Purchasing and Supply Management*, 14th ed. New York: McGraw-Hill/Irwin, 2011.

Monczka, Robert M., Robert H. Handfield, Larry Guinipero, and James Patterson. *Purchasing and Supply Chain Management*, 6th ed. Stamford, CT: South-Western - Cengage Learning, 2016.

Murphy, Paul R. Jr., and A. Michael Knemeyer. *Contemporary Logistics*, 12th ed. Pearson, 2017.

*RFID Journal.com*

Simchi-Levi, David, Philip Kaminsky, and Edith Simchi-Levi. *Designing and Managing the Supply Chain: Concepts, Strategies, and Case Studies*, 3rd ed. New York: McGraw-Hill, 2008.

Webster, Scott. *Principles and Tools for Supply Chain Management*. New York: McGraw-Hill, 2009.

# 16 CHAPTER 일정계획 *Scheduling*

## 학습 목표 *Learning Objectives*

*이 장을 학습한 후 다음과 같은 능력을 가져야 한다.*

**LO16.1** 일정계획은 무엇을 포함해야 하며, 훌륭한 일정계획의 중요성을 설명
**LO16.2** 제품과 서비스 일정계획 계층을 비교
**LO16.3** 대량생산시스템에서의 일정계획의 필요성을 설명
**LO16.4** 중량생산시스템에서의 일정계획의 필요성을 설명
**LO16.5** 잡샵(job-shop)에서의 일정계획의 필요성을 설명
**LO16.6** 간트 차트를 활용하고, 해석
**LO16.7** 작업부하할당을 위한 할당 기법을 활용
**LO16.8** 자주 사용되는 우선순위 결정 기법을 설명하고 예를 듦
**LO16.9** 제약이론에 대해 설명하고 일정계획에 대한 접근법을 설명
**LO16.10** 서비스시스템의 일정계획과정에서 직면하는 문제를 기술하고, 해결책을 제시

## 개요 *Chapter Outline*

Song_about_summer/Shutterstock

▲ 항공 여행은 날씨 때문에 비행기가 지연되거나 취소될 경우 아주 힘들 수 있다. 그리고 어떤 지역은 맑고 비가 오지 않아도 다른 지역 날씨에 영향을 받을 수도 있다. 이러한 상호 의존성 때문에 시카고, 애틀랜타, 그리고 뉴욕 같은 지역 거점 공항 인근 지역에서 발생한 문제는 전국적으로 파급 효과를 가지게 된다. 이는 결국 거대한 일정계획 문제로 이어지게 된다. 항공기 이착륙 일정계획은 다시 수립되어야 하며 이는 승무원, 이착륙 게이트, 연결편, 그리고 수하물과 화물 일정계획을 다시 수립해야 함을 의미한다. 항공사 교통 관리 소프트웨어 일정계획 시스템은 수천 개의 변수들을 포함하고 최적화해야 한다.

◀ **일정계획**
조직 내에서 기계, 설비, 그리고 인적 자원의 사용 시간을 정하는 활동

조직 내에서의 **일정계획**(scheduling)은 그 조직이 보유한 자원의 정확한 사용 시기를 정하는 것으로서, 설비 및 인적자원의 활용과 관련이 있다. 기업활동의 본질과 관계없이 일정계획은 모든 조직에서 발생한다. 예컨대, 생산기업은 생산일정계획을 세워야 하는데, 작업자, 설비, 구매, 및 유지보수 등을 위한 계획을 수립하는 것을 의미한다. 병원의 경우는 입원, 수술, 간호 등의 일정계획을 수립해야 하며, 식사 준비, 보안, 지원활동, 청소 등의 일정계획을 수립해야 한다. 교육 기관들은 강의실, 강사, 그리고 학생들에 대한 일정계획을 수립해야 한다. 변호사, 의사, 치과의사, 미용실, 자동차 수리소 등은 예약에 대한 일정계획을 세워야 한다. 더해서 자주 예정에 없던 작업들이 발생하게 된다. 예를 들면, 자동차 수리기사는 고객들에게 출장을 나가야 하기도 하고, 이발사나 다른 직종에 종사하는 사람들은 "예약 필요 없음"이라고 광고를 할 수도 있다.

의사결정 체계에서 일정계획은 생산과정에서 실제 생산물이 나오기 전에 이루어져야 한다. 시스템 설계와 개발에 관한 의사결정의 많은 부분은 일정계획이 수립되기 오래 전에 만들어진다. 그것들은 시스템의 생산용량, 제품 또는 서비스의 설계, 설비 선정, 작업자 선발과 교육, 총괄계획과 주 일정계획을 포함한다. 결과적으로 일정계획은 다른 많은 의사결정들에 의해 정해진 제약 내에서 그 제약의 범위와 한도를 좁힘으로써 수립된다. 그림 16.1 제조업과 서비스 일정계획을 위한 일정계획 계층을 묘사한다.

효과적인 일정계획은 비용절약과 생산성 증가를 가져온다. 또한 다른 이점도 있는데 예컨대, 병원에서 일정계획이 효과적으로 수립되면 더 많은 생명을 구하게 되고, 더 많은 환자들을 치료할 수 있게 된다. 교육기관에서는 설비의 확장을 위한 필요를 줄여준다. 경쟁사회에서 효율적인 일정계획은 기업들로 하여금 경쟁 우위에 설 수 있게 해 준다.

일반적인 일정계획의 목적은 작업자와 설비의 효율적인 활용과 고객 대기시간의 감소, 재고와 작업시간의 최소화를 포함하는 서로 상반되는 목표들 사이에 조정을 이루는 것이다. 이 장에서는 생산 및 서비스기업들의 일정계획 문제를 다룬다. 두 분야가 많은 공통점을 가지지만 일부 중요한 차이도 존재한다.

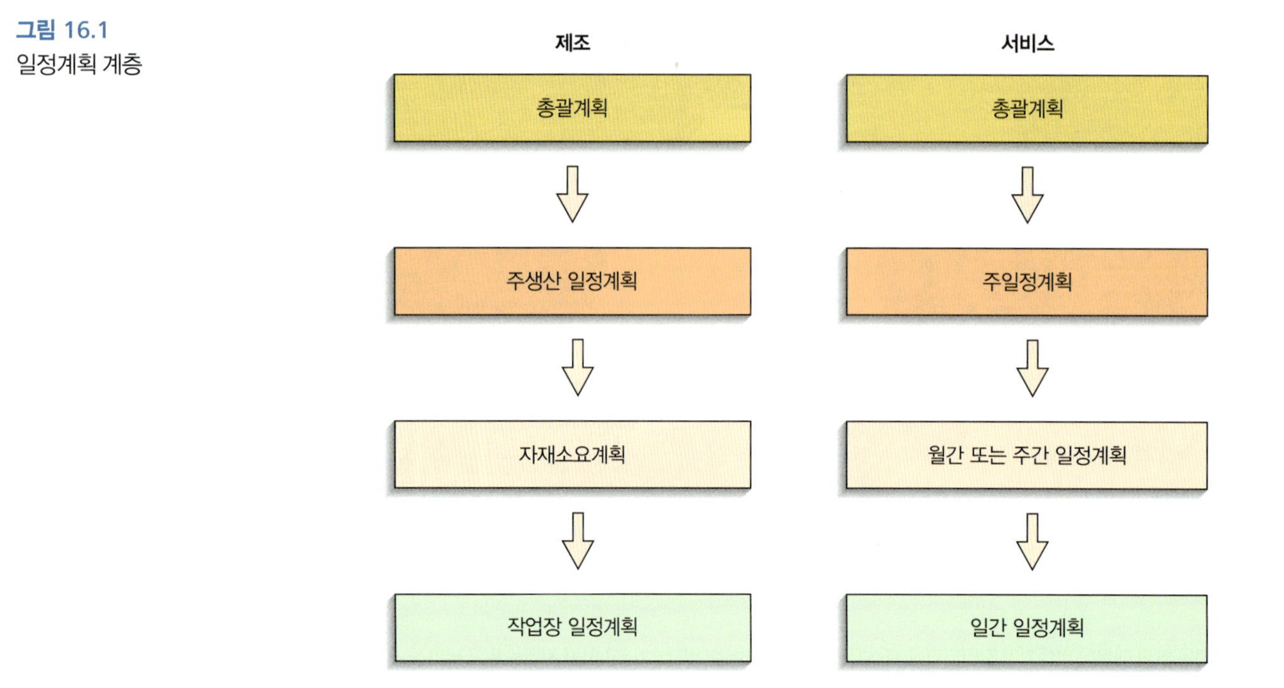


**그림 16.1**
일정계획 계층

## 16.1 일정계획수립

일정계획의 수립은 생산 시스템과 서비스 시스템 모두에서 주로 산출물의 산출량에 의해 좌우된다. 대량생산시스템의 경우에는 잡샵(job shop)과는 다른 접근법을 필요로 하고, 프로젝트 공정을 위한 일정계획도 역시 다른 접근법을 필요로 한다. 이 장에서는 대량생산시스템, 중량생산시스템 그리고 소량생산시스템(잡샵)을 위한 일정계획 문제를 다룰 것이다. 프로젝트 공정을 위한 일정계획은 17장에서 설명한다.

### 대량생산시스템의 일정계획

**흐름 작업시스템** 표준화된 설비와 활동을 가지는 대량생산시스템.

**흐름공정 일정계획** 흐름공정을 위한 일정계획

일정계획은 작업을 작업장에 할당하고, 할당된 작업이 수행되는 순서를 결정하는 것이다. 대량생산시스템의 특징은 고객이나 제품에 대해 동일하거나 매우 유사한 작업을 제공하는 표준화된 설비와 활동이다. 목표는 노동과 설비의 가동률을 높이기 위해 시스템을 지나는 제품 또는 고객의 흐름을 아주 원활하게 하는 것이다. 대량생산시스템은 **흐름 작업시스템**(flow system)이라고도 하기 때문에 이런 시스템에 대한 일정계획은 **흐름공정 일정계획**

(flow-shop scheduling)이라고도 한다. 이러한 흐름공정 일정계획은 중량 생산시스템에서도 사용될 수 있다. 대량생산시스템의 예(제조업의 경우)는 자동차, 개인용 컴퓨터, 라디오와 텔레비전, 음향기기, 장난감, 가전제품을 들 수 있고, 장치 산업의 경우는 석유화학, 설탕, 광업, 폐기물 처리와 비료의 생산을 포함한다. 서비스의 예는 카페테리아, 뉴스 방송과 대량 예방접종을 포함한다. 이 시스템은 매우 반복적인 특징 때문에 작업부하 결정과 작업순서결정이 가장 중요한 의사결정 변수가 된다. 매우 특화된 설비의 사용, 특화된 재료와 취급 장비의 사용과 분업은 모든 아이템이 같은 순서로 생산되므로 시스템에서 작업이 원활하게 흐를 수 있도록 설계되어야 한다.

흐름 작업시스템 설계과정에서 가장 중요한 점은 *라인밸런싱*이다. 매우 균형 잡힌 시스템은 생산성을 높일 뿐 아니라, 설비와 인력의 가동률을 높인다. 라인밸런싱은 6장에서 이미 논의되었다.

흐름 작업시스템을 설계하는 과정에서 설계자는 이 시스템에서 작업의 전문화와 관련하여 발생될 수 있는 작업자의 잠재적인 불만을 고려해야 한다. 결과적으로 작업들은 지루함과 단조로움으로 인해 피로, 장기 결근, 실수 등의 문제를 일으키게 된다. 이로 인해 생산성은 감소하고 작업의 원활한 흐름이 방해 받게 된다. 이 문제에 대한 해결책은 7장의 작업시스템 설계에서 상세히 다루어졌다.

일정계획과 관련된 흐름 작업공정의 원래 특성에도 불구하고 몇 가지 일정계획 문제가 발생할 수 있다. 그중 하나는 극소수의 흐름 작업공정만이 단 하나의 제품이나 서비스를 다루게 되고 대부분의 흐름공정 작업들은 제품의 크기나 모델에서 다양성을 추구해야 한다는 사실로부터 발생한다. 자동차회사의 경우를 보면 다양한 조합의 차들을 생산하는데, 문이 2개인 모델과 4개인 모델, 에어컨이 장착된 것과 그렇지 않은 것, 디럭스 형과 표준형, CD플레이어가 있는 것과 없는 것 등이 있다. 가전제품이나 장난감을 생산하는 경우도 마찬가지인데 이럴 때 부품이나 원재료, 필요공정들이 달라질 수 있다. 이런 생산라인이 원활하게 움직이려면, 감독자는 생산전반에 걸쳐서 원료와 작업의 흐름을 잘 관리해야 하며, 재고가 쌓이는 것을 막아내는 것도 중요하다. 다시 말하지만, 제품의 크기나 모델에서의 다양성은 다소 다른 재고 소요를 일으키며 결과적으로 추가적인 일정계획 노력을 요구하게 된다.

일정계획에서 고려해야 할 사항 중 하나는 희망 생산량보다 적은 생산량을 가져오는 생산시스템의 장애이다. 이들은 설비 고장, 원료 부족, 사고와 결근에 의해 일어나곤 한다. 실제로 흐름 작업시스템은 특정 생산 수준을 생산하도록 설계되었기 때문에 위의 요인들을 보상할 만큼 생산을 늘리는 것은 불가능하다. 대신 하청이나 잔업과 같은 전략들이 필요할 때가 있다.

이와 반대의 경우도 그 정도는 덜하지만 일정계획상의 문제를 야기할 수 있다. 실제 생산율을 낮추지 말고 시간을 줄이는 것이 현명하다. 예컨대, 생산라인을 하루 8시간 대신 일시적으로 7시간만 돌리면 된다.

대량생산시스템은 보통 가공과 취급을 위해 자동화되고 특화된 설비를 활용한다. 그래야 동질적인 제품을 대량생산하는 것이 가능해진다. 라인 폐쇄와 재 시작은 장치산업에서 큰 비용을 발생시킨다. 결과적으로 다음 요인들이 대량생산시스템의 성패를 좌우하는 경우가 많다.

- **공정과 제품 설계**. 비용과 제조 가능성이 중요하다. 마찬가지로 시스템 내에서의 원활한

흐름을 달성하는 것이다.

- **예방적 유지보수**. 설비를 양호한 상태로 유지하는 것은 고장을 줄일 수 있다.
- **고장 시 신속한 수리**. 이는 주요부품 재고유지와 함께 수리 전문가를 필요로 한다.
- **최적제품믹스**. 선형계획법(LP)와 같은 방법론들은 최저비용으로 희망생산량을 생산할 수 있는 최적투입을 결정할 수 있게 해 준다. 이런 사실은 특히 비료, 사료, 그리고 다이어트용 식품들의 생산에서 중요하다.
- **품질 관련 문제의 최소화**. 품질관련 문제는 큰 장애가 될 수 있다. 또한 생산물이 품질기준을 통과하지 못하면 생산에서 손실뿐 아니라 투입된 원료, 노동력, 시간과 같은 자원에서의 손실까지도 발생시킨다.
- **공급의 신뢰성과 타이밍**. 공급의 부족은 중요한 장애요인이다. 반면 지나치게 많은 부품재고는 높은 유지비용을 발생시킨다. 공급 리드타임을 줄이고 믿을 수 있는 공급 일정을 수립하고, 정확한 부품 소요 계획을 세우는 것이 필요하다.

## 중량생산시스템의 일정계획

중량생산시스템의 생산물은 아주 표준화된 제품을 생산하는 대량생산시스템과 소량의 주문제품을 생산하는 잡샵의 중간형태가 된다. 대량생산시스템처럼 중량생산시스템도 표준화된 제품을 생산한다. 이 경우 제조가 이루어지면, 제품은 특정의 주문을 위한 생산보다는 저장목적의 생산이 될 것이다. 그러나 중량생산시스템에서의 생산량은 연속생산을 할 만큼 크지 않으므로 *간헐적으로* 생산하는 것이 경제적이다. 그래서 중량생산시스템의 작업장은 주기적으로 한 작업에서 다른 작업으로 이동하기 때문에 잡샵에 비해 1회 생산량(배치)이 상대적으로 크다. 이와 같은 시스템에서 생산되는 제품의 예로는 통조림, 제빵제과, 페인트, 화장품 등이 있다.

이 시스템에서의 세 가지 기본 이슈는 작업의 1회 *생산량(run size)*, *작업시기*, *작업순서*의 결정이다.

때로는 작업의 1회 생산량을 결정하는 문제는 12장에서 경제적 생산량(EPQ)을 계산하면서 사용했던 모형을 가지고 해결할 수 있다. 작업준비 비용과 재고유지 비용을 최소화하는 작업의 1회 생산량은 다음과 같다.

$$Q_p = \sqrt{\frac{2DS}{H}}\sqrt{\frac{p}{p-u}}, \text{ 여기서 S= 주문 비용이라기보다는 작업준비 비용} \quad (16\text{-}1)$$

작업준비 비용 역시 중요한 고려요소이다. 작업준비 비용은 작업이 수행되는 순서에 따라 좌우되기도 한다. 유사한 작업들은 작업준비에 적은 비용과 시간을 필요로 한다. 예컨대, 프린트 전문점에서는 작업준비 횟수를 줄이기 위해 잉크 색에 따라 작업순서를 정하게 된다. 이를 통해 공정 순서를 고려하면서 작업준비 비용과 시간을 줄일 수 있게 된다. 더해서 이것은 작업순서결정을 더 복잡하게 만들고, 각 작업순서 옵션에서 작업 준비시간이 어떻게 되는지 추정할 필요가 있게 된다.

다른 측면에서 보면, 기업들은 작업준비시간을 줄이려고 노력하며, 그 결과 장비 교체를 위한 시스템 정지 시간을 줄일 수 있게 된다. 이를 위한 전술로는 라인 밖에서의 작업준비, 간이조립을 할 수 있는 부품, 모듈 작업준비, 다양한 공정 요구를 처리할 수 있도록 설계된 유연생산설비의 사용 등이 있을 수 있다.

또 다른 어려움은 부품이나 제품의 사용이 이론적 모형에서처럼 언제나 평활 하지 않다는 데서 발생한다. 어떤 제품은 예상보다 빨리 소모될 수 있고, 더 빨리 재고보충이 되어야 한다. 그리고 여러 제품이 동시에 가공되기 때문에 최적의 생산시간(run time)에 상응하는 생산일정계획을 수립하는 것이 쉽지 않게 된다.

이를 위해 사용되는 다른 접근방법은 생산을 고객주문과 수요예측을 기초로 개발된 주일정계획에 맞추는 것이다. 조립공정을 사용하는 기업들은 부품의 필요량과 시기를 정하기 위해 MRP를 사용한다(13장에서 설명). 관리자는 예측 소요량을 예측 생산용량과 비교하고, 그로부터 실행 가능한 일정계획을 수립하게 된다. 조립이 아니고 가공 산업에 종사하는 기업들은 다소 다른 접근법을 사용하는데 MRP에 의해 제공되는 시간의 흐름에 따른 정보는 그다지 중요하지 않다.

## 16.2 소량생산시스템의 일정계획

소량생산시스템 (잡샵)의 특징은 대량 또는 중량생산시스템의 특징과 상당히 다르다. 잡샵의 예는 병원 응급실, 수리소, 금형 작업장 같은 것들임을 상기해 보라. 제품은 주문에 따라서만 제작되고 서비스는 필요에 의해 실행된다, 주문이라는 것도 상당히 다양한 작업 소요와 원재료, 작업시간, 작업순서와 작업 준비들로 구성된다. 이런 점 때문에 **잡샵 일정계획**은 꽤 복잡하기 마련이다. 실제 주문을 받기 전에는 기업이 일정계획을 수립할 수조차 없다는 것 때문에 더욱 복잡해진다.

> **잡샵 일정계획** 작업요구가 다양한 소량 생산시스템을 위한 일정계획

잡샵 공정은 두 가지 기본 이슈를 발생시키는데, 작업부하를 어떻게 배분하고, 어떤 작업순서를 따를 것인가 하는 것이다.

### 작업부하 할당

**작업부하 할당**(loading)은 작업을 작업장에 할당하는 것을 말한다. 이것은 특정 작업들을 작업장과 작업장 내 기계에 할당하는 것을 포함한다. 어떤 작업이 하나의 작업장에서만 이루어질 수 있다면 부하할당은 별 문제가 되지 않지만, 두 개 이상의 작업이 수행되고, 그 작업을 수행할 수 있는 작업장이 여러 개 존재한다면 문제가 된다. 이럴 때는 할당을 위한 구체적인 규칙이 필요하게 된다.

> **작업부하 할당** 작업장에 작업을 할당하는 것

할당을 할 때 관리자는 작업 및 작업준비 비용을 최소화하거나, 작업장들의 유휴시간을 최소화하거나 또는 작업 완료시간을 최소화하는 것과 같은 목적을 추구하게 된다

**간트 차트(Gantt chart)** **간트 차트**는 부하할당과 일정계획과 관련해서 자주 사용된다. 1900년대 초 일정계획에 차트를 선구적으로 도입한 헨리 간트(H. Gantt)의 이름을 딴 것이다. 간트 차트가 사용되는 두 가지 영역이 그림 16.2에 나타나 있는데, 각각 대학 강의실에 대한 일정계획과 병원 수술실에 대한 일정계획을 보여 준다.

> **간트 차트** 부하 할당과 일정계획을 도식적으로 도와주는 차트

간트 차트의 목적은 어떤 *시간 축*에서 자원의 실제 또는 계획된 사용을 눈으로 볼 수 있게 조직화하는 것이다. 보통 시간이 수평축에, 자원이 수직 축에 표시되고 그 자원의 사용과 유휴시간이 차트에 반영된다.

관리자들은 이것을 시행착오 일정 수립을 위해 사용할 수도 있다. 그래서 임시 수술 일정

**그림 16.2**
일정계획 차트 예시

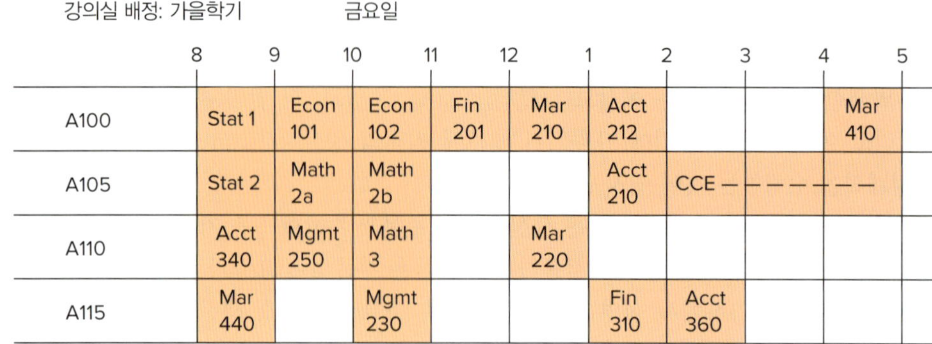


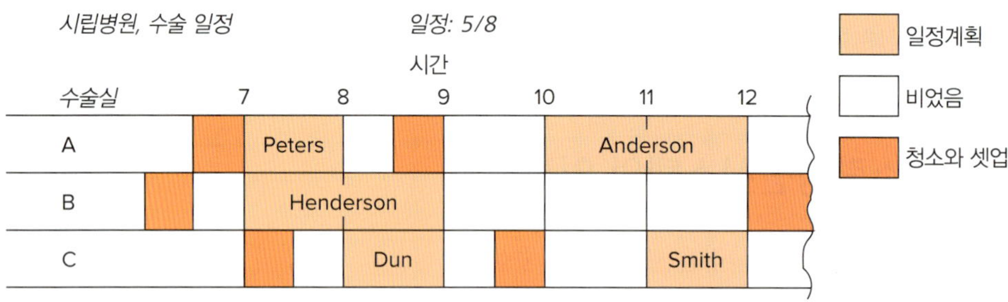


계획이 예상보다 많은 시간이 걸리는 수술을 위해 충분한 여유를 확보해 주지 못한다면 일정을 조정할 수 있다. 더 나아가서, 강의실 일정계획 시에 간트 차트를 활용하면 2개의 다른 강의를 같은 시간에 같은 강의실에 배정하는 것을 피할 수 있다.

간트 차트에는 여러 종류가 있는데 가장 널리 쓰이는 두 가지는 *부하 차트*와 *일정계획도*이다.

**부하 차트** ▸
기계들이나 부서에 대한 할당이나 유휴 시간을 보여 주는 간트 차트

**부하 차트**(load chart)는 일군의 기계나 부서를 위해 할당된 작업부하와 유휴시간을 묘사한다. 그림 16.3은 전형적인 부하차트를 보여준다. 거기서 작업장 3은 일주일 내내 완전히 작업이 진행되고 있고 작업장 4는 화요일부터 금요일까지는 비어있으며, 다른 두 작업장은 한 주 동안 산발적으로 유휴 상태에 있다. 이런 정보는 관리자들이 작업장들의 가동률을 높이기 위해 부하할당을 새로 할 수 있게 해 준다. 예컨대, 모든 작업장들이 같은 종류의 작업을 수행할 수 있다면 관리자는 긴 시간을 요하는 작업이나 급한 작업을 위해 한 작업장을 비워두려고 할 수 있다. 간트 차트는 또 특정 작업들이 언제 시작되고 완료되는지와 어디서 쉴 수 있는지도 보여 준다.

**무한부하할당** ▸
작업장의 생산용량과 상관없이 작업장에 작업을 할당하는 것

**유한부하할당** ▸
작업장의 생산용량이나 작업 소요시간을 고려해서 작업장에 작업을 할당하는 것

작업부하할당을 위해 *무한*부하할당과 *유한*부하할당의 두 가지 방법이 사용된다. **무한부하 할당**(infinite loading)은 위의 그림에서처럼 작업장의 생산용량과 상관없이 작업을 할당하는 것인데, 이 경우 시간에 따라 과부하와 저부하가 발생할 수 있다. 이 장에서 설명할 우선순위 규칙은 바로 무한부하할당을 위한 것이고, 이로 인해 작업장 앞에 대기라인이 생기게 된다. **유한부하할당**(finite loading)은 생산용량을 초과하지 않도록 각 작업장의 생산용량과 작업의 소요시간을 고려하면서 작업의 실제 시작시간과 정지시간을 계획한다. 유한부하할당의 결과물은 각 작업장이 수행할 작업시간의 구체적인 예측이며, 이에 의해 수립된 일정계획은 작업장에서 발생하는 지연, 새로운 작업의 추가, 또는 현 작업의 취소로 인해서 자주, 말하자면 매일 업데이트되어야 한다. 아래 그림은 이러한 두 부하할당 방법을 보여준다.

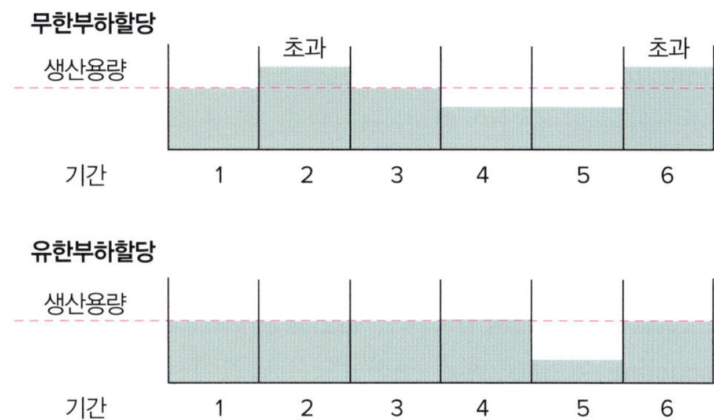


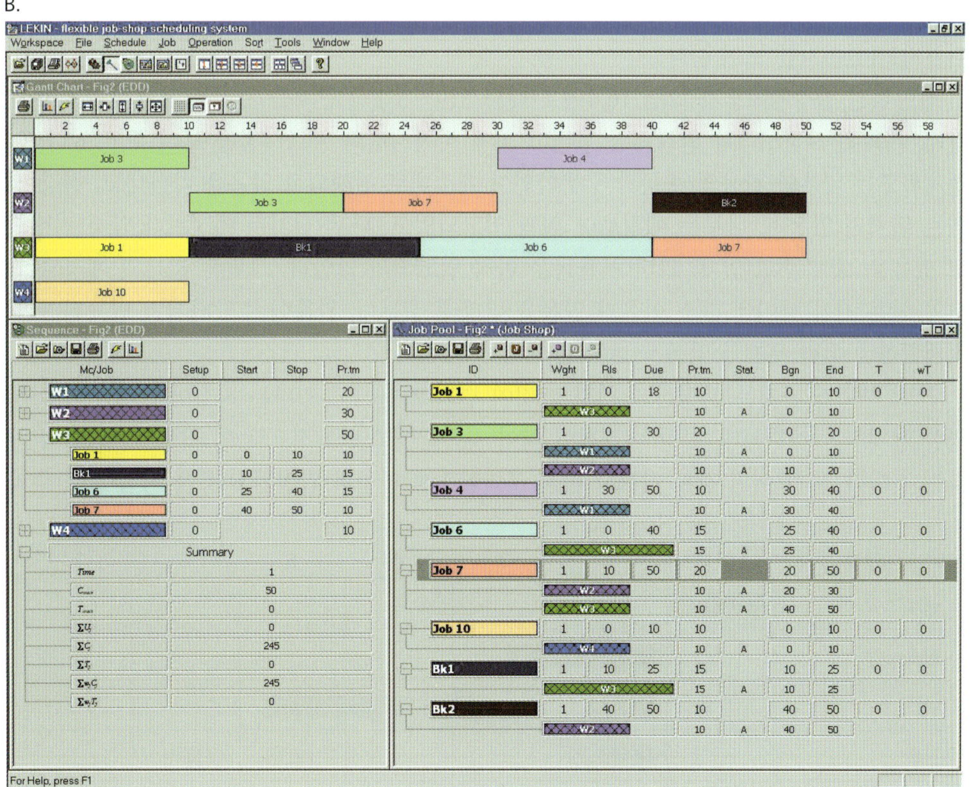


**그림 16.3**
A. 간트부하도 예시
B. 뉴욕대학교에서 개발한 르킨 소프트웨어를 활용한 간트부하도는 그림을 따라서 여러 개의 일정계획 루틴을 포함
출처: Pinedo and Feldman

무한부하할당을 사용하면 관리자는 과부하가 걸린 작업장에 대해 어떤 조치를 취해야만 한다. 예컨대, 작업의 일부를 다른 때나 작업장으로 옮기거나 하청을 줄 수 있을 것이다. 실

제로 마지막 두 옵션은 작업할당량을 충족할 수 있도록 생산용량을 증가시켜 준다.

유한부하할당(finite loading)은 생산용량에서의 상한을 반영한다. 예컨대, 버스를 기다리는 줄의 개수는 버스의 수와 같아야 한다. 그러므로, 특정 수의 버스를 서비스에 투입하는 것은 서비스용량을 고정시키게 하는 것이다. 비슷하게 생산기업은 하루 종일 작동하는 한 대의 특화된 기계를 보유할 수 있다. 이때 그 기계가 하루 종일 생산할 수 있는 생산량이 생산용량의 상한이 되는 것이다.

**전진일정계획** ▸ 어떤 시점으로부터 앞으로 나가면서 일정계획을 수립

**후진일정계획** ▸ 납기로부터 시작해서 뒤로 가면서 일정계획을 수립

일정계획을 위한 일반적인 접근방법으로는 **전진일정계획**(forward scheduling)과 **후진일정계획**(backward scheduling)이 있다. 후진 부하할당은 납기에서부터 출발해서 과거로 가면서 작업을 할당하는 것이고, 전진일정계획은 어떤 시점으로부터 시작해서 미래로 나가면서 작업을 할당하는 것이다. 전진일정계획은 주요 문제가 어떤 작업을 완료하기 위해 시간이 얼마나 걸릴 것인가가 중요할 때 사용되고, 후진일정계획은 어떤 작업이 납기까지 완료될 수 있는가가 중요할 때 사용된다. 전진일정계획은 계획자로 하여금 각 작업의 가능한 빠른 완료 시간을 결정하게 해 주기 때문에 늦은 작업 완료의 양과 여유의 양을 결정할 수 있다. 이런 정보는 현재 모든 작업들에 대해 일정 계획을 세우는 데 있어 다른 작업들부터의 정보들과 결합될 수 있다.

**일정계획도** ▸ 작업의 진척도를 보여 주는 간트 차트

**일정계획도**(schedule chart)는 작업의 진척을 평가하기 위해서 사용되는 경우가 많다. 간트 차트 형태인 이 차트의 수직 축은 현재 수행중인 작업을 나타내고, 수평축은 시간을 나타낸다. 이 차트는 현재 작업들의 진척이 일정계획과 맞게 진행되고 있는지, 앞서가고 있는지, 뒤처지고 있는지를 보여 준다.

전형적인 일정계획도가 그림 16.4에 나타나 있다. 5개의 단계를 가지는 조경작업의 현재 상태, 계획된 시작시점과 완료시점 그리고 실제 시작시점과 완료시점을 보여 주고 있다. 일정계획도는 나무와 관목의 주문과 주문확인이 예정대로 진행되고 있음을 나타내고, 현장 정비는 뒤처져 있으며, 나무는 예정보다 일찍 입고되었고, 나무 심기는 예정보다 앞서 진행되고 있음을 보여 주고 있다. 그러나 관목은 아직 입고되지 않았다. 그림은 관목의 예정된 입고와 심는 시기 사이에 다소 여유가 있음을 나타내 주는데, 관목이 주말까지만 입고되면 일정계획에 아무런 문제가 없음을 보여 준다.

간트 차트가 가지는 분명한 효익과 그것이 널리 사용되고 있다는 사실에도 불구하고 분명한 한계점을 가지는데, 가장 대표적인 것이 지속적이고 반복적으로 업데이트가 되어야 한다는 것이다. 또한 어떤 간트 차트도 다른 부하할당 대안들과 관련된 비용을 직접 보여 주지

**그림 16.4**
일정계획 차트 예시

| 단계 | 1 | 2 | 3 | 4 | 5 | 6 | 7 |
|---|---|---|---|---|---|---|---|
| 설계 | [승인] | | | | | | |
| 장소 | | [준비] | | | | | |
| 나무 | | [주문] | | [입고] | [심기] | | |
| 관목 | | [주문] | | | [입고] | [심기] | |
| 최종 검수 | | | | | | | [승인] |

예정 [ ]
실제진행
현재 (단계 5)

는 못한다. 마지막으로 어떤 작업의 작업 시간은 작업장의 상태에 따라 다양할 수 있다. 어떤 작업장들은 다른 작업장보다 특정 작업을 좀 더 빠르게 수행할 수 있는 능력이 있다. 다시 말하지만, 그런 상황은 일정계획 대안들을 평가하는 일을 복잡하게 만들 것이다.

간트 차트 외에도 관리자들은 작업 흐름을 관리하기 위해 투입/산출 보고서를 사용하기도 한다.

**투입/산출 관리** **투입/산출(I/O) 관리**(input/output control)는 작업장에서 작업의 흐름과 대기 라인의 길이를 관리하는 것을 말한다. I/O 관리의 목적은 대기 라인과 대기시간을 통제 하에 둘 수 있게끔 작업 흐름을 관리하는 것이다. I/O 관리가 없으면 수요가 생산용량을 초과하는 일이 생길 수 있는데, 이는 작업장에서 과부하를 발생시킨다. 반대로 작업이 한 작업장이 취급할 수 있는 것보다 천천히 도착한다면 그 작업장은 낮은 가동률을 보이게 된다. 이상적으로 봤을 때 균형은 투입률과 생산율 사이의 일치에 의해 도달될 수 있고, 이로 인해서 작업장에서 대기 줄이 지나치게 길어지는 것을 방지하면서 작업장의 생산용량을 효과적으로 사용할 수 있게 된다. I/O 관리의 한 예는 고속도로 램프에서 정지신호를 사용하는 것이다. 이것은 고속도로의 현재 교통량에 따라 새로 진입하는 교통량을 규제한다.

**투입/산출 관리**
작업장에서 작업 흐름과 대기행렬을 관리하는 것

그림 16.5는 작업자를 위한 투입/산출 보고서를 예시한다. 보고서의 핵심적인 부분은 처리를 기다리는 작업의 미 충족분(backlog)이다. 보고서는 투입과 생산 모두에서의 계획과 실제 사이의 차이를 보여 주는데 이를 통해서 관리자는 발생할 수 있는 문제의 원인을 찾아낼 수 있다.

각 기에서의 차이는 '실제' 값에서 '계획' 값을 차감함으로써 결정된다. 예컨대, 제1기의 실제 투입 값이 120시간인데 이로부터 예측 투입 값인 100시간을 빼면 20시간의 차이를 얻을 수 있다. 제1기의 계획 산출과 실제 산출이 같으며 차이는 0이다.

각 기간별 미 충족 수요는 실제 투입값에서 '실제 산출값'을 차감하여 결정된다. 그리고 이전 기로부터의 미 충족 수요를 조정한다. 예컨대, 제2기의 실제 생산값은 실제 투입값보다 10시간만큼 크다. 그러므로 이전 기에 발생한 50시간의 미 충족 수요는 40시간으로 줄어들게 된다.

작업을 자원에 할당하는 데 사용될 수 있는 또 다른 접근법은 *할당모형*이다.

| | | 기간 | | | | | | |
|---|---|---|---|---|---|---|---|---|
| | | | 1 | 2 | 3 | 4 | 5 | 6 |
| 투입 | 계획 | | 100 | 100 | 90 | 90 | 90 | 90 |
| | 실제 | | 120 | 95 | 80 | 88 | 93 | 94 |
| | 차이 | | +20 | –5 | –10 | –2 | +3 | +4 |
| | 누적차이 | | +20 | +15 | +5 | +3 | +6 | +10 |
| 산출 | 계획 | | 110 | 110 | 100 | 100 | 100 | 95 |
| | 실제 | | 110 | 105 | 95 | 101 | 103 | 96 |
| | 차이 | | 0 | –5 | –5 | +1 | +3 | +1 |
| | 누적차이 | | 0 | +5 | +10 | +9 | +6 | +5 |
| | 미충족수 | 40* | 50 | 40 | 25 | 12 | 2 | 0 |

**그림 16.5**
투입과 산출을 가공시간으로 표시한 특정 작업장의 투입/산출 보고서 예

주의: 숫자는 표준 가공시간을 나타낸다.
*자료에서 계산된 값이 아니고 주어진 값임

**할당모형** ▸
작업이나 자원의 최적할당을 위한 선형계획 모형

**선형계획법에 의한 할당모형** **할당모형**(assignment model)은 작업이나 작업요소를 자원에 할당하는 상황에서 활용할 수 있는 특수 목적 선형계획 모형이다. 대표적인 예는 기계나 작업자에게 작업을, 수리공에게 고장 난 기계를 할당하는 것이다. 기본 아이디어는 작업과 자원의 최적 *결합*을 도출하는 것인데, 흔히 사용되는 기준은 비용, 이익, 효율성 그리고 작업 성과이다.

**표 16.1**
작업/작업자 조합을 위한 작업시간을 보여주는 전형적인 할당문제 예시

| | | 기계 | | | |
|---|---|---|---|---|---|
| | | A | B | C | D |
| 작업 | 1 | 8 | 6 | 2 | 4 |
| | 2 | 6 | 7 | 11 | 10 |
| | 3 | 3 | 5 | 7 | 6 |
| | 4 | 5 | 10 | 12 | 9 |

표 16.1은 네 개의 작업이 네 대의 기계에 할당되는 전형적인 문제를 보여 준다. 문제는 할당 결과에 대한 평가를 용이하게 하는 형태로 재구성될 수 있다. 표 가운데 있는 값들은 작업과 기계간의 각 조합과 관련된 비용을 나타낸다. 즉, 작업 1은 기계 A에서 $8이 소요되고, 기계 B에서는 $6이 소요된다. 문제가 작업을 수행하는 비용을 최소화하는 것이라면 그것은 당연히 기계 C에 할당되어야 하지만 문제가 모든 작업을 모든 기계에 할당하는 것이고, 특정 작업을 위한 최소비용 할당이 모든 작업을 고려할 때의 최소비용 할당과 일치되지 않기 때문에 그렇게 간단하지가 않다.

*n*개의 작업이 존재한다면, *n!*개의 다른 대안이 존재하게 된다. 표 16.1의 문제의 경우 4! = 24개의 조합이 가능해진다. 이럴 경우, 작업이 12개라면 4억 7천 9백만 개의 조합을 조사해야 된다. 이 때문에 제안된 간단한 방법이 **헝가리법**(Hungarian method)이다.

**헝가리법** ▸
최소비용을 달성하기 위해 작업과 기계를 1:1로 할당하는 방법

헝가리법을 사용하기 위해서는 1:1 매칭이 필요하다. 다시 말해서 각 작업은 한 대의 기계에만 할당되어야 한다. 각 기계는 모든 작업을 수행할 수 있어야 하고, 각 작업–기계 조합 비용이나 가치가 확정적으로 결정되어 있어야 한다. 이 때문에 보통 표의 행과 열의 수가 같아야 하는데 문제풀이 연습 문제 1은 그렇지 않은 경우를 다룬다.

일단 필요한 정보가 수집되고 표 형태로 정리되면 헝가리법은 다음의 절차를 따르게 된다.

1. 각 행의 각 값에서 그 행의 가장 작은 값을 차감한다. 이것을 *행 차감*이라고 하고 새로운 표에 결과를 입력한다.
2. 각 열에 대해서도 위의 1과 같은 것을 한다. 이것을 *열 차감*이라고 하는데, 그 결과를 역시 다른 표에 입력한다.
3. 최적할당이 가능한지 조사한다. 이것은 '0'을 모두 없애버리는 데 필요한 라인의 *최소* 수를 결정함에 의해 이루어질 수 있다. 여기서 줄의 수가 행의 수와 같다면 최적할당이 가능하다. 그 경우 6단계로 가고 그렇지 않으면 4단계로 간다.
4. 만약 라인의 수가 행의 수보다 작으면, 다음과 같이 표를 수정해야 한다.
   a. 표에 있는 커버되지 않은 모든 수로부터 최소 커버되지 않은 수를 차감.
   b. 교차 제거라인들이 *만나*는 점에 있는 값들에 최소 커버되지 않은 값을 더한다.
   c. 교차 제거되었지만 라인들의 교차점에 있지 않은 수들은 다음 표로 그대로 넘겨짐.
5. 최적 표가 얻어질 때까지 3, 4단계를 반복한다.
6. 할당을 한다. 단 하나의 '0'을 가진 열과 행에서 시작한다. 한 열과 한 행에 하나의 조합이라는 원칙을 가지고 '0'을 갖는 아이템들을 조합한다. 조합 후에 행과 열을 제거한다.

예제 1

mhhe.com/stevenson14e

### 할당기법을 활용한 과업 할당

표 16.1의 데이터에 대한 작업을 기계에 최적 할당하라.

| | | 기계 | | | | |
|---|---|---|---|---|---|---|
| | | A | B | C | D | 각 행의 최소비용 |
| 작업 | 1 | 8 | 6 | 2 | 4 | 2 |
| | 2 | 6 | 7 | 11 | 10 | 6 |
| | 3 | 3 | 5 | 7 | 6 | 3 |
| | 4 | 5 | 10 | 12 | 9 | 5 |

풀이

a. 각 행의 모든 값에서 그 행의 최소값을 차감하고 새 표에 그 결과를 입력한다. 이러한 행 차감의 결과는

| | | 기계 | | | |
|---|---|---|---|---|---|
| | | A | B | C | D |
| 작업 | 1 | 6 | 4 | 0 | 2 |
| | 2 | 0 | 1 | 5 | 4 |
| | 3 | 0 | 2 | 4 | 3 |
| | 4 | 0 | 5 | 7 | 4 |
| 각 열의 최소비용 | | 0 | 1 | 0 | 2 |

b. 각 열에 대해 a와 같은 연산을 한다. 이러한 열 차감의 결과는

| | | 기계 | | | |
|---|---|---|---|---|---|
| | | A | B | C | D |
| 작업 | 1 | 6 | 3 | 0 | 0 |
| | 2 | 0 | 0 | 5 | 2 |
| | 3 | 0 | 1 | 4 | 1 |
| | 4 | 0 | 4 | 7 | 2 |

c. 모든 '0'을 지워버리는 데 필요한 라인의 *최소* 수를 결정한다(3개).

| | | 기계 | | | |
|---|---|---|---|---|---|
| | | A | B | C | D |
| 작업 | 1 | 6 | 3 | 0 | 0 |
| | 2 | 0 | 0 | 5 | 2 |
| | 3 | 0 | 1 | 4 | 1 |
| | 4 | 0 | 4 | 7 | 2 |

d. 모든 '0'을 지워버리기 위해 필요한 라인의 수는 3개가 필요하고, 표는 4줄로 구성되어 있으므로 이것은 최적이 아니다. 줄에 의해 커버되지 않은 값들 중 최소값이 '0'이 아니고 1임을 주지한다.

e. 줄에 의해 커버되지 않은 값에서 최소 커버되지 않은 값을 차감하고, 그것을 줄들이 만나는 점에 있는 값에 더한다. 그 결과는 아래와 같다.

| | | 기계 | | | |
|---|---|---|---|---|---|
| | | A | B | C | D |
| 작업 | 1 | 7 | 3 | 0 | 0 |
| | 2 | 1 | 0 | 5 | 2 |
| | 3 | 0 | 0 | 3 | 0 |
| | 4 | 0 | 3 | 6 | 1 |

f. 모든 '0'을 지워버리기 위해 필요한 라인의 최소수를 결정한다. 이제 표에 있는 열의 수와 같기 때문에 최적할당이 가능하다.

| | | 기계 | | | |
|---|---|---|---|---|---|
| | | A | B | C | D |
| 작업 | 1 | 7 | 3 | 0 | 0 |
| | 2 | 1 | 0 | 5 | 2 |
| | 3 | 0 | 0 | 3 | 0 |
| | 4 | 0 | 3 | 6 | 1 |

g. 할당을 수행한다. 단 하나의 '0'을 가지는 열과 행에서부터 시작한다. '0'의 비용을 가지는 기계와 작업을 조합한다.

| | | 기계 | | | | 할당 | 비용 |
|---|---|---|---|---|---|---|---|
| | | A | B | C | D | 1-C | $ 2 |
| 작업 | 1 | 7 | 3 | 0 | 0 | 2-B | 7 |
| | 2 | 1 | 0 | 5 | 2 | 3-D | 6 |
| | 3 | 0 | 0 | 3 | 0 | 4-A | 5 |
| | 4 | 0 | 3 | 6 | 1 | | 20 |

할당문제는 또 표 16.2에 있는 것과 같이 엑셀을 사용하여 풀 수 있다. 해법 행렬에 있는 1들은 할당을 나타내고(예를 들면, C를 작업 1에 할당), 0들은 작업자나 기계와 작업을 할당하지 않음을 나타낸다.

**표 16.2**
예제 1에 대한 엑셀을 활용한 해법

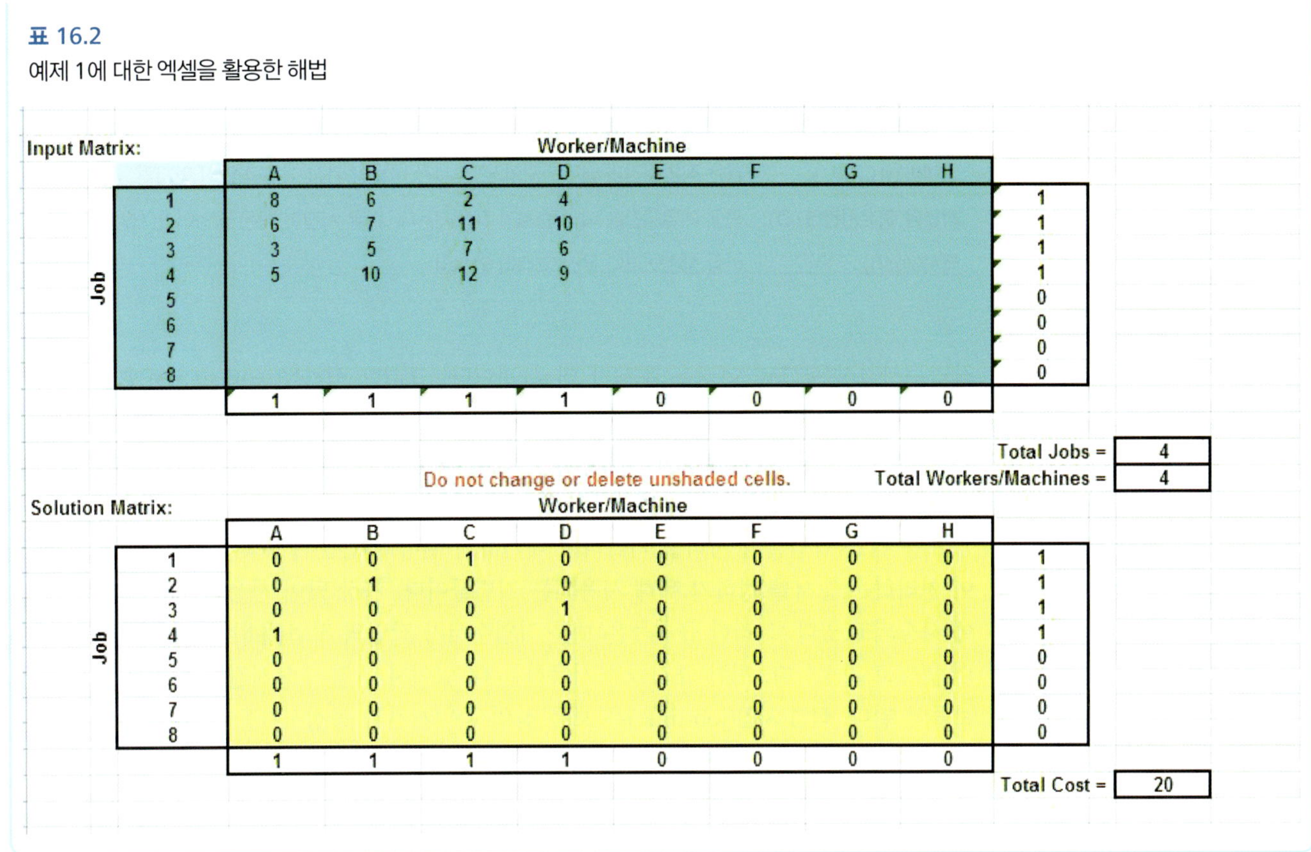

Input Matrix:

Worker/Machine

| Job | A | B | C | D | E | F | G | H | |
|---|---|---|---|---|---|---|---|---|---|
| 1 | 8 | 6 | 2 | 4 | | | | | 1 |
| 2 | 6 | 7 | 11 | 10 | | | | | 1 |
| 3 | 3 | 5 | 7 | 6 | | | | | 1 |
| 4 | 5 | 10 | 12 | 9 | | | | | 1 |
| 5 | | | | | | | | | 0 |
| 6 | | | | | | | | | 0 |
| 7 | | | | | | | | | 0 |
| 8 | | | | | | | | | 0 |
| | 1 | 1 | 1 | 1 | 0 | 0 | 0 | 0 | |

Total Jobs = 4
Do not change or delete unshaded cells. Total Workers/Machines = 4

Solution Matrix:

Worker/Machine

| Job | A | B | C | D | E | F | G | H | |
|---|---|---|---|---|---|---|---|---|---|
| 1 | 0 | 0 | 1 | 0 | 0 | 0 | 0 | 0 | 1 |
| 2 | 0 | 1 | 0 | 0 | 0 | 0 | 0 | 0 | 1 |
| 3 | 0 | 0 | 0 | 1 | 0 | 0 | 0 | 0 | 1 |
| 4 | 1 | 0 | 0 | 0 | 0 | 0 | 0 | 0 | 1 |
| 5 | 0 | 0 | 0 | 0 | 0 | 0 | 0 | 0 | 0 |
| 6 | 0 | 0 | 0 | 0 | 0 | 0 | 0 | 0 | 0 |
| 7 | 0 | 0 | 0 | 0 | 0 | 0 | 0 | 0 | 0 |
| 8 | 0 | 0 | 0 | 0 | 0 | 0 | 0 | 0 | 0 |
| | 1 | 1 | 1 | 1 | 0 | 0 | 0 | 0 | |

Total Cost = 20

보는 바와 같이, 과정은 간단하다. 몇 가지 가정이 충족되기만 하면 헝가리법의 단순함은 아주 유용한 특징이 된다. 헝가리법은 할당을 위한 합리적인 방법을 제공하기도 하지만 무엇보다 컴퓨터를 사용하지 않고 최적 해를 구할 수 있게 해 준다는 장점이 있다. 비용 대신 이익을 고려하면, 이익은 큰 수로부터 표에 있는 모든 수를 차감함에 의해 계산되는 *상대 비용*으로 전환될 수 있고, 최소화 문제로 다루어질 수 있다.

헝가리법을 확장하면 바람직하지 않은 할당을 방지할 수 있다. 예컨대, 노동조합 규정상 특정 작업에 한 사람을 할당하는 것을 금지하고 있을 수 있고, 어떤 경영자는 작업에 자격이 안 되는 사람을 할당하기를 꺼릴 수도 있다. 나아가 특정 조합은 상대적으로 큰 비용을 할당함으로써 회피할 수 있다. 이전 예에서 우리가 1-A 조합을 피하려고 한다면 $50가 다른 비용들보다 상당히 크기 때문에 그 조합에 $50의 비용을 할당하면 우리는 원하는 효과를 누릴 수 있게 된다.

## 작업순서결정

작업부하 결정이 작업들이 수행되기 위해 사용될 기계나 작업장을 결정하긴 하지만 특정 작업장에서 수행되는 작업들의 순서를 결정하지는 못한다. **작업순서결정**(sequencing)은 바로 이러한 작업들의 수행 순서를 결정하는 것으로 작업들이 여러 작업장에서 수행되는 순서와 개별 작업장에서 수행되는 순서를 모두 결정한다.

**작업순서결정**
기계나 작업장에서 작업이 수행되는 순서를 결정

만약 작업장들이 부하가 많이 걸리지 않고, 모든 작업들이 같은 처리시간을 요구한다면

**표 16.3**
우선순위 규칙들

| | |
|---|---|
| **선착순(FCFS):** | 작업들은 작업장에 도착하는 순서에 따라 처리됨 |
| **최소 작업시간(SPT):** | 작업들은 작업장에서의 처리시간에 따라 순서가 정해지는데 짧은 작업이 먼저임 |
| **가장 빠른 납기(EDD):** | 작업들은 납기에 따라 순서가 정해지는데 납기가 빠른 작업이 먼저임 |
| **임계비율(CR):** | 남은 작업시간과 납기까지의 남은 시간 비율이 가장 작은 작업이 먼저임 |
| **작업당 여유시간(S/O):** | 평균 여유시간에 따라 순서가 정해지는데, 여유 시간이 작은 작업이 먼저임 |
| **러시(rush):** | 비상 상황이거나 우선 고객이 먼저임 |

**작업장** ▸ 작업이 이루어지는 곳

**우선순위 규칙** ▸ 작업이 수행되는 규칙을 결정하는 데 사용되는 간단한 휴리스틱

**작업 시간** ▸ 한 작업이 준비되고 수행되는 데 필요한 시간

**지엽적인 우선순위 규칙** ▸ 작업 우선 순위를 결정할 때 하나의 작업장과 관련된 정보에만 집중

**전체적인 우선순위 규칙** ▸ 작업 우선 순위를 결정할 때 여러 개의 작업장과 관련된 정보를 통합

작업순서결정은 그리 어려운 문제가 아닐 것이다. 그러나 **작업장**(workstation)들에 부하가 크게 걸리고, 어떤 작업들의 처리시간이 상대적으로 길게 되면 처리순서를 정하는 것은 대기비용의 측면에서나 작업장들의 유휴시간 관리 측면에서나 중요한 일이 된다. 이제 작업들의 순서를 정하는 방법을 알아보자.

보통 많은 작업들이 처리를 기다리며 대기하게 된다. **우선순위 규칙**(priority rule)은 작업이 처리하는 순서를 정하기 위해 사용되는 기법들이다. 가장 많이 사용되는 것들이 표 16.3에 서술되고 있다. 그러한 규칙들은 보통 작업순서가 작업의 작업준비비용과 시간과는 *관련이 없다*고 가정한다. 이런 규칙들을 사용하는 데 있어서 과업 소요시간과 납기는 중요한 정보들이 된다. **작업 시간**(job-time)은 보통 작업 준비시간과 공정시간을 포함한다. 비슷한 준비작업을 요구하는 작업들은 작업순서를 결정할 때 이것이 고려되면 작업준비시간을 줄일 수 있다(여기 설명되지 않은 규칙). 납기는 고객에게 약속한 배달시점, 자재소요계획, 또는 경영진 결정의 산물일 수 있다. 그것은 수정이 가능하고 순서결정의 의미가 있도록 유지되어야 한다. 더해서 작업당 여유시간과 중요도를 제외한 모든 규칙과 관련된 납기는 막 수행될 작업을 위한 것임을 인지해야 한다. 작업당 여유시간과 중요도를 위한 납기는 전형적으로 완제품 주문을 위한 것이다.

우선순위 규칙들은 *지엽적*인 것과 *전체적*인 것으로 분류된다. **지엽적인 우선순위 규칙**(local priority rules)은 하나의 작업장과 관련된 정보만 고려하는 반면 **전체적인 우선순위 규칙**(global priority rules)은 여러 개의 작업장과 관련된 정보를 고려한다. 선착순(FCFS), 최소 작업시간(SPT), 가장 빠른 납기(EDD)는 지엽적인 규칙이고, 임계비율(CR)과 작업당 여유시간(S/O)은 전체적인 규칙이다. 러시는 둘 모두에 해당된다. 전체적인 규칙은 지엽적인 규칙보다 많은 노력을 요한다. 전체적인 작업순서결정에서 복잡한 점은 모든 작업들이 같은 작업을 요구하는 것이 아니고 작업순서도 다르다는 것이다. 결과적으로 작업 군이 작업장별로 다르게 된다. 지엽적인 규칙은 모든 경우에 다 적용될 수 있지만 특히 병목현상이 존재하는 작업장에 대해 유용하다.

우선순위 규칙을 적용할 때 많은 가정들이 적용되는데 표 16.4는 그들을 열거한다. 실제로 우선순위 규칙들은 *정적*인 순서결정과 관계되어 있으며, 단순화를 위해 작업준비 및 작업시간 심지어 작업 군에서도 차이가 없다고 가정한다. 그러한 가정들은 일정계획 문제들을 관리 가능하게 한다. 실제에서는 작업들이 지연되거나 취소되기도 하고 새로운 작업들이 들어오기도 한다.

**표 16.4**
우선순위 규칙들의 가정

작업집합이 알려져 있음: 작업이 시작되면 새로운 작업은 들어올 수 없음, 어떤 작업도 취소될 수 없음
작업준비시간은 작업순서와 무관함
작업준비시간은 미리 결정되어 있음
작업시간은 확정적으로 정해져 있음
고장, 사고, 작업자의 병 등으로 인한 공정에서의 장애는 존재하지 않음

결정된 작업순서의 효과는 하나 이상의 *척도*에 의해 평가되는 경우가 많다. 자주 사용되는 척도는 다음과 같다.

- **작업 흐름시간**(job flow time). 이것은 어떤 작업이 작업장에 머무르는 시간으로 작업시간뿐 아니라 대기시간, 작업장 간 운송시간, 기계 고장으로 인한 정지시간, 부품이 없어서 생기는 정지시간, 품질문제로 인한 정지시간 등을 포함한다. 작업 흐름시간은 작업이 작업장에 도달해서 작업을 마치고 작업장을 떠나는 시점까지의 시간이다. 일군의 작업에 대한 평균 흐름시간은 그 작업들을 위한 총 작업 시간을 작업의 수로 나눔에 의해 계산된다. 흐름시간은 작업시간들의 *누적* 총합이다. 그것은 모든 이전 작업들의 작업시간들의 합에 현재 작업의 작업시간을 더한 것이다. 총 흐름시간은 누적 작업 흐름시간의 합과 같다. 예를 들어, 3개의 작업이 있고 각각의 작업시간이 10분이라고 하면 첫 번째 작업의 흐름시간은 10분이고 두 번째 작업의 흐름시간은 10 + 10 = 20분이고, 세 번째 작업의 흐름시간은 20 + 10 = 30분이 된다. 그래서 세 작업의 총 흐름시간은 10 + 20 + 30 = 60분이 된다.

**작업 흐름시간**
작업이 도착해서 끝날 때까지 소요된 시간

- **작업지연**(job lateness). 이것은 고객에게 약속한 납기보다 지연될 것으로 예상되는 작업 완료 기일이다. 실제 작업 완료시점과 납기 사이의 차이이다. 납기보다 늦게 완료되는 작업들의 납기와의 차이만 기록하고, 미리 완료된 작업들에 대해서는 '0'을 주면, 그것은 작업*지연*으로 정의가 된다.

**작업지연**
실제 작업 완료 시점과 납기 사이의 차이

- **총 완료시간**(makespan). 이것은 *일군*의 작업을 완료하는 데 필요한 총 시간이다. 한 그룹 내에 있는 첫 번째 작업의 개시시간과 마지막 작업의 종료시간의 차이가 된다. 작업이 단 하나의 작업장에서만 이루어진다면 총 완료시간은 우선순위 규칙과 관계없이 일정할 것이다.

**총 완료시간**
첫 작업에서부터 마지막 작업이 끝날 때까지 소요되는 총 시간

- **평균 작업의 수(average number of jobs).** 작업장에 있는 작업들은 재공품 재고로 인정된다. 일군의 작업들을 위한 평균 재공품은 다음 공식을 가지고 계산할 수 있다.

평균 작업 수 = 총 흐름시간/총 소요시간

만약 작업들이 동일한 재고량을 나타낸다면 평균 작업 수는 역시 평균 재고품 재고를 반영한다.

이런 규칙들 중에서 러시 일정계획은 매우 간단하고, 설명이 필요 없다. 다른 규칙들과 성과지표들은 다음의 예제들에서 설명된다.

예제 2

mhhe.com/stevenson14e

## 여러 규칙을 사용하여 작업순서결정

여섯 개의 작업을 위한 작업시간(작업준비시간을 포함해서)과 납기가 다음 표에 나타나 있다. 작업들의 순서, 평균 흐름시간, 평균 지연 그리고 작업장에 있는 작업의 평균 수를 다음 각 우선순위 규칙에 대해 결정하라.

a. 선착순(FCFS)
b. 최소 작업시간(SPT)
c. 가장 빠른 납기(EDD)
d. 임계비율(CR)

| 작업 | 작업시간(일) | 납기(현재로부터 남은 날짜 수) |
|---|---|---|
| A | 2 | 7 |
| B | 8 | 16 |
| C | 4 | 4 |
| D | 10 | 17 |
| E | 5 | 15 |
| F | 12 | 18 |

작업은 표에 나타난 순서로 도착함.

풀이

a. FCFS 순서는 단순히 A-B-C-D-E-F. 효과 척도는 다음과 같다.
(1) *평균 흐름시간*: 120/6 = 20일
(2) *평균 지연*: 54/6 = 9일
(3) *총 완료시간*은 41일이고 *작업장에 있는 평균 작업의 수*: 120/41 = 2.93

| 작업순서 | (1)<br>작업시간 | (2)<br>흐름시간 | (3)<br>납기 | (2) – (3)<br>지연시간(음수면 0) |
|---|---|---|---|---|
| A | 2 | 2 | 7 | 0 |
| B | 8 | 10 | 16 | 0 |
| C | 4 | 14 | 4 | 10 |
| D | 10 | 24 | 17 | 7 |
| E | 5 | 29 | 15 | 14 |
| F | 12 | 41 | 18 | 23 |
| | 41 | 120 | | 54 |

흐름시간 열은 *누적* 작업시간을 나타내고, 이들을 다 더하고 전체 작업의 수로 나누면 작업장에서 각 작업이 소비하는 평균시간을 나타낸다. 유사한 방법으로, 흐름시간의 합계를 총 작업시간으로 나누어 작업장에 있는 평균 작업 수를 결정한다.

표 16.5는 엑셀을 사용한 풀이를 보여준다.

b. SPT 규칙을 사용하면 작업순서는 A-C-E-B-D-F이다. 효과를 평가하기 위한 척도 값은
(1) *평균 흐름시간*: 108/6 = 18일
(2) *평균 지연*: 40/6 = 6.67일
(3) *작업장에 있는 평균 작업 수*: 108/41 = 2.63

| 작업순서 | (1)<br>작업시간 | (2)<br>흐름시간 | (3)<br>납기 | (2) – (3)<br>지연시간(음수면 0) |
|---|---|---|---|---|
| A | 2 | 2 | 7 | 0 |
| C | 4 | 6 | 4 | 2 |
| E | 5 | 11 | 15 | 0 |
| B | 8 | 19 | 16 | 3 |
| D | 10 | 29 | 17 | 12 |
| F | 12 | 41 | 18 | 23 |
| | 41 | 108 | | 40 |

**표 16.5** 예제 2a에 대한 엑셀을 사용한 풀이

Job Sequencing
<Back Notes

Clear | FCFS | SPT | DD | CR | S/O

Current Date: 23

| Job | Process. Time | Due Date | Remain Oper. | CR Sequence | Critical Ratio | Slack | S/O | Flow Time | Days Late |
|---|---|---|---|---|---|---|---|---|---|
| A | 2 | 7 | | 3 | | 5 | | 2 | 0 |
| B | 8 | 16 | | 5 | | 8 | | 10 | 0 |
| C | 4 | 4 | | 1 | | 0 | | 14 | 10 |
| D | 10 | 17 | | 6 | | 7 | | 24 | 7 |
| E | 5 | 15 | | 4 | | 10 | | 29 | 14 |
| F | 12 | 18 | | 2 | | 6 | | 41 | 23 |
| Totals | 41 | | 0 | | | 36 | | 120 | 54 |

| Method | FCFS |
|---|---|
| Average Flow Time | 20.00 |
| Average Tardiness | 9.00 |
| Average Number of Jobs | 2.93 |

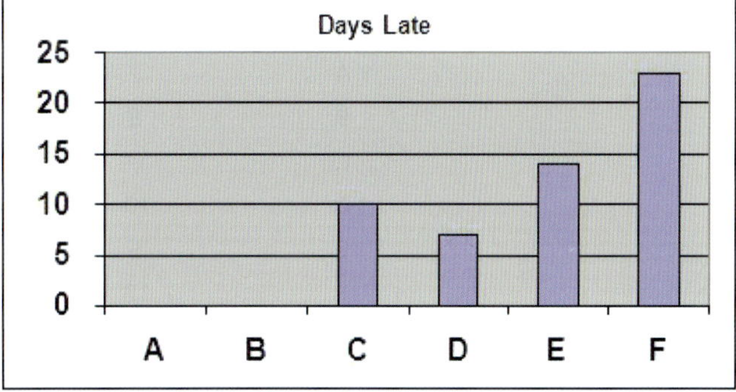


See notes below.

Notes:

1. Enter Job Name, Processing Time, and Due Date for each job.

2. For the FCFS, SPT, and DD rules, simply press the appropriate button.

3. For the CR rule, perform the following BEFORE pressing the CR button:
   a. Select job with lowest Critical Ratio
   b. Schedule that job next by entering next sequence number (start with 1) in the CR Sequence column.
   c. Add the processing time for that job to the current date.
   d. Repeat steps a, b, and c until all jobs have been scheduled (i.e. the CR Sequence column is filled in).
   e. Then press the CR button.

4. Fill in the Remaining Operations column and then press the S/O button.

c. EDD 규칙을 사용하면 작업의 순서는 C-A-E-B-D-F이다. 효과를 평가하기 위한 척도는

(1) *평균 흐름시간*: 110/6 = 18.33일

(2) *평균 지연*: 38/6 = 6.33일

(3) *작업장에 있는 평균 작업 수*: 110/41 = 2.68

| 작업순서 | (1) 작업시간 | (2) 흐름시간 | (3) 납기 | (2) – (3) 지연시간(음수면 0) |
|---|---|---|---|---|
| C | 4 | 4 | 4 | 0 |
| A | 2 | 6 | 7 | 0 |
| E | 5 | 11 | 15 | 0 |
| B | 8 | 19 | 16 | 3 |
| D | 10 | 29 | 17 | 12 |
| F | 12 | 41 | 18 | 23 |
| | 41 | 110 | | 38 |

d. CR을 사용하면

| 작업순서 | 작업시간 | 납기 | 임계비율 계산 |
|---|---|---|---|
| A | 2 | 7 | (7 – 0)/2 = 3.5 |
| B | 8 | 16 | (6 – 0)/8 = 2.0 |
| C | 4 | 4 | (4 – 0)/4 = 1.0(최소) |
| D | 10 | 17 | (17 – 0)/10 = 1.7 |
| E | 5 | 15 | (15 – 0)/5 = 3.0 |
| F | 12 | 18 | (18 – 0)/12 = 1.5 |

제4일에 [C 완료], 임계비율은

| 작업순서 | 작업시간 | 납기 | 임계비율 계산 |
|---|---|---|---|
| A | 2 | 7 | (7 – 4)/2 = 1.5 |
| B | 8 | 16 | (16 – 4)/8 = 1.5 |
| C | — | — | — |
| D | 10 | 17 | (17 – 4)/10 = 1.3 |
| E | 5 | 15 | (15 – 4)/5 = 2.2 |
| F | 12 | 18 | (18 – 4)/12 = 1.17 (최소) |

제16일에 [C와 F 완료], 임계비율은

| 작업순서 | 작업시간 | 납기 | 임계비율 계산 |
|---|---|---|---|
| A | 2 | 7 | (7 – 16)/2 = –4.5(최소) |
| B | 8 | 16 | (16 – 16)/8 = 0.0 |
| C | — | — | — |
| D | 10 | 17 | (17 – 16)/10 = 0.1 |
| E | 5 | 15 | (15 – 16)/5 = –0.2 |
| F | — | — | — |

제18일에 [C, F와 A 완료], 임계비율은

| 작업순서 | 작업시간 | 납기 | 임계비율 계산 |
|---|---|---|---|
| A | — | — | — |
| B | 8 | 16 | (16 – 18)/8 = –0.25 |
| C | — | — | — |
| D | 10 | 17 | (17 – 18)/10 = –0.10 |
| E | 5 | 15 | (15 – 18)/5 = –0.60(최소) |

| 작업순서 | 작업시간 | 납기 | 임계비율 계산 |
|---|---|---|---|
| F | — | — | — |

제23일에 [C, F, A와 E 완료], 임계비율은

| 작업순서 | 작업시간 | 납기 | 임계비율 계산 |
|---|---|---|---|
| A | — | — | — |
| B | 8 | 16 | (16 − 23)/8 = −0.875 (최소) |
| C | — | — | — |
| D | 10 | 17 | (17 − 23)/10 = −0.60 |
| E | — | — | — |
| F | — | — | — |

작업순서는 C-F-A-E-B-D이고, 효과 척도 값들은

(1) *평균 흐름시간*: 133/6 = 22.17일

(2) *평균 지연*: 58/6 = 9.67일

(3) *작업장에 있는 평균 작업 수*: 133/41 = 3.24

| 작업순서 | (1) 작업시간 | (2) 흐름시간 | (3) 납기 | (2) − (3) 지연시간(음수면 0) |
|---|---|---|---|---|
| C | 4 | 4 | 4 | 0 |
| F | 12 | 16 | 18 | 0 |
| A | 2 | 18 | 7 | 11 |
| E | 5 | 23 | 15 | 8 |
| B | 8 | 31 | 16 | 15 |
| D | 10 | 41 | 17 | 24 |
| | 41 | 133 | | 58 |

표 16.6에는 이러한 네 가지 규칙의 결과가 요약되어 있다.

**표 16.6**
예제 2를 위한 4가지 규칙 비교

| 규칙 | 평균 흐름시간(일) | 평균 지연(일) | 작업장에 있는 평균 작업 수 |
|---|---|---|---|
| FCFS | 20.00 | 9.00 | 2.93 |
| SPT | 18.00 | 6.67 | 2.63 |
| EDD | 18.33 | 6.33 | 2.68 |
| CR | 22.17 | 9.67 | 3.24 |

예제 2에서 SPT 규칙이 두 개의 효과성 척도에 의해 최고이고, 평균 지연에 관해서는 EDD 규칙보다 다소 좋지 않았다. CR 규칙은 모든 면에서 가장 좋지 않았다. EDD 규칙은 평균 작업 지연이나 다른 효과성 척도의 견지에서 SPT 규칙보다 우월한 것으로 나타났다. 그러나 SPT 규칙은 흐름 시간을 최소화한다는 차원과 작업장에 있는 평균 작업 숫자를 최소화한다는 차원 그리고 완료 시간을 최소화한다는 차원에서 언제나 최선이다. 이는 결국 빠른 작업 완료로 이어진다.

일반적으로 말해서, FCFS 규칙과 CR 규칙은 가장 효과성이 떨어지는 규칙으로 알려져 있다.

FCFS 규칙의 가장 기본적인 한계는 긴 작업이 다른 작업들까지 지연시키는 경향이 있다는 것이다. 어떤 공정이 많은 기계에서의 작업으로 구성된다면 하부 작업장들의 유효 기계시간은 증가할 것이다. 그러나 고객들이 직접 관여되는 서비스시스템에 있어서는 FCFS 규칙이 가장 좋은 규칙이 될 수 있다. FCFS 규칙은 또 그 자체의 단순함이 가장 큰 장점이다. 고객들의 접촉이 많은 상황에서 다른 척도들이 중요하다면, 기업들은 반드시 FCFS 규칙을 따를 필요가 없게 하기 위해 작업을 나중으로 미루어 놓는 방법을 선택하게 될 것이다.

SPT 규칙은 언제나 최적의 평균 완료시간을 보장하기 때문에 재공품 재고를 최소화할 수 있다. 나아가 최소 평균 지연을 이룰 수 있기 때문에 결과적으로 고객들에게 높은 수준의 서비스를 제공할 수 있다. 마지막으로 언제나 작업장에 있는 작업의 평균 수를 최소화하기 때문에 작업장의 혼잡도를 줄인다. 그러나 경영자들은 납기 준수를 가장 중요시하는 경우가 많은데, 이때 SPT 규칙은 최선이 될 수 없다.

SPT 규칙의 주요한 단점은 긴 작업을 더 오랫동안 기다리게 한다는 점이다. 이를 회피하기 위해 여러 가지 노력들이 이루어져 왔는데, 예컨대, 일정 시간 이상 기다린 작업들은 자동적으로 최 우선권을 갖게 되는 경우가 있다. 이를 *변형* SPT 규칙이라고 한다.

EDD 규칙은 직접적으로 납기를 고려하고, 납기를 넘기는 것을 최소화한다. 이러한 특징이 매우 중요함에도 불구하고, 이 규칙의 가장 큰 단점은 작업시간을 고려하지 않는다는 것이다. 이럴 경우 가능한 결과는 특정 작업들이 지나치게 오랜 시간 대기해야 하고, 그로 인해 제공품 재고가 급증하게 되고 작업장은 작업 흐름의 막힘 현상을 초래하게 된다.

CR 규칙은 사용하기가 쉽고 매우 중요한 의미를 지닌다. 예제 2에서는 임계비율 규칙이 가장 좋지 않은 결과를 나타냈지만 작업 지연을 최소화하는 데 있어서는 월등한 성과를 보여줬다. 그러므로 작업 지연이 중요한 경우에는 CR 규칙이 최선의 선택이 될 수 있다.

지금부터 예제를 통해 작업당 여유시간(S/O) 규칙에 대해서 알아보고자 한다.

**예제 3**

mhhe.com/stevenson14e

**작업당 여유시간 규칙을 활용한 작업 일정계획**

다음 작업들의 일정계획을 수립하기 위해 S/O 규칙을 사용하라. 공정시간은 현재 공정과 이후의 공정을 위해 필요한 잔여 시간을 포함한다. 현재 공정을 포함해서 잔여 공정의 수에 관한 정보가 다음 표에 나와 있다.

| 작업 | 잔여 공정시간 | 납기 | 잔여 공 정의 수 |
|---|---|---|---|
| A | 4 | 14 | 3 |
| B | 16 | 32 | 6 |
| C | 8 | 8 | 5 |
| D | 20 | 34 | 2 |
| E | 10 | 30 | 4 |
| F | 18 | 30 | 2 |

작업은 표에 나타난 순서로 도착함.

**풀이**

각 작업을 위한 납기와 잔여 공정시간의 차이를 계산하라. 계속해서 잔여 공정의 수로 그 차이를 나누어라. 그리고 그들을 오름차순으로 정렬하라. 이것을 다음 표와 같은 결과를 준다.

| 작업 | (1) 잔여 공정시간 | (2) 납기 | (3) (2) – (1) 여유시간 | (4) 잔여 공정의 수 | (5) (3) ÷ (4) 비율 | (6) 순위 |
|---|---|---|---|---|---|---|
| A | 4 | 14 | 10 | 3 | 3.33 | 3 |
| B | 16 | 32 | 16 | 6 | 2.67 | 2 |
| C | 8 | 8 | 0 | 5 | 0 | 1 |
| D | 20 | 34 | 14 | 2 | 7.00 | 6 |
| E | 10 | 30 | 20 | 4 | 5.00 | 4 |
| F | 18 | 30 | 12 | 2 | 6.00 | 5 |

작업순서는 C-B-A-E-F-D이다.

S/O 규칙을 사용하면 정해진 작업순서가 작업 중에라도 변경될 수 있다. 위에서 논의된 다른 우선순위 규칙들도 경우에 따라서는 작업 별 기준에 따라 변경될 수 있지만, S/O 규칙은 작업순서를 결정하는 데 있어서 하부 작업장들의 상황을 고려한다는 점에서 다르다고 할 수 있다.

현실에서는 많은 우선순위 규칙들이 작업순서를 결정하기 위해 사용되는데, 어떤 규칙들은 특정 상황에서 다른 규칙들보다 더 나은 결과를 줄 수 있다. 이런 몇 가지 규칙들을 조사하는 목적은 작업순서결정 규칙들의 본질에 대한 통찰을 얻기 위함이다. 각 조직은 그들이 처한 환경을 주의 깊게 고려해야 하고, 조직이 중요하다고 생각하는 성과지표에 따라 적절한 규칙을 선정해야 한다.

다음 절은 두 개의 동일한 기계에서 작업을 수행해야 하는 작업들의 순서를 결정하는 데 사용할 수 있는 특수 목적 알고리즘을 소개한다.

## 2개의 작업장에 대한 작업순서결정[1]

**존슨의 법칙**(Johnson's rule)은 2대의 기계나 2개의 연속적인 작업장에서 수행되는 작업들의 총 완료시간(makespan)을 최소화하고자 할 때 사용되는 기법이다.[2] 그리고, 작업장들에서 총 유휴시간을 최소화하는 데도 사용된다. 이 기법을 사용하기 위해서는 다음 조건들이 충족되어야 한다.

**존슨의 법칙**
2대의 기계나 작업장에서 처리될 일군의 작업들의 작업 소요시간을 최소화하는 기법

- 각 작업장에서의 작업시간(작업준비와 작업을 포함해서)은 고정적이고 알려져 있어야 한다.
- 작업시간은 순서와 독립적이다.
- 모든 작업들은 동일하게 2단계 작업순서를 따라야 한다.
- 특정 작업은 두 번째 작업장으로 가기 전에 첫 번째 작업장에서 반드시 완료되어야 한다.

존슨의 규칙을 적용하기 위해서는 먼저 모든 작업들을 열거하고, 각 작업장에서 작업을

[1] 2개보다 많은 작업장에서 처리되는 작업들을 위해 사용할 수 있는 휴리스틱에 대한 기술. Thomas Vollmann et al., *Manufacturing Planning and Control Systems*, 5th ed. (New York: Irwin/McGraw-Hill, 2004).
[2] S. M. Johnson, "Optimal Two- and Three-Stage Production with Setup Times Included," *Naval Research Quarterly* 1 (March 1954), pp. 61–68

수행하는 데 얼마의 시간이 소요되는가를 결정한다. 작업순서는 다음의 단계를 거쳐서 결정된다.

1. 최단 시간을 갖는 작업을 선정한다. 최단 작업시간이 첫 번째 작업장에 있으면 그 작업을 가장 앞에 배치하고, 두 번째 작업장에 있으면 그 작업을 가장 뒤에 배치한다. 최단 작업시간에 동률이 있으면 임의로 처리 한다.
2. 계속하기 위해 할당된 작업을 제거한다.
3. 모든 작업들이 배치될 때까지 1, 2단계를 반복한다.

이러한 단계들을 성공적으로 적용하면 총 완료시간을 최소화하는 작업순서를 결정하거나 모든 작업들을 가장 빨리 완료하는 작업순서를 결정할 수 있다. 그러나 어떤 작업이 정확히 *언제* 완료되는지(작업 흐름시간)나 유휴 시간이 언제 발생하는지는 분명하지 않다. 이런 자세한 정보를 얻으려면 예제 4에서 제시되는 작업 완료 순서를 보여주는 간트 차트를 작성하면 된다.

두 번째 작업장에 심각한 유휴시간이 발생하면 그것이 발생하기 직전에 첫 번째 작업장에서 작업을 쪼개서 그것을 완화할 수 있고, 소요시간도 줄일 수 있다. 예제 4에서는 이 부분은 고려 대상이 아니다. 이 장의 끝에 있는 마지막 문제풀이연습에서 작업 쪼개기 문제를 다룬다.

**예제 4**

mhhe.com/stevenson14e

### 존슨의 규칙을 활용한 작업순서결정

6개의 작업이 2대의 기계로 구성되는 작업장에서 처리된다. 첫 번째 작업은 세척이고, 두 번째 작업은 도색이다. 이 작업들의 총 완료시간을 최소화할 수 있는 작업순서를 정하라. 작업 시간은 다음과 같다.

| | 작업시간(시간) | |
|---|---|---|
| 작업 | 작업장 1 | 작업장 2 |
| A | 5 | 5 |
| B | 4 | 3 |
| C | 8 | 9 |
| D | 2 | 7 |
| E | 6 | 8 |
| F | 12 | 15 |

존슨의 규칙을 사용하려면 다음과 같이 '빈' 열을 먼저 만들어야 함:

| 1st | 2nd | 3rd | 4th | 5th | 6th |
|---|---|---|---|---|---|
| | | | | | |

**풀이**

a. 최단 작업시간을 갖는 작업을 선정하라. 작업 D이고 2시간의 작업시간이다.

b. 작업 D는 제1작업장에 있으므로 D를 가장 앞에 배치하고, D를 제거하라.

| 1st | 2nd | 3rd | 4th | 5th | 6th |
|---|---|---|---|---|---|
| D | | | | | |

c. 작업 B가 다음 최단 작업시간을 가지고 제2작업장에 있으므로 그것을 맨 뒤에 배치하고 제거하라. 그 결과는 다음과 같다.

| 1st | 2nd | 3rd | 4th | 5th | 6th |
|---|---|---|---|---|---|
| D | | | | | B |

d. 남은 작업과 작업시간은 다음과 같다.

| 작업 | 1 | 2 |
|---|---|---|
| A | 5 | 5 |
| C | 8 | 9 |
| E | 6 | 8 |
| F | 12 | 15 |

최단 작업시간에 동률이 존재한다. 작업 A가 2개의 작업장에서 같은 시간을 소요하는데, 이것을 맨 앞으로 배치하거나 맨 뒤에 배치하거나 차이가 없다. 여기서는 임의로 뒤쪽에 배치하고, 그 결과를 보면 다음과 같다.

| 1st | 2nd | 3rd | 4th | 5th | 6th |
|---|---|---|---|---|---|
| D | | | | A | B |

e. 작업장 1에서 최단 작업시간은 작업 E가 되고 그것을 작업 D 뒤에 배치하면 다음과 같다.

| 1st | 2nd | 3rd | 4th | 5th | 6th |
|---|---|---|---|---|---|
| D | E | | | A | B |

f. 작업 C가 남은 두 개 중에 더 짧은 시간을 가지고, 작업장 1에 있으므로 그것을 세 번째 자리에 배치하고 나면 작업 F의 자리는 자동으로 4번째 자리가 된다. 그 결과는 다음과 같다.

| 1st | 2nd | 3rd | 4th | 5th | 6th |
|---|---|---|---|---|---|
| D | E | C | F | A | B |

g. 작업 흐름 시간과 유휴 시간에 관한 정보를 보여주는 간트 차트를 작성하라. 어떤 작업에 대해서도 작업장 1에서의 작업이 완료되기 *전에* 작업장 2에서 작업이 시작되도록 일정 계획을 수립하지 않도록 주의해야 한다. 전통적으로, 아래의 작업 F의 경우와 같이 작업장 2에서 유휴 시간을 발생시킬 수 있도록 작업장 1이 끝나야만 작업장 2로 작업을 넘겨주는 것으로 가정한다.

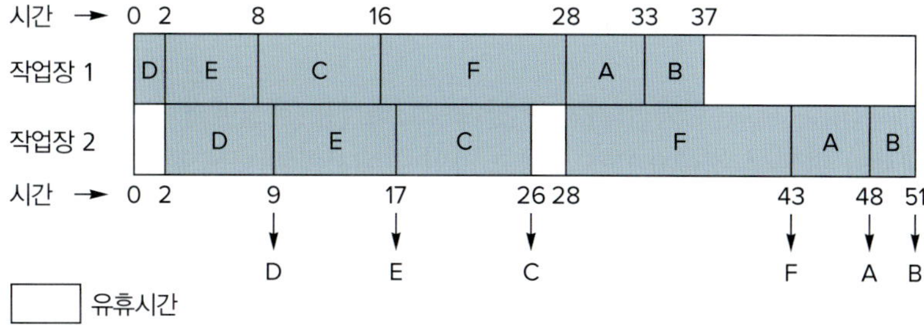


6개의 작업을 완료하는 데 51시간이 걸리고 작업장 2는 시작하기 전에 2시간을, 작업 C를 끝내고 나서 또 2시간을 쉬게 된다. 작업장 1은 37시간을 가동하고 끝나게 되고, 시작과 끝에 있는 유휴시간은 다른 작업을 수행하거나 유지보수 작업 준비를 위해 사용할 수 있다.

## 작업준비시간이 작업순서에 종속적인 경우의 작업순서결정

지금까지의 설명에서는, 기계 작업준비시간은 작업순서와 상관없이 독립적인 것으로 가정하고 진행되어왔다. 그러나 이 가정은 사실이 아닌 경우가 많다. 그래서 관리자는 이런 상호의존성을 고려한 작업순서결정을 원할 수 있다. 목표는 총 작업준비시간의 최소화이다.

작업의 작업순서에 기초한 기계 작업준비시간을 보여 주는 다음 표를 보라. 예컨대, 작업 A가 작업 B보다 먼저 수행된다면 B의 작업준비시간은 6시간이 된다. 그리고 작업 A가 먼저 완료되고, 작업 B가 수행되면, 작업 C가 B를 뒤따르고 이때 작업준비시간은 4시간이 된다. 어떤 작업이 먼저 완료되고 나면 그 작업준비시간은 아래 표에 작업준비시간 열에 표시된다. 그래서 작업 A가 먼저 끝나면 그 작업준비시간은 3시간이 될 것이다.

| | | | 후속 작업준비 시간(시간) | | |
|---|---|---|---|---|---|
| | | 준비 시간(시간) | A | B | C |
| 선행작업인 경우 | A | 3 | — | 6 | 2 |
| | B | 2 | 1 | — | 4 |
| | C | 2 | 5 | 3 | — |

총 작업준비시간을 최소화하는 작업순서를 찾는 가장 간단한 방법은 모든 가능한 순서를 다 열거해 보고, 각각의 총 작업준비시간을 조사하는 것이다. 보통 가능한 모든 대안의 수는 $n!$로 계산된다. 위의 예에서 $n$이 3이므로, $n! = 3 \times 2 = 6$이 되며, 6개의 대안들에 대한 총 작업준비시간은 다음 표와 같다.

| 작업순서 | 시간 | | 총 시간 |
|---|---|---|---|
| A-B-C | 3 + 6 + 4 | = | 13 |
| A-C-B | 3 + 2 + 3 | = | 8 |
| B-A-C | 2 + 1 + 2 | = | 5 (best) |
| B-C-A | 2 + 4 + 5 | = | 11 |
| C-A-B | 2 + 5 + 6 | = | 13 |
| C-B-A | 2 + 3 + 1 | = | 6 |

위의 표에서 보는 바와 같이, 총 작업준비시간을 최소화하는 작업순서는 B-A-C가 된다.

이 경우는 작업의 수가 작아서 손으로 문제를 푸는 것이 간단하지만, 작업의 수가 증가하게 되면 그렇게 하는 것이 점점 어려워진다. 예컨대, 작업이 6개가 되면 720개의 가능한 대안들이 존재하게 된다. 그런 경우에 관리자는 컴퓨터의 도움을 받아 모든 대안을 열거하고 최적 대안을 찾을 수 있게 된다.

## 일정계획이 어려운 이유

일정계획수립이 어려운 이유는 여러 가지가 있다. 그 하나는 현실에서 작업은 작업준비시간, 작업시간에서의 변동성, 장애요인들 그리고 작업 군에서의 변화에 종속될 수 있다는 것이다. 다른 중요한 이유는 작업의 수가 많으면 최적의 대안을 찾아내는 것이 불가능하다는 것이다. 이런 이유들로 인해 일정계획은 순수과학의 일부가 될 수 없으며, 관리자가 부담해야 하는 연속적인 직무인 것이다.

컴퓨터 기술의 발달은 일정계획의 부담을 줄여주고 실시간 일정계획수립을 가능케 한다.

### 일정계획의 어려움을 최소화

일정계획에서 발생하는 문제를 줄이기 위해 관리자들이 취할 수 있는 조치는 많다.

- 현실적인 납기 설정
- 병목작업에 집중: 먼저 작업 능력 증가를 위해 노력. 그것이 불가능하다면 병목 작업을 맨 앞에 배치하고, 그렇지 않은 작업을 병목작업 주위에 배치
- 큰 작업에 대해 로트(lot) 분할을 고려. 작업들 간 소요시간의 차이가 상대적으로 클 경우 적합. 이것은 하나의 단위로 구성되는 작업들에는 적용되지 않음을 주지해야 한다.

### 제약조건이론(The Theory of Constraints, TOC)

일정계획에 대한 또 다른 접근방법은 골드라트(E. Goldratt)가 개발하고 발전시켰다.[3] 그는 그의 저서 *The Goal*에서 처음으로 이를 설명했는데, 주 내용은 병목작업의 해소에 초점을 맞추면, 일정계획과 관련된 복잡성의 많은 부분을 피해갈 수 있다는 것이다. 그는 생산시스템의 생산량은 *병목*작업에 의해 줄어들게 되는데, 이를 해결하기 위해서는 병목이 아닌 작업들을 병목작업의 유휴시간이 최소화되도록 일정계획을 수립해야 한다고 주장했다. 다시 말하면, 병목작업이 효과적으로 관리되기만 하면 비 병목 공정의 유휴시간은 중요한 요인이 아니라는 것이다. 그의 이론의 결과는 간단하고 빨리 할 수 있는 간헐적인 생산시스템의 일정계획을 세우게 해 주는 기법이다. 이러한 관찰 내용들은 다음과 같은 일련의 일정계획 원칙들로 정화될 수 있다:

- 병목 공정에서 낭비된 1시간은 그 시스템 전체가 낭비한 1시간이다. 그러한 병목 공정들이 시스템의 전체 생산 용량을 결정한다.
- 비 병목 공정에서의 개선을 통한 시간 절약이 시스템의 전체 산출량을 증가시키지는 않는다.
- 자원을 가동하는 것과 자원을 활용하는 것은 다르다. 비 병목 공정을 가동시키는 것이 반드시 유용하다는 것을 의미하는 것은 아니다.

이러한 원칙들은 많은 기업들이 전통적인 분석 기법들보다 활용이 간편하고 시간을 덜 낭비하게 하는 것으로 알고 있는 간헐 생산 시스템에 대한 특별한 일정계획 기법의 기초이다. 이 기법은 시스템을 관리하기 위해 *드럼-버퍼-로프(drum-buffer-rope)* 개념을 사용한다. '드럼'은 일정계획으로 생산의 속도를 결정한다. 목표는 병목자원의 최대 사용을 가능케 하는 일정계획의 수립이다. '버퍼'는 병목 외부에 있는 제한된 자원을 지칭한다. 버퍼가 하는 역할은 병목작업이 유휴화되는 위험을 최소화할 수 있도록 병목작업 앞에 있는 재고의 양을 최소화시켜 주는 것이다. '로프'는 병목작업의 효과적인 활용을 보장하도록 작업순서를 동기화하는 것을 말한다. 목표는 많은 비용과 시간을 필요로 하는 여러 번의 작업준비 과정을 예방해서 공정들이 병목 공정화하지 않게 하는 것이다.

드럼-버퍼-로프 접근방법은 과다한 재고 유지를 피하는 동시에 생산을 최대화하고, 리드타임을 줄이는 일정계획을 수립할 수 있는 기초를 제공한다. 이 접근법을 사용하면 장애요인을 줄일 수 있을 뿐 아니라 정시 배달, 재고감소 그리고 리드타임 감소가 가능하게 된다.

[3] Eli Goldratt, *The General Theory of Constraints* (New Haven, CT: Avraham Y. Institute, 1989).

**공정 배치** ▸
어떤 공정이 가동을 시작하자마자 생산하는 경제적인 생산량

**전환 배치** ▸
첫 번째 공정의 공정 배치보다 적을 걸로 가정하면서 한 공정에서 다른 공정으로 보내는 제품이나 부품의 양

**제약조건이론** ▸
시스템을 통해 흐르는 부품이나 제품의 흐름의 균형을 강조하고 현재 시스템에서 가장 제한적인 제약에 집중하는 영속적인 5대 공정 개선 단계를 추구하는 생산 계획 접근법

골드라트는 병목작업의 생산을 최대화할 수 있도록 배치의 크기를 다양하게 하는 시스템을 개발하기도 했다. 그는 작업의 기본 로트 크기를 나타내기 위해 **공정 배치**(process batch)라는 말을 사용했고, 병목공정의 활용도를 높이기 위해 작업 중에 사용될 수 있는 기본 로트의 일부분을 **전환 배치**(transfer batch)라는 말로 불렀다. 실제로 로트는 2개 이상으로 쪼개질 수 있다. 병목공정 앞에서 큰 로트를 쪼개는 것은 대기시간을 줄여준다.

지금까지 경영진은 모든 공정에서의 생산 최대화를 주장해 왔다. 이에 반해 **제약조건이론**(theory of constraints)은 전체 시스템에서의 작업 흐름을 최대화하는 것을 목표로 한다. 이를 통해서 공정 별 작업량의 균형을 달성할 수 있다. 이것은 병목공정을 식별하는 것으로부터 시작하는데 다음 5단계의 절차를 거쳐서 이루어진다.

1. 작업에 제약을 주는 요인이 무엇인지 결정한다.
2. 그 제약을 분명하게 한다(즉, 제약을 발생시키는 요소가 현재 최대 한도로 사용되고 있는지 점검).
3. 모든 것을 그 제약에 종속시킨다(즉, 해당 제약에 중점을 둠).
4. 제약을 극복할 수 있는 방법을 결정한다.
5. 다음 큰 제약을 위해 이 과정을 반복한다.

(9장에서 학습한 계획−실행−학습−조치(PDSA) 접근법과의 유사성에 주목하라.)

물론 목표는 돈을 버는 것이다. 제약이론은 개선의 효과를 평가하기 위해 3개의 척도를 사용한다.

- **스루풋(throughput):** 시스템이 매출을 통해 수익을 발생시키는 비율(즉, 공헌이익, 변동원가를 차감한 매출수익, 노무비는 운영비용의 일부로 간주된다.)
- **재고:** 재고는 공정에서의 제품과 원자재에 묶인 돈을 나타냄
- **운영비용:** 재고를 이익으로 전환하는 데 필요한 모든 비용으로 전기, 수도, 불량(scrap), 감가상각 등을 포함

골드라트의 아이디어는 제조와 서비스 모두에 적용 가능하다.

## 16.3 서비스에 대한 일정계획수립

서비스업에서는 제조업에서는 발생하지 않는 문제가 발생할 수 있다. 이것은 기본적으로 서비스를 저장할 수 없고, 고객의 요구가 다양하고 예측하기 힘들다는 것 때문에 발생한다. 두 번째 문제는 예약시스템에 의해 완화될 수 있지만, 첫 번째 문제는 지속적으로 마주치는 문제가 된다.

서비스 일정계획을 위한 접근법은 보통 고객과의 접촉이 이루어지는지 아닌지에 의존한다. 우편물 취급, 대출 승인, 세금 준비작업과 같은 서비스에는 고객접촉이 별로 필요 없어서 제조업에서 사용되는 우선순위 규칙이 그대로 사용될 수 있다. 목표는 작업효율의 최대화이고, 핵심요소는 납기이다. 문제는 고객과의 접촉이 빈번하게 일어나고, 효율보다는 고객 대기시간이 더 중요시되는 시스템에서 발생한다. 지나치게 적은 수의 작업자는 긴 대기

시간을 야기시키고 필요한 것보다 많은 작업자들은 노동비용을 증가시켜서 기업의 이익을 상당히 침해할 수 있다. 특히 서비스시스템의 경우 노무비가 비용의 대부분을 차지하는데, 이럴 경우 적절한 숫자의 작업자를 유지하는 것이 중요하다.

이상적인 상황은 시스템을 통해 고객들이 원활하게 흘러나가는 것이다. 새로 도착하는 고객이 이전의 고객에 대한 서비스가 완료된 바로 그 시점에 도착할 수 있다면 가능하다. 예컨대, 외과 병원이나 수요가 좌석 수와 정확히 똑같은 시스템이다. 이런 상황에서 고객이 대기하는 시간은 최소화될 것이고, 서비스 제공 요원이나 설비는 완전하게 가동되게 될 것이다. 불행하게도 널리 퍼져 있는 서비스에 대한 고객 요구의 다양성이 고객의 요구에 맞는 서비스 제공 능력을 갖추게 되는 것을 거의 불가능하게 한다. 더 나아가, 서비스 제공시간도 변동성이 크다면 그 시스템의 비효율은 더 커지게 된다. 고객의 도착이 의사나 치과의사의 경우처럼 미리 계획될 수 있다면 이러한 비효율은 줄어들 수 있다. 그러나 슈퍼마켓, 주유소, 극장, 병원응급실, 기계 수리 센터 같은 경우에 예약이나 약속은 불가능하다. 대기행렬을 다루는 18장은 이러한 상황에 초점을 맞춘다. 거기에서는 중 · 장기적인 관점에서 서비스 세공 능력을 결정하는 것에 초점을 맞춘다. 이 절에서는 단기 *일정계획*에 관심이 있다. 그것은 시스템의 능력은 고정되어 있고, 목표는 고정되어 있는 생산용량에 대한 효율적인 활용을 통해 고객에 대한 서비스를 개선하고자 하는 것이다.

서비스시스템에서의 일정계획은 (1) 고객, (2) 작업 팀, (3) 설비들에 대한 일정계획을 수립하는 것을 포함한다. 고객들에 대한 일정계획수립은 약속시스템이나 예약시스템의 도입을 의미한다.

## 약속시스템

약속시스템(appointment system)은 서비스용량의 가동률을 높이 유지하면서 고객 대기 기간을 최소화하기 위해 고객 도착 시점을 관리하는 것을 목표로 한다. 의사는 병원에서의 일을 위해 아침 시간을 비워두고 오후 동안에 외래 환자들의 방문을 계획하는 약속시스템을 사용할 수 있다. 비슷하게, 판사는 법정에 출두해야 하는 시간에 맞추어서 고객 미팅 시간을 계획할 수 있다. 심지어 이런 약속시스템이 존재한다 하더라도 여전히 일부 환자들이 제시간에 도착하지 않거나 아예 나타나지 않고, 고객과의 면담 시간을 완전히 조절할 수 없기 때문에 여러 가지 문제가 발생할 수 있다. 이런 문제들 중 일부는 일정한 시간간격에 따라 약속을 잡기보다 어떤 특별한 요구가 있는 고객을 위해서 약속된 시간을 맞추려고 노력한다면 해결할 수 있다. 심지어 늦게 도착하는 경우나 나타나지 않아서 생기는 문제들이 있다 하더라도 약속시스템을 사용하는 것이 그렇지 않는 경우보다 대기시간을 훨씬 줄일 수 있다.

## 예약시스템

예약시스템(reservation system)은 지나치게 많은 시간을 기다리거나 서비스를 받지 못함으로 인해 발생되는 고객의 실망을 최소화하고, 주어진 시간 동안 시스템에 대한 수요를 상당히 정확하게 예측하기 위해서 설계된다. 예약시스템은 리조트, 호텔, 식당, 수송시설에 의해 폭넓게 사용되고 있다. 음식점의 경우에 예약은 고객들을 그룹 짓거나 분산시키기 위해 사용될 수 있다. 늦게 오는 사람이나 나타나지 않는 사람들이 이런 시스템을 방해할 수 있다. 이 문제는 13장에서 설명하는 단일기간 재고관리문제와 유사하다.

## 수익 관리

여행업계에 종사하는 많은 기업들은 고정된 서비스능력을 가지고 사업을 한다. 예컨대, 고정된 객실 수로 영업하는 호텔, 고정된 좌석 수로 영업하는 항공사 등이 있다. 객실이나 좌석 수는 소멸될 수 있는 재고로 간주된다. 비행기에서 팔리지 않은 좌석은 다음 비행기로 보내질 수 없다. 그 좌석들은 사라지는 것이다. 당연히 팔리지 않는 재고는 이익을 발생시키지 못한다. 그래서 고정된 서비스능력을 갖고 있는 기업들은 팔리지 않고 소멸하는 재고를 해결할 수 있는 전략을 개발해야 한다.

**수익 관리** ▸
다양한 수요들에 생산용량을 할당하기 위해 가격 전략을 사용

**수익 관리**(yield management)는 고정된 생산능력에 의해 발생될 수 있는 수익을 최대화하기 위해 수요의 다양한 범주에 대해 그 제한된 서비스능력을 할당하는 가격책정 정책이다. 고정된 서비스능력에 대한 수요는 일반적으로 미리 예약을 한 고객과 그렇지 않은 고객들로 나누어진다. 미리 예약을 한 고객들은 보통 가격에 민감한 사람들이지만, 그렇지 않은 고객들은 가격에 크게 개의치 않는 경우가 많다. 기업들은 그들이 보유하고 있는 제한된 서비스능력을 예약한 고객과 그렇지 않는 고객들에게 적절히 할당하는 의사결정을 내려야 한다. 여기서 가장 큰 문제는 예약을 한 고객들로부터는 많은 이익을 기대할 수 없고, 예약하지 않는 고객들로부터는 상대적으로 높은 이익을 기대할 수 있다는 것이다.

수요를 예측하는 능력이 수익 관리에 있어 가장 중요한 요소이다. 계절적인 요인도 중요한데 수요예측은 계절성을 반영해야 하며, 생산계획은 항상 존재할 수 있는 무작위적인 변동성을 반영하도록 어느 정도 유연성을 가지고 있어야 한다.

## 작업인력에 대한 일정계획

고객에 대한 일정계획은 수요관리인 데 반해 작업인력에 대한 일정계획은 서비스능력 관리이다. 이 접근법은 수요가 정확히 예측될 수 있을 때 가장 잘 적용된다. 이것은 식당, 극장, 교통수단처럼 고객 도착의 집중 경향이 분명한 경우에 잘 적용된다. 병원 인력, 경찰, 신용카드사, 투자회사 전화교환원들에 대한 일정계획수립도 같은 맥락에서 수행될 수 있다. 고객의 다양한 요구가 작업인력에 대한 유연한 관리를 통해 충족될 수 있는 경우가 이 경우에 대한 확장이라고 할 수 있을 것이다. 이런 경우에 많은 고객이 서비스를 요청할 때, 병목작업장에 대한 일시적인 지원을 할 수 있는 다기능 작업자의 활용을 통해 서비스능력은 조정될 수 있다.

제도적 제약, 행동적 제약, 기술적 제약 그리고 예산 제약과 같은 많은 제약들이 작업 인력에 대한 유연한 일정계획에 영향을 미칠 수 있다.

## 주기적 일정계획

많은 서비스시스템에서 일정계획에 대한 요구가 상당히 비슷하다. 종업원들은 주기적으로 시프트나 해당 시간에 투입되어야 하고 휴식을 취해야 한다. 다음은 최소 소요인력과 그들에 대한 일정계획을 수립할 수 있는 방법을 소개한다.

일반적으로 기본적인 작업패턴이 결정되고, 각 주기를 위해 필요한 인력소요가 열거된다. 예컨대,

| 요일 | 월 | 화 | 수 | 목 | 금 | 토 | 일 |
|---|---|---|---|---|---|---|---|
| 필요 스탭 수 | 2 | 4 | 3 | 4 | 6 | 5 | 5 |

최소 소요인력을 결정하기 위한 비교적 간단하지만 효과적인 방법을 아래에 소개한다. 작업자 1부터 시작한다.

1. 작업자 1에게 연속된 2일의 작업소요(필요 스탭수)가 가장 작은(즉, 최소합의) 연속된 2일을 휴무일로 할당하라. 여기서는 월-화 조합이 연속된 최소의 작업소요일이다. 이들을 원으로 묶는다. (경우에 따라 일-월 조합이 최소 작업소요일이 될 수도 있다.) 동률이 존재하는 경우 왼쪽과 오른쪽의 인접하는 요일의 소요합이 최소인 짝을 선택하고, 그마저도 동일하면 임의로 선택한다.

| 요일 | 월 | 화 | 수 | 목 | 금 | 토 | 일 |
|---|---|---|---|---|---|---|---|
| **필요 스탭 수** | **2** | **4** | **3** | **4** | **6** | **5** | **5** |
| 작업자 1 | (2 | 4) | 3 | 4 | 6 | 5 | 5 |

2. 원으로 묶인 요일들을 제외하고 매일의 작업소요에서 1을 뺀다. 다음 작업자에 대해서도 1단계와 같은 방법으로 휴무일을 할낭하고 원으로 묶는다.

| 요일 | 월 | 화 | 수 | 목 | 금 | 토 | 일 |
|---|---|---|---|---|---|---|---|
| **필요 스탭 수** | **2** | **4** | **3** | **4** | **6** | **5** | **5** |
| 작업자 1 | (2 | 4) | 3 | 4 | 6 | 5 | 5 |
| 작업자 2 | 2 | 4 | (2 | 3) | 5 | 4 | 4 |

3. 모든 작업소요가 해결될 때까지 추가되는 각각의 작업자에게 1, 2의 단계를 반복한다. 그러나 0의 값에서는 1을 빼지 않는다. 작업자 3의 경우 동률이 있음을 주지하라. 월-화와 일-월 조합이 연속되는 최소 작업소요인 4의 값을 가진다. 월-화 조합의 인접하는 요일의 작업소요는 일 = 3, 수 = 2, 합계 5로서 일-월 조합의 인접하는 요일의 작업소요(토 = 3, 화 = 3, 합계 6)보다 작다. 그러므로 작업자 3에게는 월-화 조합을 휴무일로 할당하고 원으로 묶는다. 작업자 4도 동률을 가지는데(일-월, 수-목, 작업 소요 = 3) 인접하는 토, 화의 작업소요 합계는 5인 반면 화, 금의 작업소요 합계는 6이므로 일-월 조합을 원으로 묶는다.

| 요일 | 월 | 화 | 수 | 목 | 금 | 토 | 일 | |
|---|---|---|---|---|---|---|---|---|
| **필요 스탭 수** | **2** | **4** | **3** | **4** | **6** | **5** | **5** | |
| 작업자 1 | (2 | 4) | 3 | 4 | 6 | 5 | 5 | |
| 작업자 2 | 2 | 4 | (2 | 3) | 5 | 4 | 4 | |
| 작업자 3 | (1 | 3) | 2 | 3 | 4 | 3 | 3 | (동률) |
| 작업자 4 | 1) | 3 | 1 | 2 | 3 | 2 | (2 | (동률) |
| 작업자 5 | 1 | 2 | (0 | 1) | 2 | 1 | 2 | |
| 작업자 6 | (0 | 1) | 0 | 1 | 1 | 0 | 1 | (복수의 동률) |
| 작업자 7 | 0 | 1 | (0 | 0) | 0 | 0 | 0 | (복수의 동률) |
| **근무작업자 수** | **2** | **4** | **3** | **4** | **6** | **5** | **5** | |

작업자 7에게는 수-목 조합의 0 0을 원으로 묶는다.

각 작업자의 근무일을 확인하려면 각 작업자의 행에서 0이 아닌 값이나 원으로 묶이지 않은 값을 찾는데 이는 그 작업자에게 근무로 할당된 요일을 의미한다. 또 특정 요일에 근무로 할당된 작업자를 확인하기 위해서는 그 요일의 행에서 0이 아닌 값이나 원으로 묶이지 않은 값을 가진 작업자를 찾으면 된다. 작업자 6은 3일만 근무에 할당되어 있고 작업자 7은 하루만 근무에 할당되어 있음을 주지하라.

### 여러 개의 자원에 대한 일정계획

어떤 경우에는 하나 이상의 자원의 사용을 조정할 필요가 있다. 예컨대, 병원은 외과의사, 수술실 직원, 회복실 직원, 입·퇴원 수속 직원, 특수장비 관리 직원, 간호 직원 등에 대한 일정계획을 수립해야만 한다. 교육 기관은 교수, 강의실, A/V설비, 학생들에 대한 일정계획을 수립해야 한다. 추측할 수 있는 바와 같이, 동시에 일정계획을 수립해야 하는 자원의 수가 많아질수록 최적의 일정계획을 수립할 가능성은 점점 낮아진다. 문제는 그런 시스템들이 변동성이 크기 때문에 점점 더 복잡해질 수 있다는 것이다. 예컨대, 교육기관은 개설 과목을 바꾸는 경우가 많고, 수강 변경도 빈번하게 일어나며, 학생들이 선호하는 강의도 각각 다르다.

학교나 병원은 수행할 수 있는 일정계획을 수립하기 위해 컴퓨터 프로그램을 사용하고 있다. 그들이 추구하는 목표가 다르더라도 이런 프로그램들로부터 많은 도움을 받는다.

항공사는 여러 개의 자원에 대한 일정계획을 세워야 하는 서비스시스템의 다른 예이다. 승무원, 비행기, 수화물 취급장치, 발권 직원, 탑승구 직원, 정비직원 등 모두가 조정되어야 한다. 또한 한 조종사가 비행할 수 있는 시간에 대한 정부의 규제도 또 다른 제약으로 작용한다. 더 나아가서, 승무원들과 비행기는 보통 일체로 보고 일정계획을 하게 된다. 승무원들은 그들이 이틀에 한 번 또는 좀 더 자주 그들의 국적 공항으로 돌아올 수 있게 일정계획이 이루어지며 휴식도 고려되어야 한다. 반면에 항공기의 경우 정기적인 유지보수를 제외하면 계속 사용할 수 있다. 결론적으로 승무원들은 항공기와 다른 패턴으로 일정계획이 이루어져야 한다.

서비스시스템들은 수요에서의 변동성이 병목현상을 일으킬 때 서비스 효율이 떨어지는 경향이 있다. 문제는 어느 공정이 병목공정이 되는가를 예측하기가 쉽지 않다는 것이다. 병목공정은 시간이 지남에 따라 바뀔 수 있는데, 모든 공정이 병목공정이 될 수 있다는 것이 문제를 더욱 복잡하게 한다.

## 16.4 생산운영전략

일정계획수립은 운영전략을 도울 수도 있고 방해할 수도 있다. 일정계획이 잘 수립된다면 제품이나 서비스는 시간에 맞게 생산될 수 있고 배달될 수 있다. 자원은 가장 효율적으로 활용될 수 있고 고객들은 만족할 것이다. 잘못 수립된 일정계획은 결국 자원의 비효율적인 활용과 소비자 불만으로 이어지게 된다.

시사점은 분명하다. 경영진은 조직의 성공에 있어서 일정계획이 수행하는 역할의 중요도를 간과해서는 안 된다. 일정계획이 잘 이루어지면 기업은 경쟁우위에 서게 되지만 그렇지 않으면 경쟁에서 뒤처지게 된다. 오늘날 경쟁은 시간을 다투는 경우가 많은데, 이런 경쟁에서의 성패는 좋은 일정계획에 의존한다. 원재료, 설비의 활용, 종업원들의 노동시간에 대한 조정은 운영관리의 중요한 기능 중 하나이다. 일정계획이 잘못되어 있으면 훌륭한 제품이나 설비의 설계, 뛰어난 품질도 아무 소용이 없다.

## 요약

일정계획은 작업의 시간을 정하고, 조정하는 것으로 거의 모든 조직에 있어서 기본이 된다. 일정계획 문제는 대량생산시스템인지, 중량생산시스템인지, 소량생산시스템인지에 따라 달라지는데, 특히 다양한 작업을 수행해야 하는 잡샵 시스템을 위한 일정계획은 복잡하다.

잡샵을 위한 일정계획에서 두 가지 주요 문제는 작업을 기계나 작업장에 할당하는 것과 주어진 기계와 작업장 내에서 작업들의 순서를 결정하는 것이다. 간트 차트가 작업부하를 도식화하는 데 자주 사용되는데, 작업순서결정을 위한 여러 대안들을 기술하고 분석하는 데 유용한 도구이다. 나아가 휴리스틱과 최적화 방법들이 작업부하 할당과 작업순서결정에 사용되고 있다. 대부분의 경우 최적화 기법들은 특정한 가정이 만족되어야 사용될 수 있다.

서비스시스템의 경우에는 다양한 고객 요구로 인해 생산시스템과는 다른 특징을 가지게 된다. 서비스시스템은 완전하지는 않지만 약속이나 예약시스템을 도입하고 있다. 여러 개의 자원을 계획해야 하는 경우도 상당히 복잡한 문제가 될 수 있다.

## 주요 내용

1. 일정계획 문제는 모든 기업에서 발생한다.
2. 일정계획 의사결정은 생산 용량, 제품이나 서비스 설계, 공정 유형과 설비 배치, 총괄계획, 그리고 주 일정계획 내에서 이루어진다.
3. 일정계획은 투입이 산출로 변환되기 직전에 일어난다.
4. 효과적인 일정계획은 비용을 절감하고 생산성을 증대한다.

## 주요 용어

잡샵 일정계획(job-shop scheduling)
간트 차트(Gantt chart)
무한부하할당(infinite loading)
부하 차트(load chart)
수익관리(yield management)
우선순위 규칙(priority rule)
유한부하할당(finite loading)
일정계획(scheduling)
일정계획도(schedule chart)
작업부하할당(loading)
작업순서결정(sequencing)
작업 시간(job time)
작업장(workstation)
전진일정계획(forward scheduling)
존슨의 법칙(Johnson's rule)
총 완료시간(makespan)
투입/산출 관리[Input/output (I/O) control]
할당모형(assignment model)
헝가리법(hungarian method)
후진일정계획(backward scheduling)
흐름 작업시스템(flow system)
흐름작업 일정계획(flow-shop scheduling)
작업 흐름 시간(job flow time)
공정 배치(process batch)
작업지연(job lateness)
제약이론(theory of constraints)
전환 배치(transfer batch)
전체적인 우선순위 규칙(global priority rules)
지엽적인 우선순위 규칙(local priority rules)

## 문제풀이연습

**문제 1** *할당기법.* 다음 표는 3개의 작업을 4대의 기계에서 처리하는 비용과 관련된 정보를 보여 준다. 비용을 최소화하는 할당계획을 결정하라.

| | | 기계 | | | |
|---|---|---|---|---|---|
| | | A | B | C | D |
| 작업 | 1 | 12 | 16 | 14 | 10 |
| | 2 | 9 | 8 | 13 | 7 |
| | 3 | 15 | 12 | 9 | 11 |

**풀이** 할당기법을 사용하려면 작업과 기계의 수가 같아야 한다. 그러기 위해서 비용이 '0'인 *더미*작업을 추가하고 문제를 푼다.

| | | 기계 | | | |
|---|---|---|---|---|---|
| | | A | B | C | D |
| 작업 | 1 | 12 | 16 | 14 | 10 |
| | 2 | 9 | 8 | 13 | 7 |
| | 3 | 15 | 12 | 9 | 11 |
| (dummy) | 4 | 0 | 0 | 0 | 0 |

a. 각 행에서 최소값을 차감하면 그 결과는 다음과 같다.

| | | 기계 | | | |
|---|---|---|---|---|---|
| | | A | B | C | D |
| 작업 | 1 | 2 | 6 | 4 | 0 |
| | 2 | 2 | 1 | 6 | 0 |
| | 3 | 6 | 3 | 0 | 2 |
| | 4 | 0 | 0 | 0 | 0 |

b. 각 열에서 최소값을 차감하면, 그 결과는 여기서 더미작업의 비용이 '0'이므로 결과가 바뀌지 않는다.

c. '0'을 제거하기 위해 필요한 라인의 최소 수를 결정한다. 한 가지 대안은 다음과 같다.

| | | 기계 | | | |
|---|---|---|---|---|---|
| | | A | B | C | D |
| 작업 | 1 | 2 | 6 | 4 | 0 |
| | 2 | 2 | 1 | 6 | 0 |
| | 3 | 6 | 3 | 0 | 2 |
| | 4 | 0 | 0 | 0 | 0 |

d. 라인의 수가 행의 수보다 작으므로 값들을 수정한다.

(1) 커버되지 않은 값 중에서 최소값 (1)을 차감

(2) 라인이 교차하는 점에 있는 값들에 최소 커버되지 않은 값을 가산. 그 결과는 다음과 같다.

| | | 기계 | | | |
|---|---|---|---|---|---|
| | | A | B | C | D |
| | 1 | 1 | 5 | 4 | 0 |
| 작업 | 2 | 1 | 0 | 6 | 0 |
| | 3 | 5 | 2 | 0 | 2 |
| | 4 | 0 | 0 | 1 | 1 |

e. 최적성을 검사한다.

| | | 기계 | | | |
|---|---|---|---|---|---|
| | | A | B | C | D |
| | 1 | 1 | 5 | 4 | 0 |
| 작업 | 2 | 1 | 0 | 6 | 0 |
| | 3 | 5 | 2 | 0 | 2 |
| | 4 | 0 | 0 | 1 | 1 |

라인의 최소 수가 행의 수와 같으므로, 최적할당이 가능하다.

f. 작업을 기계에 할당한다. 하나의 '0'을 가지는 행 1, 3과 열 A, C에서 시작한다. 각 할당 후에 해당 행*과* 열에 있는 모든 값을 교차 제거한다. 그 결과는 다음과 같다.

| | | 기계 | | | |
|---|---|---|---|---|---|
| | | A | B | C | D |
| 작업 | 1 | 1 | 5 | 4 | 0 |
| | 2 | 1 | 0 | 6 | 0 |
| | 3 | 5 | 2 | 0 | 2 |
| | 4 | 0 | 0 | 1 | 1 |

각 행과 열에 하나씩만 할당이 되어 있다.

g. 총 비용을 계산하면 그 결과는 다음과 같다.

| | |
|---|---|
| 1-D | $10 |
| 2-B | 8 |
| 3-C | 9 |
| 4-A | 0 |
| | $27 |

h. 4-A의 의미는 기계 A는 할당 없이 유휴상태인 것을 의미한다.

**문제 2**

*우선순위 규칙.* 작업시간과 작업준비시간을 포함하는 작업시간이 한 작업에서 대기 중인 5개의 작업에 대해 아래 표에 나타나 있다.

| 작업 | 작업시간(일) | 납기일(일) |
|---|---|---|
| a | 12 | 15 |
| b | 6 | 24 |
| c | 14 | 20 |
| d | 3 | 8 |
| e | 7 | 6 |

다음의 우선순위 규칙에 대해 작업순서를 결정하라.

a. 최단 작업시간(SPT) b. 가장 빠른 납기(EDD)

**풀이** 작업시간은 작업순서와 별개로 가정한다.

| | a. SPT | | b. EDD | |
|---|---|---|---|---|
| 작업 | 작업시간 | 공정순서 | 마감시간 | 공정임계비율 |
| a | 12 | 4 | 15 | 3 |
| b | 6 | 2 | 24 | 5 |
| c | 14 | 5 | 20 | 4 |
| d | 3 | 1 | 8 | 2 |
| e | 7 | 3 | 6 | 1 |

**문제 3** *우선순위 규칙.* 문제 2의 정보를 가지고 선착순 규칙에 대해 다음 성과 지표 값을 계산하라.

a. 총 완료시간

b. 평균 흐름시간

c. 평균 지연시간

d. 작업장에 있는 평균작업 수

| 작업 | 작업시간 | 소요시간 | 납기시간 | 자연시간 |
|---|---|---|---|---|
| a | 12 | 12 | 15 | 0 |
| b | 6 | 18 | 24 | 0 |
| c | 14 | 32 | 20 | 12 |
| d | 3 | 35 | 8 | 27 |
| e | 7 | 42 | 6 | 36 |
| 합계 | 42 | 139 | | 75 |

a. 총 완료시간 = 42시간

b. 평균 흐름시간 $= \frac{\text{총 흐름시간}}{\text{작업 수}} = \frac{139}{5} = 27.80$시간

c. 평균 지연 $= \frac{\text{총 지연시간}}{\text{작업 수}} = \frac{75}{5} = 15$시간

d. $\begin{matrix}\text{작업장에 있는} \\ \text{평균 작업 수}\end{matrix} = \frac{\text{총 흐름시간}}{\text{총 완료시간}} = \frac{139}{42} = 3.31$

**문제 4** *S/O 규칙.* 다음 정보를 가지고 S/O 규칙에 의한 작업순서를 결정하라.

| 주문 | 잔여 공정 시간 | 납기(일) | 잔여 공정의 수 |
|---|---|---|---|
| A | 20 | 30 | 2 |
| B | 11 | 18 | 5 |
| C | 10 | 6 | 2 |
| D | 16 | 23 | 4 |

풀이

공정시간은 작업순서와 독립적이라고 가정한다.

| 주문 | (1) 잔여 공정 시간 | (2) 납기(일) | (3) 납기와 잔여 공정 시간의 차이 | (4) 잔여 공정 수 | (5) 비율 | (6) 공정순위 (순서) |
|---|---|---|---|---|---|---|
| A | 20 | 30 | 10 | 2 | 5.00 | 4 |
| B | 11 | 18 | 7 | 5 | 1.40 | 2 |
| C | 10 | 6 | −4 | 2 | −2.00 | 1 |
| D | 16 | 23 | 7 | 4 | 1.75 | 3 |

(하나의 비율이 0보다 작음을 주지하라. 음수가 발생하면 가장 작은 음수에 가장 빠른 순위를 매겨야 함.)

문제 5

*2개의 작업장에 대한 작업순서결정.* 작업장 A, B에서 아래 작업들을 수행하기 위한 순서를 결정하기 위해 존슨의 규칙을 사용하라.

| 작업 | 작업시간(시) 작업장 A | 작업장 B |
|---|---|---|
| a | 2.50 | 4.20 |
| b | 3.80 | 1.50 |
| c | 2.20 | 3.00 |
| d | 5.80 | 4.00 |
| e | 4.50 | 2.00 |

풀이

a. 최소시간을 가진 작업 선정: 작업 b(작업장 B에서 1.5시간), 1.5시간은 작업장 B에 관한 것이므로 이것을 제일 뒤에 배치한다.

b. 다음 최소시간을 가진 작업은 e (B에서 2시간)인데 이것을 b 앞에 배치

c. 남은 작업들 중에 최소 작업시간을 가진 작업이 c (A에서 2.2시간)이므로 그것을 맨 앞에 배치한다. 이제

c, ___________ , ___________, e, b가 된다.

d. 다음은 A에서 2.5시간을 수행하는 작업 a를 c 뒤에 배치하면 작업 d는 자동적으로 자리가 결정된다. 그래서 결과는 c – a – d – e – b

문제 6

문제 5의 결과를 기초로, 작업장 A에서의 c, d, e, b를 쪼갰을 때 작업장 B의 유휴시간과 전체 작업시간이 어떻게 영향을 받는지 결정하라. 각 작업은 2개의 똑같은 부분으로 분리될 수 있다고 가정 한다.

풀이

먼저 작업순서는 변하지 않는다고 가정한다. 문제 5에서의 해가 다음 차트에 나타나 있고 그 다음 차트는 작업을 쪼갰을 때 작업장 B에서 유휴시간이 감소함을 보여 준다.

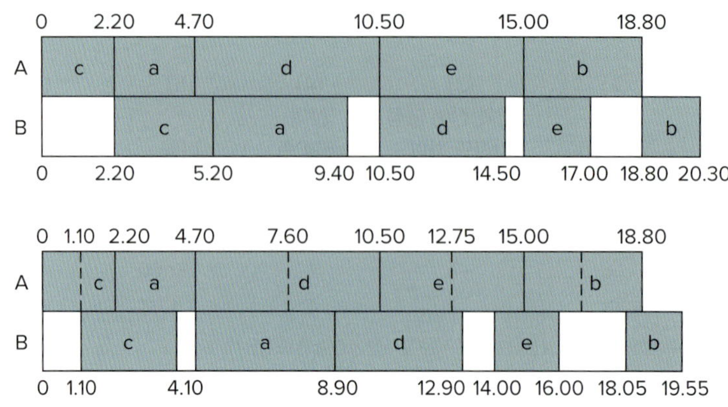


위의 두 그림을 보면, 전체 작업완료에 필요한 총 완료시간이 20~30시간에서 19.55시간으로 감소되었음을 알 수 있다. 게다가 작업장 B에서 유휴시간도 쪼개기 전에 5.6시간에서 쪼개고 나서 4.85시간으로 줄어들었다. B에서의 작업시간이 일반적으로 A에서보다 짧다는 것을 주지하라. 결과적으로 B에 있는 e와 b 같은 작업들은 A로부터 쪼개진 과업의 나머지를 기다려야 함으로 인해 생기는 작업중단을 피하기 위해 e와 b의 완료시간 주변에 *집중되게* 배치된다. 그래서 작업 쪼개기의 큰 이점은 보통 존슨의 규칙을 사용할 때, 선행작업들을 쪼개야 얻을 수 있다.

## 토의 및 복습문제

1. 반복생산시스템의 일정계획수립이 상대적으로 간단한 반면, 잡샵(job-shop)의 일정계획수립이 상대적으로 복잡한 이유가 무엇인가?
2. 잡샵의 일정계획에서 주요 의사결정 영역은 무엇인가?
3. 간트 차트는 무엇인가? 그것이 일정계획에서 어떻게 활용되며, 장점은 무엇인가?
4. 선형계획법에 의한 할당모형의 기본 가정은 무엇인가?
5. 다음 우선순위 규칙을 간단히 설명하라.

   a. 선착순(FCFS) b. 최소 작업시간(SPT) c. 가장 빠른 납기(EDD)
   d. 작업당 여유시간(S/O) e. 러시(rush)
6. 우선순위 규칙은 왜 필요한가?
7. 일정계획의 관점에서 봤을 때 서비스 산업에서는 흔히 볼 수 있지만 제조업에서는 발생하지 않는 문제들은 무엇인가?
8. 전진일정계획과 후진일정계획에 대해 설명하고 각각의 장점을 설명하라.
9. 일정계획과 생산성은 어떤 관계가 있는가?
10. 작업을 쪼갤 것인지, 말 것인지에 관한 의사결정에 영향을 미치는 요인들에는 어떠한 것들이 있는가?
11. *총 완료시간(makespan)*이 무엇인지 설명하라.

## 연습문제

1. 할당기법을 활용하여 다음의 비용정보에 기반하여 작업자들에게 작업을 할당하라. 할당 결과에 대한 총 비용을 계산하라.

| | | 작업 | | |
|---|---|---|---|---|
| | | A | B | C |
| | 1 | 5 | 8 | 6 |
| 작업자 | 2 | 6 | 7 | 9 |
| | 3 | 4 | 5 | 3 |

2. 비용 대신 이익정보를 사용하여 1번 문제를 풀어보라. 총 이익을 계산하라.

3. 주어진 비용정보를 가지고 총 비용을 최소화할 수 있는 배송경로에 트럭을 할당하고 총 비용을 계산하라.

| | | 경로 | | | | |
|---|---|---|---|---|---|---|
| | | A | B | C | D | E |
| | 1 | 4 | 5 | 9 | 8 | 7 |
| | 2 | 6 | 4 | 8 | 3 | 5 |
| 트럭 | 3 | 7 | 3 | 10 | 4 | 6 |
| | 4 | 5 | 2 | 5 | 5 | 8 |
| | 5 | 6 | 5 | 3 | 4 | 9 |

4. 공정비용을 최소화하는 할당계획을 수립하고 결과를 해석하라.

| | | 기계 | | |
|---|---|---|---|---|
| | | A | B | C |
| | 1 | 12 | 8 | 11 |
| 작업 | 2 | 13 | 10 | 8 |
| | 3 | 14 | 9 | 14 |
| | 4 | 10 | 7 | 12 |

5. 아래 조건들을 충족시키면서 다음 표에 있는 작업 비용을 최소화하는 계획을, 할당기법을 활용하여 수립하라.

   a. 작업 2는 기계 D에서 수행될 수 없음.

   b. 작업 1은 기계 A에서 수행될 수 없고, 작업 2는 기계 D에서 수행될 수 없음.

| | | 기계 | | | | |
|---|---|---|---|---|---|---|
| | | A | B | C | D | E |
| | 1 | 14 | 18 | 20 | 17 | 18 |
| | 2 | 14 | 15 | 19 | 16 | 17 |
| 작업 | 3 | 12 | 16 | 15 | 14 | 17 |
| | 4 | 11 | 13 | 14 | 12 | 14 |
| | 5 | 10 | 16 | 15 | 14 | 13 |

6. 다음 표는 한 작업장에서 처리를 기다리는 4개의 작업과 관련된 정보를 보여 주고 있다.

| 작업 | 작업시간(일) | 납기일 (일) |
|---|---|---|
| A | 14 | 20 |
| B | 10 | 16 |
| C | 7 | 15 |
| D | 6 | 17 |

a. (1) FCFS (2) SPT (3) EDD (4) CR을 사용해서 작업들의 작업순서를 결정하라.

b. a의 4가지 방법에 대해 (1) 평균 흐름시간 (2) 평균 지연시간 (3) 작업장에 있는 평균 작업 수를 결정하라.

c. 4가지 방법 중에 어느 것이 가장 우월한가 설명하라.

7. 다음 표에 있는 정보를 사용하여 (1) FCFS (2) SPT (3) EDD (4) CR을 활용해서 작업순서를 결정하라. 작업들은 도착순서에 따라 열거되어 있다. 각 방법에 대해 (1) 평균 흐름시간 (2) 평균 지연시간 (3) 작업장에 있는 평균 작업의 수를 결정하라. (*힌트*: 각 작업의 작업시간을 계산하고, 이를 작업 준비시간에 더하여 총 작업시간을 계산한다. 모든 시간과 납기는 시간 단위이다.)

| 작업 | 단위당 공정시간 | 작업당 단위 수 | 준비 시간 | 납기 |
|---|---|---|---|---|
| a | 0.14 | 45 | 0.7 | 4 |
| b | 0.25 | 14 | 0.5 | 10 |
| c | 0.10 | 18 | 0.2 | 12 |
| d | 0.25 | 40 | 1.0 | 20 |
| e | 0.10 | 75 | 0.5 | 15 |

8. 다음 표는 월요일 아침 8시 현재 어떤 작업장에서 처리되어야 할 주문 내역을 보여 준다. 각 작업들은 거쳐야 할 작업 내용이 다르다. 아래 표의 작업들은 도착 순서대로 열거되어 있다.

a. 다음 규칙들을 사용하여 첫 번째 작업장에서의 작업순서를 결정하라.

(1) FCFS, (2) S/O

b. 다음 척도들을 활용해서 각 규칙들의 효과를 계산하라.

(1) 평균 흐름시간 (2) 작업장에 있는 평균 작업의 수

| 작업 | 공정시간(일) | 납기(일) | 잔여 공정 수 |
|---|---|---|---|
| A | 8 | 20 | 2 |
| B | 10 | 18 | 4 |
| C | 5 | 25 | 5 |
| D | 11 | 17 | 3 |
| E | 9 | 35 | 4 |

9. 한 도매 식료품 유통센터는 주문을 충족하기 위해 2단계 절차를 사용한다. 내일의 작업은 다음 표에 있는 7개 주문을 충족시키는 것이다. 주문처리시간을 최소화하는 작업순서를 결정하라.

| 순서 | 시간(시) 단계 1 | 단계 2 |
|---|---|---|
| A | 1.20 | 1.40 |
| B | 0.90 | 1.30 |
| C | 2.00 | 0.80 |
| D | 1.70 | 1.50 |
| E | 1.60 | 1.80 |
| F | 2.20 | 1.75 |
| G | 1.30 | 1.40 |

10. 2대의 기계로 구성된 작업장에 8개의 작업을 완료하는 데 소요되는 시간이 다음 표에 나타나 있다. 각 작업은 기계 A에서 시작해서 B로 이동하는, 같은 작업순서를 따르게 된다.

    a. 총 완료시간을 최소화하는 작업순서를 결정하라.

    b. a의 결과를 가지고 차트를 그리고, 기계 B의 유휴시간을 계산하라.

    c. a의 결과를 가지고, 마지막 2개의 작업을 쪼개면 B의 유휴시간이 얼마나 줄어드는지 계산하라.

| 작업 | 시간(시) 기계 A | 기계 B |
|---|---|---|
| a | 16 | 5 |
| b | 3 | 13 |
| c | 9 | 6 |
| d | 8 | 7 |
| e | 2 | 14 |
| f | 12 | 4 |
| g | 18 | 14 |
| h | 20 | 11 |

11. 아래 주어진 작업시간을 보라.

    a. 2개의 작업장에서 유휴시간을 최소화하는 작업순서를 결정하라.

    b. 어떤 다른 작업들이 추가되지 않는다고 가정하고, 두 작업장에서의 활동을 차트에 표시하고, 각각의 유휴시간을 계산하라.

| | 작업시간(분) A | B | C | D | E | F |
|---|---|---|---|---|---|---|
| 작업장 1 | 20 | 16 | 43 | 60 | 35 | 42 |
| 작업장 2 | 27 | 30 | 51 | 12 | 28 | 24 |

12. 구두수선 작업은 모든 작업들이 따라야 하는 2단계 순서를 사용한다.

    다음에 열거된 작업 군에 대해

    a. 총 완료시간을 최소화할 순서를 정하라.

    b. 작업장 B의 유휴시간을 결정하라.

c. 쪼개기를 할 수 있는 작업을 정해 보고 그 이유를 설명하라. 그랬을 때 유휴시간과 총 작업시간이 얼마나 줄어들 것인지 계산하라.

| | 작업시간(분) | | | | |
|---|---|---|---|---|---|
| | A | B | C | D | E |
| 작업장 1 | 27 | 18 | 70 | 26 | 15 |
| 작업장 2 | 45 | 33 | 30 | 24 | 10 |

13. 어떤 대장간의 생산관리자는 다음과 같은 일정계획을 수립했다. 모든 작업을 가장 빨리 끝낼 수 있는 일정계획을 수립하라.

| | 절단 | | 세척 | |
|---|---|---|---|---|
| 작업 | 시작 | 완료 | 시작 | 완료 |
| A | 0 | 2 | 2 | 5 |
| B | 2 | 6 | 6 | 9 |
| C | 6 | 11 | 11 | 13 |
| D | 11 | 15 | 15 | 20 |
| E | 15 | 17 | 20 | 23 |
| F | 17 | 20 | 23 | 24 |
| G | 20 | 21 | 24 | 28 |

14. 생산관리자는 그라인딩과 다듬질 공정을 통해 7개의 작업을 처리하는 작업순서를 결정해야 한다. 두 공정에서 같은 작업순서를 사용한다. 목표는 작업들을 두 공정에서 가급적 빨리 이동시키는 것이다. 다듬질 공정의 담당자는 SPT 규칙이 재공품 재고를 최소화시키기 위해 사용되길 원한다.

| | 작업시간(시간) | |
|---|---|---|
| 작업 | 그라인딩 | 다듬질 |
| A | 3 | 6 |
| B | 2 | 4 |
| C | 1 | 5 |
| D | 4 | 3 |
| E | 9 | 4 |
| F | 8 | 7 |
| G | 6 | 2 |

a. 그라인딩 공정에 대해 SPT 규칙으로 일정계획을 수립하라.

b. SPT 규칙을 사용했을 때 그라인딩 공정에서의 흐름시간을 계산하라. 두 공정에서 7개의 작업을 모두 완료하는 데 필요한 총 완료시간은 얼마인가?

c. 두 공정에서 작업들을 모두 완료하는 데 필요한 총 완료시간을 최소화하는 작업순서를 결정하라. 그라인딩 공정의 흐름시간은 얼마인가?

d. 2개의 작업순서결정 대안 간의 상충 관계(trade-offs)에 대해 논의하라. 작업순서 결정에 있어서 관리자가 어떤 점에서 무차별한가?

15. 공정 책임자가 일군의 작업들에 대한 작업장에서의 작업시간을 결정하고 작업순서를 결정하고

자 한다. 다음 정보를 보면서

a. (1) FCFS (2) SPT (3) EDD (4) CR을 활용해서 작업순서를 결정하라. 각 작업순서에 대해 평균 지연시간, 평균 흐름시간, 작업장에 있는 평균 작업의 수를 계산하라. 열거된 순서는 선착순이다.

b. a에서의 결과를 가지고 평균 흐름시간과 작업장 내에 있는 평균 작업의 수가 4개 작업순서 결정규칙에 대해 동일하다는 것을 증명하라.

c. S/O 규칙을 활용해서 작업순서를 결정하라.

| 작업 | 작업시간(일) | 납기 | 잔여 공정 수 |
|---|---|---|---|
| a | 4.5 | 10 | 3 |
| b | 6.0 | 17 | 4 |
| c | 5.2 | 12 | 3 |
| d | 1.6 | 27 | 5 |
| e | 2.8 | 18 | 3 |
| f | 3.3 | 19 | 1 |

16. 다음 표를 가지고 S/O 규칙을 사용해서 작업순서를 결정하라.

| 작업 | 잔여 공정시간(일) | 납기 | 잔여 공정 수 |
|---|---|---|---|
| a | 5 | 8 | 2 |
| b | 6 | 5 | 4 |
| c | 9 | 10 | 4 |
| d | 7 | 12 | 3 |
| e | 8 | 10 | 2 |

17. 작업시간과 납기에 관한 다음 정보를 가지고 (1) FCFS (2) SPT (3) EDD (4) CR을 활용해서 최적 작업순서를 결정하고, 각각에 대해 평균 흐름시간과 평균 지연시간을 결정하라. 작업들은 도착순서에 따라 열거되어 있다.

| 작업 | 작업시간(시간) | 납기(시간) |
|---|---|---|
| a | 3.5 | 7 |
| b | 2.0 | 6 |
| c | 4.5 | 18 |
| d | 5.0 | 22 |
| e | 2.5 | 4 |
| f | 6.0 | 20 |

18. Budd Gear는 자동차회사에서 사용하는 열처리 기어 제조에 특화된 기업이다. 오전 8시에 공장이 문을 열면 5개의 작업이 대기 중이다.

| 주문 | 주문량(단위) | 단위당 열처리 시간(분/단위) | 납기(분, 현재부터) |
|---|---|---|---|
| A | 16 | 4 | 160 |

| 주문 | 주문량(단위) | 단위당 열처리 시간(분/단위) | 납기(분, 현재부터) |
|---|---|---|---|
| B | 6 | 12 | 200 |
| C | 10 | 3 | 180 |
| D | 8 | 10 | 190 |
| E | 4 | 1 | 220 |

a. EDD 규칙이 적용되면 작업순서가 어떻게 되어야 하는가?

b. 평균 지연시간은 얼마인가?

c. 작업장 내에 있는 평균 작업의 수는?

d. 작업지연이라는 면에서 SPT 규칙이 더 나은 결과를 도출할 수 있는가?

19. 다음 표는 3개 작업의 작업준비시간을 나타내는데 그것은 작업순서에 영향을 받는다. 어떤 작업순서가 총 작업준비시간을 최소화하는가?

| | | | 후속 작업의 준비 시간(시간) | | |
|---|---|---|---|---|---|
| | | 준비 시간(시간) | A | B | C |
| 선행작업 | A | 2 | — | 3 | 5 |
| | B | 3 | 8 | — | 2 |
| | C | 2 | 4 | 3 | — |

20. 다음 표는 3개 작업의 준비시간을 나타내는데 그것은 작업순서에 영향을 받는다. 어떤 작업순서가 총 작업 준비시간을 최소화하는가?

| | | | 후속 작업의 준비 시간(시간) | | |
|---|---|---|---|---|---|
| | | 준비 시간(시간) | A | B | C |
| 선행작업 | A | 2.4 | — | 1.8 | 2.2 |
| | B | 3.2 | 0.8 | — | 1.4 |
| | C | 2.0 | 2.6 | 1.3 | — |

21. 다음 표는 4개 작업의 작업준비시간을 나타내는데, 그것은 작업순서에 영향을 받는다. 안전 때문에 작업 C는 작업 A에 이어서 수행될 수 없고 그 반대도 마찬가지다. 총 작업준비시간을 최소화하는 작업순서를 결정하라. (*힌트*: 12가지 대안이 있음.)

| | | | 후속 작업의 준비 시간(시간) | | | |
|---|---|---|---|---|---|---|
| | | 준비 시간(시간) | A | B | C | D |
| 선행작업 | A | 2 | — | 5 | × | 4 |
| | B | 1 | 7 | — | 3 | 2 |
| | C | 3 | x | 2 | — | 2 |
| | D | 2 | 4 | 3 | 6 | — |

22. 어떤 서비스시스템의 계획 투입과 생산 그리고 실제 투입과 생산이 주어져 있을 때, 각 기별 미 충족 수요를 결정하라. 기초 미 충족 수요는 12시간이다. 숫자는 작업의 표준시간이다.

기간

| | | 1 | 2 | 3 | 4 | 5 |
|---|---|---|---|---|---|---|
| 투입 | Planned | 24 | 24 | 24 | 24 | 20 |
| | Actual | 25 | 27 | 20 | 22 | 24 |
| 산출 | Planned | 24 | 24 | 24 | 24 | 23 |
| | Actual | 24 | 22 | 23 | 24 | 24 |

23. 어떤 서비스시스템의 계획 투입과 생산 그리고 실제 투입과 생산이 주어져 있을 때, 각 기별 미 충족 수요를 결정하라. 기초 미 충족 수요는 7이다.

기간

| | | 1 | 2 | 3 | 4 | 5 | 6 |
|---|---|---|---|---|---|---|---|
| 투입 | Planned | 200 | 200 | 180 | 190 | 190 | 200 |
| | Actual | 210 | 200 | 179 | 195 | 193 | 194 |

| | | 1 | 2 | 3 | 4 | 5 | 6 |
|---|---|---|---|---|---|---|---|
| 산출 | Planned | 200 | 200 | 180 | 190 | 190 | 200 |
| | Actual | 205 | 194 | 177 | 195 | 193 | 200 |

24. 다음 작업인력 소요계획에 대해 필요한 최소 작업자의 수를 결정하고, 일정계획을 수립하라. 단 작업자들에게 주기마다 2일 연속 휴가를 한 번씩 허락해야 한다(일요일은 일하지 않음).

| 요일 | 월 | 화 | 수 | 목 | 금 | 토 |
|---|---|---|---|---|---|---|
| 필요 인력 | 2 | 3 | 1 | 2 | 4 | 3 |

25. 일요일은 일하지 않고 작업 주기당 작업자들은 이틀 연속 쉬어야 한다는 조건 아래에서 아래 작업인력소요를 만족시키는 최소 작업자의 수와 일정계획을 수립하라.

| 요일 | 월 | 화 | 수 | 목 | 금 | 토 |
|---|---|---|---|---|---|---|
| 필요 인력 | 3 | 4 | 2 | 3 | 4 | 5 |

26. 일요일은 일하지 않고 작업 주기당 작업자들은 이틀 연속 쉬어야 한다는 조건 아래에서 아래 작업인력소요를 만족시키는 최소 작업자의 수와 일정계획을 수립하라.

| 요일 | 월 | 화 | 수 | 목 | 금 | 토 |
|---|---|---|---|---|---|---|
| 필요 인력 | 4 | 4 | 5 | 6 | 7 | 8 |

## 참고문헌

Goldratt, Eli, and Jeff Cox. *The Goal: A Process of Ongoing Improvement*, 3rd ed. Great Barrington, MA: North River Press, 2012.

Hopp, Wallace J., and Mark L. Spearman. *Factory Physics*, 3rd ed. New York: Irwin/McGraw-Hill, 2007.

Jacobs, F. Robert, William L. Berry, D. Clay Whybark, and Thomas E.Vollmann. *Manufacturing Planning and Control Systems*, 6th ed. New York: Irwin/McGraw-Hill, 2011.

Pinedo, Michael. *Planning and Scheduling in Manufacturing and Services*. New York: Springer, 2005.

# 17 CHAPTER 프로젝트 관리 Project Management

## 학습 목표 Learning Objectives

*이 장을 학습한 후 다음과 같은 능력을 가져야 한다.*

**LO17.1** 프로젝트 수명주기를 설명
**LO17.2** 프로젝트 인력과 관리자의 관점에서 프로젝트의 행동주의적 측면을 논의
**LO17.3** 프로젝트 관리에서 발생하는 6가지 주요 의사결정들을 지목
**LO17.4** 프로젝트 관리에서 작업 분담 구조의 본질과 중요성에 대해 논의
**LO17.5** PERT/CPM 기법에 대한 일반적인 내용을 설명
**LO17.6** 간단한 네트워크 도(network diagram)를 작성
**LO17.7** 확정적 시간을 가지고 네트워크를 분석
**LO17.8** 확률적 시간을 가지고 네트워크를 분석
**LO17.9** 활동 시간단축을 설명하고 전형적인 문제를 풀이
**LO17.10** PERT를 사용할 때의 장점과 잠재적 오류의 원천을 설명
**LO17.11** 위험 관리의 주요 단계를 설명

## 개요 Chapter Outline

Glow Images

프로젝트는 특별한 관리 기법을 요하는 기업 운영의 독특한 측면이다. 더 일상적으로 작동하는 경향이 있는 기업의 많은 다른 측면들과는 달리, 프로젝트는 후버 댐 건설과 같이 관리가 어렵고 도전적인 불확실성과 위험을 내포할 수 있다(위 그림 참조).

프로젝트의 예는 무궁무진하다. 우주 정거장 건설, 거대한 자연 재해가 지난 후 구조나 정리 작업, 그리고 올림픽 개최와 같이 어떤 프로젝트는 거대하다. 상대적으로 규모가 작은 프로젝트도 있는데 영화 제작, 연극 공연이나 뮤직 비디오 제작 등을 예로 들 수 있다. 그들은 예산과 시간 제약을 맞추면서 프로젝트 목적을 달성하기 위한 무대 설계, 무대 건설, 대본 작성, 촬영 팀, 감독들, 배우나 주인공들, 의상, 광고 등에 엄청난 양의 계획과 조정을 포함한다.

올림픽 경기 대회를 생각해 보자. 그들은 축제, 흥분, 국가적인 위신, 그리고 선수들간의 경쟁 이상의 훨씬 많은 것을 포함한다. 그들 모두는 대회 이전과 대회 중에 완수되어야 하는 많은 계획, 준비, 그리고 조정 작업을 포함한다. 선수들이 머무를 공간과 훈련 시설이 준비되어야 하고, 때로는 그들이 경기를 할 공간도 건설되어야 하며, 경기 일정이 준비되어야 하고, 경기 중계방송 협상이 이루어져야 하고, 장비와 인력이 배치되어야 하고, 운송과 숙박시설이 건설되어야 하고, 무대 뒤에서 진행되는 많은 다른 활동들이 잘 진행되도록 계획되고 관리되어야 한다.

MS (Microsoft)사는 정기적으로 새로운 또는 업데이트된 소프트웨어를 출시하는데, 이것은 많은 사람들이 수많은 프로그램을 짜고, 검사하고, 수정하는 작업을 거쳐서 이루어진다. 설계, 생산, 마케팅 활동도 역시 포함되어야 한다. MS사의 명성과 이익은 이러한 성공적인 소프트웨어 개발과 밀접한 관련이 있다.

모든 프로젝트들이 성공적으로 완료되지는 않으며, 실패의 결과는 값비싼 대가를 요구하기도 하며 경우에 따라서는 재난으로 이어지기도 한다. ERP 설치 프로젝트(13장 참조)는 많은 비용이 들고 시간도 많이 소요되는 작업이지만 많은 기업들이 결국 많은 돈과 시간을 허비하고 프로젝트를 종료하고 만다. 막대한 집, 사업장, 농지, 차량, 그리고 인명 피해로 이어지는 댐 붕괴도 다른 예가 될 수 있다.

이 장에서는 프로젝트 관리의 기본 개념을 소개하고자 한다. 그것은 프로젝트 관리자들이 직면하는 어떤 어려움과 함께, 프로젝트 관리의 행동주의적 측면에 대한 논의를 포함한다. 이 장의 많은 부분이 프로젝트를 계획하고 일정을 세우는 도시적이고 계산적인 기법에 대한 설명에 할애된다.

## 17.1 서론

**프로젝트** ▸ 제한된 시간에 특정 목적을 이루기 위해 설계된 독특하고 1회성인 작업

관리자들은 다양한 작업을 감독하게 된다. 이들 중 일부는 미리 정해진 반복적인 활동을 포함하고 다른 일부는 그렇지 않다. **프로젝트**(project)는 후자의 경우이다. 독특한 일회성 작업이 제한된 시간 내에 특정 목적을 이루기 위해 수행된다. 프로젝트의 예는 쇼핑센터 건설, 회사의 합병, 선거 유세의 기획과 실행을 포함한다. 기업 내 프로젝트의 예는 신제품이나 서비스 설계, 광고 설계, 정보시스템 설계, 공정의 획기적 개선, DB 설계, 소프트웨어 개발, 웹페이지 개발을 포함하게 된다.

프로젝트는 많은 비용을 필요로 하는 경우가 있다. 어떤 것은 오랜 시간에 걸쳐서 수행되고, 어떤 것은 신중한 계획과 조정이 필요한 수많은 활동을 포함한다. 대부분은 시간, 비용 그리고 성과 목표에 맞추어서 완료되어야 하는데, 이를 위해서 분명한 목표와 우선순위가 결정되어야 한다. 작업들이 정의되어야 하며, 시간도 추정되어야 한다. 마찬가지로 소요자원과 예산이 준비되어야 한다. 일단 추진되고 나면 진척 상황이 수시로 체크되어야 한다.

프로젝트 접근법은 조직이 자신의 역량을 제한된 시간과 예산 제약 아래에서 특정 목적을 달성하는데 집중할 수 있게 해 준다. 이것은 다른 접근법에 비해 상당한 이점을 가지고 올 수 있다. 그렇지만 프로젝트는 관리자에게 예상치 못한 많은 어려운 문제에 직면하게 한다. 프로젝트 활동을 계획하고 조정하는 문제는 신중하게 계획되어야 하는 수천 개의 활동을 포함하고, 프로젝트가 적절한 비용을 사용하면서 일정에 맞게 잘 진행되고 있는지 체크해야 하는, 규모가 큰 프로젝트에 있어서는 참 어려운 일이 될 수 있다.

프로젝트는 조직에 전략적인 중요도를 가질 수 있다. 예컨대, 훌륭한 프로젝트 관리는 전사적 자원관리(ERP)의 성공적인 구축이나 린 시스템의 도입에 도움을 줄 수 있다. 그리고 훌륭한 프로젝트 관리는 가상 팀들이 작업을 할 때 매우 중요하다.

표 17.1에 프로젝트 관리의 개요가 정리되어 있다.

## 17.2 프로젝트 수명주기

프로젝트의 크기, 길이, 범위는 그것의 본질과 목적에 따라 아주 다양하다. 그럼에도 불구하고 모든 프로젝트들은 공통점을 갖는다. 그들은 다음과 같은 5단계로 구성되는 수명주기를 지니게 된다.

1. **정의.** 이것은 두 부분으로 구성된다. (a) 개념, 조직이 프로젝트의 필요성을 인식하고 고

**표 17.1**
프로젝트 관리 개요

**프로젝트 관리란 무엇인가?** 프로젝트 관리를 위한 팀 접근법
**일반 운영관리와 어떻게 다른가?**
- 시간 제한
- 특수 목적
- 비교적 덜 관료적

**용도**
- 기능적인 관리가 불가능한 특수 요구
- 신제품이나 서비스에 대한 압력, 비용 감소

**주요 이슈**
- 시간
- 비용
- 성과 목표

**주요 성공요인**
- 하향식 관여
- 존경받고 능력있는 프로젝트 관리자
- 계획에 충분한 시간 할애
- 신중한 추적과 통제
- 원활한 의사소통

**주요 관리 이슈**
- 최고 경영층의 책임
  a. 프로젝트 선정
  b. 프로젝트 관리자 선발
  c. 조직 구조 결정
- 조직 대안
  a. 기능 부서 내에서 관리
  b. 조정자(coordinator) 할당
  c. 프로젝트 리더와 매트릭스 조직 활용

**주요 도구**
- *작업 분담 구조(WBS)*: 활동리스트, 순서 그리고 현실적인 예산 개발에 필요한 기본 도구
- *네트워크도*: 프로젝트 기한 추정, 기한 준수에 필수적인 활동 식별, 여유시간이 존재하는 영역 식별, 활동 일정계획 개발에 사용되는 밑그림
- *간트 차트*: 개별활동을 계획하고 평가하는데 사용되는 그림
- *위험관리*: 잠재적 실패와 문제에 대한 분석, 개연성, 결과, 돌발 상황에 대한 계획 평가

객으로부터의 제안에 대해 반응하는 방식이고, (b) 실현가능성 분석, 프로젝트를 수행하는 기대비용, 이익과 위험분석

2. **계획.** 세부작업을 기술하고 필요한 인적자원, 시간 그리고 비용에 대한 예측 제공. 계획 단계에서 작성되는 문서들은 활동들을 안내하고 진척을 체크하기 위해 실행과 평가 단계에서 활용된다. 프로젝트 팀의 멤버들이 선정된다.

3. **실행.** 프로젝트가 실행되는 단계. 이 단계가 프로젝트에 소요되는 시간과 자원의 대부분을 차지하는 경우가 많음. 관리 업무는 프로젝트 관리 기관(www.pmi.org)이 9가지 관리 영역이라고 언급한 것들을 포함한다: 그들은 프로젝트 통합, 범위, 인적 자원, 의사소통, 시간, 위험, 품질, 비용, 그리고 구매이다.

4. **평가와 관리.** 이 단계는 실행 단계와 동시에 발생한다. 이 단계는 계획된 진도와 실제 진도의 비교, 필요한 교정 활동의 수행, 그리고 어떤 교정 활동이 제대로 효과를 내고 있는지에 대한 평가를 포함

5. **마감.** 프로젝트가 완료되는 시점. 여기서는 프로젝트 결과물을 납품하고(프로젝트가 취소되지 않았다는 가정하에), 고객의 인정을 받으며, 배운 점들을 기록하고, 잔여 자원과 설비의 처리가 진행.

위의 단계들은 다음 단계가 시작되기 전에 이전 단계가 완료되지 않을 수 있다는 점에서 중복이 가능하다는 점을 주의해야 한다. 이런 특징은 경쟁우위 확보와 비용절감을 가능케 하면서 수명주기를 통해 이동하는 데 필요한 시간을 줄여준다. 이전 단계에서 결정들이 다음 단계에서의 일부 활동에 낭비를 일으킬 수 있지만 신중한 조정은 그런 위험을 최소화할 수 있다.

그림 17.1은 프로젝트 수명주기의 단계를 보여준다.

## 17.3 프로젝트 관리의 행동주의적인 측면

프로젝트 관리는 제한된 시간과 포함되는 활동의 특이성 때문에 다른 기존활동들에 대한 관리와는 다르다. 이 부분은 프로젝트 관리자의 역할에 초점을 두면서 프로젝트의 본질과 그 행동주의적 특징에 대해 설명한다.

### 프로젝트의 본질

프로젝트가 수명주기를 따라 진행됨에 따라, 다양한 기술적인 요구들이 발생한다. 프로젝트는 수명주기라고 하는 일련의 단계를 통해 수행되는데 프로젝트 정의, 주요활동 수행 그리고 마무리를 포함한다. 수명주기 동안 다양한 기술적인 요구가 발생한다. 그것은 집을 짓는 것과 유사하다. 먼저 아이디어가 제시되고, 실현가능성이 평가된 다음, 설계도가 그려지고, 집주인, 도시건축 위원회의 승인을 얻게 된다. 그러고 나면 기술적인 요구와 함께 대지 정비, 기초 다지기, 골격 세우기, 지붕 얹기, 외벽 시공, 전기배선, 수도 배관, 도색, 목공 작

**그림 17.1**
프로젝트 수명주기

출처: Adapted from Clifford F. Gray and Erik W. Larson, *Project Management: The Managerial Process*, 2nd ed., p. 6. Copyright © 2003 McGraw-Hill Companies, Inc. Used with permission.

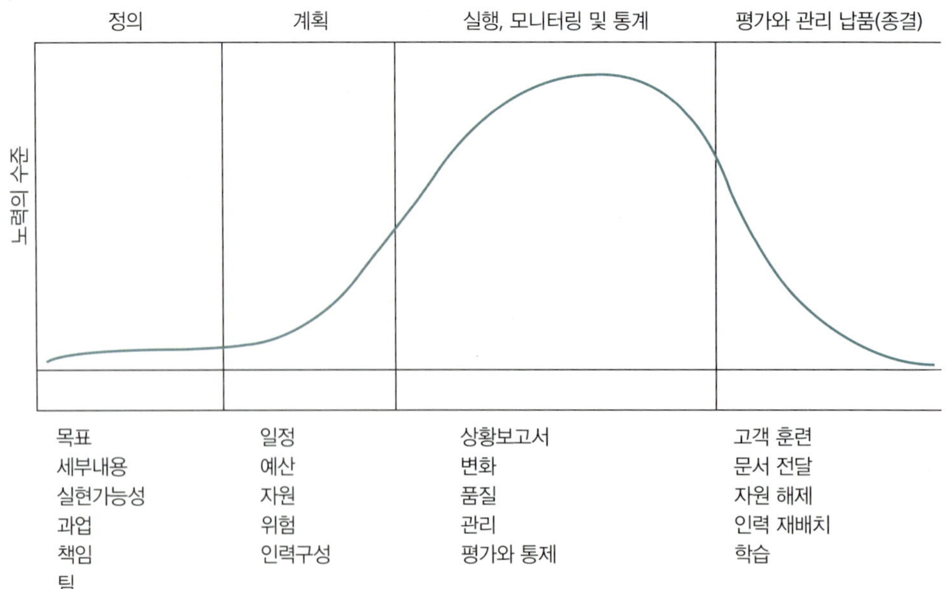

업과 같은 활동을 수행해야 한다. 이와 비슷한 작업이 대규모 건설공사, 연구개발 프로젝트, 우주 항공 프로젝트 등에서 발생한다.

프로젝트는 다양한 기술과 지식을 가진 사람들을 한데 모아서 일을 하게 된다. 어떤 사람들은 프로젝트 내내 참여하기도 하고, 어떤 사람은 일시적으로 참여하고 떠나기도 한다. 어떤 사람들은 그들의 기여가 필요함에 따라 프로젝트를 옮겨 다니며 작업을 하고, 또 어떤 사람들은 그들의 원래 과업으로부터 떠나서 풀 타임이나 파트 타임으로 일한다. 후자의 경우 어떤 프로젝트가 좀 더 전통적인 형태의 조직 내에서 존재할 때 발생한다. 그러나 어떤 조직들은 정규적으로 프로젝트에 관여한다: 예를 들면, 컨설팅 기업, 건축사무실, 작가와 출판사, 그리고 건설회사 등이 그러하다. 이러한 조직들의 경우에, 일부 직원들은 프로젝트들에 그들의 모든 시간을 할애하기도 한다.

어떤 조직들은 기능적인 틀 내부에서 다양한 전문성을 통합할 수 있는 *매트릭스 조직*을 사용하고 있다. 예컨대, 조직들은 제안서를 준비하는 사람, 공정기술에 집중하는 사람, 마케팅에 집중하는 사람 등을 보유한다.

매트릭스 조직에서는 각 기능별 관리자와 프로젝트 관리자가 작업자를 공유한다. 프로젝트 관리자들은 프로젝트에서 일할 사람을 선정하기 위해 각 기능별 관리자와 협상한다. 선정된 사람은 일시적으로 프로젝트에 할당되지만 여전히 원래 업무에 대한 책임을 져야 한다. 프로젝트를 위해 시간제 또는 전일제로 일하다가 프로젝트가 완료되면 그들은 각자의 부서로 복귀하게 된다.

매트릭스 조직은 작업자들이 여러 개의 프로젝트에 관여하고 있다면 2명 또는 그 이상의 관리자와 함께 일할 수 있는 사람들이 있어야 잘 돌아간다. 그것은 다양한 기능별 영역으로부터 차출된 사람들이 프로젝트에서 함께 일할 때 시너지효과를 창출한다. 그러나 어떤 사람들은 그런 환경에서 일을 잘하지 못한다. 매트릭스 조직은 장기적인 관계를 수립하지 못한다. 더 나아가서 한 명의 피고용인에 대해 복수의 관리자를 두는 것이 결국은 피고용인 평가와 인사고과에 불확실성을 일으킬 수 있다.

## 프로젝트 관리에 필요한 주요 의사결정사항

프로젝트 성공의 많은 부분은 일련의 단계에서 수행되는 주요 의사결정에 좌우된다.

- 수행할 프로젝트 선정
- 프로젝트 관리자 선정
- 프로젝트 팀 선정
- 프로젝트 계획과 설계
- 프로젝트 자원의 관리와 통제
- 프로젝트 완료 시점 결정

**수행할 또는 입찰할 프로젝트 선정** 이것은 어느 프로젝트를 수행할지 결정하는 데 사용될 기준을 결정하는 것을 포함한다. 보통 예산, 지식과 기술, 인력의 사용가능성, 비용–편익분석을 포함한다. 물론 자금력, 안전문제, 정부규제와 같은 요소들이 위의 기준들보다 중요할 수 있다.

**프로젝트 관리자 선정** 프로젝트 관리자는 프로젝트의 중심이다. 다음 절에서 이 문제를 다룬다.

**프로젝트 팀 선정** 팀은 프로젝트의 성공과 실패에 영향을 미친다. 중요한 점은 개인의 지식과 기술뿐 아니라 얼마나 협동을 잘하고, 프로젝트에 대한 열정은 어느 정도이며, 다른 프로젝트에 참여하는지, 그리고 다른 프로젝트들이 어떤 프로젝트에 얼마나 방해가 되는지 파악하는 것을 포함한다.

**프로젝트 계획과 설계** 프로젝트 성과 목표, 완료를 위한 시간계획, 프로젝트 범위, 필요한 작업, 작업방법, 소요 자원, 예산 등에 대한 의사결정을 요구한다.

**프로젝트 자원의 관리와 통제** 인적자원 관리, 설비 관리, 예산관리, 프로젝트 성과지표 개발, 진척상황 관리, 필요 시 수정활동 시행을 포함한다. 또한 정보시스템 설계, 작성해야 하는 서류 목록 결정, 서류의 내용과 형식, 서류가 작성되어야 하는 시기와 작성담당자, 업데이트 빈도 등도 필요하다.

**완료 이전에 프로젝트 중단 시기와 여부 결정** 때때로 어떤 프로젝트에 더 이상의 자원을 투입하지 말고 중단하는 것이 나을 때가 있다. 성공 가능성, 중단 비용, 자원의 기회비용 등이 주요 고려 대상이 된다.

## 프로젝트 관리자

프로젝트 관리자는 많은 의무를 지게 된다. 계획 단계에서, 프로젝트 관리자는 납품해야 하는 성과물과 목표를 자세하게 기술하는 범위 명세서를 작성해야 하고, 필요한 기술과 자원을 결정해야 하고, 프로젝트 일정과 예산을 설정해야 하고, 그리고 범위, 일정, 예산, 그리고 품질과 위험을 관리하는 계획을 마련해야 한다.

프로젝트 관리자는 프로젝트의 성패에 대해 최종적인 책임을 진다. 그들은 프로젝트의 목적을 이루기 위해 다른 사람들과 함께 일할 수 있어야 한다. 프로젝트 관리 자 양성기관 (Project Management Institute, PMI)는 프로젝트 관리자를 위한 지식 체계 (Project Management Body of Knowledge, PMBOK) 라는 이름으로 프로젝트를 효과적으로 관리하는데 필요한 10가지 영역의 지식 체계를 개발했는데 다음과 같다.

1. **통합적이고 총체적 관리:** 이는 프로젝트 범위에 대한 명세서를 만들고 프로젝트를 지휘, 관리, 평가라고 변화를 통제할 수 있는 계획을 수립하는 것을 포함
2. **범위 관리:** 이는 프로젝트 범위를 분담하고 작업 분담 구조를 통해 프로젝트를 관리하는 것을 포함
3. **시간/일정 관리:** 이는 작업 정의, 작업 순서 결정, 자원과 지속 시간 추정, 일정 계획, 그리고 일정 관리를 포함
4. **비용 관리:** 이는 자원 소요 계획, 비용 추정, 예산 수립, 그리고 통제를 포함
5. **품질 관리:** 이는 품질 계획, 품질 보증, 그리고 품질 통제를 포함
6. **인적 자원 관리:** 이는 인적 자원 계획, 고용, 그리고 프로젝트 팀의 구성과 관리를 포함
7. **소통 관리:** 이는 의사 소통 계획 수립, 정보 분산, 성과 보고 작업, 그리고 이해 관계자 관리를 포함

8. **위험 관리:** 이는 위험 관리 계획 수립과 위험 인지, 위험 분석(정성적, 정량적), 위험 대처 (행동) 계획 수립, 그리고 위험 추적과 통제를 포함
9. **구매 관리:** 이는 자원 획득과 계약 체결 계획, 판매자의 반응과 선정, 계약 관리, 그리고 마감을 포함
10. **이해 관계자 관리:** 이는 이해 관계자를 파악하고 그들의 이해 관계 수준, 그리고 프로젝트에 미치는 잠재적 영향력을 파악하며; 이해 관계자와 프로젝트 간의 관계와 의사 소통을 관리하고 통제하는 것을 포함

이런 책임들 중 몇 가지는 '프로젝트 관리 삼각형'에 의해 묘사될 수 있다. 그 삼각형은 프로젝트를 좌지우지할 3가지 서로 연관된 제약들을 보여주는데, 비용(예산), 일정, 그리고 범위이다.

프로젝트 관리 삼각형

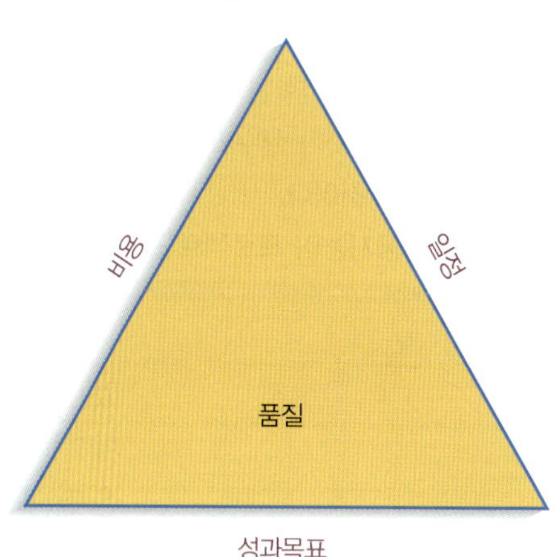


프로젝트를 효과적으로 관리하려면 관리자는 특정 기술을 활용해야 하는데 그것은 팀 구성원들에게 동기를 부여하고 지휘하는 능력, 상충되는 의사결정 사안에 대한 선택 능력, 필요할 때 작업을 추진하는 능력, 위기 상황 대처 능력, 시간과 예산을 관리하는 기술적인 세부사항을 체크하는 능력들이 포함된다. 상당히 잘 정의된 작업을 포함하는 프로젝트의 경우, 위에 열거된 기술들로 충분히 수행할 수 있다. 그렇지 않고 불확실성이 존재하는 프로젝트에 대해서는 강력한 리더십이 필요하게 되는데, 프로젝트 목적에서의 변화까지를 포함한 변화에 대한 적응 능력이 필요하다. 리더로서 프로젝트 관리자는 이러한 문제를 해결할 수 있어야 함은 물론이고, 변화에 대한 필요성을 인식하고 어떤 변화가 필요하며, 그러기 위해서 어떤 작업을 해야 하는지 알고 있어야 한다.

프로젝트 관리자가 하는 일은 어렵다. 그는 기능적인 영역에서 다른 관리자들과 연관되어 있는 사람들을 조직하고 동기를 부여해야 한다. 나아가 프로젝트 참가자들은 관리자가 갖고 있지 않은 전문화된 지식이나 기술을 보유하고 있는 경우가 많은데도 불구하고 관리자는 그들을 지휘하고 평가하게 된다. 프로젝트 관리자는 불확실성으로 둘러싸인 환경에서 일하게 되며, 예산과 시간도 중대한 제약으로 작용한다. 더 나아가서, 프로젝트 관리자는 프로젝트의 목적을 이루는 데 충분한 권한을 가지지 못할 수도 있다. 그럴 경우 관리자는 설득과 협력을 통해 프로젝트 목표를 이루어야 한다.

*윤리적인 문제*가 프로젝트와 관련하여 일어나는 경우가 있다. 예컨대, 비용을 줄이거나 필요한 정보를 숨기라는 유혹, 프로젝트 진척과 관련하여 잘못된 보고를 하게 하려는 압력, 기록 조작, 작업자의 안전 외면, 기준 미달 작업을 인증하려는 시도 등이 존재한다. 이런 경우에 윤리 기준에 대한 준수는 관리자의 책임이고 작업자들은 관리자의 행동에 따라 그들의 행동을 결정하는 경우가 많으므로, 관리자는 윤리 기준 준수에 많은 노력을 기울여야 한다. PMI (Project Management Institute)는 프로젝트 관리자들을 위한 윤리강령과 프로젝트 관리와 관련해 유용한 정보를 제공하는 웹사이트(www.pmi.org)를 개설하고 있다.

프로젝트 관리자의 위치는 조직에서 상당히 높은 위치이다. 그의 직무에 대한 보상은 주로 창의성, 프로젝트의 성공과 관련된 승진과 금전적 보상 그리고 자기만족으로부터 얻어진다.

## 행동주의적 이슈들

비용, 일정, 그리고 품질과 관련된 프로젝트 성과 척도들은 프로젝트가 얼마나 잘 진행되고

## 읽을거리  인공지능이 프로젝트 관리를 도울 것이다

**리사 스펜서**

가트너가 한 새로운 연구는 2030년까지 프로젝트 관리자가 하는 과업들의 80%가 자동화되고 인공지능에 의해 이루어질 것이라고 보고한다. 기술은 기업들과 고객들에게 비슷한 효익을 약속하고 있다. 많은 사람들이 인공지능이 공장에서 자동화와 다른 기술들에 의해 이루어진 것과 비슷한 양상으로 프로젝트를 더 효율적으로 관리하는 길을 열어줄 것으로 믿고 있다.

위의 연구는 인공지능이 사람보다 훨씬 신속하게 데이터를 수집, 분석하고 그 결과를 보고할 수 있다는 점을 발견했다. 엄청난 속도와 정확성을 가지고 규격화된 작업을 수행함으로써 인공지능 프로그램은 프로젝트 관리자가 실수와 위험을 줄이면서 전반적인 결과를 개선할 수 있게 할 것이다.

그러나 인공지능이 프로젝트 관리자들이 더 효율적으로 프로젝트 관리를 하게 해 주긴 하지만 여전히 광고, 프로젝트 계획과 문제해결과 관련한 판단, 그리고 팀 운영과 같은 인간적인 요소들에 대한 고려가 필요하다.

**[질문]**

1. 인공지능 기술이 프로젝트 관리자의 존재를 불필요하게 하거나 구시대적인 것으로 만들 것인가?
2. 프로젝트에서 인공지능의 활용이 고용을 줄일 것인가?

출처: Based on: "AI to Eliminate 80% of Project Management Tasks." IT Web, March 25, 2019, https://www.itweb.co.za/content/wbrp OMgP1O3qDLZn

Alexander, Moira. "Will AI Lead Project Managers to the Unemployment Line?" Tech Republic, March 28, 2019, https:// www.techrepublic.com/article/will-ai-lead-project-managers-tothe- unemployment-line/

있는가를 보여주는 중요한 가늠자들이다. 행동주의적인 척도들 역시 중요하고 절대 간과되어서는 안 된다. 프로젝트를 수행하는 것은 바로 사람들이다. 그러나, 행동주의적인 이슈들은 잘 관리되지 않으면 프로젝트의 성공에 방해가 될 수 있다. 프로젝트 도중 발생하는 돌발사태뿐 아니라 분권화된 의사결정, 시간에 맞게 예산 안에서 프로젝트를 완수해야 하는 스트레스 등이 행동주의적인 이슈들을 일으킬 수 있다.

프로젝트 작업은 보통 팀 단위로 이루어지기 때문에 작업자들은 개인적으로 평가를 받기보다는 프로젝트상에서 팀에 대한 공헌에 의해 평가를 받게 된다. 팀은 하나의 단위로서 작동해야 하며 개인 간 사회적인 기술들이 상호작용 기술들만큼이나 중요하다. 그리고 갈등의 해소 역시 프로젝트 관리자의 중요한 과업 중 하나이다. 어떤 문제들은 필요할 때 주의해서 팀 구성원을 선발하고, 적절한 리더십을 보여주고, 동기부여를 하고, 신뢰하는 분위기를 조성하고, 전문가적인 기질을 보여주고, 팀원들의 노력을 지원해 주는 프로젝트 관리자에 의해 피할 수 있다.

### 프로젝트 챔피언

**프로젝트 챔피언** ▸ 프로젝트를 촉진하고 지원하는 사람

일부 기업들은 조직 내에서 프로젝트를 촉진하고 지원하는 사람을 일컫는 **프로젝트 챔피언**(project champion)을 활용한다. 그들은 프로젝트와 관련지을 수 있는 다른 관리자나 작업자들과 특정 프로젝트에 대해 의견을 교환하면서 프로젝트 관리자의 일을 쉽게 해 준다는 점에서 의미가 있다. 프로젝트 챔피언이 하는 일은 프로젝트의 성공에 아주 중요하므로 프로젝트 팀 구성원들이 그와 의사소통을 원활하게 하는 것도 중요하다고 할 수 있다.

### 인증제도

PMI (Project Management Institute)는 세계적으로 잘 알려진 시험에 기초한 인증 프로그램을 주관한다. PMI는 ISO9001이라는 이름으로 잘 알려진 품질관리 인증을 취득했다. 두 단계의 인증 시스템이 있는데 부 전문가(associate)와 전문가(professional)가 그것이다. 인증을 받기 위해서는 소정의 교육과 경험 요건을 충족해야 하며, 전문가로서의 행동강령을

준수하는데 동의해야 한다. 전문가는 프로젝트 관리원의 평생 인증자격 프로그램을 충족시킴에 의해 프로젝트 관리분야에 지속적인 기여를 해나가야 한다.[1]

### 프로젝트 참여의 허와 실

사람들은 그들이 보유하고 있는 지식이나 능력을 필요로 하는 프로젝트에서 일하게 된다. 그러나 관리자는 그들이 정규적으로 하는 일이 방해를 받고, 일시적으로 하는 일에 익숙해지거나 새 사람을 훈련시켜야 하기 때문에 프로젝트 팀 참가를 꺼리는 경우가 있다. 작업자들 역시 두 명의 상사 아래에서 일해야 하는 프로젝트 팀 참가를 언제나 원하지는 않고, 프로젝트가 실패했을 경우 자신의 경력에 나쁜 영향을 미치지 않을까 하는 두려움을 느낄 수도 있다. 실제로 프로젝트가 실패하고 팀이 해체된 경우 새로운 프로젝트를 찾지도 못하고 전에 소속되었던 부서로 돌아가지도 못한 채 배회하는 경우가 비일비재하다. 이런 일은 긴 프로젝트가 끝난 후에 더 자주 일어나며 팀 멤버가 시간제로 근무하면 조금 덜 발생하는 경향이 있다.

이러한 잠재적 위험에도 불구하고, 사람들은 프로젝트에 수반되는 잠재적 보상을 위해 프로젝트에 참여하는 방향으로 이끌리게 된다. 그 하나는 원래 속해 있던 일상적이고 지루한 환경과 달리 프로젝트를 둘러싼 역동적인 환경이다. 어떤 사람들은 더 역동적인 환경에서 일을 더 잘하는 것처럼 보이는데, 그들은 긴장 속에서 일하고, 새로운 문제를 해결하는 도전을 즐긴다. 또 프로젝트는 새로운 사람들과 만날 수 있는 기회를 제공하고 프로젝트가 성공적이면 미래에 더 좋은 직장을 얻을 수 있는 기회를 제공한다. 더 나아가서 특정 프로젝트와 연결되면 같은 일을 하는 작업자들 중에서 자신의 상태에 대해 알 수 있게 된다. 마지막으로 프로젝트에 참여하게 되면 팀 정신을 자극받게 되고, 도덕성과 프로젝트의 성공적 완수를 위한 동기부여를 받게 된다.

## 17.4 작업분담구조

큰 프로젝트들은 보통 아주 많은 작업을 포함하기 때문에 계획하는 사람은 프로젝트를 완료하는데 얼마나 많은 시간과 비용이 소요되는지 정확하게 추정할 수 있어야 한다. 이는 프로젝트에서 수행되어야 할 작업들을 계층적으로 열거하는 **작업 분담구조**(work breakdown structure, WBS)를 개발함으로써 이루어질 수 있는데, 프로젝트에 필요한 활동들을 식별하는 논리적인 체계를 세우는 것이다(그림 17.2). 이를 위한 첫 번째 단계는 프로젝트의 주요 구성요소를 파악하는 것으로 그림 17.2에 수준 2가 존재한다. 다음 단계는 각 주요 구성요소에 대해 주요 지원활동을 식별하는 것이다(수준 3). 그리고 나서 각 주요 지원활동은 그것을 달성하는 데 필요한 일군의 활동들로 나누어진다(수준 4). 보통 수준 4에는 많은 활동들이 존재하게 된다. 큰 프로젝트들은 더 많은 수준으로 세분화되겠지만, 그림 17.2는 우리에게 작업분담구조의 개념을 이해할 수 있게 해 준다.

**작업 분담구조**
프로젝트 중 수행해야 하는 작업들의 계층적 리스트

훌륭한 작업 분담구조를 개발하는 데는 프로젝트 자체나 프로젝트의 크기와 관련된 불확실성 때문에 많은 시간이나 노력이 들어갈 수 있다. 보통 그것을 개발하는 데 소요되는 시간

[1] www.pmi.org.

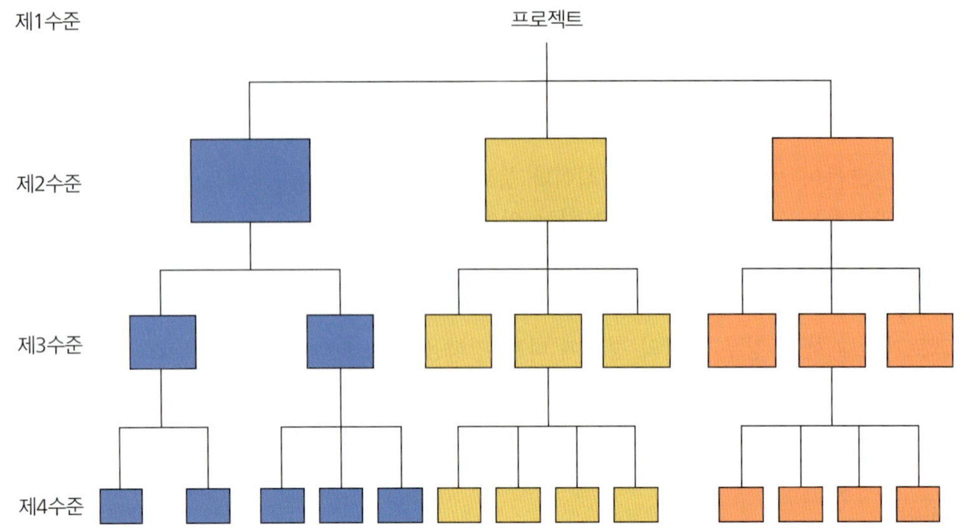


**그림 17.2**
작업 분담구조의 예

은 실제 프로젝트 일정계획을 수립하는 데 소요되는 시간보다 큰 경우가 많다. 작업분담구조는 그 결과물로 나오는 활동 리스트가 프로젝트 계획과 수행을 위한 초점이 된다는 점에서 중요하고, 더 나아가서 프로젝트 시간과 비용 추정을 위한 기초를 제공하기도 한다.

## 17.5 간트 차트를 활용한 계획과 일정계획

간트 차트(16장 참조)는 *간단한* 프로젝트들을 계획하고 일정계획을 수립하기 위해 널리 사용된다. 그것은 우선적으로 프로젝트 활동들을 일정계획하게 하고 나서 예정 진도와 실제 진도를 비교해서 프로젝트 진도를 체크할 수 있게 해 준다. 그림 17.3은 마케팅부서 신설을

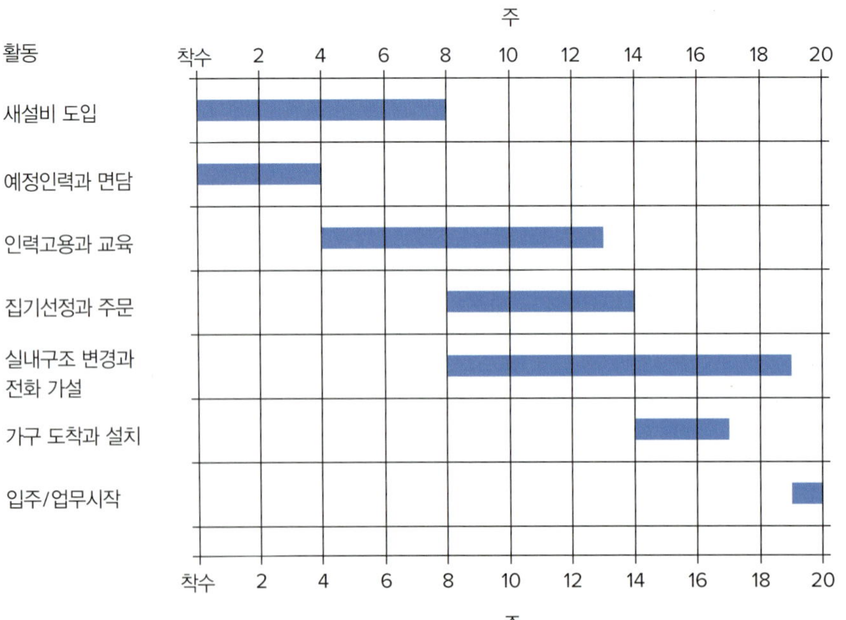


**그림 17.3**
은행의 마케팅부서 신설에서 간트 차트 활용 예

위한 은행의 계획을 간트 차트로 보여 준다. 차트를 그리기 위해 먼저 필요한 주요활동들이 무엇인지 식별해야 한다. 그러고 나서 각 활동을 위한 시간이 추정되고, 활동들의 순서를 결정하게 된다. 일단 완성되면 차트는 어떤 활동이 수행되어야 하고, 얼마나 지속될 것이며, 언제 수행할 것인지를 보여 준다. 프로젝트가 진행됨에 따라 관리자는 어떤 활동은 예정보다 빠르고 어떤 것은 지연되고 있는지 한눈에 알 수 있고, 프로젝트를 예정대로 마무리하기 위해 어떤 것의 속도를 높여야 하는지 주의를 환기시킬 수 있다. 일목요연하게 눈으로 보여 줄 수 있다는 것 외에도 간트 차트의 장점은 단순성이다.

그러나 간트 차트는 효과적인 프로젝트 관리에 중요한 활동 사이의 어떤 관계에 대한 정보를 주지 못한다. 예컨대, 어떤 프로젝트의 선행 활동 중의 하나가 지연되는 경우, 관리자가 어떤 후속 활동에서 지연이 발생하는가를 쉽게 결정할 수 있어야 한다. 반대로 어떤 활동들은 전체적인 프로젝트 일정에 영향을 미치지 않고 안전하게 지연될 수 있다. 간트 차트는 이런 관계를 명시하지 못한다. 복잡한 프로젝트에 대해서 간트 차트는 다음에서 설명하는 *네트워크 도*와 함께 사용되는 경우가 많다.

## 17.6 PERT와 CPM

**PERT** (program evaluation and review technique)와 **CPM** (critical path method, CPM)은 큰 프로젝트를 계획하고 조정하기 위해 폭넓게 사용되는 두 가지 기법이다. PERT와 CPM을 사용하면 다음과 같은 이점이 있다.

- 프로젝트 활동에 대한 그래프를 통한 도시
- 프로젝트 소요시간추정
- 프로젝트 완료 시간 준수를 위해 중요한 활동의 식별
- 전체 프로젝트에 대한 지연 없이 가능한 각 활동의 지연시간추정

PERT와 주 경로법(CPM)은 독립적으로 개발되었지만, 많은 공통점이 있다. 더 나아가서 둘 사이에 원래 존재했던 차이점의 많은 부분은 서로의 특징을 도입하면서 거의 사라졌다. 실제적으로 볼 때, 두 기법은 지금 같은 기법이며, 여기에 기술된 특징과 절차는 PERT 분석뿐 아니라 CPM 분석에도 적용될 수 있다.

### 네트워크 도

PERT와 관련 기법들의 주요 특징 중 하나는 주요 프로젝트 활동들과 그들 간의 선후관계를 기술하는 **네트워크 도**(network diagram) 또는 **선후관계도**(precedence diagram)를 사용한다는 것이다. 네트워크 도를 작성하는 데 있어 2개의 약간 다른 관례가 있는데 **화살표에 활동을 표시하는 경우**(activity-on-arrow, AOA)와 **노드에 활동을 표시하는 경우**(activity-on-node, AON)가 있다. **활동**(activity)은 자원과 *시간*을 소비한다. AOA에서 노드는 **사건**(event)으로 불리는 활동들의 시작과 완료점을 나타낸다. 사건은 시간상의 어떤 점들이다. 활동들과는 달리 어떤 자원이나 시간도 소비하지 않는다. AON에서는 노드가 활동을 나타낸다.

두 가지 관례는 그림 17.3의 간트 차트에서 기술된 은행의 예를 사용하면서 그림 17.4에 나타나 있다. 둘을 비교하면, AOA에서는 화살표가 활동을 나타내며, 활동들이 수행되는 순

**PERT**
큰 프로젝트를 계획하고 조정하기 위한 기법

**CPM**
큰 프로젝트를 계획하고 조정하는 주공정로 관리기법

**네트워크 도(선후관계도)**
화살표나 노드를 사용해서 프로젝트 활동들이 연속적인 관계를 표시하는 그림

**화살표에 활동을 표시하는 경우**
활동을 화살표에 표시하는 네트워크 도의 작성 관례

**노드에 활동을 표시하는 경우**
활동을 노드에 표시하는 네트워크 도의 작성 관례

**활동**
자원이나 시간을 소비하는 프로젝트 단계

**사건**
화살표에 활동을 표시하는 경우에 노드에 의해 지명된 활동들의 시작과 끝

**그림 17.4** 네트워크 도를 활용한 일정계획 예

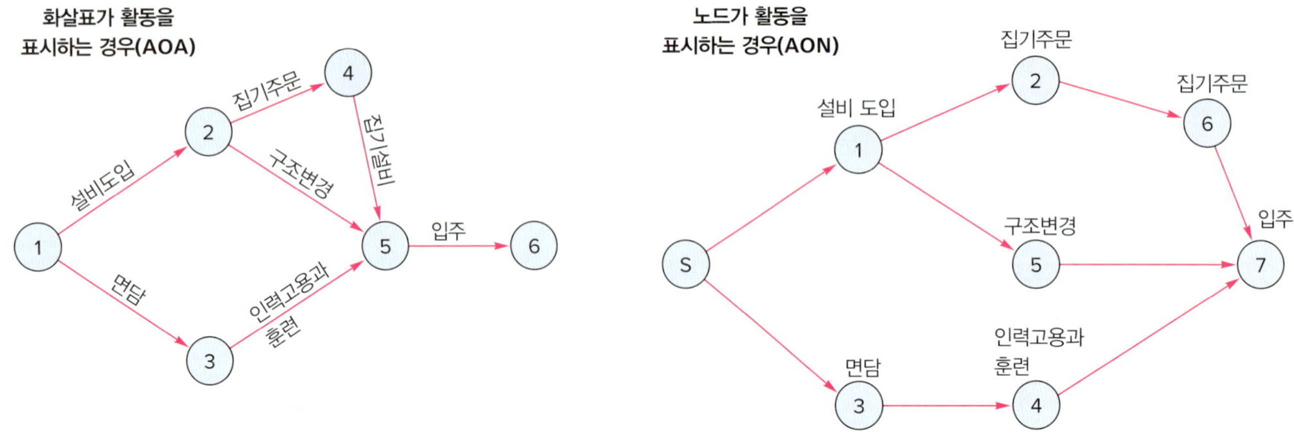


서를 보여 준다. AON에서는 화살표는 단지 순서만을 나타내며, 노드가 활동을 표시한다. AOA에서 활동은 그것이 시작되고 끝나는 점에 의해 표시되는 경우와 화살표에 할당되는 문자에 의해 표시되는 경우의 두 가지로 표시될 수 있다. AON에서 활동은 노드에 할당된 문자에 의해 표시되게 된다.

두 방법이 약간 다르긴 하지만 그래도 간트 차트가 보여 주지 못하는 선후관계를 공통적으로 보여 준다. AON은 시작 노드인 S가 있는데, 이는 실제 활동은 아니고 시작을 나타내기 위해 첨가되는 노드이다. 이런 차이에도 불구하고 두 관례는 아주 비슷하고 두 방법이 모두 폭넓게 사용된다. 조직은 어느 하나를 선택해서 일관성 있게 사용해야 한다.

**경로** ▸ 시작 노드에서 완료 노드로 이어지는 활동의 연속

관리자에게 중요한 것은 네트워크 도에 있는 경로들이다. **경로**(path)는 시작 노드로부터 끝 노드에 이르는 연속적인 활동을 말한다. 예컨대, AOA 그림에서 1-2-4-5-6이 하나의 경로이고, AON 그림에서는 S-1-2-6-7이 하나의 경로가 된다. 두 그림을 보면 세 개의 경로가 나오는데 경로가 중요한 첫 번째 이유는 활동들의 *선후 관계*를 알 수 있게 해 준다는 것이다. 선후 관계의 중요도는 계속해서 강조되어 왔다. 연속선상에 있는 한 활동이 지연되거나 부정확하게 수행된다면 후속 활동의 시작도 지연되게 된다.

경로에서 다른 중요한 점은 경로의 길이이다. 하나의 연속된 활동을 수행하는 데 시간이 얼마나 걸리는가? 경로의 길이는 그 경로에 있는 활동들의 기대 시간의 총합으로 계산된다. 가장 긴 경로는 프로젝트 완료 시점을 결정하기 때문에 중요하다. 더욱이 가장 긴 경로에서 지연이 있게 되면 프로젝트 완료 시점도 그만큼 늦어지게 된다. 프로젝트의 빠른 수행을 가능하게 하려면 가장 긴 시간이 걸리는 경로에 집중해야 한다. 가장 긴 시간이 걸리는 경로의 영향력 때문에 길이가 가장 긴 경로를 **주 공정로**(critical path, 또는 주 경로)라고 하고, 주 공정로(경로)를 구성하는 활동을 **주 공정로(경로) 활동**(critical activities)이라고 한다.

**주 공정로** ▸ 가장 긴 경로

**주 공정로 활동** ▸ 주 공정로 상에 있는 활동

**여유** ▸ 어떤 경로에서 허용 가능한 여유시간, 어떤 경로의 길이와 주 경로의 길이 사이의 차이

주 공정로보다 짧은 경로들은 어느 정도의 시간적 지연이 허락될 수 있고, 전체 프로젝트와 주 공정로에 큰 영향을 미치지 않는다. 이렇게 약간의 지연이 허락되는 경로를 **여유**(slack) 경로라고 한다. 그리고 이것은 주 공정로와 그렇지 않은 경로의 차이를 보여 준다. 주 공정로에서는 여유가 존재하지 않는다.

## 네트워크 관례

네트워크 도를 개발하고 해석하기 위해서는 네트워크 관례들을 숙지해야 한다. 표 17.2는

네트워크 도에 나타나는 가장 기본적이고 기초적인 것들에 대해 설명한다. 이것은 선후 관계도와 관련된 기본적인 개념을 이해할 수 있는 배경을 마련해 줄 것이며, 전형적인 문제를 해결할 수 있도록 해 준다.

AOA 그림에서 관계를 명확히 하기 위해 자주 사용되는 특수한 특징은 *더미*(*dummy*) *활동*이다. 선행 활동 리스트를 가지고 AOA 기법에서 더미 활동을 사용할 필요성을 인지하려면, 바로 선행하는 활동의 리스트를 조사해야 한다. 여러 가지 활동이 통합적으로 있는 예를 보면, 아래에 있는 *a*, *b*라는 것이다. 만약 *a*나 *b*가 목록에서 분리되어 있다면 표 17.2에서 보듯이 관계를 명확하기 위해서 더미라는 것이 필요하게 된다.

| 활동 | 직전 작업 |
|---|---|
| a | — |
| b | — |
| c | a, b |
| d | b |

다음에 두 개의 AOA 관례들이 더 있다.

참고로, 노드 들은 좌에서 우로 순차적으로 번호가 매겨져 있으며, 아래 그림처럼 이전 노드에 작은 숫자가 할당되고 나중 노드에 큰 숫자 할당되는 형태로 흐름이 진행된다.

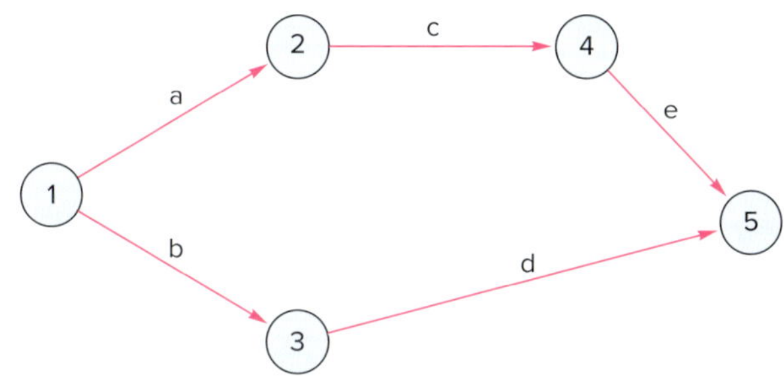


아래에서 처럼 시작 화살표와 끝 화살표는 좀 더 명확한 네트워크를 개발하기 위해 사용된다.

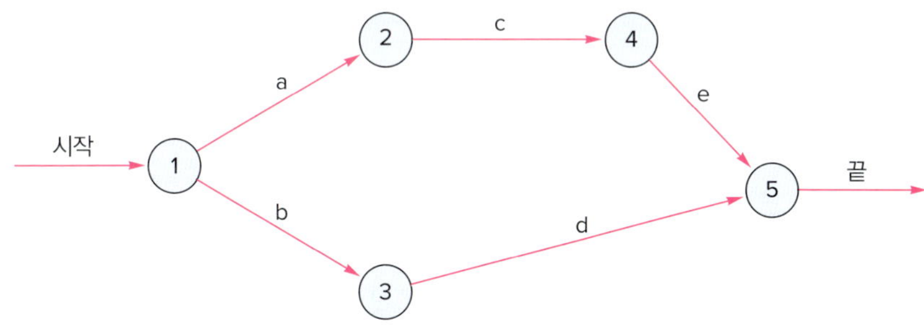


## 17.7 확정적 시간추정

PERT와 CPM 네트워크가 해석되고, 분석되는 방법을 결정하는 요인은 활동을 위해 소요되는 시간의 추정이 *확률적*인가 아니면 *확정적*인가 하는 것이다. 추정 값이 실제 소요되는 시간과 일치하면 그 추정을 **확정적**(deterministic)이라고 말하고, 실제 시간이 상황에 따라 변

**확정적 시간추정**
상당히 확실한 시간추정

**표 17.2** 네트워크 관례

| 활동이 화살표에 표시되는 경우(AOA) | 해석 | 활동이 노드에 표시되는 경우(AON) |
|---|---|---|
| | 활동들은 순서대로 완료되어야 함. *a*가 먼저, 그리고 나서 *b* 그리고 *c* | |
| | *a*와 *b*는 *c*가 시작되기 전에 완료되어야 함 | |
| | *a*는 *b*나 *c*가 시작되기 전에 완료되어야 함 | |
| | *a*와 *b*는 *c*나 *d*가 시작되기 전에 완료되어야 함 | |
| 더미 활동 | 관계를 명확히 하기 위해 더미 활동이 추가됨<br>1. 같은 시작노드와 완료노드를 가지는 두 활동을 분리할 때 | (더미가 필요 없음) |
| | 2. 활동들이 모두는 아니지만 일부 선행 활동을 공유할 때<br>*a*와 *b*가 *c*에서 합쳐짐을 주지하라. | (더미가 필요 없음) |

**확률적 시간추정** ▸ 변동성을 허락하는 시간추정

동성이 크면 그 추정을 **확률적**(probabilistic)이라고 말한다. 확률적 시간추정은 변동 가능성에 대한 평가를 포함해야 한다.

이 절에서는 확정적인 시간추정에 따라서 네트워크를 분석해 보고, 다음 섹션에서 확률적 추정을 다루게 된다.

네트워크 분석을 하는 좋은 방법 중 하나는 간단한 예를 생각해 보는 것이다.

**예제 1**

mhhe.com/stevenson14e

**주 공정로를 찾아내고, 확정적 시간에 대한 프로젝트 지속 시간과 여유시간 계산**

그림 17.4와 17.5에 있는 은행 네트워크에 대한 추가적인 정보가 아래에 주어져 있다. 다음을 결정하라.

a. 각 경로의 길이

b. 주 공정로

c. 프로젝트의 예상 길이

d. 각 경로의 여유시간 총량

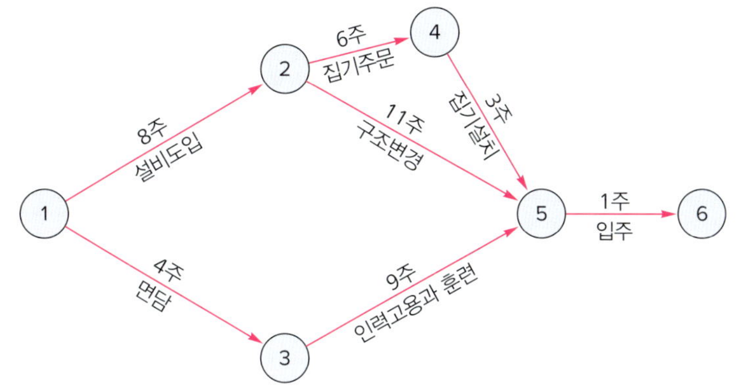


그림 17.5
활동이 화살표에 표시되는 그림 (AOA)

풀이

a. 아래 표에 의하면 각 경로의 길이는 18주, 20주 그리고 14주이다.
b. 경로 1-2-5-6이 가장 긴 경로(20주)이며, 이것이 주 공정로이다.
c. 프로젝트의 예상 길이는 주 공정로의 길이와 같다.
d. 표의 맨 아래 줄에서 볼 수 있듯이 여유시간의 양은 주 공성로의 길이에서 각 경로의 길이를 뺀 것으로 계산할 수 있다(때때로, 활동과 관련된 여유 시간을 아는 것이 필요할 때가 있다. 다음 섹션에서 여유 시간을 구하는 방법을 보여 준다).

| 경로 | 길이(주) | 최장경로와의 차이 |
|---|---|---|
| 1–2–4–5–6 | 8 + 6 + 3 + 1 = 18 | 20 − 18 = 2 |
| 1–2–5–6 | 8 + 11 + 1 = 20* | 20 − 20 = 0 |
| 1–3–5–6 | 4 + 9 + 1 = 14 | 20 − 14 = 6 |

*주 공정로의 길이

## 17.8 계산 알고리즘

실제 많은 프로젝트 네트워크는 앞서 보여 준 예보다 길다. 그들은 심지어 수백 개나 수천 개의 활동을 포함할 때도 있다. 필요한 계산식이 엄청나게 복잡하고, 많은 시간을 소비하기 때문에 컴퓨터를 활용해서 계산하기도 한다. 관리자들은 네트워크 활동에 대한 네 개의 정보들을 만들어내기 위해서 특정 알고리즘을 사용한다.

ES: 활동을 시작할 수 있는 가장 빠른 시간, 앞선 모든 활동이 최대한 빨리 시작된 것을 가정한다.
EF: 활동을 끝낼 수 있는 가장 빠른 시간
LS: 활동을 시작할 수 있고, 프로젝트를 지연하지 않는 가장 늦은 시간
LF: 활동을 끝낼 수 있고, 프로젝트를 지연하지 않는 가장 늦은 시간

일단 위의 값들이 결정되면 다음 정보들을 얻을 수 있다.

1. 예상되는 프로젝트 지속시간
2. 여유 시간
3. 주 공정로

### 활동이 화살표에 표시되는 경우

아래 나오는 세 가지 예들은 앞서 예제 1에 그린 선후 관계도를 사용해서 위의 값들을 계산하는 방법을 설명해야 한다.

**예제 2**

mhhe.com/stevenson14e

**가장 이른 시작 시간과 완료 시간 계산**

그림 17.5에서 나타나는 그림에 대한 활동들에 대해 ES와 EF를 계산하라.

**풀이**

양쪽 활동의 끝 점에 '꺾쇠' 표시를 하라.

아래서 보는 것과 같이 모든 활동의 양쪽 끝 꺾쇠 표시를 한 곳에 ES와 EF를 표시하라.

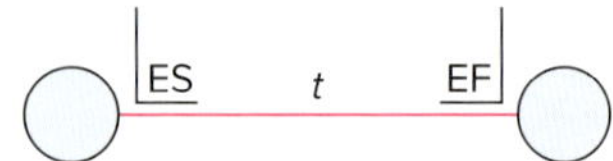


모든 활동에 대해서 이렇게 하고, 왼쪽에서 시작해서 오른쪽으로 이동해가라.

각각의 활동에 ES가 결정되면, EF는 활동시간을 더함으로써 구할 수 있다.

시작점의 ES는 0으로 표시하라. 그리고 활동 1-2와 1-3은 ES값이 0으로 된 것에 적용받는다. 이러한 계산식은 각각에 적용된다.

$EF_{1\text{-}2} = 0 + 8 = 8$과 $EF_{1\text{-}3} = 0 + 4 = 4$

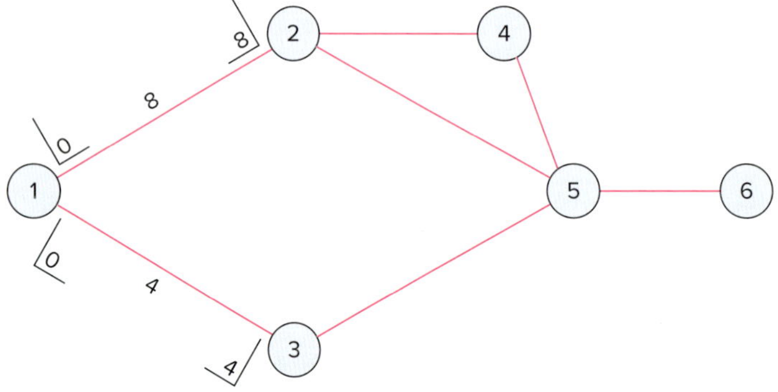


EF 시간은 그림에서 ES 시간에서 다음 활동까지의 시간을 말한다. 그러므로 활동 1-2는 EF 시간 8을 가지고 있고, 2-4, 2-5 두 활동 모두 ES 시간이 8이 된다. 같은 방식으로 활동 3-5는 ES 시간이 4이다.

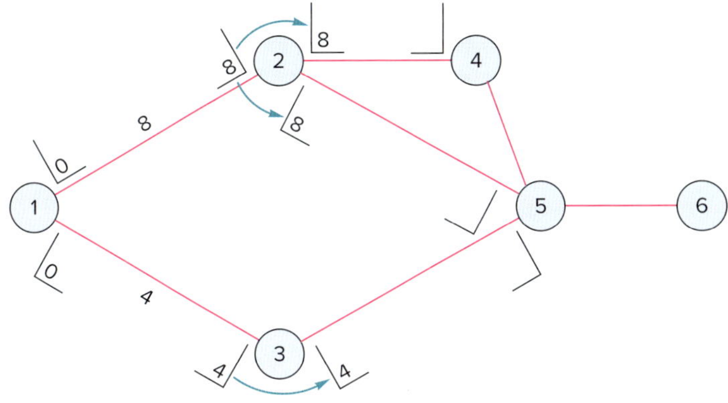


이들 활동의 EF 시간에 대한 계산은 다음과 같다.

$EF_{2\text{-}4} = 8 + 6 = 14$; $EF_{2\text{-}5} = 8 + 11 = 19$; 그리고 $EF_{3\text{-}5} = 4 + 9 = 13$

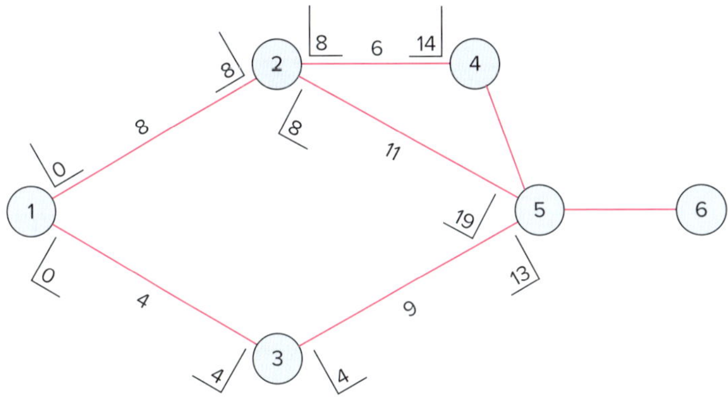


활동 4-5에 대한 ES 시간은 활동 2-4의 EF 시간이다. 그러므로 14이다. 이와 같은 방법으로 활동 4-5의 EF 시간은 17이다; EF4-5 = 14 + 3 = 17

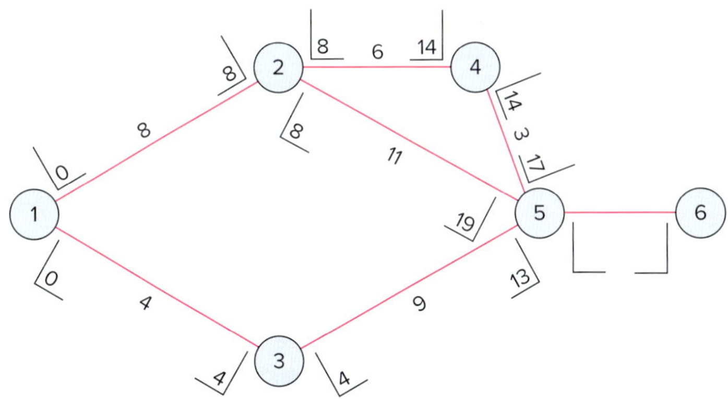


활동 5-6에 대한 ES 시간을 구하기 위해서 우리는 활동 5-6의 선행활동들이 모두 완료되기 전까지는 활동 5-6을 시작할 수 없다는 점을 인식해야 한다. 그러므로 활동 5-6의 선행활동들의 EF 시간 중 *가장 큰* 시간이 활동 5-6의 ES 시간을 결정한다. 그러므로 활동 5-6의 ES 시간은 19가 된다.

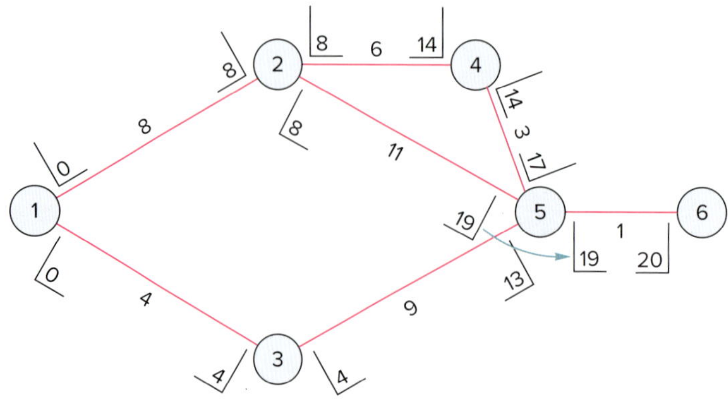


그러면 마지막 활동 5-6의 EF 시간이 20이다; $EF_{5\text{-}6} = 19 + 1 = 20$. 가장 마지막 활동의 EF 시간이 프로젝트 지속시간이다. 그러므로 예상되는 프로젝트의 길이는 20주가 되는 것이다.

ES 시간과 EF 시간을 계산하는 것은 두 가지 간단한 규칙에 의해 도움을 받는다.

1. 어떤 활동이든지 EF 시간은 ES 시간에 기대 소요시간을 더하면 된다.

$$EF = ES + t \tag{17-1}$$

2. 화살표가 나가는 노드의 ES 시간은 들어가는 화살표의 노드의 EF 시간과 같다. 여러 화살표가 들어오는 경우, 화살표가 나가는 노드의 ES 시간은 들어오는 화살표의 EF 시간 중 가장 큰 것과 같다.

LS 시간과 LF 시간을 계산하는 것 역시 두 가지의 간단한 규칙에 의해 도움을 받는다.

1. 모든 활동의 LS 시간은 LF 시간에서 기대소요시간 t를 뺀 것과 같다.

$$EF = ES - t \tag{17-2}$$

2. 한 화살표가 떠나는 노드에서, 들어오는 화살표의 LF 시간은 나가는 화살표의 LS 시간과 같다. 여러 가지 화살표가 나가는 노드에서, 들어오는 화살표의 LF 시간은 나가는 화살표 중 가장 작은 LS 시간과 같다.

ES 시간과 EF 시간을 찾는 것은 네트워크의 *앞쪽에서 뒤쪽으로* 이동하는 것과 같으며, LS 시간과 LF 시간을 찾는 것은 네트워크의 *뒤쪽에서 앞쪽으로* 이동하는 것과 관련된다. 그러므로 마지막 활동의 EF 시간을 마지막 활동의 LF로 사용해야 한다. 그러면 마지막 활동의 LS 시간은 LF 시간에서 기대소요시간 $t$를 차감함으로써 구할 수 있다.

### 계산 알고리즘을 위한 규칙들

(*주의*: 어떤 ANO 그림에 대해, 시작 노드나 마지막 노드가 시간 정보를 가지고 있지 않다면 그들을 무시하라.)

**전진 경로**

각 경로에 대해, 그림의 왼쪽 편에서 시작하고 오른쪽으로 진행하라.

각 시작 활동에 대해: ES = 0.

각 활동에 대해: ES + 활동 시간 = EF.

후속 활동에 대해: ES = 선행 활동의 EF.

*노트*: 어떤 활동이 여러 개의 선행 활동을 가진다면, 그것의 ES는 선행 활동 중 가장 큰 EF와 같다.

**후진 경로**

각 경로에 대해, 그림의 오른쪽 편에서 시작하고 왼쪽으로 진행하라.

모든 마지막 활동들의 LF는 가장 큰 EF와 같다.

각 활동에 대해: LS = LF − 활동 시간.

선행 활동에 대해: LF = 후속 활동의 LS.

*노트*: 어떤 활동이 여러 개의 후속 활동을 가진다면, 그것의 LF는 선행 활동 중 가장 작은 LS와 같다.

**예제 3**

eXcel mhhe.com/stevenson14e

### 가장 늦은 완료 시간과 시작 시간을 계산

예제 2에서 사용된 그림을 이용해 LF 시간과 LS 시간을 구하여라.

**풀이**

LS 시간과 LF 시간을 그림의 끝에 있는 꺾쇠에 표시하여라.

마지막 활동의 LF 시간과 그 활동의 EF 시간이 같다고 생각하고,

$LF_{5\text{-}6} = EF_{5\text{-}6} = 20$주

활동 5-6의 LF 시간에서 t를 차감하여 LS 시간을 구한다.

$LS_{5\text{-}6} = LF_{5\text{-}6} - t = 20 - 1 = 19$

이것을 그림에 표시하면

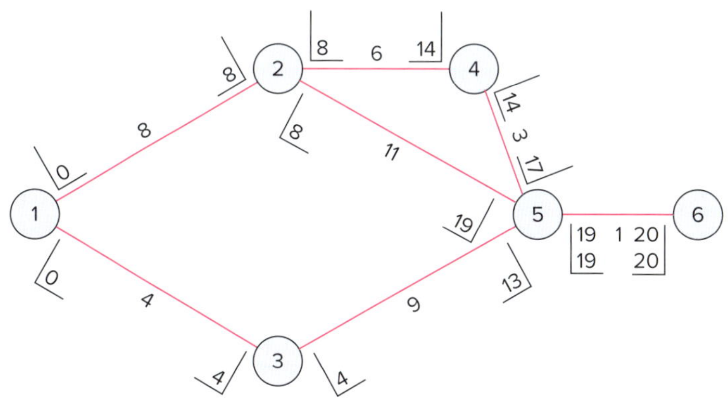


활동 5-6에 대한 19주의 LS 시간은 활동 5-6에 선행하는 모든 활동의 LF 시간이 된다. 이것은 각각의 그 활동들에 대한 LS 시간을 규정해 준다. LF 시간에서 각 활동의 기대소요시간 *t*를 빼서 각 활동의 LS 시간을 구하라. 활동 3-5에 대한 LS시간은 19 − 9 = 10.

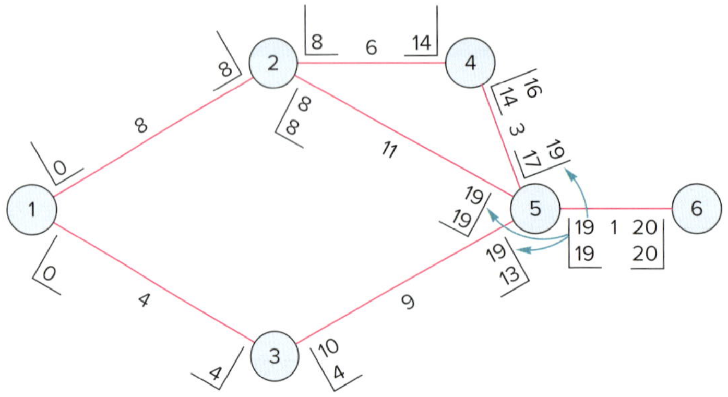

다음으로, 활동 4-5에 대한 LS 시간은 16이다. 이것은 활동 2-4의 LF 시간이 되고, 활동 3-5의 LS 시간은 10이 되고, 이는 활동 1-3에 대한 LF 시간이 된다. 이와 같은 식을 활용하면, 모든 활동의 LF 시간에서 기대소요시간 $t$를 빼면 LS 시간을 구할 수 있음을 알게 된다.

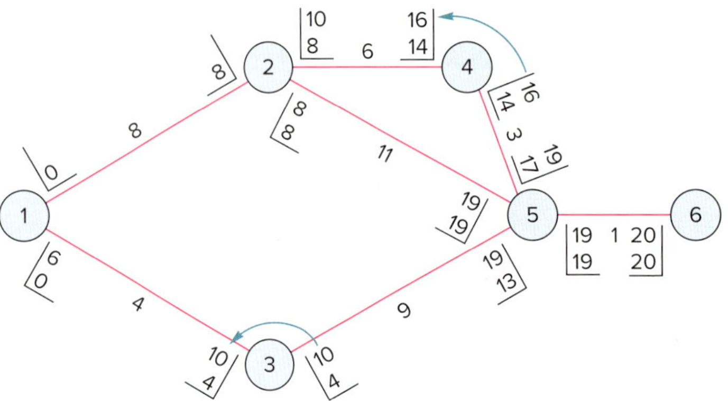

활동 1-2의 LF 시간은 활동 1-2 다음의 활동 2-4, 활동 2-5의 LS 시간 중에서 *더 작은* 값이다. 그러므로 활동 1-2의 LF 시간은 8이 된다. 더 작은 시간을 사용해야 하는 이유는 활동 1-2는 따라오게 되는 다른 활동들의 LS 시간보다 늦게 되면 안 되기 때문이다.

활동 1-2에 대한 LF 시간이 정해지면, LF 시간 8로부터 기대소요시간 $t$를 빼서 LS 시간을 구하라. 그러므로 LS 시간은 0이 된다.

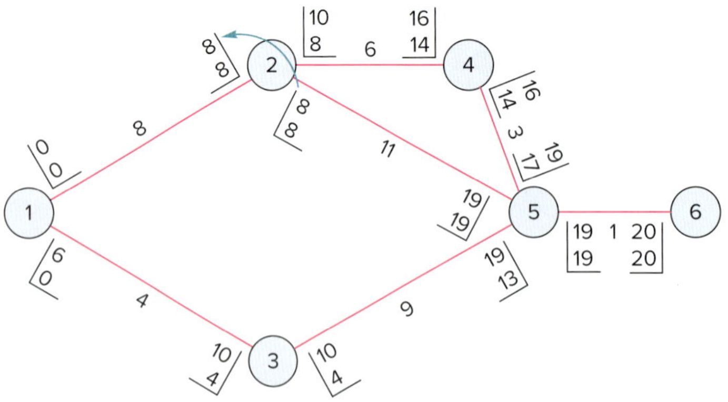

## 활동이 노드에 표시되는 경우

계산 알고리즘은 AON에서도 똑같은 형식으로 수행된다. 그림 17.6은 AON 그림을 보여 준다. 그리고 그림 17.7의 A, B 그리고 C는 계산 알고리즘을 보여 주고 있다.

## 여유시간 계산

여유시간은 두 가지 방식으로 계산될 수 있다:

$$\text{여유시간} = LS - ES \text{ 또는 } LF - EF \quad (17\text{-}3)$$

이 알고리즘의 계산을 위해 사용하는 주 공정로는 여유시간이 0이 되는 경로이다. 그래서 예제 4의 표는 활동 1-2, 2-5와 5-6이 모두 주 공정로 활동(주요활동)들임을 나타낸다. 그것은 예제 1에서 보여준 직관적인 접근법의 결과와 같다.

여유시간을 알면 불충분한 자원들의 배분을 계획하고 프로젝트가 지연되는 것을 막을 수 있는 통제를 보다 효과적으로 지휘할 수 있게 된다. 이와 관련하여 활동의 여유시간은 같은

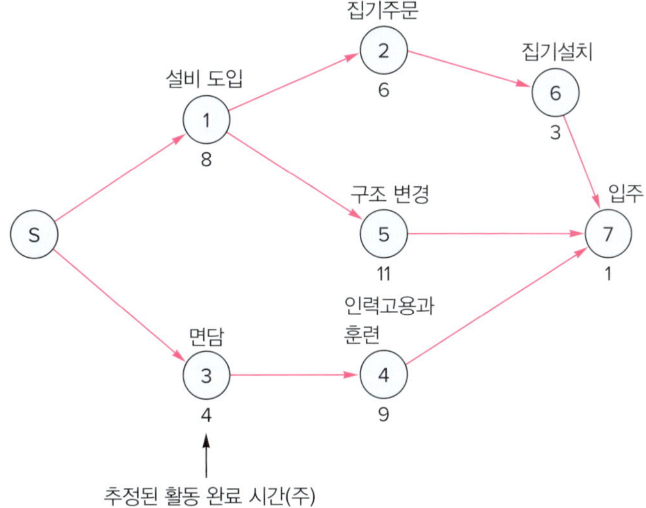


그림 17.6
활동이 노드에 표시되는 그림 (AON)

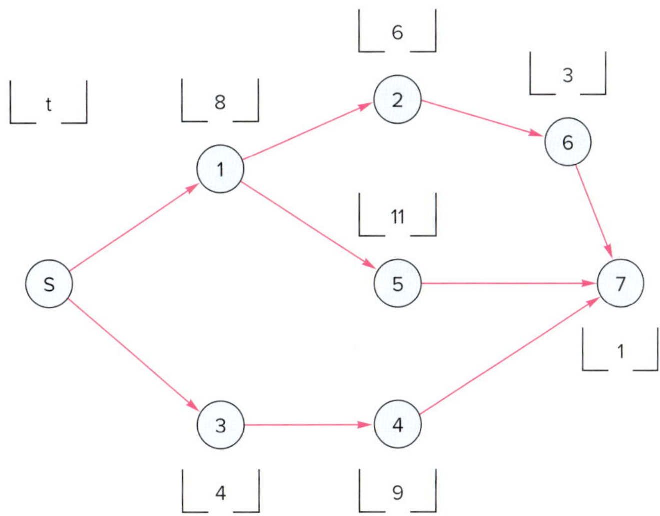


그림 17.7A
꺾쇠가 추가된 활동이 노드에 표시되는 그림

**그림 17.7B**
전진 패스

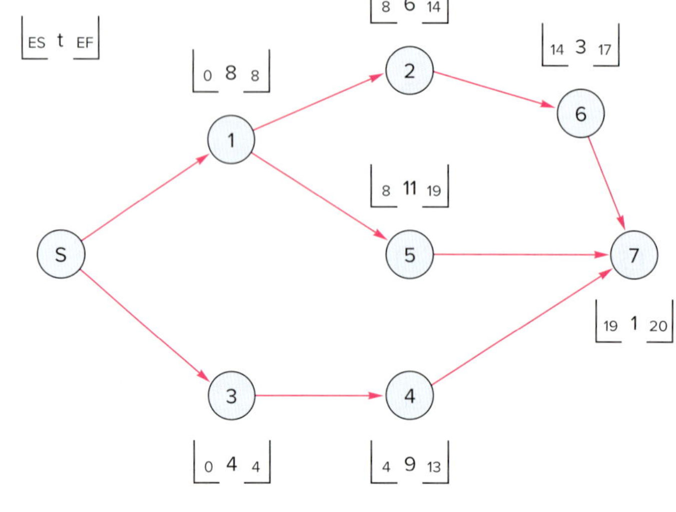


**그림 17.7C**
후진 패스

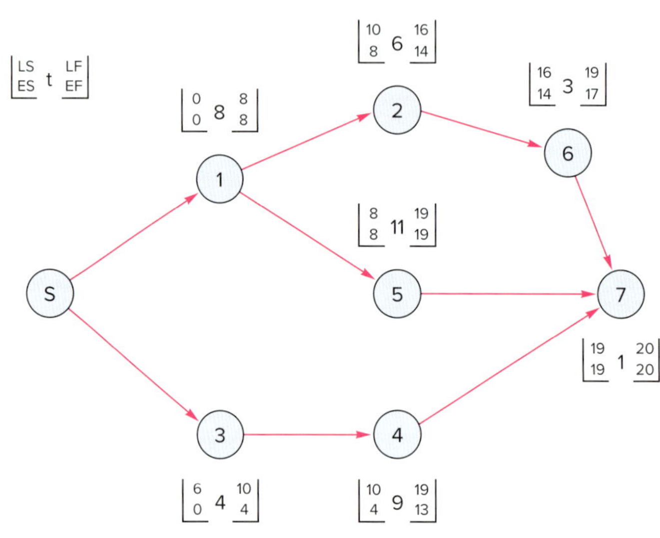


경로에 있는 모든 활동들이 가능한 빨리 시작되고 기대소요시간을 초과하지 않는다는 가정하에서 계산하게 된다. 같은 경로에 두 활동들이 속해 있고(예컨대, 이전의 예제의 활동 2-4와 4-5), 그리고 동일한 여유시간을(예컨대, 2주) 가진다면 이것은 두 활동 모두가 이용할 수 있는 총 여유시간이 될 것이며, 본질적으로 이 활동들은 *여유시간을 공유*하게 된다. 그러므로 만일 첫 번째 활동이 모든 여유시간을 사용해 버리면 다음 활동들은 여유시간을 사용하지 못하게 된다.

**예제 4**

mhhe.com/stevenson14e

### 여유시간 계산

앞선 예제를 위한 여유시간을 계산하라.

**풀이**

시작 시간과 완료 시간을 사용하여 계산한다. 시작 시간을 선택한다고 가정해 보자. 예제 2에서 계산했던 ES와 예제 3에서 계산했던 LS를 사용해서 계산한 여유시간은 다음과 같다.

| 활동 | LS | ES | (LS − ES) 여유시간 |
|---|---|---|---|
| 1-2 | 10 | 10 | 0 |
| 1-3 | 16 | 10 | 6 |
| 2-4 | 10 | 18 | 2 |
| 2-5 | 18 | 18 | 0 |
| 3-5 | 10 | 14 | 6 |
| 4-5 | 16 | 14 | 2 |
| 5-6 | 19 | 19 | 0 |

여유시간이 0인 활동들이 주 공정로 상에 있어야 하므로 주 공정로는 1-2-5-6이다.

앞에서 설명한 것처럼, 이 문제를 해결하기 위한 알고리즘은 컴퓨터의 사용에 의해 도움을 받을 수 있다. 이 문제를 컴퓨터를 사용해서 풀고 그 결과물을 출력하면 표 17.3에 있는 것과 비슷한 모양을 갖게 된다.

**표 17.3**
컴퓨터에 의한 계산결과

| | | 일정 | | | | |
|---|---|---|---|---|---|---|
| | | 이른 시간 | | 늦은 시간 | | |
| 활동 | 시간 | ES | EF | LS | LF | 여유시간 |
| 1-2 | 8.00 | 0.00 | 8.00 | 0.00 | 8.00 | 0.00 |
| 1-3 | 4.00 | 0.00 | 4.00 | 6.00 | 10.00 | 6.00 |
| 2-4 | 6.00 | 8.00 | 14.00 | 10.00 | 16.00 | 2.00 |
| 2-5 | 11.00 | 8.00 | 19.00 | 8.00 | 19.00 | 0.00 |
| 3-5 | 9.00 | 4.00 | 13.00 | 10.00 | 19.00 | 6.00 |
| 4-5 | 3.00 | 14.00 | 17.00 | 16.00 | 19.00 | 2.00 |
| 5-6 | 1.00 | 19.00 | 20.00 | 19.00 | 20.00 | 0.00 |

주 공정로 순서는

| 시작노드 | 완료노드 | 시간 |
|---|---|---|
| 1 | 2 | 8.00 |
| 2 | 5 | 11.00 |
| 5 | 6 | 1.00 |
| | | 20.00 |

## 17.9 확률적 시간추정

지금까지의 논의는 활동 소요시간들이 고정되어 있다고 가정하고 이루어졌다. 이 가정은 제한된 상황에서 존재할 수 있지만 실제로는 그렇지 않은 경우가 더 많다. 그런 경우에는 확률적인 방법의 사용을 필요로 한다.

아래와 같이 확률적인 방법은 각 활동을 위해 하나가 아닌 세 개의 시간을 부여한다.

**낙관적 시간** ▸ 최적의 조건에서 요구되는 활동 소요시간

**비관적 시간** ▸ 최악의 조건에서 요구되는 활동 소요시간

**가장 가능성이 높은 시간** ▸ 일반적인 조건에서 요구되는 활동 소요시간

**베타 분포** ▸ 활동 소요시간추정 시 내재하는 변동성을 기술하는 데 사용되는 분포

- **낙관적 시간**(optimistic time): 최적의 조건 아래에서의 작업 수행 시간으로 $t_o$로 표현됨
- **비관적 시간**(pessimistic time): 최악의 조건 아래에서의 작업 수행 시간으로 $t_p$로 표현됨
- **가장 가능성이 높은 시간**(most likely time): 가장 흔히 걸리는 작업 수행 시간으로 $t_m$으로 표현됨

프로젝트 계획에 경험이 많은 관리자들은 이런 시간들을 추정할 수 있다.

**베타 분포**(beta distribution)는 보통 시간추정 과정에서(그림 17.8) 내재되는 변동성을 기술하기 위해 사용된다. 비록 베타 분포를 사용하는 것에 대한 진정한 이론적인 정당성은 없지만 그것은 실제적인 상황을 반영할 수 있는 다음과 같은 특징들을 가진다. 베타 분포는 그것이 묘사하는 활동의 특성에 따라 좌우 대칭이거나, 왼쪽으로 치우치거나, 오른쪽으로 치우치거나 하는 형태를 모두 표현할 수 있다. 베타 분포에서 평균과 분산은 위에서 기술된 세 번의 추정에 의해 간단하게 계산될 수 있다. 베타 분포는 하나의 포물선을 가지는 구조를 보여 주기 때문에 가장 가능성이 높은 소요시간을 기준으로 각 활동 시간의 확률이 집중되는 경향을 보인다.

네트워크 분석은 각 활동에 대한 기대 시간, $t_e$와 활동 시간의 분산, $\sigma^2$에 특별히 관심이 있다. 활동의 기대 시간은 3개의 추정된 시간들의 가중평균이다.

$$t_e = \frac{t_o + 4t_m + t_p}{6} \tag{17-4}$$

한 경로를 완료하는 데 필요한 기대 시간은 그 경로에 있는 활동들의 기대 시간의 합이다.

$$\text{경로 평균} = \sum \text{경로상에 있는 활동들의 기대 시간} \tag{17-5}$$

각 활동 소요시간의 표준편차는 낙관적 시간과 비관적 시간의 차이의 6분의 1로 추정된다. 그리고 표준편차를 제곱하면 분산을 구할 수 있다. (비슷하게, 정규분포함수 그래프 아래의 거의 전체 영역이 평균으로부터 3 표준편차 이내에 포함되는데, 그것은 6 표준편차 범위가 된다.) 그래서,

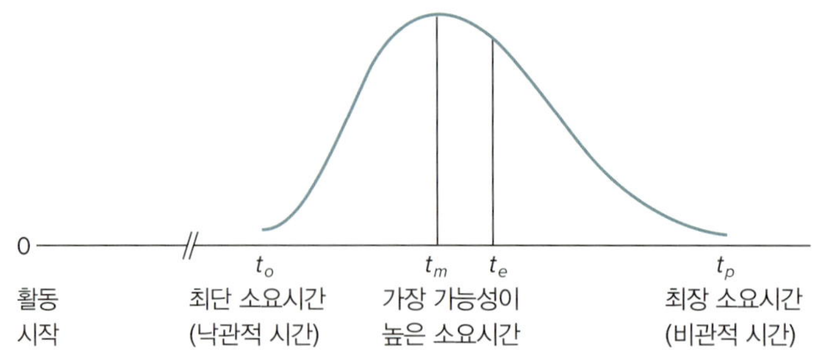


**그림 17.8** 베타분포가 확률적 시간추정을 위해 사용된다.

$$\sigma^2 = \left[\frac{(t_p - t_o)}{6}\right]^2 \text{ 또는 } \frac{(t_p - t_o)^2}{36} \tag{17-6}$$

분산의 크기는 활동 소요시간과 관련되는 불확실성의 정도를 반영한다. 분산이 크면, 불확실성도 크다는 것이다.

*각 경로*에 대한 기대시간의 표준편차를 계산하는 것 역시 바람직하다. 이것은 경로에 포함되어 있는 활동들의 분산의 합계를 구한 다음 그 합의 제곱근을 구하면 된다. 즉,

$$\sigma_{\text{path}} = \sqrt{\sum(\text{경로상의 활동들의 시간의 분산})} \tag{17-7}$$

예제 5는 이 과정을 보여 준다.

예제 5

### 각 경로의 기대 활동 시간과 분산, 그리고 기대 지속 시간과 표준편차 계산

각 활동을 위한 세 번의 시간추정을 한, 네트워크 도가 아래 그림에 표시되어 있다. 활동 시간의 단위는 주(week)이다. 다음 물음에 답하라.

a. 각 경로에 대해 각 활동의 기대 소요시간과 기대 지속 시간을 계산하라.
b. 주 공정로를 찾아라.
c. 각 활동에 대한 분산과 각 경로에 대한 분산과 표준편차를 계산하라.

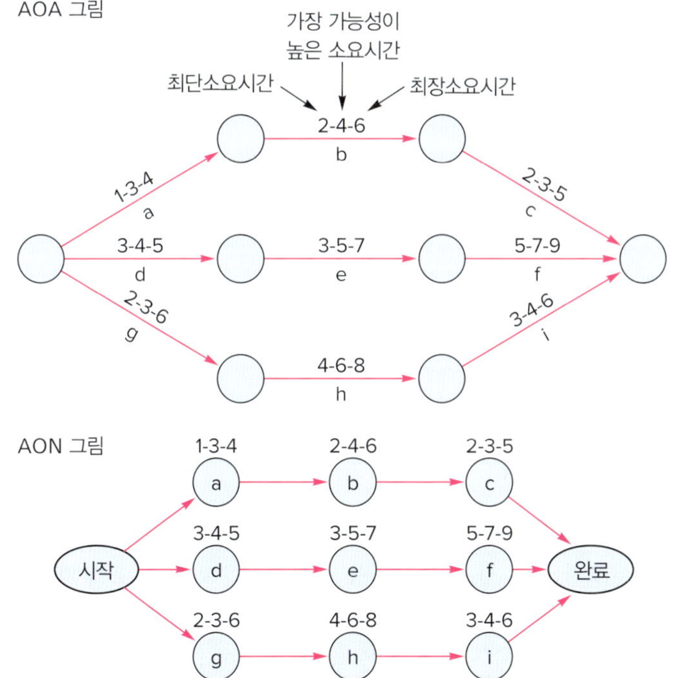

**풀이**

a.

| 경로 | 활동 | 시간 $t_o$ | $t_m$ | $t_p$ | $t_e = \frac{t_o + 4t_m + t_p}{6}$ | 총 경로시간 |
|---|---|---|---|---|---|---|
| a–b–c | a | 1 | 3 | 4 | 2.83 | |
| | b | 2 | 4 | 6 | 4.00 | 10.00 |
| | c | 2 | 3 | 5 | 3.17 | |
| d–e–f | d | 3 | 4 | 5 | 4.00 | |
| | e | 3 | 5 | 7 | 5.00 | 16.00 |
| | f | 5 | 7 | 9 | 7.00 | |
| g–h–i | g | 2 | 3 | 6 | 3.33 | |
| | h | 4 | 6 | 8 | 6.00 | 13.50 |
| | i | 3 | 4 | 6 | 4.17 | |

b. 가장 긴 기대 지속 시간을 가지는 경로가 주 공정로이다. 경로 d–e–f가 가장 긴 경로이므로 그것이 주 공정로이다.

c.

| 경로 | 활동 | 시간 $t_o$ | $t_m$ | $t_p$ | $\sigma^2_{act} = \frac{(t_p - t_o)^2}{36}$ | $\sigma^2_{path}$ | $\sigma_{path}$ |
|---|---|---|---|---|---|---|---|
| a–b–c | a | 1 | 3 | 4 | $(4-1)^2/36 = 9/36$ | | |
| | b | 2 | 4 | 6 | $(6-2)^2/36 = 16/36$ | 34/36 = 0.944 | 0.97 |
| | c | 2 | 3 | 5 | $(5-2)^2/36 = 9/36$ | | |
| d–e–f | d | 3 | 4 | 5 | $(5-3)^2/36 = 4/36$ | | |
| | e | 3 | 5 | 7 | $(7-3)^2/36 = 16/36$ | 36/36 = 1.00 | 1.00 |
| | f | 5 | 7 | 9 | $(9-5)^2/36 = 16/36$ | | |
| g–h–i | g | 2 | 3 | 6 | $(6-2)^2/36 = 16/36$ | | |
| | h | 4 | 6 | 8 | $(8-4)^2/36 = 16/36$ | 41/36 = 1.139 | 1.07 |
| | i | 3 | 4 | 6 | $(6-3)^2/36 = 9/36$ | | |

기대 경로 소요시간과 그들의 표준편차를 알면 관리자는 프로젝트 완료에 필요한 확률적인 시간추정을 할 수 있게 된다. 가령

프로젝트가 특정 시점까지 완료될 수 있는 확률.
프로젝트가 예정보다 지연될 확률.

이 추정 값들은 "다양한 경로들이 특정 시점까지 완료될 것이다"라는 확률에 의해 계산될 수 있다. 이를 위해서 정규분포가 주로 사용된다. 활동 소요시간은 베타 분포를 따르지만 경로 소요시간은 정규분포를 따르는 것이 보통이다. 중심극한 정리는 베타 분포를 따르는 활동 소요시간의 합이 정규분포를 따르게 된다는 것을 증명한다. 이것은 그림 17.9에 나타나 있다. 정규분포를 사용하는 것은 확률변수들의 합은 각 확률변수의 분포와 상관없이 대개 정규분포를 따르게 된다는 것에서 그 정당성을 찾을 수 있다. 합하는 확률변수의 수가 증가하게 되면 정규성을 띠는 경향은 점점 더 강해지게 된다.

그림 17.9 활동분포와 경로분포

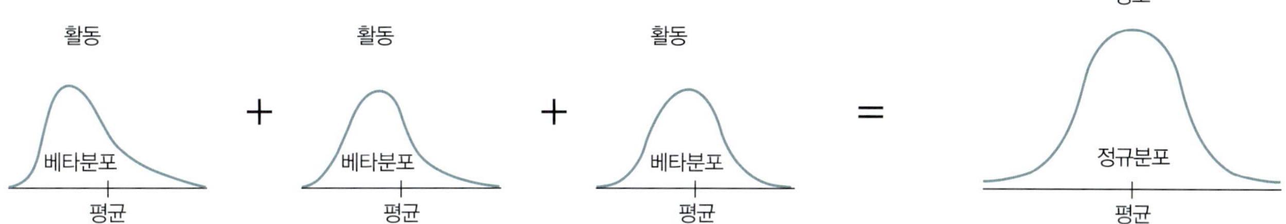


## 17.10 경로 확률의 계산

어떤 경로가 지정된 시간 내에 완료될 확률은 다음 공식에 의해 결정된다.

$$z = \frac{\text{특정 소요시간} - \text{경로평균}}{\text{경로 표준편차}} \tag{17-8}$$

$z$값은 경로의 특정 소요시간이 기대 경로 소요시간에서 몇 표준편차만큼 차이가 나는지를 나타낸다. 양의 값이 커지면 커질수록 좋은 값이다. [음(−)의 값은 특정 시간이 기대지속시간보다 *빠름*을 의미한다.] 일단 $z$값이 결정되면, 그 값은 어떤 경로가 특정 시간까지 완료될 확률을 계산하는 데 사용된다. 그림 17.10에서 보는 바와 같이 확률은 정규곡선에서 z값의 왼쪽 영역의 넓이와 같음을 주지하라.

$z$값이 적어도 +3.00이라면 경로가 특정 시간 내에 완료될 확률은 거의 100%($z = +3.00$이면 실제 확률은 0.9987)이다. 이러한 이유로 인해 만일 $z$값이 적어도 +3.00이라면 경로가 특정 시간 내에 완료될 확률이 거의 100%와 같다고 하는 추론이 가능해진다.

> 일반규칙: $z$값이 3보다 크거나 같으면 특정시점까지 경로가 완료될 확률을 100%로 간주한다.

프로젝트는 포함된 활동들이 *모두* 완료될 때까지는 끝난 것이 아니고 주 공정로에 있는 활동에 대해서도 마찬가지다. 때로 다른 경로가 주 공정로보다 더 오래 걸리는 경우도 발생한다. 그 경우 프로젝트는 예상보다 더 오랜 시간을 소요하게 된다. 그러므로 주 공정로 관리에만 집중하는 것은 위험할 수 있다. 대신에 적어도 1개의 다른 경로가 프로젝트가 제때

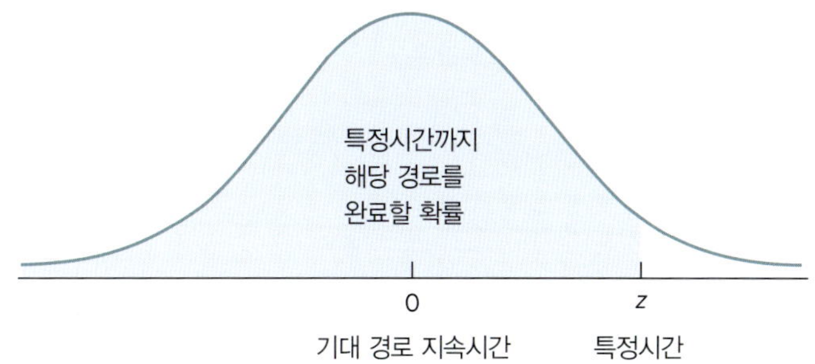


그림 17.10
경로확률은 $z$값은 왼쪽에 있는 정규곡선 아래의 넓이이다.

에 완료되는 것을 지연시킬 확률을 고려해야 한다. 이것은 *모든* 경로들이 지정된 시간까지 끝날 확률을 계산해야 알 수 있다. 그러기 위해서는 각 경로가 지정된 시간까지 끝날 확률을 계산하고 나서 그 확률을 높이는 작업을 해야 한다. 결과적으로 *프로젝트* 전체가 지정된 시간까지 완료될 확률을 계산하고 그것을 높일 수 있게 된다.

**독립성** ▶
활동이나 경로의 소요시간이 다른 활동이나 경로의 소요시간과 상관없이 결정

**독립성**(independence)의 가정을 염두에 두어야 한다. 이는 경로 지속 시간들이 다른 경로들과 서로 독립적이어서 영향을 미치지 않는다는 것이다. 이것은 다음 두 가지 조건을 필요로 한다. 활동 소요시간들이 서로 독립적이어야 한다. 그리고 각 활동은 한 개의 경로에만 포함되어 있어야 한다. 각 활동 소요시간이 독립적이기 위해서는 각 활동의 소요시간이 다른 활동의 소요시간의 함수로 표시되어서는 안 된다. 2개의 활동들이 언제나 함께 일찍 끝나거나 늦게 끝나면 그들은 독립이 아닌 것으로 간주되어야 한다. 경로들 간 독립성의 가정은 보통 큰 프로젝트에서 *일부* 활동들이 복수의 *경로*에 있다고 해도 충족되는 것으로 보고, 이때 독립성의 충족 여부는 상식의 수준에서 결정되어야 한다.

**예제 6**

mhhe.com/stevenson14e

### 프로젝트가 특정 시점까지 끝날 확률과 그렇지 않을 확률 계산

예제 5의 정보를 사용하여 다음의 질문에 답하라.

a. 경로들은 독립인 것으로 간주될 수 있는가? 그 이유는?
b. 프로젝트 시작 후 17주 이내에서 완료될 확률은?
c. 프로젝트 시작 후 15주 이내에서 완료될 확률은?
d. 프로젝트 시작 후 15주 이내에서 완료되지 *않을* 확률은?

**풀이**

a. 그렇다. 활동이 1개가 넘는 경로에 포함되지 않고, 그들이 서로 함수 관계로 연관되어 있지 않다면 독립적인 것으로 간주될 수 있다.
b. 이런 질문들에 답하기 위해 경로 소요시간의 분포가 특정 완료 시간과 얼마나 많이 '중복'되는가를 고려해야 한다. 이 중복 개념은 다음 그림(그것은 3개의 경로 분포를 보여 준다)에서 설명이 되고, 각각의 경로가 지속되는 시간과 특정 완성 시간을 17주일 것이라고 기대했다는 것에 집중해야 한다. 각 분포에서 어둡게 표시된 부분은 일부가 특정 시간 이내에서 완료될 확률을 나타낸다. 경로 a–b–c와 g–h–i가 특정 완료 시간 내에 완료될 확률은 충분히 크다고 할 수 있다. 둘 다 17주까지 끝나게 될 가능성이 높으나 주 공정로는 특정 완료 시간과 많이 겹친다. 그런 경우에 17주까지 완성의 가능성을 평가할 때 경로 d–e–f의 분포만을 고려하면 된다.

   어떤 경로의 완료 시간에 대한 확률을 계산하기 위해 먼저 식 17-8을 사용해서 $z$값을 계산해야 한다. 예컨대, 경로 d–e–f를 위해 그 값은

$$z = \frac{17 - 16}{1.00} = +1.00$$

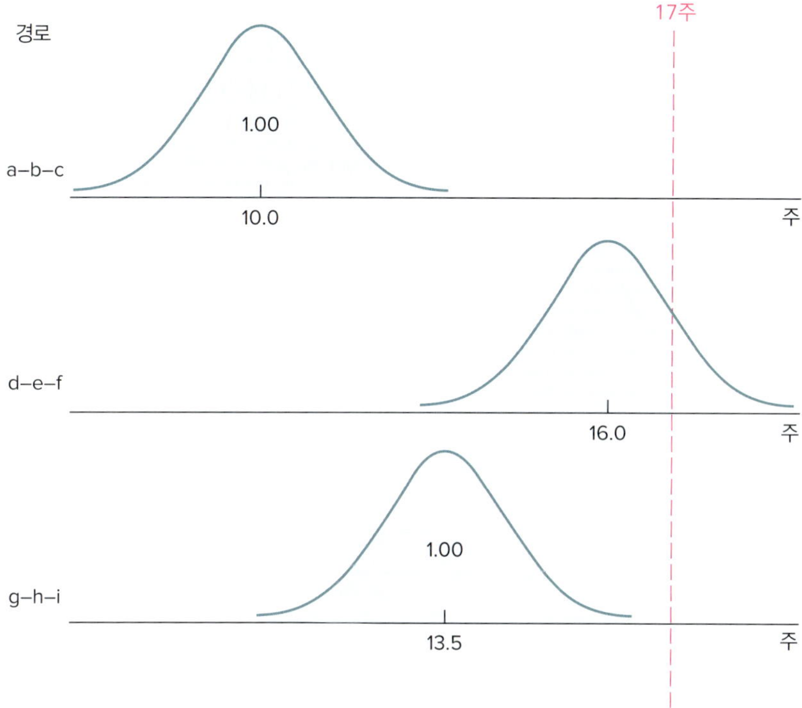


부록 B의 표 B에서 $z = +1.00$을 보면 왼쪽 영역의 넓이가 0.8413이 되고, 계산 과정은 아래의 표에서 요약된다. *주의:* $z$의 값이 +3.00보다 크면, 완료확률을 1.000과 같다고 보면 된다.

| **경로** | $z = \dfrac{\textbf{17 − 기대경로 지속시간}}{\textbf{경로시간의 표준편차}}$ | **17주에 완료될 확률** |
|---|---|---|
| a–b–c | $\dfrac{17 - 10}{0.97} = +7.22$ | 1.00 |
| d–e–f | $\dfrac{17 - 16}{1.00} = +71.00$ | 0.8413 |
| g–h–i | $\dfrac{17 - 13.5}{1.07} = +3.27$ | 1.00 |

$$P\text{(17주까지 완료)} = P\text{(경로 a–b–c 완료)} \times P\text{(경로 d–e–f 완료)} \times P\text{(경로 g–h–i 완료)}$$
$$= 1.00 \times 0.8413 \times 1.00 = 0.8413$$

c. 특정 완료 시간이 15주이면 $z$값은 다음과 같다.

| **경로** | $z = \dfrac{\textbf{15 − 기대경로 지속시간}}{\textbf{경로시간의 표준편차}}$ | **15주에 완료될 확률** |
|---|---|---|
| a–b–c | $\dfrac{15 - 10.00}{0.97} = +5.15$ | 1.0000 |
| d–e–f | $\dfrac{15 - 16.00}{1.00} = -1.00$ | 0.1587 |
| g–h–i | $\dfrac{15 - 13.50}{1.07} = +1.40$ | 0.9192 |

경로 d–e–f와 e–h–i는 3.00보다 작은 $z$값을 가진다.

부록 B의 표 B로부터, z = −1.00의 왼쪽 영역의 넓이는 0.1587이고, – = +1.40의 왼쪽 영역의 넓이는 0.9192이다. 15주 이전에 모두 끝날 확률은 1.00(0.1587) (0.9192) = 0.1459이다.

d. 15주 이전에 끝나지 않을 확률은 1 − 0.1459 = 0.8541가 된다.

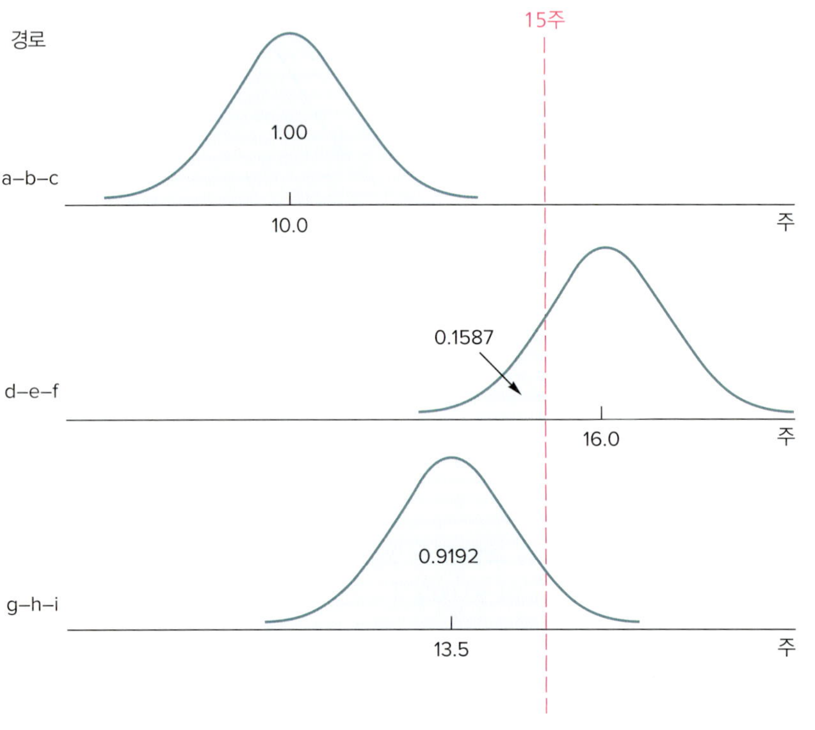


## 17.11 시뮬레이션

어떤 프로젝트가 정해진 시간 안에 완료될 확률을 계산하는 한 방법을 알아본다. 한 프로젝트에 포함되어 있는 경로들은 서로 *독립적*이라고 가정하자; 즉 특정 활동은 하나의 경로에만 포함될 수 있다. 만약 한 활동이 하나보다 많은 경로에 포함되고 그 활동을 위한 완료 시간이 기대시간을 훨씬 초과한다면 그 활동을 포함하는 모든 경로들은 서로에게 영향을 미치고 그래서 그들은 독립이 아니게 된다. 활동들이 여러 개의 경로에 포함되는 경우, 선후관계 접근법이 과연 사용될 수 있는지 생각해 봐야 한다. 예컨대, 만약 단지 소수의 활동들이 여러 개의 경로에 포함되고 그 경로가 주 공정로보다 *현저히* 짧다면, 선후관계 접근법을 사용하는 것이 가능하다. 더 나아가서, 연습문제와 예제들에서처럼 시연을 목적으로 경로들은 실제로 그들이 독립이 아닌 경우에도 독립인 것으로 간주될 수 있다.

실제에서 경로들이 서로 *종속적인* 경우가 발생할 때, 프로젝트 관리자는 때때로 시뮬레이션을 사용한다. 그것은 많은 대안적인 방안들이 프로젝트 네트워크 안에 형성되는 반복적인 표본을 추출하는 것과 마찬가지이다. 각 방안에서 각 활동의 확률분포에 따라 확률적으로 추정된 활동 시간이 주어진다(다시 말해서, 평균, 표준편차, 그리고 분포함수의 형태). 그 후에 기대 프로젝트 지속 시간이 결정된다. 이런 식으로 수많은 방안들이 고려되고 난 후에 프로젝트 지속 시간의 확률분포를 결정할 수 있는 충분한 정보가 발생되게 된다. 관리자들은 일부 활동들이 여러 개의 경로에 포함되는 것을 허용하면서 실제 프로젝트 지속 시간을 평가하기 위해 그 분포함수를 활용하게 된다.

## 17.12 예산 관리

예산 관리는 프로젝트의 중요한 부분이다. 비용은 많은 이유 때문에 예산을 초과할 수 있고, 이런 경우 적절한 행동을 취하지 않으면 심각한 비용 문제로 인해 프로젝트 전체가 위험에 빠질 수 있다. 비용이 예산을 초과하는 경우는 다양한 이유 때문에 발생할 수 있다. 가능한 한 가지 이유는 비용에 대한 추정이 애초에 지나치게 낙관적으로 이루어졌다는 것이다. 다른 이유는 예기치 못한 사건들, 즉, 날씨나 공급 문제, 작업이나 부품에서의 문제들이 비용을 증가시킬 수 있다.

표 17.4는 진행 중인 가설적인 프로젝트에 대한 프로젝트 비용 상태를 보여준다. 이 프로젝트에 대해, 처음 3개 활동이 완료되었다. 활동 A는 예산보다 $1000 적은 비용을 사용했고, 활동 B는 정확히 예산만큼의 비용을 사용했으며, 활동 C는 예산보다 $3,500 많은 비용을 사용했다. 남은 활동들은 아직 완료되지 않았으나 각 미완료 활동들도 예상 예산과 비용과 예산에 대한 차이를 가지고 있다. 만약 남은 프로젝트 기간 동안 변화가 없다면, $4,000 비용 초과가 예산된다. 프로젝트 관리자는 이 액수의 비용 초과가 받아들일 만한 것인지 아니면 이 액수를 줄이디 위한 어떤 조치가 취해져야 하는지를 결정해야 한다. 관리자의 직관적인 느낌이 예산을 초과하는 활동들에 초점을 맞출 수 있긴 하지만, 아마도 관리자들은 잠재적인 비용 절약이 어디서 가능한지를 찾기 위해 모든 활동들을 검토해 보아야 할 것이다. 당연히 프로젝트 비용 상태는 관리자들이 잘 알 수 있도록 일일 또는 주간 간격으로 업데이트가 이루어져야 한다.

## 17.13 시간 – 비용의 상쇄효과: 프로젝트 소요시간 단축

프로젝트를 위한 활동들의 시간을 추정하는 것은 보통 자원이 어느 수준에 고정되어 있다

**표 17.4**
어떤 가상 프로젝트에 대한 프로젝트 비용 상황

| 활동 | 예산 비용 | 집행 비율 | 실제 또는 예상 비용 | (초과/미만) 실제–예산 |
|---|---|---|---|---|
| A | $25,000 | 100% | $24,000 | $1,000 |
| B | 15,000 | 100 | 15,000 | 0 |
| C | 22,000 | 100 | 25,500 | –3,500 |
| D | 10,000 | 75 | 10,500 | –500 |
| E | 30,000 | 50 | 29,000 | 1,000 |
| F | 20,000 | 40 | 22,000 | –2,000 |
| G | 8,000 | 25 | 8,000 | 0 |
| | | | | –$4,000 |

고 가정하고 이루어진다. 많은 경우에 자원을 추가로 투입하면 프로젝트 소요시간을 줄일 수 있다. 프로젝트 소요시간을 단축시키고자 하는 이유는 프로젝트가 예정시간보다 지연됨에 따른 과징금을 피하고 싶거나, 예정시간보다 일찍 달성하는 데 따른 금전적 인센티브를 받고자 하거나 또는 프로젝트 소요시간단축을 통해 프로젝트에 소요되는 자원들을 다른 프로젝트를 위해 아껴두기 위함 등이다. 신제품 개발을 위한 프로젝트에서 기간단축은 경쟁우위를 가져다 줄 수 있다. 그러나 어떤 경우에는 프로젝트 수행 시간을 단축하려고 하는 희망은 설비나 장비비용, 감독 비용 그리고 노동 비용과 같은 프로젝트 진행과 관련된 간접비용을 줄이려고 하는 시도로 나타나는 경우가 많다. 관리자들은 **활동 소요시간단축**(crash)을 위해 사용할 수 있는 몇 가지 옵션을 가지고 있다. 인원 추가, 설비의 효율을 높이기 위한 유지보수에 추가적인 자금을 투입하는 것, 그리고 일부 작업의 내용을 다소 완화하는 것 등이 대표적인 예이다. 그러므로 프로젝트 관리자는 *직접*비용의 지출을 늘려 프로젝트의 속도를 올릴 수 있는데, 이를 통해 간접비의 지출은 줄어들게 된다. 시간-비용 간 상쇄효과를 평가하는 목적은 간접비와 직접비의 총합을 줄여주는 활동을 찾아내는 것이다.

**활동 소요시간단축** ▶ 활동 지속시간을 줄이는 것

어떤 활동이 프로젝트 소요시간을 단축시킬 수 있으며, 단축의 정도가 얼마가 될지에 대해 합리적인 의사결정을 하기 위해 관리자는 다음과 같은 정보를 가지고 있어야 한다.

- 각 활동에 대한 정규 시간과 단축 시간에 대한 추정
- 각 활동에 대한 정규 비용과 활동을 단축시키는 데 소요되는 비용에 대한 추정
- 주 공정로 상에 있는 활동들의 리스트

주 공정로에 있는 활동들은 시간단축을 위한 잠재적인 후보들이다. 왜냐하면, 주 공정로에 있지 않은 활동들의 시간을 단축하는 것은 총 프로젝트 완료 시간에 영향을 미치지 못하기 때문이다. 경제적인 관점으로 보면 단축을 위한 비용에 기초해서 단축이 이루어져야 하는데, 단축 원가가 가장 싼 활동부터 단축을 해 나가야 한다. 더욱이 시간단축을 위한 비용이 시간단축으로 인해 발생하는 이익보다 작은 활동에 대해서만 지속적으로 이루어져야 한다. 그림 17.11는 기초적인 비용 관계를 설명한다.

**그림 17.11**
활동시간의 단축*

*활동시간을 단축하는 것은 프로젝트의 간접비를 감소시키고 직접비를 증가시킨다. 최적 수준의 활동시간단축은 프로젝트 간접비와 직접비의 합이 최소가 되는 수준이다.

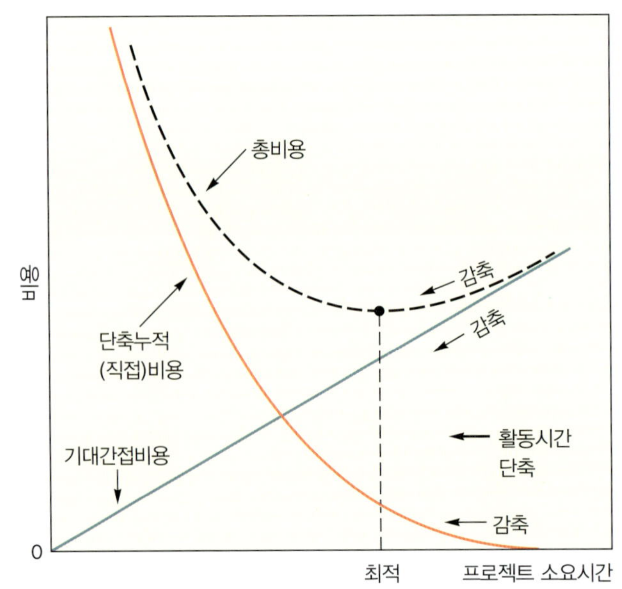

시간단축에 대한 분석은 각 활동의 정규 시간과 단축 가능 시간, 경로 길이와 주요활동들에 대한 확인을 필요로 한다. 시간단축의 일반적인 절차는

1. 한 번에 한 기간만 단축
2. 주 공정로 상에 있는 가장 저렴한 활동을 단축
3. 복수의 주 공정로가 있을 경우, 각 주 공정로 상에 가장 저렴한 활동에 대한 단축 가능성의 합계를 구함. 2개 이상의 주 공정로가 일부 활동들을 공유한다면 주 공정로 들에 의해 공유되는 활동 중 가장 저렴하게 단축할 수 있는 활동의 단축 비용을 개별 주 공정로의 단축 비용의 합과 비교

### 최적 프로젝트 시간 단축

예제 7

mhhe.com/stevenson14e

아래의 정보를 사용하여 최적 시간-비용 계획을 개발하라. 프로젝트 간접비용은 하루에 $1,000이다.

| 활동 | 정상시간 | 단축시간 | 단축비용/일 |
|---|---|---|---|
| a | 6 | 6 | — |
| b | 10 | 8 | $500 |
| c | 5 | 4 | 300 |
| d | 4 | 1 | 700 |
| e | 9 | 7 | 600 |
| f | 2 | 1 | 800 |

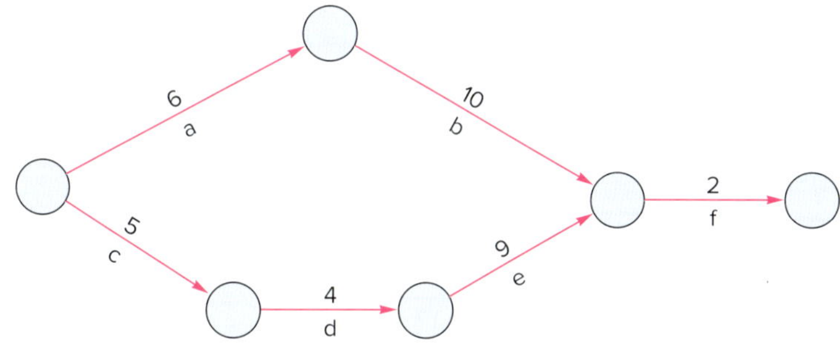


풀이

a. 어떤 활동이 주 공정로 상에 있는지 결정하고 그것의 길이, 다른 경로의 길이를 결정하라.

| 경로 | 길이 |
|---|---|
| a–b–f | 18 |
| c–d–e–f | 20 (주 공정로) |

b. 가장 적은 단축 비용 순서에 따라 주 공정로 상에 있는 활동들의 순위를 정하고, 또 하루에 얼마나 단축을 할 수 있는지를 결정하라.

| 활동 | 단축비용/일 | 가용 일수 |
|---|---|---|
| c | $300 | 1 |
| e | 600 | 2 |
| d | 700 | 3 |
| f | 800 | 1 |

c. 한 번에 하루씩 프로젝트 시간을 단축하기 시작하고, 감소 후에 어느 경로가 주 공정로가 되는지 조사하라. 그러면

(1) $300의 비용으로 활동 *c*를 하루 단축하라. 이제 주 공정로의 길이는 19일이 된다.

(2) 활동 *c*는 더 이상 짧아질 수 없다. $600달러의 비용으로 활동 *e*를 하루 단축하라. 경로 c–d–e–f의 길이는 이제 18일이 되고 경로 a–b–f의 길이와 같아진다.

(3) 이제 두 경로 모두 주 공정로가 되었다. 더 이상의 개선은 두 경로를 모두 단축시킬 것을 요구한다.

단축이 가능한 활동들과 그들의 비용은 다음과 같다:

| 경로 | 활동 | 단축비용(일일) |
|---|---|---|
| a–b–f | a | 추가적인 단축 불가 |
| | b | $500 |
| | f | 800 |
| c–d–e–f | c | 추가적인 단축 불가 |
| | d | $700 |
| | e | 600 |
| | f | 800 |

얼핏 보면 *f*는 가장 높은 단축 비용을 가지기 때문에 *f*를 단축하는 것은 좋지 않아 보인다. 그러나 *f*가 두 경로 모두에 포함된다면, *f*를 하루 단축시키면 $800의 비용으로 두 경로를 하루씩 단축시키게 되는 것이다. 각 경로에서 가장 저렴하게 단축이 가능한 활동은 각각 *e*와 *b* (*e*는 하루 단축에 $600, *b*는 하루 단축에 $500 합계 $1,100)이므로 *f*를 하루 단축시켜야 한다($1,100을 소요해서 *e*와 *b*를 하루씩 단축시키는 것보다 $800만 소요해서 *f*를 하루 단축하는 것이 보다 저렴하므로). 그러면 프로젝트 시간은 17일이 된다.

(4) 이 시점에서 더 이상의 개선은 불가능하다. *b*를 단축시키는 비용은 $500이고 *e*를 단축하는 비용들은 $600이므로 그 합계가 $1,100이 되는데, 이것은 하루 간접비용인 $1,000를 초과하는 것이다.

(5) 단축 순서는 아래와 같다.

| | *n*일 단축 이후 길이 | | | |
|---|---|---|---|---|
| 경로 | *n* = 0 | 1 | 2 | 3 |
| a–b–f | 18 | 18 | 18 | 17 |
| c–d–e–f | 20 | 19 | 18 | 17 |
| 단축활동 | | c | e | f |
| 비용 | | $300 | $600 | $800 |

방금 논의된 연속되는 시간단축 절차의 중요한 이익 중 하나는 그것이 다른 프로젝트 시간을 위해 다른 예산비용을 적용할 수 있게 한다는 것이다.

## 17.14 PERT 사용의 이점과 잠재적인 오류의 원인

PERT와 이와 비슷한 기법들은 프로젝트 관리자에게 중요한 도움을 줄 수 있다. 대표적인 것은 다음과 같다.

- 관리자로 하여금 이용 가능한 정보를 조직화하고 정량화할 수 있게 해 주고, 어떤 정보가 추가로 필요한지 알게 해 준다.
- 프로젝트와 그에 포함된 주요한 활동들을 그래픽으로 보게 해 준다.
- 프로젝트의 지연을 막기 위해 주의 깊게 관리해야 하는 활동들과 그렇지 않고 여유시간을 가질 수 있는 활동들을 식별해 준다. 이것은 프로젝트 단축을 위해 자원들을 재배분할 수 있는 가능성을 높여준다.

실수할 가능성이 전혀 없는 분석 기법은 없다. 중요한 오류의 이유는 다음과 같다.

- 프로젝트 네트워크를 개발할 때, 관리자가 무의식적으로 하나 이상의 중요한 활동을 빼먹을 수 있다.
- 선후 관계가 정확하지 않을 수 있다.
- 시간추정 과정에 애매한 요인들이 포함될 수 있다: 관리자들은 특정 시간 내에 프로젝트를 완수하는 데 총력을 기울이는 것처럼 보인다는 이유로 시간을 추정하는 것을 별로 좋아하지 않을 수 있다.
- 관리의 초점이 단지 주 공정로에만 집중되는 경향이 있을 수 있다. 프로젝트가 진행되면서 주 공정로가 바뀔 수 있다. 더욱이 주요한 위험 사건들이 주 공정로가 아닌 경로에서 발생할 수 있다.

## 17.15 주요 연결고리 프로젝트 관리

주요 연결고리 프로젝트 관리(CCPM)는 프로젝트 과업을 수행하는데 필요한 자원들에 초점을 맞추면서 프로젝트를 관리하는 접근법이다. 이는 제약이론을 창시한 엘리 골드라트에 의해 창시되었다(16장 참조). 골드라트는 프로젝트를 더 잘 관리하기 위해 필요하다고 믿는 프로젝트의 어떤 요소들을 다음과 같이 나열했다:

- 프로젝트 소요 시간에 대한 추정이 때때로 비관적인데 관심을 기울이면 좀 더 현실적으로 할 수 있다(즉, 줄일 수 있음).
- 어떤 활동들이 예정보다 빨리 완료되었을 때, 그것이 바로 보고되지 않을 수 있는데 이는 중요 경로의 소요 시간을 줄이는 데 잠재적으로 사용될 수 있는 자원들의 존재를 관리자들이 깨닫지 못하게 한다.

프로젝트의 주요 연결 고리는 네트워크의 주요 경로와 비슷한 의미를 가진다. 그러나, 주요 연결고리 접근법은 작업들 간의 연속적인 관계뿐 아니라 어떤 자원들이 다른 작업들에 사용되고 있는 중이어서 어떤 작업에서 지연을 발생시키는 자원 제약까지 포함한다.

이 접근법의 주요 특징은 다양한 완충 영역을 사용한다는 것이다. *피딩 (시간) 완충 영역*은 주요 연결고리 활동들에서 지연이 발생할 위험을 줄이기 위해 비 주요 연결고리 활동들이 자원을 주요 연결고리 활동으로 보내는 (피딩) 영역에 위치한다. 피딩 완충 영역의 목적은 비 주요 연결고리 활동에서의 변동성을 가지고 주요 연결고리 활동을 도와 주는 것이다.

모든 교차점이 시간 완충 영역을 필요로 하는 것은 아니고 상대적으로 적은 수준의 여유 시간을 가지는 활동들이 이러한 시간 완충 영역으로부터 도움을 받을 수 있다. 프로젝트의 끝에 위치하는 *프로젝트 (시간) 완충 영역*은 주요 연결고리 활동에서의 변동성이 프로젝트가 시간에 맞게 완료되는 것을 방해할 수 있는 위험을 줄이기 위해 사용된다. *용량 (자원) 완충 영역*은 여러 개의 프로젝트들이 서로 간의 자원 소요에서의 변동성의 충격을 관리하는 것을 돕기 위해 동시에 진행 중일 때 사용된다.

예정된 완료 시점과 비교하여 활동 상태를 정기적으로 체크하는 것은 프로젝트 관리자들이 완충 지역을 줄이거나 없애거나 다시 설치할 것인가뿐 아니라 어디에서 현실적인 또는 잠재적인 문제가 발생할 수 있는가를 알 수 있게 해 준다.

## 17.16 프로젝트 관리의 기타 이슈

식스 시그마, 가상 프로젝트 팀, 다중 프로젝트 관리를 포함하는 프로젝트 관리의 몇 가지 기타 이슈들에 대해 간단히 설명하고자 한다.

최근에 뜨고 있는 프로젝트 관리의 유형은 *식스 시그마 프로젝트*에 관한 것이다. 그것은 다소 초점이 좁은 경향이 있긴 하지만 일반적인 프로젝트 관리가 가지는 중요 요인들과 요구사항을 모두 내포한다. 식스 시그마 프로젝트에 대해서는 9장에서 자세히 설명한다.

**가상 프로젝트 팀** ▶
팀 구성원의 전체 또는 일부가 지리적으로 구분된다.

기업들이 글로벌화된 생산운영을 하게 되면서 그들은 점점 많이 **가상 프로젝트 팀**(virtual project team)을 운영하게 된다. 프로젝트 수행을 위한 모든 기본 요인들은 존재하면서 프로젝트를 수행하는 멤버들은 지리적으로 떨어져 있는 그런 시스템이다. 통신기술의 발달이 이러한 시스템을 가능하게 하는데 장점은 활용하기가 어렵거나 불가능했던 인력을 활용할 수 있게 되었다는 것이다. 그러나 단점은 팀원 간 긴밀한 접촉을 통해서 얻을 수 있는 시너지효과를 얻을 수 없게 되었다는 것이다. 더 나아가서 팀원들 간 언어적이거나 문화적인 차이로 인한 의사소통 문제가 발생할 수도 있을 것이다.

*다중 프로젝트*의 존재는 프로젝트 관리를 더 어렵고 복잡하게 만들 수 있다. 여러 프로젝트가 자원을 공유하고, 한 프로젝트에서 발생한 문제가 다른 프로젝트로 전이되고 우선순위를 재평가하는 일이 발생할 수 있다. 여러 개의 프로젝트가 한 조직 내에서 동시에 수행될 때, 여러 프로젝트에서 동시에 필요로 하는 자원은 그것이 사용가능해질 때까지 대기해야 하고 이것은 프로젝트 수행을 지연시키게 된다. 그러므로, 프로젝트 관리자는 이러한 충돌이 생기지 않도록 여러 프로젝트들의 일정을 체크해야 하는데 프로젝트 관리를 도와주는 컴퓨터 소프트웨어들이 이런 일을 도와줄 수 있다. 비슷하게 프로젝트가 거의 끝나가는 시점에 너무 일찍 자원들이 다른 프로젝트로 전환되면 프로젝트가 기한 내에 *불이행*되는 문제가 생길 수 있다.

## 17.17 프로젝트 관리 소프트웨어

정보 기술을 활용하면 프로젝트 관리에 많은 이점이 있다, 특히 복잡한 프로젝트를 수행하거나 여러 개의 프로젝트를 수행하면 더 그렇다. 다음과 같은 이점들이 있다.

- 소프트웨어는 하나의 방법론과 하나의 공통적인 프로젝트 관리 용어를 제공한다.
- 소프트웨어는 하나의 논리적인 계획 수립 구조를 제공한다.
- 소프트웨어는 팀 구성원들 간 의사 소통을 원활하게 할 수 있다.
- 소프트웨어는 제약이 위반된 상황이 발생한 시점을 표시해 줄 수 있다.
- 소프트웨어는 자동 보고서 양식을 제공한다.
- 소프트웨어는 다양한 수준의 요약 보고서와 상세 보고서를 작성해 줄 수 있다.
- 소프트웨어는 'what-if' 분석을 할 수 있다.
- 소프트웨어는 간단한 간트 챠트를 비롯해 다양한 도표를 제공할 수 있다.

프로젝트의 본질과 범위에 따라서, 소프트웨어를 선정하는 것은 구글 드라이브와 같은 간단한 시스템에서부터 프로젝트와 관련된 모든 정보들을 가지고 있는 보다 적합한 시스템들에 이르기까지 복잡한 일이다. 소프트웨어 기반 시스템은 기본적으로 사용자들에게 특정 과업이나 프로젝트에 대한 문서를 올리는 기능을 제공한다. 어떤 소프트웨어들은 팀원들이 이슈들에 대해 토의하고 진척 상황을 알릴 수 있는 메시지 보드 기능을 제공하기도 한다. 더 나아가서 소프트웨어들은 프로젝트 관리자들이 과업 진도를 보고 팀원들이 경험할 수 있는 도전들에 대해 조사할 수 있는 감사 추적 기능을 제공하도록 과업과 프로젝트 역사를 기록하기도 한다.

다양한 소프트웨어들이 존재하고 그들의 특성도 계속해서 변화하기 때문에 특정 소프트웨어와 그 기능을 설명하는 것은 그렇게 바람직하지 않다. 만약 어떤 소프트웨어들이 있는지 지금 당장 궁금하다면 *프로젝트 관리 소프트웨어*라는 말을 검색해 보기를 추천한다.

프로젝트 관리는 좋은 소프트웨어를 선택하는 것보다 복잡한 작업임을 기억해야 한다. 프로젝트 관리자는 본 장에서 논의된 주요 의사결정 사항들을 기억하고 수행해야 한다.

## 17.18 생산운영전략

프로젝트들은 기업에게 전략적으로 기회가 될 수도 있고 위험이 될 수도 있다. 그러므로 적절한 주의와 자원의 적절한 배분이 중요하다.

프로젝트는 작업의 지연, 예산의 과다 지출, 기술적인 요구조건의 미 충족이 발생할 수 있는 상황에 처하게 되는 경우가 많다. 이런 가능성들의 영향을 최소화하기 위해 경영진은 신중한 계획, 프로젝트 관리자와 팀원들의 현명한 선발 그리고 진척 상황에 대한 체크가 확실하게 이루어지고 있는지 확인해야 한다.

PERT 같은 도구들은 프로젝트 관리에 상당한 도움을 줄 수 있다. 그러나 주 공정로에만 관리를 집중해서는 안 된다. 프로젝트가 진행되면서 주 공정로가 바뀌는 일이 많기 때문이다.

이에 대한 다른 더 중요한 이유는 위험을 일으키는 사건들이 주 공정로가 아닌 다른 경로에서 발생할 수 있다는 것이다. 그런 경우에도 얼마든지 프로젝트 진척에 좋지 않은 영향을 미칠 수 있다.

프로젝트가 완전히 또는 부분적으로 실패하는 일은 빈번하게 일어난다. 실패가 발생하면,

그 가능한 원인을 조사하고, 그 실패를 고칠 수 있는 어떤 의사결정이나 행동을 결정하는 것은 유용한 일이 될 수 있다. 이것은 미래 프로젝트에서 실패 가능성을 줄이는 데 적용할 수 있는 '교훈'이기 때문이다.

## 17.19 프로젝트 위험관리

위험은 프로젝트에 항상 따라다닌다. 그것은 프로젝트 지연, 비용 증가, 그리고 기술적인 요구에 대한 미 충족과 같은 바람직하지 않은 결과를 초래할 수 있다. 심지어 프로젝트 강제 종료로 이어지는 위험도 존재한다. 신중하게 계획을 하면 위험을 줄일 수 있긴 하지만 그렇다고 완전히 제거할 수는 없다.

위험이 발생할 확률은 프로젝트 초기에 가장 높고, 말기로 갈수록 줄어든다. 그러나, 위험과 관련된 비용은 초기에 가장 적고 말기로 갈수록 커진다(그림 17.12 참조).

훌륭한 위험 관리는 가능한 많은 잠재적 위험을 인지하고, 그들을 분석하고 평가하고, 그들의 발생 가능성을 최소화하기 위해 노력하며, 어떤 일이 발생해도 대처할 수 있는 위급 상황 대응 방안(과 기금)을 도출하는 것을 포함한다. 이러한 위급 상황의 많은 부분은 경험이 쌓이고 새로운 정보를 활용하게 됨에 따라 프로젝트 기간 내내 반복되는 것이 보통이지만 프로젝트 착수 전에 발생하기도 한다.

첫 번째 단계는 위험을 인지하는 것이다. 일반적으로, 많은 위험 요소들이 존재하는데 조직이 특정 작업에 대해 경험을 늘려간다 하더라도 여전히 위험은 존재하게 되는데 다만 인지하느냐 못하느냐의 문제인 것이다. 프로젝트에 관여하는 모든 사람들은 위험을 인지해야 하는 책임이 있다. 이를 위해서 브레인 스토밍이나 설문조사 같은 것들이 유용하게 사용될 수 있다,

일단 위험이 인지되면 그들의 발생 확률과 가능한 결과를 알아보기 위한 평가가 이루어지게 된다. 정성적인 평가 방법과 정량적인 방법 모두가 자신만의 장점을 가지고 있다. 관리자들과 작업자들은 이러한 노력에 동참해야 하고 전문가들의 참여를 요청할 수도 있다. 이전 프로젝트로부터의 경험도 유용하다. 시나리오 분석, 시뮬레이션, 그리고 (앞에서 논의한)

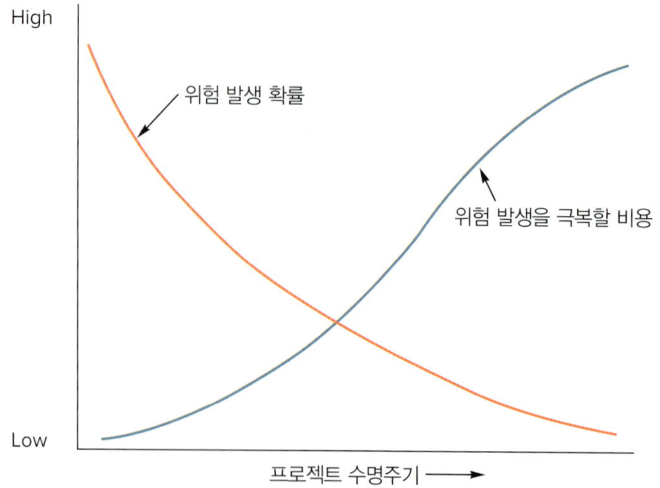


**그림 17.12**
위험 발생 확률과 비용

출처: Adapted from Clifford Gray and Erik W. Larson, *Project Management: The Managerial Process*, 4th ed., p. 198. Copyright © 2008 McGraw-Hill Education, Inc. Used with permission.

| 사건 | 확률 | 비용 |
|---|---|---|
| 1 | 0.85 | $18 |
| 2 | 0.30 | 20 |
| 3 | 0.55 | 68 |
| 4 | 0.85 | 77 |
| 5 | 0.10 | 30 |
| 6 | 0.30 | 87 |

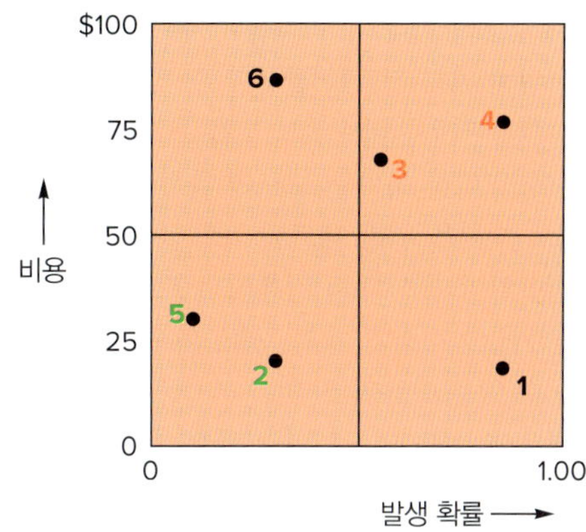


**그림 17.13**
위험 행렬

PERT 같은 다양한 도구들도 활용될 수 있다.

위험 감소는 상당 부분 프로젝트의 본질과 범위에 따라 여러 가지 형태를 띈다. '부수적인' (백업) 시스템은 프로젝트 실패 위험을 줄이고자 할 때 사용할 수 있다. 예를 들어, 비상용 발전기는 전기가 끊긴 상황에서 전기 공급을 해줄 수 있을 것이다. 다른 접근법은 어떤 문제로부터의 피해를 키우기 전에 초기 단계에서 문제를 발견하고 제거하고자 프로젝트의 주요 내용들을 자주 살펴보고 감시하는 것이다. 위험은 때때로 프로젝트의 일부를 외주를 주거나 보험에 가입함에 의해 외부로 전이될 수도 있다. 위험의 공유는 또 다른 가능성이 될 수 있다. 이것은 협력업체들에게 위험을 분산하는 것을 포함하는데 이를 통해 위험을 줄이기 위한 폭넓은 아이디어를 공유할 수 있기 때문에 역시 위험을 줄이는 것이 가능하다.

프로젝트 리더는 다양한 비용과 발생 확률을 가지는 위험과 싸워야 한다. 그림 17.13에 있는 간단한 행렬을 사용하여 위험을 평가할 수도 있다.

그림에서 오른쪽 상단에 위치한 사건들(사건 3과 4)은 발생 확률도 높고 비용도 큰 사건들인데 많은 주의를 요구한다. 반대로, 왼쪽 하단에 있는 사건들(사건 2와 5)은 상대적으로 낮은 발생 확률과 비용을 가지기 때문에 최소한의 주의를 요구한다. 다른 두 사분면에 있는 사건들(사건 6과 1)은 높은 비용(사건 6)을 가지거나 높은 발생 확률(사건 1)을 가지므로 적절한 수준의 주의를 요구한다.

## 요약

프로젝트는 제한된 시간 내에 특정 목적들을 달성하기 위해 기획된 활동들의 집합으로 구성된다. 프로젝트는 정의, 계획, 실행과 납품/종료로 구성되는 수명주기를 거치게 된다. 프로젝트에 포함되는 활동들이 정형화되어 있지 않다는 것은 정형화된 활동들로 구성된 작업과는 다른 양상의 문제를 발생한다는 것을 의미한다. 아울러 윤리적인 문제와 위험관리도 관리자가 해결해야 하는 문제에 포함된다.

PERT와 CPM은 프로젝트를 개발하고 감시하기 위해 널리 사용되는 2가지 기법이다. 비록 각 기법이 명백히 다른 목적을 가지고 독립적으로 개발되었지만, 이제는 차이가 없어지고 같은 것으로 여겨지고 있다. 둘 모두 관리자에게 프로젝트 계획을 위한 합리적인 방법과 프로젝트 활동들의 진척에 대해 그래프를 활용한 도시를 가능하게 해 준다. 활동들 사이에 존재하는 선후 관계들을 기술하고, 프로젝트를 적시에 완료하기 위해서 활동들이 어떤 순서로 완료되어야 하는지에 관한 정보를 관리자들에게 제공한다. 관리자들은 주 공정로 상의 활동들에 대해 가장 많은 주의를 기울여야 하는데 이를 위해 위의 정보를 활용할 수 있다.

2개의 다른 관례가 네트워크 도를 그리는 데 사용될 수 있는데, 그 하나는 활동을 화살표에 표시하는 경우이고, 다른 하나는 노드에 활동을 표시하는 경우이다.

프로젝트 수행을 위한 네트워크를 신속하게 구축하고 업데이트하는 일은 중형 프로젝트에 대해서도 복잡한 일이다, 그래서 컴퓨터 소프트웨어를 활용하는 것이 중요하다. 프로젝트 관리 소프트웨어를 활용하면, 논리적인 계획 구조, 의사소통 개선, 그리고 자동적으로 양식이 맞춰진 도표와 보고서를 얻을 수 있는 이점이 있다.

어떤 경우에, 하나 이상의 프로젝트 활동들을 단축하여 프로젝트 소요시간을 줄일 수 있게 된다. 많은 경우에 프로젝트에 포함되어 있는 하나 이상의 활동들의 소요시간을 줄임에 의해 프로젝트 전체의 소요시간을 줄일 수 있게 된다.

## 주요 내용

1. 프로젝트는 일군의 목적을 달성하고자 설계된 독특하고 제한된 기간을 가지는 작업들의 집합이다.
2. 주요 프로젝트 척도는 비용, 시간, 그리고 성과이다.
3. 표 17.1과 그림 17.1은 프로젝트의 속성과 관리에 대한 가치 있는 정보를 제공한다.
4. 프로젝트 관리자와 팀은 그 목적을 이루는 데 있어 주요한 요소들이다.
5. 작업 중단 구조, 간트 차트, 그리고 선후 관계도는 프로젝트 관리에 있어 유용한 도구들이다.

## 주요 용어

가상 프로젝트 팀(virtual project teams)
가장 가능성이 높은 시간(most likely time)
경로(path)
낙관적 시간(optimistic time)
네트워크 도(network diagram)
노드에 활동을 표시하는 경우(activity-on-node, AON)
독립성(independence)
베타 분포(beta distribution)
비관적 시간(pessimistic time)
사건(event)
시간단축(crash)
여유(slack)
CPM(주 경로법, critical path method)
주 공정로 활동(critical activity)
주 공정로(critical path)
작업분담구조(work breakdown structure, WBS)
프로젝트(project)
프로젝트 챔피언(project champion)
화살표에 활동을 표시하는 경우(activity-on-arrow, AOA)
확률적(probabilistic) 시간추정
확정적(deterministic) 시간추정
활동(activity)
PERT (program evaluation and review technique)

## 문제풀이연습

**문제 1** 다음의 표는 조사 프로젝트의 주요한 활동들에 관련되는 정보를 포함한다. 아래 정보를 활용해서 물음에 답하라.

a. AOA를 사용해서 선후 관계도를 그려라.
b. 주 공정로를 찾아라.
c. 프로젝트의 기대 길이를 결정하여라.

| 활동 | 직전작업 | 기대시간(일) |
|---|---|---|
| a | — | 5 |
| c | a | 8 |
| d | c | 2 |
| b | a | 7 |
| e | — | 3 |
| f | e | 6 |
| i | b, d | 10 |
| m | f, i | 8 |
| g | — | 1 |
| h | g | 2 |
| k | h | 17 |
| end | k, m | |

**풀이**

a. 네트워크를 수립하는 데 있어서 다음 내용들이 유용할 수 있다.

(1) 선행 작업이 없는 활동들은 네트워크의 처음(좌측)에 위치한다.

(2) 복수의 선행 작업을 가지는 활동들은 경로들이 교차하는 지점에 위치한다.

그림을 완성하라. 어떤 활동을 놓치는 상황을 피하려면, 활동 리스트를 따라 내려가라.

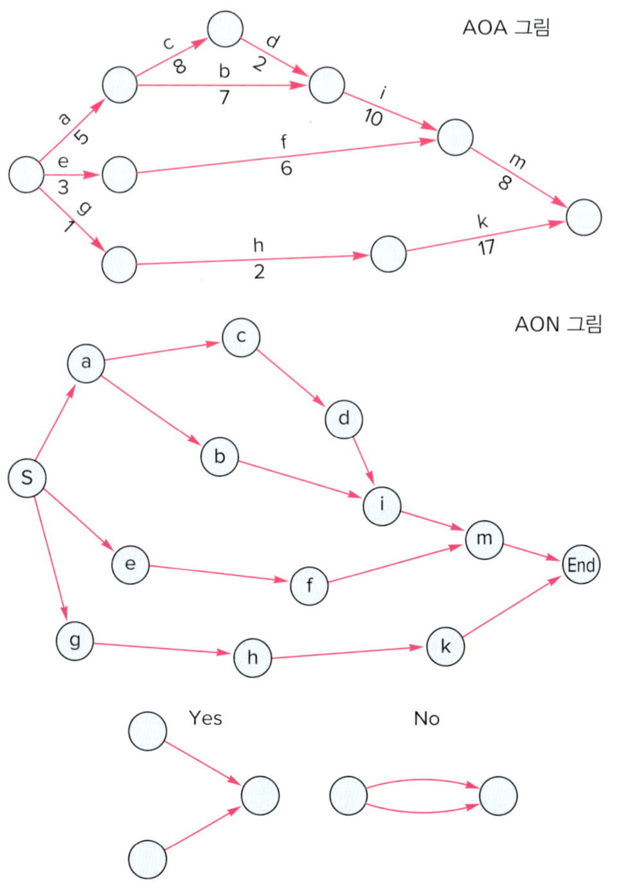

선후 관계도를 작성하기 위한 추가적인 힌트들이다.
(1) 연필을 사용하라.
(2) 한 개의 노드를 가지고 시작하고 끝내라.
(3) 경로들이 서로 교차하지 않게 하라.
(4) 활동을 왼쪽에서부터 오른쪽으로 배치하라.
(5) 두 개의 노드는 반드시 1개의 화살표로 연결하라.

b와 c.

| 경로 | 길이(일) |
|---|---|
| a–c–d–i–m* | 5 + 8 + 2 + 10 + 8 = 33† |
| a–b–i–m | 5 + 7 + 10 + 8 = 30 |
| e–f–m | 3 + 6 + 8 = 17 |
| g–h–k | 1 + 2 + 17 = 20 |

*주 공정로
†기대 프로젝트 지속시간

**문제 2** 계산 알고리즘을 사용해서 다음 AOA 그림에 대한 여유시간을 계산하고 주 공정로 상에 있는 활동을 찾아라.

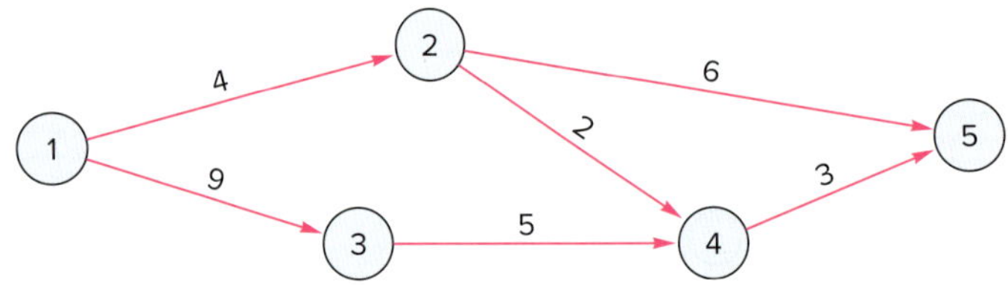


**풀이** ES, EF, LS, LF 시간을 결정하는 작업은 2개의 꺾쇠를 각 활동에 대해 설치하게 되면 상당히 간단해진다.

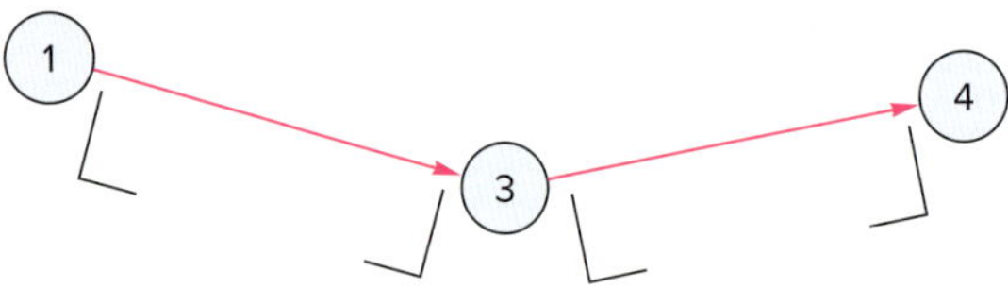


각 활동의 왼쪽에 있는 꺾쇠는 결국 가장 빠른 *시작* 시간과 가장 늦은 *시작* 시간의 차이를 메우게 될 것이며, 오른쪽에 있는 꺾쇠는 가장 빠른 *완료* 시간과 가장 늦은 *완료* 시간 사이의 차이를 메우게 된다.

이것은 2단계 프로세스에서 이루어진다. 첫 번째로, 다음 그림에 나타난 바와 같이 왼쪽에서부터 오른쪽으로 나가면서 가장 빠른 시작 시간과 가장 빠른 완료 시간을 결정한다.

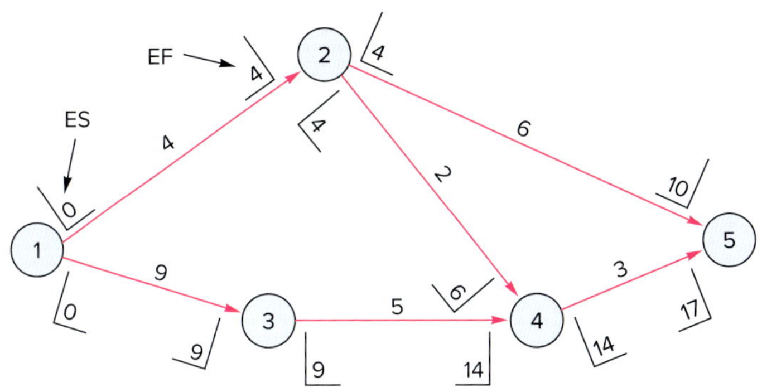


그래서 활동 1-2는 시간 0에서 시작될 수 있다. 4만큼의 시간이 소요되므로 0 + 4 = 4에서 끝낼 수 있다. 이것은 노드 2에서 시작되는 모든 활동들을 위해 가장 빠른 시작을 보장한다. 그러므로 2-5와 2-4는 시간 4보다 일찍 시작할 수 없다. 활동 2-5는 빠르면 4 + 6 = 10에서 끝이 나고 활동 2-4는 빠르면 4 + 2 = 6에서 끝이 난다. 이 시점에서 활동 4-5를 위한 가장 빠른 시작 시간을 결정하는 것은 불가능하다. 그것은 활동 3-4나 2-4 중 어느 활동이 가장 늦은 EF를 가지느냐에 따라 결정된다. 결론적으로, 가장 아래에 있는 경로를 따라 ES와 EF를 계산하는 것이 필요하다. 활동 1-3을 위한 ES가 0이라고 가정하면 그 활동의 EF는 9가 될 것이며 활동 3-4는 9의 ES와 14의 EF를 가질 것이다.

노드 4로 들어가는 2개 활동에 대한 EF 시간이 6과 14라는 점을 고려하면 활동 4-5가 시작될 수 있는 가장 빠른 시점은 둘 중의 큰 값인 14가 되고 그 결과로 활동 4-5의 ES는 14가 되고 EF는 17이 된다.

이제 최종 노드로 들어가는 활동들의 EF를 비교해 보자. 그들 중 가장 큰 값이 17이므로 이것이 프로젝트의 기대 지속 시간이다.

각 활동을 위한 LF와 LS 시간은 이제 네트워크(오른쪽에서 왼쪽으로)를 통해 후방으로 전진하면서 계산한다. 노드 5로 들어가는 2개의 활동들을 위한 LF는 17이고 이것도 역시 기대 지속 시간이 된다. 다시 말해서 17주까지 프로젝트를 완료하기 위해서는 이 마지막 2개의 활동들이 그 때까지 다 끝나야 한다.

활동 4-5의 경우, 17의 LF를 위해 필요한 LS는 17 − 3의 = 14가 되는데, 이것은 활동 2-4와 3-4는 14보다 늦게 끝나서는 안 된다는 것을 의미한다. 그러므로 그들의 LF는 14가 된다. 활동 3은 활동 1-3의 LF를 9로 만들면서 자신의 LS를 9로 만들고, 활동 1-3의 LS는 0이 된다.

14의 LF 시간을 가지는 활동 2-4는 14 − 2 = 12의 LS 시간을 가지고 활동 2-5는 17의 LF를 가지고 17 − 6 = 11의 LS를 가진다. 그래서, 활동 2-5가 17주까지 완료되기 위해 시작될 수 있는 가장 늦은 시간은 11이고 활동 2-4가 17주까지 끝나기 위해 시작될 수 있는 가장 늦은 시간은 12이다. 활동 1-2는 이 활동들 둘 *다*보다 선행되어야 하므로, 그것은 이들 중 작은 값인 11보다 일찍 완료되어야 한다. 그러므로 활동 1-2는 11의 LF와 11 − 4 = 7의 LS를 가진다.

ES, EF, LF, LS 시간은 다음 그림에 나타난다.

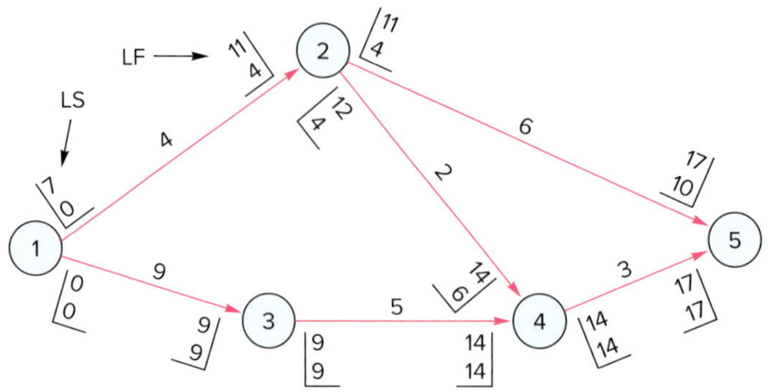


어떤 활동을 위한 여유시간은 LF와 EF 또는 LS와 ES의 차이이다. 그러므로,

| 활동 | LS | ES | 여유시간 | 혹은 | LF | EF | 여유시간 |
|---|---|---|---|---|---|---|---|
| 1-2 | 7 | 0 | 7 | | 11 | 4 | 7 |
| 2-5 | 11 | 4 | 7 | | 17 | 10 | 7 |
| 2-4 | 12 | 4 | 8 | | 14 | 6 | 8 |
| 1-3 | 0 | 0 | 0 | | 9 | 9 | 0 |
| 3-4 | 9 | 9 | 0 | | 14 | 14 | 0 |
| 4-5 | 14 | 14 | 0 | | 17 | 17 | 0 |

0의 여유시간을 가지는 경로가 바로 주 공정로가 된다. 이 경우 주 공정로는 1 - 3 - 4 - 5이다. 이런 종류의 문제를 풀 때, 다음을 염두에 두라.

- 여러 개의 활동이 들어오는 노드를 떠나는 활동의 ES 시간은 들어오는 활동들의 EF 중 가장 긴 것과 같다.
- 여러 개의 활동이 떠나는 노드로서 들어오는 활동의 LF는 떠나는 활동들의 LS 중 가장 작은 것과 같다.

**문제 3** 네트워크상의 한 경로가 3개의 활동을 포함한다. 그들의 표준편차는 1.50, 0.80, 그리고 1.30이다. 해당 경로의 표준편차를 구하라.

**풀이**

| 표준편차 | 분산 |
|---|---|
| 1.50 | 2.25 |
| 0.80 | 0.64 |
| 1.30 | 1.69 |
| | 4.58 (경로 분산) |

경로 분산에 제곱근을 취하면 경로 표준편차가 된다:

$\sqrt{4.58} = 2.14$(경로 표준편차)

**문제 4**

연구개발 프로젝트의 주요한 활동들을 위한 기대 시간이 분산과 함께 아래의 PERT 차트에 나타나 있다. 다음 확률을 계산하라.

a. 프로젝트 완료 시간이 50주보다 작을 확률
b. 프로젝트 완료 시간이 50주보다 클 확률

| 경로 | 활동 | 평균 | 분산 |
|---|---|---|---|
| | A | 16 | 0.69 |
| 상위 | B | 11 | 0.69 |
| | C | 24 | 0.11 |
| | D | 5 | 0 |
| 중간 | E | 18 | 0.25 |
| | F | 26 | 0.11 |
| | D | 5 | 0.20 |
| 하위 | G | 10 | 0.25 |
| | H | 14 | 0.36 |
| | I | 12 | 0.11 |

**풀이**

각 경로에 대한 평균과 표준편차를 계산하라.

| 활동 | 평균시간(주) | 표준편차(주) |
|---|---|---|
| 상위 | 16 + 11 + 24 = 51 | $\sqrt{0.69 + 0.69 + 0.11} = 1.22$ |
| 중간 | 5 + 18 + 26 = 49 | $\sqrt{0.00 + 0.25 + 0.11} = 0.60$ |
| 하위 | 5 + 10 + 14 + 12 = 41 | $\sqrt{0.00 + 0.25 + 0.36 + 0.11} = 0.85$ |

a. 지정된 길이에 대해 각 경로를 위한 $z$값을 계산하라. +3.00보다 큰 $z$값을 가지는 경로가 지정된 시간 안에 완료될 확률을 1.00이라고 하기로 하고 다음의 공식을 사용하라.

$$z = \frac{50 - t_{\text{path}}}{\sigma_{\text{path}}}$$

각 경로가 50주 이내에 완료될 확률이 부록 B의 표 B에 보여진다. 프로젝트가 50주 이내에 완료될 확률은 그 때까지 완료되어야 하는 3개의 모든 경로의 완료 여부에 좌우된다. $z$값이 +3.00보다 크므로 이 프로젝트가 50주 안에 끝날 확률은 100%가 된다. 다른 2개 경로도 그 시간 안에 완료될 것에 대해서는 확실치 않다. 둘 모두가 50주를 넘기지 않을 확률은 각각이 50주 이내에 완료될 확률의 *곱*이 되는데, 즉 0.2061(0.9525)(1.00) = 0.1963.

b. 프로젝트가 50주 이내에 끝나지 않을 확률은 위의 값의 보수로서 그것은 1.000 − 0.1963 = 0.8037이 된다. (그것이 경로 확률들의 곱이 *아님*을 주지하라.)

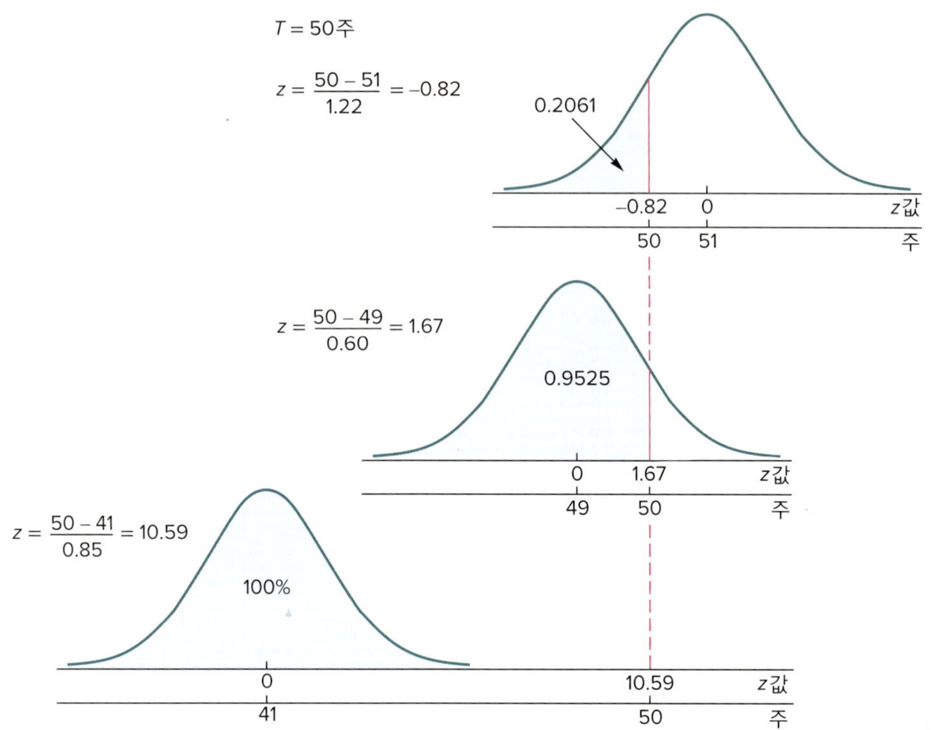


**문제 5** 프로젝트가 지속되는 동안에 드는 간접적인 비용이 일주일에 $12,000 정도가 소요된다. 프로젝트 관리자는 비용과 시간에 관한 정보를 제공한다. 다음의 정보를 사용해서

a. 최적의 단축 계획을 수립하라.

b. 그 계획의 총 비용을 그래프로 나타내라.

| 활동 | 단축가능성(주) | 단축으로 인한 주당 비용 |
|---|---|---|
| a | 3 | $11,000 |
| b | 3 | 3,000 첫 주<br>$ 4,000 다른 주 |
| c | 2 | 6,000 |
| d | 1 | 1,000 |
| e | 3 | 6,000 |
| f | 1 | 2,000 |

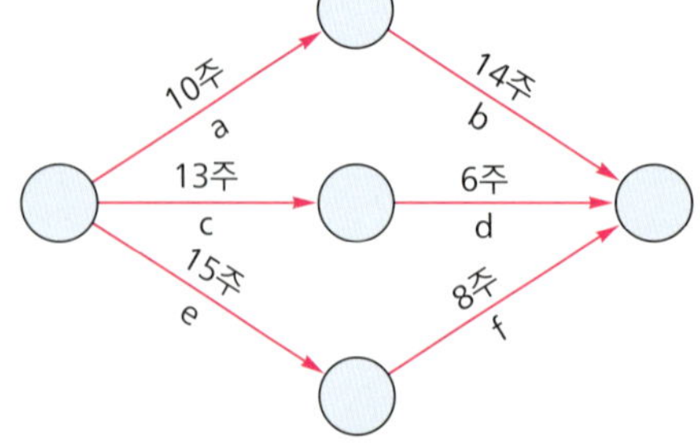


**풀이** a. (1) 경로의 길이를 계산하고 주 공정로를 찾아라.

| 경로 | 지속시간(주) |
|---|---|
| a–b | 24 (주 공정로) |
| c–d | 19 |
| e–f | 23 |

(2) 단축에 소요되는 비용에 따라 두 공정로 상의 활동에 순위를 매겨라.

| 경로 | 단축에 필요한 주당시간 |
|---|---|
| b | $ 3,000 |
| a | 11,000 |

활동 b는 1주일 정도 단축될 것이다. 왜냐하면 그것은 최저 단축 비용을 가지고 있기 때문이다. 이것은 $3,000의 비용을 가지고 $12,000의 간접 비용을 줄일 수 있게 해 주므로 $9,000의 이득을 보장하는 것이다. 이 점에서 경로 a–b와 e–f는 둘 다 23주 동안 지속될 것이며, 주 공정로 상에 있는 활동이 된다.

(3) 2개의 주 공성로에 대해 단축 비용 순으로 순위를 매겨라.

| 경로 | 활동 | 단축에 필요한 주당시간 |
|---|---|---|
| a–b | b | $ 4,000 |
| | a | 11,000 |
| e–f | f | 2,000 |
| | e | 6,000 |

각 경로상에서 단축을 위한 활동을 하나씩 선정하라. a–b에서 b, e–f에서 f를 선정하는데, 이때 총 비용은 $4,000 + $2,000 = $6,000이 되고 총 비용절감은 $12,000 − $6,000 = $6,000이 된다.

(4) 어느 경로가 주 공정로인지 찾아라. a–b와 e–f는 22주가 걸릴 것이고 c–d는 여전히 19주가 걸릴 것이다.

(5) 주 공정로에 있는 활동들에 대해 순위를 매겨라.

| 경로 | 활동 | 단축에 필요한 주당시간 |
|---|---|---|
| a–b | b | $ 4,000 |
| | a | 11,000 |
| e–f | e | 6,000 |
| | f | (더 이상의 단축은 불가능) |

경로 a–b에서는 b를 단축하고 e–f에서는 e를 단축하면 총 비용은 $4,000 + $6,000 = $10,000이 되고 총 비용절감은 $12,000 − $10,000 = $2,000이 된다.

(6) 이 시점에서 더 이상의 개선은 불가능하다. 경로 a–b와 e–f는 각각 21주가 소요될 것이며 각 경로에서 하나의 활동이 단축될 것이다. 활동 a를 단축하는 데는 $11,000이 소요되고 활동 e를 단축하는 데는 $6,000이 소요되어서 총 $17,000이 소요되는데, 이는 단축으로 얻을 수 있는 비용 절감 분인 $12,000을 초과한다.

b. 다음 표는 결과를 요약하고 *n*주에서의 단축 후에 프로젝트 소요 길이를 보여 준다.

| 경로 | $n = 0$ | 1 | 2 | 3 |
|---|---|---|---|---|
| a–b | 24 | 23 | 22 | 21 |
| c–d | 19 | 19 | 19 | 19 |

| 경로 | $n = 0$ | 1 | 2 | 3 |
|---|---|---|---|---|
| e–f | 23 | 23 | 22 | 21 |
| 단축활동 | | b | b, f | b, e |
| 단축비용($1,000) | | 3 | 6 | 10 |

이전 계획에 대한 비용 요약은 다음과 같을 것이다.

| 프로젝트 길이 | 누적 부족 주수 | 누적 단축비용 ($1,000) | 간접비 ($1,000) | 총비용 ($1,000) |
|---|---|---|---|---|
| 24 | 0 | 0 | 24(12) = 288 | 288 |
| 23 | 1 | 3 | 23(12) = 276 | 279 |
| 22 | 2 | 3 + 6 = 9 | 22(12) = 264 | 273 |
| 21 | 3 | 9 + 10 = 19 | 21(12) = 252 | 271 |
| 20 | 4 | 19 + 17 = 36 | 20(12) = 240 | 276 |

총비용 그래프는 다음과 같다.

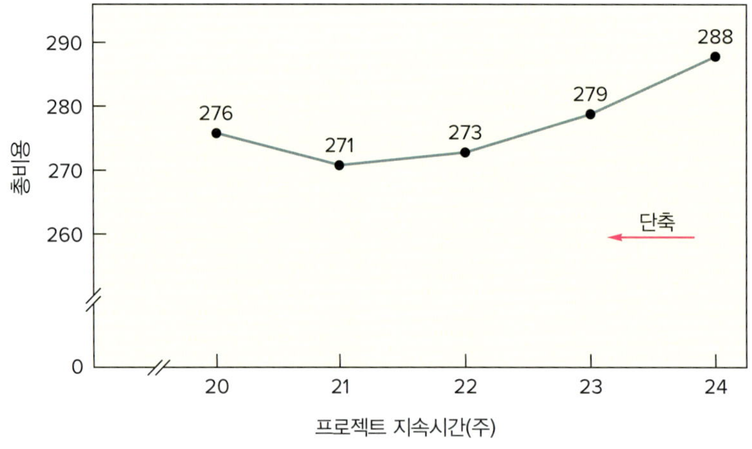


## 토의 및 복습문제

1. 프로젝트 관리자는 두 종류의 능력(관리자의 능력과 리더로서의 능력)을 필요로 한다. 이것에 대해 설명하라.
2. *프로젝트 챔피언*이 무엇인지 설명하고, 프로젝트에 챔피언을 지속적으로 관여시키는 방법을 열거하라.
3. 위험 관리의 단계를 나열하라.
4. 프로젝트 수행에서 일어날지도 모르는 윤리적인 문제들에 대한 예를 들어라. 이런 문제들을 최소화하기 위해 관리자는 무엇을 해야 하는가?
5. 프로젝트 관리 소프트웨어를 사용할 때 주요 이점은 무엇인가?
6. 업무 분담 구조에 대해 설명하고, 그것이 프로젝트 계획에 어떤 도움을 주는지 설명하라.

7. 다음에서 기술하게 되고 있는 용어를 정의하라.

    a. 프로젝트에서 활동들의 순서
    b. 프로젝트에서 활동들의 가장 긴 시간 순서
    c. 2개의 활동이 같은 시작시점과 완료시점을 가질 때 사용
    d. 주 공정로와 그렇지 않은 경로의 시간 차이
    e. 활동 시간의 변동성을 기술하기 위해 사용되는 통계 분포
    f. 경로 시간의 변동성을 기술하기 위해 사용되는 통계 분포
    g. 추가적인 자원 투입에 의한 활동 소요시간단축

8. PERT의 장단점을 열거하라.

9. *주 공정로*의 분산에만 기초해서 확률적인 프로젝트 완료 시간을 추정하는 것이 갖는 문제점이 무엇인가? 어떤 상황에서 그것이 가능한가?

10. 다음 용어들을 정의하고, 그들을 계산하는 방법을 설명하라.

    a. 기대 활동 시간
    b. 활동 소요시간의 분산
    c. 경로 소요시간의 표준편차

11. 사람들이 주 공정로 상의 활동에 관여하고 싶어하는 이유와 그렇지 않은 이유는 무엇인가?

12. 회사의 특별 프로젝트에 참여했을 때 얻을 수 있는 효익은 무엇이며, 위험은 무엇인가?

13. 회사의 일상적인 직무보다 프로젝트 직무가 더 매력적으로 보이는 이유는 무엇인가?

14. 어떤 프로젝트 조직이 전통적인 운영관리 조직에 비해 좋은 점이 무엇인가?

## 연습문제

1. 아래 네트워크 도에 대해, 주 공정로와 기대 프로젝트 지속 시간을 결정하라. 화살표에 표시된 시간은 기대 활동 소요시간이다.

    a. AOA 그림

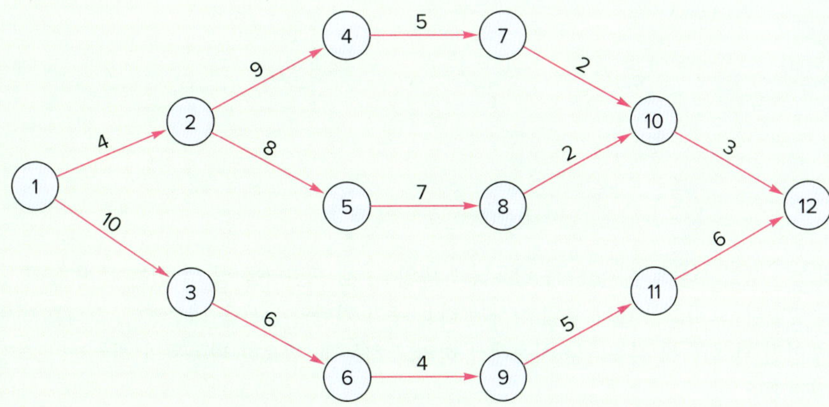

b. AON 그림

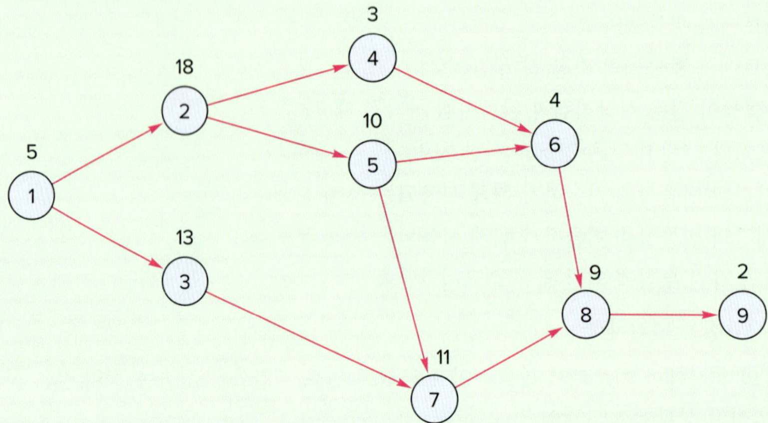


c. AOA 그림

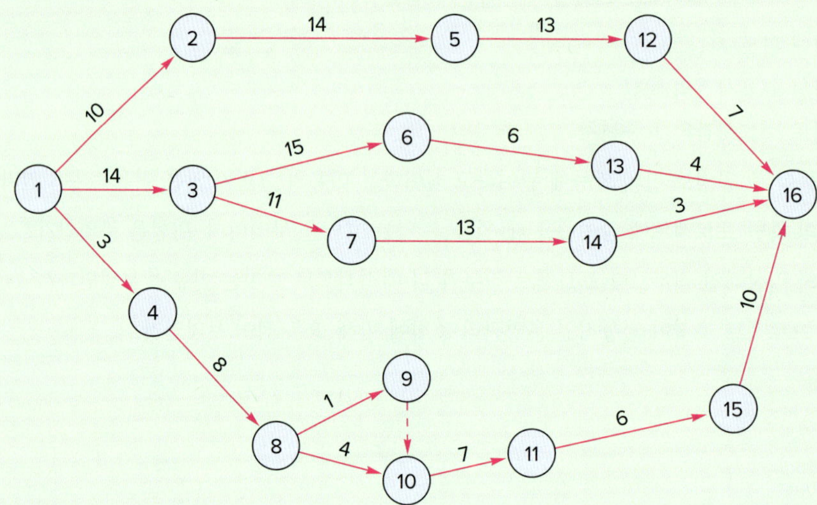


d. AON 그림

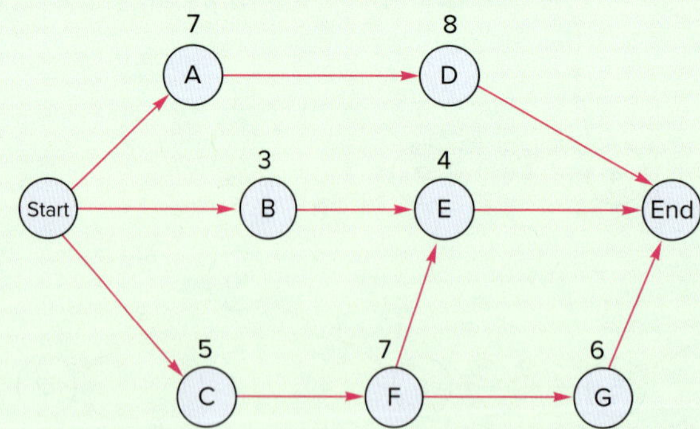


2. 크리스는 생일 선물로 새 노트북 컴퓨터를 받았고, 새 프린터를 살 수 있는 돈이 들어 있는 수표도 받았다. 크리스의 대학 수업 강사는 다음 주가 기한인 논문을 내주었다. 그녀는 이번에 새로 주어진 과제를 새 컴퓨터를 사용해서 하려고 하는데, 필요한 활동들의 리스트와 추정 시간을 결정했다.

   a. 2개의 순서로 활동들을 배열해라.

   b. (1) AOA 네트워크 도를 작성하라.

(2) AON 네트워크 도를 작성하라.

c. 주 공정로와 기대 소요시간을 결정하라.

d. 프로젝트가 기대 소요시간보다 더 오래 걸리는 이유는 무엇인가?

| 추정시간(시간) | 활동(약어) |
|---|---|
| 0.8 | 컴퓨터 소프트웨어 설치(Inst) |
| 0.4 | 논문 개요(Out) |
| 0.2 | 논문 제출(Sub) |
| 0.6 | 주제 선정(Ch) |
| 0.5 | 문법교정과 수정(Ck) |
| 3.0 | 새 컴퓨터를 사용하여 논문 쓰기(Write) |
| 2.0 | 새 프린터를 구입하기 위해 쇼핑(Sh) |
| 1.0 | 프린터 선택과 구매, 그리고 논문 인쇄(Sel) |
| 2.0 | 주제에 대해 도서관에서 연구(Lib) |

3. 다음 상황들에 대해 17.5절에 나오는 형식의 간트 차트를 작성하라.

a. 은행입지문제(그림 17.4 참조). *힌트*: 표 17.3에 주어진 이른 시작 시간을 사용.

b. 문제풀이연습 문제 2.

4. a. 이 그림을 위해 이 문제에 있는 것과 비슷한 선행 작업과 작업 리스트를 작성하라.

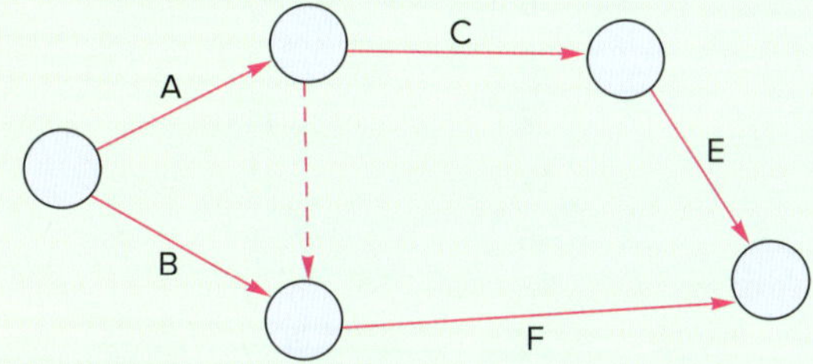


b. 다음 케이스들에 대해 AOA 선후 관계도를 작성하라. (*주의*: 더미 활동이 필요할 수 있음)

c. 각 케이스에 대해 AON 선후 관계도를 작성하라.

| (1) 활동 | 직전작업 | (2) 활동 | 직전작업 |
|---|---|---|---|
| A | — | J | — |
| B | — | K | — |
| C | — | L | J |
| D | A | M | L |
| E | B | N | J |
| F | B | P | N |
| G | C | Q | — |
| H | F | R | K |
| I | F, G | S | Q |
| K | D, E | V | R, S, T |
| End | H, I, K | T | Q |
| | | W | T |
| | | End | M, P, V, W |

5. 아래 열거된 문제들에 대해 각 활동을 위한 다음 값들을 계산하라. 가장 빠른 시작 시간, 가장 늦은 시작 시간, 가장 빠른 완료 시간, 가장 늦은 완료 시간, 여유시간, 주 공정로 상의 활동을

결정하고 기대 소요시간을 결정하라.

a. 연습문제 1a.
b. 연습문제 1b.

6. 연습문제 1a의 네트워크 도를 다시 보자. 12주가 지난 시점에서 활동 1-2, 1-3과 2-4가 완료되고 활동 2-5는 75% 완료되고 활동 3-6은 절반이 완료되었다고 하자. 최초 시작 시간 이후 몇 주가 지나야 프로젝트가 완료될 것인가?

7. 세 명의 대학 동창생이 동업해서 광고의 회사를 열었다. 그들의 첫 번째 프로젝트는 다음 표에 열거된 활동들로 구성된다.

a. 선후 관계도를 작성하라.
b. 프로젝트가 24일 이내에 완료될 확률은 얼마이며 또 21일 이내에 완료될 확률은 얼마인가?
c. 지금 7일이 지났고 활동 A와 B는 완료되었고 활동 D는 50%가 완료되었다고 하자. 활동 D를 완료하는 데 필요한 시간의 추정 값이 5, 6, 7이고 활동 C와 H가 시작할 준비가 되었다. 24일까지 프로젝트가 완료될 확률은 얼마이며 21일까지 프로젝트가 완료될 확률은 얼마인가?

| | | 시간(일) | | |
|---|---|---|---|---|
| **활동** | **직전작업** | **가장 짧은 시간** | **가장 가능성이 높은 시간** | **가장 긴 시간** |
| A | — | 5 | 6 | 7 |
| B | — | 8 | 8 | 11 |
| C | A | 6 | 8 | 11 |
| D | — | 9 | 12 | 15 |
| E | C | 5 | 6 | 9 |
| F | D | 5 | 6 | 7 |
| G | F | 2 | 3 | 7 |
| H | B | 4 | 4 | 5 |
| I | H | 5 | 7 | 8 |
| End | E, G, I | | | |

d. 파트너들이 $20,000 이상 비용이 더 발생하지 않는 한 프로젝트를 2일만큼 단축하는 것이 좋다고 결정했다. 그들은 각 활동에 대해 일일 단축 비용을 $1,000 단위로 추정했고, 아래 표에 나와 있다. 어떤 활동들이 단축되어야 하고, 어떤 추가적인 분석이 이루어져야 하는가?

| 활동 | 첫 번째 소요시간 단축 | 두 번째 소요시간 단축 |
|---|---|---|
| C | $ 8 | $10 |
| D | 10 | 11 |
| E | 9 | 10 |
| F | 7 | 9 |
| G | 8 | 9 |
| H | 7 | 8 |
| I | 6 | 8 |

8. 어느 대학교에서의 개최될 특별 행사를 위해 고용된 감독은 졸업식을 완전히 새롭게 치르기로 결정했다. 그를 위해 주요한 활동들의 PERT 차트를 개발했다. 아래 표는 기대 소요시간과 분

산을 보여 준다. 졸업식은 앞으로 16주 후에 있을 예정이라면 프로젝트가

a. 졸업식 때까지 끝날 확률은 얼마인가?

b. 15주까지 완료될 확률은 얼마인가?

c. 13주까지 끝날 확률은 얼마인가?

| 경로 | 평균 지속시간(주) | 분산 |
|---|---|---|
| A | 10 | 1.21 |
| B | 8 | 2.00 |
| C | 12 | 1.00 |
| D | 15 | 2.89 |
| E | 14 | 1.44 |

9. 아래 표에 나와 있는 정보를 가지고 네트워크 도를 작성하라. AOA나 AON 중 하나를 사용하라(각각을 위해 예제 5 참조). 각 활동들의 평균과 표준편차가 아래와 같다면, 프로젝트가 10주 이상 소요될 확률은 얼마인가? 시간 단위는 주이다.

| 경로 | 활동 | 평균 | 표준편차 |
|---|---|---|---|
| A | C | 5 | 1.3 |
| | D | 4 | 1.0 |
| B | E | 8 | 1.6 |

프로젝트가 16.5주 이상 걸릴 확률을 계산하라.

| 경로 | 활동 | 평균 | 표준편차 |
|---|---|---|---|
| | 1-3 | 10 | 3 |
| A | 3-4 | 3 | 1 |
| | 1-2 | 9 | 3 |
| B | 2-4 | 3 | 2 |

10. 다음 표에 기술된 프로젝트가 지금 막 시작되었고 11주까지는 완료되어야 한다. AOA와 AON을 사용하여 네트워크 도를 작성하라(각각을 위해 예제 5 참조). 그리고 다음에 답하라:

a. 만일 당신이 이 프로젝트의 관리자라면, 걱정이 될 것인가 아닌가 설명하라.

b. 만일 프로젝트가 한 주일씩 늦을 때마다 $5,000의 벌금이 주어진다면 이 벌금이 $5,000보다 클 확률은 얼마인가?

| 경로 | 활동 | 추정시간(주) | 표준편차(주) |
|---|---|---|---|
| A | C | 4 | 0.70 |
| | D | 6 | 0.90 |
| B | E | 3 | 0.62 |
| | F | 9 | 1.90 |

11. 다음 선후 관계도는 각 활동에 대해 3개의 소요시간을 추정했다. 다음 물음에 답하라.

a. 각 경로의 기대 완료 시간과 분산

b. 프로젝트가 49주 이상 소요될 확률

c. 프로젝트가 46주 이내에 완료될 확률

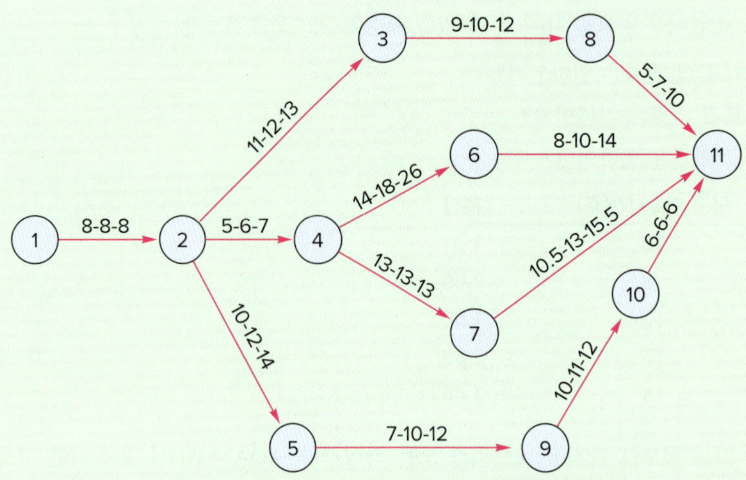


12. 프로젝트 관리자는 전산 정보시스템을 설치하는 데 필요한 활동들을 열거했다. 아래 표는 그 활동들에 대한 추정 완료 시간과 선후 관계 정보를 제공한다.

| 활동 | 직전작업 | 추정시간(주) |
|---|---|---|
| A | — | 2-4-6 |
| D | A | 6-8-10 |
| E | D | 7-9-12 |
| H | E | 2-3-5 |
| F | A | 3-4-8 |
| G | F | 5-7-9 |
| B | — | 2-2-3 |
| I | B | 2-3-6 |
| J | I | 3-4-5 |
| K | J | 4-5-8 |
| C | — | 5-8-12 |
| M | C | 1-1-1 |
| N | M | 6-7-11 |
| O | N | 8-9-13 |
| End | H, G, K, O | |

a. AOA나 AON 중 하나를 선택하여 네트워크 도를 작성하라(예제 5 참조).

b. 만일 프로젝트가 시작되고 26주 이내에 완료되면 $1,000의 보너스를 받고, 27주 이내에 완료하면 $500의 보너스를 받게 된다. 각 보너스를 받게 될 확률을 구하라.

13. 아래 표는 어떤 프로젝트의 포함되어 있는 활동들의 수행시간과 작업 단축시간에 관한 정보를 보여준다. 현재 목표가 프로젝트 완료 시한을 3주만큼 단축시키는 것이라면 어떤 활동들이 단축되어야 하며 그때 총 단축비용이 얼마인지 결정하라.

| 경로 | 활동 | 지속시간(주) | 첫 번째 단축 | 두 번째 단축 |
|---|---|---|---|---|
| 상위 | A | 5 | $8 | $10 |
| | B | 6 | 7 | 9 |
| | C | 3 | 14 | 15 |
| 중간 | D | 3 | 9 | 11 |

| 경로 | 활동 | 지속시간(주) | 첫 번째 단축 | 두 번째 단축 |
|---|---|---|---|---|
| | E | 7 | 8 | 9 |
| | C | 3 | 14 | 15 |
| 하위 | F | 5 | 10 | 15 |
| | G | 5 | 11 | 13 |
| | H | 5 | 12 | 14 |

14. 돔 구장의 건설을 계획하고 있는 특별위원회의 프로젝트 관리자는 다음 대학 미식축구 시즌이 시작되기 전에 건설을 완료할 수 있기를 바란다. 건설 추정 시간을 검토한 후, 목표를 달성하기 위해서는 일정 양의 시간단축이 필요할 것으로 보인다. 주어진 다음의 시간과 비용의 추정 정보를 가지고 프로젝트 소요시간을 5주 단축하는 데 필요한 최소비용을 결정하라. (*주의*: 어떤 활동도 2주 이상 단축할 수 없다.)

| | | | 단축비용($1,000) | |
|---|---|---|---|---|
| 활동 | 직전작업 | 정상시간(주) | 첫째 주 | 둘째 주 |
| A | — | 12 | $15 | $20 |
| B | A | 14 | 10 | 10 |
| C | — | 10 | 5 | 5 |
| D | C | 17 | 20 | 21 |
| E | C | 18 | 16 | 18 |
| F | C | 12 | 12 | 15 |
| G | D | 15 | 24 | 24 |
| H | E | 8 | — | — |
| I | F | 7 | 30 | — |
| J | I | 12 | 25 | 25 |
| K | B | 9 | 10 | 10 |
| M | G | 3 | — | — |
| N | H | 11 | 40 | — |
| P | H, J | 8 | 20 | 20 |
| End | K, M, N, P | | | |

15. 어떤 건설 프로젝트는 주당 $40,000의 간접비용을 발생시킨다. 이 프로젝트에 포함되는 활동들의 기대 소요시간이 선후 관계도에 표시되어 있다.

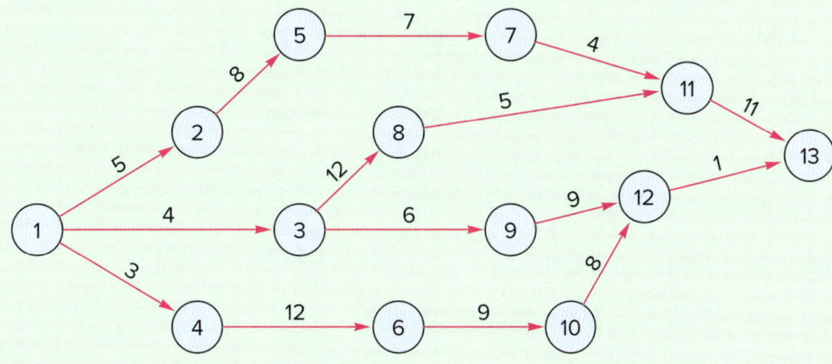


각 활동에 대한 단축 비용은 다음과 같다.

| 활동 | 단축비용($1,000) 첫째 주 | 둘째 주 | 셋째 주 |
|---|---|---|---|
| 11-2 | $18 | $22 | $— |
| 12-5 | 24 | 25 | 25 |
| 15-7 | 30 | 30 | 35 |
| 17-11 | 15 | 20 | — |
| 11-13 | 30 | 33 | 36 |
| 11-3 | 12 | 24 | 26 |
| 13-8 | — | — | — |
| 18-11 | 40 | 40 | 40 |
| 13-9 | 3 | 10 | 12 |
| 19-12 | 2 | 7 | 10 |
| 12-13 | 26 | — | — |
| 11-4 | 10 | 15 | 25 |
| 14-6 | 8 | 13 | — |
| 16-10 | 5 | 12 | — |
| 10-12 | 14 | 15 | — |

a. 최적의 시간-비용 단축계획을 결정하라.

b. 6주만큼 프로젝트를 단축하는 데 있어 최소비용을 가능하게 하는 단축 계획의 비용 곡선을 그려라.

16. 척크 선박회사는 고객의 주문을 받아서 모터 보트를 건조한다. 이 회사는 정체불명의 뉴욕의 한 법률가(Mr. T)와 계약을 맺었는데 계약 관련 자료들은 다음과 같다. 문제는 그 법률가가 32일 이내에 요트가 완성될 것을 원하고 지연될 때마다 하루에 $375의 벌금을 내야 한다는 것이다. (*주의*: 어떤 활동도 2일 이상 단축할 수 없다.)

| 활동 | 직전 작업 | 정상 시간 | 단축비용($1,000) 첫째 일 | 둘째 일 |
|---|---|---|---|---|
| K | — | 9 | $410 | $415 |
| L | K | 7 | 125 | — |
| N | K | 5 | 45 | 45 |
| M | L | 4 | 300 | 350 |
| J | N | 6 | 50 | — |
| Q | J, M | 5 | 200 | 225 |
| P | Q | 8 | — | — |
| Y | Q | 7 | 85 | 90 |
| Z | P | 6 | 90 | — |
| End | Y, Z | | | |

프로젝트 단축을 위한 계획을 수립하라.

17. 다음 네트워크 도는 시간을 일로 표시하면서 작성되었다.

a. 프로젝트 기대 소요시간을 결정하라.

b. 프로젝트가 적어도 18일이 걸릴 확률을 계산하라.

| 경로 | 활동 | 추정시간 |
|---|---|---|
| 상위 | A | 4-5-6 |
| | B | 7-8-10 |
| | C | 3-5-9 |
| | D | 7-8-11 |
| 하위 | E | 2-3-4 |
| | F | 1-4-6 |

18. 이 프로젝트에 대해 그림 17.13과 같은 위험 행렬을 작성하라. 수직 척도는 $0에서 $80이다. 관리자는 어떤 사건을 가장 우선적으로 고려해야 하는가?

| 사건 | 확률 | 비용($000) |
|---|---|---|
| 1 | 0.25 | 15 |
| 2 | 0.35 | 25 |
| 3 | 0.20 | 55 |
| 4 | 0.80 | 10 |
| 5 | 0.10 | 77 |
| 6 | 0.40 | 55 |
| 7 | 0.60 | 50 |

19. 이 프로젝트에 대해 위험 행렬을 작성하라:

| 사건 | 비용($000) | 확률 |
|---|---|---|
| 설비고장 | 40 | 0.20 |
| 공급지연 | 200 | 0.60 |
| 하청 업체 노동 문제 | 140 | 0.30 |
| 기상 문제 | 15 | 알려지지 않음 |
| 자금충당 지연 | 50 | 0.40 to 0.60 |
| 검사 지연 | 20 | 0.40 |

기상 문제와 자금 충당 지연에 대해 당신의 입장을 설명하라.

## 사례 시간이 필요합니다, 제발요

'스미티' 스미스는 거대 가전제품 회사 프로젝트 관리자이다. 그녀는 이 회사에서 단지 4년밖에 근무하지 못했지만, 프로젝트를 정해진 시간 안에 끝내고, 기술적인 요구 사항을 충족시키고, 예산을 맞추는 데 탁월한 능력을 보여주었다. 그녀의 최근 과제는 2개의 현존하는 기술을 병합하는 프로젝트이다. 그녀와 그녀의 팀은 경영진의 허락을 얻기 위한 제안서 개발을 거의 완료했다. 이제 남은 일은 프로젝트 소요 시간을 추정하는 것이다. 그 팀은 프로젝트를 위한 네트워크 도를 작성해야 한다. 3개의 경로가 있다. 기대 소요 시간과 표준편차는 다음 표에 나와 있다.

| 경로 | 기대 소요시간(주) | 표준편차 |
|---|---|---|
| A | 10 | 4 |
| B | 14 | 2 |
| C | 13 | 2 |

프로젝트 시간을 공격적, 또는 보수적으로 추정할 때의 이해득실(pros and cons)은 무엇인가?

## 참고문헌

Chatfield, Carl, and Timothy D. Johnson. *Microsoft Project (2013) Step by Step*. Redmond, WA: Microsoft Press, 2013.

Goldratt, Eliyahu. *Critical Chain*. Great Barrington, MA: North River Press, 1997.

*HBR Guide to Project Management*. Watertown, MA: Harvard Business School Publishing Corporation, 2012.

Heagney, Joseph. *Fundamentals of Project Management*, 4th ed. New York: American Management Association, 2012.

Heldman, Kim. *Project Management Jump Start*, 3rd ed. New York: Wiley, 2011.

Horine, Gregory M. *Project Management: Absolute Beginner's Guide*, 3rd ed. Indianapolis: Que Publishing, 2013.

*Project Management Body of Knowledge*, 5th ed. [A Guide to the Project Management Body of Knowledge]: PMBOK(R) Guide by Project Management Institute. Newtown Square, PA: Project Management Institute, 2013.

Wysoki, Robert K. *Effective Project Management: Traditional, Agile, Extreme*, 6th ed. New York: Wiley, 2012.

# 18 CHAPTER 대기행렬의 관리

## *Management of Waiting Lines*

### 학습 목표 *Learning Objectives*

*이 장을 학습한 후 대기행렬과 관련된 용어에 익숙해지고, 이 장에서 소개하는 모형들을 활용하여 기본적인 문제들을 풀 수 있어야 하며, 다음과 같은 물음에 답할 수 있는 능력을 가져야 한다.*

**LO18.1** 대기행렬의 존재는 시스템 내 어떠한 불균형의 결과인가?

**LO18.2** 대기행렬을 발생시키는 요인은 무엇이며, 이러한 요인을 완전하게 제거하는 것이 불가능한 이유는 무엇인가?

**LO18.3** 대기행렬을 분석하는 데 도움이 되는 성과척도에는 어떤 것이 있는가?

**LO18.4** 서비스 시간이 일정한 경우의 분석 모형이 관리자에게 주는 중요한 교훈은 무엇인가?

**LO18.5** 대기행렬을 관리하기 위한 심리적인 접근방법에는 어떠한 것이 있으며, 관리자는 이를 어떻게 활용할 수 있는가?

### 개요 *Chapter Outline*

Alex Treadway/Media Bakery

▲ 에베레스트 산의 정상에 오르기 위해 줄을 지어 대기하는 등산객들. 불행하게도 이와 같은 고지대에서 장시간 대기하는 것과 낮은 산소농도는 심각한 건강위험을 제기하고 있다. 그들 중 일부는 대기 중 쓰러지기도 하며 그중 일부는 실제로 사망한다.

Walt Disney 테마파크의 사명은 "사람들을 행복하게 하는 것"이며 Orlando시의 Disney World에 근무하는 직원들은 이를 잘 이해하고 있다. 이들은 놀이 기구 앞에서 줄을 서는 것이 고객의 즐거움에 도움이 되지 않는다는 것을 잘 알고 있다. 또한 고객들이 레스토랑이나 기념품 가게에서 줄을 서서 대기해야 한다면 수익을 발생시킬 가능성이 줄어들 뿐이라는 것도 잘 이해하고 있다. 따라서 회사는 고객의 대기시간을 줄이려는 충분한 동기를 가지고 있다. FastPass라는 예약제도가 일부 인기있는 놀이기구에서 시행되고 있는데, 이 제도는 고객들이 줄을 서서 대기하는 대신 이용시간을 미리 예약할 수 있도록 해준다. 이 제도는 모두에게 도움이 되는 시스템이다. 고객은 줄 서서 기다릴 필요가 없어서 좋고, 공원 입장에서는 고객이 대기하지 않고 다른 구매활동을 할 수 있기 때문에 잠재적인 수익이 증가되기 때문에 좋다. 또한 방문객이 각각의 탈것이나 인기명소에서 얼마나 대기해야 하는지 예상대기시간을 알려주는 무료 앱이 나와 있다. 이 장의 말미에서 대기행렬에 대한 디즈니의 접근방법에 대해 보다 자세히 설명하겠다.

대기행렬은 공급(생산 또는 서비스 용량)과 수요의 일시적인 불균형으로 인해 발생한다. 수요가 공급능력보다 적다면 여분의 공급능력이 있기 때문에 고객의 대기행렬은 발생하지 않을 것 같지만, 실제로는 고객의 대기가 발생할 수 있다. 대기행렬은 운영비용을 증가시키면서 고객들에게 부정적인 영향을 주는 반면, 공급능력이 수요를 초과하면 자원의 낭비가 발생하기 때문에 고객의 대기로 인해 발생하는 비용과 서비스 용량 초과로 인한 비용 간의 균형점을 찾는 것이 중요하다. 대기행렬은 수요에 비해 용량이 너무 적을 때 발생하기도 하나, 수요에 비해 용량이 많으면 유휴 용량을 유발하므로 관리자는 합리적인 비용으로 적절한 서비스 수준을 유지하는 균형점을 결정하는 것이 중요하다.

대기행렬은 모든 종류의 서비스시스템에서 발생한다. 뿐만 아니라 이는 대표적인 비부가가치(non-valued-added) 현상이다. 린시스템에서, 대기는 일곱 가지 형태의 낭비 중 하나이다. 서비스를 기다려야 한다는 사실은 고객에게는 참을 만한 것(보통 짧은 대기)에서부터 짜증나는 것(긴 대기) 정도의 불만을 유발하거나, 더 나아가 생사가 걸린 문제(즉, 응급사태의 경우)에 이르기까지 다양한 결과를 초래할 수 있다. 대기는 기업의 생산성과 시장경쟁력을 낮추고 사회 전체적으로는 자원의 낭비(교통체증으로 자동차의 연료 소비)나 삶의 질 저하를 유발한다. 따라서 서비스 시스템 설계자와 관리자는 대기행렬의 영향에 대해 충분히 이해하고 있어야 한다.

시스템 설계자는 고객이 대기하면서 발생하는 잠재적(무형의) 비용과 특정 수준의 서비스용량을 공급하는 데 드는 비용을 비교해보아야 한다. 이러한 서비스 용량에 대한 분석과 계획을 위해 대기행렬 현상을 수리적으로 분석하는 **대기행렬이론**이 필요하다. 대기행렬이론(queuing theory)은 전화서비스 센터(콜센터), 은행, 우체국, 레스토랑, 테마 파크, 원거리통신 시스템 및 교통관리 등을 포함하는 광범위한 서비스생산운영에 직접 적용될 수 있다.

**대기행렬이론** ▸ 대기행렬 분석을 위한 수학적 접근법

현대 대기행렬이론은 덴마크의 전화 엔지니어였던 A.K. Erlang이 20세기 초에 발명된 자동식 교환설비에 대해 수행한 연구에 기초하고 있다. 그는 모든 전화기가 유선으로 작동하던 그 시대에 전화회사가 고객에게 적절한 서비스를 제공하려면 몇 명의 교환원과 몇 회선의 전화선이 필요한지를 파악하기 위해 대기행렬 이론을 이용하였다. 2차 세계대전 이전에는 대기행렬이론을 여타 기업 문제에 응용하려는 시도가 거의 없었으나, 그후 대기행렬이론은 광범위한 문제에 적용되기 시작했다.

대기행렬에 사용되는 수학은 아주 복잡하다. 따라서 여기서는 수리적인 부분보다는 대기행렬이론의 활용과 관련된 개념에 보다 치중하고자 한다. 분석을 위해 주로 수식 및 표에 의존할 것이다.

고객이 서비스 직원 또는 설비에 무작위로 도착하는 경우에 언제나 대기행렬이 발생하게 된다. 우리가 일상생활에서 접하는 대기행렬의 예로 슈퍼마켓 계산대, 패스트푸드 식당, 항공사 티켓 창구, 영화관, 우체국 및 고속도로 요금소 등에서의 대기행렬을 들 수 있다. 많은 경우 '고객'은 사람이 아닐 수도 있는데 처리를 기다리는 주문, 하역을 기다리는 트럭, 처리되어야 하는 작업, 또는 수리를 기다리는 장비일 수도 있다. 또 다른 예로서는 부두에 접안을 기다리는 선박들, 착륙을 기다리는 항공기들, 정지 신호에 대기하는 차량들을 들 수 있다.

대기행렬이론이 중요한 이유 중 하나는 고객들이 기다리는 것을 싫어한다는 것이다. 고객은 특히 오래 기다리는 것을 서비스 불량으로 연관시킨다. 마찬가지로 기업은 작업이나 작업자가 대기하는 것은 일종의 낭비라고 생각하므로 JIT 시스템에서는 이것을 감소시키려고 필사적으로 노력하고 있다.

대기행렬에 대한 논의는 아마도 대기행렬이론에서 가장 근본적인 이슈인 "왜 대기행렬이 발생하는가?"에 대한 검토에서부터 시작되어야 할 것 같다.

읽을거리 

## 뉴욕 시민들은 줄 서서 기다리는 것을 좋아하지 않는다

뉴욕 시 전역에 걸쳐 줄을 서서 기다리는 1천 명의 성인을 대상으로 조사한 결과에 따르면 대부분의 소비자들은 줄 서서 기다리는 것보다 목욕탕 청소하기(42%), 교통정체 속에 앉아 있기(20%), 또는 치과에 가기(18%)를 더 선호한다고 답했다.

**슈퍼마켓에서의 대기줄은 이제 그만**

**By Lisa Spencer**

식료품을 사면서 기다리지 않는 것이 요즈음의 추세이다. 매장에 들어와서 휴대폰을 스캔하고, 쇼핑을 한 뒤 떠나면 된다. Trailblazer Amazon은 시카고, 샌프란시스코 그리고 시애틀에 위치한 매장에 이러한 시스템을 도입하면서 더 적은 수의 직원으로도 매장 운영이 충분히 가능함을 보여주었고 다른 매장들도 이러한 추세를 따를 예정이다. Amazon Go 매장들은 일반 편의점에서 판매하는 점심 메뉴, 간단한 약품, 편의용품 등을 팔고 있는데, 고객은 매장에 들어와서 휴대폰에 설치된 Amazon Go 앱을 켜서 매장에 자신이 입장했음을 알린다. 매장의 천장에 설치된 센서와 카메라를 통해 구매된 품목들이 기록되고 구매금액은 매장을 나갈 때 카드를 통해 자동 결제된다. 매장을 나가면 쇼핑시간을 알리는 메시지가 고객에게 전송되면서 전반적인 편의성을 향상시켜 주고 있다.

Sam's Club과 7-Eleven도 이와 유사한 시스템을 창업기업들로부터 구매하여 실험 중인데, 매장내 고객을 위한 흥미로운 부가기능들이 존재한다. 예를 들어, 물건을 집는 고객의 안면을 인식하고 구매 시 도움이 될 만한 쿠폰을 쇼핑 도중에 고객에게 전송할 수도 있다. 일부는 안면인식에 따른 고객의 구매성향 정보가 오용될 수 있음을 걱정하지만, 쿠폰발송이 좋다고 느끼는 사람들도 상당히 많다. 이제는 물건을 고르는 고객보다는 카메라를 이용하여 고객이 고르는 품목을 인식하는데 기술개발의 초점이 옮겨가고 있다.

매장의 입장에서는 계산대 직원이 필요하지 않기 때문에 비용이 절감되고, 고객이 기다릴 필요가 없기 때문에 매장의 공간 사용도 더욱 여유로워졌다. 또한 실시간 구매정보를 활용하여 재고관리도 더욱 효율적으로 이루어진다. 카드와 같은 결제수단이 없거나 현금사용을 원하는 고객을 위한 결제 방식은 계속해서 제공되겠지만, 머지않아 전통적인 매장 운영방식은 점점 희귀해질 것 같다.

1. 자동결제시스템은 대기와 관련된 비용에 어떠한 영향을 미치겠는가?
2. 자동결제시스템은 고객의 구매행위에 어떠한 영향을 미칠 것으로 예상하는가?

출처: Michael Liedtke and Joseph Pisani, "Checkout lines disappear as stores embrace technology." App.com, February 19, 2019. https://www.app.com/story/money/business/2019/02/19/checkoutlines-disappear-stores-embrace-technology/2822537002

## 18.1 왜 대기행렬이 발생하는가?

많은 사람들은 시스템의 능력 이하로 부하가 걸리는데도 불구하고 대기행렬이 발생한다는 사실에 놀라게 된다. 예컨대, 시간당 평균 200명의 고객을 처리할 수 있는 능력을 가지고 있는 패스트푸드 레스토랑에서 시간당 평균 주문이 150건에 불과하더라도 대기행렬이 발생하는 현상을 경험할 수 있다. 여기에서 핵심 단어는 평균이다. 현실적으로 고객들은 일정한 시간간격으로 도착하기보다는 임의의 시간간격으로 도착하며 어떤 주문은 다른 주문에 비해 처리시간이 더 소요된다. 즉, 도착시간간격이나 서비스시간 모두 높은 수준의 변동성을 보인다. 그리고 서비스는 미리 수행될 수도 없고 필요할 때까지 저장해 둘 수도 없기 때문에 어떤 경우에는 시스템에 일시적으로 과부하가 걸리면서 대기행렬이 발생하게 된다. 그러나 어떤 경우에는 고객이 도착하지 않아 시스템이 놀고 있는 경우도 발생한다. 따라서 변동성이 없거나 아주 적은 경우(즉, 도착이 사전에 계획되고 서비스시간도 일정한 경우)에는 일반적으로 대기행렬이 발생하지 않는다. JIT나 린 시스템은 이러한 시스템을 만들려고 노력한다.

## 18.2 대기행렬의 관리적 시사점

관리자들이 대기행렬에 대해 관심을 갖는 충분한 이유가 있다. 그중 중요한 것들은 다음과 같다.

- 대기 공간을 마련하는 데 드는 비용
- 서비스를 받기 전에 고객이 대기열을 떠나거나 대기하는 것 자체를 거부하는 경우 발생될 수 있는 손실
- 기업 평판의 훼손 가능성
- 고객만족 감소 가능성
- 대기열로 인한 혼잡으로 다른 비즈니스 운영이나 고객에 대한 이차 피해

## 18.3 대기행렬관리의 목표

고객은 서비스 시설의 대기열에 합류하여 차례가 오면 서비스를 받고 난 뒤 시스템을 떠난다. 시스템 내(대기하거나 서비스를 받고 있는) 고객 수는 시간의 경과에 따라 임의로 변동한다. 대기행렬관리의 목표는 본질적으로 총비용을 최소화하는 것이다. 대기행렬이 존재하는 상황에서는 두 가지 기본적인 범주의 비용이 발생하는데 서비스를 기다리는 고객의 비용과 서비스 용량과 관련된 비용이 그것이다. 즉,

$$TC = \text{고객 대기비용} + \text{서비스 용량비용}$$

서비스 용량비용은 서비스를 제공하기 위한 능력을 유지하기 위한 비용이다. 그 예로 세차장의 격실 수, 슈퍼마켓의 계산대 수, 장비고장을 다룰 수 있는 수리인력의 수, 고속도로의 차선 수 등이 있다. 서비스 시설이 놀고 있으면 시설의 서비스 용량은 저장이 불가능하므로 유실된다. 고객의 대기비용에는 서비스를 기다리고 있는 동안 직원들에게 지불되는 급여(공구를 사용하기 위해 기다리고 있는 정비공, 하역을 위해 기다리고 있는 트럭운전기사), 대기를 위한 공간 마련에 소요되는 비용(병원에서 환자 대기실의 규모, 세차장에서 자동차들이 줄서서 대기하는 진입로의 길이, 착륙을 위해 대기하는 항공기들이 소모하는 연료), 고객이 대기하기를 거부하고 궁극적으로 다른 기업의 서비스 시설로 이탈함에 따른 사업상의 손실 등이 포함된다.

자주 접하게 되는 실질적인 어려움은 고객의 대기시간 비용을 정확하게 측정하기가 어렵다는 것이다. 특히 이러한 비용의 대부분이 회계자료의 일부가 아니기 때문에 추정이 더욱 어렵다. 자주 사용되는 접근방법 중의 하나는 대기시간이나 대기행렬의 길이를 정책변수로 취급하는 것이다. 이는 관리자가 허용 가능한 대기열의 수준을 정책적으로 정해두고 이러한 수준이 달성되도록 시설용량을 설정하는 것이다.

대기행렬관리의 목표는 특정 수준의 서비스 용량을 제공하는 데 따르는 비용과 서비스를 기다리는 고객의 대기비용 간의 균형을 유지하는 것이다. 그림 18.1은 이러한 개념을 나타내고 있다. 그림에서처럼 서비스 용량이 증가함에 따라 그 비용도 증가한다. 그림을 단순하게 보이도록 하기 위해 비용 증가는 선형관계로 나타냈다. 경우에 따라서 비용의 계단식 증

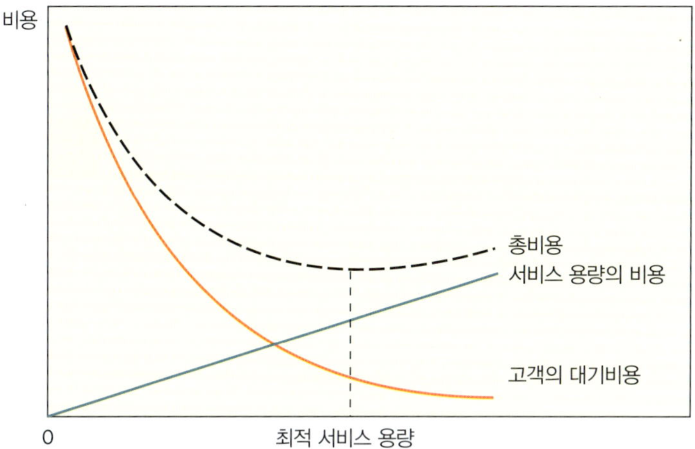


**그림 18.1**
대기행렬관리의 목표는 고객의 대기비용과 서비스 용량비용의 합을 최소화하는 것이다.

가가 보다 적절한 표현이겠지만 직선을 사용했다고 해서 현실을 심각하게 왜곡시키지는 않을 것이다. 서비스 용량이 증가함에 따라 대기하는 고객의 수와 대기시간은 감소하고, 따라서 대기비용도 감소한다. 상충관계에서 명확히 드러나는 것처럼 총비용은 U자형의 곡선으로 나타난다. 분석의 목표는 총비용을 최소화하는 서비스 용량의 수준을 파악하는 것이다(재고이론의 EOQ 모형과는 달리 총비용의 최소점은 두 개의 비용곡선이 교차하는 지점이 *아니다*).

대기행렬 상에서 대기하는 사람이 *외부* 고객(직원에 대한 상대 개념으로)인 상황에서는 대기행렬의 존재는 기업의 서비스 *품질* 이미지에 부정적인 영향을 미친다. 따라서 기업은 보다 신속한 서비스를 제공하는 데(단순히 서버의 수를 증가시키기보다 서비스 제공 속도를 증가시키는 것) 초점을 맞춘다. 고객의 대기비용이 서비스를 향상시키는 비용보다 더 많이 감소되면 이는 총비용이 곡선을 따라 하향이동하는 결과로 나타난다.

## 18.4 대기행렬의 특성

관리자가 사용할 수 있는 많은 대기행렬모형이 존재한다. 대기행렬분석의 성공 여부는 당연히 적절한 모형을 선택하는 데 달려 있다. 모형의 선정은 분석하고자하는 시스템의 특성에 따라 결정되는데, 대기행렬의 주요한 특성은 다음과 같다.

1. 모집단의 성격
2. 서버(서비스창구 또는 서비스 요원 또는 채널)의 수
3. 도착과 서비스패턴
4. 대기행렬 운영원칙(서비스 순서)

그림 18.2는 간단한 대기행렬시스템을 나타내고 있다.

### 모집단의 성격

대기행렬 문제를 분석하는 데 사용되는 접근방법은 특정 시간에 도착하는 잠재적인 고객의 수에 한도가 있는가의 여부에 따라 달라진다. 여기에는 잠재적인 고객의 수에 한도가 없

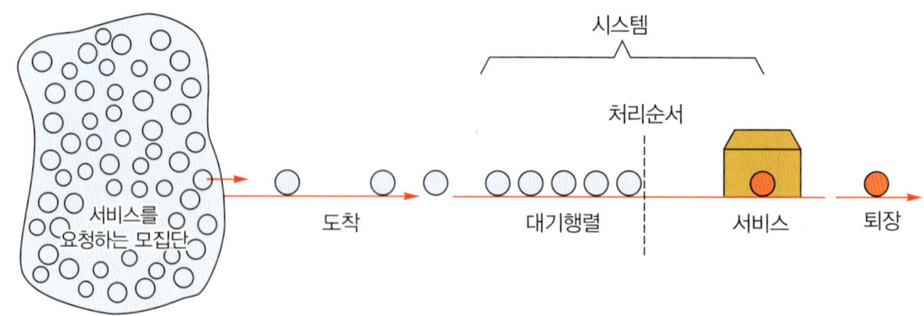


**그림 18.2**
간단한 대기행렬 시스템

**무한원천상황** ▸ 고객 도착이 제한되어 있지 않음

**유한원천상황** ▸ 잠재적 고객의 수가 제한되어 있음

는가 그렇지 않은가에 따라 *무한원천*과 *유한원천* 모집단의 두 가지 경우가 가능하다. **무한원천상황**(infinite-source situation)에서는 특정시간에 도착하는 잠재적인 고객의 수가 시스템 용량을 크게 초과할 수 있다. 서비스를 이용할 수 있는 고객에 특별한 제한이 없다면 언제나 무한원천상황이 된다. 그 예로서 슈퍼마켓, 약국, 은행, 레스토랑, 영화관, 놀이공원, 유료 교량 등이 있다. 이론적으로 '서비스를 요청할 수 있는 모집단'으로부터 많은 수의 고객이 언제든지 서비스를 요청할 수 있다. 잠재적 고객의 수가 제한되어 있으면 **유한원천상황**(finite-source situation)이 된다. 그 예로는 기업에서 일정한 수의 기계에 대한 정비책임을 지고 있는 수리기사의 경우를 생각할 수 있다. 특정 시점에 수리서비스가 필요한 잠재적인 기계의 대수는 그 수리기사에게 할당된 기계의 대수를 초과하지 못한다. 마찬가지로 한 사람의 작업자가 네 대의 기계에 대해 작업물의 장착과 탈착을 책임지고 있는 경우, 한 명의 간호사가 10개 병상의 환자 간호를 책임지는 경우, 한 명의 비서가 세 사람의 중역으로부터 지시를 받는 경우, 기업의 수리센터에서 기업의 트럭 20대에 대한 수리를 필요할 때마다 수행하는 경우 등이 여기에 해당한다.

### 서버의 수

**서버** ▸ 서비스시스템에서 서비스를 제공하는 채널단위

대기행렬 시스템의 용량은 개별 서버의 서비스 용량과 서버의 수와 관련이 있다. **서버**(server)와 서비스창구는 동의어이며 일반적으로 하나의 서버는 한 번에 1명의 고객만 처리할 수 있다고 가정한다. 시스템은 *단일서버*만 존재하거나 *복수의 서버*들이 존재할 수 있다(수술팀처럼 팀을 이루어 작업하는 서비스 요원의 집단은 단일서버로 간주된다). 단일서버 시스템의 예로는 계산대가 하나인 소형 편의점, 영화관, 세차 격실이 하나인 세차장, 출납계원이 한 사람인 드라이브인 은행 등이 있다. 복수서버 시스템(서버가 하나 이상인 경우)은 주로 은행, 항공사 티켓 카운터, 자동차 서비스 센터, 주유소 등에서 발견할 수 있다.

서버와 관련된 또 다른 분류는 대기행렬 시스템 내 *단계*의 수이다. 예컨대, 테마공원에서 관람객은 한 개의 놀이시설에서 다른 곳으로 옮겨갈 수 있는데, 각각의 놀이시설은 독립된 단계로 간주되며 독자적인 대기행렬이 형성된다.

그림 18.3은 가장 일반적인 대기행렬 시스템을 보여주고 있다. 제한된 지면에서 이들 모두의 경우를 상세히 설명하기는 어려우므로 여기서는 *단일단계*(*single-phase*) 시스템에 대해서만 다루기로 한다. 대부분의 경우, 고객은 선착순(first-come, first-served) 방식으로 운영되는 대기형렬이 공정하다고 생각한다. 이 장의 후반부에서 선착순이 아닌 다른 방식으로 운영되는 대기행렬의 경우를 다루도록 하겠다.

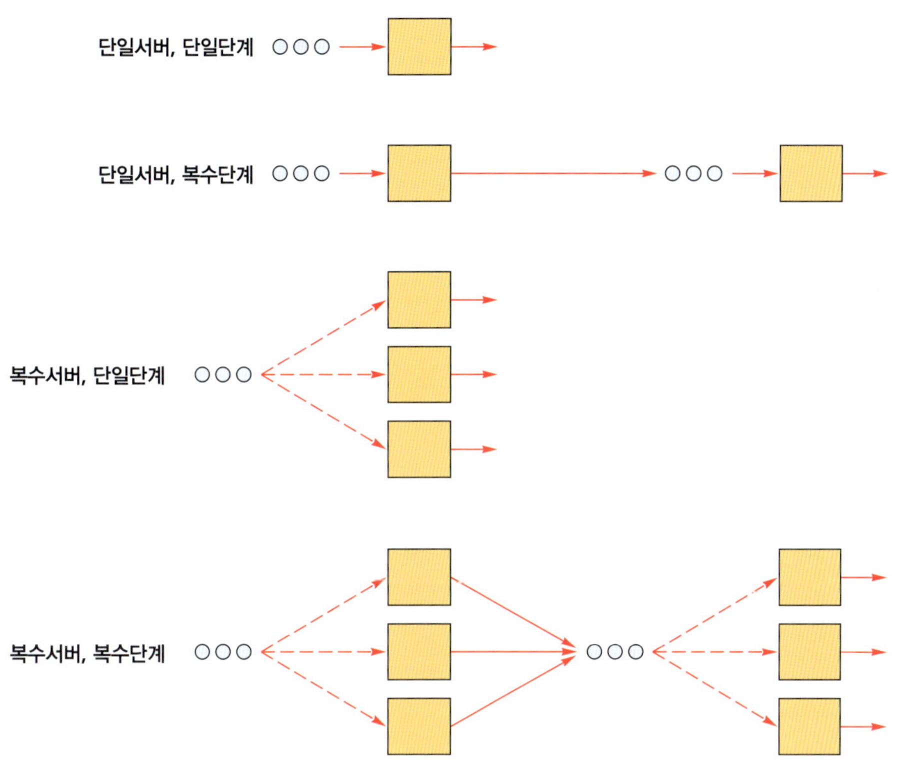


**그림 18.3**
대기행렬 시스템의 네 가지 일반적인 형태

## 도착 및 서비스패턴

대기행렬은 도착과정에서의 변동성과 서비스과정에서의 변동성의 직접적인 결과물이다. 이는 임의적이고 매우 변동적인 도착과 서비스 프로세스간의 상호교접으로 인해 시스템에 일시적으로 과부하가 걸리기 때문에 발생한다. 많은 경우 변동성은 이론적인 확률분포로 묘사할 수 있다. 실제로 가장 일반적으로 사용되는 모형은 도착과 서비스율이 포아송 분포를 따른다고 가정하는데, 이는 달리 표현하면 도착시간간격과 서비스율이 음의 지수분포를 따른다고 가정하는 것이다. 그림 18.4는 이러한 분포를 보여주고 있다.

**그림 18.4** 포아송 분포와 음의 지수분포

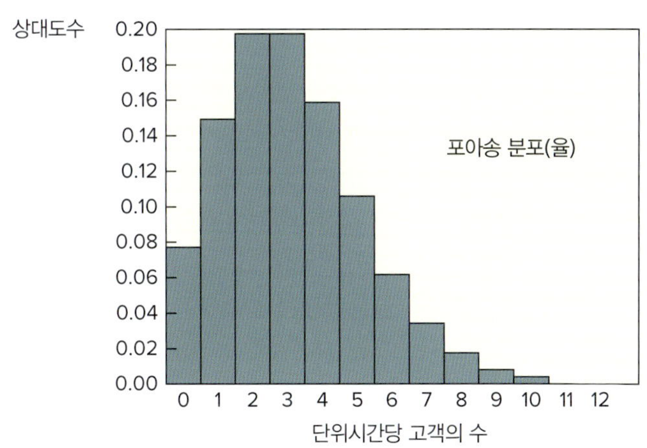


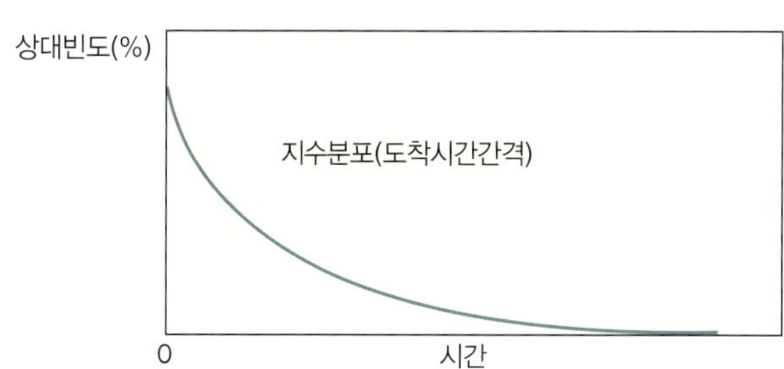

**그림 18.5**
포아송 분포를 따르는 도착과 지수 분포를 따르는 서비스시간

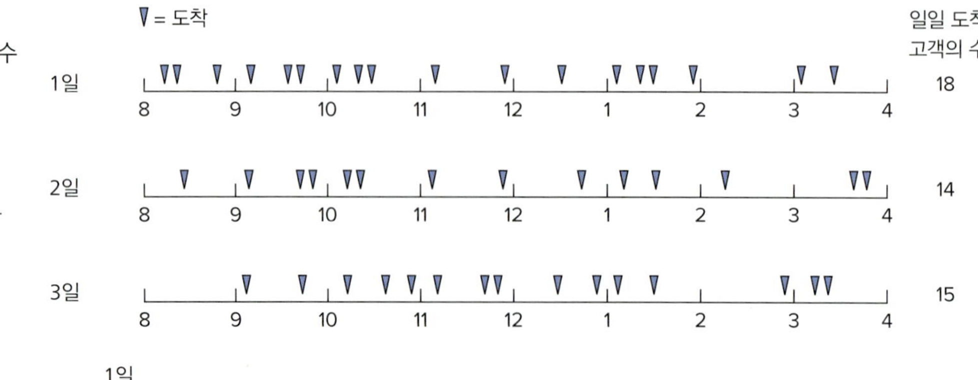


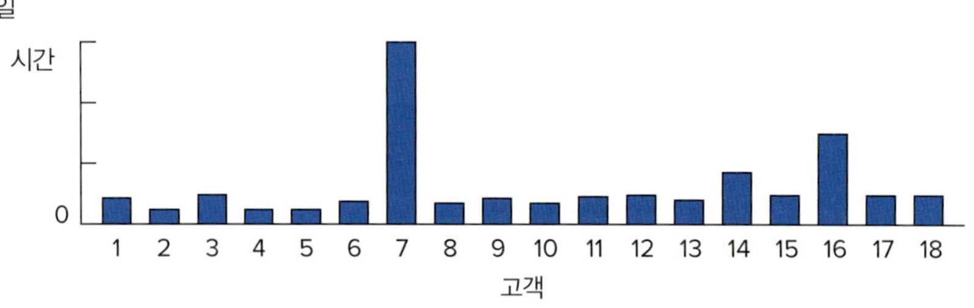


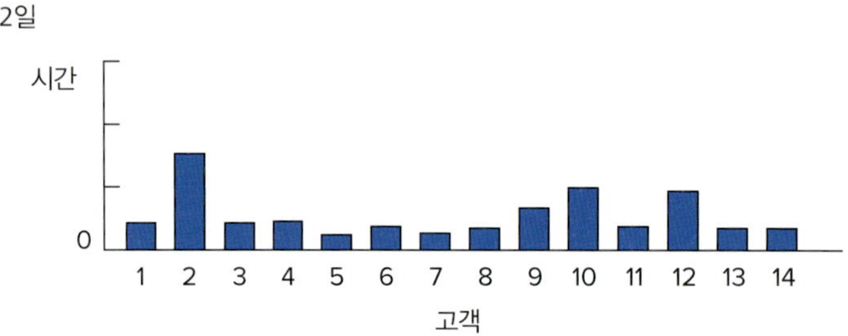


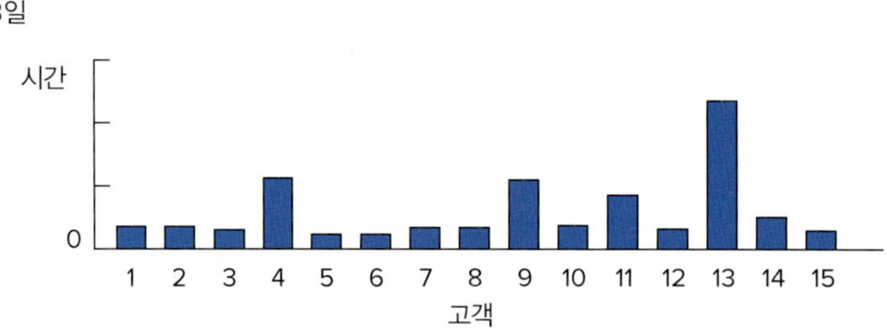


포아송 분포는 단위 시간당(예컨대, 시간당) 고객의 도착을 상당히 잘 묘사하는 분포라고 볼 수 있다. 그림 18.5A는 포아송 분포를 가지는 도착(예컨대, 사고) 프로세스가 3일 동안 어떻게 진행될 수 있는지를 보여주고 있다. 어떤 시간대에는 3건 혹은 4건의 도착이, 다른 시간대에는 1건 혹은 2건의 도착이 발생하고, 또 다른 시간대에는 1건의 도착도 발생하고 있지 않다.

음의 지수분포는 고객에 대한 서비스시간을 상당히 잘 나타내는 분포라고 판단된다(예컨대, 사고 희생자에 대한 응급치료시간). 그림 18.5B는 그림 18.5A와 동일한 도착시간간격 분포를 가지는 고객에 대해 지수분포를 따르는 서비스시간이 어떤 모양으로 나타날 수 있는지를 보여주고 있다. 대부분의 서비스시간은 매우 짧으나(어떤 경우는 0에 가깝다) 서비스

시간이 상당히 긴 경우도 꽤 있다는 점을 주목하기 바란다. 이것이 음의 지수분포의 전형적인 특징이다.

대기행렬은 도착이 무리 지어 발생하거나 서비스시간이 특히 긴 경우 발생하기가 쉽고 두 가지 요인이 동시에 존재할 때 가장 발생하기가 쉽다. 예컨대, 그림 18.5B에서 1일의 7번 고객의 긴 서비스시간을 주목하기 바란다. 그림 18.5A에서 7번 고객은 10시 직후에 도착했고 곧바로 다음 두 고객이 도착함으로써 대기행렬의 형성 가능성을 높이고 있다. 비슷한 상황이 3일의 마지막 3명의 고객에게서 발생하고 있다. 13번 고객(그림 18.5B)의 상당히 긴 서비스시간과 다음의 두 도착들의 짧은 시간 간격 때문에 대기행렬이 발생했거나 대기행렬의 길이가 증가되었을 것이다.

포아송 분포와 음의 지수분포가 동일한 정보를 서로 다르게 표현하고 있다는 것을 알면 대단히 흥미롭다. 즉, 서비스시간이 지수분포를 따르면 서비스율은 포아송 분포를 따른다. 이와 유사하게 고객의 도착률이 포아송 분포를 따르면 고객의 도착 간격(즉, 도착시간간격)은 지수분포를 따르게 된다. 예컨대, 서비스 시설이 시간당 12명의 고객을 처리할 수 있다면(서비스율) 평균서비스시간은 5분이 된다. 만약 도착률이 시간당 10건이라면 도착시간간격은 평균 6분이 되는 것이다.

여기에서 설명하는 모형은 일반적으로 도착과 서비스율이 포아송 분포를 따른다고 가정하는데, 이는 달리 말하면 도착 간격과 서비스시간이 음의 지수분포를 따른다고 가정하는 것이다. 이러한 가정이 만족되는지 실제로 검증할 필요가 있다. 자료를 수집하여 그래프를 그려봄으로써 확인할 수도 있지만 보다 바람직한 접근방법은 카이제곱 적합도 검증(chi-square goodness-of-fit test)을 사용하는 것이다. 카이제곱 검증은 이 교재의 범위를 벗어나기 때문에 자세한 설명은 생략하지만 대부분의 기초 통계학 교과서에서 이 내용을 다루고 있다.

연구결과에 따르면 고객의 도착에 대해서는 이러한 가정이 적합하지만 서비스시간에 대해서는 이러한 가정의 적합성이 떨어진다고 한다. 이러한 가정이 실제로 잘 만족되지 않는 상황에서 대안적인 방법으로는 (1) 보다 적합한 모형을 개발하는 방안, (2) 보다 나은(보통 보다 복잡한) 기존의 모형을 탐색하는 방안, (3) 컴퓨터 시뮬레이션에 의존하는 방안이 있다. 이들 대안은 모두 이 교재에서 제시된 방법보다 더 많은 노력과 비용을 요한다.

이 장에서 제시하는 모형들은 고객을 환자로 가정한다. 즉, 환자는 대기행렬에 합류하고 서비스를 받을 때까지 대기한다. 또 다른 가능성은 (1) 대기하던 환자가 더 이상 기다리지 않고 도중에 대기행렬을 떠난다, (2) 복수의 대기열이 존재하는 경우, 환자가 현재의 대기행렬을 떠나 다른 대기행렬로 이동할 수도 있다, (3) 도착해보니, 대기행렬이 너무 길어 아예 처음부터 대기행렬에 합류하지 않기로 한다.

## 대기행렬의 운영원칙

**대기행렬의 운영원칙**(queue discipline)은 대기중인 고객이 처리되는 순서를 일컫는다. 여기서 소개하는 모형 중 하나를 제외하고 대부분의 모형에서 서비스가 단순히 *선착순*의 원칙에 따라 제공되는 것으로 기술되고 있다. 이는 아마도 가장 일반적으로 적용되는 규칙일 것이다. 은행이나 가게, 레스토랑, 사거리 신호등, 등록 창구 등등에서 선착순으로 서비스가 이루어지고 있다. 선착순의 원칙으로 서비스를 제공하지 않는 시스템의 예로 병원의 응급실, 공장에서의 긴급 주문, 메인프레임 컴퓨터에서의 작업처리 등이 있다. 이러한 경우들을 보

**대기행렬의 운영원칙**
고객이 처리되는 순서

면 고객의 대기비용이 동일하지 않다. 먼저 도착한 고객이 있더라도, 가장 높은 대기비용을 발생하는 고객(가장 중병을 앓고 있는 환자)이 가장 먼저 처리되는 것이다.

## 18.5 대기행렬 성과척도

관리자가 기존의 서비스시스템이나 새로운 서비스시스템을 평가할 때 일반적으로 5개의 성과척도를 사용한다. 이 척도들은 잠재적인 고객 불만족 및 비용과 관련이 있다.

1. 대기행렬이나 시스템 내에서 대기하는 평균 고객의 수
2. 대기행렬이나 시스템 내에서 고객의 평균 대기시간
3. 서비스 용량이 사용된 비율을 의미하는 시스템 이용률
4. 특정 수준의 서비스 용량에 따른 비용과 이것과 관련된 대기행렬로 인한 비용
5. 서비스를 받기 위해 도착한 고객이 대기해야 할 확률

이들 척도 중 시스템 이용률에 대해서는 좀 더 생각해 볼 여지가 있다. 시스템 이용률은 시설이 유휴상태가 아니고 사용되는 정도를 반영하고 있다. 표면상으로 관리자는 100% 이용률을 추구해야 할 것처럼 보인다. 그러나 그림 18.6이 보여주는 바와 같이 시스템 이용률이 늘어나려면 대기행렬의 길이와 평균 대기시간이 증가해야만 가능하다. 실제로 이용률이 100%에 접근해감에 따라 이들 척도의 값은 엄청나게 증가한다. 이러한 사실이 의미하는 바는 일반적인 상황에서는 100% 이용률이 현실적인 목표가 아니라는 것이다. 100% 이용률이 현실적인 목표라고 가정하는 경우에도 서비스 인력의 100% 이용은 바람직하지 않고 이들에게는 약간의 여유시간이 필요하다. 따라서 생산운영관리자는 대기비용과 시스템 용량비용의 합이 최소화되는 시스템이 이루어지도록 노력해야 한다.

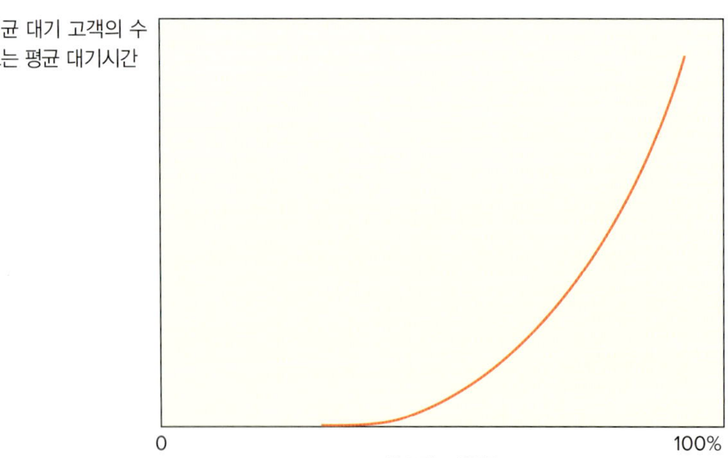


**그림 18.6**
시스템 이용률이 증가함에 따라 대기하는 고객의 평균 수치와 고객이 대기하는 평균 대기시간은 지수함수적으로 증가한다.

# 18.6 대기행렬모형: 무한원천모형

관리자나 분석가가 활용할 수 있는 대기행렬모형이 다수 있지만 여기서는 가장 기본적이고 광범위하게 활용되는 네 개의 모형에 대해서 설명하고자 한다. 여기서는 다양한 모형들을 포괄적으로 다루기보다는 일정 범위의 모형을 소개하는 데 그 목적을 두고 있기 때문이다. 여기서 다루는 모든 모형에서는 포아송 분포의 도착률을 가정한다. 또 모형들은 안정상태(steady-state) 하에서 운영되고 있는 시스템으로 가정한다. 즉, 도착률이나 서비스율이 평균적으로 안정적이라고 가정하는 것이다. 여기서 소개되는 네 개의 모형은 다음과 같다.

1. 단일서버, 지수분포 서비스시간
2. 단일서버, 일정 서비스시간
3. 복수서버, 지수분포 서비스시간
4. 복수 우선순위 서비스, 지수분포 서비스시간

다시 한번, *서버*(*server*)와 *채널*(*channel*)은 같은 의미를 갖는다는 것을 상기하기 바란다. 표 18.1은 대기행렬모형을 용이하게 사용하도록 하기 위해 무한원천모형에 사용되는 기호들을 열거한 것이다.

## 기본적인 수식

모든 무한원천모형에 공통적으로 적용되는 기본적인 수식이 있다. 이를 알고 있으면 몇 개의 핵심적인 변수값이 주어질 때 알고자 하는 성과척도를 계산하는 데 도움이 된다. 기본적인 수식은 다음과 같다.

*주의*: $\lambda$와 $\mu$으로 표시되는 도착률과 서비스율은 동일한 시간단위를 사용해야 한다(예컨대, 시간당 고객수, 분당 고객수).

**표 18.1**
무한원천모형 기호들

| 기호 | 의미 |
|---|---|
| $\lambda$ | 고객 도착률 |
| $\mu$ | 서버당 서비스율 |
| $L_q$ | 서비스를 받기 위해 대기하는 평균 고객 수 |
| $L_s$ | 시스템 내 평균 고객 수(대기하거나 서비스를 받고 있는) |
| $r$ | 서비스를 받고 있는 평균 고객 수 |
| $\rho$ | 시스템 이용률 |
| $W_q$ | 고객이 행렬에서 대기하는 평균 시간 |
| $W_s$ | 고객이 시스템 내에서 소비하는 시간(행렬에서 대기하는 시간과 서비스 시간) |
| $1/\mu$ | 서비스 시간 |
| $P_0$ | 시스템 내 고객이 0일 확률 |
| $P_n$ | 시스템 내 고객이 $n$일 확률 |
| $M$ | 창구의 수 |
| $L_{max}$ | 행렬에서 대기하는 기대 최대 고객 수 |

**시스템 이용률:** 이는 서비스 용량(창구의 수 $M$에 서비스율 $\mu$를 곱한 값으로 측정됨)에 대한 수요(도착률로 측정됨)의 비율을 나타낸다.

$$\rho = \frac{\lambda}{M\mu} \tag{18-1}$$

**서비스를 받고 있는 평균 고객 수:**

$$r = \frac{\lambda}{\mu} \tag{18-2}$$

거의 모든 대기행렬 시스템에서, 시스템이나 대기행렬에서 고객이 소비하는 평균시간과 시스템이나 대기행렬 상의 평균 고객 수 사이에는 일정한 관계가 성립한다. Little의 법칙에 의하면 안정상태의 시스템에서 대기행렬이나 시스템 내의 평균 고객 수는 대기행렬이나 시스템에서 고객이 소요하는 평균시간에 평균 도착률을 곱한 값과 동일하다. 즉, 다음과 같은 관계가 성립한다.

$L_s = \lambda W_s$와 $L_q = \lambda W_q$

위 수식의 의미는 대기행렬의 분석에서 대단히 중요하다. 이 관계는 어떤 확률분포와도 무관하고 고객 도착률이나 서비스율, 또는 서비스규칙과 관련된 어떤 가정도 필요로 하지 않는다. 또한 세 개의 변수 중 어느 두 개만 알고 있으면 제3의 변수값을 계산해 낼 수 있음을 의미한다. 예컨대, 도착률과 대기행렬 내 평균 고객 수를 알고 있으면 평균 대기시간을 계산할 수 있다.

**평균 고객 수**

서비스를 받기 위해 대기하는 대기열 내: $L_q$(모형에 따라 달라짐. 표나 수식을 활용하여 값을 구할 것)

시스템 내(대기열과 서비스 모두 포함): $L_s = L_q + r$ (18-3)

**고객이 소비하는 평균 시간**

대기열 내: $W_q = \dfrac{L_q}{\lambda}$ (18-4)

시스템 내: $W_s = W_q + \dfrac{1}{\mu} = \dfrac{L_s}{\lambda}$ (18-5)

**그림 18.7**
기본적인 관계식

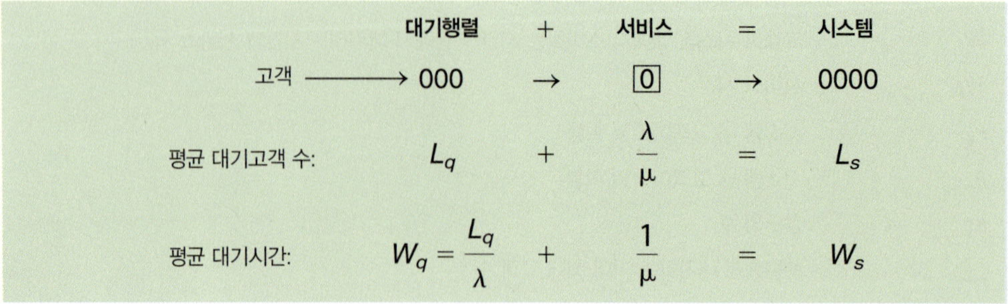

| | 대기행렬 | + | 서비스 | = | 시스템 |
|---|---|---|---|---|---|
| 고객 ⟶ | 000 | → | [0] | → | 0000 |
| 평균 대기고객 수: | $L_q$ | + | $\frac{\lambda}{\mu}$ | = | $L_s$ |
| 평균 대기시간: | $W_q = \frac{L_q}{\lambda}$ | + | $\frac{1}{\mu}$ | = | $W_s$ |

모든 무한원천모형에서 시스템 이용률은 1.0보다 작아야 하며, 따라서 이 모형은 부하가 1 미만의 시스템에 대해서만 적용된다.

대기행렬 내의 평균 고객 수 $L_q$는 시스템 내 평균 고객 수나 대기행렬 내 평균 대기시간, 시스템 내 평균시간과 같은 다른 성과척도들과 직접적으로 연관된 요소이므로 핵심적인 값이다. 따라서 $L_q$는 통상적인 문제해결 과정에서 맨 먼저 계산해야 하는 값이 된다.

그림 18.7은 대기행렬 시스템에서 각 기호가 기본적인 관계와 어떻게 연관되는지를 보여주고 있다. $M\mu$로 측정되는 시스템 용량이 증가함에 따라 특정 도착률하에서의 시스템 이용률은 감소한다는 사실을 주목하기 바란다.

**예제 1**

mhhe.com/stevenson14e

### 도착률과 서비스율 결정하기

한 제과점에서 평일 아침에 고객이 시간당 18명꼴로 도착한다. 고객의 도착은 평균이 18명인 포아송 분포로 나타낼 수 있다. 각 점원은 고객당 평균 3분꼴로 서비스해 줄 수 있고 이 서비스시간은 평균이 3분인 지수분포로 나타낼 수 있다.

a. 도착률과 서비스율은 얼마인가?

b. 특정 시간에 서비스를 받고 있는 평균 고객 수를 계산하라.

c. 대기열에서 대기하는 평균 고객 수가 8.1명으로 정해졌다고 가정하고, 시스템 내의 평균 고객 수(즉, 행렬에서 대기하거나 서비스를 받고 있는 고객), 고객이 행렬에서 대기하는 평균 시간 및 고객이 시스템 내에서 소요하는 평균 시간을 각각 계산하라.

d. $M = 1$, 2, 그리고 3일 경우 시스템 이용률을 각각 계산하라.

**풀이**

a. 도착률은 문제에서 주어져 있다. $\lambda = 18$명/시간. 서비스*시간*을 여기에 대응하는 시간당률로 변환시키면 시간당 60분/고객당 3분 $= \mu = 20$명/시간

b. $r = \dfrac{\lambda}{\mu} = \dfrac{18}{20} = 0.90$명

c. $L_q = 8.1$명이므로,

$Ls = L_q + r = 8.1 + 0.90 = 9.0$명

$W_q = \dfrac{L_q}{\lambda} = \dfrac{8.1}{18} = 0.45$시간

$W_s = W_q + \dfrac{1}{\mu} = 0.45 + \dfrac{1}{20} = 0.50$시간

d. 시스템 이용률은 $\rho = \dfrac{\lambda}{M\mu}$이므로,

$M = 1$일 경우, $\rho = \dfrac{18}{1(20)} = 0.90$

$M = 2$일 경우, $\rho = \dfrac{18}{2(20)} = 0.45$

$M = 3$일 경우, $\rho = \dfrac{18}{3(20)} = 0.30$

## 단일서버, 지수분포 서비스시간, M/M/1[1]

가장 단순한 모형은 서버가 하나인 경우이다. 서비스규칙은 선착순이며 고객의 도착률은 포아송 분포로 묘사할 수 있고 서비스시간은 음의 지수분포로 묘사할 수 있다고 가정한다. 행렬의 길이에 대한 제한은 없다.

표 18.2에서는 단일서버 모형과 관련된 수식들이 정리되어 있으며, 이들은 식 (18-1)부터 (18-5)까지의 수식과 함께 사용해야 한다.

**표 18.2**
단일서버 모형의 수식

| 성과 척도 | 식 | |
|---|---|---|
| 대기행렬상의 평균 고객 수 | $L_q = \dfrac{\lambda^2}{\mu(\mu - \lambda)}$ | (18-6) |
| 시스템 내 고객 수가 0일 확률 | $P_0 = 1 - \left(\dfrac{\lambda}{\mu}\right)$ | (18-7) |
| 시스템 내 고객 수가 $n$일 확률 | $P_n = P_0\left(\dfrac{\lambda}{\mu}\right)^n$ | (18-8a) |
| 시스템 내 고객 수가 $n$ 미만일 확률 | $P_{<n} = 1 - \left(\dfrac{\lambda}{\mu}\right)^n$ | (18-8b) |

**예제 2**

mhhe.com/stevenson14e

### 단일서버 시스템에 대한 성과 척도 계산하기

한 항공사가 새로운 쇼핑센터 건물에 한 명의 직원이 배치된 티켓사무소를 개소하려고 한다. 항공권이나 관련정보 청구는 시간당 평균 15건으로 포아송 분포를 그리고 서비스시간은 지수분포를 따르는 것으로 추정하고 있다. 유사한 사무소 운영경험에 따르면 평균적인 서비스시간은 청구건당 3분 정도이다. 다음 각 항목을 계산하라.

a. 시스템 이용률
b. 전체 시간에서 창구가 비어 있는 비율
c. 서비스를 기다리는 평균 고객 수
d. 고객이 시스템 내에서 소비하는 평균시간
e. 시스템 내에 고객이 0명일 확률과 4명일 확률

**풀이**

$\lambda = 15(\text{명/시간})$이고, $\mu = \dfrac{1}{\text{서비스시간}} = \dfrac{1\text{명}}{3\text{분}} \times 60(\text{분/시간}) = 20(\text{명/시간})$이므로,

[1] 이는 대기행렬모형에서 일반적으로 사용되는 표기법이다. 첫 번째는 도착 프로세스, 두 번째는 서비스 프로세스, 세 번째는 서버의 개수 관련 정보를 의미한다. M은 프로세스가 포아송 분포를 따른다는 것을 의미하며 이는 달리 표현하면 관련 시간이 지수분포를 따르는 것을 의미한다. 즉, M/M/1은 도착률과 서비스율이 포아송 분포를 따르고, 서버의 개수는 하나임을 의미한다. D는 일정한 상수를 의미한다. 즉, M/D/1는 도착률은 포아송 분포를 따르고, 서비스율은 일정함을 의미한다. M/M/S는 서버의 개수가 복수임을 의미한다.

a. $\rho = \dfrac{\lambda}{M\mu} = \dfrac{15}{1(20)} = 0.75$

b. 유휴비율 $= 1 - \rho = 1 - 0.75 = 0.25$

c. $L_q = \dfrac{\lambda^2}{\mu(\mu - \lambda)} = \dfrac{15^2}{20(20-15)} = 2.25$명

d. $W_s = \dfrac{L_q}{\lambda} + \dfrac{1}{\mu} = \dfrac{2.25}{15} + \dfrac{1}{20} = 0.20$시간(혹은 12분)

e. $P_0 = 1 - \dfrac{\lambda}{\mu} = 1 - \dfrac{15}{20} = 0.25$이고, $P_4 = P_0\left(\dfrac{\lambda}{\mu}\right)^4 = 0.25\left(\dfrac{15}{20}\right)^4 = 0.079$이다.

## 단일서버, 일정한 서비스시간, M/D/1

앞에서 설명했다시피 대기행렬은 임의적이고 매우 변동적인 도착률이나 서비스율의 상호작용 결과로 발생하는 현상이다. 시스템이 둘 중 어느 하나의 변동성을 제거하거나 감소시킬 수 있으면 대기행렬의 길이를 현저히 단축시킬 수 있다. 그 한 예로 서비스시간이 변동적이지 않고 일정한 시스템에서는 대기열에서 대기하는 평균 고객 수가 반으로 줄어든다.

$$L_q = \frac{\lambda^2}{2\mu(\mu - \lambda)} \tag{18-9}$$

고객이 대기열에서 소비하는 평균 시간도 반으로 단축된다. 도착시간을 일정하게 만들 수 있다면(예컨대, 예약제도를 활용하여) 유사한 개선이 이루어질 수 있다. 따라서 관리자가 서비스 시간의 변동성을 감소시키는 모든 행위가 대기 고객 수 및 대기 시간을 감소시키는 결과로 이어진다.

### 대기행렬에서 평균 고객 수와 평균 시간 계산하기

**예제 3**

mhhe.com/stevenson14e

Wanda 세차장은 한 대의 세차 기계를 보유하고 있으며 기계는 자동차 1대당 5분 동안 작동된다. 토요일 오전에는 자동차가 시간당 8대꼴로 도착하며 이는 포아송 분포를 따르는 것으로 알려져 있다. 다음 항목에 대해 파악해보라.

a. 대기행렬 상의 평균 자동차 대수

b. 대기행렬과 시스템 내에서 자동차가 소비하는 평균 시간

**풀이**

$\lambda = 8$(대/시간)이고, $\mu = 1$대/5분 $= 12$대/시간이므로,

a. $L_q = \dfrac{\lambda^2}{2\mu(\mu - \lambda)} = \dfrac{8^2}{2(12)(12-8)} = 0.667$대

b. $W_s = \dfrac{L_q}{\lambda} + \dfrac{1}{\mu} = \dfrac{0.667}{8} + \dfrac{1}{12} = 0.167$시간(혹은 10분)

## 복수서버, M/M/S

고객에게 독립적으로 서비스를 제공하는 서버가 둘 이상일 때 복수서버 시스템이 된다. 이 모형을 사용하기 위해서는 다음과 같은 가정이 필요하다.

1. 포아송 도착률과 지수분포 서비스시간
2. 모든 서버의 서비스 시간분포는 동일하다.
3. 고객은 단일의 대기행렬을 구성한다(선착순 서비스를 받기 위해).

복수서버 모형과 관련된 수식은 표 18.3에 소개되어 있다. 복수서버 모형의 수식들은 단일서버 모형의 수식들보다 복잡하며 특히 $L_q$와 $P_0$에 대한 수식은 더욱 복잡하다. 이 수식들을 참고로 소개하고 있으나 실제 계산에는 특정의 $\lambda/\mu$값과 $M$값에 대한 $L_q$값과 $P_0$값을 계산하여 정리해놓은 표 18.4를 활용할 수 있다.

표 18.4를 활용하기 위해서는 먼저 $\lambda/\mu$값을 계산해서 표에 있는 가장 근사한 값을 선택한 뒤 적절한 서버의 수, $M$에 해당하는 $L_q$와 $P_0$값을 읽으면 된다. 예컨대, $\lambda/\mu = 0.50$과 $M = 2$인 경우 표에서 $L_q = 0.033$, $P_0 = 0.600$을 얻을 수 있다. 이들 값을 바탕으로 다른 성과척도의 값도 계산할 수 있다. 표 18.3의 수식들과 표 18.4에서 산출되는 값은 평균값(즉, 기대치)임에 주의하라. 표 18.4는 단일서버(즉, $M = 1$)인 경우에도 사용할 수 있다.

**표 18.3**
복수서버 대기행렬 수식

| 성과척도 | 식 | |
|---|---|---|
| 대기행렬상의 평균 고객 수 | $L_q = \dfrac{\lambda\mu\left(\dfrac{\lambda}{\mu}\right)}{(M-1)!(M_\mu - \lambda)^2}P_0$ | (18-10) |
| 시스템 내 고객이 0일 확률 | $P_0 = \left[\sum_{n=0}^{M-1}\dfrac{\left(\dfrac{\lambda}{\mu}\right)^n}{n!} + \dfrac{\left(\dfrac{\lambda}{\mu}\right)^M}{M!\left(1-\dfrac{\lambda}{M\mu}\right)}\right]^{-1}$ | (18-11) |
| 도착 즉시 서비스를 받지 못하는 고객의 평균 대기시간 | $W_a = \dfrac{1}{M\mu - \lambda}$ | (18-12) |
| 도착고객이 즉시 서비스를 받지 못하고 대기해야 할 확률 | $P_W = \dfrac{W_q}{W_a}$ | (18-13) |

**예제 4**

mhhe.com/stevenson14e

### 복수서버의 대기행렬 성과척도 계산하기

Alpha 택시회사는 공항 근처에 택시 정차장을 가지고 있으며, 7대의 택시를 배정해 두고 있다. 이 회사는 주중 심야시간 대 고객의 택시 호출이 시간당 평균 6.6대의 포아송 분포를 따르는 것으로 파악하고 있으며, 서비스시간은 고객당 평균 50분의 지수분포를 따르는 것으로 파악하고 있다. 택시 한 대당 고객 1명이 승차하는 것으로 전제로 표 18.3에 열거된 성과척도와 시스템 이용률을 계산하라.

**표 18.4**
무한원천의 경우 $\lambda/\mu$값과 $M$이 주어졌을 때 $L_q$와 $P_0$의 값

| $\lambda/\mu$ | $M$ | $L_q$ | $P_0$ | $\lambda/\mu$ | $M$ | $L_q$ | $P_0$ | $\lambda/\mu$ | $M$ | $L_q$ | $P_0$ |
|---|---|---|---|---|---|---|---|---|---|---|---|
| 0.15 | 1 | 0.026 | 0.850 | 1.1 | 2 | 0.477 | 0.290 | | 6 | 0.021 | 0.100 |
| | 2 | 0.001 | 0.860 | | 3 | 0.066 | 0.327 | 2.4 | 3 | 2.589 | 0.056 |
| 0.20 | 1 | 0.050 | 0.800 | | 4 | 0.011 | 0.332 | | 4 | 0.431 | 0.083 |
| | 2 | 0.002 | 0.818 | 1.2 | 2 | 0.675 | 0.250 | | 5 | 0.105 | 0.089 |
| 0.25 | 1 | 0.083 | 0.750 | | 3 | 0.094 | 0.294 | | 6 | 0.027 | 0.090 |
| | 2 | 0.004 | 0.778 | | 4 | 0.016 | 0.300 | | 7 | 0.007 | 0.091 |
| 0.30 | 1 | 0.129 | 0.700 | | 5 | 0.003 | 0.301 | 2.5 | 3 | 3.511 | 0.045 |
| | 2 | 0.007 | 0.739 | 1.3 | 2 | 0.951 | 0.212 | | 4 | 0.533 | 0.074 |
| 0.35 | 1 | 0.188 | 0.650 | | 3 | 0.130 | 0.264 | | 5 | 0.130 | 0.080 |
| | 2 | 0.011 | 0.702 | | 4 | 0.023 | 0.271 | | 6 | 0.034 | 0.082 |
| 0.40 | 1 | 0.267 | 0.600 | | 5 | 0.004 | 0.272 | | 7 | 0.009 | 0.082 |
| | 2 | 0.017 | 0.667 | 1.4 | 2 | 1.345 | 0.176 | 2.6 | 3 | 4.933 | 0.035 |
| 0.45 | 1 | 0.368 | 0.550 | | 3 | 0.177 | 0.236 | | 4 | 0.658 | 0.065 |
| | 2 | 0.024 | 0.633 | | 4 | 0.032 | 0.245 | | 5 | 0.161 | 0.072 |
| | 3 | 0.002 | 0.637 | | 5 | 0.006 | 0.246 | | 6 | 0.043 | 0.074 |
| 0.50 | 1 | 0.500 | 0.500 | 1.5 | 2 | 1.929 | 0.143 | | 7 | 0.011 | 0.074 |
| | 2 | 0.033 | 0.600 | | 3 | 0.237 | 0.211 | 2.7 | 3 | 7.354 | 0.025 |
| | 3 | 0.003 | 0.606 | | 4 | 0.045 | 0.221 | | 4 | 0.811 | 0.057 |
| 0.55 | 1 | 0.672 | 0.450 | | 5 | 0.009 | 0.223 | | 5 | 0.198 | 0.065 |
| | 2 | 0.045 | 0.569 | 1.6 | 2 | 2.844 | 0.111 | | 6 | 0.053 | 0.067 |
| | 3 | 0.004 | 0.576 | | 3 | 0.313 | 0.187 | | 7 | 0.014 | 0.067 |
| 0.60 | 1 | 0.900 | 0.400 | | 4 | 0.060 | 0.199 | 2.8 | 3 | 12.273 | 0.016 |
| | 2 | 0.059 | 0.538 | | 5 | 0.012 | 0.201 | | 4 | 1.000 | 0.050 |
| | 3 | 0.006 | 0.548 | 1.7 | 2 | 4.426 | 0.081 | | 5 | 0.241 | 0.058 |
| 0.65 | 1 | 1.207 | 0.350 | | 3 | 0.409 | 0.166 | | 6 | 0.066 | 0.060 |
| | 2 | 0.077 | 0.509 | | 4 | 0.080 | 0.180 | | 7 | 0.018 | 0.061 |
| | 3 | 0.008 | 0.521 | | 5 | 0.017 | 0.182 | 2.9 | 3 | 27.193 | 0.008 |
| 0.70 | 1 | 1.633 | 0.300 | 1.8 | 2 | 7.674 | 0.053 | | 4 | 1.234 | 0.044 |
| | 2 | 0.098 | 0.481 | | 3 | 0.532 | 0.146 | | 5 | 0.293 | 0.052 |
| | 3 | 0.011 | 0.495 | | 4 | 0.105 | 0.162 | | 6 | 0.081 | 0.054 |
| 0.75 | 1 | 2.250 | 0.250 | | 5 | 0.023 | 0.165 | | 7 | 0.023 | 0.055 |
| | 2 | 0.123 | 0.455 | 1.9 | 2 | 17.587 | 0.026 | 3.0 | 4 | 1.528 | 0.038 |
| | 3 | 0.015 | 0.471 | | 3 | 0.688 | 0.128 | | 5 | 0.354 | 0.047 |
| 0.80 | 1 | 3.200 | 0.200 | | 4 | 0.136 | 0.145 | | 6 | 0.099 | 0.049 |
| | 2 | 0.152 | 0.429 | | 5 | 0.030 | 0.149 | | 7 | 0.028 | 0.050 |
| | 3 | 0.019 | 0.447 | | 6 | 0.007 | 0.149 | | 8 | 0.008 | 0.050 |
| 0.85 | 1 | 4.817 | 0.150 | 2.0 | 3 | 0.889 | 0.111 | 3.1 | 4 | 1.902 | 0.032 |
| | 2 | 0.187 | 0.404 | | 4 | 0.174 | 0.130 | | 5 | 0.427 | 0.042 |
| | 3 | 0.024 | 0.425 | | 5 | 0.040 | 0.134 | | 6 | 0.120 | 0.044 |
| | 4 | 0.003 | 0.427 | | 6 | 0.009 | 0.135 | | 7 | 0.035 | 0.045 |
| 0.90 | 1 | 8.100 | 0.100 | 2.1 | 3 | 1.149 | 0.096 | | 8 | 0.010 | 0.045 |
| | 2 | 0.229 | 0.379 | | 4 | 0.220 | 0.117 | 3.2 | 4 | 2.386 | 0.027 |
| | 3 | 0.030 | 0.403 | | 5 | 0.052 | 0.121 | | 5 | 0.513 | 0.037 |
| | 4 | 0.004 | 0.406 | | 6 | 0.012 | 0.122 | | 6 | 0.145 | 0.040 |
| 0.95 | 1 | 18.050 | 0.050 | 2.2 | 3 | 1.491 | 0.081 | | 7 | 0.043 | 0.040 |
| | 2 | 0.277 | 0.356 | | 4 | 0.277 | 0.105 | | 8 | 0.012 | 0.041 |
| | 3 | 0.037 | 0.383 | | 5 | 0.066 | 0.109 | 3.3 | 4 | 3.027 | 0.023 |
| | 4 | 0.005 | 0.386 | | 6 | 0.016 | 0.111 | | 5 | 0.615 | 0.033 |
| 1.0 | 2 | 0.333 | 0.333 | 2.3 | 3 | 1.951 | 0.068 | | 6 | 0.174 | 0.036 |
| | 3 | 0.045 | 0.364 | | 4 | 0.346 | 0.093 | | 7 | 0.052 | 0.037 |
| | 4 | 0.007 | 0.367 | | 5 | 0.084 | 0.099 | | 8 | 0.015 | 0.037 |

(계속)

**표 18.4**
(계속)

| $\lambda/\mu$ | $M$ | $L_q$ | $P_0$ | $\lambda/\mu$ | $M$ | $L_q$ | $P_0$ | $\lambda/\mu$ | $M$ | $L_q$ | $P_0$ |
|---|---|---|---|---|---|---|---|---|---|---|---|
| 3.4 | 4 | 3.906 | 0.019 | 4.3 | 7 | 0.289 | 0.130 | 5.2 | 6 | 4.301 | 0.003 |
| | 5 | 0.737 | 0.029 | | 8 | 0.097 | 0.013 | | 7 | 1.081 | 0.005 |
| | 6 | 0.209 | 0.032 | | 9 | 0.033 | 0.014 | | 8 | 0.368 | 0.005 |
| | 7 | 0.063 | 0.033 | | 10 | 0.011 | 0.014 | | 9 | 0.135 | 0.005 |
| | 8 | 0.019 | 0.033 | 4.4 | 5 | 5.268 | 0.006 | | 10 | 0.049 | 0.005 |
| 3.5 | 4 | 5.165 | 0.015 | | 6 | 1.078 | 0.010 | | 11 | 0.018 | 0.006 |
| | 5 | 0.882 | 0.026 | | 7 | 0.337 | 0.012 | 5.3 | 6 | 5.303 | 0.003 |
| | 6 | 0.248 | 0.029 | | 8 | 0.114 | 0.012 | | 7 | 1.249 | 0.004 |
| | 7 | 0.076 | 0.030 | | 9 | 0.039 | 0.012 | | 8 | 0.422 | 0.005 |
| | 8 | 0.023 | 0.030 | | 10 | 0.013 | 0.012 | | 9 | 0.155 | 0.005 |
| | 9 | 0.007 | 0.030 | 4.5 | 5 | 6.862 | 005 | | 10 | 0.057 | 0.005 |
| 3.6 | 4 | 7.090 | 0.011 | | 6 | 1.265 | 0.009 | | 11 | 0.021 | 0.005 |
| | 5 | 1.055 | 0.023 | | 7 | 0.391 | 0.010 | | 12 | 0.007 | 0.005 |
| | 6 | 0.295 | 0.026 | | 8 | 0.134 | 0.011 | 5.4 | 6 | 6.661 | 0.002 |
| | 7 | 0.019 | 0.027 | | 9 | 0.046 | 0.011 | | 7 | 1.444 | 0.004 |
| | 8 | 0.028 | 0.027 | | 10 | 0.015 | 0.011 | | 8 | 0.483 | 0.004 |
| | 9 | 0.008 | 0.027 | 4.6 | 5 | 9.289 | 0.004 | | 9 | 0.178 | 0.004 |
| 3.7 | 4 | 10.347 | 0.008 | | 6 | 1.487 | 0.008 | | 10 | 0.066 | 0.004 |
| | 5 | 1.265 | 0.020 | | 7 | 0.453 | 0.009 | | 11 | 0.024 | 0.005 |
| | 6 | 0.349 | 0.023 | | 8 | 0.156 | 0.010 | | 12 | 0.009 | 0.005 |
| | 7 | 0.109 | 0.024 | | 9 | 0.054 | 0.010 | 5.5 | 6 | 8.590 | 0.002 |
| | 8 | 0.034 | 0.025 | | 10 | 0.018 | 0.010 | | 7 | 1.674 | 0.003 |
| | 9 | 0.010 | 0.025 | 4.7 | 5 | 13.382 | 0.003 | | 8 | 0.553 | 0.004 |
| 3.8 | 4 | 16.937 | 0.005 | | 6 | 1.752 | 0.007 | | 9 | 0.204 | 0.004 |
| | 5 | 1.519 | 0.017 | | 7 | 0.525 | 0.008 | | 10 | 0.077 | 0.004 |
| | 6 | 0.412 | 0.021 | | 8 | 0.181 | 0.009 | | 11 | 0.028 | 0.004 |
| | 7 | 0.129 | 0.022 | | 9 | 0.064 | 0.009 | | 12 | 0.010 | 0.004 |
| | 8 | 0.041 | 0.022 | | 10 | 0.022 | 0.009 | 5.6 | 6 | 11.519 | 0.001 |
| | 9 | 0.013 | 0.022 | 4.8 | 5 | 21.641 | 0.002 | | 7 | 1.944 | 0.003 |
| 3.9 | 4 | 36.859 | 0.002 | | 6 | 2.071 | 0.006 | | 8 | 0.631 | 0.003 |
| | 5 | 1.830 | 0.015 | | 7 | 0.607 | 0.008 | | 9 | 0.233 | 0.004 |
| | 6 | 0.485 | 0.019 | | 8 | 0.209 | 0.008 | | 10 | 0.088 | 0.004 |
| | 7 | 0.153 | 0.020 | | 9 | 0.074 | 0.008 | | 11 | 0.033 | 0.004 |
| | 8 | 0.050 | 0.020 | | 10 | 0.026 | 0.008 | | 12 | 0.012 | 0.004 |
| | 9 | 0.016 | 0.020 | 4.9 | 5 | 46.566 | 0.001 | 5.7 | 6 | 16.446 | 0.001 |
| 4.0 | 5 | 2.216 | 0.013 | | 6 | 2.459 | 0.005 | | 7 | 2.264 | 0.002 |
| | 6 | 0.570 | 0.017 | | 7 | 0.702 | 0.007 | | 8 | 0.721 | 0.003 |
| | 7 | 0.180 | 0.018 | | 8 | 0.242 | 0.007 | | 9 | 0.266 | 0.003 |
| | 8 | 0.059 | 0.018 | | 9 | 0.087 | 0.007 | | 10 | 0.102 | 0.003 |
| | 9 | 0.019 | 0.018 | | 10 | 0.031 | 0.007 | | 11 | 0.038 | 0.003 |
| 4.1 | 5 | 2.703 | 0.011 | | 11 | 0.011 | 0.007 | | 12 | 0.014 | 0.003 |
| | 6 | 0.668 | 0.015 | 5.0 | 6 | 2.938 | 0.005 | 5.8 | 6 | 26.373 | 0.001 |
| | 7 | 0.212 | 0.016 | | 7 | 0.810 | 0.006 | | 7 | 2.648 | 0.002 |
| | 8 | 0.070 | 0.016 | | 8 | 0.279 | 0.006 | | 8 | 0.823 | 0.003 |
| | 9 | 0.023 | 0.017 | | 9 | 0.101 | 0.007 | | 9 | 0.303 | 0.003 |
| 4.2 | 5 | 3.327 | 0.009 | | 10 | 0.036 | 0.007 | | 10 | 0.116 | 0.003 |
| | 6 | 0.784 | 0.013 | | 11 | 0.013 | 0.007 | | 11 | 0.044 | 0.003 |
| | 7 | 0.248 | 0.014 | 5.1 | 6 | 3.536 | 0.004 | | 12 | 0.017 | 0.003 |
| | 8 | 0.083 | 0.015 | | 7 | 0.936 | 0.005 | 5.9 | 6 | 56.300 | 0.000 |
| | 9 | 0.027 | 0.015 | | 8 | 0.321 | 0.006 | | 7 | 3.113 | 0.002 |
| | 10 | 0.009 | 0.015 | | 9 | 0.117 | 0.006 | | 8 | 0.939 | 0.002 |
| 4.3 | 5 | 4.149 | 0.008 | | 10 | 0.042 | 0.006 | | 9 | 0.345 | 0.003 |
| | 6 | 0.919 | 0.012 | | 11 | 0.015 | 0.006 | | 10 | 0.133 | 0.003 |

풀이

$\lambda = 6.6$(대/시간), $M = 7$이고, $\mu = \dfrac{1\text{명/탑승}}{50\text{분/탑승} \div 60\text{분/시간}} = 1.2$명/시간/탑승이므로,

$\lambda/\mu = 5.5$이다.

표 18.4의 $M = 7$인 경우를 참고하여,

$L_q$는1.674명이고 $P_0 = 0.003$,

$$W_a = \frac{1}{M\mu - \lambda} = \frac{1}{7(1.2) - 6.6} = 0.556\text{시간(혹은 33.36분)}$$

$$W_q = \frac{L_q}{\lambda} = \frac{1.674}{6.6} = 0.2536\text{시간(혹은 15.22분)}$$

$$P_w = \frac{w_q}{w_a} = \frac{.2536}{.556} = 0.456$$

$$\rho = \frac{\lambda}{M\mu} = \frac{6.6}{7(1.2)} = 0.786$$

예제 4를 푸는 데 Excel 템플릿을 사용할 수도 있다. 템플릿의 상단부에 $\lambda = 6.6$과 $\mu = 1.2$를 입력하면 7개의 서버에 대한 대기행렬 성과척도값들이 템플릿의 첫 번째 열에 계산된다. 이때 템플릿은 비교가 가능하도록 8개에서 12개까지의 서버에 대해 관련된 대기행렬 성과척도값들도 제공한다. 또 대기행렬 시스템에 대한 추가적인 분석이 가능하도록 $\lambda$, $\mu$ 또는 서버의 수가 증가되는 경우에도 템플릿을 사용할 수 있다.

이 프로세스는 역으로도 사용할 수 있다. 분석자는 여러 가지 성과척도가 특정 수준을 달성하기 위해 필요한 서비스 용량을 결정할 수 있다. 다음 예제에서 이것을 살펴보기로 하자.

예제 5

mhhe.com/stevenson14e

### 특정 평균 대기 시간을 달성하기 위한 최소 서버의 개수 결정하기

Alpha 택시회사는 신설되는 철도역에 택시 정차장을 설치하고 서비스를 시작하려고 한다. 고객의 도착률은 시간당 4.8명, 서비스율(철도역의 택시 정차장으로 돌아오는 시간을 포함하여)은 시간당 1.5명으로 예상된다. 고객이 행렬에서 대기하는 평균 시간을 20분 이하로 하려면 몇 대의 택시를 배정해야 할까?

풀이

$\lambda = 4.8$(대/시간)

$\mu = 1.5$(명/시간)

$M = ?$

$r = \lambda/\mu = 4.8/1.5 = 3.2$명

$W_q$(목표치) $= 20$분 (혹은, 0.333시간)

식 $L_q = \lambda \times W_q$를 이용하여, $L_q = 4.8$명/시간(0.333시간) $= 1.6$명이 된다. 따라서 대기하고 있는 평균 고객 수가 1.6명을 초과해서는 안된다. 표 18.4에서 $r = 3.2$인 경우 $M = 4$일 때는 $L_q = 2.386$, $M = 5$일 때는 $L_q = 0.513$이다. 따라서 5대의 택시가 필요하다.

mhhe.com/stevenson14e

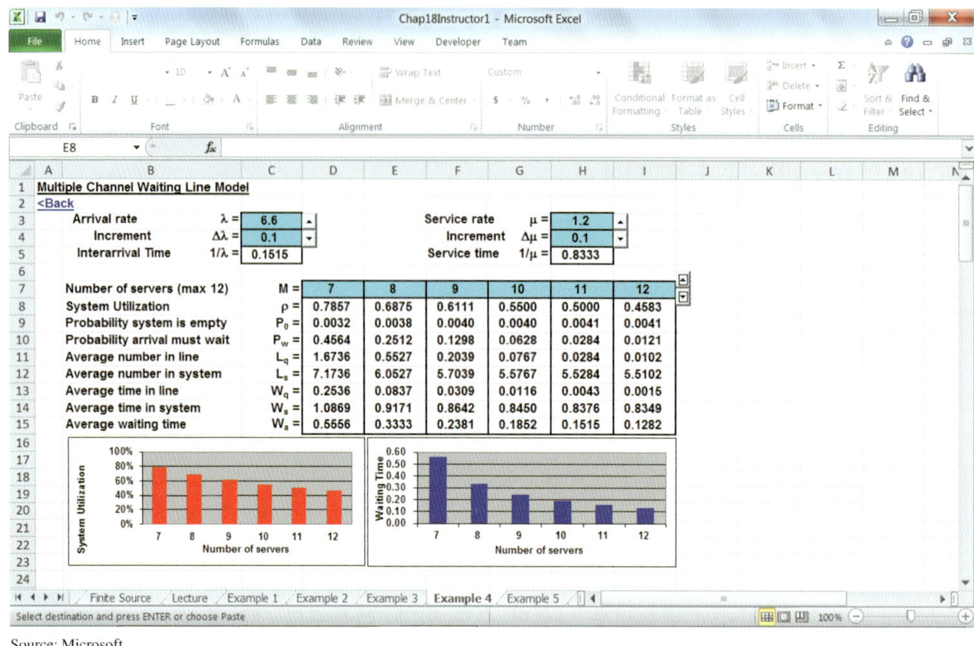

Chap18Instructor1 - Microsoft Excel

**Multiple Channel Waiting Line Model**

<Back

| | | | | | |
|---|---|---|---|---|---|
| Arrival rate | λ = | 6.6 | Service rate | μ = | 1.2 |
| Increment | Δλ = | 0.1 | Increment | Δμ = | 0.1 |
| Interarrival Time | 1/λ = | 0.1515 | Service time | 1/μ = | 0.8333 |

| Number of servers (max 12) | M = | 7 | 8 | 9 | 10 | 11 | 12 |
|---|---|---|---|---|---|---|---|
| System Utilization | ρ = | 0.7857 | 0.6875 | 0.6111 | 0.5500 | 0.5000 | 0.4583 |
| Probability system is empty | $P_0$ = | 0.0032 | 0.0038 | 0.0040 | 0.0040 | 0.0041 | 0.0041 |
| Probability arrival must wait | $P_w$ = | 0.4564 | 0.2512 | 0.1298 | 0.0628 | 0.0284 | 0.0121 |
| Average number in line | $L_q$ = | 1.6736 | 0.5527 | 0.2039 | 0.0767 | 0.0284 | 0.0102 |
| Average number in system | $L_s$ = | 7.1736 | 6.0527 | 5.7039 | 5.5767 | 5.5284 | 5.5102 |
| Average time in line | $W_q$ = | 0.2536 | 0.0837 | 0.0309 | 0.0116 | 0.0043 | 0.0015 |
| Average time in system | $W_s$ = | 1.0869 | 0.9171 | 0.8642 | 0.8450 | 0.8376 | 0.8349 |
| Average waiting time | $W_a$ = | 0.5556 | 0.3333 | 0.2381 | 0.1852 | 0.1515 | 0.1282 |



Source: Microsoft

마지막으로 복수서버의 경우라도 각 서버가 별도의 대기행렬을 형성하는 경우(예컨대, 슈퍼마켓 계산대)에는 각 행렬을 단일서버 시스템으로 취급해야 한다.

## 비용분석

관리자는 서비스시스템을 설계할 때 서비스 용량의 비용과 대기열에서 대기하는 고객의 기대비용 간에 균형을 이루고자 한다(고객의 대기비용은 고객이 대기함으로써 기업에게 발생하는 비용을 의미한다). 예컨대, 창고의 하역 설비를 설계할 때에는 하역 설비 비용과 하역 인력 비용이 트럭과 운전기사가 시스템 내에서 하역을 위해 대기하거나 실제로 하역을 하면서 소요되는 시간과 관련하여 초래되는 비용과 균형을 이루어야 한다. 마찬가지로 공구실에서 공구 불출을 기다리는 기계공의 비용은 공구실 운영인력 비용과 균형을 이루어야 한다. 고객이 직원이 아닌 경우(예컨대, 소매점) 비용에는 고객이 기다리기 싫어 돌아가는 경우 상실된 매출, 대기 장소를 제공하는 비용, 혼잡이 가중되어 발생하는 비용(판매기회 상실, 좀도둑) 등이 포함될 수 있다.

최적 서비스 용량(통상 서버의 수로 표시됨)은 고객의 대기비용과 서비스 용량비용의 합을 최소화하는 용량이다. 즉, 관리의 목적은 아래의 총비용을 최소화하는 것이다.

$$\text{총비용} = \text{고객 대기비용} + \text{서비스 용량비용}$$

비용 분석의 가장 단순한 접근방법은 *시스템* 비용을 계산하는 것인데, 이는 시스템 내에 있는 고객의 비용과 전체 서비스 용량비용을 계산하는 것이다. 서비스 용량비용은 일반적으로 서버의 수가 증가하면 이에 따라 증가한다.

총비용을 최소화하는 서비스 용량 규모를 찾기 위해 시행착오를 반복하는 절차가 사용되기도 한다. 용량을 한 번에 한 단위씩 증가시켜 가면서(예컨대, 서버의 수를 한 개씩 증가시킴) 총비용을 계산한다. 총비용 곡선은 U자형을 이루므로 용량이 증가되어감에 따라 총비용이 처음에는 감소하다가 어느 시점이 지나면 증가하기 시작한다. 일단 총비용이 증가하기 시작하면 용량을 추가적으로 증가시키면 비용이 지속적으로 증가할 것이다. 따라서 이러한 현상이 발견되면 어느 지점이 최적 용량을 확인할 수 있다. 그림 18.8은 이러한 접근방법을 도시하고 있다. $M = 1$인 경우의 총비용을 계산하고 $M = 2$, $M = 3$과 같이 서버의 개수를 늘리면서 총비용의 감소가 지속되는지를 관찰한다. 그러나 그림 18.8에서 $M = 3$인 경우와 같이 총비용이 증가하기 시작하는 순간 더 이상의 탐색을 중지한다. 최적해는 명백해졌다. 즉, $M = 2$인 경우이다. 서버가 4개 이상인 경우에 대해 총비용을 계산해 볼 필요가 없는데, 이는 그림에서 보는 바와 같이 서버의 수가 추가될수록 총비용은 증가할 뿐이기 때문이다. (*주의*: 많은 경우 시발점은 $M = 1$인 경우이나 일반적인 규칙은 시스템의 이용률이 1 이하가 가능한 최소 서버의 수부터 총 비용의 계산을 시작하는 것이다. 즉, 시스템 이용률 <1.00)

고객의 대기비용은 *시스템* 내의 평균 *고객수*를 기반으로 계산된다. 이는 직관적으로는 쉽게 이해가 되지 않으면서, 오히려 시스템 내에서의 고객의 대기*시간*이 보다 적절한 정보인 것처럼 보인다. 그러나 이러한 접근방법은 고객이 *한 사람*일 경우에는 적절할지 모르나 *얼마나 많은* 고객이 그만큼 기다릴 것인가에 대한 정보는 제공해 주지 않는다. 평균 5명의 고객이 대기하고 있는 경우는 평균 9명의 경우보다 비용이 적은 것이 사실이다. 따라서 기다리는 고객의 수에 초점을 맞출 필요가 있다. 만약 평균 2명의 고객이 시스템 내에 있다고 한다면, 실제로는 시스템 내에 한 명도 없거나 한 명, 두 명, 세 명, 네 명이 있을지라도 이는 *정확히* 두 명의 고객이 항상 시스템 내에 있는 것과 동일하다.

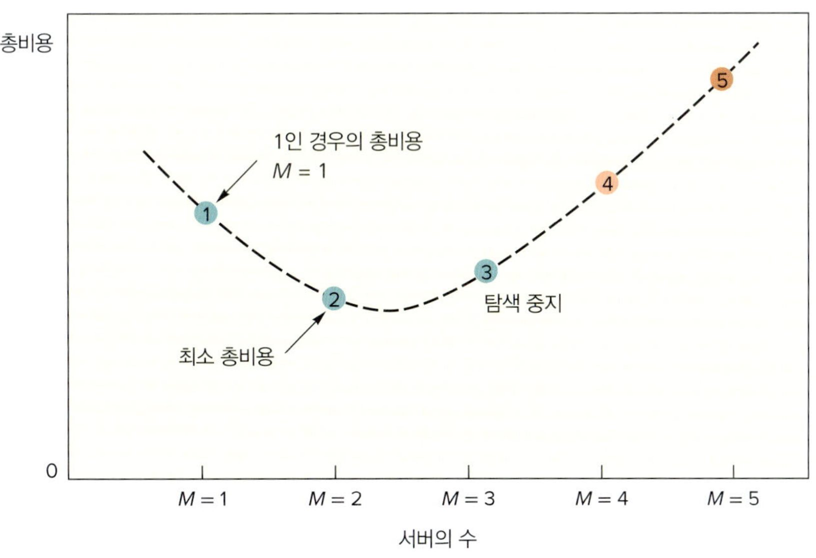


**그림 18.8**
서버의 수가 증가함에 따라 총비용이 증가하는 시점이 발견되면 최적 서버의 수는 명백해진다.

예제 6

mhhe.com/stevenson14e

### 총비용을 최소화하는 서버의 수 결정하기

업무 시간 중 시간당 15대 꼴로 창고에 트럭이 도착한다. 창고 작업자는 시간당 5대의 속도로 하역작업을 한다. 하역 속도가 빠른 이유는 화물이 컨테이너화되어 있기 때문이다. 최근 임금수준 변동으로 창고 관리자는 창고 작업자를 몇 사람이나 쓸 것인가에 대해 재검토하려고 한다. 새로운 비용 단가는 창고 작업자와 하역설비 비용은 시간당 $100, 트럭과 운전기사의 비용은 시간당 $120이다.

풀이

표 18.4의 $L_q$값과 $\lambda/\mu = 15/5 = 3$을 이용하여,

| 작업자의 수($M$) | 작업자/하역 설비비용 | $\left[L_s = L_q + \frac{\lambda}{\mu}\right]$ 시스템 평균 트럭대수 | $[L_s \times \$120]$ 트럭/운전기사 비용 | 총비용 |
|---|---|---|---|---|
| 4 | $400 | 1.528 + 3.0 = 4.528 | $543.36 | $ 943.36 |
| 5 | 500 | 0.354 + 3.0 = 3.354 | 402.48 | 902.48(최소) |
| 6 | 600 | 0.099 + 3.0 = 3.099 | 371.88 | 971.88 |
| 7 | 700 | 0.028 + 3.0 = 3.028 | 363.36 | 1,063.36 |

5명의 작업자인 경우 총비용이 가장 적다. 일단 최소치에 도달하면 작업자를 더 늘리면 총비용은 더 증가할 것이므로 작업자가 6명보다 많은 경우에 대해 총비용을 계산할 필요는 없다. 다시 말해 작업자 수가 5명에서 6명으로 증가할 때 총비용이 증가하였으므로 5명의 작업자가 최적이다.

비용분석과 관련하여 추가적으로 설명할 것이 있다. 고객 대기비용과 서비스 용량비용은 가끔 추정값을 사용하기 때문에 이를 사용하여 도출된 해는 최적해처럼 보일지라도 진정한 의미에서의 최적해가 아닐 수도 있다. 특히 계산이 소수점까지 이루어지면 보는 사람입장에서는 총비용이 더 정확히 계산된 것처럼 오해를 불러 일으킬 수도 있다. 이러한 착시현상은 추정된 비용의 정밀도보다 더욱 정밀한 것처럼 보일수도 있다는 것이다. 이러한 점은 도착률이나 서비스율 또한 근사치이며 포아송/지수분포로 정확히 나타낼 수 없다는 사실과 같이 생각하면 더욱 까다로워진다. 또 다른 가능성은 만약 비용 추정이 *구간*으로 이루어졌을 때 (예컨대, 고객대기비용이 시간당 $40~50 사이로 추정되었을 때) 총비용은 최적해가 영향을 받는지를 확인하기 위하여 범위의 양 극단을 모두 사용하여 계산해야 한다. 만약 영향을 받는다면 관리자는 보다 정밀한 비용추정값을 얻기 위해 추가비용을 지불할 것인지 또는 표시된 두 개의 최적해 중 어느 하나를 선택할 것인지를 결정해야 한다. 표시된 최적해에 근사한 다양한 서비스 용량 수준에 따른 총비용 간에 차이가 많지 않다면 아마 관리자는 후자의 전략을 선택할 것이다.

## 대기열의 최대 길이

서비스 용량을 정할 때 제기되는 또 다른 문제는 대기행렬에 할당할 수 있는 공간의 면적과 관련된 것이다. 무한원천 모집단의 경우, 대기행렬의 길이는 이론상으로는 무한대로 길어질 수 있다. 이것이 의미하는 바는 아무리 넓은 공간을 대기행렬에 할당하더라도 공간 요구량

이 이를 초과하지 않을 것이라고 아무도 확신할 수 없다는 것이다. 따라서 실제로는 특정 비율의 시간 동안 할당된 공간이 초과되지 않을 행렬의 길이를 결정하는 것이다. 예컨대, 분석자는 98%의 시간 동안, 또는 99%의 시간 동안 할당된 공간이 초과되지 않을 행렬의 길이를 알아낸 뒤 이를 공간계획에 활용할 수 있을 것이다.

특정의 비율을 만족하는 개략적인 대기열의 길이는 $L_{\max}$에 관한 다음의 수식을 이용하여 계산할 수 있다.

$$L_{\max} = \frac{\log K}{\log \rho} \quad \text{혹은} \quad \frac{\ln K}{\ln \rho} \tag{18-14}$$

단,

$$K = \frac{1 - \text{목표비율}}{L_q(1 - \rho)}$$

여기서 계산되는 $L_{\max}$는 일반적으로 정수가 아니다. 따라서 *올림*하여 정수값을 얻고 이를 $L_{\max}$의 값으로 결정한다. 그러나 실제로 계산된 $L_{\max}$값이 내림에 의한 정수값에 비해 10%이상 높지 않다면 올림보다는 내림으로 $L_{\max}$값을 결정한다. 따라서 15.2는 올림에 의하여 16이 되나 15.06은 내림에 의하여 15가 되어야 한다.

예제 7

### 행렬의 최대 길이 결정하기

$M = 2$이고 $\lambda = 8$/시간, $\mu = 5$/시간인 시스템에 대하여 95% 또는 98%의 확률로 대기행렬의 최대 길이를 각각 구하여라.

풀이

$$r = \frac{8}{5} = 1.6\text{이고 } \rho = \frac{8}{2(5)} = 0.80\text{이다.}$$

표 18.4에서 $L_q = 2.844$(명). 95%의 확률에 대해서는 식 (18-14)를 이용하여

$$K = \frac{1 - 0.95}{2.844(1 - 0.80)} = 0.088$$

$$L_{\max} = \frac{\text{In } 0.088}{\text{In } 0.80} = \frac{-2.4304}{-0.2231} = 10.89\text{(반올림하여 11)}$$

98%의 확률에 대해서

$$K = \frac{1 - 0.98}{2.844(1 - 0.80)} = 0.035$$

$$L_{\max} = \frac{\text{In } 0.035}{\text{In } 0.80} = \frac{-3.352}{-0.2231} = 15.02\text{(반올림하여 15)}$$

## 복수의 우선순위 규칙

대기행렬 시스템에서 대개의 경우 선착순 방식으로 고객을 처리한다. 그러나 이러한 처리방식이 적절하지 않은 경우가 있다. 대기하는 고객에게 발생하는 비용이나 손실이 모든 고객에 걸쳐 동일하지 않기 때문이다. 병원의 응급실에서는 다양한 종류의 상해나 질병을 가진 환자가 대기한다. 어떤 것은 사소한 것(예컨대, 손가락을 벤 것)일 수도 있고 또 다른 것은 생명을 위협하는 것일 수도 있다. 가장 심각한 환자를 먼저 처리하고 덜 심각한 환자는 나중에 처리하는 것이 보다 합리적이다. 또한 컴퓨터에서 작업을 처리할 때에도 선착순이 아닌 규칙(예컨대, 처리시간이 짧은 작업 우선)을 사용하기도 한다. 이러한 경우 들에는, **복수 우선순위 규칙 모형**(multiple-priority model)을 적용하는 것이 유용하다.

**복수 우선순위 규칙 모형** ▸ 고객 중요도의 척도에 따라 고객의 처리 순서가 달라지는 모형

이 모형에서는 사전에 정해진 방법에 따라 도착하는 고객을 몇 개의 *우선순위 그룹* 또는 범주에 배정한다(병원의 응급실에서는 심장마비, 중증 상해, 의식 불명의 환자는 최우선 순위 그룹에 배정되고 삔 상처, 사소하게 벤 상처, 타박상, 발진 등은 최하위 순위 그룹에 배정된다. 그 외의 경우는 몇 개의 중간 그룹 중 하나에 배정한다). 그리고 환자는 그룹별로 처리하되 우선순위가 높은 그룹을 먼저 처리한다. 각 그룹 내에서는 선착순 원칙이 적용된다. 따라서 제1순위의 그룹에 속하는 모든 환자들은 제2순위 그룹보다 먼저 처리되고 다음에 제2순위 그룹이 처리되며, 계속해서 하위 그룹으로 옮겨간다. 보다 높은 우선순위의 환자가 나중에 도착할 때에는 예외가 인정된다. 그 환자는 현재 처리를 받고 있는 환자의 처리가 *끝난 후* 처리된다(즉, 서비스에 *선점권*을 주지는 않는다).

이 모형은 선착순이 아닌 다른 우선순위 처리 규칙을 적용하는 것 외에는 기본적인 복수 서버 모형의 가정을 그대로 유지하고 있다. 시스템에 도착하는 고객에게는 도착하자 마자 우선순위가 배정된다(제1순위 = 1, 제2순위 = 2, 제3순위 = 3 등). 이러한 결과로 발생하는 대기행렬의 모양은 아래 그림과 같다.

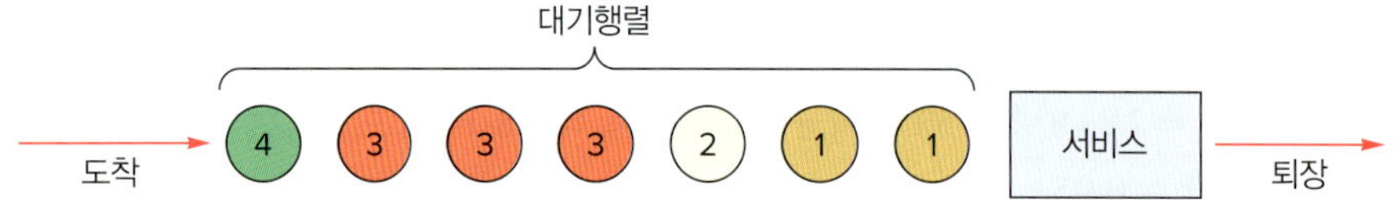


각 그룹 내에서 고객들은 도착한 순서대로(즉, 선착순) 처리된다. 1그룹의 첫 번째 고객은 서버가 비는 즉시 처리되며, 1그룹의 두 번째 고객은 그 서버나 다른 서버가 비는 즉시 처리된다. 그리고 중간에 또 다른 1그룹 고객이 도착하면 2그룹의 첫 번째 고객의 앞에 위치하게 된다. 더 이상 새로운 도착이 없으면 하나뿐인 2그룹 고객이 다음의 가용한 서버에서 처리되게 된다. 만약 이 시점에서 새로운 1그룹이나 2그룹 고객이 도착하면 이들은 3그룹 고객들이나 4그룹 고객에 앞서 처리된다. 역으로 새로운 4그룹 고객이 도착하게 되면 대기열의 맨 끝에 위치하게 된다. 우선순위가 낮은 고객은 서비스를 받기 위해 보다 긴 시간을 대기해야 한다. 어떤 경우에는 정해진 시간보다 오래 대기한 고객을 보다 높은 우선순위 그

**표 18.5**
복수서버 우선순위 규칙 모형

| 성과 척도 | 식 | 식 번호 |
|---|---|---|
| 시스템 이용률 | $\rho = \frac{\lambda}{M\mu}$ | (18-15) |
| 중간 계산값($L_q$ 값은 표 18.4에서 구함) | $A = \frac{\lambda}{(1-\rho)L_q}$ | (18-16) |
| | $B_k = 1 - \sum_{c=1}^{k} \frac{\lambda_c}{M\mu}$ | (18-17) |
| | $(B_0 = 1)$ | |
| $k$번째 우선순위 그룹에서 고객이 행렬에 대기하는 평균 대기시간 | $W_k = \frac{1}{A \cdot B_{k-1} \cdot B_k}$ | (18-18) |
| $k$번째 우선순위 그룹에서 고객이 시스템 내에서 소비하는 평균시간 | $W = W_k + \frac{1}{\mu}$ | (18-19) |
| $k$번째 우선순위 그룹에서, 행렬에서 대기하는 평균 고객 수 | $L_k = \lambda_k \times W_k$ | (18-20) |

룹으로 재배정하기도 한다.

표 18.5는 복수서버 우선순위 모형에 대한 관련된 수식을 열거하고 있다. 그러나 수식을 활용하면 계산량이 많을 수 있기 때문에 웹 사이트에 있는 Excel 템플릿을 활용하는 것을 추천한다.

**예제 8**

mhhe.com/stevenson14e

### 복수서버 우선순위 시스템에서 성과척도 계산하기

한 회사의 공작실에서 공구 수리를 하고 있다. 새로운 작업이 도착할 때마다 작업의 긴급성에 따라 우선순위를 배정하고 있다. 공구수리 요청은 포아송 분포로 나타낼 수 있으며, 그 도착률은 $\lambda_1 = 2$/시간, $\lambda_2 = 2$/시간, $\lambda_3 = 1$/시간이라고 한다. 서비스율은 각 서버에서 시간당 1개이며 공작실에는 6개의 서버가 있다고 한다. 다음 사항을 계산하라.

a. 시스템 이용률
b. 각각의 우선순위 그룹에서 공구가 서비스를 받기 위해 대기하는 평균 대기시간
c. 각각의 우선순위 그룹에서 공구가 시스템 내에서 소비하는 평균 시간
d. 각각의 그룹에서 수리를 위해 대기하는 평균 공구의 수

**풀이**

$\lambda = \sum \lambda_k = 2 + 2 + 1 = 5$개/시간
$M = 6$
$\mu = 1$개/시간

Excel 템플릿을 활용하여 다음과 같이 해를 구할 수 있다.

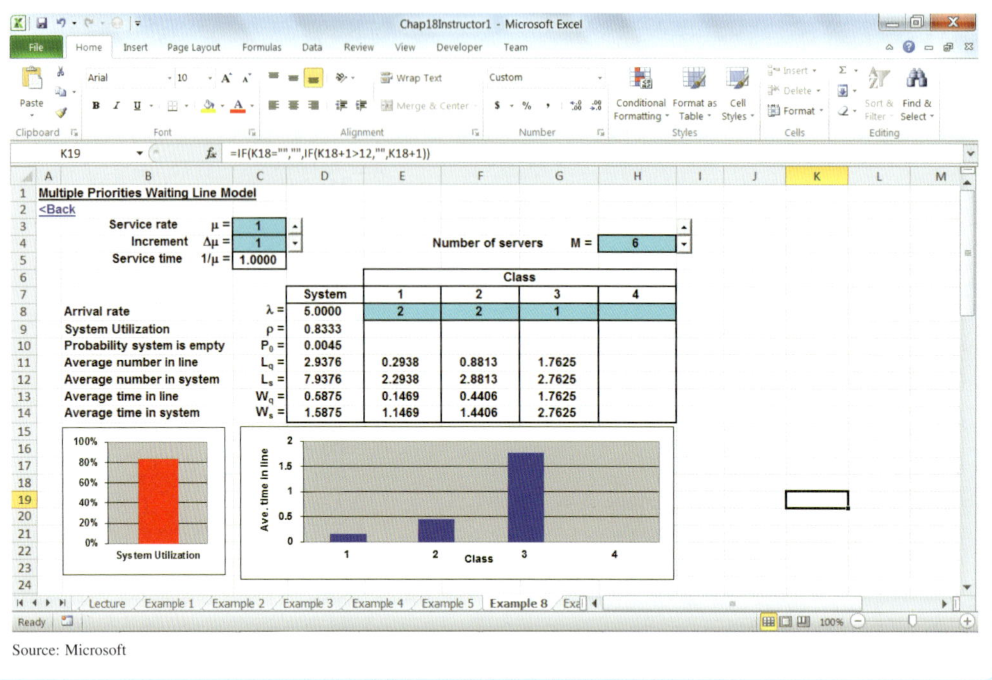


Source: Microsoft

**우선순위 수정** 예제 8에서 구한 대기시간이 너무 길다고 판단하면(예컨대, 제1순위 그룹의 대기시간인 0.147시간이 너무 길다고 판단할 수 있다) 몇 가지 대안이 있다. 그 중 하나는 서버의 수를 증가시키는 것이다. 다른 하나는, 예컨대 새로운 방법을 도입하여 서비스율을 증가시키는 것이다. 이러한 대안들을 실행할 수 없으면 또 다른 접근방법은 우선순위 분류 방식 자체를 다시 정하는 것이다. 만약 제1순위의 공구 수리 요청 중 일부를 제2순위 그룹으로 재배정하면 제1순위 그룹 도착률이 낮아지므로 제1순위 그룹의 공구수리 대기시간을 감소시키는 결과를 가져올 것이다.

**예제 9**

### 초기 및 변경된 시스템의 대기 시간 비교

공구수리소의 관리자가 이 수리소의 서비스를 이용하는 부서의 관리자들과 회의를 한 끝에 최우선 순위로 배정하는 공구의 목록을 수정하였다. 이에 따라 우선순위 그룹별 도착률이 변경되었다. 변경된 도착률은 $\lambda_1 = 1.5$과 $\lambda_2 = 2.5$이고, $\lambda_3 = 1.0$로서 변경되지 않았다. 다음 사항을 결정하라.

a. 시스템 이용률

b. 각각의 우선순위 그룹에서 대기하는 공구의 평균 대기시간

**풀이**

$\lambda = \sum \lambda_k = 1.5 + 2.5 + 1.0 = 5.0$개/시간

$M = 6$

$\mu = 1$개/시간

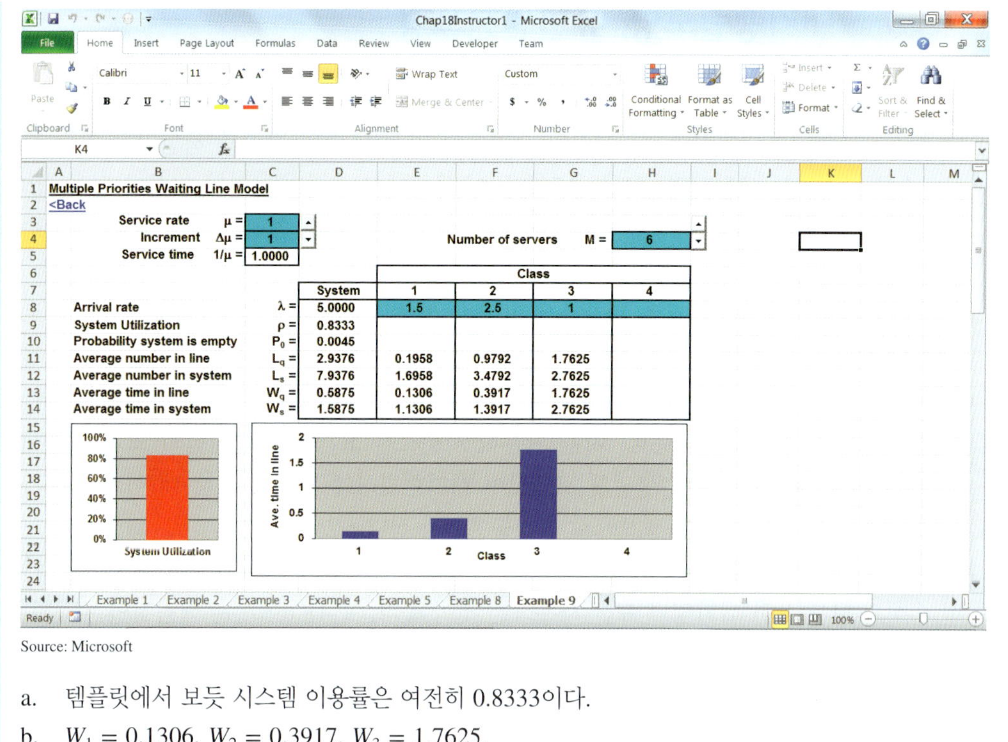


Source: Microsoft

a. 템플릿에서 보듯 시스템 이용률은 여전히 0.8333이다.

b. $W_1 = 0.1306$, $W_2 = 0.3917$, $W_3 = 1.7625$.

예제 9는 몇 가지 흥미로운 결과를 보여준다. 그중 하나는 제1순위 그룹의 도착률을 감소시킴으로써 해당 그룹의 평균 대기시간이 감소했다는 것이다. 즉, 제1순위 그룹의 공구 중 일부를 제2순위 그룹으로 재배당함으로써 제1순위 그룹에 남아 있는 공구의 평균 대기시간을 감소시킨 것이다. 해당 공구들이 제2순위 그룹에 재배정되었지만 제2순위 그룹의 평균 대기시간도 감소했음을 주목하라. 이는 직관적으로는 쉽게 이해되지는 않겠지만 총 대기시간(모든 그룹에 걸친)은 변화하지 않고 그대로인 사실을 인식할 필요가 있다. 도착률 변경 전의 대기하고 있는 평균 공구수(예제 8의 d 참조)는 0.2938 + 0.8813 + 1.7625 = 2.9376이었다. 예제 9에서 새로이 계산된 평균 대기시간을 사용하여 세 그룹에서 대기하고 있는 평균 공구수를 계산해 보면 다음과 같다.

$$\sum_{k=1}^{3} \lambda_k W_k = 1.5(0.1306) + 2.5(0.3917) + 1.0(1.7625) = 2.9376$$

즉, 두 경우의 합이 동일하다.

또 다른 흥미로운 점은 제3순위 그룹에 속한 공구들의 평균 대기시간은 앞의 예제와 달라지지 않았다는 것이다. 그 이유는 제1순위 그룹과 제2순위 그룹의 *전체* 도착률이 변화하지 않았기 때문에 제3순위 그룹의 평균 도착률도 변화하지 않은 것이다. 따라서 제3순위 그룹에 배정된 공구들은 상위 그룹인 제1, 2순위 그룹의 총 도착률이 4라는 동일한 조건하에서 여전히 처리되고 있는 것이다.

## 18.7 대기행렬모형: 유한원천모형

유한원천모형은 서버에 대한 잠재적인 서비스요청 횟수가 특정 수치 이하로 제한된 모집단에 적절한 모형이다. 예컨대, 한 사람의 수리공이 기계 15대의 수리를 책임지고 있는 경우 서비스를 요청하는 모집단의 규모는 15이다. 이 모형에서도 서버는 하나 이상이 될 수 있다. 예컨대, 수리를 기다리는 기계가 밀려 있는 경우 관리자는 빠른 처리를 위해 한 사람의 수리공을 더 추가할 수도 있다.

무한원천모형과 마찬가지로 도착률은 포아송 분포로, 서비스시간은 지수분포를 따르는 것으로 가정한다. 유한원천모형과 무한원천모형의 주요한 차이점은 유한원천상황의 경우 고객의 도착률이 대기행렬의 길이에 따라 *영향을 받는다*는 점이다. 행렬의 길이가 증가함에 따라 도착률은 감소하게 되는데, 이는 단순히 서비스를 요청하는 모집단의 크기가 정해져 있기 때문이다. 극단적인 경우 *전체* 모집단이 대기행렬상에 있을 수 있는데 이때는 추가적으로 도착할 수 있는 고객이 없으므로 도착률은 0이 된다.

유한원천모형의 수학은 매우 복잡하므로 이러한 시스템을 분석하기 위해 분석자는 간단한 수식과 함께 유한 대기행렬 표를 사용하는 것이 좋다. 표 18.6에서는 핵심적인 수식과 그 의미를 보여주고 있다. 표 하단에서 보여주고 있는 그림을 이해하면 대단히 도움이 된다. 그림에서 보여주는 사이클의 개념을 사용중인 공구(사이클의 첫 번째 부분), 장비에서 분리되어 수리 대기중인 공구(사이클의 두 번째 부분), 그리고 수리중인 공구(사이클의 마지막 부분)들로 나누어 이해하면 도움이 된다.

표 18.7은 $D$와 $F$의 값을 얻기 위해 사용되는 축약된 형태의 유한 대기행렬 표이다(대부분의 수식은 $F$값을 필요로 한다). 다음과 같은 절차에 따라 유한 대기행렬 표를 사용할 수 있다.

1. 다음 항목에 대한 값을 파악한다.
   a. $N$: 모집단 크기
   b. $M$: 서버의 수
   c. $T$: 평균 서비스시간
   d. $U$: 고객당 평균 서비스요청 시간 간격
2. 서비스요인, $X = T/(T + U)$를 계산한다.
3. $N$에 상응하는 유한 대기행렬표상의 지점을 확인한다.
4. $X$값을 시작점으로 하여, $M$값에 상응하는 $D$값과 $F$값을 찾는다.
5. 알고자 하는 시스템 성과의 측정값을 계산하기 위해 필요한 $N$, $M$, $X$, $D$, $F$값을 활용한다.

**표 18.6** 유한원천 대기행렬 모형의 수식과 기호

| 성과 척도 | 식 | | 기호[†] |
|---|---|---|---|
| 서비스 요인 | $X = \dfrac{T}{T+U}$ | (18-21) | $D$ = 고객이 대기행렬상에서 대기해야 할 확률 |
| 평균 대기고객 수 | $L = N(1-F)$ | (18-22) | $F$ = 효율성 지수: 1−대기행렬상에서 대기하는 비율 |
| 평균 대기시간 | $W = \dfrac{L+(T+U)}{N-L} = \dfrac{T(1-F)}{XF}$ | (18-23) | $H$ = 서비스를 받고 있는 평균 고객 수 |
| 가동 중의 평균 고객 수 | $J = NF(1-X)$ | (18-24) | $J$ = 대기행렬상에도 없고 서비스도 받고 있지 않은 평균 고객 수 |
| 평균 서비스 고객 수 | $H = FNX$ | (18-25) | $L$ = 서비스를 대기하는 평균 고객 수 |
| 모집단 크기(구성원 수) | $N = J + L + H$ | (18-26) | $M$ = 서버의 수<br>$N$ = 잠재적 고객의 수<br>$T$ = 평균 서비스 시간<br>$U$ = 고객당 서비스 요청 평균 시간 간격<br>$W$ = 고객의 대기행렬상 평균 대기시간<br>$X$ = 서비스 요소 |

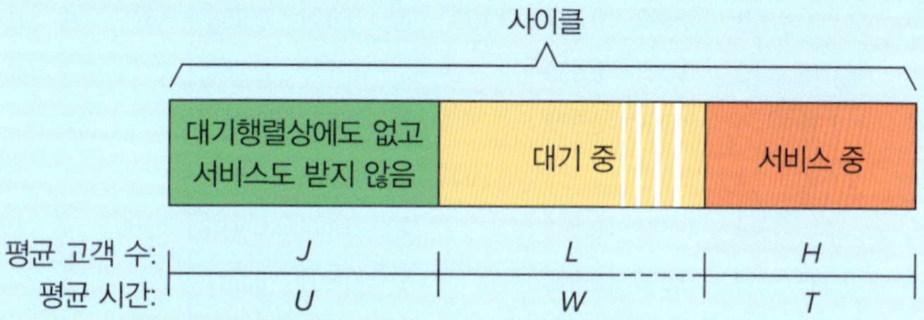

사이클

| 대기행렬상에도 없고 서비스도 받지 않음 | 대기 중 | 서비스 중 |
|---|---|---|
| 평균 고객 수: $J$ | $L$ | $H$ |
| 평균 시간: $U$ | $W$ | $T$ |

$$F = \frac{J+H}{J+L+H}\ ^{*}$$

* 이 수식의 목적은 $F$에 대한 이해를 돕기 위해서이다. $J$, $L$, $H$를 계산하기 위해 $F$값이 먼저 계산되어야 하므로 이 수식을 실제 $F$값을 계산하는 데 사용해서는 안된다. $F$값의 실제 계산은 유한원천 대기행렬 표를 이용해서 이루어져야 한다.

† 출처: L. G. Peck and R. N. Hazelwood, *Finite Queuing Tables* (New York: John Wiley & Sons, 1958).

**표 18.7**
유한원천 대기행렬 표

| X | M | D | F | X | M | D | F | X | M | D | F | X | M | D | F |
|---|---|---|---|---|---|---|---|---|---|---|---|---|---|---|---|
| **Population 5** | | | | 0.125 | 2 | 0.082 | 0.994 | 0.260 | 3 | 0.058 | 0.994 | 0.440 | 3 | 0.238 | 0.960 |
| 0.012 | 1 | 0.060 | 0.999 | | 1 | 0.575 | 0.920 | | 2 | 0.303 | 0.950 | | 2 | 0.652 | 0.807 |
| 0.019 | 1 | 0.095 | 0.998 | 0.130 | 2 | 0.089 | 0.933 | | 1 | 0.903 | 0.695 | | 1 | 0.992 | 0.451 |
| 0.025 | 1 | 0.125 | 0.997 | | 1 | 0.594 | 0.914 | 0.270 | 3 | 0.064 | 0.994 | 0.460 | 4 | 0.045 | 0.995 |
| 0.030 | 1 | 0.149 | 0.996 | 0.135 | 2 | 0.095 | 0.933 | | 2 | 0.323 | 0.944 | | 3 | 0.266 | 0.953 |
| 0.034 | 1 | 0.169 | 0.995 | | 1 | 0.612 | 0.907 | | 1 | 0.915 | 0.677 | | 2 | 0.686 | 0.787 |
| 0.036 | 1 | 0.179 | 0.994 | 0.140 | 2 | 0.102 | 0.992 | 0.280 | 3 | 0.071 | 0.993 | | 1 | 0.994 | 0.432 |
| 0.040 | 1 | 0.199 | 0.993 | | 1 | 0.630 | 0.900 | | 2 | 0.342 | 0.938 | 0.480 | 4 | 0.053 | 0.994 |
| 0.042 | 1 | 0.208 | 0.992 | 0.145 | 3 | 0.011 | 0.999 | | 1 | 0.925 | 0.661 | | 3 | 0.296 | 0.945 |
| 0.044 | 1 | 0.218 | 0.991 | | 2 | 0.109 | 0.991 | 0.290 | 4 | 0.007 | 0.999 | | 2 | 0.719 | 0.767 |
| 0.046 | 1 | 0.228 | 0.990 | | 1 | 0.647 | 0.892 | | 3 | 0.079 | 0.992 | | 1 | 0.996 | 0.415 |
| 0.050 | 1 | 0.247 | 0.989 | 0.150 | 3 | 0.012 | 0.999 | | 2 | 0.362 | 0.932 | 0.500 | 4 | 0.063 | 0.992 |
| 0.052 | 1 | 0.257 | 0.988 | | 2 | 0.115 | 0.990 | | 1 | 0.934 | 0.644 | | 3 | 0.327 | 0.936 |
| 0.054 | 1 | 0.266 | 0.987 | | 1 | 0.664 | 0.885 | 0.300 | 4 | 0.008 | 0.999 | | 2 | 0.750 | 0.748 |

(계속)

표 18.7
(계속)

| X | M | D | F | X | M | D | F | X | M | D | F | X | M | D | F |
|---|---|---|---|---|---|---|---|---|---|---|---|---|---|---|---|
| 0.056 | 2 | 0.018 | 0.999 | 0.155 | 3 | 0.013 | 0.999 | | 3 | 0.086 | 0.990 | | 1 | 0.997 | 0.399 |
| | 1 | 0.276 | 0.985 | | 2 | 0.123 | 0.989 | | 2 | 0.382 | 0.926 | 0.520 | 4 | 0.073 | 0.991 |
| 0.058 | 2 | 0.019 | 0.999 | | 1 | 0.680 | 0.877 | | 1 | 0.942 | 0.628 | | 3 | 0.359 | 0.927 |
| | 1 | 0.285 | 0.984 | 0.160 | 3 | 0.015 | 0.999 | 0.310 | 4 | 0.009 | 0.999 | | 2 | 0.779 | 0.728 |
| 0.060 | 2 | 0.020 | 0.999 | | 2 | 0.130 | 0.988 | | 3 | 0.094 | 0.989 | | 1 | 0.998 | 0.384 |
| | 1 | 0.295 | 0.983 | | 1 | 0.695 | 0.869 | | 2 | 0.402 | 0.919 | 0.540 | 4 | 0.085 | 0.989 |
| 0.062 | 2 | 0.022 | 0.999 | 0.165 | 3 | 0.016 | 0.999 | | 1 | 0.950 | 0.613 | | 3 | 0.392 | 0.917 |
| | 1 | 0.304 | 0.982 | | 2 | 0.137 | 0.987 | 0.320 | 4 | 0.010 | 0.999 | | 2 | 0.806 | 0.708 |
| 0.064 | 2 | 0.023 | 0.999 | | 1 | 0.710 | 0.861 | | 3 | 0.103 | 0.988 | | 1 | 0.998 | 0.370 |
| | 1 | 0.314 | 0.981 | 0.170 | 3 | 0.017 | 0.999 | | 2 | 0.422 | 0.912 | 0.560 | 4 | 0.098 | 0.986 |
| 0.066 | 2 | 0.024 | 0.999 | | 2 | 0.145 | 0.985 | | 1 | 0.956 | 0.597 | | 3 | 0.426 | 0.906 |
| | 1 | 0.323 | 0.979 | | 1 | 0.725 | 0.853 | 0.330 | 4 | 0.012 | 0.999 | | 2 | 0.831 | 0.689 |
| 0.068 | 2 | 0.026 | 0.999 | 0.180 | 3 | 0.021 | 0.999 | | 3 | 0.112 | 0.986 | | 1 | 0.999 | 0.357 |
| | 1 | 0.333 | 0.978 | | 2 | 0.161 | 0.983 | | 2 | 0.442 | 0.904 | 0.580 | 4 | 0.113 | 0.984 |
| 0.070 | 2 | 0.027 | 0.999 | | 1 | 0.752 | 0.836 | | 1 | 0.962 | 0.583 | | 3 | 0.461 | 0.895 |
| | 1 | 0.342 | 0.977 | 0.190 | 3 | 0.024 | 0.998 | 0.340 | 4 | 0.013 | 0.999 | | 2 | 0.854 | 0.670 |
| 0.075 | 2 | 0.031 | 0.999 | | 2 | 0.117 | 0.980 | | 3 | 0.121 | 0.985 | | 1 | 0.999 | 0.345 |
| | 1 | 0.365 | 0.973 | | 1 | 0.778 | 0.819 | | 2 | 0.462 | 0.896 | 0.600 | 4 | 0.130 | 0.981 |
| 0.080 | 2 | 0.035 | 0.998 | 0.200 | 3 | 0.028 | 0.998 | | 1 | 0.967 | 0.569 | | 3 | 0.497 | 0.883 |
| | 1 | 0.388 | 0.969 | | 2 | 0.194 | 0.976 | 0.360 | 4 | 0.017 | 0.998 | | 2 | 0.875 | 0.652 |
| 0.085 | 2 | 0.040 | 0.998 | | 1 | 0.801 | 0.801 | | 3 | 0.141 | 0.981 | | 1 | 0.999 | 0.333 |
| | 1 | 0.410 | 0.965 | 0.210 | 3 | 0.032 | 0.998 | | 2 | 0.501 | 0.880 | 0.650 | 4 | 0.179 | 0.972 |
| 0.090 | 2 | 0.044 | 0.998 | | 2 | 0.211 | 0.973 | | 1 | 0.975 | 0.542 | | 3 | 0.588 | 0.850 |
| | 1 | 0.432 | 0.960 | | 1 | 0.822 | 0.783 | 0.380 | 4 | 0.021 | 0.998 | | 2 | 0.918 | 0.608 |
| 0.095 | 2 | 0.049 | 0.997 | 0.220 | 3 | 0.036 | 0.997 | | 3 | 0.163 | 0.976 | | 1 | 0.999 | 0.308 |
| | 1 | 0.454 | 0.955 | | 2 | 0.229 | 0.969 | | 2 | 0.540 | 0.863 | 0.700 | 4 | 0.240 | 0.960 |
| 0.100 | 2 | 0.054 | 0.997 | | 1 | 0.842 | 0.765 | | 1 | 0.981 | 0.516 | | 3 | 0.678 | 0.815 |
| | 1 | 0.475 | 0.950 | 0.230 | 3 | 0.041 | 0.997 | 0.400 | 4 | 0.026 | 0.997 | | 2 | 0.950 | 0.568 |
| 0.105 | 2 | 0.059 | 0.997 | | 2 | 0.247 | 0.965 | | 3 | 0.186 | 0.972 | | 1 | 0.999 | 0.286 |
| | 1 | 0.496 | 0.945 | | 1 | 0.860 | 0.747 | | 2 | 0.579 | 0.845 | 0.750 | 4 | 0.316 | 0.944 |
| 0.110 | 2 | 0.065 | 0.996 | 0.240 | 3 | 0.046 | 0.996 | | 1 | 0.986 | 0.493 | | 3 | 0.763 | 0.777 |
| | 1 | 0.516 | 0.939 | | 2 | 0.265 | 0.960 | 0.420 | 4 | 0.031 | 0.997 | | 2 | 0.972 | 0.532 |
| 0.115 | 2 | 0.017 | 0.995 | | 1 | 0.876 | 0.730 | | 3 | 0.211 | 0.966 | 0.800 | 4 | 0.410 | 0.924 |
| | 1 | 0.537 | 0.933 | 0.250 | 3 | 0.052 | 0.995 | | 2 | 0.616 | 0.826 | | 3 | 0.841 | 0.739 |
| 0.120 | 2 | 0.076 | 0.995 | | 2 | 0.284 | 0.955 | | 1 | 0.989 | 0.471 | | 2 | 0.987 | 0.500 |
| | 1 | 0.556 | 0.927 | | 1 | 0.890 | 0.712 | 0.440 | 4 | 0.037 | 0.996 | | | | |
| 0.850 | 4 | 0.522 | 0.900 | 0.064 | 1 | 0.547 | 0.940 | 0.135 | 2 | 0.415 | 0.952 | 0.220 | 5 | 0.030 | 0.998 |
| | 3 | 0.907 | 0.702 | 0.066 | 2 | 0.126 | 0.995 | | 1 | 0.907 | 0.699 | | 4 | 0.124 | 0.990 |
| | 2 | 0.995 | 0.470 | | 1 | 0.562 | 0.936 | 0.140 | 4 | 0.028 | 0.999 | | 3 | 0.366 | 0.954 |
| 0.900 | 4 | 0.656 | 0.871 | 0.068 | 3 | 0.020 | 0.999 | | 3 | 0.132 | 0.991 | | 2 | 0.761 | 0.815 |
| | 3 | 0.957 | 0.666 | | 2 | 0.133 | 0.994 | | 2 | 0.437 | 0.947 | | 1 | 0.993 | 0.453 |
| | 2 | 0.998 | 0.444 | | 1 | 0.577 | 0.931 | | 1 | 0.919 | 0.680 | 0.230 | 5 | 0.037 | 0.998 |

*(계속)*

표 18.7 (계속)

| X | M | D | F | X | M | D | F | X | M | D | F | X | M | D | F |
|---|---|---|---|---|---|---|---|---|---|---|---|---|---|---|---|
| 0.950 | 4 | 0.815 | 0.838 | 0.070 | 3 | 0.022 | 0.999 | 0.145 | 4 | 0.032 | 0.999 | | 4 | 0.142 | 0.988 |
| | 3 | 0.989 | 0.631 | | 2 | 0.140 | 0.994 | | 3 | 0.144 | 0.990 | | 3 | 0.400 | 0.947 |
| **Population 10** | | | | | 1 | 0.591 | 0.926 | | 2 | 0.460 | 0.941 | | 2 | 0.791 | 0.794 |
| 0.16 | 1 | 0.144 | 0.997 | 0.075 | 3 | 0.026 | 0.999 | | 1 | 0.929 | 0.662 | | 1 | 0.995 | 0.434 |
| 0.019 | 1 | 0.170 | 0.996 | | 2 | 0.158 | 0.992 | 0.150 | 4 | 0.036 | 0.998 | 0.240 | 5 | 0.044 | 0.997 |
| 0.021 | 1 | 0.188 | 0.995 | | 1 | 0.627 | 0.913 | | 3 | 0.156 | 0.989 | | 4 | 0.162 | 0.986 |
| 0.023 | 1 | 0.206 | 0.994 | 0.080 | 3 | 0.031 | 0.999 | | 2 | 0.483 | 0.935 | | 3 | 0.434 | 0.938 |
| 0.025 | 1 | 0.224 | 0.993 | | 2 | 0.177 | 0.990 | | 1 | 0.939 | 0.644 | | 2 | 0.819 | 0.774 |
| 0.026 | 1 | 0.232 | 0.992 | | 1 | 0.660 | 0.899 | 0.155 | 4 | 0.040 | 0.998 | | 1 | 0.996 | 0.416 |
| 0.028 | 1 | 0.250 | 0.991 | 0.085 | 3 | 0.037 | 0.999 | | 3 | 0.169 | 0.987 | 0.250 | 6 | 0.010 | 0.999 |
| 0.030 | 1 | 0.268 | 0.990 | | 2 | 0.196 | 0.988 | | 2 | 0.505 | 0.928 | | 5 | 0.052 | 0.997 |
| 0.032 | 2 | 0.033 | 0.999 | | 1 | 0.692 | 0.883 | | 1 | 0.947 | 0.627 | | 4 | 0.183 | 0.983 |
| | 1 | 0.285 | 0.988 | 0.090 | 3 | 0.043 | 0.998 | 0.160 | 4 | 0.044 | 0.998 | | 3 | 0.469 | 0.929 |
| 0.034 | 2 | 0.037 | 0.999 | | 2 | 0.216 | 0.986 | | 3 | 0.182 | 0.986 | | 2 | 0.844 | 0.753 |
| | 1 | 0.301 | 0.986 | | 1 | 0.722 | 0.867 | | 2 | 0.528 | 0.921 | | 1 | 0.997 | 0.400 |
| 0.036 | 2 | 0.041 | 0.999 | 0.095 | 3 | 0.049 | 0.998 | | 1 | 0.954 | 0.610 | 0.260 | 6 | 0.013 | 0.999 |
| | 1 | 0.320 | 0.984 | | 2 | 0.237 | 0.984 | 0.165 | 4 | 0.049 | 0.997 | | 5 | 0.060 | 0.996 |
| 0.038 | 2 | 0.046 | 0.999 | | 1 | 0.750 | 0.850 | | 3 | 0.195 | 0.984 | | 4 | 0.205 | 0.980 |
| | 1 | 0.337 | 0.982 | 0.100 | 3 | 0.056 | 0.998 | | 2 | 0.550 | 0.914 | | 3 | 0.503 | 0.919 |
| 0.040 | 2 | 0.050 | 0.999 | | 2 | 0.258 | 0.981 | | 1 | 0.961 | 0.594 | | 2 | 0.866 | 0.732 |
| | 1 | 0.354 | 0.980 | | 1 | 0.776 | 0.832 | 0.170 | 4 | 0.054 | 0.997 | | 1 | 0.998 | 0.384 |
| 0.042 | 2 | 0.055 | 0.999 | 0.105 | 3 | 0.064 | 0.997 | | 3 | 0.209 | 0.982 | 0.270 | 6 | 0.015 | 0.999 |
| 0.044 | 2 | 0.060 | 0.998 | | 1 | 0.800 | 0.814 | | 1 | 0.966 | 0.579 | | 4 | 0.228 | 0.976 |
| 0.046 | 2 | 0.065 | 0.998 | | 2 | 0.301 | 0.974 | | 4 | 0.066 | 0.996 | | 2 | 0.886 | 0.712 |
| 0.048 | 2 | 0.071 | 0.998 | 0.115 | 3 | 0.081 | 0.996 | | 2 | 0.614 | 0.890 | 0.280 | 6 | 0.018 | 0.999 |
| | 1 | 0.421 | 0.970 | | 2 | 0.324 | 0.971 | | 1 | 0.975 | 0.890 | | 5 | 0.081 | 0.994 |
| 0.050 | 2 | 0.076 | 0.998 | | 1 | 0.843 | 0.776 | 0.190 | 5 | 0.016 | 0.999 | | 4 | 0.252 | 0.972 |
| | 1 | 0.437 | 0.967 | 0.120 | 4 | 0.016 | 0.999 | | 4 | 0.078 | 0.995 | | 3 | 0.571 | 0.896 |
| 0.052 | 2 | 0.082 | 0.997 | | 3 | 0.090 | 0.995 | | 3 | 0.269 | 0.973 | | 2 | 0.903 | 0.692 |
| | 1 | 0.454 | 0.963 | | 2 | 0.346 | 0.967 | | 2 | 0.654 | 0.873 | | 1 | 0.999 | 0.357 |
| 0.054 | 2 | 0.088 | 0.997 | | 1 | 0.861 | 0.756 | | 1 | 0.982 | 0.522 | 0.290 | 6 | 0.022 | 0.999 |
| | 1 | 0.470 | 0.960 | 0.125 | 4 | 0.019 | 0.999 | 0.200 | 5 | 0.020 | 0.999 | | 5 | 0.093 | 0.993 |
| 0.056 | 2 | 0.094 | 0.997 | | 3 | 0.100 | 0.994 | | 4 | 0.092 | 0.994 | | 4 | 0.278 | 0.968 |
| | 1 | 0.486 | 0.956 | | 2 | 0.369 | 0.962 | | 3 | 0.300 | 0.968 | | 3 | 0.603 | 0.884 |
| 0.058 | 2 | 0.100 | 0.996 | | 1 | 0.878 | 0.737 | | 2 | 0.692 | 0.854 | | 2 | 0.918 | 0.672 |
| | 1 | 0.501 | 0.953 | 0.130 | 4 | 0.022 | 0.999 | | 1 | 0.987 | 0.497 | | 1 | 0.999 | 0.345 |
| 0.060 | 2 | 0.106 | 0.996 | | 3 | 0.110 | 0.994 | 0.210 | 5 | 0.025 | 0.999 | 0.300 | 6 | 0.026 | 0.998 |
| | 1 | 0.517 | 0.949 | | 2 | 0.392 | 0.958 | | 4 | 0.108 | 0.992 | | 5 | 0.106 | 0.991 |
| 0.062 | 2 | 0.113 | 0.996 | | 1 | 0.893 | 0.718 | | 3 | 0.333 | 0.961 | | 4 | 0.304 | 0.963 |
| | 1 | 0.532 | 0.945 | 0.135 | 4 | 0.025 | 0.999 | | 2 | 0.728 | 0.835 | | 3 | 0.635 | 0.872 |
| 0.064 | 2 | 0.119 | 0.995 | | 3 | 0.121 | 0.993 | | 1 | 0.990 | 0.474 | | | | |
| 0.300 | 2 | 0.932 | 0.653 | 0.400 | 6 | 0.105 | 0.991 | 0.500 | 3 | 0.972 | 0.598 | 0.650 | 7 | 0.353 | 0.954 |
| | 1 | 0.999 | 0.333 | | 5 | 0.292 | 0.963 | | 2 | 0.999 | 0.400 | | 6 | 0.651 | 0.878 |

*(계속)*

**표 18.7**
(계속)

| X | M | D | F | X | M | D | F | X | M | D | F | X | M | D | F |
|---|---|---|---|---|---|---|---|---|---|---|---|---|---|---|---|
| 0.310 | 6 | 0.031 | 0.998 | | 4 | 0.591 | 0.887 | 0.520 | 8 | 0.026 | 0.998 | | 5 | 0.882 | 0.759 |
| | 5 | 0.120 | 0.990 | | 3 | 0.875 | 0.728 | | 7 | 0.115 | 0.989 | | 4 | 0.980 | 0.614 |
| | 4 | 0.331 | 0.957 | | 2 | 0.991 | 0.499 | | 6 | 0.316 | 0.958 | | 3 | 0.999 | 0.461 |
| | 3 | 0.666 | 0.858 | 0.420 | 7 | 0.034 | 0.993 | | 5 | 0.606 | 0.884 | 0.700 | 9 | 0.040 | 0.997 |
| | 2 | 0.943 | 0.635 | | 6 | 0.130 | 0.987 | | 4 | 0.864 | 0.752 | | 8 | 0.200 | 0.979 |
| 0.320 | 6 | 0.036 | 0.998 | | 5 | 0.341 | 0.954 | | 3 | 0.980 | 0.575 | | 7 | 0.484 | 0.929 |
| | 5 | 0.135 | 0.988 | | 4 | 0.646 | 0.866 | | 2 | 0.999 | 0.385 | | 6 | 0.772 | 0.836 |
| | 4 | 0.359 | 0.952 | | 3 | 0.905 | 0.700 | 0.540 | 8 | 0.034 | 0.997 | | 5 | 0.940 | 0.711 |
| | 3 | 0.695 | 0.845 | | 2 | 0.994 | 0.476 | | 7 | 0.141 | 0.986 | | 4 | 0.992 | 0.571 |
| | 2 | 0.952 | 0.617 | 0.440 | 7 | 0.045 | 0.997 | | 6 | 0.363 | 0.949 | 0.750 | 9 | 0.075 | 0.994 |
| 0.330 | 6 | 0.042 | 0.997 | | 6 | 0.160 | 0.984 | | 5 | 0.658 | 0.867 | | 8 | 0.307 | 0.965 |
| | 5 | 0.151 | 0.986 | | 5 | 0.392 | 0.943 | | 4 | 0.893 | 0.729 | | 7 | 0.626 | 0.897 |
| | 4 | 0.387 | 0.945 | | 4 | 0.698 | 0.845 | | 3 | 0.986 | 0.555 | | 6 | 0.870 | 0.792 |
| | 3 | 0.723 | 0.831 | | 3 | 0.928 | 0.672 | 0.560 | 8 | 0.044 | 0.996 | | 5 | 0.975 | 0.666 |
| | 2 | 0.961 | 0.600 | | 2 | 0.996 | 0.454 | | 7 | 0.171 | 0.982 | | 4 | 0.998 | 0.533 |
| 0.340 | 7 | 0.010 | 0.999 | 0.460 | 8 | 0.011 | 0.999 | | 6 | 0.413 | 0.939 | 0.800 | 9 | 0.134 | 0.988 |
| | 6 | 0.049 | 0.997 | | 7 | 0.058 | 0.995 | | 5 | 0.707 | 0.848 | | 8 | 0.446 | 0.944 |
| | 5 | 0.168 | 0.983 | | 6 | 0.193 | 0.979 | | 4 | 0.917 | 0.706 | | 7 | 0.763 | 0.859 |
| | 4 | 0.416 | 0.938 | | 5 | 0.445 | 0.930 | | 3 | 0.991 | 0.535 | | 6 | 0.939 | 0.747 |
| | 3 | 0.750 | 0.816 | | 4 | 0.747 | 0.822 | 0.580 | 8 | 0.057 | 0.995 | | 5 | 0.991 | 0.625 |
| | 2 | 0.968 | 0.584 | | 3 | 0.947 | 0.646 | | 7 | 0.204 | 0.977 | | 4 | 0.999 | 0.500 |
| 0.360 | 7 | 0.014 | 0.999 | | 2 | 0.998 | 0.435 | | 6 | 0.465 | 0.927 | 0.850 | 9 | 0.232 | 0.979 |
| | 6 | 0.064 | 0.995 | 0.480 | 8 | 0.015 | 0.999 | | 5 | 0.753 | 0.829 | | 8 | 0.611 | 0.916 |
| | 5 | 0.205 | 0.978 | | 7 | 0.074 | 0.994 | | 4 | 0.937 | 0.684 | | 7 | 0.879 | 0.818 |
| | 4 | 0.474 | 0.923 | | 6 | 0.230 | 0.973 | | 3 | 0.994 | 0.517 | | 6 | 0.978 | 0.705 |
| | 3 | 0.798 | 0.787 | | 5 | 0.499 | 0.916 | 0.600 | 9 | 0.010 | 0.999 | | 5 | 0.998 | 0.588 |
| | 2 | 0.978 | 0.553 | | 4 | 0.791 | 0.799 | | 8 | 0.072 | 0.994 | 0.900 | 9 | 0.387 | 0.963 |
| 0.380 | 7 | 0.019 | 0.999 | | 3 | 0.961 | 0.621 | | 7 | 0.242 | 0.972 | | 8 | 0.785 | 0.881 |
| | 6 | 0.083 | 0.993 | | 2 | 0.998 | 0.417 | | 6 | 0.518 | 0.915 | | 7 | 0.957 | 0.777 |
| | 5 | 0.247 | 0.971 | 0.500 | 8 | 0.020 | 0.999 | | 5 | 0.795 | 0.809 | | 6 | 0.995 | 0.667 |
| | 4 | 0.533 | 0.906 | | 7 | 0.093 | 0.992 | | 4 | 0.953 | 0.663 | 0.950 | 9 | 0.630 | 0.938 |
| | 3 | 0.840 | 0.758 | | 6 | 0.271 | 0.966 | | 3 | 0.996 | 0.500 | | 8 | 0.934 | 0.841 |
| | 2 | 0.986 | 0.525 | | 5 | 0.553 | 0.901 | 0.650 | 9 | 0.021 | 0.999 | | 7 | 0.994 | 0.737 |
| 0.400 | 7 | 0.026 | 0.998 | | 4 | 0.830 | 0.775 | | 8 | 0.123 | 0.988 | | | | |

출처: L. G. Peck and R. N. Hazelwood, *Finite Queuing Tables* (New York: John Wiley & Sons, 1958)

## 유한원천 시스템에서의 성과척도값 구하기

예제 10

mhhe.com/stevenson14e

한 사람의 기계운전공이 5대의 기계에 대해 작업물 로딩(loading)과 언로딩(unloading) 서비스를 하고 있다. 로딩/언로딩에 따른 서비스시간은 사이클당 평균 10분이 소요되는 지수분포를 따르고 있으며, 로딩과 언로딩사이의 작업시간은 평균 70분이 소요되는데 이 또한 지수분포를 따르고 있다. 다음 항목에 대한 값을 알아보라.

a. 운전공을 기다리는 기계의 평균 대수
b. 가동 중인 기계의 평균 대수
c. 기계의 평균 비가동시간
d. 한 기계가 서비스를 위해 대기하지 않아도 될 확률

풀이

$N = 5$

$T = 10$분

$M = 1$

$U = 70$분

$$X = \frac{T}{T+U} = \frac{10}{10+70} = 0.125$$

표 18.7에서 $N = 5, M = 1, X = 0.125$인 경우 $D = 0.575, F = 0.920$임을 확인할 수 있다.

a. 운전공을 기다리는 기계의 평균 대수 $L = N(1 - F) = 5(1 - 0.920) = 0.40$대
b. 가동 중인 기계의 평균 대수 $J = NF(1 - X) = 5(0.920)(1 - 0.125) = 4.025$대
c. 기계의 평균 비가동시간 = 대기 시간 + 서비스시간

$$\text{대기시간 } W = \frac{L(T + U)}{N - L} = \frac{0.40(10 + 70)}{5 - 0.40} = 6.957\text{분}$$

비가동시간 = 6.957분 + 10분 = 16.957분

d. 서비스를 위해 대기하지 않아도 될 확률 = 1 − 기다릴 확률
$= 1 - D$
$= 1 - 0.575 = 0.425$

Excel 템플릿을 활용한 예제 10의 풀이는 다음과 같다.

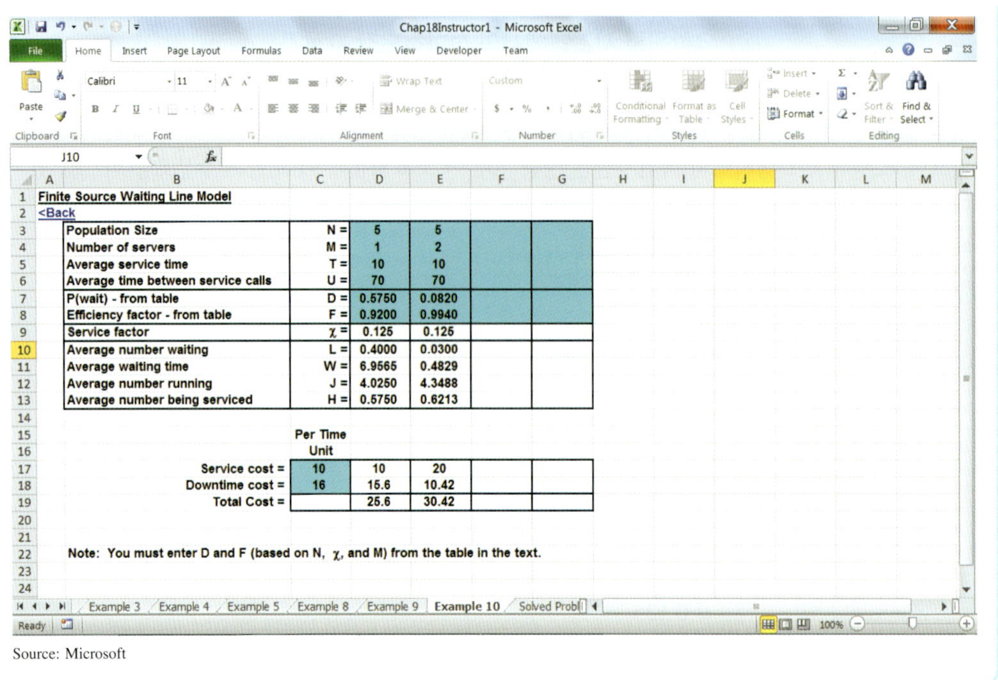

**Finite Source Waiting Line Model**

<Back

| | | D | E | F | G |
|---|---|---|---|---|---|
| Population Size | N = | 5 | 5 | | |
| Number of servers | M = | 1 | 2 | | |
| Average service time | T = | 10 | 10 | | |
| Average time between service calls | U = | 70 | 70 | | |
| P(wait) - from table | D = | 0.5750 | 0.0820 | | |
| Efficiency factor - from table | F = | 0.9200 | 0.9940 | | |
| Service factor | χ = | 0.125 | 0.125 | | |
| Average number waiting | L = | 0.4000 | 0.0300 | | |
| Average waiting time | W = | 6.9565 | 0.4829 | | |
| Average number running | J = | 4.0250 | 4.3488 | | |
| Average number being serviced | H = | 0.5750 | 0.6213 | | |

| | Per Time Unit | | | | |
|---|---|---|---|---|---|
| Service cost = | 10 | 10 | 20 | | |
| Downtime cost = | 16 | 15.6 | 10.42 | | |
| Total Cost = | | 25.6 | 30.42 | | |

Note: You must enter D and F (based on N, χ, and M) from the table in the text.

Source: Microsoft

예제 11

mhhe.com/stevenson14e

총비용을 최소로 하는 서버의 수 결정하기

예제 10에서 운전공의 시급은 $10이고 기계의 비가동시간에 대한 비용은 시간당 $16라고 가정해 보자. 이 기업의 목표가 비용 최적화라고 할 때 이 부서에 한 사람의 기계공을 추가할 필요가 있겠는가?

풀이

현재 시스템의 총비용과 제안된 시스템의 기대 총비용을 비교한다.

| *M* | 평균 비가동 기계 대수(*N* – *J*) | 평균 비가동 비용 (*N* – *J*)$16 | 운전공 시급 | 총비용 |
|---|---|---|---|---|
| 1 | 0.975 | $15.60 | $10 | $25.60 |
| 2 | 0.651 | 10.42 | 20 | 30.42 |

현재 시스템의 비용이 기계공을 2명 활용할 경우의 기대 총비용보다 적으므로 현재 시스템이 우월하다.

## 18.8 제약조건관리

관리자는 시스템의 제약조건들을 적극적으로 관리함으로써 대기시간을 감축시킬 수 있다. 단기적으로는 시설규모나 서버의 수는 일반적으로 고정된 자원이라서 별다른 선택의 여지가 없을 수 있지만, 여타의 선택가능성을 고려할 수 있다.

**임시작업자의 활용.** 바쁜 시간에는 시간제나 임시 작업자를 활용하는 것이 가능하다. 이때 생각할 수 있는 상충관계는 교육훈련비용, 품질문제 등과 정규 작업자에 비해 서비스 속도가 느린 점 등이다.

**수요의 이동.** 하루 중의 시간대 또는 주중 요일에 따라 수요가 변동하는 상황에서는 수요를 보다 일관되게 평활화하기 위해서는 변동요금제가 효과적일 수 있다. 영화관에서는 고객이 많은 시간대에서 고객이 적은 시간대로 수요를 이동시키기 위해 보다 낮은 요금으로 이러한 방법을 활용하고 있다. 레스토랑에서는 수요를 이동시키기 위해 '조조할인제(early-bird specials)'를 제공하고 있다. 어떤 소매점들은 수요가 떨어지는 특정 기간에만 사용할 수 있는 쿠폰을 발행하기도 한다.

**서비스의 표준화.** 우리는 서비스가 변동적인 경우와 그렇지 않은 경우에 대기행렬에 일어나는 영향을 살펴보았다(대기열 내의 대기 고객 수와 대기하는 시간이 반으로 줄어 들었다). 서비스가 표준화될수록 대기행렬에 좋은 결과가 일어난다.

**병목현상의 제거.** 프로세스의 어느 한 부분 때문에 서비스 속도가 늦어질 수 있다. 프로세스의 그런 부분을 개선하여 서비스속도를 현저하게 개선시킬 수 있는데, 종종 현장의 작업자가 서비스속도 향상을 위한 통찰력을 제공할 수 있다.

## 18.9 대기의 심리학

관리자의 노력에도 불구하고 대기행렬을 단축시키기 어려운 경우도 있다. 그럼에도 불구하고 특히 사람들로 구성된 대기행렬의 경우 대기자들이 상황을 이해하고 심리적으로 받아들일 수 있는 상황을 만드는 것이 가능하다. 이런 노력을 통해 고객 만족에 상당한 변화를 가져올 수 있다.

연구결과에 따르면 대기하면서 *실제로 소비한 시간*과 *지각된 소비 시간* 사이에는 차이(가끔은 현저한 차이)가 있다고 한다. 몇 가지 요인이 그 시간 차이에 영향을 줄 수 있다. 그 중 하나는 대기하는 이유이다(예컨대, 경찰이나 소방대원을 기다리는 것, 응급실에서 대기하는 것, 다른 약속이 있거나 비행기나 열차를 타야 하는 경우). 불안의 수준이 대기를 길게 느끼게 하는 상황이 아니라면, 많은 경우 관리자는 대기시간에 대한 고객의 지각된 시간을 단축시킬 수 있다.

대기열에서 대기하고 있다는 생각 외에는 다른 생각을 할 수 없는 경우에는 보통 대기하고 있다는 사실에 대해서만 집중하는 경향이 있기 때문에 대기 시간을 실제보다 길게 지각할 수 있다. 반면 대기하는 동안 다른 생각이 점유하고 있다면 통상 지각하는 대기시간은 실제 대기시간보다 짧을 수 있다. 이러한 주의 분산을 유발하는 경우의 예로서 비행 중 스낵이나 식사 제공, 비디오 시청 또는 대기실에서의 잡지나 TV 시청 등이 있다. 고객이 대기 중 할 수 있는 다른 일, 예컨대 서류 작성 등을 하게 함으로써 대기시간이 생산적으로 보일 수 있게 만드는 것이다. 물론 어떤 고객들은 스스로 주의를 분산시키는 활동을 한다(예컨대, 휴대폰 통화를 하거나 문자 메시지를 보내는 것, 휴대용 게임기로 게임을 하는 것 등).

Michael Gordon/Shutterstock

South Carolina의 Columbus시의 운전면허국은 봉사원을 배치하고 대기실에 텔레비전을 설치하고, 대기시간 감축을 위해 전산 프로그램을 설치하였다.

또 다른 요인은 대기를 편안하게 받아들이게 하는 것이다(예컨대, 서서 기다리는 것보다 앉아서 기다리는 것, 바깥에서 기다리는

## 읽을거리 David H. Maister의 대기의 심리학

David H. Maister의 기다림의 심리에 관한 논문들은 기다림에 대해 아래와 같은 귀중한 시사점을 제공하고 있는데, 이러한 시사점들은 시스템 설계자와 운영자들에게 가이드라인을 제시하고 있다.

- 뭔가를 하고 있는 시간은 그렇지 않은 시간보다 짧게 느껴진다.
- 대기중인 사람들은 얼른 뭔가를 하고 싶어 한다.
- 불안은 지각되는 대기시간을 길게 만든다.
- 불확실한 대기시간은 그렇지 않은 대기시간보다 길게 느껴진다.
- 아무런 설명이 없는 대기 시간은 그렇지 않은 대기시간보다 길게 느껴진다.
- 불공정하다고 생각되는 대기 시간은 그렇지 않은 대기시간보다 길게 느껴진다.
- 서비스가 가치 있을수록 고객의 대기 의향은 높아진다.
- 단체의 일원으로 기다리는 것보다 개인으로 기다리는 것이 더 길게 느껴진다.

출처: David H. Maister, "The Psychology of Waiting Lines," davidmaister.com, blog, September 8, 2008. Retrieved October 24, 2010.

것보다 실내에서 기다리게 하는 것 등). 또한 고객에게 대기시간이 얼마나 될 것인지 사전에 알려줌으로써 불확실성에 따른 불안감을 감소시킬 수도 있다. 예컨대, 콜 센터에서는 예상되는 대기시간을 알려 주며 레스토랑에서는 빈 자리가 날 때까지 얼마나 대기해야 하는지를 알려 준다.

다음의 읽을거리가 관리자들이 대기시간에 대해 무엇을 할 수 있는지 보여주고 있으며, 이중 몇 가지 방법은 이어지는 읽을거리에서 소개된 것처럼 디즈니 테마파크에서도 활용되고 있다. 이러한 아이디어들이 의미하는 바는 시스템 설계에서 상상력과 창의성이 중요한 역할을 하며 수학적 접근방법만이 다가 아니라는 점이다.

## 18.10 생산운영전략

관리자는 서비스시스템 용량에 관한 여러 대안들에 대해 비용과 편익을 주의 깊게 평가해 보아야 한다. 처리율을 증가시키기 위한 노력이 서비스 요원(서버)을 증가시키는 것보다 더 가치 있을 수 있다. 새로운 처리장비나 처리 절차를 활용할 수도 있다. 그중 중요한 요소 중 하나 서비스의 표준화를 통해 처리시간의 변동성을 감소시킬 수 있는 가능성을 모색하는 것이다. 실제로 모든 서비스를 관리하는 관리자는 대기시간단축으로 인한 혜택을 위해서뿐만 아니라, 서비스 요원의 훈련을 표준화하여 비용과 시간을 절감시키고 또한 서비스 요구에 대해 변동성을 줄임으로써 품질이 향상될 수 있는 잠재적 혜택을 위해서라도 이러한 방법들을 주의 깊게 고려해야 한다.

또 다른 접근방법으로는 예약시스템이나 조조할인, 고령자 할인요금 제도, 고객의 대기시간을 관리하기 위해 디즈니가 활용하는 다양한 접근방법 등을 활용함으로써 고객의 도착시간 자체를 변화시키는 것이다.

이번 장에서 제시한 모형들은 현실에서는 완벽히 들어맞지는 않을 수 있는 도착 및 서비스의 확률분포를 전제하고 있다는 것을 참조하기 바란다.

## 읽을거리  Disney World에서의 대기행렬관리

Walt Disney 테마파크는 대기행렬을 효과적으로 관리하는 기업으로 알려져 있다 회사는 대기행렬관리에 대한 세미나를 개최하기도 하며 회사의 성공적인 경험은 다양한 서비스 산업이 벤치마킹할만한 가치있는 통찰력을 제공해 주고 있다.

Disney의 방법은 고객의 대기시간을 줄이기 위해 서비스용량을 신속히 추가할 수 없는 상황에서 특히 의미가 있다. 고객의 만족을 위해 디즈니가 채택하고 있는 방법에는 다음과 같은 것들이 있다.

1. **기분전환거리를 제공한다.** 디즈니의 캐릭터들이 고객들을 즐겁게 해 주거나 비디오 안내판으로 안전정보를 제공해 주고 다음 이벤트에 대한 기대를 하도록 해주며 판매원들이 고객들의 대기열 가까이에서 식음료나 기념품을 판매한다.
2. **프리미엄(할증금)을 기꺼이 지불할 의향이 있는 고객들에게는 다른 대안을 제공해 준다.** 디즈니는 급행입장(FastPass) 시스템을 제공하고 있는데, 이는 고객들이 추가적인 지불을 하면 입장시간을 예약하고 예약된 시간이 되면 일반 대기열을 추월하거나 별도로 마련된 출입구를 통한 입장을 허용하는 시스템이다. 이 제도는 고객들로 하여금 기다릴 시간에 보다 많은 이벤트를 즐기도록 하여 고객만족을 증가시킬 수 있을 뿐만 아니라 대기할 시간 동안 레스토랑이나 기념품 가게를 방문하여 추가적인 수익을 창출할 수 있는 기반이 되기도 한다. 또 다른 방법은 고객이 공원에 조기 입장할 수 있는 입장권을 판매하는 것이다.
3. **고객들에게 계속해서 정보를 제공한다.** 현 지점에서의 대략적인 대기시간을 알려 주는 안내판을 게시하여 고객으로 하여금 대기열에 합류할지를 판단하여 결정하도록 한다.
4. **고객의 기대를 초월한다.** 실제 대기시간이 항상 예상된 시간보다 짧도록 하여 고객을 즐겁게 하는 것이다. 뿐만 아니라 이벤트들을 기다릴 만한 가치가 있는 것으로 만든다.
5. **기타의 방법.** 디즈니는 편안한 대기 환경을 조성한다. 대기는 주로 실내에서 이루어지도록 해서 외부의 기후조건으로부터 고객을 보호한다. 대기열은 계속해서 움직이며 진전이 있다는 인상을 주도록 한다. 안내판이나 안내원을 이용하여 고객을 덜 붐비는 놀이시설로 유도한다.

출처: Based in part on "Queuing Featuring Disney World", McGraw-Hill Video Series.

## 요약

대기행렬의 분석은 서비스시스템 설계에 중요한 역할을 한다. 거시적인 관점에서 수요가 시스템의 용량에 미달되는 경우에도 대기행렬이 발생할 수 있다. 고객 도착의 임의성과 서비스시간의 변동성이 결합하여 일시적인 과부하가 발생할 수 있는데, 이러한 현상이 발생하면 대기행렬이 형성된다. 동일한 이유로 인한 반대의 현상 때문에 서버가 비어 있는 경우도 발생할 수 있다.

대기행렬 시스템을 분석하는 데 있어 고려해야 하는 중요한 점은 잠재적인 고객의 수가 제한되어 있는가(유한원천 모집단) 또는 그렇지 않은가(무한원천 모집단)이다. 이 교재에서는 다섯 가지의 기본적인 대기행렬모형에 대해 설명하였는데, 그중 네 가지는 무한원천 모집단을, 다른 한 가지는 유한원천 모집단을 갖는 경우였다. 일반적으로 대기행렬모형은 고객의 도착률이 포아송 분포를 따르고 서비스시간은 음의 지수분포를 따르는 것으로 가정하고 있다.

적절한 모형의 선택

**무한원천모형**. 시스템 입장이 제한적이지 않을 때(공공에 개방되어 있을 때) 사용.

무한원천모형은 *기본적인 수식*들을 활용하여 분석할 수 있다. 시스템 이용률, 서비스를 받기 위해 대기하는 평균 고객 수와 평균 대기시간, 서비스를 받고 있는 평균 고객 수, 시스템 내의 평균 고객 수와 고객이 소비하는 평균시간 등에 대한 수식이 있다. 질문에 따른 적절한 수식을 찾기 위해 그림 18.7을 참조하라.

*단일서버 모형*: 서버(서비스 요원, 팀)가 하나일 경우 사용(표 18.2와 예제 2 참조).

*단일서버, 일정한 서비스시간 모형*: 식 (18-9)와 예제 3 참조.

*복수서버 모형*: *두 개 이상*의 독립된 서버(서비스 요원, 팀)가 있을 때 사용(표 18.3과 예제 4

와 5 참조).

*복수의 우선순위 모형*: 서비스 순서가 우선순위 등급에 따라 결정되는 경우에 사용(표 18.5과 예제 8 참조).

**유한원천모형.** 시스템으로의 입장이 시스템 멤버들로 한정된 경우에 사용(표 18.6과 예제 10 참조).

## 주요 내용

1. 대기행렬은 수요가 서비스시스템의 용량을 초과하기 때문에 발생한다.
2. 대기행렬이 발생하는 핵심 원인은 서비스시간과 고객 도착시간의 변동성이다.
3. 대기행렬을 관리하는 두 가지 중요한 접근방법은 변동성을 줄이면서 가능한한 프로세스를 표준화시키고, 인지되는 대기시간을 변화시키는 것이다.

## 주요 용어

대기행렬이론(queuing theory)
무한원천상황(infinite-source situation)
복수 우선순위 규칙 모형(multiple-priority model)
대기행렬의 운영원칙(queue discipline)
유한원천상황(finite-source situation)
창구(channel)

## 문제풀이연습

각각의 무한원천 모집단 문제에 대해 다음과 같은 접근방법을 사용하라.

1. 먼저 서버의 수를 파악하라. 서버의 수가 하나이면, $M = 1$이다. 그림 18.7의 기본적인 수식과 표 18.2의 단일서버 모형의 수식을 활용하라. 만약 서비스시간이 일정하면 식 (18-9)를 사용하여 $L_q$를 계산하라. $M > 1$인 경우에는 그림 18.7의 기본적인 수식을 활용하고 표 18.4의 복수서버의 값들을 활용해 $L_q$와 $P_0$를 계산하라. 그리고 식 (18-12)와 (18-13)을 활용하라.
2. 고객도착률과 서비스율을 결정하라. 도착시간이나 서비스*시간*이 비율이 아닌 시간으로 주어지면 이를 비율로 환산하라. 예컨대, 서비스시간 10분을 서비스율 $\mu$로 환산하면

   $\mu$ = [1/(10분/명)](60분/시간) = 6명/시간
3. 복수의 우선순위규칙이 적용되는 경우에는 웹 상의 Excel 템플릿을 활용(권장함)하거나 표 18.5의 수식을 사용하라.

**문제 1** *무한원천 모집단.* 이번에 새로이 설치된 기계공작실의 특징은 잘 갖추어진 공구실이다. 기계공작실의 관리자는 공구실에서 공구를 관리할 근무자의 수를 결정해야 한다. 근무자는 시간당 $20의 급료를 받으며, 공구를 사용하는 기계공의 시간은 시간당 $30의 가치가 있다. 과거의 경험에 따르면 공구에 대한 요청이 시간당 평균 18개이며 서비스용량은 공구실 근무자 1인당 20건/시간으로 추정하고 있다. 도착과 서비스율이 포아송 분포를 따른다고 가정하면 공구실 근무자의 수는 몇 명이 적당한가? (서비스를 필요로 하는 기계공의 수가 매우 많다고 가정하라. 따라서 무한원천모형이 적절하다.)

**풀이** $\lambda$ = 18/시간

$\mu$ = 20/시간

이 문제의 해는 실행 가능한 대안들(즉, 100% 이하의 이용률)에 대해 총비용을 계산하고 최저비용의 대안을 선정하는 시행착오 방식의 접근방법이 필요하다. 총비용곡선은 항상 U자형임을 주목할 필요가 있다. 총비용이 이전 비용에 비해 증가할 때까지 계속해서 근무자의 수를 증가시킨다. 총비용이 감소하다가 증가하기 시작하는 직전의 총비용을 산출시킨 서비스 요원의 수가 최적이 된다.

| 창구의 개수 (*M*) | $L_q$* | $L_q + \frac{\lambda}{\mu} = L_s$ | $20*M* 서버의 비용 (시간당) | $30 *Ls* 기계공 비용 (시간당) | 총비용 (시간당) |
|---|---|---|---|---|---|
| 1 | 8.1 | 8.1 + 0.9 = 9.0 | $20 | $270.00 | $290 |
| 2 | 0.229 | 0.229 + 0.9 = 1.129 | $40 | $ 33.87 | $ 74† |
| 3 | 0.03 | 0.03 + 0.9 = 0.93 | $60 | $ 27.90 | $ 88† |

*표 18.4에서 $r = \lambda/\mu = 18/20 = 0.9$인 경우의 $L_q$값

†반올림한 값

따라서 2명의 근무자가 최소비용을 산출하고 있다.

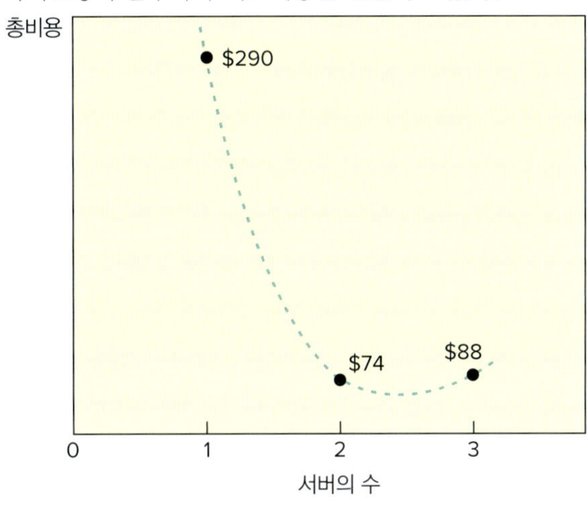


문제 2

*무한원천 모집단*. 다음은 세 가지 서로 다른 작업의 서비스시간이다.

| 운영 | 서비스시간 |
|---|---|
| A | 8분 |
| B | 1.2시간 |
| C | 2일 |

a. 각각의 작업에 대한 서비스율을 계산하라.

b. 상기 표에 제시된 값들이 서비스시간이 아니라 도착시간간격이라면 계산된 서비스율의 값이 달라지는가?

풀이

a. 서비스율은 서비스시간의 역수이다. 따라서 서비스율은

A. 1/8명/분 = 0.125명/분, 즉 0.125/분 × 60분/시간 = 7.5명/시간

B. 1/1.2명/시간 = 0.833명/시간

C. 1/2명/일 = 0.50명/일

b. 아니다. 어떤 경우라도 서비스율은 시간의 역수이다.

**문제 3** *유한원천 모집단*. 10대의 기계에 대한 자재의 로딩/언로딩을 3명의 운전공들이 돌아가며 작업하고 있다. 기계는 사이클당 평균 6분꼴로 가동되며, 자재 로딩/언로딩에 소요되는 시간은 평균 9분이다. 이들 시간들은 지수분포를 따르는 것으로 생각된다. 운전공의 서비스를 기다리거나 자재 로딩/언로딩을 위해 멈추지 않는다면 기계는 가동 중 시간당 평균 16단위를 생산한다. 대기 및 자재 로딩/언로딩에 대한 서비스시간을 고려할 때 각 기계의 시간당 산출률은 얼마인가?

**풀이**

$T = 9$분

$U = 6$분; $X = \dfrac{T}{T+U} = \dfrac{9}{9+6} = 0.60$

$M = 3$명(서비스 요원), 표 18.7에서 $F = 0.500$

$N = 10$대(기계)

a. 가동 중인 평균 기계 대수를 계산한다.

$J = NF(1 - X) = 10(0.500)(0.40) = 2$

b. 가동 중인 기계의 비율을 결정하고 가동 중일 때의 산출을 여기에 곱하라.

$\dfrac{J}{N} \times 16 = \dfrac{2}{10} \times 16 = 3.2$단위/시간/기계

## 토의 및 복습문제

1. 어떤 종류의 상황에서 대기행렬분석이 가장 적절한가?
2. 평균 부하가 서비스시스템의 용량에 미달되는 경우에도 대기행렬이 발생하는 이유는 무엇인가?
3. 대기행렬분석에서 가장 일반적인 시스템의 성과척도는 무엇인가?
4. 도착률이나 서비스 시간의 변동성이 감소되면 시스템의 유효 용량에 어떠한 영향을 미치는가?
5. 고객 집중현상이라는 변동성에 대응하기 위해 슈퍼마켓은 어떠한 접근방법을 활용하는가?
6. *무한원천 모집단*과 *유한원천 모집단*을 비교하여 설명하라.
7. 복수 우선순위 대기행렬 시스템이 적절한 경우는 어떤 상황인가?
8. 복수서버 시스템에서 고객들이 복수의 행렬에서 대기하도록 하는 대신 최근의 은행이나 우체국에서 보는 바와 같이 단일 행렬에서 대기하도록 하는 것은 어떤 이유에서인가?(*힌트*: 평균 대기시간은 영향을 받지 않는다.)
9. 변동성이 극심한 대기행렬 시스템에서 관리자가 시스템 이용률을 늘리고자 한다면 대기열의 길이에 어떤 현상이 발생하겠는가?

## 연습문제

1. a. $\lambda = 3$명/시간, $\mu = 5$명/시간, $M = 1$
   (1) 시스템 이용률을 구하라.
   (2) 평균 대기고객 수를 구하라.
   (3) 평균 대기시간을 구하라.

   b. 한 복사기 수리점에서 1명의 수리공이 수리 요청을 처리하고 있다. 출장시간을 포함한 수리

시간은 1건당 평균 2시간이 소요되며, 지수분포를 하는 것으로 알려져 있다. 복사기 수리는 1일 8시간 동안 평균 3건꼴로 요청된다(포아송 분포를 가정하라). 다음 사항을 결정하라.

(1) 수리서비스를 기다리는 평균 고객의 수

(2) 시스템 이용률

(3) 1일 8시간 동안 수리공이 수리점 내에서 대기하는 시간

(4) 시스템 내에 2명 이상의 고객이 존재할 확률

c. 시간당 평균 18명의 고객이 서비스센터를 방문한다. 두 명의 서버가 있으며, 각 서버는 시간당 12명의 고객을 처리할 수 있다.

(1) 시스템 이용률을 구하라.

(2) 시스템 내 평균 고객 수(대기고객 수 + 서비스 받는 고객 수)를 구하라.

(3) 평균 대기시간을 구하라.

(4) 대기열에서 대기중인 고객의 평균 대기 시간은 얼마인가?

2. 자동판매기에서 핫초콜릿이나 커피를 판매하고 있다. 컵당 서비스시간은 30초이고, 그 시간은 일정하다. 고객은 시간당 80명꼴로 도착하며 포아송 분포를 따르고 있다. 다음 사항을 결정하라.

a. 대기열에서 대기하는 평균 고객 수

b. 고객이 시스템 내에서 소요하는 평균 시간

c. 시스템 내 평균 고객 수

3. 은행의 많은 고객들은 정상 영업시간 이외의 시간에는 현금자동지급기를 이용하고 있다. 어떤 지역에 설치된 현금자동지급기에서 여름철의 초저녁 시간대에는 고객들이 평균 2분당 1명꼴로 도착하고 있는데, 이 과정을 포아송 분포를 사용하여 모형화할 수 있다. 각 고객들이 필요한 업무를 처리하는 데에는 평균 90초가 소요되며, 이 시간은 지수분포를 따른다고 한다. 다음 사항을 결정하라.

a. 대기하는 시간과 업무를 처리하는 시간을 포함하여 고객이 현금자동지급기에서 소비하는 평균시간

b. 고객이 현금자동지급기에 도착하여 대기하지 않고 바로 사용할 수 있는 확률

c. 현금자동지급기 사용을 위해 대기하는 평균 고객 수

4. 다음 표는 일반적인 화요일에 어떤 모텔에 걸려오는 전화통화 수에 대한 정보를 담고 있다.

| 기간 | 발신비율 (전화횟수/분) | 서비스처리비율 (전화/분/교환원) | 교환원 수 |
|---|---|---|---|
| 오전 | 1.8 | 1.5 | 2 |
| 오후 | 2.2 | 1.0 | 3 |
| 저녁 | 1.4 | 0.7 | 3 |

a. 각 시간대에 대해 송화인이 교환원과 통화를 하기 위해 대기하는 평균 대기시간과 각 시간대에 송화인이 대기해야 할 확률을 구하라.

b. 각 시간대에서, 96%의 확률을 전제로, 서비스를 받기 위해 대기하는 최대대기 인원수를 구하라.

5. 병원이 하나밖에 없는 어느 소도시에서 응급 서비스를 위해 2대의 응급차를 운영하고 있다. 휴가철이 아닌 주말에는 시간당 평균 0.45대꼴로 응급차에 대한 요청이 있으며, 이 과정은 포아

송 분포를 따르는 것으로 생각된다. 응급차의 통행시간과 서비스시간은 건당 평균 2시간이 소요되며, 이는 지수분포를 따르는 것으로 알려져 있다. 다음 사항을 결정하라.

a. 시스템 이용률
b. 대기하는 평균 고객 수
c. 응급차를 기다리는 고객의 평균 대기시간
d. 응급차 요청 전화가 왔을 때 두 대의 응급차가 모두 지원 나갔을 확률

6. 트럭들은 중량초과 여부를 확인받기 위해 계근소를 통과해야 한다. 오후 7시와 9시 사이 트럭들은 시간당 40대꼴로 계근소에 도착한다. 현재 해당 시간대에는 2명의 검사원이 근무하고 있는데 각각 시간당 25대의 트럭을 검사할 수 있다.

a. 검사를 받고 있는 트럭을 포함하여 계근소에서 평균 몇 대의 트럭이 있으리라 생각하는가?
b. 계근소에 지금 막 도착한 트럭은 이곳을 떠나기까지 몇 분 정도의 시간을 보내야 할까?
c. 두 명의 검사원이 동시에 검사를 하고 있을 확률은 얼마인가?
d. 도착해서 즉시 검사를 받지 못하는 트럭들의 평균 대기시간은 얼마인가?
e. 만약 1명의 검사원만 근무한다고 할 때 어떤 상황이 발생하는가?
f. 97%의 확률로 대기열의 최대길이는 얼마인가?

7. 어떤 지역의 창고 관리자는 하역도크 비용과 운전기사/트럭 비용의 합을 최소화할 수 있도록 하는 새로운 시설의 하역도크 수를 결정하고자 한다. 이 관리자는 운전기사/트럭에 대한 비용이 1일 $300, 각각의 하역도크와 근무기사 비용은 1일 $1,100임을 알았다.

a. 트럭이 1일 평균 3대꼴로 도착하고 각 도크가 1일 평균 5대의 트럭을 처리할 수 있으며, 양자 모두 포아송 분포를 따른다고 할 때 얼마나 많은 도크를 설치하여야 할까?
b. 직원 중 한 명이 도크의 하역효율을 1일 평균 6대로 향상시킬 수 있는 장비를 제안하였다. 이 장비는 각 도크마다 1일 $100의 비용이 소요된다. 창고관리자는 이 장비에 투자할 필요가 있을까?

8. 어떤 대형 자동차 딜러의 부품부서에서 수리공의 부품 요청을 전담하기 위한 전용카운터를 운영하고 있다. 부품 요청 건당 시간간격은 평균 5분의 음의 지수분포로 모형화할 수 있다. 사무원 1명은 시간당 평균 15건의 부품 요청을 처리할 수 있으며, 이것은 포아송 분포로 모형화될 수 있다. 카운터에 2명의 사무원이 근무하는 것으로 가정하라.

a. 현재 서비스를 받고 있는 수리공을 포함하여 평균적으로 몇 명의 수리공이 카운터에 있는가?
b. 수리공이 서비스를 받기 위해 대기해야 할 확률은 얼마인가?
c. 만약 수리공이 대기해야 하는 상황이라면 평균 대기시간은 얼마인가?
d. 사무원이 서비스를 하지 않고 있을 시간의 비율은 얼마인가?
e. 사무원의 시간당 비용이 $20, 수리공의 시간당 비용이 $30이라면 총비용을 최소화하기 위해 몇 명의 사무원을 고용하는 것이 최적인가?

9. 한 현장 서비스 요원은 5명의 고객에게 컴퓨터 수리 서비스를 제공하고 있다. 고객은 4영업일마다 평균 1회 꼴로 서비스를 요청하고 있다(포아송 분포). 또 이 서비스 요원은 하루에 평균 1건꼴로 서비스를 처리할 수 있다(포아송 분포). 다음 사항을 결정하라.

a. 평균적으로 대기하는 고객의 수
b. 최초의 서비스요청에서부터 서비스가 완료될 때까지 고객이 소비해야 하는 평균시간

c. 서비스 요원이 서비스를 하고 있지 않을 시간의 비율

d. 만약 제2의 서비스 요원이 투입된다면 a번의 답은 얼마나 감소할까?

10. 2명의 작업자가 10대의 기계에 대한 조정업무를 담당하고 있다. 조정에 소요되는 시간은 지수분포를 따르며 기계당 평균 14분이 소요된다. 조정 후 다음 조정까지 기계는 평균 86분 동안 가동되며, 기계가 가동되는 동안 시간당 50단위의 부품을 산출한다. 다음 사항을 결정하라.

    a. 조정을 위해 기계가 대기해야 할 확률

    b. 조정을 위해 대기하는 평균 기계 대수

    c. 조정 서비스를 받고 있는 평균 기계 대수

    d. 조정을 고려했을 때 각 기계의 시간당 기대 산출량

    e. 기계의 비가동시간에 대한 비용은 시간당 $70, 작업자의 비용(급료 및 부가 수당을 포함)은 시간당 $15라고 한다. 최적 작업자 수는 몇 명인가?

11. 한 사람의 작업자가 5대의 기계를 돌보고 있다. 기계의 가동시간과 정비 서비스에 소요되는 시간은 모두 지수분포를 따른다. 서비스 후 다음 서비스까지 기계는 평균 90분 동안 가동되고 서비스시간은 평균 35분이다. 작업자는 급료 및 부가수당으로 시간당 $20를 받고 있으며, 기계의 비가동에 대한 비용은 기계당 $70/시간이라고 한다.

    a. 기계가 가동되는 동안 각 기계의 생산량이 시간당 60단위라고 할 때 대기시간 및 서비스시간을 고려하여 각 기계의 시간당 평균 생산량을 구하라.

    b. 최적 작업자 수를 결정하라.

12. 밀링 부서에서는 10대의 기계가 가동되고 있다. 각 기계는 조정이 필요하기까지 평균 8시간 동안 가동되며, 조정에는 평균 2시간이 소요된다. 각 기계는 가동되는 동안 시간당 40단위를 생산할 수 있다.

    a. 조정인원이 1명일 경우 각 기계의 시간당 순 산출량은 얼마인가?

    b. 기계의 비가동시간 비용이 시간당 $80이고 조정 비용이 시간당 $30이면 몇 명의 조정인원이 최적인가?

13. 트럭이 도매상의 하역창고에 시간당 1.2대꼴로 도착하고 있다. 2명의 작업자로 구성되는 작업조가 한 대의 트럭을 하역하는 데 30분 정도가 소요된다. 각 작업자는 임금과 부가수당으로 시간당 $10를 받고 트럭과 운전기사의 비용은 시간당 $60이다. 관리자는 작업조에 작업자를 1명 더 추가하려고 한다. 이때 서비스율은 시간당 2.4대로 증가한다고 한다. 도착률과 서비스율은 포아송 분포를 따른다고 가정한다.

    a. 3번째 작업자를 추가하는 것이 경제적인가?

    b. 4번째 작업자를 추가하면 서비스 용량이 시간당 2.6대의 트럭으로 증가한다면 4번째 작업자를 추가하는 것이 합리화되는가?

14. 서비스 센터에 도착하는 고객들은 3 종류의 그룹에 배정되며, 그룹 1에 배정되었을 때 최우선 순위가 된다. 기록에 따르면 시간당 평균 9명의 고객이 도착하며 그중 1/3씩 각각의 그룹에 배정된다. 2명의 서비스 요원이 근무하고 있으며, 각 서비스 요원은 시간당 평균 5명꼴로 고객 서비스를 수행할 수 있다. 도착과 서비스율은 포아송 분포로 나타낼 수 있다.

    a. 이 시스템의 이용률은 얼마인가?

    b. 각 그룹에서 고객의 평균 대기시간은 얼마인가?

    c. 각 그룹에서 서비스를 기다리는 평균 고객수를 계산하라.

15. 한 관리자가 고객 대기장소의 규모를 결정해야 한다. 고객을 처리하기 위해 복수 우선순위 시스템이 적용되는데 여기서는 고객이 처리센터에 들어가면 2개의 그룹 중 한 그룹에 배정되게 된다. 최우선순위 그룹에는 시간당 평균 4명꼴로 고객이 도착한다. 또 다른 그룹은 시간당 2명꼴로 고객이 도착한다. 이들 모두 포아송 분포로 나타낼 수 있다. 이 시스템에 2명의 서비스 요원이 근무하고 있으며, 각 요원은 고객을 평균 15분만에 처리할 수 있다.

    a. 시스템 이용률은 얼마인가?
    b. 각 그룹에서 서비스를 기다리는 평균고객 수를 결정하라.
    c. 각 그룹에서의 평균 대기시간을 결정하라.
    d. 관리자가 각 그룹의 고객 도착률이 동일하도록 고객의 배정규칙을 바꾼다면 각 범주에서 고객의 평균 대기시간은 어떻게 변하는가?

16. 한 복수 우선순위 대기행렬 시스템에서는 도착하는 고객을 4개의 그룹 중 한 그룹에 배정한다. 고객의 도착률(포아송 분포)은 다음 표에 나타나 있다. 5명의 서비스 요원이 고객을 처리하는데, 각 요원은 시간당 3명의 고객을 처리할 수 있다.

| 그룹 | 시간당 도착 횟수 |
|---|---|
| 1 | 2 |
| 2 | 4 |
| 3 | 3 |
| 4 | 2 |

    a. 시스템 이용률은 얼마인가?
    b. 각 그룹에서 고객이 서비스를 받기 위해 대기하는 평균 시간은 얼마인가? 각 그룹에서 평균적으로 몇 명이 대기하는가?
    c. 2순위 그룹 고객의 일부를 3순위 그룹으로 보냄으로써 2순위 그룹의 도착률이 시간당 3명으로 감소되면 b번의 답은 어떻게 달라지는가?
    d. c번의 답을 보고 어떤 결론을 내릴 수 있는가?

17. 문제 16번에서 각 서비스 요원이 시간당 4명의 고객을 처리할 수 있다고 가정하고 위의 물음에 답하라. 고객을 재배정함으로써 초래되는 영향이 16번 문제에서의 상황보다 훨씬 작은 이유를 설명하라.

18. 카탈로그 판매 부서에서 오전 동안 시간당 40통꼴로 전화가 걸려온다(포아송 분포). 즉시 응답을 할 수 없는 전화는 대기상태에 들어가는데 시스템은 8개 통화를 대기상태에 둘 수 있으며, 이때 만약 추가적인 통화가 걸려오면 통화중 신호를 보낸다. 전화에 응답하는 3명의 서비스요원은 1명의 고객과 평균 3분 동안 통화하고 있다.

    a. 고객이 전화를 걸었을 때 통화중 신호음을 들을 확률은 얼마인가?(*힌트*: 시행착오법으로 log $K$나 ln $K$의 값을 구하라.)
    b. 고객의 전화가 대기상태로 들어갈 확률은 얼마인가?

사례 

## 대형 은행

곧 개점 예정인 은행 지점의 지점장은 창구 운영을 어떻게 할 것인가에 대한 계획을 수립하고 있다. 현재 이 은행의 일부 지점에서는 간단한 한 가지 거래(업무)만 필요한 고객들에 대해 별도의 전담 창구를 운영하고 있으나 다른 지점에서는 별도의 창구를 가지고 있지 않다. 이 지점장은 일부 지점에서 발생하는 장시간 대기하는 고객들의 불평을 해결하고 싶지만 지점의 입지에 따라 인구특성이 서로 다르므로 어느 한 지점에서 잘 운영되는 제도라도 다른 지점에서도 반드시 잘 운영된다는 보장은 없다.

이 지점장은 은행의 본점으로부터 처리시간에 대한 자료를 입수하고 운영방식에 대한 여러 가지 대안들에 대해 평가할 준비가 되어 있다(다행히도 이 지점장은 인근 대학에서 생산운영관리 과목을 이수하며 사용한 교과서와 CD를 보관하고 있다).

점심 시간대에 평균 80명의 고객이 도착한다. 단일업무 고객의 경우 평균 처리시간은 90초이며 복수업무 고객의 처리시간은 4분이다. 고객의 60%가 복수업무를 가지고 있는 것으로 예상된다.

특별히 관심을 끄는 시간대는 금요일 점심 시간대이다. 현재 계획상 5명의 창구 직원이 고용되어 있으며, 다음과 같은 대안이 고려되고 있다.

a. 대기열을 한 개로 유지하며 대기열상의 첫 번째 고객이 5개의 창구 중 가용한 창구로 가도록 하는 방법
b. 2개의 대기열을 유지하는 방법: 단일업무 고객들에 대해서는 한 사람의 별도 창구 직원이 전담 서비스하고 4명의 창구 직원은 복수업무 고객에 대해 서비스 하는 방법

**[질문]**

이 지점장의 입장에서 어떤 대안을 선택하겠는가? 그 이유는 무엇인가? 두 개의 대안에 대한 결과의 차이를 설명하라. 이러한 분석을 하면서 어떠한 가정을 하였는가?

## 참고문헌


Anderson, David R., Dennis J. Sweeney, Thomas A. Williams, Jeffrey D. Camm, and Skip Martin. *An Introduction to Management Science: Quantitative Approaches to Decision Making*, revised 13th ed. Mason, OH: South-Western, 2012.

Buffa, Elwood. *Operations Management*, 3rd ed. New York: John Wiley & Sons, 1972.

Griffin, W. *Queuing: Basic Theory and Applications*. Columbus, OH: Grid Publishing, 1978.

Hillier, Frederick S., and Mark S. Hillier. *Introduction to Management Science: A Modeling and Case Studies Approach with Spreadsheets*, 5th ed. New York: McGraw-Hill, 2014.

Ragsdale, Cliff T. *Spreadsheet Modeling and Decision Analysis*, 6th ed. Mason, OH: South-Western, 2011.

Stevenson, William J., and Ceyhun Ozgur. *Introduction to Management Science with Spreadsheets*. New York: McGraw-Hill/Irwin, 2006.

Taylor, Bernard. *Introduction to Management Science*, 11th ed. Upper Saddle River, NJ: Pearson Prentice Hall, 2013.

부 록

# 연습문제 해답

## 2장 경쟁력, 전략 및 생산성

**1.** 창립기념일 = 37.5인분/종업원
결혼식 = 40인분/종업원

**2.** 소규모 작업팀이 보다 높은 생산성을 보이고 있다.

**3.** 제1주: 3.03
제2주: 2.99
제3주: 2.89
제4주: 2.84

**4.** a. 장비 구매 전: 노동생산성=16대/인, 시간 장비 구매 후: 노동생산성=21대/인, 시간
b. 장비 구매 전: 복합생산성=0.89대/$
장비 구매 후: 복합생산성=0.93대/$

**5.** 11.1%

**6.** 4.44%

**8.** 현재: $5; A = $6.30; B = $6.71

## 3장 예측

**1.** a. 블루베리 = 33, 시나몬 = 35, 컵케이크 = 47
b. 매출데이터를 이용하는 경우 수요는 공급을 초과하지 않는다.

**2.** b. (1) 20, (2) 19, (3) 20.4, (4) 19.26, (5) 20.86

**3.** a. 88.16%
b. 88.54%

**4.** a. 22 b. 20.75 c. 20.72

**5.** a. 연간 15,000병씩 증가
b. 170(즉, 170,000병)

**6.** $500 - 20t$

**7.** a. $Ft = 208.44 + 19.00t$
b. 588.44, 607.44
c. 31.13 주

**9.** a. $Ft = 195.47 + 7.00t$
$F_{16} = 307.47$
$F_{17} = 314.17$
$F_{18} = 321.47$
$F_{19} = 328.47$
b. 307.22

**12.** $Q_1$: 127.6; $Q_2$: 143.5; $Q_3$: 105; $Q_4$: 273.65; $Q_1 = 275$

**14.** a. 금요일 = 0.786, 토요일 = 1.341, 일요일 = 0.874
b. 금요일 = 0.786, 토요일 = 1.341, 일요일 = 0.874

**16.**

| 일자 | a. 계절지수 | b. 계절지수 |
|---|---|---|
| 1 | 0.901 | 0.887 |
| 2 | 0.838 | 0.831 |
| 3 | 0.884 | 0.876 |
| 4 | 1.020 | 1.022 |
| 5 | 1.430 | 1.438 |
| 6 | 1.480 | 1.483 |
| 7 | 0.450 | 0.464 |

**18.** b.

| | | | | | |
|---|---|---|---|---|---|
| 1월 | 800 | 5월 | 825.8 | 9월 | 700 |
| 2월 | 810 | 6월 | 850 | 10월 | 690 |
| 3월 | 900 | 7월 | 850 | 11월 | 672 |
| 4월 | 810 | 8월 | 700 | 12월 | 640 |

**22.** a.

| | MSE | MAD |
|---|---|---|
| 예측기법 1 | 10.44 | 2.8 |
| 예측기법 2 | 42.44 | 3.6 |
| 단순예측법 | 156 | 10.7 |

b. $MAPE_1 = 0.36\%$
$MAPE_2 = 0.46\%$

**23.** b. $847,000

**24.** b. $17.90

**25.** b. −0.985

**26.** b. $y = 66.44 + 0.58x$
d. 90.22

**27.** a. $r = 1.96$.
b. $y = -0.672 + 6.158x$
c. 약 12대

**28.** a. $MAD_5 = 5$, $MAD_6 = 5.9$, $MAD_7 = 4.73$, $MAD_8 = 3.911$, $MAD_9 = 4.238$, etc.
b. $TS_5 = 1.40$, $TS_6 = -0.17$, $TS_7 = -0.63$, $TS_8 = -0.26$, $TS_9 = -1.42$, etc.

**30.** a. 최초 MAD = 4.27. 제15개월차의 추적지표 = 4.088, 따라서 이 시점에서의 예측은 검토가 필요하다.

b. $\Sigma$ 오차 $= -1$, $\Sigma$ 오차$^2 = 345$. 관리한계 $0 \pm 12.38$. 산점도에서 오차의 순환을 확인할 수 있다.

## 5장 전략적 생산용량 계획

**1.** a. 용량이용률 = 70%
용량효율 = 87.5%
b. 용량이용률 = 67%
용량효율 = 80%

**2.** 20개/주

**3.** a. 46,000개
b. (1) \$3,000 (2) \$8,200
c. 126,000개
d. 25,556개

**4.** a. A: 8,000개 b. 10,000개
B: 7,500개
c. A: \$20,000
B: \$18,000

**5.** a. 39,683개 b. \$1.71(올림)

**6.** a. A: \$82
B: \$92
C: \$100
c. A: 0에서 178분 사이
B: 없음
C: 178 +
d. 1/3 주간, 2/3 야간

**7.** 63,333 이하에서는 구매, 그 이상일 때는 단위 변동비 \$4로 자체 생산이 유리

**8.** a. 10,000과 20,000 사이에서 업자 B가 유리

**9.** 3대

**11.** a. B형 2대 b. B형 2대

**12.** a. 1대: $Q = 80$, 2대: $Q = 152$

**14.** a. 11개/시간

**16.** 50개/시간

**17.** a. 15개/시간
b. 2번 공정의 용량을 5 증가시키면 시스템 용량은 20 증가한다.

**18.** 8년

## 6장 프로세스 선택과 시설배치

**1.** a. 최소 2.5분, 최대 18분
b. 15대에서 187.5대 c. 8
d. 3.6분 e. (1) 50대 (2) 30대

**2.** a.

| 작업장 | 할당 작업 | 시간 |
|---|---|---|
| 1 | a | 1.4 |
| 2 | b, e | 1.3 |
| 3 | d, c, f | 1.8 |
| 4 | g, h | 1.5 |

**3.** a.

| 작업장 | 할당 작업 | 시간 |
|---|---|---|
| 1 | f, a, g | 14 |
| 2 | d, b, c | 13 |
| 3 | e, h | 13 |
| 4 | i | 5 |

**4.** a. (3) 11.54% (4) 323대/일
b. (1) 2.3분 (3) 182.6대/일
(4) 91.3대/일

**5.** b. 2분
c. 3개

**6.** c. (1) 11.1% (2) 11.1%

**7.** b. CT = 0.84분 또는 50.4초
c. $n = 3.83$(4로 올림)대

**10.**

1
2
3
4
5
6

A
X
X O
O O
O A O
O O
O O
O
A

**11.**

| 1 | 5 | 4 |
|---|---|---|
| 3 | 8 | 7 |
| 6 | 2 | |

**13.**

| 3 | 1 | 8 |
|---|---|---|
| 9 | 7 | 4 |
| 5 | 2 | 6 |

**14.** a.

| A #1 | B #4 | C #2 |
|---|---|---|
| | D #3 | |

TC = \$14,150

**16.** A: 3; B: 5; C: 1; D: 4; E: 6; F: 2

**17.** A:1; B:3; C:7; D:10; E:9; F:8; G:6; H:4; I:5; J:2

## 7장 작업설계 및 작업측정

**1.** 15.08분

**2.** a. 1.2분
b. 1.14분

c. 1.27분

3.

| 요소동작 | OT | NT | ST |
|---|---|---|---|
| 1 | 0.46 | 0.414 | 0.476 |
| 2 | 1.505 | 1.280 | 1.472 |
| 3 | 0.83 | 0.913 | 1.050 |
| 4 | 1.16 | 1.160 | 1.334 |

4.

| 요소동작 | 평균 |
|---|---|
| 1 | 4.1 |
| 2 | 1.5 |
| 3 | 3.3 |
| 4 | 2.8 |

7. 5.89분
8. 7.125분
11. 57번
12. 37번
13. a. 12%
    b. 163회
15. 377회

## 8장 입지계획과 분석

1. Kansas City: $256,000
2. a. A: 16,854개; B: 17,416개; C: 17,753개
   b. C: $14,670
3. a. 120단위
   b. A: [0,119]; B: [121,∞)
4. a. B: [0,33]; C: [34,400]; A: [401,∞)
5. C ($270,000)
6. Biloxi ($160,000)
7. a. (1) 외곽; (2) 시내중심부
   b. 230대
9. A
11. a. B = C > A
    b. B > C > A
12. (5,4)가 최적임
13. (6,7)
14. (5.97, 5.95)
15. (3.24, 2.30)

## 9장 품질경영

2.

| | 주택용 | 상가용 |
|---|---|---|
| 소음 | 10 | 3 |
| 기계고장 | 7 | 2 |
| 온풍 | 3 | 4 |
| 냄새 | 5 | 7 |

## 10장 품질관리

1. a. 0.0124
   b. 24.40온스, 24.60온스
2. a. LCL: 0.996리터
   UCL: 1.004리터
   b. 비정상상태
3. a. 평균관리도 LCL: 3.019, UCL 3.181
   범위관리도: LCL 0.185, UCL 0.716
   정상상태
4. 평균관리도: LCL 78.877 cm, UCL 81.043 cm
   범위관리도: LCL 0 cm, UCL 3.939 cm
   정상상태
5. a.

| 1 | 2 | 3 | 4 |
|---|---|---|---|
| 0.020 | 0.010 | 0.025 | 0.045 |

   b. 2.5%
   c. 평균 = 0.025, 표준편차 = 0.011
   d. LCL = 0.0011, UCL = 0.0489
   e. 0.0456
   f. 정상상태
   g. 평균 = 0.02, 표준편차 = 0.01
   h. LCL =0, UCL = 0.04
6. LCL: 0
   UCL: 0.0234
   비정상상태(10번 표본이 관리상한을 벗어남)
7. 정상상태. UCL = 16.266, LCL = 0
8. 정상상태. UCL = 5.17, LCL = 0
9. 정상상태. UCL = 0.10, LCL = 0.01
10. 20개
11. 30개의 관측치 중 1개가 사양을 벗어남. 사양이 충족됨. 약 97%.
12. a. LCL: 3.73, UCL: 3.97, 비정상상태
    b. 우연변동
13.

| | 런 수 | | | | |
|---|---|---|---|---|---|
| 검사 유형 | 관측값 | 기대값 | 표준편차 | $z$ | 결론 |
| a. 중위수 런 | 18 | 14 | 2.50 | 1.6 | 우연변동 |
| 증감런 | 17 | 17 | 2.07 | 0 | 우연변동 |
| b. 중위수 런 | 8 | 14 | 2.50 | −2.40 | 비우연변동 |
| 증감런 | 22 | 17 | 2.07 | 2.41 | 비우연변동 |

14. a. $z$값들이 모두 ±2 이내에 있기 때문에 우연변동임.
    b. 증감 런검사의 $z$값이 −1.96보다 작기 때문에 비우연변동임.
    c. 중위수: $z$ = 1.11, 증감: $z$ = 0.68
    d. 중위수: $z$ = −1.11, 증감: $z$ = −1.36
15. 중위수 : $z$ = −2.34, 증감: $z$ = −1.45
16. 200개마다

**18.** a. 566개
b. 62개
c. $1,160

**19.** 중위수: $z = +0.9177$
증감 : $z = +0.5561$

**20.** b. 4.5, 0.192
c. 4.5, 0.086
d. 4.242~4.758, 0.0026
f. 없음

**21.** a. 1.11
b. 아니오

**22.** 프로세스 005

**24.** $C_{pk}$: $H = 0.94$, $K = 1.00$, $T = 1.33$

**26.** a. Melissa

**27.** a. 2.506
b. $C_{pk} = 1.41$
c. 0.987온스

## 11장 총괄계획 및 주일정계획

**1.** b. $95,500

**2.** $57,000

**3.** $69,000

**4.** $69,750

**7.** a. $31,250
b. $31,310

**8.** a. $350,800
b. $356,200
c. $353,700

**10.** B: $14,340
C: $14,370

**11.** $13,475

**12.** $13,885

**13.** $4,970

**15.** $124,960

**16.** $126,650; 추가비용: $1,920

## 12장 재고관리

**1.** a.

| 품목 | 범주 |
|---|---|
| 1 | B |
| 2 | B |
| 3 | C |
| 4 | C |
| 5 | C |
| 6 | A |
| 7 | C |

b. 180개

**2.** a.

| 품목 | 범주 |
|---|---|
| K34 | C |
| K35 | A |
| K36 | B |
| M10 | C |
| M20 | C |
| Z45 | A |
| F14 | B |
| F95 | A |
| F99 | C |
| D45 | B |
| D48 | C |
| D52 | C |
| D57 | B |
| N08 | C |
| P05 | B |
| P09 | C |

b.

| 품목 | 범주 |
|---|---|
| 4021 | A |
| 9402 | C |
| 4066 | B |
| 6500 | C |
| 9280 | C |
| 4050 | C |
| 6850 | B |
| 3010 | C |
| 4400 | B |

c. A: 11%, 55.26%
B: 33%, 28.95%
C: 56%, 15.79%

**3.** a. 18포대
b. 9포대
c. 67.5
d. $1,350
e. $78.71 증가

**4.** a. 204박스
b. $6,118.82
c. 예
d. 아니오. TC = $6,120; EOQ 발주 시 $1.18 절약

**5.** $105.29

**6.** $364

**7.** a. 1월~6월: 74개, 7월~12월: 91개
b. EOQ 가정
c. 1월~6월: 50개, 7월~12월: 100개

**8.** a. $1.32
b. $24.3

**9.** a. 4,812개
b. 15.59회(약 16회)
c. 0.96일

**10.** a. 10,328포대
b. 3,098포대
c. 10.33일
d. 7.75(약 8)
e. $774.50

**11.** a. 1,414개
b. 7.07일
c. 424개
d. 아니오
e. 신제품 구성부품의 i) 작업준비시간 단축, ii) 1회 생산량 증대, iii) 다른 작업 1회 생산량 감소
f. 약 53개, 약 $7

**12.** a. 37.5회
b. 1,000개
c. 625개
d. 아니오

**13.** a. 5,000박스
b. 3.6회

**14.** a. 600개
b. 600개
c. 보유재고수준이 150개일 때

**15.** 최적 발주량 495개(발주량이 1,000개일 때보다 단지 $0.05 저렴)

**16.** 공급업체 A, 500개

**18.** 6,600피트

**19.** a. 370개
b. 70개
c. 두 가지 모두 더 적어짐

**20.** a. 91파운드
b. ROP = 691파운드
c. 50%

**21.** a. 8.39갤런
b. 34갤런, 0.1423
c. 위험 = 0.4168

**22.** 70.14갤런

**23.** 0.1093

**24.** ROP = 70.14

**25.** a. 400갤런
b. 45.02갤런

**26.** a. 72박스
b. 0.0023
c. 0.0228

**27.** 749파운드

**28.** a. 134롤
b. 약 36롤

**29.** b. 14케이스

**30.** 97.26%

**31.**

| 주기 | 발주량 |
|---|---|
| 1 | 623 |
| 2 | 657 |
| 3 | 562 |

**32.** a. P34: ROP = 132개, P35: 매 4주
b. 306개
c. 334개

**34.** 25다스

**35.** a. 9개
b. $C_s \leq \$10.47$

**36.** 78.9파운드

**37.** 쿼트당 $4.89

**38.** 5개

**39.** 421.5파운드

**40.** a. $0.53에서 $1.76
c. $56.67에서 $190.00

**41.** 3개

**42.** 2개

**43.** 16장

## 13장 MRP와 ERP

**1.** a. F = 2, G = 1, H = 1, J = 6, D = 10, L = 2, A = 4

**2.** a. E = 138
b. 5주

**3.** a. 360
b. 1일(현재)

4. a. 주일정계획

| 주 | 기초재고 | 1 | 2 | 3 | 4 | 5 | 6 |
|---|---|---|---|---|---|---|---|
| 수량 | | | | | | | 80 |

| E LT = 2 | 기초재고 | 1 | 2 | 3 | 4 | 5 | 6 |
|---|---|---|---|---|---|---|---|
| 총소요량 | | | | | | | 80 |
| 예정입고량 | | | | | | | |
| 예상보유량 | | | | | | | |
| 순소요량 | | | | | | | 80 |
| 계획입고량 | | | | | | | 80 |
| 계획발주량 | | | | | 80 | | |

| B(2) LT = 2 | 기초재고 | 1 | 2 | 3 | 4 | 5 | 6 |
|---|---|---|---|---|---|---|---|
| 총소요량 | | | | | 160 | | |
| 예정입고량 | | | | | | | |
| 예상보유량 | 60 | 60 | 60 | 60 | 60 | 20 | 20 |
| 순소요량 | | | | | 100 | | |
| 계획입고량 | | | | | 120 | | |
| 계획발주량 | | | 120 | | | | |

| J(4) and J(3) LT = 1 | 기초재고 | 1 | 2 | 3 | 4 | 5 | 6 |
|---|---|---|---|---|---|---|---|
| 총소요량 | | | 480 | | 240 | | |
| 예정입고량 | | | | 30 | 30 | 30 | |
| 예상보유량 | 20 | 20 | 20 | 50 | 80 | 50 | 50 |
| 순소요량 | | | 460 | | 160 | | |
| 계획입고량 | | | 480 | | 180 | | |
| 계획발주량 | | 480 | | 180 | | | |

b. E에 대한 주일정계획

| 주 | | 4 | 5 | 6 |
|---|---|---|---|---|
| 수량 | | | | **70** |

| E LT = 2<br>로트 사이즈: 로트 대 로트 | 기초재고 | 4 | 5 | 6 |
|---|---|---|---|---|
| 총소요량 | | | | 70 |
| 예정입고량 | | | | |
| 예상보유량 | **0** | 0 | 0 | 0 |
| 순소요량 | | | | 70 |
| 계획입고량 | | | | 70 |
| 계획발주량 | | 70 | | |

| B (2) LT = 2<br>로트 사이즈: 120의 배수 | 기초재고 | 4 | 5 | 6 |
|---|---|---|---|---|
| 총소요량 | | 140 | | |
| 예정입고량 | | **120** | | |
| 예상보유량 | **60** | 180 | 40 | 40 |
| 순소요량 | | | | |
| 계획입고량 | | | | |
| 계획발주량 | | | | |

| J (4) and J (3) LT = 1<br>로트사이즈: 30의 배수 | 기초재고 | 4 | 5 | 6 |
|---|---|---|---|---|
| 총소요량 | | 210 | | |
| 예정입고량 | | **210** | **30** | |
| 예상보유량 | **50** | 260 | 80 | 30 |
| 순소요량 | | | | |
| 계획입고량 | | | | |
| 계획발주량 | | | | |

참고:
예정입고량(4주) = 30(원래양) + 180 = 210
원래 보유량(6주): B = 20, J = 50
수정 후 보유량(6주): B = 40, J = 80
**B는 추가보유량이 20개, J는 추가보유량 30개가 있을 것이다.**

6.

주일정계획

| 일 | 기초재고 | 1 | 2 | 3 | 4 | 5 | 6 | 7 |
|---|---|---|---|---|---|---|---|---|
| 수량 | | | | | 100 | 150 | | 200 |

| 테이블 | 기초재고 | 1 | 2 | 3 | 4 | 5 | 6 | 7 |
|---|---|---|---|---|---|---|---|---|
| 총소요량 | | | | | 100 | 150 | | 200 |
| 예정입고량 | | | | | | | | |
| 예상보유량 | | | | | | | | |
| 순소요량 | | | | | 100 | 150 | | 200 |
| 계획입고량 | | | | | 100 | 150 | | 200 |
| 계획발주량 | | | | 100 | 150 | | 200 | |

| 나무조각(2) | 기초재고 | 1 | 2 | 3 | 4 | 5 | 6 | 7 |
|---|---|---|---|---|---|---|---|---|
| 총소요량 | | | | 200 | 300 | | 400 | |
| 예정입고량 | | | 100 | | | | | |
| 예상보유량 | | | 100 | 100 | | | | |
| 순소요량 | | | | 100 | 300 | | 400 | |
| 계획입고량 | | | | 100 | 300 | | 400 | |
| 계획발주량 | | | 400 | | 400 | | | |

| 받침대(3) | 기초재고 | 1 | 2 | 3 | 4 | 5 | 6 | 7 |
|---|---|---|---|---|---|---|---|---|
| 총소요량 | | | | 300 | 450 | | 600 | |
| 예정입고량 | | | | | | | | |
| 예상보유량 | 60 | 60 | 60 | 60 | | | | |
| 순소요량 | | | | 240 | 450 | | 600 | |
| 계획입고량 | | | | 240 | 450 | | 600 | |
| 계획발주량 | | 240 | 450 | 600 | | | | |

| 테이블 다리(4) | 기초재고 | 1 | 2 | 3 | 4 | 5 | 6 | 7 |
|---|---|---|---|---|---|---|---|---|
| 총소요량 | | | | 400 | 600 | | 800 | |
| 예정입고량 | | | | | | | | |
| 예상보유량 | 120 | 120 | 120 | 120 | | | | |
| 순소요량 | | | | 200 | 600 | | 800 | |
| 계획입고량 | | | | 280 | 600 | | 800 | |
| 계획발주량 | | 880 | | 800 | | | | |

**10.** 2주에 하위조립품 G를 160개 주문

**11.** a. E의 주일정계획

| 주 | 1 | 2 | 3 | 4 | 5 | 6 | 7 | 8 |
|---|---|---|---|---|---|---|---|---|
| 수량 | | | | | 120 | | | |

| 품목: E LT = 1주 | | | | | | | | |
|---|---|---|---|---|---|---|---|---|
| 총소요량 | | | | | 120 | | | |
| 예정입고량 | | | | | | | | |
| 예상보유량 | | | | | | | | |
| 순소요량 | | | | | 120 | | | |
| 계획입고량 | | | | | 120 | | | |
| 계획발주량 | | | | 120 | | | | |

| 품목: I(2) LT = 1주 | 1 | 2 | 3 | 4 | 5 | 6 | 7 | 8 |
|---|---|---|---|---|---|---|---|---|
| 총소요량 | | | | 240 | | | | |
| 예정입고량 | | | 40 | | | | | |
| 예상보유량 | | | 40 | 40 | | | | |
| 순소요량 | | | | 200 | | | | |
| 계획입고량 | | | | 200 | | | | |
| 계획발주량 | | | 200 | | | | | |

| 품목: N (4) LT = 2주 | 1 | 2 | 3 | 4 | 5 | 6 | 7 | 8 |
|---|---|---|---|---|---|---|---|---|
| 총소요량 | | | 800 | | | | | |
| 예정입고량 | | | | | | | | |
| 예상보유량 | 100 | 100 | 100 | | | | | |
| 순소요량 | | | 700 | | | | | |
| 계획입고량 | | | 700 | | | | | |
| 계획발주량 | 700 | | | | | | | |

| 품목: V LT = 2주 | 1 | 2 | 3 | 4 | 5 | 6 | 7 | 8 |
|---|---|---|---|---|---|---|---|---|
| 총소요량 | | | 200 | | | | | |
| 예정입고량 | | | 10 | | | | | |
| 예상보유량 | | | | | | | | |
| 순소요량 | | | 190 | | | | | |
| 계획입고량 | | | 190 | | | | | |
| 계획발주량 | 190 | | | | | | | |

**13.** c. 골프카트에 대한 주일정계획

| 주 | 1 | 2 | 3 | 4 | 5 | 6 | 7 | 8 | 9 |
|---|---|---|---|---|---|---|---|---|---|
| 수량 | | | | | | 100 | | 100 | 100 |

| 품목: 골프카트 LT = 1주 | | | | | | | | | |
|---|---|---|---|---|---|---|---|---|---|
| 총소요량 | | | | | | 100 | | 100 | 100 |
| 예정입고량 | | | | | | | | | |
| 예상보유량 | | | | | | | | | |
| 순소요량 | | | | | | 100 | | 100 | 100 |
| 계획입고량 | | | | | | 100 | | 100 | 100 |
| 계획발주량 | | | | | 100 | | 100 | 100 | |

| 품목: Bases LT = 1주 | | | | | | | | | |
|---|---|---|---|---|---|---|---|---|---|
| 총소요량 | | | | | 100 | | 100 | 100 | |
| 예정입고량 | | | | | | | | | |
| 예상보유량 20 | 20 | 20 | 20 | 50 | 100 | 50 | 100 | 50 | |
| 순소요량 | | | | | 0 | | 0 | 50 | |
| 계획입고량 | | | 30 | 50 | 50 | 50 | 50 | 50 | |
| 계획발주량 | | 30 | 50 | 50 | 50 | 50 | 50 | | |

**15.** 노동: 53.3% 106.7% 80% 93.3%
기계: 60% 120% 90% 105%

## 14장 JIT와 린 운영

1. 3
2. 3
3. 3
4. 3주기
5. 2주기

| | 주기 1 | 주기 2 |
|---|---|---|
| A | 11 | 11 |
| B | 6 | 6 |
| C | 2 | 2 |
| D | 9 | 9 |
| E | 4 | 4 |

7. 1.35분
8. 6.50분
9. 4분

## 15장 공급사슬관리

1. 2일 소요화물운송 대안 이용
2. 6일 소요 대안 이용
3. 운송 사업자 A를 이용해서 2일 소요 화물운송 대안 이용

## 16장 일정계획

1. 1-A, 2-B, 3-C, TC = 15
2. 1-B, 2-C, 3-A, TC = 21
3. 1-A, 2-E, 3-D, 4-B, 5-C; or 1-A, 2-D, 3-E, 4-B, 5-C
4. 1-B, 2-C, 3-D, 4-A, TC = 26
5. a. 1-A, 2-B, 3-C, 4-D, 5-E
   b. 1-E, 2-B, 3-C, 4-D, 5-A
6. b.

| | FCFS | SPT | EDD | CR |
|---|---|---|---|---|
| 평균 흐름 시간 . . . . . | 26.5 | 19.75 | 21 | 24.75 |
| 평균 지연 . . . . . | 11 | 6 | 6 | 9.25 |
| 작업장내 평균 작업 수 . . | 2.86 | 2.14 | 2.27 | 2.68 |

7. FCFS: a-b-c-d-e
   SPT: c-b-a-e-d
   EDD: a-b-c-e-d
   CR: a-b-c-e-d (or a-b-e-c-d)

| | FCFS | SPT | EDD | CR |
|---|---|---|---|---|
| 평균 흐름 시간 . . . . . | 17.40 | 14.80 | 16.80 | 16.80 |
| 평균 지연 . . . . . | 5.20 | 5.40 | 4.60 | 4.60 |
| 작업장내 평균 작업 수 . . | 2.72 | 2.31 | 2.63 | 2.63 |

9. B-A-G-E-F-D-C
10. a. e-b-g-h-d-c-a-f
    b. 2시간

**11.** a. B-A-C-E-F-D

**12.** a. b-a-c-d-e
b. 37분
c. 둘 다 15분만큼 감소

**13.** G-A-E-D-B-C-F (or G-E-A-D-B-C-F)

**14.** a, b. 절삭 흐름 시간은 93시간이다. 총 시간은 37시간이다.
c. 절삭 흐름 시간은 107시간이다. 총 시간은 35시간이다.

**15.** a.

| | FCFS | SPT | EDD | CR |
|---|---|---|---|---|
| 평균 흐름 시간 . . . . . | 15.25 | 11.12 | 15.60 | 15.60 |
| 평균 지연 . . . . . | 1.7 | 2.33 | 0.55 | 0.55 |
| 작업장내 평균 작업 수 . . | 3.91 | 2.85 | 4.00 | 4.00 |

c. a-c-b-e-d-f

**16.** b-c-e-a-d

**19.** A-B-C

**20.** C-B-A

**21.** B-C-D-A

## 17장 프로젝트 관리

**1.** a. 1-3-6-9-11-12: 31
b. 1-2-5-7-8-9: 55
c. 1-2-5-12-16: 44

**4.** a.

| 활동 | 이전활동 |
|---|---|
| A | _ |
| B | _ |
| C | A |
| D | A,B |
| E | C |

**5.** a. 요약:

| 활동 | ES | EF | LF | LS | 여유 |
|---|---|---|---|---|---|
| 1-2 . . . . . | 0 | 4 | 11 | 7 | 7 |
| 2-4 . . . . . | 4 | 13 | 21 | 12 | 8 |
| 4-7 . . . . . | 13 | 18 | 26 | 21 | 8 |
| 7-10 . . . . . | 18 | 20 | 28 | 26 | 8 |
| 10-12 . . . . . | 21 | 24 | 31 | 28 | 7 |
| 2-5 . . . . . | 4 | 12 | 19 | 11 | 7 |
| 5-8 . . . . . | 12 | 19 | 26 | 19 | 7 |
| 8-10 . . . . . | 19 | 21 | 28 | 26 | 7 |
| 1-3 . . . . . | 0 | 10 | 10 | 0 | 0 |
| 3-6 . . . . . | 10 | 16 | 16 | 10 | 0 |
| 6-9 . . . . . | 16 | 20 | 20 | 16 | 0 |
| 9-11 . . . . . | 20 | 25 | 25 | 20 | 0 |
| 11-12 . . . . . | 25 | 31 | 31 | 25 | 0 |

b. 요약

| 활동 | ES | EF | LF | LS | 여유 |
|---|---|---|---|---|---|
| 1 . . . . . | 0 | 5 | 5 | 0 | 0 |
| 2 . . . . . | 5 | 23 | 23 | 5 | 0 |
| 3 . . . . . | 5 | 18 | 33 | 20 | 15 |
| 4 . . . . . | 23 | 26 | 40 | 37 | 14 |
| 5 . . . . . | 23 | 33 | 33 | 23 | 0 |
| 6 . . . . . | 33 | 37 | 44 | 40 | 7 |
| 7 . . . . . | 33 | 44 | 44 | 33 | 0 |
| 8 . . . . . | 44 | 53 | 53 | 44 | 0 |
| 9 . . . . . | 53 | 55 | 55 | 53 | 0 |

**6.** 30주

**7.** b. 24일: 0.9686; 21일; 0.2350
c. 24일: 0.9328; 21일: 0.0186
d. 첫날 각각 충돌 활동 F, C, 그리고 G

**8.** a. 0.6881
b. 0.3978
c. 0.0203

**9.** 0.3479

**10.** b. 0.52

**11.** b. 0.030
c. 0.2085

| 경로 | 평균 | 표준편차 |
|---|---|---|
| a-d-e-h . . . . . | 24.34 | 1.354 |
| a-f-g . . . . . | 15.50 | 1.258 |
| b-i-j-k . . . . . | 14.83 | 1.014 |
| c-m-n-o . . . . . | 26.17 | 1.658 |

**12.** 27주: 0.6742; 26주: 0.4099

**14.** 충돌 일정(각 1주): C, C, F, F, E, P

**15.** a. 4주간 충돌: (1) 7-11, (2) 1-2, (3) 7-11 그리고 6-10, (4) 11-13 그리고 4-6

**17.** a. 18.5일
b. 0.67

## 18장 대기행렬의 관리

**1.** a. (1) 0.60 (2) 0.90명 (3) 0.30시간
b. (1) 2.25명 (2) 0.75 (3) 2시간 (4) 0.5625
c. (1) 0.75 (2) 3.429명 (3) 0.107시간

**2.** a. 1.33명
b. 1.5분
c. 2명

**3.** a. 6분
b. 0.25
c. 2.25명

4. a. 아침: 0.375분; 0.45 / 점심: 0.678분; 0.54 / 저녁: 0.635분; 0.44
   b. 아침: 4; 점심: 8; 저녁: 5
5. a. 0.45
   b. 0.229
   c. 0.509시간
   d. 0.28
6. a. 4.444개
   b. 6.67분
   c. 0.711
   d. 6분
   e. 시스템의 용량을 초과할 것이다.
   f. 13.186
7. a. 한 개의 도크
   b. 필요 없음
8. a. 0.952명
   b. 0.228
   c. 0.056시간
   d. 0.60
   e. 두 명
9. a. 0.995명
   b. 2.24일
   c. 19.9%
   d. 0.875명
10. a. 0.437
    b. 0.53대
    c. 1.33대
    d. 40.72개
    e. 3명
11. a. 28.56개
    b. 2명
12. a. 15.9개
    b. 3명
13. a. 경제적이다.
14. a. 0.90
    b. $W_1 = 0.12$시간 / $W_2 = 0.3045$시간 / $W_3 = 2.13$시간
    c. $L_1 = 0.365$명 / $L_2 = 0.914$명 / $L_3 = 6.395$명
15. a. 0.75
    b. $L_1 = 0.643$명 / $L_2 = 1.286$명
18. a. 약 0.0116
    b. 약 0.43

부 록

# B 통계표

A. 0에서 $z$까지 표준정규분포곡선의 면적

B. 표준정규분포곡선의

  1. $-\infty$에서 $-z$까지

  2. $-\infty$에서 $+z$까지

C. 포아송분포의 누적확률

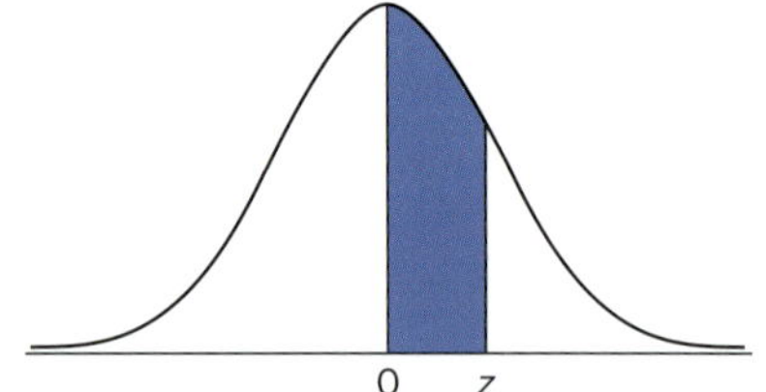


**표 A** 0에서 $z$까지 표준정규분포곡선의 면적

| $z$ | 0.00 | 0.01 | 0.02 | 0.03 | 0.04 | 0.05 | 0.06 | 0.07 | 0.08 | 0.09 |
|---|---|---|---|---|---|---|---|---|---|---|
| 0.0 | 0.0000 | 0.0040 | 0.0080 | 0.0120 | 0.0160 | 0.0199 | 0.0239 | 0.0279 | 0.0319 | 0.0359 |
| 0.1 | 0.0398 | 0.0438 | 0.0478 | 0.0517 | 0.0557 | 0.0596 | 0.0636 | 0.0675 | 0.0714 | 0.0753 |
| 0.2 | 0.0793 | 0.0832 | 0.0871 | 0.0910 | 0.0948 | 0.0987 | 0.1026 | 0.1064 | 0.1103 | 0.1141 |
| 0.3 | 0.1179 | 0.1217 | 0.1255 | 0.1293 | 0.1331 | 0.1368 | 0.1406 | 0.1443 | 0.1480 | 0.1517 |
| 0.4 | 0.1554 | 0.1591 | 0.1628 | 0.1664 | 0.1700 | 0.1736 | 0.1772 | 0.1808 | 0.1844 | 0.1879 |
| 0.5 | 0.1915 | 0.1950 | 0.1985 | 0.2019 | 0.2054 | 0.2088 | 0.2123 | 0.2157 | 0.2190 | 0.2224 |
| 0.6 | 0.2257 | 0.2291 | 0.2324 | 0.2357 | 0.2389 | 0.2422 | 0.2454 | 0.2486 | 0.2517 | 0.2549 |
| 0.7 | 0.2580 | 0.2611 | 0.2642 | 0.2673 | 0.2703 | 0.2734 | 0.2764 | 0.2794 | 0.2823 | 0.2852 |
| 0.8 | 0.2881 | 0.2910 | 0.2939 | 0.2967 | 0.2995 | 0.3023 | 0.3051 | 0.3078 | 0.3106 | 0.3133 |
| 0.9 | 0.3159 | 0.3186 | 0.3212 | 0.3238 | 0.3264 | 0.3289 | 0.3315 | 0.3340 | 0.3365 | 0.3389 |
| 1.0 | 0.3413 | 0.3438 | 0.3461 | 0.3485 | 0.3508 | 0.3531 | 0.3554 | 0.3577 | 0.3599 | 0.3621 |
| 1.1 | 0.3643 | 0.3665 | 0.3686 | 0.3708 | 0.3729 | 0.3749 | 0.3770 | 0.3790 | 0.3810 | 0.3830 |
| 1.2 | 0.3849 | 0.3869 | 0.3888 | 0.3907 | 0.3925 | 0.3944 | 0.3962 | 0.3980 | 0.3997 | 0.4015 |
| 1.3 | 0.4032 | 0.4049 | 0.4066 | 0.4082 | 0.4099 | 0.4115 | 0.4131 | 0.4147 | 0.4162 | 0.4177 |
| 1.4 | 0.4192 | 0.4207 | 0.4222 | 0.4236 | 0.4251 | 0.4265 | 0.4279 | 0.4292 | 0.4306 | 0.4319 |
| 1.5 | 0.4332 | 0.4345 | 0.4357 | 0.4370 | 0.4382 | 0.4394 | 0.4406 | 0.4418 | 0.4429 | 0.4441 |
| 1.6 | 0.4452 | 0.4463 | 0.4474 | 0.4484 | 0.4495 | 0.4505 | 0.4515 | 0.4525 | 0.4535 | 0.4545 |
| 1.7 | 0.4554 | 0.4564 | 0.4573 | 0.4582 | 0.4591 | 0.4599 | 0.4608 | 0.4616 | 0.4625 | 0.4633 |
| 1.8 | 0.4641 | 0.4649 | 0.4656 | 0.4664 | 0.4671 | 0.4678 | 0.4686 | 0.4693 | 0.4699 | 0.4706 |
| 1.9 | 0.4713 | 0.4719 | 0.4726 | 0.4732 | 0.4738 | 0.4744 | 0.4750 | 0.4756 | 0.4761 | 0.4767 |
| 2.0 | 0.4772 | 0.4778 | 0.4783 | 0.4788 | 0.4793 | 0.4798 | 0.4803 | 0.4808 | 0.4812 | 0.4817 |
| 2.1 | 0.4821 | 0.4826 | 0.4830 | 0.4834 | 0.4838 | 0.4842 | 0.4846 | 0.4850 | 0.4854 | 0.4857 |
| 2.2 | 0.4861 | 0.4864 | 0.4868 | 0.4871 | 0.4875 | 0.4878 | 0.4881 | 0.4884 | 0.4887 | 0.4890 |
| 2.3 | 0.4893 | 0.4896 | 0.4898 | 0.4901 | 0.4904 | 0.4906 | 0.4909 | 0.4911 | 0.4913 | 0.4916 |
| 2.4 | 0.4918 | 0.4920 | 0.4922 | 0.4925 | 0.4927 | 0.4929 | 0.4931 | 0.4932 | 0.4934 | 0.4936 |
| 2.5 | 0.4938 | 0.4940 | 0.4941 | 0.4943 | 0.4945 | 0.4946 | 0.4948 | 0.4949 | 0.4951 | 0.4952 |
| 2.6 | 0.4953 | 0.4955 | 0.4956 | 0.4957 | 0.4959 | 0.4960 | 0.4961 | 0.4962 | 0.4963 | 0.4964 |
| 2.7 | 0.4965 | 0.4966 | 0.4967 | 0.4968 | 0.4969 | 0.4970 | 0.4971 | 0.4972 | 0.4973 | 0.4974 |
| 2.8 | 0.4974 | 0.4975 | 0.4976 | 0.4977 | 0.4977 | 0.4978 | 0.4979 | 0.4979 | 0.4980 | 0.4981 |
| 2.9 | 0.4981 | 0.4982 | 0.4982 | 0.4983 | 0.4984 | 0.4984 | 0.4985 | 0.4985 | 0.4986 | 0.4986 |
| 3.0 | 0.4987 | 0.4987 | 0.4987 | 0.4988 | 0.4988 | 0.4989 | 0.4989 | 0.4989 | 0.4990 | 0.4990 |

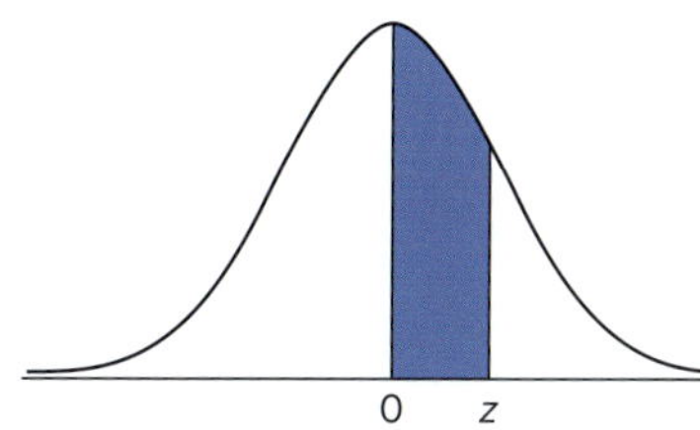


**표 B.1**
−∞에서 −z까지 표준정규분포곡선의 면적

| 0.09 | 0.08 | 0.07 | 0.06 | 0.05 | 0.04 | 0.03 | 0.02 | 0.01 | 0.00 | z |
|---|---|---|---|---|---|---|---|---|---|---|
| 0.0002 | 0.0003 | 0.0003 | 0.0003 | 0.0003 | 0.0003 | 0.0003 | 0.0003 | 0.0003 | 0.0003 | −3.4 |
| 0.0003 | 0.0004 | 0.0004 | 0.0004 | 0.0004 | 0.0004 | 0.0004 | 0.0005 | 0.0005 | 0.0005 | −3.3 |
| 0.0005 | 0.0005 | 0.0005 | 0.0006 | 0.0006 | 0.0006 | 0.0006 | 0.0006 | 0.0007 | 0.0007 | −3.2 |
| 0.0007 | 0.0007 | 0.0008 | 0.0008 | 0.0008 | 0.0008 | 0.0009 | 0.0009 | 0.0009 | 0.0010 | −3.1 |
| 0.0010 | 0.0010 | 0.0011 | 0.0011 | 0.0011 | 0.0012 | 0.0012 | 0.0013 | 0.0013 | 0.0013 | −3.0 |
| 0.0014 | 0.0014 | 0.0015 | 0.0015 | 0.0016 | 0.0016 | 0.0017 | 0.0018 | 0.0018 | 0.0019 | −2.9 |
| 0.0019 | 0.0020 | 0.0021 | 0.0021 | 0.0022 | 0.0023 | 0.0023 | 0.0024 | 0.0025 | 0.0026 | −2.8 |
| 0.0026 | 0.0027 | 0.0028 | 0.0029 | 0.0030 | 0.0031 | 0.0032 | 0.0033 | 0.0034 | 0.0035 | −2.7 |
| 0.0036 | 0.0037 | 0.0038 | 0.0039 | 0.0040 | 0.0041 | 0.0043 | 0.0044 | 0.0045 | 0.0047 | −2.6 |
| 0.0048 | 0.0049 | 0.0051 | 0.0052 | 0.0054 | 0.0055 | 0.0057 | 0.0059 | 0.0060 | 0.0062 | −2.5 |
| 0.0064 | 0.0066 | 0.0068 | 0.0069 | 0.0071 | 0.0073 | 0.0075 | 0.0078 | 0.0080 | 0.0082 | −2.4 |
| 0.0084 | 0.0087 | 0.0089 | 0.0091 | 0.0094 | 0.0096 | 0.0099 | 0.0102 | 0.0104 | 0.0107 | −2.3 |
| 0.0110 | 0.0113 | 0.0116 | 0.0119 | 0.0122 | 0.0125 | 0.0129 | 0.0132 | 0.0136 | 0.0139 | −2.2 |
| 0.0143 | 0.0146 | 0.0150 | 0.0154 | 0.0158 | 0.0162 | 0.0166 | 0.0170 | 0.0174 | 0.0179 | −2.1 |
| 0.0183 | 0.0188 | 0.0192 | 0.0197 | 0.0202 | 0.0207 | 0.0212 | 0.0217 | 0.0222 | 0.0228 | −2.0 |
| 0.0233 | 0.0239 | 0.0244 | 0.0250 | 0.0256 | 0.0262 | 0.0268 | 0.0274 | 0.0281 | 0.0287 | −1.9 |
| 0.0294 | 0.0301 | 0.0307 | 0.0314 | 0.0322 | 0.0329 | 0.0336 | 0.0344 | 0.0351 | 0.0359 | −1.8 |
| 0.0367 | 0.0375 | 0.0384 | 0.0392 | 0.0401 | 0.0409 | 0.0418 | 0.0427 | 0.0436 | 0.0446 | −1.7 |
| 0.0455 | 0.0465 | 0.0475 | 0.0485 | 0.0495 | 0.0505 | 0.0516 | 0.0526 | 0.0537 | 0.0548 | −1.6 |
| 0.0559 | 0.0571 | 0.0582 | 0.0594 | 0.0606 | 0.0618 | 0.0630 | 0.0643 | 0.0655 | 0.0668 | −1.5 |
| 0.0681 | 0.0694 | 0.0708 | 0.0721 | 0.0735 | 0.0749 | 0.0764 | 0.0778 | 0.0793 | 0.0808 | −1.4 |
| 0.0823 | 0.0838 | 0.0853 | 0.0869 | 0.0885 | 0.0901 | 0.0918 | 0.0934 | 0.0951 | 0.0968 | −1.3 |
| 0.0985 | 0.1003 | 0.1020 | 0.1038 | 0.1056 | 0.1075 | 0.1093 | 0.1112 | 0.1131 | 0.1151 | −1.2 |
| 0.1170 | 0.1190 | 0.1210 | 0.1230 | 0.1251 | 0.1271 | 0.1292 | 0.1314 | 0.1335 | 0.1357 | −1.1 |
| 0.1379 | 0.1401 | 0.1423 | 0.1446 | 0.1469 | 0.1492 | 0.1515 | 0.1539 | 0.1562 | 0.1587 | −1.0 |
| 0.1611 | 0.1635 | 0.1660 | 0.1685 | 0.1711 | 0.1736 | 0.1762 | 0.1788 | 0.1814 | 0.1841 | −0.9 |
| 0.1867 | 0.1894 | 0.1922 | 0.1949 | 0.1977 | 0.2005 | 0.2033 | 0.2061 | 0.2090 | 0.2119 | −0.8 |
| 0.2148 | 0.2177 | 0.2206 | 0.2236 | 0.2266 | 0.2296 | 0.2327 | 0.2358 | 0.2389 | 0.2420 | −0.7 |
| 0.2451 | 0.2483 | 0.2514 | 0.2546 | 0.2578 | 0.2611 | 0.2643 | 0.2676 | 0.2709 | 0.2743 | −0.6 |
| 0.2776 | 0.2810 | 0.2843 | 0.2877 | 0.2912 | 0.2946 | 0.2981 | 0.3015 | 0.3050 | 0.3085 | −0.5 |
| 0.3121 | 0.3156 | 0.3192 | 0.3228 | 0.3264 | 0.3300 | 0.3336 | 0.3372 | 0.3409 | 0.3446 | −0.4 |
| 0.3483 | 0.3520 | 0.3557 | 0.3594 | 0.3632 | 0.3669 | 0.3707 | 0.3745 | 0.3783 | 0.3821 | −0.3 |
| 0.3859 | 0.3897 | 0.3936 | 0.3974 | 0.4013 | 0.4052 | 0.4090 | 0.4129 | 0.4168 | 0.4207 | −0.2 |
| 0.4247 | 0.4286 | 0.4325 | 0.4364 | 0.4404 | 0.4443 | 0.4483 | 0.4522 | 0.4562 | 0.4602 | −0.1 |
| 0.4641 | 0.4681 | 0.4721 | 0.4761 | 0.4801 | 0.4840 | 0.4880 | 0.4920 | 0.4960 | 0.5000 | −0.0 |

**표 B.2**
−∞에서 +$z$까지 표준정규분포곡선의 면적

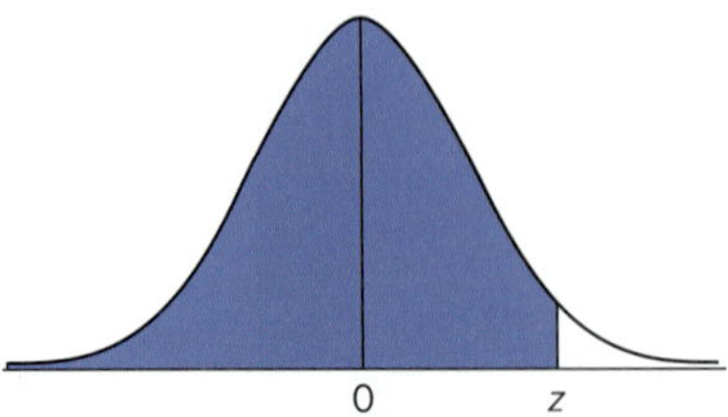


| $z$ | 0.00 | 0.01 | 0.02 | 0.03 | 0.04 | 0.05 | 0.06 | 0.07 | 0.08 | 0.09 |
|---|---|---|---|---|---|---|---|---|---|---|
| 0.0 | 0.5000 | 0.5040 | 0.5080 | 0.5120 | 0.5160 | 0.5199 | 0.5239 | 0.5279 | 0.5319 | 0.5359 |
| 0.1 | 0.5398 | 0.5438 | 0.5478 | 0.5517 | 0.5557 | 0.5596 | 0.5636 | 0.5675 | 0.5714 | 0.5753 |
| 0.2 | 0.5793 | 0.5832 | 0.5871 | 0.5910 | 0.5948 | 0.5987 | 0.6026 | 0.6064 | 0.6103 | 0.6141 |
| 0.3 | 0.6179 | 0.6217 | 0.6255 | 0.6293 | 0.6331 | 0.6368 | 0.6406 | 0.6443 | 0.6480 | 0.6517 |
| 0.4 | 0.6554 | 0.6591 | 0.6628 | 0.6664 | 0.6700 | 0.6736 | 0.6772 | 0.6808 | 0.6844 | 0.6879 |
| 0.5 | 0.6915 | 0.6950 | 0.6985 | 0.7019 | 0.7054 | 0.7088 | 0.7123 | 0.7157 | 0.7190 | 0.7224 |
| 0.6 | 0.7257 | 0.7291 | 0.7324 | 0.7357 | 0.7389 | 0.7422 | 0.7454 | 0.7486 | 0.7517 | 0.7549 |
| 0.7 | 0.7580 | 0.7611 | 0.7642 | 0.7673 | 0.7703 | 0.7734 | 0.7764 | 0.7794 | 0.7823 | 0.7852 |
| 0.8 | 0.7881 | 0.7910 | 0.7939 | 0.7967 | 0.7995 | 0.8023 | 0.8051 | 0.8078 | 0.8106 | 0.8133 |
| 0.9 | 0.8159 | 0.8186 | 0.8212 | 0.8238 | 0.8264 | 0.8289 | 0.8315 | 0.8340 | 0.8365 | 0.8389 |
| 1.0 | 0.8413 | 0.8438 | 0.8461 | 0.8485 | 0.8508 | 0.8531 | 0.8554 | 0.8577 | 0.8599 | 0.8621 |
| 1.1 | 0.8643 | 0.8665 | 0.8686 | 0.8708 | 0.8729 | 0.8749 | 0.8770 | 0.8790 | 0.8810 | 0.8830 |
| 1.2 | 0.8849 | 0.8869 | 0.8888 | 0.8907 | 0.8925 | 0.8944 | 0.8962 | 0.8980 | 0.8997 | 0.9015 |
| 1.3 | 0.9032 | 0.9049 | 0.9066 | 0.9082 | 0.9099 | 0.9115 | 0.9131 | 0.9147 | 0.9162 | 0.9177 |
| 1.4 | 0.9192 | 0.9207 | 0.9222 | 0.9236 | 0.9251 | 0.9265 | 0.9279 | 0.9292 | 0.9306 | 0.9319 |
| 1.5 | 0.9332 | 0.9345 | 0.9357 | 0.9370 | 0.9382 | 0.9394 | 0.9406 | 0.9418 | 0.9429 | 0.9441 |
| 1.6 | 0.9452 | 0.9463 | 0.9474 | 0.9484 | 0.9495 | 0.9505 | 0.9515 | 0.9525 | 0.9535 | 0.9545 |
| 1.7 | 0.9554 | 0.9564 | 0.9573 | 0.9582 | 0.9591 | 0.9599 | 0.9608 | 0.9616 | 0.9625 | 0.9633 |
| 1.8 | 0.9641 | 0.9649 | 0.9656 | 0.9664 | 0.9671 | 0.9678 | 0.9686 | 0.9693 | 0.9699 | 0.9706 |
| 1.9 | 0.9713 | 0.9719 | 0.9726 | 0.9732 | 0.9738 | 0.9744 | 0.9750 | 0.9756 | 0.9761 | 0.9767 |
| 2.0 | 0.9772 | 0.9778 | 0.9783 | 0.9788 | 0.9793 | 0.9798 | 0.9803 | 0.9808 | 0.9812 | 0.9817 |
| 2.1 | 0.9821 | 0.9826 | 0.9830 | 0.9834 | 0.9838 | 0.9842 | 0.9846 | 0.9850 | 0.9854 | 0.9857 |
| 2.2 | 0.9861 | 0.9864 | 0.9868 | 0.9871 | 0.9875 | 0.9878 | 0.9881 | 0.9884 | 0.9887 | 0.9890 |
| 2.3 | 0.9893 | 0.9896 | 0.9898 | 0.9901 | 0.9904 | 0.9906 | 0.9909 | 0.9911 | 0.9913 | 0.9916 |
| 2.4 | 0.9918 | 0.9920 | 0.9922 | 0.9925 | 0.9927 | 0.9929 | 0.9931 | 0.9932 | 0.9934 | 0.9936 |
| 2.5 | 0.9938 | 0.9940 | 0.9941 | 0.9943 | 0.9945 | 0.9946 | 0.9948 | 0.9949 | 0.9951 | 0.9952 |
| 2.6 | 0.9953 | 0.9955 | 0.9956 | 0.9957 | 0.9959 | 0.9960 | 0.9961 | 0.9962 | 0.9963 | 0.9964 |
| 2.7 | 0.9965 | 0.9966 | 0.9967 | 0.9968 | 0.9969 | 0.9970 | 0.9971 | 0.9972 | 0.9973 | 0.9974 |
| 2.8 | 0.9974 | 0.9975 | 0.9976 | 0.9977 | 0.9977 | 0.9978 | 0.9979 | 0.9979 | 0.9980 | 0.9981 |
| 2.9 | 0.9981 | 0.9982 | 0.9982 | 0.9983 | 0.9984 | 0.9984 | 0.9985 | 0.9985 | 0.9986 | 0.9986 |
| 3.0 | 0.9987 | 0.9987 | 0.9987 | 0.9988 | 0.9988 | 0.9989 | 0.9989 | 0.9989 | 0.9990 | 0.9990 |
| 3.1 | 0.9990 | 0.9991 | 0.9991 | 0.9991 | 0.9992 | 0.9992 | 0.9992 | 0.9992 | 0.9993 | 0.9993 |
| 3.2 | 0.9993 | 0.9993 | 0.9994 | 0.9994 | 0.9994 | 0.9994 | 0.9994 | 0.9995 | 0.9995 | 0.9995 |
| 3.3 | 0.9995 | 0.9995 | 0.9995 | 0.9996 | 0.9996 | 0.9996 | 0.9996 | 0.9996 | 0.9996 | 0.9997 |
| 3.4 | 0.9997 | 0.9997 | 0.9997 | 0.9997 | 0.9997 | 0.9997 | 0.9997 | 0.9997 | 0.9997 | 0.9998 |

**표 C**
포아송분포의 누적확률

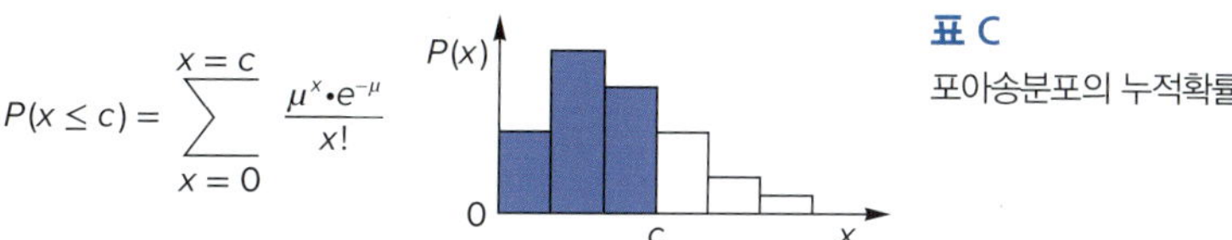


| μ\x | 0 | 1 | 2 | 3 | 4 | 5 | 6 | 7 | 8 | 9 |
|---|---|---|---|---|---|---|---|---|---|---|
| 0.05 | 0.951 | 0.999 | 1.000 | | | | | | | |
| 0.10 | 0.905 | 0.995 | 1.000 | | | | | | | |
| 0.15 | 0.861 | 0.990 | 0.999 | 1.000 | | | | | | |
| 0.20 | 0.819 | 0.982 | 0.999 | 1.000 | | | | | | |
| 0.25 | 0.779 | 0.974 | 0.998 | 1.000 | | | | | | |
| 0.30 | 0.741 | 0.963 | 0.996 | 1.000 | | | | | | |
| 0.35 | 0.705 | 0.951 | 0.994 | 1.000 | | | | | | |
| 0.40 | 0.670 | 0.938 | 0.992 | 0.999 | 1.000 | | | | | |
| 0.45 | 0.638 | 0.925 | 0.989 | 0.999 | 1.000 | | | | | |
| 0.50 | 0.607 | 0.910 | 0.986 | 0.998 | 1.000 | | | | | |
| 0.55 | 0.577 | 0.894 | 0.982 | 0.998 | 1.000 | | | | | |
| 0.60 | 0.549 | 0.878 | 0.977 | 0.997 | 1.000 | | | | | |
| 0.65 | 0.522 | 0.861 | 0.972 | 0.996 | 0.999 | 1.000 | | | | |
| 0.70 | 0.497 | 0.844 | 0.966 | 0.994 | 0.999 | 1.000 | | | | |
| 0.75 | 0.472 | 0.827 | 0.960 | 0.993 | 0.999 | 1.000 | | | | |
| 0.80 | 0.449 | 0.809 | 0.953 | 0.991 | 0.999 | 1.000 | | | | |
| 0.85 | 0.427 | 0.791 | 0.945 | 0.989 | 0.998 | 1.000 | | | | |
| 0.90 | 0.407 | 0.772 | 0.937 | 0.987 | 0.998 | 1.000 | | | | |
| 0.95 | 0.387 | 0.754 | 0.929 | 0.984 | 0.997 | 1.000 | | | | |
| 1.0 | 0.368 | 0.736 | 0.920 | 0.981 | 0.996 | 0.999 | 1.000 | | | |
| 1.1 | 0.333 | 0.699 | 0.900 | 0.974 | 0.995 | 0.999 | 1.000 | | | |
| 1.2 | 0.301 | 0.663 | 0.880 | 0.966 | 0.992 | 0.998 | 1.000 | | | |
| 1.3 | 0.273 | 0.627 | 0.857 | 0.957 | 0.989 | 0.998 | 1.000 | | | |
| 1.4 | 0.247 | 0.592 | 0.833 | 0.946 | 0.986 | 0.997 | 0.999 | 1.000 | | |
| 1.5 | 0.223 | 0.558 | 0.809 | 0.934 | 0.981 | 0.996 | 0.999 | 1.000 | | |
| 1.6 | 0.202 | 0.525 | 0.783 | 0.921 | 0.976 | 0.994 | 0.999 | 1.000 | | |
| 1.7 | 0.183 | 0.493 | 0.757 | 0.907 | 0.970 | 0.992 | 0.998 | 1.000 | | |
| 1.8 | 0.165 | 0.463 | 0.731 | 0.891 | 0.964 | 0.990 | 0.997 | 0.999 | 1.000 | |
| 1.9 | 0.150 | 0.434 | 0.704 | 0.875 | 0.956 | 0.987 | 0.997 | 0.999 | 1.000 | |
| 2.0 | 0.135 | 0.406 | 0.677 | 0.857 | 0.947 | 0.983 | 0.995 | 0.999 | 1.000 | |
| 2.2 | 0.111 | 0.355 | 0.623 | 0.819 | 0.928 | 0.975 | 0.993 | 0.998 | 1.000 | |
| 2.4 | 0.091 | 0.308 | 0.570 | 0.779 | 0.904 | 0.964 | 0.988 | 0.997 | 0.999 | 1.000 |
| 2.6 | 0.074 | 0.267 | 0.518 | 0.736 | 0.877 | 0.951 | 0.983 | 0.995 | 0.999 | 1.000 |
| 2.8 | 0.061 | 0.231 | 0.470 | 0.692 | 0.848 | 0.935 | 0.976 | 0.992 | 0.998 | 0.999 |

**표 C** 포아송분포의 누적확률(계속)

| $\mu \backslash x$ | 0 | 1 | 2 | 3 | 4 | 5 | 6 | 7 | 8 | 9 | 10 | 11 | 12 | 13 | 14 | 15 | 16 | 17 | 18 | 19 | 20 |
|---|---|---|---|---|---|---|---|---|---|---|---|---|---|---|---|---|---|---|---|---|---|
| 3.0 | 0.050 | 0.199 | 0.423 | 0.647 | 0.815 | 0.916 | 0.966 | 0.988 | 0.996 | 0.999 | 1.000 | | | | | | | | | | |
| 3.2 | 0.041 | 0.171 | 0.380 | 0.603 | 0.781 | 0.895 | 0.955 | 0.983 | 0.994 | 0.998 | 1.000 | | | | | | | | | | |
| 3.4 | 0.033 | 0.147 | 0.340 | 0.558 | 0.744 | 0.871 | 0.942 | 0.977 | 0.992 | 0.997 | 0.999 | 1.000 | | | | | | | | | |
| 3.6 | 0.027 | 0.126 | 0.303 | 0.515 | 0.706 | 0.844 | 0.927 | 0.969 | 0.988 | 0.996 | 0.999 | 1.000 | | | | | | | | | |
| 3.8 | 0.022 | 0.107 | 0.269 | 0.474 | 0.668 | 0.816 | 0.909 | 0.960 | 0.984 | 0.994 | 0.998 | 0.999 | 1.000 | | | | | | | | |
| 4.0 | 0.018 | 0.092 | 0.238 | 0.433 | 0.629 | 0.785 | 0.889 | 0.949 | 0.979 | 0.992 | 0.997 | 0.999 | 1.000 | | | | | | | | |
| 4.2 | 0.015 | 0.078 | 0.210 | 0.395 | 0.590 | 0.753 | 0.868 | 0.936 | 0.972 | 0.989 | 0.996 | 0.999 | 1.000 | | | | | | | | |
| 4.4 | 0.012 | 0.066 | 0.185 | 0.359 | 0.551 | 0.720 | 0.844 | 0.921 | 0.964 | 0.985 | 0.994 | 0.998 | 0.999 | 1.000 | | | | | | | |
| 4.6 | 0.010 | 0.056 | 0.163 | 0.326 | 0.513 | 0.686 | 0.818 | 0.905 | 0.955 | 0.980 | 0.992 | 0.997 | 0.999 | 1.000 | | | | | | | |
| 4.8 | 0.008 | 0.048 | 0.143 | 0.294 | 0.476 | 0.651 | 0.791 | 0.887 | 0.944 | 0.975 | 0.990 | 0.996 | 0.999 | 1.000 | | | | | | | |
| 5.0 | 0.007 | 0.040 | 0.125 | 0.265 | 0.441 | 0.616 | 0.762 | 0.867 | 0.932 | 0.968 | 0.986 | 0.995 | 0.998 | 0.999 | 1.000 | | | | | | |
| 5.2 | 0.006 | 0.034 | 0.109 | 0.238 | 0.406 | 0.581 | 0.732 | 0.845 | 0.918 | 0.960 | 0.982 | 0.993 | 0.997 | 0.999 | 1.000 | | | | | | |
| 5.4 | 0.005 | 0.029 | 0.095 | 0.213 | 0.373 | 0.546 | 0.702 | 0.822 | 0.903 | 0.951 | 0.978 | 0.990 | 0.996 | 0.999 | 1.000 | | | | | | |
| 5.6 | 0.004 | 0.024 | 0.082 | 0.191 | 0.342 | 0.512 | 0.670 | 0.797 | 0.886 | 0.941 | 0.972 | 0.988 | 0.995 | 0.998 | 0.999 | 1.000 | | | | | |
| 5.8 | 0.003 | 0.021 | 0.072 | 0.170 | 0.313 | 0.478 | 0.638 | 0.771 | 0.867 | 0.929 | 0.965 | 0.984 | 0.993 | 0.997 | 0.999 | 1.000 | | | | | |
| 6.0 | 0.003 | 0.017 | 0.062 | 0.151 | 0.285 | 0.446 | 0.606 | 0.744 | 0.847 | 0.916 | 0.957 | 0.980 | 0.991 | 0.996 | 0.999 | 0.999 | 1.000 | | | | |
| 6.2 | 0.002 | 0.015 | 0.054 | 0.134 | 0.259 | 0.414 | 0.574 | 0.716 | 0.826 | 0.902 | 0.949 | 0.975 | 0.989 | 0.995 | 0.998 | 0.999 | 1.000 | | | | |
| 6.4 | 0.002 | 0.012 | 0.046 | 0.119 | 0.235 | 0.384 | 0.542 | 0.687 | 0.803 | 0.886 | 0.939 | 0.969 | 0.986 | 0.994 | 0.997 | 0.999 | 1.000 | | | | |
| 6.6 | 0.001 | 0.010 | 0.040 | 0.105 | 0.213 | 0.355 | 0.511 | 0.658 | 0.780 | 0.869 | 0.927 | 0.963 | 0.982 | 0.992 | 0.997 | 0.999 | 0.999 | 1.000 | | | |
| 6.8 | 0.001 | 0.009 | 0.034 | 0.093 | 0.192 | 0.327 | 0.480 | 0.628 | 0.755 | 0.850 | 0.915 | 0.955 | 0.978 | 0.990 | 0.996 | 0.998 | 0.999 | 1.000 | | | |
| 7.0 | 0.001 | 0.007 | 0.030 | 0.082 | 0.173 | 0.301 | 0.450 | 0.599 | 0.729 | 0.830 | 0.901 | 0.947 | 0.973 | 0.987 | 0.994 | 0.998 | 0.999 | 1.000 | | | |
| 7.2 | 0.001 | 0.006 | 0.025 | 0.072 | 0.156 | 0.276 | 0.420 | 0.569 | 0.703 | 0.810 | 0.887 | 0.937 | 0.967 | 0.984 | 0.993 | 0.997 | 0.999 | 0.999 | 1.000 | | |
| 7.4 | 0.001 | 0.005 | 0.022 | 0.063 | 0.140 | 0.253 | 0.392 | 0.539 | 0.676 | 0.788 | 0.871 | 0.926 | 0.961 | 0.980 | 0.991 | 0.996 | 0.998 | 0.999 | 1.000 | | |
| 7.6 | 0.001 | 0.004 | 0.019 | 0.055 | 0.125 | 0.231 | 0.365 | 0.510 | 0.648 | 0.765 | 0.854 | 0.915 | 0.954 | 0.976 | 0.989 | 0.995 | 0.998 | 0.999 | 1.000 | | |
| 7.8 | 0.000 | 0.004 | 0.016 | 0.048 | 0.112 | 0.210 | 0.338 | 0.481 | 0.620 | 0.741 | 0.835 | 0.902 | 0.945 | 0.971 | 0.986 | 0.993 | 0.997 | 0.999 | 1.000 | | |
| 8.0 | 0.000 | 0.003 | 0.014 | 0.042 | 0.100 | 0.191 | 0.313 | 0.453 | 0.593 | 0.717 | 0.816 | 0.888 | 0.936 | 0.966 | 0.983 | 0.992 | 0.996 | 0.998 | 0.999 | 1.000 | |
| 8.2 | 0.000 | 0.003 | 0.012 | 0.037 | 0.089 | 0.174 | 0.290 | 0.425 | 0.566 | 0.692 | 0.796 | 0.873 | 0.926 | 0.960 | 0.979 | 0.990 | 0.995 | 0.998 | 0.999 | 1.000 | |
| 8.4 | 0.000 | 0.002 | 0.010 | 0.032 | 0.079 | 0.157 | 0.267 | 0.400 | 0.537 | 0.666 | 0.774 | 0.857 | 0.915 | 0.952 | 0.975 | 0.987 | 0.994 | 0.997 | 0.999 | 1.000 | |
| 8.6 | 0.000 | 0.002 | 0.009 | 0.030 | 0.070 | 0.142 | 0.246 | 0.373 | 0.509 | 0.640 | 0.752 | 0.849 | 0.909 | 0.949 | 0.973 | 0.986 | 0.993 | 0.997 | 0.999 | 1.000 | |
| 8.8 | 0.000 | 0.002 | 0.007 | 0.024 | 0.062 | 0.128 | 0.226 | 0.348 | 0.482 | 0.614 | 0.729 | 0.822 | 0.889 | 0.935 | 0.964 | 0.981 | 0.990 | 0.995 | 0.998 | 0.999 | 1.000 |
| 9.0 | 0.000 | 0.001 | 0.006 | 0.021 | 0.055 | 0.116 | 0.207 | 0.324 | 0.456 | 0.587 | 0.706 | 0.803 | 0.876 | 0.926 | 0.959 | 0.978 | 0.989 | 0.995 | 0.998 | 0.999 | 1.000 |
| 9.5 | 0.000 | 0.001 | 0.004 | 0.015 | 0.040 | 0.089 | 0.165 | 0.269 | 0.392 | 0.522 | 0.645 | 0.752 | 0.836 | 0.898 | 0.940 | 0.967 | 0.982 | 0.991 | 0.996 | 0.998 | 0.999 |

부 록

# C 정규분포

정규분포는 실생활의 많은 현상을 설명할 수 있는 이론적인 분포이다. 정규분포는 운영관리를 포함한 많은 과목에 폭넓게 사용되고 있다. 즉, 정규분포를 활용 능력은 학생들이 운영관리를 이해하는 데 큰 도움이 된다.

정규분포 곡선은 그림 C.1에 있는 것처럼 대칭적이고, 종 형태(bell-shaped)이다. 비록 이론적으로 $-\infty$에서 $+\infty$의 정의역을 갖지만, 대부분의 값들은 평균에 몰려 있기 때문에, 정규적으로 분포된 변수들의 값은 상대적으로 정규분포의 평균에 몰려 있다.

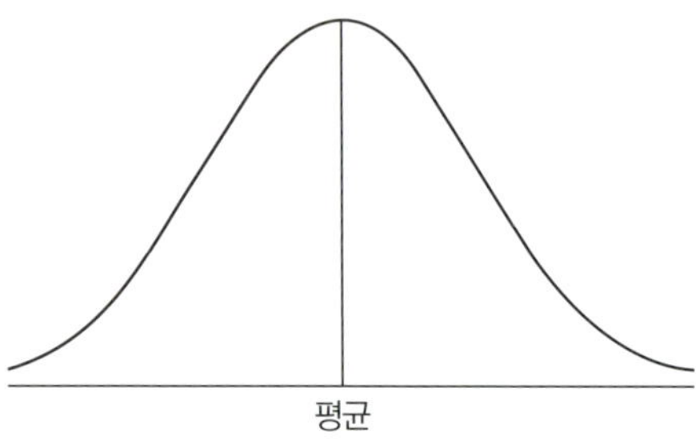


**표 C.1** 정규분포

## z값

$z$값은 평균으로부터 몇 배의 표준편차만큼 떨어지는지를 의미하는 정규분포확률변수 값이다. 이것을 $z$스코어라고 부른다. 그림 C.2에, 평균이 0이고 표준편차가 1인 특정 $z$의 정규분포가 있다. 이 분포를 표준정규분포라고 한다. 평균의 왼쪽에 있는 $z$값은 음수임을 주의하라. 그래서 –1.25의 $z$값은 표준정규분포평균에서 왼쪽으로 1.25만큼 떨어진 것을 의미한다.

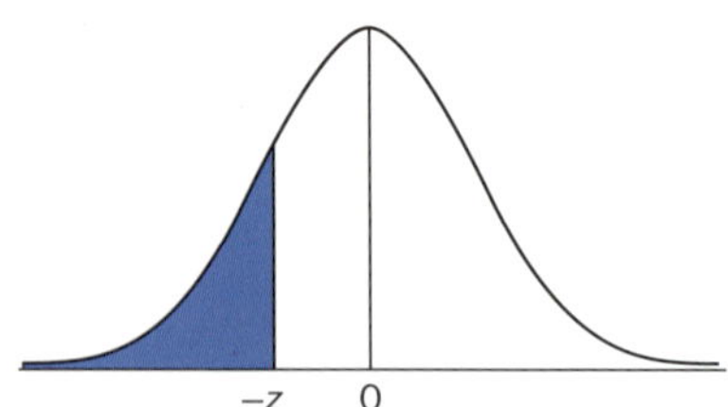


**표 C.1** 특정 $z$값의 표준정규분포

정규분포를 따르는 확률변수는 다룰 때, 실제 확률변수 값을 $z$값으로 변환하는 것이 필요한 경우가 있다. 아래의 산식으로 $z$값은 구할 수 있다.

$$z = \frac{x - \mu}{\sigma}$$

단, $x$: 실제 확률변수 값
$\mu$: 정규분포의 평균
$\sigma$: 정규분포의 표준편차

**예제 1**

평균이 20이고 표준편차가 2인 정규분포를 따르는 확률변수 값이 17.5일 때, 이 값의 $z$값을 구하라

**풀이**

$x = 17.5$
$\mu = 20$
$\sigma = 2$
아래와 같이 $z$값을 구할 수 있다.

$$z = \frac{x - \mu}{\sigma}$$

$$z = \frac{17.5 - 20}{2} = -1.25$$

## $z$값과 확률

$z$값이 알려져 있다면, 정규분포표를 이용하여 $z$값보다 크거나 혹은 작은 확률을 포함한 다양한 확률을 구할 수 있다. 참고로, 발생할 수 있는 값들은 무한히 많기 때문에 *정확히* 특정한 값이 발생하는 확률은 0이다. 또한, $-z$에서 $+z$사이의 값이 발생하는 확률도 구할 수 있다. 두 경우가 그림 C.3에 제시되었다. 곡선 아래 총면적은 확률 100%을 의미하여, −2에서 +2의 범위 안에 값이 발생하는 확률은 0.9544이고, −2에서 +2의 범위 밖에 값이 발생하는 확률은 0.0456 (1 − 0.9544)이 된다.

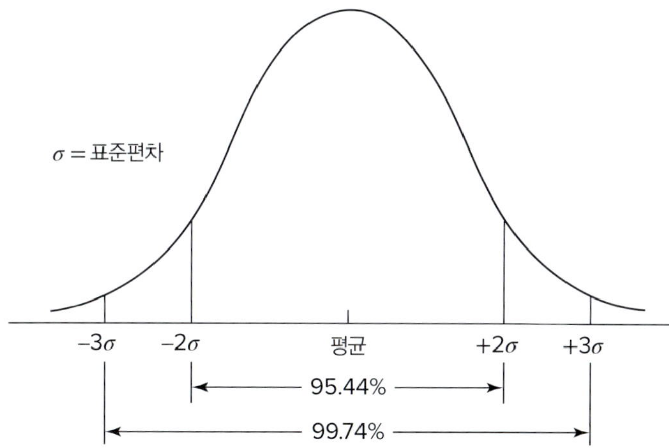


**표 C.3** $z$값이 $\pm 2\sigma$와 $\pm 3\sigma$일 때, 정규분포 곡선의 면적

## 정규분포표

정규분포를 활용하는 것은 사실상 정규분포표를 갖고 작업하는 것이다. 정규분포표와 $z$값을 이용하여 확률을 간단히 구할 수 있다. 이 책에서 두 가지 버전의 정규분포표가 있다. 부록 B의 표 A에는 0에서 특정 $z$값(최대 +3.09) 사이에 값이 발생하는 확률이 있다(해당 페이지 위쪽의 그림을 참고). 두 번째 버전의 정규분포표 B1과 B2는 부록 B에 있다. 이 표에는 $-\infty$에서 특정 $z$값(최대 +3.49) 사이에 값이 발생하는 확률이 있다. 두 정

규분포표의 첫 번째 열의 값은 $z$값의 정수부분과 첫 번째 소수점 부분을, 첫 번째 행의 값은 $z$값의 두 번째 소수점 부분을 의미한다.

**예제 2**

부록 B의 표 B.2를 이용하여, $-\infty$에서 $z = 1.12$ 사이에 값이 발생할 확률을 구하라.

**풀이**

$z = 1.12$는 1.1과 0.02로 분리할 수 있다. 첫 번째 값을 1.1을 갖는 행과 첫 번째 값을 0.02를 갖는 열이 교차하는 지점에 있는 값이 확률이 된다. 즉, .8686이다.

| $z$ | 0.00 | 0.01 | 0.02 | 0.03 | 0.04 | 0.05 | 0.06 | 0.07 | 0.08 | 0.09 |
|---|---|---|---|---|---|---|---|---|---|---|
| 0.0 | 0.5000 | 0.5040 | 0.5080 | 0.5120 | 0.5160 | 0.5199 | 0.5239 | 0.5279 | 0.5319 | 0.5359 |
| 0.1 | 0.5398 | 0.5438 | 0.5478 | 0.5517 | 0.5557 | 0.5596 | 0.5636 | 0.5675 | 0.5714 | 0.5753 |
| 0.2 | 0.5793 | 0.5832 | 0.5871 | 0.5910 | 0.5948 | 0.5987 | 0.6026 | 0.6064 | 0.6103 | 0.6141 |
| 0.3 | 0.6179 | 0.6217 | 0.6255 | 0.6293 | 0.6331 | 0.6368 | 0.6406 | 0.6443 | 0.6480 | 0.6517 |
| 0.4 | 0.6554 | 0.6591 | 0.6628 | 0.6664 | 0.6700 | 0.6736 | 0.6772 | 0.6808 | 0.6844 | 0.6879 |
| 0.5 | 0.6915 | 0.6950 | 0.6985 | 0.7019 | 0.7054 | 0.7088 | 0.7123 | 0.7157 | 0.7190 | 0.7224 |
| 0.6 | 0.7257 | 0.7291 | 0.7324 | 0.7357 | 0.7389 | 0.7422 | 0.7454 | 0.7486 | 0.7517 | 0.7549 |
| 0.7 | 0.7580 | 0.7611 | 0.7642 | 0.7673 | 0.7703 | 0.7734 | 0.7764 | 0.7794 | 0.7823 | 0.7852 |
| 0.8 | 0.7881 | 0.7910 | 0.7939 | 0.7967 | 0.7995 | 0.8023 | 0.8051 | 0.8078 | 0.8106 | 0.8133 |
| 0.9 | 0.8159 | 0.8186 | 0.8212 | 0.8238 | 0.8264 | 0.8289 | 0.8315 | 0.8340 | 0.8365 | 0.8389 |
| 1.0 | 0.8413 | 0.8438 | 0.8461 | 0.8485 | 0.8508 | 0.8531 | 0.8554 | 0.8577 | 0.8599 | 0.8621 |
| 1.1 | 0.8643 | 0.8665 | 0.8686 | 0.8708 | 0.8729 | 0.8749 | 0.8770 | 0.8790 | 0.8810 | 0.8830 |
| 1.2 | 0.8849 | 0.8869 | 0.8888 | 0.8907 | 0.8925 | 0.8944 | 0.8962 | 0.8980 | 0.8997 | 0.9015 |
| 1.3 | 0.9032 | 0.9049 | 0.9066 | 0.9082 | 0.9099 | 0.9115 | 0.9131 | 0.9147 | 0.9162 | 0.9177 |
| 1.4 | 0.9192 | 0.9207 | 0.9222 | 0.9236 | 0.9251 | 0.9265 | 0.9279 | 0.9292 | 0.9306 | 0.9319 |

*주의*: 쉬운 접근성을 위해 책의 맨 끝장에도 두 개의 정규분포표를 배치하였다. 한 표는 부록 B의 표 A이고, 다른 표는 부록 B의 표 B.2이다. 음의 값을 갖는 $z$의 확률을 구하기 위해서는 부록 B의 표 B.1를 참고하라.

### 값이 $-z$와 $+z$ 사이 혹은 밖에 발생할 확률을 구하는 법

부록 B의 표 A를 이용하여 구할 수 있다.

**예제 3**

정규분포에서 평균을 기준으로 왼쪽과 오른쪽으로 표준편차의 두 배만큼 떨어진 두 지점 *사이*의 면적을 구하라.

**풀이**

문제에서 요구하는 것은 아래 칠한 부분의 면적이다:

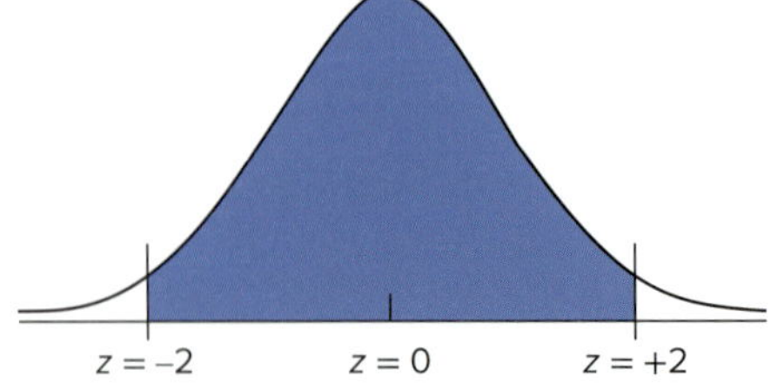

부록 B의 표 A를 이용하여 오른쪽 부분의 면적을 구할 수 있다.

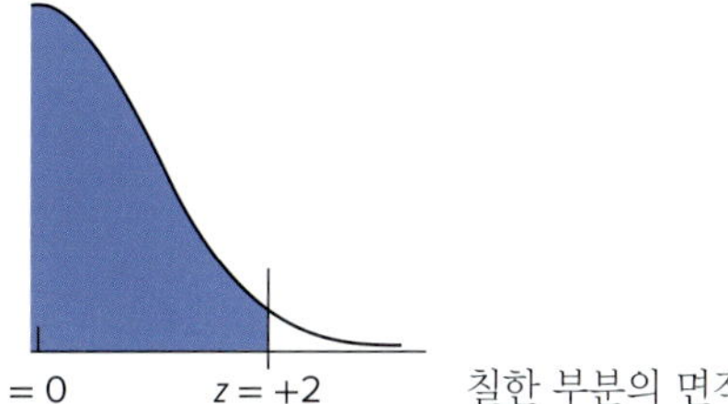


칠한 부분의 면적은 0.4772이다.

$z = \pm 2$ 사이의 전체 면적을 구하기 위해서는, 오른쪽 부분의 면적에 두 배를 하면 된다: $2(0.4772) = 0.9544$.

**예제 4**

정규분포에서 평균을 기준으로 왼쪽과 오른쪽으로 표준편차의 두 배만큼 떨어진 두 지점 *밖의* 면적을 구하라.

**풀이**

문제에서 요구하는 것은 아래 칠한 부분의 면적이다:

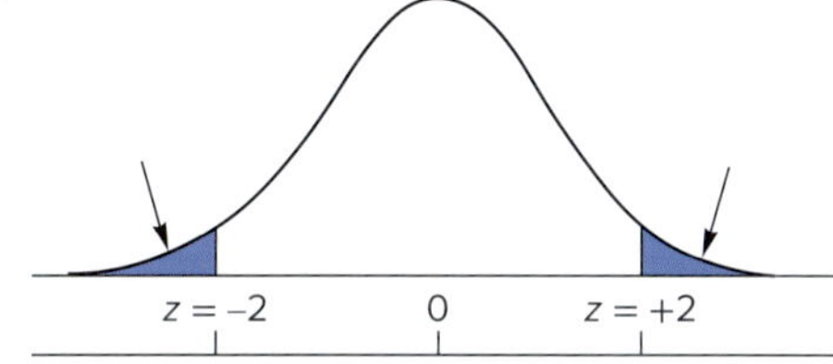


부록 B의 표 A를 이용하여 평균과 $z = 2$ 사이의 면적을 구할 수 있다. $z = 2$ 밖의 면적을 구하기 위해서 0.5000에서 평균과 $z = 2$ 사이의 면적을 빼면 된다.

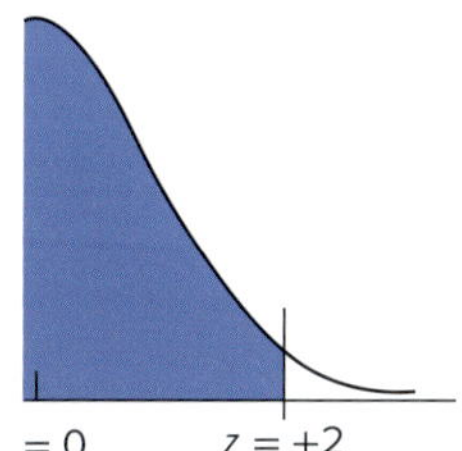


| | |
|---|---|
| 평균을 기준으로 오른쪽 부분의 총 면적에서: | 0.5000 |
| 0.5000에서 평균과 $z = 2$ 사이의 면적을 빼주면: | −0.4772 |
| $z = 2$ 밖의 면적은: | 0.0228 |

$z = -2$ 밖의 면적은 $z = 2$ 밖의 면적과 같기 때문에, $z = \pm 2$ 밖의 전체 면적은 $2(0.0228) = 0.0456$이 된다.

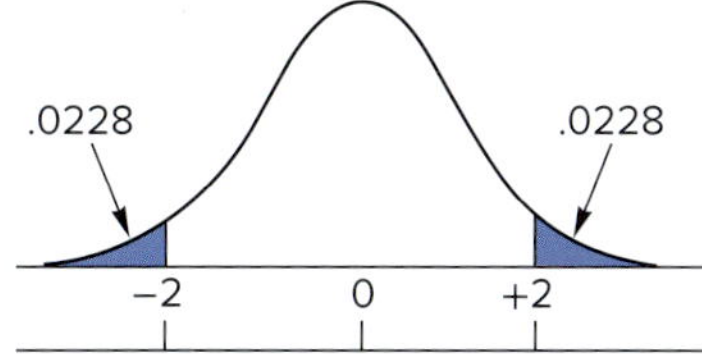


또 다른 해법은 전에 보였던 것처럼, 정규분포에서 평균을 기준으로 왼쪽과 오른쪽으로 표준편차의 두 배만큼 떨어진 두 지점 안의 면적은 0.9544이기 때문에 두 지점 밖의 면적은 $1.000 - 0.9544 = 0.0456$이 된다.

### $z$의 왼쪽 혹은 오른쪽 부분의 면적(확률) 구하는 방법

부록 B의 표 B.2를 이용하여 구할 수 있다(예, 22주를 초과할 확률은 얼마인가?).

**예제 5**

평균이 20이고 표준편차가 1.0인 정규분포에서 다음 확률을 구하라.

a. 값이 22보다 같거나 작다.

b. 값이 22보다 같거나 크다.

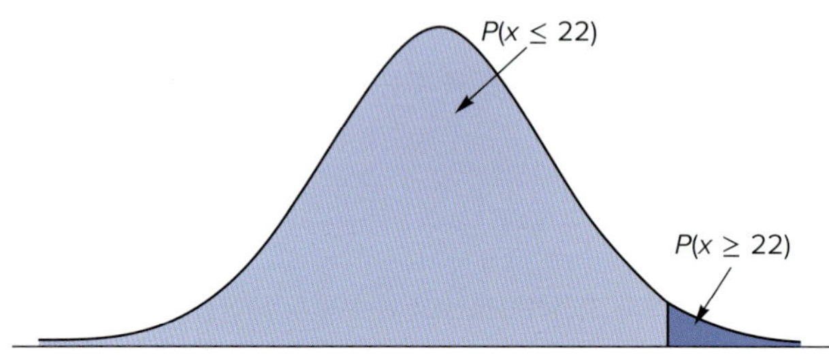


**풀이**

우선 22에 대응하는 $z$값을 구한다.

$$z = \frac{x - \mu}{\sigma} = \frac{22 - 20}{1} = +2.00$$

a. 부록 B의 표 B를 이용하여, $z = +2.00$의 왼쪽 부분의 면적은 0.9772이다.

b. 정규분포의 전체 면적은 1.0000(혹은 100%)이므로, $z = +2.00$의 오른쪽 부분의 면적은 $1.0000 - 0.9772 = 0.0228$이다.

### 요점정리

1. 정규분포곡선의 면적은 확률을 의미한다.
2. 정규분포곡선의 전체면적은 1.0000 혹은 100%이다.
3. 정규분포곡선에서 평균을 기준으로 왼쪽 혹은 오른쪽 부분의 면적은 전체의 반, 즉, 0.5000 혹은 50%이다.
4. 정규분포곡선은 $\pm\infty$으로 늘릴 수 있으나, 값의 99.4%가 평균과 표준편차의 세 배만큼 떨어진 두 지점 안에 존재한다.
5. 정규분포에서, $\pm z$ 관련된 문제(예, 7장과 10장)는 부록 B의 표 A를, 한쪽 부분의 확률과 관련된 문제 예를 들어 $x$가 특정 값보다 크지 않을 확률을 구하는 문제(4S장, 13장, 17장)는 부록 B의 표 B를 이용하는 것이 최선이다.
6. 정규분포에서, 특정한 값이 발생할 확률은 영이므로 $P(x \leq 22) = P(x < 22)$.

### 자가진단

1. 평균이 40이고 표준편차가 5인 정규분포에서 다음 값들의 $z$값을 구하라.
   a. 48 b. 30 c. 34 d. 52.5
2. 부록 B의 표 A를 이용하여, $z$가 다음 값들을 갖는 경우의 $\pm z$ 사이의 면적을 구하라.
   a. 1.00 b. 1.96 c. 2.10 d. 2.50
3. $z$가 다음 값들을 갖는 경우의 $\pm z$ 밖의 면적을 구하라.
   a. 1.00 b. 1.80 c. 1.88 d. 2.54
4. 부록 B의 표 A를 이용하여, $z$가 다음 값들을 갖는 경우 $z$값을 초과하지 않을 확률을 구하라.
   a. 0.40 b. 1.27 c. −1.32 d. 2.75
5. $z$가 다음 값들을 갖는 경우 $z$값을 초과할 확률을 구하라.
   a. 0.77 b. 1.65 c. −1.32 d. 2.75

## 해답

1. a. +1.60 b. −2.00 c. −1.20 d. +2.50
2. a. 0.6826 b. 0.9500 c. 0.9642 d. 0.9876
3. a. 0.3174 b. 0.0718 c. 0.0602 d. 0.0110
4. a. 0.6554 b. 0.8980 c. 0.0934 d. 0.9970
5. a. 0.2206 b. 0.0495 c. 0.9066 d. 0.0030

부 록

# D 기말시험 이후에도 명심해야 할 10가지 사항

1. 작업을 조직하는 방법(즉, 프로젝트, 잡샵, 배치, 조립라인, 연속생산)은 작업의 유형, 수요예측, 레이아웃, 장비 선정, 장비 유지보수, 회계, 마케팅, 구매, 재고관리, 자재관리, 스케줄링 등 전체 조직에 중요한 영향을 미친다.

2. 변동성에 주의를 집중하고 가능하다면 이것을 줄여라. 변동성은 그것이 수요의 변동성(생산용량계획, 수요예측, 재고관리)이든, 공급자로부터의 납품변동성(재고관리, 생산운영, 주문 충족)이든, 생산율이나 서비스율(생산운영 계획과 통제)의 변동성이든 경영관리에 문제를 일으킨다. 어떤 변동성이든 고객만족과 원가에 부정적인 영향을 미친다. 이러한 점을 인식하고 시스템에 적절한 정도의 유연성을 구축하여야 한다.

3. 과제는 행복으로 향하는 고속도로이다. 이것은 학습과정에만 해당하는 것이 아니고 경력관리에도 해당된다. 인터뷰, 회의 참석, 학회, 프레젠테이션(본인 또는 다른 사람), 기타 이벤트에 항상 준비되어 있어야 한다. 단순히 과제를 하는 것만으로도 큰 성공을 거둘 수 있다.

4. 관리자들과 부하들의 관계는 조직의 성공이나 실패에 엄청난 영향을 미친다. 선발, 교육훈련, 동기부여, 지원은 모두 중요하다. 하나의 철학은 제대로 된 사람을 선택하고 그들이 필요한 도구를 주며 방해하지 않는 것이다.

5. 소비자의 구매 의사결정에서 품질과 가격은 항상 중요한 요인이다. 당신이 하는 모든 일에서 품질을 구현하고 원가를 줄일 수 있도록 노력하라.

6. 기술에 세심한 주의를 기울여라. 기술의 기회와 위험을 동시에 고려하라. 기회: 품질, 서비스, 대응시간 측면에서의 개선. 위험: 기술은 비용이 많이 들며 도입하는 데 어려움이 따르며 주기적으로 최신의 것으로 갱신되어야 하고(추가 비용 필요), 교육훈련이 필요하며, 새로운 기술이 도입되면 당분간 품질과 서비스가 더 나빠질 수 있다.

7. 생산용량에 주의를 집중하라. 성공이나 실패로 이르는 길은 모두 생산용량을 통과한다.

8. 경쟁자를 절대로 과소평가하지 말라. 그들이 항상 최선의 의사결정을 할 것이라고 가정하라.

9. 대부분의 의사결정에는 상충관계(trade-off)가 있다. 상충관계를 이해하라.

10. 당신이 하는 모든 일에 윤리가 그 일부가 되게 하라.

# 찾아보기

## ㄱ

ㄷ



ㄹ



ㅁ



ㅂ



ㅅ

ㅇ

ㅌ



ㅍ



ㅎ

## 기타

**표 B.2**
−∞에서 +$z$까지 표준정규분포곡선의 면적

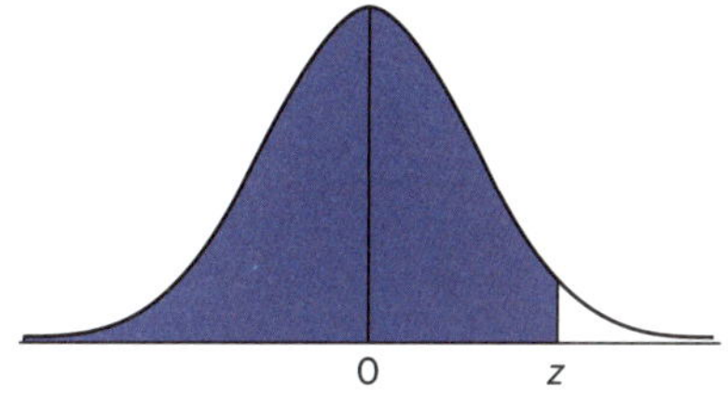


| $z$ | 0.00 | 0.01 | 0.02 | 0.03 | 0.04 | 0.05 | 0.06 | 0.07 | 0.08 | 0.09 |
|---|---|---|---|---|---|---|---|---|---|---|
| 0.0 | 0.5000 | 0.5040 | 0.5080 | 0.5120 | 0.5160 | 0.5199 | 0.5239 | 0.5279 | 0.5319 | 0.5359 |
| 0.1 | 0.5398 | 0.5438 | 0.5478 | 0.5517 | 0.5557 | 0.5596 | 0.5636 | 0.5675 | 0.5714 | 0.5753 |
| 0.2 | 0.5793 | 0.5832 | 0.5871 | 0.5910 | 0.5948 | 0.5987 | 0.6026 | 0.6064 | 0.6103 | 0.6141 |
| 0.3 | 0.6179 | 0.6217 | 0.6255 | 0.6293 | 0.6331 | 0.6368 | 0.6406 | 0.6443 | 0.6480 | 0.6517 |
| 0.4 | 0.6554 | 0.6591 | 0.6628 | 0.6664 | 0.6700 | 0.6736 | 0.6772 | 0.6808 | 0.6844 | 0.6879 |
| 0.5 | 0.6915 | 0.6950 | 0.6985 | 0.7019 | 0.7054 | 0.7088 | 0.7123 | 0.7157 | 0.7190 | 0.7224 |
| 0.6 | 0.7257 | 0.7291 | 0.7324 | 0.7357 | 0.7389 | 0.7422 | 0.7454 | 0.7486 | 0.7517 | 0.7549 |
| 0.7 | 0.7580 | 0.7611 | 0.7642 | 0.7673 | 0.7703 | 0.7734 | 0.7764 | 0.7794 | 0.7823 | 0.7852 |
| 0.8 | 0.7881 | 0.7910 | 0.7939 | 0.7967 | 0.7995 | 0.8023 | 0.8051 | 0.8078 | 0.8106 | 0.8133 |
| 0.9 | 0.8159 | 0.8186 | 0.8212 | 0.8238 | 0.8264 | 0.8289 | 0.8315 | 0.8340 | 0.8365 | 0.8389 |
| 1.0 | 0.8413 | 0.8438 | 0.8461 | 0.8485 | 0.8508 | 0.8531 | 0.8554 | 0.8577 | 0.8599 | 0.8621 |
| 1.1 | 0.8643 | 0.8665 | 0.8686 | 0.8708 | 0.8729 | 0.8749 | 0.8770 | 0.8790 | 0.8810 | 0.8830 |
| 1.2 | 0.8849 | 0.8869 | 0.8888 | 0.8907 | 0.8925 | 0.8944 | 0.8962 | 0.8980 | 0.8997 | 0.9015 |
| 1.3 | 0.9032 | 0.9049 | 0.9066 | 0.9082 | 0.9099 | 0.9115 | 0.9131 | 0.9147 | 0.9162 | 0.9177 |
| 1.4 | 0.9192 | 0.9207 | 0.9222 | 0.9236 | 0.9251 | 0.9265 | 0.9279 | 0.9292 | 0.9306 | 0.9319 |
| 1.5 | 0.9332 | 0.9345 | 0.9357 | 0.9370 | 0.9382 | 0.9394 | 0.9406 | 0.9418 | 0.9429 | 0.9441 |
| 1.6 | 0.9452 | 0.9463 | 0.9474 | 0.9484 | 0.9495 | 0.9505 | 0.9515 | 0.9525 | 0.9535 | 0.9545 |
| 1.7 | 0.9554 | 0.9564 | 0.9573 | 0.9582 | 0.9591 | 0.9599 | 0.9608 | 0.9616 | 0.9625 | 0.9633 |
| 1.8 | 0.9641 | 0.9649 | 0.9656 | 0.9664 | 0.9671 | 0.9678 | 0.9686 | 0.9693 | 0.9699 | 0.9706 |
| 1.9 | 0.9713 | 0.9719 | 0.9726 | 0.9732 | 0.9738 | 0.9744 | 0.9750 | 0.9756 | 0.9761 | 0.9767 |
| 2.0 | 0.9772 | 0.9778 | 0.9783 | 0.9788 | 0.9793 | 0.9798 | 0.9803 | 0.9808 | 0.9812 | 0.9817 |
| 2.1 | 0.9821 | 0.9826 | 0.9830 | 0.9834 | 0.9838 | 0.9842 | 0.9846 | 0.9850 | 0.9854 | 0.9857 |
| 2.2 | 0.9861 | 0.9864 | 0.9868 | 0.9871 | 0.9875 | 0.9878 | 0.9881 | 0.9884 | 0.9887 | 0.9890 |
| 2.3 | 0.9893 | 0.9896 | 0.9898 | 0.9901 | 0.9904 | 0.9906 | 0.9909 | 0.9911 | 0.9913 | 0.9916 |
| 2.4 | 0.9918 | 0.9920 | 0.9922 | 0.9925 | 0.9927 | 0.9929 | 0.9931 | 0.9932 | 0.9934 | 0.9936 |
| 2.5 | 0.9938 | 0.9940 | 0.9941 | 0.9943 | 0.9945 | 0.9946 | 0.9948 | 0.9949 | 0.9951 | 0.9952 |
| 2.6 | 0.9953 | 0.9955 | 0.9956 | 0.9957 | 0.9959 | 0.9960 | 0.9961 | 0.9962 | 0.9963 | 0.9964 |
| 2.7 | 0.9965 | 0.9966 | 0.9967 | 0.9968 | 0.9969 | 0.9970 | 0.9971 | 0.9972 | 0.9973 | 0.9974 |
| 2.8 | 0.9974 | 0.9975 | 0.9976 | 0.9977 | 0.9977 | 0.9978 | 0.9979 | 0.9979 | 0.9980 | 0.9981 |
| 2.9 | 0.9981 | 0.9982 | 0.9982 | 0.9983 | 0.9984 | 0.9984 | 0.9985 | 0.9985 | 0.9986 | 0.9986 |
| 3.0 | 0.9987 | 0.9987 | 0.9987 | 0.9988 | 0.9988 | 0.9989 | 0.9989 | 0.9989 | 0.9990 | 0.9990 |
| 3.1 | 0.9990 | 0.9991 | 0.9991 | 0.9991 | 0.9992 | 0.9992 | 0.9992 | 0.9992 | 0.9993 | 0.9993 |
| 3.2 | 0.9993 | 0.9993 | 0.9994 | 0.9994 | 0.9994 | 0.9994 | 0.9994 | 0.9995 | 0.9995 | 0.9995 |
| 3.3 | 0.9995 | 0.9995 | 0.9995 | 0.9996 | 0.9996 | 0.9996 | 0.9996 | 0.9996 | 0.9996 | 0.9997 |
| 3.4 | 0.9997 | 0.9997 | 0.9997 | 0.9997 | 0.9997 | 0.9997 | 0.9997 | 0.9997 | 0.9997 | 0.9998 |